KARL-MAY-HANDBUCH

herausgegeben von
Gert Ueding

in Zusammenarbeit mit
Reinhard Tschapke

ALFRED KRÖNER VERLAG

Karl-May-Handbuch
Hrg. von Prof. Dr. Gert Ueding
Stuttgart: Kröner 1987
ISBN 3-520-82701-8

Druck von Maisch + Queck, Gerlingen

INHALTSVERZEICHNIS

Vorwort · von G. UEDING XIII
Einleitung · von G. UEDING XV

Erster Teil: Zeit und Überlieferung 1

A. Deutschland zwischen Vormärz und Erstem Weltkrieg · von H. PLETICHA 1

B. Die literarische Tradition · von R. JEGLIN 11
1. Traditionen der Voraufklärung 11
2. Der Abenteuerroman in der Zeit der Aufklärung 13
3. Der Trivialroman in der zweiten Hälfte des 18. Jahrhunderts 19
4. Der exotisch-ethnographische Abenteuerroman des 19. Jahrhunderts 26
5. Der eurozentrische Abenteuerroman 35

C. Der literarische Markt im 19. Jahrhundert: Verlag, Vertriebs- und Verbreitungsformen · von R. TSCHAPKE 39
1. Buchhandel und Verlag 39
2. Kolportage 44
3. Leihbibliotheken 49
4. Zeitschriften und Kalender 51
5. Das Publikum 55

Zweiter Teil: Person und Lebensumstände 57

A. Geschichte der biographischen Forschung · von C. ROXIN 57
1. Zu Lebzeiten Karl Mays 57
2. Die Zeit von 1912–1945 57
3. Die Zeit nach dem Zweiten Weltkrieg 59

B. Mays Leben · von C. ROXIN 62
1. Dokumente und Quellenlage 62
2. Herkunft, Familie, Kindheit (1842–1856) 64
3. Ausbildung und Lehrerberuf (1856–1862) 73

4. Vaganten- und Straftatenzeit. Strafanstaltsaufenthalte (1862–1874) . . . 78
5. Schriftstellerische Anfänge. Redakteurs- und Kolportagezeit (1874–1887) . . . 88
6. Der Reiseerzähler. Auf dem Höhepunkt des Erfolges (1887–1899) . . . 97
7. Das Alter (1899–1912) . . . 106

C. Zeittafel · von E. MÜLLER . . . 124

Dritter Teil: Das Werk . . . 129

A. Der Text · von J. WEHNERT . . . 129
1. Manuskripte: Bestand und Verbleib . . . 129
2. Veröffentlichungen in Zeitschriften, Zeitungen und anderen Periodika . . . 131
3. Veröffentlichungen in Jugendzeitschriften und -jahrbüchern . . . 134
4. Lieferungsromane . . . 135
5. Einzelausgaben . . . 136
6. Editionsgeschichte der »Gesammelten Werke« . . . 138
7. Reprints und andere Nachdrucke der Originalausgaben . . . 142
8. Aufgaben und Probleme einer wissenschaftlichen Werkausgabe . . . 145

B. Handlungsführung und Prosastil · von H. SCHMIEDT . . . 147
1. Arbeitsweise . . . 147
2. Handlungsführung . . . 153
3. Personenkonstruktion . . . 158
4. Hauptmotive, wichtige Symbole und Allegorien . . . 161
5. Die Sprache . . . 166
6. Die Entwicklung des Schriftstellers May . . . 169

C. Die einzelnen Werke . . . 177

I. Reiseromane und Reiseerzählungen . . . 177

1. Der Orientzyklus · von H. WIEGMANN . . . 177
Durch Wüste und Harem . . . 180
Durchs wilde Kurdistan . . . 181
Von Bagdad nach Stambul . . . 182
In den Schluchten des Balkan . . . 184
Durch das Land der Skipetaren . . . 185
Der Schut . . . 186
2. *Winntou I–III* · von H. SCHMIEDT . . . 205
3. *Orangen und Datteln* · von M. LOWSKY . . . 218

4. *Am Stillen Ocean* · von E. KOPPEN 223
5. *Am Rio de la Plata* · von R. TSCHAPKE 229
6. *In den Cordilleren* · von E. BOTSCHEN 234
7. *Old Surehand I–III* · von C. ROXIN 238
8. *Im Lande des Mahdi I–III* · von B. KOSCIUSZKO . 252
9. *Satan und Ischariot I–III* · von H. KÜHNE 259
10. *Auf fremden Pfaden* · von E. KOCH 266
11. *»Weihnacht!«* · von R. JEGLIN 272
12. *Am Jenseits* · von H. VOLLMER 277
13. *Im Reiche des silbernen Löwen I–II* · von J. KALKA 282
14. *Im Reiche des silbernen Löwen III–IV* · von J. KALKA 288
15. *Und Friede auf Erden!* · von M. SCHENKEL 301
16. *Ardistan und Dschinnistan I–II* · von H. STOLTE .. 308
17. *Winnetou IV* · von G. SCHOLDT 320

II. Jugenderzählungen 326

1. *Die Helden des Westens* · von B. KOSCIUSZKO ... 326
Der Sohn des Bärenjägers 326
Der Geist des Llano Estakado 329
2. *Der blau-rote Methusalem* · von E. KOPPEN 331
3. *Die Sklavenkarawane* · von H. STOLTE 337
4. *Der Schatz im Silbersee* · von E. HEINEMANN 342
5. *Das Vermächtnis des Inka* · von W. HILGENDORFF . 348
6. *Der Ölprinz* · von H. KÜHNE 355
7. *Der schwarze Mustang* · von R. TSCHAPKE 360

III. Lieferungsromane und frühe Romane 365

1. *Der beiden Quitzows letzte Fahrten* · von S. AUGUSTIN 365
2. *Auf der See gefangen* · von E. BARTSCH 369
3. *Scepter und Hammer* · von C. F. LORENZ 371
4. *Die Juweleninsel* · von C. F. LORENZ 376
5. *Das Waldröschen* · von G. UEDING 380
6. *Die Liebe des Ulanen* · von R. SCHWEIKERT 389
7. *Der verlorene Sohn* · von K. HOFFMANN 397
8. *Deutsche Herzen, Deutsche Helden* · von W. ILMER 404
9. *Der Weg zum Glück* · von K. HOFFMANN 410

IV. Kleinere Frühwerke und Einzelerzählungen .. 419

a) Humoresken, Schwänke und historische Erzählungen 419

1. *Die Fastnachtsnarren* · von E. KOCH 419
2. *Der Gitano* · von E. KOCH 420

3. *Auf den Nußbäumen* · von E. KOCH 421
4. *Ausgeräuchert* · von E. KOCH 422
5. *Im Wollteufel* · von E. KOCH 424
6. *Unter den Werbern* · von K. EGGERS 425
7. *Im Wasserständer* · von E. KOCH 427
8. *Im Seegerkasten* · von R. GAMMLER 428
9. *Husarenstreiche* · von R. GAMMLER 430
10. *Die falschen Excellenzen* · von R. GAMMLER .. 432
11. *Die verhängnisvolle Neujahrsnacht* · von W. OLDENBÜRGER 434
12. *Die drei Feldmarschalls* · von M. LOWSKY 435
13. *Die Kriegskasse* · von M. LOWSKY 438
14. *Die verwünschte Ziege* · von W. OLDENBÜRGER 439
15. *Ein Fürst des Schwindels* · von M. LOWSKY ... 441
16. *Der Pflaumendieb* · von W. OLDENBÜRGER ... 443
17. *Die Universalerben* · von W. OLDENBÜRGER .. 445
18. *Der Scheerenschleifer* · von U. SCHMID 447
19. *Ein Fürst-Marschall als Bäcker* · von U. SCHMID 448
20. *Fürst und Leiermann* · von W. SÄMMER 450
21. *Der Amsenhändler* · von W. SÄMMER 452
22. *Pandur und Grenadier* · von W. SÄMMER 454

b) Dorfgeschichten 456

1. *Die Rose von Ernstthal* · von J. HEIN 456
2. *Der Dukatenhof* · von J. HEIN 459
3. *Der Kaiserbauer* · von J. HEIN 462
4. *Der Teufelsbauer* · von J. HEIN 465
5. *Der Herrgottsengel* · von J. HEIN 467
6. *Des Kindes Ruf* · von J. HEIN 470
7. *Der Waldkönig* · von E. BARTSCH 473
8. *Der Gichtmülller* · von E. BARTSCH 475
9. *Der Giftheiner* · von E. BARTSCH 476
10. *Im Sonnenthau* · von E. BARTSCH 478
11. *Sonnenscheinchen* · von H. VOLLMER 480
12. *Das Geldmännle* · von R. TSCHAPKE 482

c) Reise- und Abenteuererzählungen 486

1. *Wanda* · von J. BIERMANN 486
2. *Inn-nu-woh, der Indianerhäuptling* · von J. BIERMANN 489
3. *Nach Sibirien* · von J. BIERMANN 491
4. *Ein Dichter* · von K. EGGERS 494
5. *Eine Befreiung / Die Rose von Sokna* · von E. BARTSCH 497
6. *Die Both Shatters* · von E. BARTSCH 500

7. *Tui Fanua* · von E. BARTSCH 502
8. *Robert Surcouf* · von U. VON THÜNA 504
9. *Ein Ölbrand* · von H. KÜHNE 506
10. *Ibn el 'amm* · von E. BARTSCH 508
11. *Das Hamaïl* · von E. BARTSCH 509
12. *Ein Phi-Phob* · von E. BARTSCH 510
13. *Wasserrast auf dem Marsche* · von E. BARTSCH . 511
14. *»Löffel begraben«* · von E. BARTSCH 512
15. *Sklavenrache* · von E. BARTSCH 512
16. *Das Straußenreiten der Somal* · von E. BARTSCH 513
17. *Villa Bärenfett* · von E. HEINEMANN 514
18. *Am »Kai-p'a«* · von E. HEINEMANN 515
19. *Zum erstenmal an Bord* · von E. BARTSCH 516
20. *Der Schlangenmensch* · von E. BARTSCH 517
21. *Die Rache des Mormonen* · von E. BARTSCH .. 518
22. *Eine Seehundsjagd* · von U. VON THÜNA 520
23. *Die beiden Kulledschi* · von E. BARTSCH 521
24. *Christ ist erstanden!* · von E. BARTSCH 523
25. *Mutterliebe* · von E. BARTSCH 524
26. *Bei dem Aussätzigen* · von E. BARTSCH 527
27. *Schamah* · von D. SUDHOFF 528
28. *Abdahn Effendi* · von D. SUDHOFF 531
29. *Merhameh* · von E. BARTSCH 534

V. Bearbeitung: Gabriel Ferrys »Der Waldläufer« von H. PAULER 537

VI. Autobiographische Schriften 541

1. *Freuden und Leiden eines Vielgelesenen* · von W. ILMER 541
2. *Karl May und seine Gegner* · von W. ILMER 542
3. *Reiseskizzen und Briefe der Orientreise* · von W. ILMER 543
4. *»Karl May als Erzieher«* · von W. ILMER 545
5. *An den Dresdner Anzeiger* · von W. ILMER 546
6. *An die deutsche Presse* und andere Flugblätter · von W. ILMER 547
7. *Ein Schundverlag* und *Ein Schundverlag und seine Helfershelfer* · von W. ILMER / R. TSCHAPKE 549
8. *Sur le rapprochement Franco-Allemand* · von W. ILMER 551
9. *Mein Glaubensbekenntnis* · von W. ILMER 551
10. *Frau Pollmer* · von H. WOLLSCHLÄGER 552
11. *Die Schundliteratur und der Früchtehunger* · von W. ILMER 557
12. *Aphorismen über Karl May* · von W. ILMER 559

13. *Auch »über den Wassern«* · von W. ILMER 560
14. *An die 4. Strafkammer* · von W. ILMER 561
15. *Meine Beichte* · von H. WOLLSCHLÄGER 563
16. *Mein Leben und Streben* · von H. WOLLSCHLÄGER . 565

VII. Aufsätze, Reden und andere Miszellen 571

1. *Das Buch der Liebe* · von D. SUDHOFF 571
2. *Geographische Predigten* · von D. SUDHOFF 574
3. *Bete und Arbeite!* und andere Aufsätze · von D. SUDHOFF 575
4. *Maghreb-el-aksa* · von K. EGGERS 577
5. *Ein Prairiebrand* · von E. BARTSCH 578
6. *Die Todeskarawane* · von E. BARTSCH 579
7. *Gleichnis für Zieger* · von E. BARTSCH 580
8. *Weltall – Menschheit – Krieg* · von E. BARTSCH .. 581
9. *Briefe über Kunst* · von D. SUDHOFF 582
10. *Theater* · von E. BARTSCH 584
11. *Drei Menschheitsfragen* · von E. BARTSCH 585
12. *Sitara, das Land der Menschheitsseele* · von E. BARTSCH 586
13. *Empor ins Reich der Edelmenschen* · von D. SUDHOFF 586

VIII. Das Drama *Babel und Bibel* · von M. SCHENKEL 589

IX. Lyrik · von W. SCHÖNTHAL / R. TSCHAPKE 595

X. Kompositionen, Lieder und Vertonungen · von H. KÜHNE 601

XI. Fragmente, Entwürfe und Pläne · von H. WIEDENROTH 607

1. *Ange et Diable* 607
2. *Hinter den Mauern* 609
3. *Offene Briefe eines Gefangenen* 609
4. *Repertorium C. May* 610

Vierter Teil: Wirkungsgeschichte 613

A. Kritik und Rezeption Karl Mays · von H. SCHMIEDT 613

1. Biographische Zeugnisse 613
2. Das Bild der Person Karl Mays von 1912 bis zur Gegenwart 617

3. Literaturkritik ... 622
4. Literaturgeschichte und Germanistik ... 627
5. Pädagogik und Didaktik ... 630

B. Fortsetzungen, Ergänzungen und Bearbeitungen · von J. WEHNERT ... 637

C. Karl May in Österreich, der Schweiz und der DDR · von E. MÜLLER ... 641

D. Übersetzungen · von U. VON THÜNA ... 646

E. Dramatisierungen · von H. HATZIG ... 651

F. Verfilmungen · von H. HATZIG ... 656

G. Vertonungen · von H. KÜHNE ... 663

H. Formen der kommerziellen Verwertung · von M. PETZEL ... 666

I. Comics und Bildergeschichten · von M. PETZEL ... 669

J. Museen, Gedenkstätten und Ausstellungen · von K. SERDEN ... 676

K. Der Karl-May-Verlag · von J. WEHNERT ... 680
a) 1913–1945 ... 680
b) 1945–1960 ... 682
c) Nach 1960 ... 683

L. Organe und Perspektiven der Karl-May-Forschung · von E. HEINEMANN ... 686
a) May-Vereinigungen ... 686
b) Jahrbücher, Zeitschriften und ähnliche Schriftenreihen ... 688
c) Perspektiven ... 692

Verzeichnis der Abkürzungen ... 695

Bibliographie zur Forschungsliteratur (von R. TSCHAPKE) ... 696

Konkordanz ... 720

Werkregister ... 744

Mitarbeiterverzeichnis ... 750

VORWORT

Das Karl-May-Handbuch ist in dieser Form wohl der erste großangelegte Versuch, die gesamte umfangreiche und für den Laien kaum noch zu überblickende Einzelforschung zu dem Werk eines Schriftstellers zusammenzufassen, der nach dem gängigen Urteil dem Bereich der Massenliteratur zuzurechnen ist und dessen Wirkung und Verbreitung tatsächlich die üblichen Maßstäbe sprengt. Dazu gehört eben auch, daß es kein Werk eines vergleichbaren deutschen Autors gibt, das wissenschaftlich so eingehend, detailliert und vielfältig untersucht und gedeutet wurde wie das Karl Mays, und dessen Erforschung sich seit mehr als fünfzehn Jahren eine literarische Gesellschaft widmet, die zu den größten und lebendigsten dieser Art in der Bundesrepublik zählt. Das liegt nicht allein daran, daß dieses Werk von außerordentlicher (auch ästhetischer und psychologischer) Vielschichtigkeit zeugt, sondern auch auf besondere Weise zum Medium und sogar zur Triebkraft deutscher Geistesgeschichte geworden ist. Weshalb Karl May für einen Regisseur wie Hans Jürgen Syberberg neben Wagner und Ludwig II. zum Repräsentanten der Epoche avancierte, ihrer künstlerischen, auf illusionistische Veranstaltungen, auf Pomp und Renommage zielenden Tendenzen, aber auch der prekären Bewußtseins- und Seelenlage der Zeitgenossen. Romane der Vergrößerung und Romane der Erniedrigung sind Mays Reiseerzählungen in eins, signifikant für die Pathologie des deutschen Nationalcharakters, aber auch für die ihn transzendierenden kollektiven Tagträume eines alle Schichten übergreifenden Massenpublikums. An seinem Werk wie an keinem anderen kann man die Überlieferung, Entwicklung, Erfindung und Verarbeitung populärer Lesestoffe, die Gesetze ihrer Variationen, die ihnen zugrunde liegende Phantasietätigkeit, die Möglichkeiten ihrer durchaus verschiedenen Verarbeitung nach differierenden ästhetischen Standards und die Wirkungsmechanismen exemplarisch studieren, die den Erfolg dieses Schriftstellers bis heute ausmachen.

Das Handbuch ist in vier große Teile gegliedert, doch obwohl der Schwerpunkt auf der Darstellung und Interpretation der Einzelwerke liegt, sollten die historischen und biographischen, Zeit, Tradition und die literaturgeschichtliche Herkunft erschließenden Kapitel stets mit zu Rate gezogen werden, da die Werkartikel sich darauf immer wieder, immanent oder ausdrücklich, beziehen. Diese selber folgen einem einheitlichen Muster: Editions- und Stoffgeschichte, Inhaltswiedergabe, Analyse und Deutung, schließlich Bemerkungen zur Wirkungsgeschichte. Mehrbändige Romane wurden in der Regel zusammenhängend dargestellt, doch so, daß die Bandeinteilung aus der Inhaltsangabe deutlich hervorgeht. Trotz der Vielzahl von Artikelautoren, unter denen sich Fachleute und Kenner verschiedenster Art, vom Universitätsprofessor zum Schriftsteller und vom Kritiker zum Privatforscher, befinden, wurde durch die gemeinsame Kapitelstruktur und eine konsequente redaktionelle Bearbeitung der Texte durch Reinhard Tschapke auch eine formale Einheitlichkeit erreicht.

Der lexikonartige Aufbau des dritten und Hauptteils (C) erleichtert die Benutzung; über eine Konkordanz am Schluß des Bandes, die alle Titel von Mays Werken, auch die von späteren Bearbeitern erfundenen oder veränderten, erfaßt, ist die Identifizierung jedes Einzelwerks möglich und der entsprechende Artikel schnell aufzufinden. Daß in allen Fällen auf zitierfähige, unbearbeitete Texte zurückgegriffen wurde, versteht sich von selbst.

Mein Dank gebührt allen Mitarbeitern, aber auch der Karl-May-Gesellschaft, die dieses Handbuch durch die Bereitstellung von Quellen und Forschungsliteratur, durch bibliographische und biographische Hilfen, aber auch materiell unterstützt und seine Veröffentlichung daher überhaupt erst ermöglicht hat. Namentlich danken möchte ich auch Frau Hedwig Pauler, die uns bei der Schlußredaktion des Manuskripts tatkräftig unterstützt hat.

Tübingen, im Frühjahr 1987 Gert Ueding

EINLEITUNG

»Ein Lieblingskind der Not, der Sorge und des Kummers«

Karl May, am 25. Mai 1842 in ein tristes und armseliges erzgebirgisches Weber-Milieu hineingeboren, war das fünfte von vierzehn Kindern, neun starben in frühester Kindheit, er selbst war für einige Jahre nach der Geburt erblindet und lebte allein in der Märchenwelt der Großmutter, jenseits vom »niedrigsten, tiefsten Ardistan«, wie er seinen Geburtsort Ernstthal später nannte, in den Sphären der Phantasie und des Wunschtraums. Mit zwölf Jahren mußte er dann zum Familienunterhalt mitverdienen, in einer Gastwirtschaft als Kegeljunge. Hier war auch die örtliche Leihbibliothek untergebracht, mit den bekanntesten Kolportagereißern des 18. und 19. Jahrhunderts. Sie verschafften ihm manch selbstvergessene Stunde, auch wenn er in ihnen rückblickend eine wichtige Ursache seiner Lebensmisere erblickte. Die Situation kehrt jedenfalls in seiner Biographie immer wieder: das Doppelleben in Phantasie und Wirklichkeit, mit der zeitweiligen fatalen Unsicherheit über deren Grenzen. Nach der Schulzeit begann May 1856 ein Lehrerstudium, wurde Hilfslehrer, mußte aber bald seine Laufbahn unterbrechen: wegen eines nie ganz aufgeklärten Uhrendiebstahls wurde er zu sechs Wochen Gefängnis verurteilt. Die erste in einer Reihe von meist kleineren Straftaten, die nun fast zwangsläufig folgten, motiviert aus einer Art Vergeltungssucht für die erste als ungerecht empfundene Verurteilung, aus der pseudologischen Komponente seines Wesens und einer Verspätung der seelischen Gesamtentwicklung. Nach seiner Entlassung aus einer vierjährigen Zuchthausstrafe 1874 begann sein Aufstieg zu Ruhm und bürgerlichem Ansehen, aus dem proletarischen Außenseiter wurde der Repräsentant seiner Epoche, der in seinen berühmten Amerika- und Orientromanen die populären Leitbilder eines Millionenpublikums schuf, »reißende Märchen« (Ernst Bloch), in denen die naive Bejahung seiner Lebenswirklichkeit und die Sehnsucht nach ihrer Steigerung und Überwindung eine wirkungsvolle Mischung eingegangen sind.

Karl Mays Werk kann insgesamt immer nur Gegenstand der Kulturkritik, nicht allein der literarischen Kritik sein. Es hat nicht nur im Leben seines Autors und dann auch in seiner Wirkung die Grenze überschritten, die Literatur und Leben trennt, sondern ist seinem Gehalt und allgemeinen Sinn nach schon eine Art Kosmologie, ein weitverzweigtes Bildwerk vom Aufbau der Welt, das nicht nach der Beobachtung gewonnen, sondern aus mythologischen Fragmenten, religiösen Vorstellungen, ethischen Überzeugungen und kulturellen Überlieferungen konstruiert wurde.

Diese Welt besitzt ihre eigenen Kategorien, ihren Raum, ihre Zeit, ihre Veränderung, sie bringt ein ganz besonderes Verhalten hervor und eigenartige Beziehungen. Nichts kann daher naiver und mehr zum Scheitern verurteilt sein als die Suche nach jenen Stätten des Abenteuers, der Verfolgung und Rettung, die zwar meist geographisch vertraute Namen tragen, aber trotz mancher Übereinstimmung mit der so bezeichneten Gegend doch Schnittpunkte und Wegstrecken in einer ganz anderen oder jedenfalls zu der unseren verschobenen Welt bedeuten.

Wer wollte bezweifeln, daß es heute immer noch ein »Karl-May-Problem« gibt, wenn auch um Aspekte bereichert, die in Mays Autobiographie keine Rolle spielen können, weil sie erst von der Nachwelt und nicht minder verständnislos wie von den Zeitgenossen produziert wurden? Die »tägliche Schmockerei um May«, wie Hans Wollschläger den unerfreulichen Teil der Wirkungsgeschichte umschreibt, ist noch nicht aus der literarischen Öffentlichkeit geschwunden und bestimmt weitgehend den Ruf eines Schriftstellers, dessen Bild allerdings nicht nur durch der Parteien Gunst und Haß, sondern auch von ihm selber, und zwar mit Fleiß, verzerrt worden ist. Das läßt sich gerade auf den Seiten seiner Autobiographie verfolgen, die seinerzeit Anlaß zu ihrem Verbot gewesen waren und auch später, selbst in liberaleren Zeiten, nicht wieder in die seitdem vom Karl-May-Verlag vertriebenen Fassungen aufgenommen wurden. »Mays stetige Sinnesänderungen«, der »dauernde Wechsel seiner Beweisanträge« bildeten, so Wollschläger, zusammen mit der unglückseligen »Öffentlichkeitsarbeit« den Gegnern willkommene Anlässe genug, ihre Schmähungen (»geborener Verbrecher«, »Lügen-May«, »Allerweltsschwindler«, »Zuchthäusler«) glaubwürdig erscheinen zu lassen.

Ein merkwürdiges Kaleidoskop, das der Name Karl May schillern läßt, sobald man sich seiner erinnert: Wie kommt es, daß er heute noch zu derart emotionalen Stellungnahmen herausfordert und es kaum eine Rezension, kaum einen Artikel, kaum eine Sendung in Funk oder Fernsehen gibt, die ohne gehässig-snobistische Untertöne, ohne jene flinken Pointen auskommt, die überall so nahe liegen, daß es schon eine Frage des Geschmacks ist, sie unentwegt neu zu präsentieren? Daß es nur wenige Leser deutscher Literatur gibt, die nicht ihr ganz persönliches, mit frühen Erfahrungen und Enttäuschungen behaftetes Karl-May-Problem mit sich herumschleppen, macht den Umgang mit diesem Schriftsteller nicht gerade leichter. Da spielt viel verlegene Abrechnung mit den Träumen der eigenen Jugend eine wichtige Rolle, Pragmatismus und die Ernüchterung des Alltagslebens, die der Phantasie längst abgeschworen hat, sie allenfalls noch für Geschäftsprognosen bemüht. Karl Mays Werk aber ist Traumliteratur auf eine derart offene und selbstverständliche Weise, wie das sonst in der nachromantischen Literatur kaum noch vorkommt. Übereinstimmend wurden bisher Mays Selbstinterpretationen seiner Reiseerzählungen, die er als künstlerisch noch nicht durchgeformte Vorstudien und Skizzen zum eigentlichen allegorischen Spätwerk verstanden wissen wollte, als späte Rechtfertigungsversuche eines Schriftstellers aufgefaßt, dem die Schuppen von den Augen gefallen sind und der plötzlich sieht, wie brüchig seine Fiktion geworden ist, wie wenig Widerstand sie dem Eindringen der Realität zu leisten vermag und auf welch schwankendem Boden die soziale Position aufgebaut ist, die er ihr verdankt.

Wer durch die Historismus-, die Makart- oder Symbolismusausstellungen gegangen ist, die seit den siebziger Jahren unser Verständnis vom 19. Jahrhundert so entscheidend neu geweckt oder korrigiert haben, der allerdings wird nicht erst *Ardistan und Dschinnistan,* sondern schon *Durch die Wüste* und alle folgenden Reiseerzählungen als Reiseführer durch jene Gebiete entdeckt haben, die sich vor den Augen des Besuchers weit in eine exotische Traumwelt hinein öffneten.

Mays Werk repräsentiert die kollektiven Wunschträume des bürgerlichen Publikums der Gründerzeit ebenso wie die Phantasien Wrubels, Toorops, Segantinis oder die pompösen Bildhistorien Makarts. Wenn der eine in seinem weitausladenden Atelier vor Gobelin- und Samtwänden eine künstliche Welt voller Kostbarkeiten aus aller Herren Zeiten und Länder konstruierte, so vereinigte der andere in seinem Schriftstellerkabinett Bärentöter und Silberbüchse, ausgestopfte Löwen und fremdartig wirkendes Kriegsgerät zu einem malerischen Tableau. Beides künstliche Paradiese und Quellen undiszipliniert wuchernder Phantasie. Wie Makart sich im Kostüm eines spanischen Granden dem Photographen stellte, so May im Gewande jenes sagenhaften Kara Ben Nemsi, den er zuvor erst geschaffen hatte.

Denkwürdige Analogien, die nahelegen, Mays Selbstdeutungen so ernst zu nehmen wie die der Maler und Zeichner seiner Zeit, sie verweisen alle auf eine Realitätserfahrung, die trotz individueller Unterschiede eine gemeinsame Struktur aufweist. »Liebe, Haß und Begierde plagen die Menschen. Ich habe es gesehen und gezeichnet. Wie man sehen kann, habe ich mit fiebrigem Ungestüm den schrecklichen Kampf so aufgefaßt, daß die Darstellungen Symbole werden.« So beschrieb Alberto Martini, der bedeutendste Zeichner der symbolistischen Bewegung in Italien, seine Wirklichkeitserfahrung, und ähnliche Zeugnisse gibt es von allen Künstlern jener Epoche. Sie stimulieren zu einem neuen Blick auf Mays Autobiographie und, durch sie hindurch, auf seine Romane.

May begann seinen Rechenschaftsbericht mit dem allegorischen Märchen von Sitara und beendet ihn damit, und wo immer er auf sein Werk, seine Träume und Phantasien zu sprechen kommt, da betont er die »sonderbare Eigentümlichkeit« seiner Erfahrungsweise, »die Menschen mehr seelisch als körperlich« zu sehen, da berichtet er von »schreienden, dunklen Gestalten«, deren er sich in seinem Innern erwehren muß, von seiner Sehnsucht, Märchenerzähler zu werden, von seinem Wunsch, Reiseromane zu schreiben, die »bildlich«, »symbolisch« sein und »rein deutsche Begebenheiten im persischen Gewande« erzählen sollen, von dem »fieberhaften Fleiß« und der Schreibwut, die ihn »weder rechts noch links schauen ließ«, so daß keine »künstlerische Form«, sondern »Naturtuch« entstand. Die Überzeugung, daß hinter der empirischen, sichtbaren Wirklichkeit eine andere, verborgene Gegenwirklichkeit liegen müsse, teilt der Schriftsteller Karl May mit den bedeutendsten Künstlern seiner Zeit, die Illustratoren seiner Werke, von Sascha Schneider bis Claus Bergen, haben dessen symbolistischen Grundzug immer betont.

»Im Westen soll die Handlung aus dem niedrigen Leben der Savanne und Prärie nach und nach bis zu den Höhen des Mount Winnetou emporsteigen. Im Osten hat sie sich aus dem Treiben der Wüste bis nach dem hohen Gipfel des Dschebel Mara Durimeh zu erheben. Darum beginnt mein erster Band mit dem Titel »Durch die ›Wüste‹«.

Die Kontinuität von Mays so unterschiedlichem Werk, die manchmal gerade denen verlorenzugehen droht, die den späten Romanen endlich ihren verdienten Platz in der deutschen Literaturgeschichte verschaffen wollen, liegt in Mays schon früher geschärftem Willen, die Dinge nicht so zu nehmen, wie sie zu sein scheinen. Darin bestand schließlich seine einzige Chance, dem »Sumpf« seiner Herkunft zu entkommen. Nichts konnte ihn daher schwerer treffen als die öffentliche Verdammung zum »geborenen Verbrecher«, und wenn er zum Schluß seiner Erinnerung feststellt: »Eine ›Hetze‹ wie die gegen mich, hat es ... noch nie in der Literatur irgendeines Landes, eines Volkes gegeben«, so behält er recht, eben weil sie kein literarischen Problem war, sondern auf seine existentielle Vernichtung zielte: frühe Probe auf ein historisch kaum mehr als zwanzig Jahre später alltäglich geubtes Exempel. Daß das Karl-May-Problem derart zum »Menschheitsproblem« werden sollte, hat der Selbstbiograph im Jahre 1910 allerdings nicht geahnt.

Gewiß, er bot und bietet Angriffsflächen genug, und konsequente Stilkritik kommt (auch noch im Alterswerk) allemal auf ihre Kosten. Doch gilt hier eben der Satz Ernst Blochs, daß gerade das, was vor der Kunstliteratur den Banausen, vor der Kolportage den Kenner macht: nämlich die Sprache zu überlesen. Dennoch bringen umständlicher Kanzleistil und die herrlichsten Stilblüten den Lesenden manchmal zum Stocken. Nie aber vermögen sie den Menschen zu verbergen, der hier redet. Denn fast alle Bücher Mays sind nur flüchtig korrigierte Stenogramme seiner lebendigen Rede, einer wirklichen, mündlichen Erzählung, mit all ihren Umwegen, den Neueinsätzen, der mitunter weitschweifenden Suche nach Worten, den emotional ungezügelten Ausbrüchen, der umständlichen Konstruktion, wenn die angemesseneren Worte fehlen. Darin liegt das Geheimnis seiner Wirkung, und jede literarische Stilkritik wird an ihr vorbeigehen, allenfalls einzelne Passagen oder die letzten vier, fünf Romane gelten lassen. Mays Werk ist auch insofern ein Sonderfall innerhalb der deutschen Literatur, die nach Adam Müllers Urteil zu den stummen Literaturen gehört, daß es, obschon niedergeschrieben, doch »von dem lebendigen Odem der Rede« ergriffen ist, den jener so schmerzlich vermißte.

Mays »Lebens-Reise-Erzählung« (Wollschläger), und das ist sein ganzes Werk, wird allerdings nur dem beredt, der zuzuhören noch nicht verlernt hat. Auch darin, daß Literatur und Leben für ihn zusammenfielen, war der Proletarierssproß, dem man die Grenzüberschreitung in bürgerliche Sphären nicht verzeihen mochte, auf der Höhe seiner Zeit: »Ich muß selbst zum Märchen werden, ich selbst, mein eigenes Ich. Es wird das freilich eine Kühnheit sein, an der ich leicht zugrunde gehen kann ...«

Gert Ueding

ERSTER TEIL: ZEIT UND ÜBERLIEFERUNG

A. *Deutschland zwischen Vormärz und Erstem Weltkrieg*

»Geboren wurde ich am 25. Februar 1842 in dem damals sehr ärmlichen und kleinen, erzgebirgischen Weberstädtchen Ernstthal, welches jetzt mit dem etwas größeren Hohenstein verbunden ist« schreibt Karl May in seiner Autobiographie *Mein Leben und Streben* (8 R) und fixiert damit gleich mehrere historische Punkte.

Da ist das Jahr 1842, ein Jahr ohne bedeutende Ereignisse in der deutschen und in der Weltgeschichte, eingeordnet in eine scheinbar ruhige und stabile Epoche, die ihren Beginn schon drei Dezennien zuvor mit dem Ende des Wiener Kongresses 1815 genommen hatte. Dort waren nach der Niederlage und dem Sturz Napoleons gleichermaßen die Weichen für eine europäische Neuordnung wie auch einer Regelung der politischen und staatsrechtlichen Verhältnisse in Deutschland gestellt worden.

Die verwickelten innerpolitischen Verhältnisse und die daraus erwachsenden staatsrechtlichen Schwierigkeiten spiegeln sich in der staatlichen Zugehörigkeit von Mays Geburtsort. Mit seinen knapp 3000 Einwohnern gehörte er zum Herrschaftsbereich der Herren von Schönburg, deren Besitzungen als »Rezeßherrschaften« den Verwaltungsbehörden des Königreichs Sachsen unterstellt waren. Die volle Justiz- und Verwaltungshoheit ging erst 1878 an Sachsen über. Diese absurde Verwaltungskonstruktion war letztes Überbleibsel jener deutschen Kleinstaaterei, deren schlimmste Auswüchse schon der Reichsdeputationshauptschluß von 1803 beseitigt hatte.

Das Königreich Sachsen gehörte dem Deutschen Bund an, einem losen Staatenbund von 35 souveränen deutschen Fürsten und vier Freien Städten unter der Führung Österreichs, der 1815 in der »Bundesakte« des Wiener Kongresses an die Stelle des alten Deutschen Kaiserreichs getreten war. Ein Staatsoberhaupt oder eine Zentralgewalt gab es nicht, sondern als oberste Behörde lediglich den Bundestag in Frankfurt, einen Gesandtenkongreß. Damit aber waren die Hoffnungen der deutschen Patrioten enttäuscht, die nach den Befreiungskriegen von einer Erneuerung der alten deutschen Kaiserwürde geträumt hatten. Als Trost blieb nur Artikel 13 der Bundesakte, der die Einrichtung landständischer Verfassungen in den einzelnen Bundesstaaten vorsah.

Nur zögernd hatten sich einige Staaten wie Sachsen-Weimar, Bayern, Baden und Württemberg zur Einlösung dieses Versprechens entschlossen. Die beiden größten Bundesstaaten Österreich und Preußen blieben ohne Verfassung. In Österreich bestimmte Fürst Metternich als Staatskanzler die Politik. In starrem Beharren auf der alten politischen und sozialen Ordnung suchte er nicht nur in seinem Land, sondern im gesamten Bereich des Deutschen Bundes jeden Fortschritt zu verhindern und bekämpfte alle liberalen und nationalen Ansätze zu einer Neuordnung der Verhältnisse.

Ein großes Fest der deutschen Studenten, das diese 1817 zum Jahrestag der Reformation (1517) und der Völkerschlacht bei Leipzig (1812) auf der Wartburg abhielten, ließ in den dort gehaltenen Reden erstmals die politische Spannung und zugleich auch die nationale Sehnsucht nach einem einigen Reich deutlich werden. Als dann 1819 der Schriftsteller August von Kotzebue von dem radikalen Studenten K. L. Sand ermordet wurde, erzwang Metternich in den »Karlsbader Beschlüssen« ein scharfes Vorgehen des Deutschen Bundes gegen alle freiheitlichen Bestrebungen insbesondere an den deutschen Universitäten. Die Vorzensur der Presse und die Überwachung von Professoren und Studenten wurde eingeführt, mißliebige Professoren wurden entlassen, die Burschenschaft, als Reaktion auf das Metternich-System gegründet, wurde verboten. Allein die Zugehörigkeit zu studentischen Verbindungen genügte in Zukunft schon für eine drakonische Bestrafung.

Die Juli-Revolution von 1830 in Frankreich, die dort zu einer Ablösung des reaktionären bourbonischen Königshauses führte, löste Unruhen in einigen Bundesländern aus, darunter auch in Sachsen. Dichter wie Börne, Heine und Gutzkow propagierten demokratische Ideale. 1832 fand auf Schloß Hambach in der Pfalz erstmals eine Großkundgebung der süddeutschen Liberalen statt, an der 25000 Menschen teilnahmen. Aber das »metternichsche System« erwies sich nach wie vor als zu stark, der Bundestag verschärfte seinen Druck, politische Vereine und öffentliche Kundgebungen wurden verboten.

Ansätze zu einer deutschen Einigung kamen von einer ganz anderen Seite, als sich 1833 die meisten deutschen Länder unter der Führung Preußens im Deutschen Zollverein zusammenschlossen. Der Abbau der innerdeutschen Zollschranken schien die Möglichkeit eines politischen Zusammenschlusses der deutschen Staaten näherzurücken. Österreich hielt sich fern, und so blieb die Zollgrenze, die in vielen Erzählungen Mays immer wieder eine wichtige Rolle spielt (Pascher = Schmuggler), weiterhin bestehen und festigte sich in der Folgezeit noch nach Ausscheiden Österreichs aus dem Bund.

Trotz Abbau der innerdeutschen Zollhindernisse und gleichzeitigem Ausbau der Verkehrsverbindungen mit der seit 1835 allmählichen Entwicklung des Eisenbahnnetzes verbesserte sich die wirtschaftliche Lage infolge eines zunehmenden äußeren Drucks, vor allem durch englische Industriegüter, nur wenig. May spricht davon, daß sein Vater »ein armer Weber« (8 R) gewesen sei. Dieser Hinweis kennzeichnet nicht nur die schlechte soziale Lage im sächsischen Erzgebirge, sondern läßt sich auch als Charakteristikum für viele dörfliche Siedlungen im Übergang von der rein agrarischen Siedlungs- und Bevölkerungsweise zur allmählichen Industrialisierung anwenden.

In den Jahrzehnten nach 1815 erlebte die deutsche Bevölkerung ein Wachstum bisher unbekannten Ausmaßes. Die jährliche Zuwachsrate lag bis 1870 bei knapp 10%, erreichte aber gerade im Königreich Sachsen mit etwa 14% eine überdurchschnittliche Höhe. Das Erzgebirge gehörte wie die benachbarten nordböhmischen Randgebiete und Schlesien zu den besonderen Ballungsräumen. Sie waren zugleich auch die Zentren stärkerer handwerklicher Tätigkeit, insbesondere der Leinenweberei, die überwiegend in Heimarbeit betrieben wurde. May gibt in seiner Autobiographie eine zutreffende Beschreibung dieses Systems.

Obgleich in Schlesien und Sachsen das Realeinkommen solcher Weberfamilien noch unter dem veranschlagten Existenzminimum für eine Familie lag, erlebte die Textilwirtschaft in den 40er Jahren durch das Überangebot englischer Produkte, die bereits in Fabrikarbeit hergestellt und daher billiger waren, eine zusätzliche schwere Krise. Dadurch verschlechterte sich die angespannte soziale Lage noch mehr. In Schlesien kam es daraufhin 1844 zu einem Aufstand der Weber, die sich, ohne dabei politische Ziele zu verfolgen, gegen ihre Notlage aufbäumten. Er wurde durch die preußische Regierung unter Einsatz von Militär blutig niedergeschlagen. So liefen in diesen Jahren des »Vormärz« deutlich drei Strömungen nebeneinander. Bei einem Teil des Bildungsbürgertums dominierten nationale, auf die Einigung Deutschlands gerichtete Ideen, während bei einer starken liberalen Gruppe die Verfassungsfrage das Hauptanliegen bildete, soziale Ideen wurden zunehmend im kleinbürgerlichen Proletariat und von einem Teil der Bauern vertreten. Die hier zunehmende Radikalisierung führte dazu, daß sich das liberale Bürgertum bewußt gegen diese Strömungen abgrenzte. Die Schwächen des allmählich entstehenden deutschen Industrieproletariats spiegeln sich noch deutlich in dem 1848 erschienenen »Kommunistischen Manifest« von Karl Marx, der die Lage der deutschen Arbeiterschaft bewußt gegen die Verhältnisse in England und Frankreich abgrenzt.

In Frankreich kam es im Februar 1848 erneut zu einer Revolution. Im Gegensatz zu 1830 griffen die Unruhen sehr rasch auf die benachbarten deutschen Staaten über und führten zu Aufständen, in denen Pressefreiheit, Volksbewaffnung und vor allem ein demokratisches deutsches Parlament gefordert wurden. Mitte März erfaßte die Revolution auch Preußen und Österreich, wo es zu Straßenkämpfen in Berlin und Wien kam. Metternich mußte zurücktreten und floh nach England, in Preußen zeigte sich der König scheinbar liberalen Ideen gegenüber aufgeschlossen. In der engeren Heimat Mays fand Anfang April eine der größten Volksversammlungen in diesen Monaten statt, an die sich ein Sturm auf die Waldenburger Residenz anschloß. Eine erste republikanische Erhebung in Baden wurde rasch unterdrückt. Nach einer erstaunlich kurzen Vorbereitungszeit trat bereits am 18. Mai in der Frankfurter Paulskirche eine »Deutsche Nationalversammlung« zusammen. Diesem Parlament gehörten frei gewählte Abgeordnete aus allen Mitgliedsstaaten des Deutschen Bundes an. Es sollte eine Verfassung für einen neuen einigen deutschen Staat schaffen.

Aber noch während die Abgeordneten der bürgerlichen Elite in langwierigen Verhandlungen ihre hochgesteckten Ziele zu verwirklichen suchten, wurden ihre Bemühungen von der Entwicklung in Preußen und Österreich überrollt. Dort kam es im Oktober/November zu neuen Aufständen, in deren Verlauf sich die alten reaktionären Kräfte festigen konnten. Das führte in Österreich zu einer Absage an die Pläne der Nationalversammlung, die sich daraufhin auf eine kleindeutsche Lösung, d. h. einen Bund unter Ausschluß Österreichs und unter Führung Preußens einigte. Als dann aber der preußische König im April 1849 die vom Parlament angebotene erbliche Kaiserwürde mit der Begründung ablehnte, sie trage den »Ludergeruch der Revolution«, waren alle Bemühungen gescheitert. In den folgenden Wochen kam es noch einmal zu verschiedenen kleineren Aufständen in einzelnen Staaten, um die Annahme der Verfassung zu erzwingen. Unruhen in Dresden im Mai 1849 wirkten sich dabei auch auf das Erzgebirge aus. Freischärler aus Mays Heimat wollten nach Dresden ziehen, um die dortige provisorische demokratische Regierung zu schützen, mußten aber umkehren, da der Aufstand durch Einsatz preußischer Truppen niedergeworfen worden war. Die Nationalversammlung mußte sich auflösen, und die mit so viel Hoffnung begonnene bürgerliche Revolution hatte damit ein Ende gefunden.

1850 wurde der Bundestag in Frankfurt wieder eröffnet, und die Mitgliedsstaaten nahmen ihre alte reaktionäre Politik auf, die schon für die Jahre des Vormärz kennzeichnend gewesen war. Auch im sozialen Bereich änderte sich nichts. Die Industrialisierung, die in Deutschland verspätet einsetzte, machte nur langsame Fortschritte. Einen auch nur annähernd ausreichenden Arbeiterschutz gab es noch nicht. In Sachsen wurde beispielsweise die Fabrikarbeit für Kinder unter zehn Jahren erst 1861 verboten. Die allgemeine wirtschaftliche Notlage führte zu einem Ansteigen der Auswanderung nach Amerika. Der Jahresdurchschnitt lag nach 1850 bei etwa 60000 Personen und steigerte sich im folgenden Jahrzehnt auf 80000, aus Hohenstein und Ernstthal wanderten zum Beispiel 1854 an die 90 Personen aus.

Von 1864 an wandelte sich dann die politische Situation in wenigen Jahren von Grund auf. Als Dänemark 1864 unter bewußter Umgehung bestehender Vereinbarungen das Herzogtum Schleswig in sein Königreich einverleiben wollte, traten ihm Österreich und Preußen gemeinsam entgegen und zwangen es nach kurzem Krieg, Schleswig und Holstein abzutreten. In Preußen war 1862 Otto von Bismarck zum Ministerpräsidenten berufen worden und prägte als dominierende Persönlichkeit in den folgenden drei Jahrzehnten erst dort und dann in ganz Deutschland das politische Geschehen. Er nutzte nun die Spannungen um die Verwaltung Schleswig-Holsteins und suchte das sich schon lange hinziehende Ringen zwischen Preußen und Österreich um die Vormachtstellung in Deutschland durch eine gewaltsame Entscheidung zu bereinigen. In einem von Preußen provozierten Krieg im Sommer 1866 unterlagen Österreich und seine Verbündeten Bayern, Württemberg, Sachsen und Hannover. Nach dem Sieg in der Schlacht bei Königgrätz diktierte Preußen unter Bismarcks Einfluß einen maßvollen Frieden, in dem Österreich der Auflösung des Deutschen Bundes zustimmte und fortan aus der deutschen Politik ausschied. Preußen und seine Bundesgenossen vereinigten sich in einem »Norddeutschen Bund«, dem sich auch Sachsen anschloß. Damit zeichnete sich eine politische Neuordnung ab, in der die süddeutschen Staaten einem in sich stärker geeinigten Norddeutschland unter der Führung Preußens gegenüberstanden.

Diese Konstellation dauerte aber nur vier Jahre. Schon 1870 kam es zu einem Krieg zwischen Preußen und Frankreich. Dabei stellten sich die süddeutschen Staaten, entgegen den Erwartungen Frankreichs, auf die Seite des Norddeutschen Bundes. Eine Welle nationaler Begeisterung erfaßte ganz Deutschland. Von ihr getragen, rückten die Truppen der Verbündeten in Frankreich ein und erzielten dort nach anfänglichen verlustreichen Kämpfen große militärische Erfolge. Noch während der Kämpfe im Winter 1870 nutzte Bismarck sehr geschickt die nationale Einmütigkeit und erreichte ein Zusammengehen der süddeutschen Staaten mit dem Norddeutschen Bund, was in der Gründung eines neuen Deutschen Reiches gipfelte. Die süddeutschen Fürsten stimmten dabei einer Übernahme der Kaiserwürde durch den König von Preußen zu, der daraufhin am 18. 1. 1871 im deutschen Hauptquartier im Schloß von Versailles zum Kaiser proklamiert wurde.

Die Verfassung des Kaiserreiches basierte weitgehend auf der des Norddeutschen Bundes, schränkte aber die Vormachtstellung Preußens dabei etwas ein. Der Friedensschluß mit Frankreich brachte nicht nur eine horrende Kriegsentschädigung von fünf Milliarden Franc, sondern auch den Besitz von Elsaß-Lothringen. Aber gerade diese Gebietsabtretung sollte in der Folgezeit das deutsch-französische Verhältnis ernsthaft belasten und trug den Keim zu einem neuen Krieg zwischen den beiden Völkern schon in sich.

Karl May erlebte die Reichsgründung und ihre Auswirkungen in der Öffentlichkeit nur ganz am Rande im Zuchthaus Waldenburg. Als er 1874 nach Verbüßung seiner Strafe entlassen wurde, hatte sich nicht nur die innenpolitische, sondern auch die wirtschaftliche Lage weitgehend verändert. Die französische Kriegsentschädigung hatte die deutsche Wirtschaft in überdurchschnittlichem Maße angekurbelt und löste den Finanzrausch der »Gründerjahre« aus. Fast 900 Aktiengesellschaften wurden in diesen Jahren gegründet, die Industrie gewann zunehmend an Bedeutung. Damit verbunden, setzte eine regionale und soziale Umstrukturierung ein, wobei ein Teil der Landbevölkerung in die neuen industriellen Zentren und in die rasch wachsenden Städte abwanderte. Zwar brachten die Jahre 1873/74 erste Rückschläge in einer zyklusbedingten Phase der Rezession, aber wir spüren den anhaltenden Fortschrittsoptimismus noch in den »Gewerblichen Notizen« und »Eisenbahnstatistiken« in der von May 1875 redigierten Zeitschrift »Schacht und Hütte«, die sich ja bewußt an die neue Schicht bildungsbeflissener Arbeiter – in Wirklichkeit wohl an das gleiche bürgerliche Publikum wie die »Gartenlaube«-Leser wandte.

Eine unheilvolle Entwicklung bestand für das Kaiserreich darin, daß trotz fortschreitender Industrialisierung und Modernisierung agrarische Eliten, vorwiegend Ostelbiens, weiterhin die politischen und gesellschaftlichen Vorgänge in ihrem Sinne kontrollierten und eine Synchronisierung der ökonomischen mit den rückständigen politischen Verhältnissen zu verhindern wußten. Bismarck verstand es in den zwei Jahrzehnten seiner Reichskanzlerschaft (1871–1890) nicht, mit dem neuen Parlament in einer demokratisch sinnvollen Weise zusammenzuarbeiten. Er allein behielt die politische Führung und suchte in mehrfach wechselnden Gruppierungen die Parteien nur für seine politischen Ziele zu nutzen. Das zeigte sich deutlich in den ersten Jahren des Zusammengehens mit den Nationalliberalen. Da Bismarck in dem durch das Erste Vatikanische Konzil erstarkten Katholizismus eine Gefahr für die nationale Festigung des jungen Reiches sah, kam es zu einer von ihm forcierten Auseinandersetzung zwischen Staat und katholischer Kirche, für die ein liberaler Politiker den Begriff »Kulturkampf« prägte. Im Laufe dieser Auseinandersetzung wurden mit Unterstützung der Liberalen eine Reihe von kirchenfeindlichen Gesetzen erlassen.

Während die Katholiken weitgehend passiven Widerstand gegen die daraus erwachsenen Maßnahmen leisteten und die staatlichen Behörden von den Protestanten kaum unterstützt wurden, spiegeln sich die Spannungen vor allem im literarischen Bereich, und verschiedene Schriftsteller bezogen gegen die katholische Seite, insbesondere gegen die als Sündenböcke hervorgehobenen Jesuiten Stellung, eine Tendenz, die sich auch in frühen Romanen Mays wie zum Beispiel *Scepter und Hammer / Die Juweleninsel* nachweisen läßt. 1879 beendete Bismarck die im Grunde genommen sinnlose Auseinandersetzung, gleichzeitig aber auch das Zusammengehen mit den Nationalliberalen, die ihn im Reichstag unterstützt hatten.

Für diesen Bruch waren wirtschaftliche Gründe maßgebend. Das mit der zunehmenden Industrialisierung immer raschere Anwachsen der Bevölkerung erforderte Getreideimporte aus Rußland und überseeischen Gebieten, die wegen der niedrigen Preise zu einer ernsten Konkurrenz für die deutsche Landwirtschaft wurden. Eine ähnliche wirtschaftliche Bedrohung bildete nach wie vor das englische Eisen. Um nun die deutsche Agrarwirtschaft und Industrie zu schützen, entschloß sich Bismarck zur Einführung von Schutzzöllen auf Eisen, Holz und Getreide. Um entsprechende Gesetze im Parlament durchbringen zu können, war er aber auf Unterstützung der Konservativen und der katholischen Zentrumspartei angewiesen.

Die einzige Partei, mit der Bismarck nicht zusammenarbeitete, war die Sozialdemokratie. Für die berechtigten sozialen Anliegen der Arbeiter, die in den 60er Jahren und später ihre Bewegung auf- und ausbauen, hat er kaum Verständnis gezeigt, ihre politischen Forderungen nach Umgestaltung von Staat und Gesellschaft lehnte er strikt ab und nutzte zwei Attentate auf den Kaiser, um im Reichstag das »Sozialistengesetz« durchzubringen, das 1878 alle sozialdemokratischen Vereinigungen und Aktivitäten verbot. Die Unterdrückungsmaßnahmen führten aber nur zu einer Erstarkung der sozialdemokratischen Bewegung. Von 1881 an versuchte Bismarck dann mit zwar unzureichenden, aber für Europa neuartigen und vorbildlichen Sozialgesetzen dem proletarisch-revolutionären Potential und der sich verstärkenden Notlage der Arbeiter entgegenzuwirken.

Die Außenpolitik des Kanzlers läßt sich bei aller scheinbaren Kompliziertheit eines Netzes von Verträgen auf einen einfachen Nenner bringen. Er hatte klar erkannt, wie bedroht das neue Reich in seiner europäischen Mittellage war, und dabei beunruhigte ihn vor allem die Unversöhnlichkeit Frankreichs. Der »Alpdruck der Koalitionen« bestimmte daher seine außenpolitischen Ziele, die auf eine Isolierung Frankreichs und ein europäisches Bündnissystem hinausliefen, in dem Deutschland eine entscheidende Rolle spielen sollte. Die weltpolitischen Gegensätze zwischen Frankreich und England in Afrika, England und Rußland in Asien und Rußland und Österreich auf dem Balkan und im Orient erleichterten ihm die angestrebte Politik, die im Dreibundbündnis mit Österreich und Italien und in einem Rückversicherungsvertrag mit Rußland gipfelte.

Aus der Sorge um die Stabilisierung seiner europäischen Politik stand Bismarck ursprünglich auch allen kolonialpolitischen Plänen äußerst zurückhaltend gegenüber. Dabei begann in diesen Jahren die einmal so bezeichnete »Balgerei um Afrika«. Zu Beginn des 19. Jahrhunderts hatte die ›Erschließung‹ Innerafrikas eingesetzt, die in der Folgezeit zu einer Art europäischer Gemeinschaftsaufgabe wurde, zu der verschiedene Nationen gewichtige Beiträge leisteten. Sie leitete aber auch jene Gegensätze ein, die aus dem Bemühen erwuchsen, sich einen Teil dieses Kontinents als koloniale Beute zu sichern. Die deutsche Kolonialpolitik wurde Bismarck durch die Privatinitiative einiger Kaufleute und Reisender geradezu aufgezwungen und gipfelte 1884 in der Erwerbung von vier Kolonien in Afrika und einiger Inseln in der Südsee.

Der Regierungsantritt des jungen Kaisers Wilhelm II. 1888 und der Rücktritt des greisen Bismarck 1890 änderten gleichermaßen die innen- wie die außenpolitische Situation des Reiches. Hatte zwei Jahrzehnte ein Mann dominiert, folgten nun in der gleichen Zeit vier Reichskanzler, die in zunehmendem Maß unter den Einfluß des Kaisers gerieten. Die Innenpolitik des »Neuen Kurses« suchte zuerst einmal durch Aufhebung der Sozialistengesetze einen gewissen Ausgleich mit der Arbeiterschaft herbeizuführen. Aber es blieb hier bei Ansätzen, und das anfängliche Interesse Wilhelms erlosch sehr rasch, da ihm die Außen- und Militärpolitik wesentlich wichtiger erschienen als eine sinnvolle Innenpolitik.

Hatte sich die Bismarcksche Außenpolitik unter dem Stichwort »Bündnisse« auf einen Nenner bringen lassen, so die neue Wilhelminische unter dem Begriff „Weltgeltung". Die aus der Industrialisierung erwachsende Ausweitung des Außenhandels ließ vor allem das Großbürgertum und die Finanz sehr anfällig für eine imperialistische Machtbildung werden. Nicht nur Reichskanzler Fürst Bülow sprach von einem »Platz an der Sonne«, den sich das kaiserliche Deutschland erkämpfen müsse, auch Wissenschaftler, Nationalökonomen und nicht zuletzt Publizisten propagierten, die deutsche

Machtposition überschätzend, eine imperialistische Weltpolitik. Das aber mußte fast zwangsläufig zu Spannungen mit anderen Nationen, vor allem mit England führen, zumal der unausgeglichene Kaiser sein politisches Selbstverständnis mehrfach durch unnötige Einmischung in die imperialistischen Auseinandersetzungen anderer europäischer Mächte zu beweisen suchte. Und das vor dem Hintergrund einer seit dem Rücktritt Bismarcks völlig veränderten Bündnislage! Da Deutschland 1890 die Erneuerung des Rückversicherungsvertrages abgelehnt hatte, kam es bereits 1892 zu einem russisch-französischen Bündnis, ihm folgte 1904 in der »Entente cordiale« der französisch-britische Interessenausgleich vor allem in Afrika und 1907 ein Übereinkommen zwischen England und Rußland. Für das isolierte Deutsche Reich blieben nur Österreich und Italien als Bündnispartner im Dreibund, letzteres wegen seiner Ansprüche auf die Alpengrenze ein unsicherer Faktor.

Eine zusätzliche Belastung des deutsch-britischen Verhältnisses erwuchs noch aus der von Wilhelm II. vorangetriebenen Flottenrüstung. Weite Teile der Öffentlichkeit unterstützten aber solche Politik, Agitationsverbände wie die »Deutsche Kolonialgesellschaft« oder der »Deutsche Flottenverein« propagierten sie in der Öffentlichkeit, Wirtschaftserfolge wie Planung und Bau der Bagdadbahn, militärische Erfolge wie die des deutschen Expeditionskorps im Kampf gegen die »Boxer« in China erleichterten und verstärkten noch eine solche Einstellung, von der sich Karl May übrigens mit seinem Friedensroman *Et in terra pax* 1901 unmißverständlich distanzierte. Seit der Mitte des 19. Jahrhunderts litt das deutsche Bürgertum unter dieser Entwicklung, und letztlich wurde hier schon der Weg für die spätere Herrenrassen-Ideologie geebnet, indem sich der nationale Gedanke von seiner ursprünglich idealhumanen Zielsetzung entfernte. Da die politische und geistige Entwicklung in den anderen europäischen Staaten unter ähnlichen unheilvollen Vorzeichen verlief, hielten die Spannungen zwischen den Mächtegruppen unvermindert an. Vor allem der Balkan wurde zu einem gefährlichen Krisenherd, und dort fielen am 28. 6. 1914 in Sarajewo dann auch jene Schüsse, die den geradezu vorprogrammierten Weltkrieg auslösten und die Vormachtstellung Europas in der Welt beenden sollten.

Heinrich Pleticha

B. *Die literarische Tradition*

Obgleich May vor allem in seinen ersten literarischen Schaffensjahren mit zahlreichen Gattungen der Unterhaltungsliteratur experimentierte (Dorfgeschichte, Humoreske, Kriminalroman und sogar historischer Roman), ist sein Gesamtwerk quantitativ und qualitativ von zwei Spielarten der Abenteuerliteratur des 19. Jahrhunderts geprägt. Während Mays Arbeit als Lohnschreiber der Kolportage dominieren eurozentrische Abenteuerromane in der Nachfolge von Eugene Sue und Alexandre Dumas. Demgegenüber knüpft May in seinen *Reiseerzählungen* unmittelbar an die Tradition des exotisch-ethnographischen Abenteuerromans in der Nachfolge Coopers an. Die Darstellung exotischer Landschaften und Milieus, das Reiseabenteuer als Struktur- und Handlungsprinzip sowie die heroische Einzel- und Ich-Figur mit allen menschlichen Vorzügen (Vernunft, Bildung, Wagemut, christlich reine Herzensgüte, körperliche Stärke und Gewandtheit) bilden die Grundelemente in den *Reiseerzählungen*.

1. *Traditionen der Voraufklärung*

Die ersten literarischen Quellen der Abenteuerliteratur des 19. Jahrhunderts sind einerseits in den antiken und mittelalterlichen Helden- und Ritterepen, andererseits in den vormodernen (Volks-)Märchendichtungen zu erblicken. Bereits in diesen Gattungen sind die später typischen Handlungsmotive (Flucht, Verfolgung, Gefangenschaft, Befreiung, Kampf und Rettung) ebenso anzutreffen wie die Heldenfigur, die sich – ausgestattet mit überragenden psychisch-physischen, teilweise auch metaphysischen Kräften – gegen übermächtig erscheinende Feinde (z. B. Riesen, Drachen oder die gefährliche Natur) zu erwehren und zu bewähren hat. Während der frühen Neuzeit werden diese Topoi auch von der religiös-mystischen Literatur der zahllosen Sekten, Schwärmer und alchimistischen Bruderschaften weiterverwendet und zur christlichen Reiseallegorie verdichtet, um den vorbildlichen erlösenden Weg des Heilssuchers aus weltlichen Verstrickungen und Leiden auszufabeln. Neben den mystischen Pilgerreisen der Alchimisten und der frühpietistischen Utopie »Christianopolis« von Johann V. Andreae (1619) hat vor allem die traktatartige Allegorie »The Pilgrim's Progress« (1678–1684) des puritanischen Wanderpredigers John Bunyan wesentliche

Topoi der Abenteuerliteratur (bis hin zu Mays *Ardistan und Dschinnistan*) bereitgestellt. Die Pilgerreise von den Niederungen des weltlichen Lebens zu der himmlischen Stadt auf den hohen Bergen, die die Begegnung von Himmel und Erde symbolisiert, folgt dem anagogischen Prinzip: Der gefährliche und entsagungsvolle Weg zurück und empor ins verlorene Paradies beschreibt gleichzeitig die Hinaufführung des Geistes zur himmlischen Erkenntnis.

Im Verlauf des Pietismus wird dieses Pilgerreisenmotiv zur Seelenreise, zur religiösen Erweckung der Seele, verinnerlicht. Auf diesem Weg gelangt es schließlich in den romantischen Bildungsroman eines Novalis', der die berühmte Losung ausspricht: »Nach Innen geht der geheimnisvolle Weg.« Dagegen veräußerlicht die spätere Abenteuerliteratur diesen Topos: der Abenteurer begibt sich auf eine weltliche Pilgerreise in die Wildnis, ins gelobte Land der Freiheit, um sich dort prüfen zu lassen und seine im Alltag nicht entfalteten Qualitäten ausleben zu können.

Noch bedeutsamer als das Muster der Pilgerreise ist für die Gattungsgeschichte der Schelmenroman geworden. Von dem ersten Beitrag, dem »Lazarillo de Tormes« (1554), über Grimmelshausens »Simplicissimus« (1668) bis zu den nachfolgenden, unzähligen Simpliziaden etabliert sich dieses »niedere« Genre als Gegenbild zum heroisch-galanten Barockroman. Während letzterer die verwirrenden und sich schließlich lösenden Schicksale zweier Liebender hohen Standes erzählt und dabei deren soziale und ethische Exklusivität legitimiert, steht im Mittelpunkt des Schelmenromans der Taugenichts am Rande der Gesellschaft, der mit der List der Zukurzgekommenen einen Kampf ums Überleben führt. Die lockere Episodentechnik, das einsträngige chronologische Nacheinander der verschiedenen Abenteuer, die nur durch die Schelmenfigur verbunden sind, und der Modus der fiktiven Autobiographie sind die wesentlichen formalen Elemente dieser Romangattung, die auf die spätere Abenteuerliteratur gewirkt haben. Trotz der Hinwendung zur gesellschaftlichen Realität als Gegenstand des Schelmenabenteuers ist dieses Genre noch im Kern auf eine transzendente Weltdeutung ausgerichtet, denn der Schelm ist keine individuelle Figur; vielmehr ist sein Lebensweg ein Beispiel kollektiver Noterfahrung, der im freiwilligen Verzicht auf die Welt im kontemplativen Einsiedlerdasein endet. Den entscheidenden Schritt zur Verbürgerlichung und damit zur allmählichen Ausweitung zum Reise-

und Abenteuerroman markieren u. a. die Romane Christian Weises (1642–1708), Johann Beers (1655–1700) und Christian Reuters (»Schelmuffsky curiose und sehr gefährliche Reisse-Beschreibung zu Wasser und zu Land«, 1696); sie behalten sowohl die schelmische Mittelpunktsfigur wie auch die Ich-Perspektive des alten Romantyps bei, doch wird nun die Fabel von einer unbekümmerten Abenteuer- und Reiselust getragen, die schon auf Eichendorffs »Taugenichts« hinweist. Die eremitische Weltflucht ist nur noch kurz begrenzt und erscheint als vorübergehende Ruhepause innerhalb der individuellen Reiseerfahrung: »Die Welt selbst ist das Abenteuer, Ziel des Lebens geworden« (H. G. Rötzer: Der Schelmenroman und seine Nachfolge; in: Handbuch des deutschen Romans. Hrg. v. H. Koopmann, Düsseldorf 1983, S. 131–150. S. 144f.).

2. *Der Abenteuerroman in der Zeit der Aufklärung*

Die »Avanturier-Literatur« führt zwar die autobiographische Fiktion und die Episodentechnik des Schelmenromans fort, doch wird die Reise- und Abenteuerthematik bis hin zu den empfindsam-belehrenden Reiseromanen von Musäus, Thümmel und Wezel relativiert: Reise und Abenteuer sind nun vorübergehende Etappen im Bildungsprozeß des bürgerlichen Individuums, das nach stürmischen Lehr- und Wanderjahren reumutig in die bestehende Ordnung zurückkehrt. Sowohl das Herrschaftsabenteuer des galanten Romans als auch das Gaunerabenteuer des Schelmenromans unterlagen dagegen einem ästhetischen und politisch-moralischen Verdikt. Im Kampf gegen die aristokratische Welt konnte die Romangattung sich gegenüber dem bürgerlichen Lesepublikum und der strengen Aufklärungspoetik nur dann legitimieren, wenn im Roman interessante, d. h. unterhaltende Konflikte und Begebenheiten dargestellt werden, in denen die moralische Überlegenheit der bürgerlichen Lebensform (also der vernünftig geordnete, unheroische Alltag in Familie und Öffentlichkeit) und die individuelle Selbsterfahrung des Bürgers belehrend und bestätigend herausgestellt wurden. Abenteuerkonzepte, die entweder in christliche Weltflucht oder in eine Rechtfertigung aristokratischer Standesehre münden, erwiesen sich daher als ungeeignete literarische Vorbilder. Deshalb wendet sich der Roman der Aufklärung, der moralisch-didaktische Umweltroman, bürgerlichen Stoff- und Themenkreisen (Ehe, Familie, alltägliche Realität) zu, wobei nur zwei Reduktionen des Abenteuers zu finden sind: Im Familien- und Frauenroman sorgen meist höfische Intrigen, die aufgedeckt und überwunden werden müssen, für vorübergehende abenteuerliche Verwicklungen, während der philanthropisch-politische Roman Gefahren und Probleme darstellt, die trotz Vernunftoptimismus und bürgerlicher Harmonie in der Welt herrschen; Verbrechen, Elend, Unvernunft und Unmoral sind dabei oft die Folgen finsterer Hofkabalen, die ein tugendhafter Bürger mit praktischer Vernunft enthüllt, so daß Recht und Ordnung wiederhergestellt werden. In Deutschland bleibt diese im Ansatz heroische Bürgertätigkeit reformistisch wie später bei Mays Ich-Helden: »Das Gottesgnadentum des Herrschers bleibt unangetastet, und der ganze Zorn entlädt sich auf die Mätressen- und Günstlingswirtschaft« (M. Beaujean: Der Trivialroman in der zweiten Hälfte des 18. Jahrhunderts, Bonn ²1969, S. 76).

In den ökonomisch fortgeschrittenen Ländern England und Frankreich, die neue Seewege, Überseeterritorien und damit neue Rohstoff- und Handelsmärkte eroberten, konnte sich die Abenteuer- und Reisethematik unter bürgerlichen Vorzeichen allerdings rasch rehabilitieren. Der reisende Handelsbürger, Entdecker und Kolonisator kann fortan als reale Vorlage für den Abenteuerhelden genutzt werden; desgleichen können Reise und Abenteuer unter dem Gebot des Rationalismus als vernünftige und praktische Tätigkeiten dargestellt werden. Die zahlreichen nicht-fiktiven, historisch-geographischen Reisebeschreibungen der Aufklärungszeit verfolgen dabei zwei Ziele: a) die Entdeckerberichte streben eine genaue Registrierung fremder Länder an; b) die Bildungsreise zielt vor allem auf eine Erweiterung der Menschenkenntnis und Persönlichkeit des reisenden Bürgers.

Auch innerhalb der fiktiven Reiseliteratur dient das Reiseabenteuer als bloßes Mittel, einen fernen Ort zu erreichen oder die Bildung zu vervollkommnen. Das Abenteuer als Selbstzweck, heroische Tugend und Selbstbestimmung des literarischen Helden ist noch nicht ausgebildet. Sowohl in den wunderbaren Reisegeschichten, den imaginary voyages (z. B. Swifts »Gulliver«, 1726), die das Phantastisch-Märchenhafte der vorbürgerlichen Abenteuerliteratur mit den Kompositionstechniken des Schelmenromans verbinden, als auch in den Reiseutopien und Robinsonaden haben Reise und Abenteuer einen moralischen und politisch-sozialen Zweck: entweder dient die räumliche Entfernung von Europa dazu, den Menschen in einen Naturzustand zurückzuversetzen, um die aristokratisch geprägte Kultur abzustreifen und die bürgerlichen Ansprüche auf Autonomie, Gleichheit und Glück als allgemeingültig und natürlich zu belegen, oder es werden exotisch verfremdete Gemeinwesen beschrieben, um die europäische Zivilisation zu kritisieren, zu karikieren oder utopisch aufzuheben. Dabei wird bis zum Ende des 18. Jahrhunderts zwischen Reiseutopien und imaginary voyages kaum unterschieden. Vielmehr kombiniert diese Reiseliteratur die Episodentechnik und das Motivreservoir des herkömmlichen Abenteuerromans (Seeabenteuer, Gefangenschaften, Kriegserlebnisse, Bewährungssituationen in Einsamkeit und Wildnis) mit den reflexiv-philosophischen Diskursen der klassischen Utopie eines Thomas Morus oder Francis Bacon und kommt somit dem aufklärerischen Postulat entgegen, daß ein Roman unterhaltend und belehrend zu sein habe. Eine Folge davon ist das Bemühen, mit dem Mittel des Detailrealismus und der Anknüpfung an gesellschaftliche Realerfahrungen den imaginären Reisen und Fernzielen den Anschein der Authentizität zu verleihen, damit der utopische Entwurf um so verbindlicher auf die Leser wirken kann. Das Handlungsschema bleibt weitgehend gleich: ein junger, unerfahrener oder enttäuschter Europäer, »meist ein mittelloser Bürgerlicher, zieht in die weite Welt hinaus, um Abenteuer zu erleben und in der Fremde sein Glück zu machen« (G. Bersier: Reise als Umrahmung der Utopie; in: Reise und soziale Realität am Ende des 18. Jahrhunderts. Hrg. v. W. Griep und H.-W. Jäger, Heidelberg 1983, S. 292–301. S. 293).

Die »One-Man-Utopia« »Robinson Crusoe« (1719) von Daniel Defoe hat am nachhaltigsten die weitere Abenteuerliteratur geprägt, weil diese spirituelle Autobiographie eines Puritaners einerseits die bürgerlichen Vorbehalte gegen das Abenteuer als Selbstzweck formuliert und andererseits, entgegen dieser Vorbehalte, bereits eine Zivilisationsflucht zum Vorschein kommt. Aus innerem Unternehmensdrang bricht Robinson mit den geordneten Verhältnissen der Heimat und besteht als Vertreter des Handelskapitalismus zahllose Gefahren und Abenteuer. Im Mittelpunkt steht jedoch Robinsons langer Überlebenskampf auf einer exotisch-einsamen Insel, wobei er sich allerdings als wenig dynamische Figur zeigt, sondern ein kontemplatives Leben als christlicher Eremit und vernünftig-praktischer Bürger führt. Obwohl Robinson während des Inseldaseins seinen früheren Abenteuerdrang bedauert und die gesicherte bürgerliche Existenz im Nachhinein verklärt, zeigt Defoe mit seiner Hauptfigur trotzdem den bürgerlichen Abenteurer. Robinson kämpft nicht wie ein Ritter um seine Standesehre, sondern er muß, als Mensch in den Naturzustand zurückversetzt, den Lernprozeß der Menschheitsgeschichte wiederholen und damit seine Rettung verdienen. Das Inseldasein ist »motivierender Rahmen für dieses Paradigma eines frühaufklärerischen Optimismus, daß der Mensch durch seine praktische Vernunft an der Vervollkommnung der Schöpfung teilhabe. Defoe bot dem zeitgenössischen puritanischen Publikum einen aufsteigenden Lebenslauf, in dem es seine religiös begründete, auf Wohlstand orientierte Arbeitsmoral wiederentdecken konnte« (H. G. Rötzer, S. 148f.). Die Insel als Laboratorium für die Ausbildung eines bürgerlichen Menschen hat in diesem Sinn den Pädagogen und Philanthropen Joachim Heinrich Campe bewogen, in seiner in Deutschland populär gewordenen Defoe-Adaption, »Robinson der Jüngere« (1779/80), die Vorlage in eine Bildungs- und Erziehungsschrift zu verwandeln, in der auf angenehm unterhaltende Weise Jugendlichen die Gültigkeit bürgerlicher Tugenden vermittelt wird.

Doch Defoes Roman zeigt zugleich eine ganz andere Tendenz: Nach seiner Rückkehr in die Heimat erkennt Robinson, daß er sich der englischen Gesellschaft entfremdet hat. Eine später rousseauistische Zivilisationskritik kann daher sich ebenfalls mit Robinsons Geschichte identifizieren. »Das Abenteuer hat seinen Helden für ein geordnetes Leben ›verdorben‹, er wurde nicht ›korrigiert‹« (G. Ueding: Glanzvolles Elend. Versuch über Kitsch und Kolportage, Frankfurt a.M. 1973, S. 76). Folgerichtig begibt sich Defoes Held im zweiten Teil des Romans wieder auf Wanderschaft. Das Ineinander von Expedition, Bildungsreise und Flucht aus dem Alltag hat Defoes Roman zu einem Grundbuch der späteren Abenteuerliteratur werden lassen. »Robinson Crusoe und seine Nachfolger bis hin zu den Helden Karl Mays fahren aus, weil ihnen das Zuhause nur Schranke und Gefängnis bedeutet; sie fliehen vor der Langeweile eines gleichförmigen Lebens und versuchen sich als Baumeister eines neuen« (Ueding, S. 80).

Politische Rebellion oder resignative Zivilisationsmüdigkeit werden fortan die Motive für den Ausbruch in die weite Welt. Bereits im Verlauf der Aufklärung wird das auch von Defoe verwendete Grundmuster, die Kombination des Reiseabenteuers mit einer exotischen Utopie, bedingt durch die weiteren politisch-sozialen Entwicklungen variiert in die frühaufklärerische Auswandererutopie, in die Fluchtutopie der Empfindsamkeit und in die utopische Reisemotivik der »Fürstenspiegel« (s. G. Bersier, S. 296f.).

In der frühaufklärerischen Auswandererutopie wird nicht ein Einzelner in die Ferne verschlagen, sondern eine Reisegruppe macht sich auf mit dem Ziel, auf einer Insel oder in einer weltentlegenen Gegend ein neues, ideales Gemeinwesen zu gründen. So wird »Die Insel Felsenburg« in dem Roman von Johann Gottfried Schnabel (1731) »zum Hort wahren Christentums und bürgerlicher Tugenden, den zu verlassen es keinen Grund gibt« (W. Biesterfeld: Die literarische Utopie, Stuttgart 1974, S. 37). Dem Wunsch nach Auswanderung liegt in dieser Variante der Reiseliteratur »immer der gleiche Gedanke zugrunde, nämlich daß die herrschenden religiösen, politischen und sozialen Verhältnisse in Europa für die Unterprivilegierten so bedrückend geworden sind, daß als einzige Alternative die Flucht in eine dem Feudalismus entrückte Sphäre übrig bleibt« (Bersier, S. 297). Gerade Schnabels Roman hat eine breite Nachfolgewirkung in Deutschland gezeitigt. Nicht nur Goethe und Karl Philipp Moritz haben ihn rezipiert, in der Romantik erfuhr er sogar Neubearbeitungen von Tieck (1828) und Adam Öhlenschläger (1826). Noch in Mays *Satan und Ischariot* rettet der Abenteurer eine Auswanderergruppe vor geldgierigen Schurken und ermöglicht im weiten Westen Amerikas die Etablierung einer deutschen Kleinbürgeridylle.

Die Fluchtutopie der Empfindsamkeit teilt nicht mehr die Hoffnung der Frühaufklärung, daß die europäische Gesellschaft durch utopische Gegenentwürfe verändert werden kann. Unter Rückgriff auf die radikale Kritik Rousseaus an allen staatlichen und gesellschaftlichen Institutionen und auf seine Feststellung, daß die Menschen im Naturzustand ursprünglich gleich glücklich waren, entsteht bei einer Reihe von empfindsamen Dichtern die Vorstellung, daß es notwendig sei, alle Errungenschaften der Zivilisation abzulegen und eine archaische Lebensweise zu führen. Diese Natursehnsucht wurde 1767 noch einmal kräftig entfacht, als die Insel Tahiti durch Cook entdeckt wurde. Seitdem wurde das Leben und das Gemeinwesen der Ureinwohner als Naturstaat idealisiert. Das ergibt zumeist eine regressive Schwärmerei, während Rousseaus politisch radikaler Ansatz nicht weiterverfolgt wurde. Infolgedessen geriet diese Variante der Reiseliteratur immer mehr zur sentimentalen und konfliktlosen Idylle, die im Zuge der revolutionären Veränderungen am Ende des 18. Jahrhunderts zunächst immer weniger gesellschaftliche Bedeutung hatte. Die Idealisierung der Naturvölker zu »edlen Wilden« und die euphorische Ausgestaltung exotischer Enklaven sind jedoch ein wesentliches Erbe für den Abenteuerroman.

Während in England oder Frankreich das Bürgertum schließlich an der politischen Macht partizipierte, behauptet sich in Deutschland der legitime Monarch. Deshalb setzt die deutsche Aufklärung auf moralisierende Reformkonzepte statt auf utopisch-revolutionäre Radikalforderungen zur Durchsetzung ihrer Anliegen. Eine literarische Konsequenz ist der aufklärerische Fürstenspiegel oder Staatsroman; er verkörpert die »Hoffnungen auf die Macht der Aufklärung, auf ihre erleuchtende Kraft, auf jene in die Köpfe und Herzen ausstrahlende Evidenz von Vernunft, Naturrecht, Moral, der sich auch und gerade der absolute Herrscher nicht länger zu verschließen vermag« (H.-J. Schings: Der Staatsroman im Zeitalter der Aufklärung; in: Handbuch des deutschen Romans. Hrg. v. H. Koopmann, S. 151–169. S. 152). Das Problem, wie ein Idealfürst zu seiner Identität gelangen kann, wird in diesen Romanen durch die Bildungsreise gelöst: ein Prinz reist, wird mit verschiedenen Staatsformen konfrontiert und zieht daraus die entsprechenden Lehren. Nicht nur in Mays Kolportageromanen (z. B. *Die Juweleninsel*), sondern auch in *Ardistan und Dschinnistan,* in dem Kara Ben Nemsis Abenteuerreisen die sittliche Verbesserung des Mirs von Ardistan bewirken, lassen sich Rudimente dieses Handlungsschemas erkennen.

Ein Grundproblem der Aufklärung, nämlich inwieweit sich ökonomischer Fortschritt und moralische Vervollkommnung vereinbaren, hat dazu geführt, daß die utopische Reiseliteratur niemals zur reinen Apologie der kolonialen Ausbeutung geriet, vielmehr entwickelte sie sich auch zur literarischen Kritik an der Profitgier und Brutalität der Europäer. Der ethnographische Abenteuerroman übernimmt aus dieser Tradition zwei sich widersprechende Gedankenfiguren: a) Die optimistischen Frühaufklärer konstruieren in ihren Utopien eine Welt, in der Agrarwirtschaft, Handwerk und einfacher Tauschhandel im Gegensatz zu Ausbeutung und Entfremdung regieren. Durch religiöse Bekehrung (s. Defoes

Freitag oder Mays Winnetou), durch Einheirat in die europäische Utopiegesellschaft und durch Arbeitserziehung sollen die »Wilden« an diesem Glückszustand partizipieren. b) In der skeptischen Spätaufklärung werden die Utopien evasiv und zivilisationskritisch. Eine Versöhnung des Naturzustandes der »edlen Wilden« mit der europäischen Lebenswelt erscheint angesichts der fortschreitenden Kolonisation unmöglich, so daß der unaufhaltsame Untergang der exotischen Enklaven nur noch betrauernd geschildert werden kann.

3. Der Trivialroman in der zweiten Hälfte des 18. Jahrhunderts

Weder den pikarischen Abenteuerroman noch die Reiseutopien dürfte May – mit Ausnahme des populären »Robinson Crusoe« – direkt rezipiert haben. Elemente dieser Gattungen haben über die ethnographisch-exotische Tradition Eingang in Mays Werk gefunden. Dagegen ist der Trivialroman, der ab etwa 1780 den literarischen Markt beherrschte und May als jugendlichen Leser in der Ernstthaler Leihbibliothek noch erreichte, als die erste direkte Literaturtradition anzusprechen, die bis zum Alterswerk wirksam bleiben sollte. Nicht nur dessen inhaltliche Versatzstücke lassen sich bei May wiederfinden, schwerer wiegt der trivialliterarische Einfluß im Bereich der erzählerischen Technik, der Figurenkonstellation und der Sprache.

Die Entstehung des Trivialromans resultierte einerseits aus der Expansion des literarischen Marktes und der Kapitalisierung des Verlags- und Buchhandels, der nun rascher neuen Lesebedürfnissen angepaßt werden konnte, und andererseits aus der Erweiterung des Lesepublikums. Die zunehmende Rationalität des Berufs- und Alltagslebens und die von der Aufklärung verordnete Affektregulation hatten seit der Empfindsamkeit zur Folge, daß Literatur nicht mehr allein der Aktivierung von Vernunft und Moral als Regulatoren bürgerlichen Lebens dienen sollte, sondern ebenso der Stimulation »schöner Empfindungen«. Die neuen Leserbedürfnisse beinhalten im wesentlichen ein »Verlangen nach Beanspruchung des Gemüts« und ein »Begehren nach geistiger Ruhe«, also nach intellektueller Entlastung und emotionaler Belastung (vgl. H. Plaul: Illustrierte Geschichte der Trivialliteratur, Hildesheim 1983, S. 112f.). Um diese Doppelfunktion erfüllen zu können, hat die Trivialliteratur originäre poetische

Strategien entwickelt, die bis heute den Unterhaltungsroman bestimmen (s. hierzu: H. Plaul, S. 112–118; und M. Beaujean, S. 161–175). Geistige Entlastung erfordert zunächst, daß diese Literatur sich dem Alltagsbewußtsein der Leser, den Klischees und Stereotypen, anpaßt. Demzufolge werden die rationalen Elemente einer Erzählung (Moralprinzipien, politisch-philosophische Standpunkte usw.) in sinnlich Erfahrbares umgeformt und trivialisiert. Wichtigstes Mittel hierfür ist die Personalisierung von Moralprinzipien und die damit verbundene Typisierung und Kontrastierung der Figuren (Schwarz-Weiß-Schema). Deshalb müssen die Figurenentwürfe immer unwahrscheinlicher werden. Die Wiederentdeckung und allmähliche Rehabilitierung der alten Märchendichtungen (z. B. Musäus' »Volksmärchen der Deutschen«, 1781; oder Voß' Übersetzung von »Tausend und einer Nacht«, 1782), die lange unter aufklärerischem Verdacht standen, haben diese Personalisierung und Schematisierung begünstigt. Unter Rückgriff »auf gewisse Formen analogisierenden Denkens« (H. Plaul, S. 116) im vormodernen Märchen veranschaulicht die Trivialliteratur die menschlichen Charaktere dadurch, daß Erscheinung und Wesen identisch sind (so sind auch Mays Helden oder Schurken auf den ersten Blick als solche zu erkennen). Der Leser wird zudem intellektuell dahingehend entlastet, daß alle Äußerungen und Gegebenheiten durch Signale unterstrichen werden. Hier lassen sich neben den figurengebundenen Zeichen, der Physiognomie oder Gestik, auch situations- und landschaftsgebundene Zeichen anführen: Höhlen, Schluchten, Talkessel oder weite bzw. liebliche Panoramen signalisieren dem Leser entweder drohende Gefahr oder Entspannung. Die dramatische Handlungsführung (Schicksalsschläge, Verfolgungen, Schockerlebnisse, aber auch wunderbare Rettungen und verblüffende Zufälle) dient der Gemütserregung und Kompensation (H. Plaul, S. 118). Die Sprache des Trivialromans ermöglicht ebenfalls die geistige Entlastung und emotionale Stimulation des Lesers, dabei verwendeten die Schriftsteller den affektiven Wortschatz der pietistischen und empfindsamen Literatur; doch wird er – dies zeigt u. a. der formelhafte Gebrauch des Adjektivs – vergröbert, was dem Leser die intellektuelle Mühe einer Differenzierung erspart.

Da Literatur nicht mehr nur im moralphilosophischen Sinn zu unterhalten und zu belehren, sondern auch »schöne Empfindungen« zu vermitteln hatte, konnten Elemente des vorher verpönten phantastischen Abenteuerromans reaktiviert werden. So formuliert Johann George Sulzer in seinem weitverbreiteten ästhetischen Handbuch: »Erzählungen aus der abenteuerlichen Welt hergenommen, sind oft sehr ergetzend und ein Labsal des Geistes in den Stunden, da man von Nachdenken ermüdet, dem Verstand eine gänzliche Ruhe geben muß. Gute Werke von dieser Art haben ihren Werth« (J. G. Sulzer: Allgemeine Theorie der Schönen Künste, Leipzig 1771; zit. n. H. Plaul, S. 110). In ähnlicher Weise legitimiert May seine Reiseerzählungen in seiner Autobiographie, indem er behauptet, das exotische Gewand sei besonders geeignet, die Seele des Lesers anzurühren, um ihn *aus seiner Alltagswelt* in eine *Sonntagswelt zu versetzen* (K. May: *Mein Leben und Streben*. R Hg. v. H. Plaul, Hildesheim 1975, S. 139 u. 317).

Ab etwa 1780 etablierten sich zwei Grundtypen des Trivialromans, der Erbauungsroman einerseits und der Abenteuerroman andererseits. Während die sentimental-empfindsamen Familien- und Liebesromane vorrangig diejenigen Leser bedienten, die es vorzogen, ihre politisch-sozialen Resignationen und Apathien entweder in einem wehmütigen Mitleiden oder einer verklärenden Selbstbeschränkung auf das familiäre Glück auszuleben, vermittelten die Genera des trivialen Spannungsromans (insbesondere der Ritter- bzw. Räuberroman sowie die Geheimbundliteratur) vor allem heroische und pathetische Emotionen, die von Lesern verlangt wurden, die wenigstens in der Literatur von Revolution und gesellschaftlichen Fortschritt weiterträumen wollten. Im Mittelpunkt stehen keine duldenden oder leidenden Helden, sondern leistungswillige und pflichtbewußte Kraft- und Tatmenschen, die als große Einzelne den Kampf gegen Unrecht und Unmoral aufnehmen. Im Anschluß an Ernst Bloch (E. Bloch: Erbschaft dieser Zeit, Frankfurt 1973, S. 169–186) ist es üblich geworden, diese beiden Grundtypen trotz späterer Vermischungen kategorial mit den Begriffen »Kitsch« und »Kolportage« zu unterscheiden. »Kolportage« ist dabei nicht mit »Schundliteratur« zu übersetzen, vielmehr wendet Bloch sie in bezug auf May als literarästhetische Kategorie an, wenn er konstatiert, daß in Mays Reiseerzählungen »Abenteuer« und »Besserungswille« so ausgefabelt würden, daß man von einem literarischen Revolutionsersatz sprechen könne (Bloch, S. 170). In diesem Sinn sind bereits die Ritter-, Räuber- und Geheimbundromane »Kolportage«.

Die Entstehung der heroisch-pathetischen Trivialliteratur fiel nicht zufällig mit der Epoche des »Sturm und Drang« im hochbelletristischen Bereich zusammen. Gegen die Standesgesellschaft, aber auch gegen die Enge des kleinbürgerlichen Lebens verlangte diese literarische Oppositionsbewegung unter Rückgriff auf Rousseau nach dem ganzen Menschen, der, unbeschädigt von Despotismus und philiströser Selbstbeschränkung, gegen die Verhältnisse revoltiert. Die Rückbesinnung auf die nationale Vergangenheit, die gleichzeitig (z. B. in den Schriften von Justus Möser) die aufklärerische Geschichtsschreibung vollzog, und damit die Hinwendung zu den vorabsolutistischen Zuständen im Mittelalter, ließ im rauhbeinigen Ritter eine dafür geeignete literarische Figur entstehen. Wie Goethes »Götz von Berlichingen« (1771/74) räumten fortan auch im trivialen Ritterroman die Helden mit feigen, intriganten Höflingen, mit dummen und geldgierigen Kaufleuten und mit zwielichtigen Pfaffen auf. Dabei nehmen sie das mittelalterliche Faustrecht in Anspruch und üben auf diese Weise wirkungsvolle Selbstjustiz. Als Prototypen dürfen die Romane »Sagen der Vorzeit« (1787/88) von Leonhard Wächter, »Adolph der Kühne, Raugraf von Dassel« (1792) und »Hasper a Spada« (1792/93) von Carl Gottlob Cramer gelten. Inhalt und literarische Methode sind damit vorgegeben, die danach nur noch variiert wurden und sich – wenn man das mittelalterliche Ambiente mit Amerikas *dark and bloody grounds* austauscht – bis hin zu May erhalten haben: Der Schein wissenschaftlicher Faktendarbietung und -treue wird gewahrt durch detaillierte Schilderungen über angebliche mittelalterliche Sitten und Gebräuche, so daß eine pseudomittelalterliche Welt als Bühne entsteht, auf der nun die beiden Seiten (die ›Rächer der Gerechtigkeit‹ und für das Gute streitenden Raubritter einerseits und die illegitimen, listig-bösen Widersacher andererseits) agieren. Alle verfügbaren Spannungsmotive werden »zu einer effektvollen Handlung vermischt: Unbekannte Abkunft, heimliche Liebe, Gefangenschaft und Flucht, verlorener und unerwartet wiedergefundener Sohn, der in seiner Ehre beleidigte Held, Kabale, Verleumdung und Haß« (Beaujean, S. 116). Dabei werden die genannten trivial-poetischen Strategien angewendet: Tugend als inneres, rationales Prinzip wird versinnlicht in Gewalt und Kraftmeierei; Duelle und Kampf treten an die Stelle innerer tragischer Konflikte.

Während der triviale Ritterroman für seine praktisch-heroischen Protagonisten ein archaisches Mittelalter als Handlungsraum rekonstruieren mußte, bediente sich die ab den neunziger Jahren des 18. Jahrhunderts in Mode kommende Räuberromantik des kriminellen Außenseiters, um rebellische Aktivitäten darstellen zu können. Die Verlagerung des Abenteuers von der »Vorzeit« in den gesellschaftlichen Randbereich konnte zurückgreifen auf das von christlichen Moralisten und aufgeklärten Juristen geschätzte publizistische Mittel der Verbrecherbiographie. Das grausige Ende des Verbrechers konnte entweder als mahnendes und abschreckendes Beispiel oder als Kritik an kriminogenen Umwelteinflüssen genutzt werden. Schillers »Verbrecher aus verlorener Ehre« (1787) folgt der letzteren Möglichkeit, um am Beispiel seines Helden zu demonstrieren, daß zwischen kriminellen Handlungen und subjektivem Wollen aufgrund psychischer und sozialer Zwänge eine Diskrepanz entstehen kann. Mays autobiographische Deutungen seiner Delinquenz wie auch die zahlreichen aus Not kriminell gewordenen und ausgewanderten Figuren in seiner Abenteuerwelt sind – soweit sie in den Freiräumen sich brav auf die Seite des Guten stellen und ihre Vergangenheit sühnen – ein Reflex auf diese Tradition. Der Räuberroman idealisiert allerdings den Verbrecher (so etwa im Fall des berühmtesten und noch bisweilen sentimentalen »Rinaldo Rinaldini«, 1799, von C. A. Vulpius) und entwickelt ihn zum »edlen Räuber«, dessen Verbrechen als eine Art ausgleichender Gerechtigkeit erscheint. Diesen Räubern wurde in früher Kindheit oder Jugend unrecht getan, und nun versuchen sie auf eigene Faust, ihr Recht in die Hand zu nehmen. Im heroischen Einzelkampf gegen die gesellschaftlich gedeckten, aber wahren Bösewichte schwingen sie sich zu Beschützern der Erniedrigten und Beleidigten auf. Faustrecht und Selbstjustiz sind legitim, weil die herrschende Justiz, häufig auch noch Handlanger des Bösen, versagt.

Hainer Plaul (Plaul, S. 146–148) hat die These vertreten, daß in der Figur des edlen Räubers eine Trivialisierung moralphilosophischer Auffassungen Kants, besonders des berühmten kategorischen Imperativs, vorliegt: »Handle so, daß die Maxime deines Willens jederzeit als Prinzip einer allgemeinen Gesetzgebung gelten könne« (I. Kant: Kritik der praktischen Vernunft«, 1788). Die Autonomie des Willens zeigt sich darin, daß der Einzelne unter Verzicht auf subjektive Neigungen und Interessen sich dem allgemeingültigen moralischen Vernunftgesetz freiwillig unterordnet. Diese Selbstdisziplinierung richtet sich darauf, daß die Würde der Menschen und der auf Vernunft gegründete Rechtszustand der Gesellschaft als Maßstab moralischen Verhaltens gelten. Was Kant als Gesetz der Pflicht innerhalb der Gesellschaft postuliert und auf eine Reform juristischer Zustände zielt, wird im Räuberroman außerhalb der Gesellschaft angesiedelt. Der edle Räuber ist eine Personalisierung des autonomen Willens und des kategorischen Imperativs: er repräsentiert den eigentlichen Gesamtwillen gegenüber der Unvollkommenheit der Verhältnisse, und er handelt nicht aus subjektiven Neigungen, vielmehr erfolgen seine Rettungsaktionen für die Armen und Bedrängten im allgemeinen Auftrag. Da aber der Held außerhalb der und im Kampf gegen die Gesellschaft operiert, müssen, im Gegensatz zu Kants Vorstellungen vom sittlichen Gebrauch der Freiheit, gewaltförmige und zum Teil inhumane Mittel bis hin zur physischen Vernichtung des Gegners bei der Durchsetzung der philanthropischen Ziele angewandt werden.

Der Räuberroman als literarischer Revolutionsersatz für nicht verwirklichte, emanzipatorische Ziele der Aufklärung erreichte auch nicht-bürgerliche Leserschichten, weil die zentrale Figur so wie Robin Hood den Wunschtraum der Unterprivilegierten nach radikaler sozialer Umwälzung wachhielt. Politischer und vor allem sozialer Revolutionsersatz, die in diesem Genre durchgängig formulierte ›Out-Law-Philosophie‹, haben den in Armut aufgewachsenen und an den Gesetzen gescheiterten jungen May nachweislich beeindruckt. Als Beispiel dafür, wie sehr Mays Jugendlektüre sein späteres Schaffen prägte, sind einige Hinweise auf Handlungsschemata und -motive im wirkungsgeschichtlich bedeutsamsten »Rinaldo Rinaldini« angebracht: Rinaldos Dasein als edler Räuber gründet auf der Tatsache, daß er nicht – wie er selber meint – das Kind armer Eltern, sondern in Wahrheit adliger Herkunft ist; es ist ohne Wissen des Helden ein Kampf um die Wiederherstellung der persönlichen Ehre und ein Substitut für die glänzende Rolle, die er hätte spielen können. Vor allem in Mays Lieferungsromanen wird dieses Motiv des *verlorenen Sohnes,* der am Rande der Gesellschaft um seine Reputation und Identität kämpft, immer wieder durchgespielt; doch auch in dem Identitätsverwirrspiel von *Old Surehand* und in der Figur des aussätzigen Königssohnes Dschirbani in *Ardistan und Dschinnistan* lassen sich Motivübernahmen erkennen. Das privat erscheinende Interesse, für seine

Gerechtigkeit und sein Glück zu kämpfen, ist gemäß des kategorischen Imperativs aber überlagert von überpersönlichen Motivationen. So wie Old Shatterhand die Indianer und Kara Ben Nemsi verfolgte Minderheiten im heroischen Abwehrkampf gegen feindliche Mächte anführt, wird auch aus Rinaldo ein politischer Freiheitskämpfer. Auch kleinere Handlungsmotive belegen Rinaldos Wirkungen (und das seiner literarischen Brüder und Söhne) auf May: »Rinaldo liebt es, wie später Old Shatterhand / Kara Ben Nemsi, gegenüber Fremden zunächst seine wahre Identität zu verbergen, bevor er seinen Namen zur allgemeinen Überraschung preisgibt; Rinaldo hat eine ›Sicherheitskarte‹ an Eingeweihte ausgegeben, die Schutz vor den Angriffen seiner Bande gewähren soll, und ähnliche Ausweise existieren bei manchen Organisationen in Mays Romanen« (H. Schmiedt: Karl May, Königstein/Taunus 1979, S. 56). Schließlich sei noch darauf hingewiesen, daß der Räuberroman Mays literarische Landschaften mitgeprägt hat. Rinaldos kriminelle Existenz zwingt ihn stets, die zivilisierten Städte und Täler zu fliehen und in unwegsamen Höhen und Höhlen Unterschlupf zu suchen; diese einsamen Regionen sind seine Heimat. Ebenso finden Mays Helden in der wilden Natur ihren Bewährungsraum als Abenteurer mit dem entscheidenden Unterschied, daß sie diesen Raum freiwillig aufsuchen, während Rinaldo auf der Flucht vor Polizei und Justiz es gezwungenermaßen tun muß. Mays Ich-Held ist die von Kriminalität gereinigte Fortführung der edlen Ritter und Räuber, wobei dessen Taten, deutlicher noch als beim Räuber, nicht Ausdruck privaten Glückstrebens, sondern eines allgemeingültigen Vernunft- und Humanitätspostulats sind.

Auch die häufig mit Schauereffekten durchsetzte triviale Geheimbundliteratur hat Mays Schaffen beeinflußt. In der zweiten Hälfte des 18. Jahrhunderts entstanden in der Nachfolge der Logen zahlreiche theosophisch, alchimistisch oder spiritistisch ausgerichtete Sekten und Orden, deren verborgen-geheimnisvolle Machenschaften alsbald von Trivialschriftstellern phantastisch ausgeschmückt wurden. Die literarischen Geheimbünde können unterschiedlichen Zwecken dienen: einerseits verfolgen sie geheime staatspolitische Ziele, wobei sie entweder zur Wiederherstellung gerechter und humaner Ordnungen oder aber als kriminelle Vereinigungen zur Zerstörung der Ordnung agieren können; andererseits verfolgen sie persönlich-private Ziele entweder zum persönlichen Schutz oder zur persönlichen Vernichtung der literarischen Helden. Gemäß diesen unterschiedlichen Geheimbundzwecken wird der Protagonist mit oftmals wunderbar erscheinenden Mitteln (Geisterscheinungen, unerklärlichen Naturphänomenen) gelenkt. Nur in Gestalt eines zwielichtigen Emissärs, des »Schutzgeistes« oder »Genius'«, tritt dabei der Geheimbund in Erscheinung, während das Oberhaupt als geistige Überinstanz im Verborgenen bleibt. Trotz der zahlreichen Darstellungen von okkulten und irrationalen Begebenheiten bleibt der überwiegende Teil dieser Literatur dem Rationalismus verbunden, da diese Erscheinungen am Ende als Manipulationen erklärt bzw. entlarvt werden.

May hat die Topoi des Geheimbundromans vielfältig genutzt. Verbrecher treten häufig nicht als Einzeltäter auf, sondern sie sind in Geheimorganisationen zusammengeschlossen. Mays Helden wenden im Kampf gegen diese Bünde außer ihrem Abenteurermut rationalistische Detektivmethoden an, um Betrug und Verbrechen aufzudecken. Im Alterswerk wird darüber hinaus die positive Variante der Geheimbünde als Organisationen zur Verwirklichung von Gerechtigkeit und Humanität genutzt. Kann man bereits die Westmännergemeinschaft unter Führung von Old Shatterhand dahingehend interpretieren, so erweist sich in *Ardistan und Dschinnistan* der Ich-Held als Emissär der magna mater Marah Durimeh, der, begleitet von vielen Schutzengeln, den Mir Ardistans zu einem Friedensfürsten erzieht.

4. *Der exotisch-ethnographische Abenteuerroman des 19. Jahrhunderts*

Die geistesgeschichtlichen Wurzeln des im 19. Jahrhundert populär gewordenen »transatlantischen« Genres liegen in den literarischen Strömungen der Spät- und Nachaufklärungszeit. Bereits in den Perioden der Empfindsamkeit, vor allem aber des »Sturm und Drang« und der Frühromantik wurde ein übersteigerter Individualismus propagiert, der als »Protest gegen die Entpersönlichung des Zivilisationsprozesses« (A. Hauser: Sozialgeschichte der Kunst und Literatur, München 1953, S. 576) sich nunmehr nicht nur gegen den Absolutismus, sondern auch gegen die aufsteigende (Groß-)Bourgeoisie als Repräsentanten und Nutznießer der neuen kapitalistischen Lebensbedingungen richtet. Spätestens nachdem Rousseaus Losung »Zurück zur Natur« eine sentimentale und pessimistische Wende in der Reiseutopie zeitigte, erwies sich auch der Exotismus zur Darstellung dieses allgemeineren und umfassenderen Gefühls des ›Unbehagens in der Kultur‹ (Freud) als besonders geeignet. Seitdem läßt sich der literarische Exotismus als eskapistische Kompensationsstrategie kennzeichnen, die vor allem auf die Entfremdung, das ›Zur-Ware-Werden‹ (Marx) aller Arbeit und menschlichen Beziehungen, reagiert. Den eingeschränkten Handlungsmöglichkeiten des Individuums, der »Undurchschaubarkeit« und der »Einförmigkeit« der bürgerlichen Lebenswelt antwortet der Exotismus spiegelbildlich mit einer schrankenlosen Entfaltung individueller Möglichkeiten im exotischen Handlungsfeld, mit der Betonung von »Einfachheit« bzw. »Überschaubarkeit« der zivilisationsfernen Freiräume sowie mit der »Außergewöhnlichkeit« des Lebens (z. B. Gefahr, Abenteuer; aber auch grandiose Landschaften und bizarre Naturerscheinungen) in diesen Regionen (W. Reif: Zivilisationsflucht und literarische Wunschträume, Stuttgart 1975, S. 12ff.). Der Abenteuerroman in der Nachfolge Coopers bildet dabei eine Synthese von zwei exotistischen Strategien, die im Keim schon bei einer Gegenüberstellung von »Robinson Crusoe« mit der empfindsamen Reiseutopie deutlich werden: Während das »primitivistische Genre« seinen Schwerpunkt auf die Darstellung eines idealisierten Naturzustandes legt und infolgedessen die Abenteuerhandlung vernachlässigt, dominiert im »libertinistischen Genre« der Selbstbefreiungsakt des sich im Abenteuer entfaltenden Individuums (Gattungstypologie n. W. Reif, S. 22ff.).

Dem ›primitivistischen‹ Gattungstyp sind als Vorläufer Coopers die vor- und frühromantischen Autoren Bernardin de Saint-Pierre und François-René Chateaubriand zuzuordnen. Im Roman »Paul et Virginie« (1787) des Rousseau-Schülers Saint-Pierre wird in einer Einheit von Naturverklärung, Melancholie und Zivilisationskritik das am Ende tragisch scheiternde Idyll einer freien Liebe im Naturzustand erzählt. Diese noch ganz idyllisierende Phantasie vom einfachen Leben hat unter anderem zwei traditionelle, utopische Topoi exotistisch aufbereitet und dem nachfolgenden Abenteuerroman bereitgestellt: Als Vorläufer vieler Landschaftstableaus, einschließlich der schützenden Oasen und Talkessel bei May, erscheint zum einen der Lebensraum der Liebenden (waldumsäumtes Felsental mit Quelle) als locus amoenus, wobei die Tropennatur der Insel genau beschrieben wird.

Zum anderen nutzt Saint-Pierre in der Schilderung der kreolischen Inselbewohner das Motiv des »edlen Wilden«, das seit Kolumbus' Entdeckungsfahrten europäische Intellektuelle begeisterte (bereits 1580 in Montaignes »Essais« als einer Quelle Rousseaus) und eine Verschmelzung der Reiseberichte mit Wunschvorstellungen eines arkadischen Paradieses, in dem die Indianer leben, darstellt.

Die melancholische Europamüdigkeit wird in den ebenfalls ›primitivistischen‹ Romanen »Atala« (1801) und »René« (1805) von Chateaubriand auf das Traum- und Wunschland Amerika, das der Autor auf der Suche nach den Naturmenschen 1791/92 bereiste, übertragen, so daß das Mississippiland in einer groß entfalteten Landschaftsschilderung als »nouvel eden« vorgeführt wird (A. Maler: Exotische Hütten. Im Paradies des Populärromans zwischen Restauration und Revolution; in: Literatur ist Utopie. Hrg. v. G. Ueding, Frankfurt a.M. 1978, S. 189–219. S. 194). Aufgrund der ursprünglich rousseauistischen Intention Chateaubriands sind in seinen Romanen zwei handlungstragende Motive zu finden, die der Abenteuerroman fortsetzt: a) Als Folge der schon ethnographischen Schilderung des Indianerlebens erscheint dieses als Denkmal einer untergehenden Kultur, die sich im Abwehrkampf gegen die Tyrannei räuberischer Kolonisten befindet; b) in der Fabel um den jungen Franzosen René, der der Zivilisation entsagt und bei den Natchez-Indianern eine neue Familie findet, ist trotz Renés tragischem Tode im Krieg der Natchez gegen die Franzosen das therapeutische Experiment vieler literarischer Westmänner vorgebildet, die durch einen radikalen Bruch mit ihrer alten Umwelt ihre eigentliche Bestimmung als ›ganze Menschen‹ jenseits von Arbeitsteilung und Entfremdung finden. Ein Ausdruck davon ist Renés homoerotische Freundschaft mit dem Edelindianer Outougamiz, die in den regressiven Männerfreundschaften und zahlreichen hell-dunklen Freundespaaren (Lederstrumpf – Chingachgook; Old Shatterhand – Winnetou) fortgeführt wird. Chateaubriands späterer politischen Desillusionierung und seinen intensiven ethnologischen Studien ist es zu verdanken, daß auch die Schattenseiten des Indianerlebens in den Blick kommen. So erweist sich der im Grunde gerechtfertigte und edle Kampf gegen die weißen Eindringlinge als fragwürdig, da durch ihn der egoistisch-böse Häuptling Ondouré, wie manche negativ gezeichnete Kommantschenanführer bei May, nur seine eigene Tyrannis stabilisieren und ausdehnen möchte. Auch die minutiösen Darstellungen indianischer Foltermethoden sind ein Beleg für Chateaubriands nachträgliche Ernüchterung.

Durch die Amerikaromane von Jame Fenimore Cooper, besonders durch die »Lederstrumpf«-Serie (1823 ff.), in der die Besiedlungsgeschichte des Kontinents thematisiert und der Trapper Natty Bumppo als Prototyp des zivilisationsflüchtigen Abenteurers vorgestellt wird, hat das hier zu skizzierende Genre seine spezifische Ausprägung erfahren. Cooper hat, da seine Romane umgehend ins Deutsche übersetzt wurden, beim Lesepublikum der Restaurationszeit eine teils exotistisch-evasive, teils auch politische Amerikabegeisterung entfacht. Von seinen ›primitivistischen‹ Vorgängern übernimmt Cooper die Naturschwärmerei. Die unberührte Natur wird in ausführlichen Landschaftspanoramen beschworen, wobei nicht selten diese Schauplätze einen »auf die Dimension der ›American scene‹« vergrößerten locus amoenus darstellen; »waldumsäumte Seen, rauschende Katarakte und vor allem immer wieder Höhlen und Schlupfwinkel, die Schutz vor dem Feind bieten« (K. Rossbacher: Lederstrumpf in Deutschland, München 1972, S. 73) sind Coopers bevorzugte Szenerien. Diese Wildnis verschafft Lederstrumpf nicht allein einen ästhetischen Naturgenuß, in ihr erkennt er auch einen überkonfessionellen, unverfälschten Gott. Sie ist zugleich der Lebensraum der Indianer, daher bewahren sie als Teil der göttlichen Natur Tugenden, die in der Zivilisation längst verdorben sind. »Edle Wilde« wie Chingachgook, Unkas, Hartherz oder Conanchet repräsentieren in diesem Sinn die bessere Seite der Menschheit. Auch die melancholische Aura, die Lederstrumpf wie René umgibt, stammt aus der ›primitivistischen‹ Erbschaft. Lederstrumpf erkennt, daß die Besiedlung und Zerstörung des Naturraumes nicht aufzuhalten sind. Auch er sucht aber sein Heil in der Freundschaft mit Chingachgook und flieht mit ihm in immer fernere Gegenden, bis auch diese von der Zivilisation erfaßt werden. Dieser »melancholische Abenteurer« (Ueding S. 81) sucht allerdings anders als René nicht nur den heilen Naturzustand als Idylle und Heimat, sondern auch das Abenteuer in ihm. Sein Austritt aus der Gesellschaft ist ein Pilgerzug in die Wildnis, um eine andere und bessere Lebensgeschichte zu führen und sein wahres Ich im Kampf mit und gegen die Natur zu erproben, wobei er sich als Scout, Jäger und Schützer bedrängter Siedler objektiv und gegen seinen Willen zum Vorreiter der Zerstörung seines Handlungsraums macht. Infolge der Schwerpunktsetzung auf den Abenteurer ist Natur bei Cooper nicht nur Gegenstand schwärmerischer Evokation, sondern ein genau abgeschildertes »Aktionsterrain, auf dem die Bewegung des Abenteurers geschieht«; sie wird daher integrativer Bestandteil der Handlung (H. Eggebrecht: Sinnlichkeit und Abenteuer, Berlin 1985, S. 89). Da es Coopers Anliegen ist, den Exotismus zur Darstellung heroischer Abenteuer zu nutzen, wird einerseits der Konflikt zwischen Indianern und Eindringlingen zur handlungsträchtigen Grundlage der Fabeln gemacht; andererseits ermöglicht die falsche ethnologische These von zwei Indianergroßstämmen, die sich in Mays Gegenüberstellung von Apatschen und Kommantschen wiederfindet, eine Handlungsprogression, indem die »good guys« (die edlen Delawaren und Mohikaner) mit den »bad guys« (den roh-brutalen Irokesen und Mingos) im kriegerischen Konflikt leben (K. Rossbacher, S. 53 ff.).

Gleichwohl legt Cooper den Schwerpunkt auf die Idealisierung der Indianer. Entgegen der europäischen Amerikabegeisterung, die in den Vereinigten Staaten das republikanische Vorbild ihrer demokratischen Hoffnungen erblickte, verfolgt dabei Cooper eine konservative Kritik an den amerikanischen Zuständen, die er von einer parvenuhaften Geldaristokratie beherrscht sieht. Im Mitteleuropa der Restaurationszeit wurde dieses negative Amerikabild nicht rezipiert, vielmehr nährte Coopers exotistische Ausgestaltung amerikanischer Weiten die Illusion von einem Land der unbegrenzten Möglichkeiten. Dieser Idealisierung leisteten die transatlantischen Romane Sealfields, die auch von den oppositionellen Jungdeutschen gefeiert wurden, Vorschub. Karl Postl, der aus klerikaler Bevormundung nach Amerika entflohene Mönch, veröffentlichte unter dem Pseudonym Charles Sealsfield eine Reihe von Abenteuerromanen, die vordergründig die politisch-didaktische Zielsetzung hatten, dem politisch unmündigen deutschen Lesepublikum die amerikanische Republik als leuchtendes Vorbild vorzuhalten.

Im Gegensatz zu Cooper rühmt daher Sealsfield die sich auf dem Kontinent ausbreitende amerikanische Zivilisation. Deshalb auch erscheint die Tätigkeit der nach Westen ziehenden Pioniere, der »Squatter-Regulatoren«, frei von sentimental-melancholischen Attitüden, deren Kolonisatorenabenteuer wird im Gegenteil »als notwendig zum positiven Einfluß, den die Zivilisation ausübt«, angesehen (B. Steinbrink: Abenteuerliteratur des 19. Jahrhunderts in Deutschland, Tübingen 1983, S. 101). Als weitere Konsequenz der politisch motivierten Verklärung der USA werden die Indianer trotz der gelegentlichen Übernahme des Motivs vom »edlen Wilden« wesentlich negativer gezeichnet: ihrem Abwehrkampf fehlt bei aller Heroik die moralische Legitimation, weil sie das weite Land einer erfolgreichen Nutzung durch freie und gleiche Bürger vorenthalten wollen und weil die Indianerkultur eine archaische, feudal anmutende Barbarei von Häuptlingsfürsten darstellt.

Trotzdem schildert Sealsfield in seinen bekannteren Romanen (vor allem »Nathan, der Squatter-Regulator«, 1837; »Das Cajütenbuch«, 1840) nicht die Zustände der etablierten Republik, sondern er verlegt die Handlungsorte an die Ränder der Zivilisation. Auf diese Weise überwiegen auch bei diesem Schriftsteller die exotisch-evasiven Handlungselemente. Sealsfields Helden sind die Pioniere, die im Grunde wie Lederstrumpf vor der bürgerlichen Ordnung fliehen. Wegen ihrer teilweise sogar kriminellen Vergangenheit sind sie auf der Flucht vor den Gesetzen, können sich aber in der Wildnis gesellschaftlich bewähren. Darüber hinaus leitet auch sie ein irrationaler Abenteuerdrang bei ihrer Sezession: »Der gesetzlose Zustand, in dem sich das Land befindet, bietet dem Abenteurer die Möglichkeit, sich zu entfalten, sich mit den Unbilden der Wildnis ebenso auseinanderzusetzen, wie mit den Feinden, die ihm auflauern. Das Bestehen in dieser Umgebung fordert einen ›ganzen Menschen‹, nicht einen belesenen Advokaten oder einen spekulierenden Geldmann, einen Menschen, der die ihn umgebende Realität erfassen kann und in der Lage ist, Fähigkeiten zu entwickeln, die in der Ordnung der Gesellschaft nicht gefordert werden« (Steinbrink, S. 107). Sealsfields extensive Natur- und Landschaftsschilderungen sind neben diesem Abenteurer und Staatengründer als Mittelpunktfigur in die Erbschaft des Abenteuerromans eingegangen. Dabei geht es Sealsfield weniger um eine realistische Beschreibung der exotischen Natur, sondern um die, wie bei Chateaubriand und Cooper, mit pseudorealistischen Mitteln hervorgerufene Demonstration der Außergewöhnlichkeit. Die Wildnis ist kein stilles Paradies, im Gegenteil wird eine wilde, ungezähmte und gefahrvolle Natur beschworen, die wegen ihres verführerischen Zaubers den praktischen Wagemut des Helden verlangt.

Nach den Romanen Sealsfields und Theodor Mügges, dessen »Afraja« (1854) Sealsfields Theorie vom Abenteurer und Staatengründer auf den unwegsamen skandinavischen Norden überträgt, hat der literarische Exotismus in Deutschland sein politisches Wirkungsinteresse verloren. Mit der voranschreitenden Etablierung der kapitalistischen Wirtschaft und den deutlicher werdenden sozialen Schattenseiten haben die USA ihre politische Vorbildfunktion vielfach eingebüßt. Dennoch bleibt Amerika als utopisch-imaginäres Traumland weiter Gegenstand der literarischen Wunschträume. Unter den vielen europäischen Schriftstellern, die um die Mitte des 19. Jahrhunderts Amerika und andere Fernregionen bereisten, knüpft Friedrich Gerstäcker am deutlichsten noch an Sealsfield an. Seine zahlreichen nicht-fiktiven Reisebeschreibungen dienten der Information für auswanderungswillige Deutsche, und Amerika war für ihn nach 1848 durchaus ein Vorbild für einen freiheitlichen Nationalstaat, wo Adel und Klerus keinen Einfluß haben. Jedoch, selbst bei Gerstäckers Reisen, vor allem inspiriert von der Lektüre von Defoe, Cooper und Saint-Pierre, ist der eher unpolitische Traum von einem autonomen Leben in der Wildnis als primäre Motivation zu erkennen. Obgleich die realen Reiseerfahrungen diese Wunschvorstellung enttäuschten, bleiben seine wieder in Deutschland aus verklärender Distanz verfaßten Abenteuerromane Ausdruck dieser nicht befriedigten Evasionsbedürfnisse. In den bekanntesten Romanen (»Die Regulatoren in Arkansas«, 1846; »Die Flußpiraten des Mississippi«, 1848) wendet Gerstäcker wie seine Vorläufer nicht nur die genretypische pseudorealistische Technik (Detailschilderungen, Belehrungen über Land und Leute, Fußnotenzitate aus authentischen Texten) an, er verlegt ebenfalls die Schauplätze an die Ränder der Zivilisation, wobei seltener Jagdabenteuer und Indianerüberfälle die Handlung bestimmen, sondern hauptsächlich der Gesetzesbruch durch Verbrecher und Glücksritter. Gerstäcker ist wohl einer der ersten deutschsprachigen Schriftsteller, der dieses Schema alsbald auch auf andere Weltregionen (Lateinamerika, Südostasien, Australien) überträgt. Eine Folge der unpolitischeren und romantischeren Zielsetzung ist die im Gegensatz zu Sealsfield wieder eindeutigere Idealisierung der ›Wilden‹, die sich in seinem Südseeroman »Tahiti« (1854) besonders deutlich äußert: anknüpfend an das ›primitivistische Genre‹ erscheint Tahiti als Paradigma eines durch den Kolonialismus allmählich zerstörten Naturparadieses.

Die Romane von Frédéric Armand Strubberg und Otto Rupius zeigen die paradoxe Mischung einer politisch-sozialen Amerikaenttäuschung (Krämergeist, Auswandererbetrug und Sklaverei, die als amerikakritische Motive auch bei May wichtig sind) mit dem Festhalten an phantastischen Wunschvorstellungen. Während beispielsweise Ruppius' »Pedlar«-Romane (1857 und 1859) die verbrecherischen Intrigen in den amerikanischen Großstädten an deutschen Auswanderern schildern, erscheint in »Der Prairieteufel« (1861) der weite Westen als Pharmakon des evasionssüchtigen Protagonisten.

In gleicher Weise idealisiert Balduin Möllhausen, trotz manch kritischer Hinweise auf die gesellschaftlichen Zustände in den USA, den wilden Westen. Wie in den frühaufklärerischen Reiseutopien werden durch eine häufige Zweiteilung der Romanhandlung die bedrängenden Verhältnisse in der Heimat mit dem utopischen Freiraum kontrastiert: »So werden (...) die Intrigen und Ränke oft in der alten Welt gesponnen und in der neuen schließlich gelöst; hier herrscht Unglück und Leid, dort finden die Protagonisten ihr Glück; hier lebt der Gestrauchelte, dort der Reuige, Geläuterte« (Steinbrink, S. 165). In vielen Nebenhelden- und Auswandererschicksalen wird bei May diese Kontrastierung fortgesetzt.

Die fortschreitende Besiedlung Amerikas bewirkte, daß auch die exotische Abenteuerliteratur westwärts zog, um wilde Aktionsräume weiter darstellen zu können. Unterstützt durch das Mitte des Jahrhunderts ausgebrochene kalifornische Goldfieber, das sich zur literarischen Ausbeutung besonders gut eignete – knüpft es doch an märchenhafte Schatzmotive und an die Suche nach El Dorado an –, gerieten der Südwesten der USA und der Norden Mexikos, die ›Apatscheria‹ Mays, in den Blickpunkt der literarischen Träume. Außer Möllhausen und Gerstäcker (z. B. »Gold«, 1858) haben vor allem die populären Romane »The Scalphunters« (1851) des globetrottenden Iren Mayne Reid und »Le coureur des bois« (1853) des Franzosen Gabriel Ferry diesen neuen Schauplatz für May erschlossen. Reids Roman, in dem ein Zug rachedürstiger Abenteurer gegen die Navajos geschildert wird, folgt in der ideologischen Haltung durchaus Sealsfield, da die Tätigkeit der Skalpjäger gegen die Indianer als positives Tun im Auftrag des zivilisatorischen Fortschritts gedeutet wird. Obwohl diese indianerfeindliche Tendenz May widerspricht, hat dieser Roman mit Blick auf die Figurenwahl und die Erzähltechnik auf May gewirkt. Erzählt wird aus der Ich-Perspektive des mitreisenden Greenhorns Henry Haller, der sich in der Wildnis zum Abenteurer emanzipiert. In dem skalplosen Jäger Old Rube ist die Figur Sam Hawkins und in dem Edelindianer El Sol (Reids Konzession an die literarische Tradition) ist schon ein Ur-Winnetou zu erkennen. Hintergrund von Ferrys Roman ist ein für Mexiko damals typischer Umsturzversuch, der durch eine Goldexpedition finanziert werden soll. Der Abenteuerheld Bois-Rosé darf als weiteres Vorbild für Old Shatterhand gelten. Wie Cooper unterscheidet Ferry zwischen bösen (Apatschen) und edlen Indianern; der Edelkommantsche Rayon-Brûlant ist dabei ebenfalls eine Vorlage für Winnetou. May kehrt das Gut-Böse-Schema bei den Indianern später lediglich um.

Etwa im letzten Drittel des 19. Jahrhunderts wandelt sich in Deutschland das Genre zur wiedererzählten, bearbeiteten und kolportierten Literatur. Fortan wurden die Handlungsmotive, Topoi und Figurenentwürfe nur noch variiert. Während die früheren Autoren jedoch das Prinzip der poetischen Wahrscheinlichkeit trotz aller Phantasmen aufrecht erhielten, wurden nun die ethnologischen, geographischen und historischen Detailschilderungen zugunsten der immer reißerischeren Handlung reduziert. Die poetische Wahrscheinlichkeit »wurde ersetzt durch eine Glaubwürdigkeit, die sich von den Wünschen und Träumen der Schriftsteller und Leser nährte, Träume, die alles andere als wahrscheinlich waren und gerade dadurch faszinierten, daß sie in all ihrer Unwahrscheinlichkeit und Unmöglichkeit ein Gegenbild zur wirklichen Erfahrungswelt des Alltags boten, ein Wunschbild, mit dem sich Schriftsteller und Leser identifizieren konnten« (B. Steinbrink: Initiation und Freiheit. Karl May und die Tradition des Abenteuerromans; in: Karl May. Hrg. v. H. Schmiedt, Frankfurt a.M. 1983, S. 252–277. S. 259). Dabei konnten die neuen Autoren die evasiven und heroischen Tendenzen ihrer nur angeblich ›realistischeren‹ Vorgänger übersteigert fortführen. Was in der Heimat jedermann versagt bleibt, nämlich sich aus auferlegtem Zwang zu retten, kann im exotischen Abenteuer stets kompensiert werden: dort vermag der Abenteurer als Identifikationsfigur, sich und andere aus gefährlichen und bedrängenden Situationen zu retten sowie für Gerechtigkeit, Glück und Selbstverwirklichung aktiv zu streiten.

Außer dieser zunehmenden heroisch-phantastischen Profilierung des Abenteurers, die auf Figurenentwürfe des Trivialromans zurückgeht, überträgt die Abenteuerliteratur ab der

Jahrhunderthälfte das Schema des transatlantischen Genres vermehrt auf andere Weltregionen, die im Zuge der kolonialen und imperialen Expansion der europäischen Großmächte durch Reise- und Kriegsberichte den europamüden Lesern und Schriftstellern als neue Projektionsflächen ihrer Phantasie bekannt gemacht wurden. Neben Afrika und Ostasien erwies sich der türkisch beherrschte vordere Orient mit seinen wilden Beduinen und Kurden sowie seinen außergewöhnlichen Landschaften (Wüsten, Gebirge) als ergiebiger Schauplatz des Abenteuerromans. Die in diesen Regionen spielenden Romane von Hans Wachenhusen (1822–1898) können diesbezüglich – neben den Märchen von Wilhelm Hauff, dem Roman »Ayescha, die Jungfrau von Kars« (1834) des Engländers James J. Morier oder einigen Retcliffe-Romanen (s. Abschnitt 5) – als literarische Quellen für Mays Orientromane gelten (S. Augustin und R. Beissel: Quellen und Vorbilder Mays; in: Vom Lederstrumpf zum Winnetou. Hrg. v. S. Augustin und A. Mittelstaedt, München 1981, S. 59–80. S. 73–79; s. außerdem: Steinbrink, S. 174–177). Mays Leistung am Ende des 19. Jahrhunderts besteht, literatur- und gattungsgeschichtlich betrachtet, darin, daß in seinen *Reiseerzählungen* zwischen der ursprünglich exotisch-ethnographischen Tradition des Genres und der neueren, ganz auf das heroische Abenteuer abhebenden Entwicklung vermittelt wird.

5. *Der eurozentrische Abenteuerroman*

Außer den heroisch-pathetischen Trivialromanen und der exotischen Abenteuerliteratur sind die seit den vierziger Jahren des 19. Jahrhunderts aus dem Englischen und Französischen übersetzten und in Leihbibliotheken greifbaren Spannungsromane von Eugene Sue, Alexandre Dumas, Charles Dickens und Harriet Beecher-Stowe – deren »Onkel Toms Hütte« (1851/52) Mays Bild vom schwarzen Sklaven geprägt hat – als eine weitere belletristische Tradition anzusprechen, die May direkt rezipiert und später literarisch verarbeitet hat. Vor allem Sues »Die Geheimnisse von Paris« (1842/43), »Der ewige Jude« (1844/45) und Dumas' »Der Graf von Montechristo« (1845/46) kreierten einen neuen Typus der spannungsgeladenen, mit Abenteuern durchsetzten, ›sozialen‹ Geheimnis- und Kriminalliteratur, der über zahlreiche deutsche Kolportageadaptionen schließlich von May in seinen Lieferungsromanen (1882–1887) kopiert wurde.

Volker Klotz hat für diesen neuen Typus den Begriff »eurozentrischer Abenteuerroman« (V. Klotz: Abenteuer-Romane, München 1979, S. 11ff.) vorgeschlagen, um ihn vom exotischen Genre abzugrenzen. Das neue oder veränderte Schema läßt sich anhand der beispielgebenden Muster von Sue und Dumas folgendermaßen zusammenfassen: Sue hat als erster die im Verlauf der bürgerlich-kapitalistischen Entwicklung neu entstandene Lebenswelt (Verelendung der werktätigen Massen, Konkurrenzkampf, anonyme Herrschaft des Kapitals), also den ›Asphaltdschungel der Großstadt‹ als neues Stoffgebiet für den Abenteuerroman erschlossen. Statt wilder Indianer bevölkert ein malerisches und kriminelles Lumpenproletariat (die »Mohikaner von Paris«, wie bezeichnenderweise ein Roman von Dumas heißt) dessen Szenerie. Nicht nur die soziale Misere wird verabenteuert, sondern ebenso die neuen Wirtschafts- und Lebensprinzipien; sie werden personalisiert durch im Verborgenen wirkende Intriganten, Erbschleicher und Schieber, die in der Öffentlichkeit als erfolgreiche und ehrbare Bürger auftreten. Statt der Hof-Intrige des trivialen Geheimbundromans verfolgen die Bösewichte das Prinzip der ökonomischen Selbstverwirklichung des Bourgeois in der kriminellen Maske. Dabei gehen sie buchstäblich über Leichen; sie zerstören Familien, die im Wege stehen – deshalb sind Motive wie der verschollene Verwandte oder die Vertauschung von Kindern in diesen Romanen handlungstragend –, und stürzen dabei auch den späteren Helden ins Elend (Ruin, Verbannung oder Kerkerhaft). Anders als im ethnographischen Abenteuerroman ist die exotische Fremde nicht Handlungs- und Bewährungsraum des Heroen, sondern lediglich ein vorübergehender Ort der Erholung und Wandlung. Der Auftrag des Helden liegt dagegen darin, die chaotische Heimat wieder in Ordnung zu bringen. Ausgestattet mit märchenhaft-feudalen Insignien und Tarnungen, treten diese Abenteurer als allwissende, allgegenwärtige und omnipotente Rachegötter auf, die den Bösen in aller Öffentlichkeit die Larve der Wohlanständigkeit entreißen und ihr Geheimnis, also das Geheimnis ihres kriminell erworbenen Reichtums, aufdecken.

Man kann wegen dieses Handlungsschemas und des kriminell-abenteuerlichen Sujets diese Geheimnis- und Enthüllungsromane als kolportagehafte Darstellung und Kritik der kapitalistischen Verhältnisse in den Metropolen auffassen. Allerdings sollten dabei die restaurativen Konfliktlösungen und Persönlichkeitsmodelle nicht unterschlagen werden. So erscheint am Ende das Unheil und Elend stets als Werk einzelner Schurken; deren Aneignung von Reichtum ist Folge individueller Charakterfehler. Als Kontrast zur Geldgier tritt der Held auf. Da er in und gegen eine Welt des Geldes tätig werden muß, muß er ebenfalls über Geldmittel verfügen, darf jedoch nicht wie seine Feinde als kapitalistischer Marodeur auftreten. Während Sues Held, Rudolf von Gerolstein, aufgrund seiner adligen und reichen Herkunft der Sphäre des ›bösen‹ Gelderwerbs von vornherein enthoben ist, gründet sich der Reichtum von Montechristo auf einen geheimnisvoll-märchenhaften Schatz, den dieser in der Fremde gefunden hat, um ihn nun gegen seine Widersacher in der Heimat anzuwenden. Die liberal-bürgerliche ›Teller-Wäscher-Ideologie‹ ist diesen Romanen verdächtig; eine Lösung scheint nur auf autokratisch-feudalem Wege möglich durch einen rächenden Märchenkönig als Abenteurer. Im Hinblick auf die literarische Technik sind diese Romane eine konsequente Weiterführung trivial-poetischer Strategien: Gemäß dem Prinzip, Rationales zu versinnlichen, arbeiten Sue und seine Adepten unter Verzicht auf glaubwürdige psychologische Entwicklungen der Personen mit drastisch-sinnfälligen Elementarsituationen (Schocks oder Déjà-vu-Erlebnisse), die das Innere nach außen kehren. Der realen Anonymität kapitalistischer Prinzipien wird der Grundsatz der Evidenz entgegengehalten durch die pausenlose Enthüllung finsterer Machenschaften. Der Mangel an Glaubwürdigkeit konnte etwa durch die Publikationsform dieser Romane abgeschwacht werden: zusammen mit Nachrichten und Reportagen aus der Großstadtwelt erschienen sie als Fortsetzungsserien in Zeitschriften und vermittelten auf diese Weise den Eindruck der literarischen Umsetzung realer Begebenheiten.

Aus den zahlreichen deutschen Adaptionen, die ab 1844 als Mysterien von Berlin, Wien oder Hamburg den Markt überschwemmten, ragen zwei Varianten und Weiterungen hervor: Während Friedrich Wilhelm Hackländer mit seinem Romanzyklus »Europäisches Sklavenleben« ein deutsch-kleinbürgerliches Gegenstück zu »Onkel Toms Hütte« geliefert hat, in dem in genüßlich-unterhaltender Weise die angeblich ›sklavischen‹ Abhängigkeitsverhältnisse – von den ›Sklaven des Hofes‹ bis zu den ›Sklaven des Elends‹ – innerhalb der Gesellschaftspyramide abgeschildert werden (ein Prinzip, das sich in Mays *Verlorenem Sohn,* allerdings angereichert mit drastischer Elendsmalerei und Elementen des Sozialkrimis, wiederfindet), verlagern die im Zeitraum 1855–1878 entstandenen »historisch-politischen Romane« (z. B. »Sebastopol«, »Villafranca« oder »Puebla oder die Franzosen in Mexiko«) des ultrakonservativen, preußischen Journalisten Hermann Goedsche das Enthüllungsprinzip auf die politische Bühne und erweitern damit den Handlungsraum. Unter dem Pseudonym Sir John Retcliffe verfolgte Goedsche den Plan, die weltgeschichtlichen Ereignisse von 1848 bis 1871 romanhaft widerzuspiegeln, indem zeitgeschichtliche Fakten und Anspielungen mit fiktiven Enthüllungen über angebliche Hintergründe europäischer Geheimpolitik kombiniert werden. Als Folge seiner antidemokratischen Überzeugungen sieht Retcliffe in den finsteren Machenschaften der Geheimbünde von Juden, Jesuiten, Freimaurern und Demokraten die Gründe für politisch-abenteuerliche Entwicklungen (Attentate, Umsturzversuche, Kriege) seiner Zeit. Retcliffes Modernisierung des trivialen Geheimbundromans unter publizistisch-reaktionärer Zielsetzung ist zugleich eine Mischung aus Geheimnisroman und exotischer Abenteuerliteratur; es werden nicht nur (politische) Familiengeheimnisse entlarvt, vielmehr greifen die Ränke der Bünde und die konservative Gegenwehr bis in exotische Fernen über (Mexiko, Sibirien, Indien), die zum Handlungsfeld europäischer Interessen- und Kolonialpolitik werden. Auch Mays Kolportageroman *Das Waldröschen oder die Verfolgung rund um die Erde* folgt dieser Gattungsmischung, allerdings verzichtet May trotz zeitgeschichtlicher Bezüge auf eine reaktionär-politische Weltverschwörungsidee, und er benutzt wieder die persönlich-familiäre Intrige als Motor der Handlungen, Verfolgungsjagden und Enthüllungen.

Rainer Jeglin

C. *Der literarische Markt im 19. Jahrhundert: Verlag, Vertriebs- und Verbreitungsformen*

1. *Buchhandel und Verlag*

Zwischen Verlag, Buchhandel oder Sortiment kann zu Beginn des 19. Jahrhunderts nicht grundsätzlich unterschieden werden, da noch zahlreiche Mischbetriebe existierten, die sich erst langsam auseinanderentwickelten. So besaßen 1832 von 79 in Leipzig zugelassenen Buchhandlungen nur 22 rein verlegerischen Charakter, die übrigen vereinten zumeist Verlag, Sortimentsgeschäft, Kommissionsbetrieb und oft auch Druckerei im gleichen Hause. Unverändert blieb Leipzig, wie schon im 18., so auch im 19. Jahrhundert, die Hochburg des deutschen Buchhandels, dann folgten Berlin und Wien. Zahlreiche Verleger und Sortimenter hatten in Leipzig einen Zwischenbuchhändler, einen Kommissionär, dem sie alle Geschäfte übergaben, so daß der unmittelbare Verkehr zwischen Verleger und Sortimenter überflüssig wurde. Noch 1910 zählte die Stadt neben Berlin, München und Stuttgart zu den vier größten Verlagsorten, in denen zusammen 65 Prozent der Gesamtproduktion erschienen. Zusätzlich existierten in den meisten Universitätsorten Verlagsbuchhandlungen, doch entschieden gerade im Vormärz die Rechtsverhältnisse – hier ist besonders an die uneinheitliche Restaurationszensur zu denken – über Zulassung und Ansiedlung einer Buchhandlung (vgl. grundsätzlich: J. Goldfriedrich: Geschichte des deutschen Buchhandels. Vierter Band. 1805–1889. Leipzig 1913; F. Schulze: Der deutsche Buchhandel und die geistigen Strömungen der letzten hundert Jahre. Leipzig 1925; H. Widmann: Geschichte des Buchhandels. Wiesbaden 1975; G. Ueding: Hoffmann und Campe. Ein deutscher Verlag. Hamburg 1981; R. Wittmann: Buchmarkt und Lektüre im 18. und 19. Jahrhundert. Tübingen 1982).

Anfang des 19. Jahrhunderts gab es in den deutschen Kleinstaaten insgesamt ungefähr 500 Buchhandlungen, von denen sich ein Großteil in den bevölkerungsreichsten Städten – zehn Prozent allein in Leipzig – angesiedelt hatte. Buchhandlungen konnten nur dort gedeihen, wo es Population, Gewerbegenehmigung und Bildungsverhältnisse zuließen. So wurde das Netz der Buchhandlungen zunächst nur langsam engmaschiger (zwischen 1816 und 1830 kamen nur 300 neue hinzu) und erst bei Industrialisierungsbeginn sehr dicht, als die Verkehrs-

und Postverbindungen verbessert sowie in den sechziger Jahren die Gewerbefreiheit eingeführt wurden. Die Möglichkeit, Massenauflagen durch Schnellpressen und Stereotypen herzustellen, war in der ersten Jahrhunderthälfte noch nicht gegeben. Der Buchhandel stagnierte vor der Revolution, nicht zuletzt aufgrund einer landesherrlichen Zensur, die durch die Karlsbader Beschlüsse von 1819 sanktioniert wurde. Buchhändler und Verleger mußten zahlreiche Zensurkämpfe ausfechten, nur ein kompliziertes Druck-, Auslieferungs- und Vertriebssystem, wie etwa das von Hoffmann & Campe in Hamburg, machte es möglich, daß kritische Autoren wie Heinrich Heine überhaupt die Zensur passierten. 1848 gab es zwar vorübergehende Zensurerleichterungen, doch wurde die Zensur erst nach 1871 abgeschafft.

Die Mehrzahl der Buchhandlungen und Verlage, die bis 1850 entstanden, entwickelte sich noch aus Druckereien. Viele spätere Unternehmer begannen hingegen ihre Karriere als Buchhandelsgehilfe und stiegen dann zum Verleger auf. Es gab allerdings eine Reihe von Fällen, in denen der Verleger aus einem ganz anderen Handelszweig kam, wie zum Beispiel F. A. Brockhaus, der ursprünglich englische Waren vertrieb und 1818 mit drei Holzpressen begann. Der typische deutsche Buchhändler hatte bei Jahrhundertbeginn sein Metier in der Regel noch von Grund auf in sechs bis acht Jahren gelernt, in der Kleinstadt mit Beamten und Gelehrten verkehrt und von daher ein gewisses bürgerliches Standesgefühl entwickelt. Bis weit in das Jahrhundert hinein waren Buchhandlungen Treffpunkte für Gebildete, wodurch eine Hemmschwelle für alle jene bestand, die ihren einfachen Lesebedürfnissen nur schwer Ausdruck verleihen konnten.

1825 erfolgte unter der Federführung von F. G. Perthes die Gründung des »Börsenvereins der Deutschen Buchhändler« als Interessenverband und Dachorganisation vieler bereits bestehender Einzelverbände. Dadurch sollten unberechtigte Nachdrucke – die im 19. Jahrhundert freilich keine große Rolle mehr spielten – untersagt, Urheberrechte geschützt und, besonders durch das 1834 begründete »Börsenblatt«, Diskussionsforen für Rechts- und Wirtschaftsfragen geschaffen werden. Preußen führte 1837 eine dreißigjährige Schutzfrist für alle Druckschriften ein, gerechnet vom Todesjahr des Verfassers, die 1845 vom Norddeutschen Bund übernommen wurde.

Das gemütliche Flair einer übersichtlichen Bücherwelt, wie

sie die Goethezeit mit freundschaftlichen Beziehungen zwischen idealistischen Buchhändlern, Lesern und Autoren repräsentierte, ging mit einer zunehmenden Steigerung der Buchproduktion nach 1848/49 im Zuge von Verstädterung, Maschinisierung und Bevölkerungsexplosion schnell verloren. Die Veränderungen waren für zahlreiche Alt-Buchhändler und Verleger beängstigend: War zunächst alles in einer Person vereinigt – Manuskriptkorrektur, Verlag, Beratung und Verkauf – und benötigte ein Verleger 1850 neben seiner Arbeitskraft nur wenige Gehilfen, so mußte er sich spätestens in den sechziger Jahren auf die neuen Verhältnisse einrichten und seinen Betrieb von Grund auf umstrukturieren. Produktion und Distribution entwickelten sich immer stärker auseinander; vielen Buchhändlern, wie beispielsweise L. Ullstein, gelang der Wechsel in das Verlegerlager. Der reine Verlag sonderte sich, bei Perthes geschieht dies 1822 und bei Metzler 1858, vom alten Verlagssortiment ab, technische Zweige wurden ausgegliedert, man ließ jetzt andernorts preiswerter drucken: Das Buch wurde zur Ware. Die Lesegewohnheiten änderten sich deutlich. Der intensive Leser, der wenige Bücher immer wieder las, wurde vom extensiven Leser abgelöst, der viele Bücher flüchtig zur Kenntnis nahm. Der Konkurrenzkampf wurde stärker, Klagen über eine Bücherflut und billige Verschleuderung durch Antiquare, die Restauflagen verramschten, häuften sich. Der feste Ladenpreis, eine wesentliche Voraussetzung geordneten Buchhandels, sollte sich erst gegen Ende der achtziger Jahre in den Verkaufsbestimmungen durchsetzen. Neue Verteilerstellen, erhebliche Vertriebserleichterungen – der alte Konditionsverkehr wurde abgeschafft – und größere Lager ermöglichten nach 1850 schnellere Angebote und eine bessere Buchbeschaffung.

Trotz einer Fülle von Neugründungen – allein in Stuttgart verdoppelte sich zwischen 1840 und 1860 die Zahl der Buchhandlungen – waren die Konzentrations- und Spezialisierungsbewegungen auf dem Buchmarkt unübersehbar. So vergrößerte A. Kröner seine Firma durch Ankäufe und vereinigte sein Unternehmen schließlich mit dem Verlag W. Spemann zum riesigen Gesamtbetrieb »Union Deutsche Verlagsgesellschaft« (1890). Der alte, lokal begrenzte und inhaltlich weit gefächerte Verlag mit seiner anachronistischen Vertriebsweise wandelte sich zu einem modernen Spezialunternehmen, die Verlegerpersönlichkeit wich rechtlich einer juristischen Person. Eine Spezialisierung war grundsätzlich notwendig geworden, weil die Buchproduktion zwischen 1800 und 1850 enorm anstieg, so daß Händler und Verleger die Übersicht zu verlieren drohten. Wurden 1800 noch 3000 neue Titel im Jahr aufgelegt, so waren es 1843 bereits 14000. Justus Perthes zum Beispiel konzentrierte sich vornehmlich auf Geschichte und Theologie, Weidmann auf klassische Philologie, Vieweg auf die Naturwissenschaften, und im Gefolge des entstehenden Eisenbahnnetzes baute Baedeker seinen Verlag für Reiseführer auf. Nur einige Große des Gewerbes, wie Cotta in Stuttgart, behielten die ganze Vielfalt einer breiten geisteswissenschaftlichen und literarischen Verlagsproduktion bei. Gute Auslandsbeziehungen führten zu zahlreichen raschen, zum Teil wegen fehlender Urheberrechtsvereinbarungen honorarfreien Übersetzungen; lange Zeit war der 1832 gestorbene Brite Walter Scott ein Lieblingsautor der Deutschen.

Der Trennung zwischen wissenschaftlichen und schöngeistigen Verlagen entsprach eine Spezialisierung im Kinder- und Jugendbuchmarkt, der nach seinen Anfängen im 18. Jahrhundert eine ungeahnte Konjunktur erlebte. Im 19. Jahrhundert bildeten sich durch volksaufklärerische Bestrebungen schließlich besondere Kinder- und Jugendbuchverlage heraus (z. B. Thienemann 1849 und O. Maier 1883), die dann im Rahmen der kaiserlichen Schulpädagogik einen Aufschwung und zugleich eine Konzentration erfuhren.

Nach 1850 traten im allgemeinen Buchhandels- und Verlagsgeschäft zunehmend Produktion und Vertrieb populärwissenschaftlicher und belletristischer Stoffe durch die Kolportage in den Vordergrund. Immer weniger wurden die Inhalte durch die Volkspädagogen angeregt, als vielmehr durch kommerziell ausgerichtete Verlage gelenkt. 1867 wurde noch einmal ein »Klassikerjahr«, da die Rechte für alle Autoren verlöschten, die vor mehr als 30 Jahren gestorben waren. Zahlreiche preiswerte Klassikerauflagen von Goethe, Schiller, Herder, Wieland und anderen kamen plötzlich – auch durch die Kolportage – in Massen auf den Markt, sei es bei Gustav Hempel in Berlin, in Cottas wohlfeiler »Bibliothek für alle« oder bei Philipp Reclam in Leipzig, der den ersten Band seiner »Universalbibliothek« mit Goethes »Faust«, für 20 Pfennig je Einzelbändchen, eröffnete.

Die bereits vor der Jahrhundertwende einsetzende Technisierung von Verlagswesen und Buchhandel – 1811 wurde die Dampfschnelldruckpresse erfunden, die die Druckkapazität um das Zehnfache gegenüber manuellen Verfahren steigerte; seit 1843 stellte man Papier zunehmend aus Holz, statt aus Textilien her – wurde nach 1855 noch verstärkt: 1873 kam die Rotationsmaschine auf den Markt, 1884 die Setzmaschine, und 1885 wurde die Fadenheftmaschine erfunden; bildliche Reproduktionen wurden durch Lichtdruck und Daguerreotypie verbessert. Die Voraussetzungen für eine verbilligte Massenproduktion waren damit erfüllt. 1870 hatte die Zahl der Neuerscheinungen erstmals wieder, nach einem zeitweiligen Rückgang in den fünfziger Jahren, die Grenze von 10000 überschritten, bis 1890 stieg sie auf 19000 im Jahr an. So ging die Produktionssteigerung mit dem Wachstum der Bevölkerung Hand in Hand; zudem erhöhte sich der Lektürebedarf des einzelnen. Das verbilligte Buch erreichte aber längst noch nicht alle potentiellen Käufer, immer wieder mußten die Preise bestimmter Bücher plötzlich wegen Absatzschwierigkeiten gesenkt werden. So kosteten die Reiseromane Karl Mays, die ab 1892 bei Fehsenfeld erschienen, geheftet drei Mark je Band, vier Mark gebunden und mit Lederrücken 4,50 Mark. May hatte sich mit einer Preissenkung der Lieferungen für den ersten Band von geplanten 50 auf 30 Pfennige einverstanden erklärt (1 Band = 10 Hefte à 30 Pfennig).

Die Kolportageverleger setzten den anderen Unternehmen des Gewerbes bis zu Beginn des 20. Jahrhunderts kräftig zu. Bereits 1850 konzentrierte sich die Herstellung von Trivialliteratur auf wenige Verlage, unter ihnen G. Basse in Quedlinburg und L. Schreck in Leipzig. Nach 1860 besaßen ungefähr zehn Firmen den Hauptanteil der Produktion, unter ihnen Mays zeitweiliger Verleger H. G. Münchmeyer aus Dresden.

Nach 1900 expandierte die Verlagsbranche nochmals enorm, es entstanden unter anderem so bekannte Verlage wie Piper, Rowohlt und Georg Müller. 1912 ließ Reclam erstmals in Bahnhöfen und Krankenhäusern Bücherautomaten aufstellen, die ihre Ware für zwei Groschen preisgaben und der Kolportage Konkurrenz machten.

Die Zahl der Schriftsteller nahm im 19. Jahrhundert stark zu; es gab mehrere, zumeist erfolglose Versuche, die Autoreninteressen durch eine Standesvertretung in der Art des Buchhändlervereins wahrzunehmen (Literatenvereine). Verkehrs- und drucktechnische Neuerungen sowie juristische Absicherungen durch ein neues Urheberrecht schufen zwar die formalen Grundlagen für ein freies Schriftstellerdasein im 19. Jahrhundert, doch zeigt das Beispiel May, daß Unabhängigkeit nur in Ausnahmen und normalerweise erst sehr spät im Berufsleben möglich war. 1862 hatte der Verleger Münchmeyer, der zuvor als Zimmergeselle und Musikant über die Dörfer zog und dessen Werdegang keine Besonderheit in der neuen Verlegerbranche darstellte, mit der Herstellung von Kalendern und Groschenheften begonnen, und bereits 1874 war aus dem kleinen Handbetrieb eine komplette Kolportagefabrik samt Druckerei und abhängigen Schreibern entstanden. Karl May hatte diesem Verleger 1882 leichtfertig erneut umfangreiche Manuskripte zugesagt; die nur mündlich ausgehandelten Bedingungen kennzeichnen die schwache Position des Kolportageschriftstellers in jener Zeit: »100 Hefte zu je 24 Seiten (à 3800 Anschläge) soll der gewünschte Roman umfassen; 20000 Stück vom Ganzen darf Münchmeyer drukken; dafür zahlt er dem Autor ein Heft-Honorar von 35 Mark (...). Und die kürzeste Rechnung zeigt, was für ein Geschäft da Geschäft ist: 10 Pfennig kostet das Heft; der Roman bringt also 10 Mark; der Verleger macht einen Bruttoumsatz von 200000 Mark und zahlt dem Autor 3500 – gleich ganze 1,75% ›vom Ladenpreis‹: ein Vorgang, der natürlicher nicht dadurch wird, daß dergleichen räuberische Gebräuche noch heute in der Branche unverändert gern geübt werden« (Wollschläger: May, S. 62).

Die Durchschnittshonorare für Schriftsteller und Journalisten sanken zum Jahrhundertende, immer stärker geriet die schreibende Zunft in eine direkte Verlegerabhängigkeit. Mays gute Beziehungen zu seinem Verleger Fehsenfeld, der seine Zeitschriftenerzählungen in Buchform bringen wollte, bildeten also eine Ausnahme, weil der Autor auf einen engagierten Unternehmer traf, der von seinem Schriftsteller begeistert war, ihm mit pünktlichen Vorauszahlungen der Honorare entgegenkam und mit 40 Pfennigen pro Band – ab 1907: 50 – eine für die Zeit recht gute Bezahlung zukommen ließ.

2. Kolportage

Ursprünglich bezeichnete das Wort Kolportage, das heute gewöhnlich abwertend für billige, schlichte und niveaulose Unterhaltungsliteratur benutzt wird, einen anderen Sachverhalt (vgl. grundsätzlich K. Henrici: Die Verhältnisse im deutschen Kolportagebuchhandel. Leipzig 1899; R. Schenda: Volk ohne Buch. F.a.M. 1970; ders.: Die Lesestoffe der kleinen

Leute. München 1976). Vom lateinischen »comportare« (zusammentragen) abgeleitet, kommt das Wort über die französischen Formen »colporter« und das noch ältere »comporter« im 19. Jahrhundert schließlich in den deutschen Sprachraum. Die ersten französischen Kolporteure des 16. Jahrhunderts trugen ihre Buchware in einer Kiste, die mit Riemen auf dem Rücken festgeschnallt war – noch weit nach 1800 trifft man im süddeutschen Raum die charakteristischen Tragebutten –, oder ließen sie von Eseln, Hunden oder Pferden transportieren. Von Beginn an besaß das Gewerbe, das nur kümmerlich den Mann ernährte, keinen guten Ruf. Die von Markt zu Markt ziehenden Vaganten näherten sich im Sozialstatus Ausgestoßenen, man vermutete in ihnen immer wieder Hehler, Nachdruckverkäufer und Vertreiber von unzüchtig-teuflischen Werken.

Solange die Mehrheit des Publikums, vor allem die ländliche Bevölkerung, nicht lesekundig war – in Deutschland konnten 1770 etwa 15 Prozent aller Einwohner lesen – mußten kuriose und zum Kauf reizende Bilder und Bilderbogen zumeist religiöser Natur für geringes Geld die Lektüre ersetzen. Bücher und Bilder mit Ritter-, Gespenster-, Mord- und Scharfrichtermotiven verkauften sich am besten, daneben wurden im späten 18. und beginnenden 19. Jahrhundert vor allem populäre Lesestoffe von fliegenden Händlern feilgeboten, also Almanache, Kalender und Elementarbücher, Erbauungsliteratur aller Art, Märchen, Gebet- und Predigtsammlungen, Koch- und Traumbücher und natürlich abenteuerliche Erzählungen in großer Menge. Im 18. Jahrhundert hatte dieses Leseangebot die Aufklärer auf den Plan gerufen, die gegen den Aberglauben zu Felde zogen, sich also nicht grundsätzlich gegen die popularisierende und möglicherweise für die Volksbildung nützliche Vertriebsform wandten, sondern sich gegen die Inhalte aussprachen und eine ungezügelte, unkontrollierte Lesewut tadelten, die die Sitten verdarb. Mitgetragen von Kirche und Volkserziehern unterlag der Kolporteur des beginnenden 19. Jahrhunderts auch einer ganzen Reihe von staatlichen Kontrollen und Schikanen durch die Zensurbehörden, die dem hausierenden Buchverkäufer mißtrauisch begegneten, zumal seine Waren nur schwer zu kontrollieren und die Händler oft zwielichtiger Herkunft waren. Häufig jedoch blieben die staatlichen Repressalien unangemessen, weil Schriften als sittenverderbend und staatsfeindlich betrachtet wurden, die allenfalls phantastisch-kurios und abenteuerlich waren. Man hätte das Kolportagegeschäft des beginnenden 19. Jahrhunderts vielleicht ganz verboten, wie es zeitweilig in süddeutschen Kleinstaaten der Fall war, wenn der Gewerbezweig nicht mittlerweile einen solchen Umfang angenommen hätte, daß mit starken finanziellen Belastungen für die Kommunen gerechnet werden mußte (Armengelder). Nach 1800 entstand schließlich, auch als Resultat volksaufklärerischer Bemühungen (Schulpflicht), ein Lesepublikum, welches bedient werden und nicht nur belehrendes, sondern auch unterhaltendes Schrifttum bekommen wollte. Jetzt zahlte es sich aus, daß der Kolporteur vielerorts als Mittler zwischen Buchdrucker, Händler und Leser fungierte, zumal viele Städte und Dörfer weder Buchdruckereien noch Buchhandlungen besaßen, die das Lesebedürfnis hätten befriedigen können. Daneben hatte der Lesestofflieferant immer auch sozialkommunikative Funktion, war er doch, solange es keine Zeitungen und Zeitschriften gab, Nachrichtenbote aus einer weithin noch unbekannten Welt.

Im Verlaufe des Jahrhunderts, besonders nach der gescheiterten Revolution, nahm der Kolportagebuchhandel einen kolossalen Aufschwung, für den unterschiedliche Gründe angeführt werden können. Neben allgemeinen technischen Verbesserungen im Bereich von Druck- und Satztechnik sowie der Einführung der Gewerbefreiheit war es vor allem das Lesebedürfnis einer stark expandierenden Bevölkerung, die zunehmend in die Städte abwanderte und durch die einsetzende Industrialisierung erstmals in den Genuß geregelter Arbeits- und Freizeit kam. Preiswerte, auf Ratenzahlungs- oder auf Subskriptionsbasis angebotene und lieferungsweise vertriebene Werke kamen den neuen städtisch-proletarischen Schichten entgegen. Eine Generation neuer Kolportageunternehmer nutzte die Marktlücke im großen Stil und mit beträchtlichen Gewinnraten entschlossen aus. Die Verleger ließen ihre Händler, zumeist ungelernte Kräfte, von Haus zu Haus ziehen, Prospekte verteilen, die als Lockmittel Nochniedagewesenes priesen oder Inhaltsangaben lieferten, und sie Aufträge einsammeln, die später durch Lieferburschen abkassiert wurden. Eine geschickte Werbung mit Prämienanreizen, Sonderpreisen und Freiexemplaren trug dazu bei, die Ware nicht immer ganz seriös unter die Leute zu bringen. Allerdings gab es auch lautere Unternehmer, wie Cotta, der 1839 über 100000 Exemplare einer billigen Schillerausgabe vertreiben ließ, oder C. J. Meyer, der Begründer des »Bibliographischen Instituts«, die die neuen Vertriebspraktiken guthießen und selbst im großen Umfang praktizierten. Meyers erster großer Erfolg war die »Miniaturbibliothek deutscher Klassiker«, die er – das Bändchen für zwei Groschen – unter der Devise »Bildung macht frei!« durch eigene Kolporteure vertreiben ließ. Auch die grünen Fehsenfeld-Bände Karl Mays konnte man um die Jahrhundertwende in Lieferungen für 30 Pfennige kaufen, wobei zehn Lieferungen einen Band bildeten, den man sich binden lassen konnte.

Ungefähr um 1850 löste sich der Begriff der Kolportage allmählich aus der Distributionssphäre des Literaturmarktes und bezog sich immer mehr auf die sog. »Schund- und Hintertreppenromane«. Damit waren Romane gemeint, deren werbekräftige Titel auf großformatigen Seiten bereits Mord, Graus, Spuk und Blut atmeten wie etwa »Der rothaarige Hugo oder die tausend Leichen auf dem Rabenstein«, *Das Waldröschen oder die Verfolgung rund um die Erde. Großer Enthüllungsroman über die Geheimnisse der menschlichen Gesellschaft* oder »Der Scharfrichter von Paris«, der 1894 eine Auflagenhöhe von 250000 erreichte. Doch war der Anteil der grob reizenden und plump moralisierenden Werke, also »echter« Kolportageromane, an dem, was der Kolporteur vertrieb, recht gering. So wurden auch Werke von E. Zola oder A. Dumas, Konversationslexika und Zeitschriften wie das 1833 für kaufschwache Schichten gedachte »Pfennig-Magazin« auf diese Weise vertrieben. Kurios wirkt daher im historischen Rückblick der wilhelminische »Schundkampf« vor 1914, der sich pauschal gegen Kolportageromane richtete und sie »mit Stumpf und Stiel auszurotten« gedachte (O. Kraus: Der deutsche Büchermarkt 1893. Stuttgart 1894 S. 34). 1891 hatte Wilhelm II. im Zusammenhang mit einem Zuhälterprozeß eine Verschärfung der Strafgesetze gegen die Verbreitung unzüchtiger Schriften gefordert, die später auch weitgehend realisiert wurde (»Lex Heinze«). Ganz untersagt wurde das Gewerbe aus wirtschaftlichen Gründen nicht, zu sehr hingen Schriftsteller, Drucker, Papierfabrikanten, Hausierer und Verleger davon ab. Weit über die Jahrhundertwende hielt jedoch die Diskussion über Schund an, innerhalb derer die May-Kritik eine besondere Rolle einnahm und in der sich vor allem Lehrer hervorgetan haben wie der Hamburger H. Wolgast mit seinem vieldiskutierten Buch »Das Elend unserer Jugendliteratur« (Hamburg/Leipzig [3]1905), aber auch Publizisten wie O. Leixner von Grünberg oder der engagierte Bibliothekar E. Schultze (»Die Schundliteratur. Ihr Wesen. Ihre Folgen. Ihre Bekämpfung.« Halle 1909) und nicht zuletzt der Journalist Rudolf Lebius (1868–1946), der 1910 in Berlin eine bemerkenswerte private Kampf- und Prozeßschrift mit dem Titel »Die Zeugen Karl May und Klara May« auf den Markt brachte. Zu Kriegsbeginn 1914 zeigte sich dann, daß die Mehrzahl der »Schundkämpfer« zu den engagiertesten Kriegstreibern zählte. Ein Blick auf die wirtschaftliche Seite der Antischundkampagnen macht zudem deutlich, daß es sich letztlich auch um einen Streit über Absatzmärkte handelte, um einen getarnten Verdrängungskampf zwischen seriösen Alt-Verlegern und Kolportage-Emporkömmlingen. Schund blieb ein äußerst vager Begriff, den seine Gegner keinesfalls auf die zahlreichen chauvinistischen und militanten Schriften des Kaiserreiches angewandt haben wollten. – »Träumt also Kolportage immer, so träumt sie doch letzthin Revolution, Glanz dahinter« – Ernst Bloch (Erbschaft dieser Zeit. F. a. M. 1962. S. 177) hat früh darauf verwiesen, daß Kolportageromane im Gegensatz zur Kitschliteratur durchweg rebellischen Tagtraumcharakter besitzen und zahlreiche Erfüllungsphantasien liefern, so daß sich die Repressalien der Obrigkeit wohl auch unbewußt gegen ihre aufrührerischen Inhalte richteten.

Zu den ganz großen Kolportageverlegern, die über die Köpfe der Sortimenter direkt an ein Publikum lieferten, welches bis dahin für den allgemeinen Buchhandel noch gar nicht existierte – die unteren Schichten –, zählte auch Karl Mays langjähriger Verleger Heinrich Gotthold Münchmeyer (1836–92), der 1862 sein »Verlags- und Colportagegeschäft« in Dresden gründete und für den May unter Pseudonym zwischen 1882 und 1887 fünf umfangreiche Lieferungsromane produzierte, vier davon in jeweils über hundert Einzelheften (mit zusammen 10250 Seiten), von denen allein das Riesenwerk *Das Waldröschen* (lt. Verlagsreklame in 109 Lieferungen) bis zur Jahrhundertwende in 500000 kompletten Exemplaren verkauft wurde. Man schätzt, daß zwischen 1860 und 1903 insgesamt etwa jährlich 500 Kolportageromane im Umlauf waren, die oft anonym oder unter einem Pseudonym erschienen und riesige Auflagen erlebten. Zumeist handelte es sich um 50 bis 150 Lieferungen von 16 oder 24 Seiten zu zehn Pfennigen. Die Kolportageverleger orientierten ihre Produkte strikt an der Nachfrage, so daß Romane, einzelne Episoden daraus und guter oder schlechter Ausgang von Handlungssträngen bei Bedarf künstlich gestreckt oder zuweilen sehr schnell zu einem Ende gebracht werden mußten, was die Qualität erheblich beeinträchtigte. Nicht immer geschah dies von eigener Hand, weil der hastig Zeilen und Seiten schindende Kolportageautor – viele unsinnig ausgedehnte Dialoge mit extrem kurzen und wiederholenden Sätzen in Mays Kolportageromanen rühren daher – seine Fließbandwerke kaum einmal nachlas oder korrigierte. Oft entschied bereits der Verkauf des siebten Heftes, ob sich eine Fortsetzung der Serie lohnte. Die einzelnen Lieferungshefte waren darauf angelegt, mit einem Spannungshöhepunkt abzubrechen, um Fortsetzungskäufe der Abonnenten zu sichern. Ende des 19. Jahrhunderts schrumpfte das Kolportagegewerbe erheblich zusammen. 1908 gab es nur noch ca. 1000 Kolportagebuchhändler mit ungefähr 45000 Kolporteuren, unter ihnen nach wie vor der Verlag H. G. Münchmeyer in Dresden-Niedersedlitz. Das Interesse konzentrierte sich allerdings bereits gegen 1900 zunehmend auf den Zeitschriftenvertrieb, so daß der Handel mit Fortsetzungsromanen – die es seit Georg Weerths »Leben und Taten des berühmten Ritters Schnapphahnski« auch als Feuilletonserien gab – immer stärker zurückging.

3. Leihbibliotheken

Zahlreiche wirtschaftliche, soziale und technische Neuerungen bewirkten im Laufe des 19. Jahrhunderts den zügigen Abbau des Analphabetismus in Deutschland. Die Alphabetisierung der deutschen Bevölkerung und die Ausbreitung des Lesens verliefen sozial und regional unterschiedlich, so wurden ländlich-katholische Bereiche und der süddeutsche Raum erst spät erfaßt. Die Mehrzahl der Leser fand sich in den stark anwachsenden Städten.

Bereits im 18. Jahrhundert gab es in Deutschland erste städtische Leihbibliotheken. Im Rahmen der volksaufklärerischen Bewegungen zu Beginn des 19. Jahrhunderts kam es dann verstärkt zur Einrichtung von Volksbibliotheken (vgl. grundsätzlich: G. Jäger/J. Schönert: Die Leihbibliothek als Institution des literarischen Lebens im 18. und 19. Jahrhundert. Hamburg 1980). Erwähnenswert sind hier besonders die Bemühungen des sächsischen Rentamtmannes K. Preusker wie auch die des Arztes Pröbstin, der bereits 1837 einen »wohltätigen Bücher-Verein« gründete. Pfarr- und Betriebsbibliotheken, wie die des Industriellen F. Harkort, wurden von Mäzenen eingerichtet, um ärmeren Schichten »nützliche Kenntnisse« zu vermitteln. Doch fanden die Volksbibliotheken – Vorformen der heutigen öffentlichen Bibliotheken, die sich erst um 1900 durchsetzten – nur geringes Interesse und sind daher von eher marginaler Bedeutung. Wichtig wurden im 19. Jahrhundert die kommerziell betriebenen Leihbibliotheken, deren Zahl nach 1848 sprunghaft anstieg. Bis 1900 erhöhte sie sich von ca. 600 im Jahre 1865 auf 1200 im Jahre 1890. Großstädte hatten meist zahlreiche Leihbibliotheken, so Dresden allein 39 (1896) und Hamburg 20 (1874).

Das Gros der Entleihungen betraf, schichtenunabhängig, den Bereich der Belletristik, besonders die Abteilung Romane, die zunehmend andere Sektoren verdrängte. Allmählich näherten sich die Geschmacksvorstellungen kleinbürgerlicher, proletarischer und bürgerlicher Schichten an. Privatpersonen kauften in dieser Zeit kaum Romane, überwiegend waren Leihbibliotheken die Abnehmer der Neuerscheinungen. Romanauflagen zeitgenössischer Autoren – wie G. Freytags, Th. Fontanes oder P. Roseggers – entsprachen nahezu genau der Zahl der bestehenden Leihbibliotheken, bewegten sich also um die Grenze von 1000 Exemplaren. Es war keine Ausnahmeerscheinung, daß manches Buch eigens für Leihbibliotheken geschrieben wurde, solange der Buchkauf ein Privileg begüterter Schichten war. Erst Ende der achtziger Jahre konnte das Monopol der Verleihanstalten durch die Kolportage, postalisch versandte Familienblätter und andere Periodika gebrochen werden.

Die einzelnen Leihbibliotheken unterschieden sich teilweise erheblich voneinander: Es gab exklusive Anstalten und Novitätenclubs wie den Fritz Borstellschen Lesezirkel in Berlin oder das Kollmannsche Leihhaus in Hannover, wo selbst Fürsten verkehrten. Daneben existierten die selten offiziell erfaßten Winkelleihbibliotheken, die Sortimenter zusätzlich besaßen oder die ganz anderen Gewerbezweigen angegliedert werden konnten und von Handwerkern oder Friseuren nebenbei betrieben wurden. Karl May, der sich als Kind zeitweilig Geld mit Kegelaufsetzen verdiente, kam seinerzeit mit einer solchen Winkelleihbibliothek in Berührung, die dem Schankwirt einen Nebenerwerb einbrachte. Hier las der Junge in halbzerfledderten Exemplaren »Schundliteratur«, also Geschichten von edlen Räubern und ihren Bräuten, von eingemauerten Nonnen und von den schweren Sünden des Erzbischofs, »ganze Nächte lang, glühenden Auges über sie gebeugt« (May: *Mein Leben und Streben*. S. 73 f.).

Vornehmere Institutionen hatten sehr gut erhaltene, neue Bücher im Angebot, Saisonnovitäten, die oft nicht einmal den Stempel der verleihenden Anstalt trugen und dadurch dem feineren Publikum Zugeständnisse machten. Zeigten die Bände Abnutzungsspuren oder sank das Interesse, so wurden die Bücher an zweit- oder drittklassige Ausleiher weitergegeben.

Insgesamt betrachtet, bedienten die Leihbibliotheken ein gemischtes Publikum mit unterschiedlichen Ansprüchen, so daß die Polemik, die gegen die kommerziellen Verleiher von staatlicher und pädagogischer Seite erhoben wurde, nur teilweise zutraf. Ohne Zweifel stellten Leihbibliotheken die zugänglichste Bücheranstalt dar: Junge und Alte, Handwerker, Kaufleute, Gymnasiasten und Lehrer, weniger Frauen und Facharbeiter, fanden den Weg hierher. Gegen 1900 verdrängten dann die Massenauflagen der Zeitschriften, das billige Buch und das Feuilleton die Ausleihe.

4. *Zeitschriften und Kalender*

Im 17. Jahrhundert trat erstmals neben das Buch als neues Informationsmedium die Zeitschrift; im folgenden Jahrhundert wuchs die Zahl der Zeitschriften, vor allem der unterhaltend-belehrenden »Moralischen Wochenschriften«, sehr stark an. Bis zur Revolution 1848/49 entfaltete sich die Zeitschriftenkultur nur langsam weiter, dann aber äußerst intensiv. Vor 1848 war eine Druckerlaubnis für Periodika, die noch weitgehend die Aufgaben der heutigen Tageszeitung innehatten, grundsätzlich von den politischen Aussagen des Blattes abhängig. So gab es immer wieder übertriebene Versicherungen der Herausgeber, daß sie nur die allgemeine wissenschaftliche Belehrung anstrebten. 1833 wurde das wöchentlich unterhaltende »Pfennig-Magazin« der »Gesellschaft zur Verbreitung gemeinnütziger Kenntnisse« in Leipzig zunächst mit einer Startauflage von 35000 gegründet, die sich bald auf die Grenze von 100000 zubewegte und allein 60000 Abonnenten aufweisen konnte. Frei nach dem Motto »Wer vieles bringt, wird manchem etwas bringen« enthielt das Magazin ein kühnes, vom Fortschrittsglauben diktiertes Gemisch aus Technik, Naturwissenschaften, Poesie und Erbauung, abgestellt auf popularisierende Belehrung und typisch in seiner

Aufmachung für viele folgende Zeitschriften: knapp acht Seiten, Wort und Bild kurzweilig in leichtverdaulichen Dosen dargeboten.

Einen vorübergehenden Höhepunkt der Partei-, Zeitschriften- und Flugschriftenliteratur stellte das Jahr 1849 dar. Doch blieb die »Preßfreiheit« der Revolution nur ein kurzes Zwischenspiel. Nach 1850 kamen im Zuge verkehrstechnischer und gesetzlicher Erleichterungen zahlreiche populäre Unterhaltungszeitschriften auf den Markt, unter ihnen eine Vielzahl harmloser unpolitischer Journale für die bürgerliche Familie, die bald Spitzenauflagen erzielten und ihr Publikum mit einer Mischung aus belehrender und literarischer Unterhaltung bedienten. Karl May war seit 1875 Redakteur und Mitarbeiter verschiedener Unterhaltungszeitschriften und auch Herausgeber zweier kurzlebiger Periodika (»Schacht und Hütte. Blätter zur Unterhaltung für Berg-, Hütten- und Maschinenarbeiter« und »Deutsches Familienblatt. Ein Unterhaltungsblatt für alle Stände«), die durchweg naiv angelegt waren und den Bedürfnissen schlichter Leser entgegenkamen. Bereits eine kurze Titelauswahl aus der Vielzahl der Familienblätter verdeutlicht den allgemeinen, unpolitischen Charakter der überaus erfolgreichen Periodika, deren Vorbild letztlich in den Taschenkalendern und Volksblättern des 18. Jahrhunderts zu suchen ist: »Familienfreund«, »Ueber Land und Meer«, »Illustrirtes Familienjournal«, »Unterhaltungen am häuslichen Herd«, »Daheim«, »Mußestunde«. Die berühmteste unter ihnen war ohne Zweifel »Die Gartenlaube«, die May wahrscheinlich während oder kurz nach seiner Haftzeit kennenlernte.

Die Familienzeitschriften erschienen wöchentlich und paßten sich grundsätzlich den breiten Leserschichten und unterschiedlichen Geschlechtern durch Rubriken und Beilagen mit Berichten aus allen Wissenschaftsbereichen, Erzählungen, Romanfortsetzungen, Rätseln sowie einem »Leserbriefkasten« und – sobald es die Technik zuließ – Illustrationen und Bildern an. Populärwissenschaftliche Teile sollten jedermann zugänglich sein, was sich oft bereits in der persönlichen Anrede des »lieben Lesers« spiegelte. So waren die Zeitschriften des 19. Jahrhunderts immer zugleich auch Lehrschriften, die die Sehnsucht einer lesehungrigen Bevölkerung nach naturwissenschaftlichen und technischen Erklärungen zu befriedigen suchten.

Erstveröffentlichungen zeitgenössischer Literatur spielten

bereits in den Zeitschriften der vierziger Jahre eine wichtige Rolle. Manche Herausgeber ließen werbekräftig bekannte Autoren Fortsetzungsromane schreiben. Für die Schriftsteller war der Vor- oder Originalabdruck in einer Familienzeitschrift nichts Rufschädigendes und finanziell zumeist ein großer Erfolg, so daß nicht nur May, sondern auch Fontane, Storm, Spielhagen, Raabe und andere auf diese Weise veröffentlichten. Muster vieler folgender Zeitschriften war, wie bereits angedeutet, die »Gartenlaube«, ein Familienblatt, das – von Ernst Keil gegründet – 1853 die erste Nummer herausgab und bis 1944 erschien. Name und Titelzeichnung der Zeitschrift entsprachen in ihrer konfliktscheuen Beschaulichkeit dem bürgerlichen Wunsch nach Rückzug und Kompensation. In den siebziger Jahren stieg die Auflagenhöhe dieses meistgelesenen Familienblattes vorübergehend auf 400000 wöchentlich, wozu Autoren wie Paul Heyse, Wilhelm Raabe und Eugenie Marlitt beitrugen.

Christliche Periodika machten einen Großteil der Familienzeitschriften aus (»Daheim«, 1864ff., »Ueber Land und Meer«, 1858ff.). Im Stil französischer Revuen erschienen ab 1856 »Westermanns Monatshefte«, an denen auch W. Dilthey mitarbeitete. Als »Zeitschrift für das gesamte geistige Leben der Gegenwart«, als umfassende Kulturzeitschrift mit zahlreichen volkspädagogischen Beiträgen verfolgte sie ein enzyklopädisches Ziel und war dadurch einer breiten Leserschicht zugänglich.

Die satirischen »Fliegenden Blätter« (1845–1944) erschienen wöchentlich. Sie waren für ihre hervorragenden Holzstiche bekannt, die den Textteil oft qualitativ übertrafen. Zu den Mitarbeitern zählten unter anderem Wilhelm Busch und Friedrich Gerstäcker. Der »Kladderadatsch«, 1848 in Berlin gegründet, erschien »täglich mit Ausnahme der Wochentage« und war in seinem Tenor satirisch-liberal gehalten. Wie der »Simplicissimus« (1896–1944) lebte er von zahlreichen Karikaturen und einer getarnten Gesellschaftskritik am wilhelminischen System. Neben diesen bekannten Zeitschriften, die, wie alle anderen, durch den Papierhandel, durch Kolporteure und später durch die Post vertrieben wurden, gab es die Sonderform der stärker politisch ausgerichteten Rundschau, die aber auch literarische Elemente pflegte (z. B. »Deutsche Rundschau«, 1874ff.). Der von Peter Rosegger redigierte »Heimgarten« (1876ff.) und die von Joseph Kürschner in Stuttgart edierte illustrierte Monatsschrift »Vom Fels zum

Meer« (1881 ff.) sind ebenfalls erwähnenswert. Insgesamt läßt sich feststellen, daß die Mehrzahl der Zeitschriften trotz aller erzwungenen und selbst auferlegten politischen Zurückhaltung nützliche Beiträge zur populären Wissensvermittlung leistete.

Eine Fülle von Jugendzeitschriften, die sich überwiegend an die Kinder des Bildungsbürgertums wandte, ergänzte das breite Zeitschriftenangebot, unter ihnen der »Gute Kamerad. Spemanns Illustrierte Knaben-Zeitung« (1886 ff.). Für diese bald recht angesehene Stuttgarter Jugendzeitschrift, die dem »Erziehungsbegriff der Zeit beträchtlich vorausschreitet« (Wollschläger: May, S. 70), schrieb Karl May von Anfang 1887 bis 1897 insgesamt acht längere Jugenderzählungen (u. a. *Das Vermächtnis des Inka*), die später auch in Buchform erschienen. Bis 1891 hat May auch eine Reihe von Kurzgeschichten und Skizzen nach Bildvorlagen für den »Guten Kameraden« geliefert.

Im Verhältnis zu anderen Zeitschriften des Kaiserreiches hatten die konfessionellen Periodika relativ wenige Leser. Dies gilt auch für die katholische Presse, obwohl einige Familienblätter, wie der wöchentlich erscheinende »Deutsche Hausschatz« (1874 ff.), auszunehmen sind, denen hohe Auflagen gelangen. May war seit 1879 Mitarbeiter dieser von Kommerzienrat Friedrich Pustet in Regensburg herausgegebenen katholischen Zeitschrift. Von *Three Carde Monte* (1879) bis hin zur Erstfassung seines Spätromans *Ardistan und Dschinnistan* unter dem Titel *'Mir von Dschinnistan* hat May hier eine Vielzahl seiner Erzählungen erstmals veröffentlicht, unter anderem die ersten Folgen der berühmten Orientserie (*Durch Wüste und Harem* usw.) seit Januar 1881 unter dem Titel *Giölgeda padishanün*.

Zum religiösen Schrifttum der Zeit gehörten auch die sog. »Marienkalender«, in denen May seit 1891 eine ganze Reihe seiner Erzählungen erstmals drucken ließ. Kalender haben eine weit zurückreichende Tradition, und weit bis in das 19. Jahrhundert stellten sie für untere Volksschichten neben religiösen Werken die einzige Lektüre dar. Die Aufklärer des 18. Jahrhunderts hatten eine allmähliche Abänderung und Besserung des traditionellen Volkskalenders erreicht, so daß neben den Kalendarien jetzt auch umfangreiche Anlagen aufgenommen wurden, die auf die Bedürfnisse der Leser eingingen und Rezepte, landwirtschaftliche Ratschläge, Lieder, Anekdoten und Abenteuergeschichten boten. Bei den Marienkalendern handelte es sich nun um volksnah gestaltete Erbauungsliteratur mit unterhaltenden, belehrenden und tröstenden Beiträgen, die einer massiven marianischen Grundtendenz verpflichtet waren. Einer der führenden Marienkalender, der schnell eine Auflage von 400000 erreichte und im katholischen Verlag Pustet erschien, wurde ab 1866 in Regensburg herausgegeben. Daneben gab es eine ganze Vielzahl ähnlicher Periodika (»Benzigers Marienkalender«, »Eichsfelder Marienkalender« oder »Einsiedler Marienkalender«), in denen May ebenfalls publizierte.

Zwischen 1880 und 1918 kam noch einmal eine Fülle neuer Zeitschriften auf den Markt – der »Deutsche Journal-Katalog« von 1903 verzeichnet allein 300 Titel –, doch lösten gegen 1900 bereits die bebilderte Illustrierte, die Tageszeitung und das ausgereifte Feuilleton die Familienblätter immer mehr ab.

5. *Das Publikum*

Populäre Lesestoffe und ihre Leser sind für das 19. Jahrhundert bislang nur unzureichend erforscht worden (vgl. grundsätzlich: R. Schenda: Die Lesestoffe der kleinen Leute. München 1976; ders.: Volk ohne Buch. F.a.M. 1970; R. Engelsing: Analphabetentum und Lektüre. Stuttgart 1973; R. Wittmann: Buchmarkt und Lektüre im 18. und 19. Jahrhundert. Tübingen 1982), weil sich das Interesse zumeist auf die anspruchsvollere Literatur und ihr Publikum richtete. Nach optimistischen Schätzungen konnten um 1830 nur etwa 40 Prozent, 1870 ungefähr 75 Prozent und 1900 nahezu 90 Prozent der Bevölkerung lesen. Die Zahl der Menschen, die lesen, aber nicht schreiben konnte, war hingegen nach wie vor groß. Allmählich veränderte sich das Leseverhalten: Mit der Zunahme der Buch- und Zeitschriftenproduktion verlor das intensive, wiederholende Lesen an Bedeutung und wich einem raschen, vielfältigen und extensiven Lesevorgang. Die Lektüre machte damit einen Wandel zum Konsum durch, zur eher passiven, individuellen und anonymen Rezeption.

Der lesende Bauer blieb ein Wunschbild der Aufklärer; Frauen und Landbewohner lasen auch im 19. Jahrhundert bedeutend weniger als andere Gesellschaftsgruppen, mancher Bauernhof hatte nicht viel mehr als Bibel, Gesangbuch und einen dürftigen Kalender in seiner Bibliothek aufzuweisen, die im Sommer selten, in den arbeitsärmeren Wintern schon eher genutzt wurde. Im Gegensatz zum Buch setzte sich die Zeitung bis 1900 als Kommunikationsmittel in fast allen Bevölkerungsschichten durch. Bereits 1850 lasen mindestens 25 Prozent der Bevölkerung regelmäßig eine Zeitung; regionale Blätter erreichten bald eine Auflagenhöhe von 25 000.

Vorherrschender Lesertyp war seit der Aufklärung der Gelehrte, Kaufmann, Beamte oder Offizier, der bürgerlich-städtische Leser. Erst in den siebziger Jahren des 19. Jahrhunderts erweiterte sich der Lesermarkt langsam auf andere Schichten, wozu Schulreformen, sozialstrukturelle Umschichtungen und technische Änderungen beitrugen. Daß trotz des Bevölkerungszuwachses der Buchverbrauch lange Zeit gering blieb, ist nicht nur auf die allenfalls elementar ausgebildete Lesefähigkeit, sondern auch auf die geringen Löhne zurückzuführen. Der potentielle Leser außerhalb traditioneller Bildungsschichten konnte nach abstumpfender Arbeit in seiner engen, dunklen und unruhigen Wohnung nur leichte Lesekost aufnehmen. Kein Wunder also, daß sich hier vorzugsweise der Kolportageroman fand, der sich an Arbeiter, Dienstmädchen, Handwerker, Kellner und kleine Beamte sowie ihre Familien wandte. Am Wochenende, während der Mahlzeiten, auch in den Arbeitspausen wurden kleine Teile eines dünnen Wochenheftes verschlungen, manchmal nur wenige Zeilen, die den vorstellungsbegierigen Kopf während der öden und mechanischen Arbeit des Tages begleiteten. Die »Gartenlaube« lasen zum Beispiel 20 Prozent Gewerbetreibende und Kaufleute, aber nur drei Prozent Arbeiter. Auch die neu eingerichteten Gewerkschafts-, Volks- und Stadtbibliotheken konnten an diesem Mißverhältnis nichts ändern, man mied diese Einrichtungen und Buchhandlungen und kaufte lieber beim Kolporteur, der das Buch zum Leser brachte. Einfach konzipierte Zeitschriften und Lieferungshefte, die in den achtziger Jahren verstärkt auf den Markt kamen, trafen daher auf ein breites, auch die gebildeten Schichten umfassendes Publikum, das in den Stoffen Lebenshilfe, Fluchträume und soziale Kompensation suchte. Das billige, viele Privatpersonen erreichende Buch kam erst um 1900 auf.

Reinhard Tschapke

ZWEITER TEIL: PERSON UND LEBENSUMSTÄNDE

A. Geschichte der biographischen Forschung

1. Zu Lebzeiten Karl Mays

Die Beschäftigung mit der Biographie Karl Mays hat schon zu seinen Lebzeiten eingesetzt. Die von Karl May geschaffene »Old-Shatterhand-Legende« (vgl. »Mays Leben«) mußte die Nachprüfung des vom Autor in Anspruch genommenen biographischen Realitätsgehaltes seiner Erzählungen geradezu herausfordern. Seit Fedor Mamroth in der Frankfurter Zeitung vom 3. 6. 1899 die Vermutung ausgesprochen hatte, »daß Karl May die fremden Länder, die er so anschaulich schildert, mit keinem Fuß betreten hat« und seit bald nach der Jahrhundertwende die persönlichen und literarischen Angriffe gegen May einsetzten, hat sein Vorleben im Zentrum einer immer heftiger werdenden Auseinandersetzung gestanden (vgl. »Mays Leben«, 7. Das Alter).

Die beiden wichtigsten Quellenwerke aus jener Zeit sind Mays Autobiographie *Mein Leben und Streben*, Freiburg 1910, und R. Lebius, Die Zeugen Karl und Klara May, Berlin 1910 (vgl. zu beiden Büchern »Mays Leben«, 1. Dokumente und Quellenlage). Biographisch bedeutsam sind aber auch heute noch M. Dittrich, Karl May und seine Schriften, Dresden 1904, und H. Wagner, Karl May und seine Werke, Passau 1907; beide Werke sind als Bd. 2 der Materialien zur Karl-May-Forschung 1975 von der KMG als R nachgedruckt worden. Der Wert dieser beiden apologetischen Schriften liegt vor allem darin, daß ihre Verfasser von May selbst instruiert waren; namentlich das Buch von Wagner ist in vieler Hinsicht ein Vorläufer der Selbstbiographie.

2. Die Zeit von 1912–1945

In der Zeit vom Tode Karl Mays bis zum Ende des 2. Weltkrieges ist die biographische Forschung über Karl May nur zögernd vorangekommen. Der Grund liegt darin, daß einerseits die persönlichen Auseinandersetzungen abflauten und andererseits Klara May, die Witwe des Autors, jede

Veröffentlichung über Mays Straftaten und seine sonstigen Verfehlungen zu verhindern versuchte. Sie hat wichtige Akten verbrannt; auf ihrer Haltung beruht es auch, daß aus dem Nachlaß Karl Mays nur wenige relevante Daten veröffentlicht wurden.

Zu nennen sind folgende Bücher, die sich mit der Biographie Mays (mindestens u. a.) näher beschäftigen:

a) *Ich*, GWR Bd. 34, 1. Aufl., 1916, bis 20. Aufl., 1942. Dieser Band enthält die Selbstbiographie Mays in einer stark verkürzten und bearbeiteten, für die Forschung also unbrauchbaren Form. Der »Anhang« von E. A. Schmid bringt manche biographische Information; irrig ist freilich die Annahme, May habe in jungen Jahren »mit Wahrscheinlichkeit« drei außereuropäische Reisen unternommen.

b) E. A. Schmid, Eine Lanze für Karl May, Radebeul 1919, 3. Aufl. 1940. Die Schrift verteidigt May gegen einen biographisch entstellenden und diskriminierenden Nachruf, der im Sammelwerk »Biographisches Jahrbuch und Deutscher Nekrolog«, 18. Bd., Berlin 1917, erschienen war. Der Nachruf wurde auf Schmids Intervention hin ausgewechselt.

c) O. Forst-Battaglia, Karl May. Ein Leben, ein Traum. Zürich, Leipzig, Wien 1931. Eine literarisch elegante und geistreiche Schrift, deren biographische Annahmen bei allem Bemühen um objektive Information jedoch vielfach lücken- und fehlerhaft sind.

d) K. H. Dworczak, Das Leben Old Shatterhands, Radebeul 1935, mehrere Nachauflagen. Eine volkstümliche Nacherzählung von Mays Leben, die sich vor allem auf die Autobiographie und die Karl-May-Jahrbücher stützt. Die Schilderung ist sachlich, beruht aber auf einem vielfach überholten Kenntnisstand. Irreführend ist vor allem, daß der Verfasser die *Winnetou*-Erzählung zum Teil als biographische Realität betrachtet.

e) F. J. Weiszt, Karl May, Der Roman seines Lebens, Böhmisch-Leipa 1940. Die Darstellung versucht unter dem Motto »Ein heldischer Dichter, ein heldischer Mensch« Mays Leben als einen »Aufstieg aus finsterer Nacht« zu deuten. Ihre Sachangaben sind jedoch trotz der gegenteiligen Versicherung des Autors weitgehend Phantasieprodukte.

f) Karl-May-Jahrbücher, 1918–1933, verschiedene Herausgeber; die Jahrgänge 1918, 1919 sind in Breslau, die folgenden in Radebeul beim KMV erschienen. Die Bände enthalten vielerlei persönliche Erinnerungan an Karl May (von

Klara May und anderen), aber nur relativ wenige weiterführende Sachangaben. Am wichtigsten: A. Hellwig, Die kriminalpsychologische Seite des Karl-May-Problems (1920, S. 187–250, mit wichtigen Mitteilungen aus später vernichteten Akten), sowie H. Zesewitz, Alte Urkunden sprechen (1932, S. 33–44, mit Daten über die Vorfahren Mays). Eine Übersicht über den biographischen Gehalt der Jahrbücher geben B. Kosciuszko/Chr. Lorenz, Die alten Jahrbücher, Materialien zur Karl-May-Forschung, Bd. 8, Ubstadt 1984, S. 155–177.

3. Die Zeit nach dem Zweiten Weltkrieg

Ein einigermaßen detailgenaues Bild vom Lebensgang Mays hat die Forschung erst in der Zeit nach dem zweiten Weltkrieg (vor allem in den letzten 25 Jahren) rekonstruieren können. Den Hauptanteil daran haben drei herausragende Publikationen.

a) H. Wollschläger, Karl May in Selbstzeugnissen und Bilddokumenten, Reinbek 1965 (Rowohlts Monographien, Nr. 104); seit 1976 (ohne Bilder, aber mit wesentlich erweitertem Quellenanhang) als Diogenes-Taschenbuch 112 unter dem Titel »Karl May. Grundriß eines gebrochenen Lebens«; mehrere Nachauflagen. Wollschlägers schmales Buch ist die bahnbrechende und bis heute beste May-Biographie. Es hat bedeutendes literarisches Format und erhält seinen besonderen Wert dadurch, daß der Autor den gesamten Nachlaß Mays und den übrigen Inhalt des KMV-Archivs auswerten konnte. Auch konnte er wichtige, zu jener Zeit noch unveröffentlichte Forschungsarbeiten anderer Autoren, vor allem die für die Frühzeit Mays grundlegenden Ermittlungen H. Hoffmanns (vgl. c), benutzen. Heute ist das Buch nicht mehr in allen Punkten auf dem neuesten Stand; eine aktualisierende Neubearbeitung ist zu wünschen.

b) H. Plaul (Hrsg.), Karl May, *Mein Leben und Streben*, Hildesheim / New York 1975. Plaul legt nicht nur (zum ersten Male seit 1910) den vollständigen und unveränderten Urtext von Mays Selbstbiographie wieder vor (als R); er hat auch in einem 350 Seiten umfassenden kommentierenden Anhang die Sachangaben Mays bis in die Einzelheiten hinein überprüft, präzisiert, ergänzt und ggf. korrigiert.

c) C. Roxin / H. Stolte / H. Wollschläger, Jahrbücher der KMG, ab 1969 bisher 17 Jahrgänge; (H. Stolte ist seit 1974, H.

Wollschläger seit 1975 als Mitherausgeber tätig; Verlagsort ist bis 1981 Hamburg, seither Husum). Die Jb-KMG enthalten reiches biographisches Material aus allen Lebensepochen Mays mit vielen Briefen, Akten und sonstigen Dokumenten. Besondere Hervorhebung verdienen die sich über zahlreiche Jahrgänge erstreckenden umfangreichen Studien der DDR-Forscher K. Hoffmann und H. Plaul, durch die Mays Lebensgeschichte bis 1877 so weit aufgehellt worden ist, wie dies überhaupt noch möglich erscheint; ferner die Mays Orientreise Tag für Tag nachzeichnende Dokumentation von H. Wollschläger / E. Bartsch in Jb-KMG 1971, S. 165–215.

Neben diese drei Hauptquellen der neueren biographischen Forschung treten eine Fülle weiterer Publikationen mit biographischem Material, vor allem in den M-KMG und in den »Materialien zur Karl-May-Forschung«. Über die Kolportagezeit Mays berichtet K. Hoffmann im Nachwort zum R des *Waldröschen* (Hildesheim / New York 1971, S. 2617 bis 2686). Reichhaltige Nachweise über das Alltagsleben Mays liefert F. Maschke, Karl May und Emma Pollmer, Bamberg 1973. Auch die biographischen Angaben im Bande *Ich*, GWB 34, sind zunehmend präzisiert worden. Die letzte Neubearbeitung enthält die 29. Aufl. 1975; der Text der Selbstbiographie Mays entspricht jetzt wieder dem Original, ist aber nicht vollständig. Einiges biographische Material liefern ferner die neben den Jb-KMG in zwei Jahrgängen (1978 und 1979) in Bamberg / Braunschweig erschienenen Karl-May-Jahrbücher.

Auch eine Reihe weiterer Bücher widmen sich der Biographie Mays. Eine Sonderstellung nimmt Arno Schmidt, Sitara und der Weg dorthin, Karlsruhe 1963, ein (viele Nachauflagen). Das Buch ist keine Biographie, sondern versucht vor allem, Schmidts »Etym«-Theorie am Werk Mays zu exemplifizieren. Es hat aber Aufsehen erregt durch die biographisch relevante These, daß May »unterschichtig homosexuell« (oder doch mindestens bisexuell) veranlagt gewesen sei. Soweit damit eine von der Norm abweichende sexuelle Konstitution Mays behauptet werden soll, findet diese Annahme in der Biographie des Autors keine Stütze (vgl. »Mays Leben«). Wir wissen von vielen Frauenbekanntschaften Mays; er hat aber zeitlebens keine Männerfreundschaften gepflogen, die auch nur als Ausdruck einer sublimierten homophilen Neigung gedeutet werden könnten. Kritisch: H. Stolte / G. Klußmeier, Arno Schmidt und Karl May. Eine notwendige Klarstellung, Hamburg 1973.

W. Raddatz, Das abenteuerliche Leben Karl Mays, Gütersloh 1965, gibt eine anschauliche Schilderung unter instruktiver Auswertung der Erzählungen Mays, ist aber in den Sachangaben durch die mit der Biographie Wollschlägers einsetzende neue Entwicklung vielfach überholt. O. Forst-Battaglia, Karl May. Traum eines Lebens, Leben eines Träumers, Bamberg 1966, steht biographisch auf der Höhe seiner Entstehungszeit, hat aber ebenfalls Wollschlägers Buch nicht mehr berücksichtigen können; literarisch ist das Buch wertvoll. Th. Ostwald, Karl May, Leben und Werk, Braunschweig 1974, 4. Aufl. 1977, hat in der letzten, bei weitem umfangreichsten Ausgabe (352 S.) die bis dahin erschienene Literatur sorgfältig ausgewertet. Das Buch ist also eine brauchbare Informationsquelle; es ist freilich kompilatorisch angelegt und von geringem literarischen Anspruch. E. Loest, Swallow, mein wackerer Mustang, Berlin 1980, Hamburg 1980 (mit Nachauflagen) liefert die literarisch bisher beste romanhafte Darstellung von Mays Leben. Der Text beruht in den biographischen Daten vor allem auf Wollschläger und den Jb-KMG und ist (von kleinen Fehlern und dichterischen Lizenzen abgesehen) biographisch recht zuverlässig; Loest wird freilich trotz seines Bemühens um äußerste Objektivität der literarischen Statur des alten May nicht gerecht. Biographisch bedeutungslos sind F. Barthel, Letzte Abenteuer um Karl May, Bamberg 1955 (mit verfehlter Darstellung der Wiener Rede Karl Mays) und A. P. Kann, Karl May, So war sein Leben, Hamburg 1979 (eine schwärmerische und inhaltlich unseriöse Schilderung).

Claus Roxin

B. Mays Leben

1. Dokumente und Quellenlage

Mays Leben ist verhältnismäßig gut, für einen Autor, der jahrzehntelang wissenschaftlich fast unbeachtet geblieben ist, sogar sehr gut dokumentiert. Neben der Selbstbiographie *Mein Leben und Streben* (Abk.: *Mein Leben*) existieren zahlreiche autobiographische Schriften, die lange Zeit in entlegenen Blättern verschollen waren oder ungedruckt blieben, inzwischen aber lückenlos vorliegen. Der Quellenwert dieser Selbstzeugnisse ist nicht gering zu veranschlagen. Sie verschweigen und vertuschen zwar manches und zeigen auch sonst durchweg eine apologetische Tendenz, sind aber in ihren Sachangaben überwiegend brauchbar; in jedem Falle ist ihr psychologischer Aussagewert bedeutend. Auch ist die Forschung heute in der Lage, Wahrheit, Beschönigung und Irrtum in diesen Schriften recht exakt zu trennen.

Zu den autobiographischen Zeugnissen im weiteren Sinne gehören auch Briefe Mays, die in großer Zahl erhalten, aber erst zum kleineren Teil veröffentlicht und über die verschiedensten Publikationen verstreut sind. Eine selbständige Briefausgabe, sei es auch nur in Auswahl, liegt bisher nicht vor. Der einzige Briefwechsel von Gewicht, der weitgehend erhalten und veröffentlicht worden ist, die Korrespondenz mit dem Maler Sascha Schneider aus den Jahren 1903 bis 1910, findet sich in: H. Hatzig, Karl May und Sascha Schneider, Bamberg 1967. Größere Brieffolgen, die May an das bayerische Königshaus und an den Verleger Pustet gerichtet hat, sind im Jb-KMG 1983 und 1985 abgedruckt. Der größte Teil der zahlreichen Briefe, die May hinterlassen hat, wird im Archiv des KMV in Bamberg aufbewahrt. Eine mehrbändige Auswahlausgabe der Briefe ist in Vorbereitung. Im ganzen ist der editorische Zustand des Briefwerks im Gegensatz zu dem der autobiographischen Schriften bisher unbefriedigend.

Als dritter großer Quellenbestand ist umfangreiches Aktenmaterial erhalten; es reicht von der ersten Verfehlung des 17jährigen Seminarschülers im Jahre 1859 bis zu den letzten Prozessen des fast 70jährigen im Jahre 1911. Dabei handelt es sich teils um Akten, die gegen May als Beschuldigten (seltener: Privatbeklagten) angelegt wurden, teils um solche, die aus dem Auftreten Mays als Kläger in Zivil- und strafrechtlichen Privatklageprozessen erwachsen sind. Der Aktenfundus ist nicht lückenlos; so sind die Akten über die strafgerichtlichen Verurteilungen Mays mit einer Ausnahme (der „Affäre Stollberg") vernichtet. Die erhaltenen Akten oder Aktenbestandteile liegen teils in Archiven der DDR (z. B. im Staatsarchiv Dresden), teils im Archiv des KMV in Bamberg. Ein Gesamtverzeichnis des Aktenbestandes existiert bisher nicht; dieser ist auch erst teilweise gesichtet und der Forschung nicht allgemein zugänglich. Veröffentlicht sind erst wenige Akten. Nicht immer zuverlässige Auszüge sind in tendenziöser Weise kompiliert bei Mays Prozeßgegner R. Lebius: Die Zeugen Karl und Klara May, Berlin 1910; komplette Akten enthalten die Jb-KMG 1980 und 1981 sowie F. Maschke: Karl May und Emma Pollmer, Bamberg 1973. Eine vollständige Veröffentlichung des Aktenmaterials ist geplant, wird aber noch viele Jahre benötigen.

Eine vierte, sehr umfangreiche Gruppe biographischer Dokumente besteht aus Presseveröffentlichungen. Diese setzen mit den Straftaten Karl Mays ein und erreichen vor allem in den letzten 20 Jahren seines Lebens einen kaum noch übersehbaren Umfang. Ihre besondere biographische Bedeutung liegt darin, daß sie sich weniger mit den Schriften Karl Mays als mit seiner Person befassen. So haben sich die Straftaten Karl Mays, soweit deren Gerichtsakten verloren sind, mit Hilfe zeitgenössischer Gendarmerie- und Fahndungsblätter sowie der lokalen Tagespresse recht genau rekonstruieren lassen; dadurch ist es auch möglich geworden, ungerechtfertigte Beschuldigungen zu widerlegen, die May im Alter weit schwerere Jugendverfehlungen zur Last legten, als er je begangen hatte. Die Presseveröffentlichungen aus Mays späteren Lebensjahren befassen sich teils mit seinen Kolportagewerken und den aus ihrer unberechtigten Wiederveröffentlichung entstandenen Angriffen und Prozessen, teils mit der konfessionellen Haltung des in den »katholischen Literaturstreit« verstrickten Autors, teils auch mit Auffälligkeiten seines bürgerlichen Lebenswandels, wie mit der von ihm zeitweilig behaupteten Identität von Karl May, Old Shatterhand und Kara Ben Nemsi (»Old-Shatterhand-Legende«); in den letzten Lebensjahren beschäftigten sie sich in zunehmendem Maße mit der in weit übertriebener Form an die Öffentlichkeit gezerrten Jugendverfehlungen Mays. Dazu kommen Zeitungsberichte über Gerichtsverhandlungen, an denen May teilgenommen hat, über seine öffentlichen Vorträge, über Leser-Audienzen und andere Auftritte. Die Forschungslage ist hinsichtlich der biographisch wichtigen Presseveröffentlichungen günstig. Ein Bestandsverzeichnis der bisher erfaßten Artikel liefert H. Wiedenroth: Karl May in der zeitgenössischen Presse, Bad Segeberg 1985. Umfangreiche Dokumentationen wichtiger Presseveröffentlichungen bringen G. Klußmeier: Die Akte Karl May, Ubstadt 1979, und B. Kosciuszko: Im Zentrum der Karl-May-Hetze, Ubstadt 1985.

Biographisch relevant sind fünftens Dokumente, wie amtliche Zeugnisse und Urkunden, Fotos, die May in den verschiedenen Lebensepochen zeigen, Aufnahmen von Personen, die in seiner Biographie eine bedeutende Rolle spielen, und Ansichten von den Stätten seines Wirkens. Auch in diesem Punkt ist der Forschung reiches Material zur Hand. Die beste Zusammenfassung geben G. Klußmeier/H. Plaul: Der große Karl-May-Bildband. Biographie in Dokumenten und Bildern, Hildesheim/New York 1978. Als Ergänzung liegt vor P. Richter/Uwe Neßler: Bilder aus Ardistan. Karl-May-Stätten in Sachsen, Ubstadt 1986.

Zusammenfassend läßt sich sagen, daß die abschließende „große" Karl-May-Biographie, die der Forschung immer wieder abverlangt wird, erst geschrieben werden kann, wenn das Brief- und Aktenmaterial vollständig zugänglich ist. Eine zuverlässige und in vielen zentralen Fragen detailgenaue, aus den Quellen erarbeitete Darstellung der wichtigen Stationen im Leben Karl Mays ist aber heute schon möglich.

2. *Herkunft, Familie, Kindheit (1842–1856)*

Karl May ist am 25. 2. 1842, abends 10 Uhr, im sächsischen Ernstthal, einer kleinen Weberstadt im Vorgebiet des Erzgebirges, geboren. Sein Vater, Heinrich August May (1810–1888), ein armer Webergeselle (Meister seit 1856), hatte die Mutter Karl Mays, Christiane Wilhelmine Weise (1817–1885), am 1. 5. 1836 geheiratet. Die Eltern hatten in den Jahren 1836–1860 14 Kinder, sechs Jungen und acht Mädchen, von denen neun in den ersten beiden Lebensjahren starben. Die Ursache war der durch das materielle Elend der Familie bedingte Mangel an hinreichender Ernährung, an ärztlicher Versorgung und an Hygiene. Von den Söhnen der Familie blieb allein Karl May am Leben. Zwei der vier

Schwestern, Christiane Schöne (1844–1932) und Karoline Wilhelmine Selbmann (1849–1945), überlebten ihn und erreichten ein ungewöhnliches Alter.

Unter den Vorfahren Mays, die meist aus Ernstthal und seiner näheren Umgebung stammen und deren Lebensdaten sich vielfach bis ins 16. oder 17. Jahrhundert zurückverfolgen lassen, sind weit überwiegend Handwerker und Bauern: seine Urgroßväter und Großväter waren wie der Vater allesamt Weber. May schreibt: (*Mein Leben,* S. 21): »Es ging die Sage, daß es in der Familie, als sie noch wohlhabend war, Geistliche, Gelehrte und weitgereiste Herren gegeben habe (...).« Tatsächlich fehlen die Vertreter geistiger Berufe unter den Aszendenten Mays nicht völlig. In der Ahnengeneration der Großmutter väterlicherseits finden sich sogar drei schriftstellerisch tätige Männer, die lutheranischen Geistlichen Johann Niederstetter (1526–1574), Michael Niederstetter (1562 bis 1613), der es bis zum Hofprediger in Dresden brachte, und Gottfried Dexelius (1658–1707). Dexelius trat schon als christlich-lehrhafter Unterhaltungsschriftsteller hervor. Da die väterliche Großmutter von May als hochbegabte Erzählerin geschildert wird, die durch ihre Märchen entscheidenden Einfluß auf seine spätere schriftstellerische Laufbahn gewonnen habe, ist es gut möglich, daß die erzählerischen, religiösen und didaktischen Neigungen Mays ihm aus diesem Zweig der Familie überkommen sind. Die väterliche Linie des Vaters ist allerdings unbekannt. Dieser war nicht der leibliche Sohn von Christian Friedrich May (1779–1818), dem ersten Ehemann der Märchengroßmutter, dessen Namen er später führte, sondern deren außereheliches Kind. Der Vater ist unbekannt; er war möglicherweise ein Förster, dem die Großmutter zeitweilig den Haushalt geführt hatte. Unter den Vorfahren der Mutter ist neben Handwerkern und Bauern auch ein Richter nachzuweisen (Andreas Weise, 1659–1695).

Die Stadt Ernstthal, die bei Mays Geburt etwa 3000 Einwohner hatte, war im Anschluß an eine Pestseuche des Jahres 1679 gegründet worden, vor der viele Bewohner der gefährdeten Stadt Hohenstein in die benachbarten östlichen Wälder geflohen waren. Der Kaufmann Johann Simon, der sich dort angesiedelt und Häuser erbaut hatte, zog viele Weber, Wirker und Färber in den neuen Ort, der von seinem Feudalherrn zunächst durch Privilegien gefördert wurde und daher relativ angenehme Lebensbedingungen bot. Die Gegend gehörte zum Territorium der Herren von Schönburg, deren verschiedene Linien miteinander rivalisierten. Während Hohenstein den Herren von Schönburg-Forderglauchau untertänig war, gehörte Ernstthal zum Gebiet der Herren von Schönburg-Hinterglauchau, die durch das neue Gemeinwesen Hohenstein Konkurrenz zu machen und ihre Einnahmen zu verbessern hofften. Es dauerte freilich nicht lange, bis auch Ernstthal – wie die gesamten schönburgischen Lande – von seinem Feudalherren arg bedrückt wurde. Das Gebiet der Herren von Schönburg, das vor allem die Herrschaften Glauchau, Waldenburg und Lichtenstein umfaßte, lag in Kursachsen, das die Souveränität des Hauses Schönburg mit der Zeit immer mehr einzuschränken wußte. Ermöglicht wurde das durch die Mißwirtschaft der schönburgischen Feudalherren, die ständig hoch verschuldet waren und im Jahre 1740 in Rezesse (Vergleichsvereinbarungen) mit Sachsen einwilligen mußten, die ihnen die Souveränität nahmen, ihnen aber unter sächsischer Oberleitung doch einen Teil ihrer öffentlichen Gewalt beließen. Seitdem sprach man von der schönburgischen Rezeßherrschaft. Ein »Erläuterungsrezeß« von 1835 nahm dem Hause Schönburg gegen beträchtliche Entschädigungen weitere Machtbefugnisse, deren letzte Überbleibsel erst 1878 aufgehoben wurden. 1898 wurde Ernstthal mit Hohenstein zur heutigen Stadt Hohenstein-Ernstthal zusammengeschlossen.

Die soziale Lage der Bürger von Ernstthal war seit dem 18. Jahrhundert meist schlecht gewesen. Die schönburgische Administration war rückständig und oft unfähig, die Belastung durch Fronabgaben drückend, der Boden für Landwirtschaft nicht geeignet und das Handwerk nicht einträglich genug. Der Hungersnot von 1771/72 fiel jeder vierte Einwohner zum Opfer. Die „große“ Zeit Ernstthals lag in den Jahren 1806–1814, als durch die von Napoleon verhängte Kontinentalsperre den englischen Textilwaren der Weg nach Deutschland versperrt war. Mit der Aufhebung der Kontinentalsperre und der beginnenden Industrialisierung, die zu billigen maschinellen Herstellungsformen führte, war es immer weniger möglich, durch die in Ernstthal vorherrschende Heimweberei den Lebensunterhalt zu verdienen. Um der Konkurrenz standzuhalten, konnten die Waren nur noch zu einem Bruchteil dessen verkauft werden, was sie früher eingebracht hatten. Zwischenhändler schmälerten den kärglichen Gewinn weiter; oft bedienten sie sich ausbeuterischer Praktiken, wie sie May in seinem Kolportagewerk *Der verlorene Sohn* anschaulich schildert.

Christian Friedrich May, der (nominelle) Großvater Mays väterlicherseits, verunglückte im Jahr 1818 tödlich; es war eine Zeit besonderen Elends, als englische Waren nach dem Sturz Napoleons den Markt überschwemmten. Als Todesursache vermerkt das Sterberegister »unordentliche Lebensart«. May berichtet von seinem Sturz in die Schlucht des Krähenholzes, in tiefem Schnee. Wahrscheinlich wird Trunkenheit den Unfall verursacht haben. Auch Mays Großvater mütterlicherseits, Christian Friedrich Weise, starb eines unnatürlichen Todes; er erhängte sich im Jahre 1832. »Trunkenheit und Verzweiflung« nennt das Totenbuch als Ursache. Zur Zeit der Geburt Karl Mays waren die sozialen Verhältnisse nicht weniger desolat. In einem Bittgesuch, das die Ernstthaler Gemeindevertreter 1844 an die Schönburgische Kanzlei in Glauchau richteten, heißt es, daß die Hälfte der Bevölkerung sich nicht ausreichend sättigen könne. »Ja, es sind neuerdings (...) Fälle hier vorgekommen, daß Menschen, die sich zu betteln schämten, buchstäblich verhungert sind.« Das wirtschaftliche Elend in der Familie Mays war also kein Einzelfall.

Mays Geburtshaus in der Niedergasse 111 (später 122) in Ernstthal war der Mutter 1837 durch eine Erbschaft zugefallen; es war freilich mit einer (1843 zurückgezahlten) Hypothek und Fronabgaben belastet. Da die wirtschaftliche Lage der Familie sich zunehmend verschlechterte, mußte das Haus 1845 verkauft werden, so daß die anwachsende Familie nun am Markt von Ernstthal zur Miete wohnte. Aus dem Erlös des Hausverkaufes wurde eine Hebammenausbildung der Mutter in Dresden bezahlt. Die Mutter, die ein halbes Jahr hatte abwesend sein müssen, bestand ihre Prüfung am 13. 2. 1846 mit der besten Note (»vorzüglich gut«) und wurde daraufhin als Hebamme in Ernstthal angestellt; sie hat den Beruf bis kurz vor ihrem Tode ausgeübt und dadurch zum Unterhalt der Familie beigetragen. Die Anstellung war an die Bedingung geknüpft, daß die Familie künftig keine Ansprüche an die städtische Armenkasse mehr stellen werde. Sie tat es dennoch, wie auch die Mutter wiederholt um eine Erhöhung ihrer Hebammeneinkünfte einkam – vergeblich. Großmutter, Mutter und Kinder mußten durch das Nähen von Leichenhandschuhen zur gleichwohl kümmerlichen Ernährung der Familie beitragen. May berichtet (*Mein Leben*,

S. 39f.) von »Hungersuppen«, die aus Kartoffelschalen und aus dem »Beutelstaub« und »Spelzenabfall« der Mühle hergestellt werden mußten. »Wir pflückten von den Rainen Otterzungen und von den Zäunen wilden Lattich, um das zu kochen und mit ihm den Magen zu füllen.« Der Bericht bezieht sich auf die späten vierziger Jahre des 19. Jahrhunderts, als eine Mißernte 1846 und eine schwere Wirtschaftskrise 1847 in Ernstthal zu Hungerrevolten (Plünderung von Bäckerläden und Marktständen) führte. Doch auch in den Folgejahren besserte sich die wirtschaftliche Situation nicht wesentlich.

Die trotz der 1842/43 etwas günstigeren Lage der Familie geringen Lebens-Chancen Karl Mays (von den vier früher geborenen Geschwistern starben drei im Alter von acht, dreiundzwanzig und knapp zwei Monaten) wurden dadurch weiter verringert, daß der schwächliche Knabe bald nach der Geburt erblindete. Wir wissen von dieser Erkrankung im wesentlichen nur durch Karl May selbst; die Familienangehörigen, die sie bestätigt haben, sind erst später geboren, konnten sich also nicht auf persönliche Kenntnis berufen. Doch besteht kein Grund, die Angaben Mays zu bezweifeln; sie werden durch psychologische Gründe, durch die Häufigkeit des Blindheitsmotivs im literarischen Werk und durch die Tatsache gestützt, daß die Erblindung von Säuglingen damals nicht selten war. Als Ursache ist eine Infektion wahrscheinlich; (May spricht – *Mein Leben,* S. 16 – von einer Folge der »örtlichen Verhältnisse, der Armut, des Unverstandes und der verderblichen Medikasterei, der ich zum Opfer fiel«). Die Krankheit wurde erst im fünften Lebensjahr Mays geheilt. Die Mutter hatte während ihrer Hebammenausbildung in Dresden den Professoren Haase (1788–1865) und Grenser (1812–1872), dem soeben pensionierten und dem neuen Leiter des Entbindungsinstitutes, von der Krankheit ihres Jungen erzählt. Die Professoren forderten sie auf, den Knaben nach Dresden zur Behandlung zu bringen. Dies geschah nach Beendigung der Hebammenausbildung, vermutlich im März 1846. Mays Sehkraft wurde wiederhergestellt. Von nun an verbesserte sich auch die Körperkonstitution des Kindes; von weiteren Erkrankungen aus den früheren Lebensjahren ist nichts bekannt.

Die beherrschenden Gestalten der Kindheit Mays sind Vater, Mutter und Großmutter. Von ihnen sind keine Bilder und fast keine schriftlichen Zeugnisse erhalten. Seinen Vater schildert May – nach den spärlich erhaltenen Dokumenten wohl zutreffend – als einen Menschen »mit zwei Seelen« (*Mein Leben,* S. 9): einerseits als aufbrausend, jähzornig, unberechenbar und gegenüber den Kindern gewalttätig, so daß sie in steter Angst vor seinen Prügeln lebten; andererseits als gutherzig und stets bemüht, seinen Sohn etwas lernen zu lassen und ihm zu einem besseren Dasein zu verhelfen. Vater May hatte nie eine Schule besucht; May sagt (*Mein Leben,* S. 9/10), er habe »aus eigenem Fleiße fließend lesen und sehr gut schreiben gelernt«. Das einzige erhaltene Schriftstück von seiner Hand, eine aus dem Jahre 1856 stammende Bitte an das Armenkomitee zu Ernstthal um Unterstützung für seine Mutter, zeigt freilich, daß er die Regeln der Orthographie und des Satzbaus nur höchst unzulänglich beherrschte. Dagegen neigte er – und hierin war er seinem Sohn am ähnlichsten – zu phantastischen Unternehmungen. Kärgliche Geldmittel der Familie verschleuderte er durch dilettantische Versuche, mit Hilfe des Taubenhandels zu Reichtum zu kommen; und anläßlich der Revolution von 1848 übte er sich im »höheren Kommando«, indem er Offizier und General spielte und seinen kleinen Sohn als »sächsische Armee« exerzieren ließ (*Mein Leben,* S. 43).

Die tägliche Fron am ungeliebten Webstuhl und die Erfolglosigkeit seiner Bemühungen mußten den Vater May, der keine seiner Anlagen hatte entwickeln können, verbittern; die labilen Züge seines Charakters finden gewiß auch darin ihre Erklärung. Immer wieder drängte es ihn auch aus der sozialen Deklassierung zu öffentlicher Wirksamkeit. Er gehörte 1834 zu den Gründungsmitgliedern der Bürgergarde in Ernstthal, einer von den Bürgern selbst organisierten Hilfspolizei, zu deren »Vertrauensmann« er auch gewählt wurde. Ob er im April 1848 am Sturm auf das Waldenburger Schloß des Fürsten von Schönburg mitgewirkt hat, wissen wir nicht; es ist unwahrscheinlich. Doch beteiligte er sich 1849 an der Gründung des Ernstthaler Vaterlandsvereins, einer linksdemokratischen Gruppe. Auch der erwähnte Brief an den Armenverein ist nicht frei von provozierenden Tönen. Doch ist Heinrich August May – anders als sein weit begabterer Sohn – nie mit dem Gesetz in Konflikt geraten.

Die Mutter erscheint in der Darstellung Karl Mays als »Märtyrerin« und »Heilige« (*Mein Leben,* S. 9), die still ihr

Leid trug und sich für die Familie aufopferte. Die Eindrücke des Kindes, dem das vulkanische Temperament des Vaters als dominierend erscheinen mußte, und das späte Schuldgefühl des Mannes mögen ein solches Urteil als subjektiv richtig erscheinen lassen. Objektiv aber war die Mutter ihrem Mann an Intelligenz, Tatkraft und Lebensklugheit überlegen. Wenn eine Frau, die fortdauernd mit Schwangerschaften und der Pflege ihrer kleinen Kinder beschäftigt ist, die es äußerst schwer hat, ihre größer werdende Familie ausreichend zu ernähren und die durch Näharbeiten hinzuverdienen muß, auch noch die Kraft findet, eine relativ anspruchsvolle Ausbildung mit hervorragendem Ergebnis abzuschließen und den erlernten Beruf jahrzehntelang ohne Fehl und Tadel auszuüben, so ist das eine Lebensleistung, die Respekt verdient. Sie hat zur Erhaltung der Familie vermutlich mehr beigetragen als die planlosen Bemühungen des Vaters May. Freilich wird sie sich um ihren Sohn Karl nicht so viel haben kümmern können, wie es dessen Bedürfnissen entsprochen hätte; auch scheinen die späteren Fehltritte des jungen Mannes zu ernsteren Störungen zwischen Mutter und Sohn geführt zu haben. Erst nach dem Tode Christiane Wilhelmine Mays verklärten sich dem Sohn die Züge der Mutter mehr und mehr; aber noch in den kargen Worten der Selbstbiographie werden Befangenheit und Fremdheit spürbar.

Mays ganze Liebe wendet sich der Großmutter zu, der Mutter des Vaters, Johanne Christiane Kretzschmar (1780–1865), die in erster Ehe (1803–1818) mit dem Webergesellen Christian Friedrich May und in zweiter Ehe (1822–1826) mit dem Weber Christian Traugott Vogel verheiratet war. Sie wohnte im Haus des Sohnes und hat ihren Enkel Karl wohl von vornherein wesentlich und mit der wachsenden Zahl der Kinder in immer stärkerem Maße mitbetreut; zeitweilig, während der Hebammenausbildung der Schwiegertochter, hat sie dem blinden Jungen die Mutter ersetzt. Außer den Lebensdaten entstammt alles, was wir über sie wissen, den Berichten des Enkels. »Ich war die ganze Zeit des Tages nicht bei den Eltern, sondern bei Großmutter. Sie war mein alles. Sie war mein Vater, meine Mutter, meine Erzieherin, mein Licht, mein Sonnenschein, der meinen Augen fehlte« (*Mein Leben,* S. 32). Er schreibt ihr »den tiefsten und größten Einfluß« auf seine Entwicklung zu (*Mein Leben,* S. 20); sie sei »eine arme, ungebildete Frau, aber trotzdem eine

Dichterin von Gottes Gnaden« gewesen (*Mein Leben,* S. 30). May hat sie in seinen späteren Schriften als Marah Durimeh zur Verkörperung der Menschheitsseele erhöht und ihr eine zentrale Position im Spätwerk zugeschrieben. Der realbiographische Gehalt dessen, was May über sie mitteilt, muß mit Vorsicht gewürdigt werden. Es besteht kein Grund zu bezweifeln, daß die Märchen der alten Frau auf Karl May eine unverlöschliche Wirkung ausgeübt haben. Was sie aber erzählt hat, wissen wir nicht. Das von May genannte orientalische Märchenbuch »Der Hakawati« (= Märchenerzähler) ist offenbar eine dichterische Fiktion, die Mays eigenes Werk charakterisieren soll; auch die mitgeteilten Märchen sind zweifellos Schöpfungen Mays, die eine symbolische Deutung seines Lebens geben. Die Großmutter lebt also in den Schilderungen Mays vor allem als Mythos, dessen historische Grundlage nur noch in verwischten Umrissen auszumachen ist. Auch bleibt festzuhalten, daß Karl May in einer früheren autobiographischen Mitteilung (*Karl May und seine Gegner,* 1899) neben der Großmutter mit besonderer Betonung den Paten Christian Weißpflog (1819–1894) als Inspirator seiner erzählerischen Muse nennt.

Auch die sonstigen persönlichen Erlebnisse aus der Kindheit Mays sind fast ausschließlich durch ihn selbst überliefert. Mit Liebe erinnert er sich seiner (kostenlosen) musikalischen Ausbildung (Orgel-, Klavier- und Violinenunterricht) bei dem Ernstthaler Kantor Strauch (1788–1860). Mit Begeisterung berichtet er von ersten Theatererlebnissen: einer wandernden Puppenspielgruppe, die er im Alter von neun Jahren mit der Großmutter besucht habe, und einer bald darauf in Ernstthal gastierenden Schauspieltruppe. Die Erzählung, wie er bei Aufführung der »Preziosa« von P. A. Wolff (1782–1829) aushilfsweise als Trommler mitgewirkt habe, gestaltet er (*Mein Leben,* S. 58ff.) zum größten Glückserlebnis seiner Kinderjahre. In der Volksschule galt May anscheinend als besondere Begabung und war erfolgreich; mit Wehmut und Erbitterung aber schildert er, wie er nie mit anderen Kindern spielen und herumtollen durfte, sondern immer nur lesen und arbeiten mußte. »Ich ... wurde von Jahr zu Jahr klassenfremder ... Ein echter ... Schulkamerad und Jugendfreund ist mir nie beschieden gewesen« (*Mein Leben,* S. 52f.). Der Vater, der den begabten Sohn zu einem gebildeten Mann machen wollte, um der Familie dadurch vielleicht doch noch zum sozialen Aufstieg zu verhelfen, habe ihn umfangreiche Bücher mit unverständlichem Wissensstoff abschreiben lassen. Latein, Englisch und Französisch habe er schon als Volksschüler nebenher lernen sollen. Das Geld für Privatunterricht habe er als Kegelaufsetzer bis in die Nachtstunden hinein verdienen müssen. May berichtet von der demoralisierenden Wirtshausatmosphäre und den Räuberromanen der Ernstthaler Leihbibliothek, die er verschlungen habe und die sein Gefühl für Recht und Unrecht untergraben hätten. Das mag im Bemühen um die Erklärung seiner späteren Verfehlungen übertrieben sein; der literarische Einfluß dieser Lektüre – vor allem auf seine Kolportageromane – ist aber unverkennbar. May will schon als fünfjähriger Knabe vor der Dorfjugend (mit den Geschichten der Großmutter) als Erzähler aufgetreten sein (*Mein Leben,* S. 34f.). Wir wissen nicht, ob das stimmt; doch hat ein Schulgefährte noch vor Veröffentlichung von Mays Bekundung bezeugt, daß die von May einige Jahre später vor der Schuljugend erzählten Räubergeschichten sich bei den jungen Hörern großer Beliebtheit erfreut hätten.

Mays eigene Darstellung der Jugendgeschichte zeigt neben wenigen helleren Tönen (der Beziehung zur Großmutter, der Freude am Erzählen, am Theater, an der Musik) ein dunkles Bild des Kummers und liebeleerer Isolierung: »nichts als Arbeit und Arbeit, Sorge und Sorge, Leid und Leid…; aber wehe hat es doch getan, wenn ich den Sonnenschein auf dem Leben Anderer liegen sah, und ich stand so im hintersten, kalten Schattenwinkel … und ich sehnte mich doch auch nach Licht und Wärme« *(Mein Leben,* S. 36f.). May bezeichnet hier – mit dem Verlust der Liebe und der Suche nach ihr – das zentrale Problem seines späteren Lebens und Schreibens. Auch wird man ihm zustimmen müssen, wenn er die Wurzeln seiner inneren Einsamkeit und Kontaktschwäche, seiner Realitätsabgewandtheit, seiner narzißtischen Ich-Bezogenheit und seines Bemühens, sich allein aus den Kräften der eigenen Phantasie eine bessere Welt zu schaffen, in den Erlebnissen der Kindheit sucht. Das Fehlen normaler Umweltbeziehungen in der Zeit der frühen Blindheit, die häusliche Not und das soziale Elend liefern dafür eine hinreichende Erklärung. Die Großmutter allein, deren unmittelbarer Einfluß mit dem Heranwachsen des Kindes geringer werden mußte, konnte die emotionalen Bedürfnisse des begabten Jungen nicht stillen; ihre Liebe erschien ihm, je älter er wurde, nur noch als fernes Paradies, nach dem er sich in der Kälte seiner seelischen Verlorenheit zeitlebens zurückgesehnt hat. Am Ende seiner Jugendgeschichte erzählt Karl May, wie er kurz vor dem Ende der Schulzeit unter dem Einfluß seiner abenteuerlich-romantischen Lektüre von zu Hause weggelaufen sei, um in »Spanien, dem Land der edlen Räuber, der Helfer aus der Not« das Geld zu holen, das für die geplante Seminarausbildung noch fehlte (*Mein Leben,* S. 79). Wenn das wahr ist, findet sich hier in der biographischen Episode das Rettungsmotiv vorgebildet, das neben der Liebesthematik sein späteres Schreiben beherrschen sollte.

3. Ausbildung und Lehrerberuf (1856–1862)

Karl May hat die Volksschule, die er Ostern 1856 im Alter von 14 Jahren verließ, ohne Beanstandung durchlaufen. Sein Abgangszeugnis weist in den »Wissenschaften« die Note »II« auf und beurteilt sein »sittliches Verhalten« mit der Zensur »I«. May und sein Vater waren sich darin einig, daß der Sohn nicht Weber werden sollte, sondern zu Höherem bestimmt war. Der junge Mann »wollte so unendlich gern auf das Gymnasium, dann auf die Universität« (*Mein Leben,* S. 77). Aber daran war aus finanziellen Gründen nicht zu denken. So blieb der Beruf des Volksschullehrers. Die Familie hungerte sich das Geld für die Seminarausbildung zusammen; das zusätzliche Stipendium des Grafen von Hinterglauchau, auf das May sich beruft, hat bis jetzt nicht nachgewiesen werden können.

Am 29. 9. 1856 wurde er nach Bestehen der Aufnahmeprüfung Zögling des Proseminars in Waldenburg, in dem er während der Zeit der Ausbildung auch wohnte. Ein Jahr später stieg er aus dem Proseminar in die vierte Klasse des eigentlichen Seminars auf, dem er bis zur zweiten Klasse (Herbst 1859) angehörte.

May beklagte die Kälte und Strenge der Seminaratmosphäre: »Ich vereinsamte auch hier und zwar mehr, viel mehr als daheim« (*Mein Leben,* S. 96f.). Die Ursache sieht er vor allem im Gegensatz zwischen seiner »außerordentlich fruchtbaren Phantasie und der Trockenheit und absoluten Poesielosigkeit des (...) Unterrichts« (*Mein Leben,* S. 97). Auch die Erschütterungen der Pubertät werden dazu beigetragen haben, daß Karl May, der vorher nach dem Zeugnis seines Pfarrers als »stiller sittsamer Knabe« gegolten hatte, sich der

Zucht der Anstalt nur mit wachsendem Widerstreben fügen mochte. May berichtet, er habe in seiner Freizeit komponiert und gedichtet; als 16jähriger will er eine Indianergeschichte an die »Gartenlaube« geschickt und von deren Herausgeber Ernst Keil (1816–1878) eine eigenhändige, wohlwollend-ablehnende Antwort bekommen haben. Erhalten ist von diesen frühen Versuchen nichts. Bezeugt ist immerhin, daß er in den Ferien seine Ernstthaler Freundin Anna Preßler (»meine erste Liebe«) mit selbst gedichteten und komponierten Liedern umwarb.

Im November 1859, also im Alter von 17 Jahren, stieß Karl May zum ersten Mal mit dem Gesetz zusammen. Er war damals »Lichtwochner«, d. h. er hatte die Leuchter zu reinigen und neue Talglichter aufzustecken. Bei dieser Gelegenheit brachte er sechs Kerzen beiseite und versteckte sie in seinem unverschlossenen Koffer in der Rumpelkammer. May selbst spricht beschönigend von »Talgresten« (*Mein Leben,* S. 101), wie er überhaupt den Vorgang 50 Jahre später aus der Erinnerung nur ungenau darstellt. Sicherlich ist aber davon auszugehen, daß er die Kerzen in den Weihnachtsferien mit nach Hause nehmen wollte, um den armen Angehörigen damit eine Freude zu machen. Die Kerzen wurden von zwei Mitschülern entdeckt. Erst kurz vor Weihnachten, als ein anderer Schüler zwei Taler vermißte und deswegen eine – ergebnislose – Untersuchung stattfand, zeigten sie May an. Die Lehrerkonferenz vom 22. 12. 1859 beschloß, die Sache dem sächsischen Kultusministerium vorzulegen. Das Ministerium verfügte am 17. 1. 1860 »wegen sittlicher Unwürdigkeit für seinen Beruf« Mays »gänzliche Entfernung aus dem Seminare«.

Von den fünf möglichen Disziplinarstrafen war dies die härteste. Auch das Ministerium bemerkte, daß die Zurückbehaltung der sechs Lichter »an und für sich die Zuerkennung des letzten Strafgrades nicht notwendig zur Folge haben müsse«; es berief sich zur Begründung außerdem auf des Zöglings »arge Lügenhaftigkeit«, »rüdes Wesen« und »Mangel an religiösem Sinn«, sowie auf den allgemeinen Verdacht der Unehrlichkeit. Als Begründung für diese Vorwürfe, die in ähnlich stereotyper Form auch bei anderen Seminarentlassungen feststellbar sind, wird in den Akten aber lediglich angeführt, daß May sich im März/April einmal vom Nachmittagsgottesdienst entfernt und sein Fehlen auch noch anfänglich geleugnet habe. Auch die Berufung auf einen völlig unbewiesenen Verdacht der Unehrlichkeit zeigt, daß die Entscheidung des Ministeriums heutigen rechtlichen Maßstäben nicht standhalten würde.

Mays Ausschluß aus dem Seminar Waldenburg erfolgte am 28. 1. 1860. Am 6. 3. richtete May ein Gnadengesuch an das Ministerium, dem sich am 10. 3. Mays Ernstthaler Pfarrer Carl Hermann Schmidt (1826–1901), der dem Ministerium als ein »völlig urteilsfähiger und gewissenhafter Mann« galt, mit einem eigenen Gesuch anschloß. Schmidt betonte, daß Mays Leben bisher »in Sitten untadelig« gewesen sei: »Die fraglichen Verirrungen Mays stehen hiernach in seinem Leben vereinzelt da.« Auch der Waldenburger Seminardirektor Schütze (1807–1888) scheint die harte Entscheidung nachträglich bedauert zu haben und setzte sich nun für May ein. Das Ministerium gestattete ihm die Wiederaufnahme seiner Studien am Seminar in Plauen. May erhielt die Nachricht am 24. 5. 1860, bestand die Aufnahmeprüfung am 2. 6. und führte dort das Seminarstudium ohne weitere Zwischenfälle zu Ende. Er bestand die Kandidatenprüfung vom 9. bis 12. 9. 1861 mit der Gesamtnote »gut«; die Einzelnoten bewegen sich zwischen »1 b« und »2 b«. Sein »sittliches Verhalten« erhielt die Beurteilung »zur Zufriedenheit«, während die übrigen Schüler sich meist »zur besonderen Zufriedenheit« des Anstaltsleiters verhalten hatten. Doch gibt es keine Anhaltspunkte für neue Verfehlungen; das zurückhaltende Urteil beruht also wahrscheinlich noch auf dem Waldenburger Zwischenfall.

Am 7. 10. 1861 trat May als Hilfslehrer der vierten Klasse in einer Armenschule zu Glauchau seinen Dienst an; Schulamtskandidaten mußten in der Regel zwei Jahre lang als Hilfslehrer mit dreimonatiger Kündigungsfrist arbeiten, bevor sie Aussicht hatten, nach einer weiteren Prüfung fest angestellt zu werden. Er hatte 64 Kinder zu unterrichten. Das Gehalt belief sich auf 175 Taler im Jahr, nebst 25 Taler Mietzuschuß. Doch dauerte Mays Tätigkeit in Glauchau nur zwölf Tage. Der der klösterlichen Zucht des Seminars erst seit wenigen Wochen entronnene Schulamtskandidat – inzwischen 19 Jahre alt – verstrickte sich sogleich in eine Liebesaffäre mit der gleichaltrigen Frau seines Vermieters, des Materialwarenhändlers Meinhold, der er Klavierunterricht gab. Meinhold meldete am 17. 10. dem Superintendenten in Glauchau, May habe sich »in der unwürdigsten Weise« bemüht, »die Ehefrau von ihm abwendig und seinen schändlichen Absichten geneigt zu machen«. Bei der Vernehmung durch den Superintendenten Otto (1812–1890) bestritt May zwar die »schändlichen Absichten«, gestand aber »Annäherungen« an die Ehefrau zu, »die als ungehörig, ja als unsittlich bezeichnet werden müssen«. Außerdem wurde ihm vorgehalten, beim Lehrling Geld aus der Ladenkasse entliehen zu haben, das freilich inzwischen zurückgezahlt worden sei.

Die Folge war: May wurde am 19. 10. 1861 aus seiner Lehrerstellung fristlos entlassen. Auf eine Disziplinaruntersuchung wurde verzichtet, weil dazu die Zugeständnisse nicht ausreichten; außerdem sei, so bemerkte der Vernehmende, »der Ruf einer achtbaren Familie möglichst zu schonen«. Für den Fall, daß May auf der Kündigungsfrist bestehen oder ein Zeugnis erbitten würde, wurde ihm eine Klage angedroht. May verzichtete. Schon am 26. 10. bewarb er sich um eine freie Stelle in den Fabrikschulen der Spinnereien Claus und Solbrig in Altchemnitz. Das Amt wurde ihm übertragen; denn die Unterrichtung der von der Fabrikarbeit erschöpften 10–14jährigen Kinder galt als eine sehr schwere Aufgabe, die kaum ein Lehrer übernehmen mochte. May trat sein Amt am 6. 11. 1861 an und übte es erfolgreich aus. Anläßlich einer Visitation am 10. 12. 1861 urteilte der Superintendent Kohl: »Der noch sehr junge Lehrer hat kein übles Lehrgeschick.«

Die lebensentscheidende Katastrophe trat zum Weihnachtsfest ein. May hatte am 24. 12. 1861, nachmittags 14–16 Uhr, den letzten Unterricht vor den Weihnachtsferien zu erteilen. Es ist wahrscheinlich, daß er von dort aus, ohne noch in die eine halbe Stunde entfernt liegende Wohnung zurückzukehren, direkt nach Hause fuhr. Sicher ist, daß er dabei eine Uhr, eine Pfeife und eine Zigarrenspitze mit sich führte, die seinem Stubengenossen, einem Buchhalter der Fa. Solbrig, gehörten. Der Buchhalter zeigte ihn wegen Diebstahls an; als Motiv vermutet May, der Buchhalter habe ihn loswerden wollen, um das Logis, das der Fabrikherr zur Verfügung stellen mußte, wieder für sich allein zu haben. May wurde am ersten oder zweiten Weihnachtstag von der Polizei vernommen. Aus Furcht vor strafrechtlicher Verfolgung leugnete er den Besitz der Gegenstände, die aber bei ihm gefunden wurden. Er wurde in Untersuchungshaft (in Chemnitz) genommen. Obwohl er sich dahin einließ, die Gegenstände entliehen und die Absicht gehabt zu haben, sie nach den Weihnachtsferien zurückzubringen, wurde er in zwei Instanzen zu sechs Wochen Gefängnis verurteilt. Nachdem Gnadengesuche Mays und seiner Eltern erfolglos geblieben waren, mußte er die Strafe vom 8. 9. bis 20. 10. 1862 im Gerichtsgefängnis zu Chemnitz verbüßen. Die Bemühungen, die er vermutlich anschließend zur Wiedererlangung einer Lehrerstelle unternommen hat, schlugen fehl. Am 20. 6. 1863 wurde sein Name in der Kandidatenliste gestrichen, so daß ihm eine öffentliche Anstellung als Lehrer nun für immer verwehrt war.

Tatsächlich und rechtlich birgt der Fall viele Dunkelheiten. Mays Behauptung, er habe die Gegenstände nach den Ferien zurückbringen wollen, ist glaubhaft. Denn da nach Lage der Dinge nur er die Gegenstände an sich genommen haben konnte, wäre er als Dieb von vornherein entlarvt gewesen. Auch Mays Vater schrieb schon am 26. 12. 1861 an Mays Vorgesetzten Kohl: »Ich kann kaum glauben, daß mein Sohn die Uhr in der Absicht an sich genommen hat, einen Diebstahl begehen zu wollen. Ich glaube vielmehr, daß er es getan hat, besagte Uhr während der Feiertags-Ferien zu benutzen und sie dann stillschweigend wieder an den Ort ihrer Bestimmung hinzubringen.« Es ist daher durchaus möglich, daß May überhaupt nicht wegen Diebstahl, sondern wegen »widerrechtlicher Benutzung fremder Sachen« bestraft wurde, die nach Art. 330 Abs. 3 des sächsischen Strafgesetzbuches von 1855 mit höchstens sechs Wochen Gefängnis bedroht wurde; das Strafmaß stimmt damit auffällig überein. May wäre dann wegen eines »Deliktes« bestraft worden, das schon seit 1871 in Deutschland nicht mehr strafbar ist. Auf jeden Fall bedeutet es eine heute unverständliche Härte, daß ein derart bagatellarischer Vorgang damals zur bewußten und endgültigen Zerstörung einer Berufslaufbahn benutzt wurde.

May berichtet, er sei unter diesem Schlag zusammengebrochen. »Ich stand wieder auf, doch nur äußerlich; innerlich blieb ich in dumpfer Betäubung liegen; wochenlang, ja monatelang« (*Mein Leben,* S. 109). In dem Text *Meine Beichte* (bei R. Lebius: Die Zeugen Karl und Klara May. Berlin-Charlottenburg, 1910, S. 4) schreibt er: »Ich sann auf Rache (...). Diese Rache sollte darin bestehen, daß ich, der durch die Bestrafung unter die Verbrecher Geworfene, nun auch wirklich Verbrechen beging.« Die Folgen sollten sich bald zeigen.

4. Vaganten- und Straftatenzeit. Strafanstaltsaufenthalte (1862–1874)

Von der Entlassung aus dem Gefängnis bis zu seiner erneuten Straffälligkeit, also vom 20. 10. 1862 bis zum 9. 7. 1864, ist Mays Leben nur spärlich belegt. Noch die letzten Auflagen des Bandes 34 (»*Ich*«) der »Gesammelten Werke« (Bamberger Ausgabe, S. 333) sprechen von einem »dunklen Zeitraum« und erörtern die Frage, ob sich May 1862/63 in Amerika aufgehalten habe. Diese durch mündliche Erzählungen Mays genährte »Frühreisen-Legende« läßt sich nicht aufrechterhalten. Gegen sie spricht zunächst, daß May weder in seiner Biographie noch bei späteren polizeilichen und gerichtlichen Vernehmungen einen Amerika- oder auch nur einen Auslandsaufenthalt für diese Zeit behauptet hat. Stattdessen gibt er an, Sprach- und Musikunterricht erteilt, komponiert, eine Instrumentalkapelle gebildet, einen Gesangverein geleitet und geschriftstellert zu haben (*Mein Leben,* S. 113). Auch grenzen die erwiesenen Daten den »dunklen Zeitraum« wesentlich ein. Denn am 6. 12. 1862 hat sich May in Glauchau der Musterung unterzogen; er wurde (genau wie 41 andere unter den 47 Erschienenen) für »untüchtig« befunden (wohl wegen Kurzsichtigkeit) und dadurch von einem achtjährigen Militärdienst befreit. Am 25. 1., 8. 3. und 25. 3. 1863 ist May in Ernstthal und Hohenstein bei »musikalisch-declamatorischen Abendunterhaltungen« als Rezitator aufgetreten, wie sich aus Zeitungsankündigungen ergibt. Für den 26. 4. und den 5. 7. 1863 ist durch ein kirchliches »Konfitentenbuch« nachgewiesen, daß May in seiner Ernstthaler Heimatkirche am Abendmahl teilgenommen hat. Da unter den erhaltenen Kompositionen Mays die Nr. 13 (»An die Sterne«) und Nr. 24 (»Wanderlied«) die Jahreszahl 1864 tragen und mindestens die dazwischenliegenden Nummern im selben Jahr entstanden sein müssen, werden für die erste Jahreshälfte 1864 Mays Angaben über seine musikalische Tätigkeit in Ernstthal bestätigt. Ungesichert sind Mays Aufenthalt und Tätigkeit also nur für die zweite Jahreshälfte 1863. Eine theoretisch mögliche Amerika-Reise in dieser Zeit wäre aber wegen Paßschwierigkeiten und aus Mangel an finanziellen Mitteln kaum durchführbar gewesen. Auch gibt es für eine solche Reise nicht den geringsten Beleg; die sog. »Urbansche Hypothese«, wonach May einem Wandergenossen namens Urban im Herbst 1864 von seiner Amerika-Reise erzählt und mit Hilfe eines amerikanischen

Freundes die Wiederauffindung überseeischer Vettern der Urbans ermöglicht habe, entbehrt jeder Beweiskraft und ist in wesentlichen Punkten eindeutig widerlegt.

Von den Kompositionen, die May zu jener Zeit geschaffen hat, sind einige erhalten; eine Veröffentlichung steht noch aus. Max Finke, der nach dem Tode Mays dessen Nachlaß sichtete, urteilt (Karl-May-Jahrbuch 1925, S. 56): »Es scheint, als ob May in der Niederschrift von musikalischen Eingebungen eine fast ebenso große Gewandtheit besessen habe, wie in der Formung literarischer Einfälle.« Dagegen sind literarische Arbeiten aus jener frühen Zeit bisher nicht aufgefunden worden, obwohl May den Beginn seiner schriftstellerischen Tätigkeit auch in anderen Aufzeichnungen auf 1863 angesetzt hat. Immerhin ist es möglich, daß von den Humoresken und erzgebirgischen Dorfgeschichten, die May ab 1875 veröffentlicht hat, einzelne schon damals konzipiert worden sind.

Sicher ist, daß alle diese Beschäftigungen May nicht ernähren konnten. Glaubhaft ist auch, daß Verzweiflung und Erbitterung ihn seelisch nicht losließen. May schildert seinen Zustand bildkräftig als den einer seelischen Gespaltenheit. Helle und dunkle Stimmen hätten in ihm – bei völliger geistiger Klarheit – um die Herrschaft gerungen und ihn umgetrieben. Er sei in seiner seelischen Verwirrung »aus dem Bett gesprungen und hinaus in den Regen und das Schneegestöber gelaufen. Es hat mich fortgetrieben, wie weit, wie weit« (*Mein Leben*, S. 118); doch es habe ihn immer wieder zurückgezogen.

Am 9. 7. 1864 erschien May in der kleinen Stadt Penig (nördlich von Ernstthal) unter dem Namen Dr. med. Heilig und ließ sich bei einem Schneider fünf Kleidungsstücke anmessen. Acht Tage später erschien er zur Abholung und untersuchte bei dieser Gelegenheit auf Bitten des Schneiders einen in demselben Haus wohnenden augenkranken jungen Mann, dem er auch ein Rezept ausschrieb; es fiel so echt aus, daß ein späterer Steckbrief ihm »eine mehr als gewöhnliche Schulbildung« attestierte. Unter dem Vorwand, ein zur genaueren Untersuchung erforderliches Instrument aus seinem Zimmer holen zu wollen, verließ er das Haus unter Mitnahme der Kleidungsstücke und verschwand. In den nächsten Monaten verliert sich seine Spur. Erst am 16. 12. 1864 trat er in Chemnitz als Seminarlehrer Lohse auf und ließ sich in seinem Hotelzimmer Pelze und Pelzkragen vorlegen, die er angeblich im Auftrag seines Direktors erwerben wollte. Mit der Behauptung, er werde die Waren seinem kranken Direktor im Nebenzimmer zeigen, nahm er dem Lehrling die Pelze ab und ward nicht mehr gesehen. Beim dritten Versuch ereilte ihn dann das Schicksal. Am 20. 3. 1865 tauchte in Leipzig ein Notenstecher Hermin auf, mietete dort ein Zimmer und kaufte noch am selben Tage bei einem Kürschnermeister einen Biberpelz; dabei trat er unter dem Namen Hermes (des Gottes der Kaufleute und der Diebe!) auf. Als der Händler ihm den Pelz auf das Zimmer brachte, ging May – nach schon bewährtem Muster – damit zur Stube hinaus, um ihn seinen Wirtsleuten vorzuweisen, und entfernte sich. Er ließ den Pelz am 21. 3. durch eine ahnungslose Mittelsperson im Leihhaus versetzen, das aber inzwischen schon von der Polizei benachrichtigt worden war. Am 27. 3. wurde er bei dem Versuch, den Erlös abholen zu lassen, nach einem Handgemenge festgenommen. Dabei ist ihm ein Beil »unter dem Rocke vorgeglitten«. Im polizeilichen Protokoll heißt es: »Der Arretierte ist anfänglich ganz regungslos und anscheinend leblos gewesen und hat auch nachdem der Polizeiarzt hinzugerufen wurde, nicht gesprochen und erst später angegeben, daß er Karl Friedrich May heiße ...«. Er war aller drei Taten geständig; die vorher erschwindelten Kleidungsstücke hatte er teils verkauft, teils waren sie noch in seinem Besitz.

Was May in den Monaten, die zwischen seinen drei Delikten liegen, getrieben hat, wissen wir nicht; im November war anscheinend beim Amtsgericht Dresden eine Untersuchung gegen ihn anhängig, bei der aber nichts herauskam. Daß er ähnliche unentdeckte Delikte begangen haben könnte, ist mangels entsprechender Fahndungsmeldungen unwahrscheinlich. Aber auch für die These, daß er zwischen September und November 1864 mit dem schon erwähnten Handwerksburschen Urban durch die Schweiz und Frankreich gewandert sei, gibt es bisher keine Beweise. Erst recht ist es ausgeschlossen, daß er, wie es von einigen Forschern angenommen wurde, in dieser Zeit sogar bis Tunis gekommen ist. Am wahrscheinlichsten ist, daß er in Sachsen herumgeirrt ist und sich kümmerlich durchgeschlagen hat; für Februar/März 1865 ist sein Aufenthalt in Gohlis (bei Leipzig) nachgewiesen.

Am 8. 6. 1865 fand die Hauptverhandlung gegen May vor dem Bezirksgericht in Leipzig statt. Er wurde wegen der drei Betrugstaten zu vier Jahren und einem Monat Arbeitshaus verurteilt; es handelt sich dabei um eine heute nicht mehr existierende Strafe, die zwischen Zuchthaus und Gefängnis stand, auf die entehrenden Folgen des Zuchthauses verzichtete und die Verurteilten vor allem durch den Zwang zu regelmäßiger Arbeit bessern sollte. May wurde am 14. 6. 1865 in das Arbeitshaus Schloß Osterstein in Zwickau eingeliefert und der Schreibstube zugeteilt. Dort versagte er, weil sein psychischer Zustand ihn offenbar arbeitsunfähig machte. Anschließend hat er aber im Arbeitshaus, das er noch im Alter günstig beurteilte, eine sehr positive Entwicklung genommen. Man versuchte dort, die Gefangenen zu resozialisieren, indem man sie – nach psychologischer Beobachtung – ihrer Individualität entsprechend behandelte. May wurde zunächst mit der Anfertigung von Geld- und Zigarrentaschen beschäftigt. Dank der Fürsprache des Aufsehers Göhler (1824–1890) wurde er ab 1867 auch als Posaunist und Kirchensänger herangezogen, durfte Musikstücke arrangieren und rückte in die oberste Disziplinarklasse auf, die manche Vergünstigung bot und die nur wenige Strafgefangene zu erreichen pflegten. Schließlich stieg er (wohl Ende 1867), sogar zum »besonderen Schreiber« des Anstaltsinspektors Krell (1827–1896) auf, dem er bei seinen statistischen und literarischen Arbeiten über den Strafvollzug in Zwickau zur Hand ging. Er wurde auch bei der Betreuung der Gefangenenbibliothek (mehr als 4000 Bände) eingesetzt und hat dort selbst umfangreiche literarische Studien betreiben können.

In der Zwickauer Haft haben wohl auch Mays Pläne, später Schriftsteller zu werden, konkretere Gestalt angenommen. May versichert glaubwürdig, schon im Arbeitshaus geschriftstellert zu haben. Ein Verzeichnis seiner literarischen Pläne, das sog. *»Repertorium C. May«,* ist aus jener Zeit erhalten; es bezeugt die starken Anregungen, die er aus der Lektüre der Anstaltsbibliothek gewonnen hatte. Ob er schon während des Aufenthalts im Schloß Osterstein durch Vermittlung des Vaters mit dem Kolportageverleger Münchmeyer in Verbindung getreten ist, wissen wir nicht genau. Jedenfalls schien das Schicksal seinen Plänen günstig. Auf Antrag der Direktion wurde er vorzeitig begnadigt und am 2. 11. 1868 mit einem besonderen Vertrauenszeugnis vorzeitig entlassen; seine normale Strafzeit hätte erst am 13. 7. 1869 geendet.

»Es war ein schöner, warmer Sonnentag, als ich die Anstalt verließ, zum Kampfe gegen des Lebens Widerstand mit meinen Manuskripten bewaffnet«, schreibt May (*Mein Leben,*

S. 153). Der Kampf war erfolglos, und die Waffen zeigten sich als (noch) untauglich. Die Rückkehr ins Elternhaus brachte den Schock, daß die geliebte Märchengroßmutter während der Haft Mays (1865) gestorben war. Mays literarische Tätigkeit reichte für den Erwerb des Unterhalts nicht aus; bis heute hat auch aus dieser Zeit noch nicht eine einzige Veröffentlichung nachgewiesen werden können. In seiner engeren Heimat wurde der entlassene Arbeitshäusler mit Mißtrauen betrachtet. Bei Delikten, die in der Umgebung vorfielen, wurde May als Täter verdächtigt. Die psychischen Verstörungen setzten wieder ein. May erzählte, wie er ziellos in Wald und Feld herumgelaufen und einer (von ihm zweifellos nicht begangenen) Brandstiftung bezichtigt worden sei (*Mein Leben,* S. 163 ff.); nicht einmal die Mutter habe an seine Unschuld geglaubt und ihn nach Amerika forttreiben wollen. Die Authentizität dieser Schilderung und ihre Deutung sind umstritten. Sicher ist, daß die Widerstandskräfte, mit denen May die Anstalt verlassen hatte, schon nach wenigen Monaten zusammenbrachen.

Bis April 1869 wohnte er bei seinen Eltern, war aber öfters abwesend. Er fuhr mehrmals nach Dresden (wohl in literarischen Angelegenheiten) und nach Raschau bei Schwarzenberg, wo er das Dienstmädchen Auguste Gräßler besuchte, das nach späteren polizeilichen Mitteilungen zu jener Zeit seine Geliebte war. Bald aber wandelte er auch wieder auf verbotenen Wegen. Am 29. 3. 1869 erschien er in Wiederau bei dem Krämer Reimann, gab sich als Polizeileutnant von Wolframsdorf aus und behauptete, in amtlichem Auftrag nach Falschgeld fahnden zu müssen. Er »beschlagnahmte« die zehn Taler, die Reimann bei sich hatte, als gefälscht und dessen Taschenuhr als angeblich gestohlen. Dann gab er vor, Reimann nach der Gendarmerie in Claußnitz bringen zu wollen; wies ihn dort in einen Gasthof, »bis er werde gerufen werden«, und entwich.

Ganz ähnlich verfuhr er am 10. 4. 1869 mit dem Seilermeister Krause in Ponitz. Er bezeichnete sich hier als Mitglied der geheimen Polizei und konfiszierte 30 angeblich falsche Taler. Dann forderte er Krause auf, ihm nach Crimmitschau auf das Gerichtsamt zu folgen. Auf dem Weg ergriff er plötzlich die Flucht. Als er von Krause und einem Helfer verfolgt wurde, warf er das erschwindelte Geld von sich und wehrte die Verfolger mit einem »Doppel-Terzerol« ab. May bestritt später, daß die Pistole geladen gewesen sei; es hat ihm auch nicht nachgewiesen werden können.

Am 13. 4. 1869 schlich sich May nachts heimlich ins Elternhaus ein und hinterließ dort einen Brief. Am 18./19. 4. war er bei seiner Auguste in Schwarzenberg. Bei einem Ausflug auf den Ottenstein lernte er dort zwei Amerikaner, Vater und Sohn Burton, kennen, die sich auf einer Geschäfts- und Vergnügungsreise befanden. Sie boten May an, als Hauslehrer der jüngeren Kinder mit nach Amerika zu gehen. Am 20. 4. schrieb er an seine Eltern: »Ich reise ab; man wird meine Vergangenheit vergessen und verzeihen, und als ein neuer Mensch mit einer besseren Zukunft komme ich wieder.« Er kam aber nicht weit. Anscheinend mußte er wegen paßpolizeilicher Schwierigkeiten in Bremen umkehren. Vermutlich war er schon Ende April wieder in Sachsen. Für den 3. Mai ist ein Theaterbesuch in Jöhstadt (nicht weit von Schwarzenberg, nahe der böhmischen Grenze) polizeilich festgestellt. Am 27. Mai verbarg er sich in Ernstthal im Hause seines Paten Weißpflog; von dort nahm er allerlei geringwertige Gegenstände (auch Dietriche) mit, die er in einer unweit von Hohenstein gelegenen Höhle unterbrachte; sie diente ihm als Schlupfwinkel und hat später als »Karl-May-Höhle« eine gewisse Berühmtheit erlangt. Der Pate hat die Benutzung dieser Sachen vermutlich toleriert, wenn nicht erlaubt; um nicht in den Verdacht der Beihilfe und Begünstigung zu geraten, mußte er aber später Anzeige erstatten, so daß auch dieser Vorfall auf das Strafkonto Mays geschrieben wurde.

Von der Höhle aus nahm May nun alsbald seine kriminelle Tätigkeit wieder auf, indem er recht befremdliche Diebstähle verübte. Am 31. Mai 1869 ließ er in einem Restaurant in Limbach (vier km entfernt) fünf Billardbälle mitgehen, die er in Chemnitz für fünf Taler verkaufen konnte. Nur mit Mühe entwischte er dann zwei Polizeidienern, denen er verdächtig erschienen war, und die ihn aufforderten, sich auszuweisen. In der Nacht vom 3. zum 4. Juni stahl er in dem kleinen Ort Bräunsdorf (acht km nördlich von Hohenstein) aus einem unverschlossenen Stalle ein Pferd, das er am Tage darauf in Höckendorf verkaufen konnte (für 15 Taler). Doch war ihm der Eigentümer nachgeeilt, so daß er wiederum schleunigst – und diesmal ohne das Geld erhalten zu haben – die Flucht ergreifen mußte.

Mays letzte Tat fällt auf den 15. 6. 1869. An diesem Tage suchte er den Bäcker und Weber Wappler in Mülsen St. Jakob auf, gab sich als Bote eines Dresdner Advokaten aus und teilte der Familie mit, ihr sei eine große amerikanische Erbschaft zugefallen; der Vater sollte sich mit den drei Söhnen zur Regelung der Angelegenheit nach Glauchau begeben. Nach deren Entfernung eröffnete er der Frau und der Schwiegermutter, daß er auf Grund von Falschmünzereien eine Hausdurchsuchung veranstalten müsse. Er »beschlagnahmte« 28 Taler und entfernte sich.

Am 2. Juli 1869 wurde May schließlich ergriffen. Er hatte – anscheinend schon seit mehreren Nächten – das verschlossene Kegelhaus des Gastwirts Engelhardt, in das er durch ein Schiebefenster eingestiegen war, als Schlafstätte benutzt. Hier wurde er nachts um drei Uhr schlafend entdeckt und mit Hilfe des Hohensteiner Polizeiwachtsmeisters »nach kurzem Kampfe überwältigt«. May bediente sich wieder seines Doppelterzerols; geschossen hat er aber nicht, und der Nachweis, daß die Waffe geladen war, konnte auch diesmal nicht erbracht werden. Er hatte bei Engelhardt ein Handtuch und ein Zigarrenpfeifchen weggenommen; vielleicht nur zur vorübergehenden Benutzung, doch wurde ihm auch dies als Diebstahl angelastet. Bei der Festnahme trug er zwei gefälschte Legitimationen mit sich, deren eine angeblich von dem sächsischen Generalstaatsanwalt Dr. Schwarze unterzeichnet war; auch diese Fälschungen wurden im späteren Urteil gegen ihn berücksichtigt.

In den folgenden Wochen wurde May hin- und hertransportiert, um den Opfern seiner Taten gegenübergestellt zu werden. Dabei geschah es, daß er auf dem Wege nach Bräunsdorf, in der Höhe von Kuhschnappel, am 26. 7. 1869 seine eisernen Fesseln zerbrach und seinem Bewacher entsprang; wie ihm diese seiner späteren Romanhelden würdige Tat gelingen konnte, ist bis heute ein Rätsel geblieben. Seither blieb May spurlos verschwunden. Da er angeblich in den Hohensteiner Wäldern gesehen worden sein sollte, rückten in der Nacht vom 6. zum 7. 8. 1869 die örtlichen Polizeiorgane und die Ernstthaler Turnfeuerwehr zu einer großen Suchaktion aus; sie war erfolglos. Für die folgenden Monate wurde in der älteren Forschung vielfach eine Afrika-Reise Mays angenommen. Doch fehlt dafür jeder greifbare Anhaltspunkt. May hat in den Aussagen nach seiner späteren Verhaftung nicht die geringsten Andeutungen über eine solche Reise gemacht. Auch ist für Mitte November sein Aufenthalt in

Plößnitz nachgewiesen. Er besuchte dort eine gewisse Malwine Wadenbach (geb. 1819); ihr und ihrer erwachsenen Tochter Alwine (oder Alma) war er vermutlich schon in der Zeit zuvor nähergetreten. Bei einer späteren Vernehmung sagte die Mutter aus, May habe sich ihr gegenüber als »Schriftsteller Heichel« und den natürlichen Sohn des Prinzen von Waldenburg ausgegeben.

In der Nacht vom 3. zum 4. 1. 1870 tauchte May im böhmischen Ort Algersdorf bei Tetschen (damals zu Österreich-Ungarn gehörig) auf und übernachtete völlig erschöpft in einer Scheune, wo er als ausweisloser Fremder aufgegriffen wurde. Da strafbare Handlungen nicht festzustellen waren, wurde er zur Feststellung seiner Identität nach Tetschen transportiert. Bei seiner Vernehmung gab er an, Albin Wadenbach zu heißen und als Sohn eines reichen Plantagenbesitzers in Orby auf der Insel Martinique geboren zu sein. Er habe sich mit seinem Bruder Friedrich nach Deutschland begeben, um dort verschiedene Verwandte aufzusuchen; bei einer Trennung habe der Bruder aus Versehen die Ausweispapiere mitgenommen. Aus der Haft sandte er Briefe an verschiedene Personen, die ihn mit seinem angeblichen Bruder wieder zusammenbringen sollten. Auch schrieb er nach Martinique einen Brief, der den Eindruck erwecken mußte, als ob er dort zu Hause sei. Da die Suche nach den sächsischen Verwandten kein rechtes Ergebnis brachte, sandte die böhmische Polizei einen Steckbrief mit Lichtbild nach Sachsen. May wurde auf Grund des Fotos sofort erkannt und am 14./15. März von Tetschen aus in das Bezirksgefängnis Mittweida übergeführt.

Am 13. 4. 1870 fand die Hauptverhandlung vor dem Bezirksgericht Mittweida statt. May war geständig und wurde wegen Diebstahl, Betrug, Widersetzung gegen erlaubte Selbsthilfe und Fälschung unter Berücksichtigung seiner Rückfälligkeit zu vier Jahren Zuchthaus verurteilt. Später wurde er auch noch unter eine anschließende zweijährige Polizeiaufsicht gestellt. Mays Berufung und ein Gnadengesuch wurden zurückgewiesen. Er mußte seine Strafe vom 3. 5. 1870 bis zum 2. 5. 1874 im Zuchthaus zu Waldheim (Bezirk Leipzig) abbüßen.

Die Lebens- und Arbeitsbedingungen in der Anstalt waren sehr schwer (mindestens 13 Arbeitsstunden täglich, Schweigegebot). Dazu kam May in die unterste Disziplinarklasse und wurde »wegen Verdachts des Entweichens und Neigung zu grobem Unfug, Widersetzlichkeit und Gewaltthaten« zunächst in Isolierhaft genommen (wohl ein Jahr lang). May wurde als Zigarrenmacher eingesetzt. Sein psychischer Zustand stabilisierte sich nach anfänglichen Schwierigkeiten. Er führt das vor allem auf den Einfluß des katholischen Anstaltslehrers Johannes Kochta (1824–1886) zurück, der nicht nur in Gesprächen verstehend auf ihn einging, sondern ihm auch wesentliche Hafterleichterungen (wie Versetzung in die zweite Disziplinarklasse) verschaffte. Auch der Umstand, daß May, der Protestant, schon bald als Organist im katholischen Gottesdienst beschäftigt wurde, hat seinem Selbstbewußtsein geholfen und seinem Ansehen in der Anstalt gedient. Zwar wurde ein Gnadengesuch abgelehnt, und eine Tätigkeit im Bibliotheksdienst gegen Ende seiner Haftzeit fand ein rasches Ende, als er sich schützend vor einen Häftling stellte, der ein Buch beschmutzt haben sollte. Der protestantische Anstaltsgeistliche Fischer, der die Aufsicht über die Bibliothek führte, nannte May daraufhin im Abgangszeugnis »kalt, gleichgültig, glatt, hochmütig«. Doch hat dies alles den nun 32jährigen, der bei der Entlassung angab, »nach Amerika auswandern« zu wollen und der als »etwas entkräftet, sonst arbeitsfähig« beurteilt wurde, nicht wieder zurückwerfen können. Der Aufseher Müller erinnerte sich später, bei der Entlassung scherzhaft zu May gesagt zu haben: »Na, ich bin neugierig, wann wir dich hier wiedersehen!« Da sei May ganz ernst geworden, habe ihm die Hand auf die Schuler gelegt, ihm tief ins Auge gesehen und langsam, jedes Wort betonend, geantwortet: »Herr Schließer, mich sehen Sie hier niemals wieder!«

Tatsächlich war Mays kriminelle Karriere mit der Entlassung aus Waldheim abgeschlossen; die Verhaltensweisen, die ihn späterhin noch in Verwicklung mit der Strafjustiz brachten, liegen außerhalb des im engeren Sinne Kriminellen. Auch vor 1870 ist May wegen anderer als der geschilderten Straftaten nie verfolgt worden. Insbesondere sind die Behauptungen, die Mays Prozeßgegner Lebius (in: Der Bund, 19. 12. 1909) später aufgestellt hat und die noch in der zweiten Nachkriegszeit in biographischen und dokumentarischen Darstellungen verwendet worden sind, weitgehend unzutreffend. Danach soll May in den erzgebirgischen Wäldern im Jahre 1869 das Haupt einer Räuberbande gewesen sein, zahlreiche räuberische Überfälle (vor allem auf Marktfrauen) sowie Diebstähle, Einbrüche und Wildereien begangen haben. Das ist schon zu Mays Lebzeiten gerichtlich widerlegt worden; auch neuere Forschungen haben ergeben, daß die Berichte von »Karl May als Räuberhauptmann«, die seinerzeit durch die ganze deutsche Presse liefen, haltlos sind. May hat seine Delikte nie zusammen mit anderen, sondern immer nur allein verübt; auch hat er nie einen Raub begangen.

Sucht man die Ursachen für die gleichwohl erhebliche Kriminalität des jungen May, so kommt vieles zusammen. Die Absicht der Bereicherung, die aus der materiellen Not Mays erklärbar gewesen wäre, war sicher nicht das treibende Motiv. Denn der inszenatorische Aufwand der Delikte steht außer allem Verhältnis zu ihrem finanziellen Ertrag; der Schaden, den May bei den Taten, die ihm vier Jahre Zuchthaus einbrachten, angerichtet hat, beträgt wenig mehr als 100 Taler. Dagegen fällt die Ähnlichkeit ins Auge, die Mays Handlungen mit dem Verhalten seiner späteren literarischen Helden aufweisen: die Lust am abenteuerlichen Risiko und an der Darstellung beherrschender Rollen. Es handelt sich um Streiche und Köpenickiaden mit stark pubertärem Einschlag; sie finden teilweise Erklärung im Phantasiereichtum Mays, in einer Reifeverzögerung, deren Ursachen man in seinen Sozialisationsbedingungen und vor allem in seiner frühkindlichen Blindheit suchen muß, und in einem Selbstbestätigungsbedarf, der aus dem Mißverhältnis zwischen seiner Begabung und den kümmerlichen Bedingungen seines Lebens resultiert.

Freilich hätte sich der »Traum der unterdrückten Kreatur, die großes Leben haben will« (Ernst Bloch), ohne das Hinzukommen weiterer Umstände in Bahnen lenken lassen, die zu sozialer Anerkennung führen, wie dies May nach seiner Entlassung aus Waldheim auch hervorragend gelang. Es mußte zur jugendlichen Unreife eine narzißtische Kontaktschwäche und extreme innere Isolierung hinzukommen, um ihn gegen die Schädigung anderer unempfindlich werden zu lassen. Auch dies aber hätte nicht genügt, um ihn zum Kriminellen zu machen, wenn nicht die existenzvernichtende Reaktion der Behörden auf seine harmlosen und allenfalls leichtsinnigen Anfangsverfehlungen ihn in verständliche Verbitterung und Verzweiflung getrieben hätte; diese mußten bei dem immer wieder schmählich gedemütigten jungen Mann Aggressionen freisetzen, die ihm, wie sein früherer und späterer Lebenslauf zeigt, sonst wesensfremd waren. Es ist durchaus glaubwürdig, wenn May davon spricht, er habe Rache an der Gesellschaft nehmen wollen. Noch in der Berufungsschrift gegen das Zuchthausurteil schrieb der Pflichtverteidiger, May habe in der Hauptverhandlung »den Eindruck eines komischen Menschen« gemacht, »der gewissermaßen aus Übermuth auf der Anklagebank zu sitzen schien«. Hätte May in seinem Lehrerberuf bleiben dürfen, hätte er trotz der anlage- und entwicklungsbedingten Gefährdung seines Charakters wahrscheinlich ohne kriminelle Verstrickungen seinen Weg gefunden.

Die Frage, inwieweit Mays Schuldfähigkeit bei Begehung seiner Straftaten beeinträchtigt war, läßt sich heute nicht mehr mit Sicherheit beantworten. Zwar schildert May in seiner Selbstbiographie die Spaltungszustände, denen er unterlag, und die »Stimmen«, deren dunklen Einflüsterungen er verfiel, suggestiv und mit erheblicher literarischer Kraft. Aber wir wissen nicht, ob nicht Griesingers Buch über »Die Pathologie und Therapie der psychischen Krankheiten« (Braunschweig, 3. Aufl., 1871), aus dem er sich informierte, auch die Darstellung selbst beeinflußt hat, und ob Mays Erinnerung nach 40 bis 50 Jahren seine innere Verfassung in der Straftatenzeit überhaupt noch hinreichend genau wiedergeben konnte. Immerhin läßt sich heute mit ziemlicher Sicherheit sagen, daß May an einer schweren narzißtischen Neurose litt. Es gibt auch genügend Anzeichen dafür, daß diese Neurose zeitweilig zu psychotischen Eskalationen geführt hat. Nach den heutigen Maßstäben der forensischen Psychologie und Psychiatrie würde May wohl eine erheblich verminderte Schuldfähigkeit (mit entsprechender Strafmilderung) zugebilligt werden. Dagegen läßt sich ein fortschreitender Krankheitsprozeß (etwa schizophrener Art) bei May mit Sicherheit ausschließen; denn seine seelische Energie und geistige Spannkraft blieben trotz schwerster äußerer Belastungen bis zum Tode ungebrochen.

5. *Schriftstellerische Anfänge. Redakteurs- und Kolportagezeit (1874–1887)*

May kehrte nach Verbüßung seiner Strafe ins Elternhaus zurück. Die Auslandsreise, von der er berichtet (*Mein Leben*, S. 179f.), kann nicht weit geführt haben; denn er hatte zuvor mehrfach bekundet, nach seiner Entlassung in Ernstthal gelebt und schriftstellerisch gearbeitet zu haben. Veröffentlichungen sind allerdings für 1874 noch nicht nachweisbar. Auch wenn vielleicht der eine oder andere Zeitungsabdruck verschollen sein mag, wird May hauptsächlich für die Schublade geschrieben und im übrigen auf Kosten seiner Familie gelebt haben. Das änderte sich erst 1875: Anfang März erschien in Ernstthal der Kolportageverleger Heinrich Gotthold Münchmeyer (1836–1892) mit seinem Bruder und Geschäftsführer Friedrich Louis Münchmeyer (1829–1897) und bot May, der ihm Manuskripte vorgelegt und mit ihm auch früher schon in literarischer Verbindung gestanden hatte, eine Redakteursstelle in seinem Verlag in Dresden an. May sagte zu: Die 600 Taler Jahresgehalt sicherten ihm zum ersten Mal in seinem Leben ein einigermaßen ausreichendes Einkommen. Am 8. 3. reiste er nach Dresden ab. Schon vier Tage später wurde der Kriminalpolizei in Dresden angezeigt, daß der unter Polizeiaufsicht stehende May daselbst eine Redakteursstelle angetreten habe und »daß derselbe neben dieser Funktion auch seine frühere verbrecherische Laufbahn teilweise wieder betreten dürfte«. Davon konnte nicht die Rede sein. Trotzdem wurde May am 15. 3. aus Dresden ausgewiesen. Auch sein eindrucksvolles Bittgesuch vom 16. 3. blieb unbeachtet. Am 24. 3. erhielt er Order, Dresden binnen drei Tagen zu verlassen; am 27. 3. war er wieder daheim. Die Ausweisung war ungerechtfertigt und hätte leicht – wie frühere behördliche Überreaktionen – seine Laufbahn ein weiteres Mal zerstören können. Aber diesmal überwand May den Schock: Es gelang ihm, seine redaktionelle Tätigkeit von Ernstthal aus zu leiten, daneben auch literarisch zu arbeiten und im August sogar eine Revision des Ausweisungsbeschlusses zu erwirken, so daß er nun nach Dresden zurückkehrte. Gegen Ende des Jahres 1875 verlegte er sogar seine Wohnung in das Verlagsgebäude Münchmeyers, wo auch dieser selbst mit seiner Familie lebte.

May hatte bei Münchmeyer mit vier Zeitschriften zu tun. Den »Beobachter an der Elbe«, dessen Redaktion er von seinem Vorgänger Otto Freitag (1839–1899) übernommen hatte, ließ er zum Herbst 1875 auslaufen. Stattdessen bereitete er die Gründung zweier neuer Blätter vor; im September 1875 erschienen ein »Deutsches Familienblatt« sowie »Schacht und Hütte«, ein Blatt »zur Unterhaltung und Belehrung für Berg-, Hütten- und Maschinenarbeiter«. Ende August/Anfang September unternahm May Reisen nach Essen (zu Krupp) und Berlin (zu Borsig), um Abonnenten für sein Bergarbeiterblatt zu werben. »Schacht und Hütte« erreichte nur einen Jahrgang (bis August 1876), das »Familienblatt«

erlebte noch ein zweites Jahr. Da »Schacht und Hütte« wegen des begrenzten Adressatenkreises nicht sonderlich erfolgreich war, wurde das Blatt ab September 1876 durch die »Feierstunden am häuslichen Heerde« ersetzt, die bis September 1877 erschienen. May lieferte für alle vier Zeitschriften (und obendrein für das bei Münchmeyer erscheinende »Buch der Liebe«) teilweise umfangreiche Texte: heimatliche und erste exotische Erzählungen, aber auch populärwissenschaftliche Erbauungsliteratur (*Geographische Predigten*). Daneben bemühte sich May auch um andere Verlage; die früheste Veröffentlichung einer Erzählung, die bisher nachgewiesen werden konnte, *Die Rose von Ernstthal,* erschien April/Mai 1875 in der »Deutschen Novellenflora« des Verlegers Hermann Oeser, Neusalza. Auch beim Verleger Hermann Schönlein, Stuttgart, konnte er schon während seiner Tätigkeit für Münchmeyer kleinere Arbeiten unterbringen.

Münchmeyer war mit den Leistungen Mays sehr zufrieden. Er setzte offenbar große Hoffnungen auf seinen sehr aktiven und auch literarisch produktiven Redakteur. Das brachte seine Frau, Ida Pauline Münchmeyer (1840–1928), die im Geschäft großen Einfluß ausübte, auf den Gedanken, May durch eine Verheiratung mit ihrer Schwester Minna Ey (1843–1918) für immer an das Geschäft zu binden. May hat diese Entwicklung und das Leben im Hause Münchmeyer 30 Jahre später in seiner Schrift *Ein Schundverlag* anschaulich geschildert. Als die vereinten Bemühungen der Familie die Formen moralischer Nötigung annahmen, zog May die Konsequenz. Er kündigte (Ende Oktober/Anfang November 1876) und gab nach Ablauf der vierteljährlichen Kündigungsfrist, spätestens Anfang Februar 1877, seine Stellung bei Münchmeyer auf. Der Umstand, daß May seine spätere Frau Emma Lina Pollmer (1856–1917) damals schon kannte und eine Heirat mit ihr anstrebte, dürfte zur Ablehnung des Münchmeyerschen Angebotes beigetragen haben.

May hat in den ersten beiden Jahren seit der Entlassung aus Waldheim vermutlich zu verschiedenen Frauen nähere Beziehungen gehabt. Nach einem Bericht soll die Schneiderstochter Anna Schlott zeitweise seine Geliebte gewesen sein, seinetwegen ihre Stellung verloren und dann Schreibarbeiten für ihn erledigt haben. Auch gibt es Anhaltspunkte dafür, daß May eine Liaison mit der Cartonarbeiterin Marie Thekla Vogel (1856–1929) aus Hohenstein hatte, die möglicherweise bei Münchmeyer arbeitete und nebenher Mays Zimmer in

Ordnung hielt; nach einer Hypothese soll die Tochter, die Marie Thekla Vogel am 26. 3. 1876 gebar, Helene Ottilie Vogel (1876–1952), ein uneheliches Kind Mays sein. Doch liegen für keine dieser Annahmen bisher dokumentarisch gesicherte Beweise vor. Um so mehr wissen wir über Emma Pollmer, die von nun an im Leben Mays eine bedeutende und am Ende unglückliche Rolle gespielt hat. Sie wurde am 22. 11. 1856 als nichteheliche Tochter der Emma Ernestine Pollmer (1830–1856) geboren, die wenige Tage später (am 4. 12.) dem Kindbettfieber erlag; der Vater, über den nichts Näheres bekannt ist, war angeblich ein Barbiergeselle namens Zimmermann. Die Vollwaise wuchs in Hohenstein auf, im Hause ihres Großvaters Christian Gotthilf Pollmer (1807 bis 1880), der als Barbier und Zahnarzt tätig war.

Karl May lernte Emma Pollmer Mitte 1876 bei einem Besuch in der Heimat kennen, nach seinen Angaben sogar im Hause seiner Schwester Wilhelmine Schöne. Er verliebte sich in das attraktive Mädchen und faßte schon bald Heiratspläne. Sie scheiterten zunächst am Widerstand des Großvaters Pollmer; dieser schätzte zwar Mays literarische Arbeiten und nahm auch an seinen Vorstrafen keinen besonderen Anstoß, wollte seine Enkeltochter aber nicht an einen mittellosen Mann verheiraten. Auf Mays Wunsch und gegen den Willen des Großvaters zog Emma am 26. 5. 1877 nach Dresden um und arbeitete – ganz in der Nähe von Mays Wohnung – als Dienstmädchen bei einer Pfarrerswitwe und ihren beiden Töchtern. May hätte sie aus eigenen Mitteln kaum ernähren können. Denn nach dem Ausscheiden bei Münchmeyer war er im Jahre 1877 ganz auf seine Einnahmen als freier Schriftsteller angewiesen; sie brachten nur wenig mehr als die Hälfte dessen, was er als Redakteur verdient hatte. Er konnte insgesamt neun Arbeiten veröffentlichen, von denen freilich nicht alle neu waren. Seinen bisher größten Erfolg verbuchte er, als Peter Rosegger (1843–1918), der steirische Dichter, Mays ägyptische Novelle *Die Rose von Kahira* (später in: *Durch die Wüste*), die unter dem Titel *Leilet* schon in den »Feierstunden« veröffentlicht worden war, in seinen »Heimgarten« aufnahm. Von Rosegger stammt auch das erste literarische Urteil über May als Erzähler exotischer Abenteuer. Er schrieb am 12. 7. 1877 an Robert Hamerling: »Diese Geschichte ist so geistvoll und spannend geschrieben, daß ich mir (...) gratuliere (...). Hätten Sie, Herr Professor, vielleicht zufällig den Namen Karl May schon gehört (...)? Seiner ganzen Schreibweise nach halte ich ihn für einen vielerfahrenen Mann, der lange Zeit im Orient gelebt haben muß.« Rosegger hat dann auch Mays späteren Lebensweg mit Anteilnahme (und Kritik) begleitet.

Im Jahre 1878 besserten sich Mays wirtschaftliche Verhältnisse wieder, weil er eine neue Stellung als Redakteur bei dem Dresdner Verleger Bruno Radelli gefunden hatte. Er betreute den zweiten Jahrgang des bei Radelli erscheinenden Unterhaltungsblattes »Frohe Stunden« und veröffentlichte in dieser Zeitschrift zwölf Arbeiten, darunter diesmal acht exotische Geschichten und seinen ersten Roman *Auf der See gefangen* (später teilweise in: *Old Surehand*). Daneben erschienen auch in anderen Zeitschriften noch mancherlei kleinere Geschichten. Die größeren Einnahmen ermöglichten es May, Anfang 1878 in Dresden-Striesen eine möblierte Parterre-Wohnung zu mieten und Emma zu sich zu nehmen. May bezeichnete sie nun (auch öffentlich und vor Gericht) als seine Frau; sieben Arbeiten, die er in den »Frohen Stunden« erscheinen ließ, tragen das Pseudonym Emma Pollmer. Etwa im Juli 1878 kehrte Emma nach Hohenstein zurück, anscheinend deshalb, weil der allein lebende Großvater Pollmer ihre Hilfe dringend nötig hatte. May folgte ihr und ging nach Ernstthal zu seinen Eltern. Allerdings mußte er wegen der »Frohen Stunden« des öfteren nach Dresden und einmal auch nach Berlin reisen. Die enge Beziehung zwischen ihm und Emma Pollmer blieb jedoch bestehen. Er wohnte auch zeitweilig in Hohenstein bei ihr und dem halbwegs versöhnten Großvater; ab April 1879 war er dann wieder bei den Eltern.

Dasselbe Jahr brachte aber auch ein Ereignis, die sog. Affäre Stollberg, das zu Mays letzter strafgerichtlicher Verurteilung führte. Emil Pollmer (geb. 1828), der einzige Sohn des alten Pollmer, war am 28. 1. 1878 in Niederwürschnitz (bei Stollberg in Sachsen) im Anschluß an eine Wirtshausrauferei in betrunkenem Zustand überfahren worden und an den Folgen des Unfalls gestorben. Gerüchte besagten, er sei erschlagen worden. Großvater Pollmer bat May bei einem Besuch in Hohenstein, der Sache einmal nachzugehen. Dieser begab sich am 25. 4. nach Niederwürschnitz und zog hier und im Nachbarort Neuölsnitz in Gasthöfen Erkundigungen über den Todesfall ein. Als der Wirt in Neuölsnitz ihn fragte, »wer er wäre«, antwortete May: »Er sei von der Regierung eingesetzt und etwas höheres, wie (gemeint ist: als) der Staatsanwalt.« Einen bestimmten Titel legte er sich nicht bei, doch ließ er auch sonst durchblicken, daß er eine hochgestellte Persönlichkeit sei und den Staatsanwalt »einstecken« lassen könne. Auf Grund dieses Vorfalles wurde ein Verfahren gegen May eingeleitet, das am 9. 1. 1879 mit Mays Verurteilung durch das Amtsgericht Stollberg zu drei Wochen Gefängnis wegen Amtsanmaßung endete (§ 132 StGB). Der Einspruch, den May gegen das im schriftlichen Verfahren ergangene Urteil einlegte, wurde am 12. 5. 1879 vom Königlichen Bezirksgericht Chemnitz in Abwesenheit Mays und seines Verteidigers verworfen. Ein Gnadengesuch Mays an den sächsischen König Albert vom 2. 7. 1879 wurde – trotz eines von May zu den Akten gereichten Lobgedichtes auf den König – am 2. 7. 1879 zurückgewiesen. Er mußte die Strafe vom 1. bis 22. 9. 1879 im Gefängnis des Gerichtsamts Hohenstein-Ernstthal verbüßen.

Der Fall ist psychologisch aufschlußreich. Er zeigt wieder einmal Mays unbezähmbaren Drang, sich in beherrschenden Rollen darzustellen; er zeigt aber auch, daß er nun niemanden mehr schädigte. May ist auch zu Unrecht verurteilt worden. Es ist nicht strafbar, wenn jemand sich fälschlich eines öffentlichen Amtes rühmt. Er hätte dieses Amt auch »ausüben«, d. h. etwas tun müssen, was nur ein Beamter darf. Erkundigungen einziehen darf aber jedermann; und mehr hat er nicht getan. Selbst die Anmaßung eines Titels, die damals nach § 360 Nr. 8 StGB als Übertretung unter (geringer) Strafe stand, war ihm nicht vorzuwerfen. Denn die Zeugenaussagen ergaben, daß er sich einen Titel nicht beigelegt hatte. Bemerkenswert ist, daß auch die »Affäre Stollberg« May nicht mehr aus der Bahn werfen konnte, obwohl ihm durch die Verurteilung und ihre diskriminierenden Begleitumstände Unrecht geschehen war.

Nach Ablauf des Redaktionsjahres bei Radelli arbeitete May – von nun an bis ans Lebensende – wieder als freier Schriftsteller, und zwar mit zunehmender Produktivität. Seine wichtigsten Partner waren zunächst die Verlage Adolph Wolf, Dresden (»Weltspiegel/Deutsche Boten«, 1878 bis April 1879) und Göltz und Rühling, Stuttgart (»All-Deutschland / Für alle Welt«, Ende 1878 bis April 1882). Bei Göltz u. Rühling erschien als Zeitschriftenabdruck Mays erster zweibändiger Großroman *Scepter und Hammer / Die Juweleninsel* (August 1879 bis April 1882). Im Verlag Franz Neugebauer, Stuttgart, der im Eigentum der Fa. Göltz u. Rühling stand, konnte er 1879 auch sein erstes Buch (*Im fernen Westen*), eine

Umarbeitung der schon 1875 im »Deutschen Familienblatt« erschienenen *Old-Firehand*-Geschichte, und seine Bearbeitung des »*Waldläufers*« von Gabriel Ferry veröffentlichen.

Die folgenreichste und dauerhafteste literarische Verbindung aber konnte May herstellen, als er im März 1879 eine erste Wild-West-Geschichte (*Three Carde Monte,* später in *Old Surehand*) in der katholischen Familienzeitschrift »Deutscher Hausschatz in Wort und Bild« im Verlag Pustet, Regensburg, unterbringen konnte. Schon nach Veröffentlichung der zweiten Erzählung (*Unter Würgern,* später in *Orangen und Datteln*) bot ihm der Hausschatz-Redakteur Venanz Müller (1831–1906?) die Abnahme aller seiner Manuskripte an. May hat von nun an mit geringer Unterbrechung bis 1897 und dann wieder 1907/08 für den »Hausschatz« gearbeitet; hier sind später die meisten seiner großen Reiseerzählungen im Vorabdruck erschienen. Die exotischen Novellen, die er zunächst für den »Hausschatz« lieferte, sind freilich (teilweise sehr talentierte) Anfängerarbeiten, wie alles bisher von ihm Veröffentlichte. Doch gelang ihm 1881/82 mit einer Folge großer orientalischer Erzählungen (*Giölgeda padishanün, Reise-Abenteuer in Kurdistan, Die Todeskaravane,* später Bd. 1–3 der Werkausgabe) der Durchbruch zur eigenständigen epischen Gestaltung, der großen abenteuerlichen Reise-Erzählung in der Ich-Form, die erst von ihm geschaffen worden ist und seinen Erfolg bis heute trägt.

May lebte während dieser Jahre in der Heimat. Seine Beziehungen zu Emma Pollmer waren schon damals von Spannungen nicht frei. Während er fast pausenlos arbeitete, vertrieb sich Emma die Zeit mit geselligen Zerstreuungen, die seine Mißbilligung und Eifersucht erregten. Im April 1879 kam es zu einem Zerwürfnis; er zog zu seinen Eltern zurück. Trotzdem kamen die beiden nicht voneinander los. Am 26. 5. 1880 starb der alte Pollmer an einem Schlaganfall. »Meiner Verehelichung mit May stand nun kein Hindernis mehr im Wege«, bekundete Emma später. Die beiden heirateten am 17. 8. 1880 in Ernstthal; am 12. 9. 1880 fand die kirchliche Trauung statt. Das junge Ehepaar wohnte in den nächsten drei Jahren in Hohenstein, Marktstraße 2. Trotz der beginnenden literarischen Erfolge Mays – der Orientroman wurde von den Lesern sehr gut aufgenommen – reichten die Zeitschriftenhonorare aber kaum aus, um May und seiner Frau den Lebensunterhalt zu sichern, zumal da beide gern in das teure Dresden umziehen wollten. Mays Einkommen belief sich 1881 auf ca. 1500 Mark; das war weniger als das Redakteursgehalt bei Münchmeyer und entsprach etwa dem Lohn eines weniger qualifizierten Arbeiters. Im Jahre 1882 konnte der »Hausschatz« May nicht so viel Text abnehmen wie im Vorjahr, so daß noch geringere Erträge zu erwarten waren. In dieser finanziellen Misere wird man – entgegen den eigenen Darstellungen Mays – einen wesentlichen Grund sehen müssen für das, was nun geschah.

Im Spätsommer 1882 unternahmen Karl und Emma May eine einwöchige Erholungsreise nach Dresden und begegneten dort im Rengerschen Gartenrestaurant dem Verleger Münchmeyer. Diesem war es seit Mays Weggang geschäftlich schlecht gegangen. Es gelang ihm – unterstützt von Frau Emma –, Karl May zur Abfassung eines Lieferungsromans zu verpflichten, der ca. 100 Hefte à 24 Seiten umfassen und dem Unternehmen wieder aufhelfen sollte. May sollte für eine Auflage bis zu 20000 Exemplare 35 Mark pro Heft erhalten; danach sollten die Rechte wieder an ihn zurückfallen, und es sollte ihm abschließend eine »feine Gratifikation« gezahlt werden. Um den literarischen Namen, den er sich durch seine Arbeiten für den »Hausschatz« schon erworben hatte, nicht zu gefährden, bedang er sich ein Pseudonym aus. Ein schriftlicher Vertrag wurde – zu Mays späterem Schaden – nicht abgeschlossen.

Ab November 1882 erschien dann *Das Waldröschen oder die Verfolgung rund um die Erde. Großer Enthüllungsroman über die Geheimnisse der menschlichen Gesellschaft* von Capitain Ramon Diaz de la Escosura. Das Riesenwerk umfaßte 109 Hefte mit 2612 großformatigen Seiten (4750 Seiten im Format der späteren Werkausgabe) und war innerhalb eines Jahres fertig. Es erwies sich sogleich als ein außergewöhnlicher Erfolg und erfuhr bald zahlreiche Nachdrucke und Übersetzungen, ohne daß May je eine Abrechnung oder die versprochene Gratifikation erhielt. Stattdessen ließ er sich überreden, bis Mitte 1887 noch vier weitere, ähnlich umfangreiche Kolportageromane für Münchmeyer zu schreiben. Das Honorar wurde auf 50 Mark pro Heft erhöht; nur einer der Romane *(Die Liebe des Ulanen)* erschien als Zeitschriftenabdruck und unter dem Namen Mays. Insgesamt hat May für Münchmeyer innerhalb von knapp fünf Jahren 12390 Seiten geschrieben; das hätte im Satzspiegel der Werkausgabe weit mehr als 20000 Seiten ergeben und erreicht annähernd den Umfang seines gesamten übrigen Lebenswerkes.

Es ist nicht leicht verständlich, daß May sich zu einer derartigen Fronarbeit bewegen ließ, die seine übrige Produktion fast völlig zum Erliegen brachte und ihn literarisch zwangsläufig auf das Niveau einer Trivialität zurückzog, die er mit seinen letzten Arbeiten glücklich verlassen hatte. Mays Erklärung, er habe an Münchmeyer, den er Anfang 1877 so schroff verlassen hatte, etwas wiedergutmachen wollen, reicht nicht aus. Der wahre Grund ist wohl finanzieller Natur; denn May konnte sich mit dem *Waldröschen* trotz des kläglichen Honorars 3815 Mark und mit den späteren Riesenromanen sogar 5000 bis 6000 Mark im Jahr erschreiben. Das war mehr als das Dreifache seines bisherigen Einkommens. Er erreichte damit – auf Kosten seines literarischen Gewissens – zum ersten Mal im Leben die Bezüge eines akademisch gebildeten Beamten. Es wurde ihm dadurch möglich, am 7. 4. 1883 nach Dresden überzusiedeln und auch sonst den finanziellen Bedürfnissen seiner keineswegs anspruchslosen Ehefrau einigermaßen gerecht zu werden. Äußerlich verlief Mays Leben in der zweiten Münchmeyer-Zeit ereignisarm; denn der Zwang zum pausenlosen Schreiben schloß andere Betätigungen und Kontakte so gut wie völlig aus. May fühlte sich durch Münchmeyers häufige Besuche und durch die zahlreichen schwatzhaften Freundinnen und deren Anhang, die Emma zu ihrem Zeitvertreib ins Haus zog, bei der Arbeit gestört und wechselte mehrmals die Wohnung, um die lästigen Besucher abzuschütteln. In der Ehe Mays kam es wieder zu Schwierigkeiten; Emma interessierte sich nicht für die Schriften ihres Mannes, der sich aus dem Gefühl, unverstanden zu sein, immer tiefer in die Arbeit flüchtete: »Dieses tiefe, innere Verlassensein drängte mich, um die trostlose Öde auszufüllen, zu rastlosem Fleiße und machte mich leider gleichgültig gegen die Notwendigkeit, geschäftlich vorsichtig zu sein« (*Mein Leben,* S. 205). Er sollte das später bitter bereuen. Immerhin – und auch das darf man nicht vergessen, wenn man May seine Arbeit für die Kolportage vorwirft – gaben die steigenden Einnahmen ihm nun auch die Möglichkeit, seine alten Eltern zu unterstützen. Der Tod der Mutter am 15. 4. 1885 traf ihn schwer. Seine zweite Frau Klara schrieb lange nach dem Tode Mays nieder, was er ihr anvertraut hatte: »Als seine Mutter in seinen Armen starb, hielt er sie vom Abend bis zum Morgen als Leiche in seinen Armen (...). Das Grab der Mutter wurde doppelt tief gemacht. Er wollte bei ihr begraben werden.« Mächtig muß das Schuldgefühl in ihm aufgestiegen sein. In den *Himmelsgedanken* (1900) redet er die Mutter an: »Ich weiß, du siehst jetzt betend mich hier liegen; o komm, o komm, und sag, daß du verzeihst! Komm mir im Traum; komm in der Dämmerstunde, wenn, Stern um Stern, der Himmel uns umarmt. Bring mir Verzeihung, und bring mir die Kunde, daß auch die Seligkeit sich mein erbarmt!« Mit fortschreitender Lebensdauer verdrängte dann das Prinzip des Mütterlichen mehr und mehr Mays männliches Heldenideal; es hat seine Wendung zum Pazifismus und die Mythologie seines Spätwerks entscheidend beeinflußt.

6. Der Reiseerzähler. Auf dem Höhepunkt des Erfolges (1887–1899)

Das Jahr 1887 leitete – wie vorher 1874 – eine Wende im Leben Mays ein. Während die verflossenen 13 Jahre ihm die Resozialisierung und die Begründung einer, wenn auch bescheidenen, Schriftstellerexistenz ermöglicht hatten, machten ihn die nun beginnenden 13 Jahre zu einem der erfolgreichsten deutschen Autoren und führten ihn zu Reichtum und gesellschaftlichem Glanz. Am Anfang stand ein Entschluß Mays, der ihn literarisch rettete, wenn er ihn auch in die Armut zurückwarf. Durch Vermittlung des bekannten Bibliographen J. Kürschner (1853–1902), der für den Verleger Spemann (1844–1910) die damals weit verbreitete Monatsschrift »Vom Fels zum Meer« redigierte, für die auch May früher zwei Beiträge geliefert hatte, kam er im Herbst 1886 mit Wilhelm Spemann in Verbindung. Dieser bereitete eine »Illustrierte Knaben-Zeitung« vor, die unter dem Titel »Der gute Kamerad« am 1. 1. 1887 zu erscheinen begann und für die er May als Verfasser spannender Jugendschriften zu gewinnen hoffte. May erkannte die Chance, die sich ihm hier bot. Obwohl er noch mit den beiden letzten Kolportageromanen beschäftigt war, nahm er sich die Zeit für eine seiner besten Wildwestgeschichten: *Der Sohn des Bärenjägers,* die von Januar bis September 1887 im »Guten Kameraden« erschien und das Blatt mit einem Schlage bekannt machte. Als der Erfolg sich abzeichnete und Spemann ihm eine »dauernde Verbindung« und spätere Buchausgaben anbot, gab May die Arbeit für Münchmeyer auf. Ob er den vierten und fünften Kolportageroman noch selbst zu Ende gebracht hat, ist nicht geklärt; einen sechsten, den er begonnen hatte, ließ er liegen. Er hatte die Kolportage endgültig hinter sich.

May konnte sich nun wieder intensiv der Arbeit für den »Hausschatz« zuwenden, den er in der Zeit der Kolportageromane nur mit ganz kleinen Manuskriptmengen und seit Ende 1885 überhaupt nicht mehr hatte beliefern können. Vom Spätsommer 1887 an verfaßte er für den »Hausschatz« die umfangreiche Erzählung *Durch das Land der Skipetaren* und brachte damit den schon 1880 begonnenen Orientroman glücklich zum Abschluß. Von nun an schrieb er ungefähr zehn Jahre lang (bis 1896) teils für den »Hausschatz« seine großen Reiseerzählungen, teils für den »Guten Kameraden« seine acht Jugendschriften. Die Bücher dieser Zeit sind zwar nicht die besten, aber (neben den Anfangsbüchern des Orientromans) bis heute die erfolgreichsten und auflagestärksten seiner Werke.

Den finanziellen Verhältnissen des Autors kam der beginnende literarische Aufstieg allerdings zunächst nicht zustatten. Denn die Reise- und Jugenderzählungen erforderten mancherlei sprachliche, geographische und völkerkundliche Studien und weit größere handwerkliche Sorgfalt als die Kolportageschriftstellerei; auch bei größtem Fleiß konnte May jetzt nicht annähernd mehr so viel produzieren wie bei Münchmeyer. Da außerdem die Zeitschriftenhonorare bei Pustet wie bei Spemann knapp bemessen waren, geriet May bald in wirtschaftliche Schwierigkeiten. Er hatte nach dem Tode des Vaters (6. 9. 1888), der in den letzten Jahren nach einem Schlaganfall gebrechlich und unterstützungsbedürftig gewesen war, am 12. 10. 1888 die »Villa Idylle« in Kötzschenbroda gemietet, mußte aber schon am 1. 1. 1890 die Quartalsmiete von 200 Mark schuldig bleiben und auf die Zahlungsklage der Vermieterin hin die Wohnung wieder räumen. Selbst für die Zigarren, die ihm bei der Arbeit unentbehrlich waren, konnte er die Rechnung nicht begleichen. Auch im Jahre 1891 war Karl May noch verschiedenen Zahlungsklagen ausgesetzt.

Für Mays Ehe brachte die Situation mancherlei Belastung mit sich. Anderes kam hinzu. In einer eidesstattlichen Erklärung einer Freundin Emmas aus dem Jahre 1909 heißt es: »Außerdem ist mir bekannt, daß in den Jahren 1889 und 1890 May mit einem seiner Dienstmädchen ein Kind hatte und Alimente bezahlte.« Einige andere Indizien stützen diese Aussage. Mays Gedanke, das Kind ins Haus zu nehmen, scheiterte offenbar am Widerstand Emmas. Im November 1891 holten die beiden dann die neunjährige Klara Selbmann (1882–1969), eine Tochter von Mays Schwester Karoline, zu sich, um ein Kind im Hause zu haben und die vielköpfige Familie der Schwester zu entlasten. Aber die Beziehungen zwischen der kleinen Klara und Emma gestalteten sich – anders als zum Onkel Karl – nicht glücklich, so daß das Kind im August 1892 ins Elternhaus zurückkehrte.

Um diese Zeit – May war gerade 50 Jahre alt – bahnte sich der Umschwung an, der Mays steilen bürgerlichen Aufstieg ermöglichte. Der Verleger Friedrich Ernst Fehsenfeld (1853 bis 1933) hatte sich im Sommer 1891, nachdem er Mays Orientroman im »Hausschatz« gelesen hatte, brieflich an den Autor gewandt und ihm eine Verlagsverbindung angeboten. May zögerte vier Monate mit der Antwort; vielleicht deshalb, weil Fehsenfeld als Verleger noch völlig unbekannt war. Fehsenfeld, der achte Sohn eines Landpfarrers aus der Göttinger Gegend, war in Berlin im Hause seines Onkels, des Literaturhistorikers Julian Schmidt, aufgewachsen (1862–1871) und hatte dort viele führende akademische und literarische Köpfe seiner Zeit kennengelernt. Er war Buchhändler, zunächst in Gießen und dann in Freiburg/Br., gewesen. Um 1890 versuchte er es mit einer Verlagsgründung und stieß bei der Suche nach geeigneten Autoren sogleich auf Karl May. Auf dessen schließliche Antwort: »Kommen Sie!« besuchte er May in Kötzschenbroda, und es wurde am 17. 11. 1891 ein Verlagsvertrag geschlossen, dessen § 1 lautet: »Die Unterzeichneten vereinigen sich zur Buchausgabe der im ›Deutschen Hausschatz‹ und anderen Zeitschriften bisher erschienenen Reiseromane des Herrn Dr. Karl May.« Im Jahre 1892 erschienen die ersten sechs Bände der »grünen« Ausgabe, die im gleichen Format und in fast gleicher Ausstattung noch heute auf dem Markt ist.

Noch 1892 befand sich May in finanziellen Verlegenheiten, und er mußte Fehsenfeld um Vorschüsse bitten, die dieser großzügig gewährte. Doch bald stellte sich ein durchschlagender Erfolg ein. Fehsenfelds Honorarzahlungen an May begannen 1892 mit 5000 Mark, erreichten aber 1895 und 1896 schon jeweils mehr als 60000 Mark. Durchschnittlich erzielte May mit den bei Fehsenfeld erschienenen Werken eine Einnahme von 30000 Mark jährlich. Dazu kamen die Bezüge aus den Zeitschriftenabdrucken beim »Hausschatz« und beim »Guten Kameraden«, die Erträge aus kleineren Erzählungen, die May in katholischen »Marienkalendern« veröffentlichte, und aus den Buchausgaben der Jugendschriften, die im Verlage der »Union Deutsche Verlagsgesellschaft, Stuttgart« erschienen, einem Unternehmen, an dem Spemann mit verschiedenen anderen Verlagen beteiligt war. May war ein wohlhabender Mann geworden.

Ganz allmählich nahm er, der bisher eine zurückgezogene Existenz geführt hatte, auch gesellschaftliche Verbindungen auf. Schon Anfang der neunziger Jahre hatte sich das Ehepaar May mit Richard Alexander Plöhn (1853–1901), dem Besitzer der Radebeuler Verbandstoff-Fabrik, und seiner Frau Klara (1864–1944), geb. Beibler, der Tochter eines Dessauer Kastellans, befreundet. Klara Plöhn wurde später Mays zweite Frau. Die Beziehungen zwischen den Ehepaaren wurden vor allem durch die gleichgerichteten spiritistischen Interessen der beiden Frauen gefördert. Als im Jahre 1895 ein ehemaliger Schulfreund Mays, der Arzt Dr. Ferdinand Pfefferkorn aus Lawrence in Massachusetts, das Ehepaar May besuchte und es – auf relativ gehobenem Niveau – mit dem Spiritismus näher vertraut machte, begann auch May, sich mit diesen Lehren theoretisch und praktisch eingehender zu beschäftigen. Im Alter hat er sich vom Spiritismus ausdrücklich distanziert. Aber seine Bibliothek weist mehr als 70 einschlägige Schriften auf; und manches davon ist in seine Werke eingegangen. Es ist klar, daß einer so auf das Übersinnliche gerichteten Natur wie derjenigen Mays jede Art von »Geheimlehre« fesselnd erscheinen mußte.

In den ersten Monaten des Jahres 1893 schrieb May – nicht für den »Hausschatz«, sondern eigens für die Buchausgabe – *Winnetou I,* das Meisterwerk unter seinen abenteuerlichen Reiseerzählungen. Im Sommer gönnte sich das Ehepaar May zusammen mit der Familie Fehsenfeld eine Erholungsreise in die Schweiz (nach Bönigen am Brienzer See). Frau Fehsenfeld hat eine Schilderung überliefert, die das private Verhältnis zwischen Karl und Emma May in jenen Jahren gut charakterisiert. Danach war May oft »launisch und reizbar (...). War er guter Laune, dann war er der liebenswürdigste, der unterhaltendste, witzige Gesellschafter...«. »Frau Emma, eine so gute sparsame Hausfrau sie auch war, verstand nicht, ihren Mann zu nehmen, so wie er war, und seine Psyche war ihr vollständig verschlossen. Sie wußte nicht zu schweigen am richtigen Platz, sie war kleinlich sparsam, er großzügig und verschwenderisch.« Doch immerhin gab es jetzt, wie an Mays Geburtstag 1893, auch schon »Abendgesellschaft mit Sang und Tanz« bei Mays.

Im Frühjahr 1894 erkrankte May an einer Rippenfellentzündung; auch ein Augenleiden machte ihm zu schaffen. Er fuhr zur Erholung in den Harz, doch war seine Arbeitskraft noch Ende des Jahres reduziert. May verschenkte gern Geld mit beiden Händen, was ihm dann von Seiten Emmas »Zank, Verdruß und schwere Zeit« einbrachte. Er mußte Fehsenfeld bitten, ihm gelegentlich Honorar zu überweisen, das nicht durch Emmas Hände ging. Die steigenden Einnahmen des Jahres 1895 ermöglichten dann aber May den Erwerb eines eigenen Hauses, über das auch Emma glücklich war. May hatte nach Aufgabe der »Villa Idylle« zunächst 1890 in Niederlößnitz und seit April 1891 in Oberlößnitz (»Villa Agnes«) zur Miete gewohnt. Am 30. 12. 1895 kaufte er für 37300 Mark das Villengrundstück Kirchstraße 5 in Radebeul, die »Villa Shatterhand«, wie er sie nannte. Das Haus wurde am 14. 1. 1896 bezogen. Emma erinnerte sich noch im Jahre 1910: »Wir freuten uns wie ein paar Kinder über ihre Puppenstube (...) das waren selige goldene Zeiten.« May kaufte im Oktober 1896 auch noch einige angrenzende Parzellen und widmete sich eifrig dem Gartenbau. In der »Villa Shatterhand«, die seit 1985 als Museum seinem Andenken gewidmet ist, hat er bis zu seinem Tode gewohnt; seine wertvollsten Werke sind hier entstanden.

Die folgende Zeit bis zum Frühjahr 1899 war nicht nur die erfolgreichste, sondern auch die relativ glücklichste im Leben Mays. Die öffentliche Anerkennung, nach der er sich so lange gesehnt hatte, wurde ihm jetzt in überreichem Maße zuteil. Die Reiseerzählungen erhielten durchweg glänzende Kritiken; Fehsenfeld konnte sogar »Empfehlende Worte deutscher Bischöfe« mit Erfolg für die Werbung einsetzen. Die »Villa Shatterhand« wurde von so vielen Lesern und Verehrern besucht, daß May sich ihrer kaum noch erwehren konnte; in den *Freuden und Leiden eines Vielgelesenen* hat er 1896 im »Hausschatz« eine zwischen Hingerissenheit und ironischer Distanz schwankende Schilderung davon gegeben. In den vier Jahren zwischen 1896 und 1899 wurden jeweils weit über 100000 Bücher gedruckt; die Gesamtauflage der Bücher belief sich 1899 auf 722000 Bände.

May trat nun auch in die große Öffentlichkeit hinaus, und er tat es in einer Weise, die immer höchst merkwürdig bleiben wird. Er schuf die »Old-Shatterhand-Legende«, indem er behauptete, mit den Ich-Erzählern seiner Romane identisch zu sein und deren Abenteuer in eigener Person erlebt zu haben. Er hatte sich seit 1874 völlig resozialisieren können, indem er den Zügen seiner bizarren Persönlichkeit, die sich in das bürgerliche Alltagsleben nicht integrieren ließen, in der fiktiven Welt seiner Bücher unbegrenzte Entfaltungsmöglichkeiten bot; die strenge Scheidung zwischen Gut und Böse, die seine Geschichten kennzeichnet, diente zugleich seiner Selbsterziehung. Nun aber ging er weiter: Er versuchte, seine reale Biographie durch die von ihm geschaffene Fiktion zu korrigieren, um auf diese Weise die Wunden der Vergangenheit zu heilen und die Zuneigung, die die Leser seinen Helden entgegenbrachten, seiner eigenen, menschlicher Liebe so sehr bedürftigen Person zugutekommen zu lassen. Die pseudologische Neigung zur Verwischung der Grenzen von Fiktion und Realität, die der suggestiven Wirkung seiner Erzählungen so förderlich ist, durchwirkte nun, wie schon zur Zeit der Straftaten, auch sein äußeres Leben wieder. Mit einem entscheidenden Unterschied freilich: Er kam nicht mehr in Versuchung, die Grenzen des Rechts zu überschreiten.

Schon seit 1892 hatte er in seinen Erzählungen immer deutlicher durchblicken lassen, daß Old Shatterhand und Kara Ben Nemsi Pseudonyme des Schriftstellers Karl May seien. Etwa seit 1894 versicherte er in unzähligen Privatbriefen an seine Leser: »Ja, ich habe das Alles und noch viel mehr erlebt. Ich trage noch heute die Narben von den Wunden, die ich erhalten habe.« Er wußte das durch erstaunliche Einzelheiten auszuschmücken: etwa durch Mitteilungen wie die, daß er dem sterbenden Winnetou vor seinem Tode am 2. 9. 1874 noch die Nottaufe gegeben habe, daß er schon mehr als zwanzigmal in Amerika gewesen sei oder daß er mehr als 40, von ihm einzeln aufgezählte Fremdsprachen beherrsche. Im Jahre 1896 schließlich erhielt die Legende »offiziellen« Charakter. May ließ sich von dem Jura-Studenten und Amateurphotographen Alois Schießer (1866–1945) zahlreiche Aufnahmen im Kostüm Old Shatterhands und Kara Ben Nemsis anfertigen, die dann von einem Linzer Photographen in alle Welt verkauft wurden. Er stattete sein Arbeitszimmer in exotischem Stil mit zahlreichen Jagdtrophäen aus und konnte sogar Winnetous Silberbüchse und den Bärentöter vorzeigen; er hatte die Gewehre 1896 bei einem Dresdner Büchsenmacher anfertigen lassen. Der (wirklich aus Amerika stammende) Henrystutzen wurde erst 1902 hinzugekauft. Der dritte Band des *Old Surehand* (1896) zeigte ein Kostümfoto »Old Shatterhand (Dr. Karl May) mit Winnetous Silberbüchse«. Im selben Jahr erhielten die bei Fehsenfeld erschienenen Bücher, die bis dahin »Reiseromane« geheißen hatten, den Namen »Reiseerzählungen«.

Im Jahre 1897 unternahm May mit seiner Frau zwischen dem 10. 5. und dem 15. 7 eine ausgedehnte Rundreise, die hauptsächlich dem Besuch von Verehrern und dem Kontakt mit seinen Lesern diente. Nach Besuchen in Hamburg (vor allem beim Caféhausbesitzer Carl Felber, 1853–1917, und seiner Frau Lisbeth), Deidesheim (wo er Gast des Weingutsbesitzers Emil Seyler, 1845–1926, und seiner Familie war), Stuttgart und Tirol (wo er am Achensee in der Familie von Julius Graf Jankovics, 1820–1904, verkehrte) traf May Anfang Juli in München ein. Im Hotel Trefler, in dem er wohnte, empfing er an drei aufeinanderfolgenden Tagen jeweils 600 bis 800 Besucher und erzählte ihnen und auch den Pressereportern die unglaublichsten Geschichten: Er sei gerade in Mekka gewesen, wolle im Herbst 1897 bei den Apatschen einkehren, wo er 35000 Mann befehligen könne, und wolle im Jahre 1898 seinen Hadschi Halef Omar besuchen. Im allgemeinen wurden diese Darstellungen, die May temperamentvoll und fesselnd vorzutragen verstand, gläubig entgegengenommen. »Mir (...) und wohl allen«, schrieb ein Reporter im Bayerischen Kurier am 10. 7. 1897, »die in diesen Tagen mit Dr. Karl May zusammentrafen, war es eine große Freude und wird es eine bleibende Erinnerung sein, den Mann, der die ganze Welt bereist hat, der über 1200 Sprachen und Dialekte versteht (...) von Angesicht zu Angesicht gesehen zu haben«. Über Regensburg und Komotau in Böhmen führte die Reise dann nach Radebeul zurück.

Eine noch triumphalere Reise (mit burleskem Nachspiel) brachte das Jahr 1898. May wurde in Wien am 22. 2. von Ihrer kaiserlichen Hoheit, der Erzherzogin Marie Therese (1855–1944), und diversen anderen Angehörigen des Kaiserhauses höchst ehrenvoll empfangen. Auch sonst verkehrte er dort vorzugsweise in den Kreisen der hohen Aristokratie und hielt verschiedene Vorträge, vornehmlich über unbekannte Episoden aus dem Leben Winnetous. Am 27. 2. erkrankte May; am 11. 3. war er wieder hergestellt, reiste aber erst am 21. 3. über Linz nach München, wo er mit Emma am 24. 3. eintraf. Auch hier wurde er im bayerischen Königshaus in einer langen Audienz empfangen; mit Prinzessin Wiltrud von

Bayern (1884–1975) hat er noch bis ins hohe Alter in brieflicher Verbindung gestanden. An drei Abenden traf er mit Mitgliedern des Münchener Karl-May-Clubs zusammen und fabulierte stundenlang in der bekannten Weise; bei der Erinnerung an den Tod Winnetous brach er in Tränen aus. May reiste dann nach Regensburg weiter und traf in der zweiten Aprilhälfte – diesmal ohne Emma – in Gartow (im östlichen Niedersachsen) ein, um dort Lokalstudien über das Leben des »Alten Dessauers« (Fürst Leopold von Anhalt-Dessau, 1676–1747) zu machen, über den er schon um 1880 verschiedene in dieser Gegend spielende Humoresken geschrieben hatte. Jetzt schwebte ihm ein Theaterstück über den »Dessauer« vor, von dem aber nichts ausgeführt worden ist. May erzählte im Wirtshaus aufsehenerregende Jagdabenteuer, die er mit Panthern und Löwen erlebt habe. Ein armes kleines Mädchen und seine Familie beschenkte er reich. Er gab aber auch Knechten und Kellnern für die geringfügigsten Dienstleistungen ein Goldstück (20 Mark), wie dies auch sonst – zum steten Ärger Emmas – seine Gewohnheit war. In dem entlegenen Dorf erregten Mays Erzählungen und seine unbegreifliche Großzügigkeit Verdacht. Er wurde arretiert und erst wieder freigelassen, als eine telegraphische Nachricht aus Radebeul Mays Identität und die von ihm auch sonst geübte Neigung zur Wohltätigkeit bestätigte. Am 7. 5. reiste May ab.

Auch sonst ist May in diesem Jahr ruhelos umhergefahren. Er war Anfang 1898 in Berlin, vor dem Wien-Besuch in Prag, nach der Rückkehr aus Gartow gleich wieder in Wien und im Oktober (12. bis 19. 10.) erneut in Prag, wo er einen Streit mit seinem tschechischen Verleger Vilimek gütlich beilegte. Viel Zeit zur Arbeit blieb da nicht. Die (nicht mehr so zahlreichen) Bücher, die May in der Epoche seiner späten Reiseerzählungen (1896–1899) noch schrieb, weisen gleichwohl eine Niveausteigerung auf. Sie zeigen das Bemühen um psychologische und religiöse Vertiefung und lassen auch einen erheblich größeren formalen und sprachlichen Gestaltungswillen erkennen. *»Weihnacht!«* (1897) und *Am Jenseits* (1898/99), die besten Werke dieser Periode, sind schon Vorläufer des Spätwerks. May fand Muße zu konzentrierter Arbeit, indem er dem Haus- und Reisetrubel entfloh. In Birnai an der Elbe (Nordböhmen) entstand im Herbst 1897 in völliger Zurückgezogenheit ein großer Teil des Buches *»Weihnacht!«*; die Anfangsteile von *Am Jenseits* wurden im Herbst 1898 in Kirchheim (Teck) in der Nähe von Stuttgart geschaffen.

Trotz aller Erfolge meldeten sich aber auch schon die Vorboten kommenden Unheils. Münchmeyer war 1892 gestorben. Seine Witwe trat 1894 mit der Bitte um einen neuen Roman an May heran. Dieser verlangte eine Abrechnung über seine alten Kolportageromane, die er aber nie erhielt. Er schrieb den Roman nicht, hat ihn sicher auch unter keinen Bedingungen schreiben wollen. Aber unter der Last seiner übrigen Aufgaben drängte er auch nicht auf eine Klarstellung seiner Rechte an den früheren Werken, die jetzt vielleicht noch zu erreichen gewesen wäre. Er begnügte sich damit, in den Band *Old Surehand II* (1895) eine längere Passage aus dem *Waldröschen* aufzunehmen, um auf diese Weise seine Rechte für sich zu reklamieren. Am 16. 3. 1899, wenige Tage, bevor May seine Orientreise antrat, verkaufte Pauline Münchmeyer das Geschäft an den Leipziger Verleger Adalbert Fischer (1855–1907). May hatte sie gewarnt, seine Romane mit zu verkaufen. Sie tat es dennoch. Fischer hatte den Verlag nur wegen der Romane Mays gekauft. Für May begann damit das Unglück seines Alters, auch wenn die Folgen sich erst zwei Jahre später zeigten.

Auch die Beziehung zum »Hausschatz« zerbrach. Schon 1895 war es zu einer schweren Verstimmung gekommen, weil der Redakteur Heinrich Keiter (1853–1898) aus der Handschrift des Romans *Satan und Ischariot* den Abschnitt *In der Heimath* (440 Seiten) eigenmächtig gestrichen hatte. Nur nach einem persönlichen Entschuldigungsbesuch Keiters ließ May sich bewegen, für den »Hausschatz« weiterzuarbeiten. Dieser erfuhr dann 1897 von der Kolportagetätigkeit Mays, die dem führenden Autor eines katholischen Familienblattes schlecht zu Gesicht stand. May beschwichtigte den aufgeregten Pustet-Verlag zunächst durch die Ankündigung gerichtlicher Schritte gegen Münchmeyer, unternahm aber nichts. Als der »Hausschatz« im Herbst 1898 in einem – heute verschollenen – »Waschzettel« Kritik an May äußerte, beendete dieser abrupt seine Mitarbeit und ließ sich sogar die schon übersandten Manuskripte zurückgeben. Freilich hatte er die Arbeit für die Zeitschriften finanziell nicht mehr nötig; und auch literarisch war er allmählich über den Anspruch des Blattes hinausgewachsen.

Probleme bekam May jetzt auch erstmals mit seinem Doktortitel. Er hatte natürlich nicht promoviert. Doch war er schon seit seiner Redakteurszeit bei Münchmeyer als quasi »Studierter« und zur Hebung seines Renommees »Herr Doktor« genannt worden. Er führte den Titel dann mit solcher Selbstverständlichkeit, daß er am 8. 10. 1898 sogar um eine diesbezügliche Korrektur des Radebeuler Adreßbuches einkam. Er wurde daraufhin zu dieser Sache behördlich vernommen und berief sich auf eine Verleihung des Titels durch eine angebliche Universität Rouen in Frankreich und darauf, daß er in China eine dem Doktortitel gleich- oder höherstehende Würde erworben habe. Da diese Würden ohne weiteres als Phantasieprodukte zu erkennen waren, untersagte ihm die Amtshauptmannschaft in Dresden-Neustadt am 10. 11. 1898 die Führung des Doktortitels. Ein Strafverfahren wegen einer Übertretung nach § 360 Nr. 8 StGB wegen unbefugter Führung des Doktortitels wurde nicht eingeleitet; freilich handelte es sich auch nur um ein Bagatelldelikt, dessen Strafbarkeit May vermutlich nicht bekannt war. Später hat ihm dann Ende 1902 seine Frau Klara von einer obskuren deutsch-amerikanischen Universität in Chicago noch einen Ehrendoktortitel besorgt, der aber auch (mit Recht) nicht anerkannt wurde. Freilich hatte May selbst sich damals schon von seiner »Renommierzeit« distanziert. In einem Brief an Fehsenfeld (14. 2. 1902) nannte er den Doktortitel »leere Prahlerei«: »Ich bin Karl May; nach weiterem trachte ich nicht!«

7. *Das Alter (1899–1912)*

Die zweimal 13 Jahre, die hinter May lagen, hatten ihm einen erst langsamen und dann um so steileren Aufstieg beschert. Die weiteren 13 Jahre, die ihm noch verblieben, führten ihn gesundheitlich und gesellschaftlich in den Ruin; seine persönliche und literarische Entwicklung aber erreichte erst jetzt die ihm mögliche Vollendung. Am 26. 3. 1899 begann May die Orientreise, von der er im Sommer des folgenden Jahres als ein Verwandelter zurückkehrte. Emma und das Ehepaar Plöhn begleiteten ihn über Frankfurt (27./28. 3.), Freiburg (29./30. 3.; Besuch bei Fehsenfelds) und Lugano (31. 3.–2. 4.) nach Genua, von wo aus er mit der »Preußen« (Norddeutscher Lloyd) vom 4. bis 9. 4. nach Port Said fuhr.

Von dort reiste er am 12./13. 4. nach Ismailia und am nächsten Tage nach Kairo, wo er bis 24. 5. blieb. Am 23. 5. engagierte er seinen arabischen Diener Sejd Hassan, den er Sejjid Omar nannte und der ihn dann über ein Jahr lang auf der Reise begleitete; seine Gestalt ist in *Und Friede auf Erden!*

eingegangen. Im Anschluß an Kairo besuchte er Siut (25.–28. 5.), Luxor (29. 5.–4. 6) und Assuan (6.–12. 6.) und blieb auf der Rückreise noch einmal vom 18. bis 23. 6. in Kairo. Über Port Said (23.–25. 6.) fuhr er mit dem Schiff weiter nach Beirut, wo er am 26. 6. bis 8. 7. wegen der grassierenden Pest in Quarantäne lebte. Er verweilte anschließend noch bis 17. 7. in Beirut und reist über Haifa (18./19. 7.) weiter nach Nazareth und Umgebung (20.–23. 7.). Von dort ging es wieder über Haifa und dann Sarona, Jaffa und Ramle nach Jerusalem. Dort hielt er sich vom 30. 7. bis 20. 8. auf und durchstreifte auch die Umgebung. Es folgte ein Aufenthalt in Jaffa (21. 8.–1. 9.), von wo aus May über Port Said nach Suez fuhr (4.–11. 9.). Von dort führte ihn eine Schiffsreise nach Aden (15.–20. 9.), weiter nach Massaua (22.–25. 9.) und zurück nach Aden (27.–29. 9.). Dort schiffte er sich auf der »Bayern« (Norddeutscher Lloyd) nach Colombo ein, wo er am 6. 10. ankam. Er blieb da – mit einem Zwischenaufenthalt in Point de Galle, 19./20. 10. bis zum 28. 10. Dann brachte ihn die »Vindobona« (Triester Lloyd) bis 3. 11. nach Penang, einer damals britischen Insel vor der Küste von Malacca. Vom 4. bis 10. 11. fuhr May zu Schiff über Kota Radjah nach Padang auf Sumatra. Hier hielt er sich bis zum 24. 11. auf und reiste dann auf der »Bromo« (Rotterdamer Lloyd) bis 11. 12. 1899 nach Port Said zurück.

May hatte unterwegs den Gedanken gefaßt, seine Frau nachkommen zu lassen. Da Emma, die unterleibsleidend war, sich die Reise allein nicht zutraute, lud er das Ehepaar Plöhn gleich mit ein. Richard Plöhn, der schwer nierenkrank war (Brightsche Krankheit), konnte infolge seines Leidens die Reise in Italien nicht fortsetzen, so daß die drei zunächst in Arenzano bei Genua Station machten. May, der in Port Said vergeblich auf sie gewartet hatte, fuhr mit Sejjid Omar am 18. 12. nach Marseille und über Nizza nach Arenzano. Erst Mitte März 1900 war Richard Plöhn soweit wiederhergestellt, daß über Pisa, Rom und Neapel die zweite Reise in den Orient angetreten werden konnte.

Am 9. 4. trafen die beiden Ehepaare in Kairo ein. Sie blieben dort bis 27. 4. (mit einem längeren Ausflug nach den Pyramiden von Gizeh). Die weiteren Hauptreiseziele im Orient waren: Jaffa (1.–6. 5.), Jerusalem (8.–13. 5.; mit Ausflug nach Hebron), Jericho (14.–17. 5.), Tiberias (22.–25. 5.), Haifa (26./27. 5.), ein Ausflug in den Libanon (29. 5.–1. 6.),

Beirut (2./3. 6.), Baalbek (3.–5. 6.), Damaskus (5.–11. 6.) und wieder Beirut (12.–18. 6.). Hier wurde Abschied von Sejjid Omar genommen. Die Rückfahrt begann am 18. 6. und ging über Lesbos nach Istanbul (24. 6.–7. 7.). Dort endete die eigentliche Orient-Reise. Die Rückfahrt führte über Athen (9.–15. 7.), Korinth und Patras nach Korfu (18. 7.) und über Brindisi, Bologna, Venedig (21.–25. 7.) nach Bozen und in die Dolomiten (25.–28. 7.). Der letzte Reiseaufenthalt war München (29./30. 7.). Am 31. 7. trafen die Ehepaare May und Plöhn wieder in Radebeul ein.

Die Reise, auf der literarisch außer einem großen Teil der *Himmelsgedanken* nichts entstand, bedeutet eine weitere Wende in dem an jähen Umschwüngen so reichen Leben Mays. Sie bot ihm Landschaftseindrücke, die auf sein späteres Werk mächtig eingewirkt haben. Sie lehrte ihn, überkommene Vorurteile und Überlegenheitsgefühle gegenüber den orientalischen und asiatischen Menschen abzulegen; seine universalen Völkerverständigungsideen sind eine unmittelbare Frucht dieser Reise. Sie machte auch ihn selbst zu einem anderen. Die Distanz, die er in der Fremde zu seiner bisherigen Lebensführung gewann, und die erste reale Begegnung mit vielen Schauplätzen seiner Bücher führten zu einem inneren Zusammenbruch, der zeitweilig psychotische Formen annahm. Schon am 16. 9. 1899 schrieb er an Plöhn, er sei jetzt »das gerade Gegentheil vom früheren Karl«, den er »in das rothe Meer versenkt« habe; am folgenden Tag hat er »bitterlich, zum Herzbrechen geweint«. In Padang und in Istanbul geriet er in Zustände, die nach dem späteren Bericht seiner Frau Klara befürchten ließen, man müsse ihn einer Irrenanstalt zuführen; manche Zeugnisse sind von Klara vernichtet worden. Aber May überlebte den Zusammenbruch seiner Abenteuerwelt und seiner Old-Shatterhand-Rolle, die, so angestrengt er sie im Leben aufrechterhalten hatte, auch in seinen letzten Büchern vor der Reise schon deutliche Auflösungserscheinungen gezeigt hatten. Er ersetzte sie (oder drängte sie doch zurück) durch die neuen Ideale verzeihender Liebe und des Friedens, die von nun an (vorbereitet schon durch *Am Jenseits*) sein Werk beherrschten. Nicht mehr der männliche Held, sondern Marah Durimeh, das nach dem Bilde der Großmutter geformte Symbol der Menschheitsseele, ist die zentrale Gestalt im Mythos des Spätwerks. Auch sein bürgerliches Leben stellte er jetzt auf eine neue Grundlage. Die Old-Shatterhand-Legende wurde aufgegeben, die

Kostümfotos verschwanden, und auch die zuvor abenteuerliche Einrichtung der »Villa Shatterhand« wurde dem neuen Selbstverständnis Mays angepaßt.

Sein erstes Werk nach der Rückkehr *Et in terra pax* (Mai bis September 1901), verwertete die Eindrücke der Reise und enthielt ein entschlossenes Bekenntnis gegen Imperialismus und Kolonialismus ebenso wie gegen rassistische und religiöse Überheblichkeit. Es entwickelte die pazifistische Idee eines weltumspannenden Bundes unter dem Zeichen der »Shen« (Menschlichkeit). Den Erstdruck schmuggelte er in ein Pomp- und Prachtwerk zur Feier der deutschen Intervention aus Anlaß des Boxeraufstandes in China ein und unterlief damit zum Entsetzen des Herausgebers Joseph Kürschner programmatisch die hurrapatriotische Tendenz des Sammelwerks. Im Jahre 1905 kam er durch das Buch in Verbindung mit der Friedensnobelpreisträgerin Bertha von Suttner (1843–1914), die ihrem »Gesinnungsgenossen in Friedenssachen« dann bis über den Tod hinaus verbunden blieb; noch 1913 schrieb sie ihm einen »Herzensgruß nach dem Jenseits«.

Auch die Glaubensüberzeugungen Mays, die bei der kritischen Diskussion seines Werkes in den folgenden Jahren eine bedeutende Rolle spielten, erfuhren jetzt ihre endgültige Ausprägung. May, der von Haus aus Protestant war, hatte sich stets mit religiösen Fragen intensiv beschäftigt. Das frühe Fragment *Ange et Diable* (wohl um 1870) verwirft den Kirchenglauben und erinnert an Feuerbach: »Wir sind nicht Ebenbilder Gottes, sondern Gott ist das Ideal des Menschen, wie er einst sein wird und sein muß.« Die ersten Veröffentlichungen Mays (ab 1875) vertreten demgegenüber ein aufklärerisches Christentum unter dem – lebenslang fortwirkenden – Einfluß Lessings und Herders. Unter dem Eindruck des Waldheimer Katecheten Kochta und Mays dortiger Mitwirkung im katholischen Gottesdienst, vor allem aber durch die Mitarbeit am katholischen »Hausschatz«, kam es dann zu einer Annäherung an den Katholizismus. May galt zur Zeit seiner Reiseerzählungen als katholischer Autor, und er tat nichts, um diesen Eindruck zu zerstreuen. Er dachte auch ernsthaft an eine Konversion. Nach der Orient-Reise änderte sich das. Er lehrte nun ein überkonfessionelles und undogmatisches Christentum der Liebe, das von seinen theologischen Gegnern als überhaupt nicht mehr im engeren Sinne christlich bekämpft wurde. Religiöser Bigotterie, der er selbst in einigen für »Marienkalender« verfaßten Geschichten nicht entgangen war, trat er jetzt entschieden entgegen. Dabei hat er selbst sich stets als überzeugten Christen verstanden. Doch weist die Religionsphilosophie des Spätwerks auch okkulte, theosophische und mystische Elemente ebenso wie Motive anderer Religionen auf. Daneben treten in den weltanschaulichen Haupttendenzen des Spätwerkes, den Gedanken von der Überwindung des »Gewaltmenschen« und der Friedensidee, auch weltbürgerlich-humanistische Züge hervor, die sich mit sehr verschiedenen Glaubensvorstellungen verbinden und auch ohne sie denken lassen.

In dieser Zeit der Neuorientierung zerbrach auch Mays Ehe. Sie war – trotz anderer öffentlicher Beteuerungen Mays – nie besonders glücklich gewesen, weil Emma auf seine seelischen Bedürfnisse nicht eingehen konnte, sich für seine Bücher und seine Gedankenwelt nicht interessierte und ihm auch sonst nicht, wie er es gewünscht hätte, half (z. B. bei der Korrespondenz). Stattdessen fühlte er sich durch die Freundinnen gestört, mit denen sie umging, und durch die haushälterische Kleinlichkeit verärgert, mit der sie ihm Szenen machte, wenn er Geld an bedürftige Menschen verschenkte. Schon auf der Orient-Reise war ihm die acht Jahre jüngere (und zu jener Zeit weit anziehendere) Klara Plöhn nähergetreten. Als Richard Plöhn am 14. 2. 1901 seinem Nierenleiden erlag, wurde Klara als Sekretärin Mays tätig (gegen ein Monatsgehalt von 250 Mark); unter dem Namen Emma May beantwortete sie Leserbriefe. Unterdessen verschlechterten sich die Beziehungen zwischen Karl und Emma May immer mehr. May befürchtete schließlich, von Emma ermordet zu werden, weigerte sich, von ihr bereitete Speisen zu essen, und geriet in eine schwere psychische und physische Krise. Im Sommer 1902 unternahm er (nach der Vollendung vom *Im Reiche des Silbernen Löwen III),* zusammen mit den beiden Frauen eine Erholungsreise, die zunächst für jeweils zwei Wochen nach Berlin und Hamburg und dann über Leipzig und München nach Südtirol führte, wo die drei auf dem Mendelpaß bei Bozen (Hotel Penegal) Quartier nahmen. Hier wurde Emma eröffnet, daß Karl sich scheiden lassen und Klara heiraten wolle. Emma wurde befohlen, bis zur Ehescheidung in Südtirol zu bleiben und keine Einwendungen geltend zu machen. Dafür wurde ihr eine Rente in Höhe von 3000 Mark pro Jahr versprochen.

Tatsächlich blieb Emma May auf der Mendel und später in

Bozen. Inwieweit sie dazu durch Einschüchterungen und spiritistische Beeinflussungen von Seiten Mays und Klaras veranlaßt worden ist, haben die späteren behördlichen Untersuchungen nicht klären können. Karl May erhob am 10. 9. 1902 die Scheidungsklage gegen seine Frau. Das Gericht folgte dem Vorbringen Mays und den Zeugenaussagen Klara Plöhns und ihrer Mutter, schied die Ehe durch Urteil vom 14. 1. 1903 (rechtskräftig am 4. 3. 1903) und erklärte Emma für alleinschuldig. Das Urteil stützt sich auf drei Vorwürfe: Emma habe Karl May gehörendes Geld beiseitegebracht (u. a. 42000 Mark, die sie Plöhns zur Aufbewahrung gegeben hatte); sie habe an ihren Mann gerichtete Geschäfts- oder Privatbriefe vor ihm versteckt; und sie habe ihren Ehemann »jahrelang in der gehässigsten Weise behandelt und beschimpft«. In einem Vertrag vom 3. 11. 1903 wurde vereinbart, daß Emma mindestens 100 km von Dresden entfernt wohnen müsse; sie zog dann nach Weimar. Am 13. 8. 1903 verbot er ihr auch, seinen Namen zu führen. Er nannte sie fortan nur noch »Frau Pollmer«. Am 30. 3. 1903 heiratete er Klara Plöhn.

Die Entwicklung der Beziehungen Mays zu Emma Pollmer und das zielstrebige Bemühen Klara Plöhns, Karl May für sich zu gewinnen, machen die Ehescheidung verständlich. Sie reichen aber nicht aus zur Erklärung des verzweifelten und trostlosen Hasses, der alle späteren Bekundungen Mays über seine erste Frau, vor allem seine »Studie« *Frau Pollmer* (Ende 1907) prägt. Abgesehen davon, daß May ihr pathologische Triebhaftigkeit und Vulgarität wohl nicht zu Unrecht vorwarf, wird man annehmen müssen, daß Emma für May nach dem persönlichen und literarischen Neubeginn, den die Orient-Reise für ihn bedeutete, immer mehr zur Verkörperung seiner Vergangenheit und alles dessen wurde, von dem er loskommen wollte. Er nannte sie »eine für die geistige Menschheit Verlorene (...), die wie die Kanonenkugel des Bagnosträflings an meinen Füßen hing und mich bei jedem Versuch, emporzusteigen, immer wieder auf das Gemeine niederzog« (*Frau Pollmer,* S. 849). Es ist wahrscheinlich richtig, daß die Fortdauer der Ehe ihn existentiell gefährdet hätte. Darin dürfte auch der Grund liegen, daß er die Trennung und Scheidung mit einer ihm sonst fremden Rücksichtslosigkeit durchsetzte.

Auf Betreiben einer Freundin Emmas wurde wegen der

Umstände der Ehescheidung Ende 1903 ein Ermittlungsverfahren gegen Karl und Klara May eingeleitet, das aber nach der Zeugnisverweigerung Emmas eingestellt wurde. Es wurde im Jahre 1909 im Zuge prozessualer Auseinandersetzungen zwischen Karl May und Emma Pollmer wieder aufgenommen, jedoch vom Staatsanwalt Erich Wulffen (1862–1936), dem bekannten Kriminalpsychologen, am 24. 9. 1909 endgültig eingestellt. In der Begründung heißt es, auf die Aussage Emmas, die »als alleinige Zeugin« in Frage komme, könne »keinerlei Wert gelegt werden«, auch scheine Emmas Gemütsverfassung »keine ganz normale zu sein«. Tatsächlich wurde sie nach dem Tode Mays geisteskrank; sie ist am 13. 12. 1917 in einer Heilanstalt gestorben.

Die Ehe mit Klara May wurde sehr glücklich. Zwar war auch Klara eine schwierige Frau mit manchen problematischen Charakterzügen. Aber sie liebte und verehrte May, unterstützte ihn bedingungslos (auch als kämpferische Mitstreiterin bei den Prozessen der Folgezeit) und gab ihm die emotionale Geborgenheit, ohne die er die nächsten Jahre kaum hätte überleben können. May hat ihr in *Winnetou IV* seinen literarischen Dank abgestattet; er hat sie auch zur Universalerbin eingesetzt.

Zu den privaten kamen in den Jahren nach der Orient-Reise schwere Belastungen durch prozessuale und öffentliche Auseinandersetzungen. May hatte Adalbert Fischer, den Erwerber der Fa. Münchmeyer, schon von der Reise aus (am 30. 4. 1899) dringlich vor einer Herausgabe seiner Kolportageromane gewarnt. Fischer, der Mays Vergangenheit kannte und ihn dadurch in der Hand zu haben glaubte, brachte gleichwohl in den folgenden Jahren unter Bruch des Pseudonyms und mit marktschreierischer Reklame alle fünf Riesenerzählungen als »Karl May's Illustrierte Werke« in 25 dickleibigen Bänden auf den Markt. Mays öffentlichem Ansehen mußte das Erscheinen dieser Romane, die von sexuell verfänglichen Szenen nicht frei sind, schweren Schaden zufügen. Er erwirkte 1902 eine einstweilige Verfügung gegen Fischer, die diesem nur noch die Komplettierung der erscheinenden Romanserien, aber keinen Nachdruck gestattete. Die Angst, Fischer werde seine Vorstrafen an die Öffentlichkeit bringen, und die Hoffnung, Fischer bei seiner Klage gegen die Witwe Münchmeyer auf seine Seite zu bringen, veranlaßten ihn dann am 11. 2. 1903 zu einem Vergleich, der ihm große Nachteile brachte. May bestätigte Fischer, er habe beim Ankauf der Fa. Münchmeyer guten Glaubens angenommen, die Kolportageromane miterworben zu haben, und gestattete ihm deren Weiterverbreitung. Fischer fand sich demgegenüber nur zu der Erklärung bereit, daß, sofern in den Münchmeyer-Romanen »etwas Unsittliches enthalten sein sollte«, dies seiner Überzeugung nach »nicht aus der Feder des Verfassers stammt, sondern von dritter Seite früher hineingetragen worden ist«. Er werde auf seine Kosten aus diesen Werken die seiner Überzeugung nach etwa anstößigen Stellen entfernen. So blieben die Romane, die Fischer schon vorher geringfügig (und nicht ungeschickt) hatte bearbeiten lassen, im Handel. Fischers Erklärung, daß die »etwa anstößigen Stellen« von »dritter Seite« eingefügt worden seien, war wenig geeignet, May vor der Öffentlichkeit zu entlasten; denn Fischer konnte darüber nichts wissen und dachte auch nicht daran, solche Stellen zu entfernen. Gegen Pauline Münchmeyer erhob May am 12. 3. 1902 Klage auf Rechnungslegung über die Zahl der bis zum Verkauf des Geschäfts gedruckten Kolportageromane und auf Entschädigung für unbefugte Auflagenüberschreitungen.

Die Veröffentlichung der Kolportageromane erregte großes Aufsehen. Zwar hatte schon 1899 die Frankfurter Zeitung durch ihren Feuilleton-Redakteur Fedor Mamroth (1851 bis 1907) heftige Angriffe gegen May gerichtet, die sich vor allem auf die Old-Shatterhand Legende stützten. Aber erst die Kolportageromane entfachten eine Pressekampagne, die May bis zu seinem Tode verfolgte. Alle Sünden der Vergangenheit wurden ihm nun vorgehalten: sein renommierendes Auftreten in den Jahren 1896 bis 1899, der Doktortitel und vor allem die Tatsache, daß er neben seinen »frommen« Reiseerzählungen minderwertige und »abgrundtief unsittliche« Kolportagewerke verfaßt habe. Die katholische Publizistik, die May vorher hoch gelobt hatte, bekämpfte ihn nun vielfach leidenschaftlich. Sie griff nicht nur die allgemeinen Vorwürfe auf, sondern fügte ihnen literaturpolitische Aspekte hinzu. So wurde gegen ihn geltend gemacht, daß er, der scheinbare Katholik, in Wahrheit Protestant, daß sein Katholizismus aufgesetzt und unecht sei und daß seine Erzählungen den Ansprüchen, die an literarisch wertvolle katholische Belletristik zu stellen seien, nicht genügten. Teilweise wurde ihm auch »Modernismus« und »Indifferentismus« vorgeworfen (Rentschka); sein »verschwommener Interkonfessionalismus« sei nichts »als eine tolerante Weltverbrüderung, ein aus dem Absud aller Religionen aufsteigenden Liebesdusel« (Pöllmann). Die publizistischen Hauptgegner Mays waren Carl Muth (1867–1944), Hermann Cardauns (1847–1925, Chefredakteur der Kölnischen Volkszeitung), Expeditus Schmidt (1868–1927), Ferdinand Avenarius (1856–1923), Paul Rentschka (1870–1956) und Ansgar Pöllmann (1871–1933). Aber ihre Polemiken setzten viele andere Federn in Bewegung und verbreiteten sich in zahllosen Varianten durch die ganze deutsche Presse. Auch Mays Vorstrafen sickerten allmählich durch und wurden vor allem von seinem skrupellosesten Gegner, dem Journalisten Rudolf Lebius (1868 bis 1946), an die Öffentlichkeit gebracht; doch rückten sie erst 1909/10 in das Zentrum der Auseinandersetzung.

Karl May hat sich gegen die Angriffe unermüdlich (und bei einem kleineren Teil der Presse auch zeitweilig nicht ohne Erfolg) zur Wehr gesetzt: durch Zeitungsartikel, große Inserate, Flugblätter, Prozeßschriften und zahlreiche Beleidigungsklagen. Hintergründe und Einzelheiten der literarischen Fehden werden in diesem Buch bei Erläuterung der Autobiographischen Schriften behandelt. Darauf sei hier verwiesen. Ein Wort sei nur zu dem zentralen Vorwurf gesagt, den vor allem Cardauns immer wieder erhob und der Mays öffentliches Ansehen am wirkungsvollsten untergraben hat: der Behauptung, die Kolportageromane seien »schmutzig« und »unsittlich«. Ob die erotischen Freizügigkeiten, die sich in diesen Romanen finden, von May verfaßt sind, wird sich wohl nie mit Sicherheit klären lassen. Er selbst hat sich immer darauf berufen, sie seien bei Münchmeyer zu verkaufsfördernden Zwecken in seinen Text hineinredigiert worden. Einige Anhaltspunkte (textliche Unstimmigkeiten und der Vergleich mit anderwärts publizierten kolportageartigen Schriften Mays, ferner auch das Zugeständnis möglicher Veränderungen bis zu fünf Prozent des Textes durch die Münchmeyer-Partei) sprechen immerhin dafür. Da die Fa. Münchmeyer/Fischer die von May herausverlangten Originalmanuskripte nicht vorlegen konnte oder wollte, hätten Cardauns und seine Anhänger May fairerweise (und bei Anwendung der Grundsätze, die für jede rechtliche Beurteilung selbstverständlich sind) die Unklarheit der Beweislage zugutehalten müssen. Abgesehen davon sind die sittlich anfechtbaren »Stellen« quantitativ geringfügig und wirken auf den heutigen Leser harmlos und bei einiger guter Laune eher erheiternd; aber auch nach damaligen Maßstäben ist kein Staatsanwalt auf den Gedanken gekommen, die Bücher etwa als pornographisch verbieten zu lassen.

In die beiden Schlußbände von *Im Reiche des silbernen Löwen* (1902 und 1903) sind nicht nur die Ehescheidung, sondern auch die öffentlichen Kontroversen dieser Zeit in verschlüsselter Form eingegangen. Darüber hinaus gibt May in den beiden Büchern eine eindringliche Auseinandersetzung mit der eigenen Lebenssituation und verkündet in großen Bildern seine eigenständigen Glaubensvorstellungen. Das Werk ist intellektuell, artistisch und sprachlich seine bedeutendste literarische Leistung. Nach der Vollendung (September 1903), die May schwersten privaten und öffentlichen Konflikten mit äußerster Anstrengung abgewonnen hatte, brach am 8.11. 1903 seine Gesundheit zusammen. Wesentlich dazu beigetragen hat wohl auch der Umstand, daß es dem Münchmeyer-Anwalt Gerlach (1870–1939) durch eine fingierte Beleidigungsklage gelungen war, das Gericht zur Beiziehung von Mays Strafakten zu veranlassen. Hohes Fieber und Herzschwäche brachten May dem Tode nahe. Erst im August 1904 konnte May die Buchfassung des *Pax*-Romans unter dem Titel *Und Friede auf Erden* vollenden. Um den Band, der im September 1904 erschien, entspannen sich sogleich neue öffentliche Auseinandersetzungen *(An den Dresdner Anzeiger)*. Das Buch ist aber auch das erste Zeugnis einer für May wichtigen Künstlerfreundschaft: Es trägt ein Deckelbild des symbolistischen Malers Sascha Schneider (1870–1928), den May im Juni 1903 in seinem Atelier besucht hatte und mit dessen Bildern von nun an Teilauflagen aller Fehsenfeld-Bände ausgestattet wurden. May sah den gedanklichen Gehalt seiner Werke durch die Bilder Schneiders in kongenialer Weise verkörpert; die erhaltenen Briefe an Sascha Schneider gehören zu seinen bedeutendsten Selbstzeugnissen.

In den nächsten Jahren schleppten sich die Prozesse dahin. Doch brachten sie May in den wichtigen Punkten am Ende bedeutende Erfolge. Zunächst behauptete er sich in einer Auseinandersetzung mit Rudolf Lebius, dem erbittertsten Feind seiner letzten Jahre. Dieser Mann, Redakteur der »Sachsenstimme«, hatte sich ihm im Frühjahr 1904 mit der Bitte um ein größeres Darlehen genähert und ihm als Gegenleistung publizistische Unterstützung versprochen. Als May ablehnte und auch auf eine anonyme Postkartendrohung (»Es warnt Sie ein Freund vor dem Manne«) nicht reagierte, veröffentlichte Lebius in rascher Folge eine Reihe von Enthüllungs-Artikeln gegen ihn, deren ersten May mit einer Erpressungsanzeige (19. 12. 1904) beantwortete. Diese blieb zwar erfolglos; anläßlich einer Beleidigungsklage, die Mays Anwalt gegen Lebius erhoben hatte, gelang es diesem sogar (Herbst 1905), die Verlesung der Vorstrafen Mays zu erwirken. Als Lebius aber am 18. 11. 1905 Verleumdungen, die er gegen den auf Mays Seite in den Streit verwickelten Schriftsteller Max Dittrich (1844–1917), den Verfasser der apologetischen Studie »Karl May und seine Schriften« (1904), publiziert hatte, vor Gericht als unwahr und mit der Bitte um Verzeihung zurücknehmen mußte, gelang es May, den Vorgang mit der Wirkung öffentlich bekannt zu machen, daß die Zeitschrift des Lebius einging und er sich aus Dresden zurückziehen mußte.

Den Münchmeyer-Prozeß gewann May in allen drei Instanzen (Landgericht Dresden, 26. 9. 1904; Oberlandesgericht Dresden, 2. 5. 1906; Reichsgericht, 9. 1. 1907). Da er einen Vertrag mit Münchmeyer nicht vorlegen konnte, wurde ihm der Parteieid auferlegt, d. h. er mußte die mündlich vereinbarten Bedingungen, unter denen er sich zur Abfassung der Kolportageromane bereiterklärt hatte, beschwören. May leistete diesen Eid am 11. 2. 1907, so daß nunmehr der unberechtigte Verkauf der Romane und die Pflicht zur Entschädigung für jedes über eine Auflage von 20000 Stück hinaus verkaufte Exemplar gerichtlich feststanden. Die Feststellung ruhte nicht allein auf Mays Eid; vielmehr durften die Gerichte ihre Entscheidung nur dann von der beschworenen Aussage Mays abhängig machen, wenn seine Aussage ohnehin nach dem Prozeßverlauf als wahrscheinlich und vertrauenswürdig erschien. Über die Höhe der von Frau Münchmeyer zu leistenden Entschädigung war in einem weiteren Prozeß zu entscheiden, dessen Ende Karl May nicht mehr erlebt hat; im erstinstanzlichen Urteil des Landgerichts Dresden vom 11. 12. 1911 wurden May 60000 Mark zugesprochen.

Den unglücklichen Vergleich mit Adalbert Fischer, den er sich im Jahre 1903 hatte abzwingen lassen, focht May 1905 an. Nach dem Tode Fischers am 7. 4. 1907 konnte er von dessen Erben in einer Verhandlung vor dem Landgericht Dresden die Erklärung erlangen, daß die Kolportageromane »durch Einschiebungen und Abänderungen von dritter Hand eine derartige Veränderung erlitten haben, daß sie in ihrer jetzigen Form nicht mehr als von Karl May verfaßt gelten können« (8. 10. 1907). Die Münchmeyer-Romane durften fortan nur noch anonym verbreitet werden. Zwar sagt auch diese Vereinbarung nichts Verbindliches darüber aus, ob May die als unsittlich inkriminierten Passagen verfaßt hatte oder nicht; denn Fischers Erben hatten darüber keine eigene Kenntnis. Doch war es in der öffentlichen Diskussion über die Romane ein bedeutender Erfolg für May, daß sie nicht mehr unter seinem Namen erscheinen durften.

Für weite Teile der Presse stand May im Jahre 1907 als in den entscheidenden Fragen rehabilitiert da. Sogar der »Hausschatz« näherte sich seinem alten Erfolgsautor wieder. Im September 1907, als May sich für 10 Tage in München aufhielt, besuchte ihn der Hausschatzredakteur Otto Denk (1853–1918), und es kam zu einer Vereinbarung, auf Grund deren ab November 1907 Mays letzter Großroman *Der Mir von Dschinnistan (Ardistan und Dschinnistan)* im »Deutschen Hausschatz« zu erscheinen begann. Es war nach dem *Silberlöwen* (1902/03) die erste umfangreichere epische Konzeption, die May wieder in Angriff nahm. Er war nach dem Sieg im Münchmeyer-Prozeß gesundheitlich wieder sehr reduziert gewesen. Am 22. 5. 1907 hatte er mit Klara einen Kuraufenthalt in Bad Salzbrunn (Niederschlesien) angetreten, von dem er erst am 8. 7. zurückkehrte; die Absicht, während dieser Reise zu arbeiten, war an seiner körperlichen Schwäche gescheitert. So bedeutete die Wiederaufnahme der Tätigkeit für den »Hausschatz« auch literarisch einen Neuanfang für May.

In dieser Situation traf ihn einer der schlimmsten Schläge seines an Heimsuchungen reichen Alters. Am 15. 4. 1907 hatte der Münchmeyer-Anwalt Gerlach gegen Karl May und verschiedene Zeugen, die für ihn ausgesagt hatten, eine Strafanzeige wegen Meineids und Verleitung zum Meineid erstattet; er hoffte, auf diese Weise eine Aufrollung des verlorenen Prozesses erreichen zu können. Am 12. 7. 1907 wurde die gerichtliche Voruntersuchung gegen May eröffnet. Erst Mitte Juli wurde er von den gegen ihn laufenden Ermittlungen amtlich unterrichtet. Zu einer Vernehmung kam es zunächst nicht. Am 9. 11. 1907 aber erschienen frühmorgens der Staatsanwalt Seyfert, der Untersuchungsrichter Larrass und vier Polizisten in der »Villa Shatterhand« und veranstalteten eine mehrstündige Haussuchung, bei der es zu erregten Szenen kam. Prozeßakten, Korrespondenzen, das Doktordiplom und andere Schriftstücke wurden beschlagnahmt; sogar eine Briefsperre wurde über May verhängt. Es gab in der Folgezeit endlose Vernehmungen, auch von Karl und Emma May. Die Untersuchung wurde ziemlich rücksichtslos geführt; May, der am Rande des Zusammenbruchs mit erstaunlicher Energie für seine Sache kämpfte, hat einige Unregelmäßigkeiten des Verfahrens mit Recht gerügt. Doch konnte irgendeine falsche Aussage nicht ermittelt werden. Am 8. 1. 1909 wurden sämtliche Angeschuldigten außer Verfolgung gesetzt.

Als sich im Spätsommer 1908 abzeichnete, daß es in der Meineidsuntersuchung nicht zu einer Anklage kommen würde, entschloß May sich kurzerhand zu einer Amerika-Reise. Er hatte sie schon seit Jahren vorgehabt, wegen der Prozesse aber nicht verwirklichen können. Am 5. 9. fuhr er mit Klara ab (Großer Kurfürst, Bremer Lloyd), am 16. 9. kam er in New York an, blieb dort etwa eine Woche und reiste über Albany und Buffalo weiter nach den Niagara-Fällen, wo er im Clifton-House auf der kanadischen Seite Quartier nahm (vgl. *Winnetou IV*); von dort aus machte er Ausflüge in das Gebiet der Tuscarora-Indianer, an den Erie- und Ontario-See, nach Toronto und wohl auch nach Detroit und Montreal. Am 5. 10. traf das Ehepaar in Lawrence, Massachusetts, bei dem alten Freund Pfefferkorn (vgl. 6) ein, der hier als reicher Mann lebte. May hielt am 18. 10. vor den Deutsch-Amerikanern der Stadt einen umjubelten Vortrag über das Thema: »Drei Menschheitsfragen: Wer sind wir? Woher kommen wir? Wohin gehen wir?« Er unternahm von Lawrence aus noch verschiedene Exkursionen (Canoubi Lake, Den Rock, auch nach einer »Teufelskanzel« und ans Meer), gab sich aber überwiegend der Ruhe und Erholung hin und fuhr schließlich im November über Boston und New York mit der »Kronprinzessin Cecilie« nach Europa zurück. Den Abschluß der Reise bildete ein 14tägiger England-Aufenthalt (vorwiegend in London). Anfang Dezember 1908 war das Ehepaar May wieder in Radebeul. Mays zweite überseeische Fahrt hat bei weitem nicht die Bedeutung der Orient-Reise; er hat nur kleine Teile des amerikanischen Kontinents kennengelernt und vor allem den »wilden Westen« nie gesehen. Gleichwohl haben ihre Eindrücke auf *Winnetou IV* stark eingewirkt.

Auch die Einstellung der Meineidsermittlungen brachte May keine Ruhe mehr. Vielmehr hatte schon damals eine letzte Verfolgungskampagne eingesetzt, deren Auswirkungen Mays ohnehin schwer angegriffene Gesundheit endgültig zerrütteten. Sie wurde von Rudolf Lebius geführt und durch einen Umstand ausgelöst, der mit May nur sehr mittelbar etwas zu tun hatte. Lebius war ein Agitator der arbeitgeberfreundlichen »gelben Werkvereine« und lag mit den Sozialdemokraten in ständiger Fehde. Als der »Vorwärts«, das SPD-Zentralorgan, am 26. 7. 1907 behauptete, Lebius habe sich nicht als Ehrenmann gezeigt, erhob dieser Beleidigungsklage gegen den Redakteur Carl Wermuth (geb. 1878). Dieser berief sich als Zeugen dafür, daß Lebius kein Ehrenmann sei, auf Karl May, der nach einigem Zögern im April 1908 auch ein Manuskript *Lebius der Ehrenmann* herstellte. Lebius versuchte nun mit allen Mitteln, Karl May, zu dessen Aussage es später überhaupt nicht kam, als Zeugen unglaubwürdig und dadurch für ihn unschädlich zu machen. Zunächst ließ er am 1. 4. 1908 unter Vorschiebung eines mißbrauchten Strohmannes eine Schmähschrift erscheinen: »Karl May, ein Verderber der deutschen Jugend«, von F. W. Kahl (Basel). Aber Kahl (1887–1963), der später als Journalist und Politiker bekannt wurde, rückte von Lebius ab; May konnte erreichen, daß die Broschüre aus dem Handel gezogen wurde.

Doch Lebius schlug nun andere Wege ein. Er suchte die in Weimar verbittert dahinlebende Emma Pollmer auf und ließ sich von ihr mit publizistisch verwertbarem Material über May und dessen Ehescheidung versorgen. Auch fuhr er nach Hohenstein-Ernstthal und versuchte, Informationen über die nun schon 40 und mehr Jahre zurückliegenden Straftaten Mays zu erlangen. Dann verarbeitete er seine – höchst unzuverlässigen und zum Teil abwegigen – »Forschungsergebnisse« zu einer Reihe von diffamierenden Artikeln, die 1909/10 im »Bund«, dem Organ der gelben Werkvereine, erschienen (oder diesem als Flugblätter beigegeben wurden). Sie enthalten u. a. die Falschbehauptungen über Mays angebliches Räuberleben (vgl. 4), aber auch ungeheuerlich-haltlose Verdächtigungen wie die, daß May den alten Pollmer erwürgt oder sich an seiner neunjährigen Nichte sexuell vergangen habe. May klagte gegen Lebius, gegen Emma und dessen sonstige Informanten. Mit Lebius verglich er sich zunächst im Mai 1909 noch einmal gegen das Versprechen beider Parteien, »in Zukunft Frieden zu halten«. Da Lebius sich darum nicht kümmerte, stellte May gegen ihn Anfang 1910 erneut Strafantrag wegen Verleumdung und übler Nachrede. Das Ende des Verfahrens hat er nicht mehr erlebt. Doch gelang es ihm, Emma Pollmer, der er die Rente entzogen hatte, gegen deren Wiedergewährung (in verringerter Höhe) zur Abgabe verschiedener Erklärungen zu bewegen, die darauf hinausliefen, daß ihr Vertrauen mißbraucht worden sei. Sie äußerte über Lebius sogar: »Er ist ein Schuft, der über Leichen geht.« May konnte auch durch Prozesse in Hohenstein-Ernstthal gerichtlich klären lassen, daß die Räuberhauptmanns-Geschichten Erfindungen seien. Seine prozessuale Situation war also nicht ungünstig.

Auf einem Nebenschauplatz des Kampfes jedoch traf ihn das Verhängnis. Lebius hatte in einem Privatbrief Karl May als »geborenen Verbrecher« bezeichnet. Als May davon erfuhr, erhob er eine weitere Privatklage gegen Lebius. Zur Hauptverhandlung am 10. 4. 1910 vor dem Amtsgericht Berlin-Charlottenburg erschien May ohne Anwalt, weil er glaubte, Lebius müsse auf Grund einer solchen Formalbeleidigung ohne weiteres verurteilt werden. Der alte Amtsrichter, der die Verhandlung leitete, hatte auch bereits eine Verurteilung ausgesprochen, als er sich durch Lebius' Anwalt unterbrechen und zu einer Änderung seines Spruchs bewegen ließ. Lebius wurde wegen Wahrnehmung berechtigter Interessen (§ 193 StGB) freigesprochen; eine Beleidigungsabsicht wurde verneint. Obwohl dieses glatte Fehlurteil sich mit der Wahrheit oder Unwahrheit der von Lebius aufgestellten Behauptungen überhaupt nicht befaßte, war damit für die Presse endgültig der Stab über May gebrochen. Da er straflos als »geborener Verbrecher« hatte bezeichnet werden dürfen, fanden jetzt die gröbsten Verunglimpfungen, die Lebius verbreitet hatte, weithin Glauben. Schlagzeilen, die May als »Banditen«, »abgestraften Räuber« oder »literarischen Schinderhannes« bezeichneten, waren an der Tagesordnung.

Von diesem Schlag hat sich May nicht mehr erholt. Er hatte den *Mir von Dschinnistan* im Juni 1909 zu Ende geführt; nach einer verbesserten Umarbeitung im Sommer 1909 erschien zum Weihnachtsfest die Buchausgabe von *Ardistan und Dschinnistan*. Das Werk schildert die Geschichte der Menschheit als eine Entwicklung von der Gewalt zum Frieden in Form einer märchenhaften, orts- und zeitlosen Utopie; an visionärer Kraft (nicht in anderer Hinsicht) übertrifft es sogar noch den *Silberlöwen*. Am 10. 12. 1909 hielt May in Augsburg einen Vortrag über »Sitara, das Land der Menschheitsseele«; das Thema entstammt dem Stoffkreis des großen Romans. »Kopf an Kopf füllte die begeisterte Menge den Saal« (Augsburger Postzeitung); sogar das angrenzende Café mußte einbezogen werden. Zwischen September 1909 und April 1910 schrieb May seinen letzten Roman *Winnetou IV,* der den Mythos seiner Erzählungen auch für den amerikanischen Kontinent zu einem krönenden Abschluß bringt. Daß diese Werke unter dem unausgesetzten Druck schwerster Bedrohungen geschrieben werden konnten, ist schwer begreiflich und zeugt von der außerordentlichen seelischen Energie Mays. Aber nach dem Charlottenburger Urteil war seine Kraft gebrochen. Er hat danach kein dichterisches Werk mehr geschaffen. Bis Oktober 1910 entstand noch die Selbstbiographie *Mein Leben und Streben.* Schon in diesem Buch bekennt er (*Mein Leben,* S. 299): »Seit einem Jahr ist mir der natürliche Schlaf versagt (...). Dafür aber Schmerzen, unaufhörliche, fürchterliche Nervenschmerzen (...). Ich möchte am liebsten sterben (...).« Egon Erwin Kisch (1885–1948), der ihn im Mai 1910 besuchte, schließt seine Schilderung mit dem Satz: »Eben schüttelt ihn ein Hustenanfall, und trotzdem er, die Hilfe der Gattin unwirsch abweisend, aufrecht ins Haus zurückgeht, ist nicht zu verkennen, daß sein Lächeln vom hippokratischen Zug erbarmungslos durchstrichen wird.«

Weihnachten 1910 warf ihn eine Lungenentzündung nieder, und auch 1911 machten ihn Krankheit und Schwäche fast arbeitsunfähig. Vom 11. 5. bis 16. 6. fuhr er mit Klara auf dringenden ärztlichen Rat zu einer Radium-Kur nach St. Joachimsthal bei Karlsbad in Böhmen und anschließend zur weiteren Erholung vom 18. 6. bis Ende Juni nach Südtirol, wo er sich vorwiegend (wie 1902) im Hotel Penegal auf der Mendel aufhielt. Der lange Urlaub brachte eine vorübergehende Besserung seines Gesundheitszustandes. Am 3. 12. 1911 schloß er das einzige »Werk« dieses Jahres (und sein letztes überhaupt) ab, den 147 Seiten langen Schriftsatz im Berufungsverfahren gegen das Charlottenburger Urteil (*An die 4. Strafkammer des königl. Landgerichtes III in Berlin).* Aber er machte sich über seine Lage keine Illusionen. »Ich bin nicht töricht genug, mir zu verheimlichen, daß man mich als einen Ausgestoßenen betrachtet, ausgestoßen aus Kirche, Gesellschaft und Literatur«, hatte er schon 1910 geschrieben (*Mein Leben,* S. 313). Auch der Absatz seiner Bücher war unter dem

Druck der öffentlichen Diskriminierung gewaltig zurückgegangen.

Doch noch ein letztes Mal wendete sich das Blatt in seinem Leben. In der Berufungsverhandlung am 18. 12. 1911 in Berlin-Moabit fand May einen verständnisvollen Richter. Als Lebius' Anwalt May die Exzentrizitäten seiner Lebensführung vorwarf, sagte der Landgerichtsdirektor Ehrecke, der die Verhandlung leitete: »Aber ein Verbrechen wären doch solche phantastischen Dinge bei einem Dichter nicht. Und ich halte Herrn May für einen Dichter.« Das Charlottenburger Urteil wurde aufgehoben und Lebius wegen schwerer Beleidigung zu 100 Mark verurteilt. May lebte auf. Er erholte sich auch noch einmal von einer neuen Lungenentzündung, die ihn zum Jahresende befiel. Auch mehrten sich die Anzeichen für einen Umschwung der öffentlichen Meinung. Eine Zeitschrift vom Range des »Brenner« veröffentlichte am 1. 2. 1912 einen für May eintretenden Essay des Wiener Dichters Robert Müller (1887–1924), der ausdrücklich an das Ehrecke-Wort aus der Moabiter Verhandlung anknüpfte. Müller, der literarische Leiter des Wiener akademischen Verbandes für Literatur und Musik, war es auch, der May anläßlich seines 70. Geburtstages zu einem Vortrag nach Wien einlud. Zweck der Einladung war es, Mays persönlichen und literarischen Ruf vor der Öffentlichkeit demonstrativ wiederherzustellen. May fuhr nach Wien, gegen den ärztlichen Rat und obwohl er immer noch kränkelte. Am 22. 3. 1912 sprach er im Wiener Sophiensaal, der bis auf den letzten Platz gefüllt war (viele hatten keinen Einlaß gefunden), vor 2000 bis 3000 Zuhörern mehr als zwei Stunden lang – nur kurz unterbrochen durch einen Schwächeanfall – in durchweg freier Rede über das Thema *Empor ins Reich der Edelmenschen*. Bertha von Suttner, die ihn zuvor im Hotel besucht hatte, war unter den Zuhörern. Auf ihren Wunsch zitierte er aus ihrem letzten Buch »Der Menschheit Hochgedanken«; auch der Begriff des »Edelmenschen« stammt von ihr. May verkündete also seine Friedensideen; er legte aber auch eine Lebensbeichte ab und las aus seinen Gedichten.

Der Vortrag wurde zum größten Erfolg seines öffentlichen Lebens. Die Wiener Presse berichtete ausführlich: »Er wird jubelnd begrüßt, und da er sich linkisch, unbeholfen, sichtlich überrascht bedankt, wird der Beifall zehnfach stärker. Die Jungen erhoben sich von ihren Sitzen und grüßten den Mann, der ihnen den Winnetou schenkte (...)« (Kleine österr. Volkszeitung, 23. 3. 1912). Und am Schluß: »Beifall umtoste, Anhänger umringten ihn und nur mit schwerer Mühe konnte May zum Ausgang gelangen. Inmitten des huldigenden Gedränges rief er emphatisch aus: ›Bleiben Sie mir treu!‹« (Deutsches Volksblatt, 23. 3.). May kehrte mit einer fiebrigen Erkältung, die er sich im nassen Märzwetter zugezogen hatte, nach Radebeul zurück. Er war aber nicht bettlägrig und fühlte sich am 30. 3., seinem Hochzeitstag, wieder wohler. Zeitig legte er sich zur Ruhe und sprach im Halbschlaf mit den Gestalten seiner Phantasie. Gegen 8 Uhr abends – nur Klara May war bei ihm – starb er an einem Herzschlag.

»Sieg! Großer Sieg! Rosen … rosenrot« sollen seine letzten Worte gewesen sein.

Claus Roxin

C. Zeittafel

1842	Karl Friedrich May wird am 25. 2., 22 Uhr, in der erzgebirgischen Kleinstadt Ernstthal (Sachsen) als fünftes von 14 Kindern des Ehepaares Heinrich August May (1810–1888) und Christiane Wilhelmine geb. Weise (1817–1885) geboren. Der Vater ist Weber, die Mutter wurde 1846 Hebamme. May erblindet kurz nach der Geburt.
1846	Durch eine ärztliche Behandlung in Dresden erhält May das Augenlicht zurück.
1848–1856	Besuch der Volksschule in Ernstthal.
1856	Konfirmation und Schulentlassung in Ernstthal. Im Herbst Aufnahme in das einjährige Proseminar in Waldenburg zur Vorbereitung auf die Lehrerausbildung.
1857–1860	Studium am Lehrerseminar in Waldenburg.
1859	Kurz vor Weihnachten wird May des Kerzendiebstahls bezichtigt.
1860	Im Januar Verweisung von der Lehranstalt in Waldenburg. Nach einem Gnadengesuch an das Kultusministerium in Dresden kann May das Studium am Lehrerseminar in Plauen fortsetzen.
1861	Im September besteht May in Plauen die Prüfung als Schulamtskandidat. Im Oktober erhält er seine erste Stelle als Hilfslehrer in Glauchau und wird kurz danach Fabrikschullehrer in Altchemnitz. Am 26. 12. wird May in Hohenstein unter der Anschuldigung verhaftet, seinem Zimmergenossen in Altchemnitz eine Taschenuhr, Tabakspfeife und Zigarrenspitze entwendet zu haben.
1862	Verurteilung zu einer sechswöchigen Gefängnisstrafe in Chemnitz (September/Oktober). Bei der Musterung wird May für »untüchtig« befunden.
1863–1865	Nach der Haftverbüßung folgt die Entlassung aus dem Schuldienst. May erkrankt an einer schweren Depression. Er fristet seinen Lebensunterhalt mit Gelegenheitsarbeiten und wird mehrmals straffällig (Diebstähle, Betrügereien).
1865	Nach steckbrieflicher Fahndung wird May am 8. 6. zu vier Jahren und einem Monat Arbeitshaus verurteilt und in die Strafanstalt Schloß Osterstein in Zwickau eingeliefert. Am 19. 9. stirbt seine

»Märchengroßmutter« Johanne Christiane verw. Vogel verw. May geb. Kretzschmar (1780–1865). Während der Haft entstehen erste literarische Entwürfe *(Repertorium C. May)*.

1868 Am 2. 11. vorzeitige Entlassung wegen guter Führung.

1869–1870 Nach erneuten Straftaten wird May am 13. 4. 1870 zu vier Jahren Zuchthaus verurteilt, die er in Waldheim verbüßt.

1874 Am 2. 5. wird May aus dem Zuchthaus entlassen und für zwei Jahre unter Polizeiaufsicht gestellt. In dieser Zeit beginnt er zu schreiben.

1875 May läßt sich als Zeitschriftenredakteur in Dresden nieder und arbeitet für den H. G. Münchmeyer-Verlag. In der Erzählung *Old Firehand* im »Deutschen Familienblatt« taucht zum ersten Mal der Name »Winnetou« auf.

1876 In Ernstthal lernt May seine spätere Frau, Emma Lina Pollmer (1856–1917), kennen.

1877–1878 May verläßt im Februar 1877 den Verlag Münchmeyer und arbeitet fortan als freier Schriftsteller, nur unterbrochen von einer kurzen Redakteurstätigkeit für den Radelli-Verlag in Dresden.

1879 May wird ständiger und langjähriger Autor der katholischen Familienzeitschrift »Deutscher Hausschatz« des Pustet-Verlages in Regensburg. *Three carde monte* heißt seine erste Erzählung (später bearbeitet aufgenommen in *Old Surehand II*). In den folgenden Jahren erscheinen dort in Fortsetzungen die bekannten Reiseromane, die Mays literarischen Ruhm begründen. In der Erzählung *Unter Würgern* kommt erstmals der Name »Old Shatterhand« vor. Wegen eines unbedeutenden Vergehens (Amtsanmaßung) verbüßt May seine letzte Haftstrafe vom 1. bis 21. 9. im Ernstthaler Gefängnis. Im November erscheint *Im fernen Westen,* Mays erstes Buch.

1880 Am 17. 8. heiraten Karl May und Emma Pollmer in Ernstthal. Erste Erwähnung in »Kürschners Literaturkalender«.

1881–1888 Der »Deutsche Hausschatz« veröffentlicht den orientalischen Romanzyklus *Giölgeda padishanün,* die fast unveränderte Textgrundlage der Bände

1 bis 6 der späteren Fehsenfeld-Ausgabe (Hauptpersonen: »Kara Ben Nemsi« und »Hadschi Halef Omar«).

1882–1887 May schreibt – überwiegend pseudonym – für den Münchmeyer-Verlag fünf umfangreiche Kolportageromane (*Das Waldröschen* u. a.), die als Lieferungshefte erscheinen.

1885 Mays Mutter stirbt am 15. 4. in Ernstthal.

1887 »Der Gute Kamerad«, eine neue Jugendzeitschrift des Stuttgarter Spemann-Verlages, gewinnt May als regelmäßigen Autor. Bis 1897 schreibt er acht für die Jugend bestimmte Erzählungen (*Der Sohn des Bärenjägers* u. a.).

1888 Der Vater Mays stirbt am 6. 9. in Ernstthal.

1892 Im Freiburger Fehsenfeld-Verlag erscheinen bis 1910 in 33 Bänden die »Gesammelten Reiseromane«, später »Gesammelte Reiseerzählungen«, im klassischen gold-grünen Einband mit farbigen Deckelbildern (*Durch Wüste und Harem,* später *Durch die Wüste* usw.).

1893 May schreibt – eigens für die Buchausgabe – *Winnetou I,* seine bekannteste Erzählung.

1896 Am 14. 1. zieht May in die Villa »Shatterhand« in Radebeul ein, die er mit exotischen Requisiten seiner angeblichen Reisen ausstattet (u. a. »Silberbüchse«, »Henrystutzen« und »Bärentöter«). Die Identifikation des Ich-Erzählers mit seinen literarischen Figuren und deren Abenteuern ist u. a. durch die illustrierte Veröffentlichung des Berichtes *Freuden und Leiden eines Vielgelesenen* im »Deutschen Hausschatz« auf dem Höhepunkt.

1897 Mit *Im Reiche des silbernen Löwen* (Band I und II) und *»Weihnacht!«* ist die Reihe der berühmten Abenteuererzählungen abgeschlossen und der Übergang zum Alterswerk eingeleitet.

1898 Im Fehsenfeld-Verlag erscheinen unter dem Titel *Ernste Klänge* zwei Lieder, die May gedichtet und komponiert hat: *Ave Maria* und *Vergiß mich nicht.* May wird die unberechtigte Führung des Doktortitels untersagt.

1899 *Am Jenseits* leitet zum Spätwerk über.

1899–1900 Auf dem Gipfel seines schriftstellerischen Erfolges unternimmt May von März 1899 bis Juli 1900 eine

Orientreise, die zur entscheidenden Wende in seinem Leben wird. Während seiner Abwesenheit beginnt die jahrelange Pressekampagne gegen ihn.

1901 Mays frühe pseudonyme Kolportageromane werden in bearbeiteter Form und unter seinem Namen widerrechtlich neu herausgegeben, was zu jahrelangen Prozessen führt (Münchmeyer-Prozeß). Für Kürschners »China«-Buch schreibt May seine erste Spätwerkerzählung *Et in terra pax.*

1902–1903 Die Bände III und IV von *Im Reiche des silbernen Löwen* erscheinen, Mays erstes herausragendes Alterswerk.

1903 Karl und Emma May werden am 14. 1. geschieden. Am 30. 3. heiratet er die Witwe seines verstorbenen Freundes, Klara Plöhn geb. Beibler (1864–1944). Beginn der künstlerischen Zusammenarbeit und Freundschaft mit dem Maler Sascha Schneider (1870–1927), der allegorische Deckelbilder für die Fehsenfeld-Reihe gestaltet.

1904 Beginn des folgenschweren Streites zwischen dem Journalisten Rudolf Lebius (1868–1946), seinem erbittertsten Gegner, und May, wodurch seine Vorstrafen allmählich bekannt werden.

1906 *Babel und Bibel* erscheint, Mays einziges und nie aufgeführtes Drama.

1907–1909 Im »Deutschen Hausschatz« wird Mays zweites literarisch anspruchsvolles Alterswerk veröffentlicht, der symbolische Roman *Der Mir von Dschinnistan* (als Buchtitel: *Ardistan und Dschinnistan,* 1909).

1907–1911 Die publizistischen und gerichtlichen Auseinandersetzungen um May sind auf dem Höhepunkt. Er verwickelt sich in immer zahlreichere Prozesse, die seine Gesundheit untergraben und sein öffentliches Ansehen als Mensch und Schriftsteller ruinieren.

1908 May unternimmt von September bis Dezember eine Reise nach Nordamerika.

1909–1910 Als Abschluß des erzählerischen Alterswerkes erscheint *Winnetou IV,* Mays literarische Verarbeitung seiner Amerikareise, als Zeitungsvorabdruck.

1910 Vor einem Schöffengericht in Charlottenburg

wird Lebius am 12. 4. aufgrund seiner Behauptung, May sei ein »geborener Verbrecher«, wegen »Wahrung berechtigter Interessen« freigesprochen. Im November veröffentlicht Lebius seine Schmähschrift »Die Zeugen Karl May und Klara May«, gleichzeitig erscheint Mays Selbstbiographie *Mein Leben und Streben.*

1911 Am 18. 12. wird Lebius in der Berufungsverhandlung vor dem Landgericht Berlin-Moabit wegen schwerer Beleidigung Mays verurteilt.

1912 Auf Einladung des österreichischen Akademischen Verbandes für Literatur und Musik hält May am 22. 3. im Wiener Sofiensaal einen Vortrag über das Thema: *Empor ins Reich der Edelmenschen!* Es ist sein triumphalster und zugleich letzter öffentlicher Auftritt. Am 30. März, 20 Uhr, stirbt Karl May im Alter von 70 Jahren in der Villa »Shatterhand« an Herzversagen. Seine letzten Worte sollen »Sieg! Großer Sieg! Rosen … rosenrot« gewesen sein. Die Beisetzung findet am 3. 4. in einer Gruft auf dem Friedhof in Radebeul statt.

Erwin Müller

DRITTER TEIL: DAS WERK

A. Der Text

Eine umfassende Darstellung der Textgeschichte Karl Mays (sowohl hinsichtlich der zu Lebzeiten erschienenen Veröffentlichungen als auch der nach Mays Tod 1912 veranstalteten Ausgaben) liegt zur Zeit ebensowenig vor wie eine vollständige Werkbibliographie. Die lange Vernachlässigung beider Forschungsaspekte hat mit dazu geführt, daß die bibliographische Erschließung des Gesamtwerks bisher nicht zum Abschluß gekommen ist; speziell für das Frühwerk kann der folgende Überblick nicht mehr als ein vorläufiges Fazit ziehen. (Zur Textgeschichte vgl. H. Neumann: Karl Mays frühe Buchausgaben und ihre Verwandlungen. In: M-KMG 15–17/1973; E. A. Schmid: Die Lieferungsromane Karl Mays. Radebeul 1926; J. Wehnert: Zur abenteuerlichen Textgeschichte Karl Mays. In: Karl May. Hrsg. v. H. Schmiedt. Frankfurt/M. 1983. S. 310–336. – Werkbibliographien finden sich bei H. Wollschläger: May, S. 208–214; J. Wehnert: Die Werke Karl Mays. In: Karl May. Hrsg. v. H. Schmiedt, S. 339–361, alphabetisches Werkverzeichnis; ders.: Bibliographie der Werke Karl Mays. In: Karl May. Hrsg. v. H. L. Arnold. München i. V., chronologisches Werkverzeichnis. Eine umfassende Werkbibliographie von H. Plaul/G. Klußmeier: Karl-May-Bibliographie. Leipzig = Hildesheim – New York, befindet sich i. V.)

1. *Manuskripte: Bestand und Verbleib*

Ein Überblick kann derzeit nur über die im Archiv des KMV, Bamberg, aufbewahrten Handschriften gegeben werden. Die systematische Erfassung aller übrigen in öffentlichen und privaten Autographensammlungen vorhandenen Schriftzeugnisse Karl Mays steht noch aus; soweit es sich um Werkmanuskripte handelt, dürfte ihre Zahl jedoch gering sein.

Die weitaus meisten Werkhandschriften sind – entsprechend dem Verlagsusus, in Satz gegebene Manuskripte zu vernichten – verlorengegangen. Dies gilt offenbar ausnahmslos für alle vor 1892 (Erscheinungsbeginn der »Gesammelten Reiseromane«) entstandenen Arbeiten Mays, unter anderem für sämtliche Frühwerke und die Kolportageromane (*Waldröschen* usw.; vgl. hierzu jedoch K. Hoffmann: Nachwort zu K. May: *Das Waldröschen VI.* Hildesheim – New York 1971. S. 2619–2686. S. 2656), aber auch für die seit 1887 erschienenen Jugenderzählungen (*Der Schatz im Silbersee* usw.). Von den »Reiseromanen« und sonstigen späteren Werken sind folgende im Manuskript erhalten (in Klammern das mutmaßliche Jahr der Niederschrift):

Die Jagd auf den Millionendieb (mit geringen Lücken; 1892); *Winnetou III* (nur das Schlußkapitel mit Lücken; 1893); *Old Surehand I* (1894); *Old Surehand II* (nur das Schlußkapitel; 1894); *Die Rose von Kaïrwan* (nur die »Dritte Abtheilung«; 1894); *Old Surehand III* (mit Lücken; 1896); *Im Reiche des silbernen Löwen II* (nur das Schlußkapitel; 1898); *Am Jenseits* (1898/99); *Im Reiche des silbernen Löwen III–IV* (1902/03); *Und Friede auf Erden!* (unter Verwendung der Druckfassung von *Et in terra pax*; mit geringen Lücken; 1903/04); *Babel und Bibel* (1905); *Schamah* (1907); *Der 'Mir von Dschinnistan* (mit geringer Lücke; 1907/09); *Ardistan und Dschinnistan I–II* (unter Verwendung der Druckfahnen von *Der 'Mir von Dschinnistan*; 1909); *Merhameh* (1909, Faks. Bamberg 1958); *Winnetou IV* (1909/10).

Im Nachlaß Karl Mays ist ferner eine beachtliche Menge sehr unterschiedlichen Materials erhalten geblieben, das zumeist nicht zur Veröffentlichung vorgesehen war, aber wichtige Einblicke in das literarische Schaffen Mays erlaubt. Einiges davon hat (durchweg bearbeitet) in: *Lichte Höhen.* Aus Karl May's Nachlaß. Hrsg. v. R. Schmid, Bamberg 1956 (GWB 49), Aufnahme gefunden; vgl. die von M. Finke (nicht immer zuverlässig) edierte Auswahl von Nachlaßtexten in: KMJb 1920–1923 (»Aus Karl Mays literarischem Nachlaß«). – In der Reihenfolge der Entstehung liegen u. a. vor: aus Mays frühester Schaffenszeit (ca. 1863–1874) verschiedene Kompositionen, Gedichte, Entwürfe und Fragmente, z. B. *Weihnachtsabend* (Gedicht; um 1867; Faks. in *»Weihnacht!«*, F 24, S. A3–A5); *Repertorium C. May* (Verzeichnis geplanter Arbeiten; ca. 1867/68); *Ange et diable* (Fragment; ca. 1870; Faks. Bamberg 1972); aus dem Zeitraum 1875–1900: *»Otto-Victor«*-Fragment (Vorstudie zum Roman *Auf der See gefangen;* ca. 1875; Faks. in: Jb-KMG 1986. S. 92–95); *In der Heimath* (vom Verlag Pustet gestrichene Teile aus dem 1. Kapitel des Romanmanuskripts *Krüger Bei*; 1891; Veröffentlichung durch den KMV i.V.); *Ernste Klänge*. Heft 2 (1898); *Eine Pilgerreise in das Morgenland* (Gedichtsammlung; 1899); *Reisetagebücher* der Orientreise (z.T. fragmentarisch; 1899/1900); aus der symbolistischen Schaffensphase nach 1900: *Die Schetana, Weib, Wüste* (Nachlaßmappen; ca. 1902); *Himmelsgedanken*. Zweiter Band (ca. 1903); *Babel und Bibel* (Erstfassung sowie weitere Entwürfe und Notizen; 1905); *Bruch I* (Textkonvolut; ca. 1905); *Babel und Bibel. Skizze davon* (1906); *Kyros* (Nachlaßmappe; ca. 1906); *Briefe über Kunst VI* (1907); *Frau Pollmer, eine psychologische Studie* (1907; Faks. Bamberg 1982); *Die Schundliteratur und der Früchtehunger* (ca. 1907/08); *Meine Beichte* (Erstfassung vom 28. 5. 1908, Zweitfassung vom 1. 7. 1908; Faks. Bamberg 1975); *Lebius, der Ehrenmann* (1908; Faks. der Letztfassung in Jb-KMG 1983. S. 13–45); *Zur Abwehr* (ca. 1908); *Aphorismen über Karl May* (1909); *Erlöst* (Nachlaßmappe; ca. 1911); *Winnetou* (Nachlaßmappe; 1911; Faks. in: *Winnetou Band IV*. Reiseerzählung von Karl May. Hamburg 1984. S. 298–305); *Empor ins Reich der Edelmenschen!* und *Edelmensch* (Vortragsmanuskripte; 1912).

Ferner existieren aus allen Schaffensperioden zahlreiche Briefe, (Gelegenheits-)Gedichte, Widmungsschriften und ähnliche Texte (s. hierzu das u. a. in den Mitteilungen und Jahrbüchern der KMG vorgelegte Material).

2. Veröffentlichungen in Zeitschriften, Zeitungen und anderen Periodika

Die Zeitschrift als Publikationsort hat für May – 1875–1878 selbst Redakteur und mit diesem Medium gut vertraut – in der ersten Phase seines Schaffens überragende Bedeutung. Erst nach 1890 gewinnen selbständige Publikationen stärker an Gewicht, ohne Veröffentlichungen in Periodika je völlig zu verdrängen. Noch Mays letzte große Reiseerzählung, *Winnetou IV*, erscheint bezeichnenderweise auch als Zeitungsvorabdruck. Die Bedeutung der Zeitschriftendrucke Mays ergibt sich aus Folgendem: Die meisten Werkmanuskripte sind verlorengegangen. Da die Erstabdrucke den Handschriften am nächsten stehen, repräsentieren sie weithin die älteste erreichbare Werkgestalt. Nur einen Teil seiner Veröffentlichungen in Periodika hat May für die Buchausgabe der »Gesammelten Reiseromane« (1892ff.) weiterverwendet. Die Zeitschriftendrucke sind daher für verschiedene Werkgattungen (z. B.

Dessauergeschichten, Illustrationstexte) einziger, für andere (u. a. Erzgebirgische Dorfgeschichten, frühe Novellen) ein wichtiger ergänzender Überlieferungsträger. Soweit Mays Buchveröffentlichungen auf der Grundlage von Zeitschriftenabdrucken entstanden sind, läßt ein Vergleich durchweg eine Fülle von Varianten erkennen, die für die literarische Genese der Einzelwerke ebenso wie für die schriftstellerische Entwicklung Mays insgesamt von hoher Aussagekraft sind.

Ort und Zeitpunkt der ersten Veröffentlichungen Mays liegen im Dunkeln. Im Alter hat May mehrfach versichert, seit Anfang der 1860er Jahre schriftstellerisch tätig gewesen zu sein (s. z. B. *Auch »über den Wassern«*. In: Die Freistatt. Wien. 2. Jg. 1910. S. 345); bestätigt wird dies durch eine gerichtliche Aussage Mays von 1869, wonach er in diesem Jahr »für den Dresdner Buchhändler Münchmeier litterarische Arbeiten geliefert« habe (K. Hoffmann: Karl May als »Räuberhauptmann« oder Die Verfolgung rund um die sächsische Erde. Karl Mays Straftaten und sein Aufenthalt 1868 bis 1870, 1. Teil. In: Jb-KMG 1972/73. S. 215–247. S. 215). Dafür in Frage kommende Publikationen des Verlages H. G. Münchmeyer (gegr. 1862) sind zwar bekannt, konnten aber aufgrund der schlechten Quellenlage bisher nicht überprüft werden. Inhaltlich dürfte es sich bei den Erstveröffentlichungen Mays um kurze Humoresken wie *Im Seegerkasten* oder *Im Wasserständer* gehandelt haben (beide Titel bereits im *Repertorium C. May* [um 1867/68] unter Nr. 79), von denen der Ort ihrer Erstabdrucke bisher nicht bzw. nicht eindeutig geklärt ist. Da die älteste nachgewiesene Veröffentlichung Mays *(Die Rose von Ernstthal)* 1875 im Verlag Hermann Oeser, Neusalza, erschien, kommen für mögliche ältere Publikationen Mays neben dem MMV auch andere, insbesondere sächsische Verlage in Betracht.

Während seiner Dresdner Tätigkeit als Redakteur im MMV (1875/77) und im Verlag Bruno Radelli (1877/78) lieferte May in erster Linie Beiträge für die von ihm betreuten Unterhaltungsblätter (MMV: »Deutsches Familienblatt«, sechs Beiträge, u. a. *Inn-nu-woh*, erste in Amerika handelnde Erzählung, und *Old Firehand*, erster Text im Stil der »Reiseromane«; »Schacht und Hütte«, u. a. *Geographische Predigten*; »Feierstunden am häuslichen Heerde«, drei Beiträge, u. a. *Leïlet*, erste im Orient handelnde Novelle; Radelli: »Frohe Stunden«, zwölf Beiträge, u. a. *Auf der See gefangen*, ein Mays Kolportageromane vorbereitender »Criminalroman«), daneben nahm May Kontakt zu auswärtigen Verlagen auf; einzelne Beiträge erschienen u. a. bei H. Schönlein, Stuttgart; E. Trewendt, Breslau und Leykam-Josefsthal, Graz (Zeitschrift »Heimgarten«, hrsg. v. P. K. Rosegger). Eine grundlegende Darstellung dieser ersten Schaffensphase Mays findet sich bei H. Plaul: Redakteur auf Zeit. Über Karl Mays Aufenthalt und Tätigkeit von Mai 1874 bis Dezember 1877. In: Jb-KMG 1977. S. 114–217.

Seit 1878 arbeitete May ausschließlich als freier Schriftsteller. Besonders intensiv gestaltete sich seine Mitarbeit an Unterhaltungszeitschriften der Verlage A. Wolf, Dresden (»Weltspiegel« mit Parallelausgabe »Deutsche Boten«; 1878/79; acht Beiträge), Hinrichshofen'sche Buchhandlung, Mühlhausen i. Th. (später: W. Hoffmann, Dresden, »Deutsche Gewerbeschau«; 1878/83: sieben Beiträge) sowie Göltz & Rühling, Stuttgart (»All-Deutschland!« mit Parallelausgabe »Für alle Welt!«) 1878/82: 24 Beiträge, u. a. die beiden kolportageartigen Romane *Scepter und Hammer, Die Juweleninsel*. Einen wesentlichen Einschnitt in die wechselnden Verlagsbeziehungen Mays bedeutete sein Eintritt als Mitarbeiter am katholischen Familienblatt »Deutscher Hausschatz« (Verlag Fr. Pustet, Regensburg; gegr. 1826), in dem zwischen 1879 und 1909 (mit einer Unterbrechung 1899–1906) insgesamt 31 Romane und Erzählungen (u. a. der große Orient-Zyklus) erschienen (Dokumentation bei G. Klußmeier: Karl May und Deutscher Hausschatz. In: M-KMG 16/1973–24/1975); den größten Teil dieser Beiträge hat May für die »Gesammelten Reiseromane« weiterverwendet.

Durch seine Tätigkeit als Kolportage- und Jugendschriftsteller sowie die seit 1892 vermehrt erscheinenden Buchveröffentlichungen tritt Mays Mitarbeit an allgemeinen Unterhaltungszeitschriften ab Mitte der 80er Jahre allmählich zurück, anonyme Verlagsbindungen werden zunehmend durch personale Bindungen an bestimmte Verleger und Herausgeber (W. Spemann, J. Kürschner, F. E. Fehsenfeld, L. Gheri) abgelöst.

Ein gänzlich neues Leserforum erschloß sich May zwischen 1890 und 1909 durch insgesamt 18 Beiträge in verschiedenen Marienkalendern (u. a. »Regensburger Marien-Kalender«, F. Pustet, Regensburg; »Benziger's Marien-Kalender«, Benziger & Co., Einsiedeln-Waldhut; Einzelheiten bei H. Meier: Vorwort zu: Christus oder Muhammed. Marienkalender-Geschichten von Karl May. Hamburg 1979. S. 7–24).

Seit der Jahrhundertwende gewinnen – unter dem Eindruck massiver Auseinandersetzungen um sein Werk und seine Person – Tages- und Wochenzeitungen als Publikationsorte Mays zunehmend an Bedeutung. Umfangreiche Streit- und Verteidigungsschriften Mays veröffentlichen beispielsweise die »Tremonia« (Dortmund, 1899, unter Ps.), die »Reichspost« (Wien, 1901); der »Mährische Volksbote« (Brünn, 1909, unter Ps.) und »Die Freistatt« (Wien, 1910). In May freundlich gesonnenen Blättern erscheinen ferner Vorabdrucke verschiedener Reiseerzählungen (*Am Tode* in: Rhein- und Moselbote, Koblenz, 1902; *Abdahn Effendi* in »Grazer Volksblatt«, 1908; *Winnetou, Band IV* in: Augsburger Postzeitung, 1909/10).

3. *Veröffentlichungen in Jugendzeitschriften und -jahrbüchern*

Eine besondere Gruppe periodischer Veröffentlichungen stellen Mays ausdrücklich für die Jugend verfaßten Beiträge in der ›illustrierten Knaben-Zeitung‹ »Der Gute Kamerad« (Verlag von W. Spemann, Stuttgart, gegr. 1873, 1890 aufgegangen in der »Union Deutsche Verlagsgesellschaft«) dar, die sich durch auktoriale Erzählperspektive und didaktische Grundkonzeption deutlich von den zu gleicher Zeit entstehenden »Reiseromanen« abheben. In den Jahrgängen 1–6, 8 und 11 (1887–1896/97) erscheinen (neben 13 anonymen Kurzbeiträgen) acht umfangreiche Erzählungen in exotischem Milieu, darunter *Der Sohn des Bärenjägers, Die Sklavenkarawane, Der Schatz im Silbersee,* die durch einprägsame Illustrationen, insbesondere von Karl Weigand, besonderen Reiz erhalten. Aufgrund des großen Leserechos erschienen alle acht Erzählungen im selben Verlag auch als Buchausgabe (1890–99).

Vorbereitet werden Mays Jugendromane durch zwei kürzere Jahrbuchbeiträge, *Ein Ölbrand* (in: »Das Neue Universum«, Spemann, Stuttgart, 4. Jg. 1883) und *Unter der Windhose* (in: »Das Buch der Jugend«, K. Thienemann's Verlag, Stuttgart, 1. Jg. 1886), die allerdings – wie Mays letzte Erzählung für eine Jugendzeitschrift (*Schamah*, in: Efeuranken, Manz, Regensburg, 18. Jg. 1907/08) – in Ich-Form abgefaßt sind.

4. Lieferungsromane

Nach seinem Bruch (1877) mit dem Dresdner Kolportageverleger H. G. Münchmeyer (1836–1892) kam es fünf Jahre später zu erneuten Kontakten, in deren Folge sich May zur Abfassung umfangreicher Lieferungsromane verpflichtete. In schneller Folge erschienen pseudonym oder anonym *(Das) Waldröschen oder die Verfolgung rund um die Erde* (1882/84; 109 Lieferungen in Großoktav, je à 24 Seiten mit einer – schäbigen – Farblithographie), *Der verlorne Sohn oder der Fürst des Elends* (1883/85; 101 Lieferungen), *Deutsche Herzen, deutsche Helden* (1885/97; 109 Lieferungen), *Der Weg zum Glück* (1886/87; 109 Lieferungen) sowie unter Verfassernamen *Die Liebe des Ulanen* (1883/85 in den 108 Lieferungen des 8. Jg. der MMV-Zeitschrift »Deutscher Wanderer«). Über der Niederschrift des sechsten dieser sog. »Münchmeyer-Romane«, *Dalilah* (1887; das Manuskript wurde von May unter dem Eindruck der öffentlichen Kritik ca. 1903 vernichtet), kam es zur endgültigen Trennung Mays vom MMV.

Hinsichtlich der Textgestalt dieser fünf weitschweifigen, heimatliche wie exotische, gegenwärtige wie historische Handlungsräume erschließenden Romane ist lebhaft diskutiert worden, inwieweit die darin enthaltenen ›unsittlichen‹ Passagen (Anlaß des Pressefeldzuges gegen May seit 1899; es handelt sich zumeist um heute schon dezent wirkende, klischeehafte Schilderungen der Reize weiblicher Schönheiten) von May selbst stammen oder vom MMV (ohne Wissen des Autors und zum Zwecke der Absatzsteigerung) eingefügt worden sind (dazu Hoffmann, *Waldröschen*-Nachwort, S. 2657–2666). Entgegen seinen pauschalen, aus Gründen der Reputation erhobenen Interpolationsvorwürfen (s. z. B. *Mein Leben und Streben*, S. 315) dürften jedoch die meisten der fraglichen Textabschnitte als typische Stilelemente jener Literaturgattung auf May selbst zurückgehen.

Der überwältigende Erfolg der Lieferungsromane – bis 1901 wurden »ca. eine Million (wohl: komplette) Exemplare« abgesetzt (MMV-Annonce bei Hoffmann, S. 2634) – veranlaßte A. Fischer (1899–1907 MMV-Inhaber) zu ihrer weiteren kommerziellen Ausbeutung. Nach zwei Neudrucken der *Liebe des Ulanen* (1900/01 im »Novellenschatz zur Allgemeinen Unterhaltungsbibliothek« sowie in einer dreibändigen Separatausgabe) erschienen 1901–1906 alle fünf Romane in einer Gesamtausgabe (»Karl May's illustrierte Werke«, die sog. »Fischer-Ausgabe«, 25 Bände, bearbeitet und hinsichtlich der »erotischen« Textpartien gekürzt oder entschärft von P. Staberow und anderen MMV-Mitarbeitern). Diese illegitime, von May nicht autorisierte Ausgabe durfte nach Gerichtsentscheid von 1907 (Faks. bei Hoffmann, S. 2643) nicht mehr unter Mays Namen verkauft, wohl aber, bis zum Rückerwerb der Rechte durch den KMV 1914, anonym weitergedruckt werden – nunmehr unter dem Reihentitel »Berühmte Abenteuer- und Reiseromane«.

5. *Einzelausgaben*

Neben den Lieferungsromanen und den »Reiseerzählungen« ist zwischen 1879 und 1912 eine beachtliche Zahl weiterer, höchst unterschiedlicher Separatdrucke erschienen.

Mays erste Buchveröffentlichungen wurden November 1879 (K. Hoffmann, in: M-KMG 21/1974. S. 32) in dem 1878 von Göltz & Rühling, Stuttgart, übernommenen Verlag von Franz Neugebauer publiziert. Es handelt sich hierbei um den Kurzroman *Im fernen Westen* (Auflagen ab 1889 u. d. T. *Jenseits der Felsengebirge*), eine überarbeitete Fassung des 1875/76 entstandenen *Old Firehand*, sowie *Der Waldläufer von Gabriel Ferry. Für die Jugend bearbeitet von Carl May*.

1884 wird die Kalendererzählung *Fürst und Leiermann* (1881) als Separatdruck in der »Volksbibliothek des Lahrer Hinkenden Boten« Nr. 7–9; Verlag M. Schauenburg, Lahr, neu vorgelegt. Im Verlag J. P. Bachem, Köln, erscheinen seit 1885 bzw. 1888 in mehreren Auflagen die May-Titel *Die Wüstenräuber. Erlebnisse einer Africa-Expedition durch die Sahara* (in: Bachem's Roman Sammlung 4) und *Die drei Feldmarschalls. Eine bislang unbekannte Episode aus dem Leben des »Alten Dessauer«* (in: Bachem's Novellen-Sammlung 32).

Die neben den Reiseerzählungen bekanntesten Buchveröffentlichungen Mays wurden 1890–99 (jeweils mit zahlreichen Nachauflagen) von der Union Deutsche Verlagsgesellschaft, Stuttgart – Berlin – Leipzig, herausgegeben; es sind dies die zum Teil überarbeiteten Neuausgaben der im GK veröffentlichten Jugenderzählungen Mays. Diese als sog. »Union-Bände« in einheitlich rotem Ganzleinen mit farbigem Deckelbild populär gewordene Reihe umfaßt in der Reihenfolge des Erscheinens *Der Sohn des Bärenjägers* (1890, unter dem nicht weiter verwendeten Reihentitel *Die Helden des Westens I*), *Der blau-rote Methusalem* (1892), *Die Sklavenkarawane* (1893), *Der*

Schatz im Silbersee (1894), *Das Vermächtnis des Inka* (1895), *Der Ölprinz* (1897). Ansprechende Schwarzweiß- oder Farb-Illustrationen von Oskar Herrfurth, Ewald Thiel und anderen gehören zu den festen Ausstattungsmerkmalen aller sechs Bände. Eine siebte Veröffentlichung, *Der schwarze Mustang*, erschien 1889 in anderer Aufmachung im selben Verlag als Startband der außerordentlich erfolgreichen Jugendbuchreihe »Kamerad-Bibliothek«.

Weitere Einzeltitel legt 1894 der Verlag H. Liebau, Berlin (im selben Jahr übernommen vom Verlag A. Weichert) vor, und zwar *Der Karawanenwürger* (Sammelband mit zum Teil überarbeiteten Beiträgen, die May 1878 in der Zeitschrift »Frohe Stunden« veröffentlicht hatte) sowie, als Auswahlband daraus, *Aus fernen Zonen*; die Autorisierung dieser Ausgaben ist bisher nicht mit Sicherheit geklärt. Beide Bände erlebten, teilweise unter neuen Titeln wie »Denkwürdige Abenteuer zu Wasser und zu Lande« und »Assad Bei der Herdenwürger« oder in Sammelbänden mit Werken anderer Autoren, zahlreiche Auflagen bis in die 30er Jahre dieses Jahrhunderts. Der Verlag Bernhard Wehberg, Osnabrück, legt ebenfalls 1894 in erster und einziger Auflage den mehrere Einzelerzählungen verarbeitenden Band *Die Rose von Kaïrwan* vor. 1902 veröffentlicht der Verlag Otto Weber, Heilbronn, *Das Geheimnis des Stollens* (= Weber's Moderne Bibliothek 38), ein 1879 unter dem Titel *Der Waldkönig* erstmals erschienener Text. Eine weitere »erzgebirgische Dorfgeschichte«, *Der Dukatenhof*, erscheint in der Verlagsbuchhandlung Styria, Graz–Wien, 1909 (= Volksbücherei 215/6). Im Neuen literarischen Institut, Stuttgart, werden zwei Texte aus dem Alterswerk Karl Mays vorgelegt: *Abdahn Effendi* (1909) und *Schamah* (1910) (innerhalb der »Bibliothek Saturn« als Bände 3/4 bzw. 7).

Auch bei F. E. Fehsenfeld, Freiburg i. Br., dem Verleger der Reiseromane, erscheinen 1898–1912 verschiedene Einzelausgaben, nämlich 1898 *Ernste Klänge* (Vertonungen der May-Gedichte »Ave Maria« und »Vergiß mich nicht«), 1900 *Himmelsgedanken* (Gedichtsammlung), 1902 *»Karl May als Erzieher« und »Die Wahrheit über Karl May«* (als ps. Streitschrift eines »dankbaren May-Lesers«), 1906 *Babel und Bibel. Arabische Fantasia in zwei Akten*, 1907 *Erzgebirgische Dorfgeschichten* sowie 1910 *Mein Leben und Streben. Selbstbiographie* (zur wechselvollen Editionsgeschichte dieses Bandes s. H. Plaul: Nachwort zu: K. May: *Mein Leben und Streben*. Hildesheim – New

York 1975. S. 499*–519*; zur Frage, ob May an der Neufassung der Autobiographie, Freiburg i. Br. 1912, beteiligt war, s. E. Bartsch: Zur zweiten Fassung von Karl Mays Selbstbiographie. In: Jb-KMG 1976. S. 207–214).

Die seit 1900 erscheinenden Buchausgaben Mays im MMV sind durchweg als nicht-autorisierte Drucke anzusehen. Neben den genannten Buchausgaben zählen dazu: *Wanda* (Novelle; 1901), *Humoresken und Erzählungen* (1902), *»Sonnenstrahlen aus Karl Mays Volksromanen«* (Auszüge aus den Kolportageromanen; 1904). Hingegen handelt es sich bei dem 1903 veröffentlichten Band *Erzgebirgische Dorfgeschichten. Karl Mays Erstlingswerke* (erschienen in der MMV-Tochter »Belletristischer Verlag«, Dresden-Niedersedlitz) ausdrücklich um eine »autorisierte Ausgabe«.

Eine Sondergruppe der selbständigen Veröffentlichungen Mays stellen die Privatdrucke dar, die May während der um seine Person rankenden publizistischen und juristischen Fehden nach 1900 in größerer Zahl herstellen ließ. Hierzu gehören u. a. *Offener Brief an den Haupt-Redakteur der »Kölnischen Volkszeitung« Herrn Dr. phil. Hermann Cardauns* (1905; weitere Flugblätter erscheinen bis 1910), *Ein Schundverlag* (gegen den MMV gerichtete Streitschrift, Dresden 1905), *Ein Schundverlag und seine Helfershelfer. Band II*, 1909), *An die 4. Strafkammer des Königl. Landgerichtes III in Berlin* (Prozeßschrift; Erstfassung Stuttgart 1910, Zweitfassung 1911), *Empor ins Reich der Edelmenschen* (Presseinformation; 1912).

6. Editionsgeschichte der »Gesammelten Werke«

Die Idee, die in Zeitschriften verstreuten Beiträge Karl Mays in einer Buchreihe zusammenzufassen, geht auf den Freiburger Verlagsbuchhändler Friedrich Ernst Fehsenfeld (1853 bis 1933) zurück, der 1891 einen entsprechenden Verlagsvertrag mit May abschließt (Faks. in: F 21. S. A5–A7). Schon Anfang 1892 werden »Carl May's gesammelte Reiseromane« mit dem Band *Durch Wüste und Harem* eröffnet und bis zur Jahrhundertwende zügig auf 27 Bände ausgebaut. Um dem Anspruch des Verfassers, in seinen Werken nur ›Selbsterlebtes‹ zu berichten, zu genügen, wird die Reihe 1896 in »Karl May's gesammelte Reiseerzählungen« umbenannt. Nach 1900, in Mays symbolistischer Schaffensphase, stagniert die Fortsetzung der Reihe unter dem Druck der zahllosen öffentlichen Auseinandersetzungen Mays; sie findet mit Band 33 schließlich 1910 ihren Abschluß.

Insgesamt erscheinen folgende Titel (in Klammern das Ersterscheinungsjahr): 1. *Durch Wüste und Harem* (1892; ab 1895 u.d.T. *Durch die Wüste*), 2. *Durchs wilde Kurdistan* (1892), 3. *Von Bagdad nach Stambul* (1892), 4. *In den Schluchten des Balkan* (1892), 5. *Durch das Land der Skipetaren* (1892), 6. *Der Schut* (1892), 7.–9. *Winnetou, der rote Gentleman I–III* (1893; ab 1904 u.d.T. *Winnetou*), 10. *Orangen und Datteln* (1893), 11. *Am Stillen Ocean* (1894), 12. *Am Rio de la Plata* (1894), 13. *In den Cordilleren* (1894), 14.–15., 19. *Old Surehand I–III* (1894–96), 16.–18. *Im Lande des Mahdi I–III* (1896); 20.–22. *Satan und Ischariot I–III* (1896–97), 23. *Auf fremden Pfaden* (1897), 24. *»Weihnacht!«* (1897), 25. *Am Jenseits* (1899), 26.–29. *Im Reiche des silbernen Löwen I–IV* (1898–1903), 30. *Und Friede auf Erden!* (1904), 31.–32. *Ardistan und Dschinnistan I–II* (1909), 33. *Winnetou IV* (1910).

Der ungewöhnliche Erfolg dieser Reihe spiegelt sich in ihrer Gesamtauflage wider, die bis zu Mays Tod 1912 ca. 1,5 Millionen Bände erreicht und vom Verlag in unterschiedlichsten Ausstattungen von der Heft- (à Band 10 Lieferungen) bis zur Ganzlederausgabe angeboten wird, was als Indiz für das vielschichtige Leserpublikum gewertet werden kann. Die Einbandgestaltung in grünem Ganzleinen mit farbigem Dekkelbild und goldgeprägtem Rückenschild wird dabei zum Markenzeichen der sog. »grünen Bände«. Diese Ausstattung wurde für die Folgeausgabe des KMV bis heute beibehalten. Die symbolische Neuinterpretation seines Werkes veranlaßte May, ab 1904 die teilweise Verwendung kongenial-neuer Deckelbilder durchzusetzen, für deren Ausführung er den Maler Sascha Schneider (1870–1927) gewonnen hatte (sog. »Sascha-Schneider-Ausgabe«). Der einem symbolischen Idealismus verpflichtete May-Zyklus Schneiders erschien auch als Separatausgabe Freiburg i.Br. 1905 und in einer 2. Aufl. Radebeul 1924 (Abbildungen der 25 Titelbilder finden sich bei H. Hatzig: Karl May und Sascha Schneider. Bamberg 1967).

Um dem im Zuge der Auseinandersetzungen um Karl May nachlassenden Buchabsatz entgegenzuwirken, legt der Verlag Fehsenfeld 1907–1912 eine zweite Ausgabe in 30 Bänden unter dem Titel »Karl May's Illustrierte Reiseerzählungen« vor, die aufgrund der Einbandfarbe und zur Unterscheidung von der Erstedition auch als »blaue« Fehsenfeld-Ausgabe bezeichnet wird und sich durch sorgfältige, von May selbst kritisch überwachte Textillustrationen (nur Bände 1–9) und Einschalttafeln von Claus Bergen, Willy Moralt und anderen auszeichnet. Die »Illustrierten Reiseerzählungen« entsprechen den Bänden 1–30 der Erstausgabe, haben aber teilweise abweichende Bandnumerierungen: 11.–13. *Old Surehand I–III*, 14.–16. *Im Lande des Mahdi I–III*, 17. *Am Stillen Ocean*, 18. *Auf fremden Pfaden* , 19. *Am Rio de la Plata*, 20. *In den Cordilleren*, 21.–23. *Satan und Ischariot I–III*. Hinsichtlich der Textgestalt stellen die »illustrierten« Bände 1–9 (*Durch die Wüste – Winnetou III*), von May nochmals geringfügig überarbeitet, die Ausgabe letzter Hand dar (A. Pielenz: Karl Mays Illustrierte Reiseerzählungen Band I–IX »Ausgabe letzter Hand«?, S-KMG 9, Hamburg 1977), für die Bände 10–33 liegt die definitive, vom Autor bestimmte Textfassung in der jeweils letzten zu Lebzeiten Mays erschienenen Auflage innerhalb der »grünen« oder »blauen« Ausgabe vor. Letzteres ist in der Tatsache begründet, daß May bei Neuauflagen verschiedentlich Textveränderungen vorgenommen hat; die systematische Erfassung aller hierdurch entstandenen Varianten steht noch aus.

Nach der Gründung des KMV 1913 in Radebeul wird die »grüne« Ausgabe der Reiseerzählungen unter dem neuen Serientitel »Karl May's Gesammelte Werke« fortgesetzt und um bisher nicht enthaltene Teile des Gesamtwerks ergänzt. 1939 liegt diese sog. »Radebeuler Ausgabe« in 65 Bänden vor, davon entsprechen die Bände 1 bis 33 weithin den »Gesammelten Reiseerzählungen«, die Bände 35 bis 41 den »Union«-Ausgaben, die Bände 51–55, 56–59, 60–63, 64–65 den Lieferungsromanen *Waldröschen, Liebe des Ulanen, Deutsche Herzen, Deutsche Helden* und *Der verlorene Sohn*. Ferner werden aufgenommen: Mays Selbstbiographie (Bd. 34 u. d. T. *Ich*), Sammelbände mit Humoresken, Dessauer- und Dorfgeschichten und anderen kleinen Arbeiten (Bände 41–44, 47–48), die Romane *Scepter und Hammer, Die Juweleninsel* (Bände 45–46), das Drama *Babel und Bibel* und die *Himmelsgedanken* (Bd. 49 u. d. T. *Lichte Höhen*) sowie eine Fortsetzung des Romans *Am Jenseits* von F. Kandolf (Bd. 50 *In Mekka*).

Mit der schrittweisen Ergänzung der GWR geht eine durchgreifende sprachlich-inhaltliche Neubearbeitung, zunächst der Bände 34ff., später auch auf die Bände 1 bis 33 ausgedehnt, einher, die von Euchar A. Schmid, Otto Eicke, Max Finke, Franz Kandolf und anderen vorgenommen wird und, soweit erkennbar, folgenden Prinzipien folgt: Korrektur sachlicher Fehler, z. B. fremdsprachiger Zitate; Ausmerzung und »Entwelschung« (d. i. Tilgung von Fremdwörtern), Eliminierung sittlicher Anstößigkeiten, Einpassung aller Werke in das Einheitsformat der GWR. Motive für diese weitgehende, bis zur freien Erfindung neuer »May-Texte« reichende Bearbeitung sind die Rehabilitierung Mays vom seinerzeit gängigen Vorwurf des Schund- und Schmutzliteraten, die Ideologisierung Mays im Sinne eines deutschtümelnden »Volksschriftstellers« und seine Kommerzialisierung zugunsten der finanziellen Sicherstellung der »Karl-May-Stiftung« sowie des KMV. Eine später von Mays Witwe Klara gewünschte Werkbearbeitung im Sinne der Nazi-Ideologie (z. B. für den Band *Und Friede auf Erden!*) konnte E. A. Schmid abwenden (s. E. Bartsch: *Und Friede auf Erden!* Entstehung und Geschichte. In: Jb-KMG 1972/73. S. 93–122. S. 115), allerdings enthält der 1939 vorgelegte Band *Der Fremde aus Indien* (GWR 65) bis heute verschiedene redaktionell eingefügte antisemitische Passagen.

Trotz seiner umfangreichen Texteingriffe, die besonders gravierend in den Kolportageromanen sowie im Spätwerk Mays ausfallen, hat der KMV für die »Gesammelten Werke« an der Bezeichnung »Originalausgaben« festgehalten, offensichtlich unter Bezug auf den Passus einer Erklärung Klara Mays von 1930: »Die von Dr. Schmid und seinen Mitarbeitern vorgenommenen Bearbeitungen, die Karl May selber nicht mehr vornehmen konnte, haben als einzig giltige Ausgabe letzter Hand, als editio ne varietur zu gelten« (Text in: K. May: *Der verlorene Sohn*, GWB 74. Bamberg 1985. S. 5). Daß die Witwe eines Dichters, an dessen Texten sie keinerlei Anteil hat, einen Dritten und ungenannte Vierte dazu ermächtigt, auf dem Wege der Bearbeitung eine definitive Werkausgabe zu schaffen, ist freilich in der Literaturgeschichte ein wohl singulärer Fall, der im Widerspruch zu jeder wissenschaftlich begründbaren Editionspraxis steht.

Während und nach der schrittweisen Übersiedlung des KMV nach Bamberg (seit 1948 und 1960ff.) werden die »Gesammelten Werke« auf zur Zeit 74 Bände erweitert (sog. »Bamberger Ausgabe«); die Bände 66–68 und 73 enthalten eine Neufassung des Lieferungsromans *Der Weg zum Glück*, Bd. 69, *Ritter und Rebellen*, den frühen historischen Roman *Der beiden Quitzows letzte Fahrten*, Bd. 70 Mays Bearbeitung des Ferry-Romans »Der Waldläufer«, die Bände 71–72 erzählende und belehrende Texte aus dem Frühwerk sowie Bd. 74 einen weiteren Teil des Kolportageromans *Der verlorene Sohn*. An der durchgreifenden Bearbeitung des Gesamtwerks im Sinne der genannten Prinzipien wird festgehalten; nach 1945 sind hieran neben dem KMV-Verleger Roland Schmid u. a. auch Rudolf Beissel, Fritz Maschke und Ludwig Patsch beteiligt. Das besonders betroffene Spätwerk der Bände 28–34 wird jedoch, teilweise unter Mitarbeit von Hans Wollschläger, einer textgetreueren Rückbearbeitung unterzogen.

Eine Bibliographie der GWR und GWB, einschließlich ihrer zahlreichen Lizenz- und Nebenausgaben liegt bisher nicht vor; ein instruktives Beispiel für Band 30, *Und Friede auf Erden!*, findet sich bei Bartsch (S. 121f.). Zu den 1892–1912 erschienenen Reiseromanen und -erzählungen finden sich weitere Angaben in den ausführlichen Statistiken von R. Schmid in: F 21. S. A41–A81.

7. *Reprints und andere Nachdrucke der Originalausgaben*

Angesichts der weitreichenden Eingriffe in die Textsubstanz bei den meisten im Handel befindlichen May-Ausgaben kommt den Reprints sowie, in geringerem Maße, den übrigen Nachdrucken besondere Bedeutung für die Begegnung mit dem authentischen Werk Karl Mays zu, dies um so mehr, als die öffentlichen Bibliotheksbestände an originalen May-Ausgaben – Indiz für die jahrzehntelange Ignorierung des Autors – durchweg gering und lückenhaft sind.

Erfreulicherweise stehen heute dank der Reprintprogramme der KMG, Hamburg, des KMV, Bamberg, sowie der Verlage Olms, Hildesheim – New York, und A. Graff, Braunschweig, die Erstveröffentlichungen Mays fast vollständig in Form authentischer Nachdrucke zur Verfügung. Mitte 1987 liegen unter anderem vor:

Veröffentlichungen in Zeitschriften:

Beiträge Mays für die Zeitschriften »Der Beobachter an der Elbe«, »Deutsches Familienblatt«, »Feierstunden am häuslichen Heerde«, »Frohe Stunden«, »Weltspiegel« (= Erstdrucke Karl Mays in Faksimile-Ausgaben, Serie II–III, V–VII), Hamburg 1971–75; vollständiger Reprint der Zeitschrift »Schacht und Hütte«, Hildesheim – New York 1979; Beiträge für »All-Deutschland!« / »Für alle Welt!« (3 Bände),

Hamburg 1977–80; Beiträge für den »Deutschen Hausschatz« (11 Bände), 1976–82; Mays Marienkalender-Geschichten: *Christus oder Muhammed*, 1979; verstreut erschienene May-Beiträge aus allen Schaffensperioden (2 Bände): *Der Krumir, Unter den Werbern,* 1985–86; ferner die Einzeltexte *Ein Ölbrand / Im »wilden Westen« Nordamerikas* (u. d. T. *Winnetous Tod*), Bamberg 1976; *Et in terra pax*, Bamberg / Braunschweig 1976; *Winnetou, Band IV*, Hamburg 1984.

Veröffentlichungen in Jugendzeitschriften:

Mays Beiträge für den »Guten Kameraden« (bisher 4 Bände), Hamburg 1983 ff.

Lieferungsromane:

Das Waldröschen (6 Bände), Hildesheim – New York 1969–71 (enthält nicht den Text der Erstausgabe, sondern einer geringfügig veränderten Nachauflage von ca. 1900); *Die Liebe des Ulanen* (5 Bände), ebd. 1972 (enthält nicht den Text des Erstdrucks, sondern den der bearbeiteten Buchausgabe Dresden 1900/01; *Der verlorene Sohn* (6 Bände), ebd. 1970–72; *Deutsche Herzen, deutsche Helden* (110 Lieferungen bzw. 3 Bände), Bamberg 1976; dass. (5 Bände), Hildesheim – New York 1976 (bietet den bearbeiteten Text der »Fischer-Ausgabe« Dresden 1901/02); *Der Weg zum Glück* (6 Bände), ebd. 1971.

Einzelausgaben:

Im fernen Westen, Hamburg 1974; dass., Bamberg 1975; *Der Waldläufer*, Bamberg 1987; *Die Wüstenräuber / Die drei Feldmarschalls*, Braunschweig 1976; sog. »Union«-Bände (bisher 5 Bände), Bamberg / Braunschweig 1973 ff.; *Die Rose von Kaïrwan*, Hildesheim – New York 1974; dass., Bamberg 1974; *»Karl May als Erzieher« und »Die Wahrheit über Karl May«* (= MatKMF 1), Ubstadt 1974, [2]1982; *Erzgebirgische Dorfgeschichten*, Hildesheim – New York 1977; *Ein Schundverlag / Ein Schundverlag und seine Helfershelfer* (= Karl May. Prozeß-Schriften 2), Bamberg 1982; *Abdahn Effendi / Schamah*, Bamberg / Braunschweig 1977; *Mein Leben und Streben*, Hildesheim – New York 1975; *An die 4. Strafkammer des Königl. Landgerichtes III in Berlin* (= Karl May. Prozeß-Schriften 3), Bamberg 1982.

Gesammelte Reiseromane bzw. -erzählungen:

Vollständiger Reprint der Erstauflagen von Band 1 bis 33 (= Freiburger Erstausgaben 1–33), Bamberg 1982–84.

Im Vergleich zu den Reprints sind Nachdrucke im Neusatz aufgrund ihres durchweg kommerziellen, nicht-wissenschaftlichen Charakters von geringerer Bedeutung; sie weisen sämtlich mehr oder minder geringfügige Abweichungen von den Originaltexten auf. Da alle Titel der nachfolgend zu nennenden Ausgaben auch als Reprint zur Verfügung stehen, stellt sich die Frage nach ihrem Wert für die wissenschaftliche Forschung nicht mehr.

Vergleichsweise textgetreue Drucke erschienen nach 1945 erstmals im Pfeil-Verlag, Zürich – Basel, 1946–54 (insgesamt 28 Bände; u. a. an der »Fischer-Ausgabe« orientierte Fassungen der Lieferungsromane *Waldröschen*, 1946–49, zwölf Bände in zwei Serien, und *Deutsche Herzen, Deutsche Helden* u.d.T. »Die Schicksale der Familie Adlerhorst«, 1950–54, acht Bände, danach eingestellt, sowie ein anastatischer Druck von *Winnetou I–III* in der Fassung der »Illustrierten Reiseerzählungen« 1949, sechs Bände). Da der Pfeil-Verlag seine Ausgaben aus urheberrechtlichen Gründen nur in der Schweiz vertreiben konnte, mußte ihre Produktion 1954 aus wirtschaftlichen Gründen eingestellt werden.

Neben dem Freiwerden der Rechte an den Originaltexten 1963 publizierten verschiedene Verlage »authentische« May-Ausgaben, die jedoch – bis auf die Edition des Pawlak Verlages – ohne nachhaltigen Erfolg blieben. 1973 legte der Jugendbuch-Verlag, Ingolstadt, den sechsbändigen Orientzyklus (*Durch die Wüste* etc.) vor, die Xenos-Verlagsgesellschaft, Hamburg, 1975 fünf Einzeltitel (u. a. *Winnetou I–II*); 1976–78 gab der Wilhelm Heyne Verlag, München, eine Taschenbuchserie heraus (u. a. Orientzyklus, *Winnetou I–IV, Old Surehand I–III*), die nach 14 Bänden eingestellt wurde. Einzeltitel erschienen unter anderem im Deutschen Taschenbuch Verlag, München (*Der große Traum*; Anthologie, 1974), im Fischer Taschenbuch Verlag, Frankfurt (*Die Sklaven der Arbeit, Der Samiel*; Auszüge aus den Lieferungsromanen; 1974, 1976), sowie bei Philipp Reclam jun., Stuttgart (*Der Geist des Llano Estacado*, 1984).

Beachtliche Resonanz erzielte die Edition des Pawlak Verlages, Herrsching (»Reiseerzählungen in Einzelausgaben«), die als seinerzeit umfangreichste May-Ausgabe überhaupt zwischen 1976 und 1978 in 74 Bänden vorgelegt wurde. Sie enthält die »Reiseerzählungen« (33 Bände), sechs der sieben »Union-Bände«, einen (z. T. bearbeiteten) Nachdruck der Lieferungsromane (31 Bände), die Autobiographie *Mein Leben und Streben*, die *Erzgebirgischen Dorfgeschichten* sowie zwei Bände mit Einzelerzählungen. Nach dem Ausverkauf dieser Hardcover-Ausgabe legte der Verlag 1983 eine neu gesetzte Taschenbuchausgabe (»Karl May. Werke in 74 Bänden«) vor, die mit der ersten zwar inhaltsgleich ist, aber zahlreiche Druckfehler und andere Flüchtigkeiten aufweist.

8. *Aufgaben und Probleme einer wissenschaftlichen Werkausgabe*

Angesichts des beachtlichen Aufschwungs der wissenschaftlichen Karl-May-Forschung, insbesondere nach Gründung der KMG 1969, stellt sich mit zunehmender Dringlichkeit das Problem, daß Mays Gesamtwerk bislang in keiner zuverlässigen, allgemein zugänglichen Ausgabe zur Verfügung steht. Diese Lücke ist auf Dauer nicht mit Reprintausgaben zu schließen, da die zur Sicherstellung des Werkes nötige Dokumentation der Textgenese bei May eine unhandliche Fülle von Faksimiles erforderlich machen würde. Zu berücksichtigen ist ferner, daß sich die bisher erschienenen Reprints in erster Linie an einen kleinen Kreis von Privat-Sammlern richten und die universitäre wissenschaftliche Forschung nur teilweise und unsystematisch erreichen.

Auf längere Sicht ist daher eine intensive wissenschaftliche Auseinandersetzung mit Karl May nur bei Bereitstellung einer Ausgabe zu erwarten, die den Prinzipien kritischer Werkedition verpflichtet ist und insbesondere folgende Desiderate erfüllt: Erschließung des vollständigen Œuvres Karl Mays in chronologischer bzw. sachlicher Ordnung (einschließlich aller bisher vernachlässigten Werkgruppen, wie Briefen, Nachlaßtexten usw.); Heranziehung und Kollationierung der gesamten textkritisch relevanten Überlieferung (Handschriften, Drucke und Nachdrucke bis 1912) und Darbietung des Textes mit simultaner Information über Textvarianten, -vorstufen, -weiterverwendungen usw.

Die Probleme, die die Verwirklichung eines solchen Unternehmens aufwirft, eine Gesamtausgabe dürfte rund 100 Bände erfordern, sind naturgemäß vielfältig. Entscheidende Bedeutung kommt einer präzisen wissenschaftlichen und organisatorischen Vorbereitung zu, die sich insbesondere auf die systematische Erfassung und Beschaffung aller auszuwertenden Textzeugen, die Erarbeitung eines verbindlichen Editionsplanes sowie die Einrichtung einer funktionsfähigen Arbeitsstelle zu erstrecken hat. Für 1987 hat der Greno Verlag, Nördlingen, den Beginn einer auf 99 Bände veranschlagten historisch-kritischen Gesamtausgabe (»Karl Mays Werke«), hrsg. v. H. Wiedenroth / H. Wollschläger, angekündigt.

Jürgen Wehnert

B. *Handlungsführung und Prosastil*

1. *Arbeitsweise*

Seit jeher hat sich eine zentrale Frage der May-Forschung auf die erstaunliche Stoffwahl dieses Autors konzentriert: Wie kam Karl May dazu, den überwiegenden und populärsten Teil seiner Geschichten in exotischen Fernen anzusiedeln, die er aus eigener Erfahrung nicht kannte? Während andere Vertreter der Abenteuerliteratur, beispielsweise Friedrich Gerstäcker und Balduin Möllhausen, den Schauplatz ihrer späteren Romane zum großen Teil persönlich kennenlernten, hat May erst im hohen Alter längere Reisen unternommen, die ihn wenigstens in einige der zuvor immer wieder geschilderten Orte und Landschaften führten. Zur Zeit der Niederschrift der meisten Old-Shatterhand- und Kara-Ben-Nemsi-Geschichten wie auch der anderen Texte, die ganz oder teilweise fremden Ländern gelten, hatte May Mitteleuropa noch nicht verlassen.

Inzwischen besteht Einigkeit darüber, daß sich der Sachverhalt weitgehend aus den Besonderheiten des Mayschen Lebens und seiner psychischen Reaktion darauf erklären läßt. May war offenbar nicht fähig, jene Konflikte und Leiden, die seine ersten Jahrzehnte prägten, in rational-realistischer Selbstreflexion zu bewältigen; er verdrängte sie aber auch nicht einfach, sondern lebte sie in Phantasien aus, die schon in ihren Grundlagen weit aus dem Hier und Jetzt wegführten: »Er schafft seiner so bizarren Person und allen ihren heroischen, revoltierend herrischen Attitüden eine eigene, imaginäre Umwelt, in der sie ungehemmt gedeihen können: einen Traumraum, der in zähem Kleinarbeiten von jetzt an mit immer reicheren Details von höherer Wirklichkeit ausstaffiert wird.« (Wollschläger: May, S. 46) Unter solchen Umständen ist die Kenntnis der gewählten Schauplätze nicht nur nicht erforderlich, sie wäre geradezu ein Hindernis. Dies wird evident nach Mays großer Orientreise 1899/1900: Er vermag danach nicht mehr in der bisherigen Weise weiterzuarbeiten, seine Texte folgen neuen Ambitionen und ändern sich damit in Form und Inhalt.

Daß »das Leben (...) der fruchtbarste Romanschriftsteller« ist (F 21, S. 275), kann May also mit Fug und Recht auch in bezug auf die eigenen Werke sagen, doch gilt das eben nicht im planen Sinn einer schlichten Wiedergabe von Realitätspartikeln. Mays Romane sind in hohem Maße autobiographisch geprägt; aber sie geben nicht einfach weitgehend unverändert wieder, was ihm im empirischen Leben begegnete, sondern mischen diese Reproduktion mit den damit verbundenen und daraus erwachsenen Bedürfnissen, mit einer im fiktiven Raum herbeifabulierten Befriedigung der Bedürfnisse und schließlich mit einer Darstellung und Bearbeitung der aus all dem erneut entstehenden Konflikte. So erscheint hinter der oft trivial wirkenden Oberfläche exotischer Räuber-und-Gendarm-Spiele ein kompliziertes Netz von Widerspiegelungen der Realität, deren Korrektur und einer Thematisierung der sich dabei unvermeidlich ergebenden Reibungen; im endlos wiederkehrenden Motiv der Gefangennahme oder Gefangenschaft und Befreiung seines Ich-Helden etwa rekapituliert May nicht nur das Trauma seiner Haftzeit und den Versuch einer Bewältigung, sondern – gerade in der ständigen Repetition und Variation – auch die Einsicht, daß der Bewältigungsversuch nicht erfolgreich abgeschlossen ist und ständig neuer Bemühungen bedarf. Hinter beinahe allen wichtigen Figuren der Abenteuererzählungen Mays, hinter den Schematismen seiner Handlungsführung, hinter seinen permanent wiederholten Motiven lassen sich Personen und Sachverhalte aus der empirischen Realität des Autors entdecken; aber deren Entschlüsselungen dürfen nicht einlinig und mit banalen Gleichungen verfahren, als sei etwa hinter jenem Romanschurken unzweideutig der dubiose Verleger Münchmeyer und niemand sonst zu entdecken und als leite sich dieses Motiv einzig und allein aus einem bestimmten Ereignis in Mays Vita ab. Zu bedenken ist auch, daß der Begriff der Realität sich nicht auf die im engeren Sinne autobiographischen Umstände reduzieren läßt. May hat im Laufe seines Lebens die verschiedensten gesellschaftlichen Klassen, Schichten und Milieus kennengelernt und dabei auch die dort verbreiteten Neigungen und Überzeugungen, Ideologien und Weltanschauungen; seine Selbstbiographie, obwohl sie sich in politischer Hinsicht weitgehend abstinent gibt, läßt das bereits hinreichend erkennen. Auch diese Faktoren dringen in mannigfach bearbeiteter Form in Mays Texte ein, wiewohl die es rein vordergründig zumeist mit ganz anderen sozialen Verhältnissen zu tun haben.

Karl May dekorierte sein Arbeitszimmer in der »Villa Shatterhand« mit allerlei Insignien abenteuerlich-exotischen Lebens, mit Fellen wilder Tiere und Waffen, und dieses

Verfahren einer Pseudo-Dokumentation weist auf einen weiteren wichtigen Aspekt hin: So sehr auch der Traumraum, an dem seine Phantasie arbeitet, von der kruden Wirklichkeit entfernt ist, so wenig kann May darauf verzichten, die konkret gewählten Schauplätze durch persönliche Beglaubigung mit dem *Schein* von Authentizität und Plausibilität auszustatten; ohne diese Absicherung verlören die Phantasieprodukte das Maß an Verbindlichkeit, auf das May zur Austarierung seiner Bedürfnisse angewiesen ist. Der »Wilde Westen« Nordamerikas, der Vordere Orient und die übrigen fernen Schauplätze sind also zweierlei: ein utopisches Nirgendwo, das May in der skizzierten Weise beliebig manipulieren kann; und ein Terrain, das dieser Manipulation insofern Halt bietet, als es Authentizität, Verläßlichkeit in der Schilderung geographischer und ethnologischer Gegebenheiten, zumindest behauptet, und das damit Kohärenz und Überzeugungskraft gewinnt.

Die Frage, wie May zu diesem Schein der Authentizität gelangt sei, führt näher und konkreter an seine Arbeitsweise heran: Wie hat er sich, was die äußeren Bedingungen seiner Schauplätze angeht, informiert und sich inspirieren lassen? Woher wußte er so viel über die Indianer Nordamerikas, daß er in umfangreichen Texten zumindest den Eindruck erwekken konnte, er kenne sie aus eigener Erfahrung und habe ihre Lebensverhältnisse studiert? Woher rührt die erstaunliche Präzision mancher seiner geographischen Schilderungen, deren Richtigkeit in einigen Fällen sogar von Experten bestätigt wurde?

Eine wichtige Quelle bildeten wissenschaftliche Werke verschiedenster Art. Karl May hat sich vor allem mit Hilfe von Reiseberichten, aber auch anderen schriftlichen Informationen ein Bild von den fremden Territorien und ihren Bewohnern zu machen versucht, desgleichen von den dortigen politischen Verhältnissen, ihrer Geschichte usw.; das Maß an ›Korrektheit‹ in seinen Schilderungen ist vielfach abhängig von der Zuverlässigkeit der Quellen. Zu Beginn seiner literarischen Tätigkeit hielt er sich oft sehr eng an diese Arbeiten; Kritiker entdeckten noch zu seinen Lebzeiten wörtliche Übereinstimmungen über längere Passagen hinweg und sprachen von Plagiat. Später ging er dann immer freier mit den Quellen um. Sie dienten ihm nicht mehr nur zur Information, sondern wurden stoffliches Rohmaterial, an dem sich seine Phantasie entzündete und das er in dramatischen Umwandlungen ausformulierte; so wurde etwa der Bericht über eine Höhle in Afrika, den Alfred Brehm mit einigen Hinweisen auf die Beschwernisse ihrer Erforschung durchsetzt hatte, zum Vorwurf für eine Szene in *Im Lande des Mahdi I*, die sämtliche Details der Vorlage aufgreift, aber in geradezu alptraumhafter Verfremdung und Zuspitzung (vgl. H. Schmiedt: Karl May. Königstein/Ts. 1979. S. 55f.).

Eine Vielzahl von Anregungen und Hinweisen empfing May aus der literarischen Tradition. Die alten deutschen Ritter- und Räuberromane, Romane von Dumas und speziell Eugène Sues »Geheimnisse von Paris« dürften vor allem für die Entstehung der Münchmeyer-Texte von Bedeutung gewesen sein. Die exotischen Abenteuerromane des 19. Jahrhunderts, etwa von Cooper, Gabriel Ferry – dessen »Waldläufer« von May bearbeitet wurde –, Gerstäcker, Mayne Reid und Balduin Möllhausen, sind May zu einem beträchtlichen Teil bekannt gewesen: Er hat daraus nicht nur nachweisbar Einzelheiten bezogen, wie Vorbilder für bestimmte Personen oder Handlungssequenzen, sondern auch Informationen zum gesamten Ambiente seiner Schauplätze. Da die meisten dieser Autoren auf eigene Erfahrungen in Amerika zurückgegriffen hatten, wirkten ihre Texte letztlich weitgehend in gleicher Weise wie die zuvor genannten. Ähnlich verhält es sich mit bildlichen Darstellungen aus der Exotik; May schrieb sogar einige kürzere Arbeiten ausschließlich auf der Grundlage von Bildmaterial.

Über all dem ist nicht zu vergessen, daß er bei seiner Arbeit auch pragmatische Aspekte der Verkäuflichkeit zu berücksichtigen verstand: In vielen Phasen seiner schriftstellerischen Laufbahn fertigte er Texte teilweise sehr konkret im Hinblick auf die Publikationsorte an. Beispielhaft sind die Erzählungen für die »Marienkalender«, die von einer sonst nie erreichten Aufdringlichkeit christlich-missionarischen Eifers getragen werden, und die gleichzeitige Arbeit an den Münchmeyer-Romanen und an Teilen des stilistisch und inhaltlich völlig anders beschaffenen großen Orientromans. May stand also auch den ökonomisch-kommerziellen Seiten seiner Arbeit aufmerksam gegenüber; die Vorstellung eines ausschließlich von irrationalen Antrieben bewegten Autors, der in unerschöpflicher Kreativität nahezu reflexionslos vor sich hin fabuliert, hält nicht stand.

Beim Schreibvorgang selbst kam es für May in vielen Fällen offenbar darauf an, sich intensiv in die zu schildernde

Welt hineinzuversetzen; es ist bekannt, daß er in seinem Arbeitszimmer laut mit seinen Figuren lachte und weinte, als habe er sie leibhaftig um sich und begleite sie tatsächlich auf ihren Reisen. Anzunehmen ist ferner, daß May sich häufig zunächst eine möglichst exakte topographische Vorstellung des jeweiligen Handlungsraumes machte, um ihn dann um so souveräner mit fiktiven Abenteuern zu füllen; bezeichnend ist da nicht nur, daß zahlreiche Schilderungen mit einer entsprechenden Landschaftsbeschreibung beginnen, sondern etwa auch das Verfahren, mit dem May in *Old Surehand I* die Handlung von *Der Geist der Llano Estakato* zusammenfaßt: Er orientiert sich an nichts stärker als den räumlichen Dimensionen der Ereignisse (vgl. F 14, S. 150ff.). Daß er zumeist außerordentlich schnell schrieb, geht aus dem Umfang seines Gesamtwerks hervor, das anders nicht zu erarbeiten gewesen wäre; daß er auf sorgfältige Revision des einmal Geschriebenen weitgehend verzichtete, hat er selbst in seiner Autobiographie betont, und es läßt sich bestätigen bei einer Durchsicht der erhalten gebliebenen Manuskripte, die in der Tat seitenlang keinerlei Korrekturen aufweisen.

Seiner produktiven Fähigkeiten war sich May offenbar immer gewiß, nicht aber der Erinnerung an das, was er bereits geschrieben hatte. Von umfangreichen Skizzen und Notizen zur präzisen Vorbereitung eines Werkes ist nichts bekannt; May hegte offenbar keine Befürchtungen, sein Einfallsreichtum und die Fähigkeit, Einfälle literarisch zu ordnen, könnten ihn verlassen. Bekannt ist dagegen, daß er gelegentlich Manuskriptteile zurückforderte, die er an den Verleger oder Drucker abgeschickt hatte: Er brauchte den eigenen Text, weil ihm das einmal Phantasierte nicht verläßlich genug im Gedächtnis haften blieb. Wie berechtigt dieses Bedürfnis war und daß es dabei keineswegs nur um Einzelheiten ging, deren Vergessen verständlich wäre, bezeugen zahlreiche Fehler in der Konstruktion seiner Fabeln. Wer die Mayschen Originaltexte mit ein wenig detektivischem Spürsinn liest, stößt immer wieder auf Irrtümer und Brüche in der Logik: Da wissen Personen etwas, das sie nach dem Gang der Ereignisse gar nicht wissen können, da tauchen Figuren auf, die in einer zeitlich früher anzusiedelnden Erzählung gestorben sind, da stimmt die Chronologie nicht, und manchmal bleiben wichtige rätselhafte Ereignisse ohne jede Erklärung. Wie weit diese Fehlleistungen reichen, bezeugt das Schicksal der Titelfigur des *Winnetou*: Nach Auskunft der Einleitung zum ersten Band starb Winnetou »durch die mörderische Kugel eines Weißen« (F 7, S. 5), während er im dritten Band unzweifelhaft von einem Indianer getötet wird; zu bedenken ist dabei, daß May an den drei Bänden nahezu gleichzeitig arbeitete. Ein großer Teil dieser Fehler und Inkonsequenzen wurde in den bearbeiteten Textausgaben ausgemerzt.

Der Eindruck eines in Teilen spontanen und sprunghaften Arbeitens bestätigt sich auch in anderer Hinsicht. Gelegentlich griff May auf ältere Texte zurück und integrierte sie in den Zusammenhang neuer Romane; die notwendigen Überarbeitungen, die er dabei vornahm, sind jedoch gerade in den bekanntesten Fällen (*Winnetou II* und *III, Old Surehand II*) so flüchtig und unzulänglich ausgefallen, als habe ihn die notwendige Konzentrationsleistung völlig überfordert. Bezeichnend ist auch die hemmungslose Produktion von Plänen. Vor allem in Mays Briefen an seinen wichtigsten Verleger Fehsenfeld werden ständig neue literarische Projekte angekündigt und ebenso rasch verworfen; hat May gerade noch eine ganze Serie von Werken zu einem bestimmten Thema angekündigt, so ist der Gedanke im nächsten Augenblick schon wieder verschwunden, und neue Texte mit anderem Schwerpunkt werden annonciert, die er binnen kurzem fertigzustellen gedenkt und aus denen dann wiederum nichts wird. Hält man sich die dennoch entstandenen Werke in Zahl und Umfang vor Augen, so liegt die Vermutung nahe, daß die ausufernden Gedankenspiele eine notwendige Voraussetzung seriösen Arbeitens bildeten.

Die verschiedenen Seiten des kreativen Literaten May sind schwer miteinander zu verbinden: Beinahe unvermittelt tritt der vorrangig von psychischen Nöten getriebene Fabulierer neben den die geschäftliche Seite stets mitbedenkenden Erfolgsschriftsteller, der sich in den Wirrnissen der eigenen Pläne verlierende Phantast neben den Experten, der Gattungstraditionen studiert und sich zunutze macht. Vermutlich gibt es in diesem Bereich eine ähnliche Verbindung und Abhängigkeit der Pole wie beim Problem der Stoffwahl: So wie May eines Terrains bedurfte, das er beliebig füllen und zugleich mit dem Anschein historischer Authentizität ausstatten konnte, so verbanden sich zutiefst irrational gesteuertes und durchaus reflektiertes Arbeiten. Die bewußte Kontrolle setzte einen stabilen Rahmen, in dem die Erzeugnisse heftiger psychischer Irritationen ungehemmt gedeihen konnten; die phantastisch-verquere Kreativität brachte Materialien hervor,

die nach Bewältigung durch Kalkulation und Ordnung verlangten.

2. *Handlungsführung*

Karl May zählt nicht zu den Schriftstellern, die nach immer neuen, in ihren Grundstrukturen radikal veränderten Handlungen suchen. Genauer als der Begriff der Wiederholung kennzeichnet kaum etwas das Verhältnis, das zwischen den meisten seiner Werke und auch zwischen den verschiedenen Teilen eines einzigen Werkes besteht: Von den ersten kurzen Erzählungen bis zu den ambitionsreichen späten Romanen reicht eine kontinuierliche Linie der Handlungskonstruktion und -führung. Die weitreichende Unveränderlichkeit der Substanz wird freilich ergänzt durch zahlreiche und vielfältige Variationen im Detail; man trifft in Mays Texten auf das im Kern immer gleiche Geschehen, aber auch auf beständig neue Facetten und Aspekte. In der Kritik hat diese Konstellation äußerst zwiespältige Reaktionen hervorgerufen: Moniert der eine die im Immergleichen sich enthüllende Einfallslosigkeit des Autors, so rühmt der andere subtile Umdeutungen und Neugestaltungen des Materials.

Worin besteht nun die Substanz der Handlung? »Karl Mays Welt ist (...) handfest dualistisch. Sie ist geschieden in gute und böse Menschen, in edle und finstere Charaktere (...). Ganz selten einmal läßt er sich auf einen gemischten Charakter ein« (V. Klotz: Durch die Wüste usw. In: Karl May. Hrsg. v. H. Schmiedt. F.a.M. 1983. S. 75–100. S. 85). Diese Konstellation bildet den Ausgangspunkt allen Geschehens: Die Handlung kreist beharrlich um die Konflikte, die zwischen den einander antagonistisch zugeordneten Gruppen ausgetragen werden. An irgendeinem Punkt entzündet sich der Streit: Ein Mord, ein Diebstahl, ein anderes Verbrechen oder auch die Absicht dazu ruft den oder die guten Menschen auf den Plan, so daß heftige und teilweise gewalttätige Auseinandersetzungen unvermeidlich werden. Zunächst behält mal die eine, mal die andere Seite die Oberhand; Opfer gibt es in beiden Gruppen, wenn auch überwiegend bei den Bösewichtern. Am Ende triumphiert das Gute: Die Schurken scheitern, die Partei der edlen Charaktere, die oft von einer überragenden Heldenfigur geführt wird, erringt den Sieg. Das Modell findet sich in reinster Ausprägung in den Münchmeyer-

Romanen und den Old-Shatterhand- und Kara-Ben-Nemsi-Geschichten, aber auch in den Humoresken, Dorfgeschichten und historischen Erzählungen ist es – in gelegentlich leicht modifizierter Form – immer wieder zu entdecken, und noch die Texte des Alterswerks einschließlich des Dramas *Babel und Bibel* arbeiten damit. Die Handlungen der Mayschen Werke entfalten sich also ganz überwiegend in einer nach Schwarz-Weiß-Mustern geordneten Welt.

Die Entfaltung selbst vollzieht sich – dies gilt wiederum in erster Linie für die Kolportage- und Reiseromane sowie für die Jugenderzählungen – im Rahmen eines permanenten Raumwechsels. Mays Figuren, insbesondere die bekanntesten unter ihnen, verweilen niemals für längere Zeit an einem Ort; sie reisen teils aus Neigung, teils im Dienst der selbstgestellten Aufgaben »durch weiteste Räume, durch ganze Länder und Kontinente« (H. Schmiedt: Helmers Home und zurück. Jb-KMG 1982. S. 60–76. S. 60). Die agonale Grundkonstellation konkretisiert sich also ständig neu unter veränderten topographischen, ethnologischen und auch gesellschaftlich-politischen Bedingungen. Der Weg etwa, den Kara Ben Nemsi und Hadschi Halef Omar in den Bänden 1–6 zurücklegen und auf dem sie am Ende jenen Verbrecher überwältigen, mit dem sie es gleich zu Beginn schon zu tun hatten, führt durch die Wüste und über das Meer, in Großstädte und in die Wildnis des Gebirges; das Schwarz-Weiß-Schema bleibt stets erhalten, aber mit der jeweiligen Lokalität wechseln die Details seiner Ausprägung, beispielsweise die Formen des Kampfes. Daß May vom Prinzip des Raumwechsels in *Babel und Bibel* radikal abwich und auf das eingeübte Verfahren auch in seiner Lyrik nicht zurückgreifen konnte, dürfte wesentlich zum weitreichenden Mißerfolg der Arbeiten in den nicht-epischen Gattungen beigetragen haben.

Unter den räumlichen Veränderungen, in und mit denen May seine Handlungen weitertreibt, findet sich eine besonders häufig: der Weg vom Flachland ins Gebirge, von der Tiefe in die Höhe; daß der Ich-Held und sein Begleiter im eben erwähnten Roman zunächst *Durch die Wüste* reiten und sich am Ende in den Bergen und *Schluchten des Balkan* befinden, ist bezeichnend. Die schließlich erreichte Szenerie des Hochgebirges bietet oftmals den Hintergrund für extrem spannungsvolle Zuspitzungen der Handlung: Das Terrain ist hier besonders unübersichtlich, heimtückische Anschläge und gefährliche Stürze drohen gleichermaßen, an keinem anderen

Ort liegt eine endgültige Entscheidung in den Auseinandersetzungen so nahe.

Herrscht in bezug auf den Raum der Handlung das Prinzip des permanenten und radikalen Wechsels vor, so dominiert in zeitlicher Hinsicht die Orientierung auf die Zukunft. Zwar geht es den Protagonisten manchmal auch darum, Rätsel der Vergangenheit zu lösen; vor allem werden, von den Dorfgeschichten über *Waldröschen* und *Old Surehand* bis zum Spätwerk, des öfteren Familiengeheimnisse nach langer Zeit entschlüsselt. Dies geschieht aber stets im Blick auf das, was aus dieser Entschlüsselung werden mag, und die Mehrzahl der Abenteuer leitet sich aufgrund der allgegenwärtigen antagonistischen Konstellation ohnehin aus einer futurischen Perspektive ab. Indem sich das fundamentale Gegeneinander sehr rasch herauskristallisiert, dominiert sogleich der Aspekt des Kampfes. Mit List und Gewalt treten die Parteien gegeneinander an, und im Vordergrund steht die Frage, wer dabei auf welche Weise Vorteile erringen mag; die Vorgeschichte rückt in manchen Fällen zeitweise ganz aus dem Blickfeld, ist zumindest zweitrangig oder wird erst im Zusammenhang mit jenen Kämpfen aufgenommen.

Die Orientierung auf die Zukunft leitet sich nicht zuletzt auch aus der Konzeption der Mayschen Hauptfigur ab, des Ich-Helden Old Shatterhand alias Kara Ben Nemsi. Dieser Mann unternimmt seine vielen Reisen, weil er »Länder und Völker durch den Augenschein kennenlernen (will)« (F 12, S. 84). Er verfolgt also kein Ziel, von dem sich irgendwann einmal sagen ließe, daß es nunmehr endgültig erreicht sei und sich weitere Erfahrungen erübrigten. Der Ich-Held ist statt dessen darauf bedacht, kontinuierlich möglichst viel zu erleben, und sucht also das immer neu sich fortzeugende Abenteuer. Ähnlich steht es um viele Westmänner Nordamerikas: Ihr Lebensziel ist die freie Bewegung, die ungehemmte, allein von den eigenen Neigungen gesteuerte Aktivität, die keinerlei Gängelung durch Obrigkeit und Bürokratie unterliegt; ein Endpunkt dieses Strebens ist nicht erkennbar, die Vergangenheit kaum von Belang.

Diese letzten Bemerkungen zur zeitlichen Ausrichtung der Mayschen Erzählungen gelten speziell nur für die Abenteuerromane und allenfalls noch für das Spätwerk. Die Münchmeyer-Romane und die meisten Erzählungen aus Mays Heimat setzen einen anderen Akzent: Sie zielen auf ein konventionelles Happy end, in dem Liebende zu einem Ehepaar und bestimmte Aufgaben definitiv erledigt werden, so daß die Protagonisten anschließend ein ganz anderes, ruhigeres Leben führen. Zwar steht auch hier eine futurische Ausrichtung im Vordergrund, aber sie konzentriert sich auf exakt benennbare Punkte, wenn man auch deren Ort nicht sogleich kennt; in den Abenteuerromanen ist ›Zukunft‹, was die Intentionen der Beteiligten betrifft, als ein Prozeß von prinzipiell unabsehbarer Dauer zu fassen. Daß Shatterhand/Kara Ben Nemsi seine abenteuerlichen Unternehmungen beendet, sofern ihn nicht physische Umstände dazu zwingen, ist unvorstellbar; Karl Sternau dagegen, sein ähnlich kompetentes Pendant im *Waldröschen*, verläßt ein für allemal die Wildnis, als er geheiratet und alle Feinde überwunden hat.

Das Prinzip von Wiederholung und Variation, die streng antagonistische Konstellation, die ständige Veränderung des Handlungsraumes und dabei insbesondere die Bewegung vom Tiefland in die Höhe, die Zukunftsorientierung aller Geschehnisse: mit diesen Kategorien lassen sich die Grundstrukturen der Mayschen Handlungen und ihrer Entwicklungen im wesentlichen fassen. Innerhalb dieses großen Rahmens kristallisieren sich einige detailliertere Verfahrensweisen heraus.

May konzentriert sich in den meisten längeren Texten nicht auf die Thematisierung eines einzigen Streitfalls. Zwar läßt sich in der Regel ein Konflikt entdecken, der insgesamt gewichtiger ist und ausführlicher behandelt wird als die übrigen, aber er kann dennoch für längere Zeit in den Hintergrund rücken; in den Bänden 1–6 geht es so im Schwerpunkt um den Kampf mit Verbrechern aus dem Umkreis der Schut-Bande, doch ein beträchtlicher Teil der Erlebnisse des Ich-Helden betrifft ganz andere Auseinandersetzungen. Zu beobachten ist ferner eine regelmäßige Vermehrung des Personals: »Auf dem Abenteuerweg des Helden wachsen Freundes- und Feindesschar nach Schneeballart« (Klotz, S. 84). Der Held findet Begleiter, die ihm aus Zuneigung folgen (Winnetou, die meisten Westmänner, Halef), und solche, die sich ihm wegen eines Problems anschließen, das er für sie zu lösen verspricht (Auswanderergruppen im Wilden Westen); die Gefährten »haben die pragmatische Auflage, die Abenteuer zu vermehren und die Angriffsfläche des Ich gegenüber den Feinden zu vergrößern, und sie haben die erzähltechnische Auflage, das Ich zum Sprechen zu bringen« (Klotz, S. 85).

Die futurische Orientierung des Erzählens realisiert sich

vielfach in der Abfolge von Plan und Verwirklichung. Die Kontrahenten kämpfen, wann immer es ihnen möglich erscheint, nicht blindlings gegeneinander. Jeder bemüht sich, dem anderen Fallen zu stellen, indem er dessen mutmaßliches weiteres Verhalten vorausberechnet und danach Maßnahmen ergreift, die ihm selbst einen entscheidenden Vorteil verschaffen sollen, insbesondere mit der Gefangenschaft des Gegners. Die Spannung für den Leser ergibt sich aus der Frage, wer in der jeweiligen Phase des Geschehens mit seinem Projekt reüssiert und wie er das tut, denn es wird nicht nur der eine Plan gelegentlich von einem anderen durchkreuzt, sondern es können auch völlig unvorhersehbare Störungen eintreten, etwa aufgrund der Unzuverlässigkeit eines der Beteiligten. In ähnlicher Weise sorgen diverse Formen der Vorausdeutung für Spannung, wobei grundsätzlich zu unterscheiden ist zwischen verschiedenen Graden ihrer Gewißheit. Wenn der Erzähler des *Old Surehand* im Zusammenhang mit dem jetzt noch quicklebendigen Old Wabble ahnungsvoll vom »schrecklichen Tod des Alten« (F 14, S. 405) spricht, so greift er ausdrücklich auf künftiges Geschehen voraus, benennt auch sehr konkret den Kern dieses Geschehens – eben Old Wabbles Tod –, läßt aber offen, worin genau dessen ›Schrecklichkeit‹ liegen wird. Eine implizite Vorausdeutung ergibt sich aus ständig wiederkehrenden Konstellationen der Handlung, die erfahrungsgemäß bestimmte Folgen haben; wenn der Held inmitten der nordamerikanischen Wildnis fremde Spuren entdeckt, ist eine unter Umständen aufregende Begegnung zu erwarten, über deren Details man in dem Maße Vermutungen anstellen kann, in dem die Spur besonders aussagekräftig ist und zum Beispiel erkennen läßt, ob sie von Weißen oder Indianern stammt.

In vielen Texten Mays ist ein mehr oder weniger regelmäßiger Wechsel der Stimmung zu beobachten. Elemente der Komik wechseln mit solchen der Rührung; herrschte eben noch eine stille, beschauliche oder gar idyllische Atmosphäre, so vollzieht sich im nächsten Moment der Umschlag in ein Geschehen von höchster Dramatik. Neben solchen plötzlichen Veränderungen finden sich auch Wandlungen langsamer Art, mit denen etwa über viele Seiten hinweg allmählich ein Klima der Unsicherheit und Bedrohung geschaffen wird. Sobald ein Leser diese Gesetzmäßigkeiten durchschaut hat, kann er sich den entsprechenden Affekten ungehemmt ausliefern, da er sich auf ihre Relativierung durch die nächste Wendung verlassen darf.

Alle diese Detailbeobachtungen bestätigen die eingangs formulierte Überlegung: in Mays Werken geschieht im wesentlichen immer das gleiche – aber in immer wieder veränderter Form. Der Leser bewegt sich in vieler Hinsicht auf einem soliden Fundament und weiß zumindest in Umrissen auch, wohin ihn der Weg führen wird; jedoch handelt es sich nie um denselben Weg, und insbesondere die Hindernisse und Irrpfade sind vorher nicht genau abzusehen.

3. Personenkonstruktion

Im Hinweis auf das dualistische Weltbild wurde es bereits angedeutet: Mays Werke teilen ihr Personal streng auf in gute und böse Menschen, positiv und negativ gezeichnete Charaktere. Die meisten Figuren werden schon bei ihrem ersten Auftritt oder kurz danach einer der beiden Seiten zugeschlagen, einige wenige werden erst spät in dieser Hinsicht identifiziert, und kaum eine hat die Möglichkeit, die Partei zu wechseln; zu den Ausnahmen dieser Art gehört Old Wabble, der im *Old Surehand* vom Freund des Ich-Helden zum erbitterten Feind wird und sich erst unmittelbar vor seinem Tod wieder mit ihm aussöhnt. Wabbles Sterbeszene ist insofern exemplarisch, als es einer kleinen Anzahl von Verbrechern vergönnt ist, noch im letzten möglichen Augenblick die eigenen Sünden zu bereuen und damit Zuneigung und Verzeihung der guten Menschen zu finden. Personen, bei denen positiv und negativ bewertete Züge längere Zeit etwa gleichrangig nebeneinander stehen, gibt es in Mays Welt kaum.

In beiden Parteien wird differenziert nach Leistungsstärke und nach kleineren Unterschieden in der Gesinnung. Den besonders exponierten Heldengestalten, Old Shatterhand/Kara Ben Nemsi und Winnetou, begegnen gelegentlich Verbrecher, denen sie zwar, wie Santer *(Winnetou I–III)* und dem *Schut*, am Ende überlegen sind, die ihnen aber vorher schwer zu schaffen machen; vor allem in der List und der Fähigkeit, nach außen einen falschen Eindruck zu verbreiten – Old Shatterhand verhält sich manchmal als ein in wildwestlichen Angelegenheiten völlig inkompetentes Greenhorn, während der schurkische Schut den Ruf eines Ehrenmannes genießt –, sind sie einander annähernd gleich. Unterhalb dieser Ebene steht ein Ensemble von Personen, die deutlich weniger zu leisten vermögen oder sich auch von einander durch abgestufte Fähigkeiten unterscheiden. In keinem der drei *Winnetou*-Bände agiert Santer ursprünglich allein, und schon die Hauptschurken der Münchmeyer-Romane haben mancherlei Komplizen; ein Leistungsgefälle zwischen Anführer und Gefolgsleuten wird dabei stets deutlich, diese allein können die Helden nur selten in Verlegenheit bringen. Analog verhält es sich auf der Seite der Guten: Auch hier gibt es eine Hierarchie der im abenteuerlichen Leben nützlichen Kompetenzen, und so muß Old Shatterhand immer wieder entscheiden, welchem Begleiter er die unverfängliche Aufgabe des Pferdehütens anvertrauen darf und wen er bei einem schwierigen Kundschaftsritt mitnehmen kann. Die Gesinnungsunterschiede finden sich häufig beinahe parallel dazu. Die besonders leistungsfähigen Hauptschurken sind auch besonders schlechte Menschen mit einer ausgeprägten Lust am Verbrechen; ihre minder kompetenten Begleiter erweisen sich vielfach als leichtsinnige Mitläufer, die eher an einem schwach ausgebildeten Gewissen als einem aktiven Hang zum Bösen leiden; freilich gewinnen sie oftmals nur so vage Konturen, daß sich Genaues darüber nicht sagen läßt. Auf der Seite der Guten zeichnet sich Shatterhand/Kara Ben Nemsi nicht nur durch einen schier grenzenlosen Altruismus aus, sondern auch durch die im Neuen Testament geforderte Feindesliebe, die ihn immer wieder – mit einigen Ausnahmen – zur Rücksicht und zum Verzicht auf Rache selbst gegenüber den ärgsten Feinden veranlaßt. Die Begleiter können sein Verhalten kaum verstehen; ihr religiöses und sittliches Empfinden ist weit schwächer ausgeprägt, so daß sie einer weniger skrupulösen Form des Kampfes das Wort reden. In Mays frühen Werken findet sich diese hoch entwickelte Ethik allenfalls in Ansätzen.

Überall jedoch konzentriert sich der Autor stärker auf die Schilderung der guten Menschen als auf die ihrer Kontrahenten, und so liegt es nahe, daß von jenen generell ein erheblich differenzierteres Bild gezeichnet wird. Die Vergangenheit einer Figur, ihre Absichten, die Hintergründe ihres gegenwärtigen Verhaltens, ihre Neigungen, Abneigungen und Empfindlichkeiten: zu alldem erfährt man in bezug auf die Freunde der Helden meistens viel mehr als im Hinblick auf die Feinde. Damit wird auch die Binnenstruktur auf ihrer Seite nuancenreicher: Innerhalb der Gesamtgruppen existieren Untergruppen, und Persönlichkeiten wie die ›lustigen

Personen‹ – etwa der um die Komposition einer Heldenoper bemühte Kantor emeritus im *Ölprinz* – sind überhaupt nur hier vorstellbar.

An einer sorgfältigen Ursachenforschung zum Verhalten seiner Figuren zeigt May insgesamt allerdings wenig Interesse. Zwar hebt er hervor, daß man den Menschen nicht nach dem beurteilen solle, »was er ist, sondern darnach, wie er es geworden ist« (F 16, S. 137), aber er zieht aus dem theoretisierenden Diktum keine praktischen Folgerungen in dem Sinne, daß er sich um Erklärungen zu seinen Figuren zu bemühen hätte, die deren psychische und soziale Vergangenheit genauer durchleuchten. Eine individuelle Ausnahme stellt der Klekih-petra des *Winnetou I* dar, eine kollektive das Schicksal der Indianer: May findet auch bei ihnen edelste Helden und abgrundtief böse Schurken, aber er führt die Verbrechen der Eingeborenen grundsätzlich und auch in vielen konkret geschilderten Einzelfällen auf den korrumpierenden Einfluß der weißen Eroberer zurück, die mit ihren Diebstählen und Betrügereien die Indianer zu ihren Verbrechen förmlich nötigen.

Es ist oft gerügt worden, daß Mays Charakterzeichnungen undifferenziert seien, holzschnittartig-grob, unter psychologischem Aspekt selten plausibel. Das trifft im wesentlichen zu, verkennt aber den Kern des Problems: Mays Werk »geht auf äußere Aktion aus, auf Ereignisse und farbig bewegte Situationen. Charakterentwicklung, seelische Nuancen, geistige Prozesse, all das, was da Innenleben heißen mag, ist seine Sache nicht« (Klotz, S. 96); unter autobiographischem Aspekt gilt, daß May seine psychischen Nöte nicht so sehr in die Psyche seiner Figuren, sondern in ihr Aussehen und vor allem ihr Verhalten projiziert und sie darin buchstäblich ausagiert. Konsequent ist es denn auch, daß beinahe alle wichtigeren Gestalten dieses Erzählers besonders deutlich durch Äußerlichkeiten charakterisiert werden: durch ihre Gesichtszüge und andere körperliche Merkmale, durch ihre Waffen und Reittiere, durch ihre Kleidung; auch stereotype Redewendungen, wie Sam Hawkens' ständiges »wenn ich mich nicht irre« gehören dazu.

Diese Präferenz zeigt sich zumeist schon in der Vorstellung der Figuren. May führt vor allem die wichtigsten unter ihnen mit dem Blick auf die genannten äußeren Merkmale ein. Ein zusammenfassender Kommentar zu diesen Faktoren schließt sich an – etwa mit dem Hinweis, viele Westmänner zeichneten sich durch ein so skurriles Aussehen wie der gerade

Beschriebene aus und seien dennoch Meister ihres Fachs – und häufig sogleich auch noch eine Szene, in der der Betreffende den Eindruck bestätigt, den sein Anblick geweckt hat. In vielen Fällen werden bereits bei dieser ersten Begegnung, mag sie auch im Rahmen der Handlung vordergründig belanglos erscheinen, weitreichende Perspektiven erschlossen. Als Old Shatterhand einen ihm bisher völlig unbekannten Mormonen sieht, fallen ihm spontan »jene eigenartigen Züge ein, welche der geniale Stift Gustave Dorés dem Teufel verliehen hat«; der Mann entpuppt sich später als die erste Titelfigur des Romans *Satan und Ischariot*.

Weiter heißt es über ihn: »Jeder einzelne Teil dieses Kopfes, dieses Gesichtes war schön zu nennen, aber nur schön, vollkommen für sich, denn in ihrer Gesamtheit fehlte diesen Teilen die Harmonie. Wo aber die Harmonie fehlt, da kann von Schönheit nicht die Rede sein« (F 20, S. 24). Diese Sätze fassen Mays Verfahrensweisen der Personenbeschreibung – und wohl auch nichts Geringeres als seine ästhetischen Ideale überhaupt – geradezu programmatisch zusammen: Das einvernehmliche Zusammenspiel aller Details nur begründet jene Schönheit des Äußeren, von der man stets mit gutem Grund auf innere Tugendhaftigkeit schließen kann. Wenn Westmänner vom Schlage eines Sam Hawkens in vielfach geflickter Kleidung und mit ungepflegten Bärten daherkommen, auf grotesk anzusehenden Tieren reiten und scheinbar völlig defekte Gewehre besitzen, so fügt sich ein Teil konsequent zum anderen, und der Erzähler spricht diesen Personen ein freundliches Urteil; wer dagegen das Bemühen um gepflegte Kleidung mit dem Hang zur Unsauberkeit verbindet, wer im einen Augenblick bieder daherredet und im nächsten ein hinterhältig-hämisches Grinsen zeigt, wer also in seiner äußeren Erscheinung und in seinem Auftreten zwiespältig wirkt, der firmiert sogleich als höchst suspekte Person, die sich über kurz oder lang als ein böser Mensch erweisen wird. Äußeres und Inneres der Figuren werden nach den Prinzipien der Eindeutigkeit und Harmonie konstruiert und einander zugeordnet.

4. *Hauptmotive, wichtige Symbole und Allegorien*

Wiederholung und Variation: mit diesen Kategorien lassen sich Beschaffenheit und Entwicklung der Geschehnisse in Mays Texten am treffendsten umreißen. Eine kleine Anzahl stetig wiederkehrender Motive bildet die Etappen auf diesem Weg der Handlung, bei der es im Kern immer um Verbrechen und ihre Verhinderung oder Bestrafung geht. Als die wesentlichsten Motive erscheinen »Flucht und Verfolgung, Anschleichen und Belauschen, Gefangennahme und Befreiung« (Klotz, S. 86).

Die Omnipräsenz dieser Motive läßt sich mit einem Defizit der politisch-gesellschaftlichen Ordnung begründen: In Mays Texten gibt es zumeist keine staatliche Macht, die bereit und fähig wäre, auf die von den bösen Menschen geplanten oder durchgeführten Verbrechen adäquat mit polizeilichen Mitteln zu reagieren; das gilt nahezu uneingeschränkt für die exotische Wildnis, in der eine solche Instanz überhaupt nicht existiert, mit Einschränkungen aber auch für Mays Heimat und deren engere Umgebung, da hier die gängigen Methoden der Recherche und Fahndung vielfach versagen. So treten denn die Verbrecher und ihre Gegner in unmittelbarer Konfrontation gegeneinander an, und es kommt etwa zu folgenden Situationen: die Schurken fliehen nach vollbrachter Untat und werden von den guten Menschen verfolgt; diese erreichen sie schließlich unbemerkt, der Held schleicht sich in ihr Lager und belauscht die Feinde, um sich über ihre weiteren Absichten zu informieren; er entwirft daraufhin einen Plan, mit dem die Verbrecher in eine Falle gelockt und gefangengenommen werden; es gelingt ihnen jedoch erneut, zu entkommen, und das Ganze beginnt von vorn. In dieser reinen Ausprägung findet sich die Motivkonstellation freilich selten: Andere Ereignisse schieben sich dazwischen, die Rollen von Jägern und Gejagten werden vertauscht; zudem ist beispielsweise ›Anschleichen‹ ein vager Sammelbegriff für Tätigkeiten von im Detail sehr unterschiedlicher Art, und eine Verfolgung durch eine Wüstenlandschaft ist nur begrenzt mit der in einer orientalischen Großstadt oder einem sächsischen Dorf vergleichbar. So gilt für Mays Standardmotive und die Vertrautheit des Lesers mit ihnen das gleiche wie für die Handlung generell: Man kennt sie in ihren Grundzügen, stößt aber auf immer neue Veränderungen und Überraschungen im Detail.

Die Grundmotive werden ergänzt durch andere, die in engem sachlichen Zusammenhang mit ihnen stehen. Bei der Verfolgungsjagd kommt insbesondere den potentesten Helden die hohe Kunst des Spurenlesens zugute: Aus der Fährte, die die Verfolgten hinterlassen haben, sind nützliche Schlüsse zu ziehen über ihre Reisegeschwindigkeit, über die Organisation der Gruppe und manches andere. Treffen Gute und Böse in direktem Kampf aufeinander, so kommt es häufig zu Szenen von beträchtlicher Gewalttätigkeit; Old Shatterhand/Kara Ben Nemsi vermeidet allerdings den Tod des Gegners vielfach durch einen Hieb an die Schläfe, der eine tiefe, aber gesundheitlich unbedenkliche Bewußtlosigkeit zur Folge hat. Eine ritualisierte Form solcher Auseinandersetzungen stellen Duelle dar, die nach präzise festgelegten Regeln ablaufen.

Hinter den Verbrechen steht meistens der Wille, sich auf unrechtmäßige Weise zu bereichern; andersartige Begehren, etwa sexueller Natur, tauchen vor allem in den Kolportageromanen hin und wieder auf, während in ganz wenigen Fällen auch religiöser und politischer Fanatismus eine Rolle spielen. So konzentriert sich das Interesse der Beteiligten vielfach auf die Suche nach einem verborgenen Schatz, auf das Bemühen, durch gefälschte Identitäten und insbesondere durch Kindesvertauschung in den Genuß großer Besitztümer zu gelangen oder sich durch Schmuggel zu bereichern, auf die Arbeit von Geheimbünden, die in der Regel ebenfalls nach unerlaubtem Profit streben. Der Suche nach Reichtümern korreliert häufig deren irreparabler Verlust am Ende der Handlung: So versperren die Folgen eines Unglücksfalls ein für allemal den Weg zu den Goldvorräten eines Indianerstammes.

Ein Motiv, das sich dem bisherigen Kontext nicht einfügt, ist das der zufälligen Begegnung. Da reitet Old Shatterhand in *Old Surehand III* dem Titelhelden nach, spekuliert über dessen dunkle Vergangenheit – und just zum selben Zeitpunkt sind auf demselben Weg alle Personen unterwegs, die in dieser Vergangenheit eine wichtige Rolle spielten; selbst im Riesenreich China stolpert der Protagonist buchstäblich über diejenigen, die er nach allen Wahrscheinlichkeitsrechnungen erst bei gezielter Suche hätte finden können *(Der blau-rote Methusalem)*. May hat viel Mühe darauf verwandt, diese gewaltsamen Konstruktionen pseudo-philosophisch oder -religiös zu verbrämen, indem er an einschlägigen Stellen von wundersamen Fügungen, von der Vorsehung und ähnlichem sprach; das alles ändert nichts daran, daß der Leser es hier mit einem Kunstgriff zu tun hat, der Mays Phantasie nun in der Tat nicht das beste Zeugnis ausstellt.

Karl May behauptete im Alter, er habe alle seine Werke und speziell die Reiseerzählungen »als Gleichnisse, also bildlich resp. symbolisch« (*Mein Leben und Streben*, S. 209) konzipiert.

Der wiederholt zurückgelegte Weg vom Tiefland in die Höhe stehe für die Entwicklung »vom niedrigen Anima-Menschen bis zur Erkenntnis des Edelmenschentums«; Kara Ben Nemsi sei zu begreifen als »die Menschheitsfrage«, und indem er seine Reise im ersten Band der Reiseerzählungen in der Wüste beginne, befinde er sich zunächst in einer Landschaft des »Nichts, in der völligen Unwissenheit über Alles, was die Anima, die Seele und den Geist betrifft« (ebd.). Im Blick auf einen anderen Roman formuliert May, er erzähle »rein deutsche Begebenheiten im persischen Gewande und mache sie dadurch für Freund und Feind verständlich. Ist das nicht Gleichnis? Nicht bildlich?« (ebd., S. 211). Selbst die frühen Dorfgeschichten werden im Vorwort einer Neuausgabe diesem Kontext eingeordnet.

Eine Beurteilung der Selbstdeutung wird zwischen Mays Arbeiten bis etwa zur Jahrhundertwende und der Zeit danach unterscheiden müssen: nicht im Sinne extremer Gegensätzlichkeit, sondern im Hinblick auf Entwicklungsstufen und Tendenzverschiebungen. Unverkennbar ist, daß Mays Werk von Anfang an insofern bildlichen Charakter besitzt, als es persönliche und sozial repräsentative Defizite und Leiden des Autors umphantasiert in eine Kette von teilweise exotisch drapierten »Befreiungsgeschichte(n)« (G. Ueding: Der Traum des Gefangenen. In: Karl May. Hrsg. von H. Schmiedt. F.a.M. 1983. S. 160–187. S. 170). Das abenteuerliche Geschehen thematisiert also, so weit es vordergründig vom deutschen Alltagsleben entfernt scheint, fundamentale Konflikte und Nöte im empirischen Leben Mays und seiner Zeitgenossen wie auch deren intendierte Korrektur. Gleichsam metaphorisch schlagen sich in den Motiven der Gefangennahme und Befreiung, der Flucht und Verfolgung traumatische Erfahrungen des Kriminellen Karl May nieder, aber – in einem allgemeineren Sinne – auch sein sozial determiniertes und vermitteltes Gebanntsein in generell einengende Verhältnisse, das für die Erfahrungen vieler anderer steht, und die Suche nach einem Ausweg, die sich mit der generellen Aufbruchstimmung der Gründerzeit berührt; in den diversen Verfahren der Jagd nach Reichtum und ihrem immer ähnlichen Ausgang wird in verkleideter Form unter anderem eine aktuelle ökonomische Entwicklung allegorisch problematisiert; wenn sich auf den hochgelegenen gebirgigen Schauplätzen oftmals jene Verhältnisse endgültig klären, die im Tiefland unentwirrbar waren und großes Leid mit sich brachten, so steht dahinter in der Tat die Mobilisierung alter bildlicher Vorstellungen vom Wert des ›Hohen‹ und vom Unwert des ›Niedrigen‹. Mays Texte zielen also von Anfang an in erheblichem Maße auf eine Realitätsebene hinter dem Geschehen der manifesten Abenteuerhandlung und sind insoweit de facto ›bildlich‹.

Die flüchtige Begegnung Mays mit seinen exotischen Schauplätzen auf der großen Orientreise (1899/1900) hat zur Folge, daß die allegorischen Qualitäten fortan immer stärker in den Vordergrund rücken; mehr noch: daß der Autor seinen exotischen Fabeln ein Existenzrecht überhaupt nur noch im Hinblick auf ihre Bildlichkeit zusprechen kann. Was vorher eher unbewußten Regungen entsprang, wird nun zum Kern und ständigen Bezugspunkt eines bewußt verfolgten ästhetischen Programms, und zudem schlägt der tendenziell diffuse Befreiungswille um »in den Vorsatz der aktiven Veränderung der Welt nach eigenem Plan« (Ueding, S. 171). Sinnfälligstes Ergebnis dieser neuen Orientierung ist die groß angelegte Sitara-Allegorie: das Märchen eines stellvertretend für die Erde stehenden Territoriums, das zum Schauplatz von *Ardistan und Dschinnistan* wird und noch in Mays Autobiographie eine Schlüsselrolle erhält; May skizziert damit nichts Geringeres als einen weit ausgreifenden Blick auf die Kollektiv- und Individualgeschichte und deren wünschbare Weiterentwicklung in die Zukunft. Immer noch arbeitet der Autor mit einem großen Teil der oben genannten Motive, doch gewinnen sie, insbesondere im gerade genannten Roman, jetzt ständig zusätzliche Dimensionen größten Ausmaßes: Der Reiseweg wird begonnen mit einem Schiff, dessen Name in der Übersetzung ›Geburt‹ lautet, Befreiungsaktionen gelten neben bestimmten Personen auch den Lebensprinzipien, die sie verkörpern, und in den Kampf zwischen Gut und Böse greift mit dem Mir von Dschinnistan eine Gestalt ein, die als Gott zu denken ist.

Während die aus dem früheren Werk übernommenen Motive in ihrem Bildcharakter wenigstens teilweise leicht zu entschlüsseln sind, da das Bild ebenso wie das vom Bild Bezeichnete klare Konturen besitzt, arbeitet May ergänzend mit einer Reihe von Symbolkomplexen, die sich solcher Eindeutigkeit entziehen. Beispiele finden sich wiederum vor allem in *Ardistan und Dschinnistan*, etwa mit dem Maha-Lama-See, der Wasserscheide von El Hadd und der Stadt der Toten. Die traditionellen Motive lassen sich – selbst was den ihnen im Spätwerk neu zugefallenen Gehalt betrifft – mit einigem Ertrag auch isoliert analysieren, unabhängig vom Gesamtkontext des jeweiligen Werkes; die gerade genannten Symbolkomplexe dagegen sind vollständig eingebettet in die spezifische Gedankenwelt ihres literarischen Umfelds, also nur im Kontext der gesamten Sitara-Mythologie mit all ihren Details zu deuten.

5. *Die Sprache*

Karl May hat bekannt, daß »ich auf meinen Stil nicht im Geringsten achte. Ich schreibe nieder, was mir aus der Seele kommt, und ich schreibe es so nieder, wie ich es in mir klingen höre. Ich verändere nie, und ich feile nie« (*Mein Leben und Streben*, S. 228). Die erhalten gebliebenen Manuskripte, die oft seitenlang keine Korrekturen aufweisen, bestätigen diese Aussage: May war zu keiner Zeit seines Lebens ein Autor, der mit sorgfältiger Prüfung, mit intensiven Verbesserungsbemühungen an seinen Formulierungen arbeitet.

Die Sprache in seinen Werken ist denn auch weitgehend frei von Ambition und Gestus literarästhetischer Komplexität; sie wirkt schlicht und bieder, vergleicht man sie mit der bei zeitlich benachbarten Erzählern wie Fontane und dem jungen Thomas Mann. Mehrdeutigkeit, Abstraktion und anspruchsvolle Reflexion sind Mays Sache nicht; selbst seine Metaphorik – etwa der Hang zur Charakterisierung von Personen mit Hilfe von Assoziationen aus dem Tierreich – stellt sich »in den Dienst stilistischer Vereindeutigung« (R. Frigge: Das erwartbare Abenteuer. Bonn 1984. S. 309). Die dreitausend verschiedenen Vokabeln, die man bei einer Prüfung des *Winnetou I* gezählt hat, sicherlich eines der auch stilistisch besten Texte Mays, entsprechen dem Wortschatz eines »halbwegs Gebildeten« (V. Böhm: Karl May und das Geheimnis seines Erfolges. Gütersloh ²1979. S. 180). Andererseits ist Mays Sprache keineswegs primitiv. Sie wird beherrscht von der Neigung zu größtmöglicher Anschaulichkeit und Konkretheit, die sich passend zu den auf Aktionen und Bewegungen, auf Äußerlichkeiten gerichteten Inhalten der Texte fügt. Es finden sich überaus präzise, ihren Gegenstand genau treffende Formulierungen, Konstruktionen mit Nebensätzen bis zum dritten und vierten Abhängigkeitsgrad und zahlreiche Fremdwörter. Mays Sprache erinnert häufig – und dies nicht nur wegen der zahlreichen Dialoge – an den

Ton einer mittleren und zeitweise anspruchsvollen Konversation, die freilich bestimmte Abstraktionsebenen grundsätzlich meidet. Sie ist anzusiedeln etwa in der Mitte zwischen der reduzierten Sprache, wie wir sie in den heutigen Groschenheften finden, und der Rhetorik traditioneller ›Hochliteratur‹. Allerdings ist wiederum zu differenzieren zwischen den verschiedenen Teilen des Werkes. Der gerade umrissene Stil prägt vor allem die Reiseromane, mit Einschränkungen auch die Jugenderzählungen, und kleinere Arbeiten aus Mays literarischer Frühzeit zeigen, wie er sich langsam entwickelt. Die Sprache der Kolportageromane weicht davon in Richtung auf einen simpleren Stil ab, während das Spätwerk von deutlich höher entwickelten Ambitionen getragen wird, auf die Arno Schmidt anhand eines besonders bemerkenswerten Beispiels aufmerksam macht: »Mitten im Prosatext (...) erscheinen Jamben; bilden Reihen; Ketten von Blankversen fliegen auf; bis es am Ende ganze Seiten fünffüßiger Jamben werden, sogar vermischt mit den schwierigen sechsfüßigen, oder präziser, Trimetern« (A. Schmidt: Abu Kital. In: Karl May. Hrsg. v. H. Schmiedt. F.a.M. 1983. S. 45–74. S. 65 f.).

In den meisten Texten dominiert der Dialog. Zwar ist Mays populärste Figur, der Apachenhäuptling Winnetou, eine zur Schweigsamkeit neigende Person (die dennoch die Fähigkeit besitzt, im richtigen Moment eindrucksvolle Reden zu improvisieren), aber die meisten übrigen Protagonisten lieben es, über ihr Denken und Handeln ausführlich zu reden. Im Dialog werden gegensätzliche Positionen auf besonders sinnfällige Weise sichtbar gemacht; die Distanz zwischen dem Geschehen und dem Leser ist auf das mögliche Minimum reduziert, da die vermittelnde Instanz des Erzählers fehlt; erzählte Zeit und Erzählzeit sind hier identisch: das alles erklärt Mays Neigung, im Dienste der Spannung immer wieder auf den Dialog zurückzugreifen. Zudem läßt sich die Sprache der Figuren als ein ebenso selbstverständlich wirkendes wie ergiebiges Mittel der Charakterisierung einsetzen. Indem Old Shatterhand/Kara Ben Nemsi in besonders differenzierten, relativ komplex gebauten Sätzen redet, Für und Wider sorgsam gegeneinander abwägt und dann erst seine Entscheidung formuliert, erweist er sich schon sprachlich immer wieder als Herr der Situation; dem kontrastiert etwa die sprunghafte, häufig jede Syntax vermeidende Ausdrucksweise seines Begleiters Sir David Lindsay, der die Abenteuer genießt, mit ihrer Planung aber nichts zu tun hat: »Oh, herrlich! Belagerung! Bombardement! Bresche schießen! Sturm laufen! Well!« (F 2, S. 407). Ein Gelehrter stellt seine Weltfremdheit unter Beweis, wenn er auch in den ungeeignetsten Situationen humanistische Bildung demonstriert: »Ich erhebe also Widerspruch, lateinisch Contradictio oder auch Repugnantia genannt« (*Das Vermächtnis des Inka*, S. 295). Der eitle Hadschi Halef Omar spricht einmal von der »Größe der Ausdehnung meiner Würde« und dem »Umfang der Bedeutung meiner Erhabenheit« (F 26, S. 478): Das übertriebene Selbstbewußtsein führt hier jeweils ohne Umwege zur grammatischen Übertreibung des Ausdrucks durch den doppelten Genitiv.

Auch in anderen Zusammenhängen vor allem des Dialogs wird die Einheitlichkeit der Sprache immer wieder durchbrochen: durch etwa der Westmannssprache entstammende ungewöhnliche Termini (das ›Anhobbeln‹ als ein besonderes Verfahren, Pferde zu fesseln), durch Einsprengsel aus diversen deutschen Mundarten, durch das Pathos der Indianer und insbesondere durch zahllose fremdsprachliche Formulierungen vom Englischen bis zu kurdischen und indianischen Dialekten, mit denen Karl May sich als ein eifriger, wenn auch nicht immer sehr geschickter Benutzer von Wörterbüchern ausweist. Daß das bunte, abenteuerliche Leben und speziell das Leben in der exotischen Wildnis von Vielfalt und Abwechslungsreichtum gekennzeichnet wird, schlägt sich in solchen Passagen unmittelbar nieder: Sie »zersetzen die Sprache, indem sie sie durchsetzen, bringen die Satzfolge so in Unordnung, wie der Abenteurer die gesellschaftliche Ordnung verunsichert« (G. Ueding: Glanzvolles Elend. F. a. M. 1973. S. 203). Ein großer Teil dieser Wendungen dient zudem dazu, den Schein der Authentizität zu festigen: Ein Erzähler, der mit dem Gestus größter Selbstverständlichkeit aus Indianersprachen im Original zitiert und die Textstelle dem minder bewanderten Leser in Fußnoten erklärt, kann auch damit die Behauptung stützen, er greife auf eigene Erfahrungen und Erlebnisse zurück.

Unter den weniger einleuchtenden Charakteristika der Sprache Mays findet sich die Neigung zu steifen Satzanschlüssen etwa mit »der-«, »die-« oder »dasselbe«, mit »ersterer« und »letzterer«; zeitbedingt ist sein heute ungewöhnliches Verfahren, Adjektive in prädikativer Stellung zu flektieren oder, mit ähnlicher Konstruktion, zu schreiben, »daß mein Lebensweg wohl kein mich zu den Apachen führender sei« (F 7, S. 139). Ferner sind des öfteren grammatische Fehlleistungen zu entdecken sowie Stilblüten – »er ward des Staunens voll« (F 2, S. 250) – und andere ausgesprochen dubiose Konstruktionen: »die Sache ist keine solche, über welche man Witze reißen soll« (F 7, S. 142). Manche Skurrilitäten gewinnen freilich insofern wieder einen Sinn, als sie in aufschlußreicher Weise an den Rand der Selbstparodie und damit zur Kommentierung der eigenen poetischen Arbeit führen: »Er kam in seiner Rede nicht weiter, denn ich richtete mich oben auf der Stufe empor, sprang herab und fiel ihm in das Wort: ›Ich will dir deinen Wunsch erfüllen. Hier hast du mich!‹« (F 16, S. 526). Mays Neigung zur Äußerlichkeit, zum konkret Sichtbaren wird hier auf die Spitze getrieben, indem er die übliche abstrakte Verwendung der Redensart vom Ins-Wort-Fallen mit einer drastischen Vergegenständlichung verbindet.

Seit einiger Zeit ist Mays Werk unter verschiedensten Aspekten nicht nur immer intensiver beachtet, sondern auch aufgewertet worden; die zurückhaltende bis skeptische Einschätzung seiner sprachlich-stilistischen Fähigkeiten blieb davon weitgehend unberührt. Der genauere Blick zeigt, daß diese Urteile verständlich sind. Häme und Spott, wie sie gelegentlich zu finden sind, erscheinen freilich auch nicht angebracht: Wenn man bedenkt, daß Mays Schreiben aus ökonomischen Gründen lange Zeit unter dem Gesetz größtmöglicher Quantität der Produktion stehen mußte, was der Ausbildung einer höheren stilistischen Virtuosität kaum dienlich war, so bewegt sie sich in der Regel zumindest auf einem achtbaren Niveau.

6. *Die Entwicklung des Schriftstellers May*

Wenn in wissenschaftlichen Studien generalisierende Überlegungen zu Mays Werk angestellt werden oder andersartige Publikationen das Thema berühren, dann geht es in den meisten Fällen um jene Werke, die im vorliegenden Buch unter den Sammelbegriffen »Reiseromane« und »Jugenderzählungen« abgehandelt werden; auch diese Ausführungen zu Mays Arbeitsweise und den wichtigsten Elementen seiner Texte beziehen sich in erster Linie immer wieder darauf. Diese Akzentuierung liegt aus mehreren Gründen nahe: Die genannten Werke bilden, von den Kolportageromanen abgesehen, den quantitativ beträchtlichsten Teil des gesamten

Œuvres, sie vor allem haben zum Ruhm des Autors beigetragen, und in qualitativer Hinsicht stehen sie nach allgemeinem Urteil höher als der größte Teil der übrigen Texte. Indessen darf man nicht ignorieren, daß May auch Schriften ganz anderer Art verfaßt hat.

Eine übliche Sicht unterscheidet thematisch und chronologisch im wesentlichen vier Phasen in Mays literarischer Entwicklung: erstens die in diesem Handbuch in den Rubriken »Humoresken, Schwänke und historische Erzählungen« sowie »Dorfgeschichten« verzeichneten kürzeren Arbeiten, zweitens die Kolportageromane, drittens die Reiseromane und Jugenderzählungen, viertens das Spätwerk; die übrigen Texte lassen sich mit ihrer Entstehungszeit und ihrer gedanklichen Ausrichtung mehr oder weniger konsequent einer der Phasen zuordnen. Diese Unterteilung ist hilfreich zur ersten, groben Orientierung, doch verweist schon das Nebeneinander zeitlich bestimmter (»Spätwerk«) und gattungsspezifischer (»Humoresken«) Bezeichnungen darauf, daß sie nur sehr begrenzt aussagekräftig ist und eher Tendenzen umreißt, als daß sie exakte Einsichten vermittelt. So erscheinen z. B. im Jahr 1883 gleichzeitig sowohl Erzählungen, die May später in seine Reiseromane einfügte, als auch der Kolportageroman *Die Liebe des Ulanen* und der hier unter »Humoresken, Schwänke und historische Erzählungen« geführte Text *Pandur und Grenadier; Sonnenscheinchen* und *Das Geldmännle* gehören ihrem Typus nach in die Abteilung »Dorfgeschichten«, ihrer Entstehungszeit und ihrer Gedankenwelt nach dagegen ins Spätwerk. Stellt man solche Unzulänglichkeiten der Einteilung in Rechnung, berücksichtigt man also, daß es Überschneidungen und Verschiebungen in chronologischer wie in thematisch-gattungsspezifischer Hinsicht gibt, so läßt sich mit ihr jedoch einigermaßen ertragreich arbeiten.

Der erste Abschnitt in Mays Laufbahn als Schriftsteller ist danach im wesentlichen gekennzeichnet durch kürzere Erzählungen, die in der Gegenwart und Vergangenheit der Mayschen Heimat und ihrer engeren Umgebung spielen; er reicht von der Mitte der 70er bis zum Beginn der 80er Jahre. Die historischen Erzählungen kreisen vor allem um den »Alten Dessauer«, den Fürsten Leopold I. von Anhalt-Dessau (1676–1747); er wird gezeichnet als ein schrulliger, rauh auftretender, im Grunde aber herzensguter Mensch, der in allerlei Verkleidungen unerkannt durchs Land zieht, wie einst Harun al Raschid, und dabei privates und kleineres politisches

Ungemach beseitigt. In den in der Gegenwart angesiedelten Humoresken »spielen friedliche Bürger einander eulenspiegelhafte Streiche, bevor die Verwirrungen zur in der Regel allseitigen Zufriedenheit gelöst werden; falls es ernst zu nehmende Bösewichter gibt, werden sie ihrer gerechten Strafe zugeführt« (H. Schmiedt: Karl May. Studien zu Leben, Werk und Wirkung eines Erfolgsschriftstellers. Königstein/Ts. 1979. S. 38). Gewichtiger sind die Streitfälle in den meisten der »Erzgebirgischen Dorfgeschichten«: »Gravierende Standesunterschiede, eine allzu leichtfertig verfahrende Justiz, schlimmste materielle Not quälen die Beteiligten, und es bedarf schon gründlicher Korrekturen des jeweiligen deus ex machina, um der Gerechtigkeit zum Durchbruch zu verhelfen« (Schmiedt, S. 39).

Von *Scepter und Hammer* (1879/80) bis *Der Weg zum Glück* (1886/87) reicht die Reihe der Kolportageromane, die May teils in Zeitschriften, teils als selbständige Heftserien veröffentlichte. Sie spielen auf einem fiktiven Schauplatz, wie der zuerst genannte, in exotischer Ferne (*Deutsche Herzen, Deutsche Helden),* in Mays Heimat im engeren *(Der verlorene Sohn)* und weiteren *(Der Weg zum Glück)* Sinn oder sogar abwechselnd in der Ferne und in der Heimat *(Waldröschen).* Gegenüber den früheren Texten und im Hinblick auf die folgenden Old-Shatterhand- und Kara-Ben-Nemsi-Geschichten ist dabei zweierlei von Gewicht: die partielle Verlagerung der Handlung in ein fremdes Terrain und die Erarbeitung von längeren Texten, die erstmals umfangreiche Handlungskonstruktionen und -entwicklungen erfordern; May wendet sich – wenn auch meistens auf der Basis einer episodenhaften Struktur – der epischen Großform des Romans zu.

Auch schon in den 70er und frühen 80er Jahren erscheinen einzelne Texte, auf die May in seiner dritten Arbeitsphase, in den Reiseromanen und Jugenderzählungen zurückgreifen kann oder die sie zumindest vorbereiten; bereits 1875 veröffentlicht er mit *Inn-nu-woh, der Indianerhäuptling* seine erste Wildwestgeschichte. Zwischen dem Beginn der 80er Jahre und der Jahrhundertwende liegt dann die Zeit, in der May seine heute berühmtesten Werke teils neu schreibt, teils aus älteren Arbeiten mit exotischem Schauplatz zusammenstellt: die in diversen Erdteilen, vor allem aber in Nordamerika und im Vorderen Orient spielenden Romane und Erzählungen um den siegreich und tugendhaft agierenden Ich-Helden Old Shatterhand alias Kara Ben Nemsi, einen deutschen Reiseschriftsteller, der mehr und mehr mit seinem realen Autor gleichgesetzt wird; in einigen Texten bleibt das literarische Ich zwar namenlos, ist aber als mit Shatterhand/Kara Ben Nemsi identisch zu denken *(Am Rio de la Plata, In den Cordilleren)*, in einigen der Jugenderzählungen ist von ihm in der dritten Person die Rede, und in drei anderen Texten dieser Reihe *(Methusalem, Vermächtnis des Inka, Sklavenkarawane)* fehlt es, wird aber durch andere Heldengestalten deutscher Herkunft hinreichend ersetzt.

»Spätwerk« ist ein zumindest in zeitlicher Hinsicht eindeutiger Begriff: Die Forschung zählt dazu das, was May nach seiner großen Orientreise 1899/1900 – und zunächst auch wesentlich unter ihrem Einfluß – schrieb. Die Kontinuität zum früheren Werk stellen natürlich insbesondere die großen Romane her: die Schlußbände von *Im Reiche des silbernen Löwen, Friede auf Erden, Ardistan und Dschinnistan,* der vierte *Winnetou;* sie tun dies rein äußerlich vor allem durch die weitere Verwendung des Ich-Helden, führen aber auch anderes Personal aus älteren Texten wieder ein, bis hin zu feindlichen Indianerhäuptlingen in *Winnetou IV*. May sagt zu diesem Thema zweierlei. Er betont, daß er erst jetzt daran gehe, seine »eigentlichen Werke« zu schreiben: ein durchaus nebulöser, in der Forschung immer noch umstrittener Begriff, der aber die großen ästhetischen und erzieherischen Ambitionen andeutet, denen Mays Tätigkeit nun unterworfen ist; zugleich interpretiert der Autor seine älteren Schriften rückblickend als eine konzentrierte, bewußte Vorbereitung auf die neuen.

Prüft man Mays schriftstellerische Entwicklung im großen Überblick, so ist auf ihre partielle Abhängigkeit von den Veränderungen seiner wirtschaftlich-materiellen Situation zu achten. Eine gewaltige Distanz liegt zwischen dem literarischen Anfänger der 70er Jahre, der, um seinen Lebensunterhalt zu bestreiten, angestrengt nach Publikationsmöglichkeiten für seine ersten Arbeiten suchen muß, und dem Bestseller-Autor der Zeit kurz vor der Jahrhundertwende, dem bei seinen öffentlichen Auftritten ganze Scharen von Verehrern zujubeln. Schon auf dieser Grundlage ist es unvorstellbar, daß etwa der May der 80er Jahre sich um ähnlich ambitionierte und ›schwierige‹ Texte wie die letzten Romane bemüht hätte, die alles andere als leichte Verkäuflichkeit versprachen; der zu Ansehen und Wohlstand gelangte May aber konnte sich das Risiko leisten, zumal ihm seine Popularität die Hoffnung nahelegte, auch mit diesen Werken beim Publikum zu reüssieren. Generell kann man davon ausgehen, daß sich Mays materielle Situation – mit vielen Verzögerungen und Rückschlägen – im Laufe der Zeit immer mehr verbessert hat, daß sein Ruhm wuchs und daß er auf dieser Basis immer weniger gezwungen war, seine Arbeit primär unter dem Aspekt des Broterwerbs zu sehen. Wie weit solche ökonomischen, genuin nicht-literarischen Faktoren in die Einzelheiten der literarischen Tätigkeit eingreifen, erhellt aus der Zeilenschinderei, die die teilweise unsinnig gestreckten Dialoge in den Kolportageromanen bewirken: May stand hier unter dem Zwang, eine gewaltige Zahl von Seiten zu füllen, und zu diesem Zweck verfertigte er Zeilen um Zeilen, in denen nichts stand als eine wenige Silben umfassende Wiederholung einer Frage, eine Bekräftigungsformel, ein aus ein paar Buchstaben bestehender Ausruf und ähnliches; der denkwürdige ästhetische Nebeneffekt liegt darin, daß diese Redundanzen zu einer engen Annäherung an die Umgangssprache führen, in gewisser Hinsicht also ausgesprochen ›realistisch‹ wirken.

Auf einige äußerliche Grundlinien der literarischen Entwicklung Mays wurde bereits hingewiesen: Ist sein bevorzugter Handlungsschauplatz zunächst das deutsche Territorium und darin die engere Heimat, so siedelt er seine Geschichten später zunehmend in der exotischen Fremde und schließlich sogar, in *Ardistan und Dschinnistan,* auf einem fiktiven Terrain an, ein Verfahren, das freilich, wie auch schon erwähnt, in der Kolportagezeit ein Vorbild findet; dominieren anfangs die epischen Kleinformen, so tritt später die Arbeit an Romanen in den Vordergrund, und hinzu kommt das Bemühen, sich andere, bisher gar nicht oder wenig genutzte Gattungen zu erschließen: Drama, Autobiographisches, Lyrik. Eine deutliche Akzentverschiebung in den in der Exotik spielenden Texten läßt sich hinsichtlich dessen feststellen, was man als ›ethische Tendenz‹ bezeichnen mag: In den frühesten Arbeiten dieser Art kommt es permanent zu umfangreichen Gewalttätigkeiten, fließen Ströme von Blut, und die Heldenfiguren beteiligen sich ohne große Skrupel an den entsprechenden Aktionen; später entwickeln sie eine friedlichere Gesinnung und bemühen sich, Konflikte auf andere Weise zu lösen. Mays frühe Helden haben es meistens mit den Nöten einiger weniger Individuen zu tun; diejenigen der Kolportage- und Reiseromane tragen dann schon Verantwortung für größere Gruppen und setzen sich vielfach mit ganzen Banden von Verbrechern auseinander; der Protagonist von *Ardistan und Dschinnistan* gar wird in Kämpfe von geradezu globalem Ausmaß verwickelt, in die mit dem Mir von Dschinnistan eine Gestalt eingreift, die wohl für Gott steht. Zu beobachten ist ferner, daß May sich immer mehr von literarischen Vorbildern insofern frei macht, als er ihre Einflüsse selbständiger, kreativer, origineller verarbeitet. So sind in den Dorfgeschichten die Muster Berthold Auerbachs noch sehr unmittelbar zu entdecken, und die in Großstädten spielenden Teile der Kolportageromane verweisen geradezu überdeutlich auf Eugène Sues »Geheimnisse von Paris« und ähnliche Werke; in den Reiseromanen und Jugenderzählungen hingegen sind zwar auch an vielen Stellen die Einflüsse von älteren Vertretern des Abenteuerromans erkennbar, doch geht es hier eher um – wenn auch gewichtige – Einzelheiten als um die literarische Gesamtstruktur, die sich ja wesentlich auf die originelle Konzeption des mit dem Autor identisch gedachten Ich-Helden stützt; das Spätwerk endlich steht mit manchen seiner Charakteristika geradezu isoliert in der Literaturgeschichte da.

Den deutlichsten Entwicklungssprung leistet der Schriftsteller May nach nahezu einhelliger Ansicht denn auch mit diesem Spätwerk, und so stellt sich hier mit besonderer Dringlichkeit die Frage, ob von Kontinuität oder Brüchen zu reden ist: Während May selbst eine ununterbrochene Linie zwischen seinen frühesten Arbeiten und den nach der Jahrhundertwende veröffentlichten zieht, diagnostizieren manche Kommentatoren eine radikale Wende, und Mays Selbstzeugnisse halten sie für einen bewußten oder unbewußten Manipulationsversuch, der vor dem Hintergrund der damaligen Querelen um seine Person und sein Werk zu sehen sei. Außerordentlich umstritten ist auch der ästhetische Wert der späten Romane: Während Ernst Bloch darin einen Beleg für den Niedergang des Erzählers May entdeckt, sprechen andere Kommentatoren, wie Arno Schmidt und Hans Wollschläger, von Kunstwerken höchsten Ranges.

Hält man sich jene Faktoren vor Augen, mit denen über Kontinuität oder Wende im Spätwerk zu entscheiden ist, so ergeben sich in der Tat zunächst zweideutige, zwiespältige Eindrücke. May führt bis zu *Winnetou IV*, seinem letzten Roman, die Gattung des in der Ich-Form gehaltenen Reiseromans fort, und weiterhin geht es darum, sich mit Feinden auseinanderzusetzen und sie schließlich zu überwinden – aber das Moment des physischen Kampfes tritt weit zurück. Der

Held und Ich-Erzähler ist unzweifelhaft derjenige der alten Reiseromane – aber er antwortet auf die Frage, ob er Old Shatterhand und Kara Ben Nemsi sei: »Ich war es« (F 29, S. 67). Alles in allem spielt diese Figur im Geschehen immer noch die dominierende Rolle – aber sie beweist ihre Kompetenz eher in ausgiebigen Erörterungen philosophischer, theologischer und psychologischer Art als im Handgemenge und in der Entwicklung von Schlachtplänen. Daß May vor allem in *Ardistan und Dschinnistan,* teilweise aber auch in den übrigen Romanen dieser Zeit, Sachverhalte von geradezu anthropologisch-menschheitsgeschichtlichem Gewicht abzuhandeln versucht und auf diese Weise nichts anderes als eine Erziehung des Menschengeschlechts anstrebt, ist evident – aber groß angelegten didaktischen Intentionen waren auch schon die frühen *Geographischen Predigten* verpflichtet, und selbst in einem Kolportageroman wie dem *Waldröschen* ging es bereits um nichts Geringeres als die „Verwirrung aller natürlichen Ordnungen" (C. Roxin: Stimmen zum ersten Band des *Waldröschen*-Nachdrucks. M-KMG 3/1970. S. 12–17. S. 13).

Unter diesen Umständen läßt sich das Verhältnis zwischen dem Spätwerk und den früheren Arbeiten wohl am sinnvollsten im Hinblick auf das Moment der Selbstreflexion betrachten: May entwickelt seine persönlichen literarischen Traditionen kontinuierlich weiter, unterzieht sie aber nach den Desillusionierungen und Wandlungen, die die große Orientreise und später die publizistischen und juristischen Kontroversen mit sich bringen, einer radikalen Reflexion und Revision, so daß sie teilweise völlig neue Qualitäten gewinnen. Die späten Romane erhalten ihre Konturen weder aus der Abwendung von den vorherigen noch aus ihrer harmonischen Fortsetzung; sie stehen in einem fruchtbaren Spannungsverhältnis zu ihnen, das sich aus dem Neben- und Miteinander von Affirmation und Distanz ergibt. Bestimmte Tendenzen – etwa die in den Reiseromanen allmählich entfaltete Neigung, Konflikte friedlich zu lösen – werden übernommen, aus dem sie relativierenden früheren Kontext gelöst, radikalisiert, gleichzeitig in einen neuen Kontext gerückt – etwa den der bewußten historischen Erfahrung – und damit wiederum relativiert, aber anders als vorher. Old Shatterhand/Kara Ben Nemsi bleibt ein grandioser Held; aber das zitierte »ich war es« deutet die Problematisierung an, die dem Heldenbild nun zuteil wird, da May es gleichzeitig weiterträgt und entschieden modifiziert. Auch die Standardmotive erfahren eine Veränderung: Weder vermag sich May eine Gestaltung der hier thematisierten Konflikte nach den alten Mustern der Gefangennahme – Befreiung – Verfolgung, des Anschleichens oder Belauschens vorzustellen, noch ist er fähig, das alles preiszugeben; so entwickelt sich die Handlung aus dem Bemühen, die gängigen Formeln zu überwinden und sie zugleich zu benutzen. Wie sehr der Autor den alten Klauseln verhaftet bleibt, obwohl er entschieden über sie hinausdrängt, und wie ambivalent die dabei sich einstellenden Resultate sind, zeigt das Verhältnis zwischen den ersten zwei Bänden von *Im Reiche des silbernen Löwen* sowie dem ersten Kapitel des dritten einerseits und dem restlichen dritten und dem vierten Band andererseits; dazwischen liegt der ›Schritt‹ zum Spätwerk. Die ersten Bände bieten eine Old-Shatterhand- und Kara-Ben-Nemsi-Geschichte ganz nach dem alten Schema, wie den Kampf mit einer Verbrecherorganisation oder die Erkundung mysteriösen vergangenen Geschehens; in der Fortsetzung liegt May nichts ferner – und der Text verbirgt das keineswegs –, als ein fundamentales Interesse für diese Dinge zu entwickeln, und doch greift er die Fäden sorgfältig auf und führt den Plot an ein Ende, statt einfach einen radikalen Neubeginn zu wagen. So wird die Faktur der letzten *Silberlöwen*-Bände wesentlich durch den Wechsel zwischen einem Zurückdrängen und einer Vervollständigung der Handlung der ersten bestimmt, und dieses Verfahren ist charakteristisch für die generellen Beziehungen zwischen Mays Spätwerk und seinen früheren Texten.

Helmut Schmiedt

C. *Die einzelnen Werke*

I. *Reiseromane und Reiseerzählungen*

1. Der Orientzyklus: *Durch Wüste und Harem, Durchs wilde Kurdistan, Von Bagdad nach Stambul, In den Schluchten des Balkan, Durch das Land der Skipetaren, Der Schut.*

Karl Mays Orientbände sind zum erstenmal als Fortsetzungsromane in der Wochenzeitschrift DH abgedruckt worden (VII.–XIV. Jg. 1881–1888). Dann hat der Freiburger Verlag Fehsenfeld die Erzählungen 1892 in sechs Bänden als Bände 1–6 der Reiseerzählungen Mays nachgedruckt (F 1–6). Um für die Buchausgaben eine in etwa gleiche Druckseitenzahl zu erreichen, wird die ursprüngliche Gliederung der Erzählungsfolge bandweise neu geordnet. Später erschienen die Bände in GWR und GWB 1–6.

Der erste Band *Durch Wüste und Harem* (später unter dem Titel *Durch die Wüste* bekannt) und der erste Teil des zweiten Bandes *Durchs wilde Kurdistan* entsprechen dem Erstabdruck in VII. Jg des DH unter dem ursprünglichen Obertitel *Giölgeda padishanün (Im Schatten des Großherrn)* mit folgenden Untertiteln *Abu el Nassr* (Jg. VII, H. 16–19 entspr. Bd. I, Kap. 1–2), *Die Tschikarma* (VII, 21–23 = Bd. I, 3–4), *Abu Seif* (VII, 24–30 = Bd. I, 5–7), *Eine Wüstenschlacht* (VII, 31–36 = Bd. I, 8–10), *Der Merd-es-Scheitan* (VII, 37–45 = Bd. I, 11–12; Bd. II, 1), *Der Ruh 'i Kulyan* (VII, 46–52 = Bd. II, 2–4).

Der Rest des zweiten Bandes *Durchs wilde Kurdistan* (Kap. 5–7) entspricht dem Erstabdruck unter dem Titel *Reise-Abenteuer in Kurdistan* (VIII, 3–9, 16–26).

Vom dritten Band *Von Bagdad nach Stambul* sind die Kapitel 1–5 unter dem Titel *Die Todes-Karavane* im DH (VIII, 26–36, IX, 1–8) erstabgedruckt, das Kapitel 6 unter dem Titel *In Damaskus und Baalbeck* (IX, 10–16), das Kapitel 7 unter dem Titel *Stambul* (IX, 21–25), das Kapitel 8 ist der Anfangsteil eines Folgetitels *Der letzte Ritt* (XI, 6–11), bei dem der anfängliche Obertitel *Giölgeda padishanün* wieder aufgegriffen wird.

Band 4 *In den Schluchten des Balkan* umfaßt in den Kapiteln 1–6 den Rest des Zeitschriftentitels *Der letzte Ritt* (XI, 49–52, XII, 1–17, 19–22, 52). Kapitel 7–8 sind der Anfang eines umfangreichen Fortsetzungstitels *Durch das Land der Skipeta-*

ren (XIV, 4–17), der das 7.–8. Kapitel des 4. Bandes, den ganzen Band 5 *Durch das Land der Skipetaren* und die Kap. 1–7 des sechsten Bandes *Der Schut* umfaßt. Das als »Anhang« im Band *Der Schut* bezeichnete Kapitel, welches Rihs Tod schildert, ist nicht im DH erschienen, sondern als Ergänzung für die Buchausgabe verfaßt worden. Da der DH-Druck *Durch das Land der Skipetaren* den *Giölgeda*-Untertitel *Reise-Erinnerungen aus dem Türkenreich* wieder aufnimmt, scheint Verlag und Autor daran gelegen gewesen zu sein, trotz zwischenzeitlicher Sondertitel die einheitliche Gesamtkonzeption zu betonen.

Die Abweichungen zwischen Zeitschriftenerstdruck und Buchausgabe sind insgesamt geringfügig, sie betreffen vornehmlich orthographische, grammatische, stilistische Korrekturen und Sprachmodernisierungen, so etwa anstelle von »frug« die Verbesserung in »fragte«, ferner den Verzicht auf eine Überfülle von fremdsprachlichen Ausdrücken, schließlich die Anreden an die DH-Leser.

Stoffgeschichtliche Quellen und literarische Einflüsse sind in den Orientbänden weniger auszumachen. Vielmehr greift May auf Fachliteratur, auf Reiseberichte und geographische Abhandlungen zurück. Verweise auf die Bibel sind häufiger, Zitate deutschsprachiger Schriftsteller sporadisch auszumachen, so aus Uhland (312f. F3, 100 F6), Fischart (84 F1), Heine (59 F6) und Scheffel (319 F3). Natürlich kennt May die Tradition des Abenteuerromans von Dumas, Sue, Cooper, Marryat, Möllhausen, Gerstäcker, Ferry über Vulpius' »Rinaldo Rinaldini« bis hin zu Daudets »Tartarin von Tarascon«, wobei letzterer Vorbild des großsprecherischen Hadschi gewesen sein könnte (vgl. O. Forst-Battaglia: Karl May. Bamberg 1966. S. 116), während Dumas' Einfluß bei der Szene im *Schut* (30 F6) anklingt. Auf Hauffs Märchen »Die Entführung Fatmes« ist hinsichtlich der Senitza-Handlung im ersten Band hingewiesen worden, ebenfalls auf Alfred Brehms Erzählung in der »Gartenlaube« unter dem Titel »Eine Rose des Morgenlandes«. (B. Kosciuszko: »Leilet« – »Eine Rose des Morgenlandes«. In: M-KMG 63/1985, S. 26). May verwertet für die Erzählung von der Entführung Senitzas den Kern einer eigenen frühen Novelle, die ps. erschienen war (M. Gisela: *Leilet*. In: »Feierstunden am häuslichen Heerde«. 1. Jg., H. 1–5, Dresden 1876. Nachdr. unter dem Titel *Die Rose von Kahira* in Roseggers »Heimgarten«, 2. Jg. H. 1–3, Graz 1877).

Für seine Kenntnis des Orients, den er zur Zeit der Abfassung der sechs Bände ja noch nicht besucht hatte, lagen May teils vorzügliche Quellen vor. Schon für die Algerien-Handlung im ersten Band konnte er auf eine zuverlässige Arbeit zurückgreifen: J. Chavanne: Die Sahara oder von Oase zu Oase. Wien 1879. In seiner Privatbibliothek hatte er folgende Werke zur Verfügung: C. Niebuhr: Beschreibung von Arabien. Kopenhagen 1772; Ch. Didier: Ein Aufenthalt bei dem Groß-Scherif von Mekka. Leipzig 1862; A. v. Schweiger-Lerchenfeld: Der Orient. Wien 1882; A. E. Lux: Die Balkanhalbinsel. Freiburg i. Br. 1887; B. Schwarz: Montenegro, Leipzig 1883 u.v.a. mehr.

Erwiesen ist die Kenntnis des berühmten Assyriologen A. H. Layard und seines zweibändigen Werkes »Niniveh and its remains«, das May in der Übersetzung von Meißner unter dem Titel »Ninive und seine Überreste, nebst einem Berichte über einen Besuch bei den chaldäischen Christen in Kurdistan und den Jezidi oder Teufelsanbetern« (Leipzig 1850) besessen und benutzt hat, ferner C. J. Rich: Reise nach Kurdistan und dem alten Ninive. II. Abt. Stuttgart 1837; G. Rasch: Nach Algier und den Oasen von Siban (...) Berlin 1866. Für die Balkan-Erzählungen hat May auf Handtkes vorzügliche »Karte der Balkanländer« (hrsg. bei Flemming, 1880) mit Gewinn zurückgreifen können. Weiteres detailliertes Kartenmaterial und umfangreiche Atlanten befanden sich in seiner Bibliothek. Auch eine Vielzahl von medizinischer Fachliteratur befand sich dort, welche die gelehrsame Folie für die häufigeren Arzt- und Zahnarztepisoden abgeben konnte. Etwa 200 Sprachbücher boten die Hilfsmittel für die häufigen fremdsprachlichen Wendungen, für die Orientbände konnte er dabei besonders folgende nutzen: M. Hartmann: Arabischer Sprachführer für Reisende. Leipzig o.J.; P. Wolff: Arabischer Dragoman. Leipzig [3]1883; C. Ružićka-Ostoić: Türkisch-deutsches Wörterbuch. Wien 1879; L. M. Fink: Türkischer Dragoman. Leipzig [2]1879. M. Damar Efendi: Türkdsche Söjlemisiniz? (Sprechen Sie Türkisch?) Leipzig 1882; S. Boschkowitsch: Theoretisch-praktisches Lehrbuch zur Erlernung der serbischen Sprache. Pest 1864, F. Sättler: Deutsch-persisches Konversationsbuch (...) Wien o.J.

Band I: *Durch Wüste und Harem*

Kara Ben Nemsi – so wird der Ich-Erzähler und das fiktive Karl-May-Ich von seinem arabischen Diener und Freund Halef genannt – befindet sich mit Halef, der sich gern großsprecherisch Hadschi Halef Omar Ben Hadschi Abul Abbas Ibn Hadschi Dawud al Gossarah nennt, auf dem Weg von Algerien nach Tunesien. Auf ihrem Ritt durch die Wüste finden sie die Leiche eines Mannes, der, wie sich später herausstellt, der Sohn eines ermordeten französischen Kaufmanns namens Galingré ist. Sie folgen den Spuren zweier Reiter und stellen die mutmaßlichen Mörder. Kara Ben Nemsi, »Karl, der Sohn der Deutschen«, bezichtigt sie des Mordes, läßt sie aber weiterreiten. Er will über den Salzsee, den Schott Dscherid, und benötigt einen Führer. An der gefährlichsten Stelle des Schott erschießt Abu en Nassr (im DH Abu el Nassr genannt), der mutmaßliche Mörder Galingrés, welcher in Wirklichkeit Hamd el Amasat heißt, aus dem Hinterhalt den Führer. Halef und sein Effendi können sich retten, der junge Begleiter Hamd el Amasats versinkt im tückischen Schott. Omar, der Sohn des ermordeten Führers, schwört Rache und führt die beiden weiter. In der Oase Kbilli werden sie von einem türkischen Wekil (Statthalter), der mit dem Mörder unter einer Decke steckt, verhört und sollen festgenommen werden, schüchtern ihn aber durch tatkräftigen Widerstand ein und nehmen ihrerseits Hamd el Amasat fest, der aber von Gehilfen des Wekil wieder befreit wird.

Eine neue Episode beginnt am Nil unweit Kairos. Kara Ben Nemsi hat mit bescheidenen medizinischen Kenntnissen einige ärztliche Hilfe leisten können und wird daraufhin von dem wohlhabenden Abrahim-Mamur eingeladen, seine Frau zu behandeln. Das erfordert jedoch einen Arztbesuch im Harem! Die verschleierte Frau flüstert ihm einen Hilferuf zu, und Kara Ben Nemsi trifft dann zufällig ihren ehemaligen Verlobten, Isla Ben Mafei, und erfährt, daß die Verschleierte Senitza ist, eine Montenegrinerin, die ein Armenier namens Barud al Amasat fälschlicherweise als Sklavin ausgegeben und verkauft hat. Die Entführung Senitzas wird geplant und unter äußerst dramatischen Umständen auch ausgeführt. Die Entführer werden von Abrahim verfolgt und auf seine Veranlassung von Khawassen (Polizisten) festgenommen, aber Kara Ben Nemsis Schutzbrief des Großherrn hilft hier wie auch später; Abrahim aber entkommt.

Eine neue Episode beginnt am Roten Meer. Die beiden Hauptpersonen lassen sich von einem türkischen Schiff mitnehmen und werden von Abu Seif, dem Führer eines räuberischen arabischen Stammes, überfallen. Sie können sich jedoch heimlich befreien und gelangen nach Dschidda, wo sie einer rätselhaften Araberin begegnen, welche die Tochter des Scheichs der Ateibeh, Malek, ist und vor vielen Jahren von Abu Seif entführt und zu seinem Weibe gemacht worden ist. Sie hat mit ihrer Tochter Hanneh entkommen können und sinnt auf Rache. Eben in diese Hanneh verliebt sich Halef und heiratet sie. Kara Ben Nemsi besucht verbotenerweise Mekka, wird von Abu Seif erkannt und verfolgt, nimmt aber ihn selber gefangen. Bei einem Fluchtversuch wird Abu Seif von Halef getötet.

Der deutsche Reisende befindet sich im nächsten Kapitel allein am Tigris, wo er Sir David Lindsay, einen schrulligen, abenteuerlustigen Engländer kennenlernt, der ihn um Begleitung bittet. Beide kommen zu den Haddedihn und ihrem Scheich Mohammed Emin, dem er im Kampf gegen feindliche Stämme hilft und dafür Rih, ein wunderschnelles Pferd, als Geschenk bekommt. Zu diesen Haddedihn kommen auch Halef und die Ateibeh, die sich den Haddedihn anschließen dürfen. Bei ihrem überzeugenden Sieg über die Gegner befreien Kara Ben Nemsi und die Haddedihn drei gefangene Dschesidi (Teufelsanbeter) aus der Gegend von Mossul. Dort, in der Feste Amadijah, wird auch Amad el Ghandur, der Sohn Mohammed Emins, gefangengehalten, weshalb dieser, der Deutsche und Halef aufbrechen, um ihn zu befreien.

Im nächsten Kapitel befinden sich Kara Ben Nemsi und Halef in Mossul. Mohammed Emin darf sich dort nicht sehen lassen und soll später zu ihnen stoßen. Kara Ben Nemsi gelingt es, den Pascha durch kleine Hilfen so zu gewinnen, daß er von ihm Empfehlungsbriefe für die weitere Reise erhält und Khawassen als Begleitschutz, die freilich eher hinderlich sind. Auf dem Weg nach Amadija muß noch Mohammed Emin befreit werden, dann gelangt man zu den Teufelsanbetern, die Kara Ben Nemsi vor einem geplanten Angriff des Paschas (Gouverneurs) von Mossul warnen kann.

Band II: *Durchs wilde Kurdistan*

Kara Ben Nemsi gelingt es mit einer kleinen Truppe von Jesiden (Dschesidi), sich der Kanonen der anrückenden Truppen des Paschas zu bemächtigen. So kann die Armee ohne viel Blutvergießen zur Aufgabe gezwungen werden und der Pascha schließlich auch zum Friedensschluß. Hochangesehen scheiden sie von den Teufelsanbetern. Auf dem weiten Weg nach Amadijah treffen sie Sir Lindsay wieder, der sie nun weiter begleitet. Auch beim Mutesselim (Kommandanten) der Festung Amadijah gelingt es Kara Ben Nemsi, sich Einfluß zu verschaffen. Er kann schließlich mit List Amad el Ghandur befreien. Für die nächste Wegetappe macht er sich wiederum Freunde, indem er dem Bey von Gumri, einem Kurdenfürsten, hilft, zwei gefangene Kurden aus Amadijah zu holen, lernt aber zuvor die geheimnisvolle Marah Durimeh kennen, die ihm empfiehlt, sich bei Schwierigkeiten auf den Ruh 'i Kulyan (Höhlengeist) zu berufen. Die Truppe der Abenteurer will nun auf relativ geschützen Umwegen zurück, wobei sich der Ritt über Gumri empfiehlt. Auf dem Weg zum Bey bekommen sie jedoch Schwierigkeiten mit Kurden, können sich aber aus der Gefahr befreien und gelangen nach Gumri. Auf einer Bärenjagd mit dem Bey werden sie von einer Truppe von Nestorah (nestorianischen Christen) überfallen, können aber wiederum entkommen und werden erneut gefangengenommen. Nun erscheint eine kurdische Kriegerschar, um ihren Bey zu befreien. Kara Ben Nemsi verhandelt mit ihnen und den Nestorah, wird aber von einem Scharfmacher der Nestorah nochmals in einen Hinterhalt gelockt und gefangengesetzt. Allen Gefährdungen ein Ende setzt schließlich Marah Durimeh, welche die Streitenden versöhnt, so daß unter ihrem geheimnisvollen Einfluß die Kurden und Nestorah Frieden schließen. Marah Durimehs Identität mit dem Ruh 'i Kulyan (Höhlengeist) wird für den deutschen Reisenden offenbar, die beiden werden vertraut, Marah Durimehs legendenhafte Autorität mit Tradition aus alter Zeit erklärt.

Band III: *Von Bagdad nach Stambul*

Inzwischen befinden sich Kara Ben Nemsi, Halef, Lindsay und die beiden Haddedihn in der Nähe der persischen Grenze. Dort treffen sie auf eine Truppe von Bejat-Kurden unter Führung von Heider Mirlam, der ihnen verschweigt, daß er plant, die Bebbeh-Kurden zu überfallen, die aber dann ihrerseits angreifen. Kara Ben Nemsi entkommt mit seinen Begleitern und trifft auf den Köhler Allo, der sie weiter den geschütztesten Weg durch eine unfriedliche Gegend führt. Sie geraten aber erneut mit den Bebbeh unter Führung von Gasahl Gaboya zusammen, entkommen jedoch. Für den weiteren Ritt versichern sie sich des Scheichs Gasahl Gaboya als Geisel, doch es kommt zu einem Streit der Gefährten. Die Haddedihn wollen die Führung Kara Ben Nemsis nicht mehr akzeptieren, unter anderem wegen seiner zu christlichen Gesinnung und Handlungsweise. Verletzt gibt der bisher unbestrittene Held die Führung an Mohammed Emin ab, der prompt den Fehler begeht, den Bebbeh-Scheich zu einem Zeitpunkt freizulassen, als die Truppe noch nicht in Sicherheit ist. Beim Rastplatz eines reichen Persers werden sie so von den Bebbeh überrascht. Dabei fällt Mohammed Emin, auch der Bebbeh-Scheich wird erschossen, Halef und Lindsay werden verwundet. Amad el Ghandur folgt dem Gesetz der Blutrache und trennt sich mit Allo von der Truppe. Der Perser, Hassan Ardschir-Mirza, stellt sich als persischer Edler und politischer Flüchtling heraus. Er hat einen verräterischen Diener namens Saduk, der den Truppen, die den Perser verfolgen, heimliche Zeichen hinterläßt. Doch Kara Ben Nemsi entlarvt ihn und nimmt ihn fest. Die Gefährten können die Verfolger irre führen, Saduk aber entkommt. Dann will sich der Perser einer Karawane zum Schiitenheiligtum Kerbela anschließen. Kara Ben Nemsi geht für ihn nach Bagdad und entdeckt, daß auch der Gefolgsmann des Persers, Selim Agha, ein Verräter ist. Er warnt Ardschir-Mirza freilich vergebens, der in der Nähe des Turms von Babel mit seiner ganzen Familie überfallen und getötet wird. Halef und sein Effendi geraten beide in eine ganz neue bedrohliche Lage: sie werden pestkrank. Nach ihrer Genesung suchen sie den Haddedihn-Stamm auf und reiten dann weiter nach Damaskus. Unterwegs treffen sie einen Onkel des Isla Ben Maflei, Jacub, bei dem sie dann später in Damaskus zu Gast sind. Dort treffen sie auch unversehens Abrahim Mamur, der den Gastgeber bestiehlt. Sie folgen ihm nach Baalbeck, er entkommt ihnen aber über Tripolis nach Istanbul. Doch setzen sie ihm auch dorthin nach. Zufällig treffen sie jetzt Omar wieder, der immer noch den Mörder seines Vaters sucht, und begegnen einem jungen Derwisch namens Ali Manach, welcher der Sohn Barud al Amasats ist. Es stellt sich heraus, daß Abrahim Mamur in Istanbul als Haupt einer Räuber- und Mörderbande fungiert. Die Gefährten können ihr Domizil ausfindig machen, einen Gefangenen befreien und etliche Bandenmitglieder unschädlich machen; Omar gelingt es, Abrahim zu töten. Inzwischen ist auch Osko, der Vater Senitzas, in Istanbul eingetroffen, der die Gefährten nach Edreneh (Adrianopel) begleitet, um Barud zu fangen, der dort den Kaufmann Hulam betrügen will. Sir Lindsay trennt sich vorübergehend von ihnen. In Edreneh nehmen die Gefährten Barud al Amasat gefangen, doch ein Verbündeter namens Manach al Barscha befreit diesen mit Hilfe des Gefängniswärters. Inzwischen ist auch Ali Manach in Edreneh und lockt Kara Ben Nemsi in einen Hinterhalt. Er kann sich jedoch zum wiederholten Male befreien und nimmt seinerseits Ali Manach fest, der aus dem Hinterhalt heraus von seinen eigenen Genossen ermordet wird, um zu verhindern, daß er Bandengeheimnisse ausplaudert. Bei Barud ist ein Zettel mit dem unbekannten Namen Karanorman-Khan gefunden worden und mit der Angabe des Ortes Menelik in Südbulgarien. In diese Richtung brechen Halef, Kara Ben Nemsi, Omar und Osko auf, das Verfolger-Ensemble ist komplett. Die überflüssige Begleitung von drei Khawassen wird sich schon bald absetzen.

Band IV: *In den Schluchten des Balkan*

Bei einer Auseinandersetzung mit dem Ortsvorsteher eines bulgarischen Dorfes erfahren sie von einem Einwohner zum erstenmal vom Schut, einem gefürchteten Skipetaren und Bandenführer. Sie können kurz darauf den Schmied Schimin befreien, der von den Verfolgten, Manach el Barscha, Barud al Amasat und dem Gefängniswärter, überfallen worden war, und nehmen ein Mitglied der Schut-Bande, Pimosa alias Mosklan, fest. Ein weiteres Abenteuer in einem anderen Ort wird durch eine drollige Szene mit der beleibten Gattin des Färbers Boschak eingeleitet, der Schmuggler und Mitglied der Schut-Bande ist. Boschak lockt Kara Ben Nemsi mit Hilfe des betrügerischen Bettlers Saban in einen Hinterhalt, woraus dieser jedoch rasch von Halef und den anderen Gefährten wieder befreit wird, wobei Deselim, ein weiteres Mitglied der Schut-Bande, bei dem Versuch umkommt, Rih auf seiner Flucht mitzunehmen. Nach einer erneuten Auseinandersetzung mit einem Gastwirt im nächsten Ort und einer Gerichtsverhandlung vor dem Ortsvorsteher – der Schutzbrief tut auch hier seine Schuldigkeit –, gelangen die Gefährten nach Menelik. Dort sollen sie attackiert werden, hören aber in einer Belauschungsszene im Taubenschlag vom Plan der Verfolgten und von ihrem nächsten Ziel: Ostromdscha. Auf dem Weg nach Ostromdscha helfen sie noch, eine Familie von einem Schurken, der sie mit einer Vampirgeschichte ängstigt, zu befreien und hören von einem seltsamen Heiligen namens Mübarek, der großes Ansehen genießt, in Wirklichkeit aber eine Doppelrolle in Ostromdscha als Heiliger und Bettler spielt und zum Schut gehört. Sie erfahren auch ein wichtiges Losungswort der Bande »Bir Syrdasch«. Anschließend überraschen sie die Verfolgten und nehmen sie fest.

Band V: *Durch das Land der Skipetaren*

Es schließt sich eine Gerichtsverhandlung vor der Ortsobrigkeit an, bei der die Gefährten rasch die Rollen von Anklägern und Angeklagten tauschen können und den Mübarek entlarven. Mit Hilfe des Ortsvorstehers entfliehen die Gefangenen. Die Verfolger hören von der nächsten Zieletappe Sbiganzy und von einem weiteren Schut-Verbündeten, dem Fleischer Tschurak, auch davon, daß zwei Aladschy, riesige kampferprobte Skipetaren, ihnen auflauern wollen. Zunächst können die Reisenden mit einem Kugelkunststück den Ruf ihrer Unverletzbarkeit in der Gegend verbreiten. Kara Ben Nemsi verkleidet sich für den folgenden Weiterritt, täuscht so die beiden Aladschy und überwindet sie schließlich im Faustkampf. Nach einem weiteren Arzt-Intermezzo gelangt man nach Sbiganzy. Der Fleischer lockt die Verfolger unter dem Vorwand, den Schut treffen zu können, in eine Schluchthütte, wo sie gefangengenommen werden. Sie befreien sich, wobei der Fleischer erschossen, der Gefängnisschließer ebenfalls getötet und der Mübarek verletzt wird, der mit den anderen aber entkommt. Der nächste gefährliche Gegner ist nun der Bruder des Fleischers, ein Miridit (gefürchteter Volksstamm der Albaner/Skipetaren). Den Gefährten hat sich ein verräterischer Führer namens Suef angeschlossen, den Kara Ben Nemsi aber durchschaut. Es folgt der Kampf mit dem Miriditen, den er überwältigt, ihm aber das Leben schenkt, worauf dieser die Blutrache ruhen läßt. In Kiliselly besorgt Suef den Gefährten Quartier bei einem Murad Habulam, einem Verbündeten; sie können sich die Unterstützung von Anka und Janik, Magd und Diener Habulams, sichern, ehe alle Feinde heimlich zu Habulam kommen. Ein erster Anschlag mit einer vergifteten Eierspeise mißlingt, dem folgt ein nächtlicher Überfall, bei dem sie aber die Feinde aussperren können.

Daraufhin fliehen die gesuchten Banditen; Habulam, sein Diener Humin und Suef erhalten Hiebe zur Strafe. Kara Ben Nemsi erkennt nun, daß der Zettel mit dem Namen Karanorman-Khan bisher falsch gelesen worden ist und richtigerweise Karanirwan-Khan meint, eine Bezeichnung für den Khan (Gasthaus) eines schwarzhaarigen Persers, der kein anderer als der Schut selbst ist. So setzt man die Verfolgungsjagd fort und erfährt, daß die Gesuchten weiter nach Treska-Konak hin unterwegs sind, so daß man den ungefähren Aufenthaltsort des Schut ausmachen kann.

Band VI: *Der Schut*

Manach el Barscha, Barud al Amasat, Suef, der alte Mübarek und die beiden Aladschy sind in Treska-Konak. Halef ist unvorsichtig und wird beim Spähen von ihnen gefangengenommen. Die Gefährten müssen ihn wieder befreien, die Verfolgten aber entkommen lassen. Weiter geht es zur Hütte des Kohlenhändlers Junak, eines Mitglieds der Schut-Bande, wo die Verfolgten den alten Mübarek todkrank zurückgelassen haben. Beim aufregenden Besuch eines Bären wird der Mübarek von dem Tier getötet, Kara Ben Nemsi ersticht den Bären. Es geht nun zur sogenannten Teufelsschlucht, wo ein neuer Hinterhalt gelegt ist, der aber durch Beschleichen erkundet wird. Die Feinde können überwältigt werden, dabei kommt es zu einem tödlichen Sturz Manach el Barschas. Beim folgenden Belauschen eines Schut-Verbündeten, des Köhlers Scharka, gewinnt man die endgültige Bestätigung der Identität des Schut und seines Aufenthaltsortes in Rugowa (Westalbanien), ferner erfährt man von weiteren Gefangenen des Schut, einem Kaufmann Galingré, dem Bruder des ermordeten Galingré in der Wüste, und Sir Lindsay, der so auch wieder auftaucht. Osko zwingt ohne Wissen Kara Ben Nemsis Barud zum Zweikampf und tötet ihn. Die Gefährten befreien den festgehaltenen Lindsay und nehmen den Köhler und seine Gehilfen fest, wobei sie den kostbaren Schatz eines Skipetaren Stojko entdecken, der auch Gefangener des Schut in Rugowa ist. Unterwegs schlagen sie einen erneuten Angriff ab und treffen in Rugowa prompt auf den Schut. Kara Ben Nemsi wirft dem Schut seine Identität vor und will den Stollen untersuchen, in dem Stojko und Galingré gefangen sein sollen. Der Schut geht auf diese Untersuchung ein, da der Stollen eine lebensgefährliche Falle birgt, die aber von dem

Helden durch Scharfsinn entdeckt wird. So können auch die Gefangenen befreit werden, nicht ohne Kampf des Schuts mit Kara Ben Nemsi, der den Bandenführer überwältigen kann. Kurz darauf wird der Schut wieder befreit und flieht nach Newera-Khan, wo er Hamd el Amasat treffen möchte, der Galingrés Familie begleitet und sie dort umbringen will. Von den Verfolgern bei ihrem Vorhaben gestört, fliehen die Verbrecher, und der Schut wird zu einer riesigen Bodenspalte gejagt, in die er hineinstürzt und umkommt, während Rih sie mit einem gewaltigen Sprung überwindet. Auch Hamd el Amasat wird gefangengesetzt und zu einem Duell mit Omar gezwungen, bei dem Omar den Verbrecher blendet. Die Geschichte endet mit der Heimkehr Oskos in seinen Heimatort, Omar geht mit Halef zu den Haddedihn, und Kara Ben Nemsi zieht mit Sir Lindsay weiter.

Anhang

Um Leserwünsche zu erfüllen, besonders die nach dem Ergehen von Halef und Rih, wird als gesonderte Geschichte die letzte Begegnung mit beiden, acht Jahre später, erzählt. Zufällig trifft Kara Ben Nemsi in Damaskus den Lord wieder, mit dem er zu den Haddedihn reist. Vor ihrer Ankunft treffen sie auf Pferdediebe, die Rih und die berühmte Schimmelstute Mohammed Emins gestohlen haben, jagen ihnen die Beute wieder ab und werden begeistert bei den Haddedihn aufgenommen. Amad el Ghandur, inzwischen Scheich der Haddedihn, Malek, Omar, Halef, selbst der kleine Sohn Halefs, Kara Ben Halef, wollen mit Kara Ben Nemsi und einer Schar von Haddedihn-Kriegern zum Grabmal Mohammed Emins, da der Jahrestag seines Todes bevorsteht. Dort ist aber auch das Streifgebiet der Bebbeh-Kurden, deren Scheich ja seinerzeit von Halef im Kampf erschossen worden war. Amad el Ghandurs Unvorsichtigkeit und Eigensinnigkeit erlaubt einen Angriff der Bebbeh, die von Ahmed Azad geführt werden, dem Sohn des getöteten Scheichs. Im nun folgenden Kampf kann der Held den Knaben Halefs retten, als er aber auch Amad el Ghandur zur Hilfe kommen will, trifft ein Schuß von Ahmed Azad sein edles Pferd Rih, das an der Wunde stirbt. Da mit Ahmed Azad eine Geisel gefangengenommen wurde, können Verhandlungen mit den Bebbeh erzwungen werden. Vor der Heimkehr zu den Haddedihn errichten die Gefährten ein Felsengrab für Rih. Amad el Ghandur legt anschließend freiwillig die Scheich-Würde nieder, da er das Unheil verschuldet hat, und Malek wird sein Nachfolger. Nach dessen Tod soll Halef Scheich der Haddedihn werden.

In seinen sechs Orientbänden, den ersten Buchausgaben seiner Reiseerzählungen, erreicht Karl May einen Höhepunkt seines erzählerischen Könnens, den er später selten übertroffen hat. Der umfangreiche Gesamtroman von rund 3700 Seiten im Fehsenfelddruck kann als Entfaltung einer Utopie des Abenteuers, als Gegenentwurf gegen verhängtes Schicksal und erlebte Alltagswirklichkeit begriffen werden. Die Exotik des Traums ist auch da durchgehalten, wo vereinzelt vertraute heimatliche Realität (Notizbuch, preußische und bayrische Gesangseinlagen, medizinische Details usw.) eingesprengt sind, der Traum als solcher wird nur sporadisch bewußt. Die Utopie der Möglichkeit, selbst Unrecht zu beseitigen und Gerechtigkeit walten zu lassen als Helfershelfer Gottes und des Schicksals, verhält sich komplementär zur Utopie der Erklärungsmöglichkeit einer an sich diffusen Wirklichkeit: denn der Ich-Erzähler glaubt an einen gottgarantierten Ordnungszusammenhang der Weltwirklichkeit, der prinzipiell aufzuschlüsseln ist. Dem widerspricht nicht eine kulturkonservative und teilweise antirationalistische Tendenz seiner Bücher (gegen J. Schulte-Sasse: Karl Mays Amerika-Exotik und deutsche Wirklichkeit. Zur sozialpsychologischen Funktion von Trivialliteratur im wilhelminischen Deutschland. In: Karl May. Hrsg. v. H. Schmiedt. F. a. M. 1983. S. 101–129. S. 114–115); denn Mays vermeintlicher Antirationalismus ist tatsächlich frühaufklärerischer-utopischer Optimismus. Man beachte die Funktion der Dialoge bei May: Kommunikation ist entschlüsselbar wie auch die Wirklichkeitsdetails. Die Vernunft der Welt ist die Vernunft eines lenkenden Schöpfergottes.

Das Abenteuer ist individuelle Bewährung: latente Möglichkeiten werden in der Utopie verlängert zur Erfüllung. Gefährliche Bedrohungen sind teils spontan da, grundsätzlich aber dadurch, daß der Held sie bewußt auf sich nimmt, so das riskante Abenteuer einer Frauenentführung aus dem Harem oder eines Mekka-Besuchs ohne zwingenden Grund. Er gerät nicht ohne Zutun und wie tragische Helden in intrigante Situationen hinein. Insofern gibt es auch keine eigentliche Tragik im Hegelschen Sinne einer Schuld des Seins und kann es auch nicht geben, was natürlich nicht ausschließt, daß es

Schicksalsschläge gibt wie das Verkanntwerden durch Freunde (Mohammed Emin) oder die bedrückende und beängstigende Situation bei der Pesterkrankung am babylonischen Turm. Solche Situationen bleiben Ausnahme und sind nicht in der Person des Helden begründet.

Die äußere Handlung ist insgesamt eine strukturelle Folge von Gefangennahmen, Befreiungen, Kämpfen, Gerichtsverhandlungen und oft handlungsretardierenden, häufig komischen Intermezzi. Die innere Handlung bestimmt die Utopie der abenteuerlichen Bewährung, die der Exotik bedarf, um immer vergleichbare Ereignisse variierend zu verdichten, welche eine gerechte Lösung der Abenteuerkonflikte beispielhaft vorführen sollen. Dabei ist der Held ein fertiger Held, kein werdender. Er ist selbst schon utopische Realisation des Wunschtraums von einer besseren Identität.

Der Gesamtroman ist damit wie alle Utopien Vorgriff auf die je besseren Möglichkeiten zum Vorhandenen, er ist abenteuerlich-kolportagehafte Variante eines Thomas Morus, Campanella, utopischer als »Robinson«, exotischer als Schnabels »Insel Felsenburg«, weniger realistisch als Cooper, von dem May den Respekt vor den Tugenden der Fremden und auch sogenannten Wilden gelernt hat, aber auch die selbstsicheren Einschätzungen. So wie Falkenauge nicht müde wird zu betonen, daß alle Mingos Schufte sind, so sind für Kara Ben Nemsi alle Armenier verdächtig.

Die Zeit in den Orientbänden ist keine historische Chronologie, sie ist erlebte Zeit als erzählte Zeit, die sich da zwangsläufig der Erzählzeit annähert, wo intensiv erlebt wird. Auch der Raum ist erlebter, exotisch geträumter Raum. Trotz eingehender geographischer Beschreibungen an manchen Kapitelanfängen spielt die reale Topographie keine Rolle. Es ist *die* Schlucht, *die* Wüste, die zum Raum der Bewährung wird. Die Ortsangaben sind märchenhaftes Nahebringen wie bei Hauffs Märchenanfang: »Mein Vater hatte einen Laden in Basra.« Es handelt sich so immer um zeiträumlich neu konstruierte Traumwirklichkeit.

Fiktionszerstörendes Erzählen erleben wir nur an wenigen Stellen des Orientzyklus, wo sich der Ich-Erzähler an den Leser wendet; die Erzählperspektive bleibt personal begrenzt auf den Ich-Erzähler, die epische Allwissenheit wird teils durch den Scharfsinn des Helden ersetzt, was freilich nicht zu oft passieren darf, da sonst die Gefährdungen durch Hinterhalte und Intrigen nicht möglich sind.

Ein überwiegend parataktischer Satzstil wird da abgelöst von Hypotaxe, wo Bedenken, Zweifel und Fragen aufkommen. Geschmeidige Satzanschlüsse verraten erzählerisches Können. Die Sprache ist nicht bilderreich, allenfalls bei Personenbeschreibungen sucht May nach bildhaften und typisierenden Merkmalen. Die Verbauswahl ist begrenzt (»laufen«, »hören«, »fassen«, »kommen« usw.), fast simpel, aber der klare Satzbau, die verständliche Sprache, die das Lesen erleichtert, die Lebhaftigkeit der Dialoge begünstigen eine einverständige Beziehung zwischen Autor und Leser. Zudem wird dem Leser alles erklärt, was beabsichtigt ist und unternommen werden soll, alles beschrieben, was wahrnehmbar ist. Das ist anders als etwa bei Kafka, aber so blasphemisch es klingen mag, die traumhafte Deutlichkeit und das nüchterne präzise Papierdeutsch erinnern an keinen modernen Schriftsteller mehr als an ihn, die Sprache ist von fast kafkaesker Reduktion und Präzision des Sprachlichen.

Mit aller gebotenen Behutsamkeit sind die zweifellos vorhandenen biographischen Einflüsse zu beschreiben, die dem Werk ablesbar sind, wenn auch da gerade in der May-Forschung oft des Guten zuviel getan wird. So ist sicher May selber ernst zu nehmen, wenn er Halef als seine eigene Anima bezeichnet (*Mein Leben und Streben,* S. 211). Und tatsächlich entspricht Halef eher als das Idealbild Kara Ben Nemsi dem wirklichen May: klein, alles andere als athletisch, aufschneiderisch, wenn auch liebenswert und tapfer. Sir Lindsay wirkt wie das übersteigert-karikierte, ins Groteske verzeichnete May-Ich: ein etwas antiquierter Don Quichotte mit freilich dem selbstbezogenen Interesse eines englischen Lords. Omar und Osko sind wünschenswerte Helfer, wie man sie sich in der Alltagswirklichkeit wünscht: treu, unauffällig, schweigsam, in ihrer unerbittlichen Entschlossenheit zur Rache freilich exotisch verfremdet. Die Frauenfiguren erscheinen teils liebenswert-hilflos wie Senitza und Hanneh, teils tatkräftig-energisch wie Hannehs Mutter und karikiert-übertrieben wie Mersina, die Rose von Kbilli. Darin spiegeln sich sowohl die geträumte Frau als Idealbild wie auch die autobiographisch beeinflußten negativen Frauenbilder, die teils unerklärlich, teils bedrohlich wirken.

Sicher kommt es nicht von ungefähr zu einer solchen Vielzahl von Gerichtsverhandlungen, wo sich die leidvollen Erfahrungen Mays widerspiegeln, und wo in der fiktiven Welt aus Anklägern Angeklagte werden, wo die Richter durchweg korrupt, niederträchtig, ungerecht sind, die Polizisten und Behördenangestellten trottelig und bestechlich. Das Motiv Diebstahl taucht immer wieder auf, ebenfalls das der falschen Identität: Spurenelemente eigenen Lebens. Und das Siegel des Großherrn ist Bescheinigung besserer Identität.

Band I: *Durch die Wüste* ist Exposition und allmähliche Entfaltung der abenteuerlichen Utopie, dem entspricht, daß May im ersten Band mit einer epischen Schnittechnik arbeiten muß, die ursprünglich einzelne novellistische Erzählungen aus dem DH (*Abu el Nassr; Die Tschikarma* usw.) polyperspektivisch zusammenfügt. Freilich verrät schon der Name Barud al Amasat in der *Tschikarma,* daß May bei der DH-Fassung an eine mögliche Fortsetzung gedacht haben muß. Die epischen Sequenzen zwischen dem Eingangserlebnis in der Wüste und dem Nil-Abenteuer, zwischen diesem und dem Neuansatz am Roten Meer bleiben nicht episodisch getrennt, sondern fügen sich wie selbstverständlich zu einer gelungenen expositionellen Komposition, die schließlich die Amasat-Handlung, die Abrahim-Handlung, die Abu-Seif-Handlung und die Haddedihn-Handlung in ein linear vorwärtstreibendes, sich immer mehr entfaltendes Geschehen einmünden läßt. Da dies ohne Brüche stimmig zusammengeht, bestätigt sich, daß der Traum kohärent ist; die vermeintlichen Episoden sind dies nur äußerlich, sie sind Variationen desselben Themas.

Vorausdeutungen und epische Rückblenden sind nur ganz behutsam eingesetzt, auktoriales Erzählen zerstört die Fiktion des Traums. Es beginnt geradezu kriminalistisch mit der Leiche am Anfang, dann folgen gesteigerte Exotik im Harem und in Mekka, zudem Piratenüberfall und Beduinenschlacht. Die Räume extremer Bewährung (Wüste, Villa, Steppe, Festung) wechseln, die ästhetische Qualität bleibt die nämliche: Schauplätze exotischer Utopie! Die Zeitangaben sind sekundär (»einige Tage später«; »einige Wochen darauf«); es genügt, die Kontinuität des Geschehens zu sichern.

Die Abu el Nassr-Handlung erscheint thematisch konzentriert auf Mord und Mordanschlag mit zutreffend eingespielter Gerichtsverhandlung. Dabei ist der Hauptgegenspieler von eindeutig schurkischem Charakter, obwohl die kurzen Begegnungen es nicht zulassen, ihn näher kennenzulernen, der Wekil aber eher eine schwache Figur von komischem Zuschnitt. In der Senitza-Handlung ist das Ensemble der handelnden Personen größer, in die Haupthandlung laufen Nebenhandlungen ein. Der Hauptgegenspieler wird eingehender charakterisiert, ein Bösewicht von beachtlichem Zuschnitt, aber seine Absichten und Verhaltensweisen werden anders als bei Abu el Nassr auch psychologisch aus der Leidenschaft zu Senitza begründet und damit menschlich verständlicher gemacht. Ein kriminelles Vergehen liegt bei einem Sklavinnenkauf eigentlich gar nicht vor, Barud al Amasat ist damit der Hauptschuldige. Daß Abrahim in mörderischer Absicht den Entführern nachsetzt, muß den zeitgegebenen Umständen und dem Ehrbegriff der Orientalen entsprechend – wie ihn Karl May sonst schildert – durchaus auch als übliche Gepflogenheit genommen werden.

Die Abu-Seif-Handlung hat viele Ortswechsel, die Handlungsstruktur ist verwickelter. Vom Überfall auf das Schiff bis zum Mekka-Besuch waren mehrere Retrospektiven einzubauen, die das Auftauchen von Albani und von Hannehs Mutter erforderte. Der Hauptgegenspieler genießt als Führer eines räuberischen arabischen Stammes den Piratenkodex. Er ist weniger als Schurke dargestellt denn als beachtenswerter Gegner, wenn auch der Haß der Amazone auf den Entführer verständlich wird. Schließlich ändern sich in der Haddedihn-Handlung erstmals die Gegebenheiten der Konfliktaustragung von mehr persönlichen und individuellen Duellen weg zur Beteiligung von ganzen Stämmen und Truppen, wenn auch die überlegene Kampfesfertigkeit Einzelner hier den Ausschlag gibt. Hier fehlt ein Hauptschurke oder -gegner. Der letzte Teil mit der Mossul-Handlung, die eigentlich als Teil der Merd-es-Scheitan-Handlung schon in den zweiten Band gehört, bietet den bei Karl May typischen korrupten Beamten als Hauptgegenspieler. Insgesamt sind die Einzelhandlungen durchaus verschieden konzipiert, wenn auch die Bewährungen vergleichbar sind – generell sind sie episodisch angelegt. So verschwindet Abu el Nassr bis zum letzten Band in den Hintergrund, Abrahim bis zum dritten Band, wo sein Auftauchen die Kontinuität äußerer Handlungsverknüpfung sichern soll, die Episode Abu Seif ist abgeschlossen. Die Haddedihn bleiben als Repräsentanten eines befreundeten Stammes, ähnlich den Apatschen, wo die Exotik ihre Bedrohlichkeit verliert und Vertrauen exemplarisch begründet werden kann.

Expositionell ist hier von der inneren Handlung her das Konzept utopischer Realisierung konstituiert, die äußere

Handlung in der Abfolge bestimmter Muster und Schemata grundgelegt. Dabei werden Guttaten und Freundlichkeiten/Christlichkeiten belohnt, oft dienen sie dem Weiterkommen in der späteren Handlung, wie die Befreiung der Teufelsanbeter. Der Held kann sich nicht nur auf seine überlegenen Fähigkeiten verlassen, er will auch von dem märchenhaften Zutrauen einer schicksalhaften gottverfügten Belohnung des Guten und Bestrafung des Bösen ausgehen. Die Balance der Gerechtigkeit funktioniert.

Band II: Unter dem leitenden handlungstreibenden äußeren Thema »Befreiung von Amad el Ghandur« sind der Schluß des »Merd-es-Scheitan« und die ursprünglichen Titel *Der Ruh 'i Kulyan* und *Durchs wilde Kurdistan* zusammengefügt. Erzählperspektive, Sprache, äußere und innere Handlungsstruktur entsprechen im wesentlichen der Komposition des ersten Bandes. Die epische Schnittechnik kann entfallen. Tempo und Sequenz der Strukturierung ändern sich freilich vom ersten (»Merd-es-Scheitan« und »Ruh 'i Kulyan«) zum zweiten Teil. Im ersten Teil ist die Handlung auf wenige Orte konzentriert (Zentrum der Dschesidi, Festung Amadijah) mit episch breiter Ausführung der Situation, atmosphärischer Ausmalung des Geschehens und mit der Zeit für kurzweilige Episoden (Mersinah-Passagen etwa). Dann wechseln im zweiten Teil in rascher Folge die Schauplätze; wiederholte Gefangennahmen und Befreiungen, die im ersten Teil fehlen, wechseln mit Hinterhalten, plötzlichen spontanen Geschehnissen, was sich dann später im ersten Teil des dritten Bandes fortsetzen wird. Wird im ersten Teil von *Kurdistan* durchaus vertraute Alltagswirklichkeit da und dort erlebbar (in Amadijah haben die Helden Kleidersorgen, gehen richtig einmal zu einem Dämmerschoppen), so ist im zweiten Teil alles bedrohlicher, aufregender und undurchsichtiger. Dem entspricht, daß neue Figuren wie der Bey von Gumri und der Melek nicht schwarz-weiß gezeichnet sind, selbst der Nedschir-Bey wandelt sich unter dem Einfluß Marah Durimehs rasch, die Identität der Personen bleibt relativ umrißhaft. Andererseits korrespondieren durchaus der Eingangsteil bei den Dschesidi und der Schlußteil mit Marah Durimeh in einer verbindenden Exotik des Religiösen, die Apotheose des Pir ist vorausdeutendes Vorspiel für den Nimbus der Marah Durimeh. Es wäre aber falsch, hier schon die ästhetische Intention der späten Romane von Karl May für die Deutung der

Marah-Durimeh-Passagen zu berufen. Marah Durimeh gehört zum utopischen Traum einer fiktiven Möglichkeit des Guten, Antipode des Rächers Monte Christo und seines Einflusses, nicht aber Symbol einer Schlüsselhandlung; denn sonst müßte sie im Fortgang des Geschehens entscheidende Funktion erhalten, was aber nicht der Fall ist. Sie bleibt erträumte Gerechtigkeit, Märchenlösung für die Schwierigkeiten des Lebens, gute Fee und gute Großmutter.

Das durchgängige Motiv bei May, daß sich Guttaten belohnt machen (Hilfe als Hekim führt etwa mit Marah Durimeh zusammen), ist generell verdichtet im Schlußteil, als sich die Bedrohlichkeiten häufen und – episch gesehen – in schnellen Sequenzen addieren.

Auffälligerweise bleiben die Haddedihn in diesem Band Nebenfiguren, fern von ihrem Stamm haben sie nur funktionale Bedeutung für die äußere Handlung. Nur Halef als zweites Kara Ben Nemsi-Ich ist deutlich schärfer konturiert und Ansprechpartner, Vertrauter, Kommentator. Der große Gegenspieler fehlt, Konflikte entstehen durchweg spontan aus den Gegebenheiten der Landesverhältnisse oder aufgrund von Mißverständnissen und falschen Einschätzungen, und nicht gewollt. Auch hier ist das grundlegende Thema der Identität berührt.

Band III: Was im letzten Teil des zweiten Bandes schon strukturell auffällig wurde, setzt sich im ersten Teil des dritten Bandes *Von Bagdad nach Stambul* fort, der unter dem ursprünglichen Titel *Die Todeskaravane* abgedruckt war. Das Geschehen steigert sich zunächst als Wirrwarr von Gefangennahmen und Entkommen, Verfolgtsein, Verwundung der Gefährten und Tod Mohammed Emins bis hin zu Passivität, Ausgeliefertsein und Elend als Pestkranke. Es ist der zweifellos düsterste und beklemmendste Teil der Orienterzählungen, möglicherweise der Erzählungen insgesamt, wenn auch im *Verlorenen Sohn* die Häufung von Einzelpassagen des Elends noch häufiger anzutreffen ist. Vom Zusammentreffen mit dem Perser spätestens läuft die ganze ursprüngliche Erzählung *Die Todeskaravane* auf die Pestszene hinaus und gipfelt darin. Dieses Kapitel ist erzählerisch eines der besten, da es die Apathie, die Bedrückung, Teilnahmslosigkeit atmosphärisch treffend und eindringlich wiedergibt. Die kurzen Handlungsszenen, die abwechseln, sind wie Bilder eines Fieberkranken verdichtet und gestaltet. Die Einzelszene etwa, als die

Räuber kommen, ist von traumhafter unwirklicher Suggestivität.

Der Band verstärkt zudem die Exotik des Geheimnisses: der geheimnisvolle persische Prinz, die unsichere Auskunft über die Verfolger, die Schauplätze am Turm zu Babel, in den unterirdischen Gängen von Baalbeck mit dem gegenseitigen Belauern im Dunkeln, dazu die Ungewißheit des Fortgangs. Vor Damaskus gibt es auch keine zwischenzeitliche Absicherung und Erholung: die Bedrohung ist durchgängig. Erst im Schlußteil (Beginn des »Letzten Ritts«) ordnet sich das Geschehen wieder quasi-teleologisch, bekommt Gefälle auf ein klar konturiertes Ziel. Omar und Osko stoßen zu dem Kreis der Verfolger, das Ensemble für die Folgebände ist komplett.

Auffällig sind auch häufigere Erklärungen und Begründungen des Seelenzustandes, Fehler und Versagen häufen sich, in der Babel-Szene muß Halef gar in die Kara Ben Nemsi-Rolle schlüpfen. Insgesamt erscheint im dritten Band der Dualismus zwischen Gut und Böse deutlicher und krasser, gleichzeitig wird das Thema der Freundschaft besonders betont und der Verrat verurteilt.

In *Von Bagdad nach Stambul* wird die Utopie vom gelungeneren Leben, der Traum von der Realisierung der besseren Möglichkeit seiner Identität konfrontiert mit der Alternative des Scheiterns, jedenfalls bis zum Damaskus-Kapitel, um dann doch im Fortgang die Berechtigung des Abenteuers zu bestätigen.

Biographische Reminiszenzen lassen sich wohl besonders im Mittelteil des Bandes herausfiltern, im Ausgeliefertsein, in der Hilflosigkeit des Zustandes: Erinnerungen an dunkle Kapitel des eigenen Lebens. Aber aus dem Scheik der Bebbeh-Kurden, Gasahl Gaboya, den Anwalt der Anklage Karl Hugo Haase zu machen und aus dem Köhler Allo das Maysche Pseudonym Albin Wadenbach, wie es bei Ilmer (JbKMG 1985. S. 263–320. S. 287) geschieht, das heißt, allzu begeistert zu assoziieren.

Mays Träume seien »reißende Märchen«, urteilt Ernst Bloch (Erbschaft dieser Zeit. Ffm. 1962. S. 170), und wie im Märchen stellt sich auch im dritten Band der nicht erklärte Zufall ein (die Wahrscheinlichkeit, Abrahim, Omar und Ali Manach zu treffen, hat Lotteriequalität). Vorsehung und Fügung, nicht Kismet, bestimmen das Leben, und so wundert es fast gar nicht oder darf nicht wundern, in Damaskus nach Abschluß der schlimmsten Epoche deutsche Lieder und Klaviermusik – gleichsam zur Erholung – serviert zu bekommen. Das Märchen hat seine eigene Logik, eine alternative, bessere zur je vorhandenen der faktischen Wirklichkeit.

Band IV: Im Gegensatz zum dritten Band ist vom vierten Band an eine klar strukturierte Handlungsfolge zu beobachten, die sich von der Jagd nach den Feinden bis nach Albanien hin im sechsten Band *Der Schut* her bedingt. Dabei spielt es keine Rolle, ob man sich in Bulgarien oder Albanien befindet. Es ähneln sich die kleinen Orte und Flecken, Schluchthütten, Gasthäuser. Die Personenbesetzung der Verfolger bleibt stabil, dagegen nimmt die Gruppe der Verfolgten bis zum Band VI langsam zu und wird vor allem durch teils kampfstarke Gegner erweitert (Aladschy); auch immer neue Helfershelfer der Schurken und des Schut tauchen auf.

Auf sich allein gestellt, allenfalls den Schutzbrief des Großherrn benutzend, der aber letztlich auch bei den Ortsvorstehern nur vorübergehend nutzt, reiht sich bei der abenteuerlichen Reise bis zum Wohnsitz des Schut eine Bewährungsprobe in die andere, freilich immer einmal gelegentlich durch retardierende Intermezzi wie die Episode im Taubenschlag, die voller Situationskomik ist, unterbrochen.

Prinzipiell ähneln sich die Situationen im vierten Band. Häufiger erfolgt in einem neuen Ort die erste Information durch selber von den Schurken Geschädigte, denen man Hilfe leisten oder die man von der eigenen Ungefährlichkeit überzeugen, oder auch, wie beim Bruder des Schmieds, durch Mitmenschlichkeit erobern kann. So macht sich einerseits die Macht der Schut-Bande und ihr großer Einfluß bemerkbar, andererseits bestätigt sich aber eindringlich, daß Guttaten sich auszahlen. Dann spielt im folgenden häufig das Motiv der Täuschung eine wesentliche Rolle. Scheinbar harmlose Menschen sind nicht das, wofür sie sich ausgeben (der Färber, der Mübarek usw.). Das Identitätsthema taucht auch sporadisch mit der merkwürdigen Figur des Albani auf, der wieder einmal zufällig aufkreuzt und verschwindet, eine Art verfremdeter Kara Ben Nemsi mit einer nicht ganz ersichtlichen Identität, letztlich funktionslos. Der Weg zu den Verfolgten wird durch Hinterhalte, Verschleierungen erschwert, sie erreichen die Verfolgten erst am Schluß des Bandes, als sie sie festnehmen können. Vorher haben sie es nur mit Helfershelfern zu tun: ein recht geschicktes Spannungselement. Obwohl immer auf der Spur der Verfolgten, ist das Ganze im vierten

Band ohne Hektik erzählt. Die einzelnen Episoden sind teils eingehend ausgemalt und atmosphärisch gestaltet, wie das Zusammentreffen mit der Färbersfamilie, wie die Szene im Taubenschlag, wie auch die Vampir-Geschichte, die eigentlich eine kleine eigene Erzählung innerhalb des gesamten Komplexes darstellt, vom Typus der Dorfgeschichte.

Zu der Muße epischer Breite gehört durchaus, daß vertraute und karikierende Elemente gemischt sind, so die sehr alltägliche Figur des Buchmachers Ali, andererseits die überzeichneten Gestaltungen der Färbersleute in ihrer Unförmigkeit oder die erschreckende Gestalt des Mübarek. Die Exotik nimmt etwas ab, weicht mit dem Auftreten grotesk-komischer Elemente und tendiert noch deutlicher zum reinen Märchen. Und so nimmt nicht wunder, daß Kara Ben Nemsi wie weiland Rotkäppchen mit einer Flasche Wein und Gebäck zu einem angeblich armen Bettler im Wald geschickt wird und unter die Wölfe gerät, bar jeden Spürsinns und mit großer Arglosigkeit. Dennoch bleibt insgesamt die Gefahr immer präsent, Hinterhalt und Verrat sorgen dafür, daß die abenteuerliche Probe aufs Exempel nicht vergessen wird.

Die Kapitelfolgen verlaufen ohne epischen Schnitt, die Überleitungen folgen teils ausführlich mit detaillierten Ortsangaben. Der eigentliche Hauptgegner steht noch aus, aber mit dem alten Mübarek, einer der farbigsten Figuren der Bände überhaupt, tritt eine ähnliche Figur auf den Plan wie Old Wabble, einer dieser dürren, grotesken alten Männer bei Karl May, unbelehrbar bis zum Ende, unchristlich, fluchgewohnt, boshaft. Wenn ihm später eine Gewehrkugel ein Gelenk zerschmettert, ähnlich wie Tangua in den *Winnetou*-Bänden, so resultiert daraus ein ähnlich unversöhnlicher Haß bis zum Schluß.

Band V: *Durch das Land der Skipetaren* ist ähnlich strukturiert wie der vierte Band, nur in den Sequenzen noch klarer konturiert. Regelmäßig wechseln hier die Höhepunkte der äußeren Handlung (das Kugelkunststück, die Zweikämpfe mit den Aladschy und dem Miriditen, der Kampf in der Schluchthütte und die Auseinandersetzung im Turm der Alten Mutter) mit meist burlesken Ruheszenen ab (die Szene mit dem Apotheker, mit dem Hekim, mit dem merkwürdigen Aufmarsch der Bewohner von Sbiganzy usw.), insgesamt ein sehr regelmäßig strukturiertes Nacheinander. Die Gegner werden nun hochkarätiger, und im Gegensatz zum vierten Band kommt es jetzt zu Zweikämpfen Kara Ben Nemsis mit ausgesuchten, gefährlichen Gegnern. Zudem waren die Feinde im vierten Band bis zum letzten Kapitel immer auf Distanz. Jetzt trifft man aufeinander. Der Held weicht dabei auch Gefahren, die er wittert, nicht aus. Der äußere Grund ist das hartnäckige Ausfindigmachen-Wollen des Geheimnisses um den Schut, der innere Grund liegt im unerschütterlichen Glauben an sich selbst. Dennoch schlüpft er einmal vorübergehend in die Rolle der bedeutungslosen harmlosen Person, als er sich für die Aladschy verkleidet, gegenüber den Riesen verächtlich und klein wirkt und abfällig als Dummkopf bezeichnet wird. Doch diese Selbsterniedrigung, die der eigentlichen Rolle Mays verdächtig nahekommt, wandelt sich prompt in eine Demonstration der Stärke, der gewünschten eigentlichen Identität: »Ich bin nicht der, für den ihr mich haltet.« Täuschung und Verstellung ist auch das durchgängige Thema dieses Bandes: Täuschung bei den Gegnern wie bei dem verschlagenen Suef, dem schauspielernden Habulam, Täuschung aber auch bei den Verfolgern mit Kugelkunststück, Pferdetausch (Halef muß Rih reiten, um sich mit Kara Ben Nemsi verwechseln zu lassen) usw. – List der Vernunft in einer vorgezeichneten Welt, mag sie sich noch so exotisch gebärden!

Der Miridit ist als Gegner Ausnahme, er ist redlich, treu und steht nur zufällig auf der falschen Seite. Er ist auch ansonsten Ausnahme, da durchweg die Skipetaren oder Arnauten (wie diese sonst von den Türken genannt werden) als zwar wild, kampfeslustig, aber auch als rachsüchtig, ohne moralische Bedenken und häufig hinterhältig geschildert werden. Diese Art von Gegnern taucht in den Amerika-Bänden von May gar nicht selten auf, hier bildet sie noch die Ausnahme von der Regel, welche die Auseinandersetzung zwischen Gut und Böse verlaufen lassen will. Insofern sind die anhängigen Orienttexte tatsächlich märchenhafter geprägt.

Die anderen Gegner sind von unterschiedlicher Couleur. Die Aladschy sind riesige, spontane, leidenschaftliche Gesellen, aber ohne Scharfsinn. Dagegen ist Suef listig, berechnend, ohne erkennbare physische Vorzüge, aber zäh und tapfer. Barud al Amasat und Manach el Barscha bleiben relativ unscharf in der Charakteristik. Die kurzen Scharmützel auf ihrer Flucht zum Zielort bleiben zu episodisch, entscheidenden Zweikämpfen muß im Interesse des Fortgangs der Handlung ausgewichen werden.

Auch hier gibt es eine ausführliche Gerichtsverhandlung, aber diesmal wird Gericht über die Schurken gehalten, und es wird gepeitscht. Kara Ben Nemsi versichert wiederholt, daß ihm solche Exekutionen alles andere als Vergnügen bereiten, daß er es aber »der Gerechtigkeit, der Rücksicht auf uns und unsere Nebenmenschen schuldig« (505 F 5) sei, nicht ohne zu sagen, daß so etwas in Deutschland nicht möglich gewesen wäre (514 F 5). Ausgleichende Gerechtigkeit wird auf Seite 514 (F 5) mit dem Versuch rhetorischer Argumentation eingehend begründet. Die ordentliche Gerichtsbarkeit versagt – der autobiographisch geschulte Blick registriert die Ursachen –, in einer feindlichen Umgebung ohne Hilfe zuverlässiger Behörden sind gegenüber Mördern Stockhiebe eine Gnade, Kerkerhaft wird nicht erwogen.

Band VI: Im *Schut* verschärft sich das Tempo der Handlung. Bis auf wenige Passagen (83 ff. F 6) ist keine Zeit mehr zum Ausruhen bei amüsanten Szenen. Nach der Befreiung von Halef folgen eine aufregende Bärenjagd, zwei Gefechte mit den Feinden in relativ kurzen Abständen, dazwischen die lebensbedrohliche Situation bei der Köhler-Hütte, bis zur dreifach gestaffelten Begegnung mit dem Schut. Dabei werden die Verfolgten dezimiert. Bisher konnten sie immer entkommen. Nun stirbt zunächst der todkranke Mübarek, dann stürzt Manach el Barscha tödlich ab, und schließlich ereilt Barud dasselbe Schicksal von der Hand Oskos. Hamd el Amasat wird von Omar geblendet, und der Schut stürzt, wie große Bösewichter öfter bei Karl May, wie Santer, der Sendador und andere, selber ab: »Allahs Hand trifft alle Gottlosen« (195 F 6) kommentiert Halef den Sturz Manach el Barschas, und May vermeidet es weitgehend tatsächlich, die Exekution selber an den Bösewichtern vornehmen zu müssen. Allenfalls nehmen ihm Gefährten, wie etwa der vom Ehrbegriff seiner montenegrinischen Heimat veranlaßte Osko, diese Arbeit ab. (Übrigens ist in der Buchausgabe der Fehler, daß irrtümlicherweise die Leiche Manach el Barschas als die Barud al Amasats ausgegeben wird, nicht verbessert worden (vgl. DH XIV, H. 14, S. 610 mit 194 F 6).)

Der Schut stellt sich als der kampfgewaltige Gegner heraus, der zu erwarten war, so daß Kara Ben Nemsi vorsichtshalber gegen seine Gewohnheit auf seinen Fausthieb verzichtet und einen Stein zu Hilfe nimmt, um ihn unschädlich zu machen. Er vergißt auch nicht zu erwähnen, daß der Schut ein viel besserer Schwimmer als er selber sei (411 F 6). Das sind schon beachtliche Zugeständnisse, um die Bedeutsamkeit seines Gegners zu betonen. Gottesgericht sozusagen an der Verräterspalte: der unvergleichliche Rih nimmt das Hindernis noch so gerade (Rih, der mit fast menschlichen Zügen in seiner Zuneigung zu seinem Reiter ausgestattet wird), der Schut scheitert.

Die Bestrafung des Köhlers und seiner Rotte durch Stojko und seine Skipetaren klammert der Ich-Erzähler aus, er will es nicht wissen (473 F 6), obwohl der mutmaßliche Ausgang offensichtlich ist. Hier läßt Kara Ben Nemsi dem Schicksal seinen Lauf, was seinen sonstigen Gepflogenheiten widerspricht. Freilich wäre eine solche Episode ohne viel Rede und Gegenrede kaum denkbar und widerspräche dem temporeichen Nexus der Handlung.

Die Zeit zu Erklärungen fehlt, so daß nur auf dem Ritt zur Verräterspalte die Aufklärung Galingrés eingebaut werden kann. Kara Ben Nemsi lehnt Galingrés Geldangebot ab, weiß aber für Halef und Omar eine ansehnliche Belohnung zu bewirken. Das Geldmotiv tritt auch noch an anderer Stelle auf (der Schatz Stojkos), wird aber aus der Sicht des Helden deutlich relativiert. Halef und Omar benötigen Geld, und sie erhalten es. Kara Ben Nemsi ist schon in der fiktiven glücklichen Situation, vermehrten Geldbesitz verschmähen zu können: Utopie einer geglückten Selbstversorgerwirtschaft.

Nun, wo alles zum Ende drängt, werden mit Scharfsinn und Intuition alle Hinterhalte und Intrigen umgangen, die vordem der epischen Verlängerung dienten. Mit Wendungen wie »Mein Verstand sagte mir«, »Mein Gefühl ließ mich ahnen« dokumentiert der Held die prinzipielle Entschlüsselbarkeit der Details. Daß am Schluß bei der ersten Gefangennahme des Schut das Labyrinth eines Stollens von Bedeutung ist, verdichtet symbolisch die Verstrickungen und Verflechtungen abenteuerlicher Bewährung, die es zu bestehen gilt.

Die religiösen Gespräche, die gleich den ersten Band einleiteten und in den folgenden fortgesetzt wurden, fehlen im sechsten Band, sie haben programmatischen Charakter und sind in Fakten und Taten später zu realisieren. Auch eine Figur wie der Buluk Emini im ersten und zweiten Band fehlt, mit dem May treffsicher das epische Instrument der Wiederholung handhabt, dessen Wirkung in der Variation des Wiederkehrenden besteht, andererseits aber die Mitwisserschaft und Erwartungshaltung des Lesers in rhetorischer Übereinkunft einholt. Im Finale erfordert der Nexus eine progredierende Entwicklung.

Die Selbstrechtfertigungen in diesem Band und vorher gehören zum Prozeß gegen sich selber, mit Hilfe der Sprache wird eigene Geschichte nach der Maxime »Nennen heißt Bannen« verfügbar gemacht. Der Gesamtroman ist damit letztlich keine Widerspiegelung von ins Exotische transponierten Erlebnissen, sondern ein Arrangement innerer Wunschbilder der psychischen Topographie, die sich als Geschichte ausgibt und ihre je bessere Möglichkeit in einer neu konstituierten Zeiträumlichkeit aufbaut.

Anhang:

Der Anhang hat novellistischen Charakter. Der »Falke« der Novelle ist Rih und dessen restlose Zuneigung zu seinem Herrn, die in dem unerhörten Ereignis gipfelt, daß der todwunde Rih noch einmal aufsteht und sich zu seinem Herrn aufmacht. Vorausdeutend ist der tragische Verlust Rihs in der Anfangsepisode vorgezeichnet, als er von Pferdedieben geraubt wird. Nach der Begrüßungsfreude und dem herzlichen Empfang durch die Haddedihn ergibt sich für die äußere Handlung rasch der handlungstreibende Ansatz, das Grab Mohammed Emins zu besuchen. Doch der weitere Fortgang der Novelle liegt nicht in diesem äußeren Anlaß begründet, sondern ist im Charakter Amad el Ghandurs vorbedingt, dessen Starrsinnigkeit und Uneinsichtigkeit für die innere Handlung den entscheidenden Wendepunkt der Novelle markiert und das Verhängnis heraufbeschwört. Hauptthema sind Treue und Vertrauen der Gefährten Halef und Omar sowohl Rihs auf der einen Seite und mangelndes Vertrauen bei Amad el Ghandur auf der anderen. Dabei spielt auch eine Rolle, daß das Vertrauen Halefs und Hannehs in Kara Ben Nemsi so weit geht, daß sie ihm den kleinen Kara Ben Halef anvertrauen, den er auch tatsächlich retten kann. Die Enttäuschung und Trauer darüber, daß ihm kein Vertrauen entgegengebracht wird, ist ähnlich eindringlich geschildert wie seinerzeit beim Streit mit Mohammed Emin im dritten Band. Hier sind autobiographische Anklänge wohl kaum von der Hand zu weisen. Daß Halef und seine Familie Anhänger des Christentums geworden sind, schließt den Kreis zum Eröffnungsdisput im ersten Band und bestätigt de facto die Richtigkeit des Vorgehens während der gesamten Orienterzählung, ist weiteres Indiz der Selbstrechtfertigung und der christlichen Deutung des Weltgeschehens, von der Kara Ben Nemsi getrost als Voraussetzung möglicher Argumentation ausgehen kann. Der Glaube an die eigene gewollte Identität utopischer Wirklichkeit wird hier auf die Spitze getrieben, an dieser Identität nämlich scheiden sich Freund und Feind, in der Entscheidung dafür oder dagegen begründen sich Verhängnis oder Glück.

Die Novelle hat keinerlei unpassende Nebenhandlung, es fehlt an Szenen, welche das Gefälle der Haupthandlung hemmen. Sie ist von vornherein tragisch komponiert, tragisch in dem Sinne, daß sie im Charakter eines Menschen begründet ist und in der Erkenntnisblindheit, welche schon die Alten in der griechischen Tragödie als grundlegend für die schicksalhaften Konflikte angesehen haben.

Die Wirkungsgeschichte der sechs Orientbände ist vergleichbar nur noch der der *Winnetou*-Bände. Ganze Generationen von Jungen und Mädchen, auch Erwachsenen haben erstmals aus den Orientbänden Begriffe wie Emir, Effendi, Pascha, Kismet, Bakschisch, Koran, Sure, Dschehennah, Scheich u. a. erfahren und mit Leben füllen können. Und es galt als erprobtes Kunststück, den langen Namen, den Halef sich zugelegt hatte, einwandfrei und mit größtmöglicher Geschwindigkeit aussprechen zu können. Redewendungen wie »Beim Barte des Propheten«, »Allah il Allah« haben hier ihren Ursprung. Kenntnisse der islamischen Spaltung zwischen Sunniten und Schiiten, der Teufelsanbeter, die Vorstellung von der Größe des ehemaligen türkischen Einflußbereiches, von der Lebensart der Beduinen und Nomaden sind durch die Orientbände vermittelt worden. Mit dem Balkan verbindet sich seitdem die Vorstellung von einsamen Schluchten, abgelegenen Dörfern und Flecken, schmalen Flußläufen und Köhlerhütten. Daß dabei mancher die abenteuerlichen Reisen mit Hilfe von Atlanten verfolgte und so anschaulicher erfuhr, als es der reglementierte Schulunterricht erreichen konnte, wo der Tigris lag und wo der Turm von Babel, läßt sich gut begreifen. Die Araber und Skipetaren sind so vertrauter und bekannter geworden als andere exotische Volksstämme.

Claus Roxin hat schon darauf hingewiesen, daß insbesondere etwa die Schilderung Kurdistans nachhaltige Wirkung hatte (Einführung zum R des DH *Giölgeda padishanün*. Regensburg. S. 3). Der Begriff des »wilden Kurdistan« sei zum geflügelten Wort geworden, aber auch namhafte Völkerkundler, auf die er hinweist, bekennen ihre Inspiration durch May.

Der wohl renommierteste Apologet Karl Mays, der Philosoph Ernst Bloch, hat ihn einen »der besten deutschen Erzähler« (Erbschaft dieser Zeit. S. 176; zuerst Literaturblatt der Frankfurter Zeitung v. 31. 3. 1929) genannt und mit May den Stellenwert von Kolportage überhaupt im Literarischen betont, als Modell konkreter Phantasie, mit Anteil an der Blochschen Kategorie des Vor-Scheins. Gert Ueding (Glanzvolles Elend, F.a.M. 1973. S. 148) bringt Blochs Ansatz auf einen plausiblen Nenner: »Denn im Gegensatz zum träumenden Ich des Kitsches beruhigt Kolportage ja nicht: sie treibt den Helden fort (...)« Kitsch sei affirmativ, Kolportage im guten Sinne revoltiert. Von den Orientbänden nennt Bloch konkret die Passage von der Entführung Senitzas: »Oder die Spannung im ersten Band, ganz rein aus dem Traum: Kara Ben Nemsi kriecht durch einen Gang, das geraubte Mädchen aus dem Palast zu befreien. Der Gang wird zum Kanal, Schwimmen, Waten, faules Wasser, das schon über die Augen geht, endlich Ausgang in den Hof, Kara Ben Nemsi taucht auf – und schlägt mit der Stirn an ein Gitter, das die Zisterne verschließt. Wie nun der Held das Gitter zertrümmert, mit dem Kopf im Wasser und halb erstickt hochkommt, eine Kugel pfeift um seinen Kopf: – die Handlung ist wie ein Angsttraum, aus dem man sich nicht herausfindet, oder wie eine Rettung, die man nicht müde wird, hundertmal zu hören. Echte Kolportage läßt sich immer wieder lesen, weil man sie vergißt wie Träume und weil sie dieselbe Spannung hat« (Bloch, Erbschaft, S. 170–171). Auch die Erzähltechnik bei der Befreiung des Schmieds in den *Schluchten des Balkan* wird gerühmt (ebd.).

May hat in der Regel Verständnis für diskriminierte Volksgruppen gepredigt, sporadische Urteile eher abfälliger Art über Gewohnheiten »Halbwilder«, z. B. der Armenier, wiegen den Gesamteindruck nicht auf. Sein unverhohlener Stolz auf deutsche Kultur und Leistungen deutscher Landsleute hat freilich durchaus sozialgeschichtliche und historische Gründe, sie sind auch psychologischer Art in der Aufwertung gewünschter eigener sozialer Identität.

In der Diskussion, ob die Spätwerke Mays oder aber seine eigentlichen Reiseerzählungen den literarischen Vorzug verdienen, ist wirkungsgeschichtlich längst entschieden worden. Die Literaturkritik aber scheint in letzter Zeit Arno Schmidt Recht zu geben. Ohne die Bedeutung der Spätwerke schmälern zu wollen, ist zu sagen, daß der echtere Traum sich in den Orientbänden niederschlägt, in der Mischung von Fremdem und Vertrautem, in der Mehrdeutigkeit der literarischen Wirklichkeit. Die Utopie des Abenteuers verträgt keine Symbolisierung. Das Symbol geht auf einen einsinnigen Verweis, zwar ohne das Gemeinte selber sein zu wollen, aber es ist per definitionem ein-deutig. Und das widerspricht einer Utopie des Abenteuers, das prinzipielles Offensein meinen muß, sonst verliert es seine private individuelle Exotik. Wenn nämlich dramatisches Ringen der Ideen und Mächte den individuellen Traum ersetzt, dann ist aus dem spurenlesenden Verfolgen eines mehrdeutigen und rätselhaften Weges vom Ziel her bestimmte Deutung geworden. Der Weg und die Methode des Fährtenlesens und Unterwegssein wird vor dem Hintergrund gottgewollter Ordnung dieser fiktiven Welt der Orientbände bestätigt. Die utopische Perfektion dieser vorgegebenen Ordnung hilft dem Mann aus Hohenstein-Ernstthal gegen eigene Vergangenheit und leidvolle Enttäuschung. Aber der Weg, nicht das Ziel macht die utopische Wirklichkeit aus. Wenn Halef wieder zu den Zelten der Haddedihn und in die Arme seiner Hanneh zurückkehrt, eignet sich das zufriedenstellend für den Schluß der Handlung. Aber Halef ist nur unterwegs Halef, und Kara Ben Nemsi darf nicht in Radebeul und Dresden bleiben, der Orient ist der Topos der Utopie.

Man hüte sich vor Mays eigener nachträglicher Symbolisierung seiner Orientbände. Der Traum in diesen Bänden ist nicht der des ägyptischen Josephs, er ist vieldeutiger, rezeptionsoffener, auch individueller. Alles Überindividuelle, Allgemeine drängt zur Welterklärung, das Abenteuer aber des kleinen Mannes kommt buntscheckiger daher, vielfarbener, wechselgetönt sozusagen. Warum er in den Orient reite, wird der Marquis in Rilkes »Cornet« gefragt. Und es ist nicht das Ziel, das der Marquis nennt. Die Orientbände Mays sagen: »So könnte ich sein, und das wäre die Lösung von Konflikten.« Die Spätwerke sagen: »Dies bedeutet das, und das ist das anzustrebende Ziel.« Insofern sind die Orientbände kein Ideenkonstrukt, keine symbolische Gestaltung des Ringens guter und böser Mächte in dieser Welt, wenn es auch manchmal so scheinen mag. Sie sind der individuelle Traum eines Mannes namens May auf der Suche nach seiner besseren Identität. Das Mißverständnis der Interpreten hinsichtlich der literarischen Abständigkeit der Reiseerzählungen, verglichen mit den Spätwerken, läßt sich am besten mit Blochs Worten benennen: »Der Rappe Rih ist kein Militärpferd, sondern ein Geschenk des arabischen Scheichs Mohammed Emin, und er reitet ins Morgenland, nicht nach Sachsen« (E. Bloch: Erbschaft dieser Zeit. S. 173). Die literarisch zweifellos bemerkenswerten Spätwerke Mays darf der nicht lesen, welcher die Utopie des Abenteuers sucht.

Er sucht sie vergebens!

Hermann Wiegmann

2. *Winnetou I–III*

Winnetou I

Winnetou, der rote Gentleman war der erste Band der Fehsenfeldausgabe, den May insgesamt eigens für diese Edition schrieb (Bd. 7, 1893; GWR 7, GWB 7); lediglich die einleitenden Bemerkungen über das Greenhorn entnahm er der 1888/89 im DH erschienenen Erzählung *Der Scout.* Seit 1904 entfiel in allen drei Bänden der Untertitel *Der rote Gentleman*, da nach Mays neuem Verständnis »eine Idealgestalt wie Winnetou (...) nicht von der Terminologie Onkel Sams berührt werden (darf)« (undatierter Brief Mays, in: Anhang zu F 9, unpaginiert).

Als wichtigste Quelle für *Winnetou I,* auf die May »bis hin zu nahezu wörtlichen Übereinstimmungen« (G. Wolff: George Catlin: Die Indianer Nord-Amerikas. Das Material zum Traum. Jb-KMG 1985. S. 348–363, S. 351) zurückgriff, nennt die Forschung George Catlins »Die Indianer Nordamerikas«, London 1841, dt. Brüssel/Leipzig 1848: ein von tiefer Sympathie für die bedrohten Völker getragener Bericht über die Darstellung der indianischen Lebensverhältnisse, der auf Reisen basiert, die Catlin in den dreißiger Jahren durch den Westen Nordamerikas geführt haben. Zahlreiche indianische Namen und Ausdrücke entnahm May einem anderen Werk: Albert S. Gatschets »Zwölf Sprachen aus dem Südwesten

Nordamerikas«, Weimar 1876, weitere Einzelheiten W. F. A. Zimmermanns »Malerische Länder und Völkerkunde«, Berlin 1863 (nach G. Klußmeier: Karl May; Schriftsteller – kein Psychopath. In: Vom Old Shatterhand zum Sherlock Holmes. Ein Abenteuer-Almanach. Hrsg. v. S. Augustin und W. Henle. München 1986. S. 71–112).

Die gesamte *Winnetou*-Trilogie – bzw. -Tetralogie, wenn man den anderthalb Jahrzehnte später erschienenen vierten Teil hinzunimmt – umfaßt die wesentlichen Stationen aus dem Leben, Wirken und Nachruhm der Titelfigur und aus ihrer Freundschaft mit Old Shatterhand, dem deutschen Helden und Ich-Erzähler. In der Einleitung des ersten Bandes betont dieser, er wolle der durch die Aggression der Weißen zum Untergang verurteilten indianischen Nation, deren »edelster Sohn« (5F) Winnetou gewesen ist, »das wohlverdiente Denkmal setzen« (6F). Die Kompetenz dazu beziehe er aus seinem langjährigen Aufenthalt bei den Indianern und insbesondere aus der engen Freundschaft mit Winnetou, einer nahezu makellosen Persönlichkeit, die sich im Verlauf der geschilderten Ereignisse ebensosehr durch heroische Leistungen wie durch eine ausgeprägt humane Gesinnung auszeichnen wird.

Der Erzähler, den »unerquickliche Verhältnisse in der Heimat und ein (...) angeborener Thatendrang« (9F) in die Vereinigten Staaten getrieben haben, begegnet dem Leser zunächst als Hauslehrer in St. Louis. Durch Vermittlung des Büchsenmachers Henry, der seinen jungen Freund mit dem »Bärentöter« und später mit dem 25schüssigen »Henrystutzen« ausstattet, wird er als Feldmesser bei einer Eisenbahngesellschaft angestellt, und diese Tätigkeit führt ihn mitten in den Wilden Westen hinein. Angeleitet von dem skurrilen Westmann Sam Hawkens, entwickelt er rasch jene Fähigkeiten, die einen hochrangigen Helden in dieser Gegend auszeichnen. Erste Begegnungen mit wilden Tieren zeigen ihn in einem glanzvolleren Licht als den Lehrmeister, und als er den Streit mit Arbeitskollegen durch einen Hieb an die Schläfe beendet, der den Kontrahenten in Bewußtlosigkeit stürzt, verfällt ein Zeuge spontan auf den Kriegsnamen Old Shatterhand. Bald darauf sieht sich die Vermessergruppe in Auseinandersetzungen mit Mescalero-Apachen verstrickt, den eigentlichen Besitzern des für die Bahnstrecke vorgesehenen Landes. Klekih-petra, der aus Deutschland stammende Lehrer und Erzieher dieser Indianer, wird von einem der weniger achtbaren Begleiter Shatterhands erschossen, und es kommt zu allerlei Kämpfen, in denen sich die Weißen zeitweise der – freilich wenig verläßlichen – Hilfe der Kiowas bedienen, eines mit den Apachen verfeindeten Indianerstammes. Old Shatterhand, von Sympathien für die Apachen getrieben, bewältigt triumphal Duelle mit einem Kiowa-Krieger und dem Apachenhäuptling Intschu tschuna sowie zwischendurch die schwere Verletzung aus einem Kampf mit dessen Sohn Winnetou. Am Ende steht die völlige Aussöhnung mit den Apachen und sogar die Blutsbruderschaft mit Winnetou. Von Shatterhand, Hawkens und ihren Freunden Dick Stone und Will Parker abgesehen, hat keiner der Weißen überlebt.

Im Lager der Mescaleros betätigt sich Winnetou eine Zeitlang als Shatterhands zweiter Lehrmeister. Die Rückreise nach St. Louis bringt dann eine weitere Katastrophe: Intschu tschuna und Winnetous Schwester Nscho-tschi – sie hat sich in Shatterhand verliebt und möchte so werden »wie eine weiße Squaw« (457F) – fallen den Schüssen weißer Verbrecher zum Opfer, die bei ihnen Goldschätze vermuten. Drei der Täter werden im Kampf getötet, der Hauptübeltäter Santer jedoch flüchtet vorerst zu den Kiowas, so daß wiederum Streitigkeiten mit diesem Stamm ausbrechen. Zwar gelingt es Old Shatterhand, den dort in Gefangenschaft geratenen Sam Hawkens zu befreien, aber Santer entflieht endgültig.

Winnetou I nimmt in Mays Gesamtwerk schon deshalb eine Schlüsselstellung ein, weil der Autor hier die endgültige Version vom Reifeprozeß seiner wichtigsten Wildwest-Figur Old Shatterhand und von dessen Freundschaft mit Winnetou, der wohl populärsten Gestalt des Erzählers überhaupt, formuliert. Erst auf dieser Basis gewinnt Mays nordamerikanischer Schauplatz die unverwechselbaren Konturen einer mythischen Welt eigener Art: mit eigenen Lebensregeln und Normen, mit eigener Prominenz und generell mit Verhältnissen, die als utopischer Gegenentwurf zu den realen Gegebenheiten in der Heimat des Autors zu erkennen sind, ihre Abhängigkeit von ihnen aber niemals verleugnen können.

Das gilt zunächst einmal im Hinblick auf die Verwandlung autobiographischen Materials. Im väterlichen Freund Henry kehrt schon mit dem Namen Mays Vater Heinrich wieder, in den Ambitionen des schreibenden Westmanns Old Shatterhand – er will »der Lehrer meiner Leser (...) sein« (153F) – der ehemalige Pädagoge Karl May und in den Standardszenen der Gefangenschaft das wiederholte Hafterlebnis. Aber während sich an die realen Personen und Lebensumstände Erinnerungen von ausgesprochen düsterer Tendenz knüpfen, schlägt in der Fiktion alles zum Vorteil des jungen Helden aus: Mr. Henry ist ein wahrer Helfer und frei von den negativen Zügen, die May noch in der Autobiographie dem Vater zuerkannte; vor dem reich inspirierten Erfolgsschriftsteller May alias Shatterhand verblaßt das Scheitern des Fabrikschullehrers May; und auf die Gefangenschaft folgt im Roman stets eine mehr oder weniger grandiose Befreiungsaktion. May erschreibt sich in *Winnetou I* ein Wunsch-Ich, das binnen kurzer Zeit vom Neuling des wildwestlichen Lebens zum bewunderten Alleskönner aufsteigt.

Dieser Weg läßt sich als Initiationsprozeß begreifen: Mays Held entflieht, wie viele andere Hauptfiguren der Abenteuerliteratur des 19. Jahrhunderts, »der Gesellschaft in die Wildnis einer Traumwelt, in der ihm die Probleme der Realität in anderer Weise als Initiationsprüfungen wiederbegegnen. Indem er hier seine unbefriedigende Wirklichkeit korrigiert (...), konstituiert er eine neue Persönlichkeit« (B. Steinbrink: Abenteuerliteratur des 19. Jahrhunderts in Deutschland. Tübingen 1983. S. 18). Die rasche Karriere Old Shatterhands ist freilich nicht nur abhängig von seinen erstaunlichen Talenten und vom Einfluß der Lehrmeister. Sie bezeugt überdies, daß im Wilden Westen, anders als in Deutschland, weder Geburtsvorrechte noch Besitz oder angemaßte Privilegien zählen; was hier gilt und über Rang und Ansehen des einzelnen entscheidet, sind letztlich die individuellen Fähigkeiten der Persönlichkeit, die sich voll ausbilden und entfalten kann, um in der Wildnis zu bestehen. May entwirft zumindest intentional – wenn auch mit oft recht zweifelhaftem konkreten Ergebnis – das Bild einer offenen, allen hierarchischen Verfestigungen abholden Gesellschaft.

Daß er dieses Bild auf historische Verhältnisse projiziert, die nach seinem eigenen Zeugnis zum Untergang verurteilt sind, erscheint nicht ohne Tragik und belegt zudem abermals die gewaltige Distanz zwischen Mays Entwurf und Mays empirischer Realität. In den gleichen Zusammenhang gehören die Beobachtung, daß der Roman nach den Grundmodellen der Heiligen-Legende strukturiert ist (vgl. G. G. Sehm: Der Erwählte. Die Erzählstrukturen in Karl Mays *Winnetou-*

Trilogie. Jb-KMG 1976. S. 9–28), und die Feststellung, daß die »unaufhörlich beschworene Gestalt des Retters (...) auf den Mythos vom kämpfenden Jesus, vom leidenschaftlichen Rächer aller zu Unrecht Verfolgten, Gedemütigten und Beleidigten (aufgetragen wird)« (G. Ueding: Die Rückkehr des Fremden. Spuren der anderen Welt in Karl Mays Werk. Jb-KMG 1982. S. 15–39. S. 37): Die Gesetze plausibler Psychologien und Wahrscheinlichkeitsrechnungen sind hier außer Kraft gesetzt; zumindest die beiden charismatischen Heldengestalten Winnetou und Old Shatterhand stehen im Dienst von Erlösungsvorstellungen, die im vorhersehbaren Geschichtsverlauf ihre Erfüllung nicht finden können.

Betrachtet man *Winnetou I* als Kernstück der Mayschen Wildwest-Utopie vom besseren, freieren Leben, so gilt das also in mindestens dreifacher Hinsicht: in bezug auf Mays persönliche Lebensumstände, auf die für ihn und die sozial Benachbarten wenig trostreichen gesellschaftlichen Verhältnisse in seiner Heimat und auf die Rettungsbedürftigkeit des unterdrückten, zum Unglück verurteilten Menschen schlechthin. Mit diesen umfassenden literarischen Ambitionen mag es zusammenhängen, daß May den Roman auch in formaler Hinsicht erheblich sorgfältiger konstruiert hat als die meisten seiner Arbeiten mit etwa gleichem Umfang (vgl. H. Schmiedt: »Einer der besten deutschen Erzähler...«? Karl Mays *Winnetou*-Roman unter dem Aspekt der Form. Jb-KMG 1986. S. 33–49). Viele Einzelteile des Textes enthüllen ihre volle Bedeutung erst, wenn man sie mit anderen, strukturell auf sie bezogenen Stellen vergleicht; die Initiationsszenen etwa sind nicht wahllos aneinandergereiht und in ihrem Inhalt beliebig, sondern zeichnen sich, entsprechend dem wachsenden Ruf des Helden, durch eine strenge systematische Steigerung ihres Schwierigkeitsgrades und ihres Gewichts im Kontext der Ereignisse aus.

Winnetou I, der in der Publikumsgunst vermutlich erfolgreichste Text Karl Mays, ist auch von der Forschung seit jeher mit besonderer Aufmerksamkeit bedacht worden. Kaum eine Untersuchung, die Mays gesamtem Abenteuerwerk galt, hat die zentrale Rolle des Romans übersehen. Arbeiten, die May neben anderen Autoren einbeziehen, führen vielfach *Winnetou I* als Exempel an, und umgekehrt sind sogar einzelne Teile des Romans, vor allem die Klekih-petra-Episode, Gegenstand ausführlicher Untersuchungen gewesen.

Der relativ großen Zahl von Studien entspricht die Vielfalt und Gegensätzlichkeit der Urteile. Während ein Kommentator den Band pauschal für »hervorragend« hält (H. Wollschläger: May, S. 78), moniert ein anderer die Schablonenhaftigkeit seines Indianerbildes und verkappte imperialistische Herrschaftsphantasien (vgl. H. Lutz: »Indianer« und »Native Americans«. Zur sozial- und literaturhistorischen Vermittlung eines Stereotyps. Hildesheim 1985); selbst die Detailuntersuchungen gelangen zu ähnlich konträren Ergebnissen. Einigkeit besteht heute am ehesten in der Überzeugung, daß *Winnetou I* ein Schlüsselwerk für das Verständnis nicht nur der Romane Mays, sondern der Abenteuerliteratur überhaupt ist.

Winnetou II

Anders als beim ersten Band griff May für den zweiten *Winnetou* (F 8, 1893; GWR 8, GWB 8) auf ältere Erzählungen zurück, die er durch Überarbeitungen und durch die Hinzufügung einiger Übergänge sowie eines neuen – des siebten – Kapitels zu einer Einheit verband. Die Kapitel 1–4 basieren auf *Der Scout* (DH 1888/89; R der KMG 1977), 5–6 auf der Erzählung *Im fernen Westen,* die schon in Buchform erschienen war (Stuttgart 1879; R Hamburg 1974 und Bamberg 1975) und ihrerseits die bearbeitete Version von *Old Firehand* darstellt (»Deutsches Familienblatt«, Dresden 1875/76; R der KMG 1975). Die Bearbeitung des *Scout* gilt vor allem dem Umstand, daß dort der Ich-Erzähler tatsächlich ein veritables Greenhorn ist, während er diese Rolle in *Winnetou II* nur vorspielt. Die andere Vorlage ist in beiden älteren Versionen eine der blutrünstigsten Geschichten Mays; der Autor hat bei der Bearbeitung für *Winnetou II* viele einschlägige Stellen getilgt oder gemildert, ohne den ursprünglichen Charakter der Erzählung ganz verleugnen zu können. Schon in der Fassung von 1879 hatte er aus Old Firehands Tochter Ellen einen Sohn Harry gemacht und damit eine zarte Liebesbeziehung des Ich-Erzählers gestrichen.

In zahllosen Einzelheiten seiner Wildwest-Erzählungen hat May nicht nur auf wissenschaftliche Literatur zurückgegriffen, sondern sich auch durch die Nordamerika-Romane anderer Autoren anregen lassen. Als mögliche Inspirationsquelle speziell für *Old Firehand* ist eine Erzählung in der »Gartenlaube« (Carl Beyschlag: Die Prairien. Erlebnisse eines deutschen Flüchtlings, 1859, S. 461 ff.) genannt worden (S. Augustin / R. Beissel: Quellen und Vorbilder Mays. In: Vom Lederstrumpf zum Winnetou. Autoren und Werke der Volksliteratur. Hrsg. v. S. Augustin und A. Mittelstaedt. München 1981. S. 59–80. S. 66 ff.). Bei der Thematisierung politisch-militärischer Ereignisse im ersten Teil des Buches dürfte May überwiegend Berichte in Zeitungen und Zeitschriften ausgewertet haben.

Die in den ersten vier Kapiteln geschilderten Ereignisse schließen chronologisch unmittelbar an *Winnetou I* an. Old Shatterhand verliert bei einem Schiffsunglück sein gesamtes Bargeld und verdingt sich deshalb als Privatdetektiv in New York. Sein erster großer Auftrag führt ihn zurück in den Wilden Westen: Ein Bankierssohn namens Ohlert ist entführt worden, und es gilt, ihn und den Verbrecher zu finden. Die Verfolgungsjagd, an der sich auch der berühmte Westmann Old Death beteiligt, führt bis nach Texas und Mexiko; die Reisenden werden in Auseinandersetzungen des amerikanischen Bürgerkriegs und des Machtkampfes zwischen Juarez und Maximilian hineingezogen und geraten auch wieder in Konflikte zwischen Apachen und Comanchen. Während Shatterhand seine Mission erfolgreich zu Ende führt, stirbt Old Death an einer irrtümlich auf ihn abgefeuerten Kugel, doch er erreicht noch sein letztes Lebensziel: die Verzeihung durch den lange verschollenen Bruder, den er einst ins Unglück getrieben hat. Winnetou taucht in diesem Teil des Romans nur sporadisch auf.

Anders verhält es sich mit den folgenden Ereignissen, die einige Zeit später spielen und in denen Old Shatterhand erst einmal einer von Ölbohrungen hervorgerufenen Brandkatastrophe entkommen muß. Winnetou hatte sich einst in die Indianerin Ribanna verliebt, auf eine Verbindung mit ihr aber zugunsten seines Freundes Old Firehand verzichtet; Ribanna wurde dann von einem abgewiesenen Verehrer, dem Weißen Tim Finnetey, ermordet. Dieser Mann taucht nun als Parranoh, Führer der Ponka-Indianer, wieder auf, und stiftet sie zu allerlei Verbrechen an, insbesondere zu Überfällen auf einen Eisenbahnzug und auf die Pelzjägergesellschaft Old Firehands. Zwar fällt Parranoh schließlich, aber die Kämpfe verlaufen für Old Shatterhand und seine Freunde, zu denen neben Winnetou und Old Firehand auch wieder Sam Hawkens gehört, ungewöhnlich verlustreich: Dick Stone und Will

Parker, die alten Bekannten aus *Winnetou I,* sterben ebenso wie zahlreiche Begleiter Old Firehands, und dieser selbst wird schwer verwundet.

Mithin muß Firehand sein Leben als Jäger vorerst aufgeben und die gelagerten Felle verkaufen. Als potentieller Käufer erscheint ein in der Nähe tätiger Händler, zu dem Shatterhand und Winnetou deshalb Kontakt aufnehmen wollen. Es stellt sich heraus, daß dieser Mann kein anderer ist als Santer, der Mörder von Winnetous Vater und Schwester; er nimmt seine überraschten Feinde gefangen und droht ihnen mit dem Tod. Dank einer List entkommen sie, aber ihr Plan, den Verbrecher zu fassen, mißlingt: Ein weiteres Mal entgeht Santer der gerechten Strafe. Am Ende trennen Winnetou und Old Shatterhand sich auf unbestimmte Zeit.

Trotz aller Bemühungen ist es May nicht gelungen, dem zweiten *Winnetou*-Band die gleiche erzählerische Geschlossenheit zu geben wie dem ersten. Vor allem die Old-Firehand-Episode widersetzt sich erfolgreich der angestrebten Integration, denn sie vermittelt ein Wildwest-Bild, das sich immer noch in relativ hohem Maße durch Brutalität und Grausamkeit auf allen Seiten auszeichnet, also auch auf der der tendenziell positiv gezeichneten Personen. Der Erzähler-Held gesteht die Brüche indirekt selbst ein, indem er gelegentlich Verwunderung über das Verhalten seines Blutsbruders Winnetou andeutet, und der Autor May tut dies unfreiwillig, wenn er Winnetou in merkwürdigen Satzkonstruktionen daherreden läßt, über die der gebildete Apache sonst erhaben ist.

Andererseits setzt der zweite Band den ersten in mancher Hinsicht auch konsequent fort. Old Shatterhand, das Greenhorn vom Anfang der Trilogie, ist nun ein derart perfekter Westmann, daß er die Greenhorn-Rolle nach Belieben simulieren kann. Die Kenntnisse zur Lebensgeschichte der Titelfigur werden mit dem Blick in die Liebesaffäre der Vergangenheit um eine wichtige Dimension erweitert, das Schlußkapitel um den Mörder Santer greift unmittelbar die letzten Ereignisse in Band 1 auf. Die Vorstellung weiterer prominenter Helden, wie Old Death und vor allem Old Firehand, trägt zur Vervollständigung von Mays eigenwillig-mythischem Amerika-Bild bei. Im gleichen Sinne wirkt die ständige Wiederkehr einiger Grundmotive der Mayschen Abenteuerwelt: des Belauschens und Verfolgens, des ständigen Wechsels von Gefangennahme und Befreiung, des schier unaufhörlichen Reisens und Reitens.

Bemerkenswert erscheint der enge und offen formulierte Bezug auf politische Verhältnisse. May attackiert insbesondere die Tätigkeit des Ku-Klux-Klan und stellt sich eindeutig auf die Seite der Nordstaaten, der Gegner der Sklaverei. Die aktuellen Streitigkeiten zwischen Apachen und Comanchen werden motiviert als eine Folgeerscheinung des Krieges in Mexiko; als Hauptübeltäter, der die ursprünglich unbeteiligten Indianer zum Kampf treibt, erscheint die Partei der Franzosen. Die politischen Themen spielen dennoch, alles in allem, keine dominierende Rolle, besitzen hier aber immerhin so viel Gewicht wie in keiner anderen Old-Shatterhand-Erzählung.

Eine zusammenfassende Würdigung des Werkes kann seine Besonderheiten und die Kontinuität zum ersten Band ebensowenig ignorieren wie seine Brüchigkeit und Inkohärenz. Es liegt nahe, den Text als eine notdürftig in Romanform gebrachte Anthologie zu lesen; der Autor kompiliert literarische Beispiele der verschiedenen Phasen, durch die sich sein Bild des Wilden Westens entwickelt hat: von der ursprünglichen Szenerie grausamer Kämpfe und heftigen Hassens und Liebens bis zu jener Welt edler Helden und abgrundtief schlechter Schurken, in der zwar die Helden schließlich immer triumphieren, die aber trotzdem zum Untergang verurteilt ist, einer Welt, der May bereits in *Winnetou I* die wesentlichen Konturen gegeben hat

Winnetou II hat, was die Intensität der Forschung und die Bewertung angeht, immer im Schatten des ersten Bandes gestanden. Generell geht die Meinung dahin, May hätte sich entweder um eine noch gründlichere Bearbeitung der herangezogenen älteren Texte bemühen und damit die genannten Brüche und Widersprüche vermeiden oder aber ganz auf eine solche Fortsetzung zu *Winnetou I* verzichten sollen. Das negative Urteil bezieht sich nicht auf die Vorlagen in ihrer ursprünglichen Gestalt und auch nicht uneingeschränkt auf die späteren Änderungen als solche, sondern lediglich auf das dubiose Gesamtbild des Textes. Für sich betrachtet, gilt insbesondere *Der Scout* teilweise als »ein erzählerisches Glanzstück« (H. Stolte: Der Volksschriftsteller Karl May. Radebeul 1936, Bamberg ²1979. S. 88).

Winnetou III

Der dritte *Winnetou*-Band (F 8, 1893; GWR 8, GWB 8) ist auf ähnliche Weise entstanden wie der zweite: May griff auf ältere Erzählungen zurück, überarbeitete sie gemäß den Erfordernissen des jetzigen Zusammenhangs und fügte ein Schlußkapitel neu hinzu. Die Kapitel 1–4 gehen auf *Deadly Dust* zurück (DH 1880; R der KMG 1977), 5–7 auf die Erzählung *Ave Maria,* die 1890 in der »Fuldaer Zeitung« erschienen und zuvor schon unter dem Titel *Im »Wilden Westen« Nordamerika's* (in der Kölner Zeitschrift »Feierstunden im häuslichen Kreise«, 1883; R des KMV in *Winnetou's Tod,* 1976) veröffentlicht worden war. Verglichen mit *Winnetou II* und seinen Vorlagen, betreffen die Veränderungen in diesem Fall nur Kleinigkeiten, etwa die Streichung kurzer belehrender Passagen. Das ursprüngliche Nachwort ersetzte May 1904 durch ein anderes, das den gesamten *Winnetou*-Roman in den Kontext des Spätwerks zu rücken versucht.

Die Entwicklung der Winnetou-Gestalt ist nicht denkbar ohne die traditionsreiche literarische Figur des edlen Wilden und ihr Auftreten in den in Nordamerika spielenden Abenteuerromanen. So kann man denn Coopers Chingachgook, El Sol in Mayne Reids »Die Skalpjäger« und manch anderen zu den Ahnen Winnetous zählen, ohne damit zu sehr konkreten Erkenntnissen zu gelangen. Gerade die in *Winnetou III* verwerteten frühen Texte Mays machen jedoch deutlich, daß vor allem eine Romanfigur als Vorgänger Winnetous anzusehen ist: Rayon Brûlant, ein junger Krieger in Gabriel Ferrys »Waldläufer«, jenem Roman, den May kurz vor der Veröffentlichung von *Deadly Dust* und *Im »Wilden Westen« Nordamerika's* selbst für die Jugend bearbeitete, wobei er sein Winnetou-Modell auch schon mit einer Silberbüchse ausstattete, von der in der Vorlage nicht die Rede ist.

Im ersten Kapitel verhindert Old Shatterhand einen Indianerüberfall auf einen Eisenbahnzug, im zweiten zerstört er in der Wüstenlandschaft des Llano Estakado das Beutelager einer Verbrecherbande, im dritten besteht er ein weiteres Mal Kämpfe mit einer Gruppe von Comanchen. Seine wichtigsten Begleiter sind der Westmann Sans-ear, der Juwelier Bernhard Marshal, dessen Diener Bob und, vom dritten Kapitel an, Winnetou. Als habgierige Hauptschurken agieren Fred und Patrik Morgan, Vater und Sohn, die in allen diesen Konflikten eine unheilvolle Rolle spielen und sich überdies schwere

Verbrechen an den Familien Sans-ears und Marshals haben zuschulden kommen lassen. Im vierten Kapitel, das teilweise in den kalifornischen Goldgräbergebieten spielt, werden sie schließlich gefangen und bei einem Fluchtversuch von Sans-ear getötet.

Der zweite Teil des Buches, dessen Ereignisse Jahre später anzusetzen sind, kulminiert im Tod Winnetous und Santers, des Mörders seiner Schwester und seines Vaters. Thematisch schließt er zunächst an den Beginn an: Wiederum geht es um einen Eisenbahnüberfall, den eine aus Ogellallah-Indianern und Weißen zusammengesetzte Gruppe in diesem Fall jedoch mit Erfolg durchführt. Shatterhand, Winnetou und der Westmann Fred Walker, der in seiner Eigenschaft als Detektiv den Anführer der Weißen sucht, folgen den Banditen und verhindern ein weiteres Verbrechen, den Angriff auf die nächstgelegene Bahnstation. Die zurückgeschlagenen Indianer zerstören das Helldorf-Settlement, eine Siedlung deutscher Auswanderer, und verschleppen deren Bewohner. Zwar gelingt es Shatterhand und seinen Begleitern, die Weißen vor dem Marterpfahl zu retten, aber Winnetou, unmittelbar zuvor von Todesahnungen heimgesucht, wird bei diesem Kampf von der Kugel eines Ogellallah getroffen. Er stirbt unter den Klängen eines einst von Old Shatterhand gedichteten Ave Maria, das der Chor der Siedler vorträgt, und mit dem Bekenntnis zum Christentum: »Winnetou ist ein Christ.« (474F)

Old Shatterhand reitet zum Grab Intschu tschunas: Dort ist Winnetous Testament vergraben, das Auskunft gibt über große Goldvorräte und ihre von Winnetou gewünschte Verwendung. Der Held stößt überraschend auf Santer, der nach den Schätzen suchen will, auf die Intschu tschuna seinerzeit vor der Reise nach St. Louis zurückgegriffen hat (vgl. *Winnetou I*). Im Kampf um das Testament behält Santer zunächst die Oberhand: Während der Westmann von seinen alten Feinden, den abermals mit Santer verbündeten Kiowas, gefangengenommen wird, setzt der Schurke sich in den Besitz der Papiere und entdeckt den darin angegebenen Fundort. Beim Versuch, die Schätze zu heben, kommt es jedoch zu einer für ihn tödlichen Explosion: Winnetou hat zum Schutz des Goldes eine Sicherung eingebaut, die seinem Blutsbruder gewiß nicht entgangen wäre, jeden Unberufenen aber ins Verderben stürzt. Shatterhand hat sich zwar mit Hilfe einer in ihn verliebten Indianerin befreien können, trifft aber zu spät ein: Er erlebt nur noch den Tod Santers mit, das Gold wie auch das Testament Winnetous sind unwiederbringlich verloren.

Im dritten *Winnetou* ergeben sich aufgrund der Textgeschichte ähnliche Probleme wie im zweiten Band, aber der Autor hat in diesem Fall eine etwas glücklichere Hand gehabt: Zwar paßt ein Winnetou, der Verbrecher hinterrücks erschießt (167F) und einem Feind den Skalp nimmt (393F), nicht recht zu dem edlen Indianer von *Winnetou I,* aber insgesamt erscheinen die Brüche innerhalb des Werkes und gegenüber den Bänden I und II als weniger schwerwiegend. In motivischer Hinsicht entsteht gelegentlich sogar der Eindruck einer außerordentlich dichten Komposition: das gilt etwa für Old Shatterhands Flirt im feindlichen Lager, der ein Pendant zu den Nscho-tschi-Szenen im ersten Band bildet.

Liest sich *Winnetou II* wie eine Anthologie zu verschiedenen Entwicklungsstufen des Mayschen Wildwest-Kosmos, so wirkt der dritte Band wie ein Sammelwerk über die für Mays Texte konstitutiven Elemente dieses Schauplatzes in seiner bekanntesten Ausprägung. Mit dem Llano estaccado taucht eine Landschaft auf, die May wiederholt in den Mittelpunkt seiner Nordamerika-Erzählungen gestellt hat *(Old Surehand I, Der Geist der Llano Estakata),* und auch die Einzelheiten der Abenteuer in dieser Wüste entsprechen denen in den anderen Werken. Als kontrastierendes Terrain erscheint das manchmal nahezu unzugängliche Gebirge; die Reisen führen hier wie in vielen anderen Werken Mays aus der Tiefe in die Höhe und bannen damit die elementaren Befreiungs- und Erlösungsvorstellungen, die Mays Werk charakteristisch durchziehen, in schon topographisch eindrucksvolle, wenn auch schlichte Bilder. Umgekehrt erweist sich die Bewegung von der Höhe in die Tiefe als extrem gefährlich: Winnetou empfängt die tödliche Kugel, als er von einem Kraterrand nach unten hinabklettert, und sein Antipode Santer stürzt mit einer Felsplatte buchstäblich zu Tode. Der Roman stellt in häufigem Wechsel heitere und groteske Szenen neben solche von außerordentlicher Gewalttätigkeit, pathetische Momente neben sachliche Beschreibungen, und er rekapituliert auch damit grundlegende Eigenheiten vieler Werke Mays. Daß May hier wiederum mit seinen allgegenwärtigen Motiven des Verfolgens, Anschleichens, Befreiens arbeitet und auch die üblichen nationalen und rassischen Vorurteile mobilisiert –

z. B. im Hinblick auf die Chinesen mit ihren »häßlichen, nichtssagenden (Gesichts-)Zügen« (287F) –, ergänzt das Bild: *Winnetou III* bündelt sehr konzentriert wichtige Bausteine seiner sämtlichen Nordamerika-Romane. Die enge Verzahnung mit dem übrigen Werk ergibt sich auch aus dem beiläufigen Hinweis, der Erzähler wolle über ein bestimmtes Abenteuer, »weil es in keiner Beziehung zu Winnetou steht« (479F), nicht jetzt berichten, sondern später; das geschah dann in *Im Reiche des silbernen Löwen I.*

Diese Beobachtungen allein würden freilich die These vom besonderen Sammelwerk-Charakter des *Winnetou III* noch nicht hinreichend stützen, denn sie ließen sich in ähnlicher Form auf viele andere Erzählungen Mays beziehen. Ein zentraler Punkt kommt hinzu: in kaum einem anderen Text hat May mit solcher Intensität seine fundamentale Überzeugung illustriert, daß zumindest in der Wildnis »die Gier nach ›deadly dust‹, nach Gold, Geld und Besitz den Menschen korrumpiert und ins Verderben stürzt« (C. Roxin: Einführung zum KMG-R *Der Scout / Deadly Dust.* 1977. S. 2–5. S. 3). Ob die Morgans oder Santer, der durchaus sympathische Bernhard Marshal oder der Anführer der Eisenbahnräuber: sie alle müssen erfahren, daß Reichtum und das blinde Streben danach von Übel sind, daß auf die Dauer nur jene Personen bestehen, die sich von dieser Sucht frei halten. May zeichnet hier immer wieder auch ex negativo und damit besonders eindringlich sein Persönlichkeitsideal des Individuums, das sittlichen statt materiellen Werten folgt, in ihrem Dienst die eigenen Tugenden und Fähigkeiten voll ausbildet und damit Zufriedenheit und Glück und letztlich auch allgemeines Ansehen erntet. In diesem Punkt zeigt sich zudem exemplarisch, wie intensiv Mays exotische Romanwelt auf die historische Wirklichkeit reagiert: Während in Mays Heimat Kapitalismus und Industrialisierung teils gedeihen, teils in erste große Krisen geraten, schreibt der Autor seiner Wildnis Lebensverhältnisse ein, die die ökonomischen Grundgesetze seiner realen Umwelt zumindest teilweise ad absurdum führen.

Für *Winnetou III* gilt das gleiche wie für *Winnetou II:* der Band ist aus naheliegenden Gründen stets weniger beachtet und geschätzt worden als der erste dieser Trilogie. Übereinstimmung besteht freilich auch in der demgegenüber freundlicheren Beurteilung der hier gesammelten Einzelerzählungen, die ob ihrer »Mittelstellung zwischen Frühwerk und späteren Reiseerzählungen« (Roxin, S. 3) Aufmerksamkeit fanden.

Helmut Schmiedt

3. Orangen und Datteln

Dieses Werk (F 10, 1893, vordatiert auf 1894; GWR 10) mit dem Untertitel »Reisefrüchte aus dem Oriente von Carl May« ist das erste der Freiburger Reihe, das aus unverbundenen Beiträgen besteht. Es sind dies die acht Erzählungen *Die Gum* (1 ff. F; GWB 10), *Christus oder Muhammed* (155 ff. F; GWB 10), *Der Krumir* (213 ff. F; GWB 10), *Eine Ghasuah* (427 ff. F; GWB 10 u.d.T. *Der Raubzug der Baggara*), *Nûr es Semâ. – Himmelslicht* (463 ff. F; GWB 26), *Christi Blut und Gerechtigkeit* (511 ff. F; GWB 48 u.d.T. *Schefakas Geheimnis*), *Mater dolorosa* (545 ff. F; GWB 48 u.d.T. *Das Kurdenkreuz*) und *Der Verfluchte* (611 ff. F; GWB 26 u.d.T. *Es Ssabbi – Der Verfluchte*).

Die Gum erschien ursprünglich mit dem Titel *Unter Würgern* im V. Jg. (1878/79) des DH (R der KMG: *Kleinere Hausschatzerzählungen* 1982. S. 63–101) und ferner als *Die Wüstenräuber* in Bachem's Roman-Sammlung, Bd. 4, S. 249–408 (R Braunschweig 1976); der Mittelteil ist die Überarbeitung einer Fassung *Die Gum,* die im II. Jg. (1877/78) der »Frohen Stunden«, Dresden-Leipzig erschien (R 1971 in der Erstdrucke-Serie 6 der KMG; GWB 71), der Rest lehnt sich an *Die Rose von Sokna* an. *Der Krumir* erschien erstmals 1882 in der »Belletristischen Correspondenz«, Bielefeld-Leipzig (R der KMG: *Der Krumir* 1985. S. 13–82) und wurde von dort in den 21. Jg. (1882) der Prager Tageszeitung »Politik« übernommen. Die *Christi-Blut*-Erzählung findet sich im II. Jg. (1882/83) der Zeitschrift »Vom Fels zum Meer«, Stuttgart (R der KMG: *Christus oder Muhammed* 1979. S. 244–256). Die übrigen fünf Beiträge sind Kalender-Veröffentlichungen: *Christus oder Muhammed, Mater dolorosa* und *Der Verfluchte* im »Regensburger Marien-Kalender« 1891, 1892 und 1893, *Eine Ghasuah* im »Eichsfelder Marien-Kalender« 1893, Heiligenstadt, und *Nûr es Semâ* in »Benziger's Marienkalender« 1893, Einsiedeln-Waldshut (alle im R S. 26–63, 188–196, 138–148).

Karl May hat bei der Zusammenstellung des Bandes kaum

Textänderungen vorgenommen; erwähnenswert ist, daß der falsche Missionar der *Ghasuah,* ursprünglich ein Engländer, in der Buchfassung (455 F) von unbestimmter Nationalität ist.

Wie Personal und Örtlichkeit zeigen und sich in mehreren bandübergreifenden Rückblicken kundtut, sind die Erzählungen mit Ausnahme der *Gum* als Nebenwerke zum Orientzyklus und zum *Mahdi*-Roman (F 1–6, 16–18) entstanden; sie sind wie diese solide ethnographisch fundiert. Für den *Krumir* hat May auch Pressemeldungen über die französische Besetzung Tunesiens herangezogen.

Der Ich-Erzähler der *Gum,* der mit dem Westmann Old Shatterhand identisch ist (28 F), trifft in Algier ein, um mit dem Engländer Emery Bothwell eine Sahara-Tour zu unternehmen. Von der Familie des reichen Kaufmanns Latréaumont erfährt er, daß Emery bereits aufgebrochen ist, um Rénald, den Sohn des Hauses, aus den Händen des berüchtigten Hedjahn-Bei, des Anführers einer Gum (Raubkarawane) zu befreien. Zusammen mit dem biederen Deutschen Josef Korndörfer und dem großmäulig-ängstlichen Araber Hassan folgt er Emery und bewährt sich in ersten Abenteuern. Als er den Bruder des Hedjahn-Bei vor einem Löwen rettet, erhält er ein Korallenstück, ein später hilfreiches Erkennungszeichen der Räuber. Zum Handgemenge kommt es beim Bab-el-Ghud (Dünentor) am Rande der Sahara, wo der deutsche Erzähler zwei der Räuber im tödlichen Kampf besiegt. Hier wird auch Emery eingeholt, der von den Eingeborenen wegen seiner gezielten Todesschüsse in die Stirn bereits als »Behluwan-Bei, der Räuberwürger« – so die Überschrift des letzten Kapitels (113 F) – gefeiert wird. Im Laufe von weiteren blutigen Gefechten kann in der Wüstenfestung El Kasr der junge Rénald befreit und die Bande besiegt werden. In der Schlußszene stürzt Emery den Hedjahn-Bei, der mit seinem Bruder die Sahara unsicher machte, von der Burgmauer in die Tiefe.

In *Christus oder Muhammed* starten der Ich-Erzähler Charley und Kapitän Frick Turnerstick von Antwerpen zu einer Seereise in Richtung Tunesien. Im Zoo von Marseille haben sie den ersten Zusammenstoß mit Abd el Fadl (Diener der Güte), dem Henker des Beis von Tunis, der ein Kruzifix schändet. Das Eingreifen Charleys (»Ein Christ bin ich«, 163 F) veranlaßt den Araber zu einer Morddrohung, die er – nach einem mißglückten Attentat vor der »Monte-Cristo«-Kulisse des

Château d'If (165 ff. F) – bei weiteren Begegnungen wiederholt. In Tunis lernt der Held die Frau des Henkers, eine heimliche Christin, und ihren sechsjährigen Sohn kennen. Später treffen bei einem Salzsturm in der Nähe von Sfaks alle in der »Höhle des Donners« zusammen, und als auch Tiere eindringen und ein Panther den Knaben anfällt, erschießt Charley die Bestie. Der geläuterte Henker dankt seinem ehemaligen Gegner und bekennt sich, da seine Frau in der Not das Vaterunser angestimmt hat, fortan zum christlichen Glauben.

In der *Krumir*-Erzählung reitet das Ich, das einigen Rückblicken zufolge (240, 407 F) der Kara Ben Nemsi des Orientzyklus sein muß, auf Rih mit seinem Diener und Freund Achmed von Algerien nach Tunesien ein. In Achmeds Heimatdorf erleben sie, wie die Titelfigur, der Bösewicht Saadis vom Stamm der Krumir, Achmeds Geliebte Mochallah und zwei wertvolle Reittiere raubt. Die lange Verfolgungsjagd, an der auch Lord Percy, eine alte Reisebekanntschaft der Hauptfigur, teilnimmt, endet mit einem für May typischen »Todesritt« im südtunesischen Hochland der Schotts: der Krumir bricht sich bei einem Sturz auf der Salzkruste das Genick, und Achmed schließt Mochallah in die Arme. Wichtige Nebenhandlungen entstehen durch die zeitweilige Präsenz des Obersten Krüger-Bei, des Leibwächters am Hof von Tunis, und durch den Aufenthalt im Dorf der Mescheer, wo der Ich-Held mit Percy Löwen und Panther schießt (345, 354 f. F) und mit der jungen Dschumeilah eine Liebesromanze erlebt.

In *Christi Blut und Gerechtigkeit* müssen sich Kara Ben Nemsi und sein Begleiter Halef bei einem Ritt durch Kurdistan während eines Überfalls unter den Schutz von Schefaka, der Schwiegertochter des Scheiks der Zibar, begeben. Als Kara Ben Nemsi entdeckt, daß Schefakas kleine Tochter in deutschen Sprachbrocken betet (»Tis-ti-tut-te-täch-tig-teit«, eine Verballhornung der Titelworte, 540 F), stellt sich heraus, daß Schefakas Vater aus Preßnitz im Erzgebirge stammt. Der Held, der sich nun als Landsmann vorstellt und ein deutsches Lied vorträgt, gewinnt die Freundschaft des Stammes.

Die restlichen vier Erzählungen, Marienkalender-Geschichten wie schon der Beitrag *Christus oder Muhammed,* verwenden erneut das Bekehrungsmotiv. In *Mater dolorosa* stehen Kara Ben Nemsi und Halef einer kurdischen Familie bei, deren Sohn zum Katholizismus übergetreten ist und dadurch familiäre Probleme und Stammeskonflikte auslöst, die mit der Konversion der ganzen Familie glücklich enden. In *Nûr es Semâ* befreien dieselben Helden einen Bagdader Kaufmann aus der Gewalt von Beduinen; sein Sohn, ursprünglich ein Anhänger der altpersischen Religion des Parsismus, findet bei Kara Ben Nemsi eine religiöse Belehrung, die in einer Weihnachtsfeier bei einem christlichen Einsiedler gipfelt. In dem kurzen Nil-Abenteuer *Eine Ghasuah* (d. i. ein Sklavenraubzug) versuchen die ärmlichen Nuehr-Neger, von dem Araber-Stamm der Baqqara und einem dort untergekommenen falschen Missionar ihre entführten Frauen und Kinder zurückzuholen; Kara Ben Nemsi steht ihnen mit Halef erfolgreich bei und verlangt dafür – in behutsamer Bekehrungsabsicht – von den Nuehr den Verzicht auf unchristliche Rachegelüste. In *Der Verfluchte* will ein katholisch gewordener junger Türke, die Titelfigur, sich mit seinem streng muselmanischen Vater aussöhnen; als dieser jedoch den Sohn und den ihn begleitenden Ich-Erzähler mit der Waffe verfolgt, kommen er und andere fanatische Moslems durch einen Bergsturz ums Leben.

Der Band ist – sein Titel läßt es anklingen – ein uneinheitliches Kompositum, das sich einer umfassenden Deutung entzieht. So spielen die Ich-Figuren ihre Heldenrollen mit unterschiedlicher Intensität, und der Christianisierungsdrang der Marienkalender-Geschichten steht im Widerspruch zur verschiedentlich bekundeten konfessionellen Indifferenz (»Gott ist Gott, ob man ihn Allah oder Chodeh nenne« 530F, vgl. 229, 262).

Die fünf Kalendergeschichten machen den schwächeren Teil des Bandes aus; die christlich-apologetische, mitunter sogar (602, 665F) katholisierende Lehrhaftigkeit ist dem Abenteurertum Kara Ben Nemsis zu gewaltsam aufgesetzt. Sie sind jedoch schaffenspsychologisch bemerkenswert, da in den religiösen Stoffen und der damit verbundenen Liebes-Thematik (»Sihdi, dein Glaube ist voller Liebe« 503F) Mays Bestreben sichtbar wird, den »Erzählungsschwerpunkt ... nach innen« zu verlagern (C. Roxin: »Dr. Karl May, genannt Old Shatterhand«. Zum Bild Karl Mays in der Epoche seiner späten Reiseerzählungen. In: Jb-KMG 1974. S. 15–73. S. 56). Die Glaubenszwistigkeiten um Vater, Mutter und Sohn sind May unter dem Schutzschild der religiösen Metaphorik – vgl. die Anspielungen auf die Heilige Familie (211f., 579, 602f. F) – zu Projektionen eigener Kindheitsqualen und -sehnsüchte geraten (s. K. Eggers: Anmerkungen zu Karl Mays Erzählung

Christus oder Muhammed. In: M-KMG 52/1982. S. 3–16). So sind in *Mater dolorosa* die Wutausbrüche des Alten und seine zuschlagende »Riesenhand« (585 F) unbeabsichtigte Illustrationen zur Vater-Darstellung in Mays *Mein Leben und Streben.* Erzähltechnisch bemerkenswert unter den Kalendergeschichten ist *Christus oder Muhammed;* die Fahrt über Antwerpen und Marseille parallelisiert May in der außereuropäischen Weiterreise nach Tunis und Sfaks, wobei er das einleitende Zoo-Motiv durch die Tier-Versammlung der Schlußszene ebenfalls ins Exotische transformiert.

Eindringlicher noch entwirft *Die Gum* diesen Aufbruch in die Exotik. Die von Europa radial wegstrebende Reiseroute akzentuiert May durch die sich ins Fremdartige steigernde Reihenfolge der benutzten Beförderungsmittel: französischer Dampfer, »Steppenpost« (34 F), Pferd, Kamel und schließlich Reitkamel »edelste(r) Rasse« (53 F). Gleichzeitig entwickelt sich das Ich, das in der Sahara Neuling ist (5 f. F), schrittweise zur Heldengestalt; dies geschieht vor allem in der erzählerisch geschickt suggerierten Nachfolgeschaft, die das Ich in bezug auf zwei Vorbilder antritt: den historischen Löwenjäger Jules Gérard (1817–1864) (dessen angebliches Grab man aufsucht, 38 ff. F) und den vorausreitenden Freund Emery (zu dem ein Führer den Helden leiten will, »damit dein Name so groß werde, wie der seinige«, 82 F). Der hier im Ansatz sichtbaren, auf den ersten *Winnetou*-Band hindeutenden ›Geburt des Helden‹ dienen auch die vier poetischen Kapitelanfänge (»Afrika! ... Mein Fuß war gefesselt, aber meine Seele eilte zu dir«, 3 F).

Der Krumir, wohl die bedeutendste Erzählung des Bandes, wirkt durch geographische Aufzählungen (z. B. 382 f. F) und unplausible Fluchtbewegungen mitunter langweilig; doch einige Motivwiederholungen – wenn die Ich-Figur ganz wie der Bösewicht die Gastfreundschaft des Dorfes begehrt oder wie Achmed sich in eine Beduinin verliebt – mildern das sonst bei May überhöhte Erzähler-Ich und unterstreichen den realistischen Grundton. Diese Tendenz findet ihren Höhepunkt in der Jagd auf der brüchigen Salzkruste, wo man den Krumir, »der doch unser Führer ... war, der uns retten konnte« (419 F) fangen will. Die Titelfigur stellt eine aktuelle Anspielung auf die auch »Krumir-Krieg« genannte Invasion Frankreichs in Tunesien ab April 1881 dar. Jüngst wurden hierzu eine Vielzahl weiterer Anspielungen aufgedeckt (vgl. M. Lowsky: »Mummenscherz mit Tanz«. Vieldeutige Abenteuerlichkeit in Karl Mays Tunesien-Erzählung *Der Krumir.*

In: Jb-KMG 1985. S. 321–347): so entspricht beispielsweise der Reiseweg, solange der Soldat Krüger dabei ist, genau der Marschroute des Invasionsheeres, und die privaten Verfolgungs- und Liebesabenteuer können als Persiflage auf den Eroberungsfeldzug gedeutet werden. Antikolonialistische Aspekte werden auch in dem Kosmopolitismus der Erzählung (die Reiserückblicke reichen bis nach Australien, 220F) und in der Solidarisierung des Helden mit den Nomaden (»Warum war ich kein Beduine!«, 355F) sichtbar.

Dieser Sammelband blieb weniger beachtet als Mays große Romane. Öfters wurden Vorbehalte an den Bekehrungsgeschichten mit ihrer »überaus penetranten Moral« (V. Klotz: Durch die Wüste und so weiter. In: Akzente 4/1962. S. 356–383. S. 374) vorgetragen; darüber hinaus hat Arno Schmidt in seinem ›Kurzroman‹ »Aus dem Leben eines Fauns« (Hamburg 1953. S. 132) das »sinnlose Geleier« in der Kinderszene von *Christi Blut* Kindesverdummung genannt. Dagegen fand *Die Gum* in der *Würger*-Fassung sofort die Zustimmung des DH-Redakteurs Venanz Müller, der (Brief vom 14. 10. 1879) wohl auch daraufhin May zur festen Mitarbeit einlud. *Der Krumir,* dessen Finale Ernst Bloch pries (Spuren. F.a.M. 1969. S. 69), wird neuerdings aufgrund seiner politischen Bezüge mit den linksrepublikanischen Polemiken des französischen Journalisten Henri Rochefort (1831–1913) verglichen (s. Lowsky, Mummenscherz mit Tanz, S. 335ff.).

Martin Lowsky

4. *Am Stillen Ocean*

Am Stillen Ocean, erstmals 1893 als Band 11 der »Gesammelten Reiseerzählungen« erschienen, geht (mit Ausnahme der später hinzugefügten Erzählung *An der Tigerbrücke*) auf vier Erzählungen zurück, die Karl May im DH (Regensburg) zwischen 1879 und 1881 veröffentlichte, und zwar in der Reihenfolge *Girl-Robber, Ehri, Brodnik, Kiang-Lu.* In den »Gesammelten Reiseerzählungen“ wurde also die Reihenfolge geändert, doch erwies sich die neue Anordnung als so stringent, daß sie bis in die neuesten Ausgaben beibehalten wurde, wobei in Band 11 der »Bamberger Ausgabe« die fünf Erzählungen in zwei, betitelt *Im Zeichen des Drachen (Ehri, Kiang-Lu, Brodnik)* und *Die Piraten des Indischen Meeres (Girl-Robber, Tigerbrücke)* zusammengezogen wurden.

Vorlagen und Quellen sind bislang nicht namhaft gemacht worden.

Der Ehri erschien als Erstdruck mit dem Titel *Die Rache des Ehri* unter dem Pseudonym von Emma Pollmer in: Frohe Stunden, Dresden – Leipzig, 2. Jg., 1877/78, Nr. 41–43, R Hamburg 1971. Auf der Seereise von Südamerika nach China gerät das Erzähler-Ich, »Charley«, in eine blutige polynesische Familienfehde. Der »Ehri« (Häuptling) hat den Haß seines Schwiegervaters, eines heidnischen Priesters, auf sich gezogen, weil er zum Christentum konvertiert ist. Der Schwiegervater hat nicht nur seine Mutter ermordet, sondern ihm auch die Frau genommen, um sie wieder zu verheiraten. Bei seinem Versuch, auch den Ehri umzubringen, bekommt er es mit Charley und seinen Freunden zu tun und kann gerade noch entfliehen. Ehri und Charley ihrerseits gelingt es dann, die Wiederverheiratung der Frau auf Tahiti durch Störung der Zeremonie zu vereiteln. In einem abschließenden dramatischen Seegefecht mit Auslegerbooten holt sich der Ehri seine Frau zurück und überantwortet seinen Schwiegervater einem Haifisch-Schwarm. Charley besteigt das Schiff seines Freundes Frick Turnerstick, um die Reise nach China fortzusetzen.

Das zweite Kapitel *Der Kiang-Lu* erschien ursprünglich als Erzählung im DH, 7. Jg., 1880/81, Nr. 1–12, R Hamburg 1982 in: *Kleinere Hausschatzerzählungen,* S. 213–276. Auf der Weiterreise nach China rettet der Held einem hochgestellten jungen Chinesen namens Kong-ni das Leben. Dieser belohnt ihn auf zweierlei Weise: er ermöglicht ihm die Ernennung zu einem Mandarin hoher Rangklasse (nach manipulierter Ablegung der Prüfung) und er versieht ihn mit einer Art von Talisman, der ihn bei seiner China-Reise (die über Hongkong nach Kanton und schließlich nach Li-ting führt) vor Ungemach bei Begegnung mit Flußpiraten bewahren soll. In der Tat wird die Auseinandersetzung mit diesen Flußpiraten der China-Reise Charleys und seines ständigen Begleiters Frick Turnerstick ihr spezifisches Gepräge geben. Trotz des Talismans, der sich als Geheimzeichen der Bande erweist, geraten sie in Gefangenschaft, doch gelingt es ihnen schließlich, sich und eine ebenfalls gefangengehaltene Holländerin zu befreien.

Nach einem an kleineren Zwischenfällen reichen Aufenthalt in Kanton gelangen die beiden Freunde schließlich nach Liting, wo sie von Kong-nis Vater in seinem reichen Hause empfangen werden. Doch alsbald stellt sich heraus, daß auch dieser in Verbindung mit den Flußpiraten und insbesondere ihrem obersten Anführer, dem Kiang-Lu, steht. Wenn der Vater Charley adoptieren möchte, dann nicht nur aus Dankbarkeit für die Errettung des Sohnes, sondern um dem Kiang-Lu einen besonders attraktiven Schwiegersohn zuzuführen. Dieser aber erkennt die Gefährlichkeit Charleys, überwältigt diesen und Turnerstick und wirft die beiden in einen grottenartigen Kerker. Die beiden Freunde befreien sich sofort aus ihrem Gewahrsam, und in dem anschließenden Kampf stürzt der Kiang-Lu wie so viele andere Schurken aus Mays Werken in einen Abgrund. Schließlich gelingt es beiden, zu Pferd der Verfolgung durch die Flußpiraten zu entgehen und nach Kanton auf Turnersticks Schiff zurückzugelangen.

Der Brodnik erschien erstmals als Erzählung im DH, 6. Jg., 1879/80, Nr. 44–45, R Hamburg 1982 in: *Kleinere Hausschatzerzählungen,* S. 199–212. Bei dem »Brodnik« handelt es sich um einen Betrüger und Räuber polnischer Herkunft, dem das Erzähler-Ich bei vier verschiedenen Gelegenheiten begegnet: 1. In einem Bahnhofscafé des Ruhrgebiets, wo er mit einer Komplizin als Falschspieler den Erzähler ausnehmen will, was ihm aber natürlich nicht gelingt. 2. »Daheim in Dresden«, und zwar in einer Druckerei, wo er sich falsche Paßformulare drucken lassen will, was aber ebenfalls vom Erzähler, der hier als Zeitschriftenredakteur auftritt, vereitelt wird. 3. In einem vornehmen Moskauer Hause, in das sich die Komplizin eingeschlichen hat, um dort die Beraubung eines Juweliers vorzubereiten: auch dieses Manöver kann der Erzähler durchkreuzen. 4. Vor einem lamaistischen Heiligtum in der Mongolei (erst hier schließt die Erzählung geographisch wieder an die vorhergehenden an), wo der Erzähler erlebt, wie der Brodnik bei einem Versuch, die Höhle des Heiligen zu berauben, ums Leben kommt. Bemerkenswerterweise ist bei diesem vierten Mal nicht das »Ich« für das Scheitern des Schurken verantwortlich, sondern das direkte Eingreifen einer höheren Macht.

Der Girl-Robber, ursprünglich mit dem Untertitel *Ein singhalesisches Abenteuer von Karl May* versehen, erschien erstmals im DH, 6. Jg., 1879/80, Nr. 3–7, R Hamburg 1982 in: *Kleinere Hausschatzerzählungen,* S. 100–125. Gegenüber den anderen Erzählungen wechselt die Perspektive: Der Erzähler berichtet nunmehr von einer Reise, die ihn über Suez nach Ceylon geführt hat. Dort macht er die Bekanntschaft des spleenigen und wettsüchtigen Engländers Sir John Raffley und erlebt zunächst, wie dieser kraft seiner Autorität als Kolonialherr den ceylonesischen Behörden seinen Diener Kaladi entreißt, der von diesen wegen Mordes an einem Chinesen zum Tode verurteilt worden ist. Freilich hatte Kaladi nur seine Braut vor den Zudringlichkeiten dieses Chinesen bewahren wollen, und im Verlauf der Erzählung stellt sich heraus, daß dieser einer Bande chinesischer Piraten angehörte, die sich auf Mädchenraub spezialisiert haben. Als später Kaladis Braut dennoch in die Hand der Mädchenräuber gerät und schlimmer noch, zusammen mit ihr Raffleys geliebte »chair-and-umbrella-pipe«, nimmt der Engländer mit seiner Yacht die Verfolgung der Piratendschunke auf. Während deren Besatzung gerade wieder einen Überfall auf ein Küstendorf unternimmt, wird sie mit Hilfe des Erzählers und Kaladis erobert. Die mit reicher Mädchenbeute heimkehrenden Piraten werden dann teils getötet, teils gefangengenommen, die gefangenen Mädchen freigelassen. Raffley erhält seine chair-and-umbrella-pipe wieder, Kaladi kann seine Braut heiraten: Ende gut, alles gut.

Die Erzählung *An der Tigerbrücke* stellt eine direkte Fortsetzung des *Girl-Robbers* dar: Die beiden Helden machen sich auf die Suche nach den Hintermännern der Piratendschunke, nämlich dem auf einer Nikobareninsel ansässigen Ta-ki und dem an der Südwestküste Sumatras auf einer »an der Tigerbrücke« genannten Insel hausenden Lin-tiao, der einen reichen Holländer gefangen hält, den es zu befreien gilt. Dank der gut ausgerüsteten Yacht des Engländers und dem Scharfsinn und dem Mut des deutschen Erzählers gelingt es trotz der geographischen Distanzen und gelegentlicher kleinerer Rückschläge, die beiden chinesischen Schurken unschädlich zu machen und der Justiz auszuliefern. Der Holländer wird befreit. Eine große Rolle hierbei spielt dessen gewitzter schwarzer Diener Quimbo (auch bekannt aus *De Boer van het Roer*), der die ganze Befreiungsaktion erst veranlaßt.

Es handelt sich um relativ frühe Werke des Autors, entstanden lange Zeit vor den großen Reiseerzählungen und Jugendschriften, die ihm den Ruhm einbringen sollten. Gleichwohl sind es bereits ganz charakteristische Karl-May-Geschichten, deren Personen- und Motivrepertoire auf die künftigen und bekannteren Werke vorausweist. Da ist vor allen Dingen das Erzähler-Ich in dem bereits die Identifizierung realer biographischer Existenz (im *Brodnik* tritt der Erzähler als sächsischer Redakteur auf) mit Tagträumen und Allmachtsphantasien vollzogen wird: Der sich »Charley« nennende Erzähler verfügt bereits über den ungekürzten Katalog der Eigenschaften, die Old Shatterhand und Kara Ben Nemsi auszeichnen: herkulische Körperkraft (Jagdhieb!), geniale Sprachkenntnisse (bis hinunter zu malayischen Lokaldialekten), Kaltblütigkeit und Durchblick auch in den kompliziertesten und gefährlichsten Situationen, die Gabe, sich unbemerkt »anzuschleichen« und nicht zuletzt eine vage Christlichkeit, die ihn selbst und andere davon abhält, überflüssiges Blut zu vergießen. Aufgabe dieser omnipotenten Heldengestalt ist, dem klassischen Schema des Unterhaltungsromans des 19. Jahrhunderts gemäß, Ordnung zu stiften, den in Not geratenen Guten zu helfen und die Bösen ihrer Bestrafung zuzuführen. Noch nicht entwickelt freilich sind hier die providentiellen Züge, die das Erzähler-Ich in den späteren Reiseerzählungen annehmen wird: der »Charley« des *Stillen Oceans* ist noch eine durchaus säkulare Gestalt. Neben dem Erzähler-Ich finden sich auch noch andere Gestalten der späteren Werke wieder, so etwa der exzentrische, wettsüchtige und bärbeißige reiche Engländer Sir John Raffley (der später in *Und Friede auf Erden* einer wundersamen Veredelungskur unterzogen wird) und vor allem die später durch den *Blau-roten Methusalem* in das klassische Figurenrepertoire Mays eingehende Figur des deutsch-amerikanischen Kapitäns Frick Turnerstick, dessen seebärenhafte Lebenstüchtigkeit und Munterkeit sich seltsamerweise mit einer unfaßlichen Marotte paart: Turnerstick glaubt im *Kiang-Lu* (ebenso wie später im *Blau-roten Methusalem*) man könne chinesisch sprechen, indem man lediglich den deutschen Worten Endungen wie ing, ong, ung, ang usw. anhänge. Vertraut wirkt auch die Erzählweise, die dem typischen Schema der Abenteuer- oder Reiseerzählung folgt: Flucht und Verfolgung, Gefangenschaft und Befreiung, Schurkentat und Bestrafung, schließlich ein »offenes« Happy-End, das beliebige Fortsetzungen ermöglicht. Einen außerordentlich großen Rahmen nimmt der Dialog ein (möglicherweise nach Dumas'schem Muster ein Trick, um Zeilen zu schinden). Unerträglich für heutige Leser ist die kolonialistische und rassistische Gestimmtheit aller Erzählungen. Charley, Raffley und Turnerstick springen mit den Angehörigen der fremden Völkerschaften bis hinauf zu den höchsten Beamten in herrischer Manier um, und im übrigen läßt der Erzähler keinen Augenblick Zweifel an der vollkommenen Überlegenheit der Europäer über die fremden Rassen, deren Angehörige selbst dann zumindest skurril wirken, wenn sie, wie etwa der Neger Quimbo, sympathisch dargestellt werden. Besonders deutlich zeigt sich diese Haltung in der längsten dieser Erzählungen, nämlich im *Kiang-Lu,* der in der »Radebeuler Ausgabe« immerhin ca. 250 Seiten umfaßt. Bereits in einem ironischen Exordium tut der Verfasser seine Verachtung für das Reich der Mitte und dessen Bewohner kund, und im Verlauf der Erzählung wird dann vollends klar, daß China für die Helden eine Art von Eingeborenenland ist, das nur durch Zufall noch nicht unter die eigentlich notwendige Fuchtel europäischer Kolonialherren gelangt ist: Die Chinesen sind feige, unsauber, betrügerisch, desorganisiert, ihre Kultur verfallen. Trotz einer gewissen Durchtriebenheit sind sie auch den Europäern an Intelligenz unterlegen und müssen sich deshalb immer wieder den europäischen Reisenden beugen. Nicht vergessen sei freilich, daß, wie auch später im *Blau-roten Methusalem,* Karl May in den *Kiang-Lu* reichlich teils richtige, teils falsche Informationen über das Reich der Mitte und die Lebensart seiner Bewohner einstreute. Dabei ist das antichinesische Grundmuster vorherrschend, es findet sich im übrigen auch im *Girl-Robber* und der *Tigerbrücke* wieder, in denen Chinesen in die Rollen der Hauptschurken eintreten, mit denen die Europäer freilich spielend fertig werden. Fazit: *Am Stillen Ocean* enthält eine Handvoll bereits recht routiniert erzählter Reisegeschichten, deren Zusammenhang untereinander nur locker oder gar nicht vorhanden ist. Für den fortgeschrittenen Karl-May-Interessenten beziehen sie ihr Interesse vor allen Dingen aus der Tatsache, daß sich hier, in einer relativ frühen Phase, bereits charakteristische Personen und Einzelmotive des späteren Werks beobachten lassen. Als ideologiehistorisches Dokument zeigt das Buch in einer erschütternden Momentaufnahme die kolonialistisch-imperialistische Verblendung des zeitgenössischen europäischen Denkens.

Am Stillen Ocean hat von seiten der breiten Karl-May-Leserschaft nur durchschnittlichen Zuspruch erhalten und ist bei der Forschung auf totales Desinteresse gestoßen.

Erwin Koppen

5. *Am Rio de la Plata*

Der umfangreichste Band der Fehsenfeldausgabe (Bd. 12, 1894; GWR 12, GWB 12) erschien zunächst als Zeitschriftendruck unter dem zusammenfassenden Obertitel *El Sendador* in den Jg. XVI und XVII (1889–1891) des DH (R der KMG 1979). Der erste der beiden Teile *(Lopez Jordan)* entspricht den vier Anfangskapiteln der Buchausgabe (S. 1–530), der zweite *(Der Schatz der Inkas)* dagegen dem Rest des *La Plata*-Bandes (S. 531–676) und dem gesamten Folgeband *In den Cordilleren*. Die Abweichungen zwischen Zeitschriften- und Buchausgabe sind insgesamt geringfügig und betreffen zum Beispiel die Streichung einer Handlungszusammenfassung, die in der Zeitschriftenausgabe den zweiten Teil einleitet und nicht von May stammen muß.

Neuere Forschungen haben bis auf wenige Einzelheiten bestätigt, daß May zeitgenössische Buch- und Zeitschriftenquellen auswertete, so daß die ethnographischen, historischen und geographischen Ausführungen weitgehend authentisch sind (darunter vor allem H. Burmeister: Reise durch die La Plata-Staaten, mit besonderer Rücksicht auf die physische Beschaffenheit und den Culturzustand der Argentinischen Republik. Halle 1861; H. Zöller: Pampas und Anden. Sitten- und Kulturschilderungen aus dem spanischredenden Südamerika mit besonderer Berücksichtigung des Deutschtums. Berlin/Stuttgart 1884).

Der deutsche Held und Ich-Erzähler, der im Roman nur an einer Stelle mit seinem Vornamen »Charley« (389F) angeredet wird, befindet sich erst wenige Stunden in Montevideo, wo er aufgrund einer folgenreichen Verwechslung mit dem Anführer einer Revolutionspartei, Oberst Latorre, sogleich in die inneren Verhältnisse Uruguays hineingezogen wird. Vor dem Hintergrund politischer Unruhen, geheimer Waffenlieferungen und Aufstände um das Jahr 1870 schildert May im folgenden die gefahrvolle Reise des Deutschen durch Uruguay und Argentinien. Der Weg führt, wie so häufig bei diesem Schriftsteller, aus den Niederungen ins Hochland, hier also aus der Stadt über die sumpfigen, ungesunden Flußniederungen durch die Pampa und im Folgeband den Gran Chaco bis hinauf in die bolivianischen Kordilleren. Der Deutsche will »Länder und Völker durch den Augenschein kennen lernen« (84F), der Grund, warum er reist, »ist ganz derjenige eines Spaziergängers, welcher es liebt, sein Auge an abwechselnden Bildern zu ergötzen.« (48F)

Der Yerbatero (Teesammler) Monteso versucht, ihn für ein Abenteuer zu gewinnen. Er kennt den berühmten Andenführer Geronimo Sabuco, genannt El Sendador, der von einem sterbenden Mönch eine Knotenschnur (Quipu, bei May »Kipu«) erhalten haben will, mit welcher der Fundort eines unermeßlichen Inkaschatzes ermittelt werden könnte. Monteso will den Deutschen zur Entzifferung der Knotenbotschaft gewinnen, der willigt auch ein, obwohl ihm die Geschichte unglaubwürdig vorkommt und er ein Verbrechen vermutet. Auf der nun gemeinsam unternommenen Reise geraten die Abenteurer, wiederum auf Grund der Ähnlichkeit des Helden mit Latorre, zwischen die Fronten eines politisch motivierten Bandenkrieges, können mehreren Anschlägen und sogar der Exekution nur mit knapper Not entgehen und treffen schließlich auf einem Rancho den furchtlosen »Bruder Jaguar« (vgl. Mays 1891/92 erschienene Jugenderzählung *Das Vermächtnis des Inka*). Hier findet der Deutsche einen sterbenden Landsmann, der ihm beichtet, daß er einst Zeuge eines Mordes gewesen war, den der Sendador an einem Padre beging. Bei der Verfolgung von Freibeutern trifft die Gruppe, die sich im Laufe der Abenteuer immer mehr ergänzt, unter Führung des Deutschen (»Ingenieur dieses Unternehmens«, 288F) auf Frick Turnerstick, »Seebär und Sprachkünstler, mein Gefährte in China« (389f. F), und dessen Steuermann Larsen, ein mit Riesenkräften ausgestattetes Original. Gemeinsam gerät man in Gefangenschaft, kann sich aber aus dem Heerlager Lopez Jordans, der »Höhle des Löwen« (432F), mit Hilfe einer List befreien. Von Buenos Aires fährt die Gruppe jetzt Richtung Corrientes. Durch einen Pampasturm verunglückt jedoch das Dampfschiff, so daß die Gefährten mit Hilfe des Indianers Gomez auf einem Rancho Schutz suchen, wo sie von Jordans Leuten eingeschlossen werden, dann aber mit dem gefangenen Gomarra entkommen können. Der Hauptfigur gelingt es, dessen Vertrauen zu gewinnen. Gomarra ist zum Menschenfeind geworden, weil sein Bruder in den Kordilleren ermordet wurde, als er zufällig Zeuge war, wie ein Unbekannter Kipus vergrub. Da der Deutsche schlüssig beweisen kann, daß es sich bei dem Mörder um den Sendador handelt, lockt der dankbare Gomarra verfolgende Jordanisten in Sümpfe, wo sie von Regierungstruppen gefangengenommen werden. Nun reitet man gemeinsam nach Palmar neuen Ereignissen entgegen, in deren Mittelpunkt Verfolgung und Bestrafung des geheimnisvollen Sendador stehen werden.

Wie in vielen seiner Werke hat May auch in seinem ersten Südamerika-Band unbewußt eigene Probleme und Erfahrungen, besonders der Straftaten-, Haft- und Münchmeyerzeit, verschlüsselt eingearbeitet. So bilden beispielsweise Gefangennahme und Befreiung, kulminierend in der Cadera- und Lopez-Jordan-Handlung, eine mehrfach variierte Grundszenerie des Romans, worin sich der »Traum des Gefangenen« May (vgl. G. Ueding: Geschichte und Geschichten im Werk Karl Mays. Jb-KMG 1978. S. 60–86), die Sehnsucht des mehrfach Inhaftierten nach Befreiung spiegelt. Ein Bezug auf die Haftzeit ist auch in der Gestaltung der sympathischen Figur des militanten Frater Jaguar zu sehen, der den Verfolgten, der in die falsche Richtung reitet, wie der Katechet Johannes Kochta aus dem Zuchthaus Waldheim, rettet. Bruder Jaguars Ruf »Halt! Sie reiten ins Verderben!« (247F) ist eine beziehungsreiche Anspielung auf Kochtas erfolgreiches Bemühen, den straffällig gewordenen May in das bürgerliche Leben zurückzuführen. In der unrechten Anklage vor Caderas Kriegsgericht, in der widerrechtlichen Art, wie sich Cadera Ausweise, Geld und Uhr – Zeichen aus Mays Biographie – anzueignen sucht, und dann später leugnet, dies getan zu haben, spiegeln sich Mays eigene Handlungen, so die sogenannte Stollberg-Affäre und der angebliche Uhrendiebstahl des Junglehrers, als verarbeitungsbedürftige Reste eines Schuldgefühls. Caderas Gerichtsspektakel mit gefälschtem Beweismaterial könnte überdies als Hinweis auf die arrogante und vorurteilsbehaftete wilhelminische Bürokratie und die entwürdigende Praxis ihrer Justiz, mit der May mehrfach in Konflikt geriet, gewertet werden. Im Laufe der Handlung rechnet der Autor mit den Demütigungen, die er einst durch die Obrigkeit erlitt, entschieden ab: Cadera sinkt zur lächerlichen Figur herab, seine protzige Uniform wird zerrissen, der deutsche »Teufel« (241, 324, 420, 487F) läßt sich nicht mehr fangen und verurteilen, seine moralische Integrität trägt den Sieg davon: »Ich bin kein argentinischer Schafsjunge, der sich von dem Worte General in die Enge treiben läßt. Bei mir gilt der Mann, nicht aber der Titel. Von Spitzbuben lasse ich mich nicht verschüchtern« (465 F). Lebensgeschichtliche Bezüge lassen sich möglicherweise noch für weitere Figuren und Ereignisse herstellen. Erwähnt sei hier nur die Ähnlichkeit von Monteso und Münchmeyer. Monteso, der dem Helden zunächst hilft, dann träumerisch-verführerische Schatzpläne ausbreitet, sinkt später zu einer weniger wichtigen Figur neben dem ledernen deutschen Helden herab.

Auf einer allgemeineren Ebene ist gerade dieses Werk Mays ein »Roman der Identitätsverwirrung« (H. Stolte: Mein Name sei Wadenbach. Zum Identitätsproblem bei Karl May. In: Jb-KMG 1978. S. 37–59. – S. 49), in dem May mehr als seine Existenzprobleme gestaltet. Von Anfang an lehnt der »Germano« (370F) jegliche Identifizierung mit anderen Personen ab: er möchte nicht der Putschist Latorre sein, obwohl er große Lust hat, die Rolle des »Doppelgängers noch ein wenig weiter zu spielen« (8F), er will sich keinen Titel anmaßen, nicht an Gewehrkäufen verdienen, auch nicht als gutbezahltes Double des Politikers auftreten. Andererseits läßt er sich zunächst gerne als Greenhorn und weltfremder »Bücherwurm« (35F) betrachten, um später, wie in *Winnetou I,* im geeigneten Moment seine praktische und theoretische Überlegenheit zu beweisen. Nur im äußersten Notfall, und auch dann nur vorübergehend, tritt der Held in Verkleidung einer anderen Identität auf, als Waffenhändler etwa, wenn er sich und die Gefährten aus Jordans Hauptquartier befreien muß. Ähnlich positiv verhält es sich mit dem Verstecken der wahren inneren Qualitäten bei Monteso, auch er ist mehr, als er zunächst scheint, und verbirgt sein gutes finanzielles Auskommen zugunsten einer ärmlichen Teesammlerexistenz. Cadera, der sich als Major ausgibt und als brandschatzender Freibeuter erweist, Kriminaloffizier Carrera, der sich wie der sächsische Geheimpolizist May als ehemaliger Dieb entpuppt, Bruder Jaguar, ein geistlicher Herr, der zur Waffe greift, Soldaten als Wegelagerer und Mordbrenner, Gastgeber, die sich unversehens in Feinde verwandeln – das Spektrum des Identitätsphänomens und der Verwechslungen durchzieht den gesamten Roman und bestimmt wesentlich seine Struktur.

Im thematischen Zentrum des Romans steht der geheimnisvolle Sendador, eine Figur, der man noch zu Beginn keine Untat zutraut, die einen herausragenden Ruf als Andenführer besitzt und sich erst allmählich als schillernder Charakter erweist, schließlich jedoch vom Guten zum absolut Bösen befördert wird. Mit dem Sendador, dem »Führer«, entwirft May das Bild eines intelligenten Schurken und Schatzgräbers. Ohne selbst anwesend zu sein, bildet seine Person den eigentlichen Mittelpunkt der sich nur über wenige Tage erstreckenden Handlung, so daß *Am Rio de la Plata* insgesamt als Charakterexposition Sabucos gelesen werden kann, in der bereits die entscheidende Schlußszene der Gesamthandlung an der Pampa de las Salinas vorgebildet wird. Vor dem Hintergrund dieser erzählerischen Qualitäten verblassen Schwächen des Romans, so etwa, wenn der alte deutsche Gambusino einmal die Ermordung eines Geistlichen (275F), an anderer Stelle aber die von Gomarras Bruder (637F) beobachtet haben soll. Auch der Handlungsverlauf ist nicht ganz schlüssig, weil die feindlichen Anschläge und Verfolgungen nicht genügend begründet und der politische Hintergrund der Fabel nicht ausreichend genug erläutert werden. Das Fehlen einer komischen Person – Turnerstick bleibt farblos, weil seine Sprachmanie kaum in Erscheinung tritt – fällt auf, wird jedoch durch humoristische (42f., 104f., 133f., 185f. F) und karikierend-satirische Passagen, so zum Beispiel, wenn der Ich-Erzähler das Heuchlerische einer Soiree schildert (165f. F), mehr als ausgeglichen. Vergleicht man mit dem Norden des Kontinents, so erscheint Südamerika als zweitklassiger Schauplatz (vgl. 124, 144, 172f., 309, 498, 533F). Die Beschreibung der durch Bürgerkriege unsicher gemachten Länder, die Hervorhebung militärischer Diktaturen und Hinweise auf eine Einflußnahme durch »Yankeegesellschaften« (561F) bezeugen die Aktualität des Romans.

Die Kritik hat den ersten Band aus der kleinen Werkgruppe der in Südamerika spielenden Bücher – neben *Am Rio de la Plata* erschienen noch *In den Cordilleren* und *Das Vermächtnis des Inka* sowie die kleine Marienkalender-Erzählung *Christ ist erstanden!* – recht unterschiedlich bewertet. Lange Zeit hielt man *Am Rio de la Plata* aufgrund erzähltechnischer Schwächen für wenig geglückt (vgl. C. Roxin: Einführung in *El Sendador*. Hamburg/Regensburg. R-KMG 1979. S. 2). Ernst Blochs gewichtiges Urteil »technisch ... vortrefflich« (Erbschaft dieser Zeit. Frankfurt a. M. 1962, S. 171), das sich auf die Exposition des Romans bezieht, bildet eine Ausnahme. Die Entdeckung der autobiographisch-psychischen Ebene sowie die Untersuchung des geographisch-völkerkundlichen Hintergrundes führten erst in jüngster Zeit mit vier Abhandlungen zu einer Höherbewertung (vgl. Jb-KMG 1979. S. 137–261).

Reinhard Tschapke

6. *In den Cordilleren*

Der zweite Band der Südamerikaerzählung (F 13, 1894; GWR 13, GWB 13) erschien vorab als Zeitschriftenfassung unter dem Obertitel *El Sendador* im XVII. Jg. (1890/91) des DH (R der KMG 1979); er enthält den Hauptteil der zweiten Erzählung *(Der Schatz der Inkas)* ab Seite 238 (S. 202 des R); der Anfang dieser Erzählung, der auch inhaltlich zu *Am Rio de la Plata* (Bd. 12) gehört, bildet ab Seite 531 F das fünfte Kapitel dieses Bandes. Die Abweichungen der Fehsenfeldausgabe vom Vorabdruck der Zeitschriftenfassung sind nur gering; sie betreffen vorwiegend die Beseitigung von Unstimmigkeiten.

Die Forschung hat belegt, daß May seine Reiseromane in ihrem geschichtlichen, geographischen und völkerkundlichen Bereich sorgsam nach dem Stand der wissenschaftlichen Forschung seiner Zeit plante, also Quellenstudien betrieb (für den vorliegenden Band vor allem J. J. von Tschudi: Die Ketchua-Sprachen. Wien 1853. Weitere acht einschlägige Werke aus Mays Bibliothek zitiert B. Kosciuszko: »Man darf das Gute nehmen, wo man es findet.« Eine Quellenstudie zu Karl Mays Südamerika-Romanen. In: Jb-KMG 1979. S. 169–185. S. 183. Den historischen Hintergrund entlehnte May dem ›heiligen Experiment‹ der Jesuiten-Mission in Paraguay im 17./18. Jahrhundert). Das Thema dieses Bandes nahm May noch einmal auf in seiner Jugenderzählung *Das Vermächtnis des Inka* (Union 1895; GK Jg. VI, 1–52, 1891/92).

Von Palmar aus sind die Reisenden auf ihrem langen »Wege nach der Pampa de Salinas« (154F) und damit zum »Schatz der Inkas«; zugleich wechselt die Szenerie völlig: die politischen Kabalen des ersten Bandes *Am Rio de la Plata* liegen hinter ihnen. Der Roman beginnt mit zwei Begegnungen; einer unerwarteten: der noch in Tucuman vermutete Pena stößt unerwartet auf die Gefährten und bittet um Hilfe für eine Siedlergruppe, die ins Gebiet der Aripones wollte; und einer erwarteten Begegnung mit Geronimo Sabuco, dem Sendador, der nun erstmals handelnd auftritt; er ist der Mann, der die Siedler den Indianern auslieferte. Der äußere Konflikt ist programmiert: der Sendador, ein berühmter Andenführer, ist nicht mehr die sich wandelnde Gestalt hinter dem Erzählhorizont des ersten Bandes, sondern erweist sich immer mehr als Verbrecher großen Stils. Er hat die Quipus vergraben, die Hinweise auf das Versteck des Schatzes geben. Der deutsche Romanheld gibt ihn daher nach der Rettung der Siedler wieder frei, denn er möchte zunächst das völkerkundlich interessante Geheimnis der Knotenschnüre lösen; er verrät damit aber zugleich seinen Gefährten Gomarra, der in Sabuco den Mörder seines Bruders erkannte und unversöhnlich seine Rache fordert, und gerät mit Pena in Konflikt, den er doch so lange suchte, der aber sein Handeln nicht begreift. Dieser Bekannte aus früheren Abenteuern entpuppt sich unerwartet als deutscher Cascarillero (Rindensucher) Kummer; ein eigenwilliger Gefährte, der sich dem Führungsanspruch des Deutschen nicht beugen will und durch seine Unbeherrschtheit die Gefährten wiederholt in Gefahren bringt. Der Konflikt mit dem Sendador bedeutet auch die Auseinandersetzung mit einander feindlichen Indianerstämmen, die jeweils von weißen Führern ge- oder verleitet werden. Sabuco ist der weiße Herr der Mbocovis, ihr »nuestro Sennor« (436F), die er wie die Aripones und die Chiriguanos seit Jahren für seine verbrecherischen Pläne mißbraucht. Ihm gegenüber steht »el viejo Desierto« (184F), der weiße Berater der Tobas, die ihm Wohlstand und Erfolg verdanken. Der Deutsche und Pena eilen zu ihm, als die Gefährten in die Hände des Sendador gefallen sind, und erkennen in ihm schließlich einen ebenfalls deutschen Europaflüchtling, wie es so viele in Mays Werken gibt, der für eine vermeintliche Schuld unter den Indianern sühnt und dabei ihr Zivilisator wurde. Der Yerno, der Schwiegersohn des Sendador, will den Desierto mit einer Gruppe Mbocovis überfallen; wird jedoch von dem Deutschen überlistet und gefangen. Auch der mit einer weiteren Schar der Mbocovis anrückende Sendador wird gestellt und entkommt nur durch die Fehler Penas. Während der Sendador nun rasch zur Pampa de Salinas strebt, wo die Quipus vergraben liegen, muß der Ich-Erzähler mit seinen neuen Freunden noch die Gefährten auf der Isleta del Circulo befreien, was ihm in bekannter Bravour im Alleingang gelingt.

Wie so oft bei May spitzen sich die Ereignisse im Gebirge zu: Sabuco hat mit Hilfe der Chiriguanos an der Salina einen Hinterhalt gelegt; der Reisende aber dreht die Falle, wiederum wie so oft in Mays Werken, einfach um. Gomarra stürzt den Sendador den Felshang hinunter, aus dem er von dem Deutschen in einer dramatischen Aktion geborgen wird, aber erst als der Sohn des Sendador, der hier erstmals auftaucht, mit den Quipus im Salzsee unterzugehen droht, wandelt sich das Geschick: zwar sind die Pläne verloren, der Reisende aber rettet den Sohn, was bei dem sterbenden Sendador zur späten Einsicht seiner Verfehlungen führt. Sein Leben ist allerdings so wenig zu retten wie die Quipus, die endgültig im Salzsee versinken.

War *Am Rio de la Plata* noch vordergründig der Bericht eines politischen Ränkespiels und in der Spiegelungsebene der Bericht jener Ereignisse, die May aus der (Lehrerlauf-) Bahn warfen, so dominiert *In den Cordilleren* das Sühnemotiv. Er verarbeitet die unbewältigten Relikte seines Lebens weiter. Da May hier wie in fast allen seinen Werken neben der reinen Handlungsebene, der sichtbaren Oberfläche des Werkes, zumindest noch eine tiefere Ebene, eine Spiegelungsebene entwickelt, ist sorgfältig zwischen ihnen zu scheiden; manche Ungereimtheiten der Leseebene erklären sich aus innerer Motivation. *In den Cordilleren* erreicht die Qualität des Orientromans (*Durch die Wüste* bis *Der Schut*) zwar nicht; hat für Mays Psyche und seine Entwicklung zum Schriftsteller jedoch beachtlichen Stellenwert. Trotz einiger formaler Mängel, die sich zumeist aus Zwängen der Spiegelebene ergeben, zeigt der Band beachtliche Reife und Geschlossenheit.

Der zweite Teil der Südamerikaerzählung ist durch das Dominieren einer völlig neuen Personengruppe gekennzeichnet; die Gefährten des ersten Bandes dienen teilweise nur noch als Staffage. Zeigt sich noch im ersten Band der gelungene Versuch, die für die Stabilität seines Ichs so unerträglich fehlgelaufene Vergangenheit in der Romanspiegelung zu korrigieren, indem er einfach die Seiten vertauschte, so bringt die Desierto-Handlung den unbewußten Versuch, sein Schuldgefühl zu sublimieren. Der Desierto ist der Sühnende einer vermeintlichen Schuld, juristisch läge ohnehin nur Notwehr oder Notwehrexzeß vor; so unverständlich es in der Handlungsebene erscheint, daß Winter nach der Kunde seiner Unschuld sein Lebenswerk verläßt und nach Deutschland zurückkehrt, so zwingend wird es in der Spiegelebene, da es auch hier nur um den Nachweis eines makellosen Lebens geht und damit um dic Wiedereinsetzung in die alte Unschuld, die alte Stellung: Mays Romane leiden manchmal unter diesen Folgerungen einer anderen als der üblichen Logik.

Der Sendador, dem der deutsche Reisende mit so merkwürdiger Sympathie und manchmal mit Bewunderung begegnet, für den er schließlich sein Leben wagt, um den im doppelten Sinn so tief gestürzten Mann vor dem Tode zu retten, ist als Figur nur aus folgendem verständlich: Er ist jener Verbrecher, zu dem May vielleicht geworden wäre, wenn er sich nicht aus den Verstrickungen seiner wirren Jugend gelöst hätte. Der Katechet Kochta – im ersten Band im Bruder Jaguar gespiegelt – half ihm dabei. Bei der drohenden Vision des großen Schurken hat er daher seinen Platz verloren. Er wird, wie die weiteren überflüssigen Gefährten des ersten Bandes (so der Yerbatero und Turnerstick), auf die Isleta del Circula für fast die gesamte Romanhandlung verbannt. Die Entsühnung des Sendador ist dem Autor so wichtig, daß formale Verstöße gegen die Romantechnik in Kauf genommen werden; doch wenn dieser Schurke Vergebung finden konnte – und zu diesem Ende wurde der geistliche ›Bruder‹ Jaguar wieder benötigt – dann konnte auch die kleine Schuld des »arme(n), verwirrte(n) Prolet(en)« (E. Bloch: Erbschaft dieser Zeit. F.a.M. 1962, S. 170) getilgt werden. Sich selbst spiegelt er möglicherweise im Yerno und in jenem Sohn, der erst im letzten Kapitel dieses Werkes so seltsam blaß aufscheint. Im Yerno trägt er Schuld, wird Wegelagerer und Ver-Führer der Reisenden, ist aber auch in seiner Schuld unselbständig. Der Sohn aber, der bessere May, tritt nicht handelnd auf, nur kurz als Vollstrecker väterlicher Wünsche.

Die Gestalt des »Verlorenen Sohnes«, ein Bild, in dem May sich selbst begreift, ist auch in Adolfo Horno anzutreffen; die Rehabilitierung dieser Nebenfigur ist für May typisch. Gomarra, die ungebändigte Urkraft, übernimmt die zur Entsühnung notwendige Strafe und fällt damit zugleich sein eigenes Urteil: nicht Rache bringt bei May die Lösung, nur versöhnende Liebe! Übrig bleiben die Reinen: mit dem Bruder Jaguar der Katechet Kochta; mit dem Ich-Erzähler, der nun nicht mehr straucheln muß, weil alle anderen Hindernisse auf dem rechten Weg beseitigt sind, der junge May selbst. Darum kann auch »Der Schatz der Inkas« verloren sein, das bessere Ziel ist erreicht! Mit Pena, dem deutschen Cascarillero Kummer, hat der Autor sich manche Unlogik erlaubt; immerhin verkörpert er das Leid, den Kummer, der ihn auch in der Ferne wieder aufsucht.

Bemerkenswert ist bei May eine Wiederkehr von Motiven; das Gefühl, am Abgrund zu stehen, führt zu zahlreichen Variationen des Felssturzes in seinen Werken: eine ähnlich gefahrvolle Rettung wie die des Sendadors aus dem Felshang findet sich schon im Kolportageroman vom *Weg zum Glück*; der Ritt über den Salzsee ist in *Durch die Wüste* und dem *Krumir* zu finden; aber selbst humorvolle Szenen wie die Episode mit dem kleinen fettschleckenden Indianerjungen (413F) finden sich schon im Band *Durch das Land der Skipetaren* (F 5, 1892, S. 330). Zwar fehlen in diesem Band die ›lustigen Gestalten‹, mit denen May so oft brilliert, doch deuten Szenen wie jene mit dem indianischen »Bläser der Signalpfeife« (425F) Mays Vorliebe für humorvolle Einschübe im Werk an; das bittere Thema der Schuldbewältigung ließ sie allerdings im Falle der *Sendador*-Erzählung sehr zurücktreten.

Am Rio de la Plata und *In den Cordilleren*, beide unter dem Titel *El Sendador* der einzige Südamerikaroman Mays, neben dem nur noch die Jugenderzählung *Das Vermächtnis des Inka* und die kleine Erzählung *Christ ist erstanden* (Benzingers Marienkalender, 1894) stehen, blieb weitgehend unbeachtet; die Kritik begegnete ihm zumeist unfreundlich. Wollschläger (May, S. 75) urteilte: »der zweiteilige ›Sendador‹ (...) wuchert ihm unter der unlustigen Hand«. Differenziertere Beurteilung fand das Werk erst im neunten Jahrbuch der KMG (Hamburg 1979) mit einem Komplex von vier Abhandlungen zu historischen, geographisch-völkerkundlichen und autobiographisch-psychologischen Aspekten, die das tradierte Bild der Kritik zurechtrückten, und durch den R der KMG (darin: C. Roxin: Einführung in *El Sendador*. Hamburg / Regensburg 1979), der »eine weit günstigere Beurteilung« (S. 6) begründet.

Engelbert Botschen

7. *Old Surehand I–III*

Die drei Bände des mehr als 1800 Seiten umfassenden Romans sind – unter teilweiser Verwertung älterer Erzählungen – eigens für die Buchausgabe geschrieben (F 14, 1894; F 15, 1895; F 19, 1896 R 1983; GWR 14, 15; GWB 14, 15). Der erste Band entstand von Juni bis Dezember 1894. In ihn sind zwei kleinere, motivisch mit dem Haupttext geschickt verbundene Binnenerzählungen eingeschaltet: *Der erste Elk*, entstanden im Januar 1890, veröffentlicht in: »Über Land und Meer«, Stuttgart, 1892/93, und *Im Mistake Cannon*, veröffentlicht in: »Illustrierte Welt«, Stuttgart, 1889/90. Beide Erzählungen sind im Faks. des Urdrucks mit Einführungen von J. Wehnert wiedergegeben in: *Der Krumir*, R-KMG, Hamburg 1985. Der zweite Band enthält eine für die Buchausgabe verfaßte Rahmenerzählung, die November/Dezember 1894 entstand. Im übrigen ist er aus fünf früher veröffentlichten und für die Buchausgabe überarbeiteten Erzählungen zusammengefügt:

a) *Three Carde Monte*, veröffentlicht in: DH, Regensburg 1878/79. Faks. des Erstdrucks mit Einführung von H. Meier in: Kleinere Hausschatz-Erzählungen, R-KMG, Regensburg 1982. Die Erzählung ist ihrerseits eine erweiternde Umarbeitung von: *Ein Self-man*, aus: »Frohe Stunden«, Dresden und Leipzig, 1877/78; faksimiliert in: »Frohe Stunden«, R-KMG, Hamburg 1971. Zum ganzen E. Koch, Der »Kanada-Bill«, Variationen eines Motivs bei Karl May. In: Jh-KMG 1976, S. 29–46. b) *Vom Tode erstanden*, veröffentlicht in: »Frohe Stunden«, Dresden und Leipzig, 1878, faksimiliert in: »Frohe Stunden«, R-KMG, Hamburg, 1971. c) *Auf der See gefangen*, veröffentlicht in: »Frohe Stunden«, Dresden und Leipzig 1877/78; faksimiliert in: »Frohe Stunden«, R-KMG, Hamburg 1971. d) *Unter der Windhose*, veröffentlicht in: Das Buch der Jugend, Stuttgart 1886. Faks. des Erstdrucks mit Einführung von S. Augustin in: *Der Krumir*, R-KMG, Hamburg 1985. e) *Der Königsschatz*, veröffentlicht in: *Das Waldröschen*, Heft 16–21, Dresden, 1882–1884. R in: *Das Waldröschen*, Hildesheim / New York, 1969.

Der KMV hat seit 1921 den zweiten Band unter Weglassung von *Der Königsschatz* und Hinzufügung von *Ein Dichter* unter dem Titel *Kapitän Kaiman* als Sammelband verselbständigt. Seither umfaßt *Old Surehand* in GWR und GWB nur noch zwei Bände (14 und 15). Der ursprüngliche dritte Band wurde mit dem Schlußkapitel des zweiten Bandes zu einem neuen Band 2 zusammengefaßt. Der dritte Band entstand von September bis Dezember 1896. Die Ausgaben der Bände 14, 15 und 19 sind in GWR und GWB ab 1920 bearbeitet.

Besonderes Quellenmaterial hat May (von Landkarten abgesehen) für die *Surehand*-Bände, soweit bisher ersichtlich, nicht benutzt. Für die Schilderung des Llano Estacado im ersten Band konnte er sich auf die Darstellungen stützen, die er selbst schon in früheren Werken (vor allem in *Winnetou*, Bd. 3, und *Der Geist des Llano Estakado*) gegeben hatte. Die amerikanischen Rocky Mountains, die dem dritten Band das landschaftliche Kolorit geben, scheinen weniger geographischen Beschreibungen als der eigenen Anschauung nachgestaltet zu sein, die May im Sommer 1893 im Berner Oberland vom Hochgebirge gewonnen hatte; der Autor gibt in F19, S. 552 mit der Erwähnung des Lauterbrunner Tals einen Hinweis darauf.

Old Surehand I

Die Handlung des ersten Bandes knüpft an die Vorgänge an, die in *Der Geist des Llano Estakado* erzählt werden. Old Shatterhand, der Ich-Erzähler, ist mit Winnetou in der Sierra Madre verabredet, findet dort aber nur dessen Botschaft vor: Bloody-Fox und seine Oase im wüstenartigen Llano Estakado sollen von den Komantschen überfallen werden. Winnetou ist zu seiner Warnung vorausgeeilt. Old Shatterhand folgt ihm und trifft dabei auf verschiedene Westmänner, mit denen er sich verbündet, unter ihnen Old Wabble, den mehr als 90jährigen »King of the Cowboys«: Am »Blauen Wasser« gelingt es ihnen, den berühmten Old Surehand aus der Gewalt der Komantschen und ihres Häuptlings Vupa Umugi (Großer Donner) zu befreien. Old Shatterhand holt auch den Neger Bob, den Gefährten des Bloody-Fox, den die Komantschen gefangenhalten, aus dem von Kriegern verlassenen Indianerlager im Hasental heraus. Er trifft dabei auf eine Geistesgestörte (Tibo-wete), die Frau des Medizinmannes (Tibo-taka), die in geheimnisvoller Weise von einem »Wawa (Bruder) Derrick« und einem »Myrthenkranz« spricht. Auf dem Weiterritt erlauschen die Weißen den Feldzugsplan der Komantschen, die nicht nur die Oase überfallen, sondern auch einen Soldatentrupp in die Wüste locken und dem Verschmachten aussetzen wollen. Sie erreichen mit 300 Apatchen, die – durch Winnetou benachrichtigt – auf dem Weg zu ihnen stoßen, die Oase, wo sie auf Winnetou und Bloody-Fox treffen. Alsbald wird ein Abwehrplan in die Tat umgesetzt. Es gelingt ihnen, die Soldaten zu warnen und drei kooperierende Abteilungen der Komantschen nacheinander einzuschließen und zur Kapitulation zu zwingen. Apanatschka, der bei den Komantschen als Sohn des Medizinmannes (Tibotaka) die Stelle eines zweiten Häuptlings einnimmt, bittet, um sein Leben kämpfen zu dürfen. Als Gegner wählt er sich Old Surehand, mit dem ihn eine seltsame Ähnlichkeit verbindet. Als der Kampf unentschieden ausgeht, schließt er sich Winnetou und Old Shatterhand in Freundschaft an. Dagegen kommt es zum Bruch zwischen Old Wabble und seinen bisherigen Gefährten. Der alte »Indianertöter« hatte durch viele Eigenmächtigkeiten Gefahren heraufbeschworen und war schließlich durch eine neue Eskapade in die Hände Vupa Umugis gefallen. Auch hatte er sich Old Shatterhand durch gotteslästerliche Reden und dadurch entfremdet, daß er Indianer und Neger als tief unter ihm stehende Rassen beurteilte. Bei der Rückkehr nach der Oase treffen die Sieger auf einen großsprecherischen Weißen, der sich »General« Douglas nennt. Er erzählt von einem gewissen Dan Etters, den er in Fort Terrel getroffen haben will. Old Surehand erkennt in Etters einen von ihm jahrelang gesuchten Verbrecher; dieser hat in seiner schweren Vergangenheit, über die er auch Freunden die Auskunft verweigert, eine verhängnisvolle Rolle gespielt. Surehand will ihm nach. Old Shatterhand kann ihn nicht begleiten, weil in der Nacht der »General« die Gewehre Shatterhands und Winnetous stiehlt und in Begleitung Old Wabbles flieht. Die beiden Bestohlenen trennen sich daher von Old Surehand, der ihnen eine Adresse in Jefferson-City hinterläßt, und machen sich an die Verfolgung der Diebe. Diese werden in Helmers Home, einer Ansiedlung am Rande des Llano, gestellt; die Gewehre werden ihnen wieder abgenommen. Der »General« wird mit Prügeln bestraft, die Old Wabble ihm verabreichen muß; dadurch geraten die beiden Diebe untereinander in tödliche Feindschaft.

Old Surehand II

Der zweite Band beginnt in Jefferson-City. Old Shatterhand besucht das Gasthaus der Mutter Thick, wo sich eine bunt gemischte Gesellschaft mit abenteuerlichen Geschichten unterhält. Zunächst berichtet ein angeblicher »Colorado-Mann« über sein dreimaliges Zusammentreffen mit dem Kanada-Bill, einem Falschspieler und Mörder. Dieser hatte ihm bei der ersten Begegnung die Braut und den Vater erschossen, bei der zweiten ein Fort überfallen und bei der dritten eine Ölquelle angezündet. In allen drei Fällen hat

Abraham Lincoln, der spätere Präsident, ihm zur Seite gestanden. Anschließend erzählt ein »Literat«, wie der Kanada-Bill am Ende durch Old Shatterhand entlarvt worden und im Wahnsinn gestorben ist.

Die Helden der nächsten Geschichte, die ein ehemaliger Indianeragent zum besten gibt, sind Winnetou und Sam Fire-Gun, ein angesehener Westmann. Beide retten mit ihren Gefährten, unter denen die Freunde Dick Hammerdull und Pitt Holbers hervorragen, in blutigen Kämpfen einen Eisenbahnzug vor dem Überfall der Ogellallah. Bei Fire-Gun hat sich ein angeblicher deutscher Verwandter eingeschlichen, der ihn um sein Vermögen betrügen will. Als er sich entdeckt sieht, flieht er und nimmt mit einem Trupp von Busch-Kleppern Fire-Gun und seine Gefährten gefangen. Nur Winnetou entkommt und befreit die Freunde mit weiteren Helfern, die zu ihm gestoßen sind; unter diesen befindet sich auch der Detektiv Treskow, der den Betrüger schon wegen anderer Verbrechen sucht.

Ein Ethnologe ist Erzähler der dritten Geschichte, die auf einer verfallenen Farm am Nescutunga-Creek spielt. Mit Hilfe einer indianischen Bilderschrift gelingt es dem jungen Apatchen Ischarshiütuha (»kleiner Hirsch«) und seinem weißen Freunde, zwei vor 16 Jahren geschehene Morde aufzuklären und einen damals vergrabenen Goldschatz zu finden. Der Mörder, der den Schatz vergeblich gesucht hat und inzwischen zu einem halb wahnsinnigen Säufer geworden ist, wird durch einen Wirbelsturm getötet.

Anschließend berichtet ein Rechtsanwalt den Abschnitt aus dem *Waldröschen*, der von den Kämpfen um den Königsschatz der Mixtecas und die Hazienda del Erina handelt.

Unterdessen erscheint Treskow, der Detektiv, selbst in der Wirtsstube und erzählt die Fire-Gun-Geschichte weiter. Er berichtet, daß der angebliche Verwandte Fire-Guns als der »schwarze Kapitän« ein berüchtigter Korsar gewesen sei und mit seinem Segelmeister, der »Miß Admiral«, einer verwegenen Frau, die Meere unsicher gemacht hatte. Er wurde aus seiner Gefangenschaft bei Fire-Gun von einem nachrückenden Trupp Ogellallah befreit und floh mit dessen Wertpapieren nach San Francisco. Dort hat inzwischen die Miß Admiral durch einen raffinierten Coup den Segler »l'Horrible« gekapert. Der schwarze Kapitän kommt an Bord, als sie gerade den Befehl übernehmen will, bemächtigt sich des Schiffes und setzt die Miß Admiral gefangen. Kurz darauf erscheinen Winnetou und Fire-Gun und seine Gefährten, die den Entflohenen nachgesetzt sind. Der Klipper »Swallow« nimmt mit ihnen die Verfolgung auf und entert das Piratenschiff. Der schwarze Kapitän und die Miß Admiral werden zum Tode verurteilt.

Die Erzählrunde findet ihr Ende, als sechs Rowdies das Gastzimmer betreten. Ihr Anführer, Toby Spencer, erzählt, daß er mit einem General Douglas nach dem Park von San Louis in Colorado will. Er fängt Streit mit Old Shatterhand an, der bisher nur als ruhiger Zuhörer dagesessen hat. Dieser schießt in der Abwehr Spencer in die Hand und wirft die Rowdies hinaus. Am nächsten Tage erkundigt er sich im Bankhaus Wallace nach Old Surehand und erfährt, daß dieser seinerzeit Dan Etters nicht gefunden hat und jetzt ebenfalls nach dem Park von San Louis aufgebrochen ist. Bei der Rückkehr zu Mutter Thick erscheinen Hammerdull und Holbers als neue Gäste. Ihnen ist ihr Geld gestohlen worden; die Nachforschungen ergeben, daß der »General« der Dieb ist. Shatterhand, Winnetou, Hammerdull, Holbers und Treskow beschließen, Douglas zu folgen und Old Surehand aufzusuchen. Auf Fenners Farm, wo sie Station machen, läuft ihnen Old Wabble über den Weg. Er unternimmt einen – durch Winnetou vereitelten – Mordanschlag auf Old Shatterhand und wird festgenommen; dieser läßt ihn aber laufen.

Old Surehand III

Der dritte Band setzt die Handlung des zweiten ohne Zäsur fort. Old Wabble verbündet sich mit den Osagen, um verschiedene Farmen zu überfallen. Winnetou und Old Shatterhand durchkreuzen den Plan. Shatterhand kann Apanatschka befreien, der in die Hände der Osagen gefallen ist. Deren Häuptling Schahko Matto (»Sieben Bären«) und Old Wabble werden gefangengenommen. Während es gelingt, Schahko Matto von seine Plänen abzubringen, wird Old Wabble abermals freigelassen. Auf Harbours Farm, wo die Freundesgruppe einkehrt, ereignet sich ein ähnlicher Mordanschlag wie auf Fenners Farm. Wiederum entgeht Shatterhand dem Schuß, der von außen durch das Fenster auf ihn abgefeuert wird. Diesmal ist der Täter der ehemalige Medizinmann der Komantschen, Tibo-taka, der mit dem General im Bunde ist. Aus Mitteilungen Harbours, Schahko Mattos und Winnetous ergibt sich, daß es sich in Wirklichkeit um einen Weißen namens Thibaut (Tibo!) handelt, der wegen verschiedener Verbrechen gesucht wird und sich bei den Komantschen verborgen hat; er ist nicht der wahre Vater Apanatschkas. Schahko Matto schließt sich den Verfolgern des Generals freiwillig an, weil er mit Thibaut noch eine Rechnung zu begleichen hat.

Beim Weiterritt werden die Freunde von Tramps überfallen und gefangengenommen. Bei ihnen befindet sich Old Wabble, der sich an Old Shatterhand rächen will und die Tramps durch den Hinweis geködert hat, daß Winnetou Goldlager kenne. Schließlich werden die Gefangenen von Kolma Puschi (»Schwarzauge«), einem geheimnisvollen Indianer, der einsam in den Bergen herumstreift, aus der Gewalt der Tramps befreit. Doch kreuzen sie bald darauf den Weg Toby Spencers und seiner Rowdies; Spencer verletzt Old Shatterhand durch einen Schuß aus dem Hinterhalt. Anschließend überfallen die Rowdies eine Schmiede, wo sie nun aber ihrerseits von Old Shatterhand und seinen Freunden ereilt und unschädlich gemacht werden. Toby Spencer wird bei einem mit Schmiedehämmern durchgeführten Duell für immer kampfunfähig gemacht.

Im »Bärental« treffen die Freunde schließlich Old Surehand. Er ist von den Utahs und ihrem Häuptling Tusahga Saritsch (»Schwarzer Hund«) gefangengenommen worden und soll nur dann das Leben geschenkt erhalten, wenn er die Felle von vier Grizzly-Bären bringt. Mit vereinten Kräften gelingt es unter teilweise höchst gefährlichen Umständen, die vier Bären zu erlegen und Old Surehand zu befreien. Die Fortsetzung des Ritts führt die Gefährten hoch in die Rocky Mountains. Am »Berg des grünen Wassers« spitzen sich die Ereignisse dramatisch zu. Der »General« hat sich mit den Utahs verbündet und Old Wabble mit seinen Tramps überfallen. Sämtliche Tramps werden ermordet. Nur der alte Wabble ist, um die Rache noch schrecklicher zu gestalten, mit dem Unterleib in einen gespaltenen Baumstamm eingeklemmt worden und leidet qualvolle Schmerzen. Old Shatterhand trifft ihn als Sterbenden und befreit ihn aus seiner Lage. Im Augenblick des Todes bereut Old Wabble und bittet um Vergebung und Gottes Barmherzigkeit. Er stirbt als Erlöster.

In den Bergen treffen die Freunde wieder auf Kolma Puschi, und nun klärt sich das dunkle Schicksal Surehands und seiner Familie, das Shatterhand schon im Laufe der früheren Ereignisse aus zahllosen Einzelinformationen schrittweise rekonstruiert hatte, endgültig auf. Kolma Puschi ist in Wirklichkeit eine als Mann auftretende Frau. Old Surehand und Apanatschka sind ihre Söhne aus der Ehe mit einem Weißen, Bender. Sie heißt eigentlich Tehua Bender, und Tibo-wete ist ihre Schwester Tokbela. Der »General« ist ein gewisser Dan Etters und der Stiefbruder ihres Mannes. Er hat zusammen mit Thibaut das Ehepaar Bender und den Bruder Tehuas, den indianischen Prediger Derrick, durch gefälschte Geldscheine und Schriftstücke ins Gefängnis gebracht. Bender starb dort. Tehua und Derrick kamen mit Hilfe eines Gefängniswärters, des späteren Bankiers Wallace, wieder frei. Thibaut wollte Tokbela heiraten. Derrick verhinderte das, indem er ihr den Myrthenkranz vom Kopf riß und Thibaut in den Arm schoß; seither ist Tokbela wahnsinnig. Derrick ging mit Tehua in die Rocky Mountains, um dort Gold zu holen; Etters, der ihnen mit Thibaut gefolgt war, erschoß ihn am Devils-head. Tehua wurde gerettet. Aber inzwischen war Thibaut mit Tokbela und Tehuas Sohn Fred (Apanatschka) verschwunden, während der ältere Sohn Leo (Surehand) mit dem polizeilich verfolgten Wallace geflohen war. Seitdem suchte Tehua nach ihren Kindern und Old Surehand nach seiner Mutter, seinem Bruder und Dan Etters. Surehand ist jetzt durch einen anonymen Brief des »Generals« in die Berge gelockt worden; dieser will ihn dort ermorden.

Auf dem Weg nach dem Devils-head begegnet die Freundesgruppe Thibaut, der dort den »General« treffen will. Im Zweikampf mit Schahko Matto wird Thibaut erschossen. Am Devils-head wird auch der »General« von seinen Verfolgern ereilt. Auf der Flucht stürzt er mit einem Felsblock in die Tiefe und wird durch die Steine tödlich verletzt.

Der Roman *Old Surehand* zeigt exemplarisch die Entwicklung Karl Mays als Reiseerzähler in der produktivsten Phase seines Schaffens zwischen 1877 und 1896. Die Geschichten des zweiten Bandes gehören zum Frühwerk (mit Ausnahme der kurzen Erzählung *Unter der Windhose*, die eher als Vorläufer der Jugendschriften gelten darf); *Auf der See gefangen* ist Mays erster Roman überhaupt und *Three Carde Monte*, der Episodenreigen um den (historischen) Kanada-Bill, sein frühester Beitrag für den »Hausschatz«. Es handelt sich um Anfängerarbeiten mit den Schwächen, die Mays Bemühungen um das exotische Genre zu Beginn kennzeichnen: Sie sind überreich an wild-phantastischen Abenteuern mit vielfach blutigem Ausgang; die Handlungsführung ist ziemlich planlos, die Personenzeichnung undifferenziert, und die ethische Vertiefung, um die May sich später so sehr bemüht hat, fehlt noch völlig.

Demgegenüber zeigt der erste Band May auf der Höhe seiner »klassischen« Abenteuererzählungen. Das Buch ist anderthalb Jahre nach *Winnetou I* entstanden. Es erreicht diesen Roman nicht ganz, zehrt aber von dessen suggestiver Mythologie (sowie der Fabel und der Topographie der sehr gelungenen Jugenderzählung *Der Geist des Llano Estakado*): Old Shatterhand und Winnetou stehen als das ideale Freundespaar im Zentrum der Erzählung und sind als beherrschende Gestalten im Wildwestkosmos von Freund und Feind anerkannt. Sie bestimmen den Handlungsverlauf, der von der ersten Störung des Friedens (durch den Feldzugsbeginn der Komantschen) bis zu dessen vollständiger Wiederherstellung (der endgültigen Bewahrung des Oasen-Idylls) nach sorgfältig erdachten Plänen abläuft. Die rohe Gewalt, die in den Früherzählungen die Kämpfe zu Lande und zu Wasser bestimmt, weicht der überlegenen Strategie, die Vergeltung der Milde; die Kampfhandlungen werden nicht mehr durch den Tod der Kontrahenten, sondern durch Friedensvereinbarungen abgeschlossen.

Der dritte Band, der zwei Jahre nach dem ersten abgefaßt ist, liegt jenseits der Schaffenskrise des Jahres 1895 und gehört schon in die Zeit der späten Reiseerzählungen (vgl. C. Roxin: »Dr. Karl May, genannt Old Shatterhand«. Zum Bild Karl Mays in der Epoche seiner späten Reiseerzählungen. Jb-KMG 1974. S. 15–73). Er übernimmt das Spannungsrepertoire der klassischen Abenteuererzählungen, durchsetzt es aber gleichzeitig mit ethischen und religiösen Fragestellungen, die nicht, wie früher vielfach, retardierend-besinnliches Beiwerk bleiben, sondern handlungsbestimmend werden. Es geht gegen Ende des dritten Bandes nicht mehr, wie ehedem, um Schatzfunde und ähnliche äußere Ziele (die Suche nach Gold wird in einer komischen Nebenhandlung sogar ausdrücklich persifliert), sondern um Haltung und Schicksal des Menschen angesichts des Todes (Old Wabble/General), um die Erlösung von innerer Qual angesichts einer sozial deklassierenden Vergangenheit (Surehand) und um die Wiederherstellung einer durch schwere Verbrechen zerstörten Mutter-Kind-Beziehung (Kolma Puschi – Old Surehand – Apanatschka). Der Schwerpunkt der Erzählung beginnt sich also, wie es sich dann im Spätwerk immer stärker ausprägt, allmählich von außen nach innen zu verlagern. Nicht mehr die Taten Winnetous und Old Shatterhands fesseln in erster Linie das Interesse des Lesers, sondern etwa das (durch die Versengung seiner weißen Haarmähne symbolisch eingeleitete) langsame Sterben Old Wabbles und die Gründe, die Old Surehand und Kolma Puschi zu einsamen Suchern in der Wildnis gemacht haben.

Die Frage, ob es Karl May gelungen ist, so verschiedene Inhalte und Erzählstile durch den einheitlichen Rahmen eines Wildwestromans in ein geschlossenes episches Gesamtwerk zu integrieren, läßt sich nur mit Einschränkungen bejahen. Die Anknüpfung des mit dem letzten Kapitel des zweiten Bandes beginnenden Schlußteils an den ersten Band ist geglückt. Alle Handlungsfäden werden aufgenommen; die Beziehungen der Hauptpersonen zueinander, die im ersten Band noch dunkel bleiben, werden aufgeklärt, und der für Mays Romane charakteristischen Raumbewegung von der Wüste in die Höhe der Berge entspricht die Aufwärtsentwicklung der erzählerischen Ambitionen. Aber der aus Einzelerzählungen zusammengesetzte zweite Band fällt »aus dem Rahmen«; nicht nur, weil diese Geschichten die Haupthandlung unterbrechen und mit ihr in keinem Zusammenhang stehen, sondern auch, weil sie literarisch einen Vergleich mit der Haupterzählung nicht aushalten. Die Gründe, die May zur Einschaltung des zweiten Bandes bewogen haben, sind auch nicht in erster Linie künstlerischer Art: Vielmehr wollte May einige Wildwest-Geschichten, die nicht in der Ich-Form geschrieben waren, auf diese Weise als Binnenerzählung in sein Reiseerzählungswerk einbringen, das sonst auf der Fiktion des Selbsterlebten beruht. Die Übernahme von 173 Seiten aus dem *Waldröschen* diente sogar dem völlig außerliterarischen Zweck, auf diese Weise seine Urheberrechte gegen Münchmeyer geltend zu machen (vgl. »Mays Leben«).

Angesichts dessen liegt es nahe, mit Wollschläger (May, S. 79) den zweiten Band als »allergröbste Pfuscherei« zu verwerfen. Der Umstand, daß der KMV nach dem Tode des Autors die im zweiten Band eingeschalteten Erzählungen verselbständigt und dadurch den Roman auf zwei Bände verkürzt hat, dürfte auf demselben Urteil beruhen. Doch ist eine differenziertere Bewertung nötig. Denn May hat die

Früherzählungen indirekt recht intensiv mit der Haupthandlung verbunden (dazu H. Fricke: Karl May und die literarische Romantik. Jb-KMG 1981. S. 11–35): durch Übernahme von Personen in die Haupthandlung und durch zahlreiche Motivverknüpfungen. »Durch diese vorwegnehmende Spiegelung der Gesamtkonstruktion werden die Binnenerzählungen zu strukturellen Vorausdeutungen« (Fricke, S. 30). Außerdem läßt er die eingeschalteten Geschichten vom zuhörenden Old Shatterhand und von der Tafelrunde bei Mutter Thick kommentieren (dazu Koch, S. 39ff.; Fricke, S. 27ff.). So bezeichnet er eine Geschichte als unglaubwürdig (75ff. F15) und eine andere als den wirklichen Ereignissen ähnlich (184 F15); über die »Episode mit Fire-Guns Trappergesellschaft« heißt es, dabei sei »sehr viel Blut geflossen«, doch »die Verhältnisse lagen so« (425 F15). Durch solche Ironisierung und Distanzierung werden diese schwächeren Geschichten in eine andere und reizvolle Perspektive gerückt; auch wird durch derartige Anzweiflungen der Authentizitätsanspruch der als selbsterlebt ausgegebenen Haupthandlung in geschickter Weise gestützt. Gleichwohl belasten diese Erzählungen durch ihren zu großen Umfang und ihren Niveauabfall die Gesamtkonstruktion, so daß die von May gewählte Lösung fragwürdig bleibt.

Mit dieser Einschränkung und mit dem weiteren Vorbehalt, daß auch die – abgesehen von der Unterbrechung – rasch geschriebene Haupthandlung nicht ganz ausgefeilt ist und (kleinere) kompositionstechnische Mängel aufweist (dazu: W. Ilmer: Sichere Hand auf wackligen Füßen. M-KMG Nr. 29/1976. S. 4–19), wird man den *Surehand*-Roman, vor allem den dritten Band, zu Mays besten Reiseerzählungen rechnen müssen. Er hat, anders als Mays spätere Werke, noch den vollen Spannungsreiz der früheren exotischen Fabeln, überschreitet aber in dreifacher Weise den Rahmen einer lediglich buntbewegten Abenteuererzählung: durch überaus komplexe gattungsstrukturelle Besonderheiten, durch eine eindringliche psychologisch-autobiographische Vertiefung der Oberflächenhandlung und durch ein ethisches Programm, das auf die »Botschaft« des Spätwerks vorausweist. Die literarische Gattung des *Surehand* läßt sich nicht ausschließlich dem Genre der Abenteuerliteratur zuordnen. Zwar sind dessen Charakteristika (die Aneinanderreihung gefahrvoller Ereignisse, die Kämpfe mit Menschen, Tieren und Naturgewalten) im *Surehand* vollzählig versammelt. Aber daneben durchzieht den gesamten Roman eine gegenläufige, die Aufdeckung lang zurückliegender Verbrechen bezweckende analytische Handlung, die eher dem Typus des Detektivromans entspricht. Außerdem enthält der Roman zahlreiche religiöse Reflexionen im Stile der *Geographischen Predigten* (etwa 396ff. F14; weitere Nachweise bei Fricke, S. 23), Bekehrungsgeschichten (vor allem diejenige Old Wabbles; aber auch Old Surehand findet den verlorenen Glauben wieder und Schahko Matto wandelt sich vom Feind zum Freund) und sogar burleske Einlagen in der Art der von May in seiner Frühzeit verfaßten Humoresken. Das alles wird zusammengehalten und ohne Stilbruch in einen epischen Gesamtrahmen eingepaßt durch die Fiktion einer autobiographischen Darstellung des Schriftstellers May, der in eigener Person jedes Detail beglaubigt (grundlegend zum Ganzen Fricke, S. 11ff.). Ob diese Gattungsmischung der »progressiven Universalpoesie« entspricht, wie sie Friedrich Schlegel für den romantischen Roman gefordert hat (in diesem Sinne Fricke, S. 31ff.), mag dahinstehen. Doch ist zumindest die Verschränkung der vorwärtsdrängenden Abenteuerhandlung mit der rückwärtsgewandten schrittweisen Aufdeckung von Surehands Familientragödie ein höchst achtbares literarisches Kunststück. Dazu kommt, daß May im *Surehand* den von ihm auch sonst vorzugsweise verwendeten epischen Kunstgriff der Wiederholung und Variation gleichartiger Handlungsmotive zur Virtuosität steigert. »Wenn trotz der radikalen Heterogenität der Bestandteile dennoch kein Element isoliert oder dysfunktional wirkt, so deswegen, weil jedes Element in vielfacher Abwandlung wiederholt und auf den verschiedenen Ebenen gespiegelt wird« (Fricke, S. 26). Gattungsmischung, Variation und Spiegelung lassen Mays Roman in der Tat als Prototyp einer romantischen Dichtung erscheinen.

Eine weitere Dimension erhält die Erzählung dadurch, daß sie dem Autor bewußter, als er es in früheren Werken gewagt hatte, als Mittel zur Auseinandersetzung mit den existentiellen Problemen der eigenen Psyche dient. May scheut sich nicht, den Leser eigens darauf hinzuweisen (342 F19): »Soll ein Buch seinen Zweck erreichen, so muß es eine Seele haben, nämlich die Seele des Verfassers. Ist es bei zugeknöpftem Rock geschrieben, so mag ich es nicht lesen.« Er berichtet denn auch wirklich von der frühkindlichen Blindheit und der Armut seiner Jugend (411 F14), aber seine innersten Ängste projiziert er auf andere Figuren, die er, wie auch sonst in seinen Romanen, als Ich-Derivate einsetzt. Old Surehand, der schweigsame, dem die Scham über die Vergangenheit selbst vor den engsten Freunden den Mund verschließt, ist Karl May selbst, wenn er gesteht (504 F 19): »Ich bin so verschwiegen gewesen, weil ich glaubte, Ihr würdet Euch von mir wenden, wenn Ihr hörtet, wer ich bin« (vgl. L. Krapp: Das sittliche Ideal bei Karl May. KMJb 1933, S. 361–392, der den *Surehand*-Roman als »Dichtung der Scham« und »als das menschlich aufschlußreichste Buch« Mays deutet). May bekennt seine eigene Not, wenn er über Old Surehand sagt (409 F 14): »Ich begann zu ahnen, daß dieser gewaltige Jäger auch in seinem Inneren jage.«

Auch Mays ureigenes Thema von Sünde und Reue, Schuld und Vergebung durchzieht den Roman von der am Anfang eingeschalteten Erzählung *Im Mistake-Cannon* (34 ff. F 14) bis in die letzten Sätze hinein. Old Wabble betet als Sterbender (499 F 19): »Es gibt keine Zahl für die Menge meiner Sünden, doch ist mir bitter leid um sie, und meine Reue wächst höher auf als diese Berge hier.« Der Erzähler redet pro domo, wenn er daraufhin sagt (500 F 19): »Spricht die Stimme wahr, die ich jetzt in mir höre, so seid Ihr von Gottes Gerechtigkeit gerichtet, aber von seiner Barmherzigkeit begnadigt worden. Geht also heim in Frieden!« Es ist ein feiner Zug, daß er sich nicht zur Verdammung der Kontrastfigur, des reuelosen »Generals« hinreißen, sondern sein Schicksal in Frage und Hoffnung ausklingen läßt (565 F 19): »Kann Gott seiner armen Seele gnädig sein? Vielleicht doch – doch — doch —– doch!« In einem ähnlichen Zusammenhang stehen auch Mays kriminalpolitische Bekenntnisse, etwa wenn er meint, »wenigstens fünfzig Prozent der Bestraften« seien »nicht Verbrecher, sondern entweder kranke Menschen oder Opfer unglücklicher Verhältnisse«, und ein Straftäter stehe nach Verbüßung seiner Strafe »wieder da wie zuvor« (505 F 19). An den Kern seiner inneren Existenz rührt ferner die Beschäftigung mit der Eltern-Kind-Beziehung, die den Roman im untersten bewegt. Der »General« und Old Wabble sind (auch) dämonisierte Vaterbilder; wir wissen, daß Mays Vater seinem Sohn in der angenommenen Rolle eines »Generals« gegenübertrat (vgl. »Mays Leben«). May hatte sein Helden-Bild am väterlichen Ich-Ideal orientiert, und hinter den schrecklichen Strafgerichten, die über die beiden Vatergestalten verhängt werden, verbirgt sich der Versuch, von diesem Ideal loszukommen und statt seiner das verlorene Bild der Mutter mit den Zügen der Liebe und Barmherzigkeit in das Zentrum seines Werkes zu rücken. May konnte dieses Thema umfassend erst in *Et in terra pax* gestalten (grundlegend H. Wollschläger: »Die sogenannte Spaltung des menschlichen Inneren«. Jb-KMG 1972/73. S. 11–92). Aber es wird schon im *Surehand* angeschlagen: Old Surehand findet die Mutter und damit den Glauben und die Liebe wieder, und auch Old Wabble, in dem die Züge von Vater und Sohn ineinander fließen, träumt im Sterben von der Mutter (499 F19): »Ich bat sie um Verzeihung. Da zog sie mich an sich und küßte mich.« Die letzten Worte seines Sterbegebetes lauten (499/500 F19): »Sei gnädig und barmherzig mit mir, wie meine Mutter es im Traume mit mir war, und nimm mich, wie sie es that, in Deine Arme auf« (zu Old Wabble vgl. H. Vollmer: Die Schrecken des »Alten«: Old Wabble. Betrachtung einer literarischen Figur Karl Mays. In: Jb-KMG 1986, S. 155–184).

So, wie sich *Old Surehand* in der psychologischen Vertiefung als Vorläufer des Spätwerks erweist, werden auch dessen ethische Positionen vielfach vorformuliert. Sie lassen sich mit den Schlagworten des Antirassismus, des Antiimperialismus und der Friedensidee bezeichnen: »Ich ... habe unter den schwarzen, roten und gelben Völkern wenigstens ebenso viel gute Menschen gefunden wie bei den weißen, wenigstens, sage ich, wenigstens« (241 F14), verkündet Old Shatterhand. Und Harbour geißelt eine »Zivilisation, die sich nur vom Länderraub ernährt«, durch den »Abermillionen von Menschen um ihre angestammten Rechte betrogen werden« (127 F19) Er predigt stattdessen, was dann *Und Friede auf Erden* weiterführt: »Eure einzige Waffe soll nur die Liebe sein, und auf eurem Banner darf man nur das Wort Versöhnung lesen.« Als Ideal der Zukunft erscheint der Mensch, »der die letzte Waffe zwischen seinen Fäusten zerbricht« (128 F19).

Die Kritik hat den Roman unterschiedlich, aber – abgesehen vom zweiten Bande – überwiegend positiv beurteilt. Krapp (S. 362) nannte ihn – unter unberechtigter Abwertung des Spätwerks – Mays »Tiefstes«. Ilmer (S. 16) spricht von »einem nach literarisch-ästhetischen Gesichtspunkten, aufbau- und erzähltechnisch höchst anfechtbaren ... Mehrteiler«, rühmt aber den ethischen Gehalt des Werkes. Demgegenüber meint H. Fricke (Norm und Abweichung. Eine Philosophie der Literatur. München 1981. S. 196), aus den drei Bänden des

Surehand spreche »zwar in ihrer stilistischen Umständlichkeit noch immer – mit Ernst Bloch zu reden – ein ›armer, verwirrter Prolet‹, aber zugleich in der großbogigen epischen Integration von funktional koordinierten Handlungssträngen und Binnenerzählungen zum Thema von Schuld und Sühne deutlich ›einer der besten deutschen Erzähler‹«.

Claus Roxin

8. *Im Lande des Mahdi I–III*

Der zunächst zweibändig geplante Roman wurde unter dem Obertitel *Der Mahdi* und mit den Untertiteln *Am Nile* (Okt. 1891 – Sept. 1892; 18. Jg.) und *Im Sudan* (Okt. 1892 – Sept. 1893; 19. Jg.) in der Regensburger Familienzeitschrift DH publiziert (R der KMG 1979). May schrieb den ersten Teil bis Ende April 1890, den zweiten bis Mitte 1891. Für die dann dreibändige Buchausgabe bei Fehsenfeld (F 16–18, 1896; GWR 16–18; GWB 16–18) wurde der Titel in *Im Lande des Mahdi* geändert. Band I bildet der Teil *Am Nile* (geringfügig stilistisch bearbeitet und wohl von May um die ca. sechs Seiten einer unbedeutenden Abenteuerepisode gekürzt); der Teil *Im Sudan* entspricht dem Band II und den Kapiteln 1 und 2 des dritten Bandes. Für die Buchausgabe des Bandes III änderte May den Schluß, der jetzt im beflissenen Predigtton endet, und schrieb die Kapitel 3 und 4 neu hinzu, fügte auch ein Nachwort an, das aber ab 1910 nicht mehr gedruckt wurde. Mit Band 18 änderte sich schließlich die Bezeichnung der gesamten Buchreihe; statt Karl Mays »Gesammelte Reiseromane« hieß es nun »Gesammelte Reiseerzählungen«.

May hat für den geographischen, ethnographischen und naturkundlichen Hintergrund des Romans solvente Reisebeschreibungen als Quellen benutzt: Für den in Ägypten spielenden Teil die Zeitschriftentexte »Durch Gosen zum Sinai« von G. M. Ebers (Aus allen Welttheilen, 1871), »Am Nil« von A. Rambeau (Aus allen Welttheilen, 1875) und »Die Krokodilhöhle bei Maabdah« von E. Marno (Aus allen Welttheilen, 1874); für die den Sudan betreffenden Teile die Bücher: E. Marno: Reisen im Gebiete des blauen und weißen Nil, im egyptischen Sudan und den angrenzenden Negerländern, in den Jahren 1869–1873. Wien 1874; Ph. Paulitschke: Die Sudanländer nach dem gegenwärtigen Stande der Kenntnis. Freiburg i. Br. 1885; R. Buchta: Der Sudan und der Mahdi. Das Land, die Bewohner und der Aufstand des falschen Propheten. Stuttgart 1884 (vgl. Jb-KMG 1981. S. 64–87).

Das Thema Sklavenhandel und den Schauplatz Sudan hatte May zuvor in dem 1889/90 erschienenen Jugendroman *Die Sklavenkarawane* ausführlich behandelt. 1893 erschien dann im »Eichsfelder Marienkalender« die ebenfalls im Sudan und im Sklavenjägermilieu spielende Erzählung *Eine Ghasua*.

Im Lande des Mahdi I

Der deutsche Reisende, der sich erst in den nachgeschriebenen beiden letzten Kapiteln des dritten Bandes Kara Ben Nemsi nennt, wird in Kairo von dem türkischen Kaufmann Murad Nassyr gebeten, ihn nach Chartum zu begleiten. Vor der Abreise erteilt der Deutsche Nassyrs Schwester und deren Dienerin hilfreichen ärztlichen Rat und legt sich mit der Heiligen Kadirine, einer islamischen Bruderschaft an, indem er zwei versklavte Kinder aus den Händen deren Vorstehers Abd el Barak befreit und diesen als Erbschleicher entlarvt.

Dann fährt Kara Ben Nemsi nach Siut voraus. Auf dem Schiff lauert ihm im Auftrag der Kadirine der Muzabir auf, dessen Anschlag der Deutsche vereitelt. Er trifft hierbei auf den Reis Effendina, einen mit Sondervollmachten ausgestatteten hohen Beamten, der Jagd auf Sklavenjäger macht.

In Siut begegnet der Held einem heiligen Fakir, der sich als der berüchtigte Sklavenjäger Abd Asl entpuppt und ihn in einen unterirdischen Gang einschließt. Dort schmachtet mit Ben Nil schon ein Gefangener. Kara Ben Nemsi findet einen Rettungsweg, und Ben Nil wird fortan sein treuer Begleiter. Murad Nassyr, der in Siut eintrifft, gibt sich auf der Winterreise als Sklavenhändler zu erkennen. Der empörte Held verläßt ihn mit Ben Nil und Selim, einem prahlerischen ehemaligen Diener Nassyrs, in Korosko.

Auf dem Wüstenritt gen Süden wird Kara Ben Nemsi vom Reis Effendina gebeten, ihm bei einer Sklavenhändlerjagd zu helfen: Ibn Asl, Sohn Abd Asls und größter Sklavenjäger am Nil, hat Frauen des Fessarah-Stammes geraubt. Der erste Band der *Mahdi*-Reihe endet damit, daß der Deutsche diese Sklavinnen befreit und die Sklavenjäger gefangennimmt, doch Ibn Asl entkommt.

Im Lande des Mahdi II

Auf dem Weg von den Fessarah nach Faschodah lauert Abd Asl Kara Ben Nemsi auf; dieser überwältigt aber ihn und seine Komplizen. Am Kampfplatz taucht plötzlich ein einzelner Reiter auf: Mohammed Achmed, der spätere Mahdi. Da er sich als Freund der Sklavenjäger zeigt und anmaßend auftritt, wird auch er gefangengenommen.

Von Abd Asl erlauscht Kara Ben Nemsi, daß Ibn Asl dem Reis Effendina eine tödliche Falle stellen will. Er eilt daraufhin mit Ben Nil dem Gefangenenkonvoi voraus und verschafft sich mit einer List Zutritt zum Lager Ibn Asls. Der Anschlag auf den Reis Effendina kann vereitelt werden, dabei werden die beiden Kundschafter entdeckt, können jedoch fliehen und Ibn Asl am Dschebel Arasch Kol mit Hilfe des Reis Effendina einen Hinterhalt legen. Hier werden die Sklavenjäger besiegt; Abd Asl wird zur Strafe für seine Untaten den Krokodilen vorgeworfen, der Mahdi erhält die Bastonade.

Da Ibn Asl wieder entfliehen konnte, setzen Kara Ben Nemsi und Ben Nil sich auf seine Spur und folgen ihm nach Faschodah. Unterwegs stoßen sie auf eine Sklavenkarawane: Takaleh verschleppen Stammesangehörige in die Sklaverei. Unter den Sklaven befindet sich Hafid Sichar, der Bruder eines Höhlenführers aus Maabdah. Kara Ben Nemsi hatte anläßlich eines Besuches der Krodokilshöhle von Maabdah dem Führer versprochen, dessen verschollenen Bruder zu suchen. Sichar wird befreit, die Sklavenkarawane will man dem Mudir von Faschodah anzeigen, der wegen der drastischen Strafen, die er den Sklavenhändlern zudiktiert, »Vater der Fünfhundert« genannt wird.

In Faschodah gilt es, den Anführer der Arnauten als Verbündeten Ibn Asls zu entlarven. Kara Ben Nemsi wird dabei entdeckt und Murad Nassyr ausgeliefert, der ihm bei der Trennung größte Feindschaft zugeschworen hatte. Mit Hilfe der Schwester Nassyrs kann er jedoch fliehen, während der Arnautenführer überführt und zu Tode gepeitscht wird. Da Ibn Asl auf seinem Hauptstützpunkt, der Seribah Aliab, einen großen Sklavenzug vorbereitet, sucht man diese Seribah, die Kara Ben Nemsi dann auch findet. Die Besatzung, deren größerer Teil allerdings schon mit Ibn Asl ausgezogen ist, wird überwältigt.

Im Lande des Mahdi III

Dem Reis Effendina immer eine Strecke voraus, beschafft Kara Ben Nemsi bei den Bor-Negern Ochsen als Transportmittel für den Zug gegen Ibn Asl. Dabei trifft er auf Abd el Barak und den Muzabir, die ein Auffanglager für die Beute Ibn Asls errichten. Beide werden gefangengenommen und vom Reis Effendina hingerichtet.

Mit den Bor-Negern, die sich dem Befreiungszuge anschließen, zieht man nach Wagunda, dem Ziel Ibn Asls. Die Bor und die zu rettenden Gohk bieten dem Deutschen den Oberbefehl über die Streitmacht an, was den Stolz des Reis Effendina empfindlich verletzt. Er tritt Kara Ben Nemsi mit solcher Feindseldigkeit entgegen, daß dieser mit Ben Nil und Selim Wagunda verläßt und Ibn Asl auf eigene Faust entgegenzieht. Dabei gerät er in dessen Hände und muß – selbst in der Schebah, der Sklavengabel – einem Überfall auf das Dorf Foguda zusehen. Er kann sich jedoch befreien und kurz vor dem Überfall auf Wagunda mit Hilfe der von Ibn Asl angeheuerten und betrogenen Nuehr-Neger die Sklavenjäger überwältigen.

In der Hausschatz-Fassung endet der Roman hier; für die Buchausgabe schrieb May aus Umfangsgründen zwei Abenteuerepisoden neu hinzu. Die erste spielt einige Zeit vor dem Sudan-Abenteuer in Kurdistan: Kara Ben Nemsi und Hadschi Halef Omar werden in Khoi wegen einer Blutrache von Ssali Ben Aqil meuchlings angegriffen. Der Anschlag mißlingt, der Deutsche verzeiht dem Bebbehkurden großmütig und läßt ihn ziehen. Kurz darauf wird Rih, der wertvolle Rappe Kara Ben Nemsis, von Kelhur-Kurden, die vom Vater Ssali Ben Aqils zu diesem Raub angestiftet wurden, um einer Blutrache zu entgehen, gestohlen. Die Kelhur-Kurden nehmen Ssali Ben Aqil und seinen Vater aber dennoch gefangen und wollen beide Bären zum Fraß vorwerfen. Die beiden Helden verfolgen die Diebe, befreien die beiden Bebbeh-Kurden, holen Rih zurück und stiften Frieden zwischen den verfeindeten Kurdenstämmen.

Die letzte Abenteuerepisode spielt dann wieder am Nil. Das Verhältnis Kara Ben Nemsis zum Reis Effendina hat sich so verschlechtert, daß der Held und Ben Nil allein agieren müssen. Sie befreien eine Sklavenkarawane des Sklavenhändlers Abu Reqiq, der als größter Sklavenhändler des tiefen Sudan gilt, und nehmen diesen gefangen. Dabei erfahren sie von einer großen Niederlassung der Sklavenjäger. Der zwischenzeitlich eingetroffene Reis Effendina greift Kara Ben Nemsi nun offen an und will ihn festnehmen. Der stellt den neidvollen Beamten jedoch kalt, übernimmt das Kommando auf dessen Schiff und erobert die Sklavenjägerniederlassung El Michbaja mit List.

Unter den befreiten Sklaven befindet sich auch Ssali Ben Aqil, der durch das Verhalten des Helden schon in Kurdistan vom islamischen Eiferer zum Gottsucher bekehrt wurde und nun endgültig Christ werden will. Gemeinsam mit Kara Ben Nemsi besucht er Palästina, von wo aus der Held heimkehrt.

Die erste Interpretation der *Mahdi*-Trilogie erfolgte durch Sascha Schneiders Titelbilder 1904. Band I zeigt eine peitschenschwingende dämonische Frauengestalt, die ekliges Gewürm antreibt; Band II das Weib in Herrscherpose, eine Kette triumphierend präsentierend, vor niedergeworfenen Menschen, an denen sich das Gewürm dickfrißt; schließlich liegt das Weib auf dem Titelbild des dritten Bandes tot und nackt auf einem Haufen verendeten Gewürms, der aufgegangenen Sonne huldigen die befreiten Menschen. J. Werner hat das Weib dieser Zeichnungen als Nacht und Finsternis, das Gewürm als die »sich herausschleichenden, fressenden, sich festbeißenden Leidenschaften und Laster« gedeutet. (Titelzeichnungen zu den Werken Karl Mays. Mappe mit 25 Blättern. Text von J. Werner. Freiburg i. Br., o. J. (1905), zu Blatt XIV).

In zweierlei Hinsicht kann Werners Deutung des Weibes für den Roman konkretisiert werden: Sie ist zunächst Sinnbild der Sklaverei, und sie steht für den Islam, wie May ihn in der Trilogie zeichnet. Islam und Sklaverei, diese beiden Themen hat May – schon durch das eingesetzte Personal – als eng miteinander verbunden dargestellt. Beide Themenstränge werden nach dem Prinzip der Steigerung variiert: Zur Einstimmung des Lesers in das Sklaverei-Thema wählt May ein besonders emotionsbeladenes Sujet – brutal versklavte Kinder. Dann bringt er in der Diskussion mit Murad Nassyr die wirtschaftlichen und politischen Hintergründe der Sklavereifrage zur Sprache. Die Kürze des Gespräches zeigt, daß May an diesem Aspekt kein großes Interesse hatte. Er wollte nicht das Problem Sklaverei diskutieren, sondern deren Unmenschlichkeit – wie in der Jugenderzählung *Die Sklavenkarawane* – drastisch vor Augen führen. So nutzt er die Begegnung mit dem Reis Effendina, um die menschenverachtenden Bedingungen des Sklaventransportes zu Schiff zu schildern. Auch die Leiden der zu Land transportierten Sklaven werden mehrfach vor Augen geführt: Die Reihe der im Roman befreiten Sklavenkarawanen beginnt mit den geraubten Frauen der Fessarah (ein doppelt verwerfliches Unternehmen, da es sich um Frauen und um »Rechtgläubige« handelt), dann trifft man auf die Takaleh, deren König die eigenen Stammesangehörigen in die Unfreiheit verkauft; die letzte Schilderung eines Sklavenzuges ist die schrecklichste: die Grausamkeiten des Sklavenjägerüberfalls auf Foguda und die Leiden der Gefangenen, die anhand der – noch verhältnismäßig geringen – Leiden des Helden aus erster Hand erzählt werden, sollen Zorn und Mitleid erregen. Durch die zwei neuen Schlußkapitel wird diese Steigerung dann gestört: Schlimmeres als Foguda war nicht mehr darzustellen, obwohl die unmenschlichen Verhältnisse, unter denen die Sklaven im Lager El Michbaja gefangengehalten werden, eindringlich genug gezeichnet werden.

In keinem seiner bis dahin geschriebenen Werke wird der Islam derartig negativ beschrieben wie im *Mahdi,* der damit ein direkter Vorläufer der »Marienkalendergeschichten« wird; die Kurdistan-Episode, die ganz im Stile dieser Erzählungen gehalten ist, paßt insofern genau ins Romankonzept. Sämtliche im Roman auftretenden Würdenträger des Islam werden als scheinheilige, skrupellose Verbrecher gezeichnet, der Mahdi allerdings zunächst nur als verblendeter, fanatischer Komplize von Verbrechern; später erhält auch er verbrecherische Züge, so in der Behandlung Ssali Ben Aqils. Auch hier konstruiert May nach dem Steigerungsprinzip: Nach Abd el Barak, der nur Vorsteher einer Bruderschaft ist, wird Abd Asl, der als Fakir, als Heiliger, gilt, in die Handlung eingeführt, dann der Mahdi, der Nachfolger des Propheten. Die diskriminierende Darstellung des Islam setzt sich bis in die Wahl des Sujets und die Kommentare zu religiösen Praktiken fort, so werden beispielsweise gläubige Moslems als Alkoholiker gezeigt (Kapitän des Sklavenschiffes und der Handschi von Khoi) und mehrfach wird das Beten der Mohammedaner abfällig kommentiert: »Und so sind sie alle, diese unwissenden Moslemim, deren Frömmigkeit sich meist nur im gedankenlosen Herleiern einiger Gebete bethätigt, verbissene und verständnislose Menschen, welche mit Verachtung selbst auf ihre Glaubensgenossen herabsehen, falls diese nicht Mitglieder einer Verbrüderung sind« (F 16, S. 96f, vgl. auch F 18, 400f).

Mit der gebotenen Behutsamkeit kann darauf verwiesen werden, daß der Roman wohl auch wieder verschlüsselt dargestellte Ereignisse aus Mays Leben bietet, so hat man in dem Sklavenhändler Murad Nassyr etwa den Verleger Münchmeyer erkennen wollen. Neben solchen möglichen Schlüsselpersonen treten im Roman auch Figuren aus der Geschichte des Sudan auf, so der »Vater der Fünfhundert«. Wichtigster Repräsentant dieser Personengruppe ist ohne Zweifel der Mahdi, auch wenn er nur im ersten Kapitel des zweiten Bandes persönlich auftritt. Mahdi nennt der Islam den für die Endzeit erwarteten Erlöser und von Gott geführten Richter. Im Sudan trat in Jahren 1881–85 der mohammedanische Prediger Mohammed Ahmed (1844–85) als Haupt eines Aufstandes gegen die ägyptisch-türkische Regierung mit dem Anspruch auf, der erwartete Mahdi zu sein. 1884, als anderswo die Kolonisierung Afrikas begann, hatte er mit seinen Getreuen aus der Wüste die von einem britischen General in ägyptischem Auftrag für die Türkei ausgeübte Herrschaft aus Khartum verjagt und als »Al Mahdi« den ersten modernen unabhängigen Staat im Sudan ausgerufen. Der Aufstand wurde erst nach seinem Tode 1898/99 von einem britischen Expeditionskorps zugunsten ägyptisch-türkischer Herrschaft niedergeschlagen.

May informiert nach guten Quellen über diesen Mahdi, der Roman spielt (nach F. Kandolf) 1879, also vor dem öffentlichen Auftreten des Anführers. Hofmann/Vorbichler (Das Islam-Bild bei Karl May und der islamo-christliche Dialog. Beiträge zur Afrikanistik. Bd. 4, Wien 1979) behaupten, May hätte den Mahdi schlechter gezeichnet, als die Quellen ihm vorgaben. Da May keinen historischen Roman geschrieben hat und dieser Mahdi eben nicht der erwartete Messias war, ist das von May in der Tat insgesamt recht negative Bild, das aber ansonsten korrekt ist, als poetische Freiheit tolerierbar. Der ursprüngliche Titel des Romans legt die Vermutung nahe, daß May für den Mahdi (im DH war der Roman schon 1885 angekündigt worden) zunächst eine größere Rolle in seinem Konzept vorgesehen hatte. 1890 hatte die Popularität der Mahdi-Affäre jedoch schon erheblich nachgelassen, so daß May sich stärker auf die bedeutenderen allgemeinen Themen Sklaverei und Islam konzentrierte.

Zu den »bestgeglückten Schöpfungen Karl Mays« rechnet A. Biedermann (KMJb 1927, S. 304) die Trilogie. Dessen ungeachtet ist außer Biedermanns Aufsatz, der die Großstrukturen der Handlung analysiert, dem Vor- und Nachwort W. Ilmers zum R-KMG des DH-Textes, Quellenstudien und Teilen der Islam-Studie Hofmann/Vorbichlers noch keine umfassende Arbeit über dieses Werk veröffentlicht worden.

Bernhard Kosciuszko

9. *Satan und Ischariot I–III*

Dieser mehrteilige Reise- und Abenteuerroman ist bislang noch nie ungekürzt nach der Handschriftenvorlage Karl Mays veröffentlicht worden. May schrieb das Werk vermutlich zwischen Mai 1891 und August 1892, also vor seinem *Ölprinzen*. Der DH druckte den Text unter den Einzeltiteln *Die Felsenburg* (DH 20. Jg., 1893 f., R-KMG 1980), *Krüger Bei* (DH 21. Jg., 1894 f.) und *Die Jagd auf den Millionendieb* (DH 22. Jg., 1895 f., beide in einem R-Band der KMG 1980). Ein gemeinsamer Obertitel – wie bei den vorausgegangenen »Hausschatz«-Romanen *El Sendador* (*Am Rio de la Plata* und *In den Cordilleren*, 1889 f. und 1890 f.) und *Der Mahdi* (1891 f. und 1892 f.) – ist nicht verwendet worden; wie bei diesen beiden Werken ist der *Satan* Text zweiteilig angelegt. Der erste Teil *Die Felsenburg* besaß ursprünglich vier Kapitel, der zweite Teil *Krüger Bei, Der Herr der Heerscharen* war in drei Kapitel eingeteilt: 1. »In der Heimath«, 2. (Überschrift unbekannt, da Handschrift nicht erhalten; entspricht Kapitel 5 und 6 von F 21), 3. »Schluß« (entspricht F 22). Beim Zeitschriftenvorabdruck wurde eine umfangreiche Episode von etwa 440 Handschriftenseiten von dem Redakteur H. Keiter gestrichen, nämlich der Beginn des Romans *Krüger Bei* mit der in Deutschland spielenden Ankunft »In der Heimath« (zu den Zwistigkeiten mit dem DH wegen der Romankürzungen vgl. W. Vinzenz: Karl Mays Reichspost-Briefe. Zur Beziehung Karl Mays zum »Deutschen Hausschatz«. In: Jb-KMG 1982. S. 211–233. – S. 221 ff.). Der Inhalt des fehlenden Teiles wurde in der DH-Fassung nur durch wenige Worte mitgeteilt, obgleich die Kenntnis zum Verständnis des Nachfolgenden wichtig ist. Bei der Übernahme in die »Gesammelten Reiseerzählungen« (Bd. 20–22) 1896/97 hat May zwar den gekürzten Text drucken lassen, aber selbst eine bessere Zusammenfassung der gestrichenen Teile angefertigt.

Abweichungen zwischen Zeitschriften- und Buchausgabe sind – abgesehen von der erwähnten neuen Zusammenfassung der »Heimath«-Episode und daraus resultierenden Änderungen – unerheblich. Der eliminierte Text wurde erst 1927 durch den Mitarbeiter des KMV Franz Kandolf bearbeitet und unter den Titeln *Professor Vitzliputzli* und *Wenn sich zwei Herzen scheiden* in GWR 47 (GWB 47) aufgenommen. Die Bandeinteilung bei Fehsenfeld entspricht nicht gänzlich den »Hausschatz«-Jahrgängen, obgleich die Bandnummern bei Fehsenfeld zufällig genau die gleichen sind: *Die Felsenburg* reicht über das erste Drittel von F 21 hinaus. Erst in der Buchausgabe erhielt der Roman als Sammeltitel die Bezeichnung *Satan und Ischariot* (F/GWR: 20–22 *Satan und Ischariot I–III;* GWB: 20 *Die Felsenburg/21 Krüger Bei/22 Satan und Ischariot*). Angesichts der vom Autor konzipierten Zweiteiligkeit ist es nicht ganz sachgerecht, den *Satan*-Roman als Trilogie zu bezeichnen; die Einteilung in drei Bände erfolgte mechanisch nach Umfangsberechnungen.

Satan und Ischariot I

Der deutsche Ich-Erzähler Old Shatterhand trifft in Mexiko mit dem Mormonen Harry Melton zusammen. Melton wirbt Arbeitskräfte für eine »Hazienda del Aroyo« an, und ein Schiff bringt zu diesem Zweck deutsche Auswanderer herbei. Um dem abgelegenen Ort Guaymas zu entkommen, schließt sich der Held der Gruppe um Melton an. Unter den Auswanderern befinden sich der Jude Silberstein mit seiner Tochter Judith, sowie deren Geliebter, der ehemalige Kunstreiter Herkules. Durch Zufall und mit viel Spürsinn erfährt Old Shatterhand, daß die gutgläubigen Auswanderer auf der Hazienda unter der Führung Meltons und des Matrosen Weller in eine Falle gelockt werden sollen. Melton hat unterdes die wahre Identität seines Mitreisenden erkannt und betrachtet ihn als Feind, da Old Shatterhand Meltons Bruder vor einiger Zeit als mehrfachen Mörder entlarvt und in die Flucht getrieben hatte. Vergeblich versucht Old Shatterhand, Hilfe zu holen, um das Unglück abzuwenden. Zwar kann er den heimtückischen Plan feindlicher Yuma-Indianer erlauschen, doch nicht deren Überfall auf die Hazienda verhindern. Der Überfall geschieht im Auftrage Meltons, der die Hazienda billig erstehen will. Alle Auswanderer werden gefangen und als Arbeitssklaven in die Berge verschleppt, wo sich das Quecksilberbergwerk »Almaden alto« befindet, dessen Erträge Melton abschöpft. Old Shatterhand trifft mit Winnetou zusammen, und gemeinsam mit dem befreundeten Stamm der Mimbrenjos gelingt die Gefangennahme der mit Melton verbündeten Yumas. Nun macht man sich an die Verfolgung Meltons.

Satan und Ischariot II

In der Mine müssen alle Deutschen unter Tage arbeiten, bis auf Judith Silberstein, die von dem jungen Indianerhäuptling »Listige Schlange« verehrt wird. Beide werden von Melton gefangengesetzt, doch hat Old Shatterhand unterdes einen unbekannten Stollenzugang entdeckt, so daß er die Gefangenen befreien und Melton überwältigen kann. In dessen Wohnung findet er einen Brief, der für den Handlungsfortgang wichtig ist: Meltons Neffe Jonathan hat Bekanntschaft gemacht mit dem Millionärssohn Small Hunter, der dem Jonathan wie ein Zwillingsbruder ähnelt. Beide wollen in die Türkei reisen, wo sich auch Meltons Bruder Thomas – den Old Shatterhand seinerzeit außer Landes getrieben hatte – aufhält. Jonathan plant, aus dieser Ähnlichkeit Kapital zu schlagen.

Shatterhand stiftet schließlich Frieden zwischen den Weißen und den verschiedenen Indianern, die »Listige Schlange« erhält Judith zur Frau, der Haziendero seine Farm zurück, die Deutschen werden entschädigt. Der schwermütige Herkules tötet Weller und wenig später auch sich selbst, da seine ehemalige Braut Judith für ihn verloren ist.

Die nun folgende Episode hatte Keiter seinerzeit gestrichen: Lange vor diesen Ereignissen kannte der Erzähler im sächsischen Erzgebirge einen Forscher von Indianerdialekten. Bei dessen Besuch macht er die Bekanntschaft des Strumpfwirkers Vogel und seiner beiden musikalisch begabten Kinder Martha und Franz. Der Erzähler – er wird jetzt »Linguist« und »Doktor« genannt – will den armen Jungen in Dresden fördern lassen, wohin ihm auch die Schwester folgt, die gerne in der Nähe des von ihr verehrten Erzählers bleiben möchte. Als Old Shatterhand nach einem längeren Südamerikaaufenthalt nach Deutschland zurückkehrt, lernt er einen gewissen Konrad Werner kennen, der als armer junger Mann auswanderte und als Öl-Millionär in die Heimat reist, um sich eine Frau zu suchen. Als dieser Old Shatterhand in Dresden besucht, lernt er die inzwischen zur Sängerin ausgebildete Martha kennen und lieben. Nicht zuletzt wegen des merkwürdig untätigen, eifersüchtigen Verhaltens des Erzählers gibt sie dem Werben des Ölprinzen nach; aus einer Trotzhaltung heraus heiratet sie ihn. Das Paar zieht in die Vereinigten Staaten.

Jetzt knüpft die über mehrere Jahre sich erstreckende und nicht chronologische Romanhandlung wieder an die Ereignisse um die Felsenburg, jenes Felsenbollwerk mit seinem Quecksilberbergwerk, an. Nachdem Old Shatterhand die befreiten deutschen Auswanderer versorgt hatte, trifft er in San Francisco überraschend auf die in ihrer Ehe nicht glückliche Martha und ihre Familie. Old Shatterhand und Winnetou erkennen, daß der Ölprinz Werner von seinem Kompagnon in den Ruin gewtrieben werden soll, doch ihre Warnungen werden in den Wind geschlagen.

Nach mehr als zwei Jahren, nach Rückkehr von einer langen Orientreise, erhält Old Shatterhand in Dresden völlig überraschend Besuch von Winnetou und Franz Vogel (»Und da stand er unter der Thür! Winnetou, der berühmte Häuptling der Apatschen in Dresden! Und wie sah der gewaltige Krieger aus! Eine dunkle Hose, eine ebensolche Weste, um welche ein Gürtel geschnallt war, einen kurzen Saccorock; in der Hand einen starken Stock und auf dem Kopfe einen hohen Cylinderhut, den er nicht abgenommen hatte!« – F 21, S. 248). Der dubiose Ölprinz ist bankrott, so berichten sie, und ein nach Amerika ausgewanderter, wohlhabender Onkel der Familie Vogel namens Jäger, der sich im Westen Hunter genannt hatte und lange verschollen war, ist verstorben. Sogleich denkt Old Shatterhand an jenen Small Hunter, der seinerzeit in Meltons Brief erwähnt war. Es liegt der bald zur Gewißheit werdende Verdacht nahe, daß Jonathan Melton sich für Small Hunter ausgeben will, um zusammen mit Thomas Melton die Millionenerbschaft an sich zu bringen.

Old Shatterhand und Winnetou reisen sofort nach Kairo, wo Hunter zuletzt gesehen wurde, und treffen dort freilich nicht, was für den Leser reizvoll gewesen wäre, auf Hadschi Halef Omar, immerhin aber auf den alten Kampfgefährten Emery Bothwell. Nach einer abenteuerlichen Verfolgungsjagd in Nordafrika, bei der auch Krüger Bei mitwirkt – ein Deutscher in tunesischen Diensten –, können Thomas und

Jonathan Melton noch einmal entkommen, während die Verfolger in den Hinterhalt eines räuberischen Beduinenstammes geraten, so daß der Vorsprung der Verbrecher zunächst nicht mehr einzuholen ist. Nur die offizielle Todesbestätigung des in Afrika ermordeten echten Millionenerben Small Hunter kann Old Shatterhand ausstellen lassen und mitnehmen. Die wirklichen Erben sind somit die Geschwister Franz Vogel und Martha Werner.

Satan und Ischariot III

Wegen einer schweren Erkrankung Winnetous verzögert sich die Verfolgung, seine »sonst so widerstandsfähige Natur hatte doch unter dem Aufenthalte in Afrika (...) gelitten« (F 22, S. 1). Jonathan Melton hat inzwischen die Erbschaft erschlichen. In New Orleans stoßen die Verfolger auf die Spur der Verbrecher, die in den Wilden Westen führt. In Albuquerque treffen sie mit den Geschwistern Vogel zusammen. Auf der Flucht tötet Thomas gewissenlos, nur um sich selbst zu retten, seinen Bruder. Bevor Harry Melton stirbt, teilt er den Verfolgern noch die Lage eines Indianer-Pueblos mit, das Ziel Jonathans. Im weiteren Verlauf der Handlung wird zunächst Thomas Melton gefangengenommen, während Jonathan zu den Mogollon-Indianern entkommt. Old Shatterhand und seine Freunde können nun nicht nur die Konflikte zweier feindlicher Stämme beenden, ihnen gelingt auch die Wiederbeschaffung der Millionenerbschaft, die Überwältigung Thomas Meltons, der sich selbst den Tod gibt (F 22, S. 609) und die Gefangennahme Jonathans. Die Geschwister Vogel erhalten ihre Erbschaft; Jonathan Melton geht in der Einzelhaft zugrunde.

Während der Autor in allen früher verfaßten Werken die Identität zwischen sich und seinen zentralen Helden Old Shatterhand oder Kara Ben Nemsi mehr zurückhaltend andeutet, gibt es von *Krüger Bei* an keinen Zweifel mehr: der Name May und sein – zu Unrecht getragener – Doktortitel (vgl. R-KMG 1980, S. 9 Anm. 13) tauchen mehr oder weniger offen auf. Die zuvor schwächere Identitätsandeutung wird hier bekenntnishaft aufgegeben. In Personalunion ist der Held der Romanhandlung zugleich der bekannte sächsische Schriftsteller. Die Old-Shatterhand-Legende, die May im Alter in große öffentliche Auseinandersetzungen reißen sollte, wird hier literarisch vorbereitet (vgl. C. Roxin: »Dr. Karl May, genannt Old Shatterhand.« Zum Bild Karl Mays in der Epoche seiner späten Reiseerzählungen. In: Jb-KMG 1974. S. 15–73).

Wie in zahlreichen anderen Werken Mays, hat man in *Satan und Ischariot* autobiographische Spiegelungen ausgemacht. So wurde die Martha-Vogel-Episode nicht nur als verschlüsselte Eheauseinandersetzung mit Emma Pollmer gedeutet (vgl. W. Ilmer, Vor- und Nachworte zu den R-KMG 1980), sondern als mögliche, wenn auch unbewiesene Erinnerung an eine frühe Frauenbekanntschaft (vgl. H. D. Steinmetz: Der gewaltigste Schriftsteller und Dichter ist das Leben. In: M-KMG 40. S. 12–23).

Zweifellos spielt in diesem Werk das romantische Doppelgängermotiv eine Rolle. Das Wiedererkennen eines diabolischen Gesichtes, welches der Erzähler »schon einmal irgendwo ... und zwar unter (unangenehmen) Umständen gesehen hatte« (F 20, S. 25), ist nicht bloß als Vater-Imago zu deuten, sondern als teuflisches Spaltprodukt des eigenen Ichs (vgl. G. Ueding: Die Rückkehr des Fremden. In: Jb-KMG 1982. S. 15–39). Dies kann nicht allein in einem lebensgeschichtlichen Bezug zu Mays Straftaten gesehen werden, sondern verweist auf Mays Anliegen im gesamten Werk. Der allgemeine Kontext zur Kolportage-Struktur tritt entscheidend hervor. So gibt es, wie etwa in *Waldröschen*, eine falsche, heimtückisch erschlichene Erbschaft und eine fesselnde, mehrjährige und nahezu um die ganze Erde führende Verfolgungsjagd; wie im *Verlorenen Sohn* besitzt der jüdische Kaufmann eine verführerische Tochter; und wie im *Weg zum Glück* gelingt der phänomenale, den Leser rührende Aufstieg eines armen Dorfmädchens zur gefeierten Sängerin. Der Roman ist darüberhinaus mit allen für May typischen Abenteuerrequisiten ausgestattet, d. h. vor allem mit Belauschungs- und Gefangennahmeszenen und mit den positiven Hauptfiguren Old Shatterhand und Winnetou, die ihren Widersachern intellektuell und körperlich deutlich überlegen sind und ihre Feinde auch zuletzt der gerechten Bestrafung zuführen. Wie so häufig bei May entscheidet sich das Schicksal schließlich – nach Aufenthalten in den Städten und Wüsten – in der nahezu unberührten Natur der Berge, nachdem es in einem schäbigen Hafennest (Guaymas) oder in einer Stadt (New Orleans) begann. Die topographische Struktur der Reiseerzählung, die im Tal beginnt und in klare Höhen strebt, korrespondiert mit einem prüfungsreichen Initiationsweg, der die Helden, ihre Gegner und wohl auch in vermittelter Weise den Schreibenden selbst verändert und läutert (vgl. B. Steinbrink: Vom Weg nach Dschinnistan. Initiationsmotive im Werk Karl Mays. In: Jb-KMG 1984. S. 231–248).

Die biblische Folie des Romans bleibt blaß; der religiöse Titel ist schließlich erst nachträglich für die Buchausgabe geschaffen worden. Der Mormone Harry Melton, dessen schön-bösartige Gesichtszüge der Erzähler mit der Darstellung des Teufels durch Gustave Doré vergleicht (F 20, S. 24), erscheint als Widersacher und Satan schlechthin, der zeitweilig von dem Dämon Weib in Gestalt der hoffärtig-egoistischen Judith unterstützt wird. Thomas Melton, der sich als angeblicher Offizier bei Krüger Bei einschleicht, stellt im weitesten Sinne Judas Ischariot dar, der seinen Herrn für dreißig Silberlinge, also aus Geldgier, verriet und sich dann – wie auch Thomas Melton am Romanende – selbst aus Verzweiflung tötete (vgl. Matth. 27, 3–5). – Ein alter Stoff, der in keiner mittelalterlichen Passion fehlte und der in moderner Interpretation seit dem 18. Jahrhundert häufig eine Wendung erfuhr; dergestalt, daß Judas Ischariot als selbst enttäuschter Renegat, Suchender und Provokateur wie der Ewige Jude dargestellt wurde. Hiervon ist allerdings in Mays trivialer Motivadaption nur wenig zu spüren, denn sein Schurke wird eigentlich nur durch niedere Triebe geleitet.

Der Roman, dessen gelungene Exposition mit der ironischen Schilderung des kuriosen »Hotels« – einer Bretterbude mit Familienanschluß – hervorzuheben ist (während die komischen Gestalten nur in der bisher apokryphen »Heimath«-Episode und der Person des Krüger Bei zu finden sind), ist bisher von der Forschung nur sehr am Rande behandelt worden (vgl. M-KMG 64/1981, S. 21; O. Forst-Battaglia: Karl May – Traum eines Lebens, Leben eines Träumers. Bamberg 1966. S. 171; W. D. Bach: Fluchtlandschaften. In: Jb-KMG 1971. S. 39–73. – S. 53 zur Entschlüsselung von »Almaden alto« als mütterliche Ortsmetapher; die Vor- und Nachworte der R-KMG; W. Ilmer: Winnetou im Gesangverein, S-KMG 35/1982; ferner die Deutung von Winnetous Krankheit nach dessen Afrikaaufenthalt als literarischer Fehler Mays bei M. Lowsky: Der kranke Effendi. Über das Motiv der Krankheit in Karl Mays Werk. In: Jb-KMG 1980. S. 78–96); schließlich als Quellennachweis von H. Wiedenroth: Die beiläufige Rolle der Jüngstentages-Heiligen im Erzählwerk Karl Mays. In: Jb-KMG 1980. S. 125–136.

Hartmut Kühne

10. *Auf fremden Pfaden*

1897 faßte May erstmals einen Teil kürzerer, bislang nicht in Buchform veröffentlichter Geschichten in F23 zusammen (die Angaben in den Klammern beziehen sich auf die ursprüngliche Publikation):

1. *Saiwa Tjalem* (»Vom Fels zum Meer«, 2. Jg., 2. Bd., Stuttgart 1883, S. 1–17; R Braunschweig 1976 und in: *Der Krumir.* Hamburg 1985. S. 193–212). 2. *Der Boer van het Roer* (DH, Regensburg, 6. Jg., 1879, Nr. 8–12; R in: Kleinere Hausschatz-Erzählungen, Hamburg/Regensburg 1982, S. 126–159) – umgestaltete Fassung von *Der Africander,* ps. in: »Frohe Stunden«, Dresden – Leipzig, 2. Jg., 1878, Nr. 35–37. Diese Vorstufe des *Boer* erschien noch dreimal ohne wesentliche Abweichungen in Buchform: *Aus fernen Zonen* (Berlin 1894), *Der Karawanenwürger* (Berlin 1894) und in GWB 71 *(Der Afrikaander).* 3. *Er Raml el Helahk* (Regensburger Marienkalender, 31. Jg., 1895/1896, Sp. 161–186). 4. *Blutrache. Reiseerlebnisse auf der Karawanenstraße nach Mekka von Dr. Karl May.* (Regensburger Marienkalender, 30. Jg., 1894/1895, Sp. 159–184). 5. *Der Kutb* (Benziger's Marienkalender 1895; Einsiedeln-Waldshut 1894). 6. *Der Kys-Kaptschiji* (2 Teile: Benziger's Marienkalender 1896 und 1897; Einsiedeln-Waldshut 1895, 1896). 7. *Maria oder Fatima* (Eichsfelder Marienkalender, 18. Jg., 1894, Heiligenstadt 1893, Sp. 39–60). 8. *Gott läßt sich nicht spotten* (= *Old Cursing – Dry,* Regensburger Marienkalender, 32. Jg., 1897, Regensburg 1896, Sp. 171–200). 9. *Ein Blizzard* (= *Ein amerikanisches Doppelduell,* Einsiedler Marienkalender 1897, Einsiedeln 1896).

Mit Ausnahme des *Boer* wurden die Erzählungen ohne wesentliche Änderungen in die Buchausgaben übernommen, lediglich einige Titel erfuhren für GWR23 eine Umbenennung: 1 = *Der Talisman,* 2 = *Das Kafferngrab,* 6 = *Der Händler von Serdescht,* 8 = *Der Flucher. Er Raml el Helahk* wurde nicht in GWR 23, sondern in GWR 10 unter dem Titel *Sand des Verderbens* aufgenommen. Die Marienkalendergeschichten erschienen als R der KMG unter dem Titel *Christus oder Muhammed* (Hamburg 1979. Mit einem Vorw. v. H. Meier).

Im *Kutb* knüpft May an zeitgenössische Ereignisse in Ägypten an (Rebellion Arabi Paschas 1881). Im *Kys-Kaptschiji* nimmt er das allgemeine Vorurteil seiner Zeit gegen die Armenier auf; die Darstellung glaubensfanatischer Schiiten dürfte dagegen in einigen Erzählungen nicht übertrieben sein. Der *Boer* geht in seiner Vorstufe *Der Africander* und in seiner DH-Fassung auf authentische Auseinandersetzungen zwischen den Zulu-Herrschern Dingaan und Panda um 1840 zurück. Für die Buchausgabe des *Boer* hat May den historischen Hintergrund geringfügig aktualisiert, um den Anschein eigenen Erlebens zu erwecken. Hierfür änderte er auch Namen ab, so wurde aus Dingaan der ebenfalls historische Sikukuni; die übrigen Gestalten sind dann nicht mehr geschichtlich. Im übrigen ließ May die Erzählung unangetastet, so daß die Buchfassung zahlreiche historische Fehler enthält.

Das Material für seine Erzählungen wird May im wesentlichen der Tagespresse entnommen haben (vgl. zum *Boer* E. Koch: Der Weg zum »Kafferngrab«. Zum historischen und zeitgeschichtlichen Hintergrund von Karl Mays Südafrika-Erzählungen. In: Jb-KMG 1981. S. 136–165). Literarisch diente ihm beim *Boer* offenbar W. O. von Horns Erzählung »Die Boerenfamilie von Klaarfontein« (Wiesbaden 1855) als Motivvorlage.

Die Haupterzählung des Sammelbandes ist die im südafrikanischen Kaffernland spielende Geschichte um den *Boer van het Roer,* den »Africander« van Helmers, der eine schwarze Braut namens Mietje hat, die sich im Verlaufe der Erzählung als Tochter des Zulufürsten Somi (im DH: Panda) erweist. Der Erzähler, in Transvaal unterwegs, um das Land kennenzulernen, greift in die Auseinandersetzungen zwischen Buren, Kaffern und Engländern auf seiten der Buren ein und trägt zum Sieg über den berüchtigten Zulu-Häuptling Sikukuni bei. Nachdem durch Sikukunis Gefangennahme und Somis Häuptlingsakklamation Friede eingekehrt ist, kann van Helmers Mietje heiraten. – Im Kern gleich, aber weniger detailfreudig ist die »Frohe Stunden«-Fassung dieser Erzählung.

Alle weiteren Erzählungen in dem Band ähneln sich von Aufbau und Inhalt her. *Saiwa Tjalem* ist die einzige Geschichte im Gesamtwerk, in der sich Mays Erzähler zu den Völkern des hohen Nordens begibt. Dort klärt er einen Schatzdiebstahl an seinem Gastgeber auf und gewinnt damit gleichzeitig den missionarischen Zweikampf gegen einen wertlosen Talisman (Saiwa Tjalem), der aus zwei Strophen von Heines verspottendem Gedicht »Heimkehr« besteht (»In Lappland sind schmutzige Leute/...«), die ein ahnungsloser Lappe mit sich herumträgt.

In *Er Raml el Helahk* hat sich Kara Ben Nemsi einer Karawane angeschlossen, zu der eine Gruppe Tibbu stößt, die einen geraubten Häuptlingssohn der Tuareg mit sich führt. Die Gesellschaft fällt in die Hände von Tuareg. Als dann beim Weiterritt ein Sandsturm hereinbricht, gerät der Knabe auf einen der heimtückischen Sandseen. Nur der von den Mohammedanern zuvor geschmähte Christ Kara Ben Nemsi kann ihn retten, was zu einer umfassenden Versöhnung führt.

Auch im Mittelpunkt der Erzählung *Blutrache* steht ein Knabenraub. Der Mord an einem Haddedihn fordert die Blutrache Omars, die sich gegen die Handhala-Araber richtet. Gemeinsam mit Freunden, darunter Omar, nimmt Kara Ben Nemsi nach dem Mord die Verfolgung auf, die in die Wüste führt, wo man einen geraubten Araberknaben findet, der sich als Sohn des feindlichen Handhala-Scheiks Abd el Birr entpuppt. Als Abd el Birr am Ende der Verfolgungsjagd Kara Ben Nemsi und dessen Begleitern in die Hände fällt, kommt es »um des Kindes willen« zu einer allgemeinen Aussöhnung; Omar verzichtet auf Rache und sogar zugunsten des Kindes auf den Blutpreis: »Die wahre Liebe besiegt den größten, unüberwindlich scheinenden Haß« (R 320).

Im *Kutb* hilft Kara Ben Nemsi in Tunesien einem Franzosen, seinen nach Kairwan entführten Sohn zurückzugewinnen. Dies gelingt ihm mit Hilfe des Moscheedieners Gilad, der sich dem Erzähler-Helden aufgrund eines länger zurückliegenden Geldgeschenkes verbunden fühlt. Kutb, der »berühmteste und mächtigste unter den Geistern Kairos« (R 328), hatte einst dem armen Mekkapilger nicht weiterhelfen können, wohl aber der deutsche Christ.

In der auf türkisch-kurdischem Boden spielenden Erzählung *Kys-Kaptschiji* wird ein verbrecherischer armenischer

Christ und Mädchenräuber, der »für vornehme Harems hübsche, junge Mädchen« (R 390) zusammenstiehlt, der gerechten Strafe zugeführt.

Maria oder Fatima spielt im wilden Kurdistan. Kara Ben Nemsi stößt auf eine verborgene Ansiedlung, in der christliche und schiitische Flüchtlinge leben – bislang in Eintracht, aber nun darüber zerstritten, wie man von feindlichen Akrakurden verschleppte Dorfbewohner befreien kann. Die Schiiten setzen auf Gewalt und bitten die von ihnen verehrte Fatima um Hilfe; den Christen – unterstützt durch Kara Ben Nemsi – gelingt aber die Befreiung durch List, so daß Maria im Wettstreit der Heiligen siegt.

Im Wilden Westen Amerikas spielen die beiden abschließenden Erzählungen des Bandes. *Gott läßt sich nicht spotten* schildert das Ende des verbrecherischen Indianertöters Old Cursing-Dry, der mit fast jedem Satz einen deftigen Fluch ausstößt. In einer Auseinandersetzung zwischen Navajos und Pa-Utes, in die auch Old Shatterhand und Winnetou verwikkelt werden, vollzieht sich an ihm sein ständig wiederholter Schwur: »Ich will erblinden oder zerschmettert werden, wenn ich der Mörder bin!« (R 519). Er stirbt unter Bereuung seiner Sünden.

Im *Blizzard* widerfährt zwei Dieben und Mördern ein ähnliches Schicksal, das sie auch ständig durch ihre Flüche und Lästerungen heraufbeschwören: Ausgelöst durch einen Blizzard wird der eine wahnsinnig und der andere blind. Das beabsichtigte »amerikanische Doppelduell« zwischen ihnen und Winnetou und Old Shatterhand wird dadurch vorzeitig beendet.

Der *Boer* ist in mehrfacher Hinsicht aus dem Erzählzyklus hervorzuheben, weil May hier einen Weißen eine Negerin heiraten läßt, womit er sich konsequent über alle rassischen Vorurteile und kolonialistischen Attitüden hinwegsetzt und sich einmal mehr als verantwortungsbewußter Humanist ausweist. May läßt seinen Helden Uys populärphilosophische Überlegungen über geschichtliche Vorgänge anstellen, so über das Recht von Geschöpfen und Völkern, ihr Dasein nach eigenem Ermessen zu gestalten oder über Politik und Frieden. Sie erinnern sehr stark an die in Mays *Geographischen Predigten* geäußerten Grundgedanken, die wiederum von Herder angeregt sein könnten (vgl. E. Koch: »Jedes irdische Geschöpf hat eine Berechtigung zu sein und zu leben«. Zum Verhältnis von Karl May und Johann Gottfried Herder. In: Jb-KMG 1981. S. 166–206).

Alle anderen Erzählungen ähneln sich in ihrer Grundaussage, zumal sie mit Ausnahme von *Saiwa Tjalem* in Marienkalendern erstveröffentlicht wurden. Marienkalender waren gegen Ende des 19. Jahrhunderts besonders bei katholischen Familien des süddeutschen Raumes beliebt. Heute werden sie wegen ihrer aufdringlichen marianischen Grundtendenz eher kritisch betrachtet. May fungierte mehr oder weniger aus wirtschaftlichen Gründen als Auftragsschreiber, der sich den Erwartungen seiner Lesergemeinde anpaßte. In den Erzählungen geht es daher nach stets gleichem Schema um die Auseinandersetzung zwischen wahrem Christentum, beispielsweise dem Gebot der Nächstenliebe, und Aberglauben, Haß und anderen unchristlichen Tugenden, wobei die negative Seite nicht nur durch Andersgläubige repräsentiert zu werden braucht, sondern auch oder gerade durch ein zur Schau gestelltes, künstliches Christentum. Am Ende werden die Bösewichte regelmäßig aus einer Notsituation heraus bekehrt oder aber bestraft, und das wahre Christentum siegt. Der Glaube an die Macht der schicksalshaften Fügung und eine Verneinung des Zufalls spielen im Handlungsverlauf eine wesentliche Rolle.

Abgesehen von der vielfach als aufgepfropft empfundenen Moral sind die Geschichten teilweise interessant und insgesamt spannend, auch humorvoll geschrieben und dadurch mit den übrigen Reiseerzählungen vergleichbar. Die Gestaltung des religiösen Themas ist von Erzählung zu Erzählung unterschiedlich ausgefallen: In *Saiwa Tjalem,* einer Geschichte, die auch durch viele Sprachproben und Fußnoten auffällt, triumphiert eher der Scharfsinn des christlichen Erzählers, während *Kutb* und *Blutrache* das Religiöse unaufdringlich behandeln. Der *Kys-Kaptschiji* kann als nur leicht verschlüsselte Kritik an imperialistischen Strömungen und aufgesetztem Christentum gelesen werden. Penetrant und übertrieben moralisch wirkt die Gestaltung des Religionsmotivs in *Maria oder Fatima* und den Wildwest-Geschichten.

Untersucht man die Erzählungen auf mögliche autobiographische Verschlüsselungen, so fällt eine abgewandelt wiederkehrende Grundsituation aus Mays Leben auf: das in Not geratene Kind wird gerettet, der Vater bekehrt. Die Notsituation führt stets zur Umkehr, wie sie May auch während seiner Haftzeit erfuhr.

Das Böse wird geblendet oder zerschmettert – furchtbare Strafgerichte brechen in einigen Erzählungen herein: verschlüsselte Aufzeichnungen von Mays Seelenzuständen, Abbildungen seiner Angstträume, die mit einem Wandel seines Ich-Ideals um 1896/97 und der »Ersetzung der Vater-Identifikation durch die wiedergewonnene infantile Mutterbindung« einhergingen (C. Roxin: »Dr. Karl May, genannt Old Shatterhand«. Zum Bild Karl Mays in der Epoche seiner späten Reiseerzählungen. In: Jb-KMG 1974. S. 15–73, S. 59).

Die Erzählung *Saiwa Tjalem* wurde mehrfach nachgedruckt und sogar in die Kunstsprache Volapük, einem Vorläufer des Esperanto, übertragen (München 1888). Die historischen Züge des *Boer* hat man früh entdeckt. Auf den Charakter der Marienkalendergeschichten wurde bereits oben verwiesen. Die meisten Erzählungen des Bandes wurden vor diesem Hintergrund überwiegend negativ beurteilt. Wollschläger faßt die grundsätzliche Forschungsmeinung zusammen, wenn er davon spricht, daß es sich um »förmlich greuliche Geschichten« (May, S. 87) handelt, die alle nach dem gleichen Muster ablaufen. »Freilich sind May dergleichen Theodizeen gleich wieder so aberwitzig geraten, daß sie, von seinen Absichten losgelöst, schon fast so etwas wie eine immanente Kritisierung des Begriffs selbst freigeben (...)« (May, S. 87). Erst in jüngerer Zeit hat speziell Roxin, auch wenn er sie noch blasphemisch geratene Parabeln nennt (S. 60), Anstöße für eine Neubewertung gegeben, die eine positivere Beurteilung einiger dieser Geschichten einschließt, und Hinweise für ihre Interpretation unter autobiographischen Aspekten geliefert, was dann von anderen Autoren weitergeführt wurde (z. B. C. F. Lorenz: Vom Haß zur Liebe. Karl Mays »Marienkalender-Geschichten« als Dokumente der inneren Entwicklung ihres Verfassers. In: Jb-KMG 1980. S. 97–124).

Eckehard Koch

11. *»Weihnacht!«*

Die Streichungen langer, in der sächsischen Heimat spielender Textpassagen in *Satan und Ischariot* (1892) durch die Redaktion des Hausschatzes haben May offenbar angeregt, 1897 dieses autobiographisch motivierte Material wieder aufzugreifen. Innerhalb kürzester Zeit (vermutlich September bis November 1897) erweiterte er den Stoff zu einem völlig neuen, in sich abgeschlossenen Abenteuerroman direkt für die Fehsenfeld-Reihe, der zur Weihnachtszeit 1897 erschien (F 24, GW 24).

Neben den für alle Amerika-Romane gültigen wissenschaftlich-journalistischen Quellen hat May in diesem Text vor allem auf eigenes Erleben in der Heimat zurückgegriffen. Dies gilt besonders für das erste Kapitel, das in dem Grenzgebiet Sachsen-Böhmen spielt. Die hier geschilderte Winterreise Mays ist zwar nicht nachweisbar, wohl aber sind die Figuren Carpio (Schulfreund Mays mit Namen Garbe) und der Gastwirt Franzl (Franz Scholz) in Falkenau authentisch (R. Schmid: Nachwort F 25. N 3). Auch für die in den Rocky Mountains spielenden Partien (ab 3. Kap.) ist anzunehmen, daß May das Elbtal zwischen Dresden und Birnai (Böhmen), in dem wesentliche Teile des Romans entstanden sind, als Vorbild benutzte (R. Schmid: F 25. N 11–13). Das leitmotivisch verwendete Weihnachtsgedicht (»Ich verkünde große Freude ...« 10 F) stammt vermutlich aus Mays Haftzeit (1865–1868) in Zwickau. Die Trennung der Handlungsschauplätze (Europa/Amerika), das Motiv der erzwungenen Auswanderung sowie die Figur eines Schurken im Priestergewand verweisen auf das literarische Vorbild Balduin Möllhausen (1825–1905), insbesondere dessen Roman »Die Mandanen-Waise« von 1865 (G. Klußmeier: Betrachtung zur Neuauflage eines Möllhausen-Romans. M-KMG 22. S. 28–29).

Die Handlung beginnt in der Heimat des Ich-Erzählers. Der Gymnasiast May schreibt ein Weihnachtsgedicht von 32 Strophen, das sogar veröffentlicht und prämiert wird. Mit seinem zerstreuten Schulkameraden Carpio unternimmt er in den Weihnachtsferien eine Wanderung im Gebirge. In einem Gasthaus lernen sie Frau Hiller sowie deren Sohn und dessen todkranken Großvater kennen. Diese wollen, in der Heimat um ihre materielle Existenz gebracht, dem nach Amerika ausgewanderten Ehemann und Vater folgen. Für die verarmte Reisegruppe wird eine Weihnachtsfeier arrangiert, bei der auch das wirkungsvolle Weihnachtsgedicht trostspendend vorgetragen wird. Kurz darauf stirbt der Großvater, und die beiden Schüler können der Familie nur mit ihrem wenigen Geld weiterhelfen. Jahre später, aus dem Schüler-Dichter ist Old Shatterhand geworden, setzt die für May typische Abenteuerhandlung in Amerika ein, die eine Verfolgungs- und Rettungsreise – von den Niederungen der Städte (Weston im Missouri-Gebiet) in die wilden Höhen des Felsengebirges (Wyoming) – darstellt. Durch den als Prayer-Man (Prediger) getarnten Banditen Sheppard – das Motiv religiöser Tarnung findet sich häufig bei May – kommt der Held wieder mit seinem alten, jetzt verunstalteten Gedicht in Berührung (»Weihnachtsfest am Kindleinstall zu Bethlehem«, 144 F), das ihm der »Wolf im Schafsfell« (141 F) ohne Erfolg andient. In diesem Zusammenhang kommt es auch wieder zu einem Zusammentreffen mit Frau und Sohn des Pelztierjägers Hiller, die die Verse unwissentlich weitertrugen. Hiller, der mit den Schoschonen zusammenarbeitet, wird von feindlichen Crows (Krähenindianern) gefangengehalten; ein Krieg der beiden Indianerstämme bahnt sich an. Old Shatterhand belauscht Sheppard und seine beiden Komplizen, die beabsichtigen, einen Goldfund (Finding-Hole) in den Bergen auszubeuten und danach den Besitzer Lachner, den Onkel Carpios, und Carpio umzubringen. Nach einem Diebstahl können die Banditen entkommen. Zunächst gelingt es der verfolgenden Reisegruppe um Old Shatterhand und Winnetou, den todkranken und lebensmüden Carpio zu befreien, während sein geldgieriger Onkel weiter zu den Verbrechern hält. Bis auf Winnetou werden die Reisenden kurz darauf von Blutindianern gefangen. Deren Häuptling Peteh, der die Crows gegen die Schoschonen und Hiller aufgewiegelt hat, übergibt die Gefangenen den verbündeten Crows zur Aburteilung. Old Shatterhand kann aber die Crows davon überzeugen, daß ihr vormaliger Bundesgenosse Peteh sie getäuscht hat. In einem Kampf auf Leben und Tod wird Peteh von Old Shatterhand überwunden. Die ebenfalls gefangenen Banditen können sich während des Kampfes jedoch befreien und schleppen Carpio mit sich fort zum Finding-Hole. Während der erneuten Verbrecherjagd stößt der ungläubig gewordene Hiller zur Reisegruppe Old Shatterhands und überwirft sich bald mit dem christlichen Ich-Helden. Drei Parteien sind nun auf dem Weg zum Finding-Hole: allen voran die Banditen mit den Gefangenen, gefolgt von Hiller und neuen Gefährten, sowie die Gruppe um Old Shatterhand und Winnetou. Dort angekommen wird Carpio befreit und das Gold geborgen. Die beiden anderen Gruppen gehen aus Geldgier ein Zweckbündnis ein.

Der Wintereinbruch zwingt die feindlichen Parteien, einen Schutzplatz in den Bergen aufzusuchen. Um die Weihnachtszeit trifft die Feinde schließlich eine Bergkatastrophe wie ein Gottesgericht. Dank der rettenden Hilfe von Old Shatterhand entgehen ihr Hiller und seine Gefährten. Am Heiligabend stirbt Carpio mit dem Weihnachtsgedicht auf den Lippen; Hiller wird zum Glauben bekehrt und geht rehabilitiert in die Zivilisation zurück.

Durch die Betonung der Identität zwischen Autor und Ich-Helden (7, 215F), die offene Anspielung auf Mays Seminaristenzeit und die Integration eines tatsächlichen Jugendgedichts in die Handlung ist die besondere autobiographische Tendenz des Romans evident (H. Vollmer: »Weihnacht!« – ein »Erlösungswerk« Karl Mays. M-KMG 46. S. 3–13). Auf die Figur Carpio, der in Amerika den bezeichnenden Beinamen Old Jumble (Wirrkopf) erhält, hat May wohl einen Teil seiner psychischen Leiden projiziert: von lieblos-überstrengen Eltern zu einem mühselig-harten Bildung- und Lebensweg gezwungen, flieht Caprio in krankhafte, pseudologisch-träumerische Vorstellungen und phantasiert so das Leben ständig zu seinen Gunsten um (374–380F). Sein Scheitern und Tod kann der Ich-Held zwar nicht verhindern, »doch gelingt es Old Shatterhand, das psychische Elend des Freundes zu mildern, indem er ihm endlich die Liebe gewährt, unter deren Mangel Carpio gelitten hat« (H. Schmiedt: Karl May. Studien zu Leben, Werk und Wirkung eines Erfolgsschriftstellers. Königstein/Ts. 1979. S. 162). Als Antwort auf die lieblose Kindheit resultierte in Mays Leben ein kriminelles Aufbegehren gegen das Unrecht der Gesellschaft. Dieses Verhalten, vor allem Mays Rachegefühle, werden in Hiller gespiegelt. Der autobiographische Konflikt zwischen dem realen Ich (Carpio, Hiller) und dem Ich-Ideal (Old Shatterhand) strebt eine Doppellösung an: Mit Carpio begräbt May seine unglückliche Jugend, während Hiller erlöst wird. Traumatische Lebenserfahrungen des armen Webersohnes sind in dem zentralen Motivkomplex Weihnacht (»Welch ein liebes, liebes, inhaltsreiches Wort!«, 1F) und den damit verbundenen Geld-

und Goldgeschenken verschlüsselt verarbeitet. Die Notweihnacht der Familie Hiller zu Beginn reflektiert Mays »fürchterliche Enttäuschung (...), an einem Weihnachtsabend« nicht beschenkt worden zu sein (M. Lowsky: Problematik des Geldes in Karl Mays Reiseerzählungen. In: Jb-KMG 1978. S. 111–141. S. 133). Die Sehnsucht nach Geldgeschenken durchzieht den gesamten Roman; erst im Traumfeld Amerika kann sie durch Winnetous Nuggetgeschenke in einer zweiten Weihnachtsfeier eingelöst werden, so daß sogar der sterbende Carpio seine schuldig-schuldlose Lebensgeschichte durch ein Goldgeschenk an seine Eltern in der Heimat sühnen kann. Der Ich-Held bedarf dagegen keines Goldes mehr, denn im Wilden Westen, in der Freiheit jenseits bürgerlicher Grenzen, ist Geld nicht mehr notwendig.

Dem mit der Autoren-Biographie unvertrauten Leser müssen zahllose biographische Spiegelungen unklar bleiben, sie erklären auch nicht Mays Anfangserfolg im deutschen Kaiserreich. Das Weihnachts- und Schatzmotiv verweist auf Wunschphantasien des wilhelminischen Klein- und Bildungsbürgertums, für das dieser Roman letztlich unbewußt konzipiert wurde und das sich unstrittig darin bestätigend wiedergefunden hat (J. Schulte-Sasse: Karl Mays Amerika-Exotik und deutsche Wirklichkeit. In: Karl May. Hg. von H. Schmiedt. F.a.M. 1983. S. 101–129). Der deutsche Ich-Held beteiligt sich nicht aktiv an der verderblichen Schatzjagd, weil er dem Mammongeist seiner Zeit entsagt: »Was ich zum Leben brauche, will ich keinem Finding-Hole, sondern der geordneten Arbeit, welche Segen bringt, verdanken« (551F). Hier – wie auch in den auffallend langen Exkursen über Geld und den Wert des Lebens (121–123, 157–158F) – formuliert May die Vorbehalte und Verunsicherungen seiner kleinbürgerlichen Leserschaft gegenüber der rapiden Industrialisierung und Kapitalisierung ihrer Lebenswelt. Diese Mittelschichten mußten angesichts der krisenhaften ökonomischen Entwicklung erfahren, daß sie von Deklassierung bedroht waren, folglich wurden liberal-urbane Werte und Entwicklungen denunziert und eine für typisch deutsch erklärte vormoderne Handwerkeridylle idealisiert. Bezeichnenderweise wäre Carpio, statt mit seinem Onkel dem finanziellen Glück nachzujagen, am liebsten Handwerker geworden (386F). Geld hat in Mays Kosmos nur dann Legitimität, wenn es durch ehrliche Arbeit erworben (wie bei Hiller) oder als fromme Geschenke an Bedürftige weitergegeben wird. Somit hat das Weihnachtsfest auch eine sozialpsychologisch motivierte ideologische Funktion: Mays Leser konnten sich oft nur eine Linderung der sozialen Not durch Gottesgaben von oben vorstellen. Der christliche Ich-Held fungiert hier als liebender, doch autoritärer Sozialreformer (603, 609–610F), der Carpios Hilferuf erhört (»... ich bin der Gulden, für den man keinen Pfennig zahlt. Wenn es dir nicht gelingt, mich wieder in Kurs zu bringen, ist es für immer mit mir aus«, 390F), ohne den Freund retten zu können. Nur im utopischen Irgendwo können im Grunde die materialistischen Gesetze überwunden werden.

Auffällig sind an *»Weihnacht!«* auch die willkürlichen Personenkonstellationen, die May, wie so oft, durch den Hinweis auf einen göttlichen, nie zufälligen Willen vor seinen Lesern legitimiert. Dies macht eine für das heutige Publikum besonders kitschig wirkende Schlußszene erforderlich: eine deutsche Weihnachtsfeier im Wilden Westen mit Tannenbaum, Kerzen und ergriffenen Indianern als Statisten (606f. F).

Unter Mays Amerika-Romanen ist *»Weihnacht!«* von der Forschung unter literaturpsychologischer und biographischer Akzentsetzung mittlerweile eingehend gewürdigt worden; bereits Arno Schmidt verwies in »Sitara und der Weg dorthin« (F. a. M. 1969, S. 28ff.) auf die psychische Motivation der Fabel. Claus Roxins Hinweise (»Dr. Karl May, genannt Old Shatterhand«. Zum Bild Karl Mays in der Epoche seiner späten Reiseerzählungen. In: Jb-KMG 1974. S. 15–73) für eine Interpretation der Reiseromane vor Mays eindeutiger Wandlung zum Alterswerk öffneten die Möglichkeit, die biographische Ebene differenzierter zu analysieren. Die Spezifik dieses Romans wurde herausgestellt. Sie besteht vor allem darin, daß das immer wiederkehrende Weihnachtsgedicht inhaltlich und formal tektonisch als »Regler des Verkehrs aller Protagonisten (fungiert), ... zum Schibboleth der Kommunikation« avanciert und als »Legitimationsinstrument des Helden, als Talisman und Erkennungszeichen in den verschiedensten Situationen« erscheint (G. Neumann: Das erschriebene Ich. Erwägungen zum Helden im Roman Karl Mays. In: Germanistik in Erlangen. Hg. von D. Peschel. Erlangen 1983. S. 335–363. S. 343). Durch die Umsetzung von »Schrift in Handlung werden Autor und Held zu ›umgekehrten‹ Pseudonymen ein- und derselben Person: Dr. Karl

May alias Old Shatterhand« (Neumann, S. 344). Der Verfasser von »*Weihnacht!*« erschreibt sich sein Ich, Autor und Held gehen in einem radikalen Identifikationsvorgang ineinander auf. Insoweit erscheint der Roman, wie jüngst weiter ausgeführt wurde (H. Stolte: Der Fiedler auf dem Dach. Gehalt und Gestalt des Romans »*Weihnacht!*«. In: Jb-KMG 1986. S. 9–32), als Kulminationspunkt in der schriftstellerischen Enwicklung Karl Mays, als »Gipfel, auf dem er nun steht, und zugleich die Stelle seines Absturzes« (Stolte, S. 12). Aus dem fiktiven Ich, welches als Kunstmittel in den vorher abgefaßten Orient- und Amerikareiseerzählungen gute Dienste leistete, ist in wunschtraumartiger, überhöhender Annexion die eigene Identität geworden. »*Weihnacht!*« bezeichnet so einerseits den nur teilweise gelungenen Versuch des inzwischen erfahrenen Schriftstellers May, im Hinblick auf Motiv-, Charakter- oder Spannungsdarstellung konzentrierter und literarisch ambitionierter zu erzählen, andererseits erreichte mit diesem Werk die Lebensgeschichte des Autors eine gefahrvolle Stelle: May hat in der Wende zum Spätwerk seinem eigenen Sturz vorgearbeitet, die nachfolgende Pressefehde provoziert und jeden realistischen Sinn im euphorischen Taumel des Ruhmes verloren.

Rainer Jeglin

12. *Am Jenseits*

Als »Jubiläumsband« XXV der Freiburger »Gesammelten Reiseerzählungen« war *Am Jenseits* direkt für die Buchausgabe vorgesehen, erschien aber erst 1899 nach den Bänden XXVI und XXVII *(Im Reiche des silbernen Löwen I u. II)*. Mit dem Manuskript begonnen haben dürfte May im Spätsommer/Herbst 1898; abgeschlossen war der Roman im März 1899. Stark bearbeitet wurde der Roman 1922 durch Euchar Albrecht Schmid (GWR 25) und nach dem Krieg nochmals durch Ludwig Patsch (GWB 25): statt 594 Seiten der Erstausgabe wies der Band nunmehr nur noch 494 Seiten auf.

Angelockt von gefahrversprechenden Abenteuern und motiviert von dem Wunsch, seinen »Wanderstudien (...) einen befriedigenden Abschluß zu geben« (9F), bricht der Ich-Held Kara Ben Nemsi zusammen mit Hadschi Halef Omar, dessen

Frau Hanneh und beider Sohn Kara Ben Halef sowie einer Anzahl Haddedihn-Krieger nach Mekka auf. Unterwegs stoßen die Reisenden auf fünf Mekkaner, die einem »Toten« (El Münedschi) die letzte Ehre erweisen. Schon bei diesem ersten Zusammentreffen kommt es zur Auseinandersetzung der Helden mit dem Anführer der Gruppe, El Ghani, Scherif von Mekka, und dessen Sohn Ben Abadilah, hinter denen sich – wie wir später erfahren – gefährliche Verbrecher verbergen, die den heiligen »Kanz el A'da« (den »Schatz der Glieder«) von Meschhed Ali geraubt haben.

Die zentrale Figur des Romans ist der nur scheintote, geheimnisvolle Münedschi, ein blinder Seher, der durch den Engel Ben Nur, den »Sohn des Lichtes«, »in alle Zeiten, die vergangene, gegenwärtige und zukünftige« (173F) zu schauen und Orte des Jenseits zu schildern vermag. Im Diesseits ist er allerdings – physisch wie geistig – blind, sucht er vergeblich nach Liebe, die er irrigerweise in der Beziehung zu seinem »Wohltäter« El Ghani, der den Blinden in Wahrheit materiell ausnützt, gefunden zu haben glaubt.

Beweggrund des im Vergleich mit anderen Reiseerzählungen Mays eher raren, schleppenden, in Wiederholungen retardierenden Abenteuergeschehens, des Konflikts zwischen den Guten und den Bösen (zu denen sich neben den Mekkanern noch der rohe und grausame Tawil Ben Schahid, Scheik der Beni Khalid, gesellt), ist der geraubte »Schatz der Glieder«. Der Oberaufseher des Heiligtums von Meschhed Ali, Khutab Agha, hat mit Soldaten die Verfolgung der Diebe aufgenommen; dank der Hilfe des Ich-Helden gelingt es ihm, den Schatz wieder in Besitz zu nehmen; dieser wird ihm von El Ghani und Tawil wenig später aber erneut geraubt. Blutiger Höhepunkt der Macht des Bösen ist die Erschießung persischer Soldaten und Khutab Aghas, der, wie der Münedschi zuvor, jedoch nur den Scheintod erleidet, durch das Erlebnis, am Jenseits zu stehen, geläutert wird und mit seinem bisherigen falschen, lieblosen und gottfernen Leben bricht.

In einer für Mays Werke charakteristischen Weise siegt schließlich das Gute über das Böse: Tawil und Ben Abadilah werden von den Beni Lam – deren Scheik Abd el Idrak den edel angelegten Menschen verkörpert (vgl. 560F) – getötet, El Ghani gefangengenommen; um dem Gottesgericht nicht vorzugreifen, schenkt man dem teuflischen Mekkaner jedoch die Freiheit. Obgleich der Münedschi inzwischen über seinen »Wohltäter« aufgeklärt ist, schließt er sich ihm zur Rückkehr nach Mekka an, eine Entscheidung, die dem Blinden beinahe das Leben kostet. Noch einmal beweist der Ghani auf abscheulichste Weise seine Unmenschlichkeit, indem er den hilflosen alten Seher in der Wüste aussetzt; durch göttliche Führung können die Helden den Blinden jedoch erneut vor dem Tod retten. Die endgültige Abrechnung mit dem Ghani findet im Roman nicht mehr statt – Mekka bleibt letztlich unerreicht.

Unmittelbar entstanden vor dem »seelischen Umbruch« Mays auf der Orientreise 1899/1900 (vgl. H. Wollschläger: »Die sogenannte Spaltung des menschlichen Innern, ein Bild der Menschheitsspaltung überhaupt«. In: Jb-KMG 1972/73, S. 11–93), markiert *Am Jenseits* eindrücklich Mays literarische Wandlung vom Reiseschriftsteller zum Symboliker des Alterswerks. Die Mays Spätwerk charakterisierende mehrdimensionale Struktur, die Verknüpfung verschiedener Lese- oder Interpretationsebenen (Handlungsebene, autobiographische und weltanschaulich-religiöse Ebene), ist in diesem Roman bereits deutlich zu erkennen. Im Gegensatz zu früheren Reiseerzählungen kommt der Abenteuerhandlung nur noch eine sekundäre Bedeutung zu; sie dient vor allem der Veranschaulichung geistig-seelischer Fragen. Reflexionen über die menschliche Existenz und Gedanken zur Todesproblematik schieben sich in den Vordergrund und bedingen damit einen Verlust der Handlungs- und Abenteuerelemente. Während die ethische Betrachtungsebene dem Leser explizit vorgeführt wird, ist der Zugang zur autobiographischen Ebene erst über eine Entschlüsselung zu erreichen. Die Frage, inwieweit es sich bei diesen Literarisierungen eigenen Erlebens um bewußte oder unbewußte Bewältigungen innerer, nicht ausgelebter Konflikte, Krisen und Nöte Mays handelt, kann allerdings nicht eindeutig beantwortet werden. Zweifellos vorhandene biographische Einflüsse sind daher mit aller Behutsamkeit zu beschreiben. May hat in seinem Œuvre immer wieder sein Ich aufgespalten und auf unzählige literarische Figuren übertragen, die eine Selbstbetrachtung aus unterschiedlichsten Perspektiven ermöglichten. Ich-Spiegelungen sind in *Am Jenseits* neben Kara Ben Nemsi und Halef Omar der Münedschi und Khutab Agha, liebesuchende, »gebrochene« Charaktere, in denen der Autor Erinnerungen an seine trübe Vergangenheit, an Gottes- und Liebesverluste gestaltet hat. So verweist die Blindheit des Münedschi auf Mays eigene frühkindliche Erblindung und auf die Ausprägung eines inneren Phantasie-Sehens des Dichters. In der Beziehung des hilflos gewordenen Sehers zum Ghani hat May radikal mit dem überaus konfliktreichen Verhältnis zu seinem Vater abgerechnet. Weitere autobiographische Spiegelungen finden wir in dem vom Ghani geraubten »Schatz der Glieder«, der sich auf das kleine Vermögen beziehen dürfte, das Mays Mutter von einer Verwandten erbte, vom Vater jedoch zum Leid der Familie verschwendet wurde. Auch die Scheintode des Münedschi und Khutab Aghas könnten auf ein wirkliches Erlebnis – auf den Scheintod der Großmutter Mays – zurückgeführt werden.

»Gebrochen« erscheint ebenfalls das Heldenbild Kara Ben Nemsis, der sich im Roman ein Pseudonym zulegen muß (»Hadschi Akil Schatir«), um in Mekka nicht als Christ entlarvt zu werden. Seine ehemals glanzvollen Heldeneigenschaften treten nur eingeschränkt auf, wichtige Entscheidungen trifft nun zum Teil Halefs Frau Hanneh. Nur durch die Warnung des Münedschi bleibt er vor dem Vollzug der Todesstrafe bewahrt; schließlich muß er sich gar durch dreimaliges Bespeien vom Blinden mißhandeln lassen – all dies kündigt den Zusammenbruch des vom Vater bestimmten Ich-Ideals an, die seelisch-geistige Neuorientierung und Fixierung auf das Mutter-Ideal.

Neben der autobiographischen Verschlüsselung fungieren die Figuren Mays gleichzeitig als symbolische Bedeutungsträger, die allgemeine Menschheitsprobleme darzustellen versuchen. Die im Mittelpunkt des Romans stehende große Vision des Münedschi von »El Mizan«, der »Waage der Gerechtigkeit« – ein beeindruckendes Schaubild des Jüngsten Gerichts –, weist die um sie rankende Abenteuerhandlung als eine Allegorie menschlicher Existenz und Bestimmung aus. Der Handlungsort »Wüste« ist auf dieser Betrachtungsebene ein irdisches Abbild des Jenseits; er symbolisiert den Weg des Menschen zur Seligkeit, für die das ersehnte »Mekka« steht. In dieser Seelenlandschaft kommt den auftretenden Personen als Konfliktfiguren zwischen Gott und Teufel paradigmatische Funktion zu. Schwankend zwischen beiden Polen stehen der Münedschi und Khutab Agha; beide besitzen einen »göttlichen Funken«, erliegen aber dennoch der Macht des Bösen. Durch seinen Engel Ben Nur erschaut der Münedschi zwar das Jenseits, im Diesseits ist er allerdings durch den Einfluß El

Ghanis (der das teuflische Prinzip personifiziert) verblendet. Khutab Agha, der aufgrund fehlender Seelenstärke zunächst wiederholt in die Hände der Bösen gerät (neben dem teuflischen Ghani symbolisiert Tawil hier den Gewaltmenschen), kann erst durch seinen Scheintod, in dem die Vision des Münedschi Wahrheit wird, die endgültige Abrechnung mit seinem bisherigen Irr-Leben vornehmen. Daß auch Kara Ben Nemsi nicht frei von menschlichen Schwächen und Fehlern erscheint, zeigt, welch große Macht das Dämonische, »El Aschdar« (»der Drache«, das Symbol des Bösen), im Roman ausübt. Leitmotivisch ist die drängende Frage des Münedschi: »Hast du die Liebe?« (96F). Irrglauben, die Sucht nach Befriedigung diesseitiger Gelüste (die Nikotinsucht des Blinden und die Jagd nach irdischen Gütern) lenken den Menschen von seiner Bestimmung ab, zu Gott zu gelangen, die Identität von Liebe und Leben zu erfahren. Erst der Augenblick des Sterbens führt zur Selbsterkenntnis und Lebensumkehr.

Offenkundig inspiriert wurde May bei seinen Jenseitsprojektionen von der Mystik des Katholizismus (Origines), der Theosophie Swedenborgs, Dantes »Divina Commedia« und vom Spiritismus, mit dem sich May ab etwa 1880 spöttisch-ironisch, aber auch sehr fasziniert auseinandersetzte.

Zweifellos hatte May erkannt, daß er mit *Am Jenseits* einen entscheidenden Wendepunkt in seinem literarischen Schaffen erreicht hatte und ihm eine Abkehr von den vordergründigen Abenteuererzählungen gelungen war, wenngleich dieser »Bruch« vor allem aus unbewußten, seelischen Zwängen resultierte: »Lesen Sie die Korrekturen von Band XXV? Ja? Dann werden Sie gemerkt haben, daß Karl May jetzt beginnt, mit seinen eigentlichen Absichten herauszurücken. Es handelt sich um eine wohlvorbereitete, großartige Bewegung auf religiös-ethisch-sozialem Gebiete«, schrieb May im März 1899 an seinen Verleger Fehsenfeld (abgedr. bei Wollschläger: May, S. 88). Im nach der Orientreise entstandenen Roman *Und Friede auf Erden* nimmt May noch einmal explizit Bezug auf das Mysterien-Schauspiel des *Jenseits*-Romans.

Obwohl das Buch, inhaltlich betrachtet, unvollendet blieb (s. die fragmentarischen Lebensgeschichten des Münedschi und des Ghani), hat May äußerst kunstvoll an der Komposition gearbeitet (vgl. den Kapitelaufbau und die Dramatisierung des Geschehens). Unübersehbare Schwächen weist der Roman aber in dem mitunter gewaltsam wirkenden Bemühen auf, die verschiedenen Leseebenen in Kongruenz zu bringen – das sollte May erst in späteren Werken vollständiger gelingen.

Immer wieder kündigte May nach der Jahrhundertwende eine Fortsetzung des Romans, *Im Jenseits,* an. Daß es dazu nie gekommen ist – Franz Kandolfs *In Mekka* (GWR/GWB 50) ist hier nicht mehr als ein gutgemeinter, aber letztlich überflüssiger Fortsetzungsversuch –, hängt mit der allgemeinen Zeitnot Mays und seinen für ihn nicht endgültig lösbaren inneren Konflikten zusammen. So ist der offene Schluß des Buches nur die Konsequenz seelischen Befindens.

Die Einordnung des Romans in die verschiedenen Schaffensphasen Mays ist nicht einfach, da *Am Jenseits* vor der Orientreise entstand, der Beginn des eigentlichen Spätwerks jedoch erst nach der Reise datiert wird. Vier Untersuchungen haben sich bislang ausschließlich mit *Am Jenseits* beschäftigt: während H. B. van Kleef anhand ausführlicher Textzitate darum bemüht ist, Einflüsse des Spiritismus im Roman aufzuzeigen (»Das Uebersinnliche in Carl May's Werken«. In: Zeitschrift für Spiritismus. 4. Jg. 1900. Nr. 9ff.), deutet E. A. Schmid *Am Jenseits* unter spätwerklichen philosophisch-religiösen Aspekten (s. Kapitel »Symbolik« in GWB 34. S. 394–397); Wollschläger dagegen geht von autobiographisch-psychologischen Gesichtspunkten aus (Der »Besitzer von vielen Beuteln«. In: Jb-KMG 1974. S. 153–171). Eine die verschiedenen Interpretationsebenen verbindende Studie hat der Verfasser vorgelegt (Karl Mays *Am Jenseits.* Ubstadt 1983); sie macht deutlich, daß der Roman, gerade aufgrund seiner Stellung zwischen Reiseerzählung und symbolisch-allegorischem Spätwerk, einer der interessantesten Texte des Mayschen Œuvres ist.

Hartmut Vollmer

13. Im Reiche des silbernen Löwen I–II

Die ersten beiden Bände des in sich heterogenen *Silberlöwen*-Zyklus (die in der Freiburger Fehsenfeld-Ausgabe die Bände 26 und 27 einnehmen; beide 1898, GWB 26: *Der Löwe der Blutrache,* GWB 27: *Bei den Trümmern von Babylon*) basieren im wesentlichen auf dem Beginn des Romans *Im Reiche des silbernen Löwen* in Pustets DH, wo März 1897 als »Erste Abtheilung. Die Rose von Schiras. Einleitung« die beiden ersten, im Wilden Westen spielenden Kapitel erschienen (F 26, S. 1–266) und Weihnachten 1897 »Erstes Kapitel – Am Turm zu Babel« (entspricht F 26, S. 267–291, 358–624; F 27, 1–452) begann. Nach dem Bruch mit Pustet schloß May das »Erste Kapitel« ab, das mit dem Hinweis auf eine Fortsetzung im »Regensburger Marien-Kalender« (XXXIV/1899, erschienen 1898) endete. Dies war dann »Die ›Umm ed Dschamahl‹«, ein Text, der zum Schlußkapitel »Ein Rätsel« des II. Bandes wurde (453–628 F). Die ein Jahr zuvor im »Regensburger Marien-Kalender« erschienene Erzählung »Scheba et Thar« schloß als »Der Löwe der Blutrache« die Lücke in Band I (S. 291–357 F).

Detaillierte Angaben finden sich bei H. Wollschläger (Erste Annäherung an den *Silbernen Löwen*. Zur Symbolik und Entstehung. In: Jb-KMG 1979. S. 99–136): »Die schlechte Komposition des Ganzen erklärt sich aus Umfangsgründen der Fehsenfeld-Bände, und der Karl-May-Verlag hat die Erzählungen mit Recht für seine Lese-Ausgabe wieder getrennt« (S. 133).

Der autobiographische Hinweis auf Kara Ben Nemsis Ehefrau »Emmeh« (Band I, 395 F) wird in späteren Auflagen nach der Scheidung von Emma Pollmer getilgt und durch das neutrale »Dschammeh« ersetzt.

Seiner Strategie folgend, die Reiseerzählungen zu einer einzigen imaginären Vita zu verknüpfen, greift May auf Figuren früherer Romane zurück: den Bimbaschi aus *Von Bagdad nach Stambul*, To-Kei-Chun aus *Winnetou III* wie auch verschiedene andere Statisten aus der Orientreise. Mit der Erscheinung Marah Durimehs zeichnet sich ein Punkt ab, wo dieses Verknüpfungs-Interesse in die Strategien des »symbolischen« Spätwerks eingeht, zu denen es sich durchaus ambivalent verhält. Zur Stoffquelle wird so das eigene Œuvre, dessen Ressourcen allerdings eher lieblos und mechanisch verwertet werden. Die Verarbeitung fremder Vorlagen wie in den früheren Reiseerzählungen ist unerheblich.

Im Reiche des silbernen Löwen I

Die beiden ersten Kapitel des ersten Bandes spielen im Westen: Nach der Grablegung Winnetous trifft Old Shatterhand auf seinem Ritt zu den Apatschen, denen er den Tod ihres Häuptlings melden muß, auf ein Paar von Westmännern, die beiden Snuffles. Zuerst wegen seiner unscheinbargrotesken Kleidung von diesen verspottet, da er niemals der berühmte Old Shatterhand sein könne, zeigt er sich dann unzweifelhaft: er versteht das persische Buch zu lesen, welches sich bei einem flüchtigen Scout findet, der seine Reisenden in der ihnen von den Komantschen drohenden Gefahr im Stich gelassen hat. Der Perser Dschafar wird – nach verschiedenen Wechselfällen der Rettung und Gefangennahme – von Old Shatterhand mit der hinderlichen Hilfe der Snuffles aus den Händen der Indianer befreit. Er entdeckt in ihm den mit seiner Familie bekannten Kara Ben Nemsi und schenkt ihm zum Abschied seinen kostbaren Chandschar, seinen Dolch.

Das dritte Kapitel führt abrupt in den Orient: Kara Ben Nemsi ist auf dem Wege zum Stamme Halefs, der »inzwischen oberster Scheik der Haddedihn-Araber geworden war« (I, 269 F). Ihm hat er schon in Briefen eine Reise nach Persien (das eponyme Reich des silbernen Löwen) vorgeschlagen. Nach entzücktem Wiedersehen reiten Kara Ben Nemsi, Halef und Halefs Sohn Kara erst in die Schammarberge, wo Halef als Scheik nach dem Rechten zu sehen hat; dort geraten sie in eine Auseinandersetzung mit den Scherarat-Beduinen, die mit den Haddedihn in Blutrache stehen. Der haßerfüllte Zauberer jenes Stammes findet mit seinem Sohn den Tod, der den drei Fremden zugedacht war, im Rachen des »Löwen der Blutrache«. Ins Lager der Haddedihn zurückgekehrt führt Kara Ben Nemsi ein langes Gespräch mit Halefs Weib Hanneh, welcher er die bange Frage, ob die Frau auch eine Seele habe, tröstlich beantwortet. Dann brechen Kara Ben Nemsi und Halef zu ihrer Reise auf; ihr Ritt wird eröffnet mit einem Gespräch über die Frauen und der für Halef erstaunlichen Mitteilung, daß auch sein Sihdi ein Weib hat: Emmeh. Und nun beginnt »Auf dem Tigris« (4. Kapitel) das Abenteuer. Drei Männer, die auf einem Floß den Fluß herabgekommen sind, werden in ihrem Uferlager belauscht: Sie gehören dem zunächst in seinem Wesen undurchsichtigen Geheimbund der Sillan, der »Schatten«, an. Ihr Anführer, der Pädär-i-Baharat (»Vater der Gewürze«), droht Kara Ben Nemsi und Halef Rache an, nachdem diese die drei Gesellen überlistet und für einen vereitelten Anschlag auf das eigene Leben bestraft haben. Die Ringe mit dem Erkennungszeichen der Sillan nimmt Kara Ben Nemsi heimlich mit.

»In Bagdad« (5. Kapitel) kehren die beiden Reisenden bei einem alten Bekannten ein: dem »einstigen türkischen Offizier polnischer Abstammung«, dem Bimbaschi mit seinem fetten Diener Kepek. Der zum Islam Übergetretene erzählt ausführlich seine Lebensgeschichte. Er wurde als Offizier bei einem Pro-Forma-Prozeß nach den Christenmassakern in Damaskus, bei denen auch seine schiitische Familie verschwand, zum Tode verurteilt und entkam durch eine List. Mit seinem treuen Diener schließlich durch die Gunst eines Pascha auf eine Stelle beim Zoll gelangt, wurde er, auf der Spur einer mächtigen Schmugglerbande, bei einer Razzia am Turm von Babel im Versteck der Schmuggler gefangengesetzt und nach Rachedrohungen gezwungen, dem Anführer, dem »Säfir«, zu schwören, nichts zu verraten und seine Stellung zu quittieren, so daß er nun in Armut haust. In einem langen Nachtgespräch führt Kara Ben Nemsi als »Seelenarzt« den Bimbaschi zur Hoffnung (Frau und Kinder leben vielleicht noch), zum Gebet und zu Gott.

Im Reiche des silbernen Löwen II

Der II. Band beginnt unmittelbar: »Am Tage nach dem am Schlusse des vorigen Bandes beschriebenen Abend unternahmen wir den geplanten Ritt nach dem Turm von Babylon« (II, 1 F). Auf dem Wege erinnern sich Kara Ben Nemsi und Halef des Aasgeruches der Todeskarawane, mit welcher schiitische Pilger die Leichen der Gläubigen an ihre heiligen Orte bringen; zwei kurze Rückblenden auf den ersten Besuch in Bagdad schildern Begegnungen mit fanatischen Schiiten. In einem Khan erkennt Kara Ben Nemsi an ihren Ringen zwei Sillan; er macht die Probe, steckt einen der geraubten Ringe an und erfährt, da man ihn für den Pädär-i-Baharat hält, von den Plänen der Sillan und den Anordnungen des gefürchteten Säfir: Man lauert der Karawane eines persischen Kammerherrn auf. In einem Gasthaus in Hilleh versuchen Beduinen, die von den Sillan für den Raubzug angeworben sind, sich der Pferde Kara Ben Nemsis und Halefs zu bemächtigen; die Tiere werfen sie ab. Der Wirt will die Reisenden vor Gericht ziehen, doch sie reiten nach Babel davon. Am Turm belauschen sie Schmuggler, die in den Särgen einer Leichenkarawane kostbares Gewürz transportieren. Von einem Trupp Soldaten auf die Anzeige des Wirtes und der Beduinen hin ergriffen, gelingt es Kara Ben Nemsi, den kommandierenden Kol Agasi durch seinen vom Sultan ausgestellten Geleitbrief und sein gelassen-überlegenes Auftreten auf seine Seite zu bringen, doch stellt er sich dem Gericht in Hilleh.

»Vor Gericht« (2. Kapitel) findet eine jener im Werk Karl Mays so häufigen Umkehrszenen statt, wo der Angeklagte den Richter maßregelt. Der Säfir, das Haupt der Schmuggler, steht als angeblicher hoher persischer Beamter feindselig dem Richter zur Seite; ein türkischer Oberst, der die Angeklagten von einst kennt, ergreift ihre Partei. Schließlich sprengen Kara Ben Nemsi und Halef aus dem Gerichtshof davon. Der mit seiner reichen Karawane heranziehende hochmütig-törichte Kammerherr will sich nicht warnen lassen. Als Kara Ben Nemsi und Halef das Versteck der Schmuggler und Räuber belauern, wo sich auch der Pädär eingefunden hat, werden sie gefangen. Kara Ben Nemsi findet sich mit dem inzwischen überwältigten Kammerherrn zusammen in jenem Gefängnis im Babelturm wieder, wo einst der Bimbaschi lag. Er kann sich befreien und reitet mit dem Kammerherrn nach Hilleh zurück, wo er wieder einen Freund trifft (Osman Pascha, eine historische Gestalt), der den korrupten Richter zur Rechenschaft zieht und ihn mit dem Pädär zusammen ins Gefängnis werfen läßt. Kara Ben Nemsi schleicht sich in den Turm zurück und erwartet – scheinbar gefesselt, tatsächlich ein freier Mann – den Säfir. In einer dramatischen Konfrontation wird wieder der scheinbar Ohnmächtige zum Rächer. Der vor Zorn fast besinnungslose Säfir wird gedemütigt, seiner Geheimnisse und Schätze beraubt und ebenso wie die Beduinen, welche die Leute des Kammerherrn ermordet hatten, gezüchtigt. Im Raub des Säfir findet sich ein seltsames juwelengefaßtes Doppelbildnis, das Dschafar zeigt und eine Frau »mit (...) rätselhaften Sphinxzügen« (II, 384F) – die geheimnisvolle Gul-i-Schiraz, die in Verbindung mit dem Geheimbund zu stehen scheint.

Eine rasche Serie von Schicksalsbegradigungen schließt das vorletzte Kapitel ab: Der Kol Agasi wird befördert und dem Christentum gewonnen, der Säfir erhängt sich im Gefängnis, der rehabilitierte Bimbaschi wird reich.

Das 6. Kapitel »Ein Rätsel« führt von der bisherigen Handlungslinie völlig fort. Halef will nach einer Zufallsbegegnung mit einem Salbenhändler unbedingt nach Kirmanschah, um dort für seine Hanneh die echte Schönheitssalbe zu erstehen, was zu einem Ritt durch Kurdistan führt, der die Reisenden von ihrer Route abbringt. In Auseinandersetzungen zwischen Kurdenstämmen verwickelt, befreien sie Marah Durimeh, die mit ihren Dienerinnen Madana und Ingdscha glücklich über das Wiedersehen ist. Nachdem die geheimnisvolle Greisin aus dem von türkischen Soldaten und fremden Kurden über sie verhängten Arrest erlöst ist, entläßt sie ihren alten Freund Kara Ben Nemsi mit einem talismanischen Schrieb auf seine Weiterreise nach Persien.

»Die ersten beiden Bände, eine Reiseerzählungs-Kompilation, die von May mit nicht allzuviel Kritik und Geschick aus verschiedenen, kaum zusammenhängenden Stoffen gebildet wurde, waren Ende 1898, also vor (...) Mays großer Lebenszäsur, und vor dem Wende-Werk *Am Jenseits* (...) erschienen und hatten, trotz weitangelegter Expositionen, nicht einmal geographisch das Handlungs-Terrain erreicht, das der Titel verhieß« (H. Wollschläger, in: Jb-KMG 1979, S. 99–136. S. 120). In Mays vertrautem Stil, aber durchgängig hinter das in dieser Manier schon Erreichte zurückfallend, soll hier noch einmal die alte Reiseerzählung in Gang gebracht werden, die sich aus der Erinnerung an den ersten Aufbruch, aus Materialien der großen Reise der Bände F 1–F 6 zu nähren sucht. Ein klarer Plan ist nicht erkennbar: ›Die Frage, ob May um diese Zeit eine bestimmte Vorstellung vom künftigen Fortgang der Haupterzählung gehabt habe, ist (...) insgesamt wohl zu verneinen« (Wollschläger, S. 120). Die Maschinerie, in die selbst Erinnerungen an die Zeit der Kolportageromane einzudringen scheinen (die typische und hier ganz unbegründbare Struktur »Rund um die Erde«!), knarrt so sehr, daß sich May sogar selbst genötigt fühlt, hinzuzusetzen: »Ich lasse nämlich den General« (der den bestochenen Richter festsetzen läßt) »nicht etwa als (...) Deus ex machina an dieser Stelle erscheinen« (II, 272 F).

Neben typischen Karikaturen wie den Snuffles, gekennzeichnet durch die bei Karl May als groteskes Charakterisierungsmotiv so beliebten monströsen Nasen und durch verbale Tics à la »das höchste der Gefühle«, und einer vertrauten Statisterie von Schurken, korrupten Beamten, naiv-willigen Helfern und hochgestellten Gönnern begegnet kaum eine interessantere Figur; lediglich der Bimbaschi Dozorca ist ein Beispiel für die »gebrochenen« Charaktere der späten Reiseerzählungen, die den Glauben verloren haben (vgl. Claus Roxin: »Dr. Karl May, genannt Old Shatterhand«. Zum Bild Karl Mays in der Epoche seiner späten Reiseerzählungen. In: Jb-KMG 1974, S. 15–73. S. 56). Wie die Charakterisierung der Figuren bleibt auch Mays Sprache blaß und mühsam.

Die Bedeutung der ersten beiden Bände des *Silbernen Lö-*

wen liegt so in erster Linie im Kontrast zu der folgenden, so ganz anderen Hälfte dieses Werkes; für sich betrachtet bieten sie eine der schwächsten Leistungen Mays – allerdings eine, wie sich gerade in der paradoxen Zusammenlegung der beiden Hälften unter dem Dach eines Werkplans zeigt, im Gang von Mays Leben und literarischer Entwicklung signifikante Schwäche.

Die wirkungsgeschichtliche Bedeutung ist dementsprechend darin zu suchen, daß sich an keiner anderen Stelle des Werkes die Bruchlinie zwischen den Reiseerzählungen und dem »symbolischen« Spätwerk so deutlich aufweisen läßt, da der vierteilige Zyklus zwei ganz verschiedene Textstrategien unter denselben Titel und in eine oberflächlich zusammengezogene Geschichte setzt. Von in sich geringer Bedeutung, sind so die ersten beiden Teile des *Silbernen Löwen* Teil des Terrains, das zu den interessantesten Partien im ganzen Œuvre Karl Mays gehört.

Die Forschung hat sich neben dem rein philologischen Problem der zusammengestückten Konstruktion im wesentlichen mit den beiden Bänden der ersten Hälfte – was auch angemessen erscheint – nur im Zusammenhang mit der Fortsetzung des *Silbernen Löwen* befaßt.

Joachim Kalka

14. Im Reiche des silbernen Löwen III–IV

Die zweite Hälfte des *Silbernen Löwen*, von der ersten durch den Bruch zwischen den Reiseerzählungen und dem Spätwerk getrennt, belegt die Bände 28 und 29 der Fehsenfeldausgabe (GWB 28: *Im Reiche des silbernen Löwen;* 29: *Das versteinerte Gebet*). Das erste Kapitel des III. Bandes, »In Basra«, ist das nach dem Zerwürfnis mit Pustet vom DH zurückgeforderte Manuskript »Der Löwe von Farsistan« von 1898 mit neu angefügtem Schluß (vgl. das Nachwort von Roland Schmid, F 28, N 3); es gehört noch nicht eigentlich zur »anderen«, zweiten Hälfte des Zyklus. Der Rest des III. Bandes entstand Februar–Juli 1902 und erschien noch in diesem Jahr als 28. Band der Fehsenfeldausgabe; das 2. und die erste Hälfte des 3. Kapitels waren vorab im »Rhein- und Moselboten«

(Koblenz) als »Am Tode. Reiseerzählung von Karl May« erschienen (15. 2.–29. 4. 1902). Der Rest des Textes trug im Manuskript den Titel »Ein At jaryschy« (S. 266–636F).

Der IV. Band wurde Oktober (?) 1902–10. 9. 1903 verfaßt und erschien 1903 als Band 29 der Freiburger Ausgabe.

Der sehr uneinheitlich durchgeführte Versuch, das neue Unternehmen des »symbolischen« Werkes mit den alten Reiseerzählungen zu verknüpfen, den schon die Dachkonstruktion des *Silberlöwen*-Zyklus erzwingt (wobei abgesehen von der ganz uneingebundenen Lindsay-Figur der Ouvertüre »In Basra« nur die Echo-Verweise auf Marah Durimeh, natürlich Halef mit seiner Familie und den Haddedihn und schließlich Schakara, der Kara Ben Nemsi in *Durchs wilde Kurdistan* das Leben gerettet hatte, von Bedeutung sind), bleibt irrelevant neben der eigentlichen Thematik der beiden Bände.

Deren Stoffgeschichte ist in Karl Mary Biographie zu suchen: Anspielungen – und weit mehr als das: Grundstrukturen – verweisen auf seine Ehe, seinen Kampf mit feindseligen Kritikern und sind Versuche zur Bewältigung und zu einer den Reiseerzählungen gegenüber um ein Vielfaches anspruchsvolleren Stilisierung des eigenen Lebens.

Studien fremder Literatur über Landschaften, Realien usw. spielen im *Silbernen Löwen III–IV* eine vergleichsweise minimale Rolle. Selbst die Überblendungen geographischer Bilder (der Dschebel Quarantal als »Hohes Haus«) gehören weit eher in Mays Biographie.

Die folgende Wiedergabe des Inhalts der Bände III und IV setzt die Zusammenfassung der ersten beiden Bände voraus.

Im Reiche des silbernen Löwen III

Bei einem Abstecher auf ihrer Reise nach Persien treffen Kara Ben Nemsi und Halef »In Basra« (1. Kapitel), zurückgekehrt an die Stelle eines einstigen Besuches (»Meine Leser wissen ...« – III, 4F) den alten Reisekameraden Lord Lindsay in einem Kaffeehaus. Der betrunkene Wirt händigt Halef, den er wegen seines Ringes für einen Sill hält, einen Brief an »Ghulam el Multasim« aus. Am Dampfer, auf dem Lindsay eigenmächtig drei Plätze für die Weiterfahrt gebucht hatte, begegnet den Reisenden der arrogante Vetter des Lord, der, in geheimer Regierungsmission unterwegs, zwei der Plätze beansprucht. Lindsay findet sich von seinen Freunden getrennt und ruft vom auslaufenden Schiff, er wolle sie in Schiras treffen. Halef – glücklich, seinen Sihdi wieder für sich alleine zu haben – und Kara Ben Nemsi reiten weiter.

Ein Gespräch über den Tod auf dem Weiterritt durch die Öde, der »Über die Grenze« (2. Kapitel) führen wird, kündigt eine bedrohlich heraufziehende Krankheit Halefs an. (Nun, da das eigentliche »symbolische« Werk beginnt, sei daran erinnert, daß eine Handlungsnacherzählung nur in sehr begrenztem Maße die inhaltliche Komplexität dieser Bücher fixieren kann.) Nomaden rauben nachts die Reisenden aus; sie machen sich unbeirrt zu Fuß und ohne Waffen an die Verfolgung. Eine Reiterschar taucht auf und verhilft ihnen wieder zu ihrer Habe – Raub und Hilfe ein abgekartetes Spiel mit verteilten Rollen, um die Dankbarkeit der Reisenden und vor allem den Überschwang Halefs auszunützen und sie als Verbündete gegen die verhaßten Dschamikun zu gewinnen, die durch den Einfluß des »Ustad« (des »Meisters«) vom Islam abgefallen und zu seßhaften Bauern geworden sind. Während Halefs Krankheit, in der Kara Ben Nemsi Typhus erkannt hat, sich verschlimmert und dieser selbst erste Anzeichen an sich bemerkt, geht die Jagd nach den Dschamikun auf den Spuren eines rätselhaften Fakirs weiter; bei einem Gewaltritt, wo den Pferden ihr »Geheimnis« abverlangt wird, holt man ihn ein, worauf er sich als der »Pedehr« (Vater) und Scheik der verleumdeten Dschamikun erweist, und das Doppelspiel der Verfolger, welche die Herden der Dschamikun überfallen haben, enthüllt. Kara Ben Nemsi und Halef locken nun die Räuber in den Hinterhalt der Dschamikun im Tal des Sackes und entkommen durch einen fast übermenschlich schwierigen Sprung auf ihren Pferden über den Abgrund. Die Krankheit wirft beide in einen Zustand der Schwäche »am Tode«.

Im Tal der Dschamikun werden die Kranken gepflegt, wobei sich vor allem der Pedehr, die liebevolle Schakara, welche Kara Ben Nemsi einst als Kind in Kurdistan gerettet hatte, und der Ustad, der hier einer wie idealen Gemeinschaft vorsteht, sorglich um sie kümmern. Kara Ben Nemsi läßt nach Kara, dem Sohn Halefs schicken, dessen Gegenwart dem Vater helfen soll, dem Tod zu widerstehen; er kommt mit Hanneh. Langsam beginnt die Genesung. Der noch geschwächte Kara Ben Nemsi pflückt in den Gärten des Ustad wunderschöne Pflaumen; als vermeintlicher Dieb von dem unbeholfenen Tifl (dem »Kinde«) und der Köchin Pekala ergriffen, lernt er in den beiden zwei weitere, wunderlich-liebenswerte Hausbewohner kennen. Auf einem Übungsritt für das geplante große Wettrennen retten Kara Ben Halef und Tifl – der überraschende Gewandtheit und Klugheit beweist – dem Scheik Hafis Aram und seiner Frau das Leben, die wegen der Tötung eines sadistischen, ihren Stamm ausplündernden Steuereintreibers von persischer Kavallerie gejagt werden. Die Perser kommen auf der Verfolgung ins Duar der Dschamikun; ihr frecher Anführer (ein Sill, wie der Ring zeigt) wird von diesen überwältigt, wobei der Pedehr mit der Würde des Scheiks auftritt und sich als Neffe Marah Durimehs erweist. Der Perser droht mit der Blutrache von Ghulam el Multasim, dessen Sohn der Ermordete war.

In Träumen (Halef träumt von den Feinden Kara Ben Nemsis in Dschermanistan, die sich als Maden in seinen Leib wühlen, was er lächelnd erträgt, um sich den Geist vom Fleische freifressen zu lassen) und zahlreichen Gesprächen, vor allem zwischen dem Ustad und Kara Ben Nemsi, in der Betrachtung der zyklopischen Ruinenarchitektur des »Hohen Hauses« und bei Versammlungen mit frommer Musik und Rosenduft werden immer wieder Fragen des menschlichen Schicksals berührt, wobei sich Kara Ben Nemsi als Lehrer und Mahner nicht nur für Schakara, Hanneh oder den Pedehr, sondern auch für den ihm wie ein alter ego verbundenen Ustad zeigt. Ghulam kommt an und fordert seine Rache, die Kara Ben Nemsi insgeheim auf sich nimmt; dann tritt der mächtige und unversöhnliche Ahriman Mirza – auch er, wie sich zeigt, ein Sill – vor die Dschemma der Dschamikun und kündigt in einer großen, von seltsamen dämonischen Lichtern durchfunkelten Rede (»Zeige mir den ganz Unmöglichen, Undenkbaren, den ich als Mensch vernichten will und der, in diese Vernichtung stürzend, kein Wort des Fluches, sondern Segen für mich hat!« – III, 594 F) dem Duar den Untergang an – eine Szene, die (vgl. Hartmut Wörner: Der Großinquisitor im Reiche des Silbernen Löwen. In: M-KMG 54/1982, S. 11–18) seltsam an Dostojewskis Großinquisitor erinnert. Alle Entscheidungen fallen nun auf den Tag des großen Rennens, wo die besten Pferde gegeneinander antreten werden.

Im Reiche des silbernen Löwen IV

Der IV. Band, der mit der Umsiedlung des immer rascher genesenden Kara Ben Nemsi in die Gemächer des Ustad beginnt, steht zunächst ganz im Zeichen der fortschreitenden geistigen Wandlung des Doppels Ustad/Kara Ben Nemsi; lange Gespräche über die Liebe, die »Schatten« und das Licht erreichen einen ersten Höhepunkt, als der Ustad Kara Ben Nemsi bittet, seine Waffen an ihn abzugeben; er trennt sich von ihnen ebenso bereitwillig wie er seine alten Ehrennamen ablegt. In einem reisenden Kaufmann wird der verschollene Schwiegervater des Bimbaschi erkannt.

Der Bluträcher Ghulam wird von Kara Ben Halef gefangen, als er sich an das Bett schleicht, in dem er Kara Ben Nemsi wähnt. In den Kleidern des Multasim entdeckt Tifl ein Chiffrenalphabet der Sillan, mit welchem der Brief aus Basra als Botschaft des geheimnisvollen Aemir-i-Sillan, des Herrn der Schatten, an seinen Henker Ghulam entziffert wird: Die Ermordung des Dschafar Mirza, der im Auftrag des Schah reist, ist auf den Tag des großen Wettrennens festgesetzt. Als Aemir wird Ahriman Mirza erkannt, der immer deutlicher als böser Gegen-Herrscher zum Schah hervortritt. Ghulam kann durch die Unachtsamkeit des Pedehr entkommen.

Man entdeckt, daß sich die Sillan regelmäßig im Geheimen im Tal der Dschamikun treffen. Pekala wird als verführte Komplizin erkannt, der ihr »Aschyk« (Geliebter) eine Komödie vorgespielt hat; sie wird ebenso wie Tifl zur zwielichtigen, bedrohlichen Gestalt. Um so enger wird Kara Ben Nemsis Verhältnis zu Schakara, der Seelen-Schwester, deren »unbewußtes Wissen« viel zur Aufklärung der Geheimnisse beiträgt.

Kara Ben Nemsi empfängt als Vertreter des zum Schah gezogenen Ustad den Scheik ul Islam, der mit dem scheinheiligen Plan, die Dschamikun mit seinen bigotten Takikurden zu vereinigen, gekommen ist; die Perser in seinem Gefolge spähen das Gelände unter militärischen Gesichtspunkten aus. Von Kara Ben Nemsi verspottet und abgewiesen, will der Scheik doch mit seiner berühmten Stute zum Wettrennen kommen. Kara Ben Nemsi erforscht mit Kara Ben Halef die geheimen Kanäle unter den Ruinen des »Hohen Hauses« und entdeckt die Leichen der einst in den Abgrund Geworfenen, die Schwäche der Fundamente und das eingeschlossene Bild des »verzauberten Gebets«. In der Nacht folgt ein langer Traum, in welchem Kara Ben Nemsi »als Ustad« (314F) im Hohen Hause und den Abgründen darunter eine Initiationsreise zurücklegt, die ihn vom Kampf gegen Spukgestalten zu deren Erlösung führt, als er sein altes Selbst aufgibt. Kara Ben

Halef fängt den spionierenden Aschyk, der, verstockt, in die Wasserhöhle unter den Ruinen zu den Leichen gebracht wird.

»Vor dem Rennen« (3. Kapitel), bei dem sich die Gegner des Ustad unter dem Vorwand des Festes in großer Zahl versammeln wollen, trifft Dschafar ein, den Kara Ben Nemsi nun zum ersten Mal, seit er den Westen verließ, wiedersieht. Der Schah-in-Schah, schon lange durch Dschafar und kürzlich auch durch Lord Lindsay über Kara Ben Nemsi unterrichtet, schickt ihm ein Ehrenkleid, ein zweites für Halef. Dschafar hat außerdem Syrr dabei, das Pferd des Schahs, das nur dieser zu reiten vermag, damit Kara Ben Nemsi es versuchen soll. Pekala und Tifl zeigen verwirrte Reue. Der Aschyk wandelt sich im Dunkel seines Gefängnisses und gesteht; dankbar für die Läuterungsstrafe, will er der »treue Hund« Kara Ben Nemsis sein. Er bekennt, daß zwei gegensätzliche Parteien gemeinsam den Ustad vernichten wollen: die fromme des Scheik ul Islam, welcher er selbst angehört hatte, und die von ihm belauschten Sillan. Der vom Schah zurückgekehrte Ustad ergänzt: Eine allgemeine Verschwörung, deren erster Schlag sich gegen die Dschamikun richtet, soll auch den Herrscher selbst treffen. Die verbündeten und untereinander verfeindeten Gegner rücken zum Rennen an: Ahriman, der von den Verschwörern als Kaiser vorgesehen ist, die ihm als Khanum bestimmte Gul-i-Schiraz (die Frau auf dem Doppelporträt im Babelturm), Ghulam und der Scheik ul Islam mit seinen »Heiligen« und Generälen.

Kara Ben Nemsi ist geschwächt von der Luft des »Allerheiligsten«, in dem er die letzte Zusammenkunft Ahriman Mirzas und des Scheiks vor dem Kampf belauscht hat, aus den Ruinen zurückgekehrt und erholt sich wieder, während vielfältige Vorbereitungen bei den Dschamikun getroffen und die Umzingelungspläne der Feinde beobachtet werden. Die Familie des Bimbaschi wird zusammengeführt; Pekala verliebt sich in den gefräßigen Kepek und zieht mit ihm und Tifl davon.

Der Ustad, in persischer Tracht der Doppelgänger Ahriman Mirzas, tritt ihm als »Chodem«, als sein eigenes Selbst, entgegen und läßt ihm in der Einsamkeit seines Höhlenverstecks die Wahl zwischen »Tod oder Wahnsinn« (539 F). Die Gegner sammeln sich; der Scheik ul Islam und die Gul-i-Schiraz schlagen Prunkzelte auf. Das Fest beginnt. Ghulam, der zur Verhöhnung des Ustad das diesem einst geraubte elende Pferd Kiss-y-Darr (»Schundroman«) nachgezerrt hat, wird nach prahlerischer Rede gegen den Ustad von dem vom Schah abgesandten Hauptmann der Leibwache verhaftet. Kara Ben Halef entdeckt, daß die Gebrechen des Kiss-y-Darr nur vorgetäuscht sind; als Ghulam auf seinem eigenen Pferd fliehen will, holt er ihn auf dem Kiss ein und zwingt ihn zu dem öffentlichen Geständnis, daß Kiss nur »(von) Euch zum Schund gelogen« (578 F) ist. Als Ghulam, der gehenkt werden soll, dem Scheik ul Islam droht, er werde ihn verraten, wenn er ihm den Schutz verweigere, erdolcht ihn dieser.

Die entscheidenden Rennen folgen. Hanneh siegt auf ihrem Eilkamel. Der Ustad besiegt den Scheik ul Islam, Kara Ben Halef den Reiter des angeblichen »Iblis« Ahriman Mirzas, der sein Wunderpferd jedoch erst beim dritten entscheidenden Lauf ins Rennen schicken will, vor dem ihn Schakara zum Einsatz seines Chandschars herausfordert. Kara Ben Nemsi auf dem Syrr des Schahs besiegt Ahriman Mirza, der sein schon von den Hieben während des Rennens verstümmeltes Pferd in Raserei erschießt; sterbend zerbeißt es ihm den Kopf. Der Wahnsinn Ahrimans, der seit der Begegnung mit dem »Chodem« angeschwollen ist, drängt zum Ausbruch.

In einem gewaltigen Zusammensturz versinken die Ruinen des »Hohen Hauses«, um nun das einst in ihnen verborgene Bild des »verzauberten Gebets« freizugeben. Der Angriff der Feinde wird zur wilden Flucht; die »Schatten« zerstieben und werden gefangen. Der Scheik ul Islam und die Gul-i-Schiraz sind tot, Ahriman Mirza wahnsinnig. Den Aschyk begnadigt ein Schreiben des Schah. Der Ustad kann nun seine Pläne für neue Bauten auf dem Ruinengelände verwirklichen und die »Befreiung von Schatten und Schemen« (640 F) ist vollkommen.

Die oberflächliche, aber doch mit einer gewissen Beharrlichkeit durchgeführte Verknüpfung der innerlich völlig auseinanderklaffenden Hälften I/II (mit III, Kapitel 1) und III/IV des *Silbernen Löwen* ist wohl auch im Zusammenhang mit Mays Plan zu sehen, dem früheren Abenteuer-Erzählen ex post tieferen Sinn beizulegen – in erster Linie aber dient diese grobe Verankerung von Schein-Kontinuität der Abwicklung eines vor der Lebenskrise und dem Bruch im Werk skizzenhaft entworfenen Verlaufsplans, dessen Durchführung in der zweiten Hälfte ganz anderen Interessen unterstellt wird. Krassestes Symptom von Diskontinuität ist das bis auf eine winzige Spur restlose Verschwinden des unter spektakulären

Umständen »In Basra« eingeführten Lord Lindsay. Für die Grobschlächtigkeit der ganzen Konstruktion muß man jedoch, wie Claus Roxin bemerkt, den Grund auch darin suchen, daß May zu einer säuberlich durchgeführten Reiseerzählung im einstigen Stil gar nicht mehr in der Lage war: »Wo May schreiben wollte wie ehedem, scheiterte er völlig: die amerikanischen Anfangskapitel (...) zeigen, wie ermüdend und mechanisch er nun die alte Leier nur noch spielte« (»Dr. Karl May, genannt Old Shatterhand«. Zum Bild Karl Mays in der Epoche seiner späten Reiseerzählungen. In: Jb-KMG 1974. S. 15–73. S. 62).

Die große Bedeutung der zweiten Hälfte des *Silbernen Löwen* liegt in der komplexen Tiefenstruktur des Textes, die im vorausgegangenen Werk kein Vorbild hat und eine eigentliche Parallele auch später nur noch in den beiden Bänden *Ardistan und Dschinnistan* findet; an jenen vier Texten hat sich denn auch vor allen anderen das wissenschaftliche Interesse, die Herausbildung einer wirklichen Karl-May-Forschung, kristallisiert. Das Neue und Erstaunliche liegt zunächst in der Verwendung von Strategien des Schlüsselromans in erstaunlichem Umfang – in der Chiffrierung von Mays privaten und öffentlichen Kämpfen, deren angst- und haßerfüllte Akribie sich merkwürdig genug mit dem Entwurf einer Erlösungsreligion der Liebe zusammenschiebt. Hier sind nun zunächst die wichtigsten Bezüge dieser Abrechnung Mays mit seiner Umwelt zu skizzieren.

Kara Ben Nemsi und sein Doppel, der Ustad, sind im Tal der Dschamikun (der Leser Karl Mays) umgeben von den zum Teil bekannten, nun aber zusehends ehrgeiziger allegorisierten Abspaltungs- und Idealfiguren (»Mein Hadschi Halef Omar ist die menschliche Anima, die sich für den Geist und die Seele hält (...) Hanneh ist die Animaseele, Schakara die Geistesseele (...)«: was May 1910 in *Auch »über den Wassern«* schreibt – vgl. Jb-KMG 1976, S. 239 – gilt auch hier), dazu dem Pedehr (Mays Verleger Fehsenfeld mit Zügen eines – bedenkt man die reale Biographie – geradezu verzweifelt ins Positive stilisierten Vaters: III, 624f.F), dem Chodj-y-Dschuna (einer aus naheliegenden Gründen über-idealisierten, dem verstorbenen Freund und einstigen Mann Klaras, Richard Plöhn, nachgebildeten Gestalt; vielleicht auch ein Hinweis auf den Katecheten Johannes Kochta aus dem Gefängnis Waldheim) und der Köchin Pekala, in deren zwiespältigem Wesen, welches sich so plötzlich entlarvt (»Und nun hier plötzlich diese geistige Nichtigkeit, zehnfach, hundertfach nichtig grad durch ihre strahlend freundliche Gestalt!« – IV, 202F), May sein eigenes Verhältnis zu seiner ersten Ehefrau Emma Pollmer benennt (zu Emma als »Köchin« vgl. Fritz Maschke: Karl May und Emma Pollmer, Bamberg 1972, S. 105). Zu Pekala gehören Tifl, das »Kind«, eine faszinierend komplexe Imago Mays selbst als des infantil-unfähigen, lahmenden Gefährten der »Köchin«, sowie der Aschyk, ihr Geliebter, der unter anderem eine Chiffre für Emmas Freund Max Moritz Welte darstellt.

Die neben der Ustad-Figur bedeutendsten Verkleidungen realer Menschen sind die der großen Gegner: Ghulam el Multasim, der Henker, ist Hermann Cardauns, der seit seinem zuerst am 6. 11. 1901 gehaltenen Vortrag über »Literarische Curiosa« für May der »Schinder« par excellence war – er tritt mit dem Pferd Kiss-y-Darr auf, dem »zum Schund gelogenen« Frühwerk Karl Mays. Ahriman Mirza, der auch Züge des drohenden Vaters sowie – folgt man hier Arno Schmidt und Wollschläger – Nietzsches trägt, stellt Fedor Mamroth von der »Frankfurter Zeitung« dar, dessen Nachname mit seiner zweiten Silbe das Kostüm des Ahriman Mirza ganz durchglüht. Im Scheik ul Islam können wir (trotz den von Franz Cornaro – Karl Muth, Karl May und dessen Schlüsselpolemik, Jb-KMG 1975, S. 200–219 – erhobenen Einwänden) Carl Muth erkennen, der als Repräsentant der katholischen Zeitschrift »Hochland« zur Figuration der katholischen Orthodoxie schlechthin (Oberhaupt der Takikurden) wird . Die doppelte Verschwörung gegen den Ustad, zu der sich die gottlosen »Schatten« und die Frommen zusammentun, bildet die jeweilige Kritik von katholischer und linksliberaler Presse an Karl May ab, die als einheitliche Verschwörungsfront zu phantasieren er unter dem Druck der Angriffe rasch geneigt war; er läßt entsprechend die Verschwörung des *Silbernen Löwen* über den Ustad (May) und seine Lehre der Liebe auf den Schah (Gott) zielen: »(...) daß die frommen Lichter mit den gottlosen Schatten Hand in Hand gehen werden, den Herrscher zu entthronen« (IV, 479F). An die Seite der drei großen Feinde tritt in der betont »sinnlich« gezeichneten Gul-i-Schiraz eine weitere Emma-Pollmer-Figur.

Die beiden hauptsächlichen Ströme »chiffrierten« Geschehens sind die Ränke und Lügen der Gegner des Ustad (der

Kritiker Mays) einerseits, auf der anderen Seite, in wesentlich detailgetreuerer Abbildung, bei der die Handlung des IV. Bandes Tag für Tag das reale biographische Geschehen spiegelt, die Krise von Mays erster Ehe bis zur Trennung von Emma (Fortgang Pekalas) und der vorsichtiger, aber eindeutig fixierten neuen Bindung an Klara Plöhn (Schakara). Zum ersteren Komplex gehören auch die Sequenz mit den Wüstenräubern im III. Band – Karl May unter den Kolportageverlegern – und (mit einer Ebene) der große Traum in Band IV, der Mays Verhältnis zum literarischen Katholizismus des »Hausschatzes« abbildet: »(...) rekapituliert noch einmal den ihm (anscheinend tatsächlich gemachten) Antrag, in großem Stil zu katholisieren« (Arno Schmidt: Sitara und der Weg dorthin. Karlsruhe 1963, S. 247).

Zahlreiche andere biographische Details, deren Entschlüsselung noch keineswegs ganz vollzogen sein dürfte, sind in die Romanhandlung eingebettet (etwa das dubiose Doktordiplom aus Chicago als »Ehrenkleid«, gesandt vom Schah-in-Schah, oder das Versagen Fehsenfelds: der Pedehr läßt Ghulam fliehen). Auf bedeutendere Weise ist z. B. das »Hohe Haus« auch eine »späte, geisterhaft vergrößerte Schatten-Projektion der Gefängnisse Schloß Osterstein und Waldheim« (H. Wollschläger: Das »Hohe Haus«. Karl May und das Reich des Silbernen Löwen. In: Jb-KMG 1970, S. 118–133. S. 126) – die halbbewußt und unbewußt formulierten Bezüge treten mit der eher automatisch in Gang gehaltenen Mechanik der Reiseerzählung, der systematisch-bewußten Chiffrierung der Biographie und dem unruhig-angestrengten Versuch, die »Menschheitsfrage« mit einer parareligiösen Ideologie der Liebe zu beantworten, zu seltsamsten Verknüpfungen zusammen. Deren kompliziertes Ineinander zu verfolgen ist nicht nur für die Karl-May-Forschung, sondern auch für die Literaturwissenschaft überhaupt, in der Tat für die Psychologie von größtem Interesse. »Doch werden noch mehrere Germanistengenerationen daran zu arbeiten haben« (C. Roxin: Karl Mays »Freistatt«-Artikel. Eine literarische Fehde. In: Jb-KMG 1976. S. 215–229. S. 225), und wird die möglichst vollständige Auflösung der biographischen Verschlüsselungen dabei bei weitem nicht das Wichtigste betreffen.

Bedeutend ist insgesamt viel weniger die jeweils einzelne Ebene des mehrschichtigen Werkes (Reiseerzählung, Mysterienspiel von der Menschheitsfrage, Schlüsselroman/Abrechnung und schließlich vor allem das – *teilweise* begriffene, dann wieder in der Schilderung des »Äußeren« unbewußt hervorbrechende – Psychodrama von Mays Leben) als die sich summierende, vertrackt »halbwache« Ineinanderfügung zur Uneindeutigkeit. Der Begriff des »Halbwachen« scheint für Mays Schreibweise entscheidend (und die Bedeutung des *Silbernen Löwen* läge nicht zuletzt darin, daß dieser Text jenes Produzieren und seine Möglichkeiten hervorragend exemplifiziert: »(...) daß seine Produktion sich regelmäßig bei halbwachen Befindungszuständen vollzog, daß er ihrer bedurfte und auf sie zu warten hatte, um die Niederschrift als nur ihr letztes Stadium zu bewältigen, ist schon ausführlicher dargestellt worden« (Wollschläger: Erste Annäherung an den *Silbernen Löwen*. In: Jb-KMG 1979, S. 99–136. S. 108, mit dem Verweis auf: »Die sogenannte Spaltung des menschlichen Inneren (...)«. Materialien zu einer Charakteranalyse Karl Mays. In: Jb-KMG 1972/73, S. 11–92). Diese dem Einstrom unbewußten Bildmaterials in erhöhtem Maße geöffnete Halbwachheit Mays führt den Text auch immer wieder zwischen bloßer biographischer Chiffrierung und quasi religiöser Botschaft hindurch zu etwas anderem.

Die »Botschaft« Karl Mays, deren erste ambitioniertere Formulierung in *Am Jenseits* zu finden gewesen war, ist rasch als seicht-unbedarfte, mit spiritistischen Gedankengängen vermengte Reduktionsform christlicher Theologie zu einem Pathos der »Liebe« charakterisiert, wie es bereits Arno Schmidt für das Weltbild Mays insgesamt besorgt hat, und es zerrinnt einem bei dem Versuch einer zusammenfassenden Beschreibung auch alles in emphatisch vorgetragene, aber kaum oder doch nur zu enttäuschenden Gemeinplätzen zu ordnende Emotionen. Die Botschaft fällt auch deshalb so diffus aus, weil May den Lieblingsgedanken der Läuterung und Wandlung doch ständig obsessiv mit Rechtfertigungsstrategien verbinden muß: Mit dem Ablegen der alten Namen findet kein Verzicht auf ihren Erlebnisanspruch statt, und wenn Kara Ben Nemsi nun doch auch einmal im Leben vom Pferd fällt (»›Herunter hat er gemußt, herunter!‹« – IV, 379F), folgt dann der Ritt auf dem unvergleichlichen Syrr, den außer ihm nur der Schah selbst zu reiten vermag.

Und doch gelingt es May in unerhörter Weise, der trivialen Metaphorik des »nach oben« Strebens Umwege durch die Tiefen zu erschließen, deren Geographie ganz andere Aufschlüsse – nämlich die einer Erfahrung großen Leidens und verzweifelter und *zum Teil* durchschauter Bewältigungsversuche – nun wirklich in »symbolischer« Form zu liefern versteht. So, daß das ständige und seiner Form nach banale Pathos der Liebe als errungenes Erzeugnis eines lieblosen Lebens sichtbar wird (hierzu als wichtigste Erschließung des *Silbernen Löwen* überhaupt die angeführten Aufsätze von Wollschläger, Jb-KMG 1970, 1972/73, 1979).

Die in dieser Hinsicht nicht nur literarisch, sondern auch psychologisch (und genuin autobiographisch) reifsten Leistungen Mays finden sich nicht in den langen Passagen »geistigen« Diskurses, deren Höhepunkt das Nachtgespräch mit dem Ustad ist, welches den IV. Band eröffnet (ein Selbstgespräch im Dialog, erwachsen aus der Erinnerung an die »Nacht der Tausend Seligkeiten« – 3. 8. 1902 – mit der Aussprache zwischen May und Klara Plöhn), eine der Abrechnung mit den Feinden vorausgehende, inszenierte und doch doppelbödige Auseinandersetzung mit dem eigenen Selbst, so wichtig dort auch einzelne Sätze sind. Sie sind in den Landschafts- und Architekturphantasien zu suchen, die im Werk Karl Mays – ob bewußt, halbbewußt, unbewußt geformt – stets zu den am stärksten beeindruckenden Schöpfungen zählen und sich hier zu ungeahnter Kraft steigern. Vielleicht liegt bei diesen Beschreibungen (voran die Fahrt mit Kara Ben Halef durch die Kanäle unter dem »Hohen Hause« und der große Traum »als Ustad«) die tiefste Bedeutung gerade in dem »halben«, zwiespältigen Charakter, in ihrem Amalgam von Einsicht und Verhüllung, Offenheit und Verkleidung, ja: Verkleidung im und durch den Gestus der Aufdeckung. Sind sie bereits als bewußte Symbolkonstruktionen von großer Vielschichtigkeit und Eindringlichkeit, so sind sie durch den Reichtum ihrer mehrdeutig-widersprüchlichen »Einschlüsse« und Echos wie wohl kaum ein anderer Text Mays genauer Analyse wert und bedürftig.

Die Geräusche der »unsichtbare(n), hundertstimmige(n) Schadenfreude« (IV, 5 F), die quälenden Privatheiten (»Warum erzähle ich dies eigentlich nichts weniger als bedeutende Ereignis hier?« – III, 354 F) und die oft groteske Allegorisierung (»Die Haddedihn sind diejenigen meiner Leser, die mich gern lesen, aber den tieferen Sinn meiner Bücher noch nicht begreifen« – Karl May, *Auch »über den Wassern«,* Jb-KMG 1976, S. 239) sind so verbunden mit den Hervorbringungen einer zutiefst beunruhigten Phantasie, deren Kraft sich in der aufgestauten Erregung des berühmten Briefes von Karl May an Fehsenfeld vom 24. 12. 1902 abzuzeichnen scheint: »Der bisher so schweigsame Silberlöwe tritt endlich, endlich aus seiner Felsenverborgenheit hervor. (…) Seine Zeit ist gekommen. (…) Im ›Hohen Hause‹ ist ganz anderes beschlossen. (…) Es werden von dort die Geister niedersteigen, die man so thöricht war, aus ihrer Ruhe aufzustören« (Brief an Fehsenfeld vom 24. 12. 1902, zit. nach: Wollschläger, May, S. 116).

So erfüllt sich zwar nicht das – uneinlösbare – Versprechen des »eigentlichen Werkes« (wie ja das ganze Spätwerk für May selbst zwischen emphatischem Stolz auf das nun herausrückende »Eigentliche« und dessen rascher Zurücknahme als einer weiteren bloßen »Vorstudie« oder »Skizze« flackert), doch es entsteht streckenweise ein ungeheurer Hallraum, in dem einander überlagernde Stimmen flüstern und stammeln. Die so offensichtlichen Defekte des Werkes treten, einmal als unablösbar zu jener Symptomatik gehörig erkannt, welcher auch die großen Qualitäten des Textes geschuldet sind, in den Hintergrund – das gesamte ungestalte Werk erscheint dann verworren, uneinheitlich und unauslotbar wie ein Traum – »und aber wie geträumt!« (IV, 352F).

Der Bruch im Entwicklungsgang Karl Mays, der das Spätwerk von den Reiseerzählungen abtrennt, geht durch den *Silbernen Löwen;* die Rezeptionsgeschichte ist in nuce die des Spätwerks überhaupt. Nach Verständnislosigkeit und Desinteresse – für die frühe Einschätzung ist es charakteristisch, daß Otto Eicke 1930 versucht hat, auf der Grundlage des »Löwen von Farsistan« eine Entwicklung der Handlungslinie zu rekonstruieren, welcher sich May durch die Flucht in die Symbolik entzogen habe (»Der verschüttete Quell« und »Der Bruch im Bau«, KMJb 1930) – wird die zweite Hälfte des *Silbernen Löwen* zusammen mit *Ardistan und Dschinnistan* (»die ›Vier Großen‹«, wie Arno Schmidt schreibt: Sitara, Karlsruhe 1963, S. 276) Grundlage der Neuentdeckung Karl Mays durch ein nicht nur auf abenteuerndes Erzählen, sondern auf die Komplexität von Literatur gerichtetes Interesse. Maßgeblich sind hierbei neben Schmidts »Abu Kital« (Radioessay 1956) und »Sitara« (1963), die trotz exzentrischer Einzelinterpretationen den Blick für die Bedeutung Mays insgesamt freilegen, die Veröffentlichungen von Hans Wollschläger. Die in der Karl-May-Forschung geführte Diskussion über den Stellenwert einer psychoanalytischen Interpretation ist für den *Silbernen Löwen* besonders wichtig, wie sich auch der analytische

Ansatz an diesem Text besonders zu bewähren hätte. Es sind in diesem Zusammenhang noch zwei Arbeiten, die nicht direkt auf den *Silbernen Löwen* eingehen, wegen ihrer großen allgemeinen Bedeutung anzuführen: Wolf-Dieter Bach: Fluchtlandschaften (in: Jb-KMG 1971, S. 39–73) und der oben zitierte Aufsatz von Claus Roxin in Jb-KMG 1974. Christoph F. Lorenz (»Das ist der Baum El Dscharanil« – Gleichnisse, Märchen und Träume in Karl Mays *Im Reich des silbernen Löwen III und IV*. In: Jb-KMG 1984, S. 139–174, mit einem Faksimile von Mays Brief an Fehsenfeld vom 24. 12. 1902) gibt auf S. 142ff. einen ausführlicheren Überblick über die Forschungsgeschichte. Wollschlägers »Erste Annäherung an den *Silbernen Löwen*. Zur Symbolik und Entstehung« (Jb-KMG 1979), wo S. 109–110 exemplarische Umrißinterpretationen der Figur des Ahriman Mirza und des »Hohen Hauses« gegeben werden, markiert nach wie vor mit ihrer synthetischen Leistung den Stand der Forschung.

Joachim Kalka

15. *Und Friede auf Erden!*

Nach der Orientreise 1899/1900 schrieb Karl May von April bis September 1901 diese Reiseerzählung, die unter dem Titel *Et in terra pax* in dem von Kürschner herausgegebenen patriotischen Monument »China. Schilderungen aus Leben und Geschichte, Krieg und Sieg. Ein Denkmal den Streitern und der Weltpolitik« (Leipzig 1901) erschien. (Vgl. Hermann Zieger / Joseph Kürschner: Briefe über Karl Mays Roman *Et in terra pax*. In: Jb-KMG 1983, S. 146–196; E. Bartsch: *Und Friede auf Erden!* Entstehung und Geschichte. In: Jb-KMG 1972/73, S. 93–124; R. Schmid: *Und Friede auf Erden!* In: K. May. Freiburger Erstausgaben. Hrsg. von R. Schmid. Bd. 28. Bamberg 1984, S. N22–N28). 1903/04 überarbeitete und ergänzte May die *Pax*-Fassung für die Fehsenfeldausgabe. Im September 1904 erschien *Und Friede auf Erden!* als 30. Band dieser Werkausgabe, der als erstes Buch Mays auf dem Deckel eine Allegorie Sascha Schneiders trägt (Vgl. bes. H. Hatzig: *Et in terra pax – Und Friede auf Erden!* Karl Mays Textvarianten. In: Jb-KMG 1972/73. S. 144–170; K. May: *Et in terra pax* und *Und Friede auf Erden!* Hrsg. u. mit e. Nachw. vers. von T.

Ostwald. Bamberg/Braunschweig 1976. Zu den posthum veröffentlichten Buchausgaben vgl. Bartsch, S. 112–116, 121f.).

Zu den Grundlagen der Reiseerzählung gehört Mays Orientreise; denn sowohl in der *Pax*-Fassung als auch in der Ausgabe letzter Hand stimmt der Reiseweg des Ich-Erzählers May bis Sumatra mit der von May gewählten Route überein. Zwei Werke über die chinesische Sprache, die 1901 erschienen sind, standen auch in Mays Privatbibliothek; von den weiteren gut 30 geographischen und ethnographischen Werken in der Bibliothek des Schriftstellers sind neun 1900 und acht 1901 veröffentlicht worden, so daß sie wohl die Quellen für seine Studien über den Fernen Osten bilden (vgl. Schmid, S. N 15). Indem May der imperialistischen Weltgeschichte, dem Sieg über den Yihetuan-(»Boxer«-)Aufstand, die Heilsgeschichte entgegensetzt, wird die Bibel selbst zur eigentlichen Quelle dieser Erzählung. Die Anspielungen auf das eigene Werk, auf *Im Lande des Mahdi,* auf *Der Girl-Robber,* auf *Im Reiche des silbernen Löwen,* auf *Himmelsgedanken* sowie die Übernahme der Erzähltechnik aus *»Weihnacht!«,* ein Gedicht leitmotivisch in die äußere und innere Handlungsentwicklung zu integrieren, und die vielen Verbindungslinien zu *Am Jenseits* weisen Mays Anspruch aus, nun mit dem »eigentlichen Werk« beginnen zu wollen.

Die Erzählung beginnt in Kairo. Wie in anderen Werken Mays tritt der Held, der Ich-Erzähler, zusammen mit seinem Diener auf. Er heißt Sejjid Omar und wird von seinem Sihdi, der sich dem Leser zu Beginn als Karl May zu erkennen gibt, bekehrt. Aus dem stolzen Moslem wird ein toleranter Edelmensch, der christlich zu handeln weiß. Im Zentrum steht jedoch Waller, ein amerikanischer Missionar aus eigener Machtvollkommenheit, der mit seiner Tochter Mary nach China reisen will, um die Heiden zu bekehren. Sein Credo ist der Primat des militanten Glaubens vor der Liebe. Besessen von diesem Wahn, repräsentiert er das gewaltsame Christentum, das bewußt seine Rolle im Kolonialismus angenommen hat. Wallers Tochter dagegen ist das Speigelbild ihrer verstorbenen Mutter und verkörpert die Liebe und Güte. Der Missionar selbst bedarf also der Bekehrung.

Wallers Versuche, bereits in Kairo den stolzen Moslem Sejjid Omar und die beiden geheimnisvollen Chinesen Fu und Tsi zu bekehren, scheitern, verstehen doch gerade die

Chinesen als Konfuzianer und als Anhänger der allumfassenden Bruderschaft Shen christlicher zu handeln als der Missionar. Und wenn Waller wegen seines religiösen Wahns von Mekka-Pilgern gefangengenommen wird, bedarf es der kühnen Taten des Ich-Erzählers, um den Besessenen zu befreien. Nach diesem Abenteuer sitzen Fu und Tsi, Waller und Mary sowie der Held und Ich-Erzähler May zusammen, bilden ein Versöhnungstableau der Völker. Aber Wallers Befreiung aus der äußeren Gefangenschaft muß die Erlösung aus der inneren folgen, wenn die Herrschaft des ewigen Friedens dauerhaft sein soll. Dies ist die eigentliche Aufgabe, bei deren Lösung May sein Können unter Beweis zu stellen hat.

Wenn der Held und sein Diener die Reise über Indien und Ceylon nach Malaysia fortsetzen, dienen ihre Erlebnisse der Bloßstellung des europäischen Rassismus und Kolonialismus. Die eigentliche Aufgabe, Waller vom Wahn zu befreien, wird so in den umfassenden Kontext der europäischen Machtpolitik eingebettet und universalisiert. In Penang trifft der Ich-Erzähler auf eine Romanfigur aus der frühen Erzählung *Der Girl-Robber,* auf Sir John Raffley, der mit seinem Onkel, dem Governor, ebenfalls nach China reist, um ihn mit seiner Frau Yin bekanntzumachen und von seinen rassistischen Vorurteilen zu befreien. War Raffley früher selbst der spleenige Gentleman, so hat ihn Yin, die Güte und zugleich die Personifikation der wahren Kunst, verändert und aus ihm einen Edelmenschen gemacht. Als der Erzähler und Raffley von Mary Waller erfahren, daß ihr Vater nicht nur schwer erkrankt sei, sondern auch von den Malaien gefangengehalten werde, deren Tempel er niedergebrannt hat, brechen sie mit dem Governor und dem chinesischen Arzt Tsi auf und nehmen mit der märchenhaften Yacht Yin Kurs auf Sumatra. Tsi gelingt es, in wenigen Augenblicken mit den drei Losungsworten der Shen Waller zu befreien; sie lauten: Schin, Ti und Ho, Humanität, Bruderliebe und Friede. Waller wird in einer Sänfte gebracht, begleitet von einem Malaienpriester, den Fu, der Vater Tsis, in die ›Geheimlehre‹ der Shen eingeweiht hat. Der Malaienpriester spricht Waller frei, ist er doch Opfer der diabolischen Mächte seines Innern. Als der Heidenpriester Mary segnet, tritt plötzlich Waller selbst auf. Er verdammt seine Tochter und bricht noch im selben Augenblick zusammen. Nach Tsis Diagnose ist Wallers Zusammenbruch kein leiblicher, sondern ein geistiger.

Um das Erlösungswerk zu vollenden, wird Waller auf die

Yacht Yin gebracht, die nun an Singapur, Macao, Hongkong und Shanghai vorbei dem geheimnisvollen Norden Chinas, Ocama und Ki-tsching entgegenfährt. Auf dieser allegorischen Fahrt gelingt es dem Erzähler, mit seinem Gedicht »Tragt Euer Evangelium hinaus« den wahnsinnigen Missionar zu erlösen. Das Schiff verläßt den empirischen Raum, und der erste surreale Ort ist die Insel Ocama, das Pendant zur ersten portugiesischen Kolonie Macao. Hinter Ocama liegt das Festland Ki-tsching, auch Shen-Kuo, das heilige Land, genannt. Sir John Raffley und Fu, der Engländer und der Chinese, haben dieses Land erworben und dort das Reich der Shen gegründet. Hier lebt auch Yin, die Güte, die an diesem Projekt der wahren, christlichen Zivilisation beteiligt ist. Kitsching ist die Utopie, das Gegenbild zur imperialistischen Landnahme und tyrannischen Zivilisation des Abendlandes in China.

Am Shen-Ta-Shi, am Festtag der Liebe, wollen Rebellen unter der Führung Dilkes, des Neffen Wallers, die Macht in diesem Paradies übernehmen. Die Revolte kann niedergeschlagen werden. Dilke, besessen vom diabolischen Geist Wallers, schafft es, bis nach Raffley-Castle vorzudringen. Als der erlöste Missionar den buddhistischen Priester Ho-Schang segnen will, erscheint erneut der diabolische Geist in der Gestalt Dilkes. Ein erbitterter Zweikampf entbrennt. Abermals bedarf es der lyrischen Worte des Dichters, um diesen Kampf zugunsten Wallers zu entscheiden. Dilke wird wahnsinnig und stürzt sich in den Abgrund. Die christliche, heilsgeschichtliche Utopie des inneren und äußeren Friedens ist in Ki-tsching Realität geworden. Und wenn am Ende der Erzählung Fu die kaiserliche Botschaft verkündet: »Meine Brüder, es gibt Krieg!« (658F), so wird der Sieg des ewigen Friedens am Shen-Ta-Shi, am Weihnachtstag, durch die profane Historie kontrastiert. Der Höhepunkt der vollendeten Heilsgeschichte steht der Peripetie der Weltgeschichte gegenüber. Die Friedensutopie klagt kontrafaktisch ihre Gültigkeit ein.

Kaiser Wilhelm II. entließ mit seiner berühmten und berüchtigten Hunnenrede am 27. Juli 1900 das deutsche China-Expeditionskorps, um den Mord an dem deutschen Gesandten Klemens Freiherr von Ketteler zu rächen. Die europäischen Großmächte schlugen den Boxer-Aufstand schließlich nieder. Im September 1901 wurde das »Boxer-Protokoll« unterzeichnet, das China erneut in europäische Interessenssphären aufteilte. Bereits im Oktober 1901 erschien Kürschners Sammelwerk »China«, dessen Frontispiz-Bild der Mahnruf des Kaisers ziert: »Völker Europas, wahrt Eure heiligsten Güter.« »Das Werk war nämlich der ›patriotischen‹ Verherrlichung des ›Sieges‹ über China gewidmet, (als) ... ganz Europa unter dem Donner der begeisterten Hipp, Hipp, Hurra und Vivat erzitterte« (491 F). Unmißverständlich äußerte May gegen den chauvinistischen Zeitgeist gerichtet: »Mit dieser Art von Gong habe ich nichts zu tun!« (491 F). Zu tun hatte Karl May durchaus etwas mit Kürschners Sammelband, hatte er doch 1901 für den dritten Teil des Werkes die Erzählung *Et in terra pax* geschrieben. Hatte Kürschner einen packenden Abenteuerroman erwartet, so enttäuschte ihn May mit dieser Erzählung, mit diesem Völkerevangelium des Friedens und der Liebe, das nicht nur den deutschen, sondern auch den internationalen Kolonialismus entlarvte. Der Titel *Et in terra pax* ist ein energisch gesetzter Kontrapunkt, der durch die Neufassung von 1904 nochmals pointiert wird. Die Reiseerzählung lautet nun: *Und Friede auf Erden!* Der Mahnruf wird zur Aufforderung. *Et in terra pax* ist so ein politischer Agitationsroman, der den Imperialismus und ein Gewalt predigendes Christentum scharf kritisiert. Der imperialistischen Gegenwartsgeschichte stellt May die Heilsgeschichte entgegen, verkünden doch die himmlischen Heerscharen am Weihnachtstag die Geburt Jesu, des Friedensfürsten. Der durch die Titelwahl evozierte heilsgeschichtliche, allegorische Bedeutungsraum verweist aber auch auf das für das Alterswerk typische Kunstverständnis: »Jede wahre Kunst ist Weihnachtskunst« (K. May: *Briefe über Kunst.* In: Der Kunstfreund 22/8.N.F. 1906. Faksimile-Wiedergabe in: Magazin für Abenteuer-, Reise- und Unterhaltungsliteratur. H. 15. 1977, S. 52).

In zwei großen Reden, in der des amerikanischen Professors Garden und in der des chinesischen Arztes Fang (136–146, 169–179 F), übt May sowohl aus der heilsgeschichtlichen als auch aus der aufklärerischen Perspektive am Imperialismus Ideologiekritik. Religiöse Intoleranz, der Hochmut rassistischer Vorurteile und der Wille zur Macht zwingen die Menschen in einen Teufelskreis. In der Forderung nach Nächstenliebe und Humanität, in der Analyse der Entstehungsstruktur von Vorurteilen (vgl. 201–204 F) verbindet May die heilsgeschichtliche Weltdeutung mit dem epochenübergreifenden Prozeß der Aufklärung.

Typischer Vertreter der diagnostizierten Lieblosigkeit ist

Waller. Wenn May ihm die Tochter Mary zur Seite stellt, die Personifikation der Liebe, so spiegelt er in dieser kontrastiven Konfiguration das Auseinanderfallen beziehungsweise den Konflikt zwischen der Heils- und Weltgeschichte. Die Ideen und Gedanken werden so in die Handlung überführt. (Zur biographischen Deutung vgl. H. Wollschläger: »Die sogenannte Spaltung des menschlichen Innern, ein Bild der Menschheitsspaltung überhaupt.« Materialien zu einer Charakteranalyse Karl Mays. In: Jb-KMG 1972/73, S. 11–92.) Da die innere Befreiung den Kern der Erzählung bildet, verlagert May konsequent das Geschehen von der äußeren Ebene der Handlung, die noch an die alten Abenteuerromane erinnert, auf die innere; er gestaltet so den Übergang zum allegorischen Spätwerk. Das Erzählschema der äußeren Befreiung Wallers aus der Gefangenschaft der Mekka-Pilger gelingt deshalb auch nur noch im ersten Kapitel. Die Reise nach China aber führt allegorisch in das Innere des Menschen. Nicht mehr das Abenteuer, sondern die Entstehung und Wirkung der Erzählung selbst stehen im Vordergrund. So werden der Alptraum des Ich-Erzählers über die Gewalttaten Wallers und die mystische Entstehung des leitmotivischen Gedichts »Tragt Euer Evangelium hinaus« (58F) zu Mitteln der Selbstreflexion im Kunstwerk.

Die Fiktionsironie, ein romantisches Gestaltungsmittel, das Auftreten Sir John Raffleys, einer Romanfigur aus der frühen Erzählung *Der Girl-Robber,* und die zweifache Charakterisierung, die wörtliche Übernahme aus dem älteren Text im Kontrast zur neuen Darstellung dieser Figur, gehört zu den Passagen, die den Übergang zum Alterswerk poetisch vermitteln (Vgl. 229–231F). Frau Yin, Allegorie der Güte, ist eine Künstlerin und zugleich die Personifikation der wahren Kunst. Ihr Meisterstück ist die Darstellung der Heilsgeschichte in zwei Bildern: Das erste zeigt den Sündenfall, das zweite die Erlösung. Beide Bilder symbolisieren die zwei Akte des theatrum mundi, die May auch seinem Drama *Babel und Bibel* zugrundegelegt hat.

Waller wird auf der Fahrt mit Raffleys Yacht Yin durch das Maysche Gedicht erlöst, die Reise endet im allegorischen Bedeutungsraum. Das eigentliche Erlösungswerk beginnt mit dem geistigen Zusammenbruch Wallers und endet mit dem Zweikampf zwischen Dilke und Waller. Wenn der Autor darüber hinaus seine sakrale Psychologie in den Konfigurationen, in der Stimmenspaltung Wallers, im Gleichnis von der Taucherinsel Ti (424f. F), in der heiligen Sage vom Lande Ti narrativ dem Leser vermittelt und wenn May Waller den Roman *Am Jenseits,* die Visionen Münedschis, lesen läßt, so hofft er, »daß (seine) Leser mit (ihm) bis hierher gegangen sind, wo sie (ihn) nun wohl begreifen, oder doch wenigstens begreifen wollen. Dann hören wir mit diesen Etuden und Vorarbeiten auf und gehen an das eigentliche Werk. Die Leinwand wartet ja schon längst darauf. Und Yin, die einzig wahre Kunst, wird uns den Stift, wird uns den Pinsel führen!« (597F). Entscheidend für das Gelingen des eigentlichen Werkes ist somit der Leser, der zum Träger dieser Utopie werden soll (vgl. M. Schenkel: Ecce homo! Reflexionen zum heilsgeschichtlichen Friedensmythos in Karl Mays Reiseerzählung *Und Friede auf Erden!* Publikation geplant in: text & kritik. 1987).

Die Bedeutung dieser Reiseerzählung liegt im Übergang zum Spätwerk, indem May versucht, mit den stilistischen Mitteln der früheren Abenteuerromane das neue Sujet zu gestalten. Die über drei Kapitel lange Exposition der inneren Handlung, die vielen Wiederholungen, Spiegelungen, Umkehrungen, Selbstzitate dienen dem Ziel, der inneren Deutung des Friedensmythos eine ihm angemessene Form zu geben, die neuen Inhalte dem Leser mit vertrauten Formen nahezubringen. Die Spannung zwischen Inhalt und Form, die innere Handlung mit stilistischen Mitteln der Außendarstellung zu gestalten, macht zugleich den Reiz dieser Erzählung aus.

Die Wirkungsgeschichte dieses Werkes ist recht wechselvoll. Zu ihr gehört die Bearbeitung der Erzählung durch den Pfarrer und Dogmatiker Rentschka im Rahmen der GWR (33.–65. Tsd., ab 1922) ebenso wie die durch den Nationalsozialisten Eicke (ab 1938, 66.–72. Tsd.). Selbst Klara May regte 1938 erfolglos an, den Führer Adolf Hitler zum idealen Friedensverkörperer im Sinne Mays zu machen, das Kreuz von Raffley-Castle im Licht der Sonne zu einem Hakenkreuz umzuformen und auf die Rassenmischung am Schluß völlig zu verzichten (vgl. Bartsch, S. 112–116). Eine dritte Bearbeitung erfolgte 1950 (73.–92. Tsd.) durch L. Patsch. Die Aufnahme in der zeitgenössischen Presse reichte vom höchsten Lob bis zur völligen Ablehnung (vgl. ebd. S. 106–112). Die allererste Wirkung aber hatte *Et in terra pax* bereits während der Entstehung gezeigt und May hat sie selbst in dem märchenhaften Gleichnis für Zieger, das im Juli 1901 entstanden ist, festgehalten (Erstdruck: *Der Zauberteppich.* In: KMJb 1923, S. 12–16. Vgl. hierzu: M. Finke: Aus Karl Mays literarischem Nachlaß. In: KMJb 1923, S. 17–25; Bartsch, S. 105f.; E. Heinemann: Ijar und Yussuf el Kürkdschü. Joseph Kürschner, Karl May und der Deutsche Literaturkalender. In: Jb-KMG 1976, S. 191–206; zur zeitgenössischen Wirkung vgl. auch U. v. Thüna: Ein Brief Karl Mays an eine pazifistische Zeitung. In: Jb-KMG 1970, S. 160–162 u. S. 156–159). Zu den wichtigen frühen Interpretationen zählen die Beiträge von A. v. Ozoróczy (Karl May und der Friede, 1928. In: KMJb 1928, S. 191–246; Nachdruck im KMJb 1978) und von A. Buchenau (Karl Mays Friedensgedanke. In: KMJb 1923, S. 40–51). H. Wollschläger hat in seiner Untersuchung »Die sogenannte Spaltung ...« das Werk biographisch und psychoanalytisch interpretiert.

Martin Schenkel

16. *Ardistan und Dschinnistan I–II*

Die Urfassung des Werkes erschien unter dem Titel *Der Mir von Dschinnistan* als Zeitschriftendruck im 34. und 35. Jg. des DH zwischen November 1907 und September 1909 (R der KMG mit Vorwort von H. Hatzig und C. Roxin); Erscheinungsdaten der einzelnen Fortsetzungen sind nachgewiesen von G. Klußmeier: M-KMG 21, S. 21–24. Die Buchfassung der Fehsenfeldausgabe erschien 1910 unter dem Titel *Ardistan und Dschinnistan* als Band 31 und 32 der Freiburger *Reiseerzählungen* (R des KMV Bamberg 1984, hrsg. v. R. Schmid mit ausführlichem Kommentar des Herausgebers: F 31, S. N6–N17). May hat den Zeitschriftentext für die Buchausgabe erheblich bearbeitet und um ca. 100 Druckseiten gekürzt (über die Abweichungen der beiden Fassungen voneinander vgl. H. Hatzig: M-KMG 30, S. 23–32). Über die Schwierigkeiten Mays mit dem DH, für den der Autor nach fast zehnjähriger Pause 1907 erstmals wieder tätig wurde, unterrichtet E. Bartsch: *Ardistan und Dschinnistan.* Entstehung und Geschichte. Jb-KMG 1977, S. 81–102; ferner Karl May: Briefe an Karl Pustet und Otto Denk, m. e. Einführung v. H. Wollschläger, Jb-KMG 1985, S. 15–62. Die von E. A. Schmid bearbeitete Ausgabe im KMV hat Textänderungen und eine veränderte Gliederung in Hauptteile und Kapitel. Die Ausgabe in F 31 und 32 gilt als authentischer Text.

Ardistan und Dschinnistan gehört nach Stoff, Form und Gehalt dem Alterswerk Karl Mays an, das seit der Jahrhundertwende den Autor bemüht zeigt, sein Schaffen in eine literarisch höhere Geistesebene zu transferieren, als er sie bis dahin mit seinen phantasievoll-fiktiven und so sehr publikumswirksamen »Reiseerzählungen« innegehabt hatte. Es ist die Periode seiner sogenannten »symbolischen« Werke, in denen er die von ihm gegen seine erbitterten Kritiker behauptete tiefere Bedeutung und Gleichnishaftigkeit seiner Abenteuergeschichten in einem bewußt neuen Stil, nämlich durch Allegorisierung und Chiffrierung der Handlung, zu verifizieren strebte. Obgleich er auch *Ardistan und Dschinnistan* mit dem Untertitel »Reiseerzählung« ausstattete, handelt es sich nicht um eine solche, sondern um ein rein visionäres, surreales Phantasiegebilde, das in einem mythenhaften Nirgendwo, hier Sitara genannt, angesiedelt ist. Es ist daher müßig, wie bei Mays »echten« Reiseerzählungen, nach geographischen, historischen oder ethnologischen Quellen zu fragen, aus denen der Autor geschöpft haben könnte. Wenn in seinen klassischen Reiseerzählungen die Fiktion wirklicher Reisen erzielt wurde, indem die Handlung anschaulich und den realen Details getreu in geographische und kulturelle Schauplätze eingefügt wurde, in Wahrheit aber dennoch Phantasieprodukt reinster Provenienz war –: so hat May diesmal den stofflichen Realitätsbezug ganz aufgegeben und auch die »Geographie« seiner »Reise« nach Art eines Mythos erfunden. Der Stern Sitara, das »Land der Sternenblumen«, die Länder Ardistan und Dschinnistan, alle die Volksstämme und Fürsten, Städte, Gebirge, Flüsse und Wüsten, mit denen May auf 1253 Druckseiten sein Utopia angefüllt hat –, sie sind nichts Irdisch-Weltliches mehr, sondern ausschließlich Gehirnphänomene ihres Schöpfers. So finden sich in dieser Welt, das heißt in einer Art Jenseits, von dem reichen Personal, den Dutzenden eindrucksvoller Personen, die der Autor sonst von einem Buch in die anderen transponiert hatte (zum besonderen Vergnügen seiner Leser, solche Bekanntschaften immer erneuern zu können), nur noch vier übernommen: außer dem erzählenden »Ich« Kara Ben Nemsi der Hadschi Halef, Marah Durimeh und Schakara (letztere beiden eigentlich eher schattenhaft). Zum Sprung in solchen Surrealismus des Erzählstoffs scheint May durch symbolistische Tendenzen der Literatur seiner Zeit, etwa Nietzsches »Zarathustra«, ebenso wie durch ältere Muster wie die Insel Utopia des Thomas Morus oder die »Göttliche Komödie« Dantes angeregt worden zu sein. Auch an Goethes »Wilhelm Meisters Wanderjahre« wäre zu denken. Ein biographisches Moment kam hinzu: der von erbarmungslosen Pressekampagnen gegen ihn bedrängte und erschütterte Autor wollte der erbitterten Kritik an seiner so fahrlässig vollzogenen Identifizierung seines romanhaften Heros mit der eigenen Person in eine quasi unangreifbare Position ausweichen, indem er sein »Ich« in *Ardistan und Dschinnistan* eindeutig als reine Allegorie der »Menschheitsseele« oder »Menschheitsfrage« umfunktionierte. Aber man würde doch fehlgehen, wollte man – ihn gewissermaßen demaskierend – nur diesen ganz äußerlichen Zwang, sich seinen Kritikern ins Irreale zu entziehen, als die Triebkraft des Autors annehmen. Die eigentlichen Antriebe kommen von tiefer und weiter her. Denn vor allem wohl kam es ihm darauf an, sich hier ein adäquates Medium zu schaffen, um die sich ihm im Alter abrundende Weltanschauung gleichnishaft darzustellen: nämlich seine Lehre vom Werden des »Edelmenschen« und der damit untrennbar verbunden erscheinenden »Weltfriedensidee«.

Dieses sein Weltbild war eben keineswegs erst in *Ardistan und Dschinnistan* unvermittelt, gleichsam als Schutztarnung, aus der Luft gegriffen, sondern hatte sich von den Kolportageromanen seiner Frühzeit an in ihm ausgebildet und lag auch allen späteren Werken des Unterhaltungsgenres implizite zugrunde, nur eben verdeckter und seltener kategorisch akzentuiert. Man kann das Zug um Zug nachweisen. Insofern ist hier denn auch nicht, wie vielfach in der Forschungsliteratur geschehen, von einem jähen »Bruch im Werk« zu sprechen. Was *Ardistan und Dschinnistan* darstellt, ist als Denkgehalt in Jahrzehnten seines literarischen Schaffens vorbereitet und kommt nunmehr in einem neuen, allerdings in einem verfremdeten und befremdenden stilistischen Gewand zur Erscheinung. Um es in einem Bild zu verdeutlichen: der Schmetterling, der aus der Puppe schlüpft: ganz anders und doch als derselbe.

»Das ›Ich‹, in dem ich schreibe, das bin doch nicht ich selbst, sondern das ist die Menschheitsfrage, die ich personifiziere, um sie beantworten zu können.« Diese Äußerung Mays (in: *Meine Beichte,* verfaßt am 28. 5. 1908, GWB 34, S. 18), die auf manche seiner früheren Werke (z. B. »*Weihnacht!*«) gewiß nicht zutrifft und im Widerspruch zu zahlreichen seiner persönlichen Äußerungen in der Zeit seiner literarischen Triumphe steht –, für *Ardistan und Dschinnistan* gilt sie ohne jede Einschränkung. Dieses ›Ich‹ hier ist in der Tat mythisch und allegorisch zu verstehen, ganz in dem Sinne wie jenes berühmte ›Ich‹, das einst Dante auf die Reise durch Hölle, Fegefeuer und Himmel geschickt hat. Das Symbolische, »Bildliche«, wie May sich ausdrückte, präziser gesagt aber das Allegorische in *Ardistan und Dschinnistan* unterscheidet sich von der Erzählweise Mays in früheren Perioden vor allem dadurch, daß in jenen Werken primär ein fabulierter Stoff, eine faktisch in sich kausal zusammenhängende Handlung vorgegeben war, die nur implizit eine dem Autor etwa vorschwebende höhere Idee oder Weltanschauung als ihren »Gehalt« erkennen ließ (wie z. B. den Sieg des Guten über das Böse), während nunmehr, d. h. in der Allegorie, weltanschauliche Ideen wie eine Art Philosophie oder Lehrsystem als das Primäre konzipiert werden, zu dessen Veranschaulichung erst sekundäre Handlungsmotive und Figuren dienen sollen. In der Allegorie verliert das eigentlich Stoffliche, die Fabel, die faktische Handlung, notwendigerweise an Spannung, an Schwungkraft, an aus ihr selbst sich entwickelnder Stringenz und ist nicht mehr um ihrer selbst willen da, sondern als bloße Chiffre, deren Entschlüsselung auf abstrakte Bedeutungen hin dem Leser aufgegeben ist.

So ist denn auch das rein Stoffliche dieses in einer Art Camouflage als »Reiseerzählung« deklarierten Werkes, die Struktur des Handlungsablaufs im engeren Sinne, schon dadurch gleichsam entwirklicht, daß der Schauplatz »Sitara« (= Stern) als ein im Kosmos (jenseits der Sonne) schwebendes, verkleinertes, aber auf die wesentlichen Grundzüge reduziertes Modell-Duplikat der irdischen Welt gedacht ist. Auch legte May in seiner Spätzeit Wert darauf, von seinen Lesern als »Hakawati« (= Märchenerzähler) genommen zu werden, wobei er freilich unter Märchen eine Erzählform verstanden wissen wollte, in der »vom Himmel hernieder gestiegene« Wahrheiten sich in »irdisches Gewand« kleiden. Das heißt natürlich, anders ausgedrückt: als Allegorie.

Reduziert man nun den Inhalt von *Ardistan und Dschinnistan* auf die eigentliche Handlung, so läßt sie sich in Folgendem zusammenfassen.

Kara Ben Nemsi und sein Diener und Freund Halef, mit dem Schiff »Wilahde« (= Geburt) in Sitara gelandet, sind zu einem Besuch zu Marah Durimeh, der uralten legendarischen Sultanin dieses »Landes der Sternenblumen« gekommen. Ihr Herrschaftsbereich umfaßt zwei Teilreiche: Ardistan, das Land der großen Ebenen und Wüsten, und Dschinnistan, das Land der lichten Höhen, der Fruchtbarkeit, Schönheit und Reinheit. Ardistan ist zugleich das Reich der Gewaltmenschen, Dschinnistan das Reich der Edelmenschen. Um von einem zum anderen zu gelangen, muß man das dazwischen liegende Land Märdistan, ein fast unwegsames Felsengebiet durchqueren, in dessen Mitte der Wald von Kulub (= Herz) mit der Geisterschmiede liegt, in der die da Hineingeratenen durch Folterung auf ihre Standhaftigkeit geprüft, von allen Schlacken des Bösen und Niedrigen gereinigt und als würdig nach Dschinnistan, in das Paradies der Humanität, entlassen, oder, falls sie die Initiationsprobe nicht bestehen, zurück in die menschlichen Tiefen und Sümpfe gestoßen werden.

Nun erfährt Marah Durimeh, daß ein Krieg zwischen Ardistan und Dschinnistan ausgebrochen ist, und sie sendet Kara Ben Nemsi und Hadschi Halef als ihre Sonderbotschafter aus zu dem Mir von Ardistan (Ard = Erde), um einen Frieden zu vermitteln. Ardistans Herrscher ist ein böser Tyrann, ein »Gewaltmensch«, der sein Volk unterjocht und peinigt, ihm die Menschenrechte vorenthält und seine Grenzen militärisch bewacht, daß niemand aus seinem Reich entkommen kann. Kara Ben Nemsi soll nun zu ihm gehen, um ihm ins Gewissen zu reden, daß er Frieden schließen und ebenfalls – wie es schon in Dschinnistan erreicht ist – in Ardistan die Menschen in Güte und Gerechtigkeit regieren möge. Sie kommen auf ihrer Reise zuerst zu den Ussul (Riesen), die sie durch altbewährte List besiegen, dann durch das Land der Tschoban bis nach Ard, wo der Gewaltmensch, der Mir von Ardistan, seine Residenz hat. Dort ist aber gerade eine Verschwörung ausgebrochen. Der »Panther«, ein böser Prinz, will selbst zur Herrschaft gelangen und trachtet seinem Fürsten nach dem Leben. Auch das Volk hat sich gegen den bisherigen Herrscher erhoben, und nur die Christen, die als die Verachteten im Lande galten, sind bisher loyal geblieben. Der Mir wird vom Panther, den er für seinen Freund gehalten hat, nach der »Stadt der Toten« mitten in die Wüste gelockt, wo er elend verschmachten soll. Doch Kara Ben Nemsi, der christliche Held, dessen von höchster Autorität (Marah Durimeh) ihm erteilter Auftrag ja nicht ist, den Gewaltherrscher von Ardistan zu stürzen, sondern ihn zum Besseren zu bekehren, macht sich auf, um ihn aus der Gefangenschaft zu befreien. In der Stadt der Toten und unter den Leiden der Gefangenschaft hat inzwischen der Mir von Ardistan seine Fehler erkannt und bereut, und der geistige Einfluß Kara Ben Nemsis, der ihn aus Todesgefahr errettet hat, trägt weiter dazu bei, ihn in einen neuen, besseren Menschen zu verwandeln. So kann er denn auch mit Unterstützung durch die Ussul und Tschoban und mit Hilfe vor allem der Christen des Landes sowie einer Hilfstruppe, die sogar der Mir von Dschinnistan ihm schickt, den »Panther« besiegen und wieder in seine Herrscherwürde eingesetzt werden. Aus einem finsteren Gewaltherrscher aber ist nun ein edel und in Gerechtigkeit regierender Friedensfürst geworden, zum Segen seines Landes.

Mit diesem letzten Ergebnis endet der zweibändige utopische Roman, doch läßt vieles darauf schließen, daß er trotz seiner Länge ein Torso geblieben ist. Die wachsenden Schwierigkeiten, die May während der Veröffentlichung seines *Mir von Dschinnistan* im DH mit den Herausgebern der Zeitschrift bekommen hatte, veranlaßten ihn, den Text zu vorzeitiger Abrundung zu bringen. Der letzte Satz lautet in der Zeitschriftenfassung: »Das Weitere liest man später.« Doch wurde den Lesern des DH dafür keine Gelegenheit mehr eingeräumt. In der Buchfassung, die freilich auch das »Weitere« nicht mehr bringt, lautet der letzte Satz jedoch: »Wir aber wendeten unseren weiteren Aufstieg nun den Bergen, über deren Pässe der Weg nach Dschinnistan führte, und unserem hohen, weiteren Ziele zu.« Das ist denn formal ein echter Schluß, wenn auch dem Inhalt nach ein offener und insofern durchaus poetisch akzeptabel, als er dem Leser bedeutet, daß es für weiteres Streben »empor ins Reich der Edelmenschen« kein Ende geben sollte.

Die außerordentlich komplizierte innere Struktur des Werkes hat es dem Leser seit jeher schwer gemacht, der so skizzierten äußeren Handlung, den einzelnen Figuren und Begebenheiten die ihnen vom Autor unterlegten allegorischen Bedeutungen abzugewinnen. Andere Texte Mays, vor allem *Das Märchen von Sitara* (in: *Mein Leben und Streben,* S. 1–7), *Babel und Bibel* (Freiburg 1906), *Im Reiche des silbernen Löwen III und IV* sowie sein *Droschkengleichnis* (aus einem in

Lawrence USA gehaltenen Vortrag; GWB 34, S. 386) und Klara Mays Zusammenfassung des Wiener Vortrags *Empor ins Reich der Edelmenschen* (GWB 34, S. 293–312) sowie der authentische Text (in: Jb-KMG 1970, S. 52ff.) lassen sich dazu als hilfreich heranziehen. Aus der Forschungsliteratur, die sich an solchen Deutungen versucht hat, seien hier einige der noch besonders diskutierten Interpretationen genannt: E. A. Schmid, Der Schlüssel (GWR 34, 1. bis 20. Aufl.); Ders., Symbolik (GWB 34, 27.–29. Aufl.); W. Koch, Karl Mays Baukunst und ihre Symbolik (KM-Jb 1918, S. 113–125); W. Schlüter, *Ardistan und Dschinnistan*, eine Denkerbotschaft (KM-Jb 1923, S. 64–75); H. Stolte, Der Volksschriftsteller Karl May (Radebeul 1936, S. 99–104); Nachwort zu GWB 32 (in 51.–112. Tsd. der Gesamtaufl.); H. Wollschläger, Das Alterswerk (GWB 34, in 21.–26. Aufl. S. 469–483); A. Schmidt, Abu Kital – Vom neuen Großmystiker (in: Dya na sore, Gespräche in einer Bibliothek, Karlsruhe 1958, S. 152–156); Ders., Sitara und der Weg dorthin (Karlsruhe 1963, S. 304–320); H. Wollschläger, Das ›eigentliche Werk‹ – Vorläufige Bemerkungen zu *Ardistan und Dschinnistan*. (Jb-KMG 1977, S. 58–80); H. Wörner, Wüste und Wasser – Ein Ritt nach der Stadt der Toten (Jb-KMG 1985, S. 152–159).

Eine Aufschlüsselung der allegorischen Bedeutung der Figuren und Begebenheiten sowie der Dingsymbolik (Engelstatuen, Bauwerke, Landschaftsstrukturen usw.) läßt sich hier nicht annähernd vollständig leisten, zumal auch, wie Wollschläger es formuliert hat, man geradezu sagen könnte, daß »die Symbolik selbst diese Mission gehabt hat: die Wahrheit, die sich in ihr aussprach, zu verhüllen und zu entstellen« und »daß er in der mystischen Form gar nicht so sehr das ›bessere Verständnis‹ wie vielmehr gerade dessen Verhinderung suchte: jene schweigende Verehrung, die sie seit Urzeiten entbindet« (Jb-KMG 1977, S. 71). Und zweifellos ist die Verrätselung, die das Werk über weite Strecken hin bietet, eines seiner Charakteristika, die seinen poetischen Reiz ausmachen. Bei aller immer erneuten Rückschraubung auf die altbekannte Primärstufe Abenteuer- und Reiseerzählung, bleibt immer ein Schimmer des Geheimnisvollen, eine ins Transzendente hinweisende Mystik darüber ausgebreitet. Folgt man der Deutung Wollschlägers, so stammt das unenträtselbar Irrationale des Werkes dem Unterbewußten der Psyche des Autors, deren Traumata, von ihm selber eher nur geahnt als klar erkannt, ihn zu bildhaft-poetischer Umsetzung gedrängt hätten.

Indessen hat der Autor in vielen Äußerungen den Anspruch angemeldet, er habe eine »Lehre« verkündet, eine »Denkerbotschaft« (Schlüter), und insofern fordert das Werk den Leser heraus, es mit dem »Schlüssel« einer rationalen Analyse auszudeuten. In der von ihm selbst verfaßten Ankündigung des Fehsenfeld-Verlages (vgl. Jb-KMG 1977, S. 66f.) heißt es, er sei »der einzige Mensch, der es bisher gesagt hat, sein ›Ich‹ mit der ›Menschheitsseele‹ zu identifizieren«, er liefere die »glückverheißende Beantwortung aller gegenwärtig aufgeworfenen Menschheitsfragen« und verfolge die »Absicht, die Frage des Weltfriedens zur Lösung zu bringen«.

Daß ein solcher Anspruch auf eine hybride Weise überzogen ist, bedarf keiner weiteren Beweisführung. Vielmehr bedeutet er Weltentrückung in einem solchen Ausmaße, daß die Kennzeichnung des in *Ardistan und Dschinnistan* integrierten Denksystems als »psychotisches Wahngebilde« (Wollschläger) naheliegt; was freilich nicht einen schizophrenen Geisteszustand des Autors May behaupten soll, sondern den extremen Grad von Abstraktion seiner Denkform und intuitiven Phantasie von den uns als normal geltenden Reaktionen des sogenannten gesunden Menschenverstandes beschreiben möchte.

Den vielfachen Andeutungen des Autors zufolge geht es ihm um eine doppelte Thematik: einmal um die Veranschaulichung des Wesens und Werdens des Einzelmenschen und seiner ihm von der Menschheitsidee aufgetragenen Entwicklung vom primitiven Körper- und Gewaltmenschen zum Edelmenschen als dem Abbild des Göttlichen; zum anderen um die Entwicklung der Gesamtmenschheit aus dem Leid scheinbar unaufhörlichen Kriegszustandes zum »Weltfrieden«. Dementsprechend haben die agierenden Hauptfiguren stets eine doppelte Funktion und Bedeutung. Im ersteren Falle symbolisieren sie das, was May seine »neue Psychologie« genannt hat. Marah Durimeh, in einem transzendent enthobenen »Land der Sternenblumen« residierend, wäre danach als so etwas wie die Menschheitsidee (im platonischen Wortsinn) aufzufassen. Sie entläßt das »Ich« durch die Geburt (Wilahde) in das Leben (philosophisch: Individuation). Nun besteht Mays »neue Psychologie« darin, daß er den Menschen auffaßt als die Integration der vier konstituierenden Elemente Körper, Anima (= Triebleben),

Geist und Seele. Diese vier werden allegorisch als Einzelfiguren verbildlicht, die zusammenkommen und zusammenwirken müssen, um den Menschen zu ergeben, der dann sein Ziel der Veredelung anzustreben vermag. Legt man sich auf das Vierersystem der »neuen Psychologie« fest, so wäre Kara Ben Nemsi, der Sondergesandte Marah Durimehs, als Geist zu identifizieren. Daß hierbei widersprüchliche Äußerungen Mays diese Deutung fragwürdig machen, indem er dieses fiktive »Ich« ja auch als »Menschheitsseele« oder als durch die Welt streifende »Menschheitsfrage« apostrophiert hat, ist wohl typisch für die sich überhaupt nirgends logisch scharf abgrenzende Terminologie des Phantasten May: aber daß es immer der Geist ist, der die »Menschheitsfrage« stellt, d. h. die Frage nach Sinn und Ziel des Menschseins, hebt jedenfalls diesen Widerspruch auf. Halef figuriert in diesem allegorischen System ganz eindeutig als die Anima, das irrational Triebhafte im Menschen, das blindlings und gewalttätig (Peitsche) reagiert, wenn es nicht vom Geiste geleitet und gezügelt wird. Am ehesten wird man in dem Paar Geist und Anima gute alte Bekannte aus den eigentlichen Reiseerzählungen wiedererkennen, wo ja die Rollenverteilung auch schon zwischen Kara Ben Nemsi und Halef so angelegt gewesen war. Die Ussul, die riesenhaften Urmenschen in den Sümpfen, die in gleichsam vorgeschichtlichem Zustand leben, sich aber am Ende den beiden Helden freundschaftlich anschließen, insbesondere ihr Scheik Amihn, symbolisieren den Körper. Folgerichtig gerät Halef-Anima zunächst in die Gewalt der Körpermenschen, kann aber vom Geist daraus befreit werden. Auch ein anderer Gefangener wird befreit: der geheimnisvolle Dschirbani, den einst der Mir von Dschinnistan zu den Körpermenschen, den Ussul, entsandt hat, dessen quasi göttliche Qualität von ihnen aber verkannt worden und der darum in Gefangenschaft gehalten worden ist. Der Dschirbani erweist sich als Figuration der Seele, die also schon im Körperlichen eingeschlossen ist, aber erst freiwerden muß, um sich zu entfalten. Dabei versteht May unter »Seele« offensichtlich den eigentlich göttlich-unsterblichen Anteil am Menschlichen, wie denn auch der Dschirbani sich am Ende als der Sohn des Mirs von Dschinnistan erweist und zu diesem zurückkehren kann. Denkt man das Gleichnis zu Ende, dann wäre der Mir von Dschinnistan gleichzusetzen mit Gott, zu dem hin aufzustreben und mit dem wieder eines zu werden die Seele allein dem Menschen ermöglicht.

Nachdem nun Körper, Anima, Geist und Seele sich zusammengefunden haben, ist alles Notwendige vorhanden, damit die Verwandlung zum Edelmenschen und zur Erlösung beginnen kann. Diesen geistig-seelischen Prozeß exemplifiziert May nunmehr an einer Einzelperson, an dem Mir von Ardistan, wie schon in Kürze skizziert worden ist. Wie angedeutet haben aber alle Figuren auch noch eine zweite Funktion, als Handelnde und politisch Mitwirkende an den weitläufigen Geschehnissen, an deren Ende die glückhafte Verwirklichung der vom Geist, von Kara Ben Nemsi, planvoll programmierten »Weltfriedensidee«, die Erlangung des ewigen Friedens auf Erden steht. Bei all diesem spielen auf magisch-mystische Weise chtonische Mächte mit, Wüste und Wasser, der Dschebel Allah, der Fluß Ssulh (= Friede) und überhaupt die ganze Geographie von Tiefland und Hochland. Und gerade in der phantasiekräftigen Darstellung dieser Bestandteile seines Mythos von Ardistan und Dschinnistan hat der Autor May nicht nur die ihm auch sonst schon immer eigene eidetische Schärfe in der Vergegenwärtigung bloß »erträumter« Welt-Szenarien erneut bewiesen, sondern auch im sprachlichen Ausdruck eine Stilhöhe erreicht, wie in keinem anderen seiner früheren Werke. In dieser Beziehung zeigt ihn *Ardistan und Dschinnistan* auf dem Gipfel seiner poetischen Fähigkeit, und das vielfache Umschlagen des Stils vom Epischen ins Lyrische ist dabei ein besonderer Reiz, der einen verständnisvollen Leser wohl faszinieren kann. Daß unvermittelt ganze Textpartien in jambisches (und gelegentlich anderes) Versmaß gebracht sind, ist eine sehr auffallende Eigentümlichkeit des Werkes, sollte aber nicht, wie es geschehen ist, als Stilbruch und ästhetisches Ärgernis aufgefaßt werden, sondern entspringt ganz folgerichtig aus der von May hier adaptierten Rolle eines »Hakawati«, eines orientalischen Märchenerzählers: Die »Erzählungen aus den tausendundein Nächten« zeigen uns vielfältig das Muster (Futuh-Dichtung), dem er sich anschloß. Es ist altarabische Erzähltechnik: »Die gewöhnliche Prosa wird (...) immer wieder von Stellen unterbrochen, in denen der Erzähler sich einer gehobenen Sprechweise bedient« (Kindlers Literatur Lexikon, Bd. I, S. 46).

Zweifellos ist es weder die »neue Psychologie« noch der »Weltfriedensgedanke«, sind es weder die Abenteuerepisoden noch die traktathaften Lehr- und Bekehrungsgespräche, weder die Triumphe des Christentums über die anderen Religionen noch die Verwandlungen der Protagonisten ins Edelmenschliche, was dieses Werk Karl Mays in den Rang eines beachtlichen literarischen Kunstwerks, der ihm mit Recht zuerkannt werden darf, erhebt –, sondern der euphorisch beschwingte Sprachfluß, die darin anscheinend mühelos hervorquellende Bilderfülle, der poetische Traumschimmer, der über allem liegt, und nicht zuletzt die virtuose Technik, mit der die divergierenden Elemente – Reiseabenteuer und »Himmelsgedanken«, Reales und Mystisches, Abstraktion und blühende Phantasie – zu einer unauflöslichen Einheit ineinander verschlungen sind. Und das Bildlich-Allegorische entbehrt nicht einer gewissen höchst fremdartigen Kolossalität, wie er es durchaus richtig in der erwähnten Fehsenfeld-Ankündigung herausgestellt hat: die »Riesengestalt des ›Eingemauerten Herrgotts‹, das ›Alabasterzelt‹, das ›Versteinerte Gebet‹, die ›Verkalkten Seelen‹, die ›Waage der Gerechtigkeit‹, die ›Stadt der Todten‹, die ›Schlacht am Dschebel Allah‹, die ›Wasserscheide von El Hadd‹, die ›Dschemma der Verstorbenen‹, die ›Dschemma der Lebenden‹ usw.«

Daß dieses Werk Karl Mays in all seiner sternfernen Entrückung von seinem Autor geschaffen worden ist zu einer Zeit, in der ihn der Moloch von Pressehetze und Prozessen, sogar mit einer Strafverfolgung wegen vermeintlichen Meineids, am furchtbarsten in seiner realen, bürgerlichen Existenz bedrohte, muß man wohl mit zu den Rätseln zählen, die es dem Interpreten aufgibt. Die Geschichte der Rezeption des Buches offenbart eine Problematik, deren exemplarische Bedeutung weit über diesen Einzelfall hinaus ein spezifisches Dilemma des Literaturbetriebes überhaupt sichtbar macht: die fast unüberbrückbare Kluft zwischen Unterhaltungsliteratur und anspruchsvoller Dichtung auf einem gehobenen geistigen Niveau, was nämlich ihren Beifall beim Publikum und ihren Marktwert für den Verleger betrifft. Bereits während die Einzelfolgen im DH erschienen, May selbst noch an dem Werke schrieb, brach der wohl unvermeidliche Konflikt aus. Die Lesermassen, die May 17 Jahre lang mit Begeisterung im DH gelesen hatten (und wohl nur hierdurch die Zeitschrift zu einer Goldgrube für den Verleger gemacht hatten!), überschütteten nun die Redaktion mit Beschwerdebriefen gegen Mays *Mir,* kündigten gar ihre Abonnements, und besonders fromme Gläubige perhorreszierten die so gar nicht »katholische«, ja geradezu ketzerische Ideologie, die man ihnen da unterjubeln wolle. Die Auflage des DH schrumpfte. Der Verlag beschwerte sich bei May und ließ sich schließlich auf weitere Experimente nicht mehr ein. So mußte der *Mir* denn ein Torso bleiben (vgl. May: Briefe an Pustet und Denk, JbKMG 1985). Was das Massen-Lesepublikum betrifft, so hat sich bis heute daran nicht viel geändert, daß zwar die Reiseerzählungen und Jugendschriften ihre Liebhaber und »Fans« haben, das symbolisch-allegorische Alterswerk von ihnen aber als ungenießbar und unlesbar, als eine bedauerliche Altersschrulle Mays angesehen wird.

Die Bemühungen des KMV, durch »Schlüssel«, und im KMJb vermochten daran nicht viel zu ändern. Erst als, sehr verspätet, das Werk Mays ins Blickfeld der Literaturwissenschaft geriet, wurde *Ardistan und Dschinnistan* als höchst beachtliches Werk neu entdeckt und interpretiert. Schon die erste Dissertation über May wertete es als das »zweifellos bedeutendste« unter den Werken Mays und als den Schritt des Autors in die Sphäre der oberschichtlichen Literatur (Stolte: Volksschriftsteller). Weithin Beachtung fand Arno Schmidt 1958 (Dya Na Sore, S. 155) mit seiner emphatitischen Lobrede, worin seiner Meinung nach »KM in blühender nackter Mystik wuchert, bei der man die Kühnheit und Anmut des Fortschreitens von einer Gedanken- und Bildreihe zur anderen, ohne sich etwas zu vergeben, uneingeschränkt bewundern darf.« Und (S. 193): »Hier sieht man May als das, was er ist: der bisher letzte Großmystiker unserer Literatur.« Um so bedauerlicher muß man sein später veröffentlichtes May-Pamphlet »Sitara und der Weg dorthin« finden. Die 1969 gegründete KMG hat sich als eine ihrer Forschungsaufgaben besonders auch die kritische Würdigung des Mayschen Alterswerks vorgenommen. H. Wollschläger (May, S. 146) hält den *Mir* für »Mays zweite, unstreitig bedeutende Literatur-Leistung«, denn er erreiche, »mag sich das auch erst in weiteren fünfzig Jahren herumgesprochen haben, in seinen obersten Augenblicken jene sonderbare Schwelle, an der die Kunstwerke so etwas wie direkte Schöpfungskonkurrenten werden: diese späte Konzeption Mays wird für den Kenner immer wunderlich-ehrwürdig sein.« W. Clauß hat in Kindlers Literatur Lexikon (I, S. 1151) ganz ähnlich geurteilt: »(...) das wichtigste Werk aus der letzten Schaffensperiode des Autors« und: »der ursprüngliche und eigentümliche Reiz des Romans besteht (...) in der Reihe gedanklich kühner und bildkräftiger, zum Teil aber schwer erschließbarer Symbolkomplexe (...), deren vielfältig verflochtene Sinnbeziehung ins Transzendent-Mystische weisen. So findet sich in der deutschen Literatur eigentlich keine Parallele für das eigenartige und in mancher Hinsicht recht kuriose Werk, für dessen extreme Außenseiterstellung (...) nur die völlig isolierte Situation des Autors eine Erklärung liefert.« Dieser Erklärung wäre zu widersprechen. Von »isolierter Außenseiterstellung« Mays kann schon deshalb nicht die Rede sein, weil er Jahrzehnte lang – positiv oder negativ – im Zentrum eines alles gewöhnliche Maß übersteigenden öffentlichen Interesses gestanden hat. Im Gegenteil sogar: die schwebende Abgelöstheit von *Ardistan und Dschinnistan* aus solcher tumultuarischen Bedrängnis ist gerade das Verblüffende an diesem Phänomen. Denn – so Wollschläger (Jb-KMG 1977, S. 61) »zu dem Befremdenden des Werks gehört für den Betrachter, der Mays elende Lage während der Entstehungszeit kennt, gerade das Isoliertsein des Werks von dieser Lage: seine gläserne Heiterkeit, das mühelose Parlando (...), sein Humor, die Leichtigkeit und Gelassenheit im Pathetischen, die ruhige Schmerzfreiheit im Tragischen.«

Heinz Stolte

17. *Winnetou IV*

Dem 33. und letzten Band der Freiburger »Gesammelten Reiseerzählungen« ging ein Zeitschriften-Vorabdruck in »Lueginsland« (Beil. d. »Augsburger Postzeitung« Nr. 88/1909 – 36/1910) voraus. Im Mai 1910 erschien der Roman selbständig bei Fehsenfeld unter dem Titel *Winnetou. 4. Band* (F 33); daneben hat sich die Bezeichnung *Winnetou IV* durchgesetzt. Weitere Titelvarianten weisen die Radebeuler (1914: *Winnetou's Erben,* GWR 33) und Bamberger Ausgabe (1960: *Winnetous Erben,* GWB 33) auf.

Die Textunterschiede vom Zeitschriftenerstdruck zur ersten Buchausgabe sind inhaltlich fast ausnahmslos unbedeutend (vgl. D. Sudhoff. In: R der KMG 1984 des Zeitschriften-Drucks. S. 5), gravierender hingegen sind die Bearbeitungen seit 1935 (vgl. A. Schmidt: Winnetous Erben. In: Die andere Zeitung 8./15. 7. 1959).

»Bin wieder heim. Mit (...) reichen Schätzen beladen. Winnetou IV wird vorzüglich. Dann folgen 6–10 Bände, von Winnetou hinterlassen und von ihm selbst erzählt. Sein eigentliches Testament!« (288 R 1984). So umschreibt May am 10. 12. 1908 sein umfassendes, nur noch im ersten Teil verwirklichtes Arbeitskonzept, zu dessen stofflicher Fundierung er sich knapp zwei Monate in Nordamerika aufgehalten hatte. Tatsächliche Eindrücke dieser einzigen Reise ins Land seiner roten Romanhelden spiegeln sich vor allem in den Anfangskapiteln von *Winnetou IV*. Aus New York mitgebrachte ethnographische Fachliteratur, z. B. über Sa-go-ye-wat-ha, das Modell seines gewandelten Winnetou-Bilds, Zeitungsberichte und schließlich Sascha Schneiders Werkillustrationen boten weitere Anregungen. May arbeitete an *Winnetou IV* von September 1909 bis April 1910.

Radebeul 1908: Karl May alias Old Shatterhand, der Ich-Erzähler, erhält mysteriöse Briefe, in denen er gebeten wird, zum Mount Winnetou zu kommen, wo ein Kongreß aller Indianer stattfinden soll. Geschrieben hat auch Tatellah-Satah, der greise, von allen Stämmen gleichermaßen verehrte »Bewahrer der großen Medizin« (17 F), der eine Verfälschung des Winnetou-Andenkens verhindern will. Es folgt der Besuch von Hariman Enters, der sich um das englische Copyright für *Winnetou* bemüht, aber mit dem Ziel, eine amerikanische Ausgabe zu verhindern. May enttarnt ihn als Sohn seines Erzfeindes Santer (hier in der Schreibweise: Sander) und errät auch Harimans Absicht, den Namen der Familie vor Entehrung zu schützen. Er lehnt ab, stimmt aber einem Treffen mit Hariman und seinem Bruder Sebulon in einem Hotel bei den Niagara-Fällen zu. Dort angekommen, logiert er mit »Herzle«, seiner Frau, inkognito, was ihm erleichtert, das Geheimnis der Enters zu ergründen. Hariman möchte die Schuld des Vaters sühnen und damit seine Selbstmordneigungen besiegen, Sebulon dagegen Old Shatterhand den Utahs und Sioux, Komantschen und Kiowas ausliefern, die sich zu einem heimlichen Kriegszug gegen die Apatschen verschworen haben. Dennoch erklärt sich Shatterhand bereit, falls die Brüder seine moralische Prüfung bestehen sollten, ihnen den Nugget-tsil und das »dunkle Wasser« zu zeigen. Max Peppermanns Hotel in Trinidad/Col. wird als nächster Treffpunkt bestimmt. Shatterhand kennt den Besitzer, der wegen seiner pulververbrannten Gesichtshälfte »der blaue Maksch« genannt wird, aus gemeinsamen Westmännertagen. Auch jetzt schließt »Maksch« sich sofort seinem alten Gefährten an, als dieser zur Teufelskanzel (Devils pulpit) aufbricht. Die Reisegruppe komplettiert der »junge Adler«. Am Kanubisee stößt Pappermann auf seine Vergangenheit, indem er Aschta begegnet, deren gleichnamige Mutter er einst liebte. Aschta jr. wie der »junge Adler« gehören dem Winnetou-Clan an, der Gutgesinnte aller Herkunft im Gedenken an den großen Apatschen vereinigt und einzeln verpflichtet, Schutzengel eines anderen zu sein. Am Devils pulpit enträtselt Shatterhand das Geheimnis dieses Ortes, und es gelingt ihm, die feindlichen Häuptlinge zu belauschen. Mit den Enters trifft er kurz vor Nugget-tsil zusammen, wo erneute Grabungen an Intschu-tschunas Todesstätte Winnetous geistiges Vermächtnis in fünf Büchern zutage fördern. Dieses Erlebnis führt auch die Enters nach heftigem seelischen Kampf zur inneren Umkehr. Sie lassen sich als Beschützer der Mays in den Winnetou-Clan aufnehmen. Eine unerfreuliche Konfrontation bringt das Eintreffen des »Komitees«. Durch erneutes Belauschen der feindlichen Häuptlinge wird deren Schlachtplan bekannt. So vorbereitet erreicht man den Mount Winnetou, wo Tausende Indianer aller Stämme versammelt sind und Tatellah-Satah die Ankömmlinge in seinem Bergschloß herzlich bewirtet. Er berichtet von der bereits weitgehend realisierten Absicht, Winnetou durch eine steinerne Kolossalstatue zu ehren, die den Eindruck vermittelt, als gleiche er einem sprungbereiten Panther (446F). Solche Vorstellung entspricht aber nicht mehr dem geläuterten Bild eines durchgeistigten, humanen Indianerfürsten, und Shatterhand gelingt es, durch Verlesen von Winnetous Testament diese neue Sicht unter den Stammesführern zu verbreiten. Als letzte Gefahr bleibt somit nurmehr der geplante Überfall durch die feindlichen Indianerstämme, der sich aus einer unterirdischen Höhle vollziehen soll. Doch hier hilft die Natur: Das zufällig über der Höhle errichtete Fundament des Denkmals bricht ein, das Labyrinth wird verschüttet, und die versteckten Krieger sitzen in der Falle. Mit den unverletzt Geborgenen wird ein zukunftsweisender Friede geschlossen unter dem Patronat des Winnetou-Clans. Unter den wenigen Toten befinden sich auch die Brüder Enters, die sich getreu ihrer Verpflichtung für die Mays geopfert und damit die väterliche Schuld gesühnt haben. Der »junge Adler« hingegen fliegt, begleitet von Aschta jr., in einer Flugmaschine dreimal um den »Berg der Medizinen«, bringt den Häuptlingen ihre von Shatterhand erbeutete Medizin zurück und erfüllt damit die mythische Prophetie eines neuen, glücklichen Indianerzeitalters.

Mays letzter Roman, vom Autor als Schlußband mehrerer Amerikazyklen (11 F) konzipiert, erweist sich in umfassendem Sinne als Werk des Abschieds. May präsentiert hier die ›philosophische‹ Bilanz seines Alters, wie immer man dies aus intellektueller, ästhetischer oder ideologischer Warte auch beurteilen mag. Es handelt sich um nicht weniger als eine nun komplettierte weltumspannende Mythologie, eine kosmopolitische Friedens- und Versöhnungsutopie, eine Entwicklungsprognose der »germanisch-indianischen Rasse« und eine als zeitgemäß empfundene Sozialethik und Kunstauffassung. Gleichzeitig enthält der Roman eine psychologische oder psychotherapeutische Fallstudie von autobiographischer Dimension. Die Harmonisierung eines aus dem früheren Werk übernommenen, nun als fragmentarisch oder widersprüchlich empfundenen Weltbildes findet überall statt. So belebt May alttestamentarische Mythen mit neutestamentarischem Geist oder überträgt die seit *Et in terra pax* und den späten *Silberlöwen*-Bänden gewonnenen religiösen Einsichten auf den indianischen Schauplatz, was nicht zuletzt zu synkretistischen Personenzeichnungen führt (Marah Durimeh/Tatellah-Satah; Aschta/Yin; Herzle/Schakara). Als Extrakt entsteht auf der Basis von Interpretatio Christiana eine Art globaler Einheitsreligion, in die nun auch Winnetou als roter Heiland aufgenommen wird, dessen Apotheose in der Projektion des Sascha Schneider-Bildes (s. Anhang zu F 33, 1984, im Anschluß an S. A 16) für alle sichtbar wird. Den Brückenschlag von orientalischen Mythenvorstellungen zur indianischen Sphäre vollzieht der Autor mittels der glazialen Einwanderungstheorie, welche die ursprüngliche Landverbindung zwischen Asien und Amerika berücksichtigt (276 F).

Mays das Spätwerk beherrschende Friedens- und Versöhnungsgesinnung bewirkt eine geradezu spektakuläre Abkehr von der Westernheroik und Abenteuerromantik, die nun als anachronistische Fehleinstellung gesehen wird. »Bärentöter« und »Henrystutzen« haben sich demnach »überlebt« (358 F), »Krieger- und Indianerspielen« gilt nun gar als sicherster Beweis, daß man »kindisch geblieben ist« (61 F). Die wenigen verbliebenen Action-Szenen halten deshalb auch keinen Vergleich mit früheren Texten aus.

Im Zuge solcher Pazifizierung bleibt auch kein früherer Konflikt mehr unbereinigt, und Shatterhands Mission ist erst wirklich vollendet, als er sich sogar mit dem Häuptling Tangua versöhnt hat, der ihn ein Leben lang gehaßt hatte.

Auch die indianischen Frauenfiguren werden davon berührt: Mays früherer abendländischer Hochmut, der sich im Verhalten zu Personen wie Nscho-tschi oder Kakho-Oto ausgedrückt hatte, wird in diesem Abschlußwerk aus der Welt geschafft. Der Erzähler leistet Wiedergutmachung durch eine Art Ersatzheirat, wobei er seine Ehe mit Herzle quasi als (posthume) Verbindung mit Nscho-tschi oder der ihr gleichenden Kakho-Oto ausgibt.

May war vom Wiederaufstieg der roten Rasse überzeugt, wenn sie nur aus ihrem Dornröschenschlaf erwachen und die nationale Selbstzerfleischung aufgeben werde (3, 67, 610, 622f. F). Die weiße Invasion interpretierte er im Sinne der Theodizee als Zuchtrute Gottes (61 F), die die Indianer zur Einsicht führen solle. Im Roman mehren sich die Zeichen, daß die Selbstheilungskräfte bereits wirksam werden (Winnetou-Clan). Und der Flug des »jungen Adlers« wie die Öffnung des »Berges der Königsgräber« stellen untrügliche Symbole einer Rückkehr des Heils dar.

Mays Gesellschaftsvorstellungen erweisen sich als Mischung progressiver und rückschrittlicher Ansätze der Zeit, wobei die proklamierte Absicht nicht immer zur jeweiligen Handlung paßt. Immerhin kommen Anliegen der Frauen-, Rassen- und Klassenemanzipation wie der Gegensatz zwischen ökonomisch-technologischen und ästhetisch-ökologischen Interessen teilweise engagiert zur Sprache. Daß forcierte Harmonisierungstendenzen allerdings auch manche Probleme eher überspielen als ernsthaft erörtern, fällt ebenso auf wie die unterschwellige Mißachtung von Randexistenzen und gewerkschafts- oder parlamentsähnlichen Aktivitäten. Patriarchalische Vorstellungen behaupten trotz gegenteiliger Beteuerungen weiter das Denken. Beachtenswert ist ferner, daß May die moderne Technik seinem ethischen Fortschrittskonzept einverleibt. Diaprojektor, Flugzeug oder Vertikalarchitektur finden sogar Eingang in seine von zeittypischem Repräsentationsdrang beeinflußte Ästhetik.

Wie nahezu alle Schriften Mays enthält *Winnetou IV* autobiographische Substanz. Sieht man von den mehr oder weniger unbewußten Kompensationen ab, die vor allem Old Shatterhands Omnipotenz gewährleisten, so lassen sich zumindest zwei Handlungsstränge als romanhafte Chiffrierung persönlicher Problematik enttarnen: der Konflikt mit dem Komitee als literarische Umsetzung aktueller juristisch-publizistischer Auseinandersetzungen Mays und die Enters-Handlung als ansatzweise gelungener Versuch einer psychopathologischen Selbstanalyse.

Für die Bewertung des Romans ist die Grundeinstellung des Lesers mitentscheidend: Wer das literarische Abenteuer sucht, urteilt anders, als derjenige, der an allegorischer Kombinatorik und mythologischer Eklektizität interessiert ist. Weiter hängt eine Einordnung davon ab, wie stark man (Harmonisierungs-)Klischees, Motivwiederholungen, verquere Authentizitätsbehauptungen oder die Diskrepanz zwischen Anspruch und Wirklichkeit gegenüber fabulistischen Einfällen, programmatischen Zielsetzungen oder Leistungen im Bereich von mythologischer Verknüpfung und autobiographischer Verschlüsselung gewichtet.

Wirkungsgeschichtlich gilt es zu bedenken, daß Mays Alterswerk generell nie die Popularität der früheren Abenteuerromane erreichte. Auch F. Kandolf (1886–1949), einer der ersten führenden Mitarbeiter des KMV, machte aus seiner Abneigung gegen die allegorisch-symbolischen Tendenzen seit der Jahrhundertwende keinen Hehl. In »Der werdende Winnetou« meinte er, »daß der ›Volksschriftsteller‹ Karl May besser getan hätte, bei seiner bisherigen Schreibweise zu bleiben« (A 59 F 19). H. Stolte hingegen nannte den Text in seiner Jenaer Dissertation das »schönste aller Bücher Karl Mays« (Der Volksschriftsteller Karl May. Radebeul 1936. S. 98). Arno Schmidt, Propagandist des Spätwerks bereits in den 50er Jahren, zählte *Winnetou IV* zur Hochliteratur, wenngleich er einschränkend von einem »allzu zittrig geratenen Swan-Song eines in jeder Hinsicht Verbrauchten« sprach (Sitara und der Weg dorthin, F. a. M. 1969. S. 201, vgl. Winnetous Erben, 1959). Insgesamt stabilisierte sich im Zuge eines gewachsenen literaturpsychologischen Interesses die positive Beurteilung dieses Buches, wofür E. Koch (*Winnetou Band IV*. In: Jb-KMG 1970, S. 134–148; 1971, S. 269–289), H. Wollschläger (May, 1976, S. 171) und D. Sudhoff (Karl Mays *Winnetou IV*. Ubstadt 1981) stellvertretend genannt seien. Gemäß der augenblicklich herrschenden Meinung gilt der Text als Totalallegorie, wobei der (vermeintliche) Schlüsselgehalt zum wichtigsten Wertungskriterium wird. Solche Sehweisen sollten zumindest relativiert und in ihrer Tendenz zur Überschätzung bedacht werden (vgl. G. Scholdt: Vom armen alten May. In: Jb-KMG 1985, S. 102–51).

Günter Scholdt

II. Jugenderzählungen

1. Die Helden des Westens

Dieser erste Band der Buchausgabe von Jugenderzählungen Karl Mays erschien 1890 bei der Union Deutsche Verlagsgesellschaft, Stuttgart. Er enthält zwei Romane: *Der Sohn des Bärenjägers* und *Der Geist des Llano Estakado*. Der Verleger Wilhelm Spemann (1844–1910) schlug May vor, beide »Erzählungen in eine zusammenzuarbeiten« (Brief v. 8. 3. 1890); May ging jedoch auf diesen Vorschlag nicht ein, es blieben zwei selbständige Romane. 1914 übernahm der KMV diese Zusammenstellung für den Bd. 35 *Unter Geiern*.

Der Sohn des Bärenjägers

Mays erste größere eigenständige Jugenderzählung wurde für den 1. Jg. des GK geschrieben (Jan.–Sept. 1887). Für die Buchausgabe kürzte May den Text erheblich: gestrichen wurden zwei Bärengeschichten sowie ein längerer Dialog zwischen Winnetou und Tokvi-tey, dem Anführer der Schoschonen, der die Sage vom Häuptling Feuerwasser erzählt und Winnetou veranlaßt, sein erstes Zusammentreffen mit Old Shatterhand zu schildern.

Für den geographischen Hintergrund des Romans, besonders für die Wegbeschreibung zum Yellowstone-Park, benutzte May »The Pacific Tourist – Adams & Bishop's Illustrated Trans-Continental Guide of Travel from the Atlantic to the Pacific Ocean«, einen Reiseführer der Union Pacific von 1884. Den Park selbst schildert er nach »Die neuentdeckten Geyser-Gebiete am oberen Yellowstone und Madison-River« aus »Petermanns Mitteilungen« (1872) sowie den Yellowstone-Kapiteln des Kompendiums »Nordamerika, seine Städte und Naturwunder, sein Land und seine Leute« von E. v. Hesse-Wartegg (Leipzig 1880). Zu der Gestalt des Mandanen Wokadeh wurde May durch G. Catlin: »Die Indianer Nord-Amerikas« (Leipzig 1848) angeregt (Kap. 19 u. 21, Anhang A).

Der junge Indianer Wokadeh bringt Martin Baumann die Nachricht, daß dessen Vater, der Bärenjäger, von den Sioux gefangen wurde und zu Tode gemartert werden soll. Martin beschließt, gemeinsam mit Freunden, den Vater zu retten.

Unterwegs zum Yellowstone-Park, der Opferstätte der Sioux, trifft man auf Old Shatterhand und Winnetou. Schoschonen nehmen einige der Freunde gefangen, die von Old Shatterhand und Winnetou befreit werden, indem sie den Häuptling der Schoschonen als Geisel gefangennehmen. Zum Frieden überredet, ziehen die Schoschonen mit gegen die Sioux. Kurz darauf trifft man auf Upsaroka-Indianer, die in eine Falle gelockt werden. Da sie sich nicht ergeben, werden zwei Einzelkämpfe der Führer vereinbart, in denen Winnetou und Old Shatterhand siegen, ihren Feinden aber das Leben schenken und so neue Verbündete gegen die Sioux gewinnen. In einem geschickt inszenierten Finale werden die Sioux durch taktische Arrangements, dramatische Einzelkämpfe und den Ausbruch vulkanischer Gewalten besiegt und befriedet.

Zielgruppe des GK war die männliche Gymnasialjugend. Dem trägt May Rechnung, indem er das Grundpersonal um jugendliche Helden erweitert und den Roman mit humoristisch verkleidetem Bildungswissen versetzt; didaktische Überlegungen führten wohl auch zur Wahl der Er-Form, wie bei allen Jugendromanen Mays.

Das Thema des Romans berührt zudem die besondere entwicklungspsychologische Situation der Lesergruppe. Es geht um einen Sohn, der auszieht, seinen in Gefahr geratenen Vater zu retten. Mit dieser Ausgangsposition wird die zwiespältige Haltung des Pubertierenden angesprochen: zuweilen haßt dieser den mächtigen Vater, andererseits möchte er von ihm anerkannt werden. Der Vater-Sohn-Konflikt wird von May psychologisch und pädagogisch eindrucksvoll dramatisiert. Im Schoschonenkapitel geht es beispielsweise um die unbedingte Unterwerfung des Sohnes unter die väterlichen Vorstellungen. Dieser Anspruch wird von Old Shatterhand zurückgewiesen, der den Vater besiegt. Die Überwindung der Vaterimago – hier als Relativierung der Machtfülle dargestellt – wird im folgenden Abenteuer in ihrer psychologischen Konsequenz vorgeführt: Martin kämpft mit einem Bären und besiegt ihn.

Doch ist der Bärenkampf auch Ausdruck eines persönlichen Erlebnisses: Als kleines Kind mußte Martin mitansehen, wie seine Schwester von einem Bären zerfleischt wurde; so tötet er jetzt jeden Grizzly, der seinen Weg kreuzt.

Der Bärenkampf – architektonisch genau in der Mitte des

Romans – symbolisiert den Grenzpunkt der emanzipatorischen Entwicklung des jungen Helden. May baut diese überhöhte Position nun wieder ab. In der Upsaroka-Episode wird Martin, der sich zum Zweikampf mit dem riesigen Medizinmann vordrängt, von Old Shatterhand zurückgewiesen. Der Jugendliche muß lernen, seine Kraft und Stellung realistisch einzuschätzen und dem Erfahreneren den Vortritt lassen, wenn es die Situation erfordert. In einem zweiten Schritt wird die Siegerpose dann ganz zurückgenommen: Wie es dem ergeht, der den Weisungen des Berufeneren nicht folgt, erfährt Martin, als er sich vom Haupttrupp entfernt und in Gefangenschaft gerät. May zeigt nun Vater und Sohn in der gleichen Situation: beide sind Gefangene. Die endgültige Vernichtung des Widersachers überträgt May später dem Sohn: Der Pubertierende muß die Haßkomponente in seinem Verhältnis zum Vater überwinden.

Der Vater-Sohn-Thematik liegt wahrscheinlich nicht nur eine didaktische, sondern auch eine biographische Dimension zu Grunde, weil May selber fortwährend an der Bewältigung seines Vaterbildes arbeitete (W. Vinzenz: Feuer und Wasser. S-KMG 26/1980). Die Motive Feuer und Wasser scheinen in Mays Erzählungen an sein Vaterbild gebunden, weshalb das Yellowstone-Gebiet mit Schlammvulkanen, Geisern und Feuerlöchern besondere psychische Brisanz für May besaß: Organischer als in das Finale dieses Romans ist kaum eine Landschaft von May in die Handlung einbezogen worden.

Old Shatterhand und Winnetou werden auf der Höhe ihres Ruhmes mit all ihren Qualitäten vorgeführt. Winnetou ist hier zum ersten Mal ausschließlich Edelindianer, zum »Geist der Liebe, der Versöhnung und Erbarmung« (GK I, 554) bekehrt. Daneben fällt besonders die komische Figur des Hobble Frank, eines skurril-kauzigen Westmanns ins Auge, der immer wieder zur Erheiterung seiner Begleiter falsch zitiert (»Seid verschlungen Millionen«) oder durch ulkige Wortverdrehungen, die dem damaligen Gymnasiasten jedoch auflösbar waren, auffällt und zu Recht mit dem Halef der Orientromane verglichen wird (E. Heinemann: Einführung zum R: *Der Sohn des Bärenjägers / Der Geist der Llano Estakata*. Hamburg 1983. S. 5).

Der Geist des Llano Estakado

Von Febr.–Sept. 1888 erschien im 2. Jg. des GK *Der Geist der Llano Estakata.* Für die Buchausgabe (1890) wurde der falsch geschriebene Titel berichtigt *(Der Geist des Llano Estakado)* und der Text geringfügig gekürzt. Gravierend sind Änderungen, die von der Redaktion wegen fehlerhafter Illustrationen vorgenommen werden mußten: Die »Geier« Stewart und Burton mußten völlig unpassend als Indianer verkleidet auftreten. 1984 erschien der Originaltext der Buchfassung in Reclams Universal-Bibliothek (Bd. 8235).

Aus welcher Quelle May die spärlichen geographischen Angaben zum Llano, der großen nordamerikanischen Wüste, schöpfte, ist nicht bekannt. Die sphärischen Klangspiele, die der Wind im »Singenden Tal« erzeugt, hat er nach H. Reuleaux: »Das singende Thal bei Thonecken« (Koblenz 1880) gestaltet. Die Todessteppe des Llano hatte May zuvor bereits in *Ein Dichter, Deadly Dust* und im *Waldröschen* als Handlungsort gewählt. Zwischen dem *Waldröschen* und der *Geist*-Erzählung gibt es einige Parallelen, so ist Helmers Home in der Venta Pirneros und Bloody Fox im Schwarzen Gerard vorgezeichnet, auch tauchen gleiche Namen auf (Helmers, Cortejo).

Der Llano Estakado wird von einer Verbrecherbande, den »Geiern«, unsicher gemacht, welche die Pfähle, die als Wegmarkierung dienen, herausziehen und an falschen Stellen wieder einsetzen, um die Reisenden ins Verderben zu locken. Die Räuber brauchen den Reisenden »gar nicht zu töten. Sie warten einfach, bis er verschmachtet ist, und rauben dann seinen Leichnam aus« (150R). Bloody Fox, ein Jugendlicher, der einst schwerverwundet einen Geierüberfall überlebte, dem seine deutschen Eltern zum Opfer fielen, widmet sein Leben der Rache an den Mördern. Im ersten Abenteuer duelliert er sich mit einem der Llano-Verbrecher und tötet ihn auf charakteristische Weise durch einen wohlgezielten Schuß mitten in die Stirn.

Aus den verschiedensten Richtungen treffen im Llano Westmänner ein. Zu ihnen gehören neben Winnetou und Old Shatterhand unter anderem der freie Neger Bob, der durch seine radebrechende Redeweise auffällt, der sprechselige Autodidakt Hobble Frank, der die liebenswürdige Marotte hat, sich für umfassend gebildet zu halten, sowie die Duos der

Lange Davy, der Dicke Jemmy und die Snuffels. Zum Schluß kämpfen alle vereint gegen die Pfahlmänner, die eine Auswandererkarawane irreleiten und überfallen wollen. Bis zum entscheidenden Endkampf werden die Geier in Einzelaktionen vernichtet: durch den Komantschen Eisenherz, der den Tod seines Vaters rächt, und durch den in ein weißes Büffelfell gehüllten »Geist«. Im Finale siegen schließlich die verschiedenen Westmanngruppen unter Old Shatterhands und Winnetous Leitung. Doch wird das durch seinen bedingungslosen Einsatz für die Opfer der Wüste und der Verbrecher relativiert. Zudem stellt May letztlich klar: ein Einzelner kann die Probleme nicht alleine lösen, nur gemeinschaftliche Aktion der Guten führt zum Sieg.

Wie häufig bei May, benutzt der Hauptschurke eine religiöse Tarnung, um seine Verbrechen besser ausführen zu können: Tobias Preisegott Burton, angeblicher Mormonenpriester und Anführer der Geier, unter dem Namen Weller als Dieb gesucht und als Stealing-Fox wegen Raubes und Mordversuchs verfolgt, wird zuletzt von Bloody Fox als Mörder seiner Eltern erkannt. Zur langersehnten Rache kommt es jedoch nicht mehr; der Verbrecher bricht sich nach hitziger Verfolgungsjagd beim Sturz vom Pferd den Hals.

Der »Geist« kann nun sein Incognito lüften: Bloody Fox besitzt eine verborgene Oase mitten im Llano als Stützpunkt und von dort aus hat er seine Racheaktionen durchgeführt.

Obwohl der *Geist des Llano Estakado* keine Fortsetzung der *Bärenjäger*-Erzählung darstellt, gibt es zahlreiche Verbindungslinien zwischen den beiden Jugendromanen. Wie im *Sohn des Bärenjägers* findet sich hier ein jugendlicher Held, dem ein junger Indianer – hier Eisenherz – an die Seite gestellt wird. Bloody Fox und Martin verbindet auch der Racheschwur, der sich bei Martin gegen die Grizzlys, bei Fox gegen die Pfahlmänner richtet. Auch in diesem Roman spielt May, wie schon im *Sohn des Bärenjägers,* einen pubertären Traum durch: den Wunsch des Jugendlichen, den Erwachsenen zu zeigen, wie man Ordnung schafft in einer mißratenen Welt. Pädagogisch problematisch ist allerdings die Selbstjustiz des Bloody Fox, auch wenn sie durch die Verhältnisse im Wilden Westen bedingt und in seinem traurigen Waisenschicksal begründet ist.

Besondere Aufmerksamkeit verdient Mays Umgang mit dem Handlungsraum, der nicht wie sonst offen ist, sondern dem Aktionsradius des Bloody Fox entspricht. So nutzt May sämtliche Abenteuertopoi der Wüste: Verschmachten, Verirren, Irreleiten, Sandsturm und Luftspiegelungen, und er schildert variantenreich die Erscheinungsformen der Wüste vom Kulturland am Rande über die Grenzzone zwischen Ödland und Wüste, von tropischen Tälern, die in die Wüste ragen, ins glutheiße Innere zum paradiesischen Oasenleben.

Der Raum hat für May meist den symbolischen Wert eines Fluchtraumes. Die Handlung des Romans korrespondiert mit dieser Bedeutung. Zunächst beherrschen die Geier den Raum; Bloody Fox stört sie nur, stellt aber keine wirkliche Gefahr für sie dar. Die Westmänner agieren anfangs am Rande der Wüste, dann kreisen die verschiedenen Trupps die Verbrecher zunehmend ein, bis zum Schluß nur noch ein schmaler, gefährlicher Weg zwischen brennenden Kaktusfeldern für sie offen bleibt; ein Ausweg, der zur tödlichen Falle wird: »Die Raummanipulation durch die Verbrecher ist (...) von der erfolgreicheren Raummanipulation der Helden übertrumpft worden (...). Indem (...) die Handlung sich entschlossen auf die schon zuvor segensreiche Oase des Bloody Fox zubewegt, geht den Banditen buchstäblich die Luft zum Atmen aus« (H. Schmiedt: Helmers Home und zurück. Das Spiel mit den Räumen in Karl Mays Erzählung Der Geist des Llano Estakado. In: Jb-KMG 1982. S. 60–76. S. 66f.).

Erst vor wenigen Jahren begann sich die Forschung mit beiden Jugendromanen zu beschäftigen, denen pädagogische und konzeptionelle Solidität bescheinigt wurde (vgl. E. Heinemann: Einführung in den R-KMG, und Wollschläger, May, S. 70f.).

Bernhard Kosciuszko

2. *Der blau-rote Methusalem*

Der Erstdruck dieser Erzählung erfolgte im GK, 3. Jg., 1888/89, unter dem Titel *Kong-Kheou, Das Ehrenwort,* die erste Buchausgabe erschien 1892 in Stuttgart als *Der blau-rote Methusalem* (R 1975), dann als Bd. 40 der GWR und GWB. Wichtigste Änderungen sind in den Gesammelten Werken der eingefügte Untertitel *Eine lustige Studentenfahrt nach China,* die Anordnung in 18 statt 19 Kapiteln (durch Zusammenlegung der Kapitel 10 und 11) und die Schreibung von Frick Turnerstick statt Heimdall Turnerstick.

Die einzige bekannte Vorlage zum *Blau-roten Methusalem* ist Karl Mays eigene Erzählung *Der Kiang-Lu* (s. *Am Stillen Ocean*), aus der zumindest die Figur des Kapitäns Turnerstick übernommen worden ist und in der, wie übrigens auch im *Girl-Robber*, bereits auch die Piratenthematik eine bedeutende Rolle spielt. Aber auch das China-Bild beider Romane mit einem naiven Kolonialismus als ideologiegeschichtlichem Hintergrund ist praktisch identisch. Quellen sind bisher noch nicht namhaft gemacht worden: dies deutet darauf hin, daß Karl May seine Informationen über China eher durch Lektüre von Vulgarisationsliteratur und Presseberichten als durch das Studium ernsthafter landeskundlicher Werke erhalten hat. Die außerordentliche Fehlerhaftigkeit der chinesischen Stellen läßt außerdem den Schluß zu, daß sich May, der von dieser Sprache keine Ahnung hatte, auf äußerst obskure Quellen und Ratgeber verließ.

In einer idyllischen deutschen Universitätsstadt studiert seit ewigen Zeiten der wohlhabende Korpstudent Degenfeld, auf Grund seiner Nasenfarbe und seines relativ fortgeschrittenen Alters der »blau-rote Methusalem« genannt. Er wohnt zur Miete bei der armen Lehrerswitwe Stein, an deren begabtem Sohn Richard er großen Anteil nimmt. Eines Tages erhält Frau Stein aus dem fernen China einen Brief ihres verschollen geglaubten Schwagers: er sei in China als Erdölproduzent zu Wohlstand gelangt, rechne aber in absehbarer Zeit mit seinem Tode und bitte deshalb Richard, sofort in persona nach China zu kommen, um dort sein Erbe anzutreten. Nun tritt der blau-rote Methusalem in Aktion: Er finanziert nicht nur die Reise, sondern wird Richard auch begleiten, unterstützt von seinem skurrilen Leibdiener mit dem Spitznamen Gottfried von Bouillon. Vor der Abreise aber muß Degenfeld dem ihm befreundeten chinesischen Teehändler Ye-kin-li ehrenwörtlich versprechen, daß er dessen in China verschollene Familie ausfindig machen und einen vergrabenen Schatz heben und mitbringen soll (Ye-kin-li, in den Taiping-Aufstand verwikkelt, mußte nach dessen Scheitern in die Emigration gehen). Beider Aufgaben nimmt sich der Methusalem um so lieber an, als er nicht nur eine energische und abenteuerlustige Persönlichkeit ist, sondern auch ein ausgesprochenes Interesse für China entwickelt, ja sogar Chinesisch studiert hat. Das

Schiff, das die drei Deutschen nach Hongkong bringt, steht unter dem Kommando eines deutsch-amerikanischen Kapitäns namens Heimdall (in den späteren Fassungen: Frick) Turnerstick, einer sympathischen Groteskfigur, die sich nicht nur durch Umsicht und Mut, sondern auch, wie schon in einem früheren Werk Karl Mays (s. *Am Stillen Ocean*) durch die absurde Vorstellung auszeichnet, er könne Chinesisch sprechen, indem er deutschen Wörtern Endungen wie ang, ong, ung usw. anhänge. Erste Station der Reise ist Hongkong, wo die Gesellschaft die Bekanntschaft des ebenso verfressenen wie wehleidigen Holländers Mijnheer van Aardappelenbosch macht, der sich der nunmehr bereits auf fünf Köpfe angewachsenen Gesellschaft anschließt. Als erste Etappe der China-Reise schifft man sich auf einer Dschunke nach Kanton ein. Diese freilich entpuppt sich als Piratenschiff, deren Kommandeur und Besatzung die Europäer ermorden und ausrauben wollen, was natürlich an deren überlegener Intelligenz und Kampfkraft scheitert. Die gefangenen Piraten werden samt Dschunke nach Hongkong zurückgebracht, unter den drei aus ihrer Gewalt befreiten Opfern befindet sich Liang-ssi, einer der Söhne Ye-kin-lis, der die weiteren Schicksale der Gruppe teilen wird. Die beiden anderen sind hochgestellte Mandarine aus Kanton, die der Reisegesellschaft nicht nur zu einem angenehmen Aufenthalt in Kanton verhelfen, sondern sie auch durch Ausstellen von Pässen gegen die unausbleiblichen Schwierigkeiten ihrer Expedition wappnen. In den Kanton-Aufenthalt fallen noch die Aufdeckung eines Tempelraubs durch Degenfeld, sowie Auseinandersetzungen mit den chinesischen Behörden, nachdem Turnerstick und Aardappelenbosch unbedachterweise eine »Tempelschändung« begangen haben. Mit Hilfe seiner Pässe und natürlich seiner intellektuellen Überlegenheit und Kaltblütigkeit gelingt es Degenfeld, die beiden aus dem Gefängnis zu befreien, dessen Aufseher Jin-tsian sich übrigens als der zweite Sohn Ye-kin-lis entpuppt, so daß die Reisegruppe sich inzwischen auf sechs Köpfe vermehrt hat. Mit aktiver Unterstützung der zuständigen Behörden geht es nun zu Wasser und zu Lande ins Binnenland, d. h. in die Provinz Hunan, wobei die Reise trotz kleinerer Zwischenfälle (Überfall durch mohammedanische Aufständische) zu den erwarteten positiven Ergebnissen führt: Der reiche Erbonkel wird ebenso unfehlbar gefunden wie Ye-kin-lis vergrabener Schatz und auch die noch ausstehenden Mitglieder der Familie Ye-kin-lis, seine Frau und seine beiden Töchter, stellen sich ein, so daß der Methusalem die von ihm übernommenen Aufgaben als perfekt gelöst betrachten kann. Da überdies Aardappelenbosch bereit ist, dem reichen Onkel seine Erdölfirma abzukaufen und jener sich entgegen den Erwartungen als noch rüstig und kregel erweist, kann er mit seinem Neffen zurück nach Deutschland fahren, wo sie beide zusammen mit der Familie Ye-kin-lis, mit Turnerstick, vor allem aber mit dem blau-roten Methusalem und Diener an der Spitze in das Universitätsstädtchen einen triumphalen Einzug halten.

Der blau-rote Methusalem gehört zur Serie der »Jugenderzählungen«, in denen der mittlerweile schon berühmte Autor zwischen 1887 und 1894 einen ersten Höhepunkt erreicht. Sie erschienen allesamt zunächst in der Zeitschrift GK und gehören, wie *Der Schatz im Silbersee* und *Die Sklavenkarawane* auch heute noch zu den zu Recht meistgelesenen Werken des Autors. Wie die anderen dieser »Jugenderzählungen« zeichnet sich *Der blau-rote Methusalem* durch bestimmte Eigenschaften aus, die auch heute noch seine Attraktion ausmachen: das belehrende und religiöse Element in ihnen ist (im Gegensatz zu den meisten Reiseerzählungen) ohne jede Penetranz, krampfhafte poetische Experimente (z. B. schlechte Gedichte und aufgesetzte Symbolik) fehlen. Die geschickte und gepflegte Erzähltechnik läßt, wie so oft bei Karl May, vergessen, daß es sich um das Werk eines routinierten Vielschreibers handelt. Auch fehlen die autobiographischen Prätentionen. An die Stelle des pseudologischen Erzähler-Ichs, das noch die China-Erzählung vom *Kiang-Lu* (s. *Am Stillen Ocean*) beherrscht, tritt hier ein aus auktorialer Perspektive betrachteter Romanheld. Dieser tritt zwar in mancher Hinsicht in die Rolle des typischen Mayschen »Ichs« ein: er ist seiner Umwelt in körperlicher wie intellektueller Hinsicht absolut überlegen, verfügt insbesondere über fabulöse Sprachkenntnisse, so daß er mit Chinesen verwechselt werden kann, er ist mutig und energisch, nicht zuletzt auch wohlhabend. Auch in den gefährlichsten und kompliziertesten Situationen verliert er nicht seinen Durchblick und seine Kaltblütigkeit. Ferner ist er ein Ordnungsstifter à la Old Shatterhand, der nicht nur die Guten belohnt und die Bösen bestraft, sondern ganz allgemein die Geschicke der Menschen in die rechten Bahnen lenkt und die durch Schurkereien oder menschliche Schwäche gestörte sittliche Weltordnung von Fall zu Fall wiederherstellt. Aber er ist doch fehlbarer und damit menschlicher als die

»Ichs« der Reiseromane. So wird er z. B. als zwar stattlich, aber mit unschönen Gesichtszügen dargestellt (Säufernase), als zwar energisch, aber auch als ein seine Studien zu Gunsten eines alkoholgeschwängerten korpstudentischen Daseins vernachlässigender »verbummelter« Student. So dürfte er unter den zahlreichen Allmachtsheroen, die das Geschehen von Mays Erzählungen bestimmen, der einzige sein, der leicht skurrile Züge trägt. Wie überhaupt die Skurrilität auch anderer Romanfiguren (Gottfried, Turnerstick, Aardappelenbosch) nicht den geringsten Reiz des *Blau-roten Methusalems* ausmacht, ja, in ihrer kunstvollen Stereotypie zuweilen an Jarry oder Ionesco denken läßt. In diesem Zusammenhang ist auch der Hund des Titelhelden zu erwähnen. Ganz abgesehen von dem bemerkenswerten Faktum, daß die Zentralgestalt des allmächtigen Ordnungsstifters als Freund und Begleiter aus der Tierwelt kein edles Pferd hat, sondern einen Neufundländer, ist das Auftreten dieses Tieres, ganz im Unterschied zu den edlen Hengsten der »Ich«-Erzählungen, in erster Linie komisch, vor allem in der berühmten »Hunde-Exzellenz«-Szene des 15. Kapitels (Gesammelte Werke: 14. Kapitel), aber auch in den von May immer wieder mit großem Behagen beschriebenen Aufzügen der Reisegesellschaft, die jeweils der das Bierseidel im Maul tragende Hund eröffnet. Überhaupt liegt die Attraktion des Buches zu einem nicht geringen Teil darin begründet, daß hier die sonst bei May übliche Reihung von Abenteuern in weitaus stärkerem Maße als in den anderen Werken durch ständige komische Einschübe oder Dialoge unterbrochen wird, die trotz ihrer gelegentlichen Dürftigkeit und Abgeschmacktheit eine humoristische, fast schon ironische Grundhaltung des Erzählens konstituieren. Nicht verschwiegen werden darf, daß Komik und Ironie teilweise auf Kosten eines Grundthemas des Buches gehen, nämlich Chinas und der Chinesen. Wenn (wie der später hinzugefügte Untertitel *Eine lustige Studentenfahrt nach China* anklingen läßt) eine solche China-Expedition trotz ihrer Schwierigkeiten und Gefahren gleichzeitig eine Art von Studentenulk darstellt (nicht umsonst sind Degenfeld und Richard stets in voller korpstudentischer Montur gekleidet), dann deswegen, weil der Methusalem (und durch ihn der Autor May) dem Reich der Mitte und seinen Bewohnern gegenüber eine Haltung reaktionärster Herablassung einnehmen. Zwar werden die Leser im *Blau-roten Methusalem* über manche Aspekte Chinas detailliert informiert, und dies nicht immer verkehrt. Auch wird mit der Erwähnung des Taiping-Aufstandes, dessen Scheitern Ye-kin-lie zur Emigration veranlaßte, wenigstens ein andeutungsweise historischer Hintergrund gezeichnet. Aber gleichwohl bleibt festzuhalten, daß China und chinesische Verhältnisse nicht ernst genommen werden. Die Chinesen werden entweder im Kollektiv als schmutzige und übelriechende Eingeborenenmasse dargestellt oder individuell in den Charaktermasken des grausamen Kriminellen, des verschlagenen Betrügers, des feigen Soldaten und des korrupten Beamten. Lediglich die Angehörigen der Familie des Ye-kin-lie machen hier eine Ausnahme. Natürlich greift May auch die im damaligen Europa über China umlaufenden Mythen auf wie etwa die von der Vergreistheit Chinas: China eine Kulturnation zwar, die aber in jeder Hinsicht am Ende ist, ein Land zweiter oder dritter Kategorie, degeneriert und heruntergekommen, dabei für junge biertrinkende deutsche Korpstudenten in seiner so unvorteilhaft von deutschen Lebensformen abstechenden Eigenschaften und Gewohnheiten von nicht geringer Komik. Wie der *Kiang-Lu*, so zeigt auch *Der blau-rote Methusalem* kolonialistische Überheblichkeit in hoher Perfektion. Erst in *Et in terra pax* (bzw. *Und Friede auf Erden*) wird Karl May diesem befremdlichen China-Bild abschwören.

Zur Erzählstruktur ist anzumerken, daß sie sich an das bei May übliche Schema der Reihung mehr oder weniger abenteuerlicher (und hier eben auch komischer) Episoden hält. Auffallend ist das Prinzip des Autors, von Station zu Station seine Reisegesellschaft immer wieder um eine neue Figur zu vermehren, gewissermaßen also eine Umkehrung des Prinzips der zehn kleinen Negerlein. Ferner ist zu vermerken, daß der *Blau-rote Methusalem,* anders als die berühmten Reiseerzählungen (und ähnlich wie die meisten der Jugenderzählungen) nicht nur ein Happy-End aufweist, sondern »geschlossen« endet, d. h. alle Probleme sind derartig definitiv gelöst, alle Personen in einen derartig stabilen Zustand überführt, daß eine Weiterführung der Handlung, etwa im Sinne einer Fortsetzung, nicht möglich erscheint.

Der blau-rote Methusalem hat stets zu den beliebtesten Werken des Autors gehört, und zählt, obwohl als »Jugenderzählung« konzipiert, durchaus zu denjenigen Karl-May-Büchern der »klassischen« Periode, in denen auch Erwachsene das Lesevergnügen ihrer Kindheit und Jugend wiederfinden, selbst wenn sie über den ideologischen Hintergrund des Buches in Verzweiflung geraten. Gleichwohl ist die Erählung bisher ein Stiefkind der Karl-May-Forschung geblieben, da sie einerseits nicht in den Umkreis der von der Kritik bevorzugten Kara-Ben-Nemsi- und Old-Shatterhand-Thematik gehört, andererseits für die neuere, von Symbolforschung und Tiefenpsychologie beherrschte Forschung zu unbeschwert ist.

Erwin Koppen

3. Die Sklavenkarawane

Die Erzählung entstand zwischen Dezember 1888 und Juli 1889 und wurde erstmals im 4. Jg. des GK (H. 1–52, Okt. 1889 bis Sept. 1890) zunächst im Verlag Spemann (Berlin u. Stuttgart), ab Nr. 18 bei »Union Deutsche Verlagsgesellschaft« (Stuttgart) abgedruckt. Die erste Buchausgabe erschien 1893 (großformatig u. illustriert). Vier weitere Auflagen – 1898, 1901, 1905, 1908 – folgten (R der Zeitschriften-Ausgabe KMG 1984; R der ersten Buchausgabe Bamberg u. Braunschweig 1975). Der KMV Radebeul übernahm das Werk 1915 als Bd. 41 der GW unter dem Titel *Die Sklavenkarawane, Erzählung aus dem Sudan*. Bei Übernahme des Zeitschriften-Textes in die Union-Buchform wurde nur die Kapiteleinteilung geändert. Die KMV-Ausgabe (Bearbeiter: E. A. Schmid) zeigt außer der Modernisierung der Orthographie Kürzungen und sparsame Textänderungen: Beseitigung von Flüchtigkeitsfehlern des Autors, Ersetzung von Fremdwörtern, Tilgung einiger Widersprüche zum sonst so humanen Verhalten der Haupthelden (vgl. grundsätzlich die ausführliche Interpretation von H. Stolte: Ein Literaturpädagoge. 4 Teile: Jb-KMG 1972–1976 und E. Heinemann: Ein Plädoyer für die versklavte Menschheit, in: R der KMG 1984. S. 3–11).

Anlaß für May, sich dem Stoff der *Sklavenkarawane* zuzuwenden, war ein Vorschlag Spemanns für den Jg. 1889/90 des GK: »Wollen Sie nicht den Schauplatz der nächsten Erzählung nach Afrika verlegen?, es wäre vielleicht in Folge der dort in Aussicht stehenden Kämpfe und der ganzen afrikanischen Bewegung angezeigt...« (Heinemann, S. 3). In der Tat waren die Kämpfe um Ausrottung des Sklavenhandels im südlichen Ägypten und im Sudan ein in Europa allgemein diskutiertes Thema. Auch der Gouverneur der ägyptischen Äquatorialprovinzen, Dr. Emin Pascha, ein Deutscher, der eigentlich Eduard Schnitzer hieß (1840–1892), war in Deutschland überaus populär. Ebenso erregte die Aufstandsbewegung der Anhänger des sogen. »Mahdi« allgemeines Interesse. Wie gut sich May über Geographie und Ethnograpahie des Schauplatzes der *Sklavenkarawane* unterrichtete, bezeugt der Bestand seiner Bibliothek (vgl. B. Kosciusko: »In meiner Heimat gibt es Bücher«. Die Quellen der Sudanromane Karl Mays. Jb-KMG 1981. S. 64–87). Mays Hauptquelle war E. Marno: Reisen im Gebiete des blauen und weißen Nil, im egyptischen Sudan und den angrenzenden Negerländern in den Jahren 1869 bis 1873, Wien 1874. Ferner R. Buchta: Der Sudan und der Mahdi, 1884; Th. v. Heuglin: Reise in Nordost-Afrika, 1977; M. Müller: In ägyptischen Diensten, 1888; Ph. Paulitschke: Die Sudanländer nach dem gegenwärtigen Stande der Kenntnis, 1885.

Den Hauptstrang der kunstvoll-kompliziert verschlungenen Handlung bilden die Erlebnisse und Taten zweier deutscher Gelehrter, der Brüder Emil und Joseph Schwarz, die zur naturwissenschaftlichen und ethnographischen Erforschung Ostafrika bereisen. Beider Expeditionen reisen getrennt, wollen aber an einem verabredeten Punkt im Süd-Sudan, im Lande der »Niam-Niam«, zusammentreffen. Während Joseph S. in Begleitung des Ornithologen Pfotenhauer von Sansibar ins Innere Afrikas nilaufwärts nach Süden vordringt, geht Emil S. von Kairo aus und erforscht zunächst die Wüstengebiete von Kordofan und Darfur westlich des Nils.

Die ersten fünf Kapitel erzählen zunächst von den Abenteuern Emils. Sie setzen mitten in einer spannenden Episode ein, indem dieser, den seine arabischen Begleiter »Vater der vier Augen« nennen, weil er Brillenträger ist, aus scharfsinnig gedeuteten Anzeichen zur Gewißheit kommt, daß der Führer der von ihm gemieteten Kamelkarawane beabsichtigt, ihn zu ermorden und auszurauben. Man lauert schon auf den günstigsten Augenblick für diesen Raubmord, doch der scheinbar weltfremde Gelehrte ist klüger, mutiger und stärker als sie alle. Nach vielerlei Gefahren, darunter eine Löwenjagd, bei der er seinen Mut besonders beweist, und durch das Zusammentreffen mit einer Handelskarawane, kommt es anders, als die Banditen gehofft hatten: beim Eintreffen am Nil in Faschoda kann Emil Schwarz sie gefesselt dem strengen Gericht des dort residierenden Mudirs, des »Vaters der Fünfhundert«, ausliefern. In Faschoda empfängt er auch die briefliche Nachricht, daß sein Bruder bereits am verabredeten Treffpunkt angelangt ist und ungeduldig auf ihn wartet.

Hier wechselt der Erzähler den Schauplatz (6. Kp.) und setzt zu einer unabhängig verlaufenden Parallelhandlung an. In einer Seribah (befestigtes Lager) arabischer Sklavenräuber bereitet Abd el Mot (Diener des Todes) den Aufbruch zu einer Ghasuah (Zug um Sklaven zu rauben) vor. Dabei erfahren Lobo und Tolo, zwei der schon gefangenen Schwarzen, daß das Ziel des Raubzuges ihr Heimatdorf Ombula ist. Es gelingt ihnen zu entfliehen, aber die Sklavenjäger verfolgen sie, und nur dadurch werden sie gerettet, daß sie von einem Boot, das zufällig auf dem Nil vorbeifährt, aufgenommen werden. Es ist das Boot, in dem Joseph Schwarz und Pfotenhauer, aus Sorge um den zu lange ausgebliebenen Emil, nach Norden fahren, um ihn zu suchen. Joseph, nachdem er durch Lobo und Tolo von dem Plan Abd el Mots Kenntnis erhalten hat, beschließt, persönlich einzugreifen, um das Dorf Ombula vor der Vernichtung zu retten. Er verläßt das Boot, das nun nur mit Pfotenhauer weiterfährt. In Begleitung eines arabischen Elefantenjägers reitet er auf der Fährte der Sklavenjäger nach Süden. Beide geraten aber selbst in Gefangenschaft Abd el Mots und werden hilflose Zeugen des mörderischen nächtlichen Überfalls auf das Negerdorf. Mit der eindrucksvollen Schilderung dieser infernalischen Greuel (10. Kp.) erreicht die Erzählung einen ersten Höhepunkt. Emil und seine Begleiter werden mit den erbeuteten Schwarzen zusammen in quälenden Fesseln fortgeführt: ein vielhundertköpfiger Elendszug, die »Sklavenkarawane«.

Inzwischen hat jedoch Emil Schwarz von Faschoda aus seine Reise nach Süden fortgesetzt, aber nun in einem großen Nilschiff, das ihm die ägyptische Behörde zur Verfügung gestellt hat, und mit 150 ägyptischen Soldaten des Vizekönigs. So ausgestattet soll er, im Kampf um die Ausrottung der Sklaverei, vor allem den gefährlichsten Führer der arabischen Sklavenjäger, Abu el Mot (Vater des Todes) und seinen Komplizen Abd el Mot, die schon lange Ziel der behördlichen Fahndungen sind, besiegen und gefangen nehmen. Die Erzählung greift nun ins Große: die Ereignisse erweitern sich zu militärisch-strategischem Zuschnitt. Sie bezeugen die besondere epische Begabung des Erzählers May, seine gewissermaßen »homerische Ader«, nämlich riesige Massen von Personen auf einem exakt gezeichneten exotischen Schauplatz zu bewegen, operativ ganze Fronten als eine Art Schlachtenlenker zu dirigieren, ohne dabei alle einzelnen Helden der internen Gruppe aus den Augen zu verlieren. Auch Pfotenhauer ist inzwischen mit seiner kleinen Neger-Besatzung am Nil mit Emil zusammengetroffen und hat die Gewißheit mitgebracht, daß Bruder Joseph dem Abd el Mot in die Hände gefallen sein muß. Hier vereinigen sich die beiden zunächst getrennt laufenden Parallelhandlungen zu einer einzigen. Jetzt gilt es für Emil und Pfotenhauer, nicht nur Abd el Mot und seine Banditen zu bekämpfen und die Negersklaven zu befreien, sondern zugleich Joseph und dessen Begleiter zu retten. Am Ende gelingt es, die Sklavenkarawane in eine Falle zu locken, alle Gefangenen zu befreien und die Anführer Abu und Abd el Mot der Bestrafung zu übergeben. Die anderen Menschenräuber werden von den befreiten Gefangenen selber umgebracht.

Ein Blick auf die Gliederung der epischen Fabel zeigt, wie sorgfältig der Autor seine Erzählung konzipiert hat. Im 10. Kapitel findet sich der erste Höhepunkt in dem furchtbaren Massaker, mit dem die Sklavenräuber das Dorf Ombula niederbrennen und ausmorden; im 20. und letzten Kapitel das motivische Gegenstück dazu in dem nicht weniger grausamen Rachemord der Befreiten an ihren Peinigern. Und weder Joseph im ersten Fall, noch Emil im zweiten gelingt es, trotz besten Willens, das grauenhafte Geschehen zu verhindern.

Wie in allen anderen für den GK, eine speziell für Knaben bestimmte Zeitschrift, geschriebenen Erzählungen hat May mit Sorgfalt den Forderungen, die nach Stoff und Gehalt an Jugendschriften gestellt werden, zu entsprechen gesucht. Daß die eigentliche Handlung abenteuerlich und spannend sein muß, um junge Leser zu fesseln, hat der Autor vollauf berücksichtigt. Auffallend ist, daß ebenso wie in allen anderen GK-Erzählungen kein Ich-Erzähler erscheint (hier hätte es Kara Ben Nemsi sein müssen). Der Grund für dieses Fehlen, das Jugendliche manchmal bedauern, ist die entschiedene didaktische Absicht, die May hegte. Indem er zwei Professoren (einen sogar mit Brille!) vor allem kraft ihrer Intelligenz und wissenschaftlichen Belesenheit zu Haupthelden und Vorbild-Figuren werden läßt, wird unmerklich, sozusagen mit

»pädagogischer List«, dem jugendlichen Leser das »non scholae sed vitae discimus« zur Leseerfahrung gebracht. Gelegenheit, sich mit dem Erzählten zu identifizieren, bietet ihm May in einem exotischen Knabenpaar: dem »Sohn des Geheimnisses« (einem Araberjungen) und dem »Sohn der Treue« (einem Negerknaben). In ihnen können sich die Leser mit eigenen Sehnsüchten und Idealen gleichsam spiegeln. Und daß es Afrikaner und keine Europäer sind, gehört ebenfalls zu dieser pädagogischen List, die hierin wie überall in der *Sklavenkarawane,* Solidarität mit fremdartigen Menschen und Kulturen nahezubringen sucht. Im Gegensatz dazu wird bei jeder sich bietenden Gelegenheit kolonialer Imperialismus getadelt, statt dessen Erforschung der Geologie, Flora und Fauna jener Gebiete zwecks Förderung der dort heimischen Verhältnisse (nach dem Muster Emin Paschas) als erstrebenswertes Ziel verherrlicht. Abschaffung der Sklaverei gilt als selbstverständliche Pflicht einer gesitteten Menschheit. Die menschlichen Qualitäten der Naturvölker werden betont und am Exempel des Negerpaares Lobo und Tolo veranschaulicht, deren Verhalten wahres und als Praxis gelebtes christliches Ethos bezeugt. Im Gegensatz dazu erlebt man den Mißbrauch religiösen Kults durch die Sklavenräuber, die nicht auf mörderische Menschenjagd ausziehen, ohne vorher Allahs Segen zu erflehen. Ebenso trifft das Verdikt des Erzählers die Weißen, die unter dem Vorwand christlicher Mission ihre Machtpositionen ausbeuten. Mit dem liebenswerten und langnasigen Pfotenhauer wird ein Ornithologe und Pazifist ins Spiel gebracht, der auch in der Schlacht nie auf die Köpfe, sondern nur auf die eigenartigen Hochfrisuren seiner schwarzen Gegner zielt. Andererseits erspart der Erzähler den Lesern nicht die Greuel in allen Details, die Menschen an Menschen begehen, und rückt ihnen so ein sehr realistisches Abbild zeitgenössischer Probleme vor Augen. Auffallend ist, in Anbetracht der in Deutschland damals aufkommenden Kolonialbegeisterung, das Fehlen jeglicher Nationalimpulse dieser Art. Diesen didaktisch geformten ethisch-humanitären Gehalt hat May jedoch ohne Predigtton und ohne erhobenen pädagogischen Zeigefinger in anschaulich-eindrucksvollen Episoden bruchlos der spannenden Handlung integriert. Gleiches gilt auch von der Fülle an erdkundlichem, völkerkundlichem, botanischem und zoologischem Lehrstoff, den zu vermitteln der Autor sich (seinen Quellen gemäß) zur Aufgabe gemacht hatte. Auch diese Informationen fügen sich nahtlos als wichtige Motivdetails in die eigentliche Fabel ein, wobei besonders die Vogelwelt leitmotivisch wiederkehrt. Die Frage der immer wieder begonnenen Standard-Anekdote »Warum die Vögel Federn haben« wird im Rahmen der Abenteuergeschichte nie beantwortet, weil immer wieder – wie so häufig bei May – etwas dazwischen kommt. Sie führt als historia interrupta über den Rahmen der Fabel hinaus. Wie es sich bei May von selbst versteht, fehlt es bei allem Düsteren und Ernsten auch nicht an Gegengewicht des Grotesk-Komischen. Hierfür sorgt sehr ausführlich das clownhafte Freundespaar, der »Vater des Gelächters« und der »Vater der elf Haare«, die beide an Halef erinnern. In diesem Zusammenhang sei überhaupt auf die für May typische Vorliebe für personelle Doppelungen hingewiesen, die auch in dieser Erzählung ins Auge fällt: Joseph und Emil Schwarz, Abu und Abd el Mot, Lobo und Tolo, Sohn des Geheimnisses und Sohn der Treue. Wenn der junge Leser aber am Schluß des Buches wieder nach Deutschland versetzt wird und dort die Professoren und die beiden lustigen Figuren alle in einem gutbürgerlichen Hause friedlich bei ihrer zivilen Beschäftigung findet, so verbirgt sich dahinter durchaus die Absicht des »Literaturpädagogen« May: sein Leser soll aus der Phantasiewelt des Abenteuers zurückfinden zu seinem bürgerlichen Alltag der Arbeiten und Pflichten.

Karl May selbst hat in Verteidigung gegen Kritik, die ihn seiner Kolportageromane wegen als »Verderber der Jugend« denunzierte, mit Recht geltend gemacht, daß gerade seine speziell für die Jugend geschriebenen Erzählungen niemals angegriffen worden seien. In der Tat gilt auch für die *Sklavenkarawane,* was H. Wollschläger (S. 70) zu den GK-Erzählungen geäußert hat: es komme ihnen das Maß klassischer Leistung zu und sie gehörten »zu den Guten Büchern, die Kindern in die Hand zu geben wären«.

Heinz Stolte

4. *Der Schatz im Silbersee*

Die fünfte der insgesamt acht Jugenderzählungen, die May für den GK von 1887 bis 1896 schrieb, erschien im 5. Jg. (1890–91) Nr. 1–52. Buchausgaben: Ab 1894 Union Deutsche Verlagsgesellschaft, Stuttgart u. a.; bis zum Tode Mays erfolgten sieben Auflagen von je 3000 Exemplaren; ab 1914 in GWR und GWB als Band 36. Die Abweichungen zwischen Zeitschriften- und Union-Buchausgabe sind insgesamt geringfügig und betreffen in erster Linie die Einteilung der Kapitel, deren Zahl für das Buch – von May oder dem Lektorat – von acht auf 16 verdoppelt wurde. Im ersten Kapitel greift May bei dem Panther-Abenteuer auf ein ähnliches Motiv aus seiner frühesten Indianererzählung *Inn-nu-woh* (1875), spätere Fassung *Winnetou. Eine Reiseerinnerung* (1878), zurück. Die Ausgabe GWR/GWB 36 ist um ca. 130 Seiten gekürzt. Seit 1973 liegt ein R der Erstausgabe vor (KMV/Graff); auch andere Verlage (Jugendbuch-Verlag Ingolstadt 1973, Heyne TB 2910, München 1977, Pawlak Herrsching 1977) haben das Buch wieder im Originaltext herausgegeben.

Auch in dieser Erzählung hat May zeitgenössische Quellen verwendet, dem Anschein nach auch Robert von Schlagintweits Werke über den Bau der nordamerikanischen Eisenbahnlinien. Heute auf Landkarten nicht mehr auffindbare Orte wie Sheridan und Eagle Tail, die in der Erzählung eine wichtige Rolle spielen, hat es wirklich gegeben (vgl. H. Miller u. a.: Kansas – A Pictorial History. Topeka 1961). Fraglich ist, ob May sich von dem Silbersee, der südöstlich von Salt Lake City im Wasatchgebirge liegt, hat anregen lassen; »sein« Silbersee ist nach der vom KMV herausgegebenen Landkarte noch östlich vom Green River zu suchen.

Die Erzählung, die in den 70er Jahren des vorigen Jahrhunderts spielt, führt durch das Gebiet des mittleren Westens der Vereinigten Staaten: vom Arkansas in nordwestlicher Richtung bis hinauf in die Rocky Mountains von Colorado und Utah, wo in einer gigantischen Bergwelt das Ziel, der sagenumwobene Silbersee, liegt. Die Reise, 2000 km, von den handelnden Personen meist im Sattel zurückgelegt, bietet fast das gesamte Repertoire amerikanischer Landschaft und zeitgenössischer Staffage auf. Der Weg verläuft in der für May typischen »räumliche(n) Aufwärtsbewegung« (V. Klotz: Durch die Wüste und so weiter. In: Karl May. Hrsg. von H. Schmiedt. F. a. M. 1983. S. 75–100. S. 78.) von der Niederung zum Hochland.

Auf dem »Dogfish«, einem Raddampfer, fährt eine Gruppe von Tramps den Arkansas hinauf. Ihr Anführer ist der »rote Cornel«, der unter dem Namen Brinkley zahlreiche Verbrechen verübt hat. So hat er einen Mann namens Engel ermordet und ihm den Lageplan eines Schatzes abgenommen, der im Silbersee liegen soll. Dorthin will er jetzt. Unter den Reisenden befinden sich der hünenhafte Westmann Old Firehand (ein Deutscher mit Namen Winter) und die Tonkawa-Indianer der »große« und der »kleine Bär«. Auch Old Firehand will an das »große Felsenwasser droben im Gebirge, welches man den Silbersee nennt« (103R); in seiner Nähe werden ergiebige Silberminen vermutet. An Bord gibt es gleich zu Anfang einen dramatischen Zwischenfall. Der von einem Schausteller mitgeführte schwarze Panther, ein gefährliches Tier, bricht aus dem Käfig aus. Der »kleine Bär« rettet die 13jährige Tochter eines Mitreisenden, des Ingenieurs Butler, vor dem zum Sprung ansetzenden Panther, indem er mit dem Mädchen über Bord springt und unter dem Dampfer hindurchtaucht. Das Tier, das seine Beute aus den Augen verloren hat, schwimmt auf ein vom Ufer herannahendes Floß zu, auf dem sich der Westmann Droll und Fred Engel, ein Knabe, befinden. Droll tötet den Panther durch einen Meisterschuß und steigt mit seinem Begleiter an Bord. Merkwürdig an ihm ist seine frauenhafte Kleidung, er selbst nennt sich auch Tante; sein eigentlicher Name ist nicht Droll (diesen hat man ihm wegen seines drolligen Aussehens beigelegt), sondern Pampel. Als Privatpolizist ist er einem Mörder auf der Spur: jenem Brinkley, der, um sein Aussehen zu verändern, sich die Haare rot gefärbt hat. Fred Engel, der Droll begleitet, ist der Sohn des Ermordeten.

Vor Fort Gibson verlassen die Tramps den Dampfer. Die Tonkawas setzen sich auf ihre Spur, gefolgt von Old Firehand und Tante Droll. Der Anführer der Rafters, mit denen die Tramps in den Wäldern zusammenstoßen, erkennt in dem Cornel den Mörder seiner Familie. Beinahe wird auch er noch von ihm erschlagen. Old Firehand rettet ihn und nimmt den Cornel gefangen. Dieser kann jedoch entfliehen und verbündet sich mit einer größeren Gruppe von Tramps, um eine Farm zu überfallen. Old Firehand schart einige der Rafters um sich und nimmt die Verfolgung auf. Drei Westmänner stoßen unterwegs zu ihnen: Lord Castlepool, Gunstick Uncle und Humply Bill. Die Schar findet Unterstützung in den Osage-Indianern, die mit den Tramps noch eine Rechnung zu begleichen haben. Mit ihrer Hilfe wehrt Old Firehand den Überfall auf Butlers Farm ab; der Cornel entkommt abermals. Sein nächstes Ziel ist Sheridan, eine Station der Kansas-Eisenbahn.

Old Firehand trifft noch rechtzeitig ein, um den Ingenieur vor den Tramps, die es auf einen Geldtransport abgesehen haben, zu warnen. Wenig später erscheint auch Winnetou, der zum Silbersee unterwegs ist, wo er sich mit Old Shatterhand verabredet hat. Die Tramps lockt man in eine Falle; zwar kann der rote Cornel auch diesmal entkommen, aber in den Bergen fällt er den Utah-Indianern in die Hände, die ihn töten.

Auch Old Shatterhand und seine Gefährten – Hobble-Frank, der lange Davy und der dicke Jemmy – geraten in die Gefangenschaft der Utahs und müssen um ihr Leben kämpfen. Obwohl sie die Zweikämpfe mit ausgesuchten indianischen Gegnern bestehen, sind sie ihres Lebens nicht sicher. Es gelingt ihnen zu fliehen und sich mit Old Firehands Trupp zu vereinigen. Mit Old Firehand ziehen auch noch der Bergingenieur Butler und seine Tochter Ellen. Gemeinsam wird der Silbersee erreicht – nach Überwindung vielerlei Abenteuer und neuer Kämpfe mit den wortbrüchigen Utahs. In die Kämpfe mit den Utahs greifen nunmehr auch befreundete Timbabatschen und Navajos ein.

Eine reiche indianische Nation vergrub einst ihre heiligen Kostbarkeiten auf dem Grunde eines Talkessels, den sie dann überfluten ließ. So entstand der Silbersee. Aber noch besteht ein geheimer Gang auf dem Grunde des Sees. Als die Utahs in diesen eingedrungen sind, läßt der Tonkawa-Häuptling den Gang durch niederstürzende Felsmassen zerstören und unter Wasser setzen; alle Eindringlinge ertrinken. Der See bewahrt dadurch sein Geheimnis. Old Firehand erhält indessen die Erlaubnis, die in der Nähe befindlichen Silberminen auszubeuten.

Mays für den GK konzipierte Jugenderzählungen bilden eine Untergruppe der Reiseerzählungen. Von diesen unterscheiden sie sich jedoch ganz wesentlich dadurch, daß hier der Ich-Erzähler fehlt und stattdessen in der dritten Person erzählt wird. Es fällt auf, daß Old Shatterhand, das Ich der Reiseerzählungen, hier hinter Old Firehand deutlich zurücktritt. Auch Winnetou erstrahlt nicht im gewohnten Glanze. May legt in dieser Erzählung das Gewicht weniger auf Einzelhelden, sondern mehr auf die vier agierenden Gruppen, die er paarweise nach »gut« und »böse«, seinem bewährten Rezept, trennt. Die Firehand- und Shatterhand-Gruppe vertreten das Gute, die Tramps und Utahs das Böse – wobei die »Bösen«

nicht nur gegen die »Guten« kämpfen, sondern sich auch untereinander bekriegen. Wie nun diese vier Gruppen durch ihre wechselseitigen Beziehungen und durch das Schatzmotiv miteinander verknüpft sind, ist erzähltechnisch geschickt gemacht.

Seine beliebtesten Westmann-Typen läßt May aufmarschieren, darunter die wunderliche Tante Droll, hinter der sich ein hochkarätiger Präriejäger verbirgt, der die Angewohnheit hat, in Frauenkleidung aufzutreten. Er stattet diesen Droll teilweise mit eigenen Zügen aus: Droll ist Sachse wie er, klein von Gestalt, stammt aus »kinder- und kummerreichem Hause«, sein Vater versuchte sich in verschiedenen Berufen, sogar als Bürgergardenfeldwebel – wie Mays Vater. Und: Droll ist »ein Kerl, der nicht gern von seinen früheren Verhältnissen spricht« (258 R) – wie May. Kauzige Typen, die niemals fehlen dürfen, sind auch der stets in Versen redende Gunstick Uncle und sein Partner Humply Bill, die neben dem sächselnden Kauz Hobble-Frank allerdings ziemlich blaß wirken. Diese bei der Jugend außerordentlich beliebten komischen Helden erfüllen eine wohldurchdachte pädagogische Aufgabe: Sie sollen zur Toleranz erziehen (vgl. W. Ohlig: Bucklige, Lahme und andere Behinderte bei Karl May. M-KMG 35. S. 23–32). Eine tragische Rolle hat May dem braven, gutgläubigen Haller, einem Deutschen zugedacht, den der durchtriebene Yankee Hartley kaltblütig opfert, um seine eigene Haut zu retten.

Auch in dieser Jugenderzählung wird das Ensemble um jugendliche Darsteller ergänzt, die seinen jungen Lesern die Möglichkeit der Identifizierung bieten (der »kleine Bär«, Ellen Butler, Fred Engel).

Stoff zu biographischer Deutung liefern möglicherweise neben Tante Droll auch die Rafters und ihr Anführer, der Missouri-Blenter, der aus Erbitterung und dem Verlangen nach Rache unter die Gesetzlosen geraten ist, durch Old Firehand, dem Vertreter der guten Sache, jetzt aber auf den rechten Weg gebracht wird. May unterscheidet zwischen Rafters und Tramps, obwohl beide Gruppen sich in Wirklichkeit nichts nehmen; die Rafters verkörpern bei ihm die Besserungswürdigen, die Tramps dagegen das Böse.

Mays Abneigung gegen hochnäsige Offiziere – und überhaupt gegen das Militär – zeigt sich in der Begegnung der Helden mit einer Kavalleriepatrouille. Der Erzähler fügt hinzu, »daß Old Shatterhand kein Feind der Roten ist und es lebhaft bedauert, daß eine reichbegabte Nation zu Grunde gehen muß, weil man ihr keine Zeit läßt, sich nach den Gesetzen menschlicher Kultur natürlich zu entwickeln, sondern von ihr verlangt, sich nur so im Handumdrehen aus einem Jägervolke in eine moderne Staatsgemeinschaft zu verwandeln« (292R). Selten sind bei May die Indianer von Grund auf böse; selbst für das Verhalten des schurkischen Häuptlings »großer Wolf« findet er eine Erklärung in dem Unrecht, das Weiße den Indianern antun.

Auffällig ist die Schilderung grausamer Szenen. Sogar Winnetou läßt sich im Zorn einmal zu einer unbedachten Tat hinreißen (vgl. H. Schmiedt: Rationalität und Gewalt. M-KMG 56. S. 16–18). Die Tramps Knox und Hilton werden durch die Utahs hingemetzelt, ohne daß der anwesende Old Shatterhand alle Anstrengungen unternimmt, sie zu retten. Wie auch die Helden Firehand, Shatterhand und Winnetou es nicht verhindern, daß 100 Menschen im Gang unter dem See umkommen – ja Winnetou selbst es ist, der als blindes Werkzeug des »großen Bären« den Verderben bringenden Felsblock in den See rollt. Daß solche Züge mehr an Bedeutung gewinnen als sonst, läßt sich äußerlich wohl mit Mays Absicht erklären, einen aktionsreichen Roman liefern zu wollen; bedeutender scheinen hier aber Mays Beziehungen zur Welt des Märchens zu wirken. Im Märchen werden oft grausame Handlungen schonungslos beschrieben, und »Typen und Handlungsnormen« der GK-Erzählungen sind dem Märchen verwandt (vgl. H. Wollschläger: May, S. 71). F. Prüfer vergleicht (KMJb 1924, S. 228–252) den Wettlauf zwischen Hobble-Frank und dem Indianer »springender Hirsch« mit dem Märchen vom Hasen und Igel und vom kleinen Muck. Alle drei Wettläufe haben gemeinsam, daß der körperlich Kleine mit dem körperlich Großen kämpft und der Kleine den Sieg davonträgt, wobei – nach Meinung Prüfers – »die höheren sittlichen Werte dem von Karl May gestalteten Silbersee-Wettlauf zukommen« (S. 246).

Um vergrabene Schätze, um Nuggets, um Gold- und Silberminen geht es oft schon in den Titeln von Mays Erzählungen. (Über »Schätze« bei May vgl. W. Vinzenz: Feuer und Wasser. S-KMG 26. S. 11f.) Doch ruht auf solchen Funden selten Segen: Die von Habgier erfüllten Menschen erreichen entweder nicht ihr Ziel oder kommen im Angesicht des blinkenden Metalls um. Meist tritt im entscheidenden Augenblick ein Ereignis ein, von Naturgewalten oder Menschenhand herbeigeführt, das den Schatz für alle Zeiten in unerreichbare Ferne entrückt. So endet auch die vorliegende Erzählung. »Die Schätze sind für die Menschen verloren; kein Sterblicher wird sie nun zu heben vermögen...« (515R). Mays Devise: Nicht nach leichterworbenen Schätzen soll der Mensch trachten, sondern durch Arbeit zu Glück und Wohlstand gelangen (vgl. K. May: *Schätze und Schatzgräber*. In: »Schacht und Hütte«. 1875. Nr. 1, S. 5).

Von der zum Teil heftigen Kritik, die um die Jahrhundertwende entbrannte und May als »Verderber der Jugend« hinstellte, sind gerade seine Jugendschriften weitgehend verschont geblieben. Hermann Hesse schrieb 1919, nach Lektüre der vorliegenden Erzählung, May sei »der glänzendste Vertreter eines Typs von Dichtung, der zu den ganz ursprünglichen gehört, und den man etwa ›Dichtung als Wunscherfüllung‹ nennen könnte« (H. Hesse: Eine Literaturgeschichte in Rezensionen und Aufsätzen. F.a.M. 1970. Karl May. S. 354–357. S. 355.). Wollschläger (S. 71) bescheinigt »den acht Erzählungen (...) das Maß klassischer Leistung (...); noch heute gehören sie unverändert zu den Guten Büchern, die Kindern in die Hand zu geben wären«. G. Henniger zählt das Buch zu den »reifen« Werken Mays (*Der Schatz im Silbersee*. Berlin 1984. Nachwort, S. 535). Neben den *Winnetou*-Bänden I–III ist es sein auflagenstärkstes Buch.

Erich Heinemann

5. *Das Vermächtnis des Inka*

Die Reiseerzählung erschien zuerst als Zeitschriftendruck im GK (VI. Jg. H. 1–52, Oktober 1891–September 1892); dann in Buchform erstmalig bei der Union Deutsche Verlagsgesellschaft in Stuttgart mit 16 Farbdruckbildern von Ewald Thiel; bis 1908 folgten fünf weitere Auflagen mit geringfügig abweichender Kollation; R der ersten Buchausgabe KMV Bamberg u. Verlag A. Graff Braunschweig 1974, hg. u. mit e. Bibliographie vers. v. Roland Schmid; GWR 39; GWB 39. Auch für den letzten Band der kleinen Werkgruppe von Südamerika-Romanen hat sich Karl May neben zeitgenössischen Zeitschriften- und Zeitungsartikeln vor allem gestützt auf: H. Burmeister: Reise durch die La Plata-Staaten, mit besonderer Rücksicht auf die physische Beschaffenheit und den Culturzustand der Argentinischen Republik. Halle 1861 sowie auf H. Zöller: Pampas und Anden. Sitten- und Kulturschilderungen aus dem spanisch-redenden Südamerika mit besonderer Berücksichtigung des Deutschtums. Berlin/Stuttgart 1884.

In Buenos Aires übernimmt der Deutsche Karl Hammer vom Bankier Salido den Auftrag, dessen Neffen Anton Engelhardt auf der Rückreise zum Vater nach Lima bei der gefährlichen Andenüberquerung als Führer zu begleiten. Ein für den erfahrenen Vater Jaguar, so der ehrenvolle Beiname des Führers einer zwanzig Mann starken Gruppe, trotz der Gefährlichkeit des Weges keine sonderliche große Herausforderung, die allerdings auch nur den Ausgangspunkt für die verwickelten und äußerst gefahrvollen Geschehnisse bis hin zur glücklichen Zusammenführung von Vater und Sohn Engelhardt bildet. Dieser Reisegesellschaft folgt – uneingeladen, aber um so mehr der kundigen Führung bedürftig – der schon von Vater Jaguar scheinbar erfolgreich abgewiesene Zoologe und Paläontologe Dr. Morgenstern in Begleitung seines Dieners Fritz Kiesewetter, eines Berliner Originals, und des exzentrischen Don Parmesan, der von der manischen Idee besessen ist, ein bedeutender Chirurg zu sein. Schon in der argentinischen Hauptstadt ist Morgenstern aufgrund seiner verblüffenden Ähnlichkeit mit Oberst Glotino nur knapp einem Mordanschlag entgangen, den der schurkische Stierkämpfer Antonio Perillo auf ihn verübt hat. Im vermeintlichen Glauben, das Skelett einer Riesenschildkröte entdeckt zu haben, gräbt das Trio nun im Gran Chaco ein geheimes Waffenlager aus und wird dabei von Perillo und Benito Pajara, dem »großen Gambusino«, überrascht und gefangengenommen. Beide haben den Indianerstamm der Abipones auf ihre Seite gebracht, mit dessen Hilfe sie die Regierung stürzen wollen.

Von dem als harmlos erkannten und deshalb freigelassenen Don Parmesan informiert, gelingt Vater Jaguar die Befreiung Morgensterns und Kiesewetters, die ihm die putschistischen Pläne entdecken, welche auch auf die Vernichtung der mit den Abipones verfeindeten Cambas-Indianer zielen. Zu der Gruppe um Vater Jaguar stoßen der junge Haukaropora, der letzte der Inkas, und sein alter Mentor Anciano. Sie befinden sich auf dem Weg in die Anden, wo das Vermächtnis von Haukas Vater in einer Felshöhle versteckt liegt: ein sagenhafter, riesiger Goldschatz, mit dessen Hilfe der junge Inkahäuptling das einstmals große, untergegangene Reich der Inkas neu errichten soll.

Nachdem eine Reihe weiterer Abenteuer (Befreiung des Camba-Häuptlings und Leutnant Veranos, der im Auftrag General Mitres nach gestohlenen Waffen forscht, durch Hauka und Anton; erneute Gefangennahme und Rettung Morgensterns und Kiesewetters) glücklich überstanden ist, gelingt es dank der großen strategischen Übersicht Vater Jaguars, die gegnerischen Pläne vollständig zu vereiteln. Die in einen Talkessel gelockten und dort eingekreisten Abipones werden vernichtend geschlagen. Doch erst in der Barranca del Homicido, der Mordschlucht, ganz nahe dem versteckten Inkaschatz, können dann die alten, noch offenstehenden Rechnungen zwischen Vater Jaguar und Benito Pajara einerseits und den Inkas und Perillo andererseits beglichen werden. An eben dieser Stelle hat Perillo einst Haukas Vater beraubt und ermordet, Pajaro dagegen ist des Mordes am Bruder von Vater Jaguar schuldig, den er aus Habgier getötet hatte. Doch nicht die selbsternannten Rächer werden zu Richtern an den Verbrechern, sondern deren maßlose Gier nach Gold und Macht wird ihnen schließlich zum tödlichen Verhängnis. In Unkenntnis des geheimnisvollen Feuers, das den Schatz der Inkas vor unbefugtem Zugriff schützt, dringen sie in die Höhle ein und lösen dort den alles vernichtenden Brand aus, vor dem sie sich nur noch unheilbar schwer verletzt retten können. Ungewollt haben die Verbrecher aber damit das Vermächtnis des Inkas erfüllt. In seinem schriftlichen Testament hat Haukas Vater festgelegt, daß dieser Schatz, der den Untergang seines Volkes herbeiführte, keine erneute Verwendung mehr finden soll. Hauka entschließt sich zu einem Studium in Europa und daran anschließend für ein Leben als freier Jäger. Damit handelt der Sohn ganz im Sinne seines Vaters, aber auch für Anton Engelhardt, der in den Anden auf seinen ihm entgegengereisten Vater trifft, und besonders für Dr. Morgenstern, der vom Häuptling der Cambas das Skelett eines Megatheriums überlassen bekommt, das ihn in seiner Heimat berühmt macht, findet das Abenteuer ein glückliches Ende.

Der Schauplatz Südamerika hat sich gegenüber dem Orient und Nordamerika als bevorzugte Tätigkeitsgebiete Mayscher Helden im Gesamtwerk nicht durchgesetzt; neben dem *Ver-*

mächtnis des Inka sind die vorangegangenen Erzählungen *Am Rio de la Plata* und *In den Cordilleren* die einzigen geblieben, die sich auf diesem Teil des amerikanischen Kontinents abspielen. Die Hinwendung Mays zum südamerikanischen Schauplatz hat E. Koch schlüssig mit dem seit Mitte des 19. Jahrhunderts ständig wachsendem Interesse in Deutschland an den geographischen, ethnographischen und politisch-gesellschaftlichen Verhältnissen Südamerikas erklärt (vgl. E. Koch: Zwischen Rio de la Plata und Kordilleren. Zum historischen Hintergrund von Mays Südamerika-Romanen. In: Jb-KMG 1979. S. 137–168; sowie B. Kosciuszko: ›Man darf das Gute nehmen, wo man es findet‹. Eine Quellenstudie zu Karl Mays Südamerika-Romanen. In: Jb-KMG 1979. S. 169–185). Allerdings geben die politischen Unruhen in Argentinien, das zur Zeit des Romangeschehens in einen Krieg mit Paraguay verwikkelt ist, nicht mehr als nur die bloße Hintergrundfolie für die geschilderten Abenteuer ab. Vater Jaguar gibt sich zwar als regierungstreu und Parteigänger von General Mitre zu erkennen, eines »General(s), den ich achte und sehr wertschätze« (185R), nimmt aber mit der Vereitelung des Aufstandes kein im engeren Sinne politisches Mandat wahr. Als er von der Gefangennahme Morgensterns und Kiesewetters durch Benito Pajaro und dessen Mannen erfährt, die zur ersten Konfrontation mit den Aufrührern führt, spielt in seinen Überlegungen denn auch eine ganz entscheidende Rolle, daß sich hier Schurken an seinen deutschen Landsleuten vergriffen haben. Dieser Sträflichkeit wird eine im Verhältnis zu der bestehenden nationalen Gefahr geradezu grotesk unangemessene Wichtigkeit beigemessen. Das Ergebnis der Studie von B. Steinbrink, daß hinter der Abenteuer- und Kolportageliteratur des 19. Jahrhunderts kein »formuliertes politisches Programm stehe« (B. Steinbrink: Abenteuerliteratur des 19. Jahrhunderts in Deutschland. Tübingen 1983. S. 88), bestätigt sich auch im Falle dieses Romans. Hinzu kommt, daß die putschistischen Pläne nicht die Dimensionen eines politischen Umwälzungsprozesses erreichen können, weil an ihrer Spitze lediglich von Macht- und Geldgier getriebene Schurken stehen. So ist der grausame Tod, den die beiden »Revolutionäre« am Ende in der Mordschlucht erleiden, auch weniger die Folge eines terroristischen, politisch motivierten Handelns, sondern vielmehr die endliche Begleichung privater Rechnungen, »deren Quittung«, so die Ankündigung Vater Jaguars, »mit Blut geschrieben« werden muß (376R).

Die dem Roman titelgebende politische Utopie des alten Anciano dagegen, die dieser in Haukaropora verwirklicht sehen möchte (»Man meint, die Inkas seien ausgestorben, aber du lebst, der letzte der Sonnensöhne, und es wird die Zeit kommen, in welcher du die Spanier bestrafen und dein Reich zurückerobern wirst.« – 172R), erweist sich nicht nur am Geschichtsende als realitätsfremder Traum, als Reminiszenz an die Vergangenheit einstiger Größe, die schon längst von der Gegenwart eingeholt worden ist. Bereits die Inthronisation des jungen Messias mit dem legendären, goldenen Humantschuay (Streitkolben) mißlingt vorausdeutend, weil schon in Hauka selbst der krude Realitätssinn das Sendungsbewußtsein besiegt: »›Ich selbst fühle in mir etwas ganz Unbeschreibliches, was mir sagt, daß ich nicht so bin wie andre. Aber, daß das Reich meiner Ahnen wieder erstehen könne, das glaube ich nicht.‹ (…) ›Mag er von Gold sein‹, meinte der Jüngling kopfschüttelnd, ›dieser Streitkolben; er wird jetzt keinem Feinde mehr gefährlich. Man hat ganz andre Waffen als damals. Was sind tausend Streitkolben gegen fünfzig Flinten oder eine einzige Kanone! Seit du drüben in Montevideo diese beiden Flinten gekauft hast, weiß ich, wie schwach unsre bisherigen Waffen waren‹« (172 u. 174R). Nicht nur der junge Inka bezeichnet die Visionen Ancianos mehrmals als Traum, auch der hellsichtige Vater Jaguar (die Identifikationsfigur für den Leser) negiert solche Pläne vollständig. »›Ihr lebt in eueren Erinnerungen und wißt nichts von der übrigen Welt, von dem Leben. Ihr träumt. Laßt diesen Traum einen Traum bleiben, da er nie zur Wirklichkeit werden kann! Das ist es, was ich euch sagen will‹« (300R). Die Initiationsreise durch die dark and bloody grounds des Gran Chaco, auf der Hauka sich vorzüglich auszeichnet (etwa durch die Befreiung des Camba-Häuptlings und Lieutenant Veranos aus dem feindlichen Lager der Abipones – 256ff.R) kann ihn nicht mehr als Nachfolgeherrscher des unwiederbringlich untergegangenen Inkareiches legitimieren, führt aber dennoch zu einem glücklichen, den aktuellen Verhältnissen angepaßten und damit gleichsam vernünftigen Ziel: Hauka studiert in Europa und wird danach Jäger. Im Verlaufe der abenteuerlichen Ereignisse, die im Roman geschildert werden, geht unvermerkt das Lehramt von Anciano an Vater Jaguar über, in dem alle positiven Werte und Tugenden kulminieren. Hinter dem Deutschen Karl Hammer (dessen Vorname und Alter von etwa fünfzig Jahren May sicherlich mit Bedacht gewählt hat) verblassen alle anderen Figuren des Romans. Als Goldsucher, Pelzjäger, Tee- und Chinarindensammler führt er das rechte, freie und ungebundene Leben eines auf den südamerikanischen Schauplatz verlegten, berühmten Westmannes, von dem die Erwähnung des Ehrennamens allein schon Bewunderung hervorruft, die sich – wenn mit der Tat verbunden, wie May es in der Charakterexposition Hammers vorführt – bis ins Grenzenlose steigert. In der Stierkampfarena von Buenos Aires treibt der eigentlich nur als Zuschauer anwesende Hammer den ausbrechenden Jaguar mit einem mächtigen Hieb auf die Nase zurück und tritt ihm dann auf dem Kampfplatz nur mit einem Messer bewaffnet furchtlos entgegen. »So allmählich, wie er wich, folgte ihm der Deutsche Schritt um Schritt, ohne ihn auch nur für einen Moment aus dem Auge zu lassen. Das Raubtier nahm wie ein geprügelter Hund den Schwanz zwischen die Beine und retirierte immer schneller, in die Flucht getrieben durch die Macht eines furchtlosen Menschenauges, welcher es nicht zu widerstehen vermochte. Da ertönte von einem der entferntesten Plätze herab der Ruf: ›*Que maravilla! Este caballero es el padre Jaguar* – welch ein Wunder! Dieser Herr ist der Vater Jaguar!‹ ... Es erhob sich ein Beifallsturm, wie er selbst hier wohl selten gehört worden war. ›*El padre Jaguar, el padre Jaguar!*‹ so riefen alle Lippen. Es war ein wahres Brausen von Stimmen in allen möglichen Tonlagen« (42 f. R). Mut, Stärke und Tapferkeit, gepaart mit Umsicht und selbstbewußter Entschlossenheit zeichnen den »kolportierten Idealmenschen« Hammer (zu der allgemeinen Charakteristik des Typus vgl. G. Ueding: Glanzvolles Elend. Versuch über Kitsch und Kolportage. Frankfurt a. M. 1973. S. 113–128) ebenso aus wie seine Gelehrsamkeit, die er etwa in fachlichen Diskussionen mit Dr. Morgenstern unter Beweis stellt. Die allen großen Helden Mays eigene christlich-humanitäre Gesinnung drückt sich in dem als Jugenderzählung konzipierten *Vermächtnis des Inka* anders als in späteren Werken weit weniger verbal als vielmehr durch Taten und Handlungsweisen aus, insbesondere bei der Verhinderung eines totalen Blutbades an den Abipones und bei der Beteiligung am Zustandekommen eines gerechten, tragbaren Friedensschlusses zwischen den verfeindeten Indianerstämmen.

Die Bemerkung Wollschlägers, daß May *Das Vermächtnis des Inka* »frischer und ungezwungener« gelungen ist als der zweiteilige *Sendador* (H. Wollschläger: May, S. 75), charakterisiert vor allem den Aufbau des Romans treffend. Die fünf den Roman bestimmenden Handlungsstränge (der Putschversuch und seine Verhinderung, die Rache Hammers an Pajaro, die Erfüllung des Inkavermächtnisses sowie Dr. Morgensterns paläontologische Bemühungen und die Rückkehr Antons zu seinem Vater als die beiden Nebenhandlungen) sind erzähltechnisch durchaus übersichtlich und geschickt miteinander verknüpft und finden in der Mordschlucht auch ein von der Anlage des Romans her gesehen stimmiges Ende, wenngleich May auch hier nicht ganz ohne »Zufall« (wie das Zusammentreffen von Hauka und Anciano mit Vater Jaguar im Gran Chaco – 181R) und »unerwartete Begegnungen« von schicksalhafter Bedeutung (wie die Begegnung zwischen Antons Vater und den in den Anden umherirrenden Morgenstern und Kiesewetter – 479ff.R) auskommt. Eine besondere Bedeutung hinsichtlich Aufbau und Steigerung von Spannung kommt der komischen Figur Dr. Morgenstern zu, mit der May nicht nur den Typus des weltfremden Gelehrten und den Run deutscher Wissenschaftler auf Südamerika gegen Ende des 19. Jahrhunderts treffend und zur Ergötzung des Leser karikiert, sondern die auch für die retardierenden Momente in einer sich dramatisch zuspitzenden Handlung sorgt, indem sie teils schuldlos (durch die Ähnlichkeit mit Oberst Glotino), teils schuldhaft (durch manische Fixiertheit auf prähistorische Skelette) immer wieder Situationen schafft, aus denen sich Verzögerungen und neue Verwicklungen ergeben.

In der bisherigen Forschungsliteratur sind vor allem die dem jugendlichen Leser vermittelten Normen, Werte und Verhaltensmuster untersucht worden (vgl. R. Jeglin: »Das Vermächtnis des Inka« und »Der Ölprinz«. Eine ideologiekritische Studie. In: M-KMG 9/1971, S. 3–13 u. Nr. 10, S. 3–12); sehr aufschlußreich in pädagogisch-didaktischer Hinsicht ist auch, obwohl *Das Vermächtnis des Inka* nicht direkt thematisierend, die mehrteilige Studie von Heinz Stolte (Ein Literaturpädagoge. Untersuchungen zur didaktischen Struktur in Karl Mays Jugendbuch ›Die Sklavenkarawane. In: Jb-KMG 1972/73. S. 171–194; 1974. S. 172–194; 1975. S. 99–126 u. 1976. S. 69–91). Eine sehr faktenreiche und detaillierte Auskunft über die Quellen des Südamerika-Bildes von May geben E. Koch und B. Kosciuszko, ohne allerdings die Materialfülle für Interpretation und Analyse auszunutzen.

Wilhelm Hilgendorff

6. Der Ölprinz

Mit 559 Seiten ist der ab Herbst 1892 niedergeschriebene und zwischen Oktober 1893 und September 1894 vorab im GK veröffentlichte *Ölprinz* eine der umfangreichsten Jugenderzählungen Karl Mays. 1897 erfolgte die Buchausgabe in der Union Deutsche Verlagsgesellschaft, Stuttgart; ein R erschien Bamberg/Braunschweig 1974. 1917 hatte man den Jugendroman als Band 37 bearbeitet in die GWR und später GWB aufgenommen.

Bereits 1877/78 war im 2. Jg. von »Frohe Stunden«, Dresden – Leipzig, Nr. 10/11, Karl Mays Novelle *Der Ölprinz. Ein Abenteuer aus den Vereinigten Staaten von Nordamerika* veröffentlicht worden, eine Erzählung, die dann später in das dritte Kapitel des Bandes *Aus fernen Zonen* Eingang fand, mit der vorliegenden Jugenderzählung jedoch nahezu nur die Figur des Westmanns Sam Hawkens gemeinsam hat. Der Autor hat aber aus seinem Kolportageroman *Deutsche Herzen, Deutsche Helden* einige Motive entliehen, unter anderem vertrauen sich hier wie dort deutsche Auswanderer dem Westmann Sam Barth alias Hawkens und seinen beiden Begleitern an. Zeitlich betrachtet entstand der *Ölprinz* nach *Satan und Ischariot* und parallel zu *Winnetou I,* zu dem sich einige Verbindungen knüpfen lassen, so der Überfall der Finders (130 R) und der der Apachen (218 F VII) oder die den Navajos gestellte Falle (492 R) und der Hinterhalt für die Kiowas (555 f. F VII). Auch viele Aussagen gegen die Diskriminierung der roten Rasse, bekannt bereits aus der Einleitung Mays zu *Winnetou I,* werden im *Ölprinzen* von Hauptpersonen geäußert.

Die Echtheit einiger indianischer Sprachproben ist bezeugt durch A. S. Gatschet: Zwölf Sprachen aus dem Südwesten Nordamerikas, Weimar 1876, R 1970.

Eine Verbrecherbande, »The Finders« genannt, macht den amerikanischen Staat Arizona unsicher. Mit ihrem Anführer Buttler trifft sie auf drei berühmte Westmänner, unter ihnen Sam Hawkens, wobei sogleich wegen einer leichtsinnigen Wette Streit entsteht. Unter der Führung des Scouts Poller nähern sich deutsche Auswanderer der Truppe. Buttler und seinen Spießgesellen gelingt es, eines der fremden Zugtiere zu stehlen und zu schlachten. Hawkens verurteilt dieses Verhalten und bietet den Deutschen eine Entschädigung an. Zur Gruppe der Deutschen gehören unter anderem die wohlwollende Frau Rosalie Ebersbach, die die gesamte Reise finanziert, der Jüngling Adolf Wolf, der in Amerika seinen Onkel aufsuchen will, der junge Indianer Schi-So, der in Deutschland Forstwirtschaft studiert hat und schließlich auch der emeritierte und spleenige Kantor Hampel, der für eine zwölfaktige Wildwest-Heldenoper Sujets sucht. Hawkens ruft in der gespannten Situation schließlich Militär zu Hilfe, um einen Überfall der Finders zu verhindern. Durch diese Einmischung fühlt sich allerdings der Scout Poller zurückgesetzt und bittet verärgert um seine Entlassung.

Es gelingt, die Verbrecher gefangen zu nehmen; doch aus Rache befreit der entlassene Scout deren Anführer Buttler.

In einer zweiten Romanhandlung treffen auf einem entfernten Rancho mehrere Personen zusammen: Der Bankier Rollins mit seinem Buchhalter und einem gewissen Mister Grinley, der sich »Ölprinz« nennt und eine große Ölquelle verkaufen möchte, ferner die bekannten Westmänner Hobble-Frank und Tante Droll, die sogleich ihr Mißtrauen gegenüber jenem vermeintlichen Geschäft um die Ölquelle äußern, und schließlich noch Buttler, Grinleys Halbbruder, der bei dem Betrug helfen soll, sowie Poller. Buttler reitet später fort, während Grinley die Auswanderer erwartet, um sie dem Halbbruder in die Hände zu spielen. Nach kurzer Rast auf dem Rancho gelangen die Auswanderer in ein Pueblo der Nijora-Indianer, und durch Buttlers Vorbereitung werden alle gefangengenommen. Doch Grinley befreit Rollins sogleich wieder. Nun treten Old Shatterhand und Winnetou auf den Plan, die zufällig Grinley belauschten und von dem geplanten Ölbetrug erfuhren. Doch befreien sie zunächst einmal Hawkens und seine Schutzbefohlenen aus dem Pueblo, wobei Old Shatterhand in Schi-So den Sohn seines Freundes Nitsas-Ini, des Navajo-Häuptlings, erkennt.

Zwischen dem Stamm der Navajos und dem der Nijoras ist das Kriegsbeil ausgegraben. Buttler und Poller reiten als angebliche Kundschafter voran, in Wahrheit jedoch wollen sie mit Hilfe von 40 Ölfässern eine unterirdische Ölquelle im Wasser vortäuschen. Hinterlistig ermordet Grinley im Laufe dieser Unternehmung zwei Navajo-Kundschafter, ohne bei dem anwesenden Nijora-Häuptling Anerkennung dafür zu ernten. Schließlich gelangen die Ölsucher zum Petroleumsee, wo der ahnungslose Bankier nach dem Kauf per Bankanweisung mit seinem Buchhalter überwältigt und in eine Felsenhöhle gefangengesetzt werden. Auf dem Rückweg fallen die flüchtigen Verbrecher jedoch einem Trupp von Navajos in die Hände. Grinley leugnet zwar den Mord an den Kundschaftern, doch stößt man kurze Zeit darauf wieder auf die Nijoras, wo deren Häuptling Grinleys Untat bezeugt.

Derweil sind Winnetou und Old Shatterhand mit ihren Freunden am Petroleumsee angelangt, wo sie die Gefangenen befreien und die Verfolgung der Verbrecher aufnehmen. Der exzentrische Kantor, mit seiner Heldenoper beschäftigt, verläßt unvorsichtigerweise das Lager Old Shatterhands, gerät in die Gewalt der Nijoras und trifft die Verbrecher als Gefangene nun wieder. In seiner Torheit erzählt er alles Wissenswerte, woraufhin die Nijoras Old Shatterhands Lager überfallen und alle Freunde ergreifen. Old Shatterhand befreit sich bald selbst und kann, da er zu den Nijoras keine Feindschaft hegt und auch deren Ansehen genießt, die Auslieferung des Ölprinzen verlangen. Doch der Kantor begeht nun einen weiteren Streich und befreit heimlich die Verbrecher, die sogleich entfliehen. Die Flüchtigen gelangen dann in das Kriegslager der Navajo-Indianer, wo sie die Nijoras als Mörder der Kundschafter bezichtigen und Häuptling Nitsas-Ini berichten, daß sein Sohn dort gefangen sei. Dabei erregen sie jedoch das Mißtrauen eines weißen Gastes der Navajos: Adolf Wolfs Onkel. Der nimmt den Verbrechern die gestohlene Bankanweisung ab, worauf sie sich schließlich entfernen dürfen.

Zur gleichen Zeit erkunden die wieder befreiten Freunde Old Shatterhand und Winnetou die weiteren Pläne der Nijoras, zu denen die Gruppe um Sam Hawkens stieß, und die die Navajos in eine Falle locken wollen. Der Bankier Rollins bekommt seine Bankanweisung zurück, aber er vernichtet sie nicht. Old Shatterhand will nun die Verhältnisse umkehren und die Nijoras in die gleiche Falle locken. Doch der Kantor hört davon, und er will, weil er einen blutigen Kampf für seine geplante Heldenoper benötigt, die Navajos an die Nijoras verraten. Old Shatterhand setzt ihn kurzerhand gefangen und läßt ihn unter Rollins' Bewachung zurück. Grinley und seine Genossen entdecken die beiden, nehmen ihnen abermals die Geldanweisung ab und setzen Rollins erneut gefangen.

Old Shatterhands Plan gelingt schließlich. Winnetou als oberster Apachenhäuptling führt durch geschickte Verhandlungen einen allseits akzeptierten Friedenschluß herbei und endlich werden auch die Verbrecher bestraft. Die Auswanderer aber finden mit Hilfe der Navajos eine neue Heimat.

Nach der Zeit der Kolportageromane im MMV schrieb May für den GK eine Reihe von Abenteuererzählungen. In diesen eigens für die Jugend verfaßten Schriften zeigt sich May ganz von seiner erzieherischen Seite (vgl. H. Stolte: Ein Literaturpädagoge. In: Jb-KMG 1972–76). Pazifistische Anliegen, die May insbesondere später in seinem für Joseph Kürschners »China«-Buch geschriebenen *Et in terra pax* verdeutlichte, sind bereits an den Erzählungen für den GK ablesbar, wofür insbesondere der *Ölprinz* mit seinen herausragenden Friedensbemühungen und -verhandlungen steht (vgl. R. Jeglin: *Das Vermächtnis des Inka* und *Der Ölprinz* – eine ideologiekritische Studie. In: M-KMG 9 u. 10/1971).

Eine Formanalyse zeigt, daß der Roman aus drei wesentlichen Handlungssträngen geschickt miteinander verflochten ist und zu einem Ziel hinführt, welches sowohl die deutschen Auswanderer, die amerikanischen Geschäftsleute aber auch die Indianer schließlich erreichen. In der Exposition treffen der Schurke Buttler und die Auswanderer aufeinander; gleichsam wie ein zweites Thema wird daraufhin der Ölprinz mit seinen Geschäftspartnern eingeführt. Die fortschreitende Handlung zeigt die Gefangennahme im Pueblo und als drittes Thema den Konflikt der verfeindeten Indianerstämme untereinander. Im Mittelpunkt der gesamten Handlung steht der Betrug am Petroleumsee, dem die Zuspitzung des Indianerkonfliktes folgt, dessen Lösung zusammen mit der Bestrafung der Bösewichter endet – ein fast symmetrischer Handlungsaufbau.

Die drei zentralen Personengruppen des Romans korrespondieren mit den drei Handlungssträngen und repräsentieren unterschiedliche Ziele und moralische Grundsätze. So verfolgen die deutschen Auswanderer keinerlei imperialistische Annektionsziele in der Art, wie es die Gruppe um den Ölprinzen anstrebt. Sie suchen vielmehr einer »Gesellschaft, in der sie nicht richtig Fuß fassen konnten, den Rücken zu kehren auf der Suche nach einer neuen, besseren Gesellschaftsordnung, die noch nicht existiert, die aber errichtet werden soll« (Jeglin, M-KMG 10, S. 7). Ihr steht die Gruppe um Old Shatterhand und Sam Hawkens sehr nah, die »jagt, fischt, reitet und lebt in der freien Wildnis bei Keuschheit und Armut, ... (und ein) naturgemäßes, fast rousseauähnliches Leben« führt (Jeglin, M-KMG 9, S. 11). Die Vertreter der amerikanischen Nation ließen sich im weitesten Sinne in einer Gruppe zusammenfassen, insoweit, als sowohl der Bankier

Rollins wie auch Grinley, Buttler und der Scout Poller die Rechte anderer und Andersdenkender gleichermaßen mißachten. Der eigentliche Einwohner des Wilden Westens, der Indianer, wird als bedrohte Person geschildert: Ihm »gehörte das ganze Land von einem Meere bis zum anderen; da kam der Weiße und nahm ihm alles (...) Der Indianer ist ein armer, kranker Mann, geworden, welcher sehr bald sterben wird« (543 R). Die wirklich negativen Gestalten sind in diesem Buch von weißer Hautfarbe, nur ihre Begegnung mit den ursprünglichen Einwohnern Amerikas fördert die indianischen Untaten hervor, so daß sich mit einer gewissen Rechtfertigung zitieren läßt: »Die Bleichgesichter sind schlimmer als die Hunde der Navajos« (310R).

Unter allen Personen des Jugendromans verdient die Figur des Narren, ähnlich wie es Heinz Stolte für eine Passage aus der Autobiographie Mays deutet, besondere Aufmerksamkeit (Narren, Clowns und Harlekine. In: Jb-KMG 1982, S. 40–59). Im *Ölprinz* wird ein solcher Narr durch den Kantor emeritus Hampel verkörpert, der seine zwölfaktige Heldenoper schreiben möchte. Auch May selber wollte zeitweilig nach Aussage seiner Witwe ein Volksstück mit Gesang schaffen (Klara May: Die Lieblingsschriftsteller Karl Mays. In: Jb-KMG 1970, S. 149–155). Das von Hobble-Frank gedichtete »Auftrittslied des Winnetou« (377R) paßt schließlich auch besser zur von May geplanten *Pantoffelmühle* als in eine Heldenoper. Mehr als diese harmlose Selbstkarikatur rühren die gemeingefährlichen Streiche des Musikus an: etwa, wenn er den Standort der Freunde an die Gegner ausplaudert, wenn er die Verbrecher befreit und wenn er schließlich einen blutigen Kampf herbeiführen will, nur weil er ein Sujet für seine Oper benötigt (542 f. R). Die ganze Persönlichkeit macht »den Eindruck eines komischen Menschen (...) und (so ...) kennzeichnen sich die meisten seiner Verbrechen (...) in ihrer Ausführung mehr als leichtsinnige Streiche, (...) wennschon ich anerkenne, daß (er) ein gemeinschädliches Individuum ist.« – Diese hier durchaus zutreffende Worte schrieb einst Karl Mays Pflichtverteidiger Haase im Berufungsschreiben nach dem Prozeß in Mittweida 1870 über die Straftaten Mays (zit. in: Jb-KMG 1972. S. 242). Möglicherweise könnte hier somit ein Zusammenhang zwischen Mays häufigen Narren-Verbrecher-Figuren in seinem Erzählwerk und einer mehr oder weniger unbewußten Selbstpersiflage des Autors hergestellt werden.

In dem umfangreichen Jugendroman werden dem jungen Leser auf eine pädagogisch wohltuend zurückhaltende Weise humanitäre Normen pädagogisch dargeboten: Achtung vor dem Leben, Nächstenliebe, Menschlichkeit und der Wille zum Frieden. Die Katastrophe des Indianerkrieges findet nicht statt und wird auch nicht von den Helden herbeigesehnt. Im Gegenteil werden vielmehr Krieg und Gewalttätigkeit, wie grundsätzlich in den Jugendschriften und im Gesamtwerk Mays, abgelehnt.

Hartmut Kühne

7. *Der schwarze Mustang*

Der schwarze Mustang von »Dr. Karl May« erschien 1896/97 im 11. Jg. der Zeitschrift GK (Nr. 1–28) als letzte Jugenderzählung Mays. 1899 kam die Zeitschriftenfassung als erster Band der »Kamerad-Bibliothek« heraus – wonach im folgenden zitiert wird –, 1916 wurde der *Schwarze Mustang* vom KMV unter dem Titel *Halbblut* im gleichnamigen Sammelband als stark bearbeitete Geschichte aufgenommen (GWR 38, GWB 38). Eine Lizenz für die Union Deutsche Verlagsgesellschaft blieb jedoch; der Union-Verlag durfte weiterhin den Titel beibehalten, mußte aber die Textbearbeitung übernehmen. Von den ursprünglich 344 Seiten wurden ungefähr 80 Seiten, vorwiegend Dialogpartien, weggekürzt und an Stelle der vier Kapitel (Im Firwood-Camp, Nach dem Rocky-Ground, Der Ueberfall, Die Bonanza of Hoaka) finden sich jetzt fünf mit anderen Titeln (Der Mestize, Der Schwarze Mustang, Am Erlenquell, Die Birkenschlucht, Trügendes Gold). Der Mestize kann in der bearbeiteten Fassung im Schlußteil nicht mehr aus der Schlucht entkommen und wird von den eingeschlossenen Weißen umgehend gehängt; auch Tokvi Kava, den May ebenfalls am Leben läßt, findet kurz darauf im Kampf mit Old Shatterhand den Tod.

Mays achter Jugendroman war als kleinere Erzählung konzipiert, wurde erst etwa 1895 begonnen und Mitte 1896 beendet, zu einer Zeit, als *Die Jagd nach dem Millionendieb* und *Old Surehand II* erschienen und die Amerika-Kapitel des *Silbernen Löwen* niedergeschrieben waren.

Die beiden deutschen Vettern Has und Kas Timpe, zwei »gleichlange und gleichdünne Menschen« (S. 2), die zu Beginn der Erzählung zufällig westlich des Mississippi aufeinandertreffen, fühlen sich gleichermaßen um eine reiche Erbschaft betrogen, der sie nun im Wilden Westen gemeinsam nachjagen wollen. Im Firwood-Camp, einem Eisenbahnerlager, treffen sie auf Winnetou und Old Shatterhand, die sogleich einen Verdacht gegen den halbblütigen Scout des Lagers schöpfen, der sich zwar Jato Inda (Guter Mann) nennt, wohl aber der Spion und Enkel Ik Senanda (Böse Schlange) des grimmigen Weißenhassers Tokvi Kava ist. Winnetou und Old Shatterhand gelingt es, die Pläne der feindlichen Indianer zu erraten und den verschlagenen Mestizen zur gewünschten Flucht zu animieren, um dann eigene Vorbereitungen zur Verteidigung des Lagers treffen zu können. Doch werden ihnen noch in der gleichen Nacht ihre unersetzlichen Gewehre – Silberbüchse, Bärentöter und Henrystutzen – von zwei chinesischen Vorarbeitern gestohlen, die freilich dafür doppelt büßen müssen, weil ihnen der Schwarze Mustang persönlich die Beute abjagt und sie überdies noch mit Ehr- und Zopfverlust durch die Beraubten bestraft werden.

Mit der Eisenbahn fahren Winnetou und Old Shatterhand zur nächsten Station Rocky-Ground, wo sie auf den kleinen Hobble-Frank und seinen urigen Vetter Tante Droll treffen. Es gelingt ihnen, die den Angriff auf das Eisenbahnercamp vorbereitenden Indianer in einem günstigen Moment zu belauschen, ihre Gewehre wieder an sich zu bringen und den Mestizen zunächst zu fangen. Viel schneller als die nichtsahnenden Komantschen, die den gleichen Weg zu Pferd zurücklegen müssen, geht es jetzt mit dem Zug zur vorbereiteten Falle in der Nähe des Firwood-Camps zurück, wo man die Indianer in der tiefen Felsenschlucht Birch-Hole überrascht und sie mit nahezu hundert weißen Arbeitern in einer ausweglosen Situation gefangennimmt. Dem grimmig jede böse Absicht leugnenden und auftrumpfenden Häuptling der Naiini-Komantschen, der sich und seine Leute durch zahlreiche Fehler selbst in die Falle manövrierte, werden zur Strafe die Haare abgeschnitten und durch zwei Chinesenzöpfe ersetzt. Ähnlich ergeht es seinen Kriegern, sie werden ihrer »Medizinen« beraubt. Waffen und Pferde werden ihnen ebenfalls genommen, ehe sie dann in der Savanne freigelassen werden.

Der Mestize konnte sich unterdes jedoch mit Hilfe der

entehrten beiden Chinesen befreien. Tokvi Kava schickt ihn zu seinem Stamm, um neue Pferde und Waffen beizubringen. Doch das Halbblut kehrt ergebnislos zurück, nicht einmal Tokvi Kavas Pferd, den Schwarzen Mustang, hat er mitgebracht; der Stamm betrachtet den Häuptling und seine Leute damit als ausgestoßen.

Der wütende Schwarze Mustang und sein Enkel wollen ihre ehrenvolle Rückkehr in den Stamm nun möglichst bald gewaltsam erzwingen. Zufällig stoßen sie bei ihrem Hungermarsch durch die Sierra Moro auf eine weiße Gruppe von Goldsuchern, die ein alter Mann, der von den anderen »Majestät« genannt wird, anführt. Ihn und seine vom Gold berauschten Kameraden lockt Ik Senanda mit dem Versprechen, ihnen einen großen Goldfundort, jene sagenhafte Bonanza of Hoaka, zu zeigen, in eine Felsenfalle. Mit der Zusage, ihnen das Leben zumindest zu lassen, versucht der Schwarze Mustang, die eingekesselten Weißen zur Aufgabe zu zwingen und seinen Indianern wieder Pferde und Ausrüstung zu verschaffen. Doch mißlingt der hinterlistige Plan, da Old Shatterhand und seine Freunde eingreifen, die zuvor schon auf die Spuren der Weißen und ihrer Verfolger gestoßen waren. Während der Schwarze Mustang und sein Enkel nach einer Prügelstrafe in Freiheit gesetzt werden, klärt Old Shatterhand die goldgierigen Weißen, die so leicht dem deadly-dust verfielen, darüber auf, daß Bonanza of Hoaka aus der Indianersprache übersetzt soviel wie »Bonanza des Himmels« bedeutet und sich auf die immerwährenden Schätze des Himmels bezieht. Schließlich wird auch der vermeintliche Erbschaftsbetrug an den Timpes enträtselt, da unter den Weißen der gesuchte Nahum Timpe ist, jener angeblich betrügerische Vetter, der die Geschichte von der reichen europäischen Erbschaft zwingend als groben Spaß feindseliger deutscher Verwandter zu erklären weiß.

Die Handlung dieses für Mays Verhältnisse mit 344 Seiten relativ schmal geratenen Romans ist klar und einfach organisiert, auf die Bestrafung des Bösen angelegt und folgt dem bei May üblichen Schema der Reihung von mehr oder weniger abenteuerlichen Episoden. Dabei vermehrt sich das Personal der Haupttruppe von Station zu Station, bis schließlich vier Sachsen neben Winnetou und Old Shatterhand durch den Westen reiten. Lebensgeschichtliche Spiegelungen sind in diesem Werk nicht auszumachen. An die Stelle des pseudologischen Erzähler-Ichs, welches nur an einer Stelle zu Beginn des zweiten Kapitels durchbricht (S. 62ff.), tritt hier der auktoriale Erzähler, der seine beiden Helden Old Shatterhand und Winnetou in den höchsten Tönen vorführt und rüstig »mit den Thaten der homerischen Helden« (S. 238) zu vergleichen weiß. Winnetou und sein deutscher Blutsbruder treten demgemäß als »Halbgötter« (S. 24) des Westens in Erscheinung, die wie eine einzige Person handeln und denken und alle anderen mühelos zu übertreffen wissen. Winnetou gerät dabei neben dem ordnungsstiftenden, die Guten belohnenden, Böse strafenden und aktiveren Old Shatterhand etwas in den Hintergrund des Geschehens. Der böse Schwarze Mustang, der seinen Namen von seinem vorzüglichen, in dem Roman gar nicht auftretenden Pferd ableitet, und sein halbblütiger Enkel Ik Senanda stellen demgegenüber intellektuell wie körperlich nur eine unzureichende Gegenspielergruppe dar.

Ein nicht geringer Reiz dieser Jugenderzählung, deren Belehrungspassagen wohltuend versteckt auftauchen (z. B. S. 141ff.; 238ff.), geht von ihren komischen Figuren aus. Neben Has und Kas, den dürren, langen Westmännern, die mit Hasael und Kasimir biblische Namen tragen und von denen sich Kas immer wieder mit dem Ausspruch »wie bei Timpes Erben!« (S. 29 z. B.) hervortut, sind besonders Tante Droll und der Hobble-Frank zu erwähnen. Der Westmann aus Altenburg wurde so genannt, weil »der Anzug, den er im Westen zu tragen pflegte, mehr dem einer alten Frau als demjenigen eines Mannes glich« (S. 170). Der kauzige Hobble-Frank spielt sich in autoritären Anwandlungen mit seinen ausführlichen, zuweilen allzu lang geratenen Unsinnsreden immer wieder in den Vordergrund, sei es, daß er verunglückte Zitate an den Mann zu bringen sucht (z. B. »Hannibal ad Boardinghouses«, S. 130; »quod erat Dämon schratus«, S. 338; »›Ich sei, gewährt mir die Bitte, / In eurem Bunde der Vierte!‹«, S. 344) oder als umfassende wissenschaftliche Autorität zu gelten sucht (»die Insel Ischia in den Beenen«, S. 113).

Gegenüber den Chinesen, die an der Bahnlinie arbeiten, nimmt der Erzähler, wie schon in *Der blau-rote Methusalem,* eine Haltung äußerster Herablassung ein (vgl. E. Koppen: Karl May und China. In: Jb-KMG 1986. S. 69–88). Zwar ist manches in diesem Bereich noch komisch geraten, so etwa die »Chinesenlawine«, die dadurch ausgelöst wird, daß Old Shatterhand und Winnetou zahlreiche Chinesen wie Bälle einen

Hang hinunterstoßen, weil die Chinesen Wehrlose lynchen wollen (S. 189f.), doch zeigt sich auch hierin noch eine rassische Mißachtung. Chinesen riechen übel (S. 8, 34, 87), sind grundsätzlich feige, neugierig, hinterhältig. Auch, daß der entehrte Tokvi Kava als »Häuptling der gelben Hunde« (S. 236) im Beisein Old Shatterhands geschmäht wird, zeigt die vorurteilsbehaftete Sicht des Jugendbucherzählers. Ähnlich unglücklich ist dann auch seine Haltung gegenüber Mestizen. Ik Senanda ist für den Erzähler »einer jener Mischlinge, welche zwar die körperlichen Vorzüge, aber dazu leider auch die moralischen Fehler ihrer verschiedenfarbigen Eltern erben« (S. 10; vgl. S. 160f.).

Karl Mays *Schwarzer Mustang* ist in seiner Originalfassung in der Reihe der Jugenderzählungen neben so berühmten wie *Der Schatz im Silbersee* oder *Die Sklavenkarawane* mit sein unbekanntestes Buch geblieben, zumal bis heute kein R vorliegt; Forschungsliteratur ist daher, bis auf einige bibliographische Hinweise (K. Guntermann: *Der Schwarze Mustang*. In: M-KMG 16; S. 13; H. Neumann: Karl Mays frühe Buchausgaben. In: M-KMG 17, S. 12) nicht vorhanden.

Reinhard Tschapke

III. Lieferungsromane und frühe Romane

1. Der beiden Quitzows letzte Fahrten

»*Der beiden Quitzows letzte Fahrten.* Historischer Roman aus der Jugendzeit des Hauses Hohenzollern« erschien im 1. Jg. (1876/77, R Hamburg 1972) der von May gegründeten und betreuten Zeitschrift »Feierstunden am häuslichen Heerde« (Verlag H. G. Münchmeyer, Dresden). Es handelt sich dabei um die Fortführung des von Friedrich Axmann verfaßten Romans »Fürst und Junker«, der ebenfalls den Untertitel »Historischer Roman aus der Jugendzeit des Hauses Hohenzollern« trug und im 1. Jg. (1875/76) des »Deutschen Familienblattes« abgedruckt worden war. Eine Fußnote in Heft 49 dieses Jahrganges hatte noch darauf hingewiesen, daß Axmann den Roman in den »Feierstunden« fortsetzen werde. Warum es dazu nicht kam, ist unbekannt. Möglicherweise mußte May einspringen, weil Axmann durch die Arbeiten an dem ab Oktober 1876 im »Deutschen Familienblatt« erscheinenden Roman »Das Testament des großen Kurfürsten« ausgelastet oder auch bereits durch Krankheit – er starb wenige Monate später – in seiner Schaffenskraft eingeschränkt war. Mays *Quitzow*-Roman begann in Heft 10 der »Feierstunden«, wurde von May allerdings nicht fertiggestellt. Von Heft 29 an ist der Untertitel mit dem Zusatz »Begonnen von Karl May, fortgeführt von Dr. Goldmann« versehen. Regelmäßiges Erscheinen vorausgesetzt, ist dieser Wechsel mit Mitte März 1877 zu datieren, um diese Zeit muß die Trennung Mays von Münchmeyer stattgefunden haben. In Heft 41 endet der Roman, der erst 1960 in bearbeiteter Form unter dem Titel *Ritter und Rebellen* in die Reihe der GWB 69 aufgenommen wurde. Personen und Handlung wurden so stark verändert, daß die ursprüngliche Konzeption nicht mehr zu erkennen ist.

Karl May mußte sich bei der Abfassung seines *Quitzow*-Romans an Axmanns »Fürst und Junker« orientieren und die Handlung den historischen Ereignissen entsprechend weiterführen. Dabei stützte er sich auf den dritten und vierten Band des insgesamt vierbändigen Werkes von K. F. Klöden »Die Mark Brandenburg unter Kaiser Karl IV. bis zu ihrem ersten Hohenzollernschen Regenten, oder: Die Quitzows und ihre Zeit« (Verlag C. G. Lüderitz, Berlin 1837). May verwendete nicht nur historische und geographische Schilderungen aus diesem Werk, sondern auch Handlungsteile und Dialoge in teilweise fast wörtlicher Übernahme.

Die Romane Axmanns und Mays spielen in den Jahren 1411 bis 1414, als der Nürnberger Burggraf Friedrich von Hohenzollern im Auftrage von Kaiser Sigismund in der von Unsicherheit und politischen Wirren geschüttelten Mark Brandenburg Recht und Ordnung wiederherzustellen versucht. Die alteingesessenen Adelsfamilien – vor allem die Quitzows, Holtzendorffs und die »Gänse« von Putlitz – waren nicht gewillt, sich einem böhmisch-luxemburgischen Kaiser und seinem ebenso landfremden Verweser unterzuordnen. Axmanns Roman hatte mit der Erstürmung von Friesack, dem Hauptsitz der Quitzows, geendet. Johann von Quitzow war gefangengenommen worden, sein Bruder Dietrich konnte entfliehen. Hier setzt Mays Roman ein.

Dietrich von Quitzow vermag sich mit Hilfe seines Freundes Werner von Holtzendorff der Verfolgung des Ritters Otto von Suteminn zu entziehen und als Bauernknecht unterzutauchen. In einem tollkühnen Streich nimmt er Prinz Johann, den Sohn Friedrichs von Hohenzollern, als Geisel gefangen. Auf diese Weise hofft er, sich nach Pommern durchschlagen zu können, dessen Herzöge dem Markgrafen feindlich gesinnt sind.

Dietrichs Vetter Claus von Quitzow auf Stavenow frönt im Bunde mit Rittern aus der Nachbarschaft der Raubritterei. Von ihrem Spion, dem Burgkaplan Eusebius, erfahren sie von einem reichen Geldtransport aus England an den Markgrafen. Diese Beute wollen sie sich nicht entgehen lassen. Dietz und Kuno, Dietrichs Söhne, suchen bei ihrem Onkel Claus eine Bleibe. Von ihm erfahren sie, daß ihr Vater mit dem berüchtigten »Schwarzen Dietrich«, dem Anführer einer Räuberbande, identisch ist. Durch ihn hatte Graf Warwick, der Initiator des Geldtransportes, vor zwölf Jahren seine Frau und seine beiden Kinder verloren. Dietz und Kuno wollen das Unrecht ihres Vaters sühnen. Sie machen den Schlupfwinkel der Räuberbande, eine alte Klosterruine, ausfindig und befreien die Gefangenen, darunter auch eine geistig verwirrte Gräfin, die bei Marie und Detlev, den Ziehkindern Suteminns, freundliche Aufnahme findet. (Etwa von hier an tragen die Fortsetzungen den Vermerk bzgl. der Weiterführung durch Dr. Goldmann).

Währenddessen hat der Geldtransport Hamburg erreicht,

von wo aus er auf Wagen weiterbefördert wird. Claus von Quitzow findet beim Überfall den Tod, während das Geld ungefährdet sein Ziel erreicht. Graf Warwick trifft bei Suteminn in Tangermünde ein. Sein Gastgeber entpuppt sich als Retter des Grafen beim seinerzeitigen Kampf gegen den »Schwarzen Dietrich«. In Detlev und Marie erkennt er nun seine verschollenen Kinder wieder, in der geistesgestörten Gräfin seine Frau. Es gelingt Suteminn, sie zu heilen. Dietrich von Quitzow fällt in der Schlacht bei Angermünde, in der die pommerschen Herzöge gegen die Leute des Markgrafen kämpfen. Zu diesen gehören auch die Söhne Dietrichs, von denen der jüngere ebenfalls den Tod findet. Graf Warwick kehrt mit seiner Familie nach England zurück, begleitet von Suteminn, recte Otto von Moltke, der in dem Kaperkapitän Rolf Vendaskiöld seinen verschollen geglaubten Bruder wiederfindet.

In Mays Schaffen nimmt dieses Werk in mehrfacher Hinsicht eine Sonderstellung ein. Es ist die erste Auseinandersetzung Mays, der bisher nur Erzählungen verfaßt hatte, mit der literarischen Gattung des Romans. Historische Stoffe hatte er vorher und später zwar immer wieder als Sujets herangezogen – erwähnt seien hier nur die Erzählungen um den Fürsten Leopold von Anhalt-Dessau, um den Grafen von Saint-Germain oder die umfangreichen Rückblenden auf die Zeit Napoleons und Blüchers in der *Liebe des Ulanen* –, *Der beiden Quitzows letzte Fahrten* blieb aber Mays einziger historischer Roman, in dem die Haupthandlungsträger historisch nachweisbar sind. Dies gilt für Dietrich von Quitzow, Werner von Holtzendorff, Suteminn – der in Wirklichkeit natürlich kein Graf von Moltke war – und die meisten anderen Ritter ebenso wie für Caspar Liebenow oder Jobst Schwalbe. Die Figur des »Schwarzen Dietrich«, der die Spreewälder heimsucht, ist bereits in Axmanns Roman zu finden.

Es ist angesichts der für May doch unerwarteten Aufgabe verständlich, daß er sich stark an Klödens Geschichtsbild der Jugendzeit des Hauses Hohenzollern orientierte, das der Verfasser, wie er im Epilog des Werkes schreibt, durch kräftige Farben aufgefrischt hatte. Trotzdem wird auch in diesem Roman Mays spätere Meisterschaft spürbar, eine vorgegebene historische oder geographische Kulisse mit Figuren und Handlungen eigener Prägung zu beleben.

Waren auch ursprünglich mit den *Beiden Quitzows* wohl die

Brüder Dietrich und Johann gemeint, so stellt May dem düsteren Dietrich den dicken, trinkfreudigen, aber nicht minder kühnen Vetter Claus gegenüber. In der Schilderung des Treibens der ständig zechenden Raubritter auf Burg Garlosen gelingt May ein durchaus ironischer Kontrapunkt zu den Taten der Ritter ohne Furcht und Tadel vom Schlage Suteminns, Henning von Bismarcks oder Detlev von Warwicks. Natürlich ist das Auftreten eines Vorfahren des amtierenden Reichskanzlers sowie der Brüder Moltke auch eine Verbeugung vor den Exponenten des neugegründeten Deutschen Kaiserreichs, die sowohl aus der allgemeinen Hochstimmung nach der Reichsgründung als auch aus der persönlichen Situation des sich eine neue berufliche Grundlage aufbauenden ehemaligen Lehrers Karl May zu erklären ist.

May arbeitet in seinem ersten Roman mit den Requisiten und Figuren des Ritter- und Räuberromans, der ihn in seiner Jugend stark beeindruckt hatte: Edle Ritter und Burgfräulein, grimmige Waffenmeister, edle und gemeine Räuber, eine schöne Jüdin sowie – als Tribut an den Kulturkampf – ein schurkischer Burgkaplan bevölkern die Wälder Brandenburgs, die Burgen und Klosterruinen, in denen es von unterirdischen Gängen und geheimnisvollen Türen nur so wimmelt. Sieht man diesen Roman im Zusammenhang mit seinen späteren Werken, so wird deutlich, wie stark May vom Genre des Ritter- und Räuberromans geprägt war. Alle diese Figuren und Kulissen sind, entsprechend angepaßt, sowohl in den Romanen seines Frühwerks und in den großen Lieferungsromanen als auch in den Reiseerzählungen wiederzufinden. Aus Suteminn, Henning von Wedel oder Detlev von Warwick werden Matavase, Old Shatterhand oder Richard von Königsau. Das Kleeblatt Caspar Liebenow, Heinrich Schwalbe und Balthasar mit seinem dürren Gaul verwandelt sich in Dick Stone, Will Parker und Sam Hawkens. Das gleiche gilt für eine ganze Reihe von Einzelmotiven, angefangen vom kühnen Sprung auf ein Pferd und einem Old-Shatterhand-ähnlichen Fausthieb bis hin zur Rauferei im Gasthaus einer dicken Wirtin und zur Lähmung von Pferden durch Nadelstiche. Die autobiographischen Bezüge sind nicht so stark ausgeprägt wie in anderen frühen Werken, aber doch vorhanden: Karl von Uchtenhagen trägt unverkennbar Mays Züge.

Ab Heft 29 zeichnet Dr. Heinrich Goldmann (1841–1877) als Autor verantwortlich. Es ist jedoch anzunehmen, daß von May noch Text vorrätig war und daß Goldmann, der fast zur gleichen Zeit den Roman Axmanns im »Deutschen Familienblatt« fortführen mußte, keine völlig neue Handlung ersann, sondern sich weitgehend an das zweifellos existierende Konzept Mays hielt oder sich bei diesem über den geplanten Fortgang der Handlung informierte. Der Schluß wirkt hastig hingeworfen. Am 9. 5. 1877 starb Goldmann, der auch das »Testament des großen Kurfürsten« nicht fertigstellen konnte.

Die Bedeutung von Mays Roman *Der beiden Quitzows letzte Fahrten,* der von der May-Forschung bisher keiner eingehenden Untersuchung unterzogen wurde, liegt nicht in seinem literarischen Wert, sondern in der Schlüsselfunktion, die er für die weitere schriftstellerische Entwicklung des noch jungen und unerfahrenen Autors zum erfolgreichen Romanschriftsteller hatte.

Mays *Quitzow*-Roman bildet zusammen mit *Auf See gefangen* (1878), *Scepter und Hammer* (1879) und *Die Juweleninsel* (1880) auf Grund der formalen Verwandtschaft, der Ähnlichkeit vieler Szenen und Motive und der zeitlichen Nähe ihres Entstehens eine abgrenzbare Gruppe von Werken, die als »Frühromane« bezeichnet werden kann.

Siegfried Augustin

2. *Auf der See gefangen*

Dieser »Criminalroman von Karl May« erschien im Erstdruck in der von May selbst redigierten Zeitschrift »Frohe Stunden«, Jg. II (1878), H. 21–52 (R-KMG in: *Frohe Stunden*. Erstdrucke Karl Mays in Faksimile-Ausgaben, Serie VI, Hamburg 1971). Einen Nachdruck unter dem Titel *Schloß Wildauen* brachte 1888 die »Deutsche Gartenlaube«, Berlin, Jg. I, H. 1–23 (nicht identisch mit der berühmten »Gartenlaube« von Ernst Keil!), und abermals 1900 (H. 1–23). Teile des Romans verwendete May 1895 für *Old Surehand II* (F 15), aus dem sie später herausgelöst und in GWR 19/GWB 19 aufgenommen wurden. Der vollständige Roman erschien zu Lebzeiten Mays nicht in Buchform (auch später nicht in GWR, GWB); erste Buchausgabe unter dem Titel *Winnetou und der Detektiv,* München 1982, hg. und bearb. von W. Hansen und S. C. Augustin.

Otto Victor von Schönberg-Wildauen ist verbittert. Sein Sohn Max wird zu Unrecht angeklagt, den Juwelier Wallerstein ermordet und beraubt zu haben. Max flieht nach Amerika und arbeitet sich dort zum erfolgreichen See-Offizier empor. Der Gegenspieler und wirkliche Täter ist der »schwarze Kapitän« und gefürchtete Pirat Latour. Dessen Segelmeister ist eine Frau, die »Miß Admiral« Clairon; Latour und Clairon sind durch Haßliebe verbunden.

Detektiv Treskow möchte Wanda, die Nichte Otto Victors, zur Frau gewinnen und setzt sich zum Ziel, die Täter zu entlarven und Max zu rehabilitieren. Eine abenteuerliche Verfolgungsjagd beginnt, quer durch Nordamerika. Man trifft auf Winnetou und die Westmänner Dik Hammerdull und Pitt Holbers. In San Franzisko können die Piraten ihr Schiff, die »l'Horrible«, das ihnen vom Militär abgenommen worden war, in einem Handstreich zurückerobern. Die Verfolgung setzt sich zur See fort, und mit Hilfe des Marine-Lieutenants Parker (= Max von Schönberg-Wildauen) gelingt es, Latour und seine Leute zu überwältigen und gefangenzunehmen. Sie werden zur Aburteilung nach Deutschland überführt, begleitet von den Westleuten und auch von Winnetou. Max hat seine Ehre wiedergewonnen, und bei Otto Victor kommt es zum großen Wiedersehen und zum guten Ende des Abenteuers.

Max von Schönberg-Wildauen, der zu Unrecht Verurteilte, ist eindeutig eine Identifikationsfigur Mays, wie alle Personen in seinen Werken, die den Namen Max tragen (vgl. S. C. Augustin im Nachwort zu *Winnetou und der Detektiv,* S. 330). Auch sonst finden sich mancherlei autobiographisch zu deutende Details, freilich nicht in der ausgeprägten Form wie in den zur gleichen Zeit entstandenen erzgebirgischen Dorfgeschichten.

Auf der See gefangen war Mays erster größerer Roman, ein »Mordsroman gewissermaßen, der gleich fünf Romangattungen in einem bot: Kriminalroman, Indianerroman, Seeräuberroman, Gesellschaftsroman, Liebesroman. Entsprechend vielfältig war das Panoptikum seiner Romanfiguren: Mörder und Detektiv, Indianer und Trapper, Matrosen und Piraten, Prinzen und Käuze, Heiratsschwindler, adelige Frauen und eine Femme fatale. Als Schauplätze wählte er ein sächsisches Schloß, das Großstadtpflaster Berlins, die Prärie des Wilden Westens, indianische Kriegslager, geheime Trapperverstecke, den Hafen von San Franzisko, eine Gangsterkaschemme, eine Seemannskneipe und ein Kaperschiff...« (W. Hansen im Vorwort zu *Winnetou und der Detektiv,* S. 7f.). Interessant ist es, daß hier bereits die Wirtin »Mutter Thick« auftaucht (freilich in einer Seemannskneipe in New York), die später im *Old Surehand* einen Westmanns-Saloon in Jefferson City führt.

Ekkehard Bartsch

3. *Scepter und Hammer*

In der Zeitschrift »All-Deutschland« des Verlages Göltz und Rühling, Stuttgart, die parallel auch unter dem Titel »Für alle Welt« erschien, wurde im IV. Jg. (Ende August 1879 bis Mitte August 1880) Karl Mays »Originalroman« *Scepter und Hammer* erstveröffentlicht. Bereits der III. Jg. dieser Zeitschrift hatte Erzählungen aus der Feder Mays, z. T. unter Ps., gebracht. Nach der Gründung des KMV im Jahre 1914 galten zunächst die »Münchmeyer-Romane« als früheste Kolportageveröffentlichungen Mays, bis Dr. E. A. Schmid 1926 die Bearbeitung des Doppelromans *Scepter und Hammer* und *Die Juweleninsel* als Bd. 45 und 46 der Radebeuler Ausgabe erscheinen ließ. Ein R des Doppelromans in seiner Zeitschriftenfassung wurde 1978 von der KMG vorgelegt.

Über die Quellen zu *Scepter und Hammer* ist nichts bekannt. Allerdings fordern bestimmte Motive des Romans zu einem Vergleich mit zeitgenössischer Abenteuer- und Sensationsliteratur heraus. Das Motiv der unrechtmäßigen Einweisung eines Gesunden in eine Irrenanstalt findet sich beispielsweise schon in dem Seeroman »Peter Simple« des Captain Frederick Marryat (1834). Die später bekannteste Variante dieses Themas in Deutschland stellt der Roman »Der Irre von St. James« des Landarztes Philipp Lange (Ps. Philipp Galen) von 1854 dar, der in Mays *Scepter und Hammer* erwähnt wird (31R). Eine spätere und sehr erfolgreiche Bearbeitung dieses Themenkreises findet sich in Wilkie Collins »The Woman in White«. Daß May weitere Sensationsromane des 19. Jahrhunderts, wie Eugène Sues »Le Juif errant« (1844/45), gekannt und für *Scepter und Hammer* ausgewertet hat, ist wahrscheinlich aufgrund zahlreicher Handlungsparallelen.

Die Handlung von *Scepter und Hammer* spielt zu einem nicht näher fixierten Zeitpunkt in den fiktiven Staaten Norland und Süderland. Während Norland von dem milden, aber von falschen Ratgebern umgebenen Wilhelm II. regiert wird, »(...) ein Herrscher von so wohlmeinenden Gesinnungen, wie sie in solchem Umfange wohl keiner seiner Vorfahren aufzuweisen hatte. Leider läßt die Güte seines Herzens nicht Raum genug für die strenge Energie, welche ein Mann besitzen muß, in dessen Hände die größten und schwierigsten Aufgaben staatlicher Entwicklung gelegt sind« (35R), herrscht in dem katholischen Süderland der Despot Max Josef: »(...) ein Regent, welcher die Traditionen seiner Dynastie in ihrem ganzen Umfang aufrecht zu erhalten weiß, alle Zweige der Administration um seine Person gruppiert, keinem Menschen Einsicht in seine Intentionen gestattet und das ›l'état c'est moi‹ jedem seiner Worte und jedem seiner Befehle aufzudrücken gewohnt ist« (35R). Zwischen diesen beiden Staaten gibt es gewisse Spannungen, die eine Gruppe von Verschwörern unter Führung des in Norland lebenden, einflußreichen Herzogs von Raumburg zum Umsturz in Norland nutzen will. Gleichzeitig planen die Süderländer eine Invasion in Norland. Diese Revolutionspläne werden aber zunichte gemacht durch Max Brandauer, den Sohn des königlich norländischen Hofschmieds. Wie sich später aus einer Retrospektive erschließen läßt, ist Max Brandauer in Wirklichkeit der Thronfolger von Norland, der als Kleinkind von dem Herzog von Raumburg geraubt und mit der Tochter der Fürstin von Sternburg vertauscht wurde. Das Mädchen starb; der Thronfolger wurde aber nun seinerseits von der Zigeunerin Zarba gegen den Sohn des Hofschmieds Brandauer ausgetauscht, so daß Dr. Max Brandauer der eigentliche Thronfolger, sein Freund Arthur von Sternburg aber der Sohn des Schmieds ist. Zu dieser komplizierten Konstruktion von Kindesvertauschung und anderen Verbrechen kommen weitere Vorzeithandlungen hinzu, die schrittweise aufgedeckt werden: der Vater des jetzigen Herzogs von Raumburg hatte eine Zigeunerin entführt, wobei aus dieser Verbindung der Zigeuner Katombo hervorging. Der wiederum verliebte sich in Zarba, die aber auch von dem jungen Herzog von Raumburg, also Katombos Halbbruder, begehrt wurde. Katombo mußte fliehen und brachte es in Ägypten bis zum Nurwan-Pascha, dem Großadmiral des Sultans. Zarba gebar dem Herzog von Raumburg einen Sohn, den späteren Hauptmann von Wallroth, den sein Vater, der verbrecherische Herzog, in einer Irrenanstalt als vorgeblich Wahnsinnigen einkerkern ließ.

Diese verwickelten Familienverhältnisse werden im Laufe des Romans in analytischer Erzähltechnik verwirrt: Max Brandauer gelingt es, nicht nur die Untaten des Herzogs von Raumburg und seiner Helfer restlos aufzudecken und den Hauptmann von Wallroth aus der Irrenanstalt zu befreien, er vereitelt auch die Umsturzpläne, die Raumburg mit Hilfe des in Norland verbotenen Geheimbunds der Jesuiten ins Werk setzen wollte. Unterstützt vom Kapudan-Pascha alias Nurwan Pascha alias Katombo und des jungen Arthur von Sternburg, besiegen Brandauers Verbündete die süderländischen Invasionstruppen in einer großen Seeschlacht. Die Zigeunerin Zarba und der geheime Bund der Zigeuner, die alle Grenzen zwischen Norland und Süderland kontrollieren, setzen den Sohn des jetzigen Herzogs von Raumburg fest und entlocken seinem sterbenden Vater das Geständnis der Kindesvertauschung. Max Brandauer wird als Kronprinz von Norland anerkannt, der Hauptmann (später Major) von Wallroth erhält die offiziellen Titel eines Herzogs von Raumburg, die Jesuiten werden endgültig des Landes verwiesen und eine neue, prä-demokratische Regierung übernimmt die Amtsgeschäfte der alten Berater des Königs: »Wie durch einen Zauberschlag hatte sich selbst bis in das kleinste Dorf die Nachricht verbreitet, daß der König die bisherige Regierungsform aufgegeben, die verhaßten Räthe und Minister entfernt habe und seinem Volke eine Konstitution geben werde. Dieses Volk solle seine selbstgewählten Vertreter an den Hof schikken, um die Konstitution zu berathen« (210R). Durch die Heirat Max Brandauers mit der Prinzessin Asta von Süderland wird auch der Friede zwischen Norland und Süderland endgültig gefestigt.

Scepter und Hammer ist Mays dritter Versuch auf dem Gebiet des Romans. Während aber *Der beiden Quitzows letzte Fahrten* nur bedingt als autarke Schöpfung Mays gelten darf, weil Stoff und Hauptpersonen im wesentlichen durch die Aufgabe, den Roman »Fürst und Junker« von Friedrich Axmann fortzusetzen, bereits vorher festgelegt waren, müssen *Auf der See gefangen* und in noch weit stärkerem Maße *Scepter und Hammer* als durchaus eigenständige Leistungen betrachtet werden. Gegenüber *Auf der See gefangen,* wo May ziemlich mechanisch versucht, durch Kombination verschiedenster

Erzählgattungen und -formen (Kriminalgeschichte, Abenteuerroman, Sensations- bzw. Enthüllungsroman, Anekdote, Humoreske) Wirkung zu erzielen (und immerhin ist *Auf der See gefangen* als erster Roman Mays in einer eigenen Buchausgabe erschienen, als Raubdruck des Verlages Morwitz & Co., Philadelphia, Pa. in seiner Reihe »Heimat und Fremde« unter der Nr. 50, ca. 1880), ist *Scepter und Hammer* konzentrierter, bescheidener und kunstvoller aufgebaut. Die Wendung zu Kolportagestil, in *Auf der See gefangen* ansatzweise erkennbar, wird in *Scepter und Hammer* in deutlichen Zügen erkennbar: die Handlung kombiniert bekannte Motive des Abenteuer- und Schauerromans (Kindesvertauschung und Kindesraub, unrechtmäßige Einkerkerung eines Gesunden in ein Irrenhaus, Intrigen, Geheimbünde, Seegefechte und exotische Schauplätze) in betont effektvoller Weise miteinander. Die analytische Handlung schließt einige frühere Vorgänge ein, die in Einzelblöcke aufgeteilt werden und so die Übersicht über das Ganze erschweren. Die Personenzeichnung ist eher typisierend als charakteristisch-individuell, wie auch das Personal den Usancen der Kolportage voll entspricht: strahlende Helden, die sich im Verlauf der Handlung ihrer adeligen Herkunft bewußt werden, sanfte, passive sowie aktiv-dämonische Frauengestalten, etwa die wahrsagende Zigeunerfürstin Zarba, ausgesprochen dualistisch gegeneinandergestellte Geheimbünde und ihre Anführer, gewissenlose Schurken und tapfere Soldaten. Die Vorliebe der Kolportage für naive »Schlüpfrigkeiten«, die heute eher komisch wirken, tritt allerdings in *Scepter und Hammer* noch nicht deutlich zutage.

Im Werk Mays nimmt dieser Roman eine Art Zwischenstellung ein zwischen dem teils exotisch geprägten, teils dem Genre der komisch-anekdotischen Erzählung oder der Dorfgeschichte verpflichteten Frühwerk und der eigentlichen Kolportagephase, die mit dem *Waldröschen* beginnt. Es ist gewiß kein Zufall, daß im *Waldröschen* nicht nur bestimmte Motive, sondern auch Details wie der Name der Zigeunerin Zarba genau aus *Scepter und Hammer* übernommen wurden: hier wie dort steht möglicherweise ein stark idealisiertes Selbstportrait Mays im Vordergrund, einmal als Max Brandauer, das andere Mal als Karl Sternau mit der erträumten Wunschkarriere von den unteren Gesellschaftsrängen zum adeligen Helden. Hier wie dort gibt es eine schöne, als junges Mädchen von einem Schurken verführte Zigeunerin Zarba, die sich später an ihrem ehemaligen Geliebten rächt. Wie in *Scepter und Hammer* spielen auch im *Waldröschen* die Zigeuner eine geheimnisvolle Rolle als mit schier überirdischen Fähigkeiten begabter Geheimbund, wirken aber in beiden Fällen stets für die Guten. Ist in *Scepter und Hammer* von einem Waldhüter Tirban die Rede, so tritt in ähnlicher Funktion Zarbas Sohn Tombi im *Waldröschen* auf.

Aber nicht nur die Brücken zum späteren Kolportagewerk fallen ins Auge, sondern auch die großzügige Art, in der hier die Sensationsromane des 19. Jahrhunderts rezipiert werden. Die Jesuiten als verbrecherischer Geheimbund – das ist kein Spezifikum der Literatur aus der Zeit des »Kulturkampfes« (Jesuitengesetz vom 4. Juli 1872), sondern von Sues »Le juif errant« bis zu Retcliffes Romanen ein immer wiederkehrendes Relikt aus der antiklerikalen und aufklärerischen Phase des Trivialromans, wie wir sie in Romanen der Goethezeit (Ignaz Ferdinand Arnold, Veit Weber, Carl Gottlieb Cramer, Johann Ernst Albrecht) festmachen können. Auf die Einflüsse Philipp Galens mit seinem »Irren von St. James«, einem der größten Erfolge in der deutschen Unterhaltungsliteratur nach 1850, wurde schon verwiesen.

Scepter und Hammer nimmt in der Grundkonstellation der beiden einander gegenüberstehenden fiktiven Staaten schon manche Züge des großen Alterswerks *Ardistan und Dschinnistan* voraus. Dabei dürfte diese Idee allerdings durch zeitgeschichtliche Ereignisse wie den preußisch-österreichischen Krieg von 1866, die Einigung des Norddeutschen und Süddeutschen Bundes, den deutsch-französischen Krieg von 1870/71 und die Reichsgründung in starkem Maße vorgeprägt worden sein (vgl. C. F. Lorenz: Karl Mays kleines Welttheater. In: M-KMG 42/1979). Während das protestantische Norland eindeutig nach dem Muster Preußens modelliert ist, stellt König Max Joseph mit seinen absolutistischen Neigungen cum grano salis ein Portrait Ludwigs II. von Bayern dar, dessen Vorliebe für den französischen Absolutismus schon zu Lebzeiten bekannt war.

Bis 1978 war die Originalfassung von *Scepter und Hammer* nur wenigen Sammlern bekannt, so daß die Reprintausgabe des Originaltextes einiges Aufsehen erregte. Volker Klotz betrachtete den Doppelroman *Scepter und Hammer* und *Die Juweleninsel* vor allem als interessante Auskunftsquelle über die literarische »Herkünfte« Karl Mays (*Die Juweleninsel* – und was man draus entnehmen könnte. Lese-Notizen zu den

Erstlingsromanen nebst einigen Fragen zur Karl-May-Forschung. In: Jb-KMG 1979. S. 262–275).

Christoph F. Lorenz

4. *Die Juweleninsel*

Nach dem offenbar großen Erfolg von *Scepter und Hammer* schrieb Karl May für den V. Jg. von »All-Deutschland«, das jetzt nur noch unter dem Namen »Für alle Welt« erschien, die Fortsetzung *Die Juweleninsel*. Die ersten Lieferungen erschienen im August 1880, bereits vom Jahresbeginn 1881 an begannen die Hefte von »Für alle Welt« aber unregelmäßig herauszukommen, was offenbar an nicht kontinuierlich eingehenden Manuskriptlieferungen Mays lag. Der Schriftsteller arbeitete zur gleichen Zeit an seinem Orientroman *Giölgeda padishanün*, der zwischen Oktober 1880 und Oktober 1881 im DH erschien, und verlor offenbar immer mehr die Lust an der *Juweleninsel;* die Lücken in der Erscheinungsfolge der Lieferungen belegen das (H. 1–49, 51–52, 54, 56, 58 des V. Jg. enthalten den Text). Erst im April 1882 konnte *Die Juweleninsel* und mit ihr der V. Jg. von »Für alle Welt« abgeschlossen werden. *Die Juweleninsel* wurde 1926 in Band 46 der GWR und später GWB aufgenommen; seit 1978 liegt von der KMG ein R des Doppelromans *Scepter und Hammer / Die Juweleninsel* vor.

Wie in *Scepter und Hammer* finden sich auch in der *Juweleninsel* zahlreiche Allusionen an zeitgenössische Abenteuerliteratur. Insbesondere die Indien-Handlung mit dem Titel »Der Schatz der Begum« (288–319R) erinnert stark an die Episode um den Inder Djalma aus Eugène Sues »Le juif errant« und an die Schilderung der Thugs in Sir John Retcliffes »Nena Sahib«.

Die Handlung der *Juweleninsel* spielt einige Zeit nach den in *Scepter und Hammer* geschilderten Ereignissen. Im mondänen Seebad Fallum versucht der »tolle Prinz« Hugo von Süderland, der sich dort als Kurgast langweilt, die Schwestern des norländischen Generals von Helbig zu ärgern, indem er das Boot der drei ältlichen Jungfern zum Kentern zu bringen beabsichtigt. Sein Plan wird durch den jungen Kurt Schubert, Stiefsohn des brutalen Schiffers Hartig und in Wirklichkeit

Sohn des aus *Scepter und Hammer* bekannten Steuermanns Schubert, durchkreuzt. Kurt rettet durch sein beherztes Eingreifen die drei Damen und Magda, die Tochter des Generals. Der »tolle Prinz« wird wegen seiner aberwitzigen »Seeattacke« zu einer Gefängnisstrafe verurteilt und nur auf dem Gnadenwege wieder freigelassen; er sinnt auf Rache. Als der Schiffer Hartig seinen Stiefsohn verprügelt, der den »tollen Prinzen« ohne Rücksicht auf seine hohe Stellung und edle Abkunft attackierte, greift der General von Helbig ein. Hartig wird zu einer Zuchthausstrafe verurteilt und in dasselbe Zuchthaus Hochberg eingeliefert, in dem auch der junge Herzog von Raumburg, der Sohn des Verschwörers, der ehemalige Direktor der Irrenanstalt und sein Oberarzt, die den Hauptmann von Wallroth widerrechtlich eingesperrt hielten, lebenslängliche Strafen verbüßen. Raumburg, dem ehemaligen Irrenhausdirektor und dem Oberarzt gelingt die Flucht aus der Strafanstalt. Kurt Schubert aber fängt die Sträflinge wieder ein und sperrt sie in den Hundezwinger (260R).

Neben dieser Haupthandlung lassen sich auch noch eine Reihe von Nebenepisoden ausmachen: zum Beispiel wird von den Untaten des »tollen Prinzen« berichtet, der auf seinem süderländischen Schloß Himmelstein Personen einkerkert, die sich ihm widersetzen, wie die junge Komtesse Toska von Mylungen. Durch ein unterirdisches Höhlensystem ist die Burg Himmelstein mit einem Mönchs- und einem Nonnenkloster verbunden, deren Bewohner nicht nur den »tollen Prinzen« in seinem verbrecherischen Tun unterstutzten, sondern einander auch mehr zugetan sind, als es die Klostergelübde gestatten. »Es gibt in dem Klosterkirchhofe einen Winkel, in welchem man beim Nachgraben nichts finden würde als die Überreste neugeborener Kinder (...). Die frommen Väter und Mütter haben einander sehr lieb (...)« (239f.R). Auch diese Machenschaften werden am Ende aufgedeckt, insbesondere aber die Verbrechen des »tollen Prinzen«.

In einer vor dem Romanende ungeschickt eingeschobenen Episode »Der Bowie-Pater« (342–372R; der Beginn des VIII. Kapitels vermutlich auf S. 365 ist nicht markiert, ein Zeichen für die gegen Romanende zunehmend flüchtiger werdende Arbeitsweise Mays) treffen die Präriejäger Bill Holmers und Fred mit dem edlen Apachenhäuptling Rimatta und dem »Bowie-Pater«, einem seltsamen Westmann in Priesterkleidung, der gefangene Indianer vor die Alternative »Taufe oder

Tod« stellt, zusammen. Dabei stellt sich heraus, daß der Pater in Wirklichkeit eine Frau, die ehemalige Kunstreiterin Ella, ist, die einstmals gleichzeitig in den jungen Theodor von Walmy und den »tollen Prinzen« verliebt war. Der eifersüchtige Prinz Hugo ließ Theodor in den unterirdischen Gefängnissen seiner Burg verschwinden, während er Ella wenig später zugunsten anderer Frauen den Laufpaß gab. Rasend vor Wut und Rachsucht ging Ella in Männerkleidung als »Bowie-Pater« nach Amerika; ihr Gelübde, jeden gefangenen Indianer sofort zu töten, wenn er sich nicht taufen lassen will, wird nicht weiter motiviert. In dem Westmann Fred trifft Ella nun Friedrich von Walmy, den Bruder Theodors. Gemeinsam befreit man nach der Rückkehr ins heimische Süderland die Gefangenen aus der Burg Himmelstein; der »tolle Prinz« stürzt dabei von einer Mauer, bleibt eine Nacht lang an einem Tannenkrüppel hängen (423 R) und verläßt dann, »schneeweiß geworden vor Angst« (423 R) für immer das Land. Die befreiten Toska von Mylungen und Theodor von Walmy finden ebenso als Liebespaar zusammen wie Ella und Bill Holmers.

Kaum mit der Haupthandlung verbunden ist die Episode vom »Schatz der Begum«: der Rajah von Augh und seine Schwester, die Begum, versuchen, einen Schatz und das Königreich Augh gegen die englischen Usurpatoren zu verteidigen. Dabei unterstützt sie nicht nur die geheimnisvolle Mördersekte der Thugs, sondern auch der Leutnant Alphons Maletti. Nachdem die Engländer Augh erobert und die Stadt in Brand gesteckt haben, wobei auch der Rajah ermordet wird, suchen ihre Truppen nach dem Schatz, aber vergebens: mit Hilfe der Thugs hat Maletti ihn und die von ihm geliebte Begum in Sicherheit gebracht. Bei dem Versuch, auf einem Schnellsegler nach Batavia zu gelangen, geraten Maletti und die Begum an zwei Inder, die alle Besatzungsmitglieder außer der Begum und ihrem Beschützer ermorden, um sich selbst in den Besitz des Schatzes zu bringen. Maletti gelingt es, die beiden zu töten, gerät aber mit dem nun führerlosen Schiff in Seenot. An einer einsamen Insel stranden Maletti und die Begum schließlich, ohne Hoffnung auf Hilfe. Hier bricht die Episode ab, um am Ende des Romans, noch einmal ganz kurz rekapituliert zu werden: vor langen Jahren war der Bootsmann Karavey, Zarbas Bruder, auf der Insel ausgesetzt worden (auf Befehl des Herzogs von Raumburg), die Maletti und die Begum erreicht hatten. Hier entdeckte er das Tagebuch der beiden Liebenden und ihre sterblichen Überreste und stieß auf den Schatz, den er allerdings nicht heben konnte. Mit seinem Freund Balduin Schubert, der damals durch widrige Verhältnisse und die Machenschaften des Herzogs gezwungen Frau und Sohn Kurt verlassen und sich auf große Fahrt begeben mußte, macht er später, zur Zeit der *Juweleninsel*-Handlung eine neue Fahrt zu der Schatzinsel und birgt hinter Indien einen »außerordentlichen Schatz« (425 R), was lediglich kurz erwähnt, nicht aber in Form einer direkten Handlung dem Leser nahegebracht wird. Die eigentliche »Juweleninsel« bleibt im Verborgenen; keine Zeile der Handlung spielt auf ihr.

Im Vergleich zu *Scepter und Hammer* nimmt sich *Die Juweleninsel* wie ein schwerer Rückschritt in der Entwicklung des Romanschriftstellers May aus: während *Scepter und Hammer* trotz mancher Schwächen vor allem durch eine stringente Handlungsführung überzeugt, wirkt die Handlung der *Juweleninsel* unzusammenhängend, vollkommen unwahrscheinlich und streckenweise dilettantisch konzipiert. Die zunehmende Hinwendung Mays zum Kolportagestil zeigt sich in papierernen, langatmigen Dialogen, manchmal recht aufgesetztem Humor, »Üppigkeiten« ganz im Sinne der »wogenden Busen« in den »Münchmeyer-Romanen« und dem Fehlen überzeugender Charakterisierung der Hauptpersonen. Während die eigentliche Haupthandlung um die Juweleninsel völlig im Verborgenen bleibt und am Schluß nur durch eine peinliche Kurzberichterstattung nachgeholt wird, drängen sich Effekte des Schauerromans, insbesondere aus der englischen »Gothic Novel« des 18. und 19. Jahrhunderts bekannt, unangenehm in den Vordergrund: geschlechtliche Beziehungen zwischen Mönchen und Nonnen, Ermordung neugeborener Kinder, Einkerkerung von jungen Mädchen in Verliese und anderes. Völlig verworren schließlich ist die Handlung der beiden exotischen Episoden: das seltsame Gelübde des Bowie-Paters Ella, auch als Rache am »tollen Prinzen« unverständlich, wird nie plausibel gemacht, ebenso wie die ganze Haltung Ellas, die von den Machenschaften Hugos wußte, aber nichts gegen sie unternahm (und stattdessen in die USA abreist). Hier hat May, wie auch in der flatterhaften Emma Vollmer des Vorgängerromans *Scepter und Hammer* sicherlich seine unberechenbare Frau Emma geborene Pollmer porträtiert, was die Figur Ellas freilich auch nicht plausibler macht.

Als Handlung unwahrscheinlich und wenig überzeugend, interessiert dagegen die Geschichte um den Schatz der Begum vor allem durch die positive Schilderung der Thugs und negative Zeichnung der Engländer. Letzteres hatte May von Retcliffe übernehmen können, kaum aber die trotz aller geheimnisvollen Riten doch nicht unfreundliche Darstellung der Kali-Anhänger, die der Tradition des Abenteuerromans (von Vernes »La maison à vapeur« über des gleichen Schriftstellers »La tour du monde en quatre-vingts jours« bis zu Retcliffes »Nena Sahib«) widerspricht. Überhaupt sind es die Herkünfte des Romans, seine Anlehnung an unterschiedlichste Literaturströmungen von der Gothic Novel bis zum Sensationsroman à la Retcliffe, die *Die Juweleninsel* einzig zu einem aufschlußreichen Leseerlebnis machen.

Auch *Die Juweleninsel* war Jahrzehnte nur in der Bearbeitung des KMV greifbar und wurde erst nach dem Erscheinen des KMG-Reprints näher beachtet (vgl. C. F. Lorenz: Die wiedergefundene *Juweleninsel*. In: M-KMG 44 u. 46/1980).

Christoph F. Lorenz

5. *Das Waldröschen*

Das Waldröschen / oder / Die Verfolgung rund um die Erde. Großer Enthüllungsroman über die Geheimnisse der menschlichen Gesellschaft, unter dem Pseudonym »Capitain Ramon Diaz de la Escosura« veröffentlicht, ist der erste der fünf frühen Lieferungsromane, die Karl May für den Verlag H. G. Münchmeyer in Dresden geschrieben hat; 1882 erschienen, ist er immer wieder nachgedruckt worden. Von den etwa fünf Millionen Mark Umsatz, die der Verlag mit dem Heftchenroman machte, hat der Autor nur einen Bruchteil (3500) erhalten. Vom späteren Münchmeyer-Inhaber Adalbert Fischer wurde das *Waldröschen* unrechtmäßig und leicht bearbeitet durch Staberow weitergedruckt, zunächst unter Mays Namen (innerhalb von »Karl May's illustrierten Werken« in 25 Bänden, 1901–1907), dann in einer anonym vertriebenen Ausgabe, die sämtliche Lieferungsromane Mays in bearbeiteter Form enthält. Die später als GWR Bd. 51–55 *(Schloß Rodriganda, Vom Rhein zur Mapimi, Benito Juarez, Trapper Geierschnabel, Der sterbende Kaiser),* dann GWB Bd. 51–55 (schon in Radebeuler Auflagen ab 46. Tsd. trägt Bd. 52 den Titel *Die*

Pyramide des Sonnengottes) erschienene Ausgabe des Romans wurde von Dr. E. A. Schmid und Franz Kandolf durchgreifend und radikal bearbeitet und enthält kaum noch ursprünglichen Text. Der R im Olms Verlag (Hildesheim, New York 1969–1971) beruht entgegen der bibliographischen Angabe auf einer *Waldröschen*-Ausgabe nach 1886, unterscheidet sich vom Erstdruck aber nur unwesentlich durch Wortstreichungen, Worteinfügungen, Verdeutschungen von Fremdwörtern, unterschiedliche Schreibweisen und Interpunktionen (im Durchschnitt 3,5 Änderungen pro Seite, wie man errechnet hat), so daß er eine für das Genre durchaus brauchbare Textgrundlage darstellt.

Der Roman verschmelzt eine Fülle von gattungstypischen Stoffen, Motiven und Erzählweisen der Kolportage- und Abenteuerliteratur nach Art Eugène Sues oder Alexandre Dumas'; auch der Räuberroman in der Nachfolge von Vulpius und der Indianerroman nach Coopers Vorbild haben Anregungen geliefert. Die mexikanischen Verhältnisse hat May nach einigen Aufsätzen in der »Gartenlaube« (»Der Lincoln Mexikos«, Heft 11, 1867; »Der Panther des Südens«, Heft 46, 1867; »Die Familie des Präsidenten Juarez«, Heft 44, 1867), vor allem aber nach einer historischen Darstellung Johannes Scherrs beschrieben (»Das Trauerspiel in Mexiko«, 1868), der er oft nahezu wörtlich folgt; er nennt ihn im Roman selber einen »unserer neueren bedeutendsten Geschichtsschreiber« (1138).

Der deutsche Arzt Karl Sternau wird von seiner angebeteten, doch durch gesellschaftliche Schranken unerreichbaren Contezza Rosa de Rodriganda auf das Stammschloß der Familie in Spanien gerufen, um dort den schon lange erblindeten, an einem Steinleiden erkrankten und auf den Tod geschwächten Vater, den Grafen Emanuel de Rodriganda Sevilla, aus den Händen unfähiger Ärzte zu retten. Sternau, ein »Deutscher Riese« (7), der wie Old Shatterhand einen Mann mit einem einzigen Fausthieb fällen kann (54) und später auch mit Henrystutzen und Bärentöter auftritt (Bd. 3, Kapitel 6), kommt gerade zurecht, eine gefährliche Nacht-und-Nebel-Operation am Grafen zu verhindern; er gerät dabei mitten in eine lange vorbereitete verbrecherische Intrige. Gasparino Cortejo, der Geschäftsführer des Grafen, hat längst schon an die Stelle des wirklichen Rodriganda-Erben Alfonzo seinen und der Oberin Clarissa Sohn gesetzt und den echten Nachkommen als kleines Kind in die Gewalt von Briganten in den Pyrenäen gegeben, wo er unter dem Namen Mariano aufgewachsen ist. Zu der Zeit, als Sternau in Rodriganda eintrifft, beginnt sich das Inkognito Marianos zu lüften, da ein alter Bettler kurz vor seinem Tode die Kindsvertauschung beichtet, die er einst auf Cortejos Anstiftung vorgenommen, und in dem vorgeblichen Briganten auch wirklich den Grafensohn wiedererkennt (eine der zahlreichen Anagnorisis-Szenen in Mays Romanen). Die Umrisse der, wie sich herausstellen wird, weltumspannenden Intrige treten hervor, und Sternau beschließt, den Kampf aufzunehmen, der (wie Rosa sagt) »nicht nur ein Kampf gegen die Falschheit, die Lüge und das Verbrechen (wird), sondern es wird auch ein Kampf um die Liebe sein, welche uns verboten ist.« (30) Nach anfänglichen Erfolgen Sternaus gelingt dann aber der Gegenseite Zug um Zug. Cortejo hat einen alten Spießgesellen, den Piratenkapitän Henrico Landola, zu Hilfe gerufen. Mit dessen und der Zigeunerin Zarba (einer der ambivalenten Figuren Mays) Beistand gelingt es, den alten Grafen mit einem Gift wahnsinnig zu machen und dann verschwinden zu lassen, Mariano wird auf Landolas Schiff (»La Pendola«) entführt und soll auf Borneo verkauft werden, schließlich glückt es sogar Sternaus Feinden, ihn unter einem Vorwand von der korrupten Polizei verhaften zu lassen: den Weihnachtsabend verbringt er in der Zelle (die immer wiederkehrende traumatische Situation des Autors). In diesem Stile nun geht es weiter, und auch Rosa erhält das Wahnsinnsgift und wird im Stift Clarissas gefangengesetzt. Doch dann gelingen Sternau Flucht und Rehabilitierung, er überwältigt den falschen Alfonzo und dessen Vater Cortejo, verläßt mit Rosa Spanien und reist mit ihr nach Rheinswalden, einem idyllischen Dorf in der Nähe von Mainz, wo ihm ihre Heilung gelingt.

Zeit- und Schauplatzwechsel: Einige Jahre vor diesen Ereignissen, im Grenzgebiet zwischen Nordamerika und Mexiko, auf den Besitzungen des Grafen Ferdinando de Rodriganda, Emanuels Bruder. Anton Helmers und sein Freund, der Apachenhäuptling Bärenherz, bewähren sich als Helden im Kampf mit den Komantschen und geraten auf die Spur eines alten Königsschatzes. Bevor sie ihn, unterstützt von Büffelstirn, dem Häuptling der Miztecas, aus dem Innern einer riesigen Pyramide bergen können, werden sie von Alfonzo de Rodriganda, der sich als vorgeblicher Neffe bei seinem Onkel Ferdinando eingeschlichen hat, und seiner

Bande überfallen, Helmers wird schwer verwundet, Büffelstirn und Bärenherz überwältigen die Feinde, doch Alfonzo entkommt schließlich. Ferdinando beginnt Zweifel an der Identität seines Neffen zu hegen, wird mit Hilfe eines Giftes in den Scheintod versetzt, nach Vera Cruz gebracht, wo schon Kapitän Landola seiner wartet. Mit Hilfe Pablo Cortejos, des Bruders von Gasparino Cortejo und Verwalter von Ferdinandos Gütern, gelingt es Alfonzo, sich als neuen Herrn zu etablieren. Der Haß, mit dem die Brüder Cortejo die Familie Rodriganda verfolgen, liegt (so stellt sich nun heraus) in einem alten Eifersuchtsdrama zwischen den Vätern der beiden Brüderpaare begründet, in dessen Verlauf der Vater der Cortejos von Don Manfredo de Rodriganda erschossen worden war.

Abermals Orts- und Zeitwechsel. Da Sternau für Alfonzo eine dauernde Gefahr darstellt, beschließt er, ihm mit einem in Paris gedungenen Garotteur (Gérard Mason) nach Rheinswalden zu folgen. Doch alle Anschläge mißlingen, Rosa und Sternau heiraten, wobei sich mehr und mehr dessen Identität mit dem illegitimen Sohn des spanischen Herzogs von Olsunna und der deutschen Lehrerin Wilhelmi herausstellt. Auch gelingt es durch Zufall, den alten wahnsinnigen Grafen Emanuel de Rodriganda in seinem Gefängnis aufzuspüren und nach Rheinswalden zu bringen, wo nun Rosa und ihr Vater, der Herzog von Olsunna und Sternaus Mutter (jene Lehrerin Wilhelmi, an welcher sich der junge Herzog einst versündigt und die er nun zu heiraten gedenkt) zusammentreffen. Sternau selbst hat inzwischen zusammen mit dem Bruder von Anton Helmers, dem in Rheinswalden verheirateten Steuermann Helmers (dessen Sohn, der Knabe Kurt, schon allerlei vorausdeutende Heldenstückchen vollbringt), die Jagd nach der »Pendola« aufgenommen. Mit Hilfe der Yacht des englischen Lords Lindsay wird der Pirat besiegt und Mariano befreit. Die drei Freunde machen sich auf nach Mexiko, treffen in der Hacienda del Erina auf den immer noch an seinen Verletzungen leidenden Anton Helmers, der umgehend von Sternau geheilt wird. Zur privat-familiären Intrige treten nun politische Verwicklungen. Cortejo hat sich mit einem Hauptmann Verdoja der revolutionären Truppen des Benito Juarez verbündet, doch zuletzt mißlingen die derart aufs neue ausgeklügelten Anschläge ebenso, und in aufregenden Kämpfen in und um die alte Pyramide stehen die Helden ihren Mann. Dann freilich kommt es zur großen

Wende. Landola, wieder im Besitz eines Schiffes, lockt Sternau, Mariano, die Brüder Helmers und alle anderen Gefährten an Bord, überwältigt sie und bringt sie auf ein unbekanntes Eiland bei den Osterinseln. Verschollen und totgeglaubt von den Ihren, scheiden sie für lange aus der Handlung aus. Sechzehn Jahre später setzt der Erzähler wieder ein. Rosa, das »Waldröschen«, die Tochter Sternaus und Rosa de Rodrigandas, ist ein blühendes junges Mädchen, Kurt Helmers ein schmucker Gardeleutnant geworden, beide lieben sich, doch bevor sie Erfüllung finden, hält das Schicksal (wie in der Generation ihrer Väter) eine Reihe Proben für sie bereit. Kurt stößt auf Landola, durchkreuzt einen landesverräterischen Plan, wird dafür von König und Bismarck empfangen und ausgezeichnet. Auch die Vergangenheit beginnt erneut virulent zu werden, da es Graf Ferdinando gelingt, aus der Sklaverei des Sultans von Härrar zu fliehen und mit Hilfe eines deutschen Kapitäns (Wagner) auch die Ausgesetzten aus ihrem Inselgefängnis zu befreien. Nun bricht Sternau mit allen Gefährten nochmals nach Mexiko auf, um den Feinden für immer das Handwerk zu legen. Dort sind die Kämpfe zwischen Juarez und Maximilian ins entscheidende Stadium getreten und in sie verwickelt manch alter Bekannter: der (als »Schwarzer Gérard«) zum ehrbaren Westmann gewordene ehemalige Garotteur Mason auf seiten Juarez', Pablo Cortejo auf seiten Maximilians, doch mit verräterischen Plänen im Herzen, die ihm selber die Präsidentschaft sichern sollen. Sternau trifft mit seinen Gefährten in Fort Guadeloupe ein, wird in die Kämpfe gezogen und leistet seinen Beitrag zu Juarez' Siegeszug. Zwar werden sie noch einmal von Cortejo und dessen Kumpan, dem Pater Hilario, überlistet und in einem Klostergewölbe eingesperrt, zwar treten noch einmal andere Protagonisten (so der komische, doch unerschrockene Trapper Geierschnabel) in den Vordergrund, zwar machen sich nun auch Gasparino Cortejo und Clarissa nach Mexiko auf, um zu retten, was noch zu retten ist, doch ist auch auf der anderen Seite mit Geierschnabel, Kurt Helmers, Kapitän Wagner und dessen Steuermann Peters bereits Hilfe unterwegs. Befreiung der Gefangenen, Verwicklung in die kriegerischen Auseinandersetzungen, in welchen die Helden auf seiten Juarez' kämpfen, aber doch Maximilian zu retten versuchen. Doch nimmt das historische Unheil seinen Lauf, und der von den europäischen Mächten verratene Kaiser wird mit seinen treuen Generälen hingerichtet. Pater Hilario stirbt am

Schlag, die Brüder Cortejo und Landola unter dem Beil des Henkers, Alfonzo wird zu lebenslänglichem Kerker verurteilt. In Rheinswalden finden sich sämtliche Helden und Heldinnen zu einem großen Festball ein, alte Lebensbünde werden bekräftigt, neue geschlossen, ein allgemeiner Heiratsreigen auch über die Standesgrenzen hinaus kündigt sich an. »Unsere Schicksale haben uns gelehrt«, resümiert Sternau, »daß der Mensch nur so viel werth ist, als er wiegt, und daß Rang, Stand und Besitz nur eine nebensächliche Bedeutung besitzen.« (2611) Und der Erzähler faßt auf der letzten Seite dieses mehrfach erstaunlichen Riesenwerks die Bedeutung noch einmal zusammen: »Die Nebenpersonen des Romans haben den verdienten Lohn gefunden. Die Treuen und Gerechten genießen die Früchte ihres Handelns, die Schlechten sind verkommen oder gestorben. So will es Gott! – –« (2612)

Mehr noch als im 18. war im 19. Jahrhundert das Verlangen breiter Schichten der Bevölkerung nach einem Gegenbild zur Auswegslosigkeit und Stagnation der gesellschaftlichen Verhältnisse der Gegenwart gewachsen, ein Verlangen, das sich ungeschminkt und unverstellt in der Kolportageliteratur der Zeit ausdrückte. Diese Romane waren Tagträume der Gesellschaft, fiktive Wunscherfüllungen, die von der gesellschaftlichen Wirklichkeit verweigert wurden. Wo die realen Bedingungen fehlten, um gesellschaftliche Bedürfnisse zu befriedigen, da wurden diese Bedürfnisse privatisiert, um fiktiv in Form von Wunscherfüllungsträumen befriedigt werden zu können. Diese Wunscherfüllungsträume, wie sie von Freud für den Nachttraum analysiert wurden, sind konstitutiv auch für den Tagtraum und seine nach außen projizierte Erscheinung, die Kolportage. Ihre Exotik und Heimeligkeit, lakonische Kürze und weitschweifige Sentimentalität sind unmittelbare Wunschäußerungen der Gesellschaft.

Die Helden im *Waldröschen* haben allesamt die häusliche deutsche Enge hinter sich gelassen und sind »auf Reisen« gegangen – entweder, weil sie Erfahrungen sammeln, ihr Wissen erweitern wollen oder aber um Konflikten auszuweichen, den Folgen unbedachter Handlungen zu entgehen oder sich dem Zugriff des Gesetzes zu entziehen. Gewiß, die Hauptfigur aller sechs Bände, der deutsche Arzt und Prärieläufer Doktor Sternau, ist ein aufrechter Held ohne Furcht und Tadel und mit allen nur erdenklichen männlichen Tugenden ausgestattet; doch in der Vergangenheit seiner Freunde und Mitstreiter gibt es manch dunklen Punkt als Ursache ihrer Entfernung vom häuslichen Herd. Dieses Schema, ein fester Topos der Abenteuerromane, hat Karl May auch in seinen späteren Romanen beibehalten. Die meisten Helden europäischer und deutscher Abstammung sind Zivilisationsgeschädigte, also Männer, die sich auf irgendeine Weise ihrer heimatlichen Umwelt entfremdeten, zu Hause scheiterten und dann auszogen, um »in der Fremde« ihr Glück zu versuchen. Draußen, fern jeder Sicherheit und Bevormundung, entwickeln sie sich zu verantwortungsvollen, autonomen Individuen. In der Auseinandersetzung mit der Natur und mit anderen, ihnen feindlich gegenüberstehenden Menschen reifen sie zu »ganzen Männern«, die jeder Gefahr trotzen und sich – auf lange Sicht – jeder Situation gewachsen zeigen. Wie für Büffelstirn, den Häuptling der Miztecas, so gilt auch für alle anderen Helden dieser abenteuerlichen, kontrastreichen Gegenwelt: »Er ist ein freier Mann, er geht und kommt, wie es ihm gefällt und sagt keinem Menschen was er thut.« (951) Diese dauernde Betonung von Freiheit und Ungebundenheit, das Ignorieren oder Zerbrechen institutioneller Zwänge, das die Handlungsweise der Romanhelden immer wieder charakterisiert, wenn sie mit Beamten, den Handlangern der Obrigkeit, zusammentreffen, beruht natürlich nicht auf realen Verhältnissen, sondern ist Symptom einer bedrückenden Lage. Mißtrauen und Abhängigkeit, Sich-ausgeliefert-Fühlen, Angst und Desillusionierung hatten in breiten Schichten der Bevölkerung als psychologische Wirkung ein großes, verschwommenes Unbehagen zur Folge.

Auch das Leben des Adels, wie es im *Waldröschen* geschildert wird, hat keinerlei Bezug zur Wirklichkeit mehr, die entsprechenden Partien sind Versatzstücke, die von Roman zu Roman weitergegeben werden, austauschbare Märchenfragmente, für die Publikumswirkung des Romans zwar unerläßlich, für dessen Handlung aber weitgehend entbehrlich. In seinen Helden verherrlicht Karl May den Bürger als den wahren, zeitgemäßen Protagonisten der Geschichte, den tugendhaften Bürger, den edeldenkenden und -handelnden Angehörigen einer Mittelschicht, der noch sehr entfernt Züge des citoyen bewahrt hat, in dessen Namen einst die Französische Revolution angetreten war. Er gehorcht den Gesetzen der Humanität und der christlichen Moral (im *Waldröschen* noch nicht so offensichtlich), nimmt Partei für die Unterdrückten und Beleidigten und verhilft dem Guten im Kampf mit dem Bösen zum Sieg. Gut und Böse sind denn auch die moralischen Pole, zwischen denen die Handlung hin und her schwingt: verkörpert in Helden und Anti-Helden, in dem offenen, ehrlichen Ausdruck eines Gesichts oder im schiefen, scheelen Blick eines anderen. Auch das: Plaketten, die dem Leser die Orientierung erleichtern und die immer wieder zur Hand sind, wenn es um Charakterisierung neu eingeführter Figuren geht. Wie beim Räuber-und-Gendarm-Spiel ist so von vornherein die Rolle jedes einzelnen Akteurs festgelegt.

Barocke Allegorie manifestiert sich auf der Ebene der Kolportage: die Figuren sind allegorische Personen, die Tugend und Kraft oder Laster und Schwäche darstellen, jeweils ohne Zwischentöne, ohne Abstufungen. In den Typenreihen der Guten und der Bösen lassen sich die einzelnen Merkmale jeweils austauschen, sie variieren kaum und sind weder an Stand noch an äußere Würde gebunden. Ob Priester oder Herzog, Notar oder Haushofmeister, die Requisiten ihrer äußeren Erscheinung wechseln nur geringfügig. Immer aber sind sie überspitzt und übertrieben, vereinfacht bis zum stereotypen Versatzstück. Trotz der ungeheuerlichen Verwicklungen und komplizierten Intrigen bleibt daher die Welt überschaubar, wie von selber richtet sie sich nach den Prinzipien einer sentimental-christlichen Weihnachtsphilosophie aus.

Für den heutigen Leser steht die Irrealität der *Waldröschen*-Welt außer Frage. Die obsoleten Requisiten, die unbeholfen artikulierten Wunschbilder haben durch Entfernung von den sozialen Verhältnissen, deren Reflex sie waren, eine neue Qualität bekommen: als Produkt einer naiven Kunstfertigkeit, die sich über künstlerische Regeln und Traditionen unbekümmert hinwegsetzt und nicht vorgibt, die Realität ausdrücken zu wollen, sondern sich offen und ehrlich von ihr entfernt, um eine zweite Wirklichkeit zu konstituieren. Deren Elemente, aus ihrem Kontext herausgesprengte Kulturfragmente, ordnen sich zu bunten Bildern; das Ungleichzeitige und Unvereinbare rückt zusammen und tritt in neue, überraschende Beziehungen. Die im *Waldröschen* dauernd wiederkehrenden Motive der Gefangenschaft, der Rettung und unerwarteten Wiederkehr, des Geheimnisses und der von ihm ausgehenden Verwicklungen, der dunklen Herkunft und ihrer allmählichen Aufklärung, der furchtbaren Schuld und ihrer schwierigen Sühne finden sich ebenso bei Gerstäcker,

Sealsfield, Otto Ruppius oder Robert Kraft. Die Wiederholung des Gleichartigen, Hauptkennzeichen des *Waldröschen* wie der Kolportage überhaupt, garantiert die eigentümliche Wirkung, die von Szenen und Erzählungen ausgeht, welche nur wenige oder gar keine Berührungspunkte mit der Wirklichkeit haben, auch wenn sie historische Personen und Geschehnisse, Bismarck und Benito Juarez, Kämpfe zwischen Aufständischen und Regierungstruppen in Mexiko, als Hintergrund höchst geschickt und effektvoll mit dem eigentlichen »unwahrscheinlichen« Geschehen verknüpfen. Wenn Sigmund Freud die unbeabsichtigte Wiederholung des Gleichen als eine Quelle des Unheimlichen analysierte, so rechnet die vom Kolportageschriftsteller beabsichtigte Wiederholung gleichartiger Szenen auf eine ähnlich affekthafte Wirkung. Immer wieder geraten die Helden auf ihrer Verfolgung rund um die Erde in die Gefangenschaft ihrer Gegner, wie auch diese ihnen in die Hände fallen, und immer wieder kann sich jede Partei dem endgültigen Zugriff der anderen entziehen. Die unausweichliche Verknüpfung beider Personengruppen miteinander, die immer drohende Gefahr der Vernichtung, wenn sie aufeinandertreffen, korrespondiert mit einer im gesellschaftlichen Leben täglich gemachten Erfahrung. An der kolportierten Wiedergabe genießt der Leser den Schein des realen Schreckens als eines gebändigten und grundsätzlich immer bezwingbaren, wenn er auch nicht endgültig zu beseitigen ist. Identifikation von Leser und fiktiver Welt beruht in der Kolportage gerade auf dem Unwahrscheinlichen der Darstellung, das mit dem Wahrscheinlichen oder gar der Wahrheit der Realität im Kriegszustand steht. Alles drückt noch etwas anderes aus als sich selber, alles tritt in Beziehung zueinander, deutet aufeinander und über sich hinaus. Durch die Montage von vorfabrizierten Weltfragmenten, die Mexiko oder Spanien, Wald oder Prärie, Heimat oder Fremde bedeuten, entsteht kein organisches Ganzes, sondern ein allegorisches Verweisungs- und Bedeutungsfeld, offen auf die Wunschträume des Lesers, auf die Tagträume der Gesellschaft hin.

Der exemplarische Wert des *Waldröschen* für die ganze Gattung der Kolportage wurde mehrfach erkannt und dabei immer wieder betont, daß man ihm mit den herkömmlichen Maßstäben der literarischen Kritik kaum beikommen könne. Vom »primitiven Surrealismus der Kolportage«, dem »Märchen in gewandelter Gestalt« spricht Stolte (H. Stolte: *Waldröschen* als Weltbild. Zur Ästhetik der Kolportage. In: Jb-KMG 1971. S. 26f.), Klotz sieht den Roman in der Tradition »gesellschaftsbezogener Geheimnisromane« (V. Klotz: Ausverkauf der Abenteuer, Karl Mays Kolportageroman *Das Waldröschen*. In: F. Martini, Hrsg.: Probleme des Erzählens in der Weltliteratur. Stuttgart 1971), bezieht aber eher eine negative Position: »Kurz, wo die Reiseromane fantasieren, schwindelt die Kolportage.« (S. 167) Die dramaturgische Struktur (H. O. Hügel: Das inszenierte Abenteuer. In: Marbacher Magazin Nr. 21, 1982), die literaturdidaktische Bedeutung (F. Munzel: Karl Mays Erfolgsroman *Das Waldröschen*. Eine didaktische Untersuchung als Beitrag zur Trivialliteratur der Wilhelminischen Zeit und der Gegenwart. Hildesheim 1979) oder die historischen und politischen Bezüge (Ch. F. Lorenz: Karl Mays zeitgeschichtliche Kolportageromane. Frankfurt/M. 1981) sind die Themen anderer Studien. Im Zentrum steht immer wieder die Bedeutung des Romans für die Ästhetik, Struktur, Machart und Wirkungsweise der massenhaft verbreiteten Trivialliteratur (G. Ueding: Glanzvolles Elend. Versuch über Kitsch und Kolportage. Frankfurt/M. 1973).

Gert Ueding

6. *Die Liebe des Ulanen*

Dieser »Original-Roman aus der Zeit des deutsch-französischen Krieges« (so der Untertitel) erschien als einziger der für den MMV geschriebenen Romane zuerst in einer Zeitschrift (»Deutscher Wanderer. Illustrirte Unterhaltungs-Bibliothek für Familien aller Stände«. September 1883 – Juni 1885. 8. Band. Lfg. 1–86 und 88–108) und unter Karl Mays Namen. Bereits die im gleichen Verlag um die Jahrhundertwende herausgekommenen Ausgaben in Heft- (1900–1901) bzw. Buchform (1901–1902. R 1972. Mit einem Vorwort von K. Hoffmann. Hildesheim/New York) enthalten Veränderungen, die nicht so sehr quantitativ als vielmehr qualitativ ins Gewicht fallen, z. B. die Schlußabschnitte betreffend (vgl. H. Hatzig: Die Vergewaltigung der Agnes Lemartel. In: M-KMG 1973/17. S. 30–31). Insbesondere politisch-kritische Bemerkungen Mays wurden getilgt (vgl. C. Roxin: *Die Liebe des Ulanen* im Urtext. In: M-KMG 1972/14. S. 23–26 und 1973/15. S. 6–11). Spätere Ausgaben wie in »Das Vaterhaus« (1926–1927. 1–60) oder GWR/GWB 56–59 (56 *Der Weg nach Waterloo,* 57 *Das Geheimnis des Marabut,* 58 *Der Spion von Ortry,* 59 *Die Herren von Greifenklau*) sind umfassend und einschneidend bearbeitet, etwa stilistisch, durch Kürzungen oder umgestellte Abfolge einzelner Handlungsteile (Überblick bei C. F. Lorenz: Karl Mays zeitgeschichtliche Kolportageromane. F.a.M./Bern 1981. S. 31–36 und S. 371–382).

Das in Nr. 87 des »Deutschen Wanderer« anstelle der entsprechenden Romanfolge gedruckte und in Nr. 91 abgebrochene Fragment *Ulane und Zouave* stammt, nach K. Hoffmann (siehe Lorenz, S. 37), auch von Karl May, und zwar aus nicht verwendetem Manuskriptmaterial des ebenfalls 1883 bis 1885 publizierten *Verlorenen Sohnes.*

Bei den Schilderungen zeitgeschichtlicher Hintergründe dürfte sich May auf populäre Darstellungen deutsch-französischer Historie gestützt haben. Aus der Fülle der von ihm anverwandelten, allgemein in der Unterhaltungsliteratur des 19. Jahrhunderts verbreiteten Themen und Motive lassen sich einige genauer bestimmen (etwa Pariser Unterwelt nach E. Sues »Mystères de Paris«, vgl. Roxin, S. 23). Auch die Orientierung an eigenen früheren Geschichten ist deutlich, so im Falle des zentralen Geheimnismotivs von der versteckten Kriegskasse (siehe *Die Kriegskasse*). Nachprüfbar exakte geographische Beschreibungen deutscher und französischer Schauplätze legen ein genaues Kartenstudium Mays nahe; die Wahl der Hauptfigurenzunamen dürfte auch darauf zurückzuführen sein (vgl. R. Schweikert: Mit dem Finger auf der Landkarte. In: M-KMG 1986/68. S. 18–22. S. 20–21).

Im Mittelpunkt des erzählten Geschehens stehen die Schicksale dreier Generationen der preußischen Familie von Königsau zwischen 1814 und 1871. Der Dualismus zweier Länder bildet die Kulisse für die Haupthandlung (wie bereits in *Scepter und Hammer / Die Juweleninsel* und später vornehmlich in *Ardistan und Dschinnistan*). Anders aber als in diesen Romanen spielen sich die zentralen Ereignisse im unverschlüsselten, konkreten geographischen Raum (hauptsächlich Lothringen und Paris einerseits sowie Preußen mit Berlin andererseits) und im historisch verbürgten Rahmen ab.

Es ist Mai 1870. Richard (auch Richardt) von Königsau, preußischer Ulanenrittmeister, die zentrale Heldengestalt des

Romans, begibt sich in militärisch-dienstlichem Auftrag, verkleidet als harmlos unheldischer, körperlich durch (künstlichen) Buckel und Brille benachteiligter Erzieher Dr. phil. Andreas Müller, nach Ortry, einem kleinen (fiktiven) Ort nahe Thionville in Lothringen, wo sich Schloß und Fabrik des Barons von Sainte-Marie befinden. Dessen Sohn soll er unterrichten und gleichzeitig geheime Kriegsvorbereitungen auskundschaften, die von Ortry aus betrieben werden. Auf dem Weg dorthin rettet er sowohl der Tochter des Barons, Marion, als auch seinem zukünftigen Zögling das Leben. In Marion erkennt er die schöne Unbekannte wieder, zu der er aufgrund einer früheren, flüchtigen Begegnung tiefe Zuneigung hegt. Ihr geht es ebenso, wobei sie in Müller freilich noch nicht Richard den Ulanenoffizier erkennt. Das stets mutige, überlegen-integre Verhalten des ›Dr. Müller‹, den sie mehr und mehr liebt, bringt sie in einen inneren Konflikt, der sich erst gegen Schluß der Handlung löst, als Königsau sein Lehrer-Inkognito ihr gegenüber endlich lüftet. Assistiert von seinem als Kräutersammler maskierten Burschen Fritz Schneeberg, deckt er in rascher Folge zahlreiche Machenschaften auf, die ihn seine politische Mission erfüllen lassen und unverhofft zur Klärung von Geheimnissen beitragen, die über seiner Familie lasten. Dabei entpuppt sich der alte Garde-Capitän Albin Richemonte, der eigentliche Herr auf Schloß Ortry, als Drahtzieher antipreußischer Aktivitäten. Mittlerweile findet Schneeberg, dessen Herkunft im Dunkeln lag, unterstützt von einer Seiltänzerin und seiner künftigen Frau, Nanon Charbonnier, der Vertrauten Marions, seine wahren Eltern: Hedwig und Kunz von Goldberg, Tante und Oheim Richards. Doch harrt noch manches Rätsel seiner Lösung; so das undurchsichtige Schicksal der Beduinin Liama, Marions Mutter, und das weit zurückliegende spurlose Verschwinden von Richards Vater, Gebhardt, das eng mit einer verschollenen Kriegskasse verknüpft scheint. Auf einem Spannungshöhepunkt reißt dieser Handlungsfaden aber unvermittelt ab (3–229R). In einer Reihe von Rückblicken wird nun die komplizierte Vorgeschichte der bisher geschilderten Ereignisse aufgerollt (230–995R).

Paris ist Schauplatz der folgenden, am weitesten in die Vergangenheit reichenden Rückwendung. April 1814: Die Deutschen sind in der französischen Hauptstadt einmarschiert, unter ihnen der Husarenleutnant Hugo von Königsau, Richards Großvater, der sofort in den Vordergrund des

Geschehens rückt. Tatkräftiges Einschreiten macht ihn zum besonderen Liebling Marschall Blüchers, den er vor einer Attacke Albin Richemontes bewahrt. Richemonte mit seinen Intrigen und Mordanschlägen, Inkarnation des Bösen, stellt sich als der große Hauptfeind der Königsaus heraus, der seine Unternehmungen jedoch letzten Endes immer wieder durch sie vereitelt sieht. Hier betrifft es vor allem den Versuch, seine Halbschwester Margot, die Hugo liebt und von ihm wiedergeliebt wird, an den üblen Armeelieferanten de Reillac zu verschachern (230–418R). Rund ein Jahr später befindet sich Hugo wieder in Frankreich, diesmal in der Nähe von Sedan, in Bouillon. Dort verliert sich die Spur einer großen Kriegskasse, die die Franzosen vor den Deutschen in Sicherheit bringen wollten, aber von marodierenden Landsleuten erbeutet wurde. Hugo ermittelt das Versteck (418–449R). Er reist weiter nach Roncourt südlich Sedan, wo auf einem Meierhof namens Jeannette Margot mit ihrer Mutter, einer Cousine der Besitzerin, Baronesse de Sainte-Marie, untergekommen ist. (Anstelle ihres Enkels Arthur wird Richemonte später seinen Cousin Henry, nomineller Vater Marions, als Erbe der Besitztümer Jeannette und Ortry unterschieben.) Neue Konflikte bahnen sich an: Napoleon I. taucht auf, ist von Margots Liebreiz bestrickt und will sie als Frau Reillacs zur Maitresse machen, obwohl ihr Verlobter Hugo ihm das Leben gerettet hat. Nicht zuletzt dank der ebenso wie bei Schloß Ortry das Belauschen begünstigenden Bauweise des Meierhofes können die Ränke zunichte gemacht werden. Auch Richemontes Suche nach der Kriegskasse scheitert (449–666R). – »Über dreißig Jahre« (674R) sind vergangen. Richemonte ist in Algerien untergetaucht; Alban de Sainte-Marie, der Sohn der alten Baronin, desgleichen. Dieser, ein Bruder Leichtfuß, hat sich vom unabsichtlichen, in Richemontes Netze verstrickten Gattenmörder zum Marabut (unter dem angenommenen Namen Hadschi Omanah, vgl. *Der verlorene Sohn*) gewandelt. Kurz nach seinem Tod treffen Richemonte und sein Cousin ein; dieser tötet Albans Sohn Arthur, um in dessen Rolle zu schlüpfen (666–778R). – Erneute Rückblende ins Jahr 1815: Nach Napoleons Niederlage können Margot und Hugo in Berlin heiraten. Vier Jahre später wird ihr Sohn Gebhardt geboren, wächst heran und wird Offizier. Als er für eine Sahara-Expedition ausgewählt wird, muß er zwecks Reisevorbereitungen nach Paris. Dort findet er seine große Liebe, Ida de Rallion. Seinem Freund Kunz von Goldberg ergeht es nicht anders; seine Auserwählte ist Idas Schwester Hedwig. Beide leben bei ihrer Tante, die einst Richemontes Vater liebte. Der mißgünstige Vetter der Schwestern, Graf Jules Rallion, dessen Sohn 1870 Marion ehelichen soll, wird in seine Schranken gewiesen (779–864R). Wieder wechselt der Schauplatz; zwei Jahre sind vergangen: Gebhardt und Kunz begegnen einander in der algerischen Wüste. Knapp ist Gebhardt einem Anschlag Richemontes entgangen. Dessen Cousin erpreßt aus fanatischer Liebe den Mitgang Liamas, Gattin des Beduinen Saadi, nach Europa (864–878R). – Lange Zeit danach, das Geschehen bewegt sich in den fünfziger Jahren, haben Richemonte und der falsche Sainte-Marie neben Ortry auch den im Besitz der Königsaus gewesenen Hof Jeannette sich angeeignet. Richemonte schickt einen diebischen Diener, Henry Lemartel alias de Lormelle, zu den Königsaus, um ihnen noch das von Blücher Hugo für seine Verdienste übertragene Gut Breitenheim abzujagen. Das gelingt. Doch ist diesmal auch Richemonte (mit seinem Kumpan Rallion) der Geprellte: Lemartel geht mit dem Geld für Breitenheim durch. Da darüber hinaus das Erbe von Idas Tante an Jules Rallion fällt, sind die Königsaus nun verarmt (878–965R). Gebhardt macht sich auf die Suche nach der Kriegskasse, gerät dabei allerdings in Richemontes Hände und verschwindet in den unterirdischen Verliesen Ortrys (966–995R). Die Vorgeschichte ist damit rekapituliert.

Bevor jedoch die Erzählung zu Richards Abenteuern zurückkehrt, wird eine zusätzliche Nebenhandlung eingeführt. Als Held fungiert hier Arthur von Hohenthal, Richards Freund, der unter verschiedenen Namen in der Pariser Unterwelt anno 1870 für die deutsche Sache spioniert. Mit seinem Burschen Martin Tannert kann er manche Missetat vereiteln, die auch im Zusammenhang mit den Geschehnissen um Ortry steht (995–1170R). Der von Richard der Heimat avisierte Kundschafter Lemarch, der als Kunstmaler Haller auftritt und im Hause Königsau spionieren soll, nimmt seine Tätigkeit auf und verliebt sich in Madelon Köhler, die Schwester Nanons und Begleiterin von Richards Schwester. Der dicke Maler Schneffke sorgt für komische Zwischenfälle (1171–1277R). Die handelnden Personen werden nun in Lothringen zusammengeführt, teils auf Schloß Malineau nahe Étain, Besitz des Grafen von Latreau, dessen entführte Tochter Hohenthal in Paris befreien konnte, teils bei Schloß Ortry, wo Richard seinen Vater von sechzehnjährigem Schmachten (vgl. *Das Waldröschen*) erlöst und Liama zur Freiheit verhilft. Nanons und Madelons Geschichte wird erzählt; auch ihr verschollener Vater, Gaston de Bas-Montagne, taucht wieder auf und kann aus den Schlingen Richemontes gerettet werden, dessen weitverzweigtes Ränkenetz immer wieder für Gefahr sorgt (1277–1852R). Freilich werden nun gegen Ende mehr und mehr Schurken unschädlich gemacht: Lemartel durch Genossen in Algier, andere kurz vor oder während des deutsch-französischen Krieges. Nach der Schlacht von Sedan erinnert sich der alte Hugo plötzlich an das Versteck der Kriegskasse in der Nähe. Beim Ausgraben kommt es zur letzten Auseinandersetzung zwischen den Königsaus mit ihren Begleitern und Richemonte mit seinen Kumpanen. Das Gute siegt, nachdem zuvor noch Lemarch seine wahre Identität als Zwillingsbruder Schneebergs erfahren, Saadi als Spahi seine Liama wiedergefunden hat und der Reigen der Paare (unter anderem Lemarch und Madelon, Bas-Montagne und Richards Schwester) geschlossen ist (1852–2126R).

Das kurze Fragment *Ulane und Zouave* berichtet, ohne Bezug zum Titel, von der Forstwärters-Tochter Bertha Brand, die von einem ehrlosen Leutnant verführt wurde, ihr Kind tötete, ihre Strafe im Zuchthaus Grollenburg verbüßt hat und nun erneut durch den Offizier schmachvoll behandelt wird, der auf eine Heirat mit der betörenden Elma von Flakehpa-Ociului hofft, um sich zu sanieren. Doch auch deren Vater steht vor dem Ruin und ist wie Leutnant von Wilden in der Hand des Pfandleihers Baruch Silberglanz.

Verglichen mit den anderen Kolportageromanen Mays folgt dieser im Aufbau der einzelnen Handlungsstränge nicht mehreren verschiedenen Schemata, sondern bemerkenswert streng nur einem: Jemand spioniert, mit privatem oder militärisch-dienstlichem Auftrag, im fremden Land und begegnet dort seiner (oft durch einen Nebenbuhler streitig gemachten) großen Liebe. Solche auffällig rein ausgeübte, gewissermaßen duale Wunschtraumlogik kann man bis in den Bereich entferntester Vorgeschichte verfolgen: Selbst die Cousinen Richemonte und Sainte-Marie stammen aus Deutschland – deutsch-französische Freundschaft durchzieht so, trotz der vielen Negativfiguren französischer Herkunft im Roman, als ein wichtiges Motiv die Handlung. Darin mag man auch ein relativ frühes Beispiel für Karl Mays im Falle von *Et in terra pax* gerühmtes subversives Geschick erkennen, chauvinistischen Zeittendenzen entgegenzuwirken. Ebenso dringen pazifistische Züge durch, und »selbst die Erlösungsmystik des alten May findet sich stellenweise vorgeformt« (Roxin, S. 25).

Besonders zum *Waldröschen* ergeben sich Parallelen. Sie reichen von einzelnen Szenen (Pferdezähmung, Fertigkeitenbeweis; siehe z. B. auch *Winnetou I*) über einzelne Sequenzen (Pariser Unterwelt) bis zum Verlauf von Spannungskurven (scheinbarer Triumph der bösen Mächte im Mittelabschnitt); auch daß die Vertreter der jungen Generation den endgültigen Umschwung zugunsten der Guten bringen, gehört dazu (vgl. Roxin, S. 23). Die nordafrikanischen Partien weisen leicht auf die der *Deutschen Herzen, Deutschen Helden* voraus. Daneben werden auch Anklänge an *Die Gum* (siehe *Orangen und Datteln*) spürbar.

Eine Verbindung zu den Reiseerzählungen ergibt sich bereits aus der Form des Einstiegs in die Handlung. May wählt hier das gleiche Motiv wie beim Auftakt zum *Schatz im Silbersee* (siehe ebenso *Inn-nu-woh* und *Winnetou II*, 77–87F) – die Flußdampferfahrt mit Hindernissen. Wirkungsvoll-direkt wird ins Romangeschehen eingeführt: Hie eine Gruppe rücksichtslos-überheblicher Passagiere (in unserem Fall Graf Rallion und seine Begleiter), da die zum Einschreiten bereiten stillen Helden (Richard, Schneeberg). Mit dem Schiff geschieht ein Unglück; diese retten in Not geratene Mädchen (Marion, Nanon), jene verhalten sich feige.

Zwar scheinen in der *Liebe des Ulanen* erheblich weniger Bezüge zur Lebensgeschichte des Autors auf als im *Verlorenen Sohn* aus dem gleichen Veröffentlichungszeitraum, doch erhellt auch dieser Roman bestimmte biographische Zusammenhänge: Hervorzuheben wäre beispielsweise, wie May in einer Art läuternden Selbstbestrafung eigene verwerfliche Neigungen auf die Figur des Albin (Richemonte) aus Ortry übersteigernd konzentriert, die nicht nur ein klangliches Fast-Ebenbild der von May anfangs 1870 angenommenen Identität als Albin (Wadenbach) aus Orby darstellt. Abmildernd und das verzehrende Schwanken des jungen May zwischen moralischen Extremen nachzeichnend wirkt dagegen die Gestaltung des Alban (de Sainte-Marie), der bereut und sich läutert, wobei, bezieht man die Figur des Dichters Bertram aus dem *Verlorenen Sohn* mit in die Überlegung ein, der zugelegte Name Hadschi Omanah geradezu als Chiffre ersehnter Lebensreinheit Mays steht. Die Zeit des Autors als Fabrikschullehrer kehrt, verfremdet durch das Prinzip Umkehrung, wieder zu Beginn des Romans, als das Ich-Ideal Richard von

Königsau nun nicht viele Arme, sondern den adeligen Einzelnen nahe bei der Fabrik seiner Familie im Schloß unterrichtet. Im Versuch der üppigen Baronesse Adeline, der zweiten Frau von Marions Vater, den Hauslehrer ›Dr. Müller‹ zu verführen, dürfte Mays Glauchauer Affäre Meinhold nachhallen. Eine Reminiszenz an Mays Fluchten und Wanderungen bildet unter anderem die Szene, wo Hugo von Königsau als armer Musikante im Dorfwirtshaus zu Bouillon erst seine Papiere prüfen lassen muß, bevor er über seine Herkunft ausgefragt wird: »›Was sind Eure Eltern, Herr?‹ – ›Mein Vater ist nur ein armer Weber.‹« (428 R) Daß bei der Wahl von Figurennamen Autobiographisches hineinspielt (wie etwa bei Richards Schwester Emma oder der Übernahme eines der Pseudonyme, unter denen er publizierte, Hohenthal), ist ein bei May verbreitetes Phänomen.

Gemessen am Umfang, am Grad inhaltlicher Verwicklung und an den Entstehungsbedingungen fallen gewisse handwerkliche Schnitzer (beispielsweise wenn Richard in der ersten Ortry-Episode nicht weiß, daß er sich bei Verwandten befindet) nicht sonderlich schwer ins Gewicht, zumal sich May einer vergleichsweise straffen Handlungsführung befleißigt. Sprachlich und gedanklich, auch beim kitsch-schönen »Abglanz des Humanen« (G. Ueding: Glanzvolles Elend. F.a.M. 1973. S. 60) inmitten geschilderter Grausamkeiten und Kriegsgreuel, bleibt der Lieferungsroman in den vorgezeichneten Bahnen seiner Gattung.

Der Erfolg bei den Lesern des Romans war so groß, daß Münchmeyer den betreffenden Jahrgang des »Deutschen Wanderer« beträchtlich erweiterte. Vom Feilbieten im Umherziehen wurde er bald nach Erscheinen wegen unsittlicher Stellen ausgeschlossen. Die Ausgaben um 1900 dienten den Gegnern Mays als Angriffsfläche (nach K. Hoffmann: Vorwort, S. V–VII).

Für Forschung und Kritik gilt auch heute, was C. Roxin 1972 schrieb: Dieses »Monumentalwerk Mayscher Fronschreiberei« ist »bisher so gut wie unbeachtet geblieben« (Roxin, S. 23). Außer wenigen kleinen Arbeiten und einer leider »statt Analyse rubrizierte Nacherzählung« bietenden längeren Untersuchung (H.-O. Hügel: Rezension Lorenz, C. F.: Karl Mays zeitgeschichtliche Kolportageromane. In: Germanistik 1985/26. S. 717) schlägt noch nichts zu Buche.

Rudi Schweikert

7. Der verlorene Sohn

Parallel zu seinem unter vollem Namen im MMV veröffentlichten Kolportageroman *Die Liebe des Ulanen* (1883/85) schrieb Karl May sein drittes Lieferungswerk, *Der verlorene Sohn*. »Nach den außergewöhnlichen Erfolgen, welche die bereits vollständig erschienene Erzählung *Das Waldröschen* errungen hat, bringt die Verlagsbuchhandlung von demselben Verfasser den neuen Roman *Der verlorene Sohn* oder *Der Fürst des Elends*«, heißt es in einer Verlagsankündigung von 1884. Aus Werbegründen lieferte Münchmeyer die ersten der insgesamt 101 Hefte (2412 S.) bereits Weihnachten 1883 aus. Vollständig lag *Der verlorene Sohn* im November 1885 vor. Sowohl die Heftausgabe (»Vom Verfasser des *Waldröschen*«) als auch die ab 1886 herausgegebene Buchfassung (R 1970/72, Hildesheim/New York) waren anonym. Wie das *Waldröschen* wurde auch *Der verlorene Sohn* nach Erscheinen verboten und »Vom Feilbieten im Umherziehen« ausgeschlossen.

Von Münchmeyer ursprünglich auf sechs Abteilungen konzipiert (»Sclaven der Armuth / Sclaven der Arbeit / Sclaven der Schande / Sclaven des Geldes / Sclaven des Ehrgeizes / Rettung aus dem Elende«), mußte sich May bei seinem »Roman aus der Criminal-Geschichte« schließlich auf fünf Hauptkapitel beschränken. Mit Sicherheit lag dem Verleger ein weiteres Manuskript vor, im wesentlichen für die sechste Abteilung bestimmt. Als May nämlich für *Die Liebe des Ulanen* einmal keine Fortsetzungen liefern konnte, ließ Münchmeyer einen Teil des überflüssigen *Verlorenen Sohn*-Manuskriptes in die Zeitschrift »Deutscher Wanderer« (H. 88–90 und teilweise 91; Frühjahr 1885) einrücken, unbeschadet des völlig fremden Textes. Diesem bibliographischen Kuriosum ist die erst kürzlich gelungene Auffindung eines noch unbekannten May-Textes zu danken (vgl. K. Hoffmann: Vorwort zur Reprintausgabe *Der verlorene Sohn*. Hildesheim/New York 1970; C. Roxin: *Die Liebe des Ulanen* im Urtext. In: M-KMG 15, 1973 S. 6–11).

Verleger A. Fischer, der 1899 den MMV übernommen hatte und Mays Kolportageromane ohne dessen Billigung unter vollem Verfassernamen auf den Markt warf, brachte den *Verlorenen Sohn* als Serie IV einer Neuen illustrierten Ausgabe in 34 Lieferungen bzw. fünf Bänden heraus (*Sklaven des Elends, Sklaven der Arbeit, Sklaven der Schande, Sklaven des Goldes, Sklaven der Ehre*. Dresden-Niedersedlitz 1904/05).

Aufgrund eines Vergleichs zwischen May und dem MMV durfte diese Ausgabe seit 1908 nur noch anonym erscheinen.

Vom KMV vorgenommene Bearbeitungen des Teilwerkes wurden in der Zeitschrift »Das Vaterhaus«, Dresden-Niedersedlitz erstabgedruckt, und zwar in den Jahrgängen 7 (1930/31), H. 1–32 *(Der Fremde aus Indien)*, H. 32–56 *(Das Buschgespenst)*, 11 (1934/35), H. 19–25, Umschlag *(Aus dem Kelch des Schicksals)* sowie in der »Illustrierten Romanwoche«, Dresden-Niedersedlitz, Jg. 5 (1937), H. 72–78 *(Der Doppelgänger)*. Erneut bearbeitet, reihte man Mays Lieferungsroman schließlich stückweise in die GWR Bd. 64 *(Das Buschgespenst* 1935), Bd. 65 (*Der Fremde aus Indien,* 1939) bzw. GWB Bd. 74 (*Der verlorene Sohn,* 1985) ein.

Die Neue illustrierte Ausgabe 1904/05 stellt eine geringfügig bearbeitete Fassung der Erstausgabe 1883/85 dar. Änderungen beziehen sich auf Kürzungen nichtssagender Dialoge, Entfernung von Geschmacklosig- und Anzüglichkeiten, stilistische Verbesserungen. Die »Vaterhaus«- bzw. »Romanwoche«-Fassung stützt sich auf die Ausgabe 1904/05 und stellt ihrerseits die Vorlage für GWR 64 (bearbeitet nach: *Die Sklaven der Arbeit*) und GWR 65 dar. In der Absicht, selbständige, nicht miteinander verknüpfte Erzählungen zu schaffen, griffen die Bearbeiter zu einschneidenden Maßnahmen, wie umfangreiche Kürzungen, Einschiebung von Neutexten, und änderten Handlungsfolgen, zeitkritische Aussagen, Namen, Personen und deren Charakteristika z. T. rigoros. Im Ergebnis dessen liegen als Bd. 64, 65 und 74 GWB gefällige Leseausgaben vor, die jedoch für wissenschaftliche Untersuchungen untauglich sind (vgl. H. Schmidt: Waldkönig und Buschgespenst. In: M-KMG 1975, S. 3–6; H. Hatzig: Karl-May-Register *Der verlorene Sohn*. Hamburg 1984, S-KMG 52).

Als literarische Vorbilder für das streckenweise als sozialer Roman anzusehende Werk können »Die Geheimnisse von Paris« von Eugène Sue (Paris 1842/43) sowie »Europäisches Sklavenleben« (Stuttgart 1854) von Friedrich Wilhelm Hackländer in Betracht gezogen werden. Stark angelehnt haben dürfte sich May an »Der Graf von Monte Cristo« (dt. 1845/46) von Alexandre Dumas. Bemerkenswert ist dies insofern, als May spontan erklärt hat: »Ich mag Dumas' Romane nicht«, und in dem »unmöglichen Grafen von Monte Christo« (F 10 S. 166) kein Vorbild sehen wollte. Dennoch erinnern viele die Handlung tragende Motive, wie Gesetzesverstrickung, Flucht, langjährige Abwesenheit, Schatzerwerb,

Rachefeldzug, Geldgeschenke nachdrücklich an das »gemeinsame« Schicksal der beiden Helden, Edmond Dantès und Gustav Brandt. Hauptsächliche Quelle für Mays einprägsame Schilderung des sozialen Elends unter Webern und Bergleuten sowie des tristen Gefängnis- und Zuchthauslebens sind dagegen bittere eigene Erfahrungen aus seiner im sächsischen Erzgebirge verbrachten Kindheit und Jugend. Vermutlich hat May auch sein verschollenes Frühwerk *Hinter den Mauern. Licht- und Schattenseiten aus dem Leben der Vervehmten* (Manuskript, ca. 1876) als Vorstudie und Quelle benutzt, von dem nur die erste Manuskriptseite erhalten geblieben ist.

Handlungsort des Romans ist die deutsche Heimat. Trotz anonymer Stadt- und Landschaftsbezeichnung läßt sich unschwer erkennen, daß May mit der »Residenz«, wo das Justizministerium (763 R) und am »Altmarkt« ein »Hotel zum Kronprinzen« sowie das »Bellevue« (1237R) zu finden sind, Dresden meint. Auch das nicht beim Namen genannte Kohlenrevier (481 R), wo die »Sklaven der Arbeit« ihr schreckliches Los erdulden müssen, läßt sich leicht als Erzgebirgsgegend Lugau – Oelsnitz – Chemnitz identifizieren. Gleiches gilt für das Zucht- und Irrenhaus Rollenburg, das May so detailliert zu beschreiben versteht: Waldheim im Königreich Sachsen.

Verschlungene Handlungsfäden, die jäh abreißen, um später wieder geknüpft zu werden, lassen Rahmen-, Haupt- und Nebenerzählung inhaltlich kaum erkennbar werden. Zentrales Thema ist der Kampf des wackeren Förstersohnes Gustav Brandt, der die Polizeilaufbahn einschlagen will, um sein Recht, um den Nachweis seiner Unschuld, um Bestrafung der wirklich Schuldigen. Wie kaum anders zu erwarten, beginnt die Geschichte reichlich kolportagehaft: Unser Held, in geheimer Liebe zu der Baronesse Alma von Helfenstein entbrannt, setzt sich ritterlich für die Dame seines Herzens ein, als diese sich der Zudringlichkeit ihres Vetters, Franz von Helfenstein, eines skrupellosen Erbschleichers, erwehren muß. Die beiden Männer verfeinden sich. Um in den Besitz der Baronie zu gelangen, ermordet Franz den Onkel und einen Verehrer Almas, Hauptmann Hellenbach. Zeugen seiner Untaten werden die Zofe Ella, die sich mit ihrem Schweigen die Eheschließung erkauft, sowie der Schmied Wolf und sein Sohn. Auf Geheiß ihres neuen Herrn setzen Vater und Sohn Wolf Schloß Hirschenau in Brand, um den kleinen

Robert, den rechtmäßigen Erben der Helfensteins, aus dem Weg zu räumen. Von Gewissensnot geplagt, lassen die Brandstifter jedoch die Leiche eines frisch vom Friedhof geholten Kindes zurück und setzen Robert vor einem Findelhaus ab. In teuflischer Intrige gelingt es Baron Franz, dem unschuldigen Gustav Brandt den Doppelmord anzulasten. Seiner Verurteilung kann sich der Förstersohn nur durch die Flucht entziehen.

Nach 20jährigem Aufenthalt in der Fremde kehrt der verloren geglaubte Sohn wieder in die Heimat zurück. Auf Madagaskar und Borneo ist Brandt durch Diamantenfunde zu märchenhaftem Reichtum gelangt, und in Indien hat man ihn für seine Verdienste in den Adelsstand erhoben: Fürst von Befour darf er sich nun nennen. Mit Vollmachten und zwei Geheimpolizisten ausgestattet, will er Franz von Helfenstein das Handwerk legen, um sich selbst zu rehabilitieren. Erschwert wird sein Vorhaben dadurch, daß der schurkische Baron es inzwischen zum reichen Kohlengrubenbesitzer, Bankier und Manufakturier gebracht hat. Außerdem ist er das Haupt einer geheimen Verbrecherorganisation, die die Bevölkerung terrorisiert. Der zunächst aus privaten Motiven geführte Kampf Brandts nimmt bald den Charakter einer breit angelegten sozialen Befreiungsaktion an. Engagiert und hilfsbereit sucht Brandt die Not der Ärmsten zu lindern und sie vor kapitalistischer Willkür zu schützen. Unerkannt, als geheimnisvoller »Fürst des Elends«, macht er sich zum Schutzengel der Armen und wird ihr Retter und Wohltäter. Gewaltig sind die Anstrengungen, die Brandt unternehmen muß, um seinen Gegenspieler endlich zur Strecke zu bringen, kämpft er doch nicht nur gegen einen Einzelgänger, sondern gegen ein Verbrechersyndikat, gegen Korruption, die höchste Kreise erfaßt hat.

In die Haupthandlung hinein schieben sich mehrere Nebenerzählungen, zu einem schier unentwirrbaren Knäuel verstrickt. Zumeist sind es rührende Schicksale von Proletarierfamilien: des Schneiders Bertram, der Weber Hauser und Hofmann, des Schreibers Beyer, des Theaterdieners Werner, des Buchbinders Heilmann. Aber auch der schicksalhafte Weg einzelner, wie der Offiziere Hagenau, Randau, Scharfenberg, des Journalisten Max Holm, der Kaufleute Seidelmann, des Pfandleihers Levi und seiner schönen Tochter wird beschrieben. Nicht nur ein, sondern mehrere verlorene Söhne und – Töchter müssen auf den Pfad der Tugend, der Rechtschaffenheit, der Ehre zurückgeführt werden. Vielen dieser verlorenen Kinder steht der edle Fürst von Befour zur Seite, wie dem gefeierten, doch blutarmen Dichter Robert Bertram alias Baron von Helfenstein, der mit Brandts tatkräftiger Hilfe seine angestammten Rechte und Besitztümer wiedererlangt. Ein kitschig-rosarotes Happy-End macht auf wenigen Seiten möglich, was zweitausend Seiten vorher unmöglich schien: Die Bösen werden bestraft, die Guten belohnt, Verbrechen gerächt, Liebende vereint. Zu guter Letzt mischt sich sogar der Landesvater ein, der es sich nicht nehmen läßt, zu Brandts Vermählung mit Alma von Helfenstein zu erscheinen. Von königlicher Hand wird der Held zum Baron Brandt von Brandtenstein geschlagen.

Bestandteile der Kolportage, im *Verlorenen Sohn* oft zu üppiger Blüte treibend, täuschen nicht darüber hinweg, daß May ursprünglich einen großangelegten sozialen Roman schaffen wollte. Was entstand, ist ein Konglomerat von Elementen des trivialen Abenteuer-, Kriminal- und Heimatromans mit sozialkritischem Hintergrund. Auch als Autor eines auf Spannungserregung abzielenden Kolportageromans vergaß May an keiner Stelle, auf die der kapitalistischen Gewinnsucht anzulastende »soziale Frage« hinzuweisen. Beachtenswerte Milieuschilderungen unterstreichen dies. Allerdings fehlt jede tiefgründige Analyse, die die wahren gesellschaftlichen Ursachen aufzeigt. Naiv und unrealistisch ist deshalb auch die in Mays *Verlorenem Sohn* angebotene Lösung: durch Vernichtung des individuell Bösen zu einer besseren Gesellschaft, zu einem menschenwürdigeren Leben ohne Ausbeutung, Unterdrückung und Armut zu kommen. Anklänge an die zu Mays Zeit populäre Lehre der utopischen Sozialisten vom Schlage Weitlings sind unverkennbar. Kritisch besehen, kann Mays Roman deshalb nur als »soziale Phantasie zwischen Vertröstung und Rebellion« empfunden werden (M. Köppen, R. Steinlein: Karl May: Der verlorene Sohn oder Der Fürst des Elends. Soziale Phantasie zwischen Vertröstung und Rebellion. In: Romane und Erzählungen des Bürgerlichen Realismus. Hrsg. von H. Denkler. Stuttgart 1980, S. 274–292), als eine weitgehend »ohnmächtige Sozialkritik« (G. Ueding: Glanzvolles Elend. Versuch über Kitsch und Kolportage. Frankfurt a.M. 1973, S. 122). Eines ist jedoch unbestritten: Eingepackt in einen spannenden, lesenswerten

Lieferungsroman, hat Mays *Verlorener Sohn* über den Massenvertrieb der Kolportage breiteste Leserkreise in der Wilhelminischen Zeit erreicht.

Vorteilhaft erscheint, daß sich May bei der literarischen Umsetzung nicht sklavisch an das biblische Gleichnis aus dem Lukas-Evangelium vom verlorenen Sohn gehalten hat, der seinen Konflikt, von der Sünde, über Reue, Heimkehr und Gnadefindung, mit sich selbst auskämpfen muß. Mays verlorene Söhne sind schuldlos, geraten nicht von selbst ins Unglück, sondern werden von einer erbarmungslosen Gesellschaft hineingestoßen. Ihre Rehabilitierung kann sich demzufolge nur über die aktionsreiche Auseinandersetzung mit dieser Gesellschaft vollziehen, wovon der Kolportageroman zweifellos seine innere Spannung bezieht.

Vom Verleger Münchmeyer bedrängt, aus seinem Straf- und Vagantenleben zu erzählen und seine Gefängnis- und Zuchthauserinnerungen niederzuschreiben, schuf May in überblendeter Form eine aussagekräftige Selbstbiographie. Wegen der Fülle autobiographischer Reflexionen gewinnt der Roman auch dort an Wert, wo die Arabesken der Kolportage seine Lesbarkeit erschweren. Besonders überzeugend wirkt Mays Darstellung, wenn er mit innerster Anteilnahme die Demütigung des eigenen Ich beschreibt, die menschlichen Nöte der Verlorenen nach ihrer Rückkehr in eine Gesellschaft, die ohne Mitleid ist. Es ist dies ein Versuch, auf literarische Weise persönliche Konflikte zu bewältigen und zu sublimieren. Karl May transponiert dabei sein Ich mehrfach: Gustav Brandt, des Verbrechens bezichtigt, wird wie einst May gefesselt von Ort zu Ort zwecks Gegenüberstellung geschleppt. Bei einem dieser Transporte entflieht er. Schmied Wolf aus Tannenstein erlöst ihn von der Fessel (90–94R). Gleiches geschah mit May, als er am 26. Juli 1869 seinem Bewacher entwich und Schmied Weißpflog aus Hohenstein ihm die eisernen Handschellen abnahm. – Karl Petermann ist unschuldig ins Zuchthaus Rollenburg eingeliefert worden. Als Sträfling Nr. 306 (May in Waldheim: Nr. 402) führt er sich gut, so daß er ein Jahr früher mit Vertrauenszeugnis entlassen werden kann (994–998R): wirklichkeitsnahe Reflexionen aus Mays Haftzeit im Arbeitshaus Zwickau. – Wilhelm Heilmann, »wenig über 20 Jahre« alt (1000R), findet sich schuldlos im Zuchthaus wieder, weil er die Uhr eines anderen in Benutzung hat. Mays Geschick, seine erste Haft 1862 wegen eines vorgeblichen Uhrendiebstahls, wird im *Verlorenen Sohn* so wirklichkeitsecht wiedergegeben (1008 Rff., 1024 R, 1029–1038 R), daß die bis heute dokumentarisch wenig belegte Affäre dank ihrer literarisch-biographischen Spiegelung plötzlich an Transparenz gewinnt. Allerdings »vergaß« May, die betreffende Handlung fortzuführen, so daß der Fall »ungelöst« bleibt. Parallelen zu Mays erster Verfehlung offenbart auch die Lebensgeschichte des Mechanikers Wilhelm Fels: Wie May 1861, wird Fels unter unklaren Anschuldigungen verhaftet (209 R) und wegen vorgeblichen Diebstahls zu sechs Wochen Gefängnis verurteilt (475 R) – ein Schicksal, das auch May teilte.

Spiegelungen des eigenen Ich stellen weiterhin der Redakteur Dr. Max Holm, der seine Erlebnisse im Wilden Westen als »Künstlerbriefe aus Amerika« drucken läßt (1166 Rff., 1212 R), und der Dichter Robert Bertram dar. Unter dem Pseudonym Hadschi Omanah erscheinen aus Bertrams Feder »Heimath-, Tropen- und Wüstenbilder« (117 R, 1407 R). Für den, der den biographischen Schlüssel kennt, ist Mays Abrechnung mit dem betrügerischen Verleger Zimmermann köstlich zu lesen, »welcher ohne Erlaubniß drucken läßt« (416 R), mit Honoraren geizt, obwohl seine Autoren am Hungertuch nagen, und auch sonst mit ihnen selbstherrlich umspringt. Hinter dem Buchhändler Zimmermann verbirgt sich niemand anderes als Münchmeyer selbst, der Zimmergesell war, bevor er sich zum Kolportageverleger berufen fühlte.

Die zeitgenössische Kritik hat Mays Roman wie seine anderen im MMV erschienenen Kolportagewerke abwertend beurteilt. Der Publizist H. Cardauns empfand den Text »noch schlimmer als im *Waldröschen;* ganze Riesenkapitel von 100 bis 200 Seiten enthalten fortgesetzt Bordell- und verwandte Geschichten mit Schamlosigkeiten, die sich der Beschreibung entziehen« (H. Cardauns: Herr Karl May von der anderen Seite. In: Historisch-politische Blätter. München 1902, 129. Bd., H. 7, S. 534). Oft kolportiert, ist diese Einschätzung ganz und gar nicht begründet: Jene Szenenfolge im Freudenhaus ist von Anstößigkeiten frei. Zur Verwunderung der Lesergemeinde geht es dort ausgesprochen sittsam zu. A. Fischer, Inhaber des MMV, versprach sich dagegen mit seiner gezielt doppelbödigen Reklame, *Der verlorene Sohn* sei ein »Roman aus dem Leben von Karl May« (Börsenblatt für den deutschen Buchhandel, Leipzig, Nr. 203, 1. 9. 1904, S. 7245), einen Verkaufserfolg. Nach Mays Intervention korrigierte er seine Anzeige: »Roman aus dem Leben. Von Karl May« (Börsenblatt, Nr. 9, 12. 1. 1905, S. 391). Schlüssig läßt sich die Frage nach Dichtung und Wahrheit in Mays autobiographischem und sozialkritischem Kolportagewerk erst nach Wiedervorlage des Textes der Erstausgabe (Reprint 1970/72) beurteilen, der einzig verläßlichen Grundlage für eine tiefgründige Analyse, Deutung und Wertung, die noch keineswegs abgeschlossen sind (vgl. dazu weiterhin: V. Klotz: Woher, woran und wodurch rührt *Der verlorene Sohn?* Zur Konstruktion und Anziehungskraft von Karl Mays Elends-Roman. In: Jb-KMG 1978. S. 87–110; V. Klotz: Karl May. *Der verlorene Sohn* oder *Der Fürst des Elends*. In: Abenteuer-Romane. München, Wien 1979, S. 152–181; M. Evers: Karl Mays Kolportageroman *Der verlorene Sohn*. Tagtraum und Versuch der literarischen Bewältigung persönlicher Existenzprobleme des Autors. In: Jb-KMG 1981. S. 88–135).

Klaus Hoffmann

8. Deutsche Herzen, Deutsche Helden

Der Roman *Deutsche Herzen, Deutsche Helden* entstand zwischen Herbst 1885 und Spätsommer 1887 und erschien vermutlich ab Januar 1886 in 109 wöchentlichen Lieferungen mit insgesamt 2610 Seiten »vom Verfasser des ›*Waldröschen*‹ und ›*Der Fürst des Elends*‹«. Ein R erschien 1976 im KMV. Der unveränderte Text der Erstausgabe erlebte zahlreiche Auflagen bis gegen Ende der 90er Jahre des 19. Jahrhunderts, was aber May zunächst verborgen blieb und erst im Zuge der Münchmeyer-Prozesse zutage trat.

May hat offenbar nur für 93 Lieferungen (d. h. bis einschl. S. 2232) Honorar erhalten und den handlungstechnisch wie stilistisch mißglückten Romanschluß (d. h. S. 2303 bis 2610, also zwei Seiten der Lieferung 96 und alle Lieferungen 97 bis 109), der in Deutschland spielt und dem Leser die Aufklärung aller Rätsel schuldig bleibt, möglicherweise nicht selbst verfaßt. Die Möglichkeit, daß May unter erheblichem Zeitdruck und unter Verzicht auf Honorar Manuskripte für die Seiten 2233 bis 2302 (Lieferung 94 bis 96) angefertigt hat, kann nicht ganz ausgeschlossen werden.

Eine »Neue illustrierte Ausgabe«, textlich gestrafft von P. Staberow, aber ohne Beseitigung der Schwächen, erschien 1901/1902 unter Münchmeyers Nachfolger Adalbert Fischer in 35 Lieferungen unter dem Reihentitel *Deutsche Herzen und Helden* und zugleich in fünf Einzelbänden mit folgenden Einzeltiteln: *Eine deutsche Sultana; Die Königin der Wüste; Der Fürst der Bleichgesichter I/II; Der Engel der Verbannten* (alle mit der Kennzeichnung »Roman von Karl May«). Die Bände liegen seit 1976 mit einem Vorwort von E. Bartsch als R (Hildesheim/New York) wieder vor. Eine erheblich gekürzte, auf zehn Kleinoktavbände angelegte Ausgabe mit dem Reihentitel »Die Schicksale der Familie Adlerhorst« (1950–1954) blieb mit acht Bänden unvollständig.

Durchgreifend bearbeitet, mit großenteils verändertem Personal unter Verwendung bekannter Figuren aus Mays Reiseerzählungen, kam der Roman 1930, 1933, 1934 als Band 60 *(Allah il Allah)* sowie Band 61 bis 63 *(Der Derwisch; Im Tal des Todes; Zobeljäger und Kosak)* der GWR im KMV Radebeul heraus. Diese gelungene Leseausgabe verlegt zwar die Handlungszeit in die Jahre 1861 bis 1863, enthält aber im Gegensatz zur Erstausgabe und zur Fischer-Ausgabe keine Widersprüche, lediglich eine ungeschickte Formulierung hinsichtlich der Ähnlichkeit zwischen zwei handelnden Personen (1152 EA, 141 GWR 62, 135 GWB 62) und das nicht glaubwürdige schriftliche Geständnis eines Schurken (1712 EA – das übrigens die Handlungszeit erkennbar in die 80er Jahre legt –, 152/153 GWR 63, 143/144 GWB 63) wirken nach wie vor störend.

Der mit der Haupthandlung nicht verwobene Handlungsteil *Die Königin der Wüste* (2. Kapitel, Bd. 2 der Fischer-Ausgabe) wurde als Bd. 60 der GWR/GWB vom übrigen Romangeschehen abgetrennt und zur Grundlage einer Erzählung in Ich-Form mit den Protagonisten Kara Ben Nemsi und Hadschi Halef Omar umgewandelt.

Einen vom Text der Radebeuler Buchausgabe nur unwesentlich abweichenden Vorabdruck brachte die in Dresden erscheinende Zeitschrift »Das Vaterhaus« in ihrem 4. Jg. 1926/1927.

1881 und 1882 in »Die Gartenlaube« erschienene Aufsätze über Ägypten und Tunis lieferten dem Autor Anregungen zum aktuellen historischen, kulturellen, völkerkundlichen und geographischen Hintergrund des auf 1880 datierbaren ersten Teils der im übrigen frei erfundenen Romanhandlung (vgl. F. Kandolf: Sir David Lindsay und Krüger-Bei. In: KMJb 1979. S. 41–53. S. 47ff.). Außerdem standen May zahlreiche zeitgenössische Bücher mit authentischem Material zur Verfügung, so für den Orient-Teil u. a.: M. Busch: Ägypten. Reisehandbuch. Triest 1858; ders.: Die Türkei. Reisehandbuch. Triest 1860; A. Ebeling: Bilder aus Kairo. 2 Bde. Stuttgart 1878; J. Chauvanne: Die Sahara oder Von Oase zu Oase. Wien 1879; Harven: Türkische Harems und Circassische Heimat. Leipzig 1872; für den Amerika-Teil u. a.: R. Browne: Reise und Abenteuer im Apachenlande. Gera² 1860; B. Möllhausen: Reisen in die Felsengebirge Nordamerikas bis zum Hoch-Plateau von Neu-Mexiko. 2 Bde. Leipzig 1860; ders.: Wanderungen durch die Prärien und Wüsten des westlichen Nord-Amerikas vom Mississippi nach den Küsten der Südsee. Leipzig ²1860; F. L. Olmsted: Wanderungen durch Texas und in mexicanische Grenzlande. Leipzig 1857; für den Rußland-Teil u. a.: C. Hansteen: Reise-Erinnerungen aus Sibirien. Leipzig 1854; Gr. v. Helmerson: Reise nach dem Ural und der Kirgisensteppe in den Jahren 1833 und 1835. 2 Bde. Petersburg 1841 und 1843; A. Kohn und R. Andree: Sibirien und das Amurgebiet. 2 Bde. Leipzig ²1876. Auch mit Landkarten und Wörterbüchern war May reichlich versehen.

Zentrales Thema der Handlung ist die Zusammenführung aller noch lebenden Mitglieder der deutschen Familie von Adlerhorst, die etwa 16 Jahre lang aufgrund verbrecherischer Machenschaften auseinandergerissen und ihres Ansehens und gesamten Besitzes beraubt waren. Das Familienoberhaupt, Alban von Adlerhorst, ein in der Türkei stationierter deutscher Diplomat, wurde im Zuge einer Intrige beschuldigt, den hohen türkischen Würdenträger Melek Pascha ermordet zu haben, und von Meleks Sohn Ibrahim aus Rache umgebracht; Albans Ehefrau Anna und die fünf Kinder Hermann, Georg, Martin, Magda und »Tschita« (die in der Erstausgabe bei diesem orientalisch gefärbten Namen, in GWR/GWB nach ihrer Befreiung aus der Sklaverei »Lisa« genannt wird) werden durch Ränke Ibrahims und des mit ihm verbündeten Kammerdieners Florin, der vergeblich seine Herrin Anna von Adlerhorst zu verführen getrachtet hatte, in alle Winde zerstreut. So viel läßt sich den an über zwanzig Textstellen eingestreuten dunklen Hinweisen entnehmen; warum aber – und durch wen – Melek Pascha wirklich zu Tode kam und warum Florin und Ibrahim den Adlerhorsts ein unverdient grausames Schicksal bereiteten, wird nie aufgeklärt. – Erst die für die Radebeuler Ausgabe verantwortlichen Bearbeiter haben den Mißstand behoben.

Erster Teil: Ein deutscher Prinz und politischer Abgesandter, der sich hinter dem bürgerlichen Namen Oskar Steinbach verbirgt und aus nie erläuterten persönlichen Gründen Anteil nimmt am Unglück der Familie von Adlerhorst, unterstützt, ebenso wie der exzentrische britische Lord Eaglenest, den deutschen Maler Paul Normann und dessen Freund Hermann bei deren Bemühen, zwei junge Frauen, Tschita und Zykyma, die von dem verschlagenen Pascha Ibrahim-Bei gekauft worden sind, zu befreien. Ibrahim-Bei und sein Vertrauter, der tückische Derwisch Osman, entweichen nach Tunis und bereiten einen Mordanschlag gegen den dortigen Herrscher vor. Osman wird gestellt. Tschita erweist sich als Hermanns Schwester, Lord Eaglenest als beider Vetter. Zykyma kennt vom Kaukasus her Hermanns Bruder Georg, der dort Offizier war. Steinbach, in diplomatischer Mission bei einem Beduinenstamm eingetroffen, entdeckt dort Ibrahim, kann ihn aber nicht dingfest machen.

Zweiter Teil: Der bei dem Pflanzer Wilkins als Aufseher tätige Martin (von) Adler(horst) verschwindet im Westen der USA bei dem Versuch, die Urheber eines gegen Wilkins gerichteten Schurkenstreiches zu entdecken. Diese Urheber sind der Besitzer eines Quecksilberbergwerkes, Roulin, und ein von dem aus Sachsen stammenden Präriejäger Sam Barth gesuchter Verbrecher namens Walker. Nachdem Sam und der berühmte »Fürst der Bleichgesichter« alias Oskar Steinbach – dessen Auftauchen in Amerika unerklärt bleibt – bestimmend in das Geschehen eingreifen, wird Walkers Gefolgsmann Bill Newton inmitten der Auseinandersetzungen mit verfeindeten Indianerstämmen als der frühere Derwisch und einstige Kammerdiener Florin entlarvt und die in Roulins Bergwerk wie Sklaven gehaltenen Arbeiter und Arbeiterinnen, darunter Martin von Adlerhorst, seine jüngste Schwester Magda und beider Mutter befreit. Hermann und Lord Eaglenest, die sich in der Gegend aufhalten, nehmen an den Wiedersehensszenen teil. Florin entflieht.

Dritter Teil: Sam Barth und der mit großem Pomp auftretende und mit zahlreichen Vollmachten des Justizministers wie auch des Zaren versehene Steinbach stoßen in Sibirien auf den dorthin verbannten einstigen Kosakenoffizier Georg von Adlerhorst und auf den als Pelzkaufmann Peter Lomonow getarnten Florin. Bei einer Gruppe politischer Flüchtlinge findet Sam seinen verschollen geglaubten Bruder Karl.

Der Schluß spielt dann in Deutschland. Hier ersinnen Ibrahim-Bei und der noch einmal aus der Gefangenschaft entwichene Florin neue Intrigen zur Vernichtung der Adlerhorsts, werden aber endgültig gestellt. Florin erschießt Ibrahim und sich selber, und »nun geht das Hauptgeheimnis mit ihnen hinüber« (2595 R), während jeder einzelne Adlerhorst-Sproß den künftigen Lebensgefährten heimführt und der Leser ohne weitere Aufklärung bleibt.

Der gleichsam nach demselben Grundmuster wie *Das Waldröschen* angelegte, dabei aber in sich straff gegliederte Roman hätte ein Meisterwerk der Spannungsliteratur werden können, zumal den Schilderungen zeitgenössischer Lebens- und Gefahrensverhältnisse in entlegenen Schauplätzen weitgehend Authentizität anhaftet. Der Leser verliert an keiner Stelle die Übersicht über die Haupthandlung oder über die äußerst geschickt eingeführten vielfältigen Nebenhandlungen. Das Leserpublikum der Kolportage, dessen Interesse sich vermutlich rein auf aufregendes Geschehen und vordergründige Effekte richtete und dadurch dem Roman zu vielen Neudrucken verhalf, kam dabei auf seine Kosten. Die häufigen inneren Widersprüche und Unstimmigkeiten jedoch, die kritischen Lesern ins Auge springen (z. B. Mißachtung zeitlicher Abstände zwischen Ereignissen, Aufenthalt mehrerer Personen an zwei Orten gleichzeitig, Inkonsequenz beim Verbleib zweier Rivalen, Inkonsequenz bei der Anwendung des Motivs »Familienähnlichkeit«, Schlampereien hinsichtlich der Fremdsprachenkenntnisse verschiedener Personen), bezeugen Mays von Anfang an durch jede der drei »Abtheilungen« anhaltende Lustlosigkeit.

Sein im Romantitel ausgedrücktes Anliegen, ohne Züge von Chauvinismus und Hurra-Patriotismus darzutun, daß aufrechte deutsche Männer sich allüberall in der Welt auch unter den widrigsten Schicksalsschlägen als Helden bewähren, hat May kläglich scheitern lassen: Prinz Oskar, offenkundig als Neuauflage des Helden Karl Sternau (aus: *Das Waldröschen*) konzipiert und von der Aura der Omnipotenz umgeben, gerät nur zum anmaßenden Dreinschläger; er erweckt weder Sympathie noch Achtung. Sein fragwürdiges Heldentum geht vollends zu Bruch, als der Autor das Anerbieten des um sein Leben bangenden Florin alias Bill Newton (1517 R), seinem Widersacher alles über die Adlerhorsts, deren Aufenthaltsorte und »wie und warum damals alles geschehen ist« mitzuteilen, durch Steinbach rundheraus ablehnen läßt!

Die drei Brüder Adlerhorst erhalten von Karl May gar nicht erst Gelegenheit, sich wirklich heldenhaft zu gebärden und aus eigener Kraft gegen das Familienverhängnis anzugehen. Einige der Randfiguren haben mehr innere Statur und zeigen mehr Leben als die Helden aus deutschem Adel. Der einzige wirkliche Held in Mays Wert-Sinne und die einzige mit Liebe gezeichnete Gestalt ist Sam Barth, der uneigennützig für die Adlerhorsts tätig wird. In ihm spiegelt sich ein beträchtliches Stück May-Biographie, wie entgangenes Liebesglück in der Jugend, gewaltsame Änderung der in Aussicht genommenen Berufsbahn u. ä. (s. L. Patsch: Karl Mays erste Liebe. In: KMJb 1979. S. 189–194; s. auch K. Hoffmann: Karl May als »Räuberhauptmann«... In: Jb-KMG 1972/73. S. 215–247). Es spiegelt sich in der Beziehung Sam/Steinbach aber auch der arrivierte Bürger May als kritikfähiger, selbständiger Mann.

Ähnlich mißlungen ist auch die Figur des Hauptschurken Florin, dessen diverse Rollen als Derwisch, Präriebandit und Pelzkaufmann und dessen Auftauchen am jeweiligen Ort des Geschehens der Autor nicht plausibel zu erläutern vermag.

Die von Wollschläger vorgetragene These über den Liebesentzug gegenüber dem Kleinkind Karl May und die zeitweilige Verdrängung des Vaters Heinrich May durch einen Liebhaber der Mutter (»Die sogenannte Spaltung des menschlichen Innern, ein Bild der Menschheitsspaltung überhaupt.« Materialien zu einer Charakteranalyse Karl Mays. In: Jb-KMG 1972/73, S. 11–92) verlockt dazu, das düstere Schicksal der Familie Adlerhorst als überdimensional verzerrt-verfremdete Gestaltung eines Ausschnitts der Geschichte der Familie May zu sehen, wozu May sich nach dem Tode seiner Mutter (1885) befähigt glaubte; die Berührung mit dem Tabu jedoch ließ dann das Werk mißraten und unvollendet bleiben. Unzweideutige Belege aus Mays Vita oder der seiner Eltern hierzu liegen freilich nicht vor.

Die vernichtende Kritik des erbitterten May-Gegners H. Cardauns (Kölnische Volkszeitung) gegen diesen Roman ließ dessen literarische Mängel unberücksichtigt und zielte in ihrer Polemik, »mit einer Dirnengeschichte von 35 Seiten ausgestattet (...), hier und da ein halber Druckbogen oder mehr mit schmutzigen Scenen, eine Portion einzelner Ekelhaftigkeiten«

(H. Cardauns: Herr Karl May von der anderen Seite. In: Historisch-politische Blätter. München 1902. 7. H., S. 517–540. S. 553), auf die angebliche »abgrundtiefe Unsittlichkeit«, die seinerzeit den fünf Münchmeyer-Romanen (wegen der gerade für May nicht-typischen Passagen) vorgeworfen wurde. (Zur gerechten Kritik nach Mays Tode siehe E. Schmid: Die Münchmeyer-Romane. In: KMJb 1919. Breslau 1918. S. 147–164; sowie R. Beissel: Ein Schlußstrich. Abschließende Betrachtung zum Streit um Karl Mays Münchmeyer-Romane. In: KMJb 1919. Breslau 1918. S. 164–194).

Walther Ilmer

9. *Der Weg zum Glück*

Den fünften und letzten im MMV erschienenen Lieferungsroman hat Karl May noch während der Niederschrift der *Deutschen Herzen, Deutsche Helden* (1885/87) begonnen. Anlaß für dieses neue Auftragswerk, das die Loslösung Mays von der Kolportage um weitere Jahre hinauszögerte, gab das dramatische Ende des »Märchenkönigs« Ludwig II. von Bayern: Sein Tod im Starnberger See am 13. Juni 1886 löste eine Flut von Publikationen aus. Allein 13 Lieferungsromane über ihn sollten bis 1898 auf den Markt kommen. Die ersten des ingesamt 109 Lieferungen (2616 Seiten) umfassenden Werkes *Der Weg zum Glück* dürften bereits August 1886 erschienen sein. Bei einer Folge von zwei Lieferungsheften wöchentlich zog sich die Ausgabe bis Oktober 1887 hin. Vereinbarungsgemäß blieb der Autor zunächst anonym (»Vom Verfasser des *Waldröschen, Verlorener Sohn, Deutsche Herzen* etc.«). Mit der ab 1888 herausgegebenen Buchfassung (R 1971. Mit einem Vorwort von K. Hoffmann. Hildesheim/New York) wurde diese Vereinbarung gebrochen und der Titel als »Roman aus dem Leben Ludwig des Zweiten von Karl May« herausgebracht. Wie so mancher Konkurrenztitel (z. B. R. Frankenberg: Der Einsiedler am Starnberger See. Dresden 1887. Verlag R. H. Dietrich), wurde auch *Der Weg zum Glück* bei Erscheinen verboten und »vom Feilbieten im Umherziehen« bei Strafe ausgeschlossen (Erlaß der Amtshauptmannschaft Dresden 1887 und erneut 1890).

Der Leipziger Verleger A. Fischer, der 1899 den MMV

übernommen hatte, brachte Mays Kolportageromane ohne dessen Billigung, doch unter dem Namen des berühmten Autors neu heraus: »Karl Mays illustrierte Werke (...) sind und bleiben bei Karl Mays anhaltender Beliebtheit Brotartikel für jeden Sortimenter« (H. G. Münchmeyer: Karl Mays illustrierte Werke in Bänden *(Der Weg zum Glück)*. In: Börsenblatt für den deutschen Buchhandel. Leipzig, 16. 6. 1904, Nr. 136, S. 5239). Als Serie III einer »Neuen illustrierten Ausgabe« erschien *Der Weg zum Glück* 1903/04 in 37 Lieferungen, als Buchausgabe Dresden-Niedersedlitz 1904 in vier Bänden *(Die Murenleni, Der Wurz'nsepp, Der Geldprotz, Der Krikelanton)*. Aufgrund eines Vergleichs zwischen May und dem MMV durfte diese Ausgabe ab 1908 nur noch anonym erscheinen.

Ohne in die GWR aufgenommen zu werden, kam eine vom KMV lizenzierte Bearbeitung unter dem Originaltitel in der Zeitschrift »Das Vaterhaus«, Dresden-Niedersedlitz (1929/30), H. 1–72, heraus. Erneut bearbeitet, liegt Mays Lieferungsroman inzwischen als Bd. 66 (*Der Peitschenmüller,* 1958), 67 (*Der Silberbauer,* 1959), 68 (*Der Wurzelsepp,* 1960) und 73 (*Der Habicht,* 1967) der GWB vor.

Die Neue illustrierte Ausgabe 1903/04 stellt eine nur wenig überarbeitete Fassung der Erstausgabe 1886/87 dar. Änderungen beziehen sich auf Kürzungen nichtssagender Dialoge, Eliminierungen von Geschmackslosigkeiten, stilistische Verbesserungen und eine Textumstellung des Kapitels *Der Samiel.* Die »Vaterhaus«-Fassung stützt sich auf die Ausgabe 1903/04, ist inhaltlich wie textlich stark überarbeitet, unter Angleichung der Dialoge an den echten Bayerndialekt. Starke Kürzungen unter Abbruch einer Erzählung und ein kitschiges Happy-End, das es bei May nicht gibt, verfremden den Text. Die Bamberger Ausgabe fußt auf dieser Fassung und stellt einen weiteren Eingriff in den Urtext dar. In sich abgeschlossene Handlungen (*Geldprotz-* und *Samiel*-Kapitel) wurden herausgelöst und in GWB 68 eingegliedert, Textübergänge neu geschaffen. Handlungsfolgen, die in Wien und Triest spielen (Kapitel *In Miramare,* 2295 f. R) sind eliminiert worden, wie z. B. auch die Figur der Dichterin Franza von Stauffen. Namensänderungen (wie: Forstner statt Warschauer für den Krickelanton oder Friederichs für Sandau) oder gar Neuschöpfungen (wie: Martin Huber als Synthesefigur für Max Walther und Anton Warschauer) stoßen auf wenig Verständnis, wie auch das Mays Intentionen wiedersprechende Happy-End zwischen Leni und Anton oder der schauerliche Tod Albergs und der Asta von Zolba.

Als literarische Quellen und Vorbilder kommen vor allem die Volksstücke des österreichischen Heimatschriftstellers Ludwig Anzengruber (1839–89) und die Romane des für seine bayrischen Dorfgeschichten bekannten Herman Schmid (1815–80) in Betracht. In seinem Schauspiel »Der Pfarrer von Kirchfeld« (Wien 1872) spielt bei Anzengruber der volkstümlichen Dialekt sprechende Wurzelsepp eine Charakterrolle. May hat die Figur für den *Weg zum Glück* stark idealisiert übernommen. Aus Schmids Werken entlehnte May zahlreiche Motive, Szenen, Charaktere und Folkloristika. Besonders freizügig wurde von May die 1863 in der »Gartenlaube«, Leipzig, erstveröffentlichte Erzählung »Almenrausch und Edelweiß« (Buchausgabe: München 1864) verwendet. Bereits der Anfang seines Romans *Der Weg zum Glück* weist unübersehbare Ähnlichkeiten mit dem ersten Kapitel der Erzählung Schmids auf, die bis zur wörtlichen Wiedergabe gehen. Auch inhaltlich lehnte sich May stark an dieses Werk an: Bei Schmid lebt die Sennerin Evi – wie bei May die Leni – als Waise allein auf der Alm. Der Bösewicht Quasi, der die Sennerin begehrt, erinnert an den Naz' und ist Grenzwächter wie dieser. Das sich anbahnende Liebesintermezzo wird durch ein weiteres Mannsbild unterbrochen, das sich bei Schmid wie bei May nach bayrischem Brauch jodelnd ankündigt. Der Wilderer Mentel (bei May der Krickelanton) will die schöne Sennerin gleichfalls heimsuchen. Gestört wird die Dreiecksgeschichte durch einen Gebirgsjäger, der den Wildschützen verfolgt und »verarretiren« will, wie es bei Schmid und May wörtlich heißt.

Anregungen übernahm May auch aus eigenen Arbeiten. Bei der Niederschrift des Kapitel *Der Samiel* (1766f. R) griff der Autor auf die 1878 erschienene Erzählung gleichen Titels (in: »Das Buch für Alle«. Stuttgart, Jg. 13, H. 8) zurück. Beide *Samiel*-Fassungen weisen inhaltliche Parallelen auf: In der Version von 1878 tyrannisiert die Wiesenbäuerin, im *Weg zum Glück* die Kronenbäuerin, als Samiel verkleidet, ihre Mitmenschen. Die Geschichte von der vergrabenen Kriegskasse Napoleons, zu Beginn im *Weg zum Glück* erzählt (245, 256, 268 R), später vom Autor »vergessen«, erinnert an *Die Liebe des Ulanen,* die durch den Wurzelsepp inszenierte »Schatzsuche« an ein ganz ähnlich schalkhaftes Abenteuer in *Deutsche Herzen, Deutsche Helden.* Der Wurzelsepp gleicht einer Zweitauflage des Trappers Geierschnabel aus dem *Waldröschen*. Mädchenhandel floriert (2281f.R) wie im *Verlorenen Sohn*. Kindesraub (764R) ist wie im *Waldröschen* nichts Ungewöhnliches. Und manches armer Leute Kind erfreut sich zu guter Letzt blaublütiger Abstammung: unverzichtbare Requisiten der Kolportage.

Handlungsorte des Romans sind abwechselnd Bayern (mit den fiktiven Orten Scheibenbad und Hohenwald), Böhmen und Österreich. Die Handlung spielt zu Beginn der 80er Jahre und wird dann »einige Jahre später« (2577R) im Mai 1886 fortgeführt, wobei der Autor auch die Internierung des geisteskranken Königs nach Schloß Berg (12.6.1886) erwähnt (2590R). Es sind dies die einzigen Anhaltspunkte für eine Datierung.

Der Erzähltechnik der Kolportage folgend, hat May verschiedene Handlungsabläufe zunächst lose oder gar nicht gekoppelt, in der Absicht, sie später zu vereinen. Das ist nicht immer geglückt. In der Haupthandlung wird der Lebensweg der Sennerin Magdalena Berghuber, der Muhrenleni, Patenkind des Wurzelsepp, beschrieben. Aufs engste ist diese Geschichte mit dem Geschick des Wildschützen Anton Warschauer, dem Krickelanton, verknüpft. Bayerns König Ludwig II., der wie einst Harun al Raschid heimlich durchs Land streift und sich, wenn nötig in Krachledernen, unters Volk mischt, seine Nöte und Sorgen, aber auch verborgene Talente aufspürend, trifft auf der Alm das Naturtalent Leni und ist von ihrer Stimme fasziniert. Als Mäzen eines Richard Wagner bietet er der Sennerin eine Ausbildung als Opernsängerin an. Ihr Geliebter, Anton, wünscht diese Karriere nicht, obwohl Ludwig auch für ihn eine Sängerlaufbahn bereithält, als Dank dafür, daß der Wilderer ihm das Leben gerettet hat. Bei einem Konzert unter Schirmherrschaft des Königs, wobei Leni gemeinsam mit R. Wagner und F. Liszt auftritt, kommt es zum Bruch zwischen den Liebesleuten. Anton nimmt eine Ausbildung bei einem Wiener Musikprofessor auf, dessen Ehefrau er aus Bergnot gerettet hat.

Die sich anschließenden »Thalmüller«- und »Silberbauer«-Erzählungen können als zwei parallel zur Hauptgeschichte laufenden Nebenhandlungen bezeichnet werden. Hauptheld in der ersten Erzählung ist der Naturbursche Fex, eigentlich Curty von Gulijan, der – unter Zigeunern aufgewachsen –

sich zunächst nicht seiner adligen Abstammung bewußt ist. Auf dem Besitz seines Vormundes, des habgierigen Talmüllers, hat er niedrige Dienste zu verrichten, doch heimlich frönt er seiner Musikleidenschaft. Mit Hilfe seines Gönners, des Wurzelsepps, kann Fex bei einem Konzert seine Meisterschaft im Violinspiel unter Beweis stellen. Der König fördert nun auch sein Talent. Aus dem verachteten Fex wird ein gefeierter Musiker. Mit Unterstützung des Wurzelsepp gelingt es ihm, die Verbrechen des Talmüllers und des Silberbauern an der Familie Gulijan zu entlarven. Beide Bösewichter erhalten ihre verdiente Strafe und der junge Herr von Gulijan die liebreizende Tochter Paula des Talmüllers zur Frau. Als Nebenhandlung hat May die Geschichte des in Hohenwald ansässigen Silberbauern eingefügt. Sein Gegenspieler ist der Lehrer Max Walther, der die Tochter des Silberbauern, Martha, liebt. Walther ist der illegitime Sohn des Barons von Alberg, der sich betrügerisch in Besitz eines Vermögens gesetzt hat.

In einer weiteren Nebenhandlung, der »Geldprotz«-Episode, die im Dorf Slowitz in Böhmen spielt, wird das Geschick des Kerybauern erzählt, der in Pascheraffären verwikkelt ist und von den reichen Osecs erpreßt wird. Dank der Tapferkeit und Umsicht seines Knechtes Ludwig Held kann sich der Kerybauer aus der Abhängigkeit der Osec-Bande lösen. Held, der auch das Leben des Königs rettet, erhält die Tochter des Kerybauern, Gisela, zur Frau und den Hof dazu.

Im anschließenden *Samiel*-Kapitel mit Bayern als Schauplatz wird die Geschichte des reichen Kronenbauern erzählt, dessen Frau unerkannt als »Samiel« eine Schmugglerbande anführt. Erst dem Wurzelsepp gelingt es, sie zu entlarven. Zurückkehrend zur Haupthandlung, schildert May die Sängerkarriere von Leni und Anton, die ihren Höhepunkt bei der Uraufführung der von Fex komponierten Oper »Götterliebe« erfährt. Es gibt aber kein Happy-End: Anton, erfolgsverwöhnt und charakterlich verwahrlost, ist die Liebe der Leni nicht mehr wert. Sie heiratet einen Grafen Senftenberg. Der Roman endet mit den Ereignissen des 13. Juni 1886: Ludwig II. stirbt, und in seiner Todesstunde erfüllt sich auch das Schicksal des Wurzelsepps.

Der Weg zum Glück ist Mays letzter Kolportageroman. Mit ihm schloß der Schriftsteller eine Etappe seiner literarischen Entwicklung ab, um sich ganz dem gehaltvolleren Genre der

Reiseerzählungen zu widmen. Mays Roman trägt indessen noch alle Merkmale und Schwächen der Kolportage an sich, die literarische Qualität ist bescheiden. Trotzdem versteht es der Autor, seine Leser zu fesseln, weil es ihm gelingt, mit wenigen Strichen volkstümliche Charaktere zu formen und die Handlung interessant zu gestalten. Geschickt verquickt May die heiter-besinnliche Dorfgeschichte mit einer spannenden Kriminalnovelle. Als besonders skurril muß jedoch sein Bemühen angesehen werden, mit einem freierfundenen Dialekt, »ein nie gehörtes Oberbayrisch« (H. Schneider: Karl May in der Lederhose. München 1961, S. 31), Lokalkolorit vorzutäuschen. Handlungsablauf und Lesbarkeit leiden so nicht selten unter Wurzelsepps »bayrischem« Kauderwelsch. Spätere Kapitel weisen diesen sprachlichen Ballast zum Glück nicht mehr auf; das erzählerische Niveau gewinnt spürbar (vgl. *Zweimal gerettet,* 1245f.R).

Ein »Roman aus dem Leben Ludwigs II.« sollte es werden. May verstand sich bestenfalls dazu, einen »Roman aus der Zeit Ludwigs II.« zu verfassen, rückt er doch die Figur des Königs nur selten in den Brennpunkt des Geschehens. Vielmehr beläßt er ihn eher in der Rolle eines Deus ex machina. Was May bei den spärlichen Auftritten des Königs allerdings seiner Feder an monarchistischer Beweihräucherung abtrotzt, ist reichlich kolportagehaft und läßt manche sozialkritische Aussage fragwürdig werden: Bayerns König hilft einer blutarmen Gemeinde, indem er auf seine Kosten eine – Kirche erbauen läßt (1632R). Daraufhin kniet der Pfarrer nunmehr nicht nur vor Gott: »Vor meinem Könige muß ich in die Knie sinken, erfüllt von Ehrfurcht und tiefster, tiefster Dankbarkeit« (1637R). Armenhilfe aus der Sicht eines Königs... »Du bist (...) ein guter, braver Bayer«, lobt Ludwig II. einen armen Knecht. »Hier, nimm meine Hand. Es passirt nur Wenigen, dieser Auszeichnung sich rühmen zu dürfen«. Der Knecht »bückte sich nieder, drückte seine Lippen auf die königliche Hand und konnte es nicht verhindern, daß dabei einige Thränentropfen auf dieselbe fielen. ›Mein König und mein Herr‹, schluchzte er, ›ich möchte vor Wonne und vor Leid gleich sterben‹« (1478R). Der Händedruck eines Königs... An anderer Stelle ehrt Ludwig die Sängerin Leni. Er »hauchte einen Kuß auf ihr reiches, volles Haar (...) Leni brach langsam in die Knie...« (338, 339R). Tief ergriffen erzählt sie Anton davon: »Der König ist unsers Herrgotts Statthalter. Verstehst? (...) Er hat mich mit dem Kuß gesegnet an Gottes Statt (...) Es ist mir, als hätt' der Herrgott selber vor mir standen« (344 R). Der Kuß eines Königs ... Rudolf von Sandau jr., verklärt zu seiner Geliebten: »Du besitzest den Segen unseres Königs; er ist die Gewähr, daß unser Glück kein Ende nehmen wird« (2561 R). Der Segen eines Königs ... Mays *Weg zum Glück* erweist sich hier in der Tat als »Modellverkündigung jenes deutschen Stubenglücks, das mit gefalteten Händen am leeren, aber reinlich gescheuerten Tische sitzt, den König milde über sich an der Wand und den Herrgott noch höher darüber im Himmel droben« (Wollschläger: May, S. 68). Ein solches Urteil hat May selbst provoziert, auch durch kitschig-frömmelnde Thesen, wie diese: »Frömmigkeit, Fleiß, Leben und Treue, Treue vor allen Dingen dem Heerde, der Familie, dem Vaterlande und dem Herrscher, das ist der einzige und wahre Weg zum Glück!« (2576 R)

Im Gegensatz zur Kolportage seiner Zeit enthält Mays Trivialroman jedoch auch sozialkritische Passagen, die durch autobiographische Reflexionen an Wert gewinnen. May, der Webersohn, selbst aus dem kümmerlichsten Proletariat stammend, verhehlt nicht seine Sympathie für das Los des einfachen Volkes. »Gieb mir (...) Arbeit«, läßt er den zum Wilderer herabgesunkenen Krickelanton sagen, »irgendwelche, mit der ich mich und meine Eltern redlich ernähren kann, und ich werde weder meinem Kaiser noch meinem König (...) eine Gams wegschießen« (24 R). May braucht nichts zu erfinden. Wenn er das armselige Dasein der Einwohner von Hohenwald beschreibt, hat er dies alles in seiner Heimatstadt Hohenstein-Ernstthal selbst erlebt.

Weitere autobiographische Spiegelungen können hier nur angedeutet werden: Karl May tritt uns wunschtraumhaft überhöht in der Person des Fex, des Johannes Weise, des Rudolf Sandau sen. und des Max Walther gegenüber. Fex ist ausgestattet mit allen körperlichen und geistigen Vorzügen. Sein Porträt (152 R) verrät große Ähnlichkeit mit dem Bild des jungen Karl May. Johannes Weise (558 f. R) ist der begabte, doch arme Sohn des Finkenheiners Heinrich Weise. Namensspielereien: Mays Vater hieß Heinrich, seine Mutter war eine geborene Weise. Wunschdenken, durchsetzt mit autobiographischer Realität, spiegelt sich in der Geschichte des Geometers Sandau wieder. In *Winnetou II* hat May dieses Sujet ausgemalt. Sandau-May, war unschuldig zur Haftstrafe verurteilt worden (994 f. R). »Nach seiner Entlassung wollte kein Mensch mehr etwas von ihm wissen« (1035 R). Er wanderte nach Amerika aus und starb dort in Ausübung seines Berufes als Privatdetektiv. Lehrer Max Walther, ein begnadeter Dichter, war zunächst in Regensburg Lehrer, hatte sich dann aber um eine Strafstelle in Hohenwald beworben. »Hast wohl mal einen kleinen Fehler begangen im Schulamt etwa?« (562R). Als Hilfslehrer 1861 in Glauchau angestellt, hatte May diese Stelle wieder verlassen müssen. Sein »kleiner Fehler« bestand darin, von seinem Wirt Meinhold beschuldigt worden zu sein, dessen Ehefrau Henriette verführen zu wollen. Der Superintendent verfügte daraufhin Mays Entlassung. May-Walther: »Ich liebte sie und ging...« (605R). Seine neue Anstellung als Fabriklehrer in Altchemnitz setzt May der Strafstelle in Hohenwald gleich. Die Fabrikherren, J. F. Claus und C. F. Solbrig, finden sich im *Weg zum Glück* in der unsympathisch gezeichneten Person des Silber(Solbrig-)bauern Claus wieder. Wie in Altchemnitz, findet Lehrer May-Walther auch in Hohenwald keine geordneten Schulverhältnisse vor. Als Fabriklehrer mußte May vier Stunden Unterricht in der Schule Claus halten, »und grad vier Stunden werdens brauchen, um die Kinder der Reihen nach zu versohlen«, erklärt der Wurzelsepp dem neuen Lehrer (626R). Wiederum ist es eine Frau, die May resp. Walther vom rechten Weg zum Glück abbringen will: die stolze, gefallsüchtige Dorfschönheit Martha Claus, Reinkarnation der Henriette Meinhold und der Ehefrau Mays, Emma Pollmer. Zu guter Letzt geht alles gut. Max Walther darf sich Baron von Alberg nennen: Auch May gab sich, 1869, als »natürlicher Sohn des Prinzen von Waldenburg« aus. – Um den Samiel zu fangen, machen sich im *Weg zum Glück* Einwohner und Militär auf die Suche. Diese Aktion mit Spott und Schadenfreude zu bedenken, hatte May allen Grund. Aus Polizeigewahrsam entflohen und steckbrieflich verfolgt, wurde 1869 auch nach ihm in den Hohensteiner Wäldern vergeblich gefahndet. »Sie können den Wald noch Jahre lang (...) besetzen, den Samiel fangens doch nicht«, frohlockt der Wurzelsepp (1917R).

Die zeitgenössische Kritik hat Mays Kolportageroman zumeist abwertend beurteilt. H. Cardauns verdammte den *Weg zum Glück,* wie die anderen im MMV erschienenen Werke Mays, wegen angeblicher Unsittlichkeiten und führte u. a. »Lüsternheiten, Schamlosigkeiten, (...) eine Verführungsgeschichte (...), Ehebruch, (...) eine geradezu scheußlich ausgemalte Unzuchtszene« dafür ins Feld (H. Cardauns: Herr Karl

May von der anderen Seite. In: Historisch-politische Blätter. München 1902, 129 Bd., H. 7, S. 535). Verleger A. Fischer dagegen beteuerte, May habe mit seinem *Weg zum Glück* bewiesen, daß er »nicht allein Reiseschriftsteller ist, sondern auch meisterhaft versteht, lebenswahre Charakterbilder aus der engeren Heimat in hochspannender Weise zu schildern« (vgl. Münchmeyer, 1904). In feuilletonistischer Form hat H. Schneider den »Wadelstrumpfroman« Mays kritisiert, vor allem hinsichtlich bayrischer Volksbräuche und des Dialekts (vgl. Schneider, 1961). Ernstzunehmende Studien sind erst nach Wiedervorlage des Textes der Erstausgabe (R 1971) möglich geworden. Sie lassen erkennen, daß Mays letzter Kolportageroman eine genauso sorgfältige Analyse, Deutung und Wertung verdient, wie seine anderen Werke (vgl. K. Hoffmann, S. 2619–2686 des R Das Waldröschen; H. Kühne: Karl May auf dem Weg zum Glück. In: M-KMG 1972/14, S. 4–8; 1973/15, S. 11–13; C. F. Lorenz: Karl Mays zeitgeschichtliche Kolportageromane. F.a.M. 1981, S. 182–394; C. Tech: Der Weg zum Glück. In: M-KMG 1981/47, S. 28–33; H. Hatzig/T. Canellas-Waldenfels: Karl-May-Register *Der Weg zum Glück*. Hamburg 1984, S-KMG 53).

Klaus Hoffmann

IV. Kleinere Frühwerke und Einzelerzählungen

a) Humoresken, Schwänke und historische Erzählungen

1. Die Fastnachtsnarren

1875 gründete May die Wochenschrift »Deutsches Familienblatt«, in der er 1875 (1. Jg., Nr. 2–4, Dresden) die Humoreske publizierte (R: »Erstdrucke Karl Mays in Faksimile-Ausgaben«, Serie 3, Hamburg 1975). Danach wurde sie noch zweimal gedruckt: In »Der Bote. Volkskalender für alle Stände auf das Jahr 1879« (45. Jg., Glogau 1878. S. 50–72) sowie als Buchausgabe in *Humoresken und Erzählungen* (Dresden-Niedersedlitz 1902, Kap. 4). In beiden Fällen sind nur unwesentliche Änderungen vorgenommen worden, während die bearbeitete »Leseausgabe« in GWB 72 größere Abweichungen enthält (u. a. Hinzufügung einer Schlußszene durch den KMV).

Heinrich Hahnemann und Marie Wadenbach lieben sich, aber der alte Wadenbach ist gegen eine Heirat – weniger wegen der Armut Heinrichs als vielmehr deshalb, weil sich der alte Hahnemann ebenfalls um die Vorsteherwürde des städtischen Zipfelmützenclubs bemüht, um einen Posten, den Wadenbach seit Jahren für sich in Anspruch nimmt. Berufen wird derjenige von den beiden, welcher am »Fastnachtsdienstag den Anderen am Auffälligsten ›zum Narren‹ machte« (28 R). Es entspinnt sich ein lustiger Wettstreit, in dem Wanemann schließlich unterliegt und seine Vorsteherwürde nur deshalb behalten kann, weil er einer Heirat der Kinder zustimmt.

Die Fastnachtsnarren, flüssig und humorvoll geschrieben, richten sich gegen den verbreiteten Gespenster- und Aberglauben. Bemerkenswerterweise sind die Pechvögel in Mays frühen Humoresken häufig Trunkenbolde, eine Charakterisierung, die – zumal der Vorname mit der Figur August Wadenbachs übereinstimmt – als Anspielung auf Mays trinkenden Vater gedeutet werden kann. Doch Wadenbach ist auch der Name, den May sich im Januar 1870 zulegte, als er versuchte, seiner Verhaftung an Sachsens Grenze zu entgehen. Die juristischen Vergehen aus Mays Leben sind bei Wadenbach zu »Schnurren und Drolligkeiten« (28 R) gemildert.

Eckehard Koch

2. *Der Gitano*

Zu den ganz frühen Erzählungen Mays gehört sein »Abenteuer unter den Carlisten«, *Der Gitano*. Neben der Novelle *Wanda* war sie die einzige, die er für das Wochenblatt »Der Beobachter an der Elbe« verfaßte (2. Jg., Nr. 52, Dresden 1875). Ohne wesentliche Änderungen erschien sie 1877 im »Neuen Unterhaltungsblatt« (Wiesbaden, 8. Jg., 2. 12. bis 16. 12.) und 1880 unter dem Ps. Karl Hohenthal in »All-Deutschland / Für alle Welt« (Stuttgart, 4. Jg., 14–15). Die erste Buchausgabe erfolgte 1902 in *Humoresken und Erzählungen* (Dresden-Niedersedlitz) als Kapitel 7. Das Abenteuer wurde nur unwesentlich bearbeitet in GWR 38 aufgenommen und liegt als R der KMG (Erstdrucke in Faksimile-Ausgaben, Serie 2, Hamburg 1974) vor.

Angeregt durch zeitgenössische Presseberichte knüpft May an historische Begebenheiten in Spanien an (Karlistenkrieg um die Thronfolge 1872–76), wobei er seine Abneigung gegen die klerikal-absolutistischen und streng traditionalistischen Carlisten nicht verhehlen kann.

Der Ich-Erzähler, Vertreter einer deutschen Handelsfirma, die an die Carlisten lieferte, aber noch keine Zahlungen erhalten hat, befindet sich auf der Rückreise von seiner vergeblichen Mahnmission aus Spanien. Sein Führer ist ein Mulero (Eseltreiber), angeschlossen haben sich zwei Gitani (Zigeuner), ein junger Mann und ein junges Mädchen, beide von »außerordentlicher Schönheit« und »stolze(r), imponirende(r) Haltung« (823 R). Die Gruppe fällt Carlisten in die Hände, die später auch eine Abteilung spanischer Soldaten überfallen. Der Gitano kann sich jedoch befreien; später kommen Regierungstruppen zu Hilfe und ermöglichen einen glücklichen Ausgang des Abenteuers. Es stellt sich nun heraus, daß der Gitano ein Offizier der Regierungstruppen ist und seine Begleiterin die Tochter eines spanischen Generals, die von Carlisten entführt und vom Gitano befreit worden ist. Am Ende steht die Überzeugung des Erzählers, daß der Gitano »seine schöne Gitano (richtig: Gitana) als besten Preis für die bewiesene Tapferkeit empfangen werde« (828R).

Eines der ersten exotischen Abenteuer Mays spielt in Spanien – ein Zufall? – »Ihr sollt euch nicht die Hände blutig arbeiten; ich geh nach Spanien; ich hole Hilfe!« hatte der junge May einst seinen Eltern erklärt (*Mein Leben und Streben,* S. 79), ein Ergebnis jahrelanger jugendlicher Kolportage-Lektüre. Und nun reist der Ich-Erzähler zumindest literarisch nach Spanien und begegnet in dem Gitano einem jener Edlen, von denen May als Junge schwärmte. Der Erzähler ist noch weit von dem späteren Helden entfernt und bleibt bei den Geschehnissen im Vergleich zum Gitano im Hintergrund. Der Gitano ist zwar kein edler Räuber à la Rinaldo Rinaldini, aber ihn umgibt als Zigeuner doch eine besondere Exotik. Mays positive Hervorhebung der sonst verachteten Volksgruppe ist bemerkenswert (obwohl ein literarischer Topos und es auch am Ende nicht mehr ganz klar ist, ob es sich tatsächlich um einen Zigeuner handelt oder nicht), ebenso die Gegenüberstellung von fairen spanischen Regierungssoldaten und brutalen Carlisten, die angeblich »die angestammten Rechte Sr. Majestät und unsere hochheilige Religion« (825R) verteidigen.

Eckehard Koch

3. *Auf den Nußbäumen*

Bei dieser Erzählung handelt es sich um eine der frühen Humoresken Mays, veröffentlicht zuerst im »Deutschen Familienblatt« (Dresden, 1. Jg., 1876, Nr. 51–52), dann unverändert in »All-Deutschland / Für alle Welt« (Stuttgart, 5. Jg., 1881, Nr. 37–38) mit dem Titel *Der Bäckerjunge* unter dem Ps. Karl Hohenthal. Die Buchausgabe erfolgte in *Humoresken und Erzählungen* (Dresden-Niedersedlitz 1902, 1. Kap.). Während das Original als R der KMG (»Erstdrucke Karl Mays in Faksimile-Ausgaben«. Serie 3. Hamburg 1975) wieder zugänglich ist, wurde die Humoreske in GWB 47 (GWR 1927) unter dem Titel *Pankraz der Ehestifter* mit Namensänderungen, Kürzungen und Verdeutschungen vieler Fremdworte bearbeitet aufgenommen.

Julius Passelmüller liebt Marie, die Tochter des Privatiers Reichmann und dessen tyrannischer Frau, die Marie mit dem Schuldirektor Pappermann verheiraten möchte, während der Vater den Stadtrat Korndörfer ausersehen hat. Nach einigen Verwicklungen und komischen Zwischenfällen während eines Schützenfestes (z. B. Fall in eine Jauchegrube) werden die Reichmanns schließlich von einem Julius verbundenen Bäckerlehrling auf Nußbäumen festgehalten, bis sie einer Heirat der Liebenden zustimmen.

Auf den Nußbäumen ist eine Geschichte mit köstlich ausgemalten Details. May arbeitet darin unter anderem mit einer gestelzten, von Fremdwörtern gespickten Sprache, so daß derb-banale Ereignisse bereits durch die Wortwahl überzeichnet und damit um so wirkungsvoller der Lächerlichkeit preisgegeben werden. Durch die Kürzungen und Eindeutschungen vieler Fremdworte in GWB 47 hat die Erzählung viel von ihrem Reiz verloren.

Wie in zahlreichen anderen Erzählungen auch, hat May Einzelheiten aus seinem Leben verschlüsselt eingearbeitet, so zum Beispiel in der Karikatur öffentlicher Autoritäten (Schuldirektor, Stadtrat). Die Szene, in der Franz mit anderen Jungen das Exerzieren übt, erinnert schließlich an militärische Übungen, die der Vater Mays mit seinem Sohn veranstaltete. In vielen Frühhumoresken Mays taucht der nur leicht abgewandelte Notruf »Hülfe, Hülfe – ich ersaufe – ich verbrenne – ich erfriere – ich ersticke« (828R) auf, den May immer dann verwendet, wenn er seinen Vaterkonflikt verarbeitet (W. Vinzenz: Feuer und Wasser. S-KMG 26/1980). Bemerkenswert ist, daß sich die Reichmanns, wie viele spätere Gestalten Mays, durch bestimmte, immer gleiche Sätze charakterisieren, und daß der Name Pappermann noch im Alterswerk *Winnetou IV* für eine Selbstspiegelung Mays wiederkehrt.

Eckehard Koch

4. *Ausgeräuchert*

Mays Humoreske erschien erstmals 1876 in »Illustrirte Chronik der Zeit« (Stuttgart, 6. Jg., H. 1). In etwas erweiterter Form wurde sie 1878 als *Die Laubthaler* in »Deutsche Boten/Weltspiegel« (Dresden, 4. Jg., Nr. 12–14) abgedruckt

(R in »Erstdrucke Karl Mays in Faksimile-Ausgaben«. Serie 7. Hamburg 1974, und in *Unter den Werbern,* R der KMG, Hamburg 1986, mit einer Einführung von E. Botschen, S. 190–194). Unter dem Titel *Am Ernstthaler Stammtisch* ist sie mit wenigen Änderungen, speziell bezüglich Namen, in GWB 47 (GWR: 1927) aufgenommen worden.

In einer Erzählerrunde berichtet der Schmiedemeister Heinrich Halbermann, wie er als junger Mann »zu seiner Alten gekommen ist« (190, R 1986); gemeint ist Marie, die Tochter eines Bäckermeister, des Engelbäckers, die nach dem Willen ihres Vaters einen reichen Bäckersohn hatte heiraten sollen. Eines Tages hatte der mißtrauische Bäcker seiner Tochter und ihrem Freier Heinrich aufgelauert und letzteren in seiner Not gezwungen, durch den engen Kamin das Weite zu suchen. Auf der Flucht stößt Halbermann auf einen Schatz französischer Laubthaler, den der Engelbäcker schon jahrelang sucht, so daß Halbermann im Tausch gegen das Versteck seine Marie zur Frau erhalten kann.

Die Geschichte gleicht von ihrer Szenerie her anderen, zur gleichen Zeit entstandenen Humoresken; so ist zum Beispiel die Kaminszene in *Ein Fürstmarschall als Bäcker* nachgestaltet worden. Wie auch in anderen Humoresken Mays geht es darum, wie ein junges Paar, das zunächst nicht zusammenkommt, sich am Ende doch noch findet, oft über alle Gegensatzpaare von gebildet und einfach oder arm und reich hinweg. Für ein Frühwerk Mays ist die Humoreske spannend und amüsant geschrieben. Nur der Schluß ist dürftig ausgefallen. Zahlreiche Details lassen sich als tagtraumartige Verschlüsselungen aus Mays Biographie lesen, so der Part, in dem Halbermann berichtet, daß er – wie May in seiner Vagantenzeit – »fast ein Jahr lang im lieben deutschen Lande herumgelaufen« (190R) sei. Dem strafverfolgten May wird die Erfüllung seiner Sehnsüchte erst spät gewährt, während Halbermann schnell der Aufbau einer bürgerlichen Existenz gelingt. In den *Laubthalern* ist dann die liebevolle Marie in Emma (Vorname von Mays erster Frau) umbenannt.

Wie in anderen Humoresken und vielen späteren Erzählungen wird eine Figur, hier ist es Halbermann, allein schon durch eine bestimmte Redensart charakterisiert (»inwiefern denn, inwieso denn?«; vgl. auch Sam Hawkens und andere komische Gestalten Mays). Auch der Höhlensturz – Halbermann bricht durch morsche Schindeln in das Dach ein – ist häufig bei May zu finden und führt hier wie sonst zur Lösung. Ähnlich zieht sich das Schatzmotiv als verschlüsselte Entgegnung auf eine arme Kindheit bis in das Spätwerk hinein, wo es dann freilich um »geistige« Kostbarkeiten geht.

Eckehard Koch

5. *Im Wollteufel*

Die Humoreske erschien 1876 in der Zeitschrift »Feierstunden am häuslichen Heerde« (Dresden, 1. Jg., H. 8–9) und danach noch einmal ohne wesentliche Änderungen in »All-Deutschland / Für alle Welt« (Stuttgart, 4. Jg., 1880, H. 33–34). Seit 1927 ist sie etwas gekürzt mit Namensänderungen und Fremdwortverdeutschungen in GWR (später GWB) 47 als *Der Wollteufel* enthalten. 1972 erfolgte ein R durch die KMG in den »Erstdrucken Karl Mays in Faksimile-Ausgaben«. Serie 5. Hamburg.

In einer Erzählerrunde berichtet der aus ärmlichen Verhältnissen stammende Hillmann, wie er als Lehrjunge bei dem Wollenweber Franke seine spätere Frau kennenlernte: Mit Frankes Tochter Röschen steckt er oft im Wollteufel, einer Maschine, mit der angelieferte Wolle gesäubert wird. Der Wollteufel steht auf einem Gelände, das ihm ein Freund Frankes, der Agent Rosenbaum, abgetreten hat. Als dessen ungeratener Sohn um Röschen wirbt und abgewiesen wird, kommt es zum Bruch der alten Freundschaft und zum Streit um das Wollteufel-Gelände. Aber auch Hillmann will Franke nicht als Schwiegersohn. Am Ende muß er dennoch einer Heirat der Liebenden zustimmen, da ihm Hillmann einen unschätzbaren Dienst erweist, indem er den Eigentumsnachweis für das Gelände beibringt. Gewürzt wird der Erfolg noch dadurch, daß die Rosenbaums im Wollteufel gefangen, übel zugerichtet und zuletzt auch noch von einem »Maskottchen« Frankes, dem Gänserich, gerupft werden.

Ähnlich wie andere Humoresken Mays ist *Im Wollteufel* im Detail liebevoll ausgemalt; doch ist die Geschichte um das junge Paar, das nicht zueinander kommen soll und sich dann doch findet, weniger lausbubenhaft, sondern eher tragikomisch angelegt. Autobiographisches klingt verschlüsselt und auf mehrere Figuren verteilt sowohl in der Schilderung von bitterer Armut in Hillmanns Elternhaus, in der Figur des strengen Vaters, als auch in der Kennzeichnung von Frau Rosenbaum (Hebamme) und ihrem Sohn an, von dem es heißt: »Wo nur irgend ein unguter Streich ausgeführt worden war, da hieß es gewiß allemal: ›Das ist der Rosenbaum gewesen‹, und das ging so immer weiter, bis er endlich gar vor's Gericht gekommen ist, wo sie ihn aber nicht besser gemacht haben« (121 R). Hillmann, in dem sich Mays Sehnsucht nach einer glücklichen Existenz manifestiert, triumphiert schließlich über Rosenbaum.

Eckehard Koch

6. *Unter den Werbern*

Die zweite von neun um die populäre Gestalt Leopolds I. (1676–1747), des »Alten Dessauers«, gerankte Humoreske Karl Mays erschien ab September 1876 bis zum Jahresende in der Wochenzeitschrift »Deutsches Familienblatt« des Dresdner Verlegers Münchmeyer, deren Redakteur May damals noch war (R in: *Unter den Werbern.* Hg. von der KMG. Hamburg 1986. S. 124–159). Der Text wurde unter wechselnden Titeln – unter anderem *Fürst und Reitknecht* (1878/79; R in: *Der Waldkönig.* Hamburg 1980. S. 19–49) und *Incognito* (1885) – mit unwesentlichen Änderungen von verschiedenen Zeitschriften noch einige Male im 19. Jahrhundert nachgedruckt (vgl. die betreffenden Einführungen in die R-Bände und H. Plaul: Redakteur auf Zeit. Über Karl Mays Aufenthalt und Tätigkeit von Mai 1874 bis Dezember 1877. In: Jb-KMG 1977. S. 114–217). 1921 wurde die Erzählung als siebte in den Sammelband *Der alte Dessauer* (GWR 42, GWB 42) aufgenommen.

G. Klußmeier hat in seiner Einführung zu R 1986 (S. 9–12) als Quelle für den historischen und biographischen Hintergrund der Dessauer-Erzählungen u. a. Varnhagen von Enses »Biographische Denkmale«. Leipzig [3]1872 genannt; die Handlung von *Unter den Webern* jedoch ist, trotz gelegentlicher Rückgriffe auf überlieferte Charakterzüge und Ereignisse, ausschließlich Produkt der Phantasie Mays.

Curt von Platen, preußischer Husarenrittmeister, liebt Marie von Naubitz, Mündel des Fürsten Leopold, der sie aber für den Oberlieutenant von Polenz bestimmt hat. Als angeblicher Reitknecht begibt sich Platen nach Dessau, wo er, nachdem er ein bislang unzähmbares Pferd zu reiten verstand, Leibkutscher des Fürsten wird. Ebenfalls incognito hält sich der Korporal Fritz Nauheimer im Anhaltischen auf; er versucht herauszufinden, wieso es kursächsischen Werbern – mitten im Zweiten Schlesischen Krieg – gelingen kann, dessauische Untertanen für die sächsische Armee zu rekrutieren. Es gelingt ihnen deshalb, weil sie im Hause des Bäckers Wolstraaten eine geheime Niederlage unterhalten, in der sie die Rekruten zunächst sammeln, bis sie unter militärischer Bedeckung über die Grenze transportiert werden können. Wolstraaten aber ist der Vormund Sophies, der Braut Nauheimers. Dieser und Platen, der mittlerweile auch den Werbern auf die Spur gekommen ist, nehmen die Menschenhändler gefangen, die Rekruten – unter ihnen der unglückliche Polenz – werden befreit, der Fürst aus einer prekären Lage erlöst. Beide dürfen ihre Mädchen heiraten, auf Polenz aber wartet das Standgericht.

Der literarische Wert der Erzählung ist eher gering; ihre Figuren lassen sich auf die Personen des familiären Dreiecks reduzieren: Vater, Mutter und Sohn.

Vor allem der Schluß dieser Geschichte ist äußerst schwach geraten. Dies mag vordringlich an der unzulänglichen Verknüpfung der drei Handlungsstränge liegen, die unter anderem dazu führt, daß die sächsischen Werber und der verräterische Bäcker nur noch fast nebensächlich gefangen werden: »›Excellenz, die Sachsen sind uns nicht futsch; wir haben sie schon!‹« (R 1986, S. 152). Zahlreiche Zufälle, etwa Gefangennahmen, Lauschaktionen und Zusammentreffen wichtiger Personen, müssen einer wenig logischen Handlung aufhelfen, so daß diese Erzählung letztlich nicht mehr als die Talentprobe des jungen Erzählers May darstellt.

Mit aller gebotenen Behutsamkeit ist auf die zweifellos vorhandenen biographischen Einflüsse hinzuweisen, so zum Beispiel auf die zahlreichen Verwandlungs- und Verkleidungsszenen, in denen sich der Exsträfling May tagtraumartig aus seiner Existenz flüchtet und vom Unbekannten zum bewunderten Helden avanciert.

Klaus Eggers

7. *Im Wasserständer*

Es ist bisher nicht bekannt, in welcher Zeitschrift die Humoreske erstmals erschien; vermutlich wurde sie um 1877/78 veröffentlicht. Nahezu unbearbeitet gelangte sie unter dem Titel *Der Fischerjakob und das Wasserfaß* in GWB 47 (GWR 1927), wodurch diese nur sieben Spalten umfassende Talentprobe davor bewahrt wurde, ganz in Vergessenheit zu geraten (R der KMG in: *Unter den Werbern*. Hamburg 1986. S. 202–205. – Mit einem Vorw. von E. Botschen).

Wilhelm, der Geselle des Fischerjacob, erzählt die Geschichte seines gutmütigen Meisters und Vogelliebhabers, der seine Stare und Gimpel zum Leidwesen seiner Frau Mine abends abrichtet. Als der Fischerjacob eines Sonntags wie gewöhnlich betrunken nach Hause kommt, stürzt er rücklings in ein Wasserfaß, so »daß der ganze, wie een Taschenmesser zusammengeknickte Körper in dem Bade stak und nur de Arme und de halben Beene oben ›raus guckten‹ (203 f. R). Den folgenden »Streit« und Scheindialog zwischen dem verzweifelten Fischerjacob und seinen Vögeln, denen der Sonderling viele passende und unpassende Redensarten beibrachte, beendet Mine dann erst mit der Rettung ihres Mannes, nachdem dieser versprach, sich keinen »Spitz« mehr anzutrinken und seine Vögel nicht mehr im Schlafzimmer zu unterrichten.

»Feuer, Feuer; ich verbrenne, ich ersaufe, ich erfriere, ich ersticke« (203 R) brüllt der Fischerjacob, als er in den Wasserständer rutscht – Feuer und Wasser treten erstaunlicherweise immer dann bei May in Erscheinung, wenn es um Auseinandersetzungen mit dem Vaterbild geht (W. Vinzenz: Feuer und Wasser. S-KMG 26/1980). Neben dieser autobiographischen Verschlüsselung fällt auf, daß die burleskenhafte Erzählung bereits das Grundmuster der viel später entstehenden Marienkalendergeschichten trägt: die Notsituation, die einen bislang Unbelehrbaren zur inneren Umkehr zwingt. Gleichzeitig läßt sich der Vorfall vielleicht lebensgeschichtlich als Mays Wende vom Straftäter und Zuchthäusler ins bürgerliche Leben deuten.

Eckehard Koch

8. *Im Seegerkasten*

Die 1878 bei Carl Flemming, Glogau im 45. Jg. »Der Bote, Volkskalender für alle Stände auf das Jahr 1879« (R in: Karl May: *Unter den Werbern.* Hamburg 1986. S. 198–200) erschienene, wahrscheinlich Ende 1877/Anfang 1878 entstandene Humoreske stellt zusammen mit der Kurzerzählung *Im Wasserständer* eine Parallelfassung der ebenfalls 1878 erstmalig gedruckten Humoreske *Das Ducatennest* dar. Die Fassungen weichen erheblich voneinander ab. *Im Seegerkasten / Im Wasserständer* sind in Ich-Form gehalten mit einer Rahmenhandlung, ihre Erzählstruktur ist wesentlich einfacher, Handlung und Personen sind nur knapp skizziert. *Das Ducatennest* ist breiter angelegt, besser strukturiert und motiviert. Die Entstehungszeit der einzelnen Fassungen läßt sich nicht mehr ermitteln. Ob es sich bei *Im Seegerkasten* um eine Frühversion der Fabel handelt, eine gleichzeitig entstandene Variante oder eine freie Nacherzählung muß offen bleiben. 1927 wird sie in bearbeiteter Form in den Sammelband *Professor Vitzliputzli* (GWR 47, GWB 47) als 13. Erzählung unter dem Titel *Wie dem Stadtrat Epperlein aus der Klemme geholfen wurde* aufgenommen.

Eingebettet in eine Rahmenhandlung, einen liebevoll beschriebenen »Kantoreischmaus«, soll der Fagottmeier, eine der kauzigen Figuren Mays, erzählen, wie er »endlich doch noch« seine Frau »gekriegt« (198R) hat. Wieder einmal berichtet May von zwei jungen Menschen, die sich nicht haben sollen, weil der Vormund und Dienstherr des Mädels Christel, das »mal so een drei- bis vierhundert Thaler in die Hände bekommen soll« (199R), der alte Stadtrichter Lautenschläger, den mittellosen Meierfritz nicht mag. Aber auch der Stadtrichter sitzt in der Klemme, da der Apotheker einen Wechsel über 800 Thaler besitzt und trotz aller Bitten massiv auf Zahlung drängt. Rettung für alle Beteiligten bringt – ein beliebter Kunstgriff des Autors und wohl einer der wiederkehrenden Tagträume des jungen May – Geld, das der Großvater des Stadtrichters »im Franzosenkriege versteckt« (200R) hat, und das durch die Tölpelhaftigkeit des Meierfritz entdeckt wird. Eines abends schleicht er sich in das Haus des abwesenden Lautenschläger zu seiner Angebeteten und beide lassen sich in der guten Stube zum Mahl nieder. Inszenatorisch geschickt hat May die Bühne für die unerwartete, verfrühte Rückkehr des Hausherrn vorbereitet. Das Essen verschwindet unter dem »Kanapee« und Fritz im »Seegerkasten«, einem »Gewichtskasten«, der »unter einem Erbstück von Schwarzwälder Kukuksuhr an der Wand lehnte, (...) grad hoch genug« war, »ziemlich die nothwendige Breite hatte, mich zu verstecken« (199 R). Doch diese »passive sociale Stellung« (200 R) bekommt ihm nicht. Als er das Gleichgewicht verliert, erlöst ihn das buchstäblich und im übertragenen Sinn aus seiner Bedrückung. Das Geld aus der Franzosenzeit findet sich in einem Wandversteck hinter der Uhr. Der Stadtrichter kann seinen Wechsel einlösen, und Fritz erhält die »Christel und die Uhr obendrein« (200 R).

In seinen frühen Volkserzählungen bildet der Autor seine bitteren biographischen Erfahrungen noch ziemlich offen ab. Die Gestalt des Meierfritz mit ihren geringen Habseligkeiten, der krankheitswegen hatte alles versetzen müssen, ist möglicherweise ein Abbild des entlassenen, arbeitslosen Strafgefangenen May, zu dessen unmittelbarer Erfahrung auch die ungenügende soziale Sicherung der Erkrankten gehört. Als zentrales Motiv erweist sich, wie auch die Titelgebung belegt, ein Uhrenversteck, ein Motiv, das May auffallend häufig verwendet, wahrscheinlich da es *den* Wendepunkt seines Lebens markiert. Hier gerät der Uhrkasten dem Autor so groß, daß sich die Hauptfigur darin verstecken kann, doch erweitert sich das Motiv, das Versteck wird auch gleichzeitig zum Gefängnis.

Im Seegerkasten ist vordergründig eine Humoreske im Stil der zeitgenössischen Kalendergeschichten. Auffällig ist ihre fast szenische Gestaltung, alles läuft auf einen theatralischen Schluß hinaus, im Kern besteht sie aus einem Bild voller Situationskomik. Ihre Sprache ist ein gemäßigtes Sächsisch in einer »derben, kernhaften Ausdrucksweise« (198 R), die zusammen mit dem gestelzten, gewollt intellektuell wirkenden Sprachduktus und den verdrehten Wortspielen, die May seinen Figuren in den Mund legt, humorig wirkt. Dringt man jedoch tiefer, so ist der Ton eher bitter, die Handlung wird possenhaft und bizarr, die Burleske herrscht vor. Von der Forschung blieb die Erzählung, die erst im Frühjahr 1986 wieder in der Urfassung vorgelegt wurde, so gut wie unbeachtet.

Ruprecht Gammler

9. *Husarenstreiche*

1878 erschien im 2. Jg. der Zeitschrift des Dresdener Verlegers Bruno Radelli »Frohe Stunden – Unterhaltungsblätter für Jedermann« Mays Erzählung *Husarenstreiche* mit dem Untertitel »Ein Schwank aus dem Leben des alten ›Feldmarschall Vorwärts‹« (R in: Frohe Stunden. Erstdrucke Karl Mays in Faksimile-Ausgaben Serie VI. Hamburg 1971 S. 51–79). 1927 wurde sie in bearbeiteter Form als dritte Erzählung unter dem Titel *Der Glücksschimmel* in den Sammelband *Professor Vitzliputzli* (GWR 47/GWB 47) aufgenommen.

In seiner Militärhumoreske verwendet May die historische Figur des Gerhard Leberecht v. Blücher, der nach Beendigung des Siebenjährigen Krieges 1763 bis 1770 als junger Leutnant bei den Belling-Husaren in Pommern stationiert war, wo er sich als Held und doppelter Ehestifter bewährt. Als Vorlage diente dem Autor neben populären Darstellungen offensichtlich auch Varnhagens Blücher-Biographie (Varnhagen von Ense, K. A. Ausgewählte Schriften Bd. 9, Zweite Abth. Biographische Denkmale. Dritter Teil, Leipzig ³1872). Wieder einmal erzählt May von zwei Liebenden, die sich nicht haben sollen, weil der verabschiedete Husarenwachtmeister Pappermann seine Tochter Anna nicht dem jungen Unteroffizier Wildebrandt, der den Wahrheitsgehalt der starken Aufschneidereien Pappermanns anzweifelt, zur Frau geben will. Stattdessen soll sie den wohlhabenden, ältlichen Spezereikrämer Hiller heiraten, der zwar nur »Civilist« (53 R) ist, jedoch seinem zukünftigen Schwiegervater einen Apfelschimmel als Reitpferd schenken will. Da greift Blücher ein, einer der »tüchtigsten (...) und – hübschesten Offiziere« (58 R). Nicht ohne Hintergedanken verschafft er dem Wachtmeister einen »ausrangirten« (61 R) Militärschimmel, dem er und Wildebrandt allerlei Tricks beigebracht haben. Geschickt inszeniert er ein Scheinduell zwischen sich und Hiller. Er behandelt den Spezereikrämer, der ihn gemahnt hatte, so grob, daß dieser ihn in seiner Eigenschaft als »Offizier der Schützencompagnie« (63 R) fordern muß, um vor seinem zukünftigen Schwiegervater bestehen zu können. Beim Duell sinkt Hiller, dem kein Haar gekrümmt wurde, vor Schreck ohnmächtig zu Boden und wird in einen bereitstehenden Sarg gelegt. Sein Sekundant Pappermann will das nicht dulden und wird von Blücher so lange provoziert, bis er diesen ebenfalls fordert. Beim nachfolgenden Duell, das zu Pferde ausgefochten werden soll, lockt Blücher den äußerst wasserscheuen Wachtmeister mit seinem Schimmel trickreich in einen tiefen Mühlteich und setzt ihm so lange zu, bis er einwilligt, seine Tochter dem Unteroffizier zu geben. Auch Hiller wird erst aus seinem Sarg erlöst, nachdem er versprochen hat, auf Anna zu verzichten, stattdessen Blüchers Wirtin »Jungfer Adelheid« (57R), die ihn schon lange »innig liebt« (57R) und besser »paßt« (77R), zu nehmen und Pappermann den Schimmel zu belassen.

Auch diese Humoreske enthält einige biographische Spiegelungen. Hiller steht als »Oberlieutenant der Bürgergarde« (53R) im Rang nur eine Stufe tiefer als Mays Vater, der als »Hauptmann der Bürgergarde« seinen Sohn »einexercierte« (*Mein Leben und Streben,* S. 43), wie Pappermann seine Tochter »dressirt und eingeübt« hat, »Ordre zu pariren« (53R). Der Name »Pfefferkorn«, den einer der Mitspieler trägt, ist der Familienname eines früheren Mitschülers Mays, den er noch 1908 in Amerika besuchen wird. May formt aus den Anekdoten, die sich um den jungen Blücher ranken, der für seine wilden Streiche und tollen Reiterstückchen bekannt war, eine Figur, die bereits alle Attribute besitzt, die sie als Vorläufer von Offiziershelden wie Kurt Helmers *(Waldröschen)* oder Königsau *(Die Liebe des Ulanen),* ja sogar Old Shatterhands ausweisen. In Blüchers Wohnung sind der »Hauptschmuck« exotisches Reitzeug und »prächtige Waffen«, die er »mit Erfolg zu gebrauchen« (59R) weiß. Er ist der »geschickteste, kühnste Reiter« (58R), der als einziger den »gefährlichen Sprung wagt« (71R); zusammen mit seinem Unteroffizier hat er den Schimmel so »dressirt«, daß er »fremde Reiter nicht absitzen läßt«, ohne den »betreffenden Wink« (61R). Vor dem Duell schießt er zum Beweis, daß »seine Hand heut sicher ist«, eine »Zapfe« von »der Tannenspitze herunter« (70R). In dieser Militärhumoreske gehört die Sympathie – dem Zeitgeschmack entsprechend – den schneidigen, untadeligen Offizieren; die eher unbeholfenen Zivilisten dienen genretypisch nur als Objekt für deren derbe, ja grausamen Späße. Der verabschiedete Wachtmeister fordert mit seinen Münchhauseniaden, die die Handlung mit zusätzlicher Szenenkomik würzen, und mit denen der Autor den Militarismus milde karikiert, die rauhe Behandlung geradezu heraus, Hiller ist ihr hilfsloses Opfer. Abgemildert wird das ganze nur durch das versöhnliche Ende und einige eher versteckte, kritische Bemerkungen Hillers, der Duelle als »Menschenschlächterei« (68 R), »Civilisten« und »Militär« als »ebenso gut(e) Menschen« (53 R) bezeichnet; der Autor nennt eine Duellwaffe einmal »Mordgewehr« (70 R). Auffällig an dieser Frühgeschichte ist die Verwendung von Eigennamen, die May noch viel später benutzen wird, wie z. B. »Hiller« (*»Weihnacht!«*, 1897) oder »Pappermann« (*Winnetou IV*, 1910). In der Forschung fand die Humoreske bisher so gut wie keine Beachtung.

Ruprecht Gammler

10. *Die falschen Excellenzen*

Im 2. Jg. von Peter Roseggers Monatsschrift »Heimgarten« erscheint ab Februar 1878 als zweite Erzählung aus Mays Feder die wahrscheinlich 1877 entstandene Humoreske *Die falschen Excellenzen* (R in: Karl May: *Unter den Werbern*. Hamburg 1986. S. 217–243). 1927 wird sie als achte Erzählung in bearbeiteter Form in den Sammelband *Professor Vitzliputzli* (GWR 47, GWB 47) aufgenommen.

Die Erzählung variiert das von May oft verwendete Motiv der zerstrittenen Väter und ihrer sich liebenden Kinder. Die Handlung dürfte zeitlich zwischen 1873 und 1877 anzusiedeln sein (vgl. S. Seltmann: *Die falschen Excellenzen*. In: K. May *Unter den Werbern*. Hamburg 1986. S. 215–216). Der Besitzer des Ebersbacher Gasthofs Werner prozessiert gegen den Eigentümer des Gasthofs »Zu den drei Schwanen« Franke. Dieser hatte das Gasthaus von dem bankrotten Werner gekauft, dabei seine Unterschrift unter eine etwas dubiose Vereinbarung gesetzt, die Werner Sonderzuwendungen garantierte, diese Zahlungen dann eingestellt, als es nach seiner Meinung »genug war« (224 R). Daraufhin verklagte Werner seinen früheren Freund, nahm sich jedoch, da er sich – eingedenk seiner ständigen Redensart »ich habe die Bücher darüber« (z. B. 227 R) – für klug genug hielt, keinen Anwalt. Der Prozeß schleppte sich zwei Jahre dahin, da keine Partei Beweise beibringt. Zwei Tage vor dem endgültigen Entscheidungstermin findet Werner das Dokument mit der Unterschrift Frankes wieder, für den – dessen ständige Redewendung einmal Old Wabble in *Old Surehand* im Munde führen wird – »es« damit »faktisch ist« (z. B. 224R), daß der Prozeß verloren ist. In dieser Situation erscheint als Deus ex machina der Theaterdirektor Uhlewald mit seiner »ambulanten Schauspielertruppe« (200R). Er ist bereit, dem Schwanenwirt zu helfen, wenn dieser ihm seine Schulden erläßt, knüpft daran jedoch die Bedingungen, daß die Kinder heiraten dürfen und Franke die Prozeßkosten übernimmt. Dabei nutzt er die übergroße Verehrung Werners, der »früher der eingefleischteste Socialdemokrat« (224R) war, für Bismarck und Moltke aus. Als Bismarck ausstaffiert, statten er und sein Souffleur, der als Moltke verkleidet ist, Werner »incognito« (228R) einen Besuch ab, um in Ebersbach »auf Recognition« (231R) für eine Schlacht zwischen Deutschen, Franzosen und Russen zu gehen. In seiner Begeisterung versäumt Werner den Termin und verliert den Prozeß. Über die Hintergründe aufgeklärt, muß er gute Miene zu bösem Spiel machen und versöhnt sich mit seinem Gegner, die Kinder dürfen heiraten.

In seiner Humoreske, die von der Situationskomik und dem Spiel mit Fremdworten lebt, persifliert May den übertriebenen Bismarckkult, der nach der Reichsgründung einsetzte, mit mildem Spott. Sie enthält, wie alle seine Humoresken, eine Fülle biographischer Spiegelungen, insbesondere aus seiner Jugendzeit. Handlungsorte wie Ebersbach und Langenberg liegen in der Umgebung von Hohenstein-Ernstthal, aus dem nördlich davon gelegenen Limbach wird das Limberg der Erzählung. Einen Gasthof »Drei Schwanen« gab es am Hohensteiner Altmarkt. Die Beschreibung der »ambulanten Schauspieltruppe« (220R) erinnert an das erste Zusammentreffen des jungen May mit einer Schauspieltruppe in Ernstthal (*Mein Leben und Streben*, S. 58); die Liebe zum Theater sollte May bis an sein Lebensende bewahren. Nicht so recht in die heitere Geschichte will die Figur des Souffleurs Schmidt passen. Auffällig ist, daß er sich am Ende der Erzählung vom allgemeinen Fest ausschließt. Seine bewegende Klage »Ich habe im Kasten gesteckt, so lange ich lebe, (...) zu keiner Rolle habe ich es bringen können (...) im Leben« (243R), legt beredtes Zeugnis von der Seelenlage des Autors ab. Die Forschung hat die 1977 wieder in der Urfassung vorgelegte Geschichte so gut wie nicht beachtet.

Ruprecht Gammler

11. *Die verhängnisvolle Neujahrsnacht*

Die 1877 entstandene »Humoreske von Karl May« (in: »Trewendt's Volks-Kalender«, 34. Jg. 1878, Breslau 1877, S. 29–55; R in: *Unter den Werbern*. R der KMG. Hamburg 1986. S. 207–214) gehört zu dessen frühen Erzählungen. In einer 1879 erschienenen Neufassung *Die beiden Nachtwächter* (in: »All-Deutschland / Für alle Welt«, Stuttgart, 3. Jg. 1878/79, Nr. 37 und in: *Der Waldkönig*. R der KMG. Hamburg 1980) hat May die Urfassung – bei Wahrung des Grundmotivs – völlig neu konzipiert (vgl. H. Meier in: *Der Waldkönig*, R der KMG, S. 3–16, S. 10f.): Nachbarorte, Gaststätten und Figuren erhielten neue Namen, und der Handlungsverlauf wurde gestrafft. 1927 wurde die Erzählung als neunte Geschichte in GWR 47 *(Professor Vitzliputzli)*, später GWB 47, aufgenommen.

Die beiden Nachtwächter Bergmann aus Birkenstein und Grundmann aus Breitenfeld rufen allnächtlich in selbstgereimten Versen die Zeit aus. Am Neujahrsabend statten sie nach ausgiebigem Alkoholgenuß jeweils dem Arbeitsfeld ihres Gegenspielers unfreiwillig einen Besuch ab: Zwischen beiden Orten verkehrt ein Pferdeomnibus, in dem beide vorübergehend einschlafen und erst im Nachbarort wieder aufwachen. Die Erzfeinde suchen nun einander wechselseitig in Arrest zu nehmen. Nach amüsanten Turbulenzen versöhnen sie sich jedoch, und, ein häufiges Motiv bei May, ihre verliebten Sprößlinge erhalten für die Hochzeit den ersehnten elterlichen Segen.

In formaler Hinsicht bedient sich May einer Paralleltechnik, die er zwei Jahre später in *Die Universalerben* erneut anwendet, d. h., daß die Handlungen abwechselnd in zwei Nachbarorten spielen und zwei Figuren im Mittelpunkt stehen, die sich befehden. Die Parallelität reicht bis ins Detail, die Beschreibungen der kleinbürgerlichen Biedermeieridyllen im Hause Bergmann und Grundmann gleichen sich auffallend, und ist Grundmann vom Alkohol ganz »altconservativ zu Muthe« (R 1986, S. 210), so wird Bergmann mit einem Mal »ganz seltsam und possirlich unter der Mütze« (R 212).

Humoristische Wirkung erzeugt bereits der Lokalpatriotismus und Berufsstolz der beiden Nachtwächter, die sich doch so unterschiedlich wähnen. Ein übriges leistet die Beschreibung der drolligen Konkurrenten, deren Rivalität mit versöhnlicher Heiterkeit geschildert wird. Bergmann trägt, wie viele zukünftige Helden Mays, das »wahrhaft überwältigende( ) Exempel« (R 208) einer Riesennase im Gesicht. Seine wunderliche Bekleidung in Form einer Art »Schildkrötenschale« (R 208) erinnert an die Bekleidung von Sam Hawkens. Die biographischen, auf Mays Gefangenschaftstrauma verweisenden Anspielungen der Humoreske sind – auch in der sprachlich wesentlich ausgereifteren Textvariante von 1879 – unübersehbar. Man ist an Mays Steckbrief von 1869 erinnert, wenn in der *Neujahrsnacht* davon die Rede ist, Grundmann habe »sich einer gesetzmäßigen Gefangenschaft gewaltthätiger Weise zu entziehen« (R 213) versucht. Trotz ihrer wiederholt festgestellten erzähltechnischen und stilistischen Mängel bietet die *Neujahrsnacht* einen Leseanreiz, der besonders aus der mit Spannung erwarteten Entfaltung des zweiten Handlungsstranges resultiert (vgl. R. Frigge: Das erwartbare Abenteuer. Bonn 1984), welcher das Mißgeschick des zweiten Helden in getreuer Analogie zum Pech seines tolpatschigen Vorgängers beschreibt. Offen blieb bisher die Frage, ob May mit der Figur des Schneidermeisters Eduard Ludwig Grundmann dem Verleger des »Volks-Kalender«, Eduard Trewendt, ein literarisches Denkmal setzen wollte.

Die Forschung sieht die lange vernachlässigten Humoresken und Schwänke Mays vor allem in ihrer prägenden Wirkung auf das spätere Werk. In diesem Zusammenhang ist es interessant, daß May das Motiv des singenden Nachtwächters, dessen komische Reimereien die Hörer zum Lachen reizen, in *Der Weg zum Glück* wieder aufgegriffen hat. Zur subtilen Wirkungsgeschichte der in der zweiten Version (1879) weit verbreiteten Humoreske (GWB 47) mag gehören, daß das Abenteuer der alkoholisierten Nachtwächter nach dem Zweiten Weltkrieg als Kurzgeschichte durch die Feuilleton-Seiten deutscher Tageszeitungen ging.

Walter Oldenbürger

12. *Die drei Feldmarschalls*

Diese Erzählung (in GWR 42, GWB 42) ist die dritte unter den neun, die Karl May dem Anhalter Fürsten und Feldmarschall Leopold I. (1676–1747), dem »Alten Dessauer«, gewidmet hat. Sie erschien mit dem Untertitel »Bisher noch unbekannte Episode aus dem Leben des ›alten Dessauers‹« und mit der Verfasserangabe »von Emma Pollmer« im III. Jg. (1877/78) des Dresdner »Deutschen Boten« / »Weltspiegel« (R 1974 in der »Erstdrucke-Serie« 7 der KMG) und wurde fast unverändert in Bd. 32 von Bachem's Novellen-Sammlung (Köln 1888, R *Die Wüstenräuber / Die drei Feldmarschalls.* Braunschweig 1976. S. 165–241) übernommen.

May hat ersten Quellenstudien zufolge das Leopold-Kapitel in Varnhagen von Enses »Biographischen Denkmalen« (Leipzig [3]1872) benutzt und vermutlich weitere Werke der reichen Literatur über Leopold – zu denken ist an »Der alte Dessauer, ein deutsches Volksbuch« (Leipzig 1844) – zur Verfügung gehabt. Historisch belegt in dieser Erzählung sind der Baron A. G. von Bernstorff (1708–1768) und sein Schloß in Gartow, ferner Leopolds mangelhafte Schreibkünste (S. 182–187 R Braunschweig) und vor allem die »Ordre« (167 R) zur westlichen Grenzsicherung, die Friedrich II. zu Beginn des Ersten Schlesischen Krieges (1740–1742) dem Dessauer erteilt hat. Das Motiv des rauhbeinig-gutartigen Heerführers ist über die Dessauer-Literatur hinaus ein von Kalendergeschichten und Anekdoten verbreiteter Topos und findet sich zum Beispiel in den »Feldmarschall Suwarow«-Stücklein Johann Peter Hebels (1809, 1811). Wie Hebel betont May (190 R) die frugalen Mahlzeiten der Hauptperson.

Gemäß der genannten Order, also um 1741, hält sich Leopold im preußisch-hannoverschen Grenzgebiet an der Unterelbe auf; wiederum will er inkognito bleiben und gibt sich im Laufe der Handlung als Viehhändler, Wirt und Lieferant aus. Sein Wachtmeister Bellheimer, die eigentliche Heldenfigur der Geschichte, entdeckt, daß der Gastwirt Fährmann aus Lenzen dem hannoverschen Soldatenwerber Hämmerlein aus Gartow jenseits der Elbe heerestaugliche Männer zuspielt. Bernstorff und der Major von Zachwitz, die in Gartow amtieren, erfahren von Leopolds Präsenz. Ihre Soldaten nehmen in einer Grenzschenke zunächst Leopold, dann seinen nacheilenden Leibhusar Heinz und schließlich den von der Angst herbeigetriebenen Fährmann fest, denn in jedem der Ankömmlinge vermuten sie den verkleideten Dessauer. Diese Verwirrung um den scheinbar dreifach auftretenden Feldmarschall setzt sich im Bernstorffschen Schloß fort, wo man das Gefangenentrio interniert, ohne daß sich, da Leopold eine Verbarrikadierung ausheckt, die Identitäten klären. Schließlich holt Bellheimer – wiederum durch eine Maskerade – die drei heraus, den Menschenhändler und Landesverräter Fährmann freilich nur, um ihn dem Galgen zuzuführen.

Zu einem guten Ende kommt auch die hineingewobene Liebesgeschichte: Hämmerleins Tochter Anna sagt sich von ihrem Vater los und folgt ihrem Bräutigam Bellheimer über die Grenze.

Vorherrschend in dieser Erzählung ist das Verkleidungsmotiv, das fast alle Personen berührt und subtil variiert auch in dem Bemühen des Leibhusaren erscheint, Leopolds Aussehen und Ausdrucksweise zu kopieren (191, 197R). Eine Tendenz zur Selbstironie wirkt damit in den Humor der Erzählung ein, den weithin nur die papieren formulierten Grobheiten des Dessauers bestimmen. Auch die Situationskomik der Gefangenenszene im Schloß (229–233R) ist, gemessen an ihrer titelgebenden Funktion, recht blaß. Bemerkenswert jedoch ist diese Passage durch ihre antifeudalistischen Impulse: die Verkleidung des ungleichen Trios hebt die Standesunterschiede auf (verspätet wiederholt sich hier ein Motiv aus Marivaux' »Jeu de l'amour et du hasard«, 1730), und das polternd-plebejerhafte Auftreten Leopolds hält die ratlose Noblesse in Schach. Sozialkritische und kultursatirische Ansätze birgt auch ein Stimmungsbild vom Alltag im Schloß, wo man »nach Tische (...) eine Flasche alten Rebensaftes auszustechen (...) und über Krieg und Frieden sich zu unterhalten (pflegt)« (201R).

Wohl unbewußt ist May der Abschnitt von der Soldatenschenke an der Grenze (»mitten im Walde an der damals nur schwer fahrbaren Vicinalstraße«, 215R) zum lokalen und kompositorischen Zentrum der Erzählung geraten. Dieses mythisch anmutende Sujet verweist auf die Räuberherbergen der Kolportageliteratur und auf den Schauplatz von Mays Altersnovelle *Abdahn Effendi,* aber auch generell auf das Thema der Grenzüberschreitung, das Mays gesamtes Werk durchzieht.

Die zahlreichen Ortswechsel bewältigt der Erzähler geschickt, indem er Resümees und Botenberichte seinen Personen in den Mund legt (z. B. 224, 237f., 210R); geradezu am klassischen Drama orientiert sich May, wenn Leopolds Vertrauter Heinz in einer Art Antichambre alle Besucher und

Meldungen vor den Augen des Lesers abfängt (190–201 R). May mag seinen zeitweiligen Plan, eine »dreiaktige Posse« über Leopold zu schreiben (Brief an F. E. Fehsenfeld v. 16. 10. 1892), als Fortsetzung dieser Erzählweise verstanden haben.

Die bisherigen Urteile über Mays Dessauer-Zyklus – etwa seine Einordnung in die Tradition der deutschen Volksbücher (F. Prüfer: Das Volksbuch vom »alten Dessauer«. In: KMJb 1922. S. 208–216) oder der Vorwurf der geschichtsfälschenden Dessauer-Verherrlichung – erwähnen nicht eigens *Die drei Feldmarschalls*. Doch sind die Hinweise auf die Verwandtschaft der Dessauer-Figur mit den Trappergestalten (Prüfer, S. 212) und speziell mit dem Antimonarchisten Geierschnabel aus *Waldröschen* (H. Stolte: Der Volksschriftsteller Karl May. Radebeul 1936. S. 138) offenbar von den Schloßszenen dieser Erzählung angeregt.

Martin Lowsky

13. Die Kriegskasse

Karl May hat diese historische Novelle unter der pseudonymen Verfasserangabe »von E. Pollmer« im II. Jg. (1877/78) der »Frohen Stunden«, Dresden – Leipzig veröffentlicht (R 1971 in der Erstdrucke-Serie 6 der KMG. S. 22–30). Sie wurde später in das KMJb 1920 (S. 376–400) und 1927 in die Gesammelten Werke (GWR 47, GWB 47) aufgenommen.

Die, so der Untertitel, »kleine Episode aus einer großen Zeit« – gemeint sind die Jahre der Befreiungskriege und speziell der Rheinübergang Blüchers bei Kaub 1813/14 – erzählt in vier szenisch abgeschlossenen Kapiteln von dem Müllerssohn Franz aus St. Goar, der beim Schmuggeln von dem französischen Leutnant Jambrieu ertappt wird und flieht. Er kehrt als Spion in der Maske eines napoleonischen Soldaten zurück, entdeckt das Versteck einer französischen Kriegskasse und präpariert so das siegreiche linksrheinische Auftreten des »wackeren, alten Marschall ›Vorwärts‹« (30R, der Name Blücher fällt nicht), das historisch korrekt zu »Neujahr 1814« (27R) im Schlußkapitel stattfindet. Verflochten mit diesen offiziellen militärischen Aktionen ist Franz' Liebesgeschichte, die nach der Vertreibung des Nebenbuhlers Jambrieu und der Umstimmung des vorher napoleonfreundlichen Brautvaters in einer glücklichen Verlobung endet.

In diesem frühen Stück finden sich schon Hauptmotive des Mayschen Werks wie die Schatzhebung, die Lauschszenen und vor allem das Grundmuster vom geflohenen und heimlich, aber schließlich glorreich zurückkehrenden ›verlorenen Sohn‹ (s. den gleichnamigen Roman). Beachtenswert ist die für May untypisch straffe Erzählweise (vgl. dagegen die episch breiten Szenen um Blücher und eine Kriegskasse in der *Liebe des Ulanen,* 230–449 R), in der allerdings trotz einer gewandten, an die »politische Schwüle« (25 R) anknüpfenden Vorausdeutungstechnik der Spannungsbogen nicht gelingt. Dies liegt daran, daß May das zentrale Geschehen um die verborgene Kasse nur in wenigen Zeilen andeutet (26 f. R). Die antifranzösische und prodeutsche Tendenz bezieht sich grundsätzlich auf das militärische Geschehen und ist, auch wenn sie bis zur Apotheose Blüchers führt, frei von nationalistischen Vorurteilen.

Die Kriegskasse blieb von der Forschung unbeachtet. Den Radebeuler Bearbeitern der zwanziger Jahre waren offenbar die antifranzösischen Elemente willkommen, die sie vor allem durch einen eineinhalb Seiten langen deklamatorischen Einschub (vgl. noch GWB 47, S. 247 f.) zur frankreichfeindlichen Propaganda ausweiteten.

Martin Lowsky

14. Die verwünschte Ziege

Die verwünschte Ziege, »Ein Schwank aus dem wirklichen Leben von Karl May«, wurde 1878 in »Deutsche Boten/ Weltspiegel«, (Dresden, 3. Jg. 1877/78, Nr. 46–47) erstmals veröffentlicht. (R in »Erstdrucke Karl Mays in Faksimile-Ausgaben«, Serie 7, Hamburg 1974, S. 728–747). 1879 ist der Schwank unter dem Titel *Eine Wette,* »Humoreske von Karl May«, mit relativ geringfügigen Veränderungen nachgedruckt worden in »All-Deutschland / Für alle Welt« (Stuttgart, 3. Jg. 1878/79, Nr. 33; R in: *Der Waldkönig,* hg. von der KMG. Hamburg 1980). Unter dem Titel *Die verhexte Ziege* fand der Text, mit Namensänderungen und -einfügungen, die die biographischen Hinweise zerstörten, Aufnahme in GWB 47.

Der wohlehrbare »Stadtrath, Hausapotheker und Kohlenwerksbesitzer Johannes Hampel« (728 R), ein passionierter Ziegenmilch-Trinker, zu dessen Eigenheiten, wie bei einigen komischen Figuren Mays, das Dozieren in fehlerhaftem Latein gehört, erfährt eines Morgens, daß sich seine Angoraziege »elendiglich am Stricke ums Leben gebracht« (729 R) habe. Dieses Unglück verdrießt ihn um so mehr, als am Vorabend Buchbinder Holfert, der Hampels Latein zu korrigieren und lächerlich zu machen pflegt, um die Hand seiner Tochter Anna anzuhalten wagte. Abends liefern sich Hampel und Holfert im Gasthof »Drei Schwanen« ein Wortgefecht, in dessen Verlauf Hampel wettet, Holfert sei nicht der Mann, ihn zum Narren zu halten. Holfert setzt als Wetteinsatz sein »Hab und Gut gegen die Anna« (730 R). Der »Capitalspaß« beginnt, als Hampel im Nachbarort eine neue Ziege kauft, die sich daheim jedoch als Ziegenbock entpuppt. Als er den Bock zur Beanstandung im Nachbarort vorführen will, hat dieser sich freilich wieder in eine Ziege verwandelt, und nach Hause zurückgekehrt, stellt der Ratlose eine erneute Verwandlung fest. Dieses Verwandlungsspiel verdankt Hampel seinem Widersacher Holfert, der die Ziege dreimal gegen einen Bock vertauscht, während der ahnungslose Hampel in der »Wiesenschenke« rastet. Am Ende hat Holfert die Lacher auf seiner Seite, und Hampel willigt in die Verlobung ein.

Wie in *Die Universalerben, Die Fastnachtsnarren* und *Die beiden Nachtwächter* spielt die Handlung in zwei Nachbarorten. Typisch für Mays frühe Humoresken und Schwänke ist der possenhaft zugespitzte Schluß, der die Liebenden gegen manchen Widerstand zusammenführt. Schmunzeln darf der Leser bei der Schilderung des gestrengen Stadtrates, hinter dessen Amtsmiene sich ein Pantoffelheld verbirgt, der vor Unannehmlichkeiten unter die Bettdecke flüchtet. Der mit wechselnden Vierbeinern und einer »vor Schreck kreideweißen Riesennase« (745 R) Umherziehende sorgt dann bis zum Ende des Schwankes für Heiterkeit.

Mays Vorliebe, vor allem komische Personen durch stereotype Floskeln zu kennzeichnen, ist auch hier wieder in dem steten Satz Hampels »Wie die Lateiner sagen« anzutreffen. Die Sprachakrobatik eines Kapitän Turnerstick *(Am Stillen Ocean, Der blau-rote Methusalem)* mag, wie auch Hobble Franks Wissenskauderwelsch, ihr Vorbild im unsäglichen Latein Hampels haben.

In den Figuren Hampel und Holfert spiegeln sich wohl auch humoristisch einige Stationen der Biographie Karl Mays: Wie May ist der krampfhaft lateinisierende Hampel ein gescheiterter Seminarist. Hampels Androhung, er schreibe dem Dienstmädchen »ein Attestament ins Dienstbuch, daß sie zeitlebens an den heutigen Tag gedenken soll« (729R), erinnert an behördliche Atteste über Mays »infernalischen Charakter« (H. Wollschläger: May, S. 27). Im armen Buchbinder Holfert, der die Universität nicht besuchen durfte (730R), können wir »unschwer Karl May selber vermuten« (H. Meier: Vorwort zu *Der Waldkönig.* S. 10). Ein Gasthof »Drei Schwanen« schließlich war Schauplatz der ersten Verhaftung Mays.

Walter Oldenbürger

15. *Ein Fürst des Schwindels*

Diese Erzählung mit dem Titelzusatz »Nach authentischen Quellen« publizierte May unter dem Ps. Ernst von Linden im VI. Jg. (1879/80) des DH (R *Kleinere Hausschatz-Erzählungen* 1982, S. 176–198; GWR 48, GWB 48). Ihr knapper gefaßter Vorläufer ist *Aqua benedetta,* veröffentlicht mit der Angabe »von Emma Pollmer« im II. Jg. (1877/78) der »Frohen Stunden«, Dresden – Leipzig (R 1971 in der »Erstdrucke-Serie« 6 der KMG; GWB 71).

Historisch ist fast das gesamte Personal, insbesondere die Titelfigur, der Graf von Saint-Germain (gest. 1784 oder 1795, May gibt 1780 an), ein Abenteurer und Alchimist unbekannter Herkunft. Verbürgt sind speziell die Schwindeleien des angeblich durch ein Elixier (eine ›aqua benedetta‹) nicht alternden Grafen, seine Geheimdiplomatie (im Auftrage Ludwigs XV.?) gegen die offizielle französische Außenpolitik Choiseuls und sein (von May mit einem erfundenen Finale versehener) Lebensabend bei Karl von Hessen in Eckernförde. Ebenfalls verbürgt ist ein von Saint-Germain präsentiertes angebliches Autograph Montaignes; der aphoristische

Text – May zitiert ihn auch französisch, allerdings nicht im Mittelfranzösisch Montaignes –, der den unbescholtenen Bürger »wenigstens sechsmal hängenswerth« erklärt und feststellt, es sei daher »sehr ungerecht, zu strafen« (178 R), variiert einen Passus aus dem 9. Kapitel des 3. Buches (1588) von Montaignes »Essais«. Demnach standen May Lebensbilder Saint-Germains (etwa von Oettinger, 1846, Bülau, 1863) zur Verfügung.

Wohl Mays Phantasie entstammt der deutsche Baron von Langenau; seine Verbindung mit einer Französin ist eine der um Grenze und Feindbild unbekümmerten Eheschließungen, die sich in der *Liebe des Ulanen* zahlreich wiederholen.

Die Handlung spielt um den Gegensatz zwischen Saint-Germain und Langenau, der für einstige Verbrechen Saint-Germains Vergeltung sucht. Im ersten der drei Kapitel, die – wie öfters beim frühen May – szenenartig scharf voneinander abgesetzt sind, nimmt im Versailler Park der von der Pompadour umschwärmte Saint-Germain Kontakt mit Ludwig XV. auf und sorgt dafür, daß Langenau seine Mission als preußischer Gesandter abbrechen muß. Im zweiten Kapitel betreibt Saint-Germain im Haag die erwähnte Geheimdiplomatie, die nun der Baron zu Fall bringt, indem er Saint-Germain als Diamantenfälscher enttarnt. Zum Schluß in Eckernförde, fern der Politik, entlarven Langenau und ein kroatischer Prinz endgültig die Scharlatanerien, wobei durch eine von dem »wilden Kroaten« (197 R) unternommene Vertauschung Saint-Germain als Opfer seines eigenen Geschoß-Tricks umkommt.

In der durch Vorausdeutungen (182 R) und Lauschszenen (186, 189 R) spannenden Erzählung stört Mays verkrampfte Anstrengung um historisches und höfisches Kolorit, die sich in lehrhaften Fußnoten und kolportagehaft hintersinnigen Redefloskeln (»ein Feind jeden Zwanges« darf sich der im Haag auftretende Casanova nennen, 187 R) äußert. Beachtlich ist die Parteinahme gegen Mystifizierung, die in der Person des ehrlichen Chemikers van Holmen und dessen Vorwurf an Saint-Germain zutage tritt: »Sie haben das Edelste, die Wissenschaft, zum Gemeinsten benutzt, dessen der Mensch fähig ist, zum Betruge« (198 R).

Diese rationalistische Tendenz ist jedoch nicht beherrschend. Der Reiz dieses Werks rührt von der Seelenverwandtschaft Mays, des zeitweiligen komödiantenhaften Hochstaplers, mit dem ›Fürsten des Schwindels‹. Mays ambivalente Gefühle prägen eindringlich die Darstellung, wenn er diese Gestalt trotz ihrer Bösewicht-Rolle als Mann »von Geist« und »sehr elegantem Benehmen« (178R) auftreten läßt. Wenn sogar der Graf selbstironisch über Lügenstrategien vom ›glauben Machen‹ und ›glauben Lassen‹ räsoniert (178R), mindestens zwölf Sprachen beherrschen will (177R) und beim Experimentieren erklärt, »es können Jahrhunderte vergehen, ehe sich die heutige glückliche Constellation wiederholt« (194R), so nimmt May hier eigene Taktiken und Äußerungen vorweg, wie auch Kara Ben Nemsi im *Skipetaren*-Band Saint-Germains letzten Trick nachahmt. Der historische Saint-Germain muß ferner dadurch, daß er ein begnadeter Erzähler und ein Freund der Freimaurer gewesen sein soll, und durch sein Montaigne-Zitat, das den Straffälligen entschuldigt, May angesprochen haben. Das bizarre Schwanken zwischen Rationalität und Irrationalität, das Erzählweise und Verhalten des Reiseschriftstellers May kennzeichnet, ist von der Beschäftigung mit diesem intelligenten Schwindler beeinflußt.

Martin Lowsky

16. Der Pflaumendieb

Die »Humoristische Episode aus dem Leben des alten Dessauers« erschien erstmals 1879 in »All-Deutschland/Für alle Welt« (Stuttgart), 4. Jg. 1879/80, Nr. 1–6 (R in: Karl May: *Der Waldkönig*. Hg. von der KMG. Hamburg 1980. S. 193–215) unter dem Ps. Karl Hohenthal. Sie ist eine stark erweiterte Fassung des Urtextes von 1875, der unter dem Titel *Ein Stücklein vom alten Dessauer* erstmals im »Deutschen Familienblatt« abgedruckt wurde. Der Text von 1879 ist wiederholt veröffentlicht worden und fand 1921 in stark veränderter Form Aufnahme in Bd. 42 GWR/B. Dort werden zum Beispiel die jesuitischen Spione nichtssagende »fremde Leute« genannt.

Als Quellen dienten May vor allem die »Biographischen Denkmale« des K. A. Varnhagen von Ense, Bd. 2, Leipzig ³1872, und der historische Roman »Der alte Dessauer« von F. Carion, Leipzig 1867.

Der als »Grobian erster Sorte« (194 R) populäre Fürst Leopold I, Fürst von Anhalt-Dessau (1676–1747), der inkognito als Soldatenwerber über Land marschiert und sich fremde Pflaumen gut schmecken läßt, führt in der Haupthandlung als rüder Landesvater zwei Liebespaare zueinander (vgl. *Unter den Werbern)* und entlarvt schließlich eine jesuitische Verschwörung.

Die mit dem Anspruch auf Authentizität erzählte Militärhumoreske zeigt auf wechselnden Schauplätzen (Schenke, Kirche, Wald, Schloß, Dorf) in bühnenhaften Szenen die Regentschaft eines volksnahen Sonderlings. Dessen martialisch-polterndes Eingreifen in eine biedere Bürgerwelt zeitigt komische Effekte, so etwa, wenn der Fürst bei seinem Amtmann Grunert Pflaumen stiehlt oder »unter lustigem Gelächter« (212 R) den Amtmann in dessen eigenes Gefängnis lockt. Dem durchgängigen, zackigen Militärtenor haftet jedoch etwas Gezwungenes, ja mitunter Erschreckendes an: »Wenn der Friede so bleibt, so verfault Alles; ein fröhlicher Krieg ist die Hauptsache, alles Andere aber ist Larifari« (206 R). Unfreiwillige Komik erzeugt der Umstand, daß May die Figuren Seifensieder und Amtmann versehentlich mit gleicher Personenbeschreibung ausstattet, so daß sich ein ungewolltes Zwillingspaar mit »Habichtsnase« (194/209 R) ergibt. In der Erzählung wird von May der alte Topos von den Jesuiten als verdächtige graue Eminenzen aufgegriffen. Kraß abfällig ist die massive Beschimpfung der kriminellen Jesuiten als »Hallunken«, »Schweine«, »Erbschleicher« und »Ungeziefer« (200 f. R). Auch in dem Kolportageroman *Scepter und Hammer,* der parallel zum *Pflaumendieb* entsteht, spielt die Gesellschaft Jesu eine zwielichtige Rolle.

Sätze wie »Katholik? Ich glaube, in seinem (Grunerts) Ausweise stand, daß er Protestant sei« (208 R) spielen auf die Tatsache an, daß der Protestant May in katholischen Blättern veröffentlichte. Der geschilderte Militärdrill war May von Kindesbeinen an vertraut, er wurde ihm von seinem Vater, dem »Hauptmann« einer Schützenkompanie, gehörig »einexerziert« (*Mein Leben und Streben,* S. 43). Der kraftvolle Hellbach, der der Obrigkeit furchtlos gegenübertritt und im Kampfe »wie eine Mauer« (200 R) dasteht, antizipiert bereits viele Eigenschaften der Old-Shatterhand-Figur. Auch die Tarnung des alten Dessauers, der sich für etwas Geringeres ausgibt, als er in Wirklichkeit ist, verweist auf den Helden der späteren Orient- und Amerikaromane.

Der literarische Wert der Dessauer-Geschichten ist in der May-Forschung ebenso umstritten wie die Frage, welcher Textgattung sie am ehesten zuzuordnen sind. Strittig ist auch, wie die Texte mit Mays antimilitaristischen Äußerungen (vgl. Wollschläger: May, S. 21 u. 109) in Einklang gebracht werden können.

Walter Oldenbürger

17. *Die Universalerben*

Die »rachgierige Geschichte von Karl Hohenthal« erschien 1879 ps. in »All-Deutschland/Für alle Welt« (Stuttgart), 3. Jg. 1878/79. Die Humoreske fand unter dem Titel *Die Erben wider Willen* 1927 Aufnahme in GWR/B 47. Der Schluß wurde hierfür so umgestaltet, daß Christine und Christian sich mit ihrer Herrschaft aussöhnen und nicht nach Amerika entlassen werden. Der Urtext ist erneut abgedruckt worden in: *Der Waldkönig* (R der KMG. Hamburg 1980. S. 50–60).

Der ledige Rentier August Hildebrandt und dessen Cousine, Fräulein Auguste Hildebrandt, die einst »einander unendlich lieb« (51 R) hatten, sind durch Zank verfeindet und leben, obwohl sie einander nicht vergessen können, getrennt. Beide haben ein Kind adoptiert – Paul und Pauline –, um sich im Todesfalle die Erbschaft nicht gegenseitig überlassen zu müssen. Als ihre beiden entlassenen Bediensteten Christian und Christine sich zufällig kennen- und lieben lernen, schmieden diese einen Plan, um für die schikanöse Behandlung an ihrer alten Herrschaft »Rache« (59 R) zu nehmen: Christine informiert den Rentier über das angebliche Ableben seiner Cousine und gibt an, Auguste habe ihn als Alleinerben eingesetzt. Eine ähnliche Nachricht überbringt Christian der Rentiere. Gerührt treten August und Auguste die jeweilige Erbschaft an, indem sie aus dem Hause des anderen die Barschaft mitnehmen. Nach Hause zurückgekehrt, stellen beide den vermeintlichen Raub ihres Vermögens fest. Als sich die Totgesagten nach diesen Mißverständnissen und Turbulenzen endlich gegenübertreten und das »Verhör« der geständigen Diener den »Schwank« (59R) offenbart, kommt es zur liebevollen Wiederversöhnung. In einer Doppelhochzeit heiraten auch die Adoptivkinder Paul und Pauline, während das Dienerpaar mit einigem Reisegeld nach Amerika auswandern will.

Mit dem Eröffnungssatz »Es gibt Aehnlichkeiten, die wirklich ganz erstaunlich sind« (50R) nennt May das erzähltechnische Programm seiner Humoreske, die mehr als zuvor (vgl. *Die verhängnisvolle Neujahrsnacht*) auf die Wirkung zweier parallel verlaufender Handlungsstränge vertraut. Konsequent setzt er Wiesenburg gegen Wiesenberg, Paul gegen Pauline, Christian gegen Christine und August gegen Auguste. Das gekünstelt wirkende Parallelmuster mechanisiert die gesamte Handlung, so daß sich deren humoristische Wirkung in Grenzen hält. Zum Schmunzeln verleitet vor allem die turbulente Versöhnungsszene, in deren Wirrwarr sich das »jähe, stachelige Temperament« (51R) der Helden in traute Zweisamkeit wendet. Eher befremdlich ist das Schicksal, das einzelne Haustiere des Rentnerpaares ereilt: Augustes Lieblingskatze bekommt »den Schwanz zwischen die Thür geklemmt« (51R), so daß sie sich an der Erde krümmt, und der »gute Christian schleudert den Pudel an die Wand, daß alle Knochen krachen und stellt sich in Positur« (53R). Weniger als Parodie auf die damalige Amerikabegeisterung denn als psychologische Verarbeitung der gescheiterten Flucht Mays nach Amerika (vgl. Wollschläger: May, S. 38f.) ist das Happy-End des Dienerpaares zu betrachten, das »drüben (...) rasch vorwärts« (53R) kommen möchte. In den Berufsangaben der Adoptivkinder – Paul ist Gerichtsreferendar, Pauline Lehrerin – spiegelt sich möglicherweise Mays »Kummer, daß er selbst aus der vorgezeichneten Laufbahn geworfen wurde« (H. Meier im Vorwort zu *Der Waldkönig*, S. 5).

Die täglich ihr Geld zählenden Alten, das zum Inventar Mayschen Erzählens gehörende »Verhör« der Schuldigen und deren zeitweilig erwogene Verfolgung durch einen »tüchtigen Kriminalisten« (57R) assoziieren die Straftaten des Hochstaplers May (vgl. H. Stolte: Die Affäre Stollberg. Ein denkwürdiges Ereignis im Leben Karl Mays. In: Jb-KMG 1976. S. 171–190).

Walter Oldenbürger

18. Der Scheerenschleifer

Die »Originalhumoreske« erschien unter dem Ps. »Karl Hohenthal« in der Zeitschrift »Für alle Welt« (5. Jg., Okt.-Dez. 1880, Nr. 1–10, R der KMG 1977, S. 2–36) des Stuttgarter Verlags Göltz und Rühling; 1921 wurde sie in bearbeiteter Form in GWR (später GWB) 42 aufgenommen.

May griff für seine Dessauer-Geschichten vor allem auf K. A. Varnhagen von Enses Biographie des Fürsten Leopold von Anhalt-Dessau (»Biographische Denkmale«, Bd. 2) sowie möglicherweise auf einen historischen Roman von Franz Carion (Leipzig, Günther 1867) zurück (ausführliche Angaben im R *Unter den Werbern,* S. 9–12, 29, 92f., 161f.).

Die Handlung spielt im Juli 1707. Während der alte Dessauer, inkognito als Jäger unterwegs, seine Werber anweist, einen großgewachsenen Wanderer (= der schwedische Lieutenant von Seeström) unter die Soldaten zu pressen, fängt der Werbetrupp den ebenfalls inkognito wandernden preußischen Kronprinzen, den späteren Friedrich Wilhelm I., der eine Botschaft seines Vaters (Friedrich I.) und Geld für den Dessauer überbringt. Seeström ist inzwischen unbemerkt zu seinem erfolgreich in Dessau spionierenden Feldwebel Baldauf gestoßen; obwohl beide vom Dessauer und vom Kronprinzen verfolgt werden, gelingt ihnen die Flucht. In Dankerode wird beim Jahrmarkt der als Scherenschleifer verkleidete schwedische Wachtmeister Roller vom Dessauer zum Heereswechsel gezwungen; Fürst Leopold selbst begibt sich als Scherenschleifer nach Gut Allstädt, wo ihn der schwedische Oberst Börjesson, vom schwedischen König protegierter Rivale Seeströms um die Gunst der reichen Erbin Anna von Boberfeld, gefangen setzen läßt. Nachdem Seeström den als Hausierer verkleideten Kronprinzen von Preußen erkannt und verhaftet hat, gerät er in Streit mit dem inzwischen eingetroffenen schwedischen König Karl XII. Er wird selbst inhaftiert, aber Baldauf befreit alle drei Gefangenen. Fürst Leopold bereinigt mit seinen Soldaten schließlich die Situation: Schweden muß einem Bündnis mit Preußen ebenso zustimmen wie dem Übertritt Seeströms in die Armee des Dessauers und seiner Heirat mit Anna von Boberfeld.

Mays Dessauer-Geschichten entstehen zwischen 1875 und 1882/83, also nach der Waldheimer Haftzeit und vor den

Anfängen der Kolportagetätigkeit für den MMV. In dieser Zeit erprobt May eine Vielzahl verschiedener Sujets und arbeitet intensiv daran, seine schriftstellerische Technik zu vervollkommnen. Verrät schon das in der Zwickauer Haftzeit entstandene *Repertorium C. May* (1867/68) eine – soweit unter Mays begrenzten Bedingungen möglich – intensive Beobachtung des literarischen Markts und zugleich Interesse für historische Fragestellungen, so mußte die Publikumszuwendung zur »vaterländischen«, sprich preußischen Geschichte in den Gründerjahren May auf geschichtliche Themen führen. Dabei mögen für die Wahl des Dessauerstoffes auch äußere Anlässe (200. Geburtstag des Fürsten 1876) eine Rolle gespielt haben.

Die Erzählungen um den »alten Dessauer« arbeiten durchweg mit einem festen, relativ eng begrenzten Handlungs-Repertoire, das in wesentlichen Grundzügen aus den von May benutzten Vorlagen stammt. In den Werken von 1880/81 werden die Motive der frühen Dessauer-Geschichten in größere Erzählzusammenhänge gebracht: die Verflechtung mehrerer Handlungsstränge, die größere Anschaulichkeit der Figurenzeichnung und die zunehmende Farbigkeit der Situationskomik sind Kennzeichen für Mays schriftstellerische Entwicklung.

Fürst Leopold wird im *Scheerenschleifer* nicht – wie in allen anderen Erzählungen – als der »alte Dessauer«, sondern als Mann »Ende der Zwanziger« (3 R) dargestellt. Damit stehen sich mehrere jugendliche Hauptfiguren gegenüber. Von ihnen erweist sich Seeström als der weitaus Überlegene: »Donnerwetter, der Kerl kann doch Alles!« (20 R). Seine Wesenszüge (dichterische Begabung, sein Fausthieb) machen ihn zu einem idealisierten Selbstbildnis des Autors.

Ulrich Schmid

19. Ein Fürst-Marschall als Bäcker

Die »Humoristische Episode aus dem Leben des ›alten Dessauers‹« erschien in der Beilage »Für den Feierabend« der Zeitschrift »Deutsche Gewerbeschau« (4. Jg., Nr. 1–18, Okt. 1881 – Feb. 1882), hg. von W. Hoffmann, Dresden. Der Text ist bisher noch nicht vollständig in der Erstfassung nachgewiesen, da die Nrn. 4 und 12 des 4. Jg. bisher nicht ermittelt wurden. *Unter den Werbern* (R der KMG, 1986) ergänzt die fehlenden Passagen aus GWR 42, wo die Erzählung 1921 in bearbeiteter Form aufgenommen wurde (33–91 R).

May griff für seine Dessauer-Geschichten vor allem auf K. A. Varnhagen von Enses Biographie des Fürsten Leopold von Anhalt-Dessau (»Biographische Denkmale«, Bd. 2) sowie möglicherweise auf einen historischen Roman von Franz Carion (Leipzig, 1867) zurück.

Die Handlung spielt 1726. Der »hannöversche Premierlieutenant von Hartegg« ersucht Fürst Leopold erfolglos um die Erlaubnis, dessen Landeskind Auguste von Liebau heiraten zu dürfen; anschließend überbringt er eine Beschwerde des Königs von Hannover, die preußischen Werber begingen ständige Übergriffe auf hannöversches Gebiet. Der Dessauer plant sofort einen Zug in das Gebiet des Königreichs Hannover, um »lange Kerls« für den preußischen König zu fangen, wobei ihm der Feldwebel Goldschmidt helfen soll. Unterwegs will der Fürst Goldschmidts Geliebte (Zofe bei Auguste von Liebau) in Augenschein nehmen.

Hartegg ist inzwischen in sein Quartier zurückgekehrt, wo ihn der Kronprinz von Hannover, inkognito unterwegs, erwartet. Der adelsstolz-überhebliche Prinz beleidigt Hartegg und droht ihm überdies, er werde Auguste von Liebau verführen. Der Dessauer sucht unterdessen, als wandernder Bäkker verkleidet, die Zofe auf, die ihn beeindruckt. Der kurz darauf eintreffende Kronprinz blitzt dagegen bei Auguste von Liebau ab.

In Wustrow wird Leopold Bäckergeselle bei dem äußerst groben Gastwirt und Bäcker Hillmann. Da sich Meister und Geselle am Abend betrinken, ergibt sich bei der nächtlichen Arbeit in der Backstube ein katastrophal-komisches Chaos. Der Geselle wird verhaftet, abtransportiert und unterwegs von Goldschmidt befreit. Als Hartegg und der Kronprinz im feindlichen Lenzen bei einer Tanzveranstaltung Rekruten pressen wollen, stehen die Soldaten des Dessauers schon bereit: der Prinz muß der ehrenvollen Entlassung Harteggs zustimmen, so daß sich die Paare finden und Hartegg in die Dienste des Fürsten treten kann.

Stärker als in den anderen Dessauer-Erzählungen werden hier die autokratisch-gewalttätigen Züge Leopolds hervorgehoben: die Bildungsferne in der Auseinandersetzung um seine unlesbare Handschrift, sein Jähzorn im Streit mit Hartegg und seine Willkür gegenüber Untergebenen (Diener, Feldprediger: 34ff. R; Goldschmidt: 41 R). Die hinter der »Gemütlichkeit« lauernde Gewalttätigkeit wird vom Erzähler ausdrücklich im Bild vom »Vulkane, der an jedem Augenblicke ausbrechen konnte« (41 R) thematisiert.

Neben die psychische Ambivalenz, erkennbar in der Vater-Söhne-Beziehung der Hillmanns in Wustrow, tritt besonders das Motiv der Verkleidung, wobei May das Harun-al-Raschid-Thema durch farbige Ausgestaltung zu einem handlungstragenden Element der Komik macht (Goldschmidts Maske als »Pflasterhändler«; der Fürst in der Backstube).

Mays Dessauer-Geschichten haben bisher in der Forschung nur geringe Beachtung gefunden, was teilweise sicher daran lag, daß die Texte nur in der bearbeiteten Form der GWR zur Verfügung standen, zum anderen aber auch daran, daß die Thematik nach 1883 aus dem Werk verschwindet. Die angeblichen Pläne, um 1898 den alten Dessauer erneut darzustellen, sind durch keinerlei literarische Zeugnisse belegt und wohl eher in den Zusammenhang der »Old-Shatterhand-Legende« als in die schriftstellerische Entwicklung des Autors einzuordnen (vgl. E. Heinemann: Dr. Karl May in Gartow. In: Jb-KMG 1971, S. 259–268).

Ulrich Schmid

20. *Fürst und Leiermann*

Zum erstenmal wurde *Fürst und Leiermann* im ersten Jg. des »Großen Volks-Kalender des Lahrer Hinkenden Boten für das Jahr 1882« im Verlag von J. H. Geiger, Lahr, publiziert (als R in: *Unter den Werbern.* Hg. von der KMG, Hamburg 1986. S. 16–28). 1884 erschien die Erzählung als Separatausgabe innerhalb der »Volksbibliothek« des Verlages Moritz Schauenburg, Lahr. 1921 wurde die Humoreske als vierte Erzählung in die GWR 42, später GWB 42, aufgenommen.

Die Quelle, die May vornehmlich für die Erzählung benutzte, war das Buch Varnhagen von Enses: »Biographische Denkmale«. Bd. 2. Berlin (Reimer) 1824–30).

Als der Alte Dessauer »kurz nach dem Ausbruche des ersten schlesischen Krieges« (18 R) in Begleitung eines Hauptmanns nahe der Grenze zum Kurfürstentum Hannover einen Erkundungsgang unternimmt, trifft er die betende Emma Brehmer. Sie vertraut ihm an, ihr Geliebter Paul Schubert und ihr Vater würden von »hannoverschen Seelenverkäufer(n)« (20R) jenseits der Grenze in Prezelle festgehalten. Der Fürst, entschlossen, die beiden Gefangenen zu befreien, schreitet nach Prezelle voraus. Unterwegs begegnet er einem Leierkastenmann. Kurzerhand leiht Leopold sich dessen Requisiten (Stelzfuß, Legitimationen, Leierkasten) aus und setzt – »für das ganze hochlöbliche Kurfürstenthum Hannover vollständig unkenntlich gemacht« (21R) – seinen Weg fort. In Prezelle sucht er den Dorfschulzen auf, der, vom forschen Auftreten und den »blendenden« Papieren des »Drehorgelmarschall(s)« (22R) beeindruckt, verrät, daß die Gesuchten beim David Petermann im Gewölbe stecken. Zu ihnen wird im Verlauf der Handlung auch der Orgelmann gesteckt. Der Dorfschulze holt ihn jedoch wieder aus dem »Loch« heraus und führt ihn ins Wirtshaus. Das dort harrende »Publikum« (24R) sieht an diesem Abend, wie aus dem Leiermann Fürst Leopold von Anhalt-Dessau wird. Auf dessen Befehl nehmen inzwischen eingetroffene preußische Grenadiere die hannoverschen »Himmelhunde« (26R) fest. Paul Schubert und Vater Brehmer aber geleitet der Fürst zurück nach Ziemendorf, wo sie Emma in die Arme fallen.

Zwei Liebende sind gewaltsam getrennt worden; um sie wieder zu vereinen, wird die Handlung in Gang gesetzt. Nach diesem Schema, dem auch so manche Dorfgeschichte folgt, läuft unsere Geschichte ab. Im Mittelpunkt ihrer sich lediglich über einen Tag hinziehenden Handlung steht das Motiv der »Schauspielerei und der Verkleidung der Hauptgestalt« (C. Roxin: Vorläufige Bemerkungen über die Straftaten Karl Mays. In: Jb-KMG 1971. S. 74–109. S. 90). Gleich zu Beginn der Erzählung tritt der Alte Dessauer denn auch in der »Kleidung gewöhnlicher Land- oder Bürgersleute« (18R) auf. So verkleidet sucht er Emma mit den Worten zu beruhigen: »Brauchst Dich nicht zu fürchten, Kleine!« (19R). Die steht trotzdem »zitternd« vor dem Mann, »der sie mit seinen dunklen Augen so eigenthümlich anblitzt(e)« (19R). Diese Szene ist nach dem Muster solcher biblischer Szenen gestrickt, in denen den Menschen Engel erscheinen. Einige Zitate beweisen das: »Fürchte Dich nicht (...)!« (Das Buch Daniel, in: Die Bibel. Freiburg i. Br. 1965. S. 973–994. S. 989) beruhigt der Engel, dessen »Antlitz wie ein Blitzstrahl« leuchtet, den Daniel, nachdem der sich »zitternd« wieder aufgerichtet hat. Dem frommen Gebet folgt die Erhörung, der bösen Tat die Bestrafung: Mays Erzählung besitzt durchweg moralisierenden Charakter. Ihr liegen, wie vielen »Kalendergeschichten«, Lebensweisheiten und Sprichwörter zugrunde. So verspricht der Alte Dessauer David Petermann: »Er wird in dieselbe Grube gesteckt, die er dem Schubert da gegraben hat« (26R).

Neben der Moral und dem historischen Beiwerk, das allerdings nur Staffage bleibt, hat May möglicherweise auch biographische Details in die Geschichte eingebracht: Emma Brehmer beispielsweise, von der es heißt, sie sei eine »Schönheit, wie sie auf manchem Hoffeste nicht gefunden wird« (19R) ähnelt, allerdings nur vom Äußeren her, Mays erster Frau Emma Pollmer. Auch sie war »schön, wie man sich eine Frau nur wünschen kann« (K. May: *An die 4. Strafkammer des Königl. Landgerichtes III in Berlin*. Bamberg 1982. S. 55).

Wolfgang Sämmer

21. Der Amsenhändler

Zunächst wurde *Der Amsenhändler* im Sommer und Herbst 1883 in »Münchmeyer's illustrirtem Haus- und Familien-Kalender für das Jahr 1884« veröffentlicht (als R in: *Unter den Werbern*. Hg. von der KMG. Hamburg 1986. S. 163–180). Im Februar und März 1901 erschien die Geschichte unter dem Titel *Ein Stücklein vom alten Dessauer* im »Novellenschatz zur allgemeinen Unterhaltungsbibliothek« (Band X–XII) im MMV, Dresden; Ende Februar 1902 unter den gleichen Titeln in dem nicht von Karl May autorisierten Sammelband *Humoresken und Erzählungen*. Teile der *Amsenhändler*-Humoreske fanden unter dem Titel *Der Pflaumendieb* Eingang in die GWR 42, später GWB 42.

Als Hauptquelle für die Erzählung benutzt May wahrscheinlich die Darstellung Varnhagen von Enses: »Biographische Denkmale«, Band 2, Berlin 1824–30.

Zu Beginn der Humoreske steht eine Passage, in der der Autor das Probedirigieren des neuen Kapellmeisters auf dem

Schloß des Alten Dessauers schildert. Im Anschluß daran tritt sein Feldwebel Schubert auf den Plan, der, von einem Erkundungsgang aus dem Hannöverschen nach Dessau zurückgekehrt, dem Fürsten meldet, daß hannöversche Werber beabsichtigen, über die Elbe zu setzen, um auf preußischem Gebiet Soldaten pressen zu wollen. Sogar ein als »Amsenhändler« (170R), d. h. Ameisenhändler, verkleideter hannöverscher Spion sei zum Schloß des Fürsten nach Dessau unterwegs, um sich davon zu überzeugen, daß der Dessauer ihnen bei diesem »Coup« (169R) nicht in die Quere komme. »Hallo, hurrah, hosiannah, victoria, possa!« (169R) ruft der burschikose Leopold, als er die Meldung vernimmt. Zornig ist er allerdings zunächst über Schuberts Geständnis, er habe eine Geliebte, die Anna Uhlmann heiße und in Gartow bei ihrem Vater wohne, der ein Sympathisant der Hannoveraner sei und deshalb gegen eine Heirat seiner Tochter mit Leopolds Feldwebel. Leopold läßt den Spion festnehmen und geht nun seinerseits als Amsenhändler, d. h. als Hausierer, der Haltern von Stubenvögeln Ameiseneier verkauft und Kunden, die Ameisengeist herstellen wollen, ausgeschlüpfte Ameisen anbietet, verkleidet nach Gartow, wo ihn der hannöversche General Balmy aber in seiner Tarnung erkennt, so daß Leopold fliehen muß, gefangen und eingesperrt und von Anna wieder befreit wird. Mit ihr eilt er nach Lenzen und im dortigen Schützenhaus tappen die feindlichen Werber in die von Leopolds Buntröcken inszenierte Falle, darunter auch Annas Vater. Der willigt jetzt unter Zwang in die Heirat seiner Tochter mit dem zum Leutnant beförderten Schubert ein.

Im Mittelpunkt dieser schlichten Geschichte, deren zentrales Thema das Werberunwesen ist, steht der Alte Dessauer, der Fürst von Anhalt-Dessau (1676–1747). Zuweilen sinkt diese historische Figur in der Erzählung zu einer komischen Person herab und Feldwebel Schubert übernimmt die Hauptrolle der Geschichte, so etwa in der Szene, in der der Alte Dessauer den Ameisenhändler als Spion überführen will, dabei aber die Ameisen losläßt, vor ihnen auf einen Stuhl flüchtet und den Spion laufen läßt (174R). Der Alte Dessauer erscheint stellenweise wie eine jener Figuren aus Mays späteren Reiseerzählungen, deren Funktion es ist, Fehler zu machen, die dann vom Helden bereinigt werden müssen. Im allgemeinen hat Leopold die Zügel jedoch straff in der Hand. Seine historisch belegte Sucht, sich zu verkleiden und zu schauspielern, findet sich hier, wie auch in den anderen Dessauer-Geschichten Mays, motivisch wieder.

Arno Schmidt bezeichnete die Dessauer-Anekdoten als »von keiner Sachkenntnis getrübte(n) ›Historische(n) Novellen‹« (Abu Kital. Vom neuen Großmystiker. In: Karl May. Hg. von H. Schmiedt. F.a.M. 1983. S. 45–74. S. 53), was nur zum Teil zutrifft, da May mitunter für das historische Kolorit auf das Werk Varnhagen von Enses zurückgriff.

Wolfgang Sämmer

22. *Pandur und Grenadier*

Karl May veröffentlichte seine kurze Geschichte erstmals im März und Juni 1883 im 5. Jg. der »Deutschen Gewerbeschau«, hg. von W. Hoffmann in Dresden (R der KMG in dem Sammelband *Unter den Werbern.* Hamburg 1986. S. 94–120). 1919 wurde diese Dessauer-Erzählung bearbeitet im KMJb nachgedruckt und 1921 schließlich als sechste unter dem Titel »*Pandur und Grenadier* (1742)« in GWR 42 aufgenommen.

Für den historischen Hintergrund der Geschichte hat May auf Varnhagen von Enses »Biographische Denkmale«, Bd. 2, Berlin 1824–30, und Konversationslexika, etwa für die Angaben zur Person Friedrich Freiherr von Trencks (1711–1749) auf eine Brockhaus-Ausgabe, zurückgegriffen.

Die Erzählung spielt kurz vor dem Ende des ersten Schlesischen Krieges (1740–42) und beginnt im böhmischen Dorf Studenetz. Ortsrichter ist der reiche, tyrannische und – wie der Talmüller im Kolportageroman *Der Weg zum Glück* – an den Rollstuhl gefesselte Erlenmüller. Während einer Auseinandersetzung zwischen ihm und seinem Patenkind Agnes Engelmann platzt ein Pandur, ein ungarischer Soldat aus dem Freikorps Trencks, in die Mühle und bestimmt sie als Quartier für seinen Obersten. Als Agnes ihren Geliebten, den unter dem Alten Dessauer dienenden Feldwebel Steinbach, zufällig in Studenetz trifft, unterrichtet sie ihn über das Vorgefallene. Steinbach eilt nach Chrudim, um seinem Kriegsherrn Meldung zu machen.

Einen Tag vor diesen Ereignissen wird dem mit seinen verwegenen Panduren, die auf Seiten der Österreicher gegen die Preußen kämpfen, in der böhmischen Bezirksstadt Humpoletz liegenden Oberst Trenck von einem Kundschafter gemeldet, daß sich Friedrich II. mit dem Alten Dessauer in Chrudim aufhalte. Trenck, ein Erzfeind des Dessauers, faßt folgenden Plan: Ein gefälschter Brief soll Leopold bewegen, in zwei Tagen »incognito mit nur wenig Begleitung« (104R) zum Jahrmarkt nach Chotiborz zu gehen, um den angeblich dort weilenden Trenck zu fassen. Leopold durchschaut den Plan jedoch. Statt zum Jahrmarkt marschiert er mit Steinbach als Müller verkleidet nach Studenetz, wo er sich beim Erlenmüller verdingt und nebenbei beim Vater der Agnes den Brautwerber für Steinbach macht. Anschließend begibt er sich in die Schänke zum Tanz. Dort kommt es zwischen den beiden »Müllern« und den Panduren zu Handgreiflichkeiten, im Verlauf derer Steinbach Trenck – wie später Old Shatterhand seinen Gegnern – die Faust an die Schläfe schlägt (118R). Als Trenck zur Mühle geschleppt wird, wacht er jedoch wieder auf und steht dem Dessauer plötzlich allein gegenüber. Ihm an Kraft überlegen verfolgt er den Dessauer, bringt ihn sogar in Lebensgefahr. Inzwischen eingetroffene preußische Husaren retten ihren Feldobersten zwar, Trenck aber entkommt.

In der Geschichte lassen sich zwei Ebenen unterscheiden: jene, auf der sich die historischen Ereignisse abspielen, und jene, auf der die fiktive Handlung abrollt. Der Alte Dessauer bewegt sich auf beiden Ebenen; Friedrich II. dagegen nur auf der ersten. Bezeichnend, daß der »nichts erfahren (darf)« (112R), als Leopold Chrudim verlassen will, um nach Studenetz zu gehen. Die Geschichtsschreibung weiß von diesem Ausflug ja ebenfalls nichts. Daß der Alte Dessauer von Friedrich II. nach Chrudim gerufen wurde, ist dagegen belegt.

Außer den historischen Anspielungen lassen sich möglicherweise biographische Einzelheiten herausfiltern. So erinnert der Pferdediebstahl Steinbachs (100R) an Mays Delikt in Bräunsdorf (s. K. Hoffmann: Zeitgenössisches über »ein unwürdiges Glied des Lehrerstandes«. In: Jb-KMG 1971. S. 110–121. S. 115). Der an den Rollstuhl gefesselte Erlenmüller, der seine Untergebenen dauernd mit der Peitsche traktiert (95R), trägt Züge von Mays Vater, der seine Kinder gerne mit dem »geflochtene(n) Strick« schlug (K. May: *Mein Leben und Streben,* S. 10). Die Personen der Geschichte sind schablonenhaft angelegt; sie lassen sich nur in gut und böse einteilen, eine Mitte gibt es nicht.

Wolfgang Sämmer

b) Dorfgeschichten

1. *Die Rose von Ernstthal*

Sie gilt als die früheste unter Mays Namen veröffentlichte Erzählung und erschien zuerst mit dem Untertitel »Eine Geschichte aus der Mitte des vorigen Jahrhunderts von Karl May« in der Zeitschrift »Deutsche Novellen-Flora« 1 (1874/75), Nr. 11–14, Verlag Hermann Oeser, Neusalza, dann ps. als »Eine Erzählung von Karl Hohenthal« in der Zeitschrift »All-Deutschland/Für alle Welt, Illustrirtes Hausblatt«, IV. Jg. (1879/*80*), Nr. 27–32 (R Hamburg 1980: *Der Waldkönig*. S. 216–238), später GWR 43, GWB 43. May hat sie vermutlich kurz nach seiner Entlassung aus dem Zuchthaus Waldheim während seiner Redakteurstätigkeit geschrieben (vgl. Vorwort von H. Meier in R; H. Plaul: Redakteur auf Zeit. Über Karl Mays Aufenthalt und Tätigkeit von Mai 1874 bis Dezember 1877. In: Jb-KMG 1977. S. 114–218. – S. 130), Ende 1874, Anfang 1875 (erschienen ist sie April/Mai 1875). Der fünfte »Freistatt«-Artikel Mays vom 4. Juni 1910 deutet möglicherweise auf eine frühere Entstehung der im Zusammenhang der *Erzgebirgischen Dorfgeschichten* stehenden Erzählung (vgl. Karl May: *Auch »Über den Wassern«* mit Anmerkungen von Hansotto Hatzig und Ekkehard Bartsch. In: Jb-KMG 1976. S. 230–273. – S. 256). – Das Gedicht im dritten Kapitel hat May im Oktober 1875 mit veränderter letzter Strophe in der Zeitschrift »Schacht und Hütte« unter dem Titel *Trost* veröffentlicht (vgl. Nachdruck Hildesheim, New York 1979).

Die Erzählung kann nur bedingt zu den *Erzgebirgischen Dorfgeschichten* gezählt werden; von den zentralen Motiven der Dorfgeschichte und Landliteratur findet sich wenig. Der regionale Schauplatz ist eher durch Kleinstadt- und Soldaten-Milieu geprägt. May hat sicherlich viele Lesefrüchte und literarische Anregungen verarbeitet, die auf die Dorf- und Kleinstadtgeschichten-Tradition einerseits, andererseits auf Soldatengeschichten zurückgehen. Leider wissen wir über Mays Quellen der Frühzeit zu wenig, um direkte Abhängigkeiten nachweisen zu können. Die eindeutige Lokalisierung des Geschehens verweist auf den Zusammenhang mit der Regionalliteratur. Nach Meinung der Forschung hat May Details seiner Biographie in der Erzählung verarbeitet.

Die aus einer Einleitung und fünf Kapiteln bestehende Erzählung – durch Ziffern kenntlich gemacht und mit den Fortsetzungs-Teilen nicht identisch – handelt im wesentlichen von dem als Handwerksburschen getarnten Major von Göbern, der nach einem desertierten preußischen Offizier sucht, welcher in Sachsen als »Seelenverkäufer« (222R) Rekruten für die kurfürstliche Armee anwirbt. Eingeflochten ist die Liebesgeschichte zwischen der blinden Auguste, die mit ihrer Mutter bei dem Schmied Weißpflog lebt und dem Handwerksburschen, der sich bei diesem als Geselle verdingt. Die Einleitung entwirft skizzenhaft den geographischen, lokalen und sozialen Hintergrund (Erzgebirge, Hohenstein-Ernstthal, »armes Städtchen«, Höhle, »Gewerbefleiß«, »Weberei«) und verspricht dem Leser »keine welterschütternden Begebenheiten«, aber die Erfahrung, daß »die Blüthenflocken der Poesie auch in die entlegenen Winkel« (217R) kommen. Idylle und Lob der Provinz setzen sich in der Naturdarstellung und Stimmungserzeugung des ersten Kapitels fort, bevor der Held auf dem Waldschauplatz erscheint, der fast blinden Auguste ansichtig wird und sie vor dem »Blauweißen«, einem Junker, beschützen muß, der sie »Rose von Ernstthal« nennt und sie »aufs Blatt treffen« (219R) will. Richard erkennt in ihm den Deserteur: »ich werde ihn fassen und sein König wird ihn richten« (220R). Das zweite Kapitel beginnt mit der Beschreibung der historischen Situation der preußisch-sächsischen Auseinandersetzungen, einem Gespräch unter Offizieren und ›Soldatengeschichten‹ im Stil der »Dessauer«-Geschichten Mays. Der Leser erfährt, daß Auguste seit der Begegnung mit dem Junker ganz erblindet ist; die Mutter fühlt ihren Seelenzustand, der sich durch die aufkeimende Liebe Augustes zu Richard verändert, und erzählt die Geschichte ihrer Liebe zu Emil Wallner, dem Vater der Tochter. Trotz »rastlosen Schaffens« (226R) aus dem Wissen, daß »wir das Glück unserer Zukunft nur von dem Erfolge unserer eigenen Arbeit und Tüchtigkeit zu erwarten hatten« (ebd.), mußten sich beide trennen. Schließlich kündigt Wallner brieflich seine baldige Ankunft an. Die freudige Stimmung stört der Junker, er wird von Richard und Weißpflog aus dem Haus geworfen und rächt sich durch die Entführung Augustes, die beim Augenarzt in Chemnitz war. Doch Richard kommt zur rechten Zeit und streckt den Junker mit einem »Faustschlage« (231 R) nieder. Im fünften Kapitel leitet ein Fremder, der sich als Arzt zu erkennen gibt, die Wende ein. Er, der sich am Schluß als der langersehnte Mann und Vater erweist, operiert Auguste. Auch die eigentliche Handlung geht nun schnell dem Ende zu. Der vor dem »Blauweißen« gewarnte Richard erledigt seinen Auftrag, nachdem der »alte Dessauer« (234 R) den Feind besiegt hat. Er verhindert, daß sächsische Reiter die beiden Frauen als Geiseln nehmen. Wallner schließt in der Uniform des Stabsarztes Frau und Tochter in die Arme und nimmt der Tochter die Binde von den Augen. Richard vervollkommnet das Glück der nun sehenden und seligen Auguste. Er lüftet sein Inkognito und bittet um die Hand Augustes, die er seinem Paten, dem »alten Dessauer« als »Rose von Ernstthal« vorstellen will.

Auffällig ist die lokale Fixierung auf Mays Geburtsort und gleichzeitig zeitliche Entrückung des Geschehens ins 18. Jahrhundert, ferner die Verbindung von Motiven der »Dessauer«-Geschichten (Verkleidung, Reitkünste, Pferdebändigung u. a.) mit dem Milieu der Kleinstadt-Erzählung. Viele Handlungselemente hat May später immer wieder verwendet, zum Beispiel den Faustschlag oder den Kampf Mensch gegen Pferd. Vermutlich hat May die Handlung historisch zurückversetzt, weil er sie »mit zahlreichen Anspielungen auf Personen aus seinem Bekanntenkreis durchsetzt hatte« (C. F. Lorenz: Landesherr und Schmugglerfürst. In: Jb-KMG 1981. S. 360–374. S. 367). So hat er beispielsweise »seinem Taufpaten, dem Ernstthaler Schmiedemeister Christian Friedrich Weißpflog (1819–1894) ein literarisches Denkmal gesetzt« (H. Meier in: Vorwort R. S. 15). Weißpflog hatte 1869 den steckbrieflich gesuchten May in der »Eisenhöhle« (»Karl-May-Höhle«) versorgt. Ferner seien in Auguste und ihrer Mutter Anna Mays Jugendliebe Anna Preßler und die spätere Geliebte Auguste Gräßler gespiegelt, May selber habe sich in der Figur Wallners porträtiert (vgl. H. Meier in: Vorwort R, S. 15). Die Integration von Biographischem und die Verklammerung von Aufklärungs- und Liebesgeschichte ist nicht immer gelungen; die Soldaten-Episoden neigen zur Verselbständigung und sind nicht konsequent mit der eigentlichen Handlung verknüpft. Dies gilt zum Teil auch für das idyllische Verweilen bei Personen und Situationen. Trotz erzähltechnischer Schwächen finden wir in Personencharakteristik und Landschaftsbeschreibung, im Wechsel der Erzählperspektive sowie von Innen- und Außensicht schon den späteren May; auch der symbolische Verweis über die vordergründige Handlung fehlt nicht: auf das ›Sehendwerden‹ im doppelten Wortsinn, was letztlich auch eine biographische Grundlage hat.

Jürgen Hein

2. *Der Dukatenhof*

Da die *Rose von Ernstthal* nur bedingt zu den Dorfgeschichten gerechnet werden kann, ist *Der Dukatenhof* die erste eigentliche Dorfgeschichte Karl Mays. Sie erschien mit dem Untertitel »Eine Erzählung aus dem Erzgebirge von Karl May« 1877 in »Bibliothek der Unterhaltung und des Wissens«, Stuttgart Bd. 11, S. 92–208, wurde dann in den Sammelband *Erzgebirgische Dorfgeschichten* aufgenommen (Karl May's Erstlingswerk. Autorisierte Ausgabe, Band 1, Dresden-Niedersedlitz 1903; R 1977. Mit einem Vorwort von E. Bartsch. Hildesheim/New York. S. 167–277). Dort steht die Erzählung zwischen *Sonnenscheinchen, Des Kindes Ruf, Der Einsiedel* und *Vergeltung, Das Geldmännle*. Nachdem Fehsenfeld ablehnte, ließ May den Band im neugegründeten Belletristischen Verlag A. Fischers drucken; 1907 erscheint eine Neuauflage gleichen Titels bei Fehsenfeld (später GWR 44, GWB 44).

May steht mit den *Erzgebirgischen Dorfgeschichten* stofflich und erzähltechnisch in einer Phase, in der sich Dorfgeschichten, die seit etwa 1840 entstanden, größter Beliebtheit erfreuten (vgl. allgemein J. Hein: Dorfgeschichte. Stuttgart 1976). Bestätigt wird dies in einem Brief Peter Roseggers an May: »Verehrter Herr! Da wir mit Dorfgeschichten allzureichlich versehen sind, so gebe ich die Ihre, die als solche sehr gut ist, dankend zurück« (vgl. Jb-KMG 1975, S. 228). Die Dorfgeschichtentradition ist reich und vielfältig, die Einflüsse auf

May sind noch kaum im einzelnen erforscht. Bekannt ist, daß Anzengruber zu seinen Lieblingsschriftstellern gehörte.

Auerbachs Dorfgeschichten zählten zu den am meisten gelesenen Werken in den Gefängnisbibliotheken, so ist es also möglich, daß hier May Anregungen empfangen hat; das während der Haft entstandene *Repertorium C. May* gibt dafür Anhaltspunkte (vgl. J. Hein: Die *Erzgebirgischen Dorfgeschichten*. In: Jb-KMG 1976. S. 47–68. – S. 53f.). Äußerungen in *Mein Leben und Streben,* in *Der dankbare Leser* und im sog. Stollberg-Fall machen deutlich, daß sich May der didaktischen Tendenz und zugleich unterhaltenden Funktion des Erzähltyps ›Dorfgeschichte‹ bewußt war, daß er sich selbst – wenn auch aus der Rechtfertigungs-Perspektive der Spätzeit – als Volksschriftsteller verstand. In der Selbstbiographie heißt es: »In diesen Dorfgeschichten wies ich regelmäßig nach, daß Gott nicht mit sich spotten läßt, sondern genau so straft, wie man sündigt. (...) besonders meinen Dorfgeschichten (gab ich) eine ethische, eine streng gesetzliche, eine königstreue Tendenz« (*Mein Leben und Streben,* S. 115 u. 118). Das Zusammenwirken biographischer und sozialer Faktoren mit den literarischen und pädagogischen Intentionen bestimmt auf dem Hintergrund von Rechtfertigungs- und Kompensationsbemühungen Mays eigentümliche Stellung zur Dorfgeschichten-Tradition, der er verpflichtet ist und die er um kriminalnovellistische Varianten bereichert. May nutzt das Erzählschema, um einerseits konkrete menschliche und soziale Wirklichkeit – die ›Heimat‹ – darzustellen, andererseits aber so, daß die Geschichten beispielhaft auf Gelingen menschlichen Handelns in einer durch Unrecht gestörten, dann aber wiederhergestellten Ordnung, in der der Rehabilitierungsgedanke dominiert, verweisen. Insofern mag es berechtigt sein, die *Erzgebirgischen Dorfgeschichten* als Vorstufe der Spätwerke aufzufassen (vgl. Mays Vorwort zum Sammelband 1903 und C. F. Lorenz: Karl Mays zeitgeschichtliche Kolportageromane. Frankfurt/M. Bern 1981. S. 326). Andererseits verdienen sie eine eigene Analyse.

Das bei May häufige Motiv der bösen Tat, die sich am Ende gegen den Täter selbst wendet, bestimmt die Erzählung, die am Schluß neben der moralisierenden noch eine patriotische Tendenz erhält (der König übt Amnestie). Das erste Kapitel stellt dem Leser den »Köpfle-Franz« vor, einen beinlosen Krüppel, der davon lebt, Porträts zu zeichnen. Zur

Exposition gehört weiter die Vorstellung der Gegenseite: der reiche Dukatenbauer, der schließlich Opfer des kriminellen »Barons« wird. Franz kommt trotz Behinderung noch rechtzeitig zur Beerdigung der Dukatenbäuerin Anna. Hier macht der Leser zum erstenmal Bekanntschaft mit dem Dukatenbauern, der nicht darauf verzichten konnte, an diesem Tag »auch an seinem Kleide zu zeigen, daß er die Macht eines höheren Geschickes anerkennen müsse« (178R). Er trägt die Zeichen des Hochmuts (Dukaten-Kette und -Knöpfe). Die Grabrede des Pfarrers faßt er als »Strafpredigt« (180R) auf und verläßt den Friedhof. Seine Tochter Emma erinnert Franz an die Verstorbene, die er nie zu lieben aufgehört hat und deren Porträt er in seinem kleinen Haus anbetet. Er hat den Schwur getan: »Ich hab' dich nicht haben sollen, weil ich arm gewesen bin, und der -- der war reich. Da hab' ich einen Schwur darauf gesetzt, daß der Hof mein wird (...)« (188R). Das zweite Kapitel »Aus vergangener Zeit« enthüllt die Vorgeschichte. Franz und der Dukatenbauer liebten Anna, die Tochter eines Grenzoffiziers, der aus Versehen von Heinrich erschossen wird. Der Schuß war für den Nebenbuhler Franz bestimmt, der der Tat verdächtigt, schließlich aber freigelassen wird. Heinrich macht ihn durch einen zweiten Mordversuch zum Krüppel. Weil Anna ihn nicht liebt, sie ahnt wohl die Wahrheit, und aus Spielleidenschaft gerät er auf die schiefe Bahn, verspielt Haus und Hof. Franz und sein Pate Wilhelm, ein königlicher Unteroffizier, entlarven Heinrich als »Pascherkönig«, der bei einem Mordversuch an Wilhelm am selben Ort das gleiche Schicksal erleidet, wie damals Franz (»Ein Gottesgericht«). Als beinloser Krüppel zeigt er sich selbst an und versöhnt sich mit Franz. Franz kauft den verschuldeten Hof von seinen langjährigen Ersparnissen und setzt Wilhelm, der Emma heiratet, zum neuen Dukatenbauern ein: »Du bist ein tüchtiger Bauer; das ist besser als ein Soldat (...)« (246R).

Motive, Regionalbezug und Erzählweise entsprechen dem Gattungsschema ›Dorfgeschichte‹, doch tritt das Motiv des Verbrechens dominierend in den Vordergrund, allerdings gebunden an die Hofbesitz- und Hoferhaltungsthematik. Schauplätze und melodramatische Stimmung (»Mordloch«, Friedhof) gibt vielen Erzählpartien einen Zug ins Schaurige. Das Erzählschema der Kriminalnovelle ist mit dem von Bekehrungsgeschichte und Dorfgeschichte so verbunden, daß sich Erzeugen von Spannung und Aufklären der Vorgeschichte gegenseitig bedingen. Auch das Schmuggel-Motiv ist sowohl Element der Kriminalerzählung wie der an der Alltagsrealität orientierten Dorfgeschichte. Mays Erzählweise dürfte ferner von Schauererzählungen und »Nachtstücken« beeinflußt sein. Inwieweit Anregungen von Erzgebirgischen Dorfgeschichten anderer Autoren (z. B. Elfried von Taura) ausgingen, müßte noch genauer untersucht werden (vgl. H. Kühne: Karl May und E. v. T. In: Jb-KMG 1970. S. 198–220). Auch auf Parallelen zu Erzählungen von Anzengruber, Ganghofer und H. von Schmid wurde aufmerksam gemacht (vgl. C. F. Lorenz: Landesherr und Schmugglerfürst. In: Jb-KMG 1981. S. 369f.). Ferner gibt es wahrscheinlich biographische Spiegelungen (vgl. F. Maschke: Karl May und Emma Pollmer. Die Geschichte einer Ehe. Bamberg 1973. S. 8).

Der Grundgedanke der Rehabilitierung bestimmt Motiventfaltung, thematische Durchführung und Erzählweise, die man durchaus als »inszeniertes Abenteuer« (Hügel) bezeichnen kann. Exposition, analytische Entfaltung der Vorgeschichte und Lösung gleichen dramatischem Aufbau. Dem entsprechen Parallelisierung und Polarisierung in Figurencharakteristik und Handlung. Alles dient zum Beweis, daß noch so große Schuld bei Läuterung vergeben werden kann und daß der Unschuldige rehabilitiert und für sein Leiden entschädigt wird. »Wo so viel Reue und Fürsprache ist, da kann kein König widerstehen« (268R), heißt es am Schluß. Literarisch wurde hier wirklich, wovon May selbst nur träumen konnte.

Jürgen Hein

3. Der Kaiserbauer

Diese Erzählung trägt zum erstenmal die Gattungsbezeichnung »Dorfgeschichte«: »Eine Erzgebirgische Dorfgeschichte von Karl May«, erschienen in: »Illustrirte Chronik der Zeit«, Stuttgart, 7. Jg. (1877/78), S. 190–197, später unter dem Titel *Der Bonapartenschuster* (GWR 43, GWB 43); dort heißt Wilhelm aber Albert.

Thematisch gehört die Erzählung wie *Der Dukatenhof* und *Der Teufelsbauer* zur Mayschen Dorfgeschichten-Ausprägung. Zur Motiv- und Stoffaneignung gilt das, was zu *Der Dukatenhof* gesagt wurde. May greift mit dem Motiv der Liebe zweier verfeindeter Familien ein beliebtes Dorfgeschichten-Sujet auf.

Am Eingang des Dorfes wohnt der Schuster Peter Fährmann mit Frau und Tochter Bertha; unmittelbarer Nachbar gegenüber ist der reiche Kaiserbauer, dessen Sohn Wilhelm die Tochter des Steinmüllers heiraten soll, der aber Bertha liebt. Eingeblendet wird ein Rückblick auf das Jahr 1813, in dem fliehende Franzosen eine Frau mit kleinem Jungen im Dorf zurücklassen. Der Vater des Kaiserbauern nahm die kranke Französin auf. Nach deren Tod kümmerte sich ein armer Flickschuster um das Kind und erwarb auch die dürftige Habe. Später wurde der Sohn »in Beziehung auf seine Abstammung und die politischen Ereignisse, unter denen er in das Dorf gekommen war (...) ›Bonapartenschuster‹« (191) genannt. Im Dorf vermutet man, der Reichtum des Kaiserbauern rühre doch vom Eigentum der Französin her. Tatsächlich hat der alte Kaiserbauer Edelsteine und Geschmeide unterschlagen, die er in der Wanduhr versteckte. Er, wie sein Sohn, haben nicht gewußt, wie man »die Sachen los werden sollte« (191). Der Steinmüller, dessen Schwager Juwelier ist, soll die Sachen nun verkaufen, und da seine Tochter den Sohn des Kaiserbauern heiraten wird, drohe kein Verrat: »Ich bin der Kaiserbauer, und wenn der was will, so ziehen zehn Pferde ihn nicht vom Platz hinweg!« (191). Zu Beginn des zweiten Kapitels will der Kaiserbauer dem Schuster die Hütte abkaufen. Der Schuster schlägt vor, zu tauschen: »Der Tausch bringt Dir Profit: die Hütte ist mehr werth als der Hof; in ihr hat Treu und Ehrlichkeit gewohnt« (193). Er solle Demut lernen und nicht »wie ein wirklicher Kaiser hier im Dorf« gebieten wollen. Unterdes treffen sich Bertha und Wilhelm; dieser will nur dann Kaiserbauer werden, wenn er Bertha, »die Ärmste im Ort« (194) heiraten kann, er pocht auf das Recht seines Herzens. Plötzlich erscheint der Vater mit dem Müller auf dem Schauplatz. Der Müller droht mit Anzeige, wenn der ›Handel‹ nicht gelänge. Das nächste Kapitel führt die Auseinandersetzung zwischen Vater und Sohn fort, der gerade vom Schuster kommt, wo er um Berthas Hand angehalten hat. Der Kaiserbauer verstößt Wilhelm und gibt ihm voller Hohn die Lumpen, die das Kind der Französin damals trug, »das Erbe vom Bonapartenschuster« (195). In dieses

Kleid hatte die Mutter, auf dem Totenbett ahnend, daß der alte Kaiserbauer ihre Habe unterschlagen werde, eine genaue Aufstellung der Wertgegenstände eingenäht, um ihrem Sohn den Besitz zu erhalten. Der Kaiserbauer, dem Wilhelm dies mitteilt, will die Schrift an sich bringen; im Kampf mit dem Schuster, der zu ihm gekommen ist, wird er von den Gewichten der Standuhr getroffen, die zerbricht und ihr Geheimnis preisgibt. Der »Bonapartenschuster« sieht zum erstenmal sein Erbe, um das er lange Zeit geprellt wurde. Die Rache des Müllers wird vereitelt; der Kaiserbauer ist in sich gegangen und bekennt sich als Schuldner des Schusters: ihm gehöre eigentlich der Hof, wenn die Schuld zurückgezahlt würde. Durch die Heirat der beiden Kinder kommt er glimpflich davon und darf auf dem Hof bleiben, während der Schuster sich treu bleibt: »Ich bleibe in meinem Häuschen« (197). »Hand in Hand« sitzen die beiden Männer versöhnt nebeneinander.

Die in *Der Dukatenhof* erprobte Verbindung von Erzählmustern verschiedener Genres zur Darstellung einer moralischen Maxime wird fortgeführt. Am Ende gibt es »einen Kreis glücklicher Personen, unter denen es einen gab, der erst jetzt erkannte, worin der wahre Reichtum bestehe (...)« (197). Diese Erkenntnis wird durch ein Handlungsschema herbeigeführt, wie es für die frühen Dorfgeschichten Mays typisch ist. Durch die Verbindung von Elementen der Kriminalerzählung mit solchen der Dorfgeschichte geht fast immer die spezifisch bäuerliche Thematik verloren. Im Mittelpunkt der dramatisch gefügten Handlung steht das Motiv des unrechtmäßigen Besitzes. Armut und Zufriedenheit (Schuster) stehen Reichtum und Habgier (Kaiserbauer) entgegen; Nachbar- und Gegnerschaft, Parallele und Polarität bestimmen das Geschehen. Das Motiv der ungleich begüterten Liebenden, zugleich mit dem Motiv der Kinder verfeindeter Väter, setzt eine Handlung in Gang, die die Ausgangslage umkehrt und das Unrecht der Vorgeschichte aufhebt. Liebe und Selbstbescheidung siegen über Haß und Anmaßung. Der Schuster läßt sich seine ›Heimat‹ nicht abkaufen, und er pocht auf Nennung seines richtigen Namens (Identität). Beide Momente zeigen den tieferen Sinn der einfachen Handlung. Besitzdenken und Verdinglichung drohen, die humanen Werte zu zerstören. May stellt dies weniger durch Psychologisierung und Reflexion als in sinnlich erlebbaren Taten und Handlungen dar:

Unrecht kehrt sich gegen den Täter, ihm wird die Chance der Läuterung gegeben.

Jürgen Hein

4. *Der Teufelsbauer*

Die »Originalerzählung aus dem Erzgebirge« erschien zuerst in Fortsetzungen in der Zeitschrift »Deutsche Boten/Weltspiegel, Illustrirte Zeitung zur Unterhaltung und Belletristik für Jedermann«, Dresden, 3. Jg., (1877/78), S. 516–20, 533–36, 548–52, 564–69 (R-KMG Hamburg 1974. Erstdrucke Karl Mays VII), wurde 1903 in den Sammelband *Erzgebirgische Dorfgeschichten* unter dem Titel *Der Einsiedel* (S. 97–166; später GWR/GWB 43) aufgenommen.

Die Erzählung zeigt eine ähnliche Entfaltung von Dorfgeschichten-Thematik und Motiven der Verbrechensdichtung wie *Der Dukatenhof* und *Der Kaiserbauer*. Insbesondere das Nebenbuhler- und Außenseiter-Motiv, das Motiv der ›richtigen‹ Hofhaltung und die Schicksalsthematik stehen in der Nähe der Dorfgeschichten-Tradition. May verwendet darüber hinaus Erzählelemente anderer Quellen, die noch nachzuweisen wären. Zur Dorfgeschichte vergleiche das zum *Dukatenhof* Gesagte.

Die dreiteilige Handlungsführung erinnert an *Der Kaiserbauer*. Der »Teufelsbauer«, »Tannenbauer« und »Einsiedel« genannte Frieder Haubold gilt als mit dem Satan im Bunde; er meidet die Menschen und sucht Frieden. Hof und Wirtschaft sind durch die Haubolde seit alters gut geführt worden; die »Fülle des Erntesegens« (519R) und wachsenden Wohlstand schrieben die anderen jedoch dämonischen Kräften zu. Frieder soll den Bruder des Wiesenbauers auf dem Gewissen haben, der seitdem sein Todfeind ist. Beide stoßen zu Beginn der Erzählung aufeinander, doch Frieder geht der tätlichen Auseinandersetzung aus dem Wege: »(...) ich will mich nicht selbst an Dir räch'n, sondern Dich dem lieb'n Gott überlass'n« (519R). Der Wiesenbauer ist für die ›Verteufelung‹ Frieders verantwortlich und hat ein Teufelsbild an die Wand des Tannenhofes gemalt. Zuhause findet Frieder Marie vor seinem Bild in ein merkwürdiges Selbstgespräch vertieft, aus dem deutlich wird, daß er den Bruder des Wiesenbauers nicht getötet hat und daß Marie mit der zurückliegenden Geschichte etwas zu tun hat. Marie, deren Gesicht von Pockennarben entstellt ist, erinnert Frieder an Martha, um deren Liebe der Streit zwischen ihm und dem Wiesenbauer-Bruder entbrannt war. Der Leser ahnt, daß Marie und Martha eine Person sind. Das nächste Kapitel stellt uns Kathrin, die Tochter des Wiesenbauers, und Gustav, den Neffen Frieders, »den klaanen Beelzebub« (533R), vor, der vom Wiesenbauern verhöhnt wird. Gustav reagiert mit der Drohung »Du hast Wind und Asch' gesä't und wirst Sturm und Feuer ernt'n« (ebd.). Gustav geht zu der Schicksalsstelle, »Kanzel« genannt, wo damals das »grausige Verbrechen« geschah und jetzt ein Kreuz steht, auf das der Wiesenbauer den »Teufelsbauern« als Mörder hingekritzelt hat. Am Kreuz trifft er auf Kathrin; beide ahnen die aufkeimende Liebe. Gustav zertrümmert das Kreuz und will der Teufelsbezichtigung ein Ende machen. Während sich ein Gewitter ankündigt, wird im Wirtshaus zum Tanz aufgespielt. Dort bekennt sich Kathrin zu Gustav, es kommt zur Rauferei. Gustav küßt sie vor den Augen des Vaters: »So, nun ist die Hex' fertig und dem Beelzebub verfall'n!« (549R). Gleichzeitig wird der Wiesenhof vom Blitz getroffen und brennt. Gustavs Weissagung ist durch eine höhere Gerechtigkeit erfüllt worden. Der Wiesenbauer hat über dem Verlust seines Besitzes seine Frau vergessen, die noch im brennenden Haus ist. Gustav rettet sie und zieht sich dabei selbst Verbrennungen zu. Die Dorfbewohner lästern über die »Teufelsbauern«, müssen dann doch deren Einsatz anerkennen. Frieder geht zur »Kanzel«, um dort ein Brandwunden heilendes Kraut zu holen. Der Wiesenbauer folgt ihm, um mit dem vermeintlichen Mörder des Bruders abzurechnen. Am Morgen findet man beide oberhalb der abgestürzten »Kanzel«. Gustav rettet beide durch Abseilen und stürzt dabei selbst ab: »Drei Männer lagen bewußtlos nebeneinander, und es schwieg die Feindschaft, welche eine so tiefe Kluft zwischen ihnen gerissen hatte« (567R). Auf dem Tannenhof versöhnen sich die beiden Bauern; der Rückblick auf die Geschichte ihrer Jugend enthüllt den wahren Hergang, wie es zu dem Streit zwischen Frieder und dem Wiesenbauer-Bruder kam. Martha kann die Unschuld Frieders beweisen: der Bruder ist ihr auf die »Kanzel« gefolgt und abgestürzt. Sie hat dann den Hof verlassen, sich Schauspielern angeschlossen, ist schließlich als Marie zum Tannenhof und ihrem geliebten Frieder zurückgekehrt. Die Bauern sind versöhnt, Frieder hat sein Glück wieder, die bevorstehende Heirat von Kathrin und Gustav kündet ein Happy-End frei von Gewissensschuld an.

Wie in anderen Dorfgeschichten Mays wird das Motiv der Liebe zweier Bauern zu einem Mädchen mit Motiven der Kriminalerzählung verbunden. Die ambivalente Stellung des »Teufelsbauern« – einerseits Außenseiter in der Dorfgemeinschaft, andererseits gefragte bäuerliche Sachkenntnis und Hilfsbereitschaft – bestimmt die Handlungsstruktur, wobei die Liebe der Kinder aus verfeindeten Familien die äußere Handlung in Gang setzt und die Aussöhnung einleitet. Wie in *Der Kaiserbauer* ist es die junge Generation, die – schuldlos – einen neuen Anfang machen kann. Mehrere Motivgruppen der Dorfgeschichte lassen sich nachweisen. Dazu gehört z. B. neben den bereits genannten auch das Motiv der Stellung des einzelnen zur Dorfgemeinschaft. Der ›verteufelte‹ und schuldlose Außenseiter wird am Ende in eine Dorfgemeinschaft integriert, die ihr Vorurteil revidieren muß. May variiert hier den Grundgedanken der wechselseitigen Erziehung und Rehabilitierung. Zu beobachten sind ferner Ansätze von sprachlichem Realismus; der Dialekt der Figuren ist teilweise mehr als folkloristisches Element, wie es für Dorfgeschichten nach 1870 typisch ist, er ist als Versuch der Wiedergabe authentischer Regionalsprache zu werten. Dadurch unterscheidet sich diese Dorfgeschichte von allen anderen Mays. Die Wahl schicksalsträchtiger Handlungsorte und die Polarisierung der Handlungsträger weisen auf seine späteren Romane voraus.

Jürgen Hein

5. *Der Herrgottsengel*

May veröffentlichte die Erzählung unter dem Namen seiner Braut Emma Pollmer in: »Deutsche Boten/Weltspiegel«, Dresden, 4. Jg. (1878/79), S. 126–28, 137f., 157–60, 174f., 190–92, 204–08, 222–24 (R Hamburg 1974. Erstdrucke Karl Mays VII), wo zuvor *Der Teufelsbauer* und *Des Kindes Ruf* erschienen waren. 1881 erschien ein Wiederabdruck unter dem Titel *Der Klapperbein* in der Zeitschrift »Für alle Welt«, Stuttgart, später GWR 44, GWB 44.

Die Nähe zu anderen Dorfgeschichten Mays ist evident, auch wenn die »Erzählung« keinen ausdrücklichen Hinweis auf das Erzgebirge enthält wie zum Beispiel *Der Teufelsbauer*. Zur Stofftradition der Dorfgeschichte vergleiche das zum *Dukatenhof* Gesagte.

Wie in *Der Teufelsbauer* und *Der Kaiserbauer* hat May die Handlung in drei Teile gegliedert.

Abgeschieden lebt Klapperbein auf dem Friedhof in der Nähe des Grabes seiner geliebten Bertha, der Schwester des Richterbauers. Der Richterbauer gilt als geldgierig und hartherzig. Ludwig, der Sohn des Schmuggelbalzers, der Selma, die Tochter des Richterbauern, liebt, bittet den Richter, zu seinem sterbenden Vater zu kommen. Der Richter fürchtet, Balzer könne ihn wegen einer alten Geschichte verraten, doch will Balzer nur mit ihm abrechnen (»Du bist mein böser Geist gewesen und hast mich vom guten Weg auf den schlimmen gebracht«, 138R) und belastendes Beweismaterial verkaufen, um Ludwigs Existenz zu sichern. Balzer appelliert an das Gewissen des Richters und die damalige Geschichte, wie der Richter den Hof von Klapperbein erhalten habe, weil dieser angeblich Bertha in einen Schacht gestoßen habe. Balzer war damals Zeuge und weiß den tatsächlichen Hergang. Durch einen Wechselbetrug legt der Richter aber Vater und Sohn herein. Mit »teuflische(m) Vergnügen« (158R) bringt er das Beweispapier an sich und teilt dem Sterbenden mit, daß er Ludwig alles nehmen wird.

Das zweite Kapitel führt den Leser an den Ort, an dem Bertha den Tod fand; zur Erinnerung wurde dort ein Kreuz errichtet. Seitdem war dies ein »heiliger Ort« (158R), wo Hilfsbedürftige wunderbarerweise auch materielle Hilfe empfangen. Keiner weiß, wer hinter dem helfenden »Herrgottsengel« steckt, jeder, der ihm nachstellte, ist von einem fürchterlichen Faustschlag getroffen worden.

Es wird nun ein Stück Vorgeschichte enthüllt, nach der Selmas Vater früher Schmuggler war und Schuld am Tod seiner Schwester Bertha trägt, die als Selbstmörderin in ungeweihter Erde hinter dem Friedhof verscharrt wurde. Ludwig verklagt den betrügerischen Richter beim »Herrgottsengel«, und Klapperbein ermahnt den Richter, »mild und gerecht im Amt« (175R) zu sein, sonst würde er ihm den Hof wieder nehmen. Der habgierige Richter ist nun noch auf dessen Geld aus, das dieser in »seinem« Grab neben dem Hügel der

Geliebten versteckt hat. Als er Ludwigs Brief an den »Herrgottsengel« stehlen will, wird er durch einen »schwere(n), schmetternde(n) Schlag« (191 R) niedergestreckt. Der Leser ahnt, daß Klapperbein hinter dem »Herrgottsengel« steckt, der mit seinem Geld – der Richter mußte jährlich Pacht zahlen – den Armen half. Das dritte Kapitel bringt die Auflösung: Klapperbein besucht den immer noch betäubten Richterbauern und bringt die Beweispapiere an sich, unter denen auch das Schuldbekenntnis ist, das den Richterbauern als Mörder der eigenen Schwester entlarvt. Wieder bei Sinnen will der Schurke alles an sich bringen und eilt zu Klapperbeins Grab-Versteck, wo er von Selma und Ludwig beobachtet und von Klapperbein gestellt wird. Der Unbekehrbare stürzt ins offene Grab und ist tot. Klapperbein gibt sein »Herrgottsengel«-Geheimnis preis. Der Schluß bekräftigt die »Moral« der Geschichte, daß der »Sterbliche unter die unnachsichtige Gerichtsbarkeit seiner eigenen That gestellt ist« (224 R).

Verbrechensthematik und Kriminalschema treten gegenüber dorfgeschichtlichen Elementen in den Vordergrund. Die sonst in den Dorfgeschichten Mays zumindest anklingende realistische Haltung – Regional- und Lokalbezug – wird zugunsten einer Schauerromantik mit Totengräbergeschichten und dem Friedhof als bevorzugtem Schauplatz aufgegeben. Lediglich brauchtümliche Elemente und das Motiv der (bäuerlichen) Habgier erinnern an die Dorfgeschichte, doch ist letzteres auch ein Hauptmotiv der Kriminalerzählung. Die Perversion, daß ein ehemaliger Schmuggler zum Richter und wieder zum Verbrecher wird, stellt eine interessante Variante dar. Die analytische Struktur und die Aufdeckung der Vorgeschichte bis zur ›Lösung‹ des Falles wird ähnlich wie in den anderen Dorfgeschichten Mays entfaltet, mit dem Unterschied, daß hier der Schuldige unbekehrbar ist, nicht zur Erkenntnis kommt, daher nicht resozialisiert werden kann und notwendig den Tod finden muß, während sonst die seelisch Geläuterten, zum Teil körperlich bestraften Täter, wenigstens mit dem Leben davonkommen, und ihre Opfer sich mit ihnen versöhnen. Auch diese Erzählung variiert den Grundgedanken, daß der am einzelnen oder der Gemeinschaft schuldig Gewordene durch Verheimlichung oder Fortsetzung der Verfehlungen schließlich von seinen Taten eingeholt, von einer höheren Gerechtigkeit bestraft oder bekehrt wird.

Jürgen Hein

6. *Des Kindes Ruf*

Die »Geschichte aus dem Erzgebirge« erschien zuerst in: »Deutsche Boten/Weltspiegel«, Dresden, 4. Jg. (1878/79), S. 328–31, 345–48, 360–63 (R Hamburg 1974. Erstdrucke Karl Mays VII), wo auch *Der Teufelsbauer* und *Der Herrgottsengel* erschienen. May nahm die Erzählung auch in den Sammelband *Erzgebirgische Dorfgeschichten* (1903, S. 49–95) auf, später GWR 43, GWB 43.

Der Untertitel weist die Erzählung in den Zusammenhang der Dorfgeschichten-Tradition; hier gilt das, was zum *Dukatenhof* gesagt wurde. Hinter der ergreifenden Geschichte verbirgt sich ein Stück Biographie Mays, Dorfgeschichten-Motive und solche der Kriminalnovelle verbinden sich mit der literarischen Verarbeitung seiner Gefängnisjahre auf Schloß Osterstein und in Waldheim.

Wie *Der Kaiserbauer, Der Teufelsbauer* und *Der Herrgottsengel* ist auch diese Erzählung dreiteilig und zeigt einen verwandten Aufbau. Zunächst wird der kleine Paul Fährmann vorgestellt, dessen Vater wegen angeblichen Diebstahls und Unterschlagung im Zuchthaus sitzt und dessen hartherzige Mutter wieder heiraten will. Sie, die ihren Mann für schuldig hält, kümmert sich nicht um den Jungen, der verwahrlost aussieht, und es ist unfaßbar, daß der reichste Junge im Dorf im Kuhstall schlafen muß. Nur bei der Lindenbäurin, die seines Vaters Mutter bei sich aufgenommen hat und eine Jugendliebe des Vaters ist, findet er Trost und Schutz. Sie möchte das Kind adoptieren. Beim Soldatenspiel – die Kinder spielen auch Zuchthaus (vgl. 330R) – kommt ihm der Einfall, seinen Vater zu befreien.

Der Zukünftige der Mutter heißt Reiterkurt und hat einen Bruder, der Gefängnisaufseher ist. Bei einem Besuch hat Kurt Pauls Vater im Zuchthaus gesehen und erzählt der Bäurin, daß er jämmerlich ausschaue. Die hartherzige Frau kommentiert: »Es ist ihm ganz recht; er mag nur immer sterben!« (331R). Paul hört diese Worte mit und wird von seinem zukünftigen Stiefvater geschlagen. Er will in die Nähe seines Vaters und macht sich auf den Weg in die Stadt zur »Landesstrafanstalt«. Am Graben schießt ein Posten auf ihn: »›Vater!‹ ertönte es laut durch die Nacht; dann brach der Getroffene zusammen« (331R).

Das zweite Kapitel spielt im Innern des Gefängnisses.

»Nummer Hundertneunzig« hat in der Nacht gegen den Gehorsam verstoßen, weil er wegen des Schreies und Schusses unter seinem Fenster nicht hat schlafen können. Als Nummer, nicht mehr Mensch, sondern »Strafvollzugsobject« (346R), hat er sich zu unterwerfen. Der Direktor ist nachsichtig, weil Fährmann sich bisher untadelig verhalten hat. Während der Arbeit unter Bewachung auf dem Feld bringt ein Wagen, der in Richtung Oberdorf fährt, jemanden fort, von dem es heißt, es sei das »arme Kind (...). Es muß den Vater drin in der Anstalt haben« (346R). Fährmanns Vermutungen scheinen sich zu bewahrheiten, die Stimme des Sohnes, die er in der Nacht zu hören glaubte, jetzt das Spielzeuggewehr, das er bei der Gestalt auf dem Wagen wahrnimmt. Er möchte Gewißheit haben, wird aber vom Bruder des Reiterkurt provoziert, der ihn arretieren lassen will. Er nennt ihn Kassenfälscher, verhöhnt ihn – sein Bruder habe ihm die Frau weggenommen, morgen sei die Hochzeit – und lügt: sein Sohn Paul sei erschossen worden. Da flieht Fährmann: »Das Kind hatte den Vater befreien wollen und trotz des nächtlichen Schusses seinen Zweck erreicht; der Ersehnte hatte seine Banden gesprengt und war dem jammernden Rufe gefolgt« (348R). Das nächste Kapitel bringt rasch Rettung und Aufklärung. Paul ist nur leicht verletzt. Seine Rückkehr stört die Hochzeitsstimmung, er wird auf dem Lindenhof versorgt. Mehr noch stört, daß man auf dem Fährmannshof den geflohenen Sträfling sucht. Dem Gendarmen fällt Kurt als derjenige auf, der damals Fährmann angezeigt hatte. Die Lindenbäurin entdeckt den Geflohenen und befreit den Vater von der Sorge um Paul. Beide erneuern ihre Liebe. Der Geflohene erzählt ihr auch, wie er einst dem Kurt Geld geliehen habe und dann auf unerklärliche Weise wegen Diebstahls verurteilt worden sei. Auf dem Weg zum Lindenhof beobachtet Fährmann, wie sich Kurt im Häuschen seiner Eltern geheimnisvoll zu schaffen macht und dabei vom Gendarmen überrascht wird. Auf dem Tisch liegen der einst Fährmann gestohlene Geldschrank-Schlüssel und die Kassenscheine. Fährmann kommt gerade rechtzeitig, um den Gendarmen vor einem Beilhieb Kurts zu retten. Damit ist er teilweise rehabilitiert, aus »Nummer Hundertneunzig« wird wieder der »Ökonom Fährmann« (362R), dessen Unschuld bewiesen ist und der am Abend endgültig aus dem Gefängnis entlassen wird. Des »Kindes Ruf« ist erhört worden, Vaterliebe hat das Unmögliche Wirklichkeit werden lassen.

Durchaus der Dorfgeschichten-Tradition folgt die vordergründige Handlung, in der Betrug und Verbrechen aus Leidenschaft und Habgier (Nebenbuhler-Motiv) durch Liebe und Gerechtigkeitssinn aufgedeckt werden. Tiefgründiger geht es um das Problem von Schuld, Strafe und Befreiung. Realistische Details, familiäre Beziehungen und ethisch-didaktischer Grundzug entsprechen dem Genre der Dorfgeschichte. Die dreiteilige Struktur mit dem der Kriminalerzählung entlehnten analytischen Element der Aufdeckung der Vorgeschichte, Bestrafung des Schuldigen und Rehabilitierung des Unschuldigen ist der anderer Erzählungen Mays ähnlich. Die über den Strafvollzug mitgeteilten Fakten und die Darstellung der Zuchthaus-Atmosphäre (vgl. 345–48R) verweisen auf biographische Bezüge. May hat im Medium der Geschichte eigene Lebenswirklichkeit verarbeitet und gestaltet: seine Aufenthalte im Arbeitshaus Zwickau (Schloß Osterstein 1865–68) und im Zuchthaus Waldheim (1870–74), wo er wegen Betrugs Freiheitsstrafen abbüßte. In Fährmann hat er seine ihn noch bedrängende Vergangenheit zu bewältigen versucht (vgl. H. Plaul: Resozialisierung durch »progressiven Strafvollzug«. In: Jb-KMG 1976. S. 105–170; H. Wörner: Im dunkeln Hause. *Des Kindes Ruf*. In: M-KMG 65/1985. S. 3–7): »In Gestalt einer scheinbar harmlosen Erzählung konterkariert er die These von der ›Alleinschuld des Verbrechers‹ und die Idee des ›progressiven Strafvollzuges‹« (Wörner, S. 7). Konzentrierter als in den übrigen Dorfgeschichten hat May die Auswirkung von Schuldzuschreibung und Strafe auf die subjektive Empfindung des Unschuldigen herausgearbeitet und sich dabei seinen eigenen Wunschtraum nach Rehabilitierung wenigstens literarisch erfüllt. Die Figur des Kindes ist symbolischer Ausdruck der utopischen Dimension. Nicht nur wegen der gelungenen Integration des Lebens ins Werk ist *Des Kindes Ruf* eine der besten von Mays frühen Erzählungen (vgl. H. Wollschläger: »Die sogenannte Spaltung des menschlichen Innern ...« In: Jb-KMG 1972/73, S. 11–92. – S. 28ff.).

Jürgen Hein

7. *Der Waldkönig*

Der erste bisher bekannte Abdruck der Erzgebirgischen Dorfgeschichte *Der Waldkönig* datiert von 1879, parallel in den Zeitschriften »All-Deutschland!« und »Für alle Welt!«, Stuttgart (Jg. III, H. 22–32; R-KMG 1980). Es folgten Nachdrucke unter dem Titel *Unter Paschern*, z. B. in »Pique Bube«, Berlin (1881), im »Delmenhorster Kreisblatt« (1882), in der »Deutschen Reichspost«, Stuttgart (1882), im »Düsseldorfer Anzeiger« (1882). Mit Vertrag vom 21. 4. 1883 verkaufte Karl May einem Vertriebsbüro, dem Berliner Literarischen Institut F. C. Entrich, die Erzählung »mit allen Rechten als ausschließliches Eigenthum gegen die ein Mal zu zahlende Summe von fünfundsiebenzig Mark«. Von Entrich wurde sie (teilweise gekürzt) unter wechselndem Titel (mit Verfasserangabe Dr. Karl May oder Dr. Karl Mai) an zahlreiche Zeitungen verkauft. Bekannt sind Abdrucke unter dem Titel *Menschentrutz und Gottes Hand* im »Euskirchener Volksblatt« (1893), *Unter Paschern* in der »Neuß-Grevenbroicher Zeitung« (1893), *Unter Paschern* in der »Ermländischen Zeitung«, Braunsfeld (1894), *Das Geheimnis des Stollens* im »Witzenhäuser Kreisblatt« (1895). Unter dem Titel *Das Geheimnis des Stollens* von Dr. Karl Mai erschien schließlich 1902 eine Buchausgabe bei Otto Weber, Heilbronn, in »Webers Moderner Bibliothek«, Bd. 38 (parallel dazu bei Hebsacker, Zürich, in der »Schweizer Wochenbibliothek«, Bd. 38). May selbst übernahm den *Waldkönig*, leicht überarbeitet, unter dem Titel *Vergeltung* in den Sammelband *Erzgebirgische Dorfgeschichten*. Karl May's Erstlingswerke. Autorisierte Ausgabe, Bd. I, Dresden-Niedersedlitz 1903 (R 1977. Mit einem Vorwort von E. Bartsch, Hildesheim – New York, S. 279–437); textgleicher Neudruck: Freiburg (1907) (später GWR 44, GWB 44 unter dem Titel *Der Waldschwarze*).

Frieder, der Sohn des Bachbauern, war als Student in der Fremde und kehrt nach fünf Jahren in die erzgebirgische Heimat zurück. Die Gegend wird tyrannisiert von einem geheimnisvollen Unbekannten, dem »Waldkönig«, dem Oberhaupt einer Schmugglerbande. Frieders Bruder Franz war vom Waldkönig erschossen, sein Vater mit Schießpulver geblendet worden. Umsichtig macht Frieder sich daran, den Täter zu entlarven und seiner Verbrechen zu überführen. Während das im Gebirge stationierte Militär im Dunkeln tappt, findet Frieder bald heraus, daß sich hinter der Maske des »Waldkönigs« der Feldbauer verbirgt, der Stiefvater Marthas, des von ihm geliebten Mädchens. Nachdem Frieder in nächtlichen Streifzügen die Geheim-Treffpunkte auskundschaften konnte, wird dem Feldbauern mit Hilfe der Soldaten eine Falle gestellt. Obwohl der Verbrecher, als er sich durchschaut sieht, alle Spuren seiner Taten zu verwischen versucht, ja sogar seine Frau und Stieftochter in einen alten Bergwerksschacht sperrt, wird er schließlich mitsamt der Schmugglerbande gefangengenommen; bei einem Fluchtversuch stürzt er in dem unterirdischen Schacht zu Tode. Martha und ihre Mutter finden Aufnahme auf dem Bachhof.

Der *Waldkönig* gilt als »in bezug auf konsequente Gestaltung des Stoffs bedeutendste der Schmugglergeschichten … Hier zeigen sich … Situationsschilderungen und Spannungsszenen, die sich in vielen Einzelheiten kaum noch von den späteren Reiseerzählungen unterscheiden« (R. Schmid in: Nachwort zu GWB 44, S. 472). Der Bachhof-Frieder verfügt bereits über viele Eigenschaften des späteren Ich-Erzählers: Anschleichen, Spurenlesen, Kombinationsgabe, bis hin zur Old-Shatterhand-Gelehrsamkeit oder gar zur Kunst des Orgelspiels. Spannende Lausch-Szenen oder Erkundungsgänge durch alte Bergwerksstollen erinnern an zahlreiche Episoden der späteren großen Romane, in denen man ähnlichen Begebenheiten in exotischem Gewand wiederbegegnet. »Insgesamt ist die Erzählung eher eine Kriminal- als eine Dorfgeschichte, doch gibt es einige Details, die sie mit der Dorfgeschichte verbindet, vor allem das Stadt-Land-Motiv in Verbindung mit dem Heimatgefühl« (J. Hein in: Jb-KMG 1976. S. 60).

Die Gestalt des »Waldkönigs« hat Karl May 1884 noch einmal aufgenommen, als er in seinem großen Lieferungsroman *Der verlorene Sohn* ebenfalls die Anführer einer Schmugglerbande (diesmal sogar mehrere Personen) unter diesem Namen auftreten ließ. Dies mag für ihn der Grund gewesen sein, in der Buchausgabe der *Erzgebirgischen Dorfgeschichten* (1903 und 1907) den »Waldkönig« in einen »Waldschwarzen« umzubenennen und der Erzählung den Titel *Vergeltung* zu geben.

Ekkehard Bartsch

8. *Der Gichtmüller*

Diese »Originalerzählung aus dem Erzgebirge« erschien 1879 parallel in den Zeitschriften »Weltspiegel«/»Deutsche Boten«, Dresden (Jg. IV, H. 37–40; R-KMG in: Erstdrucke Karl Mays in Faksimileausgaben, Serie VII »Weltspiegel«, 1974). Ein Nachdruck mit dem Titel *Der Geldmarder* erfolgte 1881 unter dem Pseudonym Karl Hohenthal in der Zeitschrift »Für alle Welt!« (Jg. V, H. 50–51). In eine Buchausgabe wurde die Erzählung zu Lebzeiten Mays nicht aufgenommen (später unter dem Titel *Der Geldmarder* in GWR 43, GWB 43).

Ferdinand, der Sohn des Obermüllers Klaus, kehrt nach jahrelanger Wanderung in die erzgebirgische Heimat zurück, um Bertha, die Tochter des Niedermüllers Horn zu heiraten. Er findet seinen Vater durch Gicht an den Rollstuhl gefesselt vor. Der Empfang ist sehr unfreundlich; der Vater möchte den Sohn am liebsten sofort wieder wegschicken: »Geh' gleich, geh' auf der Stelle; Du bist mir jetzt im Weg« (S. 591). Ferdinand findet bald den Grund für das seltsame Verhalten des Vaters heraus: Der Obermüller führt ein Doppelleben. Die Gicht-Lähmung ist nur fingiert; nachts führt er als »Geldmarder« bei seinem Kollegen und Konkurrenten, dem Niedermüller, Einbruch-Diebstähle durch, unterstützt von dessen Knappen Lebrecht. So wurde Horn nach und nach um Hab und Gut gebracht, seine Niedermühle wird versteigert und vom Obermüller übernommen.

Bei der letzten Tat des »Geldmarders« kommt es zur Katastrophe: Beim Versuch, auch noch das »Herausgeld« des Niedermüllers aus der Auktion zu stehlen, wollen die beiden Verbrecher sich gegenseitig überlisten. Lebrecht stößt den Komplizen von der Leiter. Dieser wird schwerverletzt von seinem Sohn gefunden und nach Hause geschafft. Als Lebrecht im Dunkeln mit dem Geld fliehen will, wird er vom Niedermüller erschossen. Damit gilt Lebrecht als der »Geldmarder«, und Ferdinand kann die Taten seines Vaters, der inzwischen seinen Verletzungen erlegen ist, wiedergutmachen, ohne ihn öffentlich bloßstellen zu müssen. Horn erhält die Niedermühle zurück, und Ferdinand bittet um die Hand Berthas.

Das von Karl May häufig aufgegriffene Thema des Vater-Sohn-Konflikts findet im *Gichtmüller* – ähnlich wie *Im Son-*

nenthau – seinen extremsten Ausdruck: Der Sohn entlarvt den Vater als Verbrecher; beim Versuch, ihn an seinen Taten zu hindern, wird er vom Vater in den Mühlteich gestoßen: »So fahre hinweg, wenn Du's nicht anders willst!« (S. 624). Durch den Tod des Vaters und die Vertuschung seiner Taten bleibt dem Sohn der Gewissenskonflikt, die Entscheidung zwischen familiären Bindungen und dem geliebten Mädchen, erspart.

Ein interessantes Detail, das in der Buchausgabe (GWR 43, GWB 43) vom Herausgeber gestrichen wurde, ist der Hinweis auf die Konfessionen. Obermüller Klaus will, um die plötzliche Heilung von der (fingierten) Gicht-Lähmung zu begründen, »katholisch werden und nach Mariahilf wallfahrten« (S. 591). Der Niedermüller warnt ihn: »Bedenke, was Du thust. Das Heil der Seele steht höher, als die Gesundheit des Körpers ...« (S. 591) »... glaub' nur nicht, daß Du beim wunderthätigen Marienbild Erhörung findest« (S. 592).

Nach J. Hein handelt es sich beim *Gichtmüller* »eher um eine Kriminalgeschichte, in der die Aufklärung eines Verbrechens geschildert wird ...«. Es »überwiegt insgesamt das Kriminalschema zu sehr, um von einer Dorfgeschichte sprechen zu können« (J. Hein in: Jb-KMG 1976. S. 60f.).

Ekkehard Bartsch

9. *Der Giftheiner*

Zu Lebzeiten Mays nicht in Buchform erschienen, sondern nur durch zwei Zeitschriften-Abdrucke bekannt, ist die Erzgebirgische Dorfgeschichte *Der Giftheiner*. Sie wurde unter dem Pseudonym Karl Hohenthal 1879 in den parallel erschienenen Zeitschriften »All-Deutschland!« und »Für alle Welt!« abgedruckt (Jg. III, H. 40–49). Ein Nachdruck erfolgte 1880/81 unter dem Titel *Alma* mit Verfasserangabe Karl May in der »Deutschen Gewerbeschau«, Beilage »Für den Feierabend«, Mühlhausen/Thür. (später GWR 43, GWB 43; R-KMG in: Karl May, *Der Waldkönig*, 1980, Zitate nach dieser Ausgabe).

Heinrich (Heiner) Silbermann, wie sein Vater ein Vogelfänger und -händler, daneben auch ein begabter Sänger, Komponist und Dichter, trauert seiner Jugendliebe Alwine nach, die ihn, ihren Vater und ihre Heimat vor zwanzig Jahren mit einer Theatertruppe verlassen hat. Verhöhnt wird er von Balthasar (Balzer), seinem ehemaligen Nebenbuhler, dem Sohn und Erbe der Teichhofbäuerin. Durch Leichtsinn und Spielleidenschaft hat Balzer sein Erbe vertan und ist zum Vagabunden herabgesunken. Da begegnet Heiner dem Mädchen Alma Smirnoff, die sich als Tochter der neuen Teichhofbäuerin zu erkennen gibt und die ihm als verjüngtes Ebenbild Alwines erscheint.

In einer Rückblende wird die Vorgeschichte aufgerollt: das eifersüchtige Werben Heiners und Balzers um Alwine, in dessen Verlauf der Kantor, Alwines Vater, einem Säureanschlag zum Opfer fällt, der sein Gesicht zerstört. Der Tat verdächtig ist Heiner, der zwar mangels Beweises freigesprochen wird, an dem der Makel des Verdachts jedoch haften bleibt. Alwine entflieht mit den Theaterleuten und wird von ihrem Vater verstoßen. Nun, nach zwanzig Jahren, kehrt sie als Witwe des russischen Adligen Smirnoff unerkannt zurück und erwirbt den von Balzer heruntergewirtschafteten Teichhof. Ihre Tochter Alma gewinnt, auch anonym, das Vertrauen und die Liebe sowohl des Kantors, ihres Großvaters, als auch Heiners. Balzer versucht aus Wut über sein selbstverschuldetes Elend einen Überfall auf seinen früheren Besitz, den Teichhof, außerdem einen Säureanschlag auf Heiner Silbermann, dem er dabei selbst zum Opfer fällt und mit dem er sich zugleich als Täter des früheren Anschlags entlarvt. In einer großen Versöhnungsszene zum Weihnachtsfest finden Alwine und ihr Vater wieder zueinander. Für Heiner bringt die zart sich entwickelnde Zuneigung zu Alma, die von dieser erwidert wird, eine späte Erfüllung seiner Jugendliebe.

Wohl keine erzgebirgische Erzählung Mays, neben *Des Kindes Ruf,* dürfte so mit autobiographischen Details befrachtet sein wie *Der Giftheiner.* Die Gestalt Heiners ist eindeutig in vielen Kennzeichnungen eine Selbstdarstellung: der Vater ist u. a. als Taubenhändler tätig, zudem Nachbar des Kantors, er selbst Leiter einer Sangestruppe, Komponist und »der bravste Dirigent« (652), zugleich Dichter heimatlich geprägter Gedichte und Lieder. Selbst die herbeigeträumten Attribute bürgerlichen Wohlstands wie »Marderpelz und Krimmermütz'« (750) fehlen nicht. In der Liebe zu Alwine und später zu Alma könnten sich einerseits Mays frühe Liebesbeziehungen zu Malwine Wadenbach und ihrer Tochter (vgl. K. Hoffmann in: Jb-KMG 1972/73. S. 240), vielleicht auch zu Anna Preßler spiegeln (vgl. L. Patsch: Karl Mays erste Liebe.

In: KMJb 1979, Bamberg/Braunschweig, S. 189ff.), andererseits Wünsche, Hoffnungen und Sehnsüchte in seiner um jene Zeit sehr belasteten Beziehung zu seiner Braut Emma Pollmer (vgl. H. Meier in: Einleitung zum R-KMG *Der Waldkönig,* S. 12). Auch die für die Handlungsführung bedeutsamen Gedichte »O gräme nie ein Menschenherz« und »Ich verkünde große Freude« weisen auf den autobiographischen Charakter hin.

»Die breiten Naturschilderungen (Vogelfänger-Thematik), der als Stilmittel angewandte Dialekt und die eingestreuten Lieder und Gedichte entsprechen dem Erzähltyp Dorfgeschichte. Die Verbindung zwischen Verbrechensthematik und bäuerlicher Lebenserfahrung ist gelungen.« (J. Hein in: Jb-KMG 1976. S. 61). Die Anregungen für das bei May ungewöhnliche Thema Vogelfang entstammen möglicherweise den Erzgebirgischen Geschichten seines Landsmannes Elfried von Taura (d.i. August Peters). Karl May dürfte diese Sammlung gekannt haben, da er eine Erzählung daraus, »Fundgrube Vater Abraham«, in seiner Zeitschrift »Schacht und Hütte« nachgedruckt hat. Eine weitere Erzählung des Bandes trägt den Titel »Der Gimpelkönig«; ihre Tendenz (Ablehnung des Vogelfangs) deckt sich mit Mays rein emotional geprägter und Alma in den Mund gelegter Anschauung (vgl. H. Kühne: Karl May und E. v. T. In: Jb-KMG 1970. S. 205f.).

Ekkehard Bartsch

10. Im Sonnenthau

Der erste bekannte Abdruck dieser »Erzählung aus dem Erzgebirge« erschien in »Trewendt's Volkskalender auf das Schaltjahr 1880«, Breslau 1879, 36. Jg. (R-KMG in: Karl May: *Unter den Werbern.* Seltene Originaltexte. Band 2. Hamburg 1986); Nachdruck unter dem Pseudonym Ernst von Linden in: »Deutscher Wanderer«, Dresden, Jg. VIII (1883), Lfg. 15 u. 16. Ob es, wie R. Schmid vermutet (Nachwort zu GWB 44), »von dieser Erzählung ... bereits 1878 oder noch früher einen weiteren Vorabdruck gegeben haben« muß, konnte bisher nicht geklärt werden (Entgegnung hierzu bei H. Meier: Vorwort zum R-KMG *Der Waldkönig,* S. 6). In einer Buchausgabe ist die Erzählung zu Lebzeiten Mays nicht erschienen (später unter dem Titel *Der Grenzmeister* in GWR 43, GWB 43).

Heiner, der Sohn des Thorbauern Oppermann, kehrt aus der Fremde zurück in die erzgebirgische Heimat. Dort treibt der »Grenzmeister«, Oberhaupt einer Schmugglerbande, sein Unwesen. Dieser hatte einst den Wiesenbauern Schubert, der ihn auf frischer Tat ertappt, aber nicht erkannt hatte, durch Schießpulver geblendet. Die einzige Erinnerung, die Schubert noch an den Ort der Tat hat, ist ein bestimmter stechender Geruch.

Der heimkehrende Heiner entlarvt den Thorbauern, seinen Vater, als »Grenzmeister«. Er will diesen von seinen Taten abbringen, während der Vater den Sohn zwingen will, in die Schmugglerbande einzutreten, und nach dessen Weigerung versucht, ihn in die Schlucht zu stürzen. Da Heiner die Tochter des Wiesenbauern, Anna Schubert, liebt, steht er im Gewissenskonflikt in seiner Haltung zwischen ihr und seiner Familie.

Als der Wiesenbauer zur Linderung seiner Augenschmerzen Sonnentau suchen will, wird er von Anna zu einer Talmulde geführt, in der er den charakteristischen Geruch von damals wiedererkennt: er stammt von den auf Holunderbüschen massenhaft sitzenden »spanischen Fliegen«, die diesen Geruch verströmen. So wird das Geheimversteck des »Grenzmeisters« entdeckt und dieser schließlich mit Hilfe des Militärs überrumpelt. Bei dem Kampf wird Oppermann geblendet und stürzt in die Felsschlucht; die Taten, die der Verbrecher anderen zugefügt oder zugedacht hatte, werden an ihm selbst erfüllt.

Wie alle erzgebirgischen Erzählungen Mays enthält *Im Sonnenthau* autobiographisch gefärbte Handlungsmotive. Verarbeitungen seelischer Probleme wie der auch den *Gichtmüller* beherrschende Vater-Sohn-Konflikt, ferner Liebesversagung, Blindheit und besondere Empfänglichkeit für Geruchs-Eindrücke u. a. (vgl. E. Koch in: R-KMG Karl May: *Unter den Werbern,* S. 291 f.).

Vom Handlungsaufbau her kann *Im Sonnenthau* als Vorstufe zum *Waldkönig* betrachtet werden. Dort hat May verschiedene Motive in abgewandelter Form wieder aufgegriffen und durch eine Vielzahl spannender Episoden erweitert.

Ekkehard Bartsch

11. Sonnenscheinchen

Obgleich *Sonnenscheinchen* im Sammelband *Erzgebirgische Dorfgeschichten* (Karl Mays Erstlingswerke. Autorisierte Ausgabe, Bd. 1, Belletristischer Verlag, Dresden-Niedersedlitz 1903; R Hildesheim – New York 1977. S. 3–47) erstveröffentlicht wurde, handelt es sich bei dieser Erzählung – wie auch bei der Schlußgeschichte *Das Geldmännle* – keineswegs um ein Frühwerk Mays; vielmehr entstand sie erst in der Spätphase des Dichters, Ende Februar/Anfang März 1903. Mays Deklaration der beiden späten Dorfgeschichten als »Erstlingswerke« war ein geschickter Versuch, die Kontinuität seines Schaffens zu dokumentieren und zu beweisen, daß er schon von Anfang an tiefsinnige, symbolische Dichtungen verfaßt habe. Ein zweiter Band der »Erstlingswerke« ist nie erschienen; ein Neudruck des »ersten Bandes« kam 1907 in größerem Format als Weihnachts-Neuerscheinung in einer Auflage von nur 2000 Exemplaren bei Fehsenfeld heraus, der die Geschichten 1903 nicht veröffentlichen wollte. Später wurde *Sonnenscheinchen,* leicht bearbeitet, in GWR 43/ GWB 43 aufgenommen.

An einem Frühlingstag reist der Major mit seiner Frau und seinem elfjährigen Sohn, dem »Majörle«, in ein idyllisches erzgebirgisches Dorf, um seinen durch die Liederlichkeit des jetzigen Pachtbauern abgewirtschafteten Hof zu besichtigen. Dabei begegnen sie dem achtjährigen Sonnenscheinchen, der Tochter des ehemaligen Hofknechtes Fritz Felber. Durch den Einfluß »Majörles« und Sonnenscheinchens entwickelt sich zwischen den Familien des Majors und Felbers schnell eine herzliche Beziehung. Dramatischer Höhepunkt der Erzählung ist der Versuch des Pachtbauern, Felber zu ermorden; beide verbindet eine alte Rivalität, die dazu geführt hatte, daß Felber den Pachthof verließ und damit den wirtschaftlichen Abstieg des Gutes einleitete.

Dank Sonnenscheinchens Eingreifen kann Felber nach dem vereitelten Mordversuch daran gehindert werden, den überwältigten Rivalen zu töten. Statt ihn gerichtlich zu bestrafen, bietet der Major dem Pachtbauern schließlich die Möglichkeit, nach Amerika auszuwandern; seinen Hof aber vertraut er nun Fritz Felber an.

Auf der planen Oberfläche erscheint die Handlung der Erzählung recht schlicht; erst bei einer tiefergehenden Betrachtung erweist sich die Geschichte als ein Gleichnis, welches Mays dichterische Entwicklung, reale Erlebnisse und literarische Ideale kunstvoll gestaltet (vgl. grundsätzlich: H. Vollmer: Karl Mays *Sonnenscheinchen.* Interpretation einer späten *Erzgebirgischen Dorfgeschichte.* In: Jb-KMG 1985. S. 160–181). Mit der mehrschichtigen Struktur ist *Sonnenscheinchen* ein typisches Spätwerk Karl Mays. Die von May verwandten Stilmittel, Motive und Topoi der traditionellen Dorfgeschichte machen es allerdings ein wenig schwer, den symbolisch-allegorischen Gehalt der Erzählung zu erkennen. Sich dessen offensichtlich bewußt, hatte May im Vorwort zu den *Erzgebirgischen Dorfgeschichten* explizit auf den Doppelsinn *Sonnenscheinchens* und des *Geldmännle* hingewiesen, das Erzgebirge dort als Symboltopographie des Weges zu Gott und Sonnenscheinchen dabei als »Seelenstrahl« gedeutet.

Wie bei allen Alterswerken hat May neben der weltanschaulich-religiösen Symbolik Ereignisse seiner inneren und äußeren Biographie verschlüsselt und sein Ich auf verschiedene literarische Figuren projiziert. Die drei auftretenden Personenkreise – die Familie des Majors (der Major, seine Frau, das »Majörle«), die Felber-Familie (Fritz Felber, seine Frau Paule, seine Schwiegermutter, Sonnenscheinchen) und der Pachtbauer – repräsentieren Entwicklungstypen aus Mays Leben, ihre Beziehungen untereinander stellen seelische Auseinandersetzungen und Annäherungen des Dichters an sich selbst dar. So sind der reife, integre Major und sein aufschneidender, renommiersüchtiger Sohn deutliche May-Spiegelungen aus verschiedenen literarischen Phasen: der des Spätwerks und denen der Kolportage- und Abenteuerromane (man denke etwa an die selbstkonstruierte »Old-Shatterhand-Legende«). Fritz Felber, ein Porträt des noch nicht endgültig gefestigten Charakters, ist in dieser Sicht als der Autor der späten Reiseerzählungen zu deuten, der sich auf dem Weg zum Spätwerk befindet. Mit der Figur des Pachtbauern hingegen zeichnet May ein Erinnerungsbild tiefer seelischer Krisen. Heilbringende seelische Macht üben in *Sonnenscheinchen* die weiblichen Personen aus: Anzeichen dafür, daß sich May nach der Jahrhundertwende endgültig auf das mütterliche Ideal konzentrierte; zudem ist hier der liebevolle Einfluß seiner zweiten Frau Klara zu erkennen, die er im Entstehungsjahr *Sonnenscheinchens* heiratete.

Wie vielschichtig die Figuren gestaltet sind, zeigt besonders der leichtlebige Pachtbauer; er fungiert nicht allein als Alter ego seines Autors, sondern in ihm manifestieren sich gleichfalls die May bis zu seinem Tode peinigenden Querelen mit dem MMV (hier ist der Pachtbauer ein Porträt des Kolportageverlegers). So spiegeln Felbers Kündigung und der anschließende wirtschaftliche Niedergang des Pachthofes Mays erste Trennung von Münchmeyer 1877, der bald der finanzielle Abstieg des Verlagsgeschäftes folgte.

Auf der philosophisch-religiösen Interpretationsebene personifiziert Sonnenscheinchen die reine, gottverbundene Kinderseele. Seinen Vater kann das bezaubernde Mädchen vor einem Mord bewahren und ihn somit zur Edelmenschlichkeit führen; im Pachtbauern, der den Anima- und Gewaltmenschen symbolisiert, weckt es am Schluß der Erzählung den noch nicht endgültig entschwundenen guten Kern; die Großmannssucht des »Majörle« – ebenfalls eine Zeichnung des Animamenschen – entlarvt es als charakterliche Schwäche. Gefangen von der charismatischen Erscheinung Sonnenscheinchens, verfaßt die schriftstellernde, die Poesie schlechthin verkörpernde Frau des Majors ein Gedicht auf das Mädchen – eine symbolische Darstellung von Mays Kunstverständnis, nach dem wahre Kunst himmlische Botschaft zu sein hat. Der hochgelegene Pachthof »Zum Sonnenschein« schließlich steht in religiöser Sicht für die von Gott geschenkte (der Major, der »hohe Herr«, personifiziert hier das göttliche Prinzip) menschliche Existenz schlechthin.

Als naive Dorfgeschichte verkannt, fand *Sonnenscheinchen* lange Zeit nur geringe Beachtung; erst in jüngster Zeit ist deutlich geworden, daß die Erzählung auf engstem epischen Raum die für Mays Alterswerk als konstitutiv geltende artifizielle Technik der Synchronisation verschiedener Gestaltungsebenen geradezu exemplarisch veranschaulicht.

Hartmut Vollmer

12. *Das Geldmännle*

Wie *Sonnenscheinchen* hat Karl May die umfangreiche *Geldmännle*-Erzählung erst Anfang 1903, also nahezu dreißig Jahre später als die frühen Dorfgeschichten parallel zum letzten Band des *Silbernen Löwen* verfaßt. Noch im gleichen Jahr erschien *Das Geldmännle* in einem Sammelband mit dem Titel *Erzgebirgische Dorfgeschichten*. Karl May's Erstlingswerke. Autorisierte Ausgabe, Band I (R 1977. Mit einem Vorwort von E. Bartsch. Hildesheim/New York. S. 439–648). Ein zweiter Band der »Erstlingswerke« ist nie erschienen; May hatte die Erzählungen bei A. Fischer in dessen neugegründetem Belletristischen Verlag, Dresden-Niedersedlitz, drucken lassen, nachdem der Verleger Ernst Fehsenfeld abgelehnt hatte. Erst 1907 erschien eine Neuauflage des gleichen Titels bei Fehsenfeld (später, leicht bearbeitet, in GWR 44, GWB 44). Fischer sollte mit dieser Gabe als Rechtsnachfolger des MMV zu einem Abbruch der unberechtigten Nachdrucke der frühen, zum Teil verfälschten, Lieferungsromane Mays bewogen werden.

»Es war ein ganz, ganz, ganz kleines Bergle. Auf dem lag ein ganz, ganz, ganz kleines Gärtle. Und obendrauf stand ein ganz, ganz, ganz kleines Häusle.« (439 R) – Im rhythmischen Ton eines Märchenerzählers führt May den Leser in seine Spätnovelle ein. An ihren Beginn hat er eine humorvolle mythologische Erzählung gesetzt, in der von der Entstehung des Bergle berichtet wird: Die Götterbrüder Pluto und Vulkan wollten einst Berge schaffen, um sich abzukühlen. Doch mißlang ihnen die Gletscherfabrikation kläglich, und statt in die Höhe wuchsen die Berge in die Breite – das sächsische Erzgebirge entstand. Landschaftlich und moralisch bildet das Bergle darin eine kleine, von der Außenwelt durch einen unermeßlich tiefen Bach abgeschlossene und nur über eine »Gut und Bös« (630 R) trennende Brücke erreichbare »Märcheninsel« (494 R). Diese wird bewohnt vom liebenswert-buckligen Herzle, einer geschickten Spitzenklöpplerin, ihrer Mutter Marie sowie der denkenden Ziege Karlinchen, die sich auch als Schwellenwächterin betätigt. Vor dem düsteren Hintergrund sächsischer Weberarmut um die Mitte des 19. Jahrhunderts breitet der Erzähler im folgenden die Geschichte um das geheimnisvoll-verbrecherische Geldmännle aus. Eine Rückblende zeigt zunächst Ereignisse zwanzig Jahre vor Erzählbeginn. Das Geldmännle, ein kleiner durchtriebener Dorfwirt und Falschmünzer, hatte beim Damespiel an Musteranton, Herzles Vater, das noch unerschlossene Bergle verloren. Doch kann dieser sich des Besitzes nicht lange erfreuen: er wird von dem Papiergeldfälscher Frommhold Uhlig – im erzgebirgischen Dialekt »Frömmelt« – durch giftige Dünste ermordet, weil der Kompagnon und Schwiegersohn des Geldmännle die Entdeckung fürchtet. Durch Zufall kommen dabei auch die Ehefrau Frömmelts und dessen Schwiegervater zu Tode, was Frömmelt aber vertuschen kann. Zwanzig Jahre später ereilt ihn die Vergangenheit, die »Toten stehen auf und rächen sich!« (527, 530, 546R): Vor Frömmelts Augen begeht der um seinen »Hof geschnapst(e)« (536R) Neubertbauer Selbstmord. Skrupellos hatte Frömmelt als Finanzmagnat und »Vampyr« (534R) abhängige Weber ausgebeutet und ins Elend gestürzt. Bei der Beerdigung des Selbstmörders fällt Frömmelt unglücklich in den offenen Sarg (vgl. als ähnliche Szene den Sturz des Richterbauern im *Herrgottsengel*); in grauenhafter Symbiose vereinen sich Opfer und Täter, Leiche und bewußtlos Erstarrter. Dem körperlichen Zusammenbruch folgt eine Bewußtseinsspaltung. Der Wirt glaubt, zeitweilig der anklagende Bauer, die Nemesis selbst, zeitweilig der seelisch und körperlich gebrochene Mörder zu sein: »Mein Haus, der Körper, hat zwei Herren.« (582R) Tag und Nacht peinigt ihn das Gewissen. Als seine eitle Tochter Rosalia bei dem Versuch, Herzle und deren Mutter mit Falschgeld zu belasten, getötet wird, ist ihm der Leichnam Anlaß zu umfassender Beichte und Sühne, nach der er sich selber ersticht. Während das Böse so im dualistischen Schema der Erzählung in seiner Lebensbahn sinkt, steigt das Glück der Guten und Armen auf einen Höhepunkt: Herzle, das einfache, gütige Engelswesen, die »Seelenreinheit« (458R), und der aufgeklärte Dorflehrer Bernstein finden zueinander; auf dem Bergle wird ein Fest sozialer Versöhnung und Harmonie veranstaltet, und im Tal erlebt das Dorf durch eine Webermesse einen wirtschaftlichen Aufschwung.

Von den frühen Dorfgeschichten Mays unterscheidet sich *Das Geldmännle* vor allem durch eine kunstvoll komplizierte und vielschichtige Problematik und Darstellung. Mays Vorwort zum Sammelband von 1903 nahm direkt Bezug auf *Das Geldmännle* und skizzierte programmatisch und topographisch die für Mays späte Werke so wichtige Aufwärtsbewegung, die im weiteren Sinne als initiatorische Bewußtseinsbewegung gefaßt werden kann (vgl. grundsätzlich: B. Steinbrink: Abenteuerliteratur des 19. Jahrhunderts in Deutschland. Studien zu einer vernachlässigten Gattung. Tübingen 1983). Der hier vom Autor gegebene Hinweis, daß abstrakte, höhere Ebenen im Alltäglichen und Dörflichen durchscheinen sollen, erläutert ein Grundverfahren seiner Alterserzählungen.

Betrachtet man zunächst die Ebene lebensgeschichtlicher Spiegelungen, so finden sich, bei aller Behutsamkeit im Umgang mit biographischen Deutungsversuchen, zahlreiche Ansatzpunkte (vgl. C. F. Lorenz: Das Gewissen des Musterwirts. Karl Mays »Dorfgeschichte« *Das Geldmännle*. In: Jb-KMG 1985. S. 182–217); die wichtigsten seien hier genannt: Es besteht eine große Affinität zwischen dem Geschäft des Musterwirts und Münchmeyers oder Fischers Kolportagefabrik; und so, wie der Musteranton durch Zufall in einer Episode in seinem Bergle das Silber entdeckt, wird May sich seines Schreibtalents erst nach der Trennung von Münchmeyer bewußt geworden sein. Zustände im Hause seines zeitweiligen Verlegers Münchmeyer, aber auch aktuell bedrängende Prozesse oder aus der Ehe Mays stammende Probleme werden bis ins Detail verschlüsselt, etwa wenn das Falschgelddelikt die Verfälschung von Mays frühen Kolportageromanen andeutet oder der Neubertbauer autobiographisch den jungen fehlgeleiteten May repräsentiert. Bernstein hingegen verkörpert als Lehrer, Schriftsteller und öffentlich geachtete Persönlichkeit Karl Mays eigenes Wunschideal nach bürgerlicher Existenz. Neben die Musterwirte treten andere Kontrastfiguren wie die städtische Rosalia, mit der May negative Frauengestalten aus seinem Leben porträtierte (Emma Pollmer, Pauline Münchmeyer). Mit Herzle, dem ländlich-unschuldigen Wesen, läßt May, der sich nach der Jahrhundertwende immer mehr auf das mütterliche Ideal konzentrierte, einen Kosenamen seiner zweiten Frau in die Erzählung eindringen (vgl. *Winnetou IV*, F 23, S. 1 f.).

Die Schizophrenie des Musterwirts, dessen Person als Inkarnation niederer Affekte gefaßt werden kann, bildet als Geschichte einer privaten Erlösung den allgemeinen Kampf des Bösen mit dem Guten im Menschen ab. Im Zentrum der Erzählung steht das vieldeutige Bergle als Sehnsuchtsbild individueller und sozialer Wünsche. May gelang sowohl eine verschlüsselte Abrechnung mit eigener Vergangenheit und Gegenwart als auch der Versuch, die Entlarvung und Bestrafung des Bösen und die Erhebung des Guten »anhand von poetischen Bildern zu erläutern« (Lorenz, S. 214).

Der Dorfgeschichtentradition kann Mays *Geldmännle* nur bedingt zugerechnet werden. Heimatbezug, Motive und Erzählweise entsprechen als typische Merkmale der Gattung »Dorfgeschichte«, doch handelt es sich hier um eine sozialkritische Erzählung, Kriminalgeschichte im dörflichen Milieu und allegorische Exempelgeschichte in einem. Lange Zeit stellte man *Das Geldmännle* in die Reihe früher Dorfgeschichten, was May durch eigene Darlegung (Vorwort 1903) und geschickte Anordnung (als letzte Geschichte in der Anthologie) noch unterstützte, um die Kontinuität seines Lebenswerkes herauszustellen. Dies hat auch dazu geführt, daß die Erzählung in der Karl-May-Forschung bisher nur wenig Beachtung fand.

Reinhard Tschapke

c) Reise- und Abenteuererzählungen

1. *Wanda*

Die Mitte 1875 im 2. Jg. des »Beobachters an der Elbe« im MMV erschienene Novelle *Wanda* (R der KMG 1974. »Erstdrucke Karl Mays in Faksimile-Ausgaben«, Serie 2. S. 413–700) ist, soweit bisher bekannt, Karl Mays zweite veröffentlichte schriftstellerische Arbeit. Mays eigene Aussagen und auch Textanalysen sprechen dafür, daß das erste Kapitel »Die Auction« bereits früher als die folgenden Textteile geschrieben wurde, etwa Mitte der sechziger Jahre (vgl. H. Plaul: Redakteur auf Zeit. In: Jb-KMG 1977. S. 114–217), und zwar möglicherweise als eigenständige Novelle (H. Kühne: Ein Nachwort zu *Wanda*. In: M-KMG 21/1974. S. 9–13). Für die Veröffentlichung 1875 wurde diese vermutliche »Ur-*Wanda*« dann auf den erforderlichen Umfang gebracht. Die Erzählung erfuhr zu Lebzeiten Mays zwei Nachdrucke: eine Buchausgabe im MMV 1901 und eine Veröffentlichung 1880 im 4. Jg. von »All-Deutschland«, Verlag Göltz & Rühling, Stuttgart, unter dem Titel *Die wilde Polin*.

Nahe einer kleinen Stadt lebt die Baronin von Chlowicki mit ihrer Tochter Wanda, die, »von der Natur mit den herrlichsten Gaben ausgestattet«, auch als »die wilde Polin«

bekannt ist (413 R). Sie ist von ihrem Vater zur Beilegung von Familienstreitigkeiten schon als Kind mit dem Baron Eginhardt von Säumen verlobt worden; er ist ihr jedoch »verhaßt und widerwärtig« (416 R). Beide sind Gäste des Stiftungsfestes der Handwerkergesellschaft »Die Erheiterung«. Einem lustigen Einfall folgend werden dort alle Damen versteigert. Der Essenkehrer Emil Winter, Vorsitzender des Vereins und Feuerwehrmann, kommt, noch rußgeschwärzt, gerade noch rechtzeitig von einem Brandeinsatz im Nachbarort, bei dem er drei Menschen das Leben rettete, zurück, um Wanda zu ersteigern. Sie weist ihn zunächst wegen seines Anzugs zurück, sieht aber später ihren Fauxpas ein und bittet um Verzeihung. Die beiden kommen sich näher, und es zeigt sich, daß Emil, der auch als »Autodidakt« (446 R) dichtet, und Wanda sich bereits als Kinder begegnet sind und bleibenden Eindruck auf einander hinterlassen haben. Am nächsten Tag ereignet sich im nahegelegenen Felsenbruch eine Explosion, durch die ein hochgelegener Altan in die Tiefe geschleudert wird. Wanda, die sich darauf befunden hatte, wird in eine Höhle in einer Steilwand geschleudert, aus der sie Emil unter Lebensgefahr befreien kann. Am Explosionsort findet Emil Spuren, die auf einen Mordanschlag deuten, und schon bald ergeben sich für ihn und seine Freunde weitere Verdachtsmomente gegen von Säumen. Recht schnell wird klar, daß dieser ein ausgemachter Schurke ist, eigentlich Morelly heißt und den echten Baron ermordet hat, um an dessen Stelle das Vermögen der Chlowickis, das ihm sowohl bei der Heirat mit Wanda als auch nach deren Tod zufällt, zu erhalten.

Kurze Zeit später trifft am Ort ein Aeronaut ein, der sich als französischer Professor ausgibt und eine Ballonfahrt veranstalten will. Emil wird zufällig Zeuge eines Gesprächs des Professors mit dem Baron, in dem beider Beteiligung an einer Falschgeldaffäre in Paris deutlich wird. Der Professor erpreßt Morelly, der ihn dazu überredet, an einem Mordkomplott gegen Wanda mitzuarbeiten. Emil Winters Bruder, ein Polizist, hat sich inzwischen als Gehilfe des Professors eingeschlichen, um auf eigene Faust zu ermitteln, da sein Vorgesetzter, Kommissar Hagen, seinen Verdacht nicht ernst nimmt. Hagen selbst hat sich in Wanda verliebt und versucht, sich ihr zu nähern. Er kann einen Brief des Polizisten Winter abfangen und will mit den darin gefundenen Erkenntnissen selbst Säumen entlarven, um sich die Dankbarkeit der Chlowickis zu sichern.

Am Tag der Ballonfahrt will der Professor seine Fahrgäste, Wanda und Hagen, mittels einer geheimen Vorrichtung aus dem Ballon stürzen. Als dieser startet, ergreift Emil, in Sorge um die Geliebte, in letzter Sekunde ein herabhängendes Tau und klettert in den Ballonkorb. Er kann die Aktion des Professors zwar nicht vereiteln, jedoch, während Hagen in die Tiefe stürzt, Wanda retten und den Ballon sicher in den Baumwipfeln eines Waldes landen. Während der Professor dabei von einem Ast aufgespießt wird und stirbt, gestehen sich Emil und Wanda endlich ihre Liebe. Ein in der Tasche des Professors gefundenes Papier entlarvt auch von Säumen. Als ihn der Polizist Winter mit den Beweisen konfrontiert, flieht er, stürzt in einen Brunnen und ertrinkt. So sind nun endlich »alle Schwierigkeiten gelöst« (699R).

Wanda ist von vielerlei Ungereimtheiten in Handlung und Struktur gekennzeichnet. Besonders das erste Kapitel, in dem mit der schicksalhaften Begegnung zwischen dem Essenkehrer und Dichter Winter und der Adligen Wanda letztlich »der Adel des Geistes und des Gemüts (...) den zufälligen Adel der Geburt« besiegt (Kühne, S. 12), wirkt mit seiner sozialkritischen Tendenz wie ein »Fremdkörper« (ebd.). Geht man jedoch von der Entstehungsgeschichte aus, löst sich dieser Bruch auf, und auch die Bezeichnung »Novelle« ist für die »Ur-*Wanda*« angemessen. Auch der Motivkomplex »Rettung aus der Bergwand«, der uns in Mays Werk noch häufiger begegnet, könnte ursprünglich eine eigenständige Erzählung gewesen sein. Die übrigen Handlungsstränge der Erzählung weisen die Charakteristika der von May damals meist verwendeten Form der Kriminalerzählung auf, ihr Stil entspricht der Kolportage.

Wanda ist durch »relativ gehäuft auftretende autobiographische Spiegelungselemente« bestimmt (Plaul, S. 160). Dies gilt zum einen für die recht unverstellte Verwendung biographischen Materials; Ereignisse aus den Jahren 1863/64, so z. B. ein reales Schadenfeuer in Hohenstein, bei dem ein Helfer namens Winter eine Rolle spielte, und dem Jahr 1869 (vgl. W. Vinzenz: Feuer und Wasser. S-KMG 26/1980. S. 17f.) sind recht klar zu identifizieren. Wesentlicher ist zum anderen die Selbstdarstellung Mays in der Person Emil Winters. In ihm problematisiert May möglicherweise die Bedingungen seiner schriftstellerischen Existenz. So spricht Wanda von »jenen reichbegabten Naturen, welche, an kleinliche Verhältnisse gebannt, (...) zu Grunde gehen müssen, weil sie für Größeres angelegt sind« (447 R). Diesem Schicksal versucht sich Emil, der als hochbegabter Künstler charakterisiert wird, mit aller Kraft zu entziehen, trotz aller Widrigkeiten hat er »nicht dem Ziel entsagt, nach welchem zu streben seine Aufgabe« ist (463 R). Seiner Meinung nach ist ein Menschenkind »nie nach der Stelle, an welcher es geboren wurde, sondern nach derjenigen, welche es durch eigene Anstrengung und inneren Werth errungen hat, zu schätzen« (543 R). Mit seinen Arbeiten hat Winter einer bisher unbedeutenden Zeitschrift zu großer Anerkennung verholfen (558 R) – was sich wohl auch May von seinen im MMV herausgegebenen Zeitschriften erhoffte. Auch in seinen übrigen Charakterzügen entspricht Winter der Mayschen Idealfigur eines positiven Helden. Emils Bruder, der Polizist, könnte ebenfalls als eine Spiegelung Mays gedeutet werden: seine auf eigene Faust angestellten Ermittlungen in einer Falschgeldaffäre weisen deutlich auf Mays gleichartige Aktivitäten als falscher Polizist 1869 hin. Eine solche Doppelspiegelung in einem Brüderpaar findet sich in Mays Werk nur noch in der 1876 veröffentlichten und ebenfalls als Novelle bezeichneten *Leilet*.

Joachim Biermann

2. *Inn-nu-woh, der Indianerhäuptling*

Die möglicherweise bereits 1874 oder früher entstandene Erzählung erschien 1875 als Nr. 1 der Reihe *Aus der Mappe eines Vielgereisten* im 1. Jg. des »Deutschen Familienblattes« im MMV (R der KMG 1975. »Erstdrucke Karl Mays in Faksimile-Ausgaben«. Serie III. S. 8–11). Nr. 2 dieser Reihe war *Old Firehand*. Nachdrucke erschienen im MMV 1900 und 1902. Eine Bearbeitung unter dem Titel *Winnetou. Eine Reiseerinnerung* veröffentlichte May 1878 in der Zeitschrift »Omnibus«, 17. Jg. (R der KMG 1985. In: Karl May: *Der Krumir*. S. 184–188). In dieser Fassung wurde der Titelheld Inn-nu-woh, ein Siouxhäuptling, in den Apachenhäuptling Winnetou verwandelt; außerdem weist sie vielfältige stilistische und kompositorische Veränderungen auf. Die Hauptmotive von *Inn-nu-woh* arbeitete May auch in das Anfangskapitel von *Der Schatz im Silbersee* ein.

Die Erzählung beginnt in New Orleans. Der Erzähler, der wie viele andere die Stadt mississippiaufwärts verlassen will, um dem sommerlichen Fieberklima zu entkommen, beobachtet im Hafen eine Auseinandersetzung zwischen Inn-nu-woh und dem Kutscher sowie dem Besitzer einer Equipage, der der Indianer nicht ausweichen will. Für einen Peitschenhieb des Kutschers revanchiert sich Inn-nu-woh mit einem Faustschlag. – Wenig später finden sich alle Beteiligten an Bord eines Steamers wieder, der nach St. Louis fährt. Als Inn-nu-woh auf einem der auf Deck stehenden Kästen Platz nimmt und ein »fürchterliches Brüllen« (9R 1975) ertönt, stellt sich heraus, daß die Kästen Käfige einer Raubtiermenagerie enthalten. Deren Besitzer Forster betritt aufgrund einer Wette mit dem Equipagenbesitzer unbewaffnet den Käfig eines bengalischen Königstigerweibchens. Doch sobald der Käfig geöffnet ist, reißt die Tigerin Forster nieder und bricht aus, genau auf die vor Schreck unbeweglich an der Reling stehende Tochter des Equipagenbesitzers zu. In letzter Sekunde kann Inn-nu-woh das Mädchen fassen und mit ihm über Bord springen. Die Tigerin folgt ihnen, und es entwickelt sich eine längere Verfolgungsjagd im Wasser. Schließlich gelingt es Inn-nu-woh, das Mädchen heil an Bord zurückzubringen, während drei herbeigeschwommene Krokodile sich auf die Tigerin stürzen. Als bald darauf Inn-nu-woh von zwei Indianern in einem Kanu abgeholt wird, will sich der Vater des Mädchens bei ihm bedanken. Inn-nu-woh wendet sich jedoch verächtlich ab und fährt mit seinen Begleitern davon.

Im »Deutschen Familienblatt« »begann ich sofort mit ›Winnetou‹, nannte ihn aber einem anderen Indianerdialekt gemäß einstweilen noch Inn-nu-woh« (K. May: *Mein Leben und Streben*. S. 185). *Inn-nu-woh* ist Mays früheste in Amerika spielende Erzählung, die erste mit einem exotischen Schauplatz überhaupt. Sie wird aus einer für Mays Werk recht ungewöhnlichen Perspektive erzählt. Der Erzähler fungiert lediglich als Beobachter, greift aber in die eigentliche Handlung überhaupt nicht ein. Beim Ausbruch der Tigerin bleibt er »vor Grausen unbeweglich« (10R) stehen. Der frühen Entstehungszeit zuzuschreiben sind einige kompositorische Mängel, stilistische Unebenheiten und vor allem die noch sehr knapp gehaltenen Beschreibungen von Orten und Personen. Daneben enthält die Erzählung bereits wesentliche Elemente, wie sie uns in Mays späteren Werken häufig begegnen, etwa den Aufbruch des Erzählers von einer Hafenstadt aus ins Landesinnere, den Handlungsort Schiff oder auch Motive wie den (hier allerdings von Inn-nu-woh ausgeführten) Fausthieb und den Kampf mit einem Raubtier. Der Titelheld selbst weist bereits die typischen Charaktereigenschaften von Mays positiven indianischen Helden auf: Edelmut und Stolz.

Während *Inn-nu-woh* als kurze, anspruchslose Abenteuergeschichte bezeichnet werden kann, kommt der Bearbeitung *Winnetou* geradezu ein programmatischer Charakter zu (vgl. E. Koch: Winnetou. Eine Reiseerinnerung. In: *Der Krumir.* S. 180). Der Erzähler ist »nach den Vereinigten Staaten gekommen, um ›Land und Leute kennen zu lernen‹« (185R 1985), und deutet am Ende weitere Begegnungen mit Winnetou an, den er »den besten, treuesten und edelsten meiner Freunde« (188R) nennt. Die ganze Schlußpassage gemahnt in ihren Formulierungen an das Vorwort zu *Winnetou I.* Auch die Person Winnetous selbst gewinnt deutlichere Konturen, er steht jedoch im Gegensatz zu späteren Werken »im Anfange der fünfziger Jahre« (186R). Auch die positive Haltung Mays gegenüber den Apachen wird bereits deutlich.

Die Beurteilung der literarischen Qualität der Erzählung ist eher zurückhaltend, beide Fassungen »weisen die Schwächen des literarischen Anfängers auf« (E. Bartsch: Ich begann sofort mit ›Winnetou‹. In: Jb-KMG 1980. S. 189–192. S. 191). Bedeutung wird ihr jedoch im Hinblick auf die Entwicklung der Winnetou-Gestalt zugewiesen. Die *Winnetou*-Fassung wird darüber hinaus als Keimzelle der Amerikaerzählungen betrachtet.

Joachim Biermann

3. Nach Sibirien

Als letzte der von May im 2. Jg. der Zeitschrift »Frohe Stunden« veröffentlichten Erzählungen erschien *Nach Sibirien* 1878 unter dem Ps. Emma Pollmer (R der KMG 1971. »Erstdrucke Karl Mays in Faksimile-Ausgaben«, Serie VI. S. 100–111). Die zentralen Motive der Erzählung arbeitete May 1880 in das zweite Kapitel von *Der Brodnik* ein (DH, VI. Jg.). In dieser, in der Ich-Form verfaßten Erzählung sind sie jedoch in eine weitgehend neu erdachte Rahmenhandlung integriert. *Der Brodnik* wurde später in den Band *Am Stillen Ocean* (F 11) übernommen.

Oberst Graf Milanow, Günstling des Zaren in »derangierten« Vermögensverhältnissen (100R), ist in der russischen Stadt Ustjug Weliki bei seiner Tante, der Gräfin Smirnoff, zu Gast und macht deren Tochter Paulowna den Hof, die ihn jedoch abweist. Zusammen mit Iwan Wessalowitsch, einem »berüchtigten Petersburger Gauner« (101 R), und Wanka, die sich als fromme Gesellschafterin das Vertrauen der Gräfin erschlichen hat, plant Milanow ein Verbrechen. Während die Gräfin zur Kirche fährt, kehrt die angeblich auf Krankenbesuch befindliche Wanka zurück und empfängt, als Gräfin maskiert, den Geschäftsführer eines Juweliers, der von den beiden niedergeschlagen und beraubt wird. Inzwischen hat Paulowna den deutschen Baron von Felsen, ihren Verehrer, empfangen. Dieser hat bereits über Wanka Erkundigungen eingezogen und sie beobachten lassen. So kann er gemeinsam mit seinem Diener Feodor das Verbrechen aufklären und Wanka und Iwan der Polizei übergeben.

Einige Zeit ist vergangen, und Milanow hat Wanka und Iwan, die nach Sibirien verbannt waren, zur Flucht verholfen. Die Gräfin ist aufgrund der Aufregung um den Juwelenraub gestorben, und Paulowna und Felsen haben geheiratet. Wanka und Milanow wollen sich an den beiden rächen und planen, sie mit Hilfe einer Verwechslung anstelle von Iwan und Wanka nach Sibirien zu schicken. Dies gelingt jedoch nicht, weil die Betroffenen eine Warnung erhalten und ihre Pässe mit denen der Verbrecher vertauschen, so daß die Kosaken später Wanka und den Obersten verhaften. – Einige Jahre später trifft Felsen Milanow in der Wiesbadener Spielbank wieder: Er ist vom Zaren ins Exil begnadigt worden.

Die Feststellung, daß May zwischen 1874 und 1881 »verschiedene Muster evasorischer Spannungsliteratur« erprobte (R. Jeglin: Von Äpfeln und Birnen, Orangen und Datteln. In: M-KMG 55/1983. S. 3–8. S. 6), trifft auf *Nach Sibirien* in zweifacher Weise zu. Zum einen handelt es sich um eine spannende Kriminalgeschichte. Typische Motive wie die Verkleidung (102R), der Gebrauch eines Nachschlüssels (102R) oder die Betätigung eines Helden – hier des Barons von Felsen – als Detektiv, dem eine Belauschungsaktion genau im entscheidenden Moment glückt (104 R) und der erfolgreich Spurensuche betreibt (205 R), weisen darauf hin. Der Spannungserzeugung dienen vor allem gezielte Vorausdeutungen und Andeutungen des Erzählers (vgl. 100, 101 R), jedoch läßt die Erzählung noch »einen gezielten Spannungsaufbau vermissen« (H. Meier: Einleitung zu K. May: *Kleinere Hausschatzerzählungen*. R der KMG 1982. S. 4–43. S. 25). Zum anderen erprobt May in *Nach Sibirien* erstmals deutlich eine kolportagehafte Schreibweise, die durch blumig-kitschige und erotische Passagen gekennzeichnet ist, etwa in der Beschreibung Wankas: »Das leichte, durchsichtige Gewand ließ die herrlichen Formen mehr erblicken als errathen (...)« (106 R). Das Kolportagehafte dieser Erzählung wird auch durch die Einbeziehung geographisch weit auseinanderliegender Handlungsorte (Sibirien – Wiesbaden), die Arbeit mit erzählerischen Rückblenden und das adlige Personal verstärkt.

Personenkonstellation und -zeichnung sind vom Dualismus des Gut und Böse bestimmt. Auf der Seite der Guten findet sich der – natürlich deutsche – Baron von Felsen mit seiner »wunderschönen« (100 R) Gattin Paulowna, auf der des Bösen das Gaunerpaar Milanow – Wanka, in dessen Beschreibung die für May typische Physiognomik vorherrscht: Milanow hat eine »Adlernase« und wirkt, trotzdem er »ein schöner Mann« ist, doch unangenehm durch den »zugleich lauernden und durchbohrenden Blick des schwarzen Auges« (100 R). Wanka ist »ein junges Mädchen von derjenigen Schönheit, welche einen meist nur vorübergehenden, aber desto glühenderen Eindruck zu machen pflegt« (101 R). Daneben gehört sie zu jenen Gestalten Mays, die sich durch falsche Frömmelei als »Satan« erweisen (101 R). Der Erzähler setzt dieser falschen Frömmigkeit die Überzeugung entgegen, daß es »eine ewige Gerechtigkeit (gibt), welche verordnet hat, daß eine jede Sünde den Kaim (!) der sicheren Strafe in sich trägt« (111 R – dem Druckfehler ist keine besondere Bedeutung beizumessen).

Eindeutige autobiographische Spiegelungen enthält die Erzählung nicht. Es finden sich jedoch in der Juwelenraubszene und im Versuch Iwans, sich mit Hilfe einer Pistole der polizeilichen Festnahme zu entziehen, mögliche Bezüge zu Mays eigenen Erlebnissen zur Zeit seiner Straftaten. – In der Forschung hat die Erzählung bisher kaum Beachtung gefunden.

Joachim Biermann

4. *Ein Dichter*

Ein Dichter erschien von Mai bis Juli 1879 in der Stuttgarter Zeitschrift »All-Deutschland« (bzw. »Für alle Welt«) mit dem Untertitel *Eine Erzählung aus den Vereinigten Staaten* und der Verfasserangabe »von Karl Hohenthal«; entstanden sein dürfte der Text Februar bis März des gleichen Jahres (R in: K. May: *Der Waldkönig*. Erzählungen aus den Jahren 1879 und 1880. Hamburg 1980. S. 104–139; vgl. R. Schmid: Die Entstehungszeit der Reiseerzählungen. In: K. May: *Auf fremden Pfaden*. R der ersten Buchausgabe von 1897. Bamberg 1984. S. A18–A42).

Eine Buchausgabe der Erzählung wurde unter dem Titel *Der Pfahlmann* publiziert; sie bildet die zweite Abteilung der *Rose von Kaïrwan. Erzählung aus drei Erdtheilen*. Osnabrück 1894 (R Hildesheim, New York 1974 und Bamberg 1974). Hierfür hat May zwei umfangreichere Änderungen am Anfang und besonders am Schluß des Textes vorgenommen sowie die erotischen Szenen etwas gedämpft; der größte Teil des Textes aber blieb unangetastet. Die Änderung der Eingangsszene – nicht mehr der Hauptheld rettet seinen Gefährten, sondern dieser ihn, dafür entfällt eine spätere reziproke Lebensrettung – dürfte folgenden Grund haben: 1880 verwendete May den Anfang des *Dichters*, etwas ausgestaltet aber noch mit wörtlichen Anklängen, in der Erzählung *Deadly Dust* für ein Abenteuer Old Shatterhands. Diese Version ging 1893 im Rahmen des *Winnetou*-Romans in eine Buchausgabe ein; mit der Publikation des *Winnetou* aber hing die der *Rose von Kaïrwan* unmittelbar zusammen (vgl. E. Bartsch: Vorwort. In: May, *Rose*, R Hildesheim, New York. S. V–IX). So retouchierte der Autor die frühere Fassung für die spätere Veröffentlichung, ließ beide Abenteuer weniger ähnlich erscheinen und erwies zugleich des Ich-Helden größere Geistesgegenwart in prekärer Situation.

Anfang 1879 hatte May noch eine Wildwestgeschichte verfaßt: *Three Carde Monte*. Für diese griff er motivisch auf eine noch frühere Erzählung zurück, den 1878 veröffentlichten *Self-man*. Bei der Umarbeitung des Textes übernahm er aber nicht das gesamte Material, so blieben ihm u. a. ein Präriejäger namens Tim Summerland und eine verwitwete Mulattin über. Beide verwendete er für den *Dichter*, allerdings gegenüber dem *Self-man* verändert: der neue Summerland beendet seine Karriere als Held des Westens nicht mehr mit einer Heirat – dieses Handlungsmotiv ist auf den Haupthelden Forster übertragen –; der Witwe kommen nicht mehr vier Kinder, sondern ein Hausmädchen abhanden. Weit stärker als auf seine eigene frühere Erzählung aber hat May für den *Dichter* auf einen Roman Armands zurückgegriffen: »Saat und Ernte«. Diesem entnahm er nicht nur einige Motive und für einen Teil der Handlung die Personenkonstellation, an einigen Stellen schrieb er ihn ziemlich wörtlich ab (Vgl. S. Augustin: Armands Saat und Karl Mays Ernte. In: M-KMG 53/1982. S. 15–26).

In der Todessteppe, der nordamerikanischen Wüste Llano estacado, trifft der halbverschmachtete Richard Forster, der titelgebende deutschsprachige Dichter, der zu späterer literarischer Gestaltung seiner Eindrücke die Prärie bereist, auf den ebenfalls in Not geratenen Jäger Tim Summerland. Forster, der, wie später Old Shatterhand, neben seiner Doppelbüchse auch einen Stutzen mit sich führt, rettet Tim und sich dadurch, daß beide das Blut von ihm erlegter Coyoten trinken. Es gelingt ihnen, der Wüste zu entkommen, an deren Rand sie auf Pfahlmänner, Wüstenräuber, stoßen, von denen sich Tim sein geraubtes Eigentum zurückerkämpft; der Anführer der Räuberbande aber wird von Forster mit dem Tomahawk gekennzeichnet und trägt hinfort auf der Stirn das Kainsmal.

Marga, die Tochter des reichen Bankiers Olbers, wohnt mit ihrem Vater in Stenton am Arkansas, wo auch Bill Summerland, Advokat und Bruder Tims, lebt. Bei Olbers hat sich unter dem Namen Tom Wilson und als vorgeblicher Plantagenbesitzer der Pfahlmann eingeschlichen, der beim Erscheinen der Helden mit dem Dichter aneinandergerät, von diesem aber niedergeschlagen wird. Forster, als Held bewährt, kann sich im Fortgang der Handlung auch als Weltmann und Lyriker beweisen, ersteres gegenüber Mutter Smolly, seiner Zimmerwirtin, letzteres gegenüber Marga, der er ein Liebesgedicht widmet.

Rache brütet Wilson gegen Forster und Summerland, da sich die beiden anschicken, seine neuen Pläne zu durchkreuzen. Er hat durch gefälschte Papiere das Vertrauen des Bankiers erworben und spekuliert auf die Hand der Tochter, will aber vor allen Dingen durch ein betrügerisches Grundstücksgeschäft 50000 Dollar erschwindeln und sich dann nach Mexiko absetzen. Forster erfährt davon, und am Abend kommt es zum Eklat: Wilson, die gestohlenen Dollar schon in der

Tasche, fällt zunächst Summerland offen, dann Forster aus dem Hinterhalt an. Beide Angriffe werden abgewehrt, Wilson jedoch entflieht mit Olbers Geld und dem Forsters.

In Mexiko liegt, wie Forster und Summerland wissen, das Ziel des Flüchtigen, und so kreuzen auch sie den Golf und begeben sich nach Mexiko-Stadt, wo sie schnell das gestohlene Geld, Beweise früherer Verbrechen des Verfolgten sowie den Plan für ein neues finden. Die texanischen Grundstücke nämlich, mit denen Wilson spekulieren will, werden von einem Grafen Hernano verwaltet. Dieser soll von Räubern überfallen werden, die der Bruder des Flüchtlings im Nebenberuf dirigiert; dann will Wilson als Retter erscheinen und sich so der Dankbarkeit des Grafen versichern, der ihm danach billig zu dem begehrten Land verhelfen soll. Forster und Tim wollen den Grafen warnen, sie folgen ihm und erreichen ihn im Augenblick des Überfalls, so daß sie ihm und der begleitenden Gräfin wirklich die Hilfe bringen können, die Wilson scheinbar leisten wollte. Bei dem mißglückten Überfall wird der Räuberhauptmann getötet, gesteht aber vor seinem Tode noch die Intrige, so daß Wilson in Morelia verhaftet, am nächsten Tag jedoch von den überlebenden Räubern befreit werden kann. – Hier weicht die Buchfassung ab: der gefangene Wilson greift beim Verhör den Gerichtsbeamten und den Grafen an, Forster überwältigt ihn und rettet die Bedrohten, Wilson wird der Prozeß gemacht, der mit seiner Hinrichtung endet.

Schluß ist somit in der späteren Version für den Pfahlmann, während er in der früheren auf einem Schiff aus Mexiko entkommen kann. Da es sich aber um das eines Forster befreundeten Kapitäns handelt, wird er erkannt, auf einer einsamen Insel ausgesetzt und dort von den mit dem nächsten Schiff folgenden Forster und Summerland abgeholt. Es folgt ein Angriff Wilsons auf den Dichter, den Tim rettet, während Wilson zu Tode kommt. Die Helden, wie sich inzwischen herausstellt, vom Grafen Hernano mit dem Land beschenkt, das Wilson ergaunern wollte, kehren – in beiden Versionen – nach Stenton zurück, wo sich der reichgewordene Dichter mit Marga verlobt.

Mays Erzählung vom abenteuerlich reisenden Dichter, dem Ruhm und Liebe, schließlich Grundbesitz zufallen, steht dem Tagtraum sehr nahe; ihr literarischer Wert ist eher gering. Der sich seinen Sehnsüchten mehr hingebende als sie gestaltende Autor, der den Text in prekärer persönlicher Lage zu Papier brachte, fand für seine Glücksvisionen meist ziemlich konventionelle Bilder, deren sprachliche Gestaltung sich an zeitgenössischer Unterhaltungsliteratur orientiert, aus der er ohne Stilbruch Passagen wörtlich übernehmen konnte. Dennoch sollte die Bedeutung des *Dichters* im Gesamtwerk nicht unterschätzt werden: der Text markiert einen wichtigen Schritt beim Aufbau von Mays literarischem Kosmos. Nicht nur wird mit dem Schauplatz südliche USA – nördliches Mexiko ein für die amerikanischen Erzählungen zunehmend wichtiger werdendes Szenarium erstmalig präsentiert: ein Teil dieses Handlungsraumes, die Wüste Llano estacado, stimuliert die Phantasie des Autors nachhaltig, und wird von ihm in den folgenden Reiseerzählungen regelrecht erobert; außerdem ist das Bild der leblos in der Wüste liegenden Gestalt, der sich schon die Geier nähern, wie es unser Text am Beginn vorführt, in eine von Mays eindrücklichsten Eingangsszenen, die von *Durch die Wüste*, eingegangen.

Die Erzählung vom Dichter läßt sich möglicherweise auch als Lebensentwurf Mays am Ende der 70er Jahre lesen, als ein Programm, an dem er bis zur Jahrhundertwende festhielt, und das er in großen Zügen auch erfüllte: er vollbrachte Heldentaten – im Medium der Literatur –, die ihm Ruhm und Ehre eintrugen, er wurde ein gefeierter Schriftsteller, er heiratete die Frau, von der er glaubte, sie wisse ihn als Menschen und Künstler zu schätzen, er brachte es, wo nicht zum Großgrund-, so doch zum Villenbesitzer.

Mit aller gebotenen Behutsamkeit lassen sich in der vorliegenden frühen Erzählung biographische Einflüsse beschreiben, so zum Beispiel in der Mutter-Beschreibung der Smolly-Figur (vgl. Karl May: *Mein Leben und Streben*, S. 165ff.) oder durch die Entsprechung zwischen kindlichen Erlebnissen und der Schilderung der ›Fluchtlandschaft‹ Wüste (vgl. W. Bach: Fluchtlandschaften. In: Jb-KMG 1971. S. 39–73), die dem Reisenden das Lebensnotwendige zunächst versagt.

Klaus Eggers

5. *Eine Befreiung / Die Rose von Sokna*

Die Erzählung *Eine Befreiung* schrieb Karl May direkt für eine Buchausgabe, nämlich als »Dritte Abtheilung« des Bandes *Die Rose von Kaïrwan*, Osnabrück 1894 (R in zwei unabhängig voneinander erschienenen Ausgaben: Hildesheim – New York 1974; Bamberg 1974). In ihr griff er einzelne Motive aus der frühen Erzählung *Die Rose von Sokna* auf, die 1878 in der »Deutschen Gewerbeschau«, Beilage »Für den Feierabend«, Mühlhausen/Thür. (Jg. 1878/79, H. 1–4; R-KMG in: Karl May, *Der Krumir,* 1985, S. 13–82) erschienen war; Nachdruck 1881 unter dem Titel *Ein Wüstenraub* in »Die Heimat«, Wien (Jg. VI, H. 45–47).

Mit dem Buch *Die Rose von Kaïrwan* erfüllte Karl May 1894 einen Verlagsvertrag, den er bereits 1885 mit dem Verleger Bernhard Wehberg, Osnabrück, geschlossen hatte (Einzelheiten hierzu bei E. Bartsch: Vorwort zum R: Karl May, *Die Rose von Kaïrwan,* Hildesheim – New York 1974). Die »Erste Abtheilung« *Ein Kaper* (Nachdruck von *Robert Surcouf* aus DH VIII, 1882) und die »Zweite Abtheilung« *Der Pfahlmann* (die Wildwest-Erzählung *Ein Dichter* aus »All-Deutschland!« III, 1879) ergänzte er durch die neu hinzugeschriebene »Dritte Abtheilung« *Eine Befreiung*. Durch die Liebesbeziehung zwischen dem Sohn des Savannendichters Forster aus dem *Pfahlmann* und der Enkelin Surcoufs aus *Ein Kaper* werden die drei Erzählungen inhaltlich miteinander verknüpft. Das Manuskript zur »Dritten Abtheilung« ist erhalten, und die Erzählung trägt dort den Titel *Eine Steinigung*. Ursprünglich hatte May offenbar also ein ganz anderes Handlungskonzept vorgeschwebt; da er das Motiv der Steinigung (die vermutlich fanatisierte Moslems vornehmen sollten) dann ganz fallengelassen hat, wurde für den Druck der Titel in *Eine Befreiung* geändert.

Für die Aufnahme in die GW wurden die drei Erzählungen aus der *Rose von Kaïrwan* vom Herausgeber E. A. Schmid wieder auseinandergerissen. *Ein Kaper* fand unter dem Titel *Der Kaperkapitän* und *Eine Befreiung* unter dem Titel *Von Mursuk bis Kaïrwan* seit 1916 Aufnahme in GWR 38 (GWB 38), während *Der Pfahlmann* seit 1921 in GWR 19 (GWB 19) untergebracht wurde. Der Amerikaner Forster aus der *Befreiung* wurde umbenannt in Dixon, unter Tilgung der für den Leser besonders reizvollen Querverbindungen zum Nordamerika-Abenteuer der *Pfahlmann*-Geschichte. Die Frühfassung *Die Rose von Sokna* fand unter dem Titel *Ein Wüstenraub* 1967 zusätzlich Aufnahme in GWB 71.

In der Erstfassung *Die Rose von Sokna* (1878) kehrt der europäische Reisende von einem Jagdausflug in die Berge der

Sahara nach Mursuk zurück. Dort erfährt er, daß Rahel, die »Rose von Sokna«, die schöne Tochter seines jüdischen Gastfreundes Manasse Ben Arahab, geraubt worden ist. Kofla Agha, der Anführer einer »Gum« (Raubkarawane), möchte »zehn Beutel in Gold« als Lösegeld erpressen. Der Erzähler vermutet in dem Wüstenschloß »El Kasr«, über das sich geheimnisvolle Dinge erzählt werden, den Schlupfwinkel der Räuber. In einem Überraschungs-Streich gelingt es ihm und seinem arabischen Diener Ali, in die Festung einzudringen, Kofla Agha gefangenzunehmen und zusammen mit der befreiten Rahel nach Mursuk zu bringen.

Die Zweitfassung *Eine Befreiung* (1894) ist im Handlungsaufbau wesentlich differenzierter. Der Erzähler ist inzwischen der berühmte Orientreisende Kara Ben Nemsi: »Kara heißt ›schwarz‹ und Ben Nemsi ›Sohn der Deutschen‹. Ich trug einen dunklen Bart und war ein Deutscher; daher dieser Name« (246R). Kara Ben Nemsi, in Mursuk geliebt und verehrt von Manasse Ben Aharab und seiner Tochter Rahel (die hier freilich den Ehrennamen »Rose von Sokna« zurückweist), unternimmt mit seinem Diener Ali einen Ritt in die Wüste. Dort hat er eine Begegnung mit räuberischen Tibbu-Beduinen, in deren Verlauf es ihm gelingt, einen Gefangenen, den amerikanischen Ägyptologen und Arabisten Forster, zu befreien. Forster entpuppt sich als Sohn des »Savannendichters« Richard Forster, den Kara Ben Nemsi als Old Shatterhand einst in Mexiko kennengelernt hatte.

Bei der Rückkehr nach Mursuk finden die Reisenden Manasse in großer Verzweiflung: seine Tochter Rahel ist verschwunden. Forster, der Rahel liebt, dessen Werbung aber seinerzeit von Manasse abgewiesen worden war, gerät in Verdacht, der Entführer zu sein. Er kann jedoch durch Kara Ben Nemsi entlastet werden, der stattdessen Tahaf, den Scheik der Tibbu, als Täter ermittelt. Denn auch Tahaf hatte sich einmal vergeblich um Rahel bemüht. Die Tibbu sind unterwegs nach Kaïrwan, der heiligen moslemischen Pilgerstadt, und Rahel ist mit dorthin verschleppt worden, soll Mohammedanerin und später Frau des Scheiks werden. Als ein Tibbu-Krieger bei Manasse erscheint und dessen Einverständnis-Erklärung fordert, aber zurückgewiesen wird, sticht er diesen mit einem Messer nieder. Im Sterben legt Manasse eine Beichte ab: Rahel ist nicht seine leibliche Tochter, sondern ein Christenmädchen, Enkelin eines »berühmten Kapitäns«, das ihm einst von einem sterbenden Matrosen übergeben worden war und das er als Tochter angenommen und aufgezogen hat. Die Urkunden über die Herkunft hatte er vernichtet; das damals mit übergebene Geld war die Grundlage seines Wohlstandes geworden.

Kara Ben Nemsi und Forster brechen auf zur Befreiung Rahels, dringen als ägyptische Offiziere verkleidet in die – für Nicht-Moslems verbotene – Stadt ein. Es gelingt ihnen, Rahel ausfindig zu machen; dabei werden sie von den Tibbu entdeckt und als »Giaurs« entlarvt, können jedoch zusammen mit Rahel fliehen. – Über die geheimnisvolle Herkunft Rahels kann der deutsche Reisende anhand eines Amuletts, das sie um den Hals trägt, ermitteln, daß sie wahrscheinlich die Enkelin des berühmten Seehelden und Kaperkapitäns Robert Surcouf ist.

Während die Erstfassung der *Rose von Sokna* eine reine Kidnapping-Geschichte ist, in der es um eine Lösegeld-Forderung geht, setzt May in der *Befreiung* ganz andere Akzente. Hier hat er »ein Motiv aus Lessings ›Nathan der Weise‹ (Jude nimmt Christenmädchen an Kindesstatt an) in interessanter Abwandlung aufgenommen« (E. Bartsch, Vorwort, S. IX). Wie Stolte nachweist und mit zahlreichen Zitaten belegen kann, hat May »ganz bewußt das Modellschema des Lessingschen ›Nathan‹ zum Muster genommen«, freilich in »verfremdende(r) Umwandlung« (H. Stolte: Auf den Spuren Nathans des Weisen. Zur Rezeption der Toleranzidee Lessings bei Karl May. In: Jb-KMG 1977. S. 17–57, bes. S. 42–47). So wurde das in Mays Erzählungen geläufige kunterbunte Geschehen aus Anschleichen, Belauschen, Gefangennahme und Befreiung um bemerkenswerte, über die Abenteuerhandlung hinausreichende Nuancen bereichert.

Ekkehard Bartsch

6. *Die Both Shatters*

Dieses »Abenteuer aus dem ›wilden Westen‹« ist bisher nur in einem Zeitschriften-Abdruck bekannt: es erschien 1881 unter dem Pseudonym Karl Hohenthal in der Zeitschrift »Für alle Welt!«, Stuttgart (Jg. V, H. 53–54; R-KMG in: »Für alle Welt!«, 1977). Ob, wie R. Schmid vermutet (Nachwort zu

GWB 71), bereits um 1877 ein Abdruck erschienen ist, konnte bisher nicht geklärt werden.

May hat zwar einzelne Motive aus den *Both Shatters* in den Reiseromanen aufgegriffen, die Erzählung selbst aber nicht für seine Buchausgaben verwendet. Erst nach Mays Tod wurde sie in Form einer Text-Collage in die GW aufgenommen. 1916 erschien der Band *Halbblut* (GWR 38), dessen zweite Erzählung den Titel *Joe Burkers, das Einaug* trägt. Dies ist keine Original-Erzählung Mays, sondern wurde vom Herausgeber E. A. Schmid aus den beiden Erzählungen *Ein Oelbrand* und *Die Both Shatters* zu einer verschmolzen. Aus der Ich-Form schrieb er sie in die dritte Person um; aus dem Erzähler wurde Old Firehand, auch die anderen Personen wechselten durchweg ihre Namen, und die Handlung wurde den Elementen der Reiseromane angepaßt (vgl. H. Kühne in: Jb-KMG 1970. S. 259). – 1967 wurde die Originalfassung der *Both Shatters* zusätzlich (geringfügig bearbeitet) in den Band *Old Firehand* (GWB 71) aufgenommen.

Der Erzähler ist mit einer Gruppe von Präriejägern im Gebiet des Yellowstone-River unterwegs. Auf einem Erkundungsritt begegnet er zwei Westmännern, den »two Sams«, Sam Thick und Sam Thin, die von sieben Yankatou-Sioux verfolgt werden. Er steht ihnen im Kampf bei und begleitet sie in ihren »Hide-spot« zu ihrem Anführer Josias Parker, der ebenso wie sein Sohn von hünenhafter Gestalt ist; beide werden die »Both Shatters« genannt. Josias Parker hat dem Häuptling der Yankatou, Scha-tunga, und seinen Stamm »Vernichtung und Tod geschworen«, da dieser einst seinen Bruder umgebracht, außerdem seine indianische Frau (die Schwester Winnetous) mit ihren zwei Kindern geraubt und ermordet hatte.

Als Scha-tunga mit seinen Yankatous den Hide-spot angreift, kommt es zum blutigen Kampf, bei dem viele Indianer in ein Blockhaus gelockt werden, das mit einem Mechanismus verschlossen und mit Pulver in die Luft gesprengt wird. Scha-tunga fällt im Zweikampf mit Josias Parker. Als die Präriejäger, die dem Erzähler gefolgt sind, eintreffen und eingreifen, ist der Kampf entschieden; nur wenige Indianer können entkommen.

Die Erzählung ist in der Ich-Form geschrieben, doch ist der Erzähler – auch in seiner Handlungsweise – noch nicht identisch mit dem späteren Old Shatterhand. Zwar ist sein Hengst »Swallow« auch hier ein Geschenk des Apachenhäuptlings Winnetou, doch sonst gibt es mancherlei Widersprüche zu den späteren Reiseerzählungen: der Henrystutzen stammt von Büchsenmacher Jake Hawkins in St. Louis; Winnetous Schwester hat einen weißen Jäger, Josias Parker, geheiratet und wird später von dem Indianer Scha-tunga ermordet. Andererseits gibt es auch zahlreiche »Figuren und Elemente, auf die May später in *Winnetou I* zurückgriff« (E. Heinemann, Vorwort zum R-KMG »Für alle Welt!«, S. 1f.).

Ein blutiges Geschehen prägt die Handlung der Erzählung: »Die dark and bloody grounds sind kein Boden für die Blume des Erbarmens« (S. 852). Obwohl der Erzähler sich an den Kämpfen beteiligt und – im Gegensatz zum späteren Old Shatterhand – ohne Bedenken Indianer tötet, läßt sich in einzelnen Formulierungen Mays spätere Einstellung zum »Untergang der roten Rasse« erkennen: »Ich sah hier ein schlagendes Beispiel von der wilden Energie, mit welcher gegen eine dem Untergange geweihte und in den letzten Todeszuckungen liegende Menschenrasse der vernichtende Stoß geführt wird« (S. 851).

Ekkehard Bartsch

7. *Tui Fanua*

Das »Abenteuer auf den Samoa-Inseln« erschien 1881 unter dem Pseudonym Prinz Muhamêl Latréaumont in der Zeitschrift »Für alle Welt!«, Stuttgart (V. Jg., H. 13–14; R-KMG in: »Für alle Welt!«, 1977, S. 37–44). Es ist die einzige Erzählung, die bisher unter diesem exotisch klingenden Pseudonym bekannt ist (»Jules Duhamel von Latréaumont« ist eine Romangestalt von Eugène Sue), und noch in späteren Jahren gab May das Pseudonym »Latréaumont« in »Kürschner's Literatur-Kalender« regelmäßig mit an.

Tui Fanua ist die dritte Variante von Mays Südsee-Erzählung *Die Rache des Ehri* (1878, später in GWB 71) bzw. *Der Ehri* (1879/80, später in GWR 11, GWB 11). Sie unterscheidet sich von den Vorgängern nicht nur durch den Namen des Ich-Erzählers und die Namen der anderen handelnden Personen; der Schauplatz wurde auch von Tahiti und den Gesellschaftsinseln auf die Samoa-Inseln verlegt. Zahlreiche neue

Handlungselemente wurden eingefügt; etwa die Kannibalen-Szene im Einleitungskapitel findet sich nur in dieser Fassung. Vorwürfe gegen die Missionare, mit denen May noch in der *Rache des Ehri* hart ins Gericht geht, konzentrieren sich hier auf den falschen Missionar Ben Silvers, dem das Verhalten echter Christen als Vorbild gegenübergestellt wird.

Der Erzähler mit einer Gruppe von Seeleuten ist nach einem Sturm auf eine einsame, menschenleere Südseeinsel Samoas verschlagen worden. Während die Schiffbrüchigen über Rettungsmöglichkeiten beraten, kommt eine Flottille von malayischen Prauen auf die Insel; ähnlich wie in Daniel Defoes »Robinson Crusoe« bringen eingeborene Kannibalen Gefangene, die hingerichtet und verzehrt werden sollen. Latréaumont und die Seeleute befreien die Gefangenen und schlagen, nachdem sie für sich eine Doppel-Praue erobert haben, die Eingeborenen, soweit sie nicht gefallen sind, in die Flucht. Die befreiten Gefangenen sind Potamo, Häuptling von Manua, und sein Bruder Tui-Fanua. Dessen Frau Aimata war von seinem Rivalen geraubt worden, und von einem angeblichen Missionar waren die Eingeborenen gegen Potamo und Tui-Fanua aufgehetzt worden.

Mit Hilfe Latréaumonts und der Seeleute wird Aimata befreit, der »Missionar« wird als ein wegen Diebstahls aus dem Dienst gejagter Matrose namens Ben Silvers entlarvt; Potamo und Tui-Fanua gewinnen nach heftigen Kämpfen ihre Macht zurück.

Scharfe Angriffe richtet May gegen christlich verbrämten Kolonialismus: »Ich sah die Überreste von Völkern, welche von christlichen Kugeln, christlichem Branntwein und christlichen Krankheiten hingemordet wurden, ich sah die Korruption wüthen unter Nationen, welche noch vor kurzer Zeit stark und kräftig waren...« (S. 203). Solche Gedanken, die in den frühen, von recht blutigem Geschehen geprägten Erzählungen Mays ihren ersten Ausdruck fanden, kehren später in vielfach variierter Form in den Reiseerzählungen wieder.

Ekkehard Bartsch

8. Robert Surcouf

Das im 8. Jg. des DH 1882 (R in »Kleinere Hausschatz-Erzählungen«. Regensburg 1982) erschienene spannende »Seemannsbild von Ernst von Linden« wurde von May nahezu unverändert in die Buchveröffentlichung *Die Rose von Kaïrwan* (Osnabrück 1894, R Bamberg 1974 sowie Hildesheim/New York 1974) übernommen und ist seit 1916 u.d.T. *Der Kaperkapitän* in den GWR 38, später GWB 38, enthalten. May hat dieses Ps. nur noch bei der Erzählung *Ein Fürst des Schwindels* im DH 1880 verwendet.

Die Geschichte ist eine der wenigen historischen Erzählungen des Autors, die weder Heimatgeschichte noch Kolportage darstellt. Die Quelle Mays, vermutlich eine Darstellung des Lebens von Surcouf in einer Zeitschrift (eine deutschsprachige Biographie liegt nicht vor), ist bis jetzt nicht ermittelt worden. Der wirkliche Robert Surcouf (1773–1827) ging jung zur See, betätigte sich zuerst im Sklavenhandel – was freilich unser Autor nicht erwähnt –, kämpfte dann als Kaperkapitän seemännisch und wirtschaftlich äußerst erfolgreich gegen die Engländer im Indischen Ozean und war nach dem Wiener Kongreß einer der reichsten Reeder Frankreichs. Er ist heute noch in Frankreich so bekannt, daß ein für Kinder bestimmtes dreiteiliges Comic-Album 1985 als Neuauflage erschien und im »Larousse« (Bd. 9, 1984) sechs seit 1939 erschienene Biographien aufgeführt werden.

Bei der Belagerung des von Engländern besetzten Toulon 1793 hilft der junge Seemann Surcouf einem von republikanischen Soldaten bedrängten Priester und trifft dabei mit dem Brigadegeneral Bonaparte zusammen. Dieser verweigert ihm ein erbetenes Kriegsschiff, und so entführt Surcouf selbst aus dem besetzten Toulon ein Schiff und erweist sich damit als ebenso guter Patriot wie als kühner Abenteurer. Jahre später ist er ein erfolgreicher Kaperkapitän im Indischen Ozean geworden, der den englischen Seehandel stört. Er bezwingt einen schurkischen irischen Kapitän und befreit den Priester von einst, den das Leben bis nach Java und Borneo verschlagen hat. Bei seiner Rückkehr nach Frankreich entschädigt Napoléon Surcouf für das Prisengeld, das ihm der französische Überseegouverneur vorenthalten hatte. Surcouf schlägt jedoch das Angebot des Kaisers aus, ein Kommando zu übernehmen, weil er sich seine persönliche Freiheit bewahren will. Er wirft auch dem Kaiser vor, zu Unrecht den Erfinder des Dampfschiffes, den amerikanischen Mechaniker Robert Fulton, von sich gewiesen zu haben, und scheidet von Napoléon mit dem Urteil, dieser sei ein großer Geist, aber er werde untergehen, weil er sein Ziel auf dem falschen Wege suche (vgl. 302 R).

Die hier geschilderten Begegnungen zwischen Surcouf und Napoléon haben in Wahrheit nicht alle stattgefunden. Historisch belegt sind nur die Belohnung von Surcouf durch den Kaiser und die Ernennung zum Ritter der Ehrenlegion. Die Charakterisierung des Helden ist wohl im wesentlichen zutreffend. So spricht auch für die abgewogene und durchaus nicht antifranzösische Darstellung, daß der KMV 1917 für französische Kriegsgefangene in Deutschland eine Übersetzung herausbrachte und in Frankreich seit 1927 mehrfach eine (andere) Übersetzung aufgelegt worden ist, selbst in dem dafür nicht gerade günstigen Jahr 1945.

Die romantischen Abenteuer Surcoufs in Toulon und im Indischen Ozean gleichen anderen Erzählungen Mays (vgl. die materialreiche Einleitung von H. Meier zu: »Kleinere Hausschatz-Erzählungen«, R Regensburg 1982), können aber nicht mit der prallen Realität der auf eigener Anschauung des See- und Kaperlebens jener Zeit beruhenden Bücher Marryats konkurrieren. Erzähltechnisch ist die Handlungsschilderung geschickt dialogisch aufgelöst und nicht ohne Farbe. Störend bleibt der monologische, fast tiradenhafte Vortrag der Thesen Surcoufs (280, 282, 291 R), der sich darauf reduzieren läßt, daß die Religion das Herz der Nation und der Kampf Frankreichs gegen England ein heiliger sei. Diese Einsprengsel unterbrechen den Erzählfluß jedoch nur kurz.

Die aus Mays Biographie erklärbaren Wunschbilder finden sich auch hier: eine durch List bewirkte Befreiung des unschuldig Eingekerkerten, der aus der Maske der Bescheidenheit plötzlich hervortretende Herr des Geschehens und das Ausspielen des Inkognitos, auch die Not des durch widrige Umstände in die Ferne verschlagenen Deutschen. Dazu gesellen sich typische Erzählfiguren wie der gemütliche, aber aufrechte Kneipier, der treue Helfer, der nur faire-valoir des Helden ist, das Unverständnis hoher und höchstgestellter Personen der Geschichte gegenüber dem Weitblick des Mannes aus dem Volke (nur bei geschichtlichen Figuren deutscher Provenienz wird eine solche Kurzsicht nicht zugelassen).

Auch die üblichen Völkerklischees sind zugegen: »das stolze Albion« ist vom Krämersinn beherrscht (288 R), die Deutschen sind bieder und ehrlich (292 R), und ebenso Klischee (wenn auch bei May nicht unbedingt häufig) ist das Bild der gegenüber Frauen stets ritterlichen Franzosen (290 R).

In der Schilderung der Zeit, die nach seinen Worten das Alte zerschmettert und das Neue schafft (282 R), verrät May grundsätzliche Skepsis gegen Revolutionen (vgl. H. Wörner: Von Nordland nach Ardistan, M-KMG 43/1980, S. 17–24; W. Tippel: Karl May und die Revolution, M-KMG 43/1980, S. 24–25). Das interessante Gegensatzpaar des katholischen Patrioten Surcouf und des revolutionären Generals und zukünftigen Kaisers, dem der technisch-politische Blick in die Zukunft fehlt, bleibt anekdotenhaft. Am Rande sei vermerkt, daß die Schilderung der Ehrerbietung Surcoufs gegenüber dem Priester Martin wohl kaum der Wirklichkeit entspricht, jedoch dem katholischen Leserkreis des DH entgegenkam. Nach Michaud (Biographie Universelle, Paris 1854) war Surcouf dem Priesterstand gegenüber eher kritisch gesonnen.

Ulrich von Thüna

9. *Ein Ölbrand*

Die Erzählung eröffnete den 4. Band des Jahrbuches »Das neue Universum«, Jg. 1883. Der Text mit 74 Spalten Umfang wurde zu Mays Lebzeiten nicht wieder nachgedruckt. Erst nach Mays Tod wurde die Hälfte stark verändert in die Radebeuler Ausgabe (Bd. 38 *Halbblut*) aufgenommen unter dem Titel *Joe Burkers, das Einaug*. Der zweite Teil mit dem eigentlichen Ölbrand wurde erst durch einen vollständigen R im Jb-KMG 1970 der Öffentlichkeit wieder zugänglich.

Das Motiv des Titels: die Brandkatastrophe auf einer Ölbohrstelle – kommt bei May in verschiedenen Variationen vor: in der Erzählung *Old Firehand* (1875; später in *Winnetou II* aufgenommen); in der Novelle *Der Ölprinz* (1877; die kürzeste und vermutlich älteste Fassung aller Varianten); in der Erzählung *Three carde monte* (1878; später in *Old Surehand II* aufgenommen). Die Brandszene fußt historisch auf einem dokumentarisch nicht näher belegten Ereignis im Sezessionskrieg 1863 (vgl. M-KMG 51 S. 32).

Der Ich-Erzähler Old Shatterhand lernt in der Wildnis den Sioux-Häuptling Pokai-Po kennen, der sich auf dem Kriegspfad befindet, denn die Besatzung eines amerikanischen Forts hatte die Indianer drangsaliert und einige von ihnen getötet. Shatterhand mahnt zum Frieden, verspricht dem Häuptling freies Geleit, um den Konflikt diplomatisch zu bereinigen. Der Häuptling wird schließlich vom Major empfangen. Zur Zeit der Verhandlung, der Shatterhand nicht beiwohnt, erlauscht dieser, wie ein verdächtiger Westmann namens Olbers den Überfall auf eine Ölbohrstelle am Shayan-See plant. Während der Verhandlung kommt es zu Handgemenge und Verrat. Doch Shatterhand beschützt seinen roten Freund Pokai-po und verwirklicht sein gegebenes Wort. Darauf trifft er sich mit Winnetou und macht sich auf den Weg, den Ölprinzen zu retten. Unterwegs hört er von dem Fallensteller Brandes, daß Olbers bereits den Schwager des Ölprinzen umgebracht hat. Shatterhand erreicht den Shayan-See noch vor Olbers; doch als man diesen gefangen nehmen will, kann Olbers entwischen und das Lager anzünden. Der brennende Talkessel scheint ausweglos. Während Olbers mit seiner Räuberbande darin zugrundegeht, nahen die Sioux mit ihrem Häuptling und zeigen den Weg zur Rettung. In den »Wilden« findet Shatterhand seine wahren Freunde.

Die Erzählung gehört nicht zu Mays stärksten Kompositionen. Das zeigt sich am kaleidoskopartigen Zusammenstellen der beiden Kapitel, die zur Radebeuler Bearbeitung führten, ebenso wie an Schwächen der inneren Logik in der Handlung, über die sich K. Guntermann geäußert hat (»Bibliographische Notizen«, in: M-KMG 21). Die eigentliche Qualität der Erzählung liegt in dem humanitären Ethos, das sich wohltuend abhebt von Mays frühen Indianergeschichten: In *Old Firehand* (1875) tötet der Erzähler bedenkenlos seine Gegner. May übernahm diesen Passus später unverändert in *Winnetou II* (F 8, S. 480); auch *Winnetou III* enthält ähnliche Beispiele aus frühen May-Erzählungen (F 9, S. 9, 167). Der Ölbrand-Text zeigt die Wende zum humanen und edlen Indianerbild. Zwar werden die Indianer noch als Wilde bezeichnet, doch May setzt das Wort jetzt in Anführungsstriche. Der Erzähler gesteht freimütig, daß er das »bisherige Verhalten der Weißen gegenüber den Roten nicht billige« (Jb-KMG 1970, S. 223) und läßt eine lange polemische Rede wider den europäischen Imperialismus folgen. Ferner bemüht er sich um die Erhaltung des Friedens, wirkt positiv dem Rachedurst des Indianerhäuptlings entgegen und steht ihm tatkräftig in der Minute des Verrats zur Seite.

Seit der Wiederveröffentlichung des *Ölbrand*-Textes mit Kommentar (H. Kühne: Karl Mays *Ölbrand*. In: Jb-KMG 1970. S. 258–262) und seiner Auflistung von Brandszenen in Mays Gesamtwerk wurden einige psychoanalytische Deutungen vorgetragen (s. W. D. Bach: Fluchtlandschaften. In: Jb-KMG 1971. S. 39–73; ferner: H. Wollschläger: Die sogenannte Spaltung ... In: Jb-KMG 1972. S. 11–92, bes. S. 21ff. und 62ff.; ferner P. Krauskopf: Die frühe Novelle *Old Firehand*. In: M-KMG 39, S. 16ff. und Nr. 40 S. 36ff.), deren Bedeutung für die Charakteranalyse Mays aber noch nicht ausdiskutiert ist.

Hartmut Kühne

10. Ibn el 'amm

Diese orientalische Reiseskizze erschien unter dem Pseudonym P. van der Löwen in GK, Jg. 1, H. 1 (Januar 1887); R im Anhang zu: Karl May, *Die Sklavenkarawane*. Bamberg – Braunschweig 1975 (seit 1967 enthalten in GWB 71). Mays Autorschaft ist durch die Honorarabrechnung des Verlags belegt.

»Ein ziemlich langer Zug von Habanié-Arabern und Fohri-Negern« reist mit Packeseln durch ein Wadi des Sudan, unterwegs zu Schech El Obed, dem Schwager des Mahdi. Die Männer sind voll Furcht vor »Saba-Bey«, dem Löwen. Während des moslemischen Morgengebets erscheint tatsächlich ein Löwe und stürzt sich auf einen Packesel, eine Löwin erwischt einen weiteren Esel und ein dritter Löwe erscheint im Gesträuch. Die gläubigen Moslems vollenden trotzdem ihr Gebet, nur der Neger Er Rih stürzt vorzeitig davon und wird vom Löwen getötet.

Nach wilden Kämpfen, die weitere Opfer fordern, gelingt es den Männern, die drei Raubtiere zu erlegen. Als später der Mahdi Mohammed Achmet von dem Abenteuer hört, meint er: »Dieser Neger Er Rih ist wie die Luft gewesen, feig und schnell zur Flucht. Er hat sterben müssen, weil er sein Gebet nicht beendete ...«.

May schrieb die Erzählung zu einer vorliegenden Illustration, und seine Schilderung orientiert sich exakt an der bildlichen Darstellung: ein Löwe und eine Löwin stürzen sich auf je einen Packesel, ein weiterer Löwe tritt aus dem Gebüsch, Männer und Tiere rennen entsetzt umher. Die Jagd auf den »Herrn mit dem dicken Kopf«, den Löwen, ist ein beliebtes Motiv in den orientalischen Reiseerzählungen Mays. Dort ist jedoch jeweils ein Europäer mit modernem Gewehr dabei, der zum Erstaunen und zur Bewunderung der Eingeborenen das Tier mit einem Schuß erlegt. In *Ibn el 'amm* fehlt dieser zentrale Held, die Männer kämpfen mit primitiven Steinschloß-Flinten, und so fordert der Kampf ziemliche Opfer, bis »die Löwen mit arg zerschossenen Fellen tot auf der Walstatt« liegenbleiben.

Ekkehard Bartsch

11. *Das Hamaïl*

May schrieb diese orientalische Kurzgeschichte (anonym erschienen im GK I, H. 19, Mai 1887; R in: Anhang zu *Die Sklavenkarawane,* Bamberg – Braunschweig 1975; seit 1927 in bearbeiteter Fassung in GWR 48, GWB 48) als Umrahmung einer Holzstich-Illustration; die Autorschaft ist durch die Verlags-Honorarabrechnung gesichert.

Der Führer einer Handelskarawane will diese am Bir el amwat (Brunnen der Toten) einer Gum (Raubkarawane) in die Hände spielen. Die Kaufleute treffen dort ein und begeben sich zur Ruhe. Als der Scheik der Gum den schlafenden Handelsmann mit dem Messer niederstechen will, fällt sein Blick auf ein Hamaïl, einen in Mekka erworbenen Koran. Er erkennt das Buch als das seines Vaters, welches dieser einst seinem Lebensretter geschenkt hatte. Der Handelsmann Hadschi Omar Ben Kuwwad Ibn Hanßari ist dieser Lebensretter, und der Scheik der Gum, der ihm nach Leben und Eigentum getrachtet hatte, bietet ihm nun Freundschaft und Hilfe an.

Die Erzählung spielt im orientalischen Milieu und faßt in knapper Form viele Motive zusammen, die May um jene Zeit auch in seinen umfangreichen Orientromanen verwendete (Wüstenreise, Handelskarawane, Raubkarawane, Jagdfalke).

Nicht die Illustration ist zur Erzählung, sondern die Erzählung ist zur Illustration geschaffen worden. Wie auch bei anderen Kurzgeschichten dieser Art, stellt man überrascht fest, wie genau May das Bild betrachtet hat und wie viele, auch nebensächliche, Details in die Geschichte mit eingeflossen sind.

Ekkehard Bartsch

12. *Ein Phi-Phob*

Dieser kurze Text erschien anonym im GK, Jg. 1, H. 21 (Mai 1887); R im Anhang zu: Karl May, *Die Sklavenkarawane,* Bamberg – Braunschweig 1975 (seit 1927 unter dem Titel *Phi-Phob, der Schutzgeist* in GWR 48, GWB 48). Mays Autorschaft ist gesichert durch Honorarabrechnung des Verlags.

Die beiden Engländer, Mr. Phelps und Mr. Shower, reisen zusammen mit einigen Chinesen und Birmanesen durch den Urwald Hinterindiens. Mr. Shower ist eine kostbare Uhr gestohlen worden, und verdächtigt werden Eingeborene des Mang-thra-Stammes, die zum Tauschhandel ins Lager gekommen waren. Zu der Gruppe stößt ein Hoeï, ein moslemischer Händler. Er verdächtigt sofort den chinesischen »Steuereintreiber«, der sich Tschung-fu-tschu nennt und der ihm als Betrüger bekannt ist. Gefunden werden soll die Uhr durch einen »Phi-Phob«, einen Schutzgeist, der in jedem Haus existiert und der den Weg zum Diebesgut weisen soll.

Als die Reisenden im Mang-thra-Dorf eintreffen, verkündet Tschung-fu-tschu, der Dieb werde Prügel bekommen und »zur besonderen Strafe den Phi-Phob auffressen müssen, durch den wir ihn entdecken werden«. Zuvor hatte er das Päckchen mit der Uhr heimlich auf ein Vordach geworfen, war dabei jedoch vom Hoeï beobachtet worden. – Die Suche in den Hütten bleibt vergeblich; da schnappt sich der Hoeï einen an der Wand sitzenden Gecko und behauptet, dies sei sein Phi-Phob. Er setzt ihn an einen Pfosten des Vordachs, und der Gecko flitzt nach oben. Dort findet man das Päckchen. Der Steuereintreiber wird durch die Umhüllung, eine kleine chinesische Schärpe, als Täter entlarvt und erhält die von ihm selbst festgesetzte Strafe.

Das Motiv des Uhrendiebstahls, im Werk Karl Mays immer wiederkehrend in neuen Abwandlungen, erklärt sich aus dem traumatischen Erlebnis der Uhrendiebstahls-Beschuldigung, die seine Lehrerlaufbahn beendete und ihn für Jahre in den »Abgrund« führte (vgl. H. Stolte: Die Reise ins Innere. Dichtung und Wahrheit in den Reiseerzählungen Karl Mays. In: Jb-KMG 1975, S. 11–33). Im *Phi-Phob* hat er es in humoristischer Form aufgegriffen.

Ein Phi-Phob ist die einzige Erzählung Mays mit dem Schauplatz Hinterindien. Ursprünglich sollte sie, wie viele kleine Texte jener Jahre, nur zur Umrahmung einer Illustration dienen. Dieses Bild zeigt eine Urwaldlichtung, auf der eine Eingeborenenhütte mit breitem Vordach zu erkennen ist. Und es ist reizvoll, zu sehen, wie May sich von diesem Detail anregen ließ zu einer exotisch-bunten Erzählung. Der Schluß der Handlung greift ein beliebtes Motiv der Volksmärchen auf: am Täter wird die Strafe vollzogen, die er selbst vorher bestimmt hatte.

Ekkehard Bartsch

13. *Wasserrast auf dem Marsche*

May schrieb die Plauderei als Umrahmung einer Illustration; sie erschien anonym im GK III, H. 49 (Sept. 1889); R in: Anhang zu *Die Sklavenkarawane,* Bamberg – Braunschweig 1975. Mays Autorschaft ist gesichert durch Honorarabrechnung des Union-Verlags (nicht enthalten in GWR, GWB).

Die Schüler haben Herbstferien bekommen und ziehen unternehmungslustig umher. Da stoßen sie auf einen Trupp Soldaten, der von einer Felddienstübung heimkehrt. Fröhlich werden die Männer von den Buben ins Dorf begleitet; dort wird »Wasserrast« befohlen, und alles eilt mit Getränken herbei. Nach der erfrischenden Rast ziehen die Soldaten weiter.

Genrebilder über »Manöver« waren beliebt im kaiserlichen Deutschland, und May erhielt von der GK-Redaktion den Auftrag, einen erzählenden Text zu solchen Bildern zu verfassen. Er tat dies in sehr gemütvoller Weise in einem humoristischen, leicht ironischen Ton. Reizvoll ist es, zu verfolgen, wie genau May solch ein Bild betrachtet hat und wie viele Details daraus er in die Handlung einbezieht.

Ekkehard Bartsch

14. *»Löffel begraben«*

Begleittext zu einer Illustration; anonym erschienen im GK III, H. 51 (Sept. 1889); R in: Anhang zu *Die Sklavenkarawane,* Bamberg – Braunschweig 1975. Mays Autorschaft ist durch Honorarabrechnung des Union-Verlags gesichert (nicht enthalten in GWR, GWB).

»Reservisten antreten – Löffel begraben!« heißt es am Ende des »Corpsmanövers«, und sämtliche Reservisten marschieren auf, um mit großem Zeremoniell und mit launigen Ansprachen ihre Eßlöffel zu Grabe zu tragen. Damit ist das Manöver der kaiserlichen Soldaten beendet.

Wie auch die *Wasserrast auf dem Marsche* schrieb Karl May diesen Text als Umrahmung zu einem »Manöver«-Bild. Der gemütvolle Ton erinnert an die frühen Humoresken Mays, und so weist R. Schmid in diesem Zusammenhang auch auf die »Löffelgarde« in der Humoreske *Auf den Nußbäumen* (1876) hin (R. Schmid im Anhang zu *Die Sklavenkarawane,* S. 499).

Ekkehard Bartsch

15. *Sklavenrache*

Orientalische Kurzgeschichte, anonym erschienen im GK IV, H. 3 (Okt. 1889); R in: Anhang zu *Die Sklavenkarawane,* Bamberg – Braunschweig 1975 (seit 1967 in GWB 71). May schrieb den Text als Umrahmung einer Holzstich-Illustration; die Autorschaft ist durch Verlags-Honorarabrechnung gesichert.

Im Somaliland trifft eine Gruppe von Amhara-Sklaven mit ihren Bewachern im Dorf der Isa-Somal ein. Ein Isa-Knabe möchte zwei gleichaltrigen Amhara-Brüdern zur Freiheit verhelfen; der Anführer der Isa sticht einen der beiden mit dem Messer nieder. Daraufhin kommt es zum Aufstand der Sklaven, der von den Isa blutig niedergeschlagen und vergolten wird. Die Karawane zieht weiter. In einem Torrent, einem ausgetrockneten Flußtal, wird sie vom Schellal, der heranbrausenden Wassermasse, überrascht. Die Isa wollen fliehen; die aneinandergefesselten Amhara sind verloren und umschließen ihre Peiniger fest, so daß die ganze Karawane von der Flut mitgerissen wird. Nur der Amhara-Knabe kann sich und auch den Isa-Knaben retten, der ihm und seinem Bruder hatte helfen wollen. Als der Schellal vorüber ist, sind die beiden Knaben die einzigen, die dem Verderben entgangen sind.

Im gleichen Jahrgang des GK, in dem Mays großer Jugendroman *Die Sklavenkarawane* abgedruckt wurde, erschien auch die kleine Skizze *Sklavenrache*. Eine grausige Erzählung, geschrieben zu einem grausigen Bild (Auspeitschung von Sklaven), bekommt durch die beiden Knaben einen versöhnlichen Abschluß: »Wir werden bald Männer meines Stammes treffen, und der beste von ihnen wird dich als Sohn aufnehmen, weil du aus Dankbarkeit mein Leben höher als das deinige geachtet hast.«

Ekkehard Bartsch

16. *Das Straußenreiten der Somal*

Anonym erschienen in GK, Jg. 4, H. 13 (Dezember 1889); R in: M-KMG 25 (Sept. 1975), S. 3–6, sowie im Anhang zu: Karl May, *Die Sklavenkarawane*, Bamberg – Braunschweig 1975 (nicht in GWR, GWB). Mays Autorschaft ist gesichert durch die Honorarabrechnung des Verlags.

Die heitere Plauderei schildert das Treiben auf einer »Völkerwiese«, wie sie auf großen Jahrmärkten um die Jahrhundertwende regelmäßig anzutreffen war, und wie sie Karl May auch mit Sicherheit persönlich besucht hat. Das *Straußenreiten der Somal* schrieb May als Textumrahmung zu einer Illustration, doch beruht seine Schilderung offenbar auch auf eigenem Erleben, denn »er beschreibt dabei Einzelheiten, etwa das Besteigen eines Straußes, die aus der Abbildung gar nicht zu erschließen sind« (W. Vinzenz in: M-KMG 25, S. 2).

Interessant ist im Einleitungssatz der Hinweis, daß »Deutschland in die Reihe der Kolonialstaaten getreten ist«. Wenige Jahre zuvor hatte er noch bemerkt, Deutschland besitze »nur sich allein, aber keine Colonie« (*Das Waldröschen,* R, Bd. 3, S. 1412). Und auch in späteren Jahren nahm May eine eher antikolonialistische Haltung ein. So spielt – im Gegensatz zu anderen Abenteuerbüchern jener Zeit – keine seiner Erzählungen in einer der deutschen Kolonien, und gegen die Kolonialpolitik der Engländer nahm er im *Boer van het Roer* (F 23, S. 49–196) scharf Stellung.

Ekkehard Bartsch

17. *Villa Bärenfett*

Die kleine, »an sich anspruchslose humoristische Gelegenheitsarbeit« (C. Roxin, M-KMG 2/1969, S. 3), die ohne Mays Namen erschien, füllte kaum eine dreispaltige Seite im GK, 3. Jg. (1888–89), Nr. 25, S. 397f. und wurde erstmals von der KMG im Faks. in den M-KMG 2 (1969) S. 18f. nachgedruckt (Neudruck: K. May: *Winnetou und der schwarze Hirsch*. Hamburg 1982. S. 340–343). In GWR und GWB wurde der Text nicht aufgenommen.

Für seine Jugenderzählungen im GK hatte May die humorvolle Gestalt des aus Sachsen nach Amerika verschlagenen Hobble-Frank erfunden, mit der er sich die Herzen der »Kamerad«-Leser im Sturm eroberte. Zu der zahlreich eingehenden Post nahm in der Rubrik »Fragen und Antworten« nicht selten May selbst (unter dem Absender »Hobble-Frank«) Stellung. Er verfaßte humorige Antworten und »Sendbriefe« im Stil seiner Romanfigur und schließlich eine ausführliche Beschreibung der imaginierten *Villa Bärenfett,* die so beginnt: »Den zahlreichen lieben Kameraden, welche partuh eene Schilderung meiner Villa kennen lernen wollen, möge folgende Skizze zur Orientaliṣierung dienen«. Eigentlich griff May seinen literarischen Plänen damit vor, denn erst in seiner späteren Erzählung *Der Schatz im Silbersee* (GK, 5. Jg. 1890/91) läßt er Hobble-Frank vom Bau seiner Villa sprechen (468, 473, 521 R 1973). May selbst träumte wohl von einem eigenen Haus, das er sich jedoch erst Jahre später, 1896, leisten konnte. Wie Hobble-Frank ließ er auch an seiner Villa in großen Lettern den Namen anbringen – allerdings nicht ›Bärenfett‹, sondern ›Shatterhand‹.

Als 1928 im Garten von Mays Villa in Radebeul das Karl-May-Museum erbaut wurde, diente als Vorlage für die Außenansicht das Blockhaus des Bärenjägers Baumann, das May in seiner »Kamerad«-Erzählung *Der Sohn des Bärenjägers* beschreibt; dieses Museums-Blockhaus heißt noch heute nach Mays Hobble-Frank »Villa Bärenfett«.

Erich Heinemann

18. Am »Kai-p'a«

Die anonyme Erstveröffentlichung der kleinen Erzählung in der Zeitschrift »Illustrirte Welt. Deutsches Familienbuch. Blätter aus Natur und Leben, Wissenschaft und Kunst« (38.Jg.) erfolgte 1889/90 in Heft 14, S. 335–338. Die eher schwach geratene Geschichte wurde 1927 leicht bearbeitet in GWR 48, später GWB 48, aufgenommen. Der Urtext liegt seit 1985 durch einen R der KMG in *Der Krumir*, S. 122–127, wieder vor.

Die abenteuerliche Geschichte spielt gegen Ende des vorigen Jahrhunderts im Westen der Vereinigten Staaten. Der Ich-Erzähler Bill Hallers, ein mittellos umherstreifender Westmann, erzählt, wie er seine Frau, die Tochter eines reichen Silberminen-Besitzers, fand. Zweimal rettete er Amely aus höchster Gefahr. Das erstemal auf dem Yellowstone-See, wo das Boot, in dem sie mit drei Begleitern saß, beinahe von den aufbrechenden heißen Quellen, den Geisern, erfaßt worden wäre. Das zweitemal am Kai-p'a, am »singenden Wasser«. Bill Hallers befreite sie hier aus den Händen eines Indianers, der sie zu Pferde entführte. Schließlich griff er noch entscheidend in das Gefecht ein, das zwischen den übrigen Indianern und der Reisegruppe, zu der auch Amelys Vater gehörte, entbrannt war. Amely nimmt darauf ihren rauhbeinigen Helden zum Mann. Gleich nach der Hochzeit besuchen sie Bills Verwandte, die nun auch am Reichtum teilhaben sollen – ein allgemeines Happy-End.

Die kleine, literarisch anspruchslose, aber recht spannend erzählte Geschichte füllt zusammengerechnet kaum mehr als eine dreispaltige Zeitschriftenseite. Wie so oft bei May, wird sie an besondere Naturerscheinungen geknüpft – an die im Gebiet des Yellowstone-Parks auftretenden Geiser und an rätselhafte Naturlaute, die in einem Talkessel, durch den ein Gebirgsbach läuft, entstehen. Ähnliche Motive verwendet May schon in seinen Erzählungen *Der Sohn des Bärenjägers* (GK 1. Jg. 1887) und *Der Geist der Llano estakata* (GK 2. Jg. 1887/88), wenngleich in anderer Version. Den Titel dürfte May aus A. S. Gatschet, Zwölf Sprachen aus dem Südwesten Nordamerikas, Weimar 1876, bezogen haben. Vermutlich hat May sich von H. Reuleaux, Das singende Thal bei Thronekken, Koblenz 1880, inspirieren lassen (vgl. J. Wehnert: *Am »Kai-p'a«*. In: K. May: *Der Krumir,* S. 122).

Erich Heinemann

19. *Zum erstenmal an Bord*

Diese Plauderei erschien im Januar 1890 anonym im GK, Jg. IV, H. 15; nicht enthalten in GWR und GWB. Mays Autorschaft ist gesichert durch die Honorarabrechnung des Union-Verlags (vgl. Faksimile in: Karl May, *Die Sklavenkarawane,* R, Bamberg – Braunschweig 1975, Nachwort S. 499).

Auf der Überfahrt von Europa nach Amerika trifft der Glasfabrik-Besitzer Mr. Potsherd den Buchhalter Mr. Lucky. Beide haben mit den Unbilden der Seefahrt zu kämpfen, mit Seekrankheit, mit eigenen Ungeschicklichkeiten und dem Mißgeschick des Stewards beim Servieren auf dem schwankenden Schiff. Später, als der Dampfer sich besonders aufbäumt, rollt schließlich in den Kabinen alles durcheinander, die Glas-Proben Potsherds gehen zu Bruch, und Lucky stößt unsanft mit einem dritten Fahrgast zusammen, dem Bankier Kneel aus Charleston. Dieser entpuppt sich als der Mann, zu dem Lucky reisen wollte, um sich als Buchhalter vorzustellen. Es kommt zur großen Verbrüderung: Lucky bekommt seine Stellung, und Potsherd findet in Kneel den finanzkräftigen Kompagnon, den er in Amerika suchen wollte.

Acht Zeichnungen lagen Karl May vor, später zu einer großen Bildseite für den GK montiert, für die er eine Rahmen-Erzählung schreiben sollte. Während es ihm sonst meistens brillant gelang, solche oft obskuren Auftragsarbeiten auszuführen, versagte diesmal seine Kunst. Die Bezugnahmen zu den Bildern wirken verkrampft, und die Situationskomik in den einzelnen Handlungs-Elementen reicht nicht entfernt an ähnliche Szenen in den frühen Humoresken heran. Der Stil beweist zwar die Routine eines gewandten Autors, aber kaum mehr, und so ist *Zum erstenmal an Bord* einer der schwächsten Texte, die Karl May je zu Papier gebracht hat.

Ekkehard Bartsch

20. *Der Schlangenmensch*

Diese »Verrenkungsstudie vom Hobbelfrank« erschien 1890 im GK, Jg. V, H. 3–5 (nicht enthalten in GWR und GWB). Sie ist in der Ich-Form in sächsischer Mundart geschrieben und dem »berühmte(n) Westmann und frühere(n) Forstgehilfen aus Moritzburg in Sachsen« in den Mund gelegt.

Hobbelfrank sitzt im Eisenbahn Coupé, als ein Artist der »Brothers Diavolo« zusteigt und ihm allerlei Verrenkungs-Kunststücke vorführt. Als der Artist erfährt, daß er den berühmten Hobbelfrank »aus dem ›Guten Kameraden‹« vor sich hat, hält er ihm sofort »über seine Kunst een Privatissicum«, damit Hobbelfrank seinen »Kamerädchens« darüber berichten könne. Er tut dies anhand einer Bilder-Serie, die seinem Text beigegeben werden soll.

Für die Redaktion des GK war May um 1890 der bei den Lesern beliebteste Haus-Autor, und so erhielt der Schriftsteller auch verschiedene Auftragsarbeiten. In diesem Fall sollte er für eine Serie von Zeichnungen über einen Verrenkungs-Künstler den Rahmenaufsatz liefern, und er tat dies, indem er ihn seinem Hobbelfrank als Erlebnisbericht in den Mund legte. Der Hobbelfrank, den GK-Lesern bekannt aus dem *Sohn des Bärenjägers* und dem *Geist der Llano Estakata* (auf die in einer Fußnote ausdrücklich Bezug genommen wird), gehörte bei den Jugendlichen zu den beliebtesten Gestalten, wie aus zahlreichen »Briefkasten«-Antworten jener Jahrgänge hervorgeht. Und so ließ May ihn hier in seiner typischen Mundart, mit phonetischen Späßen und Fremdwort-Verdrehungen plaudern, um den Lesern die kuriosen Zeichnungen nahezubringen.

Während für die im Jg. III des GK ebenfalls dem Hobbelfrank in den Mund gelegte Plauderei *»Villa Bärenfett«* Mays Autorschaft durch Honorarabrechnung gesichert ist (vgl. Faksimile in: Karl May: *Die Sklavenkarawane,* R, Bamberg – Braunschweig 1975, Nachwort S. 499), liegt solch eine Abrechnung für den Jg. V nicht vor. Trotzdem ist May sicherlich auch der Autor des *Schlangenmensch*-Spaßes. Denn um jene Zeit ließ die Redaktion des GK sogar die an »Hobbelfrank« gerichteten Leserzuschriften durch May beantworten, und es ist unwahrscheinlich, daß der in diesen Dingen sehr empfindliche Schriftsteller es zugelassen hätte, daß ein anderer GK-Autor sich einer seiner Romangestalten bemächtigt.

Ekkehard Bartsch

21. Die Rache des Mormonen

Die Erzählung erschien im November 1890 unter dem Pseudonym D. Jam in der Zeitschrift »Illustrirte Romane aller Nationen«, Stuttgart – Leipzig – Berlin – Wien, 11. Jg., H. 10; R-KMG in: Karl May, *Der Krumir,* Seltene Originaltexte, Bd. 1, Hamburg 1985, S. 144–152. Eine bearbeitete Fassung unter dem Titel *Schwarzauge* findet sich seit 1927 in GWR 48 (GWB 48).

Die Originalfassung der *Rache des Mormonen* war jahrzehntelang verschollen. Ursprünglich in Mays Nachlaß vorhanden, wo F. Kandolf sie seinerzeit vorgefunden hatte (vgl. KMJb 1927, S. 440), ging sie offenbar nach Aufnahme in GWR 48 verloren, und damit war lange auch die Frage nach Mays Pseudonym D. Jam rätselhaft. »Welche Erzählung Karl Mays erschien wann und wo unter dem hier genannten Pseudonym ›D. Jam‹?« fragt May-Verleger R. Schmid (Vorwort zu GWB 34 »Ich«, [29]1975, S. 9). Durch die Wiederentdeckung des Erstdrucks ist die Frage geklärt. May mußte die Erzählung unter Pseudonym veröffentlichen, um seine Mitarbeit an den (von J. Kürschner geleiteten) Publikationen der

Deutschen Verlagsanstalt gegenüber seinem Verleger W. Spemann zu verheimlichen (vgl. Jb-KMG 1972/73, S. 94f.).

Mays Autorschaft ist durch Korrespondenz und durch eine Honorarabrechnung vom 30. 10. 1889 gesichert (vgl. S. Augustin in: R-KMG, *Der Krumir,* S. 139). Es handelt sich um eine Auftragsarbeit, geschrieben als Umrahmung eines ihm vermutlich vom Verlag gelieferten Landschafts-Bildes, und sie zeigt »eindrucksvoll, in welch unwahrscheinlichem (...) Maß die Phantasie Mays durch ein ausgesprochen statisches und nichtssagendes Bild entflammt werden konnte« (Augustin, S. 142).

Im Mogollongebirge Nordamerikas, auf einem mit Fichten bewachsenen kleinen Hochplateau und nur durch die über einen tiefen Cannon führende Hängebrücke von der Außenwelt erreichbar, liegt das Hüttendorf der »Kotschiso-Apachen«. Zwei Mormonen-Missionare, Bruder Gideon und Bruder Jeremias, besuchen das Lager. Sie wollen die Indianer missionieren, und Gideon möchte zugleich die schöne Häuptlingstochter Intah-tikila (Schwarzauge) zur Frau gewinnen. Er will den Häuptling dadurch zwingen, sie ihm zu geben, daß er ihre Ehre schädigt, indem er sie öffentlich küßt. Für diese Tat wird Gideon von den Indianern erschossen, Jeremias wird aus dem Lager gejagt und schwört blutige Rache.

In der Nacht schleicht er zurück, legt Feuer und zerschneidet anschließend die Seile der Hängebrücke; sämtliche Bewohner kommen in den Flammen um. Nur Schwarzauge, die sich mit ihrem Geliebten, einem jungen Apachen, am jenseitigen Rand des Cannons befunden hatte, entkommt dem Unglück. Der junge Indianer, als er den Seinen zur Hilfe eilen will, stürzt in den Cannon. Als der Mormone auch das Mädchen hinunterwerfen will, wird er selbst von ihr durch einen kräftigen Stoß in die Tiefe geschleudert. – Zwei Tage später erscheint Schwarzauge auf der Estanzia del Trigo, berichtet von dem Verbrechen, verschwindet, »und niemand hat sie seitdem gesehen«. Das ausgebrannte Felsplateau wird seither als »Penna del Asesinato« (Mordfelsen) und die Schlucht als »Cannon de los Cotchisos« bezeichnet.

In seinem Mormonen-Aufsatz mußte Wiedenroth *Die Rache des Mormonen* noch ausklammern, da der Originaltext verschollen war (H. Wiedenroth: Die beiläufige Rolle der ›Jüngstentages Heiligen‹ im Erzählwerk Karl Mays. In: Jb-

KMG 1980. S. 125–136, vgl. bes. S. 135, Anm. 28). Augustin liefert im Vorwort zum R-KMG die vermutlichen Quellen Mays für seine Ablehnung der Mormonen nach (S. 138f.). Zugleich zeigt er, wie der Abenteuerschriftsteller Leopold Gheri zwischen 1912 und 1929 das Mormonenrache-Motiv immer wieder in verschiedenen Varianten – und unter Berufung auf verschiedene Gewährsleute – übernahm, vermutlich ohne zu ahnen, daß es sich bei der D. Jam-Erzählung um ein Werk des ihm persönlich bekannten Karl May handelte (Näheres mit Textbelegen und Faksimiles bei S. Augustin, S. 140–143).

Ekkehard Bartsch

22. *Eine Seehundsjagd*

Die im GK (5. Jg. 1891) anonym erschienene Erzählung, die im Jb-KMG 1975 mit allen Illustrationen wiederabgedruckt worden ist (S. 73–89), gehört in die Reihe jener 14 Erzählungen, die May anonym oder pseudonym neben den bekannten längeren Jugenderzählungen für den GK geschrieben hat und die in der Regel dazu dienten, aus dem Ausland bezogene Illustrationen mit einem Text zu begleiten (vgl. R. Schmid, Nachwort zu R *Die Sklavenkarawane,* Bamberg/ Braunschweig 1975).

Der siebzehnjährige, aus Deutschland stammende und in San Francisco lebende Ich-Erzähler Fred Sommer (der zugleich »fleißiger Leser« des ›Guten Kameraden‹ ist), wird von seinem Onkel, bei dem er sich zur Ausbildung befindet, zu einer Robbenjagd bei den Aleuten mitgenommen. Mit innerem Widerstreben, aber dann vom Jagdfieber ergriffen, geht er auf Robbenjagd bei der Insel Unimak. Zum Abschluß gelingt es ihm, eine junge Robbe lebend zu fangen und zurück nach San Francisco zu bringen.

May hat zum Tier das Verhältnis eines Bürgers, der gutherzig und ausgesprochen tierlieb ist, aber dem die Gebräuche der Zeit und die Notwendigkeit seiner schriftstellerischen Welt auch die Attitüde des Jägers nahelegen. Reine Jagdschilderungen sind in seinem Werk selten, es geht meistens um Verteidigung, den Schutz von Schwächeren oder um die

Nahrungssicherung (vgl. E. Bartsch: »Mensch und Tier« und Gedanken Karl Mays zum Natur- und Landschaftsschutz. In: Jb-KMG 1975. S. 90–98). In diesem Falle stellte sich May jedoch die Aufgabe, Illustrationen mit einem Text zu versehen. Er mußte also den Erwartungen der jugendlichen Leserschaft des GK entsprechen. So sieht er sich genötigt, recht Widersprüchliches darzustellen: Ein Robbenfänger »liebte die Robben, obgleich er viele Tausende von ihnen erschlagen hatte« (S. 74), und er wettert über eine Schlächterei von Jungtieren (an der er nicht teilnimmt, S. 81), aber spekuliert auf das Jagdfieber, das den Erzähler schon packen werde (S. 85), als dieser selbst vor den Tieren steht. All dies mag noch hingehen und einer gewissen Wahrscheinlichkeit nicht entbehren. Doch es wird vertrackt, wenn der Erzähler anderen Jägern einen Mißerfolg bei der Jagd gönnt, weil jene Bösewichter Jungtiere nicht rücksichtsvoll, sondern rücksichtslos getötet hatten (S. 86) und sich schließlich zufrieden zeigt, weil seine Gesellschaft über 9000 Tiere getötet hat.

Die Jagdgeschichte zeigt nicht die gradlinige Spannung vergleichbarer GK Erzählungen wie *Das Hamaïl* oder die frei assoziierende Fabulierlust von *Ein Phi-Phob*. Doch war der Autor gefesselt durch die Vielzahl von neun Illustrationen, die alle in einen Sinnzusammenhang zu bringen waren. Mit der Anschaulichkeit der Jagdszenen in einer Landschaft, die von May sonst nicht beschrieben worden ist, kontrastiert die trockene, einem Fachbuch oder Lexikon entnommene Kompilation über Robbenpelze und Robbenjagd zu Beginn der Skizze.

Die lebendigen Zeichnungen stammen von dem amerikanischen Zeichner James Carter Beard (1837–1913), der für große amerikanische illustrierte Zeitschriften arbeitete und sich auf Tierzeichnungen spezialisiert hatte.

Ulrich von Thüna

23. *Die beiden Kulledschi*

Orientalische Erzählung, anonym erschienen im GK, Jg. V, H. 50 (Sept. 1891); R in: Anhang zu *Die Sklavenkarawane,* Bamberg – Braunschweig 1975 (seit 1967 in GWB 71). Die Erzählung erschien als Umrahmung einer Holzstich-Illustration.

Mays Autorschaft ist ein wenig umstritten. Im Nachwort zu GWB 71 behauptet der Herausgeber, *Die beiden Kulledschi* stünden zusammen mit *Sklavenrache* auf einer Abrechnungsliste des Union-Verlags. Das ist jedoch ein Irrtum: die Abrechnungsliste enthält nur Mays Beiträge in den GK-Jahrgängen I–IV (vgl. Faksimile im Anhang zum R *Die Sklavenkarawane,* S. 499). So heißt es dort (S. 498) auch nur, daß »das *Kulledschi*-Märchen recht eindeutig auf Karl May als Verfasser schließen« lasse. Als Hinweis auf Mays Autorschaft läßt sich lediglich anführen, daß der Union-Verlag seinerzeit mit Brief vom 24. 3. 1916 dem KMV Radebeul einen Abdruck der *Kulledschi* (zusammen mit der *Seehundsjagd* und dem *Schlangenmensch*) als Beleg übersandt hat.

Echte »Ballasi«-Tonkrüge sind ein wichtiges Handelsgut in Ägypten. Sadok Omar und Selim Ben Nuba sind zwei Kulledschi, Händler solcher Wasserkrüge, die aus der Gegend von Kenneh und Ballas auf Nilschiffen oder als große Flöße nach Kairo gebracht werden. Während Selim Ben Nuba ein ehrlicher Kaufmann ist, versucht Sadok Omar zu betrügen, indem er minderwertige Ware aus Semennud als echte Ballasi-Krüge anbietet; außerdem benutzt er den Transport der Krüge zum Schmuggeln. Als Sadok Omar seinem Konkurrenten Selim die minderwertigen Krüge unterschieben will, um ihn zu verderben, wird er von einem als Schiffer getarnten Polizisten entlarvt.

Nach Meinung des Herausgebers von GWB 71 könnte die *Kulledschi*-Erzählung »nach Stil und Inhalt durchaus einer alten orientalischen Märchensammlung entstammen« (R. Schmid in: GWB 71, Nachwort, S. 422). Vom Milieu her und in vielen Details erinnert sie an die *Mahdi*-Romane. Hier jedoch verstand es May, angeregt durch ein Bildmotiv (»Topffloß auf dem Nil«), eine in sich geschlossene abenteuerliche Geschichte mit kriminalistischem Einschlag zu schaffen.

Ekkehard Bartsch

24. Christ ist erstanden!

Diese »Reiseerzählung von Dr. Karl May« erschien in »Benziger's Marienkalender«, Einsiedeln (Schweiz), Jg. 1894; R-KMG in: Karl May, *Christus oder Muhammed.* Marienkalender-Geschichten, Hamburg 1979, S. 149–159. Sie wurde zu Lebzeiten Mays nicht in eine Buchausgabe aufgenommen (später unter dem Titel *Auferstehung* in GWR 34, bis 10. Aufl.; GWB 26).

Der Erzähler, der aus der Zeit der *Sendador*-Geschichte unter den Bewohnern der Anden als »Rastreador« (Pfadfinder) bekannt ist, reist mit drei Toba-Indianern in einem Boot den Rio Madeira im Amazonas-Gebiet aufwärts. Ihr Begleiter ist ein geheimnisvoller Mann, der sich »Perdido« (der Verlorene) nennt. Perdido wird von Unrast umhergetrieben; er kommentiert die religiösen Gespräche des Rastreadors mit seinen Tobas voller Spott und Verachtung. Dieser findet den Grund für Perdidos merkwürdiges Verhalten heraus: Sein wirklicher Name ist Riberto, und er war einst mit dem Geld seines Vaters, eines Bankiers in Buenos Aires, verschwunden und hatte dessen Ruin und den Tod seiner Mutter verschuldet.

Die Reisenden erreichen den Fuß der Cordilleren; sie treffen am Samstag vor Palmarum im Gebirgsdorf Frutobamba ein und nehmen an den Palmsonntags-Feiern der Dorfbewohner teil. Nur Perdido, der sich von der Gruppe getrennt hatte, schließt sich von allem aus; er erscheint als Comerciante (Händler) im Dorf und zieht sich die Feindschaft anderer Comerciantes zu. Der Rastreador belauscht Männer, die den Überfall auf einen Einsiedler im Gebirge planen, bei dem sie Goldschätze vermuten. Auf der Weiterreise stößt er auf diesen Einsiedler und kann ihn warnen. Er findet heraus, daß es sich um den ehemaligen Bankier Riberto, den Vater Perdidos, handelt. Der Mann ahnt nicht, wie nah ihm sein verschollener Sohn ist. Er hatte einst erfahren, daß dieser mit dem Geld nach Europa gereist war, um in Monte Carlo im Spiel sein Glück zu erproben; er meint, der Sohn habe durch Selbstmord geendet, und will nun als Einsiedler dessen Schuld abbüßen.

Der Anschlag der als Comerciantes getarnten Räuber kann vereitelt werden; zugleich gelingt es, den von ihnen gefangengenommenen und in einen Brunnenschacht gesperrten Perdido zu befreien. Am Ostersonntag kommt es zur Versöhnung zwischen Vater und Sohn.

Die Erzählung ist in vier Kapitel unterteilt, deren Überschriften bereits auf ihr Ziel, die Vermittlung der Osterbotschaft, hindeuten: I. La Pasionaria (Die Passionsblume); II. Domingo de ramos (Palm-Sonntag); III. Viérnes santo (Karfreitag); IV. Mañana de pascua (Ostermorgen). Parallel zum zeitlichen Ablauf der Karwoche zwischen Palmarum und Ostern läuft die Geschichte und Entwicklung Perdidos, die »Leidens- und Karfreitagsnacht«, die schließlich in der Erlösung des Ostermorgens endet: »›Christ ist erstanden.‹ – ›Und glauben Sie nun daran?‹ ›Ja, er ist wahrhaftig auferstanden, Sennor!‹« (159R).

Das – auch unter dem biographischen Aspekt bedeutsame – Thema vom »Verlorenen Sohn«, das Karl May lebenslang bewegt hat, von den ersten literarischen Skizzen über den großen Lieferungsroman gleichen Titels, bis hin zu den Romanen der späten Jahre (vgl. H. Wollschläger: Das »eigentliche Werk«. In: Jb-KMG 1977. S. 58–80, bes. S. 77), erfährt hier eine exotisch verkleidete neue Variante. Die Geschichte des biblischen Gleichnisses aus Lukas 15, V. 11–32, wo der Vater den in Schuld verstrickten Sohn bei der Heimkehr liebevoll aufnimmt, wird verknüpft mit der Osterbotschaft einer Erlösung aus Todesnot und Verzweiflung. Aus Perdido, dem »Verlorenen«, ist Hallado, der »Wiedergefundene« geworden (159R).

Ekkehard Bartsch

25. *Mutterliebe*

Die »Reiseerinnerung von Dr. Karl May« erschien in zwei Folgen im »Einsiedler Marienkalender«, Einsiedeln (Schweiz), Jg. 1898 und 1899 (R-KMG in: *Christus oder Muhammed.* Marienkalender-Geschichten von Karl May. Hamburg 1979, S. 230–242). Karl May schrieb sie vermutlich im April 1897 (vgl. Jb-KMG 1985, S. 255, Anm. 23); die Aufteilung in zwei Folgen geschah durch die Redaktion des Verlags Eberle &

Rickenbach. May hat die Erzählung als einzige der typischen Wildwest-»Reiseerzählungen« in keine Buchausgabe aufgenommen (seit 1927 unter dem Titel *Die Söhne des Upsaroka* enthalten in GWR 48, GWB 48; Sonderausgabe Gütersloh 1950).

Winnetou und Old Shatterhand, begleitet von den Westmännern Dick Hammerdull und Pitt Holbers, kommen von »den uns befreundeten Schoschonen« (230 R) und müssen das Gebiet der miteinander verfeindeten Sioux-Ogallalah und Upsarokas durchqueren, die soeben einen Kriegszug gegeneinander begonnen haben. Die vier Reiter stoßen auf die Upsaroka-Häuptlingsfrau Uinorintscha ota, die ihren leichtsinnig auf der Suche nach Heldentaten ausgezogenen zwei Söhnen folgt. Die Söhne und auch ihre Mutter fallen den feindlichen Sioux in die Hände, die von einem Weißen begleitet werden: von Folder, einem ehemaligen Indianer-Agenten, der die Upsarokas betrogen hatte, von diesen bestraft worden war und der nun aus Rache die Sioux gegen die Upsarokas aufgehetzt hat. Folder hat einen Fell-Beutel mit lebenden Klapperschlangen bei sich, und auf seine Veranlassung hin werden diese Schlangen zusammen mit der Squaw und ihren beiden Söhnen nachts in eine Grube geworfen. Winnetou und Old Shatterhand entdecken am nächsten Morgen die Schlangengrube. Sie finden die Indianerin durch Schlangenbisse verletzt vor; sie hatte, um ihre Söhne zu retten, die Schlangen nacheinander erwürgt und dabei zahlreiche Bisse davongetragen. Da jedoch zuvor »die in dem Ledersack eng zusammengedrückten und darüber zornigen Schlangen (...) sich untereinander selbst gebissen« hatten (239 R), war ihr Giftvorrat ziemlich erschöpft gewesen, so daß die Bisse nicht lebensbedrohend sind und die Frau gerettet werden kann.

Zwar gelingt es Old Shatterhand nicht, die verfeindeten Sioux und Upsarokas völlig zu versöhnen, wohl aber den Kriegszug zu beenden. Die Sioux ziehen ab, während Folder, »einer der größten Indianerquäler« (242 R), bei den Upsarokas seine Taten durch den »Tod am Marterpfahle« büßen muß. Old Shatterhand und seine Freunde sind bei Uinorintscha ota und ihrem Stamm zu Gast, und »noch heute (...) denke ich, wenn von Mutterliebe gesprochen wird, an diese Indianerin und möchte ihr Beispiel jedem Menschen vorhalten, welcher das Vorurteil hegt, daß nur die weiße Rasse tieferen Gefühlen zugänglich sei« (242 R).

Auf den ersten Blick erscheint die Reiseskizze *Mutterliebe* zusammengesetzt aus Althergebrachtem, aus den immer wieder variierten publikumswirksamen Sujets der Wildwest-Erzählungen, aus Anschleichen und Befreien, aus dem Versuch, zwischen verfeindeten Stämmen zu vermitteln und Frieden zu stiften. Erst kürzlich (D. Sudhoff: Auf dem Wege – Karl Mays *Mutterliebe*. Eine Werkanalyse. In: Jb-KMG 1985, S. 218–262) wurde das Besondere dieser unscheinbaren Erzählung als Reiseerzählung am Übergang zum Alterswerk deutlich gemacht: Während May in den Werken nach der Orientreise 1899/1900 autobiographische Verschlüsselungen bewußt als literarisches Stilmittel verwendet hat, geschah dies in *Mutterliebe* noch unbewußt. In vielen, oft verblüffenden Details erscheinen die männlichen Gestalten, positive wie negative, einerseits als Abbilder des Vaters, andererseits des Autors selbst, während sich in der Indianerin idealisiert das Bild der Mutter spiegelt. In der Erzählung geht es vor allem um »den inneren Konflikt zwischen väterlichem und mütterlichem Ideal« (Sudhoff, S. 249), um »die Überwindung des väterlichen durch das mütterliche Prinzip« (S. 253). Ein Thema, das von nun an im Mittelpunkt fast aller Werke Mays stand, vor allem seines großen Romans *Und Friede auf Erden!* (vgl. H. Wollschläger: »Die sogenannte Spaltung des menschlichen Innern ...«. In: Jb-KMG 1972/73. S. 11–92).

In seinen früheren (vor allem den im Orient spielenden) Marienkalender-Geschichten hatte May bewußt katholischen Tendenzen Raum gegeben; diese treten in *Mutterliebe* dagegen fast völlig zurück. Die Upsaroka-Squaw bekennt sich als (wenn auch ungetaufte) Christin. Dem Wunsch des Verlags, eine möglichst »marianische« Erzählung zu liefern, ist May nur in sehr verschlüsselter Form nachgekommen (Einzelheiten hierzu bei Sudhoff, S. 249–253). Vielmehr geht es ihm um überkonfessionelle Menschlichkeit und Überwindung von Rasse-Vorurteilen: er will dem Namens-Christentum des (getauften) Schurken Folder das echte Tat-Christentum der (ungetauften) Indianerin gegenüberstellen.

Ekkehard Bartsch

26. Bei den Aussätzigen

Der erste bekannte Abdruck dieser »Reiseskizze« erfolgte am 25. Dezember 1907 im »Grazer Volksblatt« (Weihnachts-Beilage); R-KMG in: Karl May: *Christus oder Muhammed.* Marienkalender-Geschichten. Hamburg 1979, S. 257–259. An Nachdrucken konnten bisher nachgewiesen werden: Hildesheimer Kurier (19. 3. 1908), Hannoversche Tages-Nachrichten (22. 3. 1908), Bamberger Volksblatt (25. 12. 1908), Eichsfelder Marienkalender, Jg. 33 (1909, R-KMG in: *Christus oder Muhammed,* S. 208–211), Apostelkalender (München 1909), Die heilige Familie, Jg. 17, H. 1 (Januar 1909), Wiener Montags-Journal (9. 1. 1911). Vermutlich hat May die kleine Erzählung Redakteuren, denen er sich freundschaftlich verbunden fühlte und die sich publizistisch für ihn einsetzten, honorarfrei zum Abdruck überlassen (unter dem Titel *Eine Weihnachtsfeier in Damaskus* seit 1927 enthalten in GWR 48, GWB 48).

Während eines Damaskus-Aufenthalts versuchen Kara Ben Nemsi und Hadschi Halef Omar, unterstützt von dem Kaufmann Jacub Afarah, den vor den Toren der Stadt ihr Leben fristenden Aussätzigen zu helfen, indem sie ihnen Geschenke bringen. Die Aussätzigen stehen in Konflikt mit dem Pascha von Damaskus, der sie vertreiben oder einsperren lassen will. Zum Heiligabend bereitet man den Aussätzigen eine christliche Weihnachtsfeier, die von dem mißtrauischen Pascha heimlich beobachtet wird. Die Feier macht auf ihn einen solchen Eindruck, daß er die Vertreibungs-Anordnung zurücknimmt. Daraufhin läßt auch der »Scheik der Aussätzigen« seinen Racheplan fallen: er und seine Leidensgenossen hatten einen Haufen Lumpen und Lappen mit »von unserem Speichel und Eiter durchtränkten Fetzen« bereitgelegt, um den Pascha und seine Handlanger zu infizieren. Vom Weihnachtsgedanken der Liebe und Erlösung beseelt, verbrennen die Aussätzigen die widerlichen Lumpen. Der Pascha freilich, der seine Macht mißbraucht hatte, wird abgelöst und muß Damaskus verlassen.

Während die Erzählung früher jahrzehntelang irrtümlich falsch datiert wurde (E. A. Schmid datiert sie auf »vor 1876«, vgl.: GWR 34, [20]1942, S. 494; R. Schmid verlegt sie auf 1896, vgl.: GWB 34, [21]1958, S. 330, korrigiert in GWB 34, [23]1963,

S. 332), wies Wollschläger 1965 in seiner Monographie darauf hin, daß es sich um eine späte Erzählung mit autobiographischem Hintergrund handelt, »in der sich die Haussuchung flüchtig spiegelt« (H. Wollschläger: Karl May, Reinbek 1965, S. 120), nämlich die Haussuchung in der Villa »Shatterhand« am 9. 11. 1907. Später wurde dieser Hinweis bestätigt (vgl. H. Vollmer: Karl Mays Novelle *Bei den Aussätzigen*. Versuch einer Interpretation. In: Jb-KMG 1984, S. 28–43). In den Geschehnissen um die autobiographisch geprägte Person des »Scheiks der Aussätzigen« und ihren Gegenspieler, den Pascha (Mays Prozeßwidersacher Larrass oder Gerlach), verarbeitete May seelisch die Prozeß-Aufregungen des Jahres 1907.

Auf seiner Orientreise hat May vom 5. bis 12. Juni 1900 Damaskus besucht (vgl. Jb-KMG 1971, S. 200–202). Persönliche Reiseeindrücke fanden in die Erzählung jedoch kaum Eingang. Vielmehr knüpft der Autor an die frühere Reiseerzählung *Von Bagdad nach Stambul* an, wo der Kaufmann Jacub Afarah bereits eine Rolle spielt und in der auch die Aussätzigen bereits erwähnt sind (F 3, S. 396). Die Reiseabenteuer früherer Jahrzehnte werden nun mit den Friedens- und Erlösungs-Idealen der Alterswerke verbunden. Und wieder dient als Leitmotiv das Weihnachtsfest, das sich durch das gesamte Werk Mays zieht, von den frühen erzgebirgischen Erzählungen *(Der Giftheiner)* über die Kolportageromane *(Der verlorene Sohn)* und Reiseerzählungen *(»Weihnacht!«)* bis hin zum großen Altersroman *Ardistan und Dschinnistan*.

Ekkehard Bartsch

27. *Schamah*

Mays späte Novelle *Aus dem Gelobten Lande*, vermutlich Anfang 1907 entstanden, reflektiert Jahre nach *Und Friede auf Erden!* noch einmal einen Abschnitt der Orientreise, seinen zweiten Aufenthalt in Jerusalem vom 7. bis 13. Mai 1900. Der Erstveröffentlichung in der Illustrierten Jugendzeitschrift »Efeuranken« des Regensburger Manz-Verlags (XVIII. Jg., Oktober 1907 – März 1908; R: *Der Krumir*. Hg. von der KMG. Hamburg 1985. S. 216–273) folgten Nachdrucke in der Passauer »Donau-Zeitung« (1908) und im »Bamberger Volksblatt« (1909), im Jahre 1910 schließlich eine Buchausgabe in der Reihe »Bibliothek Saturn« (Bd. 7) des Stuttgarter Neuen literarischen Instituts (R: *Abdahn Effendi/Schamah.* Bamberg/Braunschweig 1977). Für die GWR 48 (1927) wurde der Text entscheidend bearbeitet.

Vor den erinnerten Kulissen Jerusalems und Hebrons, vor dem Hintergrund permanenter Religionskonflikte zwischen Juden, Christen und Muslimen, schildert May die exemplarische Wandlung des einst zelotischen Judarabers Mustafa Bustani und die seines elfjährigen Sohnes Thar (Blutrache), der in kindlichem Spiel, bestärkt durch den Vater, der ihn für »auserwählt« hält, seinem Namen alle Ehre zu machen sucht; das realistisch gezeichnete Ich und seine Frau (Klara) bleiben dabei als Beobachter eher am Rande der Ereignisse.

Nach einer Exposition, in der die Vorgeschichte Mustafas berichtet wird – in religiöser Unduldsamkeit war er mit der Verstoßung seines zum Christentum übergetretenen Bruders Achmed einverstanden gewesen –, gibt May den (nur scheinbar harmlosen) Streichen Thars breiten Raum und charakterisiert damit den Knaben, der sich in alttestamentlichen Heldenrollen gefällt, als Opfer verfehlter Erziehung und als Typus uneigentlichen, animahaften Seins. Dem Vater Thars kündigt ein Traum die Verzeihung des verschollenen Bruders an: »Schau täglich nach ihr aus und mach' an ihr wieder gut, was ihr an mir verbrochen habt!« (24f. R 1977). Begütigt durch den Einfluß seiner Frau und erschüttert durch ihren überraschenden Tod, ersehnt Mustafa die prophezeite Erlösung. Parallel zur väterlichen Wandlung erfährt der Sohn seine Katharsis im schicksalhaften Zusammentreffen mit dem kleinen Christenmädchen Schamah (Verzeihung) und ihrer pilgernden Mutter in Hebron. Der ungestüme Thar findet sich schon bald unter dem versöhnenden Einfluß Schamahs, die Lüge und Gewalt ablehnt. Mustafa wird in Hebron schmerzlich an die eigene »Lieblosigkeit und Ungerechtigkeit« (61 R) erinnert. Gegen Ende der Novelle klärt sich, daß die Pilgerin die Frau Achmeds ist, Schamah dessen Tochter und daß beide vom Sterbenden gesandt sind, den Bruder zu versöhnen. So kommt es in der Begegnung Schamahs und Mustafas am Grab des Lazarus symbolträchtig zur Erlösung im Zeichen von Nächstenliebe und Verzeihung: »Es liegt eine Welt zwischen gestern und heute« (79 R). Schamah und ihre Mutter werden nun »für alle Zeit« (78 R) bei Thar und Mustafa bleiben.

Schamah ist »eine schüchtern heitere, allgemeine Versöhnungsgeschichte mit sehr schlichtem Doppelboden« (H. Wollschläger: May, S. 145), für die sich, wie für Mays Spätwerk üblich, eine Unterscheidung zwischen weltanschaulich-religiöser, handlungsbetonter und autobiographischer Lese- und Analyseebene empfiehlt.

Autobiographisch geht es May um eine Auseinandersetzung mit seinem einstigen väterlichen Ich-Ideal, vornehmlich aus der Zeit der »Shatterhand-Legende«: dem May des Spätwerks ist das heroische Rollenverhalten zum kindischen Spiel des Knaben Thar geworden, zum Makel seiner Vergangenheit. Thars Name assoziiert Mays Rachewillen nach der ersten Haftstrafe, Thars Identifikation mit Heroen entspricht Mays Orientierung an väterlichen Positionen, die ihn im Streben nach Anerkennung anfangs zu kriminellen Hochstapeleien und Amtsanmaßungen, später zur auch öffentlich behaupteten Gleichsetzung mit seinen literarischen Ich-Helden verleitete. Verantwortlich für die pseudologische Fehlentwicklung macht May letztlich seinen Vater – hier Mustafa –, dessen übergroße Erwartungen im Sohn ein irreales Selbstwertgefühl weckten, mit dem er in der Wirklichkeit notwendig scheitern mußte. Die abenteuerliche literarische Ersatzwelt, die so entstand, ist ins Bild gebracht durch eine grelle alttestamentliche Wandmalerei Thars. Mays späte Wandlung, seine Hinwendung zu mütterlichen Liebesidealen, wurde bereits früh durch den Tod der Mutter vorbereitet: nicht zufällig steht daher am Beginn der Novelle der Tod von Thars Mutter. Wirken konnte der mütterliche Einfluß aber erst, als May den Schutz seiner gewohnten Umwelt und den Glauben an die Wirklichkeit seiner Traumwelt verlor, während der Orientreise. Und so erlebt auch Thar seine Wandlung erst in Hebron, wo ihm in der Pilgerin seine Mutter wiederkehrt und ihm in Schamah ihre Verzeihung schenkt. Die alttestamentlichen Rachephantasien etwa der »Marienkalendergeschichten« werden verworfen, zum Ideal werden der Schutzengelgedanke und das Schreiben im neutestamentlichen Geist der Nächstenliebe erhoben, für welches das »Lied von Bethanien« Symbol ist.

Mit der Figur Mustafa Bustanis wird die utopische Überwindung von Haß und Rache durch Liebe und Verzeihung thematisiert. Vordergründig repräsentiert Mustafa die alte, unerbittliche Religion, sein Bruder den toleranten Geist des Neuen Testaments. Je gemeinsam mit ihren Frauen (Seelen) veranschaulichen die Brüder den Typ des Anima- bzw. Edelmenschen; die Folgen dieser Geist-Seele-Verbindungen stellen sich dann als Rache (Thar) und Verzeihung (Schamah) ein. Da die menschliche Seele nie wirklich verlorengeht, kann sie Mustafa in Achmeds Frau wiedererstehen. Notwendige Bedingungen edelmenschlicher Entwicklung sind Selbsterkenntnis und bewußtes höheres Streben, vor allem aber göttliche Gnade und Verzeihung. Die Entwicklung wird von May auch in die Allegorie der Geisterschmiede gefaßt, wo der Geist durch Leiden von seinen Animaschlacken gereinigt wird – hier in der Novelle verbildlicht als Grab des Lazarus, das Mustafa immer wieder aufsuchen muß. Als Schamah ihm dort entgegentritt, ist er bereits soweit gewandelt, daß sie ihn zunächst schon für ihren Vater, den Edelmenschen, hält. Doch bevor er wirklich die geistige Identität Achmeds erreicht hat, muß er »noch einmal hinein in das Grab«: »Es hat noch einiges in mir zu sterben« (76R).

Wegen der Verkleidung des Erlösungsthemas in eine Kindergeschichte, die auch noch Mays Jerusalem-Erfahrungen transportieren sollte, wurde die Erzählung lange Zeit unterschätzt. Heute wird sie ihrer Qualität nach neben die Altersromane und allegorischen Novellen wie *Abdahn Effendi* und *Das Geldmännle* zu stellen sein (vgl. D. Sudhoff: Karl Mays *Schamah*. Eine Werkanalyse. In: Jb-KMG 1984. S. 175–230).

Dieter Sudhoff

28. *Abdahn Effendi*

Geschrieben im Spätsommer 1907, nach einem Kuraufenthalt im schlesischen Bad Salzbrunn und einer mehrtägigen Wagenfahrt durch das Riesengebirge, dessen Topographie in der Erzählung nachwirkt, erschien *Abdahn Effendi* zuerst im »Grazer Volksblatt« (23. 3.–23. 4. 1908; R: *Der Krumir*. Hg. von der KMG. Hamburg 1985. S. 277–303). Nachdrucke folgten 1908 in der »Mülheimer Volkszeitung«, 1909 in der »Gardasee-Post« und im »Bamberger Volksblatt«, im gleichen Jahr eine Buchausgabe als Doppelband 3/4 der Reihe »Bibliothek Saturn« des Stuttgarter Neuen literarischen Instituts (R: *Abdahn Effendi/Schamah*. Bamberg/Braunschweig

1977). Stilistisch bearbeitet fand die »Reiseerzählung« 1927 Eingang in GWR 48.

Vordergründig erzählt May eine einfache, alte Handlungsmuster aufgreifende Schmugglergeschichte, angesiedelt in der imaginären Landschaft Dschan (Seele), durch die sich die türkisch-persische Grenze zieht. Die Berge von Uluhm (Wissenschaft, »Geist«) umschließen dort ein Tal, in dem sich der Leibmensch Abdahn (Leib) zwischen den Grenzen festgesetzt hat, um Land und Reisende auszubeuten und, im Einvernehmen mit den Grenzwächtern, den Achmed Aghas und Selim Aghas, einen einträglichen Schmuggel zu betreiben. Abdahns Gegenfigur ist der christliche Sägemüller Ben Adl (Sohn der Gerechtigkeit), der Sohn des einstigen, zu Unrecht abgesetzten persischen Grenzkommandanten, der mit seiner Frau, der Tochter des ebenso abgesetzten türkischen Kommandanten, Holzbretter für Pilgersärge zuschneidet. Was zwei dazu bestellten Adjutanten nicht gelingt – die Entlarvung Abdahns und seiner Gefolgsleute und die endliche Rehabilitierung der früheren Kommandanten –, ist für Kara Ben Nemsi und Halef, die sich beim Usurpator niedergelassen haben, ein Problem weniger Tage: Sie entdecken vergangene Mordtaten, verhindern den Anschlag eines erpresserischen Mordbuben, und erfüllen, von den ungläubigen Adjutanten als Gottesbeweis verlangt, Ben Adls Vaterunser-Bitte: »Erlöse uns von Abdahn Effendi und allen seinen Freunden!« Abdahn, seit er von diesem Gebet weiß, in Wirrnis gestürzt, seit dem Weggang seiner insgeheim christlich gesinnten Frau zur Mühle Ben Adls aufs äußerste verstört, bricht bei seiner Entlarvung tot zusammen, nicht ohne selbst die Erlösungsbitte ausgesprochen zu haben und damit eine weitere Gottesbeweis-Forderung der Adjutanten zu erfüllen. Diese, bei einem Handgemenge verstümmelt, rächen sich am toten Abdahn und seinen noch lebenden Helfershelfern durch eine grausige Hinrichtung: eine Explosion zerfetzt deren Leiber. Der Schluß der Erzählung sieht die beiden Helden und Abdahns Frau in »köstlicher, staub- und schmutzfreier Atmosphäre« (99 R 1977), aufgehoben in der Mühlenidylle Ben Adls.

Ähnlich dem übrigen Alterswerk ist die Erzählung mehrdimensional aufgebaut; sie stellt sowohl eine Auseinandersetzung mit dem eigenen Ich wie den Versuch einer ausgedehnten Parabel über die Phänomene Leib, Anima, Seele und Geist dar. Weil die Eigendynamik der Handlungsebene, etwa die des Schmuggelmotivs, gewahrt bleibt, kommt es nicht immer zum überzeugenden Ineinander der Ebenen.

Bei dem Bemühen, das »tiefe Geheimnis« des Menschseins zu beschreiben, exemplarisch die »ganze, unsaubere Bande« (R 11) des menschlichen Innenlebens zu entlarven, sind autobiographisch vor allem Spiegelungen der Münchmeyerzeit, der schriftstellerischen Entwicklung und des psychischen Zusammenbruchs während der Orientreise gestaltet. Im genußsüchtigen Abdahn, aber auch in den Achmeds, kann ein Abbild Münchmeyers entdeckt werden, eine Gleichung, die sich weniger in der Charakteristik als in der Fabel erweist: Abdahns Anbiederung an die Helden erinnert an Mays erste Phase als Redakteur bei Münchmeyer, das wiederholte Punschbrauen an das Schreiben der berauschenden Kolportageromane. In der Schmuggelei Abdahns und der Achmeds kehren Münchmeyers dunkle Geschäfte, etwa sein Betrug an May, wieder, in der Unfähigkeit der Adjutanten, diese zu entdecken, das Unwissen der Justiz in den späten Prozessen. Nur in der Phantasie kommt es wunscherfüllend zur Aufdekkung der Machenschaften und zur Rehabilitation Mays (der Kommandanten). Daneben verurteilt May in Abdahn aber auch eigene, vom Vater ererbte Züge wie Jähzorn oder Herrsch- und Prahlsucht, die sein früheres Sein und Schreiben bestimmt hatten. Der Tod Abdahns, dem typische Krisenreaktionen vorausgehen, wie sie May während seiner Orientreise erlebt hatte, leitet zugleich die Erlösung seiner Frau, und damit des mütterlichen Liebesideals ein.

Eigentliches Ordnungsprinzip der Fabel ist Mays weltanschaulich-religiöse Botschaft: So wie die Berge Uluhms sich in Dschan erheben, wie Ben Adl, der edle Geist, und seine Frau, die edle Seele, in christlichem Tun geeint sind, so sollen sich in jedem Menschen Geist und Seele zum Edelmenschen finden. Die Ursache des Bösen in der Welt sieht May in der Menschheitsspaltung, in der Grenze, die sich durch Dschan und die Berge von Uluhm zieht. Dort, wo das Hohe gespalten ist, kann sich das Niedrige breitmachen, Abdahn, der Leib, mit seinen Kreaturen, den Trieben (Habsucht, Rücksichtslosigkeit, Hinterlist, Betrug und Gewalttätigkeit), und den geistigen und seelischen Reichtum für seine materiellen Zwecke ausbeuten, in offener und geheimer Usurpation. Konfigurativ stehen Abdahn, seine versklavte Frau (Seele) und seine Freunde für den Gewaltmenschen Ardistans, der in ständigem Konflikt mit dem Edelmenschen Dschinnistans, mit der Familie Ben Adls lebt. Als Prinzipe verstanden, führen beide Extreme einen immerwährenden Kampf in jedem Menschen. Dabei gilt es, das Böse in sich abzutöten und das Gute zu unterstützen – ein Läuterungsprozeß, der nur einem gläubigen Christen möglich ist, der sich durch das Gebet göttliche Gnade erwirkt. Die Kraft des Gebets zeigt sich vor allem an Abdahn und seiner Frau: die verkümmerte Seele erstarkt und findet den Mut, nach Dschinnistan zu fliehen, während Abdahns Gewissen erwacht und den bislang unterdrückten Konflikt zwischen Gut und Böse öffentlich macht, der dann im Zusammenbruch, nach dem Seelenverlust, gelöst wird. Durch die Explosion, die Geisterschmiede, in der Leib und Anima vernichtet werden und Schuld gesühnt, wird die Seele des Gewaltmenschen geläutert und findet Frieden in Dschinnistan.

Das Aufgreifen früherer Abenteuerelemente, die wenig gehobene Sprache und die nicht immer schlüssige Symbolik mindern den Rang der Erzählung. Doch hat sich das Meinungsbild inzwischen gewandelt: trotz grundsätzlicher Mängel gegenüber den späten Romanen – die erklärbar sind durch das Bemühen, den zunehmend verunsicherten Lesern mit alten Topoi entgegenzukommen, aber auch durch die gegebene Kürze, die längere Gespräche und Reflexionen kaum zuließ – gehört *Abdahn Effendi* mit seinem formalen wie inhaltlichen Perspektivenreichtum zu Mays literarisch gewichtigsten Texten, deren Tiefgang noch lange nicht ausgelotet ist.

Dieter Sudhoff

29. *Merhameh*

Der Erstabdruck dieser »Reiseerzählung« erschien im »Eichsfelder Marienkalender«, Jg. 34 (1910); R-KMG in: *Christus oder Muhammed.* Marienkalender-Geschichten. Hamburg 1979, S. 212–219. Die Schreibweise »Marhameh« innerhalb der Titelzeichnung des Erstdrucks, die verschiedentlich in bibliographischen Angaben auftaucht (z. B. im Vorwort zum R-KMG, S. 5, 21, 23) ist offensichtlich ein Versehen des Graphikers. Karl May schrieb im Titel wie im Text durchweg

Merhameh (vgl. Faksimile-Nachdruck des Manuskripts: Bamberg 1957). Ab 1927 (bearbeitet) enthalten in GWR 48, GWB 48.

»Es war im östlichen Teil von Ardistan, also tief im orientalischen Hinterlande.« In der Phantasiewelt von *Ardistan und Dschinnistan* also ist die Erzählung angesiedelt. Kara Ben Nemsi und Hadschi Halef Omar reiten mit Merhameh (zu deutsch: »Barmherzigkeit«), der Tochter des »Fürsten von Halihm«, durch das Gebiet der miteinander verfeindeten Beduinenstämme der Münazah und Manazah. Die Reisenden kommen ins Dorf der Münazah, wo Ali Ben Masuhl, orientalischer Dichter und Bruder des Scheiks der Manazah, wegen einer Blutrache hingerichtet werden soll. Merhameh gelingt es, die Versöhnung zwischen Ali und dem Münazah herzustellen. Am nächsten Morgen will man zum allgemeinen Friedensschluß zwischen den beiden Stämmen aufbrechen. Ali Ben Masuhl darf die berühmte isabellfarbene Stute des Scheiks Omar Ben Amarah reiten. Unterwegs gerät die Reiterschar während eines Sandsturms in den Hinterhalt der Manazah. Deren Scheik Hassan Ben Masuhl hält den tief vermummten Reiter des berühmten Pferdes für Omar Ben Amarah und schießt ihn als vermeintlichen Mörder seines Bruders nieder. Er trifft damit stattdessen tödlich diesen seinen eigenen Bruder. Sterbend versöhnt Ali Ben Masuhl – im Geiste Merhamehs – die verfeindeten Stämme.

In besonders gelungener Form verschränken sich in *Merhameh* die verschiedenen Leseebenen: die Abenteuerebene, die autobiographische und die philosophisch-symbolische Ebene. »Die Spaltung des menschlichen Innern«, ein Zentralthema in Mays Alter, soll durch Übertragung auf mehrere Personen dargestellt und überwunden werden. Sowohl Omar Ben Amarah als auch Ali Ben Masuhl und Hassan Ben Masuhl sind Projektionen bestimmter Züge des eigenen Ichs, die miteinander in Widerstreit geraten (vgl. H. Vollmer: *Merhameh.* Studie zu einer Altersnovelle Karl Mays. S-KMG 44/1983).

Merhameh, die letzte Erzählung, die Karl May vollendet hat, ist ein besonders eindringlicher Friedensappell: »Allah nur allein ist gerecht. Nimmt der Mensch die Rache in die Hand, so trifft er stets niemand, als nur den eigenen Bruder. Von nun an sei Friede!« erklärt Merhameh und verkündet die

Botschaft der Versöhnung zwischen den Münazah und Manazah. »Das erhebt sich zum mahnenden Menetekel: i m m e r erschlägt, wer den Menschen mordet, den eigenen Bruder. Kain ist überall, wo der Haß triumphiert; und das eindringlich hingesetzte ›Es sei Friede! Es sei Friede!‹ am Schluß dieser Parabel (vier Jahre vor dem Ausbruch des Weltkrieges) ist demnach das allerletzte Wort des Erzählers Karl May« (H. Stolte: Karl May literarisch. In: Karl May, *Der große Traum*, München 1974, S. 23).

Ekkehard Bartsch

V. Bearbeitung: Gabriel Ferrys »Der Waldläufer«

»Der Waldläufer«, eine längere Erzählung aus dem Wilden Westen, erschien 1879 bei Neugebauer in Stuttgart. Es ist die einzige Bearbeitung eines fremden Textes durch den damals noch unbekannten Karl May, die erst 1959 in GWB 70 aufgenommen wurde. Zugrunde liegt der Roman »Le Coureur des Bois« (Paris 1850) von Gabriel Ferry (eigentlich Eugène Louis Gabriel de Bellamare, 1809–1852) in der Übersetzung von Dr. G. Füllner, 1851 in Halle/Saale erschienen. Der von Ferry vorgegebene Stoff, der unzählige Bearbeitungen erfahren hat, besteht in einer Reihung von Abenteuern aus dem Wilden Westen, die May frei nacherzählt hat. Für das Verständnis der reichlich verworrenen Handlung ist es gut zu wissen, daß der »Coureur« als Fortsetzungsroman in der »Revue des Deux Mondes« erschien. Diese Form der Veröffentlichung ist wohl der Grund dafür, daß der Autor jede einzelne Folge auf einen spannenden Höhepunkt hin anlegte. Bei der Herausgabe als Buch erweist sich die auf kleine Einheiten hin angelegte Erzählweise als störend für einen übersichtlichen und logischen Handlungsablauf. Auch die Bearbeitung durch May hat diese Schwäche nicht völlig verdecken können. Die Abenteuerliteratur zur Zeit Ferrys hatte auch den Zweck, die europäischen Leser über die Natur und Geographie des fernen Landes zu unterrichten. Auch dieses Anliegen des Autors führt zu einer wenig straffen Führung der erzählten Handlung, die über weite Strecken nur dazu dient, Wissen über Land und Leute mit dem Eindruck des Selbsterlebten auszubreiten.

Eine unermeßlich reiche Bonanza, die mitten in einem Indianergebiet zwischen Mexiko und den Vereinigten Staaten liegt, ist das Ziel mehrerer Gruppen, die aus unterschiedlichen Motiven sich dorthin auf den Weg machen. Eine Expedition von Goldsuchern, die unter der Anführung des seit kurzem in Mexiko lebenden Spaniers Don Esteban de Arechiza steht, hat von dem Placer erfahren. Don Esteban ist eine schillernde Persönlichkeit und eigentlich spanischer Graf mit dem Namen Don Antonio de Mediana, der seinen erbberechtigten Neffen Fabian vor Beginn der eigentlichen Handlung hat entführen und aussetzen lassen; weiter erscheint er als ehemaliger Kaperkapitän, der seine Gewinne in der Hacienda del Venado angelegt hat und nun in der Sonora unterwegs ist, um in der mexikanischen Republik mit Hilfe des Goldes ein Königreich unter spanischer Herrschaft zu errichten.

Die Jäger Bois rosé, Pepe Dormilon und Tiburcio Arellano, der unter seinem richtigen Namen Fabian de Mediana der totgeglaubte Neffe Don Estebans ist, sind gleichfalls auf dem Weg zur Bonanza. Deren rechtmäßiger Besitzer ist Tiburcio, da sie ihm von seinem mexikanischen Pflegevater vor dessen Tode als Erbe anvertraut wurde. Diese drei Waldläufer stellen innerhalb des geläufigen Abenteuerromans die »Guten« dar, während die Rolle der »Bösen« Main rouge und dem Mestizen Sang mêlé zufällt. Die beiden »Teufel der Savanne« haben die Apachen angestiftet, die anrückenden Weißen zu töten, um ihrerseits dann Besitzer des Goldes zu werden. Schließlich sind auch noch die Komantschen, die sich mit den Waldläufern verbünden, unter der Führung ihres jungen und tapferen Häuptlings Falkenauge auf dem Kriegspfad.

Auf dem Wege zur Bonanza, die in unmittelbarer Nähe eines ehrfürchtig verehrten Häuptlingsgrabes gelegen ist, treffen die einzelnen Gruppen immer wieder aufeinander: Kämpfe sind unvermeidlich, da eine Truppe die andere am Vorwärtskommen hindern will. Wie zu erwarten, ereignen sich dramatische Tierjagden, Überfälle, lebensgefährliche Belagerungen und gelungene Fluchtversuche. Große Verluste erleidet die Expedition, während es den Jägern immer wieder gelingt, sich vor dem sicheren Tod zu retten, indem sie u. a. die Schwemminsel im Rio Gila, auf der sie lagern, aus der Verankerung lösen und bei Nacht und Nebel ihren Angreifern davonschwimmen.

Gleichzeitig treffen trotz aller Widerstände die Beteiligten am Häuptlingsgrab ein, wo es im mächtigen Finale zur großen Abrechnung kommt. Die Waldläufer und die Komantschen gehen als Sieger hervor, während die Goldsucher aufgerieben werden. Die »Teufel der Savanne« entkommen noch einmal mit den Apachen und haben als nächstes Ziel den Büffelsee im Auge, wo sie sich des Haciendero Pena und seiner Tochter Rosarita bemächtigen wollen. Die Waldläufer und Falkenauge verhindern jedoch den Überfall und überwältigen in einem letzten Kampf die verbliebenen Bösewichter.

Verwunderlich bleibt am Ende des Romans, daß keiner von dem eroberten Schatz nach all den Mühen irgendeinen Gebrauch macht. Offen bleibt auch, ob Fabian sein Erbe antreten wird, obwohl sich seine Identität als Sproß der de Mediana aufgeklärt und der sterbende Onkel alle Schuld eingestanden und seinen Neffen als Erben der spanischen und mexikanischen Besitzungen eingesetzt hat.

Die Waldläuferbearbeitung fällt in Mays frühe Schaffenszeit und eröffnet ihm in den Apacheria, den südlichen Breiten Nordamerikas, für seine Indianererzählungen ein neues Terrain (vgl. R. Schmid: Vorwort zu GWB 70). Deutlich wird dies in der allerdings bereits seit 1875 datierten Vorliebe Mays für die Apachen, denen er in der Gestalt des edlen Wilden Winnetou ein eindrucksvolles Denkmal setzt. Es ist unzweifelhaft, daß Ferrys Indianer Rayon Brûlant, bei May Falkenauge genannt, der Ur-Winnetou ist; auch seine berühmte Silberbüchse taucht bereits auf (vgl. R. Schmid: Anhang F 19 und F. Kandolf: Winnetou und Rayon Brûlant. In: KMJb 1932 bzw. F. Kandolf: Karl May und Gabriel Ferry in: KMJb 1933). Durch Mays Bearbeitung hat der ursprüngliche »Waldläufer«, in dem man noch Coopers Einfluß spürt, in vieler Hinsicht gewonnen. Die oft recht langatmigen Erörterungen vor allem über die Probleme des Alterns bei einem Jäger, dem Freiheit und Ungebundenheit außerhalb bürgerlicher Zwänge so notwendig sind wie die Luft zum Atmen, sind verschwunden. Manche charakterlichen Ungereimtheiten der Helden sind ausgemerzt, vor allem die unverständliche Wehleidigkeit des hünenhaften Bois rosé im Umgang mit seinem Adoptivsohn Fabian. Die häufigen, die Handlung hemmenden Rückblenden sind einer chronologischen Handlungsfolge gewichen. May hält sich getreu an Ferrys Schauplätze, während er bei den Personen auch eigene Vorstellungen wirksam werden läßt. Wie bei einer Ausgabe »für die Jugend« zu erwarten, wird die sentimentale Liebesgeschichte zwischen Fabian und Rosarita von May in den Hintergrund gedrängt.

Noch in späteren Werken Karl Mays lassen sich zahlreiche Spuren von Ferrys »Waldläufer« nachweisen, so das Motiv des »deadly dust«, des todbringenden Goldfiebers, oder die Übernahme von Vorurteilen gegen Mischlinge: ohne Ferrys Mestizen Sang mêlé wäre Mays *Halbblut / Der schwarze Mustang* nicht denkbar. Auch Mays spleenig-exzentrische Engländerfiguren bis hin zu Sir David Lindsay mögen in Ferrys Sir Frederik ihr Vorbild haben. Möglicherweise hat May auch das folgende Motiv übernommen: lieben ein edler Roter und ein Weißer die gleiche Frau, so hat der Rote zurückzustehen, wie Winnetou und Old Firehand zeigen.

Motivische Ähnlichkeiten äußern sich auch in kleinen Details: die Rücken an Rücken kämpfenden Waldläufer stellen das Vorbild für die »verkehrten Toasts« dar.

Mays Waldläuferbearbeitung hat in Leserkreisen nicht die Beachtung gefunden wie seine eigenen Werke, was auf die verworrene Erzählweise Ferrys zurückzuführen sein mag; für die Forschung bleibt sie ein hochinteressantes Feld für Anregungen und Motive, die May bei Ferry gefunden hat.

Hedwig Pauler

VI. Autobiographische Schriften

Zu autobiographischen Schriften – außer der für den DH verfaßten Skizze *Freuden und Leiden eines Vielgelesenen* – sah Karl May sich erst aufgrund der gegen ihn gerichteten öffentlichen Angriffe veranlaßt. Neben den umfangreicheren, als Broschüren oder Flugblätter veröffentlichten Selbstverteidigungs-Schriften gibt es noch zahlreiche Abwehrartikel Mays, die als »Eingesandt«-Leserbriefe in Zeitungen abgedruckt wurden. In ihnen nimmt er polemisch Stellung gegen Angriffe von Rudolf Lebius, Hermann Cardauns, Ansgar Pöllmann u. a. Das »Archiv der Karl-May-Gesellschaft«, Bad Segeberg und Langenhagen, bemüht sich um systematische Sammlung solcher Texte. Soweit sie bibliographisch bereits erfaßt sind, wurden sie in die in Vorbereitung befindliche umfassende Karl-May-Bibliographie von H. Plaul aufgenommen.

Auch Artikel über May in literarischen Nachschlagewerken (Kürschners Literaturkalender, Wer ist's?, Bildende Geister, Literarische Silhouetten u. a.) stammen meist aus seiner Feder oder beruhen auf seinen Textentwürfen.

1. *Freuden und Leiden eines Vielgelesenen*

Die erste und zweite Nummer des 23. Jg. des DH brachten im Oktober 1896 die mit acht Photographien – davon je zwei Aufnahmen des kostümierten Karl May als Old Shatterhand und als Kara Ben Nemsi – ausgeschmückte selbstbiographische Skizze, worin May, »von seinen Lesern aufgefordert, ja förmlich gedrängt wird, ›doch auch einmal etwas über sich selbst zu schreiben‹«, als »bescheidener, durch seine Erfolge schwer niedergedrückter Schriftsteller« geschildert wird, der »sein Herz gern einigermaßen erleichtern möchte« (303 R). Der gesamte Text ist in den R-KMG *Kleinere Hausschatzerzählungen* mit einem Vorwort und einer Einleitung von H. Meier aufgenommen worden (Regensburg 1982. S. 303–313). Einen Nachdruck erlebte der Text 1899 in »Kochs Bayerischem Schulmentor VIII« (Nürnberg). Eine stark gekürzte und größtenteils von den Radebeuler Bearbeitern neu geschriebene Fassung erschien 1927 in Band 48 GWR unter dem Titel *Old Shatterhand a.D.*

In vergnüglich zu lesender Manier schildert May auf der Höhe seines Ruhmes seine persönlichen Verhältnisse, seinen glücklichen Ehestand, die zahlreichen Jagdtrophäen seiner »Villa Shatterhand«, den Ablauf eines Wochentages Mitte der 90er Jahre, wie er überwiegend nachts arbeitet, »oft zwei, drei Nächte hintereinander, ohne dann am Tage schlafen zu können« (304 R), wie er direkt für den Druck schreibt, wie ihn schließlich immer wieder zahlreiche Verehrer plagen, an seiner Arbeit hindern und ihn permanent mit meist unfrankierten Bitt- und Dankesbriefen belästigen.

May konnte durch seine Schilderungen eine ungewöhnlich breitgestreute Reklame für seine Publikationen betreiben, sich als Weltläufer und sprachkundiger Zeitgenosse darstellen. Die satirische Skizze ist dagegen in künstlerisch-literarischer Hinsicht kaum von Bedeutung. Vieles spricht dafür, daß die mitgeteilten Vorgänge der Wahrheit entsprechen, wenn sie sich auch wahrscheinlich auf mehrere Tage bezogen haben werden. Die von Mays Gegner F. Mamroth in der »Frankfurter Zeitung« vom 17. 6. 1899 verspottete Selbstdarstellung (vgl. Jb-KMG 1974. S. 109–130) ist ein wichtiges ironisches Selbstzeugnis Mays.

Walther Ilmer

2. *Karl May und seine Gegner*

In einer Artikelserie, die zwischen dem 3. Juni und 7. Juli 1899 in der »Frankfurter Zeitung« erschien (vgl. Neuabdruck unter dem Titel: »Mamroth gegen May« in: Jb-KMG 1974. S. 113–124), zettelte der Feuilletonredakteur Fedor Mamroth gegen den gerade in Palästina weilenden Karl May eine bis zu dessen Tode reichende Pressefehde an, die in den polemischen Vorwürfen gipfelte, May gefährde mit seinen Schriften die Entwicklung Jugendlicher und habe weder die beschriebenen Länder betreten noch die geschilderten Abenteuer seines Ich-Helden erlebt. Noch während seines Jerusalem-Aufenthaltes verfaßte May im August 1899 eine langatmige Replik, die er unter dem Namen seines Freundes Richard Plöhn in der Dortmunder Zeitung »Tremonia« einrücken ließ (Wiedergabe unter dem Titel »May gegen Mamroth« in: Jb-KMG 1974. S. 131–152).

Mamroths ungeschickte und undifferenzierte Polemik konnte von May zum großen Teil leicht widerlegt werden, doch sah sich May erstmals in der »Situation des von der literarischen Kritik Angegriffenen und reagierte trotz anfänglich scheinbar gelassener Gesten mit übertriebener Aufgeregtheit« (C. Roxin: Das vierte Jahrbuch. In: Jb-KMG 1974. S. 7–14. S. 11). Unter Bezugnahme auf seine *Geographischen Predigten* läßt sich May über seine selbstgestellte Aufgabe und Zielsetzung aus (»ich schreibe für die an Liebe Armen und Bedürftigen«, S. 132), verteidigt seine Arbeits- und Schreibweise (»Wie es aus meinem Herzen kommt, so fliegt es aufs Papier, und geht von da wieder zum Herzen. Es ist das eine direkte Sprache und Gemüt zu Gemüt (...)«, S. 134) und versucht, in einer Lebenszeit, da er selbst die »Old-Shatterhand-Legende« immer mehr von sich weist, die Frage nach dem Wahrheitsgehalt seiner Reiseerzählungen als »geistige Pfennigfuchserei« (S. 138) abzutun.

Der Ton des zutiefst Verletzten überschreitet häufig die Grenzen zum Peinlichen, so wenn May von sich behauptet: dieser »öffentlich an das Kreuz, nein an den Schandpfahl geschlagene Mann ist der frömmste, gläubigste Christ, der edelste, beste Mensch, den es geben kann, der durch seinen edlen wohltätigen Sinn bekannteste Bürger seines Wohnortes« (S. 145). Insgesamt betrachtet spiegelt die naiv geratene Polemik mit ihren zahlreichen Weitschweifigkeiten einen unruhigen, sich im geistigen Umbruch befindlichen Autor. Innere Überlegenheit und kritische Distanz gegenüber Presseangriffen läßt May hier vermissen.

Walther Ilmer

3. *Reiseskizzen und Briefe der Orientreise*

Auf der Höhe seines Ruhmes unternahm der 57 Jahre alte Karl May von April 1899 bis Juli 1900 eine folgenschwere Orientreise. Während dieser Reise versandte May zahlreiche Briefe und Postkarten, die heute nur noch zum Teil erhalten, noch gar nicht ediert sind oder oft nur nichtssagende Datenbelege liefern (vgl. grundsätzlich die akribische Dokumentation von H. Wollschläger/E. Bartsch: Karl Mays Orientreise 1899/1900. Dokumentation. In: Jb-KMG 1971, S. 165–215).

Mays »Reisetagebücher« bestehen letztlich nur aus Anstreichungen in Reiseführern und zwei Kalendarien, in denen May stichwortartig Eindrücke festhielt. Einige Aphorismen und Gedichte, die May wahrscheinlich während seines Auslandsaufenthaltes verfaßte und später in seinen Büchern veröffentlichte, lassen sich jedoch der Reise zuordnen (vgl. Jb-KMG S. 166).

Zu Beginn seiner ersten Orient- und Auslandsreise überhaupt hält May erstaunlicherweise (Brief vom 22. 4. 1899 aus Kairo) noch an der Fiktion der Kara-Ben-Nemsi-Authentizität fest: »jetzt gehe ich nach dem Sudan; dann über Mekka nach Arabien zu Hadschi Halef (…)«. Zunehmend streift May diese Maske ab und gibt sich immer mehr der Faszination des Fremden hin; gleichzeitig spiegeln die Notizen aber seinen persönlichen Ärger über das Verhalten Emmas, seiner ersten Frau. Entscheidende Selbstbekenntnisse über den inneren Zusammenbruch »der narzißtischen Schutzpanzerung« (H. Wollschläger: »Die sogenannte Spaltung des menschlichen Innern…«. In: Jb-KMG 1972/73. S. 11–92. S. 56) in Padang auf Sumatra und die damit verbundene neue Ausrichtung auf das Liebesideal des Spätwerks wurden offenbar von Klara vernichtet (Wollschläger, Spaltung, S. 55).

Nach dem verspäteten Zusammentreffen mit Emma und dem Ehepaar Plöhn nehmen die Reiseaufzeichnungen im Mai, Juni und Juli 1900 einen anderen Charakter an: sie werden ausführlicher, lebhafter und reflektierender. Von Klara Plöhn ist ständig, von der eigenen Frau Emma so gut wie nie die Rede. Die spätere Verarbeitung zahlreicher Reiseeindrücke im *Silbernen Löwen III* (1902) und in der Erzählung *Schamah* (1910), wo Klara wesentliche Funktionen zufallen, ist eine nachträgliche Spiegelung der seelischen Bindung zwischen May und Klara Plöhn (vgl. F. Maschke: Karl May und Emma Pollmer. Bamberg 1973. S. 92). Verräterisch ist in dieser Hinsicht auch die Eintragung vom 30. 7. 1900, wo May den auf den 31. fallenden Geburtstag von Klaras Mutter ohne Zusatz als »Mutters Geburtstag« bezeichnet.

Walther Ilmer

4. *»Karl May als Erzieher«*

Im Januar 1902 vertrieb Mays Verleger Fehsenfeld für zehn Pfennig je Stück eine 159 Seiten umfassende Broschüre mit dem umständlichen und wenig zugkräftigen Titel *»Karl May als Erzieher« und »Die Wahrheit über Karl May« oder Die Gegner Karl Mays in ihrem eigenen Lichte* mit der Verfasserangabe *Von einem Dankbaren May-Leser* (Auflage 100000). Die Schrift ist unter der griffigen Bezeichnung *Der dankbare Leser* in die Forschung eingegangen (Materialien zur Karl-May-Forschung. Bd. 1. Ubstadt 1974. 2. Auflage 1982. Nachwort von E. Bartsch). Verfasser und »dankbarer Leser« zugleich war Karl May selber. Der Titel ging zurück auf die von der »Frankfurter Zeitung« verbreiteten Artikel »Gymnasiasten auf dem Kriegspfade. (Karl May als Erzieher)« vom 22. 7. 1901 und »Die Wahrheit über Karl May« vom 9. 11. 1901, durch die Mays Reiseerzählungen ins Zwielicht gerückt, die von Adalbert Fischer widerrechtlich unter Mays Namen neu aufgelegten Münchmeyer-Kolportageromane als unsittlich abgestempelt und der Gedichtband *Himmelsgedanken* als wertloses Machwerk abgetan wurden.

Unter dem Schutz der Anonymität setzt sich May aggressiv mit der »Frankfurter Zeitung« und seinem Widersacher Cardauns von der »Kölnischen Volkszeitung« auseinander, dessen ursprünglich freundliche Gesinnung infolge eines Honorarstreites, wegen der Zweifel am Wahrheitsgehalt der Reiseerzählungen wie auch an Mays Katholizität sowie wegen der Münchmeyer-Romane schließlich ins Gegenteil umgeschlagen war (vgl. H. Plaul: Literatur und Politik. Karl May im Urteil der zeitgenössischen Publizistik. In: Jb-KMG 1978. S. 174–255). Im Streit um den Abdruck der *Wüstenräuber*-Erzählung argumentierte der »dankbare Leser« so entstellend, daß Cardauns und der Verlag Bachem, der die Erzählung 1885 in seine »Romansammlung« aufgenommen hatte und bei dem auch die »Kölnische Volkszeitung« erschien, ihn sogleich widerlegen und damit seine Glaubwürdigkeit insgesamt erschüttern konnten (vgl. B. Kosciuszko: Im Zentrum der May-Hetze. Ubstadt 1985. S. 6–12 und 106–110).

178 undatierte Zustimmungsbriefe begeisterter May-Leser dokumentieren die vom »dankbaren Leser« gegen Mays Widersacher ins Feld geführte moralisch positive Wirkung auf breite Leserkreise. Die Originalbriefe – in Verwahrung bei

Mays Rechtsanwälten – stimmten jedoch häufig nicht mit Mays Formulierungen überein. Ebenso fehlen deutliche Zitatangaben bei den »Empfehlenden Worten deutscher Bischöfe« – die Fehsenfeld bereits 1894 für ein Flugblatt gesammelt hatte – und in »Einige Stimmen der Presse«, die sich nachhaltig für May aussprechen und den sittlichen Gehalt seiner Erzählungen preisen. Hier wie an zahlreichen anderen Stellen der Schrift wird Mays Verschleierungstaktik deutlich, etwa in den ungenauen Daten- und Zeitangaben sowie vielen anderen Verwirrungen, die May stiftet und die eher den Ausflucht- als Aufklärungscharakter belegen.

Beigegeben wurden eine Verlagsanzeige von Mays Reiseerzählungen und seinen Kompositionen sowie die positive Beurteilung des Gedichtbandes *Himmelsgedanken* durch L. Freytag in der Zeitschrift »Pädagogisches Archiv«.

In dem Artikel »May, Karl Friedrich« des »Biographischen Jahrbuches«, Bd. XVIII (Berlin 1917), wurde die Broschüre wohl erstmals als »zum größten Teil von M. selbst verfaßt« bezeichnet (s. auch E. A. Schmid: Eine Lanze für Karl May. Radebeul 1918. S. 13).

Wie mit fast allen seinen Verteidigungs- und Rechtfertigungsschriften hat May als »dankbarer Leser« seiner Sache nicht viel geholfen. Die um seine Person und sein Werk entstandenen Streitfragen haben durch Pamphlete, Flugblätter und Offene Briefe in der Regel keine Versachlichung erfahren, sondern oft erst die Probleme entfacht oder Konflikte verstärkt. Für die biographisch-psychologische Forschung bietet *Der dankbare Leser* willkommenes Material.

Walther Ilmer

5. *An den Dresdner Anzeiger*

Im November 1904 sah sich Karl May veranlaßt, in drei Offenen Briefen gegen den einflußreichen »Dresdner Anzeiger« vorzugehen (Wiederabdruck in: Jb-KMG 1972/73. S. 124–143). Anlaß war die unangemessen spöttisch-sarkastische Kritik der einflußreichen Zeitung vom 30. 10. 1904 gegen Mays neues Buch *Und Friede auf Erden!*. May nahm den Fehdehandschuh auf und suchte in einer ganzseitigen Stellungnahme im »Dresdner Journal« vom 5. 11. 1904 seine

Kritikerin Marie Silling lächerlich zu machen. Der »Dresdner Anzeiger« konterte am 9. 11. mit dem anonymen Artikel »Karl May. (Was unsere Quartaner lesen.) Von einem Gymnasiallehrer« und am 13. 11. ging der Redakteur für Kunst und Wissenschaft, Prof. Paul Schumann, massiv gegen May vor, nunmehr »weniger literarisch als ad hominem argumentierend« (E. Bartsch: *Und Friede auf Erden!* Entstehung und Geschichte. In: Jb-KMG 1972/73. S. 93–123. S. 109). Alle bisher von der Presse gegen May erhobenen Vorwürfe wurden hier nochmals zusammengetragen: er habe unsittliche Kolportageromane verfaßt, sich den Doktor-Titel unrechtmäßig zugelegt, täusche Sprachkenntnisse vor und gebe sich als Katholik aus. May antwortete daraufhin mit einem weiteren Offenen Brief, polemisierte gegen die Behauptungen Schumanns und behauptete, dieser und der Chefredakteur der »Kölnischen Volkszeitung«, Hermann Cardauns, seien »verbündet miteinander gegen Karl May – – – zum Nutzen und Wohl, zum Segen und zum Frommen einer Kolportageverlagsbuchhandlung (gemeint war Münchmeyer, W. I.), wegen der man »mich verachtet und verfolgt«. (S. 143).

Im Gegensatz zu seinen früheren Polemiken (vgl. *Karl May und seine Gegner*), reagiert May hier wesentlich gewandter, obwohl der gereizte Ton des letzten, persönlichen Briefes an Schumann zum Schluß hin an Aggressivität zunimmt.

Mays Repliken machen deutlich, daß seine Gegner den Mann bekämpften, wo sie die Sache meinten. Der Autor verwahrt sich daher zu Recht gegen unangemessene persönliche Schmähungen und Beleidigungen und verlangt eine objektive Auseinandersetzung mit seinem Werk. Doch dokumentieren Mays Antworten letztlich auch den wenig erfolgreichen Versuch eines Autors, einen einflußreichen und grundsätzlich negativ eingestellten Kritiker umzustimmen.

Walther Ilmer

6. *An die Deutsche Presse* und andere Flugblätter

Zwischen 1905 und 1910 versandte Karl May im Zusammenhang mit gegnerischen Presse-Veröffentlichungen, die sich – parallel zum laufenden Münchmeyerprozeß – besonders auf die frühen Kolportageromane der achtziger Jahre konzentrierten, sechs Flugblätter an deutsche Presseorgane (Abdruck mit Einl. u. Anmerkungen von E. Bartsch in: Jb-KMG 1979. S. 276ff.).

In fünf von sechs Flugblättern – ein von May durch seine Rechtsanwälte 1908 verfaßter Appell *Zur Abwehr* (Jb-KMG 1983. S. 69–75), der keine neuen Sachargumente enthält, blieb seinerzeit unveröffentlicht – wird Hermann Cardauns, der Chefredakteur der »Kölnischen Volkszeitung«, angegriffen. Zentrum der gesamten Flugblattpolemik ist die Frage, ob May in seiner Frühzeit Romane mit unsittlichen Stellen verfaßt habe. May, der seit der Orientreise der Jahrhundertwende eine neue Einstellung zu seinem Werk gewonnen hatte, trug die Verurteilung seiner Kolportage paradoxerweise im Grunde mit, doch stritt er resolut jede Mitwirkung an den anstößigen Stellen mit dem Hinweis ab, diese seien erst später und ohne sein Wissen interpoliert worden. Immer wieder verlangt May in diesem Zusammenhang eine Vorlage der Originalmanuskripte – auch dies ist ein Hinweis darauf, daß – wie die Forschung heute bestätigen kann (Jb-KMG 1979. S. 278f.) – sich May grundsätzlich im Recht befand. Unrichtig ist freilich Mays Hinweis, er habe während der Entstehung der Kolportageromane an eine spätere Buchveröffentlichung im Rahmen der »Gesammelten Reiseerzählungen« gedacht.

In formaler Hinsicht fällt an Mays Offenen Briefen die Verwendung der ursprünglichen Gegentitel auf. So antwortet er auf K. Küchlers Polemik »Ist Karl May rehabilitiert?« mit einem Flugblatt *Ist Cardauns rehabilitiert?* Das Flugblatt von 1910 nimmt im Reigen der Aufsätze eine Sonderstellung ein, weil es sich nur gegen Mays Hauptfeind Rudolf Lebius, dessen »Syphilisblatt« (S. 314) und gegen die mit Hilfe eines Jahrmarktindianers inszenierte Anti-May-Kampagne richtet.

Insgesamt sind die Polemiken Mays von geringer literarischer Qualität, als Ergänzung zur Autobiographie aber nicht unbedeutend: »Sie zeigen im Spiegel der verzweifelten Abwehrversuche Mays, mit welcher Erbarmungslosigkeit die Publizistik jener Zeit den alten Mann guten Gewissens zugrundegerichtet hat. Ihre Bedeutung für die Forschung liegt aber vor allem auch darin, daß diese Auseinandersetzungen (...) für das Spätwerk auslösend und formbildend gewirkt haben; angesichts dessen gewinnen selbst scheinbare Nebensächlichkeiten der Tagespolemik literaturwissenschaftliches

Interesse« (C. Roxin: Das neunte Jahrbuch. In: Jb-KMG 1979. S. 7–11. S. 11).

Walther Ilmer / Reinhard Tschapke

7. *Ein Schundverlag* und *Ein Schundverlag und seine Helfershelfer*

1905 entstand im Zusammenhang mit dem sogenannten »Münchmeyer-Prozeß« um den unberechtigten Nachdruck von Mays frühen, zwischen 1882 und 1887 erstmals veröffentlichten Kolportageromanen (*Das Waldröschen* u. a.), die erste fragmentarische, »nur für den Verfasser« gedruckte Kampfschrift *Ein Schundverlag,* der 1909 ein ähnlich konstruierter, 80 Seiten umfassender Textausschnitt unter dem Titel *Ein Schundverlag und seine Helfershelfer* folgte. Beide Texte, die ursprünglich nicht für eine Veröffentlichung bestimmt waren und aus prozeßtaktischen Erwägungen heraus entstanden, wurden erstmals 1982 aus dem Nachlaß, faksimiliert, in der Reihe der »Prozeßschriften« Mays (Bd. 2, Bamberg 1982) ediert.

Wie die spätere Schrift von 1909 beginnt *Ein Schundverlag* mitten im Satz auf Seite 257 (»und keineswegs zu wiederholen, daß ich dieses Buch nicht schreibe, um behördliche Organe zu kritisieren (...)«) und endet auch in dieser eigenartigen Form auf Seite 416. Damit sollte für den Leser der Eindruck eines Ausschnittcharakters bewirkt werden (vgl. 257, 259, 325, 389, 413 R), so als plane und schreibe May an einem größeren Werk gegen die unseriösen Geschäftspraktiken des Kolportagenachfolgeverlages von H. G. Münchmeyer – in Wirklichkeit jedoch waren nur die gedruckten 160 Seiten vorhanden.

Im gehetzten, pamphletistischen Ton berichtet May unter Mitteilung einer Fülle autobiographischer Details von seiner Redakteurszeit (1875–77) bei seinem ersten Verleger Münchmeyer (1836–1892) und von seiner Tätigkeit als Kolportageautor im gleichen Hause. Trotz zahlreicher subjektiver Färbungen, trotz vieler polemischer Ausfälle und trotz der hier und da erkennbaren Widersprüche zur 1910 erscheinenden Selbstbiographie *Mein Leben und Streben* ist der Wahrheitsgehalt der in Form einer »Lebensbeschreibung« (277R) dargebotenen Streitschrift im wesentlichen gewahrt. May bemüht sich krampfhaft, alle Ungereimtheiten von sich zu weisen; dem entspricht äußerlich, daß das Wort »Lüge« im Zusammenhang mit gegnerischen Aussagen im fortlaufenden Text marktschreierisch fett gedruckt wird.

Das gesamte Panorama der Beziehungen Mays zum Verlagsunternehmen Münchmeyer, zur Witwe Pauline Münchmeyer und schließlich zur Nachfolgefirma Adalbert Fischers, vom ersten Zusammentreffen zwischen May und Münchmeyer 1875 (280R) nach der Zuchthausentlassung bis zur endgültigen Trennung 1887 und dem aktuellen Streitstand um 1905 zwischen Fischer und dem Schriftsteller, wird vor dem Leser eindringlich lebendig. Im Zentrum steht, wie in zahlreichen Verteidigungspolemiken Mays, der Versuch nachzuweisen, daß die anstößigen Stellen der ursprünglich pseudonym und jetzt unter seinem Namen veröffentlichten Kolportageromane nicht von ihm, sondern ohne sein Wissen von anderen, z. B. von Münchmeyer, später interpoliert worden seien: »Nehme ich meine damalige Arbeit jetzt in die Hand, so erkenne ich sie kaum wieder. Das ist nicht jener wohlbedacht artikulierte Leib, in welchem meine Seele zum Leser sprechen sollte. Das sind nicht jene weichen und doch energischen Konturen, die ich ihm gegeben habe, nicht die hellen Züge, die runden Linien, die hohe, denkende Stirn, die klaren Augen, die beweglichen Glieder! Sondern das ist ein formlos dicker Rumpf, von ordinären Genüssen aufgeschwollen, mit verkrüppelten Armen und Beinen, die an den Leib gezogen sind, weil sie zu faul waren, sich zu bewegen. Ein wüster Kopf! Alles ist stumpf an ihm, nicht nur die Nase! Sinnlichkeit und nichts als Sinnlichkeit, wohin ich nur schaue! Pfui! Und dieser Kerl soll ich sein?« (375R) Besonders die »satte Deutlichkeit in der Beschreibung weiblicher Reize« (377R), die diese Romane nach den Worten von Mays Widersacher H. Cardauns von der ›Kölnischen Volkszeitung‹ »abgrundtief unsittlich« (265, 370R) machen, dementiert May. Darüber hinaus jedoch geht es dem Autor im gesamten Prozeßstreit auch um die erheblichen finanziellen Einbußen, die ihm infolge der unlauteren Praktiken im Verlag Münchmeyer und des Mangels an schriftlich fixierten Abmachungen entstanden.

Karl Mays Befähigung, zwei so auseinanderklaffende Werke wie *Ein Schundverlag* und *Babel und Bibel* in unmittelbarer zeitlicher Nähe zueinander zu verfassen, zeigt ihn als Opfer tiefgreifender Spaltungserscheinungen.

Walther Ilmer / Reinhard Tschapke

8. *Sur le rapprochement Franco-Allemand*

Im September 1907 fand in München ein internationaler Friedenskongreß statt, zu dessen Vorbereitung die pazifistische französische Zeitschrift »La paix par le droit« (Friede durch Recht) eine Umfrage startete, in die auch May – vielleicht wegen seines Buches *Und Friede auf Erden!* – einbezogen wurde. Im März 1907 erschien eine knapp zwei Seiten umfassende Antwort Mays (Jb-KMG 1970. S. 158–159; der französische Wortlaut: S. 156–157; vgl.: U. von Thüna: Ein Brief Karl Mays an eine pazifistische Zeitschrift. Jb-KMG 1970. S. 160–162), die in einer Reihe mit Beiträgen von so bekannten Persönlichkeiten wie Georg Simmel und Friedrich Paulsen steht.

May, der in Frankreich wenig bekannt war, hat hier, neben gelegentlichen pazifistischen Äußerungen in seinen Werken, erstmals und wahrscheinlich in dieser Art einmalig zur damaligen Friedensbewegung Stellung genommen. Im dritten Passus begeht May allerdings den Fehler, »Deklamationen zu machen, anstatt den Ursachen für die Interessengegensätze zwischen Frankreich und dem Deutschen Reich nachzugehen« (Thüna, S. 161f.). Der Vorschlag, eine deutsch-französische Zeitschrift für die Völkerverständigung zu gründen, wirkt bei aller guten Absicht im historischen Rückblick wenig originell und recht hilflos.

Walther Ilmer

9. *Mein Glaubensbekenntnis*

Im Gesamtzusammenhang mit der Pressefehde, die um die Jahrhundertwende begann und sich auch gegen die aufgesetzt wirkende katholisierende Terminologie des Protestanten Karl May richtete, ließ May Anfang 1907 in der ihm wohlgesinnten konservativ-katholischen »Donau-Zeitung« (Passau) ein wahrscheinlich einige Jahre früher entstandenes religiöses *Glaubensbekenntnis* abdrucken (auch in: Materialien zur Karl-May-Forschung. Bd. 2. Ubstadt 1975. S. 245f. und Jb-KMG 1985. S. 78f., in leicht veränderter Fassung in einem Brief an die bayerische Prinzessin Wiltrud: Jb-KMG 1983. S. 100f.).

Mays knapp eine Seite umfassender Text ist deutlich dem christlichen Grundmuster des sog. »Nicäno-Konstantinopolitanum« nachgebildet. Doch gibt es entscheidende Abweichungen vom Katechismus-Text, die vor allem das Überkonfessionell-Ökumenische akzentuieren: Gott wird spinozistisch als Vater »aller fühlenden Wesen« (Jb-KMG 1985, S. 79), bezeichnet, der Marienkult indirekt als nicht notwendig erachtet (»die himmlische Liebe« in Gestalt der Gottesmutter »lebt und wirkt, gleichviel, ob wir sie verehren oder nicht.« S. 79). Im Gegensatz zur bekannten Formel wird weder zur Hölle niedergefahren noch am dritten Tag wieder auferstanden. Bei May ist Gottes Sohn als Ideal eines Edelmenschen vielmehr »in die Menschheitsqual« (S. 79) versenkt.

Wenn May von einer »katholischen Gemeinde« spricht, zu der ein »Jeder gehört, der den Pfad des Erlösers wandelt« (S. 79), dann wird hier ohne Zweifel überkonfessionell auf den ursprünglichen griechischen Wortsinn von »umfassend« und »allgemein« angespielt.

Im letzten Teil weist Mays Confessio über sich hinaus auf die aufklärerische Philosophie, so, wenn es, fast schon wörtlich Lessing zitierend, heißt, daß die »Zukunft des Menschengeschlechtes« (S. 79) von Nächstenliebe, Güte im Menschen und Nationenverbrüderung abhänge.

Walther Ilmer

10. *Frau Pollmer*

Die als *Psychologische Studie* bezeichnete Schrift aus dem Jahr 1907 wurde von May »nur für mich allein« geschrieben und dazu bestimmt, »später für meine Selbstbiographie verwendet« zu werden; falls er sterbe, »ohne die Hand an dieses Werk gelegt zu haben«, werde es »von meinem Biographen zu vollenden sein«; von ihm wünsche er sich, daß die Arbeit »gerecht und wahr, doch rein literarisch« ausfalle. So blieb der Text unveröffentlicht im Nachlaß, wo er nur wenigen

Forschern zugänglich war, bis der Karl-May-Verlag ihn endlich herausgab (Karl May, Prozeß-Schriften 1: *Frau Pollmer*. Reindruck und Faksimile der Handschrift. Herausgegeben von R. Schmid. Einführung und Anmerkungen von H. Stolte. Bamberg 1982).

Die Bezeichnung »Prozeßschrift« trifft nur bedingt zu. Obwohl die *Studie* in die Zeit der Meineidsuntersuchung fällt und May sie dem Untersuchungsrichter einmal »privatim zur Lektüre überlassen« hat (so die gerichtliche Formulierung im Beschluß des KLG Dresden vom 12. 6. 08; in: R. Lebius, Die Zeugen Karl May und Klara May. Berlin-Charlottenburg 1910. S. 112), ist sie doch nie – wie etwa *Meine Beichte* – zu Gericht gegangen. So muß auch F. Maschkes Behauptung (in: M-KMG 19. S. 34), sie sei »trotz der darin gegebenen gegenteiligen Versicherung Karl Mays nicht für seinen Biographen, sondern für den Untersuchungsrichter Dr. Larras(s) bestimmt« gewesen und geschrieben worden, »nachdem Emma Pollmer zehn Tage lang (...) über ihre Ehescheidung auszusagen gehabt hatte«, doppelt scheitern; als May die *Studie* schrieb, hatte Emmas Vernehmung (10.–17. 12. 07) noch gar nicht stattgefunden. Unhaltbar erscheint auch H. Stoltes Argumentation (in: *Studie*. Einführung. S. XII), Emma sei »eine Art Kronzeugin« gegen May gewesen, und dieser habe von ihr »eine für ihn vernichtende, ja (...) geradezu tödliche Bedrohung gewärtigen« und gegen diese eine Maßnahme ergreifen müssen; dies trifft schon darum nicht zu, weil Emma im Münchmeyer-Prozeß Mays eigene Zeugin gewesen und von der Meineidsuntersuchung als Beschuldigte mitbetroffen war. Aussagen über die Motivation der *Studie* setzen eine gewissenhafte Erforschung der Entstehungszeit und ihrer Daten voraus. R. Schmid ist es gelungen, den terminus ante quem einwandfrei zu ermitteln (in: *Studie*. Vorwort. S. VIII ff.): die letzte, vom Haupttext bereits abgehobene Eintragung stammt vom 14. 12. 07; er irrt freilich ebenfalls in der offensichtlichen Bewertung der Emma-Vernehmung, von der May überhaupt erst später erfuhr (vgl. den KLG-Beschluß in: Lebius, Zeugen. S. 111 f.). Als terminus post quem darf mit einiger Sicherheit die Haussuchung (9. 11. 07) angenommen werden, da bei ihr die *Studie* noch nicht vorgefunden wurde, andernfalls sie unbedingt mit zum Beweismaterial gekommen wäre. So hat sie zwar die allgemeine Bedrückung durch die gerichtliche Verfolgungssituation fraglos in sich aufgenommen, von dieser und einem ihrer konkreten Vorgänge provoziert war sie aber nicht, und einen positiven ›Prozeßzweck‹ konnte sie aufgrund ihrer Charakteristik gar nicht haben. Dies ist für deren Beurteilung von großer Wichtigkeit. Wollte man eine Hypothese wagen, so wäre eher einer Mitteilung von H. Wiedenroth zu folgen: er sieht die Entstehung der *Studie* im Zusammenhang von Mays Bekanntschaft mit dem Psychoanalytiker und Anthropologen F. S. Krauss, der von Mays Erfahrungs-Psychologie beeindruckt war und ihn (im Mai 07) sogar zur Mitarbeit an seinem Jahrbuch ›Anthropophyteia‹ aufforderte; obwohl May ablehnte, könnte die Beschäftigung mit dessen Thematik durchaus den Entschluß zu einer *Psychologischen Studie* ausgelöst oder bekräftigt haben und Beschaffenheit und Inhalt der ungewöhnlichen Schrift befriedigend erklären.

Der Inhalt kann hier nur kursorisch angegeben werden: Beschrieben wird die Geschichte der nach 22 Jahren geschiedenen ersten Ehe des Autors mit Emma Pollmer und ihrer Auswirkungen auf die späte Gegenwart. Berichtszeitraum sind dabei die zentralen Abschnitte von Mays Schriftstellerleben: nach einer Einleitung, die zu den Voreltern in die 30er Jahre des Jahrhunderts zurückgreift und ein Bild von Erziehung und hereditärer Belastung entwirft, folgt einmal mehr die unselige Münchmeyer-Periode (807 ff.), dann die Ruhm- und Renommierzeit der 90er Jahre (850 ff.), die Orientreise (879 ff.) und die Zeit der Ehescheidung wie der beginnenden Prozesse (916 ff.). Die Schilderungen überschneiden sich mit den betreffenden Passagen der anderen autobiographischen Schriften *(Ein Schundverlag, Mein Leben und Streben, An das königliche Landgericht)* und stimmen mit ihnen auch in tatsächlichen Verschiebungen und Irrtümern überein, ergänzen sie jedoch zugleich wertvoll durch Daten und Details. Den entscheidenden Unterschied macht die unerbittliche Gruppierung um die Titelfigur als Causa, als »das eigentlich bewegende Moment« (831). Diese Gruppierung, schließlich ein regelrechtes Beziehungssystem aus konzentrischen Kreisen, baut durchaus extreme Vorstellungen auf und bewegt sich in einer ebenso extremen, bei May sonst nirgends zu findenden Verbalität, die auch das intimste Detail beim Namen nennt. Im Mittelpunkt des psychologischen Bildes steht die »Besessenheit« Emmas durch das, was May die »Pollmerschen Dämonen« nennt: dieser Wirkungsquelle im Unglück seines Lebens, deren Vorstellung aus den ontologischen Lehren des von ihm gegen den gewöhnlichen Spiritismus abgegrenzten Spiritualismus stammt, stellt er eine hohe Medialität sowie hypnotische Kräfte an die Seite. Als Folge solcher Kräfte erklärte er seine eigene langjährige Opferrolle, und aus dem so gewonnenen Selbstverständnis gelingen ihm, direkt und indirekt, Bekenntnisse, deren Aufrichtigkeit den sonst oft sehr hoch und selbstbewußt angesetzten Grundton seines Sprechens immer wieder erstaunlich durchbricht. Zu einer eigentlichen Summe dringt die Schrift nicht vor, so wenig wie sie die erkennbar geplante Form durchhalten kann. Wie in den anderen autobiographischen Darstellungen überflutet die Tagesaktualität die chronologische Ordnung; was als fast humoristisches Erzählen begann, gerät mehr und mehr unter den Druck des Sachernstes und schließlich in einen plädierenden Ton, in dem sich die hermetische Absicht der Aufzeichnung vergißt. Der Schluß bleibt offen und verweist auf eine nicht mehr geschriebene Fortsetzung; ein Anhang »Notizen« (935 ff.) versammelt einige Schrift- und Beweisstücke.

Daß May zu einer Arbeit von so ungewohnter Art ansetzte, spiegelt vor allem den auch sonst vielfach belegten Energiezuwachs, der ihm nach sechs Jahren Münchmeyer-Prozeß durch die Reichsgerichtsentscheidung zuteil wurde: nach dem vermeintlich »endgültigen Sieg über meine Feinde« (an Fehsenfeld, 10. 10. 07) ging er daran, nicht nur neue Werkpläne und -strategien zu entwickeln (*Abu Kital, Mir von Dschinnistan, Marah Durimeh, Winnetou IV; Erzgebirgische Dorfgeschichten*, Illustrierte Werkausgabe), sondern auch das ihm widerfahrene zerklüftete Schicksal im Zusammenhang zu reflektieren und in ein Kausalitätssystem zu ordnen. Der Wert des Textes als Selbstdarstellung ist unbestreitbar und bisher auch unbestritten. Anders steht es bei der Wahrheitsfrage im Hinblick auf die Titelfigur. Ihr hat F. Maschke ein ebenso umfangreiches wie lückenhaftes und psychologisch schlichtes Buch gewidmet (Karl May und Emma Pollmer. Die Geschichte einer Ehe. Bamberg 1973), in dem die *Studie* als Quelle entschieden verneint und »unberücksichtigt« gelassen wird, und auch die Herausgeber der Edition selbst zeigen die auffällige Tendenz, Mays Ehebericht weitgehend ins Reich der Fabel zu verweisen, als einen »fiktionalen« Text, »eine Karl-May-Erzählung, nach den Schnittmustern seiner Romantechnik gefertigt« (H. Stolte, Frau Pollmer – eine psychologische Studie. Dokument aus dem Leben eines Gemarterten. In: Jb-

KMG 1984, S. 11–27. S. 17 und 21). Richtig ist sicher, daß auch diese Schrift – wie andere autobiographische Zeugnisse – eine literarische Überformung erfahren hat: diese äußert sich als ordnende Systematisierung der scheinbar unzusammenhängenden Bestandteile, und an ihr hat, als Kausalitäts-Bindemittel, die Phantasie gewiß einen untersuchenswerten Anteil. Mit H. Schmiedt sollte man sich jedoch »hüten, alles für pure Erfindung zu halten, was auf den ersten Blick wie eine solche anmutet: Wir kennen aus dem extremen Leben Mays schon genug Fakten, die man für Phantasieprodukte hätte halten mögen.« (Literaturbericht. In: Jb-KMG 1984, S. 249–67. S. 265 f.) Was R. Schmid als »nachgerade krankhafte Verzerrung« erscheint (Vorwort. In: May, *Studie.* S. VII) und von H. Stolte ausführlich als »Haßausbruch aus den brodelnden Tiefen einer gemarterten Seele« oder als »Ausbruch von Panik, der ihn wie besinnungslos um sich schlagen ließ« (Einführung. S. XI und XV) charakterisiert wird, als »überdimensionale Verfluchung von geradezu alttestamentarischem Furor« (Leben eines Gemarterten. S. 15), niedergeschrieben in »chaotischem psychischen Zustand« (Anmerkungen. In: May, Studie. S. 958), bei »Trübung seines klaren Bewußtseins« (Einführung. S. XV) und gefolgt von einem »Nervenzusammenbruch« (Leben eines Gemarterten. S. 14), – das alles wird May zwar in der Emphase des Ausdrucks gerecht, der sich auch in der *Studie* oft bestürzend steigert, kann aber als Kritik an deren Faktizität nicht ausreichen. Überdies wirken psychiatrische Verdikte über den Verfasser, der zur gleichen Zeit wie an der *Studie* am *Mir von Dschinnistan* schrieb, hier doppelt unglücklich: wo sich »wahnhafte Vorstellungen« und »Züge eines Verfolgungssyndroms« (Anmerkungen. S. 960 und 957) schließlich zum strengen Urteil versteigen, Mays Angst vor einem Giftanschlag zeige »die Schlußfolgerung eines Paranoikers« (Leben eines Gemarterten. S. 21), scheinen die Dinge geradezu auf den Kopf gestellt, und man hat sich zu erinnern, daß es ja Emma Pollmer war, die – in den letzten Lebensjahren entmündigt und »ohne lichte Augenblicke« (Maschke, Ehe. S. 123) – in Paranoia zugrunde ging, und nicht der Verfasser der psychologischen Studie über sie, dem hier mit doch zu leichter Hand ein schweres klinisches Urteil aufgeheftet wird. May übertrieb wohl, auch im Faktischen und seiner Vernetzung, aber er erfand wohl nicht, und was – namentlich beim Themenkomplex der »Pollmerschen Dämonen« – in seiner

Schrift befremdet, ist nicht das Fremdartige von Phantasie, sondern das einer Selbsterfahrung, die nicht jedem auferlegt ist; sie zu beschreiben, wäre eher die Aufgabe als eine verwerfende Kritik, die zuletzt dem Leben selbst abspricht, was sie als Literatur gelten läßt. Bei der schwierigen Wahrheitsfindung müßte vor Augen bleiben, daß es sich bei den Grundaffekten ›Liebe‹ und ›Haß‹ generell um »fiktionale« Produktionen handelt, die nie »objektiv« zu ihrem Objekt in Beziehung stehen; es wäre daher gänzlich nichtssagend, den Haß und seine Selbstreflexion in dieser Schrift darum für unbegründet zu erklären, weil seine Provokation im Objekt nicht nachweisbar sei: – hier ist die Nicht-Nachweisbarkeit überdies naheliegenderweise ein Mangel an Überlieferung.

O. Forst de Battaglia erriet in Mays Ehe ohne Kenntnis der *Studie* eine »Strindbergische Hölle« (Karl May. Bamberg 1966. S. 128); sie ist jedenfalls sehr anders zu beschreiben, als es F. Maschke (s. o.) gegen seine Kenntnis der *Studie* tat. Der Auftrag, Mays Quellenschrift auf ihren biographischen wie selbstbiographischen Wert hin »gerecht und wahr« zu untersuchen, kann noch nicht als erfüllt gelten. Sie wartet so weiter noch auf den Biographen, dem der Autor sie bestimmte: als Lebenszeugnis, das mit allem Ernst Wahrheitsanspruch erhebt, wie als durchaus »psychologische« Zeichnung eines abgründigen Charakters – und schließlich als Literatur.

Hans Wollschläger

11. *Die Schundliteratur und der Früchtehunger*

In der autobiographischen Schrift *Die Schund- und Giftliteratur und Karl May, ihr unerbittlicher Gegner* griff Karl May unter dem Pseudonym »Oberlehrer Franz Langer« im Juni und Juli 1909 im »Mährischen Volksboten« (Brünn) ein Thema wieder auf (vgl. M-KMG Nr. 7, S. 4–6), das er bereits gegen Ende 1907 oder Anfang 1908 in einer Art Selbstrezension (Erstdruck: Jb-KMG 1983. S. 50–55) unter dem Titel *Die Schundliteratur und der Früchtehunger* abgehandelt hatte. May zog in dieser Vorfassung, von sich selbst in der dritten Person redend, gegen die »Pest der Schundliteratur« (S. 50) zu Felde und pries sich und seine Werke ungeniert als unbedenklich an.

Der Autor, der »allen seinen Lesern ein immerwährender Sonnenschein gewesen und geblieben ist bis auf den heutigen Tag« (S. 52f.), war offenbar von seiner eigenen Argumentation so wenig überzeugt, daß er auf eine Veröffentlichung verzichtete. »May blieb als Vermittler seiner selbst fast immer hilflos (...)« (H. Wollschläger: Das dreizehnte Jahrbuch. In: Jb-KMG 1983. S. 7–12. S. 8).

Der May-Freund und Volksschulpädagoge Franz Weigl (1878–1952) übernahm dann später *Die Schund- und Giftliteratur und Karl May, ihr unerbittlicher Gegner* in die zweite Auflage seiner Schrift »Karl Mays pädagogische Bedeutung« (München 1909. S. 19–38; vgl. Materialien zur Karl-May-Forschung. Bd. 2. Ubstadt 1975. S. 199–218).

Der ungleich schärfer als *Die Schundliteratur und der Früchtehunger* abgefaßte Text beginnt mit heftigen Schimpftiraden auf die »Giftigkeit und Gefährlichkeit« (S. 200) der Schundliteratur, die aufgeregt seitenlang mit Syphilis, Eiter und Geschwüren in Verbindung gebracht wird, die eine gesunde Gesellschaft anstecken und verderben können. Besonders die einfachen Schichten des Volkes, »die Kinder der Armut, die Söhne und Töchter der Arbeit und der Sorge, denen versagt ist, was andere, scheinbar Glücklichere in vollen Zügen genießen« (S. 204), würden durch das Gift des Kolporteurs betäubt, getäuscht und betrogen. Es sei deshalb nicht nur notwendig, gesetzlich gegen »Buffalo Bills, Nik Carters und ähnliche Ausgeburten« (S. 206) vorzugehen, sondern unabdingbar als Autor mutig selbst in den »Augiasstall« (S. 208) hinabzusteigen, um den Schund zu beseitigen. Keiner ist hierfür, schreibt Karl May in der dritten Person von sich selbst, hierfür so berufen wie Karl May, der seine Leser noch von Seele zu Seele anspreche, Verständnis und Liebe für den Orient und für die rote Rasse aufbringe, die »Umwandlung des jetzigen Gewaltmenschen in den zukünftigen Edelmenschen« (209) fordere sowie den Völkerfrieden predige. Am Ende des Pamphletes wird dann betont, daß es die Hersteller und Verbreiter der Schund- und Giftliteratur gewesen sind, die May den langjährigen Kolportageprozeß aufgezwungen haben, um ihn von seinem wirksamen Antikolportagekampf abzuhalten (S. 212ff.), denn gerade May könne es gelingen, das »Gift (...) aus unserer Literatur hinauszuschreiben« (217). Und so schließt die unglücklich formulierte Selbstrezension, die einiges von der wütenden Verzweiflung des alten Schriftstellers ahnbar macht, mit der Ankündigung von weiteren zwanzig Werken Mays.

Walther Ilmer

12. Aphorismen über Karl May

Auf zwanzig losen Blättern behandelte Karl May 1909 ein weiteres Mal seine Leitbilder, Ideale und Lebensziele (Erstabdruck: Jb-KMG 1983, S. 56–68), so zum Beispiel die »Aussöhnung des Morgenlandes mit dem Abendlande« und die »Entwicklung des Gewaltmenschen zum Edelmenschen« (S. 58). Seine bisher veröffentlichten Reiseerzählungen seien in diesem Sinne nur Skizzen und Vorübungen des eigentlichen Werkes gewesen.

Die *Aphorismen,* die May in der dritten Person – daher »über Karl May« – abfaßte, waren wohl ursprünglich als Rezensionsleitfaden gedacht, doch ob sie je eine Zeitungsredaktion erreicht haben, muß bezweifelt werden. Hans Wollschläger kommentiert die *Aphorismen* bündig als verzweifelte Äußerung eines einsamen Unverstandenen, der häufig bei der Selbstbeschreibung »die Grenze zur Peinlichkeit immer wieder rüstig und ohne Mühe« überschreitet (H. Wollschläger: Das dreizehnte Jahrbuch. In: Jb-KMG 1983. S. 7–12. S. 9).

Auf Blatt 3 (S. 56) bezeichnet sich May beispielsweise selbst als »Völker- und Menschheitspsycholog« und auf Blatt 7 (S. 59) spricht er davon, daß er nicht »nur im Namen der ganzen Menschheit, sondern im Namen aller irdischen Geschöpfe, die des Lebens Leid zu tragen haben« spreche, das Ich, »in dem Karl May schreibt«, das sei auch »nicht er selbst, sondern das ist die Menschheitsfrage!«. Die in unmittelbarer zeitlicher Nähe zum zweiten Teil des *Mir von Dschinnistan* entstandenen *Aphorismen* bezeugen auch ein Wiederaufleben bedenklicher Spaltungserscheinungen im Autor, wie sie sich bereits Ende 1907 bei der Niederschrift des Manuskripts zu *Frau Pollmer, eine psychologische Studie* andeuteten.

Die *Aphorismen* stellen den ersten grundsätzlichen, freilich wenig überzeugenden Versuch des alten May dar, seine Denk- und Schreibvorgänge einer umfassenden Systematisierung und Interpretation zu unterziehen.

Walther Ilmer

13. Auch »über den Wassern«

Mit einer Serie von sechs Aufsätzen unter dem Titel *Auch »Über den Wassern«* reagierte Karl May von April bis Juni 1910 in der Wiener Zeitung »Die Freistatt« auf die von Februar bis Mai 1910 erscheinende Aufsatzreihe »Ein Abenteurer und sein Werk«, die Mays, neben Rudolf Lebius, bedeutendster Feind, der Benediktinerpater Ansgar Pöllmann, in dem in Münster erscheinenden Periodikum »Über den Wassern. Halbmonatsschrift für schöne Literatur« veröffentlichte (Neudruck der May-Aufsätze, mit Anmerkungen von H. Hatzig und E. Bartsch, in: Jb-KMG 1976. S. 230–272; eingeleitet durch C. Roxin: Karl Mays »Freistatt«-Artikel, in: Jb-KMG 1976. S. 215–229; ergänzt durch H. Hatzig: Streiflichter zur Kontroverse May-Pöllmann. In: Jb-KMG 1976. S. 273–286; die vorausgehende Pressefehde ist dokumentiert bei G. Klußmeier: »Darum drehen wir den Strick…«. In: Jb-KMG 1979. S. 322–337, und ders.: Pöllmann versus May. In: Jb-KMG 1982. S. 245–284). Pöllmann war schon 1901 gegen May hervorgetreten und bekannte am 6. 2. 1909 in der Radolfzeller Zeitung »Freie Stimme« bündig: »uns jammert des deutschen Volkes, das dieser literarische Freibeuter verdirbt, und darum drehen wir den Strick, um diesen Händler aus dem Tempel der deutschen Kunst hinauszupeitschen« (Jb-KMG 1979. S. 332).

Mays geschickte Antipolemik, die auch als Parallelschrift zur Autobiographie, die zur gleichen Zeit entsteht, gelesen werden könnte, ist in mehrfacher Hinsicht bemerkenswert. So fällt zunächst der offensive Grundton, die kämpferisch-suggestive und gar nicht wehleidige Art auf, mit der der Autor die zum Großteil unberechtigten Anschuldigungen souverän zurückweist und Pöllmann als sensationsgierigen, mit Lebius verbündeten Gegner entlarvt. May gibt sich bewußt ruhig (S. 255f.), zumal er erkennt, daß sein Gegenspieler in literarischer Hinsicht nichts gegen ihn vorzubringen hat. Den Plagiatsvorwurf wehrt er so recht geschickt mit einem allgemeinen Quellenhinweis ab: »Die Quellen, aus denen ich schöpfte, waren Ehrenmänner: Huc, Gabet, Heine. Ich brauche mich nicht zu schämen, mich und meine Leser aus ihnen belehrt zu haben« (S. 264). Was Pöllmann kritisiert – Mays religiöse Tendenz sei verschwommen – wendet May ins Positive, indem er das Überkonfessionelle seiner Werke betont (S. 237). Andererseits enthält Mays Text auch zahlreiche Passagen, die eine schützende Sicherheit suggerieren sollen, die wohl nur gespielt war (S. 256, 264, 269). Deutlich wird dies vor allem im zweiten, fünften und sechsten Beitrag, die teilweise euphorische Züge tragen und in denen May über den Rahmen einer Antipolemik hinausgeht und die literarische Grundkonzeption seiner letzten Schaffensphase charakterisiert. Vier Hauptebenen – die der geschilderten Reiseabenteuer, der biographischen Schlüsselerlebnisse, des innermenschlichen Psychodramas und der zur Menschheitsfrage ausgeweiteten Symbolik – überlappen sich danach in vielfältiger Weise.

Aufgrund einer gerichtlichen Klage gegen Pöllmann erreichte Karl May, daß der Pater von seinen Ordens-Vorgesetzten diszipliniert und daran gehindert wurde, seine Aufsatzreihe fortzusetzen oder überhaupt weiterhin publizistisch gegen May tätig zu werden.

Walther Ilmer / Reinhard Tschapke

14. An die 4. Strafkammer

Die Geschichte seiner Bekanntschaft mit seinem Erzfeind Rudolf Lebius (1868–1946), der ihn u. a. als »geborenen Verbrecher« bezeichnete, und allen für ihn so unglücklichen Folgen schildert Karl May in mehreren Schriften, zuletzt in dem Privatdruck *An die 4. Strafkammer des königl. Landgerichtes III in Berlin*. Diese Darstellung war nicht zur Veröffentlichung bestimmt und erschien erst 1982 in der Reihe der »Prozeßschriften« (Bd. 3. Bamberg) als Erstveröffentlichung aus dem Nachlaß.

In der 48 Seiten umfassenden Abwehrschrift vom Juni 1910 in der »Berufungssache May-Lebius« (2. Fassung vom 3. 12. 1911) konzentrierte sich May auf die detaillierte Erläuterung der von Lebius verbreiteten »Übertreibungen, Verdrehungen, Fälschungen und Erfindungen« (S. 1) – er habe Kolportageromane mit anstößigen Stellen verfaßt (*Das Waldröschen* u. a.), sich den Doktortitel widerrechtlich angeeignet und gleichermaßen unsittlich und katholisch frömmelnd geschrieben – und auf eine knappe Darstellung des listenreichen Verhaltens seines Prozeßgegners gegenüber Mays geschiedener Frau Emma Pollmer, die von Lebius zur Hauptbelastungszeugin gegen May aufgebaut werden sollte.

In der ersten Verhandlung, die May gegen Lebius angestrengt hatte, war Lebius am 12. 4. 1910 vom Vorwurf der Beleidigung freigesprochen worden. Im November veröffentlichte Lebius dann seine Schmähschrift »Die Zeugen Karl May und Klara May. Ein Beitrag zur Kriminalgeschichte unserer Zeit« (Berlin-Charlottenburg. Spreeverlag 1910), so daß May als Replik und mit Blick auf die anstehende Berufungsverhandlung, die am 18. 12. 1911 zu seinen Gunsten mit einer Verurteilung von Lebius enden sollte, seinen Schriftsatz *An die 4. Strafkammer* ungefähr auf das Dreifache erweiterte.

Zum besseren Verständnis seiner Situation schildert May alle Stationen seiner vorehelichen Bekanntschaft mit Emma Pollmer, seiner Ehe und deren Schwierigkeiten sowie Gründe und Verlauf des Scheidungsprozesses. Damit wird diese spätere Fassung von 1911 auch zu einer wichtigen subjektiven biographischen Quelle. Kleine Abweichungen gegenüber der 1910 erschienenen Autobiographie *Mein Leben und Streben,* wo *An die 4. Strafkammer* in Kapitel 8 (»Meine Prozesse«) eingearbeitet wird, sind dabei ebenso interessant wie Unterschiede zur Verteufelung Emmas im nur handschriftlich überlieferten Privattext *Frau Pollmer, eine psychologische Studie* (1907).

Neben dem *Strafkammer*-Text sind bisher noch folgende gegen Lebius gerichtete Schriften Mays bekannt geworden: Die im April 1908 als Zeugenaussage niedergelegte Erklärung *Lebius, der »Ehrenmann«* (Jb-KMG 1983, S. 33–45); eine von May für seine Ehefrau Klara zur gleichen Zeit formulierte Zeugenaussage (Jb-KMG 1983, S. 46–49); die als Ergänzung zu *Ein Schundverlag* konzipierte und für Presse und Justizorgane formulierte fragmentarische Schrift *Ein Schundverlag und seine Helfershelfer* (1909); die Klageschrift *An das Königl. Schöffengericht Charlottenburg* vom 10. 4. 1910 (Jb-KMG 1980. S. 152–155) und das Ende Juni 1910 verbreitete Flugblatt *Herr Rudolf Lebius, sein Siphilisblatt und sein Indianer* (Jb-KMG 1979. S. 314–320). In allen diesen Texten schlägt May wie in *An die 4. Strafkammer* polemisch und emotional erbittert gegen die mit den Jahren anwachsenden ehrenrührigen Behauptungen zurück, die schließlich rufmörderisch darin gipfelten, May habe als ›Räuberhauptmann‹ zahlreiche nie geahndete Schandtaten begangen. Gerade der Darstellung in *An die 4. Strafkammer* haftet vor diesem Hintergrund die Melancholie eines zur Resignation Neigenden als auch der Zorn eines zu Unrecht Verleumdeten und deshalb zur Unausgewogenheit Tendierenden an. Aus der historischen Distanz bleibt zu beklagen, daß May wegen der unzureichenden Persönlichkeitsschutzbestimmungen und der Schwerfälligkeit der wilhelminischen Justiz derart gedemütigt werden konnte. Am Ende raubten ihm die zahlreichen persönlichen Abwehrschriften, zu denen er sich immer wieder hinreißen ließ, Zeit und Kraft zur Gestaltung weiterer Werke.

Walther Ilmer

15. *Meine Beichte*

Der nur wenige Seiten umfassende Text gehört zu den autobiographischen Schriften und erschien erstmals, widerrechtlich, in dem Pamphlet ›Die Zeugen Karl May und Klara May‹ von R. Lebius (Berlin-Charlottenburg 1910); in die ›Gesammelten Werke‹ kam er erst spät (GWR [11]34, 1931; GWB 34).

Es gibt zwei Fassungen. Die erste, datiert vom 28. 5. 1908, ging als Schriftsatz zu Gericht und blieb bei den Akten, mit denen sie in das Lebius-Buch gelangte; die zweite, vom 1. 7. 1908, stellt sich als überarbeitete Abschrift der ersten dar und erhielt nur einen eigenen, deutlicher prozeßbezogen argumentierenden Schluß. May hat sie, soweit bekannt, nicht verwendet, und sie verblieb im Nachlaß, bis der Karl-May-Verlag sie als Faksimile der Handschrift veröffentlichte (Bamberg 1975; zuvor teilweise in GWB [27ff.]34, 1968 ff.).

May beginnt sein Bekenntnis mit der Unheilsgeschichte von der Uhr, die er als Fabriklehrer von seinem Zimmergenossen für den Unterricht entliehen und mit in die Ferien genommen hatte; er wurde angezeigt und, weil er sich zu seinem »maßlosen Entsetzen wie ein wirklicher Dieb benahm, wegen Diebstahls mit 6 Wochen Gefängnis bestraft.« Dieses Grunderlebnis der Weltungerechtigkeit war die Keimzelle seiner Jugendverfehlungen: es »bohrte sich so tief und so vernichtend in meine Seele ein, daß sie schwer und gefährlich erkrankte. Es entwickelte sich eine jähe seelische (nicht etwa geistige) Depression, in deren Tiefe wahnsinnige Erwägungen entstanden.« Seine Straftaten selbst übergeht May, wie später in *Mein Leben und Streben,* mit der Schilderung seiner Seelenverfassung und ihrer Gesundung in der Haft, um von ihr aus auf seine Werksintention zu sprechen zu kommen: »Seit jener schweren, dunklen Leidenszeit halte ich ›die Seele‹ fest. (...) Ich habe mir die schwere Aufgabe gestellt, der Monograph der ›Menschheitsseele‹ zu werden.« Die erste Fassung mündet in einen Protest gegen die Behandlung durch den Untersuchungsrichter; die zweite läßt sich auf die Ursachen des Zerrbilds ein, das man sich gerichtlicherseits von May machte. Beide schließen mit Resignation: »So bleibt mir eben nichts Anderes übrig, als auf die Gegenwart zu verzichten und das Verständnis erst jenseits des Todes zu suchen.«

Todesstimmung, ein Gefühl von Lebensendzeit, hat May 1908 zu mehreren selbstbeschreibenden Aufzeichnungen und Plänen bewogen, zu denen die *Beichte* als ein erster Versuch gehört, wenigstens summarisch seine Vorstrafen einzubekennen. Wie schwer er ihm gefallen ist, geht aus dem gebrochenen, bei allem metaphorischen Zusammenhang immer wieder abbrechenden Ton hervor, der den literarischen Eindruck ebenso bestimmt wie den fragmentarischen Charakter. Äußerer Anlaß war die bis dahin stärkste Wiederkehr des frühen Unheils: die von der Münchmeyer-Partei nach der für sie ungünstig ausgegangenen Reichsgerichtsentscheidung von 1907 angezettelte Untersuchung »wegen Meineids bzw. Verleitung zum Meineide«, die inmitten der Zivil- und Privatklagen für May erstmals wieder die Gefahr brachte, nach dem Strafgesetz verurteilt zu werden; sie überschattete auch das ganze Jahr 1908 und wurde erst Anfang 1909 eingestellt. Neben den beiden *Beichte*-Texten entstand in dieser, nur vorletzten, Bedrückungszeit auch die Studie *Frau Pollmer,* und es ist nicht ausgeschlossen, daß zugleich erste Niederschriften zur späteren Selbstbiographie erfolgten. Sieht man genau hin, so zeigt sich, daß der Text die beabsichtigte »Beichte« gar nicht selbst ablegen, sondern nur erst auf sie vorausverweisen soll: »Daß ich ein ›Vorbestrafter‹ bin, werde ich der Welt nicht verschweigen. Ich habe mit ihr abzurechnen, ehe ich sterbe. Es soll mich keine Polizeiaufsicht aus dem zeitlichen Gefängnis in die ewige Freiheit begleiten. Aber diese Generalbeichte will ich selbst ablegen, offen, ehrlich und ohne Zwang, sonst hat sie keinen Wert. Ich schreibe schon jetzt an meiner eigenen Biographie. Ich sitze täglich im Beichtstuhle.« Wie alle Selbstdarstellungen Mays steht auch diese formal unentschieden zwischen Schriftsatz und Literatur: als schwankender Versuch, den verfolgenden Untersuchungsrichter Larrass als Menschen zu sehen und außerhalb des Gerichtsjargons vor ihm zu plädieren. Sie spricht eine Sprache, die vor Gericht befremdlich erscheint, vor der Literatur aber auch darum zugleich als bewegendes Dokument besteht und wiederum das Gericht zur allein befremdlichen Adresse macht. Im Bestreben, Kausalität zu erkennen zwischen frühem und spätem Schicksal, zwischen Leben und Werk, harmoniert die *Beichte* mit der späteren Selbstbiographie; sie darf auch literarisch als deren beachtlicher Vorentwurf gelten.

Der Eindruck, den die Schrift auf den Leser macht, war ihr bei Larrass nicht vergönnt. Auch die Forschung hat sie bisher eher nur zur Kenntnis genommen als zum Gegenstand. Der Text kann, gerade in seiner Kürze, dabei durchaus paradigmatisch stehen: für Mays Stil- und Formungsvermögen wie für dessen Brüche.

Hans Wollschläger

16. Mein Leben und Streben

Mays Selbstbiographie erschien mit dem Zusatz »Band I« als Separatdruck bei Fehsenfeld (Freiburg o. J.) im Spätherbst 1910: sie wurde am 25. 11. ausgeliefert, jedoch schon am 16. 12. auf Antrag des darin dargestellten Prozeßgegners R. Lebius durch eine Einstweilige Verfügung des Amtsgerichts Freiburg inhibiert, die Ende Januar 1911 vom Berliner Landgericht I in ein bleibendes Verbot umgewandelt wurde; es waren nur 500 Exemplare verkauft; die Restauflage und der Satz wurden vernichtet. Eine um knapp 20% gekürzte Neuauflage gab nach Mays Tod Klara May heraus (Freiburg o. J. [^{2}1912]), eine weitere Bearbeitung E. Schmid (Radebeul o. J. [^{3}1914]); anschließend wurde die Schrift in die inzwischen begründeten »Gesammelten Werke« aufgenommen (GWR $^{1\,ff.}$34, 1916ff.; GWB 34; durchweg bearbeitet). Erst eine reich kommentierte Faksimile-Edition durch H. Plaul (Hildesheim / New York 1975) machte die Erstausgabe für die Forschung wieder zugänglich.

Wie alle autobiographischen Texte Mays (*Ein Schundverlag*, 1905 und 1909; *Frau Pollmer*, 1907; *Meine Beichte*, 1908) steht die Selbstbiographie in engem Zusammenhang mit den gerichtlichen Auseinandersetzungen des Autors: auch *Mein Leben und Streben* bekam den Charakter einer ›Prozeßschrift‹ und sollte am Ende »so geschrieben« sein, »daß es mir die Prozesse gewinnen hilft. Es hat nur diesen einen Zweck, weiter keinen, trotz des hohen biographischen und psychologischen Werthes, den es besitzt« (May an Fehsenfeld, 14. 11. 1910). Ausgelöst wurde es unmittelbar durch die katastrophale Gerichtsniederlage in Charlottenburg am 12. 4. 1910: bereits drei Tage später erfolgte die Ankündigung des Buchplans an den Drucker Krais, und am 8. 5. empfing der Verleger den »ersten Bogen« für das »wichtigste und ernsteste Buch, welches ich jemals geschrieben habe«. Als Titel war um diese Zeit *Am Marterpfahl und Pranger* vorgesehen; er wurde schon am 25. 5. in *Das Problem Karl May von Karl May* geändert, und das endgültige Titelblatt (faksimiliert in: GWB 27ff.34) ging am 11. 9. an die Druckerei. Das Manuskript wurde am 9. 11. 1910 abgeschlossen.

Dem Text vorangestellt ist *Das Märchen von Sitara,* der Grundriß der späten Lebensmythologie, in der May seine Welterfahrung allegorisierte; sie trägt hier ihre Ordnung in das Leben zurück, aus dem sie gewonnen war. So ist im Kapitel *Meine Kindheit* der Geburtsort Ernstthal das »niedrigste, tiefste Ardistan« (8), und zu den ersten Grundvorstellungen, vermittelt von der Großmutter, die das erblindete Kind betreute, gehören die Märchenerzählungen »von der verloren gegangenen und vergessenen Menschenseele« und ihrem vorbestimmten Leidens- und Läuterungsweg auf dem Gleichnisstern. Die frühe Blindheit mit ihren entscheidenden Folgen für die Phantasieproduktion erfährt eine kompetente Darstellung und Deutung: »Ich sah nichts. Es gab für mich weder Gestalten noch Formen, noch Farben, weder Orte noch Ortsveränderungen. (...) Wenn jemand sprach, hörte ich nicht seinen Körper, sondern seine Seele. Nicht sein Äußeres, sondern sein Inneres trat mir näher. Es gab für mich nur Seelen, nichts als Seelen. (...) Das ist der Schlüssel zu meinen Büchern.« (31) Der seelischen Schilderung an die Seite tritt im Kapitel *Keine Jugend* die des sozialen Elends in der erzgebirgischen Weberstadt: »Es waren damals schlimme Zeiten...« (39) Anekdotisch – und das heißt: in nur erinnerungsechter Vereinzelung – gliedern sich die Entwicklungserlebnisse des Knaben ein, bis hin zur nicht folgenlosen Kinderarbeit als Kegelaufsetzer im Wirtshaus. In *Seminar- und Lehrerzeit* verdichten sich diese Erlebnisse zu dokumentarischer Präzision; von ihr aus gewinnt May die Kraft, den Weg in jene Unheilszeit zu beschreiben, »welche für mich und für jeden Menschenfreund die schrecklichste, für den Psychologen aber die interessanteste ist« (109): die seiner Gesetzesverfehlungen und ihrer Abbüßung, die er mit *Im Abgrunde* überschreibt. Ohne sich in eigentliche Beschönigung zu verlieren, rettet sich die schmerzvoll versagende Erinnerung hier in einen längeren Exkurs über das spätere Werk-Konzept, um von dort in die insgesamt fast 8-jährige Haftzeit und ihre seelisch wiederherstellende Entwicklungswirkung zu gelangen. Mit der anschließend beginnenden ersten Schriftstellertätigkeit *Bei der Kolportage* bricht die chronologische Lebensschilderung ab: ihren Fortgang »soll der zweite Band berichten« (180); es zerbricht im unerhörten Leidensdruck der Tagesaktualität die Ordnung der Selbstbiographie überhaupt. Waren schon vorher an den Wundstellen der Erinnerungsarbeit immer wieder Exkurse eingedrungen, Abschweifungen eigentlich, so bemächtigen sich diese jetzt des fast gesamten Textraums; nur in Episoden scheint der weitere Lebensgang noch durch. Der Abschnitt *Meine Werke* verliert sich so aus der nur ansetzenden Selbstdeutung bald in die Abwehr eines Kritikers von 1910 und seiner Plagiatsvorwürfe, und vollends *Meine Prozesse* verirren sich im Chaos der nun fast ein Jahrzehnt schon andauernden Auseinandersetzung und nehmen gar einen langen Auszug aus dem Berufungsschriftsatz von Charlottenburg sowie ein Zeitungseingesandt auf. Erst der *Schluß* versucht in die Über-Ordnung des Sitara-Märchens zurückzufinden: »Das Karl-May-Problem ist (...) ein Menschheitsproblem im Einzelnen.« (300) Aber auch er wird dauernd unterbrochen und zeigt auf bewegende Weise die Erschöpfung des Scheiterns; im beschließenden Gedicht sprechen sich Resignation und Todesahnung aus.

Fraglos ist May das Scheitern seiner wichtigsten und ernstesten Konzeption bereits während der Niederschrift bewußt geworden, ohne daß er es zu verhindern vermochte. Ursprünglich als menschheitliches Paradigma entworfen, ja als Rede vor dem Jüngsten Gericht (11/12) und »nicht etwa um meiner Gegner willen« (11), geriet ihm *Mein Leben und Streben* fortschreitend zum sehr irdischen, oft allzumenschlichen Gerichts-Plädoyer, und seine Selbstzensur war streng genug: »Hat es diesen Zweck erreicht, kann es in Gottes Namen verschwinden. Wir brauchen das Buch also gar nicht so herzustellen, daß es von ewiger Dauer ist.« (an Fehsenfeld, 14. 11. 1910) Dieses Urteil erscheint jedoch überzogen, und die Selbstbiographie ist zu Recht in die literarische Dauer eingegangen. Da es May nicht vergönnt war, den angekündigten »zweiten Band« zu schreiben, bleibt die Überlegung müßig, ob es hätte gelingen können, die großartige Konzeption des ersten Teils proportional weiterzuführen und die ausufernden Tagesbezüge zum Intermezzo zu machen; zur Überwindung der »Geisterschmiede« im Sitara-Grundriß wäre Voraussetzung der endgültige Gerichtssieg gewesen, den May nicht mehr erlebte und auch innerlich erst in seiner Todesstunde sah. Nur provisorisch erwog er ganz zuletzt, um das Neuerscheinen des Buchs zu ermöglichen, die Verkürzung der Prozeßpassagen. So tritt jedoch für den Blick der Nachwelt zugleich das Scheitern des Werks zurück vor seinem fragmentarischen Charakter: als »Bruchstück einer Konfession«, die ins Offene mündet und dort einen zusätzlichen Hallraum gleichsam transzendenter Möglichkeiten gewinnt, hält es auch die nur objektbezogene Beurteilung dazu an, sich ins Mögliche zu erweitern und zu differenzieren. Die letzten Werke der Dichter haben einen Sonderstand; in ihnen geht das Gesagte unmittelbar ins Unsagbare über, und das Verständnis hat diesen Schritt mitzutun. Dieses Unsagbare ist in den ersten Kapiteln bestimmend vorentworfen: als vom Text mehr beschworene als formulierte Idee, die sich dem Lesenden interlinear, aber auch über die Abbruchgrenze hinaus fortsprechend entfaltet, zuletzt bis ins eigene Leben hinein. Was sich, Furcht und Mitleid unvergleichlich erregend, daraus vermittelt, ist das Drama, das nach Mays Formel ›der Mensch‹, nicht Einzelwesen, sei –: dieser Zug ins Allgemeine (»Menschheitsproblem«) erklärt wohl die magische Wirkung, die von der Schrift immer ausging. Sie ist ein literarisches Ergebnis, kein nur stoffliches. So erweist sich auch die artistische Überformung durch das Sitara-Märchen als wichtigeres Rang-Kriterium, als es etwa bloße Datentreue wäre; die ›Wahrheit‹ des Werks liegt gänzlich außerhalb der Dokumente. Mit Recht hat H. Schmiedt denn auch seine eigene Fragestellung, »ob die Entdeckung der ›Literatur‹ in *Mein Leben und Streben* das Buch entwerte«, am Schluß seiner Untersuchung als »gegenstandslos« zurückgewiesen: »Seine Triftigkeit vermittelt sich auch – und an vielen Stellen in erster Linie – im Subjektiv-Poetischen statt im Objektiv-

Faktischen.« (H. Schmiedt, Karl Mays *Mein Leben und Streben* als poetisches Werk. In: Jb-KMG 1985. S. 85–101. – S. 99). Dabei erreicht auch die faktische Wahrheit ein bei Selbstbiographien durchaus ungewöhnlich hohes Maß, und die subjektiven Verschiebungen erweisen sich als nur zusätzlich sprechend und aufschlußreich. Daß die Mitteilungen über die Voreltern etwa mancher Datenkorrektur bedürfen, gibt nur befriedigend zu erkennen, wie unmittelbar May Gehörtes und ihm Erzähltes wiedergab; eigene Datenforschung hätte seine Vorstellung selbst korrigieren müssen, die zu erfahren auch für den Leser vorrangig bleibt. Sein Bestreben, Wahrheit zu sagen – wo nicht ›die‹, dann ›seine‹ Wahrheit – war hier jedenfalls unvergleichlich größer als bei anderen ›Prozeßschriften‹, und eine bewußte Entstellung oder Retusche ad hoc ist nirgends nachweisbar. Auch das, was einstweilen seine ›Privatmythologie‹ heißen mag und auf eine tiefere Erläuterung noch wartet, das System Sitara, stellte fraglos keine zweckhaft entworfene Stilisierung dar, sondern eine Überformung von Mays gesamtem Bewußtsein, die seiner denkerischen wie physisch-nervlichen Existenz das Fortbestehen ermöglichte. Sie übergreift ja das ganze Werkverständnis und bildete sich schrittweise seit dem ersten Entwurf zu *Babel und Bibel* (1905) heraus; alle selbstbeschreibenden Zeugnisse, bis in die Region der bloßen Schriftsätze, sind von ihr durchdrungen und formalisiert, und der Selbstbiographie gelang nur ihr großartigster, weil am Fragmentarischen ihrer Erfahrung konsequent scheiternder Ausdruck. Daß sie noch weit mehr meinte und zu ›bedeuten‹ hat, als May auszudrücken gegeben war, darf hier vorerst als These stehen. Sie ist jedenfalls lebensrettend für ihn gewesen, in mehrfachem Sinn; nur im Schutz dieses Denksystems war eine derartige Akkumulation von Schicksalsschlägen auszuhalten. Nicht daraus zwar hat *Mein Leben und Streben* seinen Rang gewonnen; man verläßt aber gewiß nicht den Rahmen des literarischen Urteilens, wenn man die enorme späte Lebensleistung selbst als artistische Formungskraft mit in den Blick nimmt. Ihr Ergebnis war ein in jeder Hinsicht ›bedeutendes‹ Buch.

In der Forschung ist es belang weniger untersucht als gewürdigt worden. Schon zu Lebzeiten des Autors stellte der Psychoanalytiker und Anthropologe Friedrich S. Krauss fest: »Hätte May nichts anderes als diese Selbstbeichte geschrieben, so verdiente er schon daraufhin den Namen eines unserer größten, unserer ehrlichsten Schriftsteller.« (In: Anthropophyteia VIII, 1911. S. 501). Ähnlich wirkte auf die Forscher der zweiten Generation das »menschlichste, ergreifendste seiner Bücher« (H. Stolte, Der Volksschriftsteller Karl May. Radebeul 1936. S. 50), »ein menschliches und künstlerisches Dokument von dauerndem Wert« (O. Forst-Battaglia, Karl May. Wien 1931. S. 55). Kritischer dagegen beurteilte H. Plaul die »verhängnisvolle Dialektik« der Entstehungssituation: »Ein Kunstwerk ist das Buch nicht geworden. Aber es enthält Passagen, die ahnen lassen, zu welcher Leistung der Autor unter weniger extremen Bedingungen fähig gewesen wäre.« (In: Karl May, *Mein Leben und Streben*. Faksimile-Edition. S. 533). Erst in jüngster Zeit hat H. Schmiedt mit seiner poetologischen Untersuchung (s. o.) eine Perspektive eröffnet, die weiter blicken und die Selbstbiographie als streckenweise parallel angelegtes Gegenbild zu Goethes »Dichtung und Wahrheit« erkennen läßt; die Tradition, aus der sie kommt, reicht weit zurück und, nicht unmöglich, weit noch in die Zukunft. Arno Schmidt notierte sich Mays *Leben und Streben* neben K. Ph. Moritz, W. v. Kügelgen und St. Joyce »als Muster, oder auch als Anti-Muster« bei Plänen zu einer eigenen Selbstbiographie (1961. In: »Wu Hi?« Arno Schmidt in Görlitz Lauban Greifenberg. Herausgegeben von J. Ph. Reemtsma und B. Rauschenbach. Zürich 1986. S. 15).

Hans Wollschläger

VII. *Aufsätze, Reden und andere Miszellen*

1. *Das Buch der Liebe*

Zu Mays frühesten Arbeiten überhaupt gehören seine anonymen Beiträge für das 1876 bei Münchmeyer in Dresden begonnene Lieferungswerk »Das Buch der Liebe. Wissenschaftliche Darstellung der Liebe nach ihrem Wesen, ihrer Bestimmung, ihrer Geschichte und ihren geschlechtlichen Folgen«. Gesicherte Umfangsangaben des dreiteiligen Gesamtwerks sind nicht oder noch nicht möglich, da vorerst nur ein einziges, erst kürzlich entdecktes, fragmentarisches Exemplar bekannt ist (ein KMG-R soll 1987 in Regensburg erscheinen), bei dem der zweite Teil mit S. 576, der dritte Teil mit S. 144 abbricht; es ist denkbar, daß eine Indizierung (für Österreich 1877 nachgewiesen) das weitere Erscheinen verhinderte. Zugänglich war bislang nur das 16seitige Kapitel »Allgemeines«, das die dritte Abteilung einleitet und in Mays Nachlaß gefunden wurde (*Die Liebe nach ihrer Geschichte*, GWB 72. S. 298–312).

Münchmeyers Absicht war es, Restbestände des 1874 verbotenen Aufklärungsbuches »Die Geschlechtskrankheiten des Menschen und ihre Heilung. Mit besonderer Berücksichtigung der Syphilis, ihrer Entstehung und Folgen« (1874) in neuem Rahmen wieder auf den Markt zu bringen. Das medizinische Werk bildet als »Zweite Abtheilung« (Die Liebe nach ihren geschlechtlichen Folgen. Geschlechts-, Frauen- und Kinderkrankheiten, Wochenbett und Anleitung zur Selbstheilung), wahrscheinlich von May geringfügig entschärft, den Hauptteil und sollte vermutlich 848 oder, einschließlich eines Anhangs, 896 Seiten umfassen. Von May stammt die erste Abteilung, in der die Liebe nach ihrem Wesen und ihrer Bestimmung behandelt wird (144 S.), und die abschließende »Dritte Abtheilung« (Die Liebe nach ihrer Geschichte. Darstellung des Einflusses der Liebe und ihrer Negationen auf die Entwickelung der menschlichen Gesellschaft), die wahrscheinlich auf 256, vielleicht auch 304 Seiten angelegt war, und in der (von einem Dritten?) Teile des ebenfalls 1874 verbotenen Lieferungswerkes »Die Geheimnisse der Venustempel aller Zeiten und Völker oder Die Sinnenlust und ihre Priesterinnen. Geschichte der Prostitution und ihrer Entstehung, sowie die Darlegung ihrer Folgen auf die Entwickelung der Menschheit« (1874) eingearbeitet sind. Eine Einzellieferung enthielt von Beginn an zwei Bögen des Mittelteils und einen Bogen May-Text (1 Bogen = 16 Seiten; 1 Lieferung = 48 Seiten; Zahl der Lieferungen 26 oder 28).

Auffällig sind Korrespondenzen zu den zeitnah entstandenen *Geographischen Predigten,* die im dritten Teil, im Kapitel »Liebe und Universum«, bis hin zu seitenlanger Übereinstimmung mit dem Aufsatz »Himmel und Erde« reichen; durch eine vergleichende Analyse wäre die noch offene Frage der Priorität zu klären. Abgesehen von den genannten Lieferungswerken benutzte May für das *Buch der Liebe* die verschiedensten theologischen, philosophischen, medizinischen, pädagogischen und literarischen Arbeiten zum Thema und illustrierte seine eklektischen Ausführungen bevorzugt mit Zitaten aus der Lyrik aller Zeiten, auch mit eigenen Gedichten.

In der ersten Abteilung beschreibt May die verschiedenen Ausprägungen der Liebe, von der Liebe Gottes, die sich in der Schöpfung offenbare und ihre menschliche Erwiderung in der Religion finde, über die Familien- und Verwandtenliebe (Geschlechts-, Eltern-, Kindes-, Geschwisterliebe), Freundes-, Nächsten- und allgemeine Menschenliebe bis hin zur Liebe für die Kreatur, zu Wissenschaft, Kunst, Beruf, Heimat und Leben schlechthin. Er findet dabei Gelegenheit zur Kirchenkritik und zur Negation des Bösen ebenso wie zur Apotheose der deutschen Frau, zur Charakterisierung der nationalen Frauentypen oder zur Kritik an weiblicher Eitelkeit oder Emanzipation. Das Hauptaugenmerk gilt der Geschlechtsliebe. Der Mensch, das Ebenbild Gottes, habe die Aufgabe, als Mann die göttliche Allmacht, als Frau die göttliche Liebe zu offenbaren; die Bedeutung der Ehe liege darin, daß sich hier aktive Männlichkeit und passive Weiblichkeit zum Menschen in Gottes Sinn ergänzten. Die Gegensätze strebten dabei zum Ausgleich.

Bestimmung der Liebe ist für May die Beglückung, die nur durch Vereinigung erreichbar ist. Er unterscheidet die rein geistige Vereinigung mit Gott, die körperliche Vereinigung in der Ehe und die verschiedenen Gemeinschaften, die von der Familie ausgehen und über Stamm, Volk und Nation bis hin zur Menschheit reichen. Die Gegensätze seien durch die Liebe aufzulösen, doch mache der eingeborene Trieb des Egoismus soziale Erziehung in der Familie und gesellschaftliche Bestimmungen notwendig, deren wichtigste die allgemeinen Menschenrechte seien. May schließt mit einem Appell für die Humanität, für Liebe und Frieden.

Die fragmentarische dritte Abteilung ist in Kapitel geordnet (Allgemeines. – Liebe und Universum. – Liebe und Glaube. – Liebe und Sociation. – Liebe und Geschichte. – Im Dunkel der Vorzeit. – Es graut der Tag. – Im Morgenroth; nicht überliefert: Sonnenaufgang. – Licht und Finsterniß. – Wolkenschatten. – Emancipation. – In Staub und Schmutz. – Hinter dem Schleier der Zukunft.), aber durch die Einmischung von Teilen des »Venustempels« sehr uneinheitlich. Schilderungen der gastlichen, religiösen und legalen Prostitution im Altertum kontrastieren zum Anliegen, ausgehend von der Identität der Liebe mit Gott die geschichtliche Entwicklung des Gottesbegriffs darzustellen. Nach einer einleitenden Diskussion über die gegensätzlichen Erkenntniswege Religion und Wissenschaft, in der er sich für das wissenschaftliche Verfahren entscheidet, von der Schöpfung auf den Schöpfer zu schließen – später folgen noch Überlegungen zur Religionsphilosophie –, versucht May, die Vereinbarkeit der modernen Evolutionstheorie mit der Vorstellung eines persönlichen Gottes zu beweisen: die Welt erscheint ihm als ununterbrochene Schöpfung, deren Ursprung und Gesetz die Liebe ist und in der auch der Mensch nur auf einer besonders hohen Stufe der Himmelsleiter steht. Neben dieser wesentlichen Argumentationslinie, zu der auch die Vorstellung eines Weltäthers gehört, der die Grundbedingung allen Seins bilde, oder die Frage nach der Urheimat des Menschen, und neben den Abschweifungen ins Geschlechtsleben vergangener Zeiten, thematisiert May das Verhältnis von Liebe und Materialismus, kritisiert den allgemeinen Hang zum Wohlleben, der vor allem die Töchter verwöhnter Stände zur Liebe unfähig mache, verwirft die Idee weiblicher Teilnahme am politischen Leben und an der Bildung, weil dies ihre »natürliche« Aufgabe beeinträchtige und betrachtet die Frau als Geliebte, Gattin, Mutter und Glied der öffentlichen Gesellschaft. Gedankengänge der ersten Abteilung werden aufgegriffen.

Nimmt man gelegentliche Hinweise auf die Bedeutung des bislang nur fragmentarisch veröffentlichten *Buches der Liebe* aus, so hat es bis heute keine Auseinandersetzung mit dem Text gegeben. Sie wird erst möglich sein im Rahmen der in

Kürze angestrebten Gesamtveröffentlichung von Mays Beiträgen zum Lieferungswerk.

Dieter Sudhoff

2. *Geographische Predigten*

Die *Geographischen Predigten,* von denen May im Alter mehrfach behauptete, sie enthielten die ganze Disposition seiner weiteren Werke, erschienen von Dezember 1875 bis Juli 1876 in den Nummern 15–24 u. 26–46 (I. Jg.) der von ihm gegründeten und redigierten Zeitschrift »Schacht und Hütte«, einem Blatt »zur Unterhaltung und Belehrung für Berg-, Hütten- und Maschinenarbeiter«, verlegt bei Münchmeyer in Dresden (R: Hildesheim – New York 1979). Nach seiner Wiederentdeckung 1916 erfuhr der Text bis heute mehrere leicht bearbeitete Veröffentlichungen als Einzelwerk (Radebeul 1916; Bamberg 1958) und in Sammelbänden (1917–1942: GWR 34; seit 1968: GWB 72), 1921 sogar eine Übersetzung ins Ungarische (»Az ember és világa«. Budapest 1921).

Wie kaum an einer anderen Stelle seines Werks hat May in seinen formal offenen, belehrenden und moralisch-didaktischen *Predigten* eklektisch Fremdzitate zur Illustration und zum Beleg der eigenen Thesen verwendet. Wissensreste aus Schul-, Konfirmanden- oder Seminarzeit stehen neben enzyklopädischem Wissen, Statistiken und Fachliteratur; Tendenzen christlich-pädagogischer Literatur und idealistischer Philosophie finden sich ebenso wie solche der Aufklärung oder Romantik – all dies amalgamiert zu einer subjektiv-religiösen Weltdeutung.

In acht »Predigten«, die je ein Gegensatzpaar aus Natur oder Kultur thematisieren und dabei verengend vom Kosmos zur Häuslichkeit schreiten (»Himmel und Erde«, »Land und Wasser«, »Berg und Thal«, »Wald und Feld«, »Mensch und Thier«, »Strom und Straße«, »Stadt und Land«, »Haus und Hof«), versucht May, wie im *Buch der Liebe* begründet, auf (scheinbar) wissenschaftlichem Wege und in ruhiger Diktion den Gottesbeweis zu führen, indem er von der Schöpfung auf den Schöpfer schließt. In allen Phänomenen entdeckt er ein sinnvolles teleologisches Prinzip: alles hat seinen Zweck, steht im weltorganischen Zusammenhang und bezeugt so die Existenz eines weisen und gütigen Gottes. Angelehnt an die Evolutionstheorie behauptet May zugleich eine sinnvoll-utopische Weltentwicklung in Richtung zunehmender Vergeistigung. Vorauszusetzen sei jedoch, daß der Mensch den Gleichnischarakter der Natur erkennt, Gott annimmt und sich die Menschheit in Humanität und Toleranz zusammenschließt.

Das Weltbild, das May so entwickelt, und der didaktische Impuls, der es zur Sprache bringt, setzen sich in den späteren Reiseerzählungen, mit ihrer Mischung aus Unterhaltung, Belehrung und moralischer Wegweisung, fort, doch kommt es erst wieder im Spätwerk zu so dezidiert theoretischer Darlegung. Erst dort findet er auch zu einem in sich schlüssigen Denksystem und zu künstlerischer Form. Die *Geographischen Predigten* leiden demgegenüber unter dem ungeordneten Aufgreifen widersprüchlichster Denkansätze und der Überbürdung mit diffusem Wissen, totem Zahlenmaterial – sie spiegeln eine frühe, denkerisch wenig selbständige Entwicklungsphase Mays.

Die Bedeutung der *Geographischen Predigten* als »Programm« für das spätere Werk wurde früh erkannt und nur selten in Zweifel gezogen. Bisherige Untersuchungen – hervorzuheben sind Fritz Prüfers Aufsatz »Karl Mays ›Geographische Predigten‹: – ein Programm« (KMJb 1921) und Britta Bergs Arbeit »Religiöses Gedankengut bei Karl May« (S-KMG 47/1984) – widmeten denn auch diesem Aspekt ihre besondere Aufmerksamkeit. Eine ausführliche Analyse steht jedoch noch aus.

Dieter Sudhoff

3. *Bete und Arbeite!* und andere Aufsätze

Bevor May mit seinen *Geographischen Predigten* eine Synthese zwischen populärwissenschaftlicher Belehrung und Moraldidaktik fand, hatte er an gleichem Ort, in der Zeitschrift »Schacht und Hütte« des Dresdner MMV, in den ersten 14 Nummern (Sept.–Dez. 1875) des einzigen Jahrgangs anonym eine Reihe von 16 Aufsätzen veröffentlicht, die beides noch eher isoliert behandeln und sich ausdrücklicher an das Zielpublikum, die »Berg-, Hütten- und Maschinenarbeiter« wenden (R: Hildesheim – New York 1979). 1968 fanden diese Texte, wie auch die *Predigten,* in leicht bearbeiteter Form Eingang in die Werkreihe des KMV (GWB 72), einzelne schon zuvor in die alten Jahrbücher des Verlags oder in den Band *Geographische Predigten* (Bamberg 1958).

Die Quellenlage ist ähnlich wie bei den *Predigten;* auffallender als dort stützte sich May auf spezielle Lehrbücher und Fachzeitschriften, etwa auf bergmännische, hütten- und maschinenbautechnische Literatur, sowie auf Konversationslexika.

Im wesentlichen lassen sich zwei Gruppen von Aufsätzen unterscheiden: Traktate mit naturphilosophischen Betrachtungen und ethischen Appellen (»Schätze und Schatzgräber«, »Vertheidigung eines Vielverkannten«, »Bete und arbeite!«, »Deutsche Sprüchwörter: Des Menschen Wille ist sein Himmelreich; Ehrlich währt am Längsten; Freunde in der Noth gehn hundert auf ein Loth«, »Blumen deutscher Kirchenlieder«, »Herbstgedanken«, »Haus- und Familienreden«) und populärwissenschaftliche Aufsätze, die in zumeist biographischer oder historischer Perspektive, oft mit einer Fülle Daten- und Zahlenmaterials, Themen der Industrialisierung und der technischen Entwicklung behandeln (»Mit Dampf um den Erdball«, »Die Helden des Dampfes«, »Ein königlicher Proletarier«, »Ein Lichtspender«, »Ein jetzt Vielgenannter«, »Mit dem Dampfrosse«, »Der Kanal von Suez«). Literarisch nur von geringem Wert, vermitteln die Aufsätze interessante Einsichten in Mays volksdidaktische Intentionen, in sein frühes Weltbild zwischen Aufklärung und religiösen Laienvorstellungen und – bei den Texten der zweiten Gruppe – in seine anfängliche, sehr zeittypische Faszination durch die wissenschaftlich-technische Revolution. Kritiklos feiert er Pioniere wie James Watt oder Robert Fulton als Helden eines neuen Zeitalters, kritiklos preist er die Segnungen der revolutionierten Verkehrs- und Transportmöglichkeiten, des Kohlebergbaus, der Eisenindustrie und des Erdöls, und findet nur in seiner biographischen Skizze über den »Eisenbahnkönig« Strousberg einmal andere Töne. Die eigentlichen sozialen und politischen Probleme der Arbeiterschaft werden nicht angesprochen: der erst jüngst entlassene Sträfling mußte sich hüten, erneut in Konflikt mit der Obrigkeit zu geraten.

Anders als die geschlosseneren und allgemeiner gehaltenen *Geographischen Predigten* fanden die übrigen Aufsätze aus »Schacht und Hütte« bis heute kaum Echo in der May-

Forschung, ein Defizit, das sich durch ihre geringe Qualität und ihren sehr zeitgebundenen Charakter erklärt. Als symptomatisches Zeugnis für den Fortschrittsglauben in den Anfangsjahren der Gründerzeit verdienen aber auch diese Texte Beachtung.

Dieter Sudhoff

4. *Maghreb-el-aksa*

Maghreb-el-aksa, als Karl Mays letzter Beitrag für die von Kürschner bei Spemann in Stuttgart herausgegebene Zeitschrift »Vom Fels zum Meer« 1887 verfaßt, erschien im Januar 1888 (R in: *Der Krumir*. Hg. von der KMG. Hamburg 1985. S. 85–95). Leicht bearbeitet wurde die Reiseskizze 1967 in GWB 71 aufgenommen.

Der Text ist von May zu vorliegenden Illustrationen geschrieben worden; entsprechende Aufträge nahm der routinierte Redakteur Ende der 80er und Anfang der 90er Jahre sowohl von Spemann, als auch, nach der Trennung der beiden, von Kürschner an. Innerhalb der so entstandenen Textgruppe lassen sich zwei Klassen unterscheiden: kleinere Erzählungen einerseits und handlungslose Skizzen andererseits.

Maghreb-el-aksa gehört zur zweiten Gruppe der landeskundlichen Texte, wie sie sich zuweilen auch als geographische Einblendung in Mays Romanen und Reiseerzählungen finden lassen. May lagen Stiche des englischen Zeichners Coton Woodville vor, der 1887 mit einer britischen Mission von Tanger aus ins Innere Marokkos reiste. Nachdem der Autor erklärt hat, Maghreb-el-aksa sei der arabische Name jenes Landes, und auf aktuelle Entwicklungen hingewiesen hat – die Kolonialmächte machen sich zur Eroberung bereit – schreibt er anhand der Zeichnungen über orientalische Musikanten, das Pulverspiel, willkommenheißende Frauen, Bettler in den Städten. Ohne Bildvorlage handelt er dann vom Empfang der Fremden, der Falkenjagd und den Räubern. Stets gerät das Vorgestellte in Bewegung, schon will sich eine Handlung entwickeln, wenn May das Thema wechselt.

Eine weitere Zeichnung ist Anlaß für eine sanfte Karikatur orientalischen Militärs und Herausstellung der beduinischen Freiheitsliebe, schließlich beschreibt er den Durst in der Wüste und die Fata Morgana – Anklänge an die Behandlung der gleichen Gegenstände in voraufgegangenen Reiseerzählungen sind deutlich. Auf das letzte Thema, das Elend der Aussätzigen, kommt May 1907 in der Erzählung *Bei den Aussätzigen* zurück. Zum Schluß wünscht May Marokko Frieden und unterstreicht seinen antikolonialistischen Standpunkt: »Jetzt rüstet man dort zum mörderischen Kampfe. Dieses herrliche Land hat schon so viel Blut getrunken. Es steht unter dem Zeichen des Halbmondes. Geben wir es – fi aman allah – in Gottes Schutz!« (93 R).

Klaus Eggers

5. *Ein Prairiebrand*

Der Text erschien anonym in GK, Jg. 1, H. 11 (März 1887); R im Anhang zu: Karl May, *Die Sklavenkarawane*. Bamberg/Braunschweig 1975 (nicht enthalten in GWR, GWB). Mays Autorschaft ist gesichert durch Honorarabrechnung des Verlags.

May schrieb den *Prairiebrand* als Umrahmungstext zu einer Illustration, die er möglicherweise bei der Niederschrift jedoch gar nicht vorliegen hatte, denn das Bildmotiv zeigt eindeutig einen afrikanischen Savannenbrand. Die einleitende Schilderung der nordamerikanischen Prärien erinnert an ähnliche Beschreibungen Mays in der zur gleichen Zeit entstandenen Erzählung *Der Sohn des Bärenjägers*. Daran anschließend bringt er Zitate aus Sealsfields »Kajütenbuch« und Karl Müllers »Buch der Pflanzenwelt«, sowie die ausführliche Beschreibung des Präriebrands aus dem Buch »Indianische Skizzen« von I. T. Irving, das May in der zweibändigen Ausgabe von 1838 besaß (vgl. KMJb 1931, S. 232). Textlich weichen die Zitate etwas vom Original-Wortlaut ab (vgl. R. Schmid im Einleitungstext zum R, S. 498f.). Der *Prairiebrand* gibt ein wenig Einblick in Mays Quellenstudien und deren Auswertung.

Eckehard Bartsch

6. *Die Todeskarawane*

»Ein orientalisches Sittenbild von Dr. Karl May«, wie es im Untertitel heißt, ein Sachtext zu einer Holzstich-Illustration von Albert Richter, erschienen in »Alte und Neue Welt«, Einsiedeln, Jg. 1896, S. 95/96. Der Abdruck war lange verschollen und wurde erst 1975 wiederentdeckt (R in: M-KMG 24/1975, S. 3–5; nicht enthalten in GWR, GWB).

Der Wunsch schiitischer Moslems, in den heiligen Städten Mesched Ali oder Kerbela begraben zu werden, führt dazu, daß Särge mit den Toten in ganzen Karawanen dorthin transportiert werden. Die in der glühenden Hitze verwesenden Leichen verströmen nicht nur Pestgeruch, sie führen auch zu Cholera- und Pest-Epidemien, und jeder Reisende hält sich fern von solchen »Todeskarawanen«, zumal die Begleiter dieser Karawanen von religiösem Fanatismus besessen sind und es immer wieder zu Ausschreitungen kommt. Nach Karl May ist die Existenz der Todeskarawanen »eins der düstersten Schattenbilder aus dem ›herrlichen‹ Orient«.

In *Von Bagdad nach Stambul* (1892) hat May die Todeskarawane ausführlich beschrieben und in die Erzählhandlung eingebaut (der Vorabdruck im DH 1882 trägt sogar den Titel *Die Todes-Karavane*); später in der Erzählung *Abdahn Effendi* (1908) spielen sie in allegorisierter Form eine Rolle; auch im Drama *Babel und Bibel* erscheint ein »Scheik der Todeskarawane«. Das Thema muß in Mays Vorstellungswelt also eine nachhaltige Rolle gespielt haben. Der Text von 1896 enthält eine reine Sachschilderung, wobei May einige Sätze fast wörtlich seiner Beschreibung in *Von Bagdad nach Stambul* entnahm. Besonders betont nimmt er in dieser für eine katholische Zeitschrift geschriebenen Schilderung gegen religiösen Fanatismus Stellung, ein Thema, das sich hier auf das Verhältnis zwischen Sunniten und Schiiten bezieht, das aber – wenige Jahre nach dem »Kulturkampf« – auch auf das Verhältnis zwischen den christlichen Konfessionen übertragbar ist.

Ekkehard Bartsch

7. *Gleichnis für Zieger*

Dieses orientalische Gleichnismärchen, gerichtet an Hermann Zieger aus Leipzig, den Verleger des von Joseph Kürschner herausgegebenen patriotischen Sammelwerks »China« (Leipzig / Berlin / Breslau 1901), das den Sieg über die Chinesen nach dem »Boxeraufstand« verherrlicht, wurde zu Lebzeiten Mays nicht veröffentlicht. Der Erstdruck erschien im KMJb 1923 unter dem Titel *Der Zauberteppich* (S. 12–16) mit Erläuterungen von M. Finke, seit 1954 enthalten in GWB 48. Das Manuskript ist verschollen.

Yussuf el Kürkdschü bestellt bei »Ijar, dem im ganzen Morgenland bekannten Teppichweber« für seinen Freund Mazak einen Teppich. Dieser soll nach Yussufs Wunsch »ein Muster (enthalten), das allen Leuten, besonders aber den Packträgern und Eselsjungen gefällt«. Stattdessen füllt Ijar ihn »mit Sprüchen der Weisheit, der Liebe und Barmherzigkeit, die das Auge des Beschauers stören«. Und Yussuf fürchtet, daß die »unwillkommenen Worte... das Mißfallen jedes wahren Gläubigen erregen«. Ijar soll das Werk kürzen und zu einem vorzeitigen Abschluß bringen.

Das Märchen schildert in verschlüsselter Form die Hintergründe der Entstehung von Mays Roman *Und Friede auf Erden!*, der im Vorabdruck unter dem Titel *Et in terra pax* in dem Sammelwerk »China« erschienen war. Die Namen sind ins Türkisch-Arabische übersetzt: »Yussuf el Kürkdschü« = Josef der Kürschner; »Ijar« = Mai (Monat); »Maze« = Ziege (»Mazak« demnach Zieger). May gibt in dem Gleichnis seinem Unmut und seiner Enttäuschung darüber Ausdruck, daß er für den »China«-Band eine heroisch-patriotische Erzählung liefern sollte, während sein Streben dem Völkerfrieden und der Völkerversöhnung galt.

Das Zauberteppich-Märchen kann als kleine Vorübung zu den unmittelbar danach entstandenen Bänden *Im Reiche des silbernen Löwen III* und *IV* angesehen werden. Die Technik der Darstellung autobiographischer Ereignisse in orientalischem Gewand, die May dort auf wesentlich subtilere Weise anwandte, erscheint hier noch in sehr einfacher Verschlüsselung (nähere Einzelheiten zum Hintergrund der Entstehung bei E. Bartsch: *›Und Friede auf Erden!‹*. Entstehung und Geschichte. In: Jb-KMG 1972/73, S. 93–122, ferner bei H. Stolte: Das Phänomen Karl May. Bamberg 1969, S. 23–31).

Ekkehard Bartsch

8. Weltall – Menschheit – Krieg

Der kurze Feuilleton-Sachtext erschien am 27. April 1904 in einer Temesvárer Zeitung. Der genaue Erscheinungsort und der Kontext konnten bisher nicht ermittelt werden, da nur der Zeitungsausschnitt erhalten geblieben ist, den May in seine aus eigenen Texten (Gedichte, Entwürfe, Skizzen) bestehende Manuskript-Mappe *Bruch I* mit eingeklebt hatte (vgl. hierzu H. Wollschläger in: Jb-KMG 1972/73, S. 86, Anm. 25). Neudruck in M-KMG 18/1973, S. 2 (gekürzt unter dem Titel *Weltall – Erde – Mensch* enthalten in GWB 72).

»Im Schoße der Unendlichkeit gibt es ein Sandkorn, das sich Erde nennt...«, beginnt der Text, in dem die Winzigkeit der Erde, gemessen an der Größe des Weltalls, anschaulich gemacht wird. Und die Menschen, »arme kleine Milben, kriechend auf der Oberfläche ihres in die Unendlichkeit dahinrasenden Weltballs«: statt die kurze Erdenfrist mit gemeinsamer Arbeit auszunutzen und »die Früchte des gemeinsamen Fleißes zu theilen«, schmieden sie Waffen und rüsten zum Krieg.

Der betont pazifistische Text erscheint »wie ein Auftakt zu Karl Mays letzter Schaffensperiode« (H. Hatzig in: M-KMG 18, S. 2). Er wurde jahrzehntelang innerhalb von Mays Gesamtwerk falsch eingeordnet. Im Anhang zur Sonderausgabe *Geographische Predigten* (Bamberg 1958, S. 187) wird er als »Fragment eines Entwurfes, den Karl May etwa 1868 niederschrieb«, bezeichnet. Damals lag dem Herausgeber offenbar nur die gekürzte Bearbeitung vor, die Fritz Prüfer in den dreißiger Jahren aufgrund einer Maschinenabschrift vorgenommen hatte. Im gleichen Wortlaut wurde der Text 1968 in GWB 72 aufgenommen, dort (S. 234) mit dem Vermerk: »Fragment eines Entwurfes, den Karl May um 1870 niederschrieb«. Die Behauptung des Herausgebers, »*Weltall – Erde – Mensch* ist ein zu Mays Lebzeiten unveröffentlichtes, als Handschrift erhalten gebliebenes Text-Fragment« (R. Schmid in: GWB 72, S. 233), beruht auf einem Irrtum. Der Text ist nicht als Handschrift, sondern in gedruckter Form überliefert, und er stammt nicht aus dem Früh-, sondern aus dem Spätwerk Mays.

Ekkehard Bartsch

9. *Briefe über Kunst*

Um das Publikum auf seine künftigen dramatischen Werke vorzubereiten und allgemein sein Kunstwollen zu erläutern, richtete May zwischen Oktober 1906 und April 1907 eine Reihe von monatlichen »Kunst-Briefen« an Leopold Gheri, den damaligen Schriftleiter der Innsbrucker Rundschau »Der Kunstfreund«. Als Gheri im Mai 1907 überraschend die Redaktion niederlegte, mußte May nach sechs Briefen, von denen erst fünf erschienen waren (Der Kunstfreund, Innsbruck, 22. Jg., 1906, H. 10–12; 23. Jg., 1907, H. 1–2, 5; R: Magazin für Abenteuer-, Reise- und Unterhaltungsliteratur, Braunschweig 1977. H. 15, S. 48–52 und H. 16, S. 29–36), den ursprünglichen Plan, einen zwölfteiligen Jahreszyklus zu schreiben, aufgeben. Der im Nachlaß entdeckte sechste und letzte Brief wurde später von Max Finke im KMJb 1920 (S. 65–71) veröffentlicht; die vorangegangenen waren bereits 1917 in GWR 34 aufgenommen worden. Seit 1956 finden sich alle sechs *Briefe über Kunst* – wesentlich bearbeitet – in GWB 49 *(Betrachtung und Besinnung)*.

Anders, als ihr Titel erwarten läßt, enthalten die *Briefe über Kunst* kaum sachliche Ausführungen über konkrete Erscheinungen der Kunst und schweigen sich auch weithin über die Formkriterien aus, die Mays fiktionales Alterswerk konstituieren. Nur am Rande ist bisweilen die Rede von Konflikt, Tragik und Komik, von Historizität, Dramentechnik oder zeitgenössischer Dramatik, nur ahnen läßt sich die Forderung nach symbolischer, gleichnishafter Darstellung. Stattdessen reflektiert May in mystisch-bildhafter Sprache, jeweils ausgehend von jahreszeitlichen Assoziationen, die subjektiven Ziele, die er der Kunst zuschreibt und das Verhältnis der Kunst zu Wissenschaft und Religion. Gleich im ersten Brief gibt er seine sehr persönliche Definition der Kunst: »Die Kunst ist diejenige Betätigung des menschlichen Geistes und der menschlichen Seele, welche in das Innere des Gegenstandes eindringt, um das Wesen desselben zu erfassen, und dann wieder nach außen zurückkehrt, um das Aeußere im Einklange mit dem Innern darzustellen!« (48R) Der Künstler hat die göttliche »Wahrheit, das Wesen der Dinge«, das sich hinter der »sinnlich wahrnehmbaren, äußeren Erscheinung« verbirgt, offenbar zu machen, indem er beides »in sichtbare Harmonie« bringt. (35R) Neben diesen Grundgedanken, der letztlich auf Mays symbolistisches Konzept weist, tritt im zweiten Brief ein weiterer, der sich in der Folge damit verschränkt: »die Kunst ist berufen, unser irdisches Wissen zum himmlischen Glauben emporzuführen.« (50R) Richtet die Wissenschaft ihr Interesse auf Vergangenes und Diesseitiges, die Religion auf Zukünftiges und Jenseitiges, so hat die Kunst die Aufgabe der Vergegenwärtigung und der vermittelnden Offenbarung irdischer und himmlischer Erkenntnis. Sie steht auch hierarchisch zwischen Wissenschaft und Religion: während die Wissenschaft nur »langsam vorwärts schreitende Brücken« bauen kann, die zu Gott führen, die Religion wiederum »durch die Hülle des Nebels in der ihr eigenen Weise direkt zu Gott empor(steigt)«, schwingt sich die Kunst zwar empor, »doch nicht über die Nebel, Schatten und Schemen hinaus. Sie hat das Irdische darzustellen (...). Aber sie steht nicht in der Alltäglichkeit (...), sondern (...) im Bereiche der Himmelssehnsucht, der Phantasie.« Von ihr empfängt der wahre Künstler gottgesandte Ahnungen, denen er »greifbare Form« gibt. (35R) Es versteht sich, daß May bei solchem Kunstverständnis, das den Künstler als Visionar, gar als Erlöser will, Strömungen der zeitgenössischen Literatur als »Kunst des Häßlichen« und »Kunst des Bösen« denunzieren muß. (31R)

Obgleich May nirgends ausdrücklich von sich selbst und seinem Werk schreibt, lassen sich die *Briefe über Kunst* als autobiographische Schrift lesen, mit der er sein eigenes, häufig angefeindetes Schreiben zum unantastbaren Gottesdienst erheben wollte. Befreiung fand er im Gedanken, sein Unverstandensein und spätes Leiden habe den Sinn, ihn als Künstler zu läutern und zur Erlösung zu leiten. »Die geistige Einsamkeit und das seelische Leid, sie vertiefen ihn (den Künstler; D. S.) und sie erheben ihn, bis er nur noch rein äußerlich mit der Erde zusammenhängt, innerlich aber sich frei von allen ihren Fesseln und Banden fühlt. Dann kommt ihm plötzlich und wie ein verklärendes Licht die beglückende Erkenntnis, daß jene göttliche Lehre von der Erlösung durch den Schmerz und durch das Absterben des äußerlichen Menschen, welche die Grundlage unseres christlichen Glaubens bildet, sich an und in und durch ihn selbst bestätigt hat.« (49R)

Mays *Briefe über Kunst* gehören ohne Zweifel zu den Texten, die notwendig sind für das Verständnis seiner späten künstlerischen Intentionen, führen in der Forschung aber trotz einzelner Bemühungen (F. Zhernotta: Die »Briefe über Kunst«. In: M-KMG 7/1971. S. 7–10; C. Roxin: Nochmals: Die »Kunst-Briefe«. In: M-KMG 7/1971. S. 11–13) immer noch ein unangemessenes Schattendasein, ein Mangel, der mit ihrer schweren Zugänglichkeit und ihrer schwerverständlichen, weil nicht immer schlüssigen und allzu bildträchtigen Gedanklichkeit zu tun hat.

Dieter Sudhoff

10. Theater

Die Feuilleton-Plauderei erschien in der »Salzbrunner Zeitung« Nr. 69 vom 15. Juni 1907 (Neudruck in: Jb-KMG 1985, S. 364–366; nicht enthalten in GWR, GWB).

»Licht, Sonnenschein, neues Vertrauen und neuen, heiteren Lebensmut in die Herzen aller Hülfesuchenden strahlen« zu lassen, ist Mays Forderung an das Salzbrunner Kur-Theater, das in dem Feuilleton-Text angesprochen wird. Ein ausgewogenes Theaterprogramm soll Ernstes und Heiteres, und zwar eine »wohltuende, befreiende und läuternde Heiterkeit«, bieten, um den Kurgästen »körperliche Genesung und neue, seelische Hoffnungsfreudigkeit« zu versprechen.

Vom 22. Mai bis 3. Juli 1907 verbrachte Karl May mit seiner Frau Klara einen sechswöchigen Kuraufenthalt im schlesischen Bad Salzbrunn. Während dieser Zeit erlebte er das gesamte Repertoire des Kurtheaters und legte – in freilich sehr allgemein gehaltener Form – seine Eindrücke in der »Salzbrunner Zeitung« nieder (vgl. E. Bartsch: »Die liebenswürdigste aller Musen«. Karl May und das Theater. In: Jb-KMG 1985, S. 367–375). Die Forderungen an das Salzbrunner

Theater waren zugleich die Forderungen, die May um jene Zeit an sein eigenes Bühnenschaffen und an seine literarischen Arbeiten stellte.

Ekkehard Bartsch

11. Drei Menschheitsfragen: Wer sind wir? Woher kommen wir? Wohin gehen wir?

Vortrag Karl Mays am 18. Oktober 1908 in Lawrence/Massachusetts, USA; das Stichwort-Manuskript ist erhalten (unveröffentlicht); Rekonstruktion des Vortrags nach Rezensionen in den deutschsprachigen Zeitungen »Anzeiger und Post« und »Der Deutsche Herold«, Lawrence, in: GWR 34 »Ich«, [11]1931 bis [20]1942 (in GWB 34 ist daraus nur noch das »Droschkengleichnis« aufgenommen worden).

Die Entwicklung des »Gewaltmenschen« zum »Edelmenschen«, das große Thema in Mays Altersjahrzehnt, bildet auch den Mittelpunkt des Lawrencer Vortrags. Der Mensch, der von Gott kommt und zu Gott zurückkehren werde, sei »ein werdender Geist, der um so menschlicher denkt und handelt, je mehr er sich der göttlichen Liebe wieder nähert, von der er ausgegangen ist.« Die Geschichte der Gewalt lasse sich vom Altertum bis in die Gegenwart verfolgen, nun müsse der Weg vom Machtstaat zum Staat der Humanität gefunden werden. Das Deutschtum in Amerika müsse »an der Spitze der Bestrebung« stehen, »den Staat der Gewalt in den Staat der Menschlichkeit zu verwandeln«.

Mays Vortrag richtet sich gezielt an ein bestimmtes Publikum: die Deutschen in Amerika, die ihr Deutschtum erhalten und gefördert sehen wollten. May verband diese Bestrebungen mit seiner eigenen idealistischen Weltschau, und das Echo in Publikum und Presse bestätigten ihm, den richtigen Ton getroffen zu haben.

Ekkehard Bartsch

12. Sitara, das Land der Menschheitsseele. Ein orientalisches Märchen

Bei dem Text handelt es sich um einen Vortrag Karl Mays vom 8. Dezember 1909 im Schießgrabensaal, Augsburg, das Manuskript ist erhalten (unveröffentlicht; Teilabdruck daraus im Rahmen der Rezension in: »Neue Augsburger Zeitung« vom 10. 12. 1909).

Das »Märchen von Sitara«, das bereits in der Bilderwelt von *Babel und Bibel* (1906) eine Rolle spielt, hat May erstmals im Augsburger Vortrag in seiner geschlossenen Gestalt formuliert, in der er es dann – abgewandelt – als Einleitungskapitel in die Selbstbiographie *Mein Leben und Streben* (1910) aufgenommen hat. Der Stern Sitara ist für ihn das geistige Abbild der Erde, bestehend aus dem Tiefland Ardistan und dem Hochland Dschinnistan, und das Leben des Menschen sollte aus dem Streben von Ardistan nach Dschinnistan bestehen. Im Erreichen dieses Zieles sieht May die »Lösung der Menschheitsfrage«.

Das Presseecho auf den Vortrag war sehr unterschiedlich und reichte vom enthusiastischen Pathos (»Unsere Stadt ist um eine Sensation reicher«, Neue Augsb. Zeitung, 10. 12. 1908) bis zur sehr distanzierten Stellungnahme über May, den »große(n) Orientalist und Indianertöter« (Augsburger Abendzeitung, 9. 12. 1909).

Ekkehard Bartsch

13. Empor ins Reich der Edelmenschen

Auf Einladung des österreichischen »Akademischen Verbandes für Literatur und Musik« und seines literarischen Leiters Robert Müller hielt Karl May am 22. März 1912, acht Tage vor seinem Tod, im Wiener Sofiensaal vor großem Publikum einen inzwischen legendär gewordenen Vortrag über sein großes Altersthema *Empor ins Reich der Edelmenschen,* der ihm nach langen Jahren maßloser Anfeindungen die späte Gelegenheit öffentlicher Rehabilitation und persönlicher Beweisführung seines literarischen Ranges gab und ihm den letzten, vielleicht größten Triumph seines Lebens schenkte.

Noch im gleichen Jahr veröffentlichte Klara May in der 2. Auflage von *Mein Leben und Streben* eine freie Rekonstruktion der Rede, »nach dem flüchtigen Entwurf des Dichters und persönlichen Erinnerungen der Zuhörer«, die später in GWR 34 und GWB 34 aufgenommen wurde. Die KMG widmete Mays Wiener Rede im ersten ihrer Jahrbücher 1970 eine umfassende, wissenschaftlich fundierte Dokumentation, die neben einigen Zeitungsberichten und Interviews mehrere fragmentarische Redeentwürfe, eine Disposition in 15 Punkten und eine gedruckte Berichts-Unterlage für die Presse enthält (S. 47–91).

Die spärlichen Materialien zur weithin frei gesprochenen Rede erlauben keine eigentliche literarische Wertung. Sie lassen aber erkennen, daß es May in Wien darum ging, ein Resümee seines Denkens und Schreibens seit der Jahrhundertwende zu geben – so zitiert er denn auch aus seinen *Himmelsgedanken,* aus *Friede auf Erden, Babel und Bibel* oder der Selbstbiographie, so greift er Gedankengänge aus theoretischen Schriften wie den »Freistatt«-Artikeln oder den *Briefen über Kunst* auf. Ausgehend von der Idee, das Einzelleben – auch und gerade das seine – spiegele das Menschheitsleben, ein Gedanke, der ihn als Protagonisten künftiger Entwicklungen legitimieren soll, reflektiert May die eigene Lebensgeschichte in steter Analogie zu seiner menschheitlichen Utopie, die er im *Märchen von Sitara* illustriert. Danach hat jeder Mensch die Aufgabe, von Ardistan, dem niedrigen Land der Gewaltmenschen, nach Dschinnistan, dem hochgelegenen Land der Edelmenschen, zu streben und sich in der Geisterschmiede Märdistans, im Erdenleid, zu läutern. Wege solcher Aufwärtsentwicklung zeichnen Wissenschaft, Kunst und Religion vor (»Wissenschaft bringt Erkenntniß; Kunst bringt Offenbarung; Religion bringt Erlösung«). – May selbst sieht sich »auf dem mittleren Wege, auf dem Wege der Kunst« (Jb-KMG 1970. S. 53), und begreift sich wunschdenkend als visionärer »Hakawati« (Märchenerzähler), der in seinen Werken »himmlische Wahrheiten« (54) offenbart und in ihnen die mit dem Verlust des einstigen Paradieses geborene »Menschheitsfrage« stellt: »Mensch, Edelmensch, wo bist du?« (56), deren endliche Beantwortung Dschinnistan wiederschenken würde. Schon in seinen frühen Werken, den »Skizzen, Vorübungen« (58), habe er diese hohen Ziele verfolgt, sich mit ihnen, den Humoresken, Dorfgeschichten und Reiseerzählungen,

»Aeroplane« geschaffen, die ihn aus hoher Warte erkennen ließen, daß die Geisterschmiede, das »Menschheitsleid« (57), zu vermeiden ist, wenn der Mensch den geistig-seelischen Flug lernt und sich »über die alt hergebrachten Mauern, Zäune und Schranken« (55) erhebt, die noch immer Wissenschaft, Kunst und Religion einengen. Solchen Flug zu lehren, die Menschheit auf ihre Höhen, zum Mount Winnetou und zum Dschebel Marah Durimeh zu führen, sei das Ziel seines neuen Schreibens. Gelänge es, seien »ungeheure Gebiete zu entdecken, auf denen die bisherigen Bahnen und Verhältnisse vollständig andere werden«. »So, wie alles Herzeleid durch einen einzigen Menschen auf die Erde kam« (durch den Sündenfall Adams), könne es dann »auch durch einen einzigen überwunden werden. Nämlich, wenn die ganze Menschheit in brüderlicher Harmonie einem einzigen, großen Edelmenschen gleicht, dann, aber auch erst dann ist die Schöpfung des Menschen, wie Gott ihn gewollt hat, vollendet.« (68)

Mays Utopie eines neuen Menschen, die illusionäre und anmaßende Hoffnung, ihm Wegweiser sein zu können, tritt nirgends klarer zutage als in seiner Wiener Rede – sie bildet den Schlußstein in einem Leben, das sich nie mit der Wirklichkeit abfinden konnte.

Die Tatsache, daß May seine Rede nur wenige Tage vor seinem Tod hielt, hat ihr – im Gegensatz zu seinen anderen Vorträgen (Lawrence 1908, Augsburg 1909) – frühe Aufmerksamkeit gesichert, sie zugleich aber auch verklärt und kritischer Sichtung entrückt. Der unsichere Textbestand wird auch in Zukunft kaum eine monographische Analyse erlauben – ihr Erkenntniswert für Mays spätes Selbstverständnis ist aber so groß, daß sie bei allen Arbeiten solcher Zielrichtung heranzuziehen ist.

Dieter Sudhoff

VIII. Das Drama *Babel und Bibel*

Mays einziges, nicht Fragment gebliebenes Drama *Babel und Bibel. Arabische Fantasia in zwei Akten* wurde nach einer zweijährigen Bearbeitungszeit am 17. Juli 1906 abgeschlossen und erschien im selben Jahr im Verlag Fehsenfeld (GWR 49, GWB 49), nachdem die 1905 entstandene Fassung von May selbst verworfen worden war (vgl. H. Hatzig: Karl May und Sascha Schneider. Dokumente einer Freundschaft. Bamberg 1967, S. 102, 137, 149). Die Dramenfragmente *Weib, Wüste, Schetana, Ahasver* sind vorher abgefaßt worden; nur die *Kyros*-Fragmente stammen aus der Zeit nach seinem dramatischen Erstlingswerk. Nach der Publikation des Dramas arbeitete May noch an einem *Vorspiel aus zwei Welten,* das ebenfalls Fragment blieb (vgl. M. Finke: Aus Karl Mays literarischem Nachlaß. In: KMJb 1921, S. 58–61; Hatzig, S. 137f.; B. Kosciuszko: Karl May's Drama *Babel und Bibel.* Hamburg 1978, S. 7–9).

Erhaltene Konzepte belegen, daß May zu seinem Drama umfangreiche Studien betrieben hat; sowohl archäologisch-historische Literatur als auch Bücher über den Babel- und Bibelstreit hat er gelesen, den der Assyriologe F. Delitzsch mit der These entfesselte, daß die Bibel Stoffe aus babylonischen Schöpfungsmythen übernommen habe.

Am Turm zu Babylon hat Abu Kital, der Scheik der An'allah, Marah Durimeh, die Menschheitsseele, zum Schachspiel herausgefordert. Sie ist die Verbündete des gegnerischen Stammes der Kiram, der Edelmenschen, die vom Abendland beeinflußt worden sind. Das Schachspiel soll mit lebenden Figuren geritten werden. Es ist Teil einer Intrige Abu Kitals, um die Edlen der Kiram gefangenzunehmen und die Herrschaft der An'allah vom Morgenland aus über die ganze Welt ausdehnen zu können. Abu Kital plant, beim Schachspiel auf freiem Feld den Kiram die zerlumpten Männer der Todeskarawane entgegenzustellen, um jene so zu beleidigen und zu Kampfhandlungen zu provozieren. Mit der Hilfe der Todeskarawane und acht anderer Stämme sollen die Gäste überwältigt werden. Unmittelbar darauf will Abu Kital in das Stammesgebiet der führungslosen Kiram einfallen und es erobern.

Die Ältesten der An'allah haben sich versammelt, unter ihnen der Wissenschaftler Babel, der Iman und der Kadi, aber auch der Hakawati, der Märchenerzähler, um über diesen teuflischen Plan zu beraten. Die Vertreter des Rechtes und der Religion stimmen begeistert dem Plan zu, während der Hakawati zum Frieden mahnt. Der Kriegsbegeisterung hält er die Erinnerung an Vergangenes entgegen. Einst kam Bent'ullah, die Bibel, in das Land, wurde Abu Kitals Frau und gebar ihm einen Sohn. Doch als er sie verstieß, behielt er ihren Geist im Turm zurück. Seit jenem Tag wird die heilige Schrift vom Geist der Gewalt beherrscht. Der Märchenerzähler prophezeit, daß der erste Edelmensch den wahren Gott der Bibel befreien werde. Obgleich der Hakawati der Übermacht der Kampfbegeisterten weichen muß, gelingt es ihm, einen Gegenschlag einzuleiten. Er will die Phantasie, personifiziert durch Marah Durimeh, die diese Versammlung belauschen konnte, bitten, die Gäste mit einem Schattenspiel zu unterhalten. Abu Kital stimmt zu, glaubt er doch, bereits mit dieser Darbietung die Kiram, besonders aber deren jungen Führer Ben Tesalah herausfordern zu können.

Nach dieser Versammlung ist Abu Kital allein mit dem Forscher Babel und dessen Tochter Schefaka. Die Erinnerung an seine totgeglaubte Frau wird übermächtig, als Schefaka im Gewand und mit dem Schmuck Bent'ullahs auftritt. Plötzlich erscheint der Scheik der Todeskarawane, der mit seinem Bericht über die Geisterschmiede im Wald von Kulub Abu Kitals Anspruch, Geist des Morgenlandes zu sein, erschüttert. Nachdem die Phantasie ihr Spiel inszeniert hat, das Verbrechen des Kadi und des Iman aufdeckte (die Bent'ullah zusammen mit ihrem Sohn in der Wüste aussetzen ließen), muß Abu Kital erkennen, daß seine Frau und sein Sohn möglicherweise noch leben. Nur für kurze Zeit jedoch ist der Scheik der An'allah unschlüssig, ob er seinen Plan weiterverfolgen soll.

Gegen Mitternacht empfängt Abu Kital die acht verbündeten Scheiks, um mit ihnen sein kriegerisches Vorhaben abzusprechen. In dem Augenblick aber, als die An'allah statt der Kampfparole »Das Morgenland nur für das Morgenland« jubeln: »Das Morgenland nur für die An'allah«, durchschauen die Verbündeten die wahren Absichten Abu Kitals und verlassen die Versammlung. Wütend befiehlt dieser seinem Vorbeter, die Fat'ha zu beten. Als er sich widersetzt und Abu Kital ihn peitscht, greift der Scheik der Todeskarawane ein, der sich als Ben Tesalah, Führer der Kiram, zu erkennen gibt. Ein Zweikampf zwischen Abu Kital, dem Vater des Kampfes, und Ben Tesalah, dem Sohn des Friedens, ist unausweichlich.

Die Prophezeiung des Hakawati erfüllt sich, da Ben Tesalah in der Geisterschmiede zu Kulub zum Edelmenschen wurde und am Turm zu Babel Abu Kital besiegt. Als der Scheik der Kiram in den Turm eindringt, um die Bibel aus dem Rachen des Drachen zu befreien, erkennt Abu Kital, daß Ben Tesalah sein Sohn ist. Jetzt treten auch Marah Durimeh und Bent'ullah in ihrer wahren Gestalt auf. Abu Kital ist nun bereit, nach Kulub zu gehen, um sich selbst zu befreien, um als neuer Edelmensch die Herrschaft des Friedens zusammen mit Bent'ullah, der Bibel, und seinem Sohn in dem Stammesgebiet der An'allah zu errichten.

Die Handlungsführung in dem Drama gleicht der in den Abenteuerromanen: Die Gewaltmenschen wollen den Kampf durch eine List gewinnen, doch die Guten können eine Beratung belauschen und rechtzeitig entsprechende Gegenmaßnahmen einleiten. Aber auch die familiäre Konfiguration erinnert an frühere Erzählungen, so zum Beispiel an die Familie Waller aus *Und Friede auf Erden!*, denn der Vater wird vom Geist der Gewalt befreit durch die liebende Mutter und durch die gütige Tochter und den edel denkenden Sohn. Die Parallelität der Stoffe und der Sujetführung im Alterswerk, die Überformung des äußeren Geschehens durch innere, symbolische Handlung und das Anknüpfen an das frühe Werk charakterisieren auch Mays erstes Drama *Babel und Bibel*. Der Übergang zum »eigentlichen« Werk, der Wechsel vom Roman zum Drama, stellt keinen Bruch dar, gerade weil sich May bemüht, dem Leser das Neue im Alten zu zeigen. Hierfür wählte May eine eindringliche Lehr- und Predigtform.

Auf symbolischer Ebene dramatisiert May die zwei wichtigsten, zusammenhängenden Grundideen seines Spätwerks, die Verwandlung des Gewaltmenschen in den edlen, guten Menschen auf dem Wege der Gottes- und Nächstenliebe und das Forschen nach dem wahren Menschengeist, nach der wahren Menschheitsseele (vgl. S. 52f.), das in Mays Sicht die eigentliche Aufgabe der wahren, ursprünglichen »Psychologie« darstellt. Abu Kital kann sich mit Hilfe der Menschheitsseele, personifiziert in Marah Durimeh, Bent'ullah und Ben Tesalah, von dem Wahn befreien, daß er der wahre Geist des Morgenlandes, ja der ganzen Welt sei. Der Kunst kommt die Aufgabe zu, diese heilsgeschichtlichen Grundideen zu gestalten, zwischen Religion und Wissenschaft zu vermitteln, damit diese zur wahren Religiosität und zur wahren Wissenschaftlichkeit aufsteigen können. Nur so kann der Forderung nach der Menschlichkeit und nach dem Völkerfrieden, nach der Versöhnung des Morgenlandes mit dem Abendland Nachdruck verliehen werden (vgl. S. 56f.) Der universale Auftrag der Kunst, umfassend Harmonie zu stiften, stellt Mays arabische Fantasia in die Traditionslinie des aufklärerischen Dramas, das als moralische Anstalt verstanden wurde. Die Betonung der Didaxe und die Priorität dieses Genres innerhalb der Wirkungspoetik, die Erziehung des Menschengeschlechts zur Humanität verweisen insbesondere auf das dramatische Werk Lessings (vgl. H. Stolte: Auf den Spuren Nathans des Weisen. Zur Rezeption der Toleranzidee bei Karl May. In: Jb-KMG 1977, S. 17–57). Die Umkehrung des aufklärerischen Prozesses der Säkularisation der christlichen Nächstenliebe zur allgemeinen Menschenliebe und die Mittlerfunktion der *heiligen* Kunst zwischen Wissenschaft und Religion trennen Mays Drama jedoch von der Aufklärung und weisen seine Nähe zum heilsgeschichtlichen Welt- und Menschenbild des Mittelalters aus (vgl. M. Schenkel: *Babel und Bibel*. Ein aufklärerisches Drama des Mittelalters. In: Karl May. Hrsg. von H. Schmiedt. Frankfurt a. M. 1983, S. 278–309).

Mays Arabische Fantasie in zwei Akten mit jeweils 1000 Blankversen sollte ursprünglich den Titel »Abu Kital« tragen. Abu Kital muß sich von Kital, dem Drachen, befreien, der im Turm zu Babel die Bibel in seinem Rachen gefangenhält. Der Drache selbst aber symbolisiert die Superschlange der Schöpfungsmythen, in denen der wahre Held das chtonische Tier besiegen muß, um das Werk der Erlösung vollenden zu können. Der Drache, der Name des Scheiks der An'allah sowie die Übersetzung der arabischen Stammesbezeichnung – »Ich bin Gott« – verweisen auf die diabolische, weltspaltende Zauberformel des Teufels, auf den Dualismus zwischen der civitas diaboli und civitas Dei. Babylon ist der irdische Sitz des Antichristen, biblische Allegorie der Gewaltherrschaft Nebukadnezars über die Israeliten, Bild der Tyrannei, der heidnischen Hybris. Mit dem gewählten Titel *Babel und Bibel* bezeichnet May so den Ausgangs- und Endpunkt der Heilsgeschichte, den Sündenfall und die Erlösung. Der heilsgeschichtliche Dualismus spiegelt sich nicht nur im Inhalt, sondern auch in der Form des Dramas wider: Gegen das klassische Gesetz der fünf Akte verstoßend, wählte May zwei

Akte mit je 1000 Blankversen, die ihrerseits das Ende des zweiten Jahrtausends der Weltgeschichte nach Christi Geburt, die Erlösung der Welt bedeuten sollten. Vater und Sohn, Gewalt- und Edelmensch, Krieg und Frieden, die An'allah und die Kiram, der Sündenfall und die Erlösung stehen sich gegenüber. Selbst die Topographie ist allegorisch gehalten, entspricht sie doch dem Mythos im Märchen von Sitara. Der Untertitel »Arabische Fantasie« knüpft bewußt an das orientalische Drama an, das die Weltgeschichte als Maskenspiel auf Erden, als Kampf zwischen Himmel und Hölle darstellt und in der Erlösung allerhöchsten Könnens vollendet, eine »Erlösung, die selbst den Teufel vom Teufel befreit.« (K. May: *Briefe über Kunst,* 1907. Faksimile-Wiedergabe in: Magazin für Abenteuer-, Reise- und Unterhaltungsliteratur. H. 16. 1977, S. 32). Wenn der Sohn des Friedens den Vater des Kampfes besiegt, wenn Ben Tesalah die Bibel aus dem Rachen des Drachens befreit und wenn Abu Kital bereit ist, sich in der Geisterschmiede im Wald von Kulub vom Geist der Gewalt zu lösen, kongruieren Welt- und Heilsgeschichte, Onto- und Phylogenese. Das Märchen des Hakawati erfüllt sich. Die Weissagung der Propheten wird durch die Ankunft des Welterlösers beglaubigt. Babel, der geblendete Wissenschaftler, muß erkennen, daß er die wichtigsten Fragen, die nach dem Geist und nach der Seele des Menschen, falsch beantwortet hat. Nicht Abu Kital, der Triebmensch, ist der Geist des Morgenlandes, sondern Ben Tesalah, Marah Durimeh, Bent'ullah, ja selbst seine Tochter Schefaka repräsentieren den wahren Menschengeist. Die wahre Kunst, das Märchen und das Schattenspiel, hat zwischen der Religion und der Wissenschaft vermittelt, hat die Erlösung des Menschen aus seiner selbstverschuldeten, hybriden Diesseitigkeit befördert.

Biographisch betrachtet, steht Abu Kital möglicherweise für Mays Vater oder Karl May selbst, der in den frühen Werken stark vaterorientierte Figuren schuf, so beispielsweise Old Shatterhand und Kara Ben Nemsi (H. Wollschläger: Der »Besitzer von vielen Beuteln«. In: Jb-KMG 1974, S. 160f.). In Bent'ullah wollte man unterdes Mays idealisiertes Mutter- und Frauenbild erkannt haben, während Marah Durimeh Züge der Großmutter und der Mutter trage (H. Wollschläger: »Die sogenannte Spaltung des menschlichen Innern, ein Bild der Menschheitsspaltung überhaupt.« In: Jb-KMG 1972/73, S. 11–92) und der Hakawati den Dichter May spiegele, der sich als Mahner des Friedensmythos verstand.

Es ist bezeichnend, daß Abu Kital, die bühnenwirksamste Figur, am Ende seinen Körper verliert. Statt des Individuums läßt May heilsgeschichtliche Typen auftreten, die den Menschen als Einzelwesen negieren, da er »Drama« ist, um »Zeit und Ort mit Handlung zu beleben« (May: *Babel und Bibel,* S. 180). In der Erlösung soll sich zugleich die Auflösung des Charakters vollziehen. Mays *Babel und Bibel*-Drama nähert sich hier, wie auch an vielen anderen Punkten, den aus der mittelalterlichen Liturgie heraus entwickelten geistlichen Erlösungs- und Mysterienspielen an. Auch das geistliche Drama des Mittelalters verteilte ja schließlich die vorzutragende religiöse Heilsgeschichte auf verschiedene Sprecher, vermenschlichte Erhabene und Heilige.

Die inhaltliche Überfrachtung des Dramas scheint May erkannt zu haben, als er Mai 1907 plant, einen zweibändigen Roman mit dem Titel *Abu Kital, der Scheik der An'allah* bis Weihnachten vorzulegen. Die epische Bearbeitung des Dramas blieb jedoch Fragment – es existiert überhaupt nur ein einziger Absatz von wenigen Zeilen –, an dessen Stelle der Roman *Der Mir von Dschinnistan* bzw. die Reiseerzählung *Ardistan und Dschinnistan* trat. Noch 1910 eröffnete May seine Autobiographie mit dem Märchen von Sitara. Der Wert des Dramas liegt somit in der Schlüsselfunktion für das Spätwerk auf der inhaltlichen Ebene.

Neben verschiedenen positiven zeitgenössischen Pressestimmen und der Studie von H. Wagner »Karl May und seine Werke« (1907) sowie einigen zustimmenden und ablehnenden Randbemerkungen gibt es bisher neben Schenkels Beitrag nur zwei ausführlichere Untersuchungen: Die eng verknüpften Kapitel »Abu Kital und die Antworten des Hakawati« und »Mays Drama – Das Drama Mays« in H. Hatzigs Monographie »Karl May und Sascha Schneider« und B. Kosciuszkos Staatsarbeit »Karl May's Drama *Babel und Bibel*«.

Bis heute ist das Drama von der Bühne und von der literaturwissenschaftlichen Rezeption vernachlässigt worden.

Martin Schenkel

IX. *Lyrik*

Karl Mays lyrisches Werk läßt sich in drei Bereiche aufgliedern. Den kleinsten Teil bildet die Gelegenheitslyrik, die May bei verschiedenen Anlässen (Jubiläen, Hotelaufenthalte, Widmungen etc.) verfaßte. Hinzu kommen diverse Einzelgedichte. Zum zweiten Bereich gehören zahlreiche Produkte, die May überwiegend in seine eilig niedergeschriebenen Kolportageromane und anderen Erzählungen einarbeitete (vgl. H. Pauler, die die eingestreuten Gedichte und Lieder u. d. T. »Deutscher Herzen Liederkranz« in zwei Teilen dokumentierte: S-KMG 41/1983 u. 60/1985). Die Entstehungsjahre dieser Verse fallen dann mit denen der jeweiligen Erzählwerke zusammen, was eine genaue Auflistung hier unmöglich macht. Der größere Teil von Mays Lyrik – wohl 1000 Gedichte – liegt noch ungedruckt im Nachlaß des Bamberger Archivs. Nur ein einziges Mal hat May, dessen lyrisches Werk im Vergleich zu seinem erzählerischen Schaffen gering ausgefallen ist, einen Gedichtband selbst veröffentlicht, die Sammlung *Himmelsgedanken,* die er als Ergebnis seiner Orientreise 1899/1900 Weihnachten 1900 außerhalb der numerierten Freiburger Erstausgaben erscheinen ließ. Dieser Band enthält insgesamt 133 Gedichte, zwischen die 129 kurze Sinnsprüche eingeschoben sind. In GWR 49 wurden diese Texte nahezu unverändert nachgedruckt und mit Mays symbolischem Drama *Babel und Bibel* gekoppelt; die Bamberger Ausgabe bietet unter dem Titel *Lichte Höhen* in Band 49 nur eine bearbeitete Auswahl der *Himmelsgedanken* nebst Proben der Gelegenheits- und Einzelgedichte.

Im Gegensatz zu seiner Prosa fehlt Karl Mays Gedichten, von ganz wenigen Ausnahmen, wie etwa dem panegyrischen Gedicht »Der Löwe Sachsens«, einem historisch-balladeskem Huldigungswerk auf König Albert von Sachsen, abgesehen, der stoffgeschichtliche Hintergrund (vgl. H. Schmiedt: Der Löwe Sachsens: ein panegyrisches Gedicht Karl Mays. In: Jb-KMG 1981. S. 41–55). Mays *Himmelsgedanken* versammeln ausschließlich religiöse Lyrik, wobei der Bibelkenner oft auf die Heilige Schrift als Quelle zurückgriff, wovon die häufigen wörtlichen oder sinngemäßen Zitate aus den Psalmen, Evangelien und anderen biblischen Schriften zeugen.

Inhaltlich lassen sich Mays Gedichte zu folgenden Themenkreisen zusammenfassen: Bei den Gelegenheitsgedichten nutzt er die Situation, um den Personen, denen das jeweilige Gedicht gewidmet ist, oder seinen Lesern, zum Beispiel aus Anlaß einer Buchausgabe, etwas Bleibendes, einen vertieften Gedanken mitzugeben, so beispielsweise die folgenden Zeilen für eine Konfirmation: »Laß auch die Seelen, nicht nur die Gestalten / Aus meiner Welt an Dir vorübergleiten, / So wird vor Dir die Bühne sich entfalten, / Auf der die Menschen zur Vollendung schreiten« (zit. nach: E. Heinemann: Old Shatterhand und Hildesheim. In: Hildesheimer-Heimat-Kalender 1972. S. 70). In seinen Prosaschriften gab es für May unterschiedliche Motivationen, Gedichte einzufügen und sie oft mehrfach – auch in umgearbeiteter Fassung und in verschiedenen Werken – zu verwenden. So können sie zur Auflockerung der Handlung beitragen, Humor erzeugen – wenn etwa der komische Hobble Frank klassische Gedichte verunstaltet (»Seid verschlungen Millionen«) –, einen Hinweis auf den Charakter oder das Schicksal einer Person geben (z. B. auf den wahnsinnigen Dichter Ohlert in *Der Scout* bzw. in *Winnetou II*) oder May selbst positiv herausstellen helfen und sogar in Teilen und Variationen ein ganzes Werk durchziehen. Die Gedichte »Tragt euer Evangelium hinaus« in *Et in terra pax* und »Weihnachtsabend« in *»Weihnacht!«* tragen so leitmotivischen Charakter und eine oder mehrere Strophen dieser Gedichte tauchen an entscheidenden Handlungsstellen wieder auf. Während May für diese Zwecke in seiner Frühzeit und in der Phase seiner Reiseerzählungen oft auch fremde Gedichte verwendet, stammen alle Gedichte, lyrischen Einschübe und die rhythmisierte Prosa im Spätwerk von May selbst und sind somit noch stärker in das einzelne Werk integriert.

Bei den meisten Gedichten Mays handelt es sich freilich – wie von ihm selbst bestätigt – um religiöse, speziell um christliche und als christlich verstandene Lyrik. In diesen Gedichten, vor allem den *Himmelsgedanken,* versucht May mit missionarischer Absicht dem Leser sein Glaubensverständnis und -bekenntnis zu vermitteln, diesem seine Situation vor Augen zu führen und ihm zu zeigen, wohin sein Leben mit oder ohne Gott führen kann. Immer wieder appelliert er in diesen Gedichten an das Gute im Menschen und daß er sich der Führung Gottes anvertrauen solle. Viele der Gedichte besitzen auch einen düsteren Unterton; in ihnen spiegeln sich Probleme und Phasen der Resignation, mit denen May zur Zeit der Entstehung des jeweiligen Gedichtes zu kämpfen hatte. Im Falle der *Himmelsgedanken* waren dies die beginnenden Presseangriffe, der sich ankündigende Streit um die Münchmeyer-Kolportageromane sowie der Zerfall seiner Ehe mit Emma May geb. Pollmer. Ein Blick auf Mays Gedicht »Im Alter« verdeutlicht dies:

Im Alter

Ich bin so müd, so herbstesschwer
Und möcht am liebsten scheiden gehn.
Die Blätter fallen rings umher;
Wie lange, Herr, soll ich noch stehn?
Ich bin nur ein bescheiden Gras,
Doch eine Aehre trag auch ich,
Und ob die Sonne mich vergaß,
Ich wuchs in Dankbarkeit für dich.

Ich bin so müd, so herbstesschwer
Und möcht am liebsten scheiden gehn,
Doch, brauche ich der Reise mehr,
So laß mich, Herr, noch länger stehn.
Ich will, wenn sich der Schnitter naht
Und sammelt Menschengarben ein,
Nicht unreif zu der Weitersaat
Für dich und deinen Himmel sein.

(*Himmelsgedanken*. Freiburg 1900. S. 117).

Der 58jährige May arbeitet hier in formal anspruchslosen Versen mit konventionellen Bildern und Assoziationen, so etwa in der Reihung von Alter – Herbst – fallenden Blättern und Tod, aber auch mit autobiographischem Bezug auf seine Altersstimmung. Eine besonders intensive Anklammerung an den christlichen Glauben hilft dem Autor immer wieder, sich aufzurichten. Häufig spricht er von zwei Welten (»Die zweite Welt«), einer äußeren, faßbaren, und einer inneren, höheren und geistigen Welt, die der des Glaubens entspricht. Viele Gedichte beginnen zunächst in der ersten Welt, um zur zweiten hinaufzuführen; es findet dann ein allmählicher Wechsel der Betrachtungsebene vom Allgemein-Irdischen zum Symbolisch-Religiösen statt.

Mays Bilderwelt ist traditionell geprägt und weitgehend Natur und Kosmos entlehnt (»Ragende Berge«, »Sternschnuppe«, »Vogelsang«, »Des Waldes Seele«, »Sonnenschein«, »Entwickelung«), da sich dadurch die Größe der Schöpfung und des Schöpfers gut demonstrieren läßt. Desgleichen entwickelt er zuweilen Gedichte um Begriffe des christlichen Glaubens, deren Titel den Inhalt bereits charakterisieren (»Liebe«, »Ewig«, »Gnade«, »Heilesbotschaft«, »Verzeihen«, »Güte«) und von denen viele eine belehrende Tendenz aufweisen.

Mays religiöse Vorstellung verlangt die Hingabe an Gott mit allen Kräften, mit allem, was dem Menschen eigen ist. Umkehr und Reue können ihn dahin zurückführen, von wo er sich seit den Kindertagen immer weiter entfernt hat: zum ursprünglichen Gnadenverhältnis von Schöpfer und Geschöpf, zur wahren Heimat im Reich Gottes.

Obwohl May nicht hauptsächlich Lyriker ist, begleiten Gedichte doch sein gesamtes Werk. Zusammen mit dem Roman *Am Jenseits* bilden die *Himmelsgedanken* die Schwelle zum Spätwerk. Hier hat May bewußt »gedichtet«, hier wollte er konsequent seinen Aufbruch zu neuen Bereichen auch mit der Aufnahme neuer literarischer Formen wie Lyrik und Dramatik dokumentieren. Dabei hatte er ganz bestimmte, herkömmliche Vorstellungen davon, wie ein Gedicht auszusehen hatte. In *Et in terra pax* heißt es: »Ich hoffe, bald wieder einzuschlafen (...) da stieg ein warnendes Wort in mir auf; beide gestalteten sich zum Verse, dem sich ein zweiter, dritter und dann auch vierter zugesellte; sie fügten sich zur gereimten vierzeiligen Strophe zusammen (...). Ich hielt diese Strophe für geeignet, den Anfang eines Gedichts zu bilden, welches später in meine *Himmelsgedanken* aufgenommen werden könnte« (R Bamberg/Braunschweig 1976. S. 34). Konstitutiv sind für ein Gedicht in Mays Augen Reim und Versmaß. Typische Merkmale seiner Lyrik sind daher auch der drei- bis sechshebige Vers mit Kreuzreim, Paarreim oder umarmenden Reim in zwei bis sechs, gelegentlich mehr Strophen. Zahlreiche, zuweilen ermüdend wiederkehrende Wiederholungen zu Anfang oder in der Mitte der Strophe dienen der Verstärkung einer Aussage, sind jedoch häufig nur aussagelose Zeilenfüller, damit die konstruierte Silbenzahl formal aufgeht. Mays Lyrik steht hier, wie auch sonst, ganz im Rahmen der zeitgenössischen Lyrikproduktion, d. h. im Kontext einer wenig schöpferischen und epigonalen Lyrik in der zweiten Hälfte des 19. Jahrhunderts. Bis zum Jahrhundertende und darüberhinaus gab es eine Flut relativ niveauloser Lyrik, die vordringlich in Familienblättern wie der »Gartenlaube« veröffentlicht wurde und deren eingeengtem Lyrikideal entsprach.

Deutlich und faßlich formuliert, für einen breiten Leserkreis angelegt und permanent auf die Einhaltung konventioneller, fester Formregeln bedacht, bewegt sich das triviale Gedicht in einfachen Formen und allgemeinen Floskeln unter Meidung wirklichkeitsnaher, persönlicher und gesellschaftlich-sozialer Probleme. Die Ausgrenzung des Faktischen korreliert dann mit kompensatorischen Fluchtgedanken, mit trivialen Glücks-, Trost- und Erlösungsvorstellungen, wie sie sich zahlreich in der Kitsch- und Kolportageliteratur der Zeit finden. Wenn Mays Gedichte oft den Tonfall des Volks- und Kirchenliedes, etwa in der Vertonung von »Ave Maria« und »Vergiß mich nicht« aufnehmen, so zeigt sich schon hierin eine Verwandtschaft mit den traditionellen Formen schlichter Lyrik. »Dein eigener Richterspruch« aus den *Himmelsgedanken* (S. 336) ist in dieser Hinsicht ein typisches Gedicht:

Hast du geliebt? Weißt du wohl, was das heißt?
Denk nach, denk nach, wenn du es noch nicht weißt.
Die Frage wird dir jeden Tag gegeben;
Die Antwort hast du jeden Tag zu leben.

Hast du geliebt? Es wird ein Ja verlangt,
Weil jeder so wie du nach Liebe bangt.
Was du ihm giebst, sein Engel trägts nach oben,
Und dort, dort wird es für dich aufgehoben.

Hast du geliebt? So wirst du einst gefragt,
Wenn das Gericht des Allerforschers tagt.
Das Urtheil hast du dir dann selbst zu geben;
Es liegt schon da: Es ist dein Erdenleben!

Dieses naiv-einfache Gedicht hält sich an die traditionellen Formvorgaben, weist also beispielsweise jambisches Versmaß auf und drei vierzeilige Strophen mit Paarreimen. Der gleichlautende Anfang jeder Strophe wirkt wenig originell und floskelhaft, der Inhalt reiligiös-weltanschaulich entrückt und entkonkretisiert. Das klischeehafte Bild des Engels verbindet den Gedanken der Liebe zwischen erster und zweiter Strophe, die dritte führt den Hauptgedanken auf einen scheinbaren Höhepunkt hin zu All und Ewigkeit. Auch hier, im Bereich der Metaphorik, bleibt Mays Lyrik konventionell befangen, wie auch in anderen Gedichten deutlich wird, wenn etwa fallende Blätter als Alterschiffre oder Nacht als Symbol für Geistesverdüsterung in Erscheinung tritt. May fehlt es so gerade im lyrischen Bereich an sprachlich-poetischer Ausdruckskraft und wohl auch Erfahrung, um sich frei und erfolgreich bewegen zu können.

In seinen Gedichten ab der Jahrhundertwende wollte May seine Empfindungen und inneren seelischen Vorgänge dem Leser mitteilen, um ihm aus Nächstenliebe zu helfen, nicht in ähnliche Fehler zu verfallen. Die Lyrik erscheint so als Vorwegnahme der entsprechenden Vorgänge im erzählerischen Spätwerk. Die Barrieren zwischen Kunst, Wissenschaft und Religion sollen im Sinne einer integrierten ganzheitlichen Sicht der Dinge aufgehoben werden. Doch ist dieser späte Versuch, sich in allen Sparten von Dichtung zu beweisen, sieht man von einigen Ausnahmen wie »Im Alter« ab, letztlich zuungunsten Mays und seiner Gedichtkonstruktionen verlaufen.

Die Lyrik Karl Mays, auch die der *Himmelsgedanken,* die seit der Radebeuler Ausgabe nicht mehr vollständig gedruckt worden sind, wird so von der Kritik fast ausschließlich negativ bewertet und weit unter sein erzählerisches Werk gestellt. Dem bekannt gewordenen Urteil von Hermann Cardauns, dem Feuilleton-Chef der »Frankfurter Zeitung«, der sich May als »lyrischer Dichter (...) verbitten« wollte (zit. n. Wollschläger: May, S. 107) schließen sich mehr oder weniger andere Autoren an. Stolte spricht von »Dichtung zweiter Ordnung« und May als »nachahmendem Talent« (Der Volksschriftsteller Karl May. Radebeul 1936, Bamberg ²1979. S. 141), Forst-Battaglia (Karl May. Ein Leben, ein Traum. Zürich / Leipzig / Wien 1931. S. 88) von »gereimten Hervorbringungen«; für Arno Schmidt gelten die *Himmelsgedanken* als »so konfirmandenmäßig ausgefallen (...), daß man sich entweder furchtbar entrüsten, oder aber ebenso lachen muß« (Sitara und der Weg dorthin. Eine Studie über Wesen, Werk und Wirkung Karl Mays. F. a. M. 1974. S. 201). Wollschläger schließlich hält die Gedichtsammlung für eine »ziemlich leer laufende Reim-Maschinerie, die besser aus dem Verkehr geblieben wäre« (May, S. 106). In den letzten Jahren ging man dazu über, einzelne gelungene Gedichte Mays (»Im Alter«, »Der Herrgottschnitzer«, »Ragende Berge«, »Kennst du die Nacht«) positiver zu werten. Doch wird die Lyrik wohl immer als ein unbedeutender Seitenzweig seiner literarischen Produktion anzusehen sein.

Walter Schönthal / Reinhard Tschapke

X. Komponistionen, Lieder und Vertonungen

In seiner Selbstdarstellung *Mein Leben und Streben* weist Karl May auf seine frühe musikalische Ausbildung hin: schon der Knabe – seine »Stimme entwickelte sich zu einem guten, volltönenden, umfangreichen Sopran« (*Mein Leben und Streben,* S. 48) – sang in seinem Heimatort Ernstthal als Kurrendaner an Sonn- und Feiertagen zweimal in der Kirche; besonders wurde ihm das Solo in der weihnachtlichen Jesaja-Weissagung übertragen, das er »mit fröhlich erhobener Stimme vor der lauschenden Gemeinde« (S. 66) sang (vgl. auch S. 48 und 57). Sein musikalischer Mentor Friedrich Strauch (1788–1860) – dessen Kompositionen nicht erhalten sind – wirkte in Ernstthal als Organist, Kantor und Mädchenlehrer; er unterwies den armen May in Harmonielehre, Orgel-, Klavier- und Violinenspiel, ließ ihn auch Kirchenstücke kopieren. Ein vielseitiger, wenn auch nicht systematischer Musikunterricht war später auch Bestandtteil der Seminar- und Lehrerausbildung; das Abgangszeugnis des Lehrerseminars zu Plauen vom 13.9. 1861 enthält ein besonders »Zeugniß über die musikalische Prüfung« mit den Prädikaten »gut mit Ausz(eichnung)« für Singen, Violinenspiel und Theorie sowie »gut« für Orgel- und Klavierspiel (vgl. F. Prüfer: Die Zensuren des Schulamtskandidaten Karl May. In: KMJb 1925. S. 26–38). Mehrfach kann May in den darauffolgenden Jahren seine musikalische Ausbildung nutzen; so tritt er nach der Chemnitzer Haftentlassung 1862 gelegentlich in »musicalisch declamatorischen Abendunterhaltungen« (JbKMG, S. 111) als Musikant auf und liefert für den »Gesangverein Lyra, Sängerkreis Ernstthal« eine Anzahl eigener Kompositionen (»Gebrauchsmusik, flott und flach gemachte, je nachdem *Vaterunser*-mäßig getragen oder *Immer forsch resolut«* urteilt Wollschläger, May, S. 22); wurde sogar, nach eigener Aussage, Direktor dieses Vereins (*Mein Leben und Streben,* S. 113; vgl. die bis heute umfassendste Darstellung, die sich auch der »musikalischen« Textstellen in Mays Werk annimmt: M. Finke: Karl May und die Musik. In: KMJb 1925. S. 39–63).

Während der Haft auf Osterstein in Zwickau kann May seine musikalischen Fertigkeiten dann noch einmal vertiefen. Der Aufseher F. E. Göhler (1824–90) leitete das Musik-Korps; er nahm den Strafgefangenen als Althornbläser und Arrangeur auf, zumal er selbst nicht die nötigen theoretischen

Kenntnisse besaß. Der Zuchthausaufenthalt in Waldheim führt May mit dem katholischen Anstaltsgeistlichen Johann Peter Kochta (1824–86) zusammen, der ihm das Orgelspiel im Gottesdienst und, als ehrenvolle Aufgabe, das Arrangieren der Kirchenmusik anträgt (*Mein Leben und Streben,* S. 128 und 173).

Die geschilderte musikalische Betätigung und Ausbildung qualifizierte May somit zum Anfertigen eigener Kompositionen (*Mein Leben und Streben,* S. 99, 113, 128f.), die sich später im Nachlaß fanden und heute noch im Archiv des KMV (Bamberg) vorhanden sind. Drei Tonsätze hatte man bereits zu seinen Lebzeiten gedruckt, das »Ave Maria« für Männerchor in Es-Dur, das gleiche Lied für gemischten Chor in B-Dur und das »Vergiß mich nicht« in D-Dur für gemischten Chor, (vgl. H. Meier im Vorwort zum KMG-R *Marienkalendergeschichten.* Hamburg 1979. S. 9; die Titel sind teilweise auch aufgeführt bei Finke, S. 57ff.). Manche Kompositionen tragen im Nachlaß die Aufschrift »Gesangverein Lyra«, manche auch den Stempel »Sängerkreis Ernstthal« und die Jahreszahl 1864; die meisten sind numeriert. Im einzelnen handelt es sich um (T = Textanfang, Ordnungszahl vom Verfasser): 1) *An die Sterne.* Für Männerchor von K. Fr. May. (T:) »Süße kleine Himmelsaugen«. Gesangverein Lyra, Ernstthal, Nr. 13, 1864/1. – 2) *Ave Maria* der Gondolieri am Traghetto della Salute. Gedicht von Ida von Düringsfeld. (T:) »Wir bringen dir Kerzen auf dem Altar...«. Comp. v. Karl May. 2 Chöre für Männerstimmen (d. h. doppelchörig). Gesangverein Lyra, Ernstthal, Nr. 14. – 3) *Weihnachts-Cantate* von K. F. May. (Komposition für 2 vierstimmige Männerchöre. T:) »Siehe, ich verkündige euch große Freude...«. Gesangverein Lyra, Ernstthal, Nr. 15. Von May erwähnt im Roman *Weihnacht* (F 24, S. 3ff.), dort korrekt als Motette bezeichnet. Er nennt auch eine »solistische Einlage«, was auf differenzierte formale Gestaltung schließen läßt. – 4) *Notturne.* (T:) »Ich will dich auf den Händen tragen...«. Soloquartett für 4 Männerstimmen, ged. & comp. v. Karl May. Gesangverein Lyra, Ernstthal, Nr. 20. – 5) *Wanderlied* (T:) »Ei, wie geht so flink der Knabe...«. Ged. v. Uffo Horn, Mus. v. K. May (für vierstimmigen Männerchor). Gesangverein Lyra, Nr. 24; 1864. Gesetzt in Es-Dur im 3/4-Metrum. Der zweistrophige Text ist in 39 Takten durchkomponiert; die zweite Strophe enthält Variationen in langsamer Tempovorschrift, die letzten drei Verse solistische Besetzung, vom Tutti wiederholt. Der

KMV druckte 1981 einen R als Weihnachtsgabe für die Freunde des Hauses.– 6) *Serenade* (T:) »Zieht im Herbst die Lerche fort...« (Komposition für 4stimmigen Männerchor) v. K. F. May. Sängerkreis zu Ernstthal, No. 25. – 7) *Warnung* (T:) »O gräme nie ein Menschenherz«. Motette (für 4stimmigen Männerchor) v. K. May. Gesangverein Lyra, Ernstthal, No. 26. Das S-KMG 41 (H. Pauler: »Deutscher Herzen Liederkanz«) brachte die Transskription eines Notenblattes daraus. Man erkennt die formale Anlage: Einem ersten Teil in C-Dur 4/4 mit 37 Takten folgt ein G-Dur-Mittelteil von 40 Takten mit der Überschrift »mezzo tutti« (vom Halbchor zu singen, T:) »Denn stehst du am Grabesrande...«), der dritte Teil ist eine Fuge auf den Text »Drum gräme nie ein Menschenherz...«. Dem unvollständigen Stimmenblatt ist weder Länge der Fuge noch Qualität des Kontrapunktes zu entnehmen. Wie beim »Wanderlied« (Nr. 5) ist auf bewußte formale Gestaltung zu schließen. – 8) *Ständchen* für Männerchor mit Streichquartettbegleitung. Ged. u. comp. v. K. May. (T:) »Deine hellen klaren Augen«. Gesangverein Lyra, Sängerkreis Ernstthal, Nr. 29. Das dreistrophige Lied (alle 3 Strophen gleich) enthält 32 Takte im 4/4 D-Dur und wird von einem Streichquartettsatz umrahmt, der aber keineswegs den Chorsatz colla parte mitspielt, sondern aus komplementärem Rhythmus eine selbständige Führung entwickelt. Die erste Seite ist wiedergegeben im »Großen Karl May Bildband« von G. Klußmeier und H. Plaul, Hildesheim 1978, S. 45. – 9) *Oster-Cantate* (T:) »Auf Golgatha, ans Kreuz geschlagen...« (Komposition für 2 vierstimmige Männerchöre) v. K. May, Gesangverein Lyra, Ernstthal, keine Nr. – 10) *Vater unser* für 3 Chöre, comp. v. May. (T:) »Herr, deinem Throne nahen anbetend wir...«. Gesangverein Lyra, Ernstthal, keine Nr. – 11) *Die Pantoffelmühle.* Originalposse mit Gesang und Tanz in acht Bildern von Karl May. Musik von demselben. Der Nachlaß enthält fragmentarisches Noten- und Textmaterial, Personenlisten, Charakteristik und Entwurf sowie eine tabellarische Übersicht der zu benutzenden Musikinstrumente. Als Kompositionen sind erhalten (11 a) ein *Eingangschor* (T:) »Am Bache, da klippert und klappert es laut«. Die Anordnung der Instrumente in der Partitur läßt vermuten, daß der Autor niemals eine Orchesterpartitur von einem klassischen Komponisten studiert hat, vielmehr läßt das Arrangement und die Vielzahl ungebräuchlicher Instrumente wie Cornett, Clarini und das Zusammenschreiben von Posaune und Violon (gemeint ist wohl das Violoncello) und Baß mit Tuba auf die Bekanntschaft mit Blasmusik schließen. Möglicherweise entstammen die Skizzen auch einer früheren Zeit als der des vergleichsweise reiferen »Ständchens« (Nr. 8). Die Fragmente enthalten ferner eine Einlage mit dem Text (11b) *»Hast du gesehen auf grüner Au«*, wovon eine Partitureinrichtung für Sopransolo und Instrumente vorhanden ist. Schließlich gibt es ein (11c) *Ständchen* im vierstimmigen Chorsatz a capella, in dessen zweitem Teil ein Baritonsolo vorgesehen ist. Die Komposition ist untextiert, ihr Stil erinnert an die Chorlieder von Friedrich Silcher (1789–1860). Der schlichte Satz im Dreiermetrum enthält 28 Takte in D-Dur. Eine zweite, fragmentarische Fassung in Es-Dur ist ebenfalls vorhanden. Das Lied wurde erstmals durch einen Funk-Essay von Claus Canisius am 18. 12. 1972 im Südfunk vorgestellt. Weitere musikalische Sätze aus der *Pantoffelmühle* sind nicht erhalten. Ein »Lob der Frauen« mit seichtem Text für Singstimme und Gitarrenbegleitung (bei Finke als Nr. 12) wird von Kennern des Nachlasses als »eindeutig nicht von May« bezeichnet. Im Notennachlaß befinden sich ferner 4 Einzelstimmen in Karl Mays Handschrift, doch ohne Verfasserangabe: a) »Immer forsch resolut: Hübsch muß er sein« (bei Finke Nr. 9); b) »Nur nicht sitzen bleiben: 'ne Näthrin hat ein hartes Brod« (bei Finke Nr. 10); c) und d) »O ihr Mädchen, zur Liebe geboren« und »O ihr Burschen mit Leichtsinn im Herzen«. Bei c) und d) handelt es sich um die deutschsprachige Fassung eines Duetts aus Mozarts »Don Giovanni«, die May möglicherweise für eigenen Gebrauch abgeschrieben hat (s. Jb-KMG 1971, S. 111, 151). Aus späterer Zeit entstammen die gedruckten Chorlieder. Im DH Jg. 23, Nr. 38 erschien in Regensburg 1897 (12) *Ave Maria,* Gedicht und Komposition von Dr. Karl May. Es handelt sich um das Lied aus der Sterbeszene Winnetous, von dessen Text noch 1893 im *Winnetou*-Roman nur die erste und dritte Strophe abgedruckt waren. Dieses Lied in Es-Dur für Männerchor hat 24 Takte im 4/4-Metrum und enthält mancherlei romantische Vortragsbezeichnungen wie »sehr langsam und innig«. Im gleichen Jahr widmet Karl May dem Freund Graf von Jancovic̑ (13) *Vergiss mich nicht* für gemischten Chor, Ged. und Comp. von Karl May. Es enthält 12 Takte in D-Dur im 4/4-Metrum mit drei Strophen. Der KMV faksimilierte 1964 die Handschrift als Weihnachtsgabe für die Freunde des Hauses. Für »nicht ganz geglückt« hält C. Canisius »die Deklamation ..., wo der auftaktmäßige Ruf ›Vergiß mich nicht‹ nicht recht in das gewählte 4/4-Taktschema passen will« (C. Canisius: »Karl Mays Ernste Klänge«, in: M-KMG 18, S. 30). Die »stereotype Formelhaftigkeit« wird offenbar, wenn ein Chor bei der Aufführung die Viertelnoten und -pausen (etwa bei »gib mir, was dein – – Prophet verspricht…«) allzu buchstabengetreu befolgt. Im Takt 6 bleibt die Harmonie unkorrekt auf einem Quartsextakkord stehen, anstatt die vorangegangene Dominantseptimenharmonie in den A-Dur-Grundakkord aufzulösen. Im sogenannten »Beethoven-Brief« (faks. M-KMG 14, S. 15) scheint May seinen eigenen Fehler zu tadeln: »bei manchen kommt sie (die Auflösung) überhaupt niemals zu stande …«. Eine positive Analyse dagegen nennt gerade »Vergiß mich nicht« eine ideale Vertonung des Textes (H. Felsinger: Karl Mays Kompositionen, in: M-KMG 12, S. 14ff.). Die Mappe *Ernste Klänge* erschien 1898 bei Fehsenfeld in Freiburg. Sie enthält als Novität das *Ave Maria* für gemischten Chor in einer Fassung in B-Dur. Durch die Transposition aus der Männerchorlage in die des gemischten Chores ergaben sich andere Stimmführungen, die in mehreren Fällen zu anderen Akkordlagen und sogar anderen Harmonien führten. Canisius nennt den Satz ausdrucksvoll und klangschön. Felsinger fühlt sich in seiner Besprechung an Bruckners »Naivität« erinnert, doch läßt sich Mays Lied nicht im entferntesten messen mit Bruckners »Christus factus est« oder »Vexilla regis«. Schließlich sei erwähnt, daß die Rhythmisierung des Anfanges dem mozartischen »Bald prangt, den Morgen zu verkünden« (Zauberflöte) ähnlich ist. Ein weiteres Heft *Ernste Klänge II* existiert im Verlags-Archiv Bamberg als Handschriftenfragment, enthaltend ein vollständiges Lied für Männerchor *»Nun gehst du hin in Frieden«* und ein Fragment »Ich fragte zu den Sternen«. H. Wollschläger datiert es in das Jahr 1898 (Vgl. *Christus oder Muhammed,* R-KMG, Hamburg 1979. S. 9 Anm. 9). May selber schätzte seine Musik folgendermaßen ein: es sei eine Musik, die man »für Haus und Küche braucht, mehr nicht… die Uebung fehlt, die Gewandtheit, die Inspiration«, spricht sein Kompositionslehrer im Roman *»Weihnacht!«* (F 24, 15f.). Max Finke (»Musik«, S. 63) schließt sich an: »Ein besonderer Wert kommt seinen Kompositionen nicht zu… May war nicht mehr als Handwerker oder Dilettant im guten Sinn.« Ähnlich äußert sich der Hüllentext zur ersten Schallplatte der *Ernste-Klänge-Lieder,* die 1972 von der Thomaskantorei Hellbrook mit dem Kirchenchor Lohbrügge unter Leitung von Hartmut Kühne eingespielt wurde. (Eine zweite Single mit den gleichen Liedern besang 1978 die Gächinger Kantorei unter Helmuth Rilling, das *Ave Maria* leider nicht in der Männerchorfassung.) Positiver in der Beurteilung gibt sich H. Felsinger, wie bereits sichtbar wurde. Ihm schließt sich eine katholische Fachzeitschrift an: »Es gibt viele katholische Kirchenchöre, deren Repertoire an Marien- und Grabgesängen das Qualitätsniveau der... Chorlieder nicht erreicht...« (K. Dobrovolskis: »Karl May – etwas für Kirchenmusiker?« in »Kirchenmusikalische Mitteilungen für die Erzdiözese Freiburg. Heft 8/1980). C. Canisius erkennt den Kompositionen für May therapeutische Funktion zu: ausgehend von der Tatsache, daß May die schlichten, innigen Töne auf der Höhe der langersehnten Anerkennung schuf, sagt er: »Was lag näher, als zur Musik zurückzukehren, mit der er sich bereits in vergangenen schwierigen Lebensabschnitten glücklich beschäftigt hatte« (M-KMG 15, S. 31).

Hartmut Kühne

XI. *Fragmente, Entwürfe und Pläne*

Karl Mays literarischer Nachlaß ist bislang noch nicht nach wissenschaftlichen Kriterien systematisch und vollständig erschlossen worden. In den 20er Jahren veröffentlichte Max Finke eine erste, heutigen Ansprüchen nicht genügende Übersicht und Auswahl (Aus Karl Mays literarischem Nachlaß. In: KMJb 1920. S. 53–88, KMJb 1921. S. 16–40, KMJb 1922. S. 28–54, KMJb 1923. S. 17–35. Zusammenfassung in B. Kosciuszko u. C. F. Lorenz: Die alten Jahrbücher. Ubstadt 1984. S. 11–16, 18–22, 28–30, 33–34); was sich von den erhaltenen Fragmenten, Entwürfen und Plänen »verwerten« ließ, wurde bearbeitet in GWB 49 aufgenommen, insgesamt aber nur ein Bruchteil des sehr umfangreichen Notizen- und Planmaterials. Erst die KMG nahm sich der Nachlaßschriften wieder an (Sammeledition *Hinter den Mauern* und andere Fragmente aus der Haftzeit. In: Jb-KMG 1971. S. 122–143) und geriet darüber unversehens in einen Rechtsstreit mit dem KMV, der weitere Editionsvorhaben vorübergehend verhinderte. Zwar hat seither der KMV eine ganze Reihe von Faksimiledrucken herausgegeben, vereinzelt sind Nachlaßtexte auch wieder in die Publikationen der KMG eingeflossen (etwa die Mappe *Winnetou* in den Reprintband *Winnetou IV*. Hrsg. von D. Sudhoff. R-KMG. Berlin 1984), aber ein erkennbares Editionskonzept liegt noch nicht vor und wird erst für die Historisch-kritische Ausgabe sämtlicher Werke, die den ungehinderten Zugang zu einem geordneten Archiv voraussetzen muß, erarbeitet werden können.

Die folgende Auswahl bleibt auf diejenigen Texte beschränkt, deren allgemeine Verfügbarkeit durch den Druck der KMG bereits gesichert ist.

1. *Ange et diable*

Das auf seiner vierten Seite abgebrochene, weder signierte noch datierte Manuskript *Ange et diable,* das sich bei den Gerichtsakten von Mittweida fand und deren Vernichtung 1922 entging, dürfte schon vor, spätestens aber während der Untersuchungshaft 1870 entstanden sein und zählt zu den wichtigsten erhaltenen Zeugnissen aus Mays literarischer Anfangszeit (Erstdruck Jb-KMG 1971. S. 128–132; Faks. Bamberg 1972). Als Motto ist den »an Feuerbach gemahnenden Denkbemühungen« (C. Roxin, Jb-KMG 1971. S. 8) über das

Sujet »Engel, Mensch und Teufel« ein flüssig in konfusem, fehlerhaftem Französisch zu Papier gebrachter Text vorangestellt, dessen noch unbekannte Quelle in den Ausläufern der französischen Aufklärung zu suchen wäre, wie die freidenkerischen Anschauungen im deutschen Hauptteil denn auch auf Lessing hindeuten (vgl. H. Stolte: Auf den Spuren Nathans des Weisen. Zur Rezeption der Toleranzidee bei Karl May. In: Jb-KMG 1977. S. 17–57. S. 22ff.).

Weltgestaltendes Prinzip ist der Entwicklungsgedanke. Bedurfte der Mensch auf der Kindheitsstufe seiner Entwicklung noch eines »allmächtigen etc. Vaters«, den er Gott nannte, und des Teufels, so wird mit zunehmendem Reifungsprozeß »die Zeit kommen, in welcher er seinen Gott in sich selbst fühlt und findet und den Teufel in die Rumpelkammer unter das alte Eisen wirft. Kirchen, Pagoden, Synagogen etc. werden verschwinden (...)«. Bekenntnishaft setzt der Autor jener kirchlich-dualistischen Illusion der jungfräulichen Geburt des Gottessohnes eine gleichsam nach Innen projizierte Pseudoreligiosität entgegen. So wird konsequent der homogene Titel »Engel und Teufel« zugunsten des heterogenen »Mensch und Teufel« aufgegeben, und was folgt, ist das mitten in einer gewaltigen Ansprache Bruder Satans steckengebliebene Exposé eines den Schöpfungsmythos umspannenden Entwicklungsromans der Menschheit im Spiegel des Teufels.

In schroffem Gegensatz zur weltanschaulichen Einstellung der späteren Reiseerzählungen bricht auf den wenigen Seiten von *Ange et diable* kurz und heftig ein rebellisches Potential gegen jede, auch religiöse, Autorität auf, das Einblick gewährt in eine dann lebenslänglich niedergehaltene psychische Kondition, die möglicherweise den Antrieb fürs Schreiben als gegenschöpferischen Akt lieferte. Dem aufkeimenden Pessimismus der Haftzeit ist May literarisch alsbald ausgewichen bis in den Kontrapunkt seiner Marienkalendergeschichten, aber der Thematik blieb er in mehreren Variationen treu, deren eindeutigste, *Satan und Ischariot,* noch jenes schon in *Ange et diable* vorgezeichnete Motiv aufgreift, »das diabolische durch Disharmonie einzelner an und für sich schöner Züge wiederzugeben«.

Das den Strafakten beigegebene Fragment ist selbst von der etablierten Forschung als »burschikos überheblich« und »gotteslästerlicher Blödsinn« abgetan worden (F. Cornaro: Bemerkungen zu Karl Mays Manuskript *Ange et Diable*. In: Jb-KMG 1978. S. 256–263. S. 258). Ernster zu nehmende Deutungsansätze (Roxin und Stolte) verweisen auf den ungesicherten Zugang, solange eindeutige Aussagen zur Entstehungszeit fehlen.

2. *Hinter den Mauern*

Karl Mays über den Anfang des ersten, *Ein Mörder* überschriebenen Kapitels nicht hinausgebrachte *Licht- und Schattenbilder aus dem Leben der Vervehmten* (Erstdruck Jb-KMG 1971. S. 124; Faks. Bamberg 1974) gehören dem Themenkomplex des *Verlorenen Sohns* an.

Im Beisein des als Sekretär beschäftigten Ich-Erzählers erwartet der Direktor der Strafanstalt zu F. ungeduldig die Einlieferung eines »infernalischen Subjects«.

Die ganze Zuchthaus-Szenerie erinnert an die Strafanstalt Waldheim, in der May zeitweilig einsaß (H. Plaul: Redakteur auf Zeit. Über Karl Mays Aufenthalt und Tätigkeit von Mai 1874 bis Dezember 1977. In: Jb-KMG 1977. S. 114–217. S. 127f. ausführlich zur Entstehungszeit). Unmittelbar an das Trauma der Zuchthausjahre anknüpfend, versucht sich May das eigene Erleben bewußt zu machen. Gerade die Ich-Perspektive hätte aber nicht nur die gesellschaftliche Rehabilitierung stören, sondern in den zwei unter Polizeiaufsicht gestellten Jahren nach seiner Entlassung aus dem Zuchthaus zu Waldheim (2. 5. 1874) von vornherein die Drucklegung gefährden können.

Als einem biographischen Zeugnis der früh versuchten Vergangenheitsbewältigung kommt dem literarisch sonst anspruchslosen Fragment einige Bedeutung zu.

3. *Offene Briefe eines Gefangenen*

Ein weiterer Rückgriff auf den eigenen Erfahrungsfundus wäre May in den grob skizzierten *Offenen Briefen eines Gefangenen* (Erstdruck Jb-KMG 1971. S. 127–128) möglich gewesen, die systematisch alle Aspekte des Gefangenendaseins zwischen Verbrechen, Strafe, Sühne und Besserung beleuchten wollten.

Erhalten blieb neben der Disposition der Einleitung ein erster, offenbar zu anderer Zeit geschriebener fiktiver Brief an »Meine Bertha!«, dessen in den Absender-Attributen »bleich und hager, ernst, kalt, äußerlich unnahbar« erstaunlich objektiv anmutende Selbstdarstellung des Gefangenen in dem Geständnis aufgeht, »ich habe (...) nie ein Wesen gefunden, welches ich mit vollem Vertrauen (...) in meine Arme hätte nehmen können«.

Hinter dem Wert dieses für die Charakterentwicklung Mays aussagekräftigsten Dokuments der Zwickauer Haftzeit steht der zwischen Pathos und Geschwätzigkeit schwankende Versuch einer Formgebung weit zurück, wie denn auch weitere Entwürfe oder Ausführungen zum Briefroman nicht unternommen wurden.

Das historische Umfeld der Entstehungszeit (1868), die Haftbedingungen vor allem sind umfassend dokumentiert (H. Plaul: »Besserung durch Individualisierung«. Über Karl Mays Aufenthalt im Arbeitshaus zu Zwickau von Juni 1865 bis November 1868. In: Jb-KMG 1975. S. 127–199. S. 174ff.).

4. *Repertorium C. May*

»Mays intensives und zielbewußtes Bemühen, vor allem im letzten Jahr seiner Haft, sich zum Literaten zu bilden und als solcher künftig seinen Lebensunterhalt bestreiten zu wollen« (Plaul, Besserung, S. 176) belegt das schon in der Selbstbiographie erwähnte (*Mein Leben und Streben,* S. 152), aber erst 1971 veröffentlichte *Repertorium C. May* aus der in eine Studienzeit verwandelten Zwickauer Strafzeit (Erstdruck Jb-KMG 1971. S. 132–143).

Auf 30 Folioseiten mit großem Zwischenraum in 137 Gruppen notiert, enthält das Verzeichnis über 200 Themenstichworte, wenige erläuternde Bemerkungen und nur einen größeren, die Problematik von *Ange et Diable* aufgreifenden Entwurf *Mensch und Teufel. Socialer Roman in 6 Bänden.* Mit dem Glauben »an die göttliche Liebe« unvereinbar ist die Vorstellung vom an einen persönlichen Träger, den Teufel, gebundenen Bösen. Lucifer »ist nicht ein von Gott verstoßener Engel, sondern der Geist der Erde, welcher sie durch die Sphären leitet und immer näher zur Sonne führt«, bis auch ihm »das erste Halljahr der Erlösung« anbricht.

Seine »Buchhaltung über diese Pläne und ihre Ausführung« hatte May durchs Leben »heilig aufgehoben (...) Ich bin zwar dann nicht genau nach diesem Verzeichnisse gegangen, aber es hat mir doch viel genützt, und ich zehre noch heut von Sujets, die schon damals in mir entstanden« (*Mein Leben und Streben,* S. 152). Tatsächlich sind in dem Titelverzeichnis zahlreiche Details vorweggenommen, so etwa die Frauencharaktere (Nr. 71), die später Eingang in die Kolportageromane, zum Beispiel den *Verlorenen Sohn,* fanden.

Damals noch nicht entstanden war die Idee der großen Orient- und Amerikaromane, der Reiseerzählungen. Die Notizen legen eine kurzgefaßte Umfangsplanung nahe und lassen fast durchweg die Bestimmung für lokale Unterhaltungsblätter vermuten.

Hermann Wiedenroth

VIERTER TEIL: WIRKUNGSGESCHICHTE

A. *Kritik und Rezeption Karl Mays*

1. *Biographische Zeugnisse*

Die Darlegungen zur eigenen Lebensgeschichte lassen erkennen, daß Karl May nur wenige prominente Zeitgenossen persönlich gekannt hat: einige Angehörige von Fürstenhäusern etwa und Bertha von Suttner, die Friedensnobelpreisträgerin; überhaupt waren Mays gesellschaftliche Kontakte lange Zeit über den engen familiären und beruflichen Rahmen hinaus wenig ausgeprägt, erst in den neunziger Jahren entwickelte sich eine Reihe freundschaftlicher Beziehungen. Die Besonderheiten der literarischen Entwicklung und der öffentlichen Rolle Mays brachten es allerdings mit sich, daß auch in der Zeit nach der Jahrhundertwende, da er im Zentrum heftiger publizistischer Diskussionen stand, eine intensivere Kommunikation mit anderen Schriftstellern, Künstlern oder Wissenschaftlern nur in wenigen Fällen zustande kam. So fehlt bei diesem schon zu Lebzeiten sehr bekannten Autor weitgehend, was sonst in ähnlichen Fällen oft reichlich vorhanden ist: auf persönliche Beziehungen gegründetes Material zur Vita und zu seinen etwa im Gespräch entwickelten ästhetischen und weltanschaulichen Überlegungen, das durch die biographischen Zeugnisse anderer überliefert wird.

Sieht man, was die wenigen Ausnahmen betrifft, auch noch von jenen Texten ab, die in unmittelbarem Zusammenhang mit den Querelen um May entstanden sind und die einseitigen Interessen ihrer Verfasser gar zu deutlich erkennen lassen, so stößt man im wesentlichen auf zwei aufschlußreiche Dokumente: auf Berichte des Malers George Grosz und des Journalisten Egon Erwin Kisch. Beide haben May nicht näher gekannt; sie haben ihn lediglich – jeweils in Mays letzten Lebensjahren, da der publizistische und juristische Streit seine Gesundheit stark beeinträchtigte – in der »Villa Shatterhand« besucht und sein Auftreten beschrieben. Bei ihren Schilderungen handelt es sich also nur um das Resultat punktueller Eindrücke, und um so bemerkenswerter ist es, wie weitgehend sie darin harmonieren: May erscheint jeweils als ein nahezu gebrochener Mann, der die Einsicht in diese deprimierende Situation jedoch mit stiller Beharrlichkeit abwehrt. George Grosz notiert: »Die Augen waren hellblau, wie mit weiß gemischt, und tränten in den Ecken, als seien sie in den Wind oder Zug gekommen. Nichts Furchteinflößendes, schrecklich Blondes war um diesen Herrn, aber auch nichts besonders Anziehendes. Man hatte den Eindruck, der sei innerlich voll Ruhe, Heimlichkeit und Vorsicht gewesen. Er schien bestrebt, leiser aufzutreten als gewöhnliche Menschen, nicht lauter (...) Etwas Kühles, leicht Frierendes war auch um ihn, gewissermaßen als stünde er immer im Winde und fröre...« (G. Grosz: Ein kleines Ja und ein großes Nein. Sein Leben von ihm selbst erzählt. Reinbek 1974. S. 81). Kisch befaßt sich in seinem Bericht »Im Wigwam Old Shatterhands« ausführlich mit den Auseinandersetzungen um May und interviewt ihn dazu. Der letzte Satz registriert einen heftigen Hustenanfall Mays und hält fest, daß sein »Lächeln vom hippokratischen Zug erbarmungslos durchstrichen wird« (E. E. Kisch: Im Wigwam Old Shatterhands. In: Hetzjagd durch die Zeit. Reportagen. F. a. M. 1974. S. 32–54. S. 54).

So beschränkt die Zahl der Zeugnisse ist, mit denen zuverlässige Beobachter aus persönlicher Erfahrung über den Autor informieren, so umfangreich ist die Zahl der Texte, in denen Leser über ihre May-Lektüre und ihre aus der Distanz gewonnene Haltung zum Streit um May berichten. Die im Laufe der Zeit ständig zunehmende Berühmtheit Mays, die sich zunächst vor allem auch auf die öffentlichen Auseinandersetzungen um seine Person stützte und dann mehr und mehr auf die Bücher sowie auf die Vermittlung seiner Werke durch andere Medien ausweitete, führte dazu, daß zumindest eine flüchtige Begegnung zu einem beinahe unvermeidlichen Bildungserlebnis wurde: Kein anderer deutschsprachiger Schriftsteller hat mit seinem Namen und zumindest einem Teil seiner Arbeiten so viele Menschen erreicht. Der Ruf des Unseriösen, der Autor und Werk lange anhaftete, und ihre Zuordnung zum Souterrain der Literaturgeschichte änderten daran nichts. So fällt es denn nicht schwer, intensive Lektüreerfahrungen in vielen biographischen und autobiographischen Zeugnissen bestätigt zu finden: ob Politiker, von Karl Liebknecht bis Franz Josef Strauß, Maler wie Max Ernst, Essayisten wie Dolf Sternberger, Schauspielerinnen wie Brigitte Horney, Sportler wie Max Schmeling – sie alle haben in ihrer Jugend und zum Teil auch noch weit darüber hinaus Karl May gelesen, in vielen Fällen ist sogar von einer Kenntnis des Gesamtwerks die Rede; auch Hitler soll ein begeisterter May-Leser gewesen sein. Eine eigene, in diesem Zusammenhang besonders bemerkenswerte Gruppe bilden die Schriftsteller, und auch hier besteht an einschlägigen Dokumenten kein Mangel: Von Brecht bis Zwerenz finden sich Zeugnisse, die auf eine nähere Kenntnis des May-Werkes schließen lassen (einschlägige Zitate aller hier genannten Personen bei E. Heinemann: Über Karl May. Ubstadt 1980, passim).

Da erinnert sich zum Beispiel Hermann Broch: »Im Bett zu liegen, krank zu sein, nicht in die Schule zu gehen und Karl May lesen zu dürfen, hat ja stets seine trostreichen Reize in diesem Leben gehabt«; Hans Fallada kaufte sich alle lieferbaren Karl-May-Bände auf einmal; Peter Handke hat den Anfang seines Romans »Der kurze Brief zum langen Abschied« in Erinnerung an bestimmte Leseerfahrungen mit May geformt (Heinemann, S. 22, 34, 47); Martin Walser ist – sagt er – nicht aus der Kirche ausgetreten, weil er die May-Lektüre der Hilfe eines Geistlichen verdankt (K.-J. Kuschel: Weil wir uns auf dieser Erde nicht ganz zu Hause fühlen. 12 Schriftsteller über Religion und Literatur. München 1985. S. 150).

Die Liste ließe sich fast beliebig verlängern, und sehr verständlich ist daher Arno Schmidts Überlegung, Mays Einfluß auf spätere Literaten »hätte längst Gegenstand diverser Dissertationen sein sollen« (A. Schmidt: Abu Kital. Vom neuen Großmystiker. In: Karl May. Hrsg. von H. Schmiedt. F.a.M. 1983. S. 45–74. S. 49). Schmidt betont freilich auch, »in den meisten Fällen« handle es sich um »eitel Jugendreminiszenz« (Schmidt, S. 49), und in der Tat ist nicht zu übersehen, daß von substantiellen, differenzierten Überlegungen zu Mays Werk in diesen Zeugnissen weniger die Rede sein kann als von oberflächlichen Bekundungen einstiger oder gegenwärtiger Begeisterung. Allenfalls finden sich gelegentlich Hinweise auf das – im besten Sinne – Naive, Volkstümliche, »Wilde« dieser Art von Literatur; so spricht Alfred Döblin von den »stärkeren, reicheren und reineren Instinkten«, aus denen Mays »Schundliteratur (...) quillt«, und für Hermann Hesse ist May »der glänzendste Vertreter eines Typs von Dichtung, der zu den ganz ursprünglichen gehört, und den man etwa ›Dichtung als Wunscherfüllung‹ nennen könnte« (Heinemann, S. 29 und 52). Ähnlich beiläufig klingen die

Kommentare derer, die sich an ein Mißvergnügen bei der Lektüre erinnern; Max Brod fand Mays Bücher nach Erfahrungen mit Jules Verne »ganz bedeutungslos fad« (Heinemann, S. 22), und aus der Zeit des Dritten Reiches sind einige knappe Äußerungen emigrierter deutscher Autoren überliefert, die von starker Abneigung gegen May zeugen. Der Schriftsteller, der May am heftigsten verurteilt hat, ist Klaus Mann; mit dem Hinweis auf Hitlers May-Begeisterung und auf angeblich dominierende rassistische, nationalistische und sadistische Tendenzen in Mays Büchern verband er die These, das Dritte Reich sei Mays »äußerster Triumph, die schaurige Verwirklichung seiner Träume« (Heinemann, S. 76).

Zu den Schriftstellern, die sich mit May sehr gründlich befaßt und über ihre Eindrücke explizit und ausführlich berichtet haben, gehören insbesondere Ernst Bloch, Erich Loest, Arno Schmidt und Hans Wollschläger. Ernst Bloch stützt seine Theorie zur Kolportageliteratur im wesentlichen auf das Paradigma May, das mithin auch sein generelles Verständnis des utopischen Denkens beeinflußt hat. Erich Loest, dessen Biographie manche Parallelen zu derjenigen Mays aufweist, schrieb einen »Karl-May-Roman« mit dem Titel »Swallow, mein wackerer Mustang« (1980). Arno Schmidt hat May ein Buch (»Sitara und der Weg dorthin«, 1963) und einige kleinere Arbeiten gewidmet; Anspielungen auf May durchziehen Schmidts gesamtes Werk, und die den späten Texten zugrundeliegende Etym-Theorie dürfte ihre Ausprägung wesentlich dem »Sitara«-Buch, indirekt also wenigstens teilweise der Beschäftigung mit May verdanken. Hans Wollschläger schließlich hat über May eine Monographie (Karl May, 1965, Neuauflagen 1976ff.) und mehrere Aufsätze publiziert. Sein Roman »Herzgewächse« (1982) ist in der ästhetischen Konzeption wie auch in stofflicher Hinsicht mehr als nur flüchtig durch diesen Umgang mit Mays Vita und Werk beeinflußt worden; so findet sich darin eine Thematisierung der großen Orientreise 1899/1900, und der Haupttext beginnt mit einem zentralen Begriff aus Mays Spätwerk: »Ussul«. Bemerkenswert an diesen Namen ist das Nebeneinander von Autoren wie Schmidt, die als ausgesprochen ›schwierig‹ gelten und für das literarische Experiment stehen, und solchen wie Loest, die sich in konventionelleren Bahnen des Erzählens bewegen.

Aber nicht nur in den Zeugnissen prominenter Persönlichkeiten dieser und jener Art liegen viele Belege für eine besonders umfassende May-Rezeption vor. Auch aus dem Kreis der übrigen Leser sind zahlreiche Reaktionen, überwiegend solche mit affirmativer Tendenz, überliefert; sie reichen vom Skurrilen – oder auch nur Albernen – über das Anrührende bis zum Pathetisch-Erhabenen. Im Karl-May-Jahrbuch 1929 teilte ein Kurt Klebel mit, »Wie mir Karl May über die Schrecken des Zahnziehens hinweghalf«. Auf der Tagung der Karl-May-Gesellschaft 1985 in Königswinter berichteten Mitglieder in einem Podiumsgespräch von ihren Erfahrungen mit Karl May; da erzählte unter anderem ein Leser, der aufgrund einer Wachstumsstörung noch als Zwanzigjähriger die Größe eines Kindes gehabt hatte, wie er sich damals mit den Gedanken an jene Mayschen Westmänner tröstete, die – etwa Sam Hawkens, Tante Droll, Hobble Frank – als deformiert und grotesk aussehend geschildert werden, deshalb lächerlich erscheinen und sich am Ende doch als sehr tüchtig und ihren Spöttern überlegen ausweisen; eine Leserin vertrat die Überzeugung, Karl May lebe in seinen Büchern eindrucksvoll die Bergpredigt vor und so verhelfe die May-Lektüre dazu, daß man, wie sie aus eigener Erfahrung wisse, im Alltag freundlicher miteinander umgehe. Die Beispiele lassen erkennen, daß May bei denen, die seine Bücher erst einmal akzeptiert haben, naive Verehrung, Identifikation und emphatische Zustimmung in einem Umfang hervorzurufen vermag, der über das übliche Maß oft weit hinausreicht.

2. *Das Bild der Person Karl Mays von 1912 bis zur Gegenwart*

Trotz seiner ungebrochenen Popularität, trotz aller Fortschritte der Forschung zählt Karl May nicht zu jenen Schriftstellern, über deren Person in der literarisch interessierten Öffentlichkeit gründlich diskutiert wird; viele der ›Hochliteratur‹ zuzurechnende Autoren sind ihm da weit voraus. In seinen letzten Lebensjahren war dies völlig anders, wie aus der Biographie erhellt, doch von in der Sache ertragreichen Auseinandersetzungen konnte auch da kaum die Rede sein: Im wesentlichen drehte es sich – auf der Grundlage höchst unzureichender und vielfach verzerrter Faktenkenntnis – darum, ob Mays menschliche Unzulänglichkeiten eher zu entschuldigen oder ihm vorzuhalten seien.

Die publizistischen Kontroversen, die nach 1900 ausbrachen, prägten zunächst auch noch über Mays Tod hinaus das in der Öffentlichkeit vorherrschende Bild. Das gilt in doppeltem Sinne: Zum einen bestimmten die spektakulären beziehungsweise spektakulär erscheinenden Aspekte der Streitigkeiten die Diskussion erheblich stärker als diejenigen, die sich einer sachlichen, vorurteilsfreien Diskussion hätten erschließen können; zum anderen wurde eine solche Diskussion auch durch die weitreichende Unkenntnis in bezug auf die tatsächlichen Lebensumstände des Autors erschwert. Erst seit den 60er Jahren haben neue Publikationen dafür gesorgt, daß sich wenigstens die interessierten Leser ein genaueres Bild von der Vita Mays machen können. Als exemplarisch für die lange dominierende Neigung zum Sensationellen erscheinen die wechselnden Darstellungen im »Brockhaus«: In der 15. Auflage werden »seelische Entartungserscheinungen« (Der Große Brockhaus. Bd. 12. Leipzig 1932. S. 287) für Mays kriminelle Vergehen verantwortlich gemacht; in der 17. Auflage indessen ist lapidar davon die Rede, May sei »aus finanzieller Notlage auf die schiefe Bahn (geraten)« (Brockhaus Enzyklopädie. Bd. 12. Wiesbaden 1971. S. 293) – eine wohl nur teilweise korrekte Erklärung, die aber immerhin die grellen Töne der früheren Erläuterungen vermeidet. Auch den Zuwachs an sachlich korrekten Erkenntnissen veranschaulicht das, was in den verschiedenen Auflagen des Lexikons zu lesen ist; speziell im Hinblick auf die angeblichen ›Frühreisen‹ in exotische Länder wird dies greifbar. Die Auflage von 1932 berichtet: »Sicher war er schon früh im mohammedanischen Orient« (S. 287); die 16. Auflage hält das für immerhin noch denkbar: »Möglicherweise hat M. schon früh Reisen nach oriental. Ländern unternommen« (Der Große Brockhaus. Bd. 7. Wiesbaden 1955. S. 619); die 17. Auflage kommt dann der Wahrheit am nächsten: Frühe Auslandsreisen seien »nicht erwiesen« (S. 293) – erwiesen ist mittlerweile, daß sie nicht stattgefunden haben.

Wie heftig sich der Streit um Mays Person auch noch nach seinem Tod gestaltete, ist den Auseinandersetzungen um das im 18. Band des »Biographischen Jahrbuchs und deutschen Nekrologs« (1917) erschienene May-Porträt von Alfred Kleinberg zu entnehmen. Mays Phantasie gilt hier als durch die frühen Lektüreerlebnisse »dauernd verdorben«, May selbst als ein sehr bald durch schädliche Einflüsse der Umwelt »in seiner moralischen Widerstandskraft Gebrochener«, dem denn auch Verbrechen vorgehalten werden können, für die es keine Belege mehr gibt: »Auch Einbrüche und Raubüberfälle dürfte sich M. haben zuschulden kommen lassen. Die Akten wurden 1904 eingestampft«; von dieser uneingeschränkt abwertenden Beschreibung der Person ist es nur ein kleiner Schritt zur Charakterisierung des literarischen Werks als eines »mit kitschiger Poesie und salbungsvoller Frömmigkeit aufgeputzten Wust(s) von Abenteuern«. Mays Verteidiger urteilten, dieser Nekrolog lese sich »wie ein Auszug aus dem Verbrecheralbum« (L. Gurlitt: Gerechtigkeit für Karl May. In: GWB 34. [29]1975. S. 409–530. S. 419, Erstveröffentlichung 1919; Wiedergabe des Nekrologs ebd. S. 416–418). Der Konflikt führte unter anderem zur Demission des Jahrbuch-Herausgebers, zur Ersetzung des Textes durch einen anderen, der May freundlicher behandelt, und zu mehreren Streitschriften der verschiedenen Kontrahenten.

In der Folgezeit erlahmte das Interesse an den Auseinandersetzungen um Mays Person allmählich, zumal die Überlebenden der alten Prozesse zu diesem Thema weitgehend schwiegen, wie etwa Mays zweite Frau und Rudolf Lebius, die erst in den 40er Jahren starben. Zweifellos war es um Mays Ruf weiterhin nicht zum besten bestellt, aber generell gilt, daß im allgemeinen Verständnis die dubiose Persönlichkeit Mays hinter die des – eben auch sehr zwiespältig beurteilten – Schriftstellers zurücktrat. Mitverantwortlich dafür dürfte gewesen sein, daß eine umsichtige lebensgeschichtliche Forschung nicht existierte, der Erkenntnisstand in bezug auf Mays Person also nahezu unverändert blieb. So enthielten die Karl-May-Jahrbücher der 20er Jahre zwar einige biographische Arbeiten, doch war deren Ertrag gering, mißt man ihn an dem Akten- und sonstigen Dokumentationsmaterial, das ein halbes Jahrhundert später in den Publikationen der Karl-May-Gesellschaft erschlossen wurde; dies gilt vor allem für die ›dunklen‹ Punkte in Mays Leben, also etwa die Zeit der Delikte. Einige Arbeiten in diesen ersten May gewidmeten Periodika kamen sogar, wie sich später eindeutig ergab, lediglich der Mystifikation zugute: so wurde die von May selbst produzierte Legende der frühen Reisen in außereuropäische Länder durch fragwürdige Zeugen ›bestätigt‹.

Im wesentlichen blieb es für einige Jahrzehnte bei diesem Stand der Dinge. Sofern der ständig wachsenden Schar der May-Leser überhaupt umfangreichere biographische Einsichten angeboten wurden, handelte es sich um Arbeiten, die ihren halbfiktiven Charakter bereits im Titel zu erkennen gaben: Ein Autor beschreibt »Das Leben Old Shatterhands«, als er über May berichten will (K. H. Dworczak. Radebeul 1935), ein anderer ordnet seine Darstellungen ausdrücklich dem Bereich des Romans zu (F. J. Weiszt: Karl May – der Roman seines Lebens. Böhmisch-Leipa 1940). 1955 publiziert der Karl-May-Verlag ein Buch, dessen Höhepunkt eine spiritistische Sitzung bildet, bei der Mays Geist, aus dem Jenseits herbeigerufen, von einer glücklichen Ankunft im Himmel berichtet (F. Barthel: Letzte Abenteuer um Karl May. Bamberg 1955). In den weniger abgelegenen Publikationen der May-Verleger ist von den einstmals umstrittenen Abschnitten der Vita gar nicht die Rede; die kurze biographische Notiz etwa, die in den Bänden der weitverbreiteten Taschenbuchausgabe des Ueberreuter-Verlags (1960 ff.) zu finden ist, spart die Deliktzeit elegant aus: May habe sich »nach trauriger Kindheit und Jugend« dem Lehrerberuf zugewandt und später »als Redakteur verschiedener Zeitschriften (...) die Schriftstellerlaufbahn« begonnen.

Das Komplementärphänomen zu diesem defizitären Erkenntnisstand bildete die Neigung, im Laufe der Zeit die spektakulärsten und einander oft völlig konträren Ansichten über May zu formulieren. Bezeichnend ist hierfür die zwiespältige Rolle, die Karl May im Nationalsozialismus gespielt hat: Die oben erwähnten Attacken Klaus Manns gegen May argumentieren nicht nur mit seinem Werk, sondern intensiv auch mit seiner Person, und Manns Verweis auf die May-Begeisterung Hitlers hätte sich zusätzlich darauf beziehen können, daß dieser sogar über »Einzelheiten aus Mays Leben informiert (war)« (G. Scholdt: Hitler, Karl May und die Emigranten. Jb-KMG 1984. S. 60–91. S. 68); ein getreuer Gefolgsmann Hitlers hielt May dagegen für einen Marxisten, Pazifisten und Befürworter »jede(r) Rassenmischung« (E. Heinemann: »Karl May paßt zum Nationalsozialismus wie die Faust aufs Auge«. Der Kampf des Lehrers Wilhelm Fronemann. Jb-KMG 1982. S. 234–244. S. 237). Bezeichnend ist auch, daß noch 1965, da aufgrund der Verfilmungen und schnell steigender Buchauflagen das Interesse an May wieder deutlich stieg, im Zweiten Deutschen Fernsehen eine verschämt als »Semidokumentation« angekündigte Sendung lief, die noch einmal die Legende vom »Räuberhauptmann« Karl May kolportierte (»Freispruch für Old Shatterhand« von Hellmut Kotschenreuther (Buch) und Hans Heinrich (Regie); Sendetermin: 16. 2. 1965). Der literarisch interessierten Öffentlichkeit hatte zwei Jahre zuvor Arno Schmidts »Sitara und der Weg dorthin« eine andere Legende angeboten: Der Bestseller-Autor wurde in dieser »Studie über Wesen, Werk & Wirkung Karl Mays« als Homosexueller identifiziert, der in seinen Büchern unterschwellig an gleichartige Leser-Bedürfnisse appelliere und damit wesentlich den Massenerfolg seines Werkes gefördert habe.

Indessen hatte schon 1962 der Süddeutsche Rundfunk einen im Vergleich zu der Sendung von 1965 präziser recherchierten Bericht ausgestrahlt (»Ich, Old Shatterhand und Kara Ben Nemsi« von Artur Müller (Buch und Regie); Sendetermin: 21. 3. 1962), und im gleichen Jahr widmete *Der Spiegel* Karl May eine Titelgeschichte (Karl der Deutsche; Nr. 37/1962), die die Fakten aus Mays Leben in groben Zügen korrekt referierte. 1965 erschien Hans Wollschlägers »Karl May« in der angesehenen Monographien-Reihe bei Rowohlt. 1969 wurde die Karl-May-Gesellschaft gegründet, die in ihren ersten Publikationen insbesondere der biographischen Forschung und der psychologischen Auswertung ihrer Ergebnisse breiten Raum gab. Wenig später sendete das ZDF die Dokumentation »An Marterpfahl und Pranger« (von Richard Schneider, Peter von Zahn (Buch) und Heinz Pohl (Regie); Sendetermin: 3. 4. 1972), die in ihren biographischen Informationen gleichfalls zuverlässig war. Das sind Stationen auf dem Wege einer allmählichen Korrektur des öffentlichen May-Bildes, da in allen diesen Arbeiten einem wechselnden und zum Teil sehr großen Publikum ein von Mystifikationen weitgehend frei gehaltenes Bild der Persönlichkeit vermittelt wurde, das auch über die lange Zeit dunklen Punkte der Vita aufklärte und – mit freilich sehr unterschiedlicher Überzeugungskraft – die Verbindungen zu erhellen versuchte, die zwischen den Delikten des »Kriminellen« und den Phantasien des »Dichters« bestehen.

Wie weit dies alles das öffentliche Bild von May tatsächlich beeinflußt hat, ist nicht exakt festzustellen, da es keine entsprechenden empirischen Untersuchungen gibt. Weiterhin stößt man bei vielen derjenigen, die mit Karl May mehr als die vage Reminiszenz an einen allgegenwärtigen Namen verbinden, auf die offenbar unausrottbare Meinung, er habe die meisten seiner Bücher im Zuchthaus geschrieben, auf die Überzeugung, in Anbetracht der Suggestionskraft seiner Schilderungen fremder Völker müsse er doch wohl lange Auslandsreisen unternommen haben, oder auch nur auf Staunen über die schier unglaubliche Imaginationskraft; weiterhin auch sehen die Verächter Mays in ihm eine literarisch unbedeutende Gestalt, deren Fähigkeit nur dazu ausgereicht habe, durch oberflächliche, geschickt kalkulierte Reize anspruchslose Leser an sich zu binden; sofern Mays Delikte genauer bekannt sind, scheint ihnen jedoch nach allgemeinem Urteil kein stigmatisierender Charakter mehr anzuhaften. Alles in allem bleibt Mays Bild – mißt man es an der Eindeutigkeit, mit der er viele seiner Romanfiguren ausgestattet hat – für breite Leserschichten merkwürdig vage und verschwommen: Während das kleinere und ganz anders zusammengesetzte Publikum etwa eines Thomas Mann oder eines Goethe offenbar auch deren lebensgeschichtlichen Verhältnissen intensives Interesse zuwendet, verschwindet die Person Karl Mays für viele hinter den Millionenauflagen der »Gesammelten Werke«, den Taschenbuchausgaben, hinter Festspielen und Filmen; ›Karl May‹ steht für Bücher und deren in diversen Medien erfolgende Auswertung, nicht aber für eine Person, über die die meisten Leser und sonstigen Rezipienten auch nur annähernd so viel wissen wie über Old Shatterhand / Kara Ben Nemsi, Winnetou, Hadschi Halef Omar. Die May-Filme der 60er Jahre waren zunächst in der Bundesrepublik und später in der DDR einer der größten kommerziellen Serienerfolge der deutschen Filmgeschichte; Hans-Jürgen Syberbergs biographischer May-Film (1974) dagegen fand trotz mancher guter Kritiken so wenig Zuspruch, daß er kaum aufgeführt wurde. Zusammenfassend läßt sich sagen, daß die Zahl derer, die genauere Kenntnisse über Mays Leben haben, nicht mehr gering ist, daß sie hingegen dürftig erscheint, setzt man sie in Relation zur Gesamtzahl derer, die Mays Werk auf die eine oder andere Weise kennengelernt haben.

3. *Literaturkritik*

Als ein extrem populärer und zugleich außerordentlich kontrovers beurteilter Schriftsteller ist Karl May immer wieder ein Diskussionsobjekt in Zeitungen und Zeitschriften gewesen. Dabei haben jedoch, wie in diesem Buch in den Kapiteln zur Old-Shatterhand-Legende und zum Bild von Mays Persönlichkeit bereits angedeutet wurde, die an Mays Person geknüpften Aspekte und später andere spektakuläre Zusammenhänge zumeist im Vordergrund gestanden; die genauere Beschäftigung mit seinen Texten spielte demgegenüber eine zweitrangige Rolle, so daß von Literaturkritik im engeren Sinne nur recht selten zu reden ist. Bezeichnend erscheint dafür aus der jüngsten Vergangenheit, daß über die May-Renaissance in der DDR, die zu Beginn der 80er Jahre einsetzte, in beinahe allen Zeitungen der Bundesrepublik, in Funk und Fernsehen ausführlich berichtet wurde; von der Erstveröffentlichung einiger May-Texte, darunter so brisanter und auch literarisch bemerkenswerter wie der *Studie* über Emma Pollmer, war dagegen kaum die Rede.

May erntete für seine Reiseerzählungen zunächst durchweg wohlwollende, wenn auch recht allgemein gehaltene Urteile: Die Werbung des Fehsenfeld-Verlags konnte in den 90er Jahren Pressestimmen zitieren, nach denen May als »der geborene Erzähler voll Phantasie und Fluß, volkstümlich und gesund, lebensfroh und humorreich« erscheint, nach denen er »Erholung und Belehrung in reichstem Maße« vermittelt und »allen, die für Wandern und Reisen Sinn und Vorliebe haben«, bestens zu empfehlen ist (F 17, S. N6). Daß die bald einsetzenden größeren Attacken nicht nur auf unglückliche Umstände – wie etwa auf das Schicksal der Münchmeyer-Romane –, sondern auch auf Mays eigene Provokationen zurückzuführen sind, geht aus der 1899 in der ›Frankfurter Zeitung‹ von Fedor Mamroth veröffentlichten Artikelserie hervor, dem ersten umfassenden publizistischen Angriff, dem May ausgesetzt war: Mamroth erkannte an, daß May »ein Fabulist von Begabung« war und »die Technik der spannenden Erzählweise« beherrschte; er stieß sich aber sehr entschieden am »Kultus der Unwahrheit«, den er in der von May auch »im bürgerlichen Leben« vollzogenen Gleichsetzung des Autors mit seinem Helden-Ich betrieben sah.

Bald darauf brachen in aller Heftigkeit die öffentlichen Kontroversen aus, über die im entsprechenden Kapitel zur Biographie Näheres zu lesen ist. Mays Gesamtwerk spielte dabei nur eine unbedeutende Rolle, der Streit konzentrierte sich, was die im weiteren Sinne literarischen Aspekte betraf, im wesentlichen auf dreierlei: auf die Frage nach der Verantwortung für die »unsittlichen« Stellen in den Münchmeyer-Romanen, die May unerwünschten Mitarbeitern innerhalb des Verlags zuschob; auf die – wie schon Mamroth formuliert hatte – »süßlich-frömmelnde Propaganda für den wahren Glauben« (Frankfurter Zeitung v. 17. 6. 1899; zit. in: Jb-KMG 1974. S. 122), die man in Mays Marienkalendergeschichten und einigen Passagen der Reiseerzählungen fand; auf die

Frage, ob und wie weitgehend May des Plagiats zu bezichtigen sei, da man in einigen seiner frühen Texte Übereinstimmungen mit Arbeiten älterer Autoren fand. Dies alles verband sich aufs engste mit den verschiedenen Querelen, die auf publizistischem und juristischem Wege ausgetragen wurden, und die gründliche Auswertung der zahllosen Berichte in Zeitungen und Zeitschriften hat sogar zu zeigen vermocht, wie sehr der gesamte Komplex eingebettet ist in übergreifende Konflikte politischer, gesellschaftlicher und konfessioneller Art (H. Plaul: Literatur und Politik. Karl May im Urteil der zeitgenössischen Publizistik. Jb-KMG 1978. S. 174–255). Unter solchen Umständen konnte eine adäquate Auseinandersetzung mit den zur gleichen Zeit veröffentlichten Texten Mays, dem Spätwerk also, nicht zustande kommen, zumal es ja auch viele Verehrer seiner vorherigen Arbeiten ratlos machte. Exemplarisch in der Hinwendung zum Peripheren und in seinen Folgen ist der Verriß, der *Friede auf Erden* in einer Rezension des »Dresdner Anzeigers« vom 30. 10. 1904 traf: Die Verfasserin Marie Silling nahm eine Reihe angeblicher oder wirklicher sachlicher Unrichtigkeiten in Mays Schilderungen, so die falsche Lokalisierung eines Denkmals in Suez, zum Anlaß, generell an der Überzeugungskraft der Friedensbotschaft in diesem Werk zu zweifeln; May antwortete in offenen Briefen, was wiederum den Feuilleton-Redakteur des Blattes, Paul Schumann, auf den Plan rief, und nun bewegte sich der Streit kaum noch um seinen eigentlichen Anlaß, den *Friede*-Roman, sondern um Mays falschen Doktortitel, die Kolportageromane und überhaupt all das, was gegen die Person Mays zu dieser Zeit vorgebracht wurde. Das »Neue Wiener Tagblatt« vom 9. 10. 1904 hingegen entdeckte in *Friede auf Erden* »ein mit stärkstem Talent geschriebenes Buch. Voll metaphysischer Bizarrerie, voll Mystik, eine kunterbunte christliche und buddhistische Weltanschauung (...)« (zit. in: Jb-KMG 1972/73. S. 108); dieser immerhin um Details der literarischen Faktur bemühte Kommentar ist ein Exempel für die umsichtigeren literaturkritischen Arbeiten zu May.

In zahllosen Presseveröffentlichungen seit Mays Tod ist sein Werk höchst unterschiedlich beurteilt worden, meist jedoch nur oberflächlich und nach den begrenzten Maßstäben, die man zur Bewertung reiner »Unterhaltungs-« oder »Jugendliteratur« anlegte; wichtige Aspekte auch der populären Old-Shatterhand- und Kara-Ben-Nemsi-Geschichten blieben mithin unberücksichtigt. Nur wenige Kommentare ragen auf die eine oder andere Weise aus dieser einförmigen Betrachtungsweise heraus. Dreißig Jahre nach den Angriffen der ›Frankfurter Zeitung‹ erschien im gleichen Blatt Ernst Blochs folgenreicher Aufsatz »Die Silberbüchse Winnetous« (31. 3. 1929). Bloch, der sich einleitend ausdrücklich auf die damaligen Attacken bezog, rehabilitierte May als einen »der besten deutschen Erzähler, und er wäre vielleicht der beste schlechthin, wäre er kein armer, verwirrter Prolet gewesen« (zit. nach E. Bloch: Erbschaft dieser Zeit. F. a. M. 1962. S. 170); er verwies auf die aufsässigen, den zeittypischen gesellschaftlichen Konventionen widerstreitenden Züge der Mayschen Abenteuerromane und eröffnete damit eine Sicht, die bis in die Gegenwart die wissenschaftliche Diskussion mitbestimmt: »Fast alles ist nach außen gebrachter Traum der unterdrückten Kreatur, die großes Leben haben will«; gleichzeitig verwarf er Mays Spätwerk als »verschroben und privat« (Bloch, S. 172). Wiederum einige Jahrzehnte später widmete *Der Spiegel* (37/1962) Karl May eine in wesentlichen Teilen vorzüglich recherchierte Titelgeschichte, deren Überschrift, »Karl der Deutsche«, bereits vermuten läßt, daß hier nicht allein Blochs Gedanken bei der Kommentierung der Werke herangezogen wurden: May erschien denn auch als »Propagandist des wilhelminischen Geistes« (S. 63), sein Ich-Held »fromm wie der Katechismus, bieder wie das Bürgerliche Gesetzbuch und deutsch wie die Nationalhymne – ein Übermensch nach Kleinbürger-Maß«; es wurde also die im sozialgeschichtlichen Kontext affirmative Tendenz in den Vordergrund gerückt, jedoch auch betont, May habe »das unkomplizierte und urwüchsige Leben in zivilisationsfernen Kontinenten« (S. 54) gepriesen. Als wenig später Arno Schmidts »Sitara und der Weg dorthin« erschien, war es wiederum *Der Spiegel,* der eine besonders exponierte Reaktion veröffentlichte: Robert Neumann nahm die von Schmidt aus schwer zugänglichen Originaltexten mitgeteilten Zitate zum Anlaß, nach dem Zensor zu rufen; er entdeckte »Verachtung für Juden und ›Fremde‹ überhaupt; national-germanische Herrenmensch-Vorstellungen; und ein(en) bis ans Orgiastische grenzende(n) Sadismus« (R. Neumann: Karl May auf den Index! In: *Der Spiegel* 10/1964. S. 95).

In neuerer Zeit haben die verstärkte wissenschaftliche Forschung zu May und die ihm geltenden Publikationen renommierter Verlage dazu beigetragen, daß sein Werk in der Presse intensiver als in den vorausgegangenen Jahrzehnten kommentiert wird, ohne daß dabei beständig – wie in den Jahren nach 1900 – die Frage nach den Licht- und Schattenseiten der Person in den Vordergrund gerückt würde; von einer besonders gründlichen und ergiebigen Auseinandersetzung kann freilich immer noch nicht gesprochen werden. Dabei ist festzustellen, daß sich die eben angedeutete Polarisierung in der Betrachtungsweise auch hier deutlich niederschlägt: In der Presse wurde, wie in vielen Arbeiten wissenschaftlicher Art, darüber gestritten, ob Mays Werk eher der Bestätigung der am Ende des 19. Jahrhunderts in seiner Heimat herrschenden Verhältnisse und – allgemeiner gesehen – dem sozialen Konformismus, dem Sich-Einfügen in den gesellschaftlichen Status quo dient oder ob es stärker von rebellischen und gar revolutionären Intentionen getragen wird und einen bisher uneingelösten Anspruch des Individuums auf Freiheit und Selbstbestimmung zum Ausdruck bringt. In ihrer Zuspitzung richtete sich diese Kontroverse immer wieder auf die Frage, inwiefern »Mays Bücher mit ihrer Saga vom deutschen Übermenschen (...) zur Affirmation wilhelminischen Untertanen- und Lebensgefühls und später zur Verinnerlichung faschistischer Ideale beigetragen haben« (G. G. Sehm: Sein deutsches Wesen ließ viele genesen. In: Rheinischer Merkur / Christ und Welt Nr. 7/1983): Fügen sich die Werke von »Karl dem Deutschen« passend zur nationalsozialistischen Ideologie, bereiteten sie sie gar vor, oder handelte es sich bei der May-Begeisterung Hitlers und vieler seiner Anhänger um ein krasses Mißverständnis? Wie sehr gerade dieser Aspekt die Kommentatoren über Jahre hinweg beschäftigt hat, erhellt beispielhaft aus den wechselnden, nur in der klaren Pointierung des jeweiligen Standpunkts übereinstimmenden Urteilen, die sich bei verschiedenen Rezensenten der ›Frankfurter Allgemeinen Zeitung‹ finden. Urs Widmer notiert in einer Besprechung des »Jahrbuchs der Karl-May-Gesellschaft 1971«: »Es ist eigentlich unverständlich, warum die Nationalsozialisten sich so sehr an May hängen konnten« (FAZ v. 21. 3. 1972); Klaus Jeziorkowski betont in seinen Darlegungen über »Karl May und das Reich des Edelmenschen« zwei Jahre später, Mays »Propagieren eines damals schon korrumpierten gnostischen Idealismus« sei »verbündet mit der deutschen Bürgerlüge, die in letzter Konsequenz die Konzentrationslager gebracht hat« (FAZ v. 11. 10. 1974); wiederum zwei Jahre später leitet Gert Ueding eine Verbindung zwischen May und dem Dritten Reich nicht aus Mays Texten ab, sondern aus seiner »öffentlichen Verdammung zum ›geborenen Verbrecher‹« in der Pressekampagne der letzten Lebensjahre: »frühe Probe auf ein historisch kaum mehr als 20 Jahre später alltäglich geübtes Exempel« (FAZ v. 12. 6. 1976). Generell läßt sich festhalten, daß Mays Werk in den Feuilletons sehr vieler Presseorgane mittlerweile nicht mehr primär oder gar ausschließlich unter dem Gesichtspunkt des literarisch fast bedeutungslosen ›Volksschriftstellers‹ abgehandelt wird, daß aber über die Nachfolge für dieses alte Klischee bei vielen Kommentatoren Ungewißheit besteht und daß bei denen, die sich mit größerer Kompetenz äußern, die Beurteilung extremen Schwankungen unterworfen ist.

4. *Literaturgeschichte und Germanistik*

Die akademische Literaturwissenschaft hat von Karl May lange Zeit kaum Notiz genommen. Sein Werk wurde stillschweigend der Unterhaltungsliteratur zugeschlagen, und diese erschien der Germanistik in den ersten Jahrzehnten des 20. Jahrhunderts generell nicht als ein ernst zu nehmendes Thema. So schwieg man sich in der Forschung aus, als nach 1900 und auch noch nach Mays Tod im publizistischen Bereich, in Zeitungen und Zeitschriften, heftig um ihn gestritten wurde; nennenswerte Ausnahmen bilden ein Buch von A. Droop (Karl May. Eine Analyse seiner Reise-Erzählungen. Cöln-Weiden 1909) und ein Aufsatz von Werner Mahrholz (Karl May. In: Das literarische Echo 21/3. 1918. S. 130–141), in denen sich erste Ansätze einer seriösen analytischen Auseinandersetzung mit Mays Texten finden. Die ersten speziell May gewidmeten Periodika, die Karl-May-Jahrbücher der Jahre 1918–33, änderten an der allgemeinen Tendenz wenig: Es kamen überwiegend interessierte Laien zu Wort. In den wenigen Beiträgen der damals renommierten Literaturwissenschaftler, zum Beispiel Eduard Engels, die hier mit teilweise aus anderen Werken übernommenen Arbeiten vertreten waren, spielte May durchweg nur eine Nebenrolle.

Eine Pionierleistung bildete dann, zweieinhalb Jahrzehnte nach Mays Tod, die erste ihm gewidmete Dissertation: H. Stolte: Der Volksschriftsteller Karl May. Beitrag zur literarischen Volkskunde (Diss. phil. Jena 1936). Radebeul 1936, Bamberg ²1979; nach einem späteren Bericht des Autors provozierte er damit sogar den Kommentar, neulich sei ja auch jemand mit einer Arbeit über die Müllabfuhr promoviert worden. Es folgten eine Dissertation zu einem entlegenen Teilaspekt des Mayschen Werkes (W.-J. Weber: Die deutschen Räuberromane und ihr Einwirken auf Karl May. Ein Beitrag zur Entwicklungsgeschichte des Volkslesestoffes. Berlin 1941) sowie nach dem Zweiten Weltkrieg zwei Wiener Dissertationen, die sich vor allem mit Mays anhaltender Popularität beschäftigten (E. Kainz: Das Problem der Massenwirkung Karl Mays. Wien 1949; V. Böhm: Karl May und das Geheimnis seines Erfolges. Ein Beitrag zur Leserpsychologie. Wien 1955, Gütersloh ^{2}1979).

Die Titel bzw. Untertitel dieser Arbeiten lassen bereits erkennen, daß in ihrem Zentrum nicht Analysen stehen, die man als literaturwissenschaftlich im engen und damals üblichen Sinne hätte bezeichnen können. Es ging um Forschungsanliegen der Volkskunde und um das, was später Wirkungs- und Rezeptionsgeschichte genannt wurde. So signalisierten die Studien denn auch nicht etwa ein dauerhaftes Erwachen des fachwissenschaftlichen Interesses an May; er blieb vorerst ein nahezu unbeachteter Außenseiter der Literaturhistorie.

Eine gravierende Änderung dieser Verhältnisse bereitete sich in den 60er Jahren vor und gelangte in den Siebzigern zur vollen Ausprägung. Was die 60er Jahre betrifft, so sind im wesentlichen drei Faktoren zu nennen, die eine gründlichere fachwissenschaftliche Beschäftigung mit May vorbereiteten bzw. selbst schon Ausdruck dieser Beschäftigung waren:

- Publikationen von Arno Schmidt und Hans Wollschläger warben vehement für eine intensivere Aufmerksamkeit gegenüber diesem Autor. Während Wollschläger in seiner rororo-Monographie (1965) erstmals einen größeren und verläßlichen Überblick zu Mays Vita vermittelte, wirkte Schmidt vor allem durch die in seinen May-Texten angelegten Provokationen: sei es, daß er im ›Abu Kital‹-Aufsatz (1958) May ob seines Spätwerks zum letzten ›Großmystiker‹ der deutschen Literatur beförderte, sei es, daß er in ›Sitara und der Weg dorthin‹ (1963) May als verkappten Homosexuellen beschrieb, der seine unterdrückten Leidenschaften im Werk abreagiert und fortan entsprechende Leserbedürfnisse befriedigt habe. Bezeichnend ist, daß diese Anstöße für die May-Forschung von Schriftstellern, nicht aber von professionellen Germanisten kamen.
- Im Bereich der akademischen Literaturwissenschaft selbst

erwachte in den 60er Jahren ein generelles Interesse am bisher vernachlässigten Bereich der Unterhaltungs- und Trivialliteratur. Die seit längerem latent vorhandenen Orientierungsprobleme des Faches, verstärkt durch die von der sogenannten 68er Generation artikulierte Unruhe, entluden sich auch in der intensiveren Beschäftigung mit allen Formen der »Massenliteratur«: Mochte sie unter ästhetischen Aspekten weiterhin fragwürdig erscheinen, so zog sie unter dem Gesichtspunkt der »gesellschaftlichen Relevanz« erhöhte Aufmerksamkeit auf sich, da ihre Leserschaft erheblich größer war als die der »Hochliteratur«, die hier vermittelte Ideologie mithin vermutlich folgenreicher. Inzwischen sind diese Tendenzen wieder abgeflaut, aber das einmal geweckte Interesse hat sich im Falle Mays erhalten.

– Aufgrund privater Initiativen wurde 1969 die Karl-May-Gesellschaft gegründet. Sie setzt sich zwar nur zum kleinen Teil aus ausgebildeten Literaturwissenschaftlern zusammen, fördert die May-Forschung aber grundsätzlich auf so vielfältige Weise, daß die im akademischen Rahmen entstehenden Arbeiten davon intensiv profitieren.

Waren May geltende wissenschaftliche Arbeiten in den 60er Jahren immer noch eine seltene Ausnahme, so hat sich das Werk dieses Autors mittlerweile unter den verschiedensten Perspektiven als ein konstanter Gegenstand der universitären Literaturwissenschaft fest etabliert. Etwa seit 1975 vergeht kaum ein Jahr, in dem nicht wenigstens eine neue May-Dissertation angezeigt wird oder andere speziell May betreffende Bücher publiziert werden; Sammelbände aller Art bringen Artikel über May, namhafte Germanisten, wie Volker Klotz und Gert Ueding, haben gleich mehrere Aufsätze über ihn geschrieben; eine Habilitationsschrift, die sich im Schwerpunkt mit Autoren wie Caldéron und Schiller befaßt, zieht zur Veranschaulichung eines bestimmten Problems analoge Textbeispiele von May heran (M. Karnick: Rollenspiel und Welttheater. München 1980. S. 25–45); eine angesehene Fachzeitschrift wie die »Deutsche Vierteljahresschrift für Literaturwissenschaft und Geistesgeschichte« veröffentlicht gar einen Aufsatz über Karl May und Franz Kafka (U. Abraham: Die Angst vor der Entdeckung und die Entdeckung der Angst. Ein Motiv bei Franz Kafka und Karl May. In: DVjs 59/2. 1985. S. 313–340), und auch in den neueren Literaturgeschichten, insbesondere solchen mit sozialhistorischer Orientierung, wird May ausführlich kommentiert; als Kuriosum kann eine zahnmedizinische Doktorarbeit gelten (G. Asbach: Die Medizin in Karl Mays Amerika-Bänden. Düsseldorf 1972). Gelegentlich formulieren Literaturwissenschaftler Kommentare, die man noch ein Jahrzehnt vorher für parodistische Attacken gegen May oder auch gegen das Fach Germanistik gehalten hätte: May habe mit seinem *Old Surehand* jenen Roman geschrieben, den die deutschen Romantiker immer nur in der Theorie »beschreiben, aber nicht schreiben (konnten)« (H. Fricke: Karl May und die literarische Romantik. Jb-KMG 1981. S. 11–35. S. 33); er habe zum Teil anspruchsvolle Ambitionen verfolgt, die in der Literatur des 19. Jahrhunderts einzigartig dastehen (G. Neumann: Das erschriebene Ich. Erwägungen zum Helden im Roman Karl Mays. In: Germanistik in Erlangen. Hrsg. von D. Peschel. Erlangen 1983. S. 335–363).

Aber keineswegs alle diese neuen Arbeiten intendieren eine umfassende Aufwertung des Schriftstellers Karl May; weiterhin werden seinem Werk klischeehafte, von Vorurteilen getragene Schilderungen fremder Völker, ästhetische Mängel und manches andere vorgeworfen. Der anhaltende Streit belegt jedoch erst recht, daß May nicht mehr zu den von der Fachwissenschaft ignorierten Autoren gehört. Die Texte keines anderen Schriftstellers aus dem Bereich unterhalb der ›Hochliteratur‹ werden in der Fachwissenschaft heute so intensiv kommentiert wie die seinen: diese Feststellung bezeichnet die Expansion, aber auch die Grenzen der universitären May-Forschung.

5. *Pädagogik und Didaktik*

Der Einfluß der May-Bücher »auf die Jugend wird verschieden, heute meist gedämpft positiv beurteilt« (Brockhaus Enzyklopädie. Bd. 12. Wiesbaden [17]1971. S. 293): Hinter diesem Fazit eines Lexikons verbergen sich pädagogische und didaktische Auseinandersetzungen, die in ihrer Polarisierung hinter den Streitigkeiten in anderen Bereichen – Pressekritik und Literaturwissenschaft – nicht zurückstehen. Zwar hatte May den bei weitem größten Teil seines Œuvres zunächst in Zeitschriften publiziert, die in erster Linie an erwachsene Leser adressiert waren; aber bald wurde erkennbar, daß sein Publikum sich zunehmend aus Jugendlichen zusammensetzte, und so sind er und sein Werk zwangsläufig zum vielbesprochenen Gegenstand pädagogischer und literaturdidaktischer Erörterungen geworden.

Nachdem Mays Veröffentlichungen im ›Deutschen Hausschatz‹ und die Bände der Fehsenfeld-Reihe zunächst im allgemeinen positiv aufgenommen worden waren, regten sich kurz vor der Jahrhundertwende erste pädagogische Bedenken: Fedor Mamroth eröffnete den May-Kommentar in der »Frankfurter Zeitung« am 3. 6. 1899 mit der Meldung, Mays Bücher seien aus den Bibliotheken bayerischer Mittelschulen verbannt worden, weil »seine Phantasie für die Jugend zu gefährlich sei« (zit. in: Jb-KMG 1974. S. 113). Diese Argumentation mit der schädlichen, da junge Leser desorientierenden, auf Abwege führenden Macht der Phantasie kehrt bis in unsere Zeit in vielen Variationen wieder; sie stützte sich des öfteren auf Aussagen Jugendlicher, sie seien zu Straftaten, zum ›Ausreißen‹ von daheim und zu anderen Schandtaten durch die Lektüre von May-Texten angeregt worden.

Die einschlägige Diskussion stand damals einerseits unter den Vorzeichen verstärkter Bemühungen zur generellen Förderung »guter« Jugendbücher und zur Abwehr der »Schundliteratur«, und sie wurde andererseits selbstverständlich beeinflußt durch die publizistischen Querelen um May. Heinrich Wolgast, der sich in ausführlichen Publikationen mit dem »Elend unserer Jugendliteratur« befaßte und forderte, auch Jugendliche dürften nur hochrangige Kunstwerke zur Lektüre erhalten, stand dem gesamten Bereich der Abenteuerliteratur skeptisch gegenüber und sah in May deren ›gefährlichsten‹ Vertreter (H. Wolgast: Das Elend unserer Jugendliteratur. Hamburg – Leipzig [4]1910. S. 178ff.). Ernst Schultze, ein engagierter Kämpfer gegen die ›Schundliteratur‹, schlug May zwar nicht expressis verbis dieser Kategorie zu, nahm aber in sein mehrfach aufgelegtes programmatisches Buch (E. Schultze: Die Schundliteratur. Ihr Wesen. Ihre Folgen. Ihre Bekämpfung. Halle 1909, [2]1911, [3]1925) eine Parodie auf die Shatterhand-Geschichten auf, ›Die blaue Schlange‹, in der der Autor sich über Gesinnung und Allmacht des Mayschen Ich-Helden mokiert. Karl Wilker argumentierte in seiner »Abwehr zum Schutze unserer Jugend gegen die Verherrlichung Mays« – so der Untertitel seiner Broschüre – durchweg ad hominem und stellte seine sämtlichen Erwägungen unter den Gedanken, May sei ein Autor, »dessen ganzes Werden und Leben und Wirken der Forscher (...) nur betrachten kann als das eines psychopathischen oder als eines verbrecherisch veranlagten Mannes« (K. Wilker: Karl May – ein Volkserzieher? Langensalza 1910. S. 4). Daß Mays Werke indessen geradezu ein Antidot gegen die Wirkung der Schundliteratur seien, behauptete in einer anderen pädagogischen Arbeit Franz Weigl, ein persönlicher Bekannter Mays; May habe sich »in seiner schriftstellerisch-erzieherischen Arbeit« auf die »Seele« konzentriert und sich im Hinblick auf seine Leser der »Charakterbildung« gewidmet (F. Weigl: Karl Mays pädagogische Bedeutung. München 1909. S. 40. R in: Schriften zu Karl May. Hrsg. von Karl Serden. Ubstadt 1975), er mache sich zudem verdient um »die Anspornung der Beobachtungsgabe im Leser, die Aufrüttelung seiner Sinnestätigkeit und des Sinnesgebrauches« (Weigl, S. 53).

Während Weigls Verteidigung ersichtlich unmittelbar von Mays Selbstdeutungen inspiriert war, trat wenige Jahre nach Mays Tod mit dem Reformpädagogen Ludwig Gurlitt ein selbständig argumentierender Anwalt auf, der gerade die zentralen Vorwürfe der Kontrahenten zurückwies: »Schädliche Wirkungen der May-Lektüre sind mehr behauptet als nachgewiesen worden (...) Er soll die Phantasie überhitzen. Besser eine überhitzte Phantasie als gar keine (...) Seine Gesinnung steht erhaben über jedem Tadel« (L. Gurlitt: Gerechtigkeit für Karl May. In: GWB 34. [29]1975. S. 409–530. S. 516, 517, 519; Erstveröffentlichung 1919). Eine sehr spezielle Richtung nahm dieses Verständnis in der bemerkenswertesten Äußerung, die May im Dritten Reich von kompetenter Seite erntete. Hans Schemm, Kultusminister von Bayern und Leiter des Nationalsozialistischen Lehrerbundes, äußerte im Januar 1934: »Zum deutschen Buben und Mädel gehört mehr als die sogenannte Schulbravheit, nämlich Mut, Entschlußkraft, Schneid, Abenteuerlust und Karl-May-Gesinnung« (zit. in: Jb-KMG 1982. S. 234); diese Sicht blieb freilich nicht unangefochten, ein anderer NS-Pädagoge wies in einem Brief an den Minister vom 22. 2. 1934 Schemms Urteil – das sich passend zur Aufnahme einiger May-Bände in den Katalog guter Jugendschriften fügte – zurück und antwortete: »Karl May paßt zum Nationalsozialismus wie die Faust aufs Auge!« (zit. in Jb-KMG 1982. S. 238).

Das breite Spektrum dieser Urteile kehrt auch in den seit Ende des Zweiten Weltkriegs erschienenen Publikationen wieder: Es reicht von der emphatischen Vorstellung, man könne »Mays Sehnsucht nach dem Frieden als Stärkung für erzieherisches Bemühen um den Frieden heute« nutzen (F.

Munzel: Auf der Suche nach dem Frieden unter den Menschen. In: Beiträge pädagogischer Arbeit. Hrsg. vom Leitenden Arbeitskreis der Gemeinschaft Evangelischer Erzieher in Baden. 1982. S. 48–66. S. 48), über verhaltene Skepsis – »es gibt Schlimmeres als Karl May« (I. Dyhrenfurth: Geschichte des deutschen Jugendbuchs. Freiburg i. Br. [3]1967. S. 171) – bis zu nahezu vollständiger Ablehnung, z. B. bei Horst Künnemann (H. Künnemann: Kinder und Kulturkonsum. Überlegungen zu bewältigten und unbewältigten Massenmedien unserer Zeit. Weinheim – Basel [2]1974. S. 110–122); das renommierte Lexikon der Kinder- und Jugendliteratur weist abwägend vor allem darauf hin, daß Mays Texte die unterschiedlichsten Bedürfnisse befriedigen: »Märchenmotiv und Realitätsanspruch, Selbstbestätigung und Wirklichkeitsflucht, religiöse, pazifistische, nationale, antizivilisatorisch-naturromantische Anregungen können nach Belieben destilliert werden« (V. Böhm: Karl May. In: Lexikon der Kinder- und Jugendliteratur. Bd. 2. Hrsg. von K. Doderer. Weinheim – Basel 1977. S. 451–454. S. 452f.).

Aber nicht nur die weit auseinanderklaffenden Bewertungen der Vergangenheit, sondern auch die Aspekte, unter denen einst über den pädagogischen Wert der May-Lektüre gestritten wurde, kehren – mit anderem Vokabular und veränderten Akzenten – in den neueren Publikationen wieder; davon ausgenommen ist lediglich die Frage, ob der »Verbrecher« May sich nicht schon ob seiner Persönlichkeit als ›Erzieher‹ diskreditiere. Dafür ist ein anderes Problem neu hinzugekommen: Hatte man sich früher ganz überwiegend nur mit dem Wert oder Unwert der May-Lektüre als solcher beschäftigt, so geht es neuerdings auch darum, ob und in welcher Weise Mays Texte ein Gegenstand des Schulunterrichts sein können; in einigen Lesebüchern sind sie mittlerweile vertreten. Generell bewegt sich die pädagogische und didaktische Diskussion in der letzten Zeit vor allem um folgende Themen:

– Sollen die für Kinder und Jugendliche bestimmten Texte Geschichten erzählen, die im Hier und Jetzt ihrer Leser angesiedelt sind, oder sollen sie über diese Grenzen hinausführen und ein Terrain erschließen, das ›unrealistisch‹ – im plansten Sinne des Wortes – ist? Konkreter auf May bezogen: während die schon erwähnte Kritik von Künnemann darauf zielt, daß die Welt der May-Bücher mit der Erfahrung und Lebenswirklichkeit ihrer jungen Leser nichts gemein habe und deshalb irrelevant sei, insistieren andere Kommentatoren darauf, daß gerade die Teilhabe an »frei erfindende(n) Phantasie(n)« (H. Stolte: Wertung im Widerspruch. Ein Literaturbericht. Jb-KMG 1978. S. 264–291. S. 271) für die Entwicklung des Kindes wichtig sei. Unschwer ist zu erkennen, daß hier Gesichtspunkte zur Sprache kommen, um die es schon zu Mays Lebzeiten ging.

– Das gleiche gilt für die Frage, ob – über das Problem der Realitätsnähe im gerade umrissenen Sinne hinaus – die May-Lektüre für Kinder und Jugendliche förderlich sei oder nicht. Während sich dazu in den Darlegungen der traditionellen Jugendbuchforschung meistens eher negative Antworten finden, arbeitet Ingrid Bröning in der bisher komplexesten literaturpädagogischen Studie zu May heraus, daß speziell die Reiseerzählungen in Inhalt, Form und Ausstattung den Anforderungen gerecht werden, die man an ›gute Jugendbücher‹ zu stellen hat, daß sie insbesondere bei der Bewältigung der in der Pubertät auftretenden unbewußten Probleme helfen und daß sie also »den Individuationsprozeß begünstigen« (I. Bröning: Die Reiseerzählungen Karl Mays als literaturpädagogisches Problem. Ratingen – Kastellaun – Düsseldorf 1973. S. 170); Brönings Arbeit stützt sich wesentlich auf Mays Umgang mit Archetypen, wie sie in der Tiefenpsychologie C. G. Jungs definiert worden sind.

– Kontrovers diskutiert wird über Mays Resonanz bei Jugendlichen nach wie vor auch im Hinblick auf die ideologisch-weltanschaulichen Tendenzen seiner Bücher. Dabei finden sich natürlich die gleichen Standpunkte, die in anderem Zusammenhang schon angedeutet wurden, so beispielsweise im Kapitel zur Literaturkritik: Propagiert Mays Werk das Streben nach individueller Selbständigkeit oder sozialen Konformismus, wird es von reaktionären und gar präfaschistischen Überzeugungen getragen oder von solchen, die selbst aus heutiger Sicht noch im besten Sinne fortschrittlich erscheinen, wie dies im oben mitgeteilten Zitat von Munzel anklingt? Einige Kommentatoren, wie Künnemann, ziehen eine durchaus negative Bilanz, während andere pädagogisch ausgerichtete Arbeiten ausdrücklich davon sprechen, May vermittle eine vorbildliche Gesinnung und habe sich »große Verdienste um die Verständigung der Völker erworben« (A. Hölder: Das Abenteuerbuch im Spiegel der männlichen Reifezeit. Die Entwick-

lung des literarischen Interesses beim männlichen Jugendlichen. Ratingen 1967. S. 136). Seitdem die Beschäftigung mit Texten außerhalb der ›Hochliteratur‹ im Schulunterricht ansteht, wird die Erörterung solcher Fragen auch in diesem Bereich empfohlen (L. Bembenek: Der ›Marxist‹ Karl May, Hitlers Lieblingsschriftsteller und Vorbild der Jugend? Die Karl-May-Rezeption im ›Dritten Reich‹. In: Sammlung. Jahrbuch 4 für antifaschistische Literatur und Kunst. 1981. S. 147–155).

– Ob der Weg junger Leser von Karl May eher konsequent zur ›Schundliteratur‹ oder zur Teilhabe »an den großen Gütern der nationalen und internationalen Literatur« führt (Dyhrenfurth, S. 171), ist ebenfalls seit langem umstritten. Die Entscheidung hängt in diesem Fall nicht nur von inhaltlich-stofflichen Aspekten ab, sondern auch davon, wie man Mays Werk unter formalen und ästhetischen Gesichtspunkten beurteilt. Lange Zeit sahen da selbst die meisten Fürsprecher Mays seine schwächste Seite. Neuerdings hat eine ausführliche Analyse des speziell für Jugendliche geschriebenen Romans *Die Sklavenkarawane* gezeigt, daß May gelegentlich ein Didaktiker von Rang war, insofern er das abenteuerliche Geschehen, die Information über fremde Länder und Völker und die Propagierung ethischer Ideale in erzähltechnisch überzeugender Weise eng miteinander zu verbinden wußte, statt sie bloß additiv nebeneinander zu stellen (H. Stolte: Ein Literaturpädagoge. Untersuchungen zur didaktischen Struktur in Karl Mays Jugendbuch *Die Sklavenkarawane*. Jb-KMG 1972/73, S. 171–194; 1974, S. 172–194; 1975, S. 99–126; 1976, S. 69–91). Einige Autoren gehen davon aus, daß bei May in vergröberter Form viele jener Kunstmittel zu entdecken sind, die auch anspruchsvollere Werke prägen; so liegt die Überzeugung nahe, Schüler sollten bei der Beschäftigung mit May-Texten »ein Repertoire von Fähigkeiten und Kenntnissen erwerben, das beim Umgang mit der Hochliteratur genutzt und vertieft werden kann« (W. Seifert: Rätsel und Kriminalschema. Karl Mays *Winnetou* als Unterrichtsgegenstand (7./8. Jahrgangsstufe). In: Der Deutschunterricht 34/2. 1982. S. 53–62. S. 62).

– Zur Behandlung Mays im Deutschunterricht finden sich darüber hinaus noch verschiedene Anregungen, von denen hier nur zwei exemplarisch genannt werden sollen: Eine umfassend angelegte, auf das Exempel May bezogene Studie zu den weitgespannten Möglichkeiten des Umgangs mit Trivialliteratur bietet Friedhelm Munzel (F. Munzel: Karl Mays Erfolgsroman *Das Waldröschen*. Eine didaktische Untersuchung als Beitrag zur Trivialliteratur der Wilhelminischen Zeit und der Gegenwart. Hildesheim – New York 1979); eine kreative, zum szenischen Spiel führende Beschäftigung mit *Winnetou I* schlägt Werner Klose vor (W. Klose: Karl May – vom Lesen zur Spielparodie: ›Winnetou in Hollywood‹. In: Praxis Deutsch 20. 1976. S. 47–50). Zu beachten bleibt bei alldem, daß die Verschiebung des Entwicklungsprozesses bei Kindern und Jugendlichen sich auch auf die Karl-May-Lektüre auswirkt: So wie die Pubertät heute in der Regel deutlich früher einsetzt als noch vor einigen Jahrzehnten, so liegt das Alter, in dem Kinder Karl May gern lesen, meistens vor dem ihrer Eltern und Großeltern. Ferner hat die Ausbreitung neuer Medien, wie Fernsehen, Schallplatte und Video, beträchtliche Konsequenzen: Immer mehr Kinder kennen Karl May eher aus Film- und Hörspielversionen seiner Texte als aus der Buchlektüre.

Helmut Schmiedt

B. *Fortsetzungen, Ergänzungen und Bearbeitungen*

Auf dem Höhepunkt seines Erfolges nach 1890 mußte May feststellen, daß es »Verfasser allerniedrigsten litterarischen und moralischen Ranges (gibt), welche sich meines ehrlichen Namens bedienen, um das Publikum zu täuschen, und diese Herren finden leider auch Verleger, welche, um gute Geschäfte zu machen, sich an diesem Betruge beteiligen« (Zuschrift Mays an den DH, in: Jg. 22, 1895/96, Nr. 4; Faks. in: G. Klußmeier/H. Plaul: Der große Karl May Bildband. Hildesheim – New York 1978. S. 117). Welche Epigonen May hier anprangert, geht aus einer vehement formulierten Passage des Romans *»Weihnacht!«* hervor (1897; S. 118–120): Mit dem Stichwort »Goldlager« spielt May dort (S. 118, 120) auf eine Reihe von Abenteuerheften an (11 à 64 S. sind bibliographisch erfaßt), die 1890–92 im Verlag Robert Bardtenschlager, Reutlingen, unter den Namen »Carl May« und »Ed. May« erschienen waren (u. a. »Das Goldlager. Eine Erzählung aus dem fernen Westen«, »An den Ufern des Ohio oder Der erste Ansiedler in Kentucky«). Da der Verlag Bardtenschlager 1887 zwei authentische Werke Mays erworben hatte (*Jenseits der Felsengebirge, Der Waldläufer;* Bearbeitungen beider Texte erschienen alsbald 1889), mutet die Herausgabe dieser Fortsetzungscharakter erweckenden Pseudo-Mays besonders bedenklich an.

Eine zweite Spitze der Polemik in *»Weihnacht!«* richtet sich gegen den (fiktiven) Indianerroman »Der König der Illoris«, womit fraglos auf die Erzählung »Der König der Miamis« von Franz Treller (unter Ps. erschienen in: GK, Jg. 10, 1895/96) angespielt ist. Obwohl Mays Plagiatsvorwürfe überzogen sind (zu *»Weihnacht!«*, S. 119, vgl. U. Neßler, in: M-KMG 64/1985, S. 25f., sowie H. Mees, in: M-KMG 66/1985, S. 26f.), ist unübersehbar, daß die Stuttgarter »Union« das von May durch dessen Beiträge im GK gewiesene literarische Erfolgskonzept seit 1895 durch ähnliche Veröffentlichungen anderer Abenteuerschriftsteller (neben F. Treller vor allem Maximilian Kern, Ernst Friedrich Wilhelm Mader [Ps. Ernst Friedrich] und Johann Alfred Kaltenboeck [Ps. Max Felde]) auszubeuten suchte. Thematische Überschneidungen (vgl. z. B. Feldes »Addy, der Rifleman«) sowie ähnliche Buchausstattungen nach Art der sog. »Union«-Bände Karl Mays oder der »Kamerad-Bibliothek«, 1899 mit Mays *Der schwarze Mustang* eröffnet, waren offensichtlich darauf berechnet, die Werbewirksamkeit Mays und seines spezifischen exotischen Kosmos anderen Verlagsautoren zugute kommen zu lassen. Eingedenk dieser Vorgänge untersagte May seinem Verleger F. E. Fehsenfeld, eine von diesem geplante Reihe »Die Welt der Fahrten und Abenteuer« (1896 ff.) nach Art seiner Werke auszustatten (Brief Mays vom 17. 8. 1896; zitiert in: K. Guenther: Karl May und sein Verleger. Radebeul 1934. S. 15; Nachdruck in: F20. S. A2–A35. S. A13); vgl. hierzu den Parallelfall der vom KMV herausgegebenen Reihe »Welt der Abenteuer« (Bamberg 1963–1971), die – abgesehen von der Einbandfarbe – den GWB in der äußeren Gestaltung völlig entspricht.

Daß auch nach Mays Tod immer wieder epigonale Nachdichtungen verschiedenster Autoren vorgelegt worden sind, ist eine wohl zwangsläufige Begleiterscheinung des anhaltenden Erfolgs seiner Werke. Titel wie »Im Reiche der Beduinen«, »Old Ironhand, der Trapper« (beide von Karl Held, Berlin 1916) oder »›Nemsi Bey‹. Der deutsche Waffenschmied im Skipetarenland« von Wilhelm Matthießen (Köln 1933) stehen für eine Fülle durchweg erfolgloser Versuche, durch kongeniale Titel und Sujets kaufanreizend auf das May-Lesepublikum zu wirken.

Eine andere Form epigonaler Auseinandersetzung mit dem Werk Mays existiert in Gestalt von »Ergänzungen« zu den »Gesammelten Werken«. In seinem Bemühen um eine abgerundete, keine offene Frage hinterlassende Ausgabe der Werke Mays (vgl. »Der Text«) erwuchs dem KMV in dem katholischen Geistlichen Franz Kandolf (1886–1949) ein wichtiger Mitarbeiter. Kandolf beherrschte Mays Stil so souverän, daß er bei der Bearbeitung der GWR nicht nur beliebige Einfügungen bis zum Umfang ganzer Kapitel (s. V. Krischel: Franz Kandolfs Roman ›In Mekka‹. Eine erste Annäherung. Hamburg 1983, S-KMG 39, S. 5) liefern konnte, sondern 1923 auch eine frei erfundene Fortsetzung des unvollendet gebliebenen Romans *Am Jenseits* (May plante einen 2. Band *Im Jenseits,* der allerdings nie zur Ausführung gekommen ist), die u. d. T. *In Mekka* als 50. Band der GWR in Mays Œuvre aufgenommen wurde. Kandolf enthüllt darin die Geheimnisse um den schurkischen Ghani sowie den geheimnisvollen Münedschi im Stile der Abenteuerromane Mays, obwohl *Am Jenseits,* an der Schwelle zu Mays symbolistischer Schaffensperiode stehend, eine solche Lösung praktisch ausschließt. Ein zweiter von May geplanter, aber nie zur Ausführung gelangter Roman, *Marah Durimeh,* wurde ebenfalls von Kandolf in Angriff genommen, blieb aber infolge der Kriegsereignisse unvollendet.

Ein weiteres Supplement zu den GW bildet der auf zwölf Bände geplante, nach sechs Bänden jedoch vorzeitig zum Abschluß gebrachte Zyklus »Jagd auf die Raubkarawane« von Edmund Theil (geb. 1913), Wien 1977–1980 (Neuauflage München 1986), in dem der Verfasser »seine« (des Deutschen Hami) und seines arabischen Freundes Sahdik (Enkel Hadschi Halef Omars) Abenteuer im Ägypten und Libyen des Jahres 1932 schildert; Format und Ausstattung sind, abgesehen von der Einbandfarbe, den GWB angepaßt.

Zu den ›Nachschöpfungen‹ gehören im weiteren Sinne auch jene Textfassungen, die »durch Einschiebungen und Abänderungen von dritter Hand eine derartige Veränderung erlitten haben, dass sie in ihrer jetzigen Form nicht mehr als von Herrn Karl May verfasst gelten können« (aus einem Vergleich zwischen May und dem MMV vom 23. 10. 1907, wodurch letzterem die Verwendung des Verfassernamens »Karl May« untersagt wurde; Faks. bei Klußmeier/Plaul, S. 222).

Zu diesen Werkbearbeitungen, die vornehmlich in Hinblick auf die Zielgruppe der Kinder und Jugendlichen konzipiert worden sind, zählen: die von Karl May nicht autorisierten, bearbeiteten Nachdrucke der fünf im MMV erschienenen Lieferungsromane (Dresden 1900ff.); die vom KMV nach 1913 systematisch überarbeitete Gesamtausgabe (trotz der Selbstbezeichnung als »Originalausgabe« enthalten die gegenwärtig vertriebenen GWB einschließlich aller Lizenz- und Nebenausgaben praktisch keinen authentischen May-Text); verschiedene weitere Buchausgaben, die nach Ablauf der urheberrechtlichen Schutzfrist Ende 1962 außerhalb des KMV in durchweg tiefgreifender Bearbeitung der Urtexte vorgelegt wurden und z. T. beachtliche Auflagenhöhen erreichten (die Bertelsmann-Ausgabe rd. 5 Mill. Bände, s. Buch-Markt. Heft 12/1980. S. 123), u. a. die illustrierte Ausgabe der Bertelsmann (Club) GmbH, Gütersloh, 1963–67, Neuauflage 1984 (30 Bände; bearbeitet von Peter Korn, d. i. Roland Gööck, illustriert von Heiner Rothfuchs, Anmerkungen und Nachworte von Wilfried Noelle; eine Lizenzausgabe erschien 1966 im Mosaik Verlag, Hamburg, als »Illustrierte

Karl-May-Bibliothek«); die illustrierte Kurzausgabe des Neuen Jugendschriften-Verlages, Hannover, 1963–69 (28 Romane in 22 Bänden; »überarbeitet und gestrafft« von Alfred Rauschmüller, illustriert von Klaus Heinrich); »Karl May Reiseerzählungen« im Lingen Verlag, Köln, 1978–80 (21 Bände; bearbeitet von Ulrich Riemerschmidt); May-Ausgabe im Verlag Neues Leben, Berlin-DDR, 1982ff. (bis 1986 acht Bände; teilweise mit Nachworten von Gerhard Henniger; zur Bearbeitungstendenz s. I. Winter, in: M-KMG 66/1985. S. 43–47; M-KMG 67/1985. S. 34–38); etliche Heftausgaben, die durch abermalige Überarbeitung und radikale Textkürzung charakterisiert sind, u. a. »Karl May«-Heftreihe im Verlagshaus Fritz Vogl, Regensburg, 1961 (20 Hefte à 32 S., enthalten je Heft einen Roman; bearbeitet von Karl Schauppmeier); »Karl May-Heftausgabe« im Moewig-Verlag, München 1961–62 (40 Hefte à 64 S., enthalten insgesamt acht Romane; KMV-Lizenz bearbeitet von Rudolf Beissel); vgl. auch den Artikel »Comics und Bildergeschichten«.

Die Übersicht zeigt, daß es sich bei den verbreitetsten May-Ausgaben um oft einschneidende Bearbeitungen handelt, die nur einen beschränkten Einblick in das Originalwerk Karl Mays zulassen, dafür aber den weithin kommerziellen Charakter der offenbar fast beliebig manipulierbaren Ware »Karl May« offenlegen.

Jürgen Wehnert

C. *Karl May in Österreich, der Schweiz und der DDR*

»Es ist nun einmal so, ich habe eine Schwäche für jeden Österreicher«, schrieb May 1901 in *Et in terra pax*. Diese Affinität des Autors zu Österreich war von Anfang an wechselseitig. May hatte in der Donaumonarchie eine große Lesergemeinde, treue Anhänger und namhafte Befürworter, z. B. Peter Rosegger. Die österreichische Presse beteiligte sich lebhaft am jahrelangen Streit um May. Sein Vortrag im Sofiensaal am 22. 3. 1912 war für viele Wiener ein wichtiges Erlebnis und für den Schriftsteller ein später und letzter Triumph.

Zwischen den beiden Weltkriegen entsteht allmählich die May-Forschung, zu deren Wegbereitern von Anfang an mehrere Österreicher gehören, vor allem Franz Cornaro, Otto Forst-Battaglia, Joseph Höck, Amand v. Ozoroczy und Ludwig Patsch. 1928 wird Hermann Dimmlers Drama »Winnetou« als erste Bühnenbearbeitung eines May-Werkes im Wiener Renaissance-Theater uraufgeführt. 1931 protestieren 80 Erzieher und Lehrer in Graz gegen ein Anti-May-Pamphlet ihres deutschen Berufskollegen Fronemann. Im selben Jahr erscheint Forst-Battaglias Buch »Karl May, ein Leben – ein Traum«, eine der wichtigsten Studien dieser Zeit (1966 neue, völlig überarbeitete Ausgabe unter dem Titel »Karl May. Traum eines Lebens – Leben eines Träumers«). 1935 gibt es in der Wiener Urania die erste May-Ausstellung, gleichzeitig wird das Bühnenspiel »Auf den Spuren Old Shatterhands« gezeigt. Zum 25. Todestag Mays findet 1937 im Sofiensaal eine Gedenkfeier statt. Auch des 100. Geburtstages wird 1942 in Wien gedacht. 1948 erhält der Wiener Verlag Carl Ueberreuter vom KMV die Lizenz, unter dem Namen »Karl-May-Bücherei« die 40 beliebtesten Bände der Gesammelten Werke für Österreich herauszugeben. Emanuel Kainz promoviert 1949 an der Universität Wien mit der Dissertation »Das Problem der Massenwirkung Karl Mays«. Ebenfalls 1949 veranstaltet das Wiener Völkerkundemuseum eine geographisch-ethnologische May-Ausstellung. Die Autoren des Ausstellungsführers sind Robert Bleichsteiner, Franz Cornaro, Hans Demel, Heinz Grill und Ludwig Patsch. Im Rahmen dieser Exposition hält Hans Demel, Direktor des Kunsthistorischen Museums in Wien, einen Vortrag »Auf den Spuren Karl Mays im Orient«. Viktor Böhm veröffentlicht 1955 die Buchfassung seiner Dissertation an der Universität Wien: »Karl May und das Geheimnis seines Erfolges« (1979 in 2., neu bearbeiteter Auflage). 1959 bringt der Ueberreuter-Verlag die ersten May-Taschenbücher auf den Markt. Die Universität Wien publiziert 1979 in ihren »Beiträgen zur Afrikanistik«, Band 4, eine kritische Studie von Hofmann/Vorbichler: »Das Islam-Bild bei Karl May und der islamo-christliche Dialog«. Seit 1962 wirkt in Graz der Verein der Freunde der Volksliteratur, der sich nicht der Forschung widmet, sondern in seinen »Blättern für Volksliteratur« May als »Volksschriftsteller« propagiert.

Die 1969 gegründete KMG hat in Österreich die größte Zahl von Mitgliedern außerhalb Deutschlands. Die Gesellschaft wird ihren nächsten Kongreß 1987 in Wien durchführen, 75 Jahre nach Mays letztem Vortrag und seinem Tode.

Aus Leserbefragungen des KMV vor dem Zweiten Weltkrieg ging hervor, daß sich in der Schweiz – nach Deutschland und Österreich – die drittgrößte Lesergemeinde Karl Mays befand. Das ist für ein überwiegend deutschsprachiges Land sicher keine bemerkenswerte Feststellung. Dennoch steht sie in einem auffallenden Gegensatz zur May-Rezeption in den beiden Nachbarstaaten.

May war zwar seit dem Erscheinen der Fehsenfeld-Ausgabe ein beliebter Autor in der Schweiz, er hat aber nie *die* allgemeine Aufmerksamkeit gefunden wie im übrigen deutschsprachigen Raum. Ebenso hat die literarische, journalistische und juristische Kampagne gegen May nicht dieselbe Beachtung hervorgerufen wie bei den nördlichen und östlichen Nachbarn. Das mag an dem bedächtigeren schweizerischen Volkscharakter liegen, es kann aber auch auf eine – bewußte oder unbewußte – Distanzierung vom deutschen Literaturbetrieb zurückzuführen sein.

Dies wird zwischen 1933 und 1945 besonders deutlich, als May zunehmend auf Ablehnung stößt, nicht zuletzt wegen seiner angeblichen Deutschtümelei. Die deutschen Helden Old Shatterhand und Kara Ben Nemsi entsprechen als überlegene Allerweltskerle und Alleskönner zu dieser Zeit nicht dem Geschmack der Schweizer. Auch nach Kriegsende dauert es noch eine gewisse Zeit, bis May wieder gelesen und erneut in Büchereien aufgenommen wird.

Weit stärker als in Deutschland und Österreich ist die öffentliche Meinung zu May auch heute noch äußerst zwiespältig. Vor allem Teile der deutschschweizerischen Lehrerschaft haben ein überwiegend distanziertes Verhältnis zu ihm. Viele Lehrer lehnen seine Werke nach wie vor als Schundliteratur ab.

Es gibt fast keine Forschungsliteratur von heimischen Autoren. Zwei erwähnenswerte Schriften bilden aber die Ausnahme von der Regel: Max Bollinger: »Roter Gentleman und weißer Jäger. Karl Mays Kindheit und Jugend«, Schweizerisches Jugendschriftenwerk, Zürich 1981; Nicolas Lindt: »Aus menschlichen Gründen. Wahre Geschichten und Porträts«, Verlag Im Waldgut, Wald 1985; das letzte Buch enthält u. a. eine lesenswerte May-Biographie.

Abgesehen von einem Raubdruck des *Waldröschen*-Romans (Fischer-Ausgabe) der Firma Obrecht in Wietlisbach bei Bern um 1912 haben Schweizer Verlage bis nach dem Zweiten Weltkrieg keine eigenen May-Ausgaben herausgebracht. 1946 erschien im Rascher-Verlag in Zürich eine überarbeitete *Winnetou*-Ausgabe. In den 60er Jahren gab die Buchgemeinschaft »Neue Schweizer Bibliothek« einzelne Werke Mays für ihre Mitglieder heraus. Später folgte der Buchclub »Ex Libris«, der ein breites May-Angebot in sein Programm aufnahm.

In Freilichttheatern oder auf größeren Bühnen wurden Mays Werke bislang nicht aufgeführt. Nur das Werkstatt-Theater Solothurn ist 1978/79 mit dem Stück »Karl May oder Ein Leben am Marterpfahl« auf Tournee gegangen. Ausstellungen und Vorträge zu Leben und Werk Karl Mays finden nicht statt. Lediglich ein Gastvortrag des KMG-Vorsitzenden Prof. Dr. Claus Roxin an der Universität Bern vor Schweizer Juristen (1977) verdient Erwähnung. Der Vortrag »Karl May, das Strafrecht und die Literatur« wurde 1978 in der »Schweizerischen Zeitschrift für Strafrecht« veröffentlicht. Bedeutende Rundfunk- und Fernsehsendungen über May sind nicht bekannt. Nur in allgemeinen literarischen oder einzelnen Autoren gewidmeten Sendungen wird May manchmal erwähnt. An den Hochschulen wird May nur im Zusammenhang mit der Trivialliteratur behandelt; Dissertationen sind bisher nicht zu verzeichnen. Die Presse beschäftigt sich nur sporadisch und in der üblichen oberflächlichen Weise mit May. Zu einer ernsthaften Auseinandersetzung mit Leben, Werk und Wirkung dieses Autors – von wenigen Ausnahmen abgesehen – ist es in der Schweiz noch nicht gekommen.

1945 löscht die von der sowjetischen Besatzung eingesetzte Radebeuler Stadtverwaltung das Andenken an May aus, indem sie die Karl-May-Straße in Hölderlinstraße umbenennt. Dieser Akt ist kennzeichnend für das künftige Verhältnis der neuen Behörden in der späteren DDR zu May. Alle Versuche des KMV in Radebeul, seine Arbeit wieder aufzunehmen, scheitern am Widerspruch der Verwaltung.

1947 beginnt eine öffentliche Diskussion über May, die aber zu keiner Änderung der offiziellen Linie führt. Die Zeitschrift »die neue schule« attackiert May 1948 als Kriegsverherrlicher. 1956 entzündet sich die May-Diskussion erneut an gegensätzlichen Standpunkten in den sozialistischen Ländern. Leserumfragen von Zeitungen ergeben ein eindeutiges Votum für May, so daß das Kulturministerium Zugeständnisse andeutet, sie aber später nicht realisiert. Im selben Jahr wird das Radebeuler Karl-May-Museum in Indianermuseum umbenannt. 1958 wird *Der Schatz im Silbersee* als Hörspiel gesendet. Nachdem ein Berliner Verlag eine May-Geschichte in Heftform herausgebracht hat (*In Abrahim Mamurs Gewalt* aus *Durch die Wüste*), wird das vom Leipziger »Börsenblatt für den Deutschen Buchhandel« als Fehltritt verurteilt. 1959 wird dem KMV endgültig die Wiederaufnahme seiner Buchproduktion untersagt und 1960 die Übersiedlung nach Bamberg genehmigt. 1964 sieht das Kulturministerium in den angeblich starken chauvinistischen Zügen der May-Bücher eine Gefährdung der humanistisch-sozialistischen Erziehung. Für den Börsenverein ist May ein Propagandist des Kapitalismus und Imperialismus, er gilt als bürgerlich-dekadent. Seine Übermenschen-Helden hätten ihn dem NS-Regime genehm gemacht.

Von wenigen befürwortenden Äußerungen (Arnolt Bronnen, Hermann Kant, Erich Loest) abgesehen, bleibt es bis zum Ende der 70er Jahre bei der offiziellen Ablehnung Mays. Erstes Anzeichen für ein Umdenken ist 1980 das gleichzeitige Erscheinen des Karl-May-Romans von Loest (»Swallow, mein wackerer Mustang«) in der DDR und der Bundesrepublik Deutschland. Um die Jahreswende 1981/82 wird dann überraschend die jahrzehntelange Tabuisierung Mays durch eine regelrechte Renaissance abgelöst: Der Berliner Verlag »Neues Leben« bringt ausgewählte May-Werke heraus, zu denen der 1. Sekretär des Schriftstellerverbandes, Gerhard Henniger, ein Nachwort schreibt. Das Fernsehen der DDR sendet eine biographische Filmdokumentation über May

(»Ich habe Winnetou begraben«), präsentiert die westlichen May-Filme der 60er Jahre und dreht in den DEFA-Studios einen Spielfilm nach Mays Kolportageroman *Der verlorene Sohn oder Der Fürst des Elends.* Als erste Bühne nimmt das Theater der Freundschaft in Berlin ein Stück nach *Winnetou I* in sein Programm auf, die Freilichtbühnen Rathen, Jonsdorf u. a. folgen. Dem Indianermuseum in Radebeul wird der ursprüngliche Name Karl-May-Museum zurückgegeben und die in Hölderlinstraße umbenante Karl-May-Straße erhält teilweise wieder ihre frühere Bezeichnung. Auch die Villa »Shatterhand« in Radebeul wird renoviert und als Ausstellungsstätte der Öffentlichkeit zugänglich gemacht. Ähnlich verfährt man in Hohenstein-Ernstthal, wo Mays Geburtshaus restauriert und zur Gedenkstätte ausgestaltet wird. Die Medien äußern sich durchweg positiv zu May, allen voran das SED-Organ »Neues Deutschland« und das FDJ-Organ »Junge Welt«. Wichtige Karl-May-Forscher wie Christian Heermann, Klaus Hoffmann, Hainer Plaul und Hans-Dieter Steinmetz treten mit zum Teil umfangreichen Publikationen hervor.

Diese Rehabilitierung erfolgte im Zuge der sogenannten Aufarbeitung und Pflege des kulturellen Erbes, die von Luther über Friedrich II. und Bismarck bis zu May reicht. Er wird heute in der DDR als Pazifist und Humanist proletarischer Herkunft angesehen, der sich gegen Nationalismus und Rassismus sowie für Frieden und Völkerverständigung ausgesprochen hat. Diesen schwierigen ideologischen Prozeß hat Kurt Hager, Mitglied des Politbüros der SED, dialektisch geschickt so formuliert: »Wenn wir alle progressiven Traditionen in ihrer ganzen Breite und Differenziertheit der gesamten deutschen Geschichte als uns gehörig betrachten, dann gehört dazu auch die Fähigkeit, Kompliziertheiten, widerspruchsvolle Erscheinungen und Persönlichkeiten der Geschichte gründlich allseitig zu analysieren und zu schildern – objektiv, nach den Maßstäben ihrer Zeit, frei von jeder Beschönigung, aber auch von jeder Einseitigkeit« (Zitiert nach: »Karl-May-Stätten in Hohenstein-Ernstthal«, Hohenstein-Ernstthal o. J.).

Erwin Müller

D. *Übersetzungen*

Einem noch heute verbreiteten Vorurteil zuwider ist Mays Wirkung nicht auf das deutsche Sprachgebiet beschränkt. May ist angeblich in 39 Sprachen übersetzt worden (M-KMG 41/1979, S. 2; vgl. auch E. Kainz: Problem der Massenwirkung Karl Mays. Diss. Wien 1949, S. 103–115 und Wächtler: Die Reiseerzählungen in fremden Sprachen. In: 25 Jahre Schaffen am Werke Karl Mays. Radebeul 1938, erneuert in: 50 Jahre KMV. Bamberg 1963). Wenigstens in Holland, der Tschechoslowakei und in Ungarn gehören seine Werke zum Kanon der Jugendliteratur. In anderen Ländern ist er weit verbreitet (Jugoslawien) oder weit verbreitet gewesen (Schweden). In westeuropäischen Ländern mit eigener großer literarischer Tradition besetzt er nur eine Randposition oder ist ganz unbekannt. In den USA ist er bis heute nahezu unbekannt geblieben.

Besonders verbreitet sind Mays Bücher im holländisch-flämischen Sprachbereich, in dem rund 55 Verlage Übersetzungen veröffentlicht haben und dem auch die einzige May-Biographie in einer Fremdsprache angehört (F. C. de Rooy: Old Shatterhand, Tilburg 1955). Schon 1890 erschien die erste holländische Übersetzung (Bd. 8 GW, Teil 1), und bis 1936 waren rund 50 Titel erschienen. Der Verlag Becht (Amsterdam) gibt seit 1907 die Bände 1–6, 14–15 und 20–22 der GW und die »Union«-Bände heraus. Der Verlag Schoonderbeek (Laren) veröffentlichte mit rund 40 Bänden die in der Vorkriegszeit umfangreichste Reihe von »Reisavonturen«, die u. a. auch das *Waldröschen* (Bde. 51–55 GW) und die *Liebe des Ulanen* (Bde. 56–59 GW) enthielten. Nach dem Kriege veröffentlichte der Verlag Het Spektrum (Utrecht) ab 1958 eine zuerst von F. C. de Rooy herausgegebene etwa fünfzigbändige Serie von bearbeiteten May-Übersetzungen. Sie gilt neben der achtbändigen Serie des Skarabee-Verlages (Laren), die von 1970 bis 1971 erschien, als die am besten übersetzte Ausgabe.

In Dänemark ist May weniger bekannt. Von 1902 bis 1930 sind dort neun Bände erschienen, während der deutschen Besetzung acht Bände und 1962 noch einmal sechs Titel. Mitte der siebziger Jahre und Anfang der achtziger Jahre erschienen Heftausgaben.

In Norwegen sind nur 1938 und 1944 Übersetzungen herausgekommen. In Schweden datiert die erste Übersetzung,

Der Sohn des Bärenjägers, von 1924. Bis Anfang der siebziger Jahre sind rund 60 in der Regel stark gekürzte Ausgaben nachweisbar (unter Einschluß von Neuauflagen). Seit Anfang der siebziger Jahre konnten nur zwei Neuerscheinungen ermittelt werden. In finnischer Sprache schließlich sind (nach einer in finnischer Sprache in den USA 1898 erschienenen Ausgabe des Bd. 36 GW) ab 1912 etwa 22 Bände herausgegeben worden (J. Karonen, Karl May in Finnland. In: M-KMG 31/1977. S. 23–25).

In einigen slawischen Ländern, die zumal in der Vorkriegszeit stark unter deutschem kulturellen Einfluß standen, liegen eine Fülle von Übersetzungen vor. In Polen ist der Verlagsvertrag noch mit May selbst abgeschlossen worden. Zu den Übersetzungen von 29 Bänden Mays in der Vorkriegszeit zählen unter anderem die Bände 7–9, 14–15, 36 GW, aber auch das *Waldröschen* (Bde. 51–55 GW). In der Nachkriegszeit sind schon ab 1947 wieder May-Ausgaben auf dem Markt und zwar GWB 36 als Lieferungsroman. Bis zum Anfang der siebziger Jahre sind in mehreren Auflagen drei Romane (Bde. 7–9, 13, 14, 15 GW) in offenbar ungekürzten Übersetzungen erschienen (H. Plaul, Polnische May-Ausgaben nach 1945 In: M-KMG 16/1973, S. 25–26).

»Kein Volk außer dem deutschen hat den Dichter so geliebt wie die Tschechen« (H. Hatzig, zitiert in: M-KMG 25/1975. S. 24). In dem höchst angesehenen Verlag Vilimek, Prag, erschienen ab 1890 insgesamt 26 sehr gut ausgestattete, ungekürzte Bände, darunter die Bände 1–9 GW und ungewöhnlicherweise auch die Bände 26–29 GW (M. Hecker – H. D. Steinmetz: Die tschechischen Karl-May-Ausgaben. In: M-KMG 22–27 / 1974–75). In einem anderen Verlag erschienen die Kolportageromane *Der verlorene Sohn* (Bde. 64, 65, 74 GWB), *Deutsche Herzen, Deutsche Helden* (Bde. 60–63 GW) und *Die Liebe des Ulanen* (Bde. 56–59 GW). Ab 1930 (nach einem Vorläufer 1922) veröffentlichte der Verlag Toužimský und Moravec 60 Bände, die ebenfalls gut aufgemacht waren und größtenteils Illustrationen von Zdenék Burian enthielten. Nach dem Krieg kamen ab 1958 im Albatros-Verlag bis Mitte der siebziger Jahre rund 17 Bände und im Olympia-Verlag etwa acht Bände (darunter die Bde. 1–6 GW) heraus.

In Bulgarien sind, nach einem Vorläufer von 1918, von 1933 bis 1944 28 Ausgaben publiziert worden, meist schmale Broschüren von 100 bis 200 Seiten, die überwiegend aus dem

Französischen übersetzt worden waren. Von 1945–1947 erschienen weitere 13 Titel, wiederum stark gekürzt. Seit 1967 hat der Germanist W. Radkow vier Bände mit einzelnen Erzählungen Mays veröffentlicht und 1981 die Bände 7 und 8 sowie die Bände 36 und 35 folgen lassen (W. Radkow, Karl-May-Ausgaben in Bulgarien. In: M-KMG 17/1973. S. 25–27; M. Hecker: Winnetou in Bulgarien: In: M-KMG 53/1982. S. 32–34).

Rumänien verzeichnet seit 1922 May-Übersetzungen. Sie erschienen vor allem in den dreißiger Jahren und während des Krieges (insgesamt 24 Bände). Nach zwei Ausgaben 1945 und 1947 wurden ab 1967 wieder Übersetzungen veröffentlicht. Am meisten verlegter Titel ist *Winnetou,* der in vier Ausgaben und drei verschiedenen Übersetzungen nach dem Kriege herauskam. Ein Teil der Nachkriegsausgaben ist mit sorgfältigen Nachworten versehen (K. P. Heuer: Karl May in Rumänien. In: S-KMG 21).

Ungarn zählt neben der Tschechoslowakei zu den osteuropäischen Ländern, die May am stärksten verbunden sind. Seit 1896 sind bis 1978 114 Ausgaben in 138 Bänden erschienen und zwar fast ausschließlich die Wildwesterzählungen (H. D. Steinmetz: Die ungarischen Karl-May-Ausgaben. In: M-KMG 33–38/1977–78). Der erste ungarische Übersetzer, L. Szekrényi (vgl. H. D. Steinmetz, »Ein schöner, geistreicher Magyar«. In: M-KMG 33/1977 S. 9–12) kannte noch May selbst und übersetzte neun Bände. Als ausgezeichnet gelten die Ausgaben im Athenaeum-Verlag Budapest; der Verlag publizierte die erste Übersetzung 1896 und veröffentlichte von 1906 bis 1946 einschließlich Neuauflagen 38 Titel, teilweise in ungekürzten Ausgaben. Nach einer politisch motivierten Unterbrechung erschien 1964 dann die nächste May-Ausgabe (GW 36), mit der offensichtlich einem Nachholbedürfnis entsprochen wurde. Es wurden in zwei Auflagen 1964 und 1965 zusammen 166000 Exemplare gedruckt. In der Vorrede wird festgestellt (M-KMG 37/1978, S. 37), »daß Generationen mit Karl Mays Romanen aufgewachsen sind«. Bis 1976 folgte fast jedes Jahr eine neue Ausgabe, zumeist im Jugendbuchverlag, und auch anschließend sind viele weitere Ausgaben erschienen.

Die erste Ausgabe Mays in einer Sprache des heutigen Jugoslawien ist noch vor dem Ersten Weltkrieg im heutigen Zagreb in kroatisch auf den Markt gekommen. Es handelte sich um eine Übersetzung der Bände 7 und 9 GW. In den zwanziger und dreißiger Jahren sind in slowenischer Sprache 20 Bände sowie in kroatischer Sprache etwa 19 Bände publiziert worden (E. Kainz, S. 111–112). Nach dem Zweiten Weltkrieg kamen bis Ende der vierziger Jahre fast 50 Ausgaben heraus, teilweise freilich nur als schmale Broschüren. In den siebziger Jahren hat sich dann der Erscheinungsrhythmus verlangsamt.

Aus Rußland sind nur zwei Übersetzungen, *Im fernen Westen* und *Abenteuer in Tunis / An den Ufern des Nils* bekannt, die 1891 und 1892 als Separatbeilage der Zeitschrift Wokrug Sweta erschienen sind.

Ebenso unterschiedliche Akzente ergeben sich beim Blick auf Westeuropa. In Italien sind, nach Vorläufern aus den Jahren 1905 und 1913 (*Die Gum* und Teile von GW 2) in den dreißiger Jahren drei Titel, in den fünfziger Jahren zwei Titel und in den sechziger Jahren fünf Titel erschienen. Ab 1972 versuchten die Edizioni Paoline erneut, May in Italien heimisch zu machen. Unter den 21 Ausgaben der Edizioni Paoline befanden sich sogar die Bände 45 und 46 GW (K. P. Heuer: Karl May in Italien. S-KMG 30; K. P. Heuer: Schon wieder: Karl May in Italien. M-KMG 67/1986). Heute sind in Italien nur vier May-Titel lieferbar; der Absatz ist offenbar mäßig gewesen. Das wundert im Lande Salgaris, der seinerseits in Deutschland nie heimisch geworden ist, nicht.

Auch in Frankreich mußte sich May gegen eine im 19. Jahrhundert außerordentlich reiche exotische und abenteuerliche Literatur versuchen durchzusetzen. Die erste Übersetzung Mays überhaupt als Buchveröffentlichung erschien 1884 (»La vengeance du farmer«), nachdem bereits 1881 in der Tageszeitung »Le Monde« ein Zeitungsabdruck begonnen hatte. Der katholische Verlag Mame in Tours brachte ab 1884 Übersetzungen der Bände 1 bis 3 der GW sowie einige Erzählungen wie *Die Gum, Der Ehri* oder *Kapitän Kaiman* in hübschen und reizvoll illustrierten Ausgaben heraus. Die Ausgaben erschienen, wenn auch zum Schluß in häßlicher Aufmachung, bis Mitte der fünfziger Jahre (U. v. Thüna: Karl May Übersetzungen in Frankreich: In: M-KMG 28–30/1976). Seit den dreißiger Jahren veröffentlichte daneben der Verlag Flammarion, Paris, einige Erzählungen wie *Winnetou* oder *Die Sklavenkarawane*. Heute sind zwölf Titel lieferbar, darunter *Winnetou, Old Surehand* und *Der Schatz im Silbersee*.

Im spanischen Bereich ist die erste Übersetzung 1915 im Verlag Gustavo Gili, Barcelona, erschienen. Es handelte sich um die Bände 1 bis 6 GW. Ab 1941 folgten im Verlag Molino, Barcelona, rund 17 schmalere Bände. In den vierziger Jahren druckte der Verlag Horizontes, Valencia, eine Reihe von Broschüren und noch heute sind rund 50 Ausgaben der Verlage Bruguera, Favenzia und Dalmau Socias, teilweise mit Mehrfachausgaben einunddesselben Titels, bei mehreren Verlagen lieferbar. In portugiesischer Sprache erschienen im Verlag Globo, Porto Allegre, von 1932 bis 1938 21 Bände und Mitte der fünfziger Jahre nochmals im selben Verlag Übersetzungen von zehn Bänden Karl Mays. Diese Reihe wurde 1982 und 1983 wieder aufgelegt.

Auch in hebräischer Sprache sind eine Fülle von Titeln erschienen, die von *Winnetou* bis zu *Ardistan und Dschinnistan* und sogar der Biographie *Mein Leben und Streben* reichen (A. Schneider: Karl May in Israel. In: M-KMG 64/1985. S. 27). Selbst japanische Übersetzungen (Bde. 1, 2, 7, 8, 36 GW) sind lieferbar.

In England ist wohl nur einmal (1937) eine Erzählung Mays übersetzt worden und auch in den USA ist er praktisch unbekannt geblieben. Um die Jahrhundertwende erschienen in den USA drei Bände einer Bearbeitung von Bd. 7–9 und Bd. 16–18 und zwar unter dem Namen der Bearbeiterin M. A. Taggart. Die Seabury Press kündigte 1977 die Herausgabe einer Ausgabe der Gesammelten Werke in drei Serien an. Es erschienen in fünf Bänden eine Übersetzung der Bände 1–6 GW, sowie in je einem Doppelband eine Übersetzung von Band 7–9 und Band 31–32; sie sind teilweise stark gekürzt. Alle Bände sind heute noch lieferbar (im Gegensatz zu drei Taschenbüchern beim Bantam-Verlag, die vergriffen sind), die Reihe ist jedoch nicht fortgesetzt worden (vgl. E. Heinemann: Amerika entdeckt Karl May. In: Inform, Beilage zu M-KMG 38/1978; H. Dinkelacker: Karl May in Amerika. In: Magazin f. Abenteuer-, Reise- und Unterhaltungsliteratur 52/1986).

Ulrich von Thüna

E. Dramatisierungen

Ursprünglich wollte Karl May seinen Helden Winnetou auch auf die Bühne bringen (vgl. *Freuden und Leiden eines Vielgelesenen*. In: DH, 23. Jg. S. 21). Neben einem Singspiel unter dem Titel *Die Pantoffelmühle, Originalposse mit Gesang und Tanz,* von dem allerdings nur Text- und Kompositionsfragmente erhalten sind (vgl. M. Finke: Karl May und die Musik. In: KMJb 1925, S. 58 f.), schrieb May zehn Jahre später seine »Arabische Fantasia« *Babel und Bibel* (Freiburg i. Br. 1906; GW 49), die aber weder zu seinen Lebzeiten noch später aufgeführt worden ist.

1919 brachte das Deutsche Theater München nach einem Buch von Hermann Dimmler *Winnetou* heraus (Regie: Alfred Lommatzsch, Darsteller: Maximilian Herbst, Adolf Hille). Die Aufführung gelangte, wie ein zeitgenössischer Rezensent feststellte, »immerhin über die Klippen der blutigen Skalpgeschichten hinaus« (Neues Münchner Tagblatt 12. 11. 1919). 1928 spielte das Renaissance-Theater Wien das Stück nach (R: Ludwig Körner). 1929 folgte die erste Berliner Aufführung in Viktor Barnowskys Theater an der Königgrätzer Straße: *Winnetou, der rote Gentleman* (B: Dimmler, Körner, R: Körner). Hans Otto spielte den Winnetou, Ludwig Körner Shatterhand, Felix Bressart u. Julius E. Herrmann Sam u. Dick, Hans Behal Santer, Fanny Schreck Tante Emma (= Ebersbach), Franz Klebusch Tangua. C. Zuckmayer schrieb damals in der Vossischen Zeitung (6. 12. 29): »Winnetou war wirklich schön und edel (...) Mir schwebte er ein klein wenig männlicher, härter vor, aber er hatte das Geheimnisvolle, Beschattete, worauf es am meisten ankommt«, und A. G. Kuckhoff bemerkte: »(...) dieses ›Für-Vollnehmen‹, das so oft den von Berufsschauspielern für die Jugend veranstalteten Aufführungen fehlt (...), dieses Ernstnehmen spürte auch die Jugend im Zuschauerraum, wenn er für sie, ja nur für sie spielte (...), sei es als Winnetou im Karl May, sei es in klassischen Rollen« (Hans Otto, Gedenkbuch. Berlin 1948. S. 82). 1931 spielte das Dresdner Albert-Theater *Winnetou,* wovon heute nur noch einige Fotos zeugen (KMJb 1931, S. 304, 352). Danach dauerte es lange, bis das Stück wieder erschien: 1938 an der Berliner Volksbühne (R: Körner): diesmal spielte Will Quadflieg den Winnetou, E. W. Borchert den Old Shatterhand (vgl. W. Quadflieg: Wir spielen immer. Frankfurt a. M. S. 77).

Dimmler (Textbuch Radebeul 1928) und Körner (Textbuch Berlin 1930) verwendeten für ihre Stücke die Handlung von *Winnetou I* mit einigen Passagen aus anderen Büchern Mays. Körner hält sich weitgehend an Mays Sprache und bemüht sich um Schillersche Dimensionen, allein Klekihpetra hat er einen Monolog von zwei Druckseiten zugeteilt. 1938 kam Dimmler-Körners *Winnetou* in der Bearbeitung des Dresdner Lyrikers Martin Raschke auch auf der Felsenbühne in Rathen heraus (R: W. Heidrich), D: Herbert Dirmoser (Winnetou), Fritz Klippel (Old Shatterhand), Willy Gade (Sam). 1939 wurde die Aufführung in fast gleicher Besetzung wiederholt (Shatterhand Hans Kettler). Im gleichen Jahr war das Stück auch in Warmsdorf (Waldoper am Tollenstein) gespielt worden (R: Harry Payer, Jack Mylong-Münz), 1939 dann in Wien (Freilichtbühne am Prater). Rathen brachte 1940 eine Dramatisierung vom *Schatz im Silbersee* (B: A. Steinmann, R: Josef Firmans). Im gleichen Jahr wartete die Freilichtbühne Werder/Havel (R: Kettler) mit *Winnetou* in prominenter Besetzung auf: Curt Max Richter (Winnetou), Herbert A. E. Böhme (Old Shatterhand), Ursula Grabley (Nschotschi), Willy Gade (Sam), Hans Adalbert von Schlettow (Santer), Olaf Bach (Intschu-tschuna). Das Stadttheater Steyr (Österreich) brachte 1941 »Old Shatterhand und Winnetou« nach einem Buch von R. G. Garding. Dimmler-Körners *Winnetou* ist noch an folgenden Orten nachweisbar: 1938 Stadttheater Hildesheim, 1939 Stadttheater Halberstadt, Volkstheater München, Landestheater Beuthen, 1940 Stadttheater Halle.

Nach Kriegsende 1945 begann man zunächst nur in Österreich mit der Aufführung von Stücken nach Mays Büchern: 1946 am neuen Schauspielhaus in Wien, 1947 am Raimund-Theater in Wien und am Stadttheater in Urfahr bei Linz mit »Old Shatterhand und Winnetou am Silbersee« (B: Lilly Stepanek, Harry Just). Körners *Winnetou* tauchte 1952 im Theater am Besenbinderhof in Hamburg wieder auf (R: Werner Hoffmann, D: H.-J. Stumpf, H.-J. Kilburger). Gespielt wurde es auch 1947 in Wolfenbüttel und Hannover, 1950 von der Bühne der Jugend Berlin, dann im Stadttheater Bremerhaven, in Kassel, Stuttgart, Neuwied und Wiesbaden, 1951 in Mönchengladbach, 1952 in Karlsruhe und Mainz. 1964 brachten die Kammerspiele Berlin *Unter Geiern* heraus (R: Ursula Zajonc, D: Joachim Kemmer, Nicolas Brieger). Die »Tournee Mondon« reiste 1977/78 mit *Winnetou* (R: Peter

Thompson, D: Klaus-Hagen Latwesen, Rudolf R. Herget) und ließ 1980 *Der Schut* folgen. Zwiespältiges Presse-Echo erfuhren zwei May-»Revuen« im Stile von Zadeks/Falladas »Kleiner Mann, was nun?«: 1977 in Hannover (Schauspielhaus am Ballhof) *Das Waldröschen* (B: Götz Loepelmann, Astrid Fischer-Windorf, R: Leopelmann) und 1985 in Mönchengladbach (Schauspielhaus) *Schloß Rodriganda* (B: Fischer-Windorf, Loepelmann, Wolfgang Trevisany, Gerhard Weber, R: Weber). Der »Mannheimer Morgen« (27. 10. 1977) bezeichnete das *Waldröschen* als »eine optisch-akustische Kulisse aus Kitsch und Jux«, während *Rodriganda* mit »Der verjuxte Edelmensch« (Rheinpfalz 27. 11. 85) betitelt wurde. Textbücher erschienen in Hildesheim – New York 1977 und Krefeld 1985.

1984 machte sich die Karl-May-Renaissance auch mit Dramatisierungen in der DDR bemerkbar. In Berlin (Theater der Freundschaft) wurde aufgeführt: »Ihr seid ein Greenhorn, Sir!« (B: Helmut Baierl nach *Winnetou,* R: Frieder Kranz), und nach 43 Jahren kam Karl May auch wieder mit *Der Schatz im Silbersee* auf die Felsenbühne Rathen (B: Helmut Menschel, R: Mathis Schrader, D: Jürgen Haase, Herbert Graedtke); 1985 und 1986 wurde die Aufführung wiederholt. Andere Freilichtbühnen spielten Stücke nach Mays Werken schon länger. 1949 wurde in München »Winnetou und sein weißer Bruder« gegeben (B: Werner J. A. Holzhey, R: Luis H. Werner) und im gleichen Jahr eröffnete die Naturbühne Blauer See, Ratingen, mit »Old Shatterhand«. Es folgten *Winnetou* (1950, 1951), *Silbersee* (1962) und *Ölprinz* (1963), nach Texten von Körner, Roland Schmid, Wulf Leisner (R: Hannes Keppler).

Seit 1952 ist das bekannte Freilichttheater Bad Segeberg in Schleswig-Holstein tätig: *Winnetou* (1952, 1953, 1957, 1971, 1976, 1978, 1982), *Silbersee* (1954, 1958, 1964, 1981), *Hadschi Halef Omar* (nach *Durch die Wüste, Merhameh, Allah il Allah,* 1955, 1959), *Balkan* (1956, 1960, 1968, 1972), *Ölprinz* (1961, 1970, 1985), *Bärenjäger* (1962, 1967), *Wüste* (1963), *Surehand* (1965, 1975, 1983), *Winnetou II* (1966, 1976), *Felsenburg* (1969), *Geist* (1973), *Inka* (1974), *Mustang* (1977), *Kurdistan* (1978), *Firehand* (1979), *Tal des Todes* (1980), *Unter Geiern* (1984), *Halbblut* (1986). Die Bücher schrieben Körner, Schmid, Leisner, Jochen Bludau, Toni Graschberger, Harry Walther (auch Darsteller des Shatterhand), Regie führten: Robert Ludwig, Leisner, Walther, Graschberger, Latwesen (auch Winnetou-Darsteller). Der populärste Winnetou (von 1961–70) war

Heinz Ingo Hilgers. Gastspiele des Ensembles gab es in Lüneburg (Kalkberggrund 1978).

1952 und 1964 brachte die Freilichtbühne Cuxhaven *Winnetou,* 1965 *Silbersee* (B: Körner, Schmid, R: Graschberger, Bruno Thost): 1953 folgte Bentheim mit *Winnetou* (R: Hein Heuer), 1960 mit *Silbersee* (R: Gillis van Rappard).

Die Naturbühne Elspe (Leitung: Jochen Bludau) begann 1958: *Winnetou* (1958, 1967, 1978, 1984), *Silbersee* (1959, 1968, 1973, 1977, 1982), *Balkan* (1960, 1969), *Hadschi Halef Omar* (1964), *Ölprinz* (1965, 1971, 1976, 1983), *Surehand* (1966), *Tal des Todes* (1970, 1975, 1981), *Geist* (1972), *Halbblut* (1974), *Winnetou II* (1979, 1985), *Winnetou III* (1980, 1986). Gastspiele folgten in Ratingen (1974–78) und Wien (Stadthalle 1979). Die Bücher für die Stücke stammten von Körner, Schmid, Leisner, Bludau (der auch den Shatterhand spielte), Regie führten: Heinz Plankemann, Karl Streck, Karl-Heinz Walther, in einem Fall sogar der Filmregisseur Harald Reinl. Seit 1976 tritt dort der bekannte französische Darsteller Pierre Brice als Winnetou auf. Während in Bad Segeberg Schauspieler von verschiedenen Bühnen zusammenkommen, arbeitet in Elspe ein festes Laienensemble, nur die Regisseure – und Pierre Brice – holte man sich von Theater und Film.

Auf der Freilichtbühne Rehberge/Berlin wurden 1963 und 1964 *Winnetou* und *Surehand* aufgeführt (B u. R: Joachim Mock). In der Deutschlandhalle/Berlin folgten 1966 und 1968 *Winnetou* und *Silbersee* (B: Körner, Schmid, R: Wolfgang Schleif, D: Gustavo Rojo, Bruce Low). Die Waldbühne Homburg/Saar brachte 1966 *Mustang,* 1967 im Rahmen von Karl-May-Jugendfestspielen »Der Kampf um die Bonanza«, 1968 *Silbersee,* 1969 *Inka,* 1971 *Ölprinz* (B u. R: Heinz Stolpe). Karl-May-Festspiele gab es 1971 in Mülheim/Ruhr auf der Freilichtbühne Dimbeck: »Old Shatterhand und Winnetou – Das Geheimnis der Bonanza«, nach *Winnetou I* mit Firehand- und Sans-ear-Episoden (B u. R: Leisner, D: H. I. Hilgers, Manfred Petersen). Auf der Freilichtbühne Porta Westfalica, Barkhausen, wurde 1973 *Winnetou* gegeben (B u. R: Herbert vom Hau), in Wattenscheid 1976 *Silbersee* (R: Kay Kovac, D: von der Komödie Herne). In der Stadthalle Wien erschien 1975 *Winnetou* (B: Körner, R: Schleif, D: Reza Khan, Bruce Low) und 1980 »Winnetou, der Apache« mit Pierre Brice als Winnetou nach einem Buch von J. C. Deret und Pierre Brice (R: Karl Heinz Walther).

Zuerst in den 30er, dann in den 60er Jahren erschienen die

populärsten Titel der Werke Mays wie *Winnetou, Old Surehand, Der Schatz im Silbersee* auch mehr oder weniger gekürzt und zumeist stark bearbeitet als Hörspiele. 1978 gab es das zweiteilige Hörspiel *Die Sklaven der Arbeit* (BR) von Bernhard Lau und Walter Adler, 1985 in 47 halbstündlichen Folgen *Deutsche Herzen, Deutsche Helden* (HR), eine Bearbeitung der orientalischen Episoden von Rainer Lewandowski, im gleichen Jahr in mehr als hundert Fünfminutenfolgen *Schloß Wildauen* (SW 1) von Christian Wallner. Auch die Schallplattenindustrie nahm sich seit Anfang der 60er Jahre der populärsten May-Titel an.

Hansotto Hatzig

F. Verfilmungen

Die Mehrzahl der May-Filme, die teilweise eine große Popularität erlangten, hat mit Mays Romanen wenig zu tun und geht nicht auf deren Welt ein. Mays exotische Abenteuer sind in der Regel zugleich extrem stilisiert, sie enthalten Bruchstücke, Versprechen und Ausführungen realisierter Tagträume und Utopien, auf deren Komplexität sich die Filmindustrie durch eine adäquate Stoffumsetzung schon aus kommerziellen Gründen nicht einlassen konnte. So zeigen die meisten der May-Verfilmungen eine nochmals ins Platte und Ebenmäßige stilisierte, durchweg vereinfachte und grundsätzlich verkitschte Welt, filmhistorisch den nur in Ansätzen gelungenen Versuch repräsentierend, von Hollywood losgelöst, einen europäischen Western zu etablieren, der den soziokulturellen Erwartungen einer aufstrebenden Nachkriegsgeneration entgegenkam (vgl. Karl May im Film. Eine Bilddokumentation. Hg. von Chr. Unucka. Dachau 1980). Vor diesem Hintergrund beschränkt sich der vorliegende Artikel weitgehend auf eine kurze, kommentierte chronologische Auflistung der Filme, die künstlerisch oft noch nicht einmal Mittelmaß erlangten.

Marie Luise Droop (1890–1959), die als junges Mädchen noch in Karl Mays Haus verkehrte, wurde Mitbegründerin der Ustad-Film, Berlin, die von sechs geplanten May-Filmen im Jahre 1920 drei realisierte: »Auf den Trümmern des Paradieses« (nach dem Kapitel »Der Überfall« in *Von Bagdad nach Stambul*), »Die Todeskarawane« (nach dem gleichnamigen Romankapitel) und »Bei den Teufelsanbetern« (auch »Die Teufelsanbeter«, nach *Durch die Wüste / Durchs wilde Kurdistan*). Regie führte Joseph Stein, die Bücher schrieb M. L. Droop, bei der »Todeskarawane« nach einem Manuskript von E. Baron; die Bauten schuf G. Knauer, der 16 Jahre später auch den Tonfilm *Durch die Wüste* ausstattete. Der erste May-Film hatte eine Vorhandlung, die zur Zeit Mohammeds spielte, wo Marah Durimeh (Anna von Pahlen) auftrat. Kara Ben Nemsi und Hadschi Halef Omar wurden von Carl de Vogt und Meinhart Maur dargestellt, Hassan Ardschir, Dschanah und Benda von Gustav Kirchberg, Dora Gerson und Clairy Lotto, Dozorca (hier: Tschaschefsky) und Kepek von Arthur Kraußneck und Karl Huszar, der Pascha von Mossul durch Bela Lugosi.

Die Karl-May-Stummfilme sind heute verschollen; die alten Filmprogramme lassen erahnen, daß es sich durchaus um adäquate Verfilmungen gehandelt haben könnte. Briefe der Droop an die Witwe Klara May lassen aber auch erkennen, daß sie nicht mit allem einverstanden war, was die Ustad-Gesellschaft machte, die bereits 1921 wieder liquidiert wurde (vgl. R. W. Kipp: Die Lu-Droop-Story. In: M-KMG/37 und 38/1978).

Als bislang werkgetreuester Karl-May-Film muß der Tonfilm *Durch die Wüste* aus dem Jahre 1936 bezeichnet werden, dessen Außenaufnahmen in Ägypten stattfanden (Buch: Carl Junghans, Regie: J. A. Hübler-Kahla, Darsteller: Kara Ben Nemsi / Fred Raupach, Halef / Heinz Evelt, Abu Seif / Erich Haußmann, Hanneh / Gretl Wawra, Senitza / Katharina Berger, Malek / Aruth Wartan; in Nebenrollen: Herbert Gernot als Diener, Franz Klebusch als Händler und Berthold Reißig als Räuber). Junghans hatte sehr geschickt die Senitza- mit der Hanneh-Episode verknüpft (Amschah = Senitza, Abrahim Mamur = Abu Seif), sonst aber nichts hinzugefügt. Doch die damaligen »Kulturbetrachter« waren mit dem Film nicht einverstanden und kritisierten insbesondere Raupach, der dem jungen May recht ähnlich sah. May habe schon gewußt, warum er den Charakter dieser Figur »übertrieb«, meinte der »Hakenkreuzbanner« (Mannheim) 1936 und fügte hinzu: »Raupach unterließ dies. Er übertrieb eher die Bescheidenheit des Helden...« Dem »Ersten Abenteuer«, wie es im Programmheft hieß, folgte kein weiteres. Der Autor scheiterte an einem Fallada-Film und emigrierte; Regisseur, Kamerateam (Muschner / Rischke), Komponist (Gottfried Huppertz) und künstlerischer Leiter (H. Beck-Gaden) wurden im Film des Dritten Reiches nicht mehr beschäftigt.

Zwei Jahrzehnte mußten vergehen, bis unter keineswegs glücklichen Umständen wieder zwei May-Filme entstanden, deutsch-spanische Koproduktionen, die genauso mayfremd wie die spanischen Comics sind: *Die Sklavenkarawane* (mit Motiven aus *Durch die Wüste*) 1958 (B. u. R: G. Marischka nach Manuskript von K. Heuser; D: Kara Ben Nemsi / Viktor Staal, Halef / Georg Thomalla, Lindsay / Theo Lingen, Pfotenhauer / Fernando Sancho, Senitza / Mara Cruz, Murad Ibrahim / Rafael Luis Calvo, Abu el Mot / José Guardiola, Mudir / Antonio Casas) und 1959 »Der Löwe von Babylon« nach *Bei den Trümmern von Babylon* (B: J. Kai, R: R. Torrado u. J. Kai; D: Kara Ben Nemsi / Helmuth Schneider, Thomalla, Lingen und Sancho in den obengenannten Rollen sowie Säfir / R. L. Calvo, Pädär / Barta Barry, Osman Pascha / Francisco Montalvo, Dozorca / A. Casas u. Bimbaschi / Angel Alvararz).

1962 begann dann die große Karl-May-Spielfilmwelle, eine der größten Serienfolge der deutschen Filmgeschichte überhaupt. Der Berliner Produzent Horst Wendlandt hatte eine glückliche Hand in der Wahl des Winnetou-Darstellers Pierre Brice; Filme, in denen er agierte, bewahrten auch bei stark abweichenden Textbüchern noch einen Hauch von Karl Mays Romanen. Auch die weiteren Heldendarsteller, denen man von Film zu Film wieder begegnet, wie Lex Barker (Shatterhand) und Ralf Wolter (Hawkens) sowie die herbe jugoslawische Landschaft und die bald bekannte, sentimental eingängige Filmmusik von Martin Böttcher trugen viel zur Wirkung bei. Die deutsch-jugoslawisch-französisch-italienischen Gemeinschaftsproduktionen fanden selbst im Ausland Anerkennung. Das Heldenduo nebst Wolter spielte in den folgenden Filmen unter der Regie von Harald Reinl (B: H. G. Petersson): *Der Schatz im Silbersee* – der erste kontinentale Western der Nachkriegszeit, der nicht den amerikanischen imitierte – (1962; weitere D: Fred / Götz George, Ellen / Karin Dor, Vater / Jan Sid, Mrs. Buttler / Marianne Hoppe, Brinkley / Herbert Lom, Castlepool / Eddi Arent, Gunstick Uncle / Mirko Boman); *Winnetou* 1. Teil, Höhepunkt der gesamten Welle und erfolgreichster Film in Deutschland 1963/64, mit Marie Versini als Nscho-tschi, Mavid Popović als Intschu-tschuna, Mario Adorf als Santer, Hrvoje Svob als Klekih-petra, Tomislav Erac als Tangua und Branco Spoljar als Bancroft. Während diese beiden Filme sich noch weitgehend an Mays Bücher hielten, folgten nun bereits mannigfache Abweichungen, so in *Winnetou* 2. Teil von 1964 mit Karin Dor als Ribanna und Anthony Steel als Forster, wo auch Ribannas Vater auftrat und an Stelle von Old Firehand ein »Leutnant Merril« erschien (Mario Girotti, der später als Terence Hill berühmt wurde); einer der Schurken war Klaus Kinski. Bei *Winnetou* 3. Teil (1965) gab es mit Ausnahme des Heldenpaares und des Schurken Rollins (Rik Battaglia) keine von Mays Romanen hergeleitete Figur mehr, und der darauffolgende, bereits achte Film der Wendlandt-Reihe, »Winnetou und das Halbblut Apanatschi« mit Uschi Glas als Apanatschi unter der Regie von H. Philipp nach dem Buch von F. Denger war frei erfunden und ein recht lustlos abgefilmtes Serienanhängsel.

Zuvor entstanden drei Filme mit einem anderen »Kleeblatt«: Pierre Brice (Winnetou) mit Stewart Granger (Old Surehand) und Paddy Fox (Old Wabble), beide gut, obwohl weder Granger ein Surehand, noch Fox ein Wabble war: *Unter Geiern* (1964, B: E. Keindorff, J. Sibelius; R: A. Vohrer; weitere D: Martin / Götz George, Baumann / Walter Barnes, Burton-Weller / Mihail Baloh, Wohkadeh / Gojko Mitić), *Der Ölprinz* (1965, B: F. Denger, R: Philipp, D: Ölprinz / H. Leipnitz, Ebersbach / Antje Weißgerber, Hampel / Heinz Erhardt, Bankier / V. Leib, Buttler / Dusan Janiĉijević, Mokaschi / Mavid Popović) und *Old Surehand,* 1. Teil, ein Film, der ebenfalls 1965 entstand (B: Denger, Keindorff, Sibelius; R: Vohrer); mit Ausnahme eines »Generals«, der aber mit Mays Figur wenig zu tun hatte, und Maki Moteh (Dusan Antonijević) war im Film nichts von May zu finden; ein 2. Teil wurde nie gedreht. Die letzte Produktion Wendlandts, für einen US-Verleih gedreht, »Winnetou und sein Freund Old Firehand« (1966) stellt erst recht eine von den Autoren D. de Reske, B. Taylor und Petersson frei erfundene Geschichte (R: Vohrer) dar. Neben Pierre Brice als Winnetou ist Marie Versini als Nscho-tschi wieder dabei und eine plumpe Firehand-Figur (Rod Cameron), die eher einem traditionellen amerikanischen Western zuzuordnen ist, allerdings keinen Gedanken an May aufkommen läßt, so daß dieser Film zu den schwächsten May-Verfilmungen überhaupt gehört.

Die meisten Schurken und fast alle Indianer wurden in diesen Fließbandproduktionen übrigens von jugoslawischen Schauspielern dargestellt, die selbst im »Illustrierten Filmkurier« nur in Ausnahmefällen genannt wurden.

Nach den ersten Erfolgen der Wendlandt-Produktionen begann auch sein Konkurrent Artur Brauner das Heldengespann zu engagieren und mit ihnen in deutsch-italienisch-französisch-jugoslawischer Gemeinschaftsproduktion »Old Shatterhand« (1963/64) zu drehen (B: L. Fodor u. R. A. Stemmle nach *Kanada-Bill, Joe Burkers* u. *Tal des Todes;* R: H. Fregonese; D: u. a. Paloma / Daliah Lavi und Burkers / Mirko Ellis). Für drei weitere Filme gewann Brauner dann den Regisseur Robert Siodmak. *Der Schut* von 1964 war sehr um Werktreue bemüht (B: G. Marischka), von 19 Rollen war schließlich nur eine frei erfunden: die »Tschita« der Marie Versini. Das Gespann L. Barker (Kara Ben Nemsi) und R. Wolter (Halef) hatte aber als Shatterhand und Sam Hawkens schon eher den Mayschen Vorbildern entsprochen, auch Dieter Borsche als Lindsay und sein Diener (Chris Howland) konnten nicht überzeugen. Weiterhin traten auf: Schut und Frau (Rik Battaglia, Alessandra Panaro), Mübarek (Friedrich von Ledebur), Ehepaar Galingré (Marianne Hold, Pierre Froment), Omar und Osko (D. Janiĉijević, J. Vrhovec), Nebatja (Eva Balaś) sowie die Schurken Barud, Manach, Suef und die beiden Aladschy (R. Baldini, J. Janičijević, N. Popović, Z. Denić, D. Percović). Sogar die bei May nur einmal erwähnte Figur der Emilie Pouillet (Olga Brajević) bekam ihre Rolle. Siodmak verfilmte dann später auch Episoden aus Mays Kolportageroman *Das Waldröschen* unter den Titeln »Der Schatz der Azteken / *Die Pyramide des Sonnengottes*« (1964/65), blieb damit aber künstlerisch hinter dem *Schut* zurück (B: Fodor, Stemmle, G. Marischka, D: Sternau / Barker, Alfonso / Gérard Barray, Josefa / Michèle Girardon, André / Wolter, Emma, hier: Rosita / Alessandra Panaro, Arbellez / Hans Nielsen, Verdoja / Rik Battaglia, Karja / Teressa Lorca, Ferdinando / F. v. Ledebur, Juarez / Fausto Tozzi, Bazaine / J. R. Caussimon). Auch Brauner hatte in Jugoslawien gefilmt, ging aber mit seinem nächsten Doppelfilm *Durchs wilde Kurdistan / Im Reiche des silbernen Löwen* (1965), der nicht mehr das Niveau des ersten Orientfilms erreichte (B u. R: F. J. Gottlieb) nach Spanien. Neben Kara Ben Nemsi waren Halef, Lindsay und Diener aus der *Schut*-Besetzung noch dabei; Ingdscha / Marie Versini, Benda / Gloria Camera, Ali Bei / Wolfgang Lukschy, Mohammed Emin / Charles Fawzett, Abu Seif / Sieghardt Rupp, Amad el Ghandur, hier: el Corda / Gustavo Rojo sowie Anne-Marie Blanc als viel zu junge Besetzung für die altersweise Marah Durimeh.

Im Rahmen dieser Spanien-Produktionen drehte Thomas Schamoni den Kurzfilm »Charly May«, eine soziologische und kritische Studie am Rande der Dreharbeiten. Drei Jahre später folgte der Ausklang der künstlerisch immer weniger befriedigenden Reihe mit »Winnetou und Shatterhand im Tal der Toten« (1968), frei von allen May-Bezügen mit Ausnahme der zentralen Personen Winnetou, Shatterhand und Hawkens in der üblichen Besetzung (B: Alex Berg, R: H. Reinl).

Einen einzigen May-Film produzierte Franz Marischka: *Das Vermächtnis des Inka* wurde 1965 in Peru, Spanien und Bulgarien verfilmt (B: G. u. F. Marischka, W. Groth; R: G. Marischka). Guy Madison spielte den »Jaguar« ohne den Zusatz »Vater« – auch die Verantwortlichen hatten gemerkt, daß er für die Hauptrolle zu jung war (ferner traten noch auf: Perillo / Rik Battaglia, Hauka / William Rothlein, Anciano / Carlo Tamberlani, Morgenstern / Heinz Erhardt, Kiesewetter / Walter Giller, Geronimo / Raf Baldassare, Gambusino / Francesco Rabal und El Brazo Valiente / Lubomir Dimitroff).

Sechs Jahre nach dem letzten Film der großen May-Welle erschien ein Film für May-Kenner und Cineasten, doch wußte die Mehrzahl der Kritiker recht wenig mit ihm anzufangen, und auch eine Breitenwirkung konnte er nicht entfalten: Hans-Jürgen Syberberg schrieb und inszenierte den 1974 in München uraufgeführten biographisch-allegorischen Film »Karl May – Die Seele ist ein weites Land, in das wir fliehen«. Das 187-Minuten-Opus, mit seinen langen Einstellungen und Monologen ein ästhetisches Gegenstück zur Hektik und flachen Dialogregie der üblichen Verfilmungen, hat aber keinen Romanstoff zur Vorlage, sondern den Autor selber: Es handelt sich zunächst um eine Studie über den alten May nach der Jahrhundertwende. Anders als manche Interpreten meinen (z. B. A. Deeken: Träume eines Geistersehers. Zur Ästhetik eines Syberberg-Films. In: Jb KMG 1984. S. 44–59), ging es Syberberg dabei nicht um eine exakte historische Rekonstruktion, sondern um die Darstellung und filmische Deutung eines Trivialmythos des 19. Jahrhunderts und seine lebensgeschichtliche Brechung, die im Zusammenhang mit Syberbergs Filmen über Ludwig II., Wagner und Hitler zu sehen ist. Dabei ist die gleichzeitige Verwendung verschiedener, ja gegensätzlicher Stil- und Darstellungsmittel (Kitschszenen wechseln mit erschütternden Seelenbildern und historisch genauen Reminiszenzen) Instrument der filmischen Interpretation. Wir erfahren ein Stück deutscher Bewußtseinsgeschichte in aller Vielspältigkeit am Beispiel des Karl-May-Problems, und nicht genug kann die differenzierte, durch und durch glaubwürdige Verkörperung des alternden Schriftstellers May durch Helmut Käutner gerühmt werden (Emma u. Klara May / Kristina Söderbaum u. Käthe Gold, Max Dittrich / Attila Hörbiger, Lebius / Willy Trenk-Trebitsch, Gerlach / Heinz Moog, Ehrecke / Wolfgang Büttner, Bredereck / Rudolf Fernau, Sascha Schneider / Peter Moland, Verleger Fischer / Alexander Golling, Pauline Münchmeyer / Mady Rahl, Bertha von Suttner / Lil Dagover und in der Rolle des Abtes Ildefons Schober der ehemalige Burgschauspieler Amand von Ozoroczy, der Karl May noch persönlich gekannt hatte).

Auch das Fernsehen hat Stoffe Mays verfilmt: 1973 »Kara Ben Nemsi Effendi« in 26 Folgen nach den Gesammelten Werken 1–6 (B u. R: Günter Gräwert) mit einem Kara-Ben-Nemsi- und Hadschi-Halef-Omar-Gespann (Karl Michael Vogler, Heinz Schubert), welches mühelos die Zuneigung des Publikums gewann. 1979 erschien die französische Produktion »Winnetou, le Mescalero« in sieben Folgen (B: Jean Claude Deret, R: Marcel Camus, D: Winnetou / Pierre Brice, Old Shatterhand / Siegfried Rauch, Hawkens / Ralf Wolter) und nach einer frei erfundenen Geschichte. Für 1986 bereitet das Fernsehen der DDR in zwei Teilen die »Buschgespenst«-Episode aus *Der verlorene Sohn* vor (B: F. Schreiter, R: Vera Loebner, mit Rolf Ludwig als Fürst des Elends).

Hansotto Hatzig

G. *Vertonungen*

Der ehemalige Militärkapellmeister Carl Ball berichtet 1928 im KMJb (S. 163–175: Harfenklänge zu *Babel und Bibel*), daß der Wiener Komponist Richard Mandl (1850–1918) eine *Winnetou*-Sinfonie komponieren wollte, die jedoch unausgeführt blieb. Ball selbst hatte, wie auch Mandl, Karl May noch in Radebeul bei Dresden aufgesucht und ihm eine Bühnenmusik zu dem bis heute unaufgeführten Drama *Babel und Bibel* geliefert, die er May 1911 dedizierte (vgl. grundsätzlich: M. Finke: Karl May und die Musik. In: KMJb 1925, S. 39–63, und O. Eicke: »Ave Maria«. In: KMJb 1925, S. 64–68).

Neben diesen großen Kompositionsversuchen gibt es zahlreiche kleinere Vertonungen. Kompositionen im engeren Sinne setzen das gesprochene Wort und Gedicht voraus. Solcherart Vertonungen wurden beispielsweise durch das vom Protestanten May selbstkomponierte dreistrophige »Ave Maria«-Gedicht ausgelöst, das die deutschen Siedler für den sterbenden Winnetou singen (Szene zunächst 1883 unter dem Titel *Im ›Wilden Westen‹ Nordamerikas* veröffentlicht, später bearbeitet in *Winnetou III* aufgenommen). Alle drei Strophen sind weder in der Freiburger noch in der Radebeuler Ausgabe und nur in B 49 nachgedruckt worden sowie, mit geringen Abweichungen, in der blauen illustrierten Ausgabe vom Mai 1909 bei Fehsenfeld (vgl. das Vorwort von H. Meier zu *Christus oder Muhammed.* Marienkalender-Geschichten von Karl May. R-KMG Hamburg 1979). May hat die Verse zur Marienverehrung mit leichten Textänderungen auch selbst vertont (Veröffentlichung im DH, Juni 1897, Fassung für Männerchor, Es-dur; 1898 auch schlichter in B-Dur für gemischten Chor – Abdruck auch im Anhang zu *Christus oder Muhammed,* S. 260ff.). Außer den beiden erwähnten, von May selbst besorgten Vertonungen sind weitere Fremdvertonungen seines »Ave Maria« erfolgt; inzwischen sind wenigstens acht verschiedene bekannt geworden, auf die im folgenden eingegangen wird. 1) J. O. Schildknecht (1861–99), Seminarlehrer aus Rorschach in der Schweiz, vertonte das »Ave Maria« als Komposition für Singstimme und Klavier oder Harmonium in G-Dur mit 52 Takten zu drei Strophen mit einem fünftaktigen Nachspiel (veröffentlicht im 23. Jg. des DH, H. 44/1897). Obwohl die Besetzung des Kunstliedes nicht der Originaldarstellung im *Winnetou*-Roman – dort als Chorlied eines »gut geschulten Doppelquartetts« (F9, S. 415) –

entspricht, trifft der schlichte, aber gediegene Tonsatz wohl genau das, was dem Autor selbst vorgeschwebt haben mag. 2) K. W. Nitzsche schuf ein »Ave Maria« für Singstimme und Piano, ebenfalls ein Kunstlied für die gleiche Lage im 3/4-Metrum in As-Dur mit 78 Takten. Die zweite Strophe – die erst 1896 bekannt wurde – bemüht sich, durch rhythmisches Ostinato dem Text gerecht zu werden, der von »Zweifeln« spricht, auch die »Harfe« wird durch Klavierarpeggien illustriert, das Liedende mit einem plagalen, sog. »Kirchenschluß« in der Mollsubdominante recht deutlich gemacht (vgl. DH, 24. Jg., H. 29/1898). 3) W. Briem, ein österreichischer Musiklehrer, veröffentlichte 1899 in Alfred Coppenrath's Verlag Regensburg/Altötting eine Vertonung für einen vierstimmigen Frauenchor. Das Strophenlied in B-Dur mit 30 Dreivierteltakten besitzt durch das Anschlagen der Ave-Glocke in f einen opernhaften Effekt. 4) R. Kempf hat im gleichen Verlag eine Vertonung für einen ein- bis vierstimmigen Frauenchor und Orgel veröffentlicht. Die ersten beiden Strophen werden nach der gleichen Melodie in F-Dur im 3/2-Metrum gesungen, aber die dritte Strophe mit den »Worten vom Sterben« ist in f-Moll gesetzt und moduliert mittels enharmonischer Verwechslung in weitentlegene Tonarten. Die Akzidenz vor dem Ton ges in Takt 28 fehlt in den beiden identischen Fassungen op. 3a und op. 3b (auch für Männerchor). Wenn Karl Mays kompositorisches Ideal »keine nach Effekt haschenden Modulationen« (F9, S. 422) anstrebte, dann geht diese Komposition im Grunde an Mays Vorstellung vorbei. 5) M. Welcker: (1878–1954) »Es will das Licht des Tages scheiden« für Tenorsolo und Männerchor von »Dr. Karl May« erschien wahrscheinlich 1927 bei A. Böhm & Sohn in Augsburg als Heft 22 in der Reihe »Mairosen«. Seine Vertonung mit dem »schmelzenden« Tenorsolo trifft genau den Mayschen Männerchorstil. 6) A. Schiegg: »Es will das Licht des Tages scheiden«, ein Marienlied für Sopran- und Altsolo sowie vier gemischte Stimmen mit Orgelbegleitung op. 2, erschien schon 1911 im gleichen Verlag. Es steht in Des-Dur im Dreivierteltakt und verlegt den Gesang hauptsächlich in die Solostimmen, die sich abwechseln; der Chor setzt erst mit dem Refrain (»O Maria sei gegrüßt«) ein. Von May stammen jedoch nur die ersten vier Zeilen des Textes, alles andere ist freie Paraphrase. 7) V. Vetters' »Ave Maria. Gedicht von Dr. Karl May« – die Arbeit eines zwölfjährigen Kindes – stammt aus dem Jahre 1928. Es ist gesetzt in G-Dur im 6/8- und 4/8-Takt und in zwei Systemen angeordnet. Die textierte Melodiestimme steht im oberen System, während das untere die Akkordbegleitung bringt, die ebenso gut von einem Tasteninstrument wie von einem Saiteninstrument gezupft werden kann. Im zehnten Takt, wo der 4/8-Takt beginnt, sollte vor dem Ton c sicherheitshalber ein Auflösungszeichen stehen. 8) F. Seitz (1871–1954), Musikprofessor einer Lehrerausbildungsanstalt, schrieb »im Volkston« unter »Drei Gesänge zur Verehrung der allerseligsten Mutter Maria« (erschienen bei A. Böhm & Sohn, Augsburg 1940) ein Lied, welches nur aus dem Text der ersten Strophe und der zweiten Hälfte der letzten besteht. Alle aufgeführten »Ave-Maria«-Kompositionen sind in dem R-KMG *Christus oder Muhammed* (Hamburg 1979, Anhang) abgedruckt. Im Archiv des Bamberger KMV lagern weitere Vertonungen, unter anderem von J. Wiesner (etwa um 1930, Vertonung für eine Singstimme, Klavier oder Orgel) und von C. Weinwurm.

Im weitesten Sinne können hier auch als Vertonung die populär gewordenen Melodien zu den Filmen der sechziger Jahre angeführt werden. Die eingängige, sentimentale Musik von Martin Böttcher (geb. 1927, ps. Michael Thomas; vgl. »Verfilmungen«), die für zehn Karl-May-Filme geschrieben wurde und insbesondere den *Winnetou*-Zyklus leitmotivisch begleitete, schuf ein einmalig verklärtes Wildwest-Bild.

Hartmut Kühne

H. Formen der kommerziellen Verwertung

Werke und Figuren Karl Mays sind in einer so umfassenden Weise wirtschaftlich verwertet worden wie zuvor vermutlich bei keinem anderen deutschen Autor. Die kommerzielle Nutzung umfaßt nicht nur Lizenzen für Buchausgaben in In- und Ausland sowie Dramatisierungen und Verfilmungen, sondern in beträchtlichem Umfang auch den Bereich der Sekundärwirtschaft, wobei der Name Mays oder der seiner bekanntesten Gestalten (Winnetou, Old Shatterhand u. a.) mit den unterschiedlichsten Produkten gekoppelt wird. Insbesondere handelt es sich hierbei um Druckerzeugnisse unterschiedlichster Art sowie Spielwaren. Bemerkenswert ist, daß diese Verwertung in nennenswertem Umfang erst lange nach seinem Tod und im wesentlichen erst nach Ablauf der urheberrechtlichen Schutzfrist (1962) stattfand. Ansätze zu solch »multimedialer« Verwertung sind zwar auch bei anderen Autoren und Werken (z. B. Wilhelm Busch, Heinrich Hoffmanns »Struwwelpeter«) zu beobachten, sie erreichten aber keine vergleichbaren Dimensionen. Die kommerzielle Verwertung Mays markiert in Deutschland den Beginn einer Praxis, die ihren Ursprung in den USA hat (zu denken ist vor allem an die Vermarktung der Figuren von Walt Disney). Heute sind solche wirtschaftlichen Verbundstrategien durchaus geläufig; man denke an die Verwertung von »Asterix und Obelix« und Filme wie »Krieg der Sterne« und »E. T.«.

Erste Formen solcher Verwertung gab es bereits in der Vorkriegszeit. So wurden Zinnfiguren nach den Wildwest- und Orienterzählungen hergestellt, es gab Würfel- und Quartettspiele, ein Malbuch (»Aus Karl Mays Zauberreich«) sowie Serienbilder, die als Reklamebilder verschiedenen Produkten beigelegt waren. Nach dem Krieg kamen »Winnetou«-Fahrtenmesser, »Ben Rih«-Zigaretten, »Winnetou«-Schuhe und »Elastolin«-Figuren hinzu.

Der große Boom aber setzte erst mit der Karl-May-Filmwelle ein, die 1962 ihren Anfang nahm. Dabei wurden vor allem Filmbilder und Fotos der Hauptdarsteller kommerziell verwertet, in der Regel eng gekoppelt mit dem gleichsam als Markenzeichen verwendeten Namen »Karl May«. Im Zeitraum weniger Jahre erschienen unter anderem:

Bildbände: *Winnetou I, II, III, Unter Geiern, Der Ölprinz, Old Surehand, Der Schatz im Silbersee*. Bern u. a.: Phoenix bzw. Gütersloh: Bertelsmann Lesering (1964–67). Diaserien

(zu den meisten Karl-May-Filmen). Heidelberg: V-Dia (1963–66). Stereo-Diaserien »View Master«: *Winnetou III, Old Surehand, Winnetou und das Halbblut Apanatschi*. Köln: Sawyer's (1965–66). Heimfilme (N-8- bzw. S-8-Ausschnittfassungen der Kinofilme: *Durch die Wüste, Die Sklavenkarawane, Der Löwe von Babylon, Der Schatz im Silbersee, Winnetou I, II, III, Unter Geiern*. Utting: Schonger; Oberschleißheim: Piccolo; Stuttgart: Eumig; Nürnberg: Foto-Quelle; Bochum: marketing (ab ca. 1965). Kalender: »Rocki Karl-May-Kalender«. Neustadt a. d. Weinstr.: Rocki (1965–72). Laubsägearbeiten (mit Figuren aus den Karl-May-Filmen). Kirchheim-Teck: Johannes Graupner (ab ca. 1965). Poster (mit »Winnetou«-Motiven). Langen: Scandecor (1977–79). Postkartenserien (zu fast allen Karl-May-Filmen). Hamburg: Franz Josef Rüdel (ab 1963); München: Ilse Stern (ab 1964); Bamberg: Heinerle (1965). Sammelbilder und Alben (zu den meisten Karl-May-Filmen). Belp (Schweiz): Eikon bzw. Zyklo (ab 1964). Schallplatten (mit Filmmusik aus den meisten Karl-May-Filmen). Hamburg: Polydor bzw. Telefunken (ab 1963). Spielfiguren (nach Gestalten aus den Karl-May-Filmen). Nürnberg: Behringer & Co (ca. 1965); Neustadt b. Coburg: O. & M. Hausser (1967). Unterhaltungsspiele (Würfel-, Karten- und Puzzlespiele nach Karl-May-Filmen). München: Walter Aulfes bzw. F. X. Schmid (ab ca. 1965).

Daneben erschienen zahlreiche Artikel, bei denen nicht Filmmotive, sondern vor allem zeichnerische Darstellungen verwendet wurden. Auch die Karl-May-Spiele in Bad Segeberg und Elspe förderten die Produktion solcher Produkte. Erwähnenswert sind etwa: Schallplatten (mit Karl-May-Hörspielen). Insgesamt rund 220 Veröffentlichungen, u. a. bei Ariola, Teldec, Miller International, Metronome (ab 1960). Comic-Hefte (mit Bildergeschichten nach Karl May). Hannover: Walter Lehning (ab 1963) u. a. Spielfiguren (nach Karl-May-Gestalten). Babenhausen: Mattel (1975). T-Shirts, Unterhosen, Unterhemden, Schlafanzüge (mit Motiven aus den Karl-May-Filmen und von den Karl-May-Spielen Elspe). Albstadt-Ebingen: Haux (1976/77). Würfelspiel »Winnetou«. München: F. X. Schmid (1977). Strandlaken. Borghorst: Wattendorf (1978). Medaillen (mit Karl-May-Motiven). Heubach: Dr. Ising (1978). Schreibutensilien (mit Titelbildern der »Gesammelten Werke«. Berlin: Herlitz (1980). Trinkgläser (mit Titelbildern der »Gesammelten Werke«). Höhr-Grenzhausen: Ambert (1985).

Für einen Großteil der im Anschluß an die Filmwelle erschienenen Produkte hatte der KMV Lizenzen erteilt, teilweise im Rahmen eines Geschäftsbesorgungsvertrags mit der Rialto-Film, der Produzentin der *Winnetou*-Filme. Der KMV stand dabei vor dem Problem, daß die Werke Mays (mit Ausnahme der Bearbeitungen) seit 1963 urheberrechtlich nicht mehr geschützt waren, so daß Titel, Namen und Figuren von jedermann benutzt und verwertet werden konnten. Er versuchte in dieser Situation, Ansprüche auf wettbewerbsrechtlicher Grundlage geltend zu machen und operierte dabei mit dem aus dem amerikanischen Recht übernommenen Begriff des »merchandising«. Gemeint ist damit das von einem Wettbewerber in Anspruch genommene Recht, eine von ihm im geschäftlichen Verkehr durchgesetzte Bezeichnung oder sonstige Erscheinungsform ausschließlich für eigene Erzeugnisse zu verwenden oder anderen die Benutzung zu genehmigen. Der KMV vertritt die Auffassung, er habe seit seiner Gründung die Werke von Karl May weltweit bekanntgemacht und leitet von daher das Recht ab, Dritte von einer angeblich wettbewerbswidrigen Benutzung von Bezeichnungen und Erscheinungsformen auszuschließen.

Um die Interessen des KMV auf dem Merchandising-Sektor wahrzunehmen, wurde im Jahre 1978 die »›Karl May‹ Verwaltungs- und Vertriebs-GmbH« mit Sitz in Bamberg gegründet. Zur Sicherung ihrer Ansprüche ließ die Firma die Namen »Karl May«, »Old Shatterhand«, »Winnetou«, »Kara Ben Nemsi«, »Hadschi Halef Omar«, »Sam Hawkens« und »Nscho-tschi« als Wortzeichen in der Warenzeichenrolle beim Deutschen Patentamt eintragen.

Im Widerspruch dazu steht die unter Urheberrechtlern verbreitete Auffassung, daß mit dem Ablauf der urheberrechtlichen Schutzfrist Mays Werke und Namen frei verfügbar sind. Es sei unzulässig, diese vom Gesetzgeber verfügte Freiheit auf dem Umweg über das Wettbewerbsrecht wieder beseitigen zu wollen. Auch kenne das Wettbewerbsrecht keinen besonderen Schutz von Titeln, Namen und Stoff, wenn Werke urheberrechtlich frei wurden.

Der KMV hat in dieser Frage in der Vergangenheit diverse Auseinandersetzungen geführt, unter anderem mit Filmherstellern, Bühnen und Verlagen. Eine grundsätzliche gerichtliche Klärung des Problemkreises steht bis heute aus.

Michael Petzel

I. Comics und Bildergeschichten

Die Bildhaftigkeit von Karl Mays Erzählungen regte die Herausgeber seit jeher zu konkreter Veranschaulichung an. Schon den Zeitschriften- und Kalender-Beiträgen waren vereinzelt Abbildungen zur Illustration von Textinhalten beigegeben. Vielfach sind die Bilder nicht speziell für den Text angefertigt worden, sondern May schrieb seine Erzählungen zu Illustrationen, welche ihm vom Verlag vorgelegt wurden. Gemeinsames Merkmal ist die unterhaltend-belehrende Tendenz; häufig wiederkehrende Motive sind etwa exotische Örtlichkeiten und Gebräuche fremder Völker. Bereits das erste Buch Mays, *Im fernen Westen* (Stuttgart 1879), war mit vier Farblithographien ausgestattet. Bildbeilagen waren wichtiger Bestandteil der Münchmeyerschen Lieferungsromane; illustriert sind in der Folgezeit auch die »Kamerad«-Erzählungen und die Union-Buchausgaben (u. a. von Oskar Herrfurth), die zweite Fehsenfeld-Ausgabe (von Peter Schnorr, Willy Moralt, Willy Planck und Claus Bergen) und die »Fischer-Ausgabe«. Die vom KMV geschaffene Reihe der »Gesammelten Werke« verzichtet weithin auf Abbildungen innerhalb des Textes, ursprünglich vermutlich aus Kostengründen, aber auch im Interesse einer angestrebten »Seriosität« von Mays Werk. Allerdings veröffentlichte der KMV außerhalb der »Gesammelten Werke« vereinzelt auch illustrierte Ausgaben (*Winnetou,* Bamberg 1960; *Winnetou und Old Shatterhand,* Bamberg 1961; *Ein Kürbis voll Spaß,* Bamberg 1969). Zahlreiche illustrierte Fassungen gibt es heute vor allem bei den ausländischen Ausgaben Mayscher Werke. Besonders hervorzuheben sind hier die Veröffentlichungen in der CSSR.

Der Großteil der Illustrationen ist quantité négligeable und bedarf keiner weiteren Erwähnung. Die bedeutendsten Illustratoren sind – sieht man von Sascha Schneider (1870–1927) ab – Claus Bergen (1885–1964), der zwischen 1907 und 1912 insgesamt 286 Vollbilder und 33 Textillustrationen für 23 Bände der Freiburger Edition schuf, der Schwede Carl Lindeberg (1876–1961), von dem neben zahlreichen Titelbildern der »Gesammelten Werke« über 300 Farbbilder mit Szenen aus den Reiseerzählungen stammen, sowie der Tscheche Zdeněk Burian (1905–1981), der seit 1930 Aquarelle und Gouachen malte (für die große tschechische May-Ausgabe, später für deutsche Ausgaben übernommen).

Vorläufer der modernen Comic-Strips und Comic-Hefte waren Reklame-Sammelbilder, die in dazugehörige Alben eingeklebt werden mußten. Sie erschienen weitgehend in der Vorkriegszeit und in den 50er Jahren. Die Bilder zeigten Szenen aus Karl-May-Erzählungen, der Zusammenhang wurde durch den Albumtext hergestellt. Besonders verbreitet waren die Lindeberg-Bilder, die in zahlreichen Variationen publiziert wurden. Viele der Serien wurden mehrfach aufgelegt. Es erschienen u. a.:

Karl May-Serienbilder. Bd. 1 und 2 (jeweils 120 Bilder), Champignon-Camembert, Heising (ca. 1935); Karl May's Welt der Abenteuer (36 Bilder), Biox-Zahnpasta, Mannheim (1950); Mit Karl May im wilden Westen (120 Bilder); Mein Karl May Buch. Orientbilder bei Persern, Türken und Bulgaren (120 Bilder), Onno-Behrends-Tee, Norden (1950 u. 1951); Mit Karl May auf Abenteuern. Bd. 1 und 2 (120 und 150 Bilder), Kiddy-Kaugummi, Köln (1952); Mit Karl May auf Reisen und Abenteuern. Bd. 1 und 2 (120 und 180 Bilder), Eilebrecht-Zigaretten, Baden-Baden (ca. 1952); *Der Schatz im Silbersee*. Bd. 1 und 2 (jeweils 64 Bilder), Kaugummifabrik Schuma, Hamburg-Altona (1954); Mit Karl May auf Reisen und Abenteuern. Bd. 1–3 (jeweils 60 Bilder), Ostfriesische Tee-Union, Wilken's Teegroßhandelsges., Leer (1956); Karl May. *Der Sohn des Bärenjägers* (48 Bilder), Quäker-Nährmittel, Grevenbroich (1965).

Der erste regelrechte Karl-May-Comic in Deutschland erschien 1963 nach Erlöschen der Schutzfrist für Mays Werke und im Gefolge der Karl-May-Filmwelle: *Winnetou*. Heft 1–8 und *Karl May*. Heft 9–52, Hannover: Walter Lehning Verlag (1963–1965). Die Heftserie enthielt Comic-Versionen von *Winnetou, Der Schatz im Silbersee, Der Geist des Llano Estacado, Der Sohn des Bärenjägers, Die Söhne des Upsaroka, Old Surehand* sowie der Orient-Reihe *Durch die Wüste* etc. Es handelt sich um die sowohl umfangreichste als auch qualitativ beste Comic-Adaption von Mays Werken (»Winnetou is the only German Western strip of note« – World Encyclopedia of Comics, S. 413). Zeichner waren Helmut Nickel und Harry Ehrt. Besonders die mit Liebe zum Detail gezeichneten Bilder von Nickel zeugen von gründlicher May-Kenntnis und dem Bemühen, den Stil des Originals so weit wie möglich beizubehalten.

Als der Lehning-Verlag Mitte der 60er Jahre in wirtschaftliche Schwierigkeiten kam, wurde die erfolgreiche Karl-May-

Serie neu aufgelegt (1964–66). Die neue Ausgabe enthält – mit leichten Abänderungen – die Geschichten der ersten Reihe sowie zusätzlich eine Comic-Version von *Im Tal des Todes*. Der Konkurs des Verlages ließ sich allerdings auch mit dieser Neuauflage nicht aufhalten.

Ebenfalls während der Filmwelle und durch diese bedingt produzierte das Studio von Rolf Kauka eine Comicserie nach Karl May, die allerdings nicht eigenständig, sondern als Bestandteil der Zeitschrift »Fix und Foxi« erschien. »Fix und Foxi.« Heft 377–425: Winnetou, der Häuptling der Apatschen (= *Winnetou I–III);* Heft 430–442: *Durch die Wüste;* Heft 517–532: *Old Surehand*. Rastatt: Pabel-Verlag (1963–1966). Zeichner war Walter Neugebauer (außer *Durch die Wüste*). Die farbigen Zeichnungen sind einfach, aber wirkungsvoll; ohne den Qualitätsstandard der Lehning-Serie zu erreichen, wird auch hier erkennbar May-Nähe angestrebt. Die erste *Winnetou*-Folge zeichnete Neugebauer bereits 1937; der stilistische Unterschied ist deutlich erkennbar.

Bereits 1963 wurde Neugebauers *Winnetou*-Serie als eigenständige Veröffentlichung und mit einigen Veränderungen neu aufgelegt unter dem Titel: Rolf Kauka: *Winnetou I*. Unter Mitarbeit von Walter Neugebauer. Ein Zeichenfilmbuch. Schaan (Liechtenstein): Europress (1963). Es handelt sich dabei um das erste Paperback-Comicalbum überhaupt auf dem deutschen Markt. Es folgten zahlreiche diverse Comic-Adaptionen in unterschiedlichen Verlagen, unter anderem: »Bonny«, Heft 8–10: *Der Schatz im Silbersee;* »Ronny«, Heft 11–13. *Der Schatz im Silbersee;* »Super Ronny«, Heft 14: *Der Schatz im Silbersee;* Braunschweig: NB-Verlag (1968). Comic-Heftserie im Großformat: Zeichner: unbekannt. Sehr schlichte sw-Zeichnungen mit simplen Bildunterschriften. (Die Serie wurde nicht abgeschlossen.) »Berühmte Geschichten«, Heft 38: *Der Schatz im Silbersee*. Bergisch-Gladbach: Bastei-Verlag Gustav H. Lübbe (1971). (Einziges Karl-May-Heft in einer Comic-Reihe mit Adaptionen klassischer Jugendbücher, z. B. »Die Meuterei auf der Bounty«, »Die Flußpiraten vom Mississippi« und »Der Wildtöter«: Zeichner: unbekannt.) »Das fröhliche Feuerwerk«. Bd. 1: *Durchs wilde Kurdistan*. Bd. 6: *In den Schluchten des Balkan*. Bd. 7: *Von Bagdad nach Stambul*. Bd. 8: *Durch das Land der Skipetaren*. Bd. 9: *Winnetou*. Bd. 10: *Winnetou II*. Bd. 11: *Winnetou III*. Bd. 12: *Old Surehand*. Bd. 13: *Old Surehand II*. Bd. 14: *Der Ölprinz*. Bd. 15: *Der Sohn des Bärenjägers*. »Feuerwerk«.

Bd. 16: *Der Geist des Llano Estacado*. Bd. 17: *Menschenjäger*. Bd. 18: *Old Firehand*. Bd. 19: *Der Mahdi*. Bd. 20: *Im Sudan*. Bd. 21: *Im Reich des Silbernen Löwen*. Bd. 22: *Das versteinerte Gebet*. Bd. 23: *Am Stillen Ozean*. Bd. 24: *Am Rio de la Plata*. Bd. 25: *In den Kordilleren*. Bd. 26: *Das Vermächtnis des Inka*. »Felix-Feuerwerk«. Bd. 27: *Winnetous Erben*. Bd. 28: *Die Sklavenkarawane*. Bd. 29: *Halbblut*. Bd. 30: *Der Schut*. Bergisch-Gladbach: Bastei-Verlag Gustav H. Lübbe (1972–1977). (Taschenbuch-Reihe. Zeichner: Juan Arranz u. a. Steiler Abfall gegenüber den früheren Comic-Serien. Versuch, den kompletten Karl May als Comic vorzulegen. Selbst das Spätwerk wird – auf Action-Reste komprimiert – dem Comic-Konsumenten erschlossen.) »Felix-Extra«. Heft 23: *Durch die Wüste*. Heft 30: *Winnetou*. Bergisch-Gladbach: Bastei-Verlag Gustav H. Lübbe (1972–1973). (Comic-Heftserie. Zeichner: unbekannt); »Super-Sonderheft«. Bd. 17: *Winnetou und Old Shatterhand. Der Sohn der Bärenjägers*. Bd. 18: *Winnetou und Old Shatterhand. Der Geist des Llano Estacado*. Rastatt: Pabel (1973). (Album-Reihe. Zeichner: Juan Arranz. Western-Handlung mit Karl May-Personal. Ansonsten ohne jedes May-Flair.) »Karl May«. Bd. 1–3: *Durch die Wüste:* Bd. 4–6: *Durchs wilde Kurdistan*. Bd. 7: *Von Bagdad nach Stambul*. Stuttgart: Unipart (1975–1976). (Album-Reihe. Zeichner: Marculeta, Bd. 1 und 2; F. Jou, Bd. 3–7. Einfache Zeichnungen, doch recht wirkungsvoll. Vergleichsweise Karl-May-nah.) »Karl May Extra«. Bd. 1: *Winnetou. Der Held der Prärie*. Bd. 2: *Die Suche nach dem Schatz im Silbersee*. Bd. 3: *Old Surehand. Der Unfehlbare*. Bd. 4: *Old Shatterhand und Winnetou*. Grünwald: Kauka-Verlag (1975). (Taschenbuchreihe, mit der Kauka an den früheren Karl-May-Erfolg anzuknüpfen sucht. Zeichner: Juan Arranz. Unglückseliges Produkt: Karl-May-Handlung auf reine Action reduziert. Charakter der Figuren bis zur Unkenntlichkeit entstellt: Winnetou und Old Shatterhand als markige Killertypen.) »Wild West Extra«. Bd. 10: *Mit Kara Ben Nemsi durch die Wüste*. Bd. 11: *Old Shatterhand und der Sohn des Bärenjägers*. Bd. 12: *Im Llano Estacado*. Grünwald bzw. (ab Bd. 11) München: Kauka-Verlag (1975). (Taschenbuch-Reihe. Zeichner: Juan Arranz. Folgeserie zu Nr. 11. Bd. 11 und 12 identisch mit Nr. 9: »Super Sonderheft«, jedoch neuer Text.) »Ein Western-Comic nach Karl May«. Heft 1–12. Frankfurt/M.: Condor Print & Verlag (1976–1977). (Eigenständige Comic-Heftserie. Zeichner: Alan Doyer. Ein erneuter Tiefpunkt in der Geschichte der May-Comics. In einigen

Heften ist keinerlei Bezug zu Karl May erkennbar. Vermutlich wurde ausländisches Material durch Einfügen von Karl-May-Namen »umfrisiert«.) *Winnetou und Old Shatterhand*. Ein Western-Comic nach Karl May. Heft 1–19. Frankfurt/M.: Condor Print & Verlag (1977–1978). (Eigenständige Comic-Heftserie. Zeichner: Ramòn Götze. Folgeserie. Die Titelzeile »Winnetou und Old Shatterhand« ist kein Indiz für größere May-Nähe, sondern dient einzig der besseren Verkäuflichkeit des Produkts. Vermutlich spanisches Material, das ursprünglich keinen Bezug zu Karl May hatte.) »Welt-Bestseller«. Heft 19: *Durch die Wüste*. Bergisch-Gladbach: Bastei-Verlag Gustav H. Lübbe (1977). (Einziges Karl-May-Heft in einer Comic-Reihe mit Adaptionen klassischer Jugendbücher, z. B. »Der Kurier des Zaren«, »Onkel Toms Hütte« und »Die Schatzinsel«. Zeichner: unbekannt. Identisch mit Nr. 8: »Felix-Extra« Heft 23, jedoch neuer Text.) »Fix und Foxi extra«. Bd. 48: *Winnetou. Blutsbrüder*. Bd. 49: *Winnetou. Santers Tat*. Bd. 50: *Winnetou. Auf den Feldern des Ölprinzen*. Bd. 51: *Winnetou. Old Firehand*. Zug (Schweiz): Gevacur (1979). (Taschenbuch-Reihe aus der Kauka-Produktion. Enthält in veränderter Form das *Winnetou*-Material aus »Fix und Foxi« von 1963 (vgl. Nr. 4). Zeichner: Walter Neugebauer.)

Neben Comic-Heften, -Alben und -Taschenbüchern sind auch vereinzelt Karl-May-Comicstrips in Zeitungen und Zeitschriften erschienen: »Der ›Neue Welt‹ Karl-May-Strip«. (Nach dem Film *Winnetou* 1. Teil.) In: Neue Welt, Düsseldorf (1963–1964); *Unter Geiern* (nach dem Film *Unter Geiern*). In: Neue Welt, Düsseldorf (1965); *Durchs wilde Kurdistan* (nach den Filmen *Durchs wilde Kurdistan* und *Im Reiche des Silbernen Löwen*). In: Neue Welt, Düsseldorf (1965–1967); *Old Surehand* (nach dem Film *Old Surehand* 1. Teil). In: Neue Welt, Düsseldorf (1967). (Nach den Karl-May-Filmen gezeichnete Strips. Zeichner: Dudda, Schwerte. Einfache sw-Zeichnungen, eng am Filmgeschehen, realistische Wiedergabe der Schauspieler.) *Winnetou*. In: Lüneburger Landeszeitung, Lüneburg (1966). (180 Streifen. Zeichner: unbekannt. Sehr einfache sw-Zeichnungen, jedoch um Nähe zu Karl-May-Original bemüht.) *Der Schatz im Silbersee*. In: Neue illustrierte Wochenschau, Wien (1983–1984). (Identisch mit dem bereits 1968 in »Bonny« und Folgeausgaben erschienenen – und nicht abgeschlossenen – Strip). *Winnetou und Old Shatterhand*. In: Trommel. Zeitung für Thälmannpioniere und Schüler. Berlin (DDR) (1983). (Im Rahmen der Karl-May-Rehabilitierung in der DDR veröffentlichte Comic-Serie. 25 Folgen, jeweils eine Farbseite. Zeichner: Ernö Zórád. Liebevoll gezeichnet, relativ May-getreu.)

Auch im Ausland sind Karl-May-Comics erschienen. Besonders in den Niederlanden fanden sie große Verbreitung. Hier gab es bereits 1948 den ersten Karl-May-Comic, also weitaus früher als in Deutschland: *Karl May*. Heft 1: De slavenkaravaan, Heft 2: Winnetou het grote opperhoofd, Verlag und Zeichner unbekannt (1948); *Kara Ben Nemsi:* Heft 1: Het huis aan de Nijl. Heft 2: Tussen leeuwen en royers. Heft 3: Het spoor begint. Bell Studio (1954), (der Zeichner ist unbekannt); *Karl May* Nr. 1–83 (läuft vermutlich noch). Antwerpen: Standaard (1962–1984). (Album-Reihe. Die umfangreichste Karl-May-Comic-Ausgabe überhaupt. Zeichnungen: Studio Willy Vandersteen (u. a. Karel Verschuere, Frank Sels, Edward de Rop, Karel Biddeloo). Einfarbige schlichte Zeichnungen. Western-Stil, bis auf die Protagonisten kaum Karl-May-Bezug. Verschiedene Neuauflagen.)

Aufgrund der internationalen Lizenzpraxis finden sich in den Niederlanden auch aus Deutschland bekannte Comic-Ausgaben. So erschien 1963 Walter Neugebauers *Winnetou* aus »Fix und Foxi«. In mehreren Versionen verbreitet sind die May-Comics von Juan Arranz, die hier bereits ab 1966 erschienen, also noch vor der Veröffentlichung in der Bundesrepublik. Weitere Karl-May-Comics sind aus Frankreich (»Winnetou, l'homme de la prairie«, 1965; »Old Shatterhand et Winnetou«, 1966; u. a.), Dänemark (»Historien om Old Shatterhand og Winnetou«, 1975–1976) und Schweden (»Winnetou« o. J.) bekannt. Es handelt sich dabei durchweg um die Fassungen von Juan Arranz. Nachgewiesen sind Karl-May-Comics auch in Spanien und Mexiko; wahrscheinlich gibt es sie auch in anderen Ländern. Ein besonders schöner Zeitungs-Comic-Strip »Winnetou« wurde in der CSSR veröffentlicht (Zeichner: Gustav Krum). Oft wurden die Karl-May-Bezüge eliminiert und die Fassungen auf reine Western-Handlungen reduziert.

Im weiteren Sinn zu den Comic-Fassungen Mayscher Werke hinzuzählen lassen sich Fotogeschichten zu den Karl-May-Filmen, die zwischen 1962 und 1983 als Sammelserien in verschiedenen Zeitschriften (»Bild und Funk«, »Bunte Illustrierte«, »Micky Maus«, »Mickyvision« oder »MV 66«, »Bravo« und »Gong«) erschienen sind. Fast alle Filme wurden adaptiert, einige sogar mehrfach. Die Nähe zum Comic wird dadurch sinnfällig, daß in einigen Fällen sogar Sprechblasen verwendet werden.

Ebenfalls zu den Karl-May-Filmen sind Sammelbilder erschienen, die in dazugehörige Alben eingeklebt werden mußten. Die Fotos mußten käuflich erworben werden. Es erschienen, teilweise in mehrfacher Auflage, die Serien: *Winnetou I. Winnetou II. Unter Geiern. Winnetou III. Der Ölprinz I* und *II. Durchs wilde Kurdistan I* und *II. Old Surehand I* und *II. Old Firehand I* und *II.* Belp b. Bern (Schweiz): Eikon- bzw. Zyklo-Verlag (1964–1967). Die Alben enthielten jeweils 60 Farbfotos. Die Bilder sollen eine Gesamtauflage von 15 Millionen Stück gehabt haben. 1977/78 erschienen im Penny-Bilderdienst zwei Sammelserien mit Farbfotos aus mehreren Karl-May-Filmen: *Winnetou I* und *II* (30 Fotos). *Der Schatz im Silbersee* (30 Fotos). Heusenstamm: Penny-Bilderdienst (1977 und 1978). Die Fotos waren gegen Bildergutscheine verschiedener Firmen erhältlich. Die Sammelalben waren mit einer Doppel-Hörspielplatte gekoppelt und mußten käuflich erworben werden.

Schließlich seien am Rande erwähnt die zahlreichen Bilder- und Malbücher für Kinder, die Karl-May-Motive enthalten.

Karl-May-Comics erschienen, faßt man zusammen, während zweier Zeitabschnitte in auffälliger Häufung: Zum einen in der ersten Hälfte der sechziger Jahre, offenkundig als Folgeprodukt der Karl-May-Filmwelle. Zum anderen in den siebziger Jahren, wo man von einem wahren Comic-Boom sprechen kann. Die Ursachen für diese erneute Konjunktur sind nicht eindeutig auszumachen; bemerkenswert ist, daß zur gleichen Zeit auch Hörspielplatten nach Karl-May-Erzählungen in bis dato nicht bekanntem Umfang produziert wurden. Vermutlich spielt die allgemeine Western-Welle in Kinos und Fernsehen eine Rolle, aber wohl auch die kommerziellen Aktivitäten der »Karl May Verwaltung- und Vertriebs-GmbH« in Bamberg, einer Schwesterfirma des Karl-May-Verlags.

Die Qualität der Comic-Hefte und Comic-Strips ist höchst unterschiedlich: Sie reicht von den genau und vorbildgerecht gezeichneten Adaptionen des Lehning-Verlags bis hin zu Produkten, die nur noch die Namen »Winnetou« und »Old Shatterhand« verwenden, aber sonst nicht die geringste Beziehung zu Karl Mays Werken aufweisen.

Michael Petzel

J. Museen, Gedenkstätten und Ausstellungen

Der Plan, ein Museum mit dem Namen des Schriftstellers Karl May (1842–1912) ins Leben zu rufen, geht auf den Mitbegründer und Leiter des Karl-May-Verlages, Dr. E. A. Schmid (1884–1951), zurück. Er gewann 1921 Klara May (1864–1944), die Witwe des Dichters, für diese Idee. Wegen der Inflation verzögerte sich das Vorhaben; 1926 konnte es aber begonnen werden. Die erforderliche Baulichkeit entstand im Garten der »Villa Shatterhand« in Radebeul; Haus und Grundstück hatte May 1896 erworben und bis zu seinem Tode bewohnt. Als Vorbild für das neue Gebäude diente dem beauftragten Architekten M. Czopka, Radebeul, die Wild-West-Hütte, die der Autor in seiner Jugenderzählung *Der Sohn des Bärenjägers* beschreibt, während die humoristische Skizze *Villa Bärenfett* (GK 1889, Nr. 25) den Namen lieferte (vgl. KMJb 1931, S. 11).

In der Öffentlichkeit fand die Einweihung des Museums (1. Dezember 1928) starke Beachtung (vgl. KMJb 1931 S. 75 ff.). Die wissenschaftliche Einordnung der Ausstellungsstücke besorgte der Dresdner Ethnologe Hermann Dengler. Der einstige Zirkusartist und May-Anhänger Ernst Tobis (1876–1959), mit Künstlernamen Patty Frank, der seine eigene wertvolle Sammlung – vorwiegend Kultgegenstände von nordamerikanischen Indianerstämmen – in das Museum einbrachte, übernahm die Verwaltung; er hatte bis zu seinem Ableben in dem »Trapperheim« auch seinen Wohnsitz. Mit den Exponaten aus Mays Nachlaß, mit Reiseandenken von Klara May und weiteren hinzugekauften Gegenständen gruppierte sich so eine umfangreiche völkerkundliche Schau; 1936 schon mußte das Museum durch einen Anbau um zwei Räume erweitert werden (vgl. GWB 30/1976 S. 346), auf diese Weise gewann man auch Platz für ein May-Kabinett (1937). Nach 1945 blieb die Stätte weiterhin ein Anziehungspunkt, obwohl May in der DDR – im Gegensatz zur Bundesrepublik – viele Jahre nicht verlegt wurde. 1956 erhielt das Museum die Bezeichnung »Indianer-Museum der Karl-May-Stiftung«. Eine Sichtung der Bestände stand 1962 an, gleichzeitig erfolgte eine Umgestaltung der Ausstellung nach streng wissenschaftlichen Kriterien. So wurden alle Gebilde, die nicht mit den Indianern Nordamerikas zusammenhingen, ausgesondert. Durch die Neubewertung des kulturellen Erbes gelangte May wieder zu mehr Anerkennung. Das fand neben einer Neuauflage seiner Bücher auch seinen Ausdruck in der Rückbenennung des Radebeuler Museums in »Karl-May-Museum« und der dortigen Straße in »Karl-May-Straße« (1984); ebenso in einer musealen Erweiterung durch die Einbeziehung des Wohngebäudes von Karl May, der »Villa Shatterhand«. Das Gebäude – May hatte oben an der Hauswand in goldenen Lettern nach seiner Romanfigur den Namen »Villa Shatterhand« anbringen lassen – war nach dem Tode von Mays Witwe (1944) über lange Jahre ein Kinderhort.

Die völkerkundliche Ausstellung »Indianer Nordamerikas« im Blockhaus »Villa Bärenfett«, am 9. Februar 1985 neu eröffnet, zeigt Schaubilder, Panoramen, Waffen, Schmuck, Kleidung, Gebrauchs- und Kultobjekte, Jagdtrophäen und in Vitrinen aufgestellte lebensgroße Figuren. Die Kultur- und Sachkomplexe gliedern sich in die Sektionen: Vorkolumbische Zeit, Indianer Alaskas, Indianer Kaliforniens, Indianer der Nordwestküste, Indianer des östlichen Waldlandes, Prärie-Indianer, Pueblo-Indianer sowie in den Aufriß: Freiheitskampf der Indianer. Auf einer Fläche von etwa 235 Quadratmetern sind 850 Exponate ausgewiesen. Die Sammlung wird fachlich betreut vom Staatlichen Museum für Völkerkunde, Dresden.

In der »Villa Shatterhand«, sie ist mit Mitteln der Karl-May-Stiftung renoviert worden, ist jetzt die Exposition »Karl May – Leben und Werk« untergebracht. Die Darstellung konturiert anschaulich die Persönlichkeit des Romanciers; sie umfaßt bibliophile Raritäten wie verschiedene alte Werkausgaben, Fotos und Handschriften, ferner völkerkundliche, vornehmlich orientalische Gegenstände – so Stücke, die May von seiner Orientreise 1899/1900 im Gepäck hatte, einen kostbaren Koran, kupferne Gefäße, Messinggeschirr mit getriebenen Ornamenten, reich verzierte Möbel, außerdem »Old Shatterhands Lederjacke« und nicht zuletzt die von May beschafften, nach seiner literarischen Beschreibung gefertigten Gewehre »Henrystutzen«, »Silberbüchse« und »Bärentöter«. Die Resonanz beim Publikum ist groß: 1985 kamen 360000 Besucher; der Fünfmillionste seit 1928 konnte am 11. 6. 1986 registriert werden (Sächs. Ztg., Dresden, v. 12. 6. 1986).

Im Garten des Anwesens steht ein wuchtiger Gedenkstein mit einem Porträtrelief des Autors. Der Hain auf der gegenüberliegenden Straßenseite, ebenfalls mit einem gewaltigen

Findling (hohe, spitze Form) und einem kleinen Gewässer, trägt den Namen »Karl-May-Park«; er ist 4200 qm groß und wurde 1932 aus Mays vormaligem Obstgarten gestaltet.

Auf dem Friedhof Radebeul befindet sich die Begräbnisstätte des Dichters. Das auffällige Grabmal ist dem Niketempel in Athen nachgebildet (vgl. den »Karl-May-Bildband«, von H. Plaul / G. Klußmeier, Hildesheim 1978, S. 275). Das Bildwerk im Hintergrund der Gruft schuf Selmar Werner (1864–1953); auf seinem Sockel stehen die von May verfaßten Worte: *Sei uns gegrüßt! Wir, deine Erdentaten / erwarten dich hier am Himmelstor; / du bist die Ernte deiner eignen Saaten, / und steigst mit uns zu dir selbst empor.*

Eine weitere May-Stätte in der DDR: Am 12. März 1985 wurde das Geburtshaus des Schriftstellers in Hohenstein-Ernstthal, damals Niedergasse 111, seit 1929 Karl-May-Straße 54, der Öffentlichkeit zugänglich gemacht. 1979 von der städtischen Gebäudewirtschaft erworben, wurde das schmale, denkmalgeschützte Häuschen (erbaut vor 1750) in zweijähriger Spanne gründlich restauriert. Im Erdgeschoß wird anhand alter Einrichtungsstücke die Geschichte der erzgebirgischen Weber dargestellt (Mays Vater war Heimweber), während im Obergeschoß eine chronologisch angeordnete Dokumentation über Leben, Werk und Wirkungsgeschichte Mays informiert. Im 2. Obergeschoß ist die Wohn- und Arbeitsstube der Familie mit Originalstücken aus dem 19. Jahrhundert vergegenwärtigt. Die in Kupfer getriebene Gedenktafel von Carl Beyer, Zwickau, wurde bereits 1929 an der Fassade angebracht (vgl. KMJb 1930, S. 17). An May erinnern ferner der »Karl-May-Stein« im Fuchsgrund (aufgestellt zum 100. Geburtstag 1942) und die »Karl-May-Höhle«, ein ehemaliger Stollen im Abhang des Kiefernberges, in dem der junge May sich eine Zeitlang verborgen gehalten haben soll.

May-Stätten in der Bundesrepublik: Von dem früheren Interieur der »Villa Shatterhand« befinden sich heute das umfangreiche Archiv, das Arbeitszimmer und die Bibliothek des Schriftstellers in Bamberg. Der KMV nahm dieses Material 1960 bei seiner Übersiedlung von Radebeul nach Bamberg mit. Es bildet hier – neben weiteren persönlichen Erinnerungsstücken – den Grundstock zum Bamberger »Karl-May-Museum« (Hainstraße 11). Glanzstücke dieser Ausstellung sind Mays Mahagonischreibtisch, ein orientalischer Kaffeetisch, ein Haremsgitter, Wandregale mit den Büchern Mays und Originalmanuskripte. In Anlehnung an Radebeul außerdem indianische Waffen und Gebrauchsgegenstände.

Die Stadt Lübbecke eröffnete am 7. Februar 1984 in ihrem Heimatmuseum am Markt einen Karl-May-Raum. Der Fundus stammt aus dem Nachlaß von Dr. Hubert Döller (1905–1984), Lübbecke. Im West-Berliner Stadtbezirk Neukölln gab es bis 1984 eine »Karl-May-Schule«, die wegen der rückgehenden Schülerzahlen aufgelöst wurde. Reinickendorf benannte am 1. Oktober 1981 einen großen Spielplatz nach Karl May. Gedenktafeln verweisen seit 1981 am Rathaus in Gartow (Kreis Lüneburg), seit 1982 an der ehemaligen Villa »Seyler« in Deidesheim-Ruppertsberg (Pfalz) und neuerdings auch im benachbarten Österreich, in Linz, Haus Fischergasse 13, auf denkwürdige Aufenthalte Mays an diesen Orten. In der Stiftskirche von Ossiach am See (Kärnten) sind zwei Bogenfenster mit Glasmalereien zu sehen, die May bei seinem Besuch 1905 stiftete, und beim Gipfelkreuz auf dem Kitzsteinhorn (Groß-Glockner-Gruppe) ruft eine Ehrenplatte ebenfalls den Literaten ins Gedächtnis. Außer in der DDR sind nach May Straßen und Plätze benannt in München, Augsburg, Delmenhorst, Bad Segeberg, Bamberg, Heilbronn und Wetter-Mellnau. Im Radiumbad Jachymow/CSSR (Joachimsthal) gibt es einen 7 km langen »Karl-May-Steig« (Stezka Karla Maye). Gedächtnisstätten im weiteren Sinne sind auch die Freilichtbühnen in Rathen (Sächs. Schweiz, seit 1938), Bad Segeberg (Holstein, seit 1952) und Elspe (Sauerland, seit 1958).

Erwähnenswerte Ausstellungen: Wien 1949, Museum für Völkerkunde (vgl. Museumsschrift, 48 S., Selbstverlag); Berlin 1974, Akademie der Künste (im Rahmen der Ausstellung »Aspekte der Gründerzeit«); Wiesbaden 1976, Hessische Landesbibliothek: »Auf Winnetous Spuren«; Hildesheim 1976, Römer-Pelizaeus-Museum: »Die Welt des Karl May«; Marbach 1982, Schiller-Museum: »Das inszenierte Abenteuer« (vgl. Marbacher Magazin 21/1982). Eine Wanderausstellung aus Hamburg »Karl May – Die Seele ist ein weites Land...« bereist seit 1984 die BRD (vgl. Katalog zur Ausstellung, 64 Seiten). Beachtliche, meist dem Tagungsort gewidmete Ausstellungen boten bis heute auch die Mitgliedertreffen der KMG.

Karl Serden

K. Der Karl-May-Verlag

a) 1913–1945

Der »Verlag der Karl May-Stiftung Fehsenfeld & Co.« (seit 1. 1. 1915: »Karl-May-Verlag Fehsenfeld & Co.«) wurde am 1. 7. 1913 in Radebeul bei Dresden von Klara May, der Witwe Karl Mays (1864–1944), Friedrich E. Fehsenfeld (Mays Verleger seit 1892; 1853–1933; 1921 vertragsgemäß als Gesellschafter des KMV ausgeschieden) und Euchar A. Schmid (alleiniger Geschäftsführer; 1884–1951) als OHG gegründet. Nach einer Konsolidierungsphase, in der die verstreut vergebenen Rechte an den Werken Mays zurückerworben und darüber anhängige Gerichtsverfahren (insbesondere mit dem MMV, Dresden) zum Abschluß gebracht werden konnten, suchte E. A. Schmid ein von ihm entworfenes Verlagsprogramm zu realisieren (ausgeführt in: KMJb 1921, S. 11–15), das folgende fünf »Leitsätze« umfaßte: Rehabilitierung Mays gegenüber Literaturwissenschaft und Kritik, »Angliederung des umfangreichen literarischen Nachlasses Karl Mays an die Gesammelten Werke«, stilistische und inhaltliche Überarbeitung sämtlicher Werke Mays, Förderung der Anfang 1913 errichteten »Karl May-Stiftung« und Veröffentlichung einer »kritische(n) Biographie« über May nach Abschluß einschlägiger Vorarbeiten. Tatsächlich lassen sich die Aktivitäten des KMV bis 1945 weithin unter diesen Punkten zusammenfassen:

Durch die Streitschriften »Eine Lanze für Karl May« von E. A. Schmid (Radebeul 1919; ^{3}1940) und »Gerechtigkeit für Karl May« von Ludwig Gurlitt (1919), durch die Herausgabe von Jahrbüchern sowie insbesondere durch die einschneidende Bearbeitung des Gesamtwerks gelang es dem KMV, das nach 1912 weithin negative öffentliche Urteil über May allmählich zu revidieren und durch das (bis heute propagierte) Bild vom »Volksschriftsteller Karl May« (so der Titel der ersten Hochschulschrift über May von Heinz Stolte, Diss. phil. Jena 1936 = Radebeul 1936, R Bamberg 1979) zu ersetzen. Das durch den KMV zurückgewonnene Renommee des Autors spiegelt sich in den Auflagenzahlen des Gesamtwerks wider, die sich von 1,6 Mill. Bänden (1913) auf 9,4 Mill. (1945) fast versechsfachten.

Die 1910 mit Band 33 zum Abschluß gekommenen »Gesammelten Reiseerzählungen« wurden zwischen 1913 und 1939 durch Aufnahme der Jugenderzählungen, der Autobiographie, der (überarbeiteten) Lieferungsromane sowie zahlreicher verstreut erschienener Texte auf vorläufig 65 einheitlich gestaltete Bände der nun sog. »Gesammelten Werke« erweitert (gemeinhin als »Radebeuler Ausgabe« bezeichnet). Mit der Komplettierung der Werkausgabe ging eine sprachlich-inhaltliche Neufassung der Einzelbände einher, die bei den neu angegliederten Bänden 34ff. grundsätzlich vorgenommen und sukzessive auf die vom KMV übernommenen Bände 1–33 ausgedehnt wurde (zu den hierbei verfolgten Prinzipien s. »Der Text«).

Die 1913 aufgrund des testamentarischen Willens Karl Mays errichtete »Karl May-Stiftung« diente satzungsgemäß den Zwecken der Begabtenförderung, der Unterstützung bedürftiger Schriftsteller, Journalisten und Redakteure (Stiftungsurkunden vom 15. 2/5. 3. 1913), ferner der Pflege des Andenkens Karl Mays, u. a. durch Errichtung eines »Karl-May-Museums« (Erbvertrag zwischen Klara May und der Karl May-Stiftung vom 26. 9. 1926; Texte in: »Ich«. Karl Mays Leben und Werk. Hrsg. v. R. Schmid, Bamberg [29]1975, GWB 34, S. 340–346. Vgl. S. 350f.). Der finanziellen Ausstattung der Stiftung kam das gesamte hinterlassene Vermögen Karl (später auch Klara) Mays sowie die aus der Nutzung der Werkrechte entstandenen Gewinne des KMV zugute. Die unter dem Vorstand des Kgl. Sächs. Kultusministeriums (bzw. der entsprechenden Nachfolgeministerien) stehende Stiftung konnte seit 1917 Unterstützungsleistungen erbringen; ihr Vermögen belief sich 1945 auf über 1 Mill. Mark.

Mit der Übernahme des dritten KMJb im Jahr 1919 (die beiden ersten Jgg. 1918f. erschienen 1918 im Verlag von S. Schottlaender, Breslau) erwarb der KMV ein Periodikum, das sich als Forum für eine intensive (insbesondere: biographische) Erforschung des Autors anbot, allerdings in den 1919–1935 (als Jgg. 1920–1933) erschienenen 14 Folgebänden über Ansätze dazu nicht hinauskam: Neben die sporadische Publizierung von Nachlaßtexten und anderen Dokumenten traten zunehmend bekenntnishaft-erbauliche »Würdigungen« Mays ohne nennenswerten Erkenntnisgewinn. Die geplante May-Biographie konnte vom KMV auf dieser Basis weder damals noch später vorgelegt werden.

Seit 1927 erscheinen Lizenzausgaben besonders erfolgreicher Bände der GWR (zumeist unter neuem Titel) auch in anderen Verlagen (u. a. Josef Singer und Martin Maschler, beide Berlin, 1927; Hesse & Becker, Leipzig, 1928–44). Die Beziehungen des KMV zum Verlag H. G. Münchmeyer,

Dresden-Niedersedlitz (dem langjährigen Prozeßgegner Mays und Inbegriff der Kolportageproduktion) in den 20er und 30er Jahren sind bisher nicht aufgehellt: Trotz Rückgewinnung der Rechte an den im MMV erschienenen May-Romanen durch die KMV 1914 (s. E. A. Schmid: Die Lieferungsromane Karl Mays. Radebeul 1926. S. 15f., 20f.) werden in der MMV-Zeitschrift »Das Vaterhaus: (1. Jg. 1923; Neue Folge 1. Jg. 1924/25 – 15. Jg. 1938/39) seit 1923 zahlreiche Arbeiten Mays veröffentlicht, u. a. mehrere der Kolportageromane in Bearbeitungen, die sich mit denen des KMV (veröffentlicht seit 1925) auffällig berühren.

Durch Angliederung der Verlage Haupt & Hammon, Radebeul, und Retcliffe-Verlag, Radebeul (vormals Berlin; hier erscheint 1926–32 eine von L. Barthel-Winkler bearbeitete Werkausgabe des Sir John Retcliffe, d. i. H. O. F. Goedsche, in 35 Bänden) dehnt der KMV in den 30er Jahren seinen Produktionsbereich aus.

Während der Nazi-Herrschaft (1933–45) kommt die Herausgabe von Neuveröffentlichungen allmählich zum Erliegen (1935 erscheint das letzte KMJb, als Jg. 1933, 1939 der vorerst letzte Band der GWR), während die Weiterproduktion der vorliegenden Titel (von wenigen weltanschaulich anstößigen Bänden, z. B. *Ardistan und Dschinnistan I–II,* abgesehen) nur kriegsbedingten Einschränkungen unterlag; einige Bände erschienen in speziellen Frontausgaben (u. a. *Winnetou I–III* 1944).

b) 1945–1960

Unter dem Eindruck des politischen Mißbrauchs Karl Mays im Dritten Reich erhält der KMV von den Behörden der SBZ und nachmaligen DDR keine Erlaubnis zur Wiederaufnahme der Produktion. Er vergibt daher über eine in Bamberg errichtete Vertretung 1948–54 Lizenzrechte an die Globus Verlagsgesellschaft, Hamburg, die Bayerische Verlagsanstalt, Bamberg, die Keysersche Verlagsbuchhandlung, Heidelberg (für Westdeutschland) und den Verlag Carl Ueberreuter, Wien (für Österreich), in denen unter der gemeinsamen Bezeichnung »Karl-May-Bücherei« die GWR mit wenigen Ausnahmen neu aufgelegt werden. Am 1. 1. 1950 wird in Bamberg der Verlag Joachim Schmid gegründet und vom KMV mit allen Rechten an Mays Werken ausgestattet, am 1. 1. 1952 ebd. der USTAD-Verlag Gebr. Schmid, der nach

Ablauf der Lizenzverträge 1955 Herstellung und Vertrieb in eigener Regie übernimmt. Bis 1960 liegen die »Gesammelten Werke«, auf inzwischen 70 Bände angewachsen, wieder komplett vor; seit Mitte der 50er Jahre erscheinen zusätzlich Lizenzausgaben gängiger Titel in verschiedenen Buchgemeinschaften (u. a. Bertelsmann Lesering, Gütersloh; Stuttgarter Hausbücherei, Stuttgart; Deutsche Buch-Gemeinschaft, Berlin).

Nach Verhandlungen mit der Karl May-Stiftung und den DDR-Behörden kann der KMV am 1. 8. 1959 seinen Sitz von Radebeul nach Bamberg verlegen. Zum gleichen Zeitpunkt scheidet die Stiftung, die seit dem Tod Klara Mays 1944 Teilhaberin des KMV und an dessen Gewinnen zu zwei Dritteln beteiligt ist, aus dem KMV aus; sie wird mit den Radebeuler Immobilien des KMV sowie einer einmaligen Zahlung von 50000 DM abgefunden (zu diesem umstrittenen Vorgang vgl. L. Schmid: Leserbrief des KMV. In: Sammler Journal Heft 5/1975. S. 155, und G. Klußmeier: Das Vermächtnis des Sachsen. In: Buch Markt. Heft 10/1980. S. 95–110. S. 95–97). Über die Aktivitäten der Karl May-Stiftung nach 1945 liegen – abgesehen vom Unterhalt des Karl-May-Museums und der Pflege der Gedenkstätten – keine Nachrichten vor.

c) Nach 1960

1960 wird der KMV mit dem USTAD-Verlag unter dem Namen »Karl-May-Verlag Joachim Schmid & Co.« vereinigt; er steht seitdem unter der Leitung der Alleininhaber Joachim (geb. 1922), Lothar (geb. 1928) und Roland Schmid (geb. 1930), den Söhnen E. A. Schmids. Vor Ablauf der urheberrechtlichen Schutzfrist für die (unbearbeiteten) Originalwerke Karl Mays Ende 1962 wappnete sich der KMV gegen zu erwartende Konkurrenzeditionen mit der Herausgabe zweier wohlfeiler Parallelausgaben zu den »Gesammelten Werken«, die bis dahin unerreichte Käuferschichten ansprechen und eine beispiellos weite Verbreitung der KMV-Bearbeitungen des Mayschen Werkes einleiten: Ab 1960 erscheinen als sog. »ungekürzte Volksausgaben« »Karl May Taschenbücher« im Verlag Carl Ueberreuter, Wien – Heidelberg (insgesamt 62 Bände und vier Sonderbände, 1984 in veränderter Einbandgestaltung neu herausgegeben, z. Zt. 48 Bände; 36 dieser Taschenbücher publizierte der KMV 1983 –

äußerlich den GWB angeglichen – in einer Niedrigpreis-Ausgabe als »Klassische Meisterwerke«), seit 1962 eine »Karl-May-Jubiläumsausgabe« im KMV (31 Bände), die – in anderer Ausstattung – 1962ff. auch von den meisten Buchgemeinschaften (u. a. Deutsche Buch-Gemeinschaft, Berlin; Buchgemeinschaft Donauland, Wien; Buchclub Ex Libris, Zürich; Deutscher Bücherbund, Stuttgart; Welt im Buch, München) und Kaufhaus-Konzernen (durch den Verlag Buch und Zeit, Wien – Düsseldorf, später Tosa-Verlag, Wien) in Lizenz übernommen wird; 20 Bände der »Jubiläumsausgabe« gibt der KMV 1976 in verändertem Einband zusätzlich als »Karl-May-Bestseller« (mit dem irreführenden Aufdruck »ungekürzte Originalfassung«) heraus. Grundlage des Verlagsprogramms bleiben jedoch die »Gesammelten Werke«, die zwischen 1967 und 1985 auf z. Zt. 74 Bände erweitert werden (sog. »Bamberger Ausgabe»). Die verlegerische Offensive des KMV nach 1960 schlägt sich in den Auflagenzahlen der vom KMV veröffentlichten bzw. lizensierten Ausgaben eindrucksvoll nieder: Sie erhöhen sich von ca. 12,4 Mill. (1955) über 25,2 Mill. (1963) auf ca. 70 Mill. produzierter Bände (1986).

Von den weiteren Aktivitäten des KMV nach 1962 sind zu erwähnen: die Verfolgung von Urheberrechtsverletzungen durch Konkurrenzverlage, die Erweiterung des Verlagsprogramms, die vorsichtige Öffnung gegenüber der wissenschaftlichen Karl-May-Forschung sowie die forcierte Kommerzialisierung Karl Mays. Nach dem Ende der urheberrechtlichen Schutzfrist legten 1963ff. mehrere Verlage eigene May-Ausgaben vor, die vom KMV kritisch beobachtet und z. T. juristisch unterbunden werden, so z. B. die Sortimentsausgabe des Bertelsmann-Verlages im Mosaik Verlag, Hamburg (1966), und die Ausgabe des Ingolstädter Jugendbuch-Verlages (1973/75); vgl. dazu Klußmeier, 103–107; M. Lemberg: Wie frei ist Karl May? Unter Geiern? In: Buch Markt. H. 8/1976, S. 54–58. Mit der Herausgabe einer Reihe »Welt der Abenteuer« (»Meisterwerke der Spannung« u. a. von R. Kraft, Sir John Retcliffe, G. Ferry; insgesamt 33 Bände) versucht der KMV 1963–71, sein Programm auf breitere Grundlage zu stellen, ohne damit anhaltenden Erfolg zu erzielen. Dasselbe gilt für ein Engagement im Bereich Indianistik/Amerikanistik 1973ff. (Zeitschrift »Kalumet« 1973–75; Buchreihe »Kalumet-Reihe« 1978; mit Band 3 eingestellt). Die im KMV nach 1945 praktisch zum Erliegen gekommene

Veröffentlichung von Forschungsliteratur über May wird 1966 mit von H. Stolte herausgegebenen »Beiträgen zur Karl-May-Forschung« fortgesetzt (bis 1973 drei Bände). 1978 legt der KMV (zusammen mit dem Verlag A. Graff, Braunschweig) wieder ein KMJb vor (mit dem Folgejahrgang 1979 eingestellt). Wichtige Beiträge zur May-Forschung leistet der KMV seit 1973 durch die (z. T. gemeinsam mit A. Graff) herausgegebenen Reprintdrucke von Originalausgaben der Werke Karl Mays; hervorzuheben sind fünf Bände Jugenderzählungen (1973–75), drei Bände Prozeßschriften (1982, hrsg. v. R. Schmid) und insbesondere die von R. Schmid herausgegebenen und kommentierten 33 Bände der »Gesammelten Reiseerzählungen« (1982–84). Weitere Reprintausgaben sowie die Fortsetzung der GWB sind geplant.

Mit der Gründung einer »›Karl May‹ Verwaltungs- und Vertriebs-GmbH« am 23. 12. 1977 versucht der KMV, das Geschäft mit dem inzwischen als Warenzeichen (sic!) eingetragenen Namen Karl May auf Bereiche jenseits des Buchmarktes auszudehnen. Auf dem Lizenzwege können interessierte Firmen Rechte an geschützten Namen und Geschmacksmustern des KMV zur Verkaufsförderung ihrer Produkte erwerben. Der Pflege des Andenkens Karl Mays und seiner Romangestalten dienen auf diesem Wege derzeit z. B. »Karl-May-Trinkgläser« und Baumwollsöckchen mit Karl-May-Motiven (Prospekt der »Karl May« Verwaltungs- und Vertriebs-GmbH April 1986; vgl. Klußmeier, S. 110).

Literatur: Neben den im Text genannten Beiträgen vgl. die KMV-Festschriften Radebeul 1938 (»25 Jahre Schaffen am Werke Karl Mays«) und Bamberg 1963 (»50 Jahre Verlagsarbeit für Karl May und sein Werk«; enthält S. 23–31 eine Verlagschronik) sowie den Artikel »Wie Fafnir auf dem Nibelungenhort«. In: Der Spiegel. Heft 15/1974. S. 170–176. – Eine umfassende Monographie über den KMV liegt bisher nicht vor.

Jürgen Wehnert

L. Organe und Perspektiven der Karl-May-Forschung

a) May-Vereinigungen

Schon zu Lebzeiten Mays bildeten sich Gruppen und Zirkel, teilweise in May-Verehrung, teilweise in Abwehr von Angriffen auf May, jedoch ohne Forschungsabsichten. Ein Jahr nach dem Tode Mays kam es zur Gründung der »Karl-May-Vereinigung«, die im April 1913 ihr erstes Mitteilungsblatt herausgab (Vorsitzender: Dr. A. Droop, Verfasser der ersten wissenschaftlich fundierten Schrift über May: Karl May – eine Analyse seiner Reiseerzählungen. Köln-Weiden 1909). Die Vereinigung wollte das Verständnis für May und seine Werke fördern und deren Verbannung aus Schul- und Stadtbibliotheken entgegentreten. Von wissenschaftlicher Forschung konnte noch keine Rede sein. Der 1. Weltkrieg brachte die Arbeit zum Erliegen.

Am 20. Juni 1918 konstituierte sich in Berlin der »Karl-May-Bund e.V.« (Vorsitzender: Dr. R. Beissel). Der Bund, dessen »Mitteilungen« erstmals im Juli 1919 erschienen, fixierte seine Tätigkeit jedoch nicht nur auf May, sondern setzte sich auch für die »Pflege eines dem Volksempfinden entsprechenden gesunden, packenden und phantasievollen Schrifttums« im Sinne Mays ein. Auch die Existenz dieses Bundes war nicht von Dauer.

Eine ebenfalls kurzlebige Rolle spielte der am 20. September 1942 gegründete »Deutsche Karl-May-Bund«, der eine Abkehr von dem nordischen Kriegsrecken May, zu dem ihn die nationalsozialistischen Machthaber stempeln wollten, und eine Hinwendung zu dem Pazifisten May anstrebte. Gründer und Initiator war G. Henniger. Die Gestapo löste den »staatsfeindlichen« Bund am 14. Januar 1944 auf.

Am 1. Juli 1963 riefen zwölf May-Forscher in Bamberg die »Arbeitsgemeinschaft Karl-May-Biographie« ins Leben; den Vorsitz führte Prof. Dr. H. Stolte, der Verfasser der ersten May-Dissertation (Jena 1936). Zweck der Gründung war die Herausgabe einer nach wissenschaftlichen Grundsätzen erarbeiteten May-Biographie (hektographierte »Mitteilungen« Nr. 1–22, August 1963 – Dezember 1968, vgl. A. Schneider: Mein Leben mit Karl May. S-KMG 58/1985 S. 18–32). Ohne ihr Ziel, die May-Biographie, erreicht zu haben, stellte die Arbeitsgemeinschaft Ende 1968 ihre Tätigkeit ein.

Mitglieder der ehem. »Arbeitsgemeinschaft Karl-May-Biographie« gründeten am 22. März 1969 die »Karl-May-Gesellschaft e.V.« mit Sitz in Hamburg.

Der Vorstand:

1969–1971	Regierungsvizepräsident Dr. B. Scheer, Vorsitzender
	Prof. Dr. C. Roxin, stellv. Vorsitzender
	Verwaltungsamtmann E. Heinemann, Schriftführer
1971–1983	Prof. Dr. C. Roxin, Vorsitzender
	Schriftsteller H. Wollschläger, stellv. Vorsitzender
	Verwaltungsamtsrat E. Heinemann, Schriftführer
	Angestellter A. Schneider, Geschäftsführer
	Prof. Dr. H. Stolte, wissenschaftlicher Beirat
1983 ff.	Prof. Dr. C. Roxin, Vorsitzender
	Schriftsteller H. Wollschläger, 1. stellv. Vorsitzender
	Redakteur H. Hatzig, 2. stellv. Vorsitzender
	Verwaltungs-Direktor E. Heinemann, Schriftführer
	Bezirksstadtrat E. Müller, Geschäftsführer
	Angestellter H. Meier, Schatzmeister
	Prof. Dr. H. Stolte, wissenschaftlicher Beirat

Die KMG, nach »Germanistik« 1/73 eine der »größten literarischen Vereinigungen der Bundesrepublik«, zählt rd. 1200 eingetragene Mitglieder (Stand Dez. 1986), die sich über 20 Länder verteilen (Schwerpunkte BRD, Österreich, Schweiz, Niederlande). Verbindungen bestehen zu Forschern in den sozialistischen Staaten, vor allem in der DDR.

Die KMG will
- das literarische Werk Karl Mays erschließen und bewahren;
- sein Leben und Schaffen erforschen und dokumentieren;
- dem Autor und seinem Werk einen angemessenen Platz in der Literaturgeschichte verschaffen.

Sie betreibt wissenschaftliche Forschung und bietet dieser ein Forum und einen Sammlungspunkt. Die Ergebnisse ihrer Arbeit veröffentlicht sie in ihren Organen. Auch außerhalb ihrer Reihen unterstützt die KMG Bemühungen, die ihren Satzungszielen entsprechen. Sie wird in Karl May betreffenden Fragen konsultiert und bei entsprechenden Projekten um

Mitarbeit gebeten. Mitglieder der KMG beteiligen sich an externen Forschungsprojekten, die sich auf May beziehen, arbeiten an wissenschaftlichen Veröffentlichungen mit und fungieren als deren Herausgeber. Die KMG unterhält ein Archiv (Anschrift: E. Bartsch, Riihimäkistr. 32, 2360 Bad Segeberg), das alte und neue Ausgaben von May, Zeitschriften-Abdrucke, Forschungsliteratur, Pressematerial, Bild-Dokumente, Material zur Biographie Mays und zur Wirkungsgeschichte sammelt. Nicht veröffentlichte Schriften zur Forschung (Seminar-, Examens- und Doktorarbeiten) stellt der Leihverkehr der KMG (Anschrift: K. Serden, Sternenweg 16, 7526 Ubstadt) zur Verfügung. Die Anschrift der KMG-Geschäftsstelle lautet: Geschäftsführer E. Müller, Maximiliankorso 45, 1000 Berlin 28, Tel. 030/4016923.

b) Jahrbücher, Zeitschriften und ähnliche Schriftenreihen

1. Karl-May-Jahrbuch (KMJb) 1918–1933, Breslau und Radebeul, 1978–79 Bamberg/Braunschweig. Herausgeber: R. Beissel, F. Barthel (1918–20); E. A. Schmid (1921–33); M. Finke (1921–24); L. Gurlitt (1925–31); K. Guenther (1932–33). R. Schmid, T. Ostwald (1978–79). Umfang 246–510 S.

Die KMJb 1918–33 vermitteln einen interessanten Einblick in die frühe May-Rezeption und -Forschung. Neben wirkungsgeschichtlich aufschlußreichen Beiträgen enthalten sie aber auch auf einen breiteren Kreis von May-Lesern zugeschnittene Unterhaltung. Ferner noch nicht veröffentlichte bzw. in der (damaligen) Ausgabe der GWR nicht enthaltene Gedichte und kleinere Erzählungen von May. Der KMV, bei dem sie seit 1920 erschienen, setzte sie gleichzeitig für Werbezwecke und als Instrument in der Auseinandersetzung mit May-Gegnern ein. Der für die Forschung relevante Inhalt läßt sich thematisch wie folgt gliedern (vgl. B. Kosciuszko und C. F. Lorenz: Die alten Jahrbücher. MatKMF, Bd. 8, Ubstadt 1984, S. VII): Aufsätze zu Werken Mays, May-Rezeption, Betrachtungen zu Einzelproblemen, Gestalten und zu Mays Leben und Werk, Quellen und Traditionen, Philosophie, Psychologie und Religion in Mays Werk, May-Biographie. Um das Thema May »aus der ideologischen Diskussion« herauszuhalten, stellte der Verlag 1933 das Erscheinen der Jahrbücher ein. Der 1978 unternommene Versuch, die Tradition der alten Jahrbücher neu zu beleben, kam nach dem 2. Jg. (1979) bereits zum Erliegen.

2. Jahrbuch der Karl-May-Gesellschaft (Jb-KMG) Hamburg 1970–81, Husum 1982ff. Herausgeber: C. Roxin (1970ff.), H. Stolte (1974ff.), H. Wollschläger (1975ff.), Redaktion: E. Bartsch. Umfang 223–390 S., Register: H. Kühne.

Die Herausgabe von Jahrbüchern und sonstigen Publikationen gehört zu den satzungsmäßigen Aufgaben, die sich die KMG gestellt hat. Die Kritik bewertet die Jahrbücher, die wichtigste Veröffentlichung der KMG, als »ein respektables Organ (...) einer seriösen Karl-May-Philologie mit renommierten Namen« (FAZ 11. 10. 1974). Kennzeichen der Jahrbücher ist die Beschränkung auf den einen Autor: „Leben und Werk der Individualität Karl May...« stehen im Mittelpunkt. »Nur am Rande werden Beschaffenheit und Auswirkung der Weltstruktur, in der sich beides entwickelte, behandelt...« (H. Wollschläger: Vorwort Jb-KMG 1977, S. 8).

Bisher unbekannte oder unbeachtet gebliebene Dokumente und Quellen über einzelne Lebensabschnitte werden erschlossen und in biographischen Teilstudien – unter Einbeziehung der Zeithistorie und des sozialen Umfeldes – kommentiert: Abstammung, Kindheit und Jugend, Seminar- und Lehrerzeit, Strafzeit, Redakteurzeit, »Renommierjahre«, Beziehungen zu Verlegern, Lesern, Freunden und Verehrern, Reise, Ehen, Pressefehden, Prozesse, Schaffensepochen. Die Interpretation von Autor und Werk erfordert die Sicherung des biographischen Materials sowie die genaue Ermittlung und Bewahrung von Lebens- und Schaffensumständen.

Über die Entstehung der einzelnen Werke und Werkgruppen – Münchmeyer-Romane, Dorfgeschichten, Humoresken und frühe Abenteuererzählungen, Reise- und Jugenderzählungen, das Alterswerk – erscheinen werkgeschichtliche Abhandlungen. Werkmaterialien – wie noch vorhandene Konzepte und Entwürfe, die Einblick in die Werkstatt des Autors geben – stehen neben Untersuchungen der literarischen Quellen und Vorbilder, der historischen Hintergründe, Fakten und Daten von Mays Werken. Einen besonderen Raum nehmen die interpretatorischen Arbeiten ein, hier zumal die Deutung und Erschließung des Alterswerkes. Die Beiträge bemühen sich, dessen komplizierte Erzählstruktur sichtbar und die verschiedenen Leseebenen verstehbar zu machen. Sie gewinnen interessantes Anamnesematerial zu einer Charakteranalyse Mays und liefern eindrucksvolle Beispiele für die Leistungsfähigkeit der Psychoanalyse im literaturwissenschaftlichen Bereich. Speziell untersucht werden die Jugenderzählungen, deren didaktisch-pädagogische Methode nachgewiesen wird, was zu einer neuen Einschätzung Mays als Jugendschriftsteller führt. In weiteren Beiträgen werden erste Versuche unternommen, das Werk literaturgeschichtlich in Kategorien und Traditionen einzuordnen, beispielsweise in die literarische Romantik.

In einer Kolumne kehren regelmäßig der Literaturbericht, der alle wichtigen Neuerscheinungen zum facettenreichen Thema May – auch außerhalb der KMG – umfaßt, und der Bericht über die Arbeit der Gesellschaft, eine Art Werkstattbilanz, wieder.

3. Mitteilungen der Karl-May-Gesellschaft (M-KMG), vierteljährlich, Nr. 1 (Sept. 1969), Umfang bis zu 52 S., Redaktion: H. Hatzig. Beilage INFORM, 8 S., Nr. 1–25 (Sept. 1972 bis Sept. 1978), ab Dez. 1978 fortlfd. numeriert wie M-KMG, ab Nr. 64 in diese fest eingeheftet. Redaktion: E. Heinemann.

Inhalt: Kürzere Forschungsbeiträge und Abhandlungen, Miscellen, wirkungsgeschichtliche Darstellungen, Aktuelles mit der ständigen Rubrik »Neues um Karl May«. INFORM: Sammlung von Materialien aus dem Zeitgeschehen. Gesellschaftsnachrichten erscheinen im separaten »Bericht der Geschäftsstelle« bzw. »Geschäftsführerbrief« (8–16 S.), Redaktion: E. Müller. Seit 1984 gibt die KMG (E. Bartsch / H. Wiedenroth) »Archiv-Nachrichten«: in loser Folge heraus.

4. Sonderhefte der Karl-May-Gesellschaft (S-KMG), Nr. 1 (Juni 1972) ff., bisher (1986): 65 Ausgaben, Umfang bis zu 100 S., Redaktion: H. Hatzig. Die in dieser Reihe erscheinenden Hefte behandeln einzelne Themen aus dem gesamten Forschungsspektrum (Biographie, Werkgeschichte und -analyse, Wirkungsgeschichte, Religion, Philosophie), die als Monographien für Mitteilungen und Jahrbücher zu umfangreich sind. Ferner in dieser Reihe Stichwortverzeichnisse, Register, Konkordanzen.

5. Beiträge zur Karl-May-Forschung, herausgegeben von H. Stolte, bisher (1986) 3 Bde. (1966, 1967, 1973), Umfang 215–270 S., KMV Bamberg.

Inhalt: Mays Leben, seine Ehe mit E. Pollmer und seine Freundschaft mit dem Maler S. Schneider. Die Reihe stellt die Veröffentlichung derjenigen Arbeiten in Aussicht, »die als gesicherte Beiträge zur historischen Wahrheit über Karl May gelten dürfen«.

6. Materialien zur Karl-May-Forschung, Schriftenreihe der KMG (MatKMF), Bd. 1 (1974) ff., bisher (1986) 10 Bde., Umfang bis zu 264 S., Herausgeber: K. Serden.
Inhalt: Reprints von Schriften über Karl May aus der Zeit vor 1912, ferner Studien zu Leben, Werk und Wirkung, Gerichts- und Pressematerial.

7. Faksimile-Ausgaben (Karl-May-Gesellschaft)
Die Erstdrucke, auf die die Forschung sich stützen muß, sind über ein weites Spektrum verschiedener belletristischer Wochenblätter und Hauskalender verstreut, erschienen zwischen 1874 und 1910. Soweit überhaupt noch vorhanden, befinden sie sich vorwiegend in Privatbesitz, in den Händen von Sammlern und Liebhabern, seltener in Bibliotheken. Unter tatkräftiger Mithilfe ihrer Mitglieder trug die KMG die benötigten Vorlagen zusammen. Seit 1971 ist folgendes umfangreiches Reprint-Programm entstanden:
- Erstdrucke Karl Mays in Faksimile-Ausgaben. 5 Serien (Hamburg 1971–75) mit Beiträgen aus »Der Beobachter an der Elbe« 1874/75, »Deutsches Familienblatt« 1875/76, »Weltspiegel« 1877–79, »Feierstunden am häuslichen Heerde« 1876/77, »Frohe Stunden« 1877/78
  »Hausschatz«-Erzählungen 1878–1909. 11 Bde. (Regensburg 1976–82)
- »All-Deutschland« / »Für alle Welt« 1880/81. 3 Bde. (Gelsenkirchen 1977–80)
- »Marienkalender-Geschichten« 1898–1910. 1 Bd. (Gelsenkirchen 1979)
- »Der Gute Kamerad« 1887–96. Vorgesehen: 7 Bde. (Regensburg 1983 ff.) Sämtliche Bände sind mit umfassenden Einführungen versehen.
- *Winnetou Band IV* 1909/10. 1 Bd. (Gelsenkirchen 1984)
- »Seltene Originaltexte« 1875–1908. 2 Bde. (Gelsenkirchen 1985/86)
  (Olms-Presse)
- Mays Kolportageromane (sog. »Münchmeyer-Romane«) 1882–87, 28 Bde. (Hildesheim 1969–76)

– »Schacht und Hütte« 1875/76, Redakteur und Verfasser der meisten Beiträge: Karl May. 1 Bd. (Hildesheim 1979)
– *Mein Leben und Streben* 1910 (Hildesheim 1975)

(Karl-May-Verlag)
Den ersten faksimilierten Nachdruck einer Buchreihe legten der KMV/Verlag A. Graff, Bamberg/Braunschweig (1973 ff.) mit der Ausgabe der sog. »Union-Bände« 1890–96 vor. Bisher fünf Bde. Den Romanzyklus *Deutsche Herzen, deutsche Helden,* den Olms innerhalb der Reihe der Kolportageromane in der Buchausgabe Dresden 1901–02 nachgedruckt hatte, gab der KMV 1976 in der Original-Münchmeyer'schen Fassung Dresden 1885–87 (109 Lieferungshefte, lose in drei Sammelmappen) heraus. Ein besonderes Verdienst für die Karl-May-Forschung erwarb sich der KMV mit der Faksimileausgabe der 33bändigen »Gesammelten Reiseerzählungen« im Erstdruck der Fehsenfeldausgabe 1892–1910 (Bamberg 1982–84). Weitere Veröffentlichungen: die sog. *Prozeß-Schriften,* die May selbst nur als Privatdruck in minimaler Auflage, teils überhaupt nicht publiziert hat, verfaßt in seinen letzten Lebensjahren als Abwehr der gegen ihn gerichteten Angriffe: *Frau Pollmer, eine psychologische Studie* 1907, Handschrift-Faksimile und Druck; *Ein Schundverlag* I/II, Faksimile der vermeintlichen »Korrekturbogen« von 1905 und 1909; *An die 4. Strafkammer* (Königl. Landgericht III Berlin), Faksimile des als Manuskript gedruckten Schriftsatzes in der Berufungssache May-Lebius, Dez. 1911. Bamberg 1982.

c) Perspektiven

Die Forschung um Karl May, die noch zu Beginn der 70er Jahre an einem bescheidenen Anfang stand, hat sich in neuerer Zeit mit einer erstaunlichen Verve entwickelt. Von den Arbeitsfeldern, die sie sich absteckte – Dokumentation der Lebens- und Schaffensgeschichte des Autors, Sicherung der Originaltexte, Werkgeschichte und -interpretation –, sind inzwischen große Teile ausgefüllt. Dennoch bleibt noch vieles zu tun.

Im biographischen Bereich gilt es, weiterhin Fakten und Details zu sammeln, bis alle Lebensabschnitte Mays vollständig ausgeleuchtet sind. Dabei ist auch das soziale und politische Ambiente von Mays Leben einzubeziehen. Das zusammengetragene und aufgearbeitete Material soll die Grundlage bilden für eine umfassende Gesamtbiographie. Ob dies die

Arbeit eines einzelnen oder ein Gemeinschaftswerk sein wird, bleibt abzuwarten.

Die Werkinterpretationen stehen in Umrissen fest. Weitere Aufmerksamkeit wird den geistesgeschichtlichen Verbindungslinien zu widmen sein. Mit den Quellen, Vorbildern und literarischen Verwandtschaften wird die Forschung sich in Zukunft verstärkt zu beschäftigen haben. Auch dürfte die soziologische Forschung, die ihr ergiebiges Arbeitsfeld im Frühwerk vorfindet, noch keineswegs zum Abschluß gekommen sein. Die Kolportageromane Mays enthalten ein Anamnesematerial über den Menschen im beginnenden Industriezeitalter, wie es so ausgeprägt nicht so bald wieder geboten wird. Fortgeführt werden muß die Entschlüsselung und Deutung des beziehungsreichen Alterswerkes, dessen Kunstwerkcharakter wohl erkannt, in der interessierten Öffentlichkeit aber noch nicht ausreichend zur Kenntnis genommen worden ist. Vor dem Abschluß steht die Reprographie der Originaltexte. Die »Kamerad-Reprints« der KMG und die Reihe der »Union-Bände« des KMV sind noch zu komplettieren. Nun kann kein noch so umfangreiches, sorgfältig ediertes und kommentiertes Reprintprogramm eine historisch-kritische Textausgabe ersetzen. Warum sie erforderlich ist und welchen Prämissen sie folgen sollte, erläutert J. Wehnert: Zur abenteuerlichen Textgeschichte Karl Mays (in: Karl May. Hrsg. von H. Schmiedt, F. a. M. 1983. S. 310–336. S. 328ff.). Im Frühjahr 1987 ist mit *Scepter und Hammer* der erste Band einer auf 99 Bände veranschlagten Historisch-kritischen Werkausgabe im Greno Verlag, Nördlingen, erschienen. Als Herausgeber zeichnen Hermann Wiedenroth und Hans Wollschläger. Während die Werkausgabe so zügig in Angriff genommen wird, steht eine Gesamtbibliographie noch aus.

Ein weiteres Ziel bleibt die Erarbeitung der Wirkungsgeschichte. Alle schriftlichen Äußerungen Mays sollten gesammelt werden – wie sie in einer Vielzahl von Briefen vorliegen, sei es im Archiv des KMV, sei es in Privathand. Geplant ist eine mehrbändige Briefsammlung. Ferner wäre noch genauer die Rolle der Presse zu untersuchen und zu belegen. Angekündigt wird 1987 eine auf 99 Bände angelegte Historisch-kritische Werkausgabe (Hg. H. Wollschläger / H. Wiedenroth). Davon sollen 13 Bde. entfallen auf Nachlaß, Briefe, Lebenschronologie, Bibliographie, Register und Editionsbericht.

Die jüngste May-Forschung hat eine deutliche Tendenz zur

Expansion gezeigt, immer neue Forschungsräume werden erschlossen. Mays vielgestaltiges Œuvre, »das von trivialster Heftchenliteratur bis zu vielbödigen surrealistischen Symbolromanen reicht, (...) wird seine ›Massenwirksamkeit‹ noch lange bewahren. Und eben solange wird es der Wissenschaft zu denken geben« (C. Roxin: Karl-May-Gesellschaft. In: Die Horen 95, 3/1974. S. 63–65, S. 64).

Erich Heinemann

VERZEICHNIS DER ABKÜRZUNGEN

DH	Zeitschrift »Deutscher Hausschatz in Wort und Bild«
Faks.	Faksimile
F	Karl May: Freiburger Erstausgaben. Hrsg. von Roland Schmid. Bd. 1–33. Reprint der ersten Buchausgabe bei Fehsenfeld 1892–1910. Karl-May-Verlag Bamberg 1982–1984. (»Fehsenfeld-Ausgabe«)
GK	Zeitschrift »Der Gute Kamerad. Spemanns Illustrierte Knaben-Zeitung«
GWB	Karl May's Gesammelte Werke. 74 Bände. Karl-May-Verlag Bamberg 1961 ff. (»Bamberger Ausgabe«)
GWR	Karl May's Gesammelte Werke. 65 Bände. Radebeul bei Dresden 1913–1945. (»Radebeuler Ausgabe«)
H.	Heft
Jg.	Jahrgang
Jb-KMG	Jahrbuch der Karl-May-Gesellschaft 1970 ff.
KMG	Karl-May-Gesellschaft e.V., Hamburg
KMJb	Karl-May-Jahrbuch (1918–1933 und 1978, 1979 erschienen)
KMV	Karl-May-Verlag Bamberg
M-KMG	Mitteilungen der Karl-May-Gesellschaft 1969 ff.
May: *Mein Leben und Streben*	Karl May: *Mein Leben und Streben*. Vorwort, Anmerkungen, Nachwort, Sach-, Personen- und geographisches Namenregister von Hainer Plaul. Hildesheim / New York [2]1982.
MMV	Münchmeyer Verlag
R	Reprint
S-KMG	Sonderheft der Karl-May-Gesellschaft 1972 ff.
Wollschläger: May	Hans Wollschläger: Karl May. Grundriß eines gebrochenen Lebens. 2., hie und da korrigierte Auflage der Neuausgabe. Zürich 1977. (Mehrere unveränderte Nachauflagen; die Erstausgabe erschien mit Illustrationen als Nr. 104 in der Reihe »Rowohlts Monographien« unter dem Titel: »Karl May in Selbstzeugnissen und Bilddokumenten«. Reinbek bei Hamburg 1965.)

BIBLIOGRAPHIE ZUR FORSCHUNGSLITERATUR

(von Reinhard Tschapke)

Die Auswahl der biographischen Forschungsliteratur (mit einem Sternchen * gekennzeichnet) besorgte Claus Roxin. Eine Bibliographie der Werke Karl Mays, zusammengestellt von Jürgen Wehnert, ist enthalten in: Karl May, hg. von H. Schmiedt, F. a.M. 1983, S. 339–361. Ergänzend sei auf die jeweiligen Werkartikel in diesem Handbuch und die vielfach ausführlichen Vor- und Nachworte der neueren Editionen verwiesen. Eine umfangreiche Karl-May-Bibliographie wird von H. Plaul und G. Klußmeier vorbereitet und soll 1988 in Leipzig erscheinen. Die in der Bibliographie angeführten ungedruckten Arbeiten können über die Karl-May-Gesellschaft (Karl Serden, Sternenweg 16, 7526 Ubstadt-Weiher 3) ausgeliehen werden.

I.

Beiträge zur Karl-May-Forschung. Hg. von Heinz Stolte. Bamberg (KMV) 1966ff. (bisher 3 Bände)

Karl-May-Jahrbuch 1918–33. 1918f. hg. v. Rudolf Beissel und Fritz Barthel, jeweils: Breslau 1918. 1920 hg. v. Rudolf Beissel und Fritz Barthel, Radebeul 1919. 1921–24 hg. v. Max Finke und E. A. Schmid, Radebeul 1920, 1921, 1922, 1924. 1925–31 hg. v. Ludwig Gurlitt und E. A. Schmid, Radebeul 1924, 1926, 1927, 1928, 1929, 1930, o. J. 1932f. hg. v. Konrad Guenther und E. A. Schmid, Radebeul 1932, 1933; 1978 (in anderer Ausstattung) hg. von S. Augustin / Th. Ostwald, 1979 von R. Schmid / Th. Ostwald, Bamberg – Braunschweig.

Jahrbuch der Karl-May-Gesellschaft 1970ff. 1970, 1971, 1972/73 hg. v. Claus Roxin, Hamburg 1970, 1971, 1972. 1974 hg. v. Claus Roxin und Heinz Stolte, Hamburg 1973. 1975, 1976, 1977, 1978 hg. v. Claus Roxin, Heinz Stolte und Hans Wollschläger, Hamburg 1974, 1976, 1977, 1978, 1979, 1980, 1981, 1982, 1983, 1984, 1985, 1986.

Mitteilungen der Karl-May-Gesellschaft 1/1969ff. Hg. v. der Karl-May-Gesellschaft 1969ff. (bis 1986 70 Hefte).

Materialien zur Karl-May-Forschung. Hg. von Karl Serden im Auftrag der Karl-May-Gesellschaft. Ubstadt 1974ff. (bisher 9 Bände).

Sonderhefte der Karl-May-Gesellschaft 1/1972ff. Hg. von der Karl-May-Gesellschaft (bis 1986 66 Hefte).

II.

Abraham, U.: Die Angst vor der Entdeckung und die Entdeckung der Angst. Ein Motiv bei Franz Kafka und Karl May. In: DVjs. 59/1985. S. 313–340.

Arlinghaus, H.-U.: Karl Mays *Ardistan und Dschinnistan,* Interpretation und didaktische Reflexionen. Hausarbeit zur Ersten Staatsprüfung für das Lehramt. Münster 1972.

Arnold, H. L. (Hg.): Karl May. Sonderband »text + kritik«. Zusammengestellt u. redigiert von Chr. F. Lorenz. Mit Beiträgen von A. Graf, E. Lipstein, W. Bühnemann, M. Degner-Herbst, J. Wehnert, V. Klotz, V. Neuhaus, M. Schenkel, E. Koppen, Chr. F. Lorenz, W. Ilmer, H. Vollmer, H. Schmiedt, G. Scholdt. München 1987.

Asbach, G.: Die Medizin in Karl Mays Amerika-Bänden. Düsseldorf 1972.

*Augustin, S.: Karl May in München. In: KMJb 1978. S. 45–110.

Augustin, S. / Beissel, R.: Quellen und Vorbilder Mays. Vorstudien zu einer Monographie. In: Augustin, S. / Mittelstaedt, A. (Hg.): Vom Lederstrumpf zum Winnetou. Autoren und Werke der Volksliteratur. München 1981. S. 59–80.

Augustin, S.: Armands Saat und Karl Mays Ernte. In: M-KMG 53/1982. S. 15–26.

Avenarius, F.: Karl May als Erzieher. In: Der Kunstwart 15. 1901/02. S. 585f.

Bach, W.-D.: Muttergedichte Karl Mays und Hermann Hesses. In: Jb-KMG 1970. S. 114–117.

Bach, W.-D.: Fluchtlandschaften. In: Jb-KMG 1971. S. 39–73.

Bach, W.-D.: Sich einen Namen machen. In: Jb-KMG 1975. S. 34–72.

Bach, W.-D.: Erkennen als lebendige Erfahrung. Zur psychoanalytischen Optik, angewendet auf May in essayistischen Formen. In: Jb-KMG 1980. S. 28–34.

Bach, W.-D.: Mit Mohammed an May vorbei. Zur Kritik I. Hofmanns und A. Vorbichlers an Karl Mays Islam-Phantasien. In: Jb-KMG 1981. S. 375–381.

Bach, W.-D.: Abenteuer als Angstbewältigung: Beweggründe der Phantasie Karl Mays. In: Karl May. Hg. von H. Schmiedt. F. a. M. 1983. S. 245–251.

Banach, B.: Die Rasse, die nicht groß werden durfte. Karl May und die Indianer. S-KMG 19/1979.

*Bartsch, E.: Karl Mays Wiener Rede. Eine Dokumentation. In: Jb-KMG 1970. S. 47–80.

Bartsch, E.: *Und Friede auf Erden!* Entstehung und Geschichte. In: Jb-KMG 1972/73. S. 93–123.

Bartsch, E.: »Mensch und Tier« und Gedanken Karl Mays zum Natur- und Landschaftsschutz. In: Jb-KMG 1975. S. 90–98.

Bartsch, E.: *Ardistan und Dschinnistan.* Entstehung und Geschichte. In: Jb-KMG 1977. S. 81–102.

Bartsch, E.: »Ich begann sofort mit *Winnetou*«. Zur Neuentdeckung eines unbekannten frühen Karl-May-Textes. In: Jb-KMG 1980. S. 189–192.

*Bartsch, E.: »Die liebenswürdigste aller Musen«. Karl May und das Theater. In: Jb-KMG 1985. S. 367–375.

Becker, S.: Karl Mays Philosophie im Spätwerk. Ubstadt 1977.

Beissel, R.: Der Indianerroman und seine wichtigsten Vertreter. In: KMJb 1918. S. 219–253.
Beissel, R.: Ein Schlußstrich. Abschließende Betrachtung zum Streit um Karl Mays Münchmeyer-Romane. In: KMJb 1919. S. 165–194.
Beissel, R.: Der orientalische Reise- und Abenteuerroman. In: KMJb 1920. S. 142–177.
*Beissel, R.: »Und ich halte Herrn May für einen Dichter...« Erinnerungen an Karl Mays letzten Prozeß in Berlin. In: Jb-KMG 1970. S. 11–46.
Bembenek, L.: Der »Marxist« Karl May, Hitlers Lieblingsschriftsteller und Vorbild der Jugend? Die Karl-May-Rezeption im »Dritten Reich«. In: Sammlung. Jahrbuch 4 für antifaschistische Literatur und Kunst. F. a. M. 1981. S. 147–155.
Berg, B.: Religiöses Gedankengut bei Karl May. S-KMG 47/1984.
Berg, H.-J.: Das Prinzip der Wiederholung in Karl Mays Amerika-Romanen. Dargestellt an ausgewählten Beispielen. Hausarbeit zur wissenschaftlichen Prüfung für das Lehramt an Gymnasien. Hamburg 1975.
Bettelheim, A.: Eine Abrechnung mit dem Karl-May-Verlag. Leipzig 1918.
Biedermann, A.: Über Karl Mays *Mahdi*. In: KMJb 1927. S. 304–325.
Bloch, E.: Die Silberbüchse Winnetous. (Neufassung). In: Karl May. Hg. von H. Schmiedt, F. a. M. 1983. S. 28–31.
Bloch, E.: Urfarbe des Traums. In: Jb-KMG 1971. S. 11–16. (Ursprünglich in: »Die literarische Welt«. Berlin, 3. 12. 1926).
Bloch, E.: Über Karl Mays sämtliche Werke. Beilage zur Frankfurter Zeitung v. 31. 3. 1929 (= Traumbasar. In: KMJb 1930. S. 59–64).
Bolliger, M.: Roter Gentleman und weißer Jäger. Karl Mays Kindheit und Jugend. Zürich 1981.
Bonin, W. F.: Karl Mays Pilgrim's Progress. In: M-KMG 16/1973, S. 3–6; fortgesetzt in: M-KMG 18/1973, S. 7–13.
Bossinade, J.: Das zweite Geschlecht des Roten. Zur Inszenierung von Androgynität in der *Winnetou*-Trilogie Karl Mays. In: Jb-KMG 1986. S. 241–267.
Botschen, E.: Die Banda Oriental – ein Umweg zur Erlösung. In: Jb-KMG 1979. S. 186–212.
Botschen, E., u. a.: Das gab mir Karl May. S-KMG 66/1986.
Braumann, R.: Auf den Spuren von Karl May. Reisen zu den Stätten seiner Bücher. F. a. M. 1978.
Breuer, R.: Karl May. Tagträumer der Nation. In: Psychologie heute. Mai 1982. S. 39–45.
Bröning, I.: Die Reiseerzählungen Karl Mays als literaturpädagogisches Problem. Düsseldorf 1973.
Bühler, Ch.: Zur Psychologie der Volksliteratur: Karl May, Robert Kraft, Friedrich Gerstäcker, Alexander Dumas. In: Die Hochwacht. Jg. 8/1918. S. 314–328.
Cardauns, H.: Herr Karl May von der anderen Seite. In: Hist.-polit. Blätter für das katholische Deutschland 129 (1902). S. 517–540.

Cardauns, H.: Die »Rettung« des Herrn Karl May. In: Historisch-politische Blätter für das katholische Deutschland 140 (1907). S. 286–309.
Carpenter, K. / Steinbrink, B.: Ausbruch und Abenteuer. Deutsche und englische Abenteuerliteratur von Robinson bis Winnetou. Katalog zur Oldenburger Kinderbuchmesse. Oldenburg 1984.
Cook, C.: Germany's Wild West Author: A researcher's Guide to Karl May. In: German Studies Review 5/1. 1982. S. 67–86.
Cornaro, F.: Der Märchenerzähler. In: KMJb 1924. S. 173–198.
*Cornaro, F.: Karl Mays Wiener Fasching 1898. In: M-KMG 9/1971. S. 21–22.
Cornaro, F.: »Bedenker des Wortes«. Das Eintreten des »Brenner« für Karl May. In: Jb-KMG 1971. S. 216–220.
*Cornaro, F.: Karl Muth, Karl May und dessen Schlüsselpolemik. In: Jb-KMG 1975. S. 200–219.
Cornaro, F.: Ferdinand Raimunds und Karl Mays gleichgerichtete Wege. In: M-KMG 30/1976. S. 4–10.
Cornaro, F.: Bemerkungen zu Karl Mays Manuskript *Ange et diable*. In: Jb-KMG 1978. S. 256–263.
Cornaro, F.: Karl-May-Ähnliches in J. R. R. Tolkiens Dichtung »Der Herr der Ringe«. In: Jb-KMG 1981. S. 207–226.
Cracroft, R. H.: The American West of Karl May. Utah/USA 1969.
Dahl, P.: Neurose und Dichtung. In: literatur konkret 6. 1981. S. 70–73.
Deeken, A.: »Seine Majestät das Ich.« Zum Abenteuertourismus Karl Mays. Bonn 1983.
Deeken, A.: Träume eines Geistersehers. Zur Ästhetik eines Syberberg-Films. In: Jb-KMG 1984. S. 44–59.
*Dittrich, M.: Karl May und seine Schriften. Dresden 1904. (R Ubstadt 1975).
Dornieden, U.: Wirkungsästhetische Überlegungen zur Rezeption von Karl Mays *Winnetou I* unter besonderer Berücksichtigung psychoanalytischer Literatur. Wissenschaftliche Hausarbeit im Rahmen der Ersten Staatsprüfung für das Amt des Studienrats. Berlin 1977.
Droop, A.: Karl May. Eine Analyse seiner Reiseerzählungen. Cöln-Weiden 1909.
Durzak, M.: Winnetous Brüder. Der Indianer in der deutschen Literatur. Vierteilige Sendung im Deutschlandfunk. März 1974. Funkskript.
*Dworczak, K. H.: Das Leben Old Shatterhands. Radebeul 1935. Salzburg 1950.
Eggebrecht, H.: Exotismus als literaturwissenschaftliches Problem. In: M-KMG 16/1973. S. 26–29.
Eggebrecht, H.: Sinnlichkeit und Abenteuer. Die Entstehung des Abenteuerromans im 19. Jahrhundert. Berlin / Marburg 1985.
Eggebrecht, H. (Hg.): Karl May – der sächsische Phantast. Studien zu Leben und Werk. F. a. M. 1987.

Eggers, K.: Anmerkungen zu Karl Mays Erzählung *Christus oder Muhammed*. In: M-KMG 52/1982. S. 3–16.

Eggers, K.: Zum Motiv der Vatertötung im *Sohn des Bärenjägers*. In: S-KMG 51/1984. S. 28–35.

Eicke, O.: Wesen und Werk. In: KMJb 1925. S. 177–186.

Evers, M.: Karl Mays Kolportageroman *Der verlorene Sohn*. Tagtraum und Versuch der literarischen Bewältigung persönlicher Existenzprobleme des Autors. In: Jb-KMG 1981. S. 88–135.

Eversberg, G.: Zur Kritik bürgerlicher Trivialliteratur und ihrer Wertung (Am Beispiel Karl May). Hausarbeit zur ersten philologischen Staatsprüfung für das Lehramt. Köln 1973.

Feuser, W. F.: Rassische Stereotypen im Roman, betrachtet am Falle Karl Mays. In: Die Entwicklung des Romans. Hg. v. Z. Konstantinovic u. a. Innsbruck 1982. S. 471–476.

Finke, M.: Aus Karl Mays literarischem Nachlaß. In: KMJb 1920. S. 53–88. – Fortsetzungen in: KMJb 1921, S. 16–40; KMJb 1922, S. 28–54; KMJb 1923, S. 17–35.

Finke, M.: Karl Mays Schreibart. In: KMJb 1924. S. 267–289.

Finke, M.: Karl May und die Musik. In: KMJb 1925. S. 39–63.

Finke, M.: Zu Mays Lyrik. In: KMJb 1926. S. 316–321.

*Forst-Battaglia, O.: Karl May. Traum eines Lebens – Leben eines Träumers. Bamberg 1966. (Neufassung von: Karl May. Ein Leben, ein Traum. Zürich / Leipzig / Wien 1931).

Fricke, H.: Karl May und die literarische Romantik. In: Jb-KMG 1981. S. 11–35.

Fricke, H.: Wie trivial sind Wiederholungen? Probleme der Gattungszuordnung von Karl Mays Reiseerzählungen. In: Z. Skreb / U. Baur (Hg.): Erzählgattungen der Trivialliteratur. Innsbruck 1984. S. 125–148.

Frigge, R.: Das erwartbare Abenteuer. Massenrezeption und literarisches Interesse am Beispiel der Reiseerzählungen von Karl May. Bonn 1984.

Gagelmann, R.: Soll die Jugend Karl May lesen? Bamberg 1967.

Geächtet oder geachtet? 32 Tschechen äußern sich über Karl May. In: KMJb 1932. S. 218–368.

*Gelber, A. / Nhil, W. / Wilhelm, P.: Karl May in Wien. Letzte Interviews (1912). In: Jb-KMG 1970. S. 81–91.

Gerber, M.: Old Shatterhand rides again! The rehabilitation of Karl May in GDR. In: Studies in GDR 5. S. 237–250.

Groma, P.: Auf den Spuren Karl Mays. Berlin / F. a. M. / Wien 1964.

Grumbach, B.: Das Alterswerk Karl Mays. Ausdruck einer persönlichen Krise. S-KMG 32/1981.

Gündoğar, F.: Trivialliteratur und Orient: Karl Mays vorderasiatische Reiseromane. F. a. M. / Bern / New York 1983.

*Guenther, E. W.: Karl May und sein Verleger Friedrich Ernst Fehsenfeld. In: Jb-KMG 1978. S. 154–167.

*Guenther, K.: Karl May und sein Verleger. In: Karl May. *Satan und Ischariot*. I. Band. R-KMV 1983. S. A2–A35.

Guntermann, K.: Eine Begegnung. In: Jb-KMG 1970. S. 177–180.
Gurlitt, L.: Karl May in der zeitgenössischen Kritik. In: KMJb 1918. S. 44–63.
Gurlitt, L.: Hermann Hesse über Karl May. In: KMJb 1923. S. 357–362.
Härtel, F.: Ein verhinderter Soldat? Militär und Militärisches bei Karl May. In: S-KMG 13/1978. S. 5–10.
Haider, A.: Vom »Deutschen Hausschatz« zur Buchausgabe. Vergleichslesungen. S-KMG 50/1984.
Hammerbeck, E.: Karl Mays Winnetou-Bild. S-KMG 14/1979.
Handke, P.: Erste-Lese-Erlebnisse. In: S. Unseld (Hg.): Erste-Leseerlebnisse. F. a.M. 1975. S. 122.
Hansen, W. (Hg.): Das große Hausbuch der Dorfgeschichten. München 1980.
*Hatzig, H.: Karl May und Sascha Schneider. Dokumente einer Freundschaft. Bamberg 1967.
*Hatzig, H.: Bertha von Suttner und Karl May. In: Jb-KMG 1971. S. 246–258.
Hatzig, H.: *Et in terra pax – Und Friede auf Erden*. Karl Mays Textvarianten. In: Jb-KMG 1972/73. S. 144–170.
*Hatzig, H.: Mamroth gegen May. Der Angriff der »Frankfurter Zeitung«. In: Jb-KMG 1974. S. 109–130.
*Hatzig, H. / Serden, K.: Spätlese in Deidesheim. In: M-KMG 19/1974. S. 9–12, 20/1974. S. 9–13.
Hatzig, H.: Streiflichter zur Kontroverse May–Pöllmann. Eine Materialiensammlung. In: Jb-KMG 1976. S. 273–286.
*Hatzig, H.: Mays letzte Reise nach Tirol. In: M-KMG 34/1977. S. 2–3, M-KMG 35/1978. S. 17–18.
Hatzig, H.: Karl-May-Register zu »Gesammelte Werke«. Bd. 26, 27, 28, 29. S-KMG 11/1978.
Hatzig, H.: Karl-May-Register zu »Gesammelte Werke«. Bd. 25, 30, 31, 32. S-KMG 12/1978.
Hatzig, H.: Karl-May-Register zu »Gesammelte Werke«. Bd. 7–9, 33. S-KMG 15/1979.
Hatzig, H.: Karl-May-Register zu »Gesammelte Werke«. Bd. 14, 15, 19, 20, 21, 22. S-KMG 18/1979.
Hatzig, H.: Karl-May-Register zu »Gesammelte Werke«. Bd. 1–6. S-KMG 22/1980.
Hatzig, H.: Karl-May-Register zu »Gesammelte Werke«. Bd. 12, 13, 16, 17, 18, 24. S-KMG 25/1980.
Hatzig, H.: Karl-May-Register zu »Gesammelte Werke«. Bd. 10, 11, 23. S-KMG 27/1980.
Hatzig, H. / Klußmeier, G.: Pöllmann versus May – May versus Pöllmann. Dokumente zum Ende einer Kontroverse ohne Schluß. In: Jb-KMG 1982. S. 245–284.
Hatzig, H.: Karl-May-Register zu Mays Erzählungen für die Jugend. Mit einer Beilage: Konkordanz Pawlak-Union. S-KMG 38/1982.
Hatzig, H.: Karl-May-Register zu *Das Waldröschen oder die Verfolgung*

rund um die Erde. Mit einer Beilage: Konkordanz Pawlak-Münchmeyer. S-KMG 40/1983.
Hatzig, H.: *Schamah.* Ein Stück in fünf Bildern von Karl May. Für die Bühne eingerichtet von H. Hatzig. S-KMG 43/1983.
Hatzig, H.: Karl-May-Register zu *Deutsche Herzen, deutsche Helden.* S-KMG 46/1983.
Hatzig, H. / Wychlacz, H.: Karl-May-Register zu *Die Liebe des Ulanen.* S-KMG 48/1984.
Hatzig, H.: Karl-May-Register zu *Der verlorene Sohn oder der Fürst des Elends.* Mit einer Beilage: Konkordanz Pawlak-Münchmeyer. S-KMG 52/1984.
Hatzig, H. / Canellas-Waldenfels, T.: Karl-May-Register *Der Weg zum Glück.* Hamburg 1984. S-KMG 53.
Hatzig, H.: Karl-May-Register. Frühwerke und Dorfgeschichten. S-KMG 64/1986.
Hatzig, H.: Karl-May-Register. Frühwerke und Humoresken. S-KMG 68/1986.
Haverkamp, E. / Pesch, U.: Karl Mays *Waldröschen.* Ein Colportageroman des ausgehenden 19. Jahrhunderts. Aachen 1971.
*Hecker, M.: Die Entdeckung eines orientalischen Klondyke. In: Jb-KMG 1970. S. 173–176.
Hecker, M. / Steinmetz, H.-D.: Die tschechischen Karl-May-Ausgaben. In: M-KMG 22/1974, S. 9–16; Forts. in: M-KMG 24/1975, S. 14–18; M-KMG 26/1975, S. 24–28; M-KMG 27/1976, S. 23 ff.
*Hecker, M. / Steinmetz, H.-D.: Karl May in Böhmen. In: Jb-KMG 1977. S. 218–230.
*Hecker, M. / Steinmetz, H.-D.: Dr. Karel May – Nachlese in Prag. In: M-KMG 37/1978. S. 27–36, 38/1978. S. 26–33.
*Hecker, M.: Karl Mays Kuraufenthalte 1907 und 1911. In: M-KMG 43/1980. S. 12–17, 44/1980. S. 7–15.
Heftrich, H.-J.: Das Amerikabild Karl Mays (anhand von *Winnetou I–IV*). Hausarbeit zum Staatsexamen für das Lehramt. Mainz 1971.
Hein, J.: Die »Erzgebirgischen Dorfgeschichten«. Zum Erzähltyp »Dorfgeschichte« im Frühwerk Karl Mays. In: Jb-KMG 1976. S. 47–68.
*Heinemann, E.: Dr. Karl May in Gartow. In: Jb-KMG 1971. S. 259–268.
*Heinemann, E.: Ijar und Yussuf el Kürkdschü. Joseph Kürschner, Karl May und der Deutsche Literaturkalender. In: Jb-KMG 1976. S. 191–206.
Heinemann, E.: Über Karl May. Aussprüche namhafter Persönlichkeiten. Ubstadt 1980.
*Heinemann, E., u. a.: Karl May in Berlin. S-KMG 33/1981.
Heinemann, E.: »Karl May paßt zum Nationalsozialismus wie die Faust aufs Auge«. Der Kampf des Lehrers Wilhelm Fronemann. In: Jb-KMG 1982. S. 234–244.
*Hellwig, A.: Die kriminalpsychologische Seite des Karl-May-Problems. In: KMJb 1920. S. 187–250.

Herrmann, P.: Die »Erzgebirgischen Dorfgeschichten« Karl Mays unter dem Aspekt der Dorfgeschichten-Tradition. Hausarbeit der Ersten Staatsprüfung für das Lehramt am Gymnasium. Bochum 1980.

Heuer, H. P.: Karl May in Rumänien. S-KMG 21/1980.

Heuer, K.-P.: Karl May in Italien. S-KMG 30/1981.

Hieronimus, E.: Karl May. Bemerkungen zur Darstellung seines Werkes. In: die horen 95/1974. S. 58ff.

Hirsching, K.: Die Handlungszeit der Karl-May-Erzählungen in der *Winnetou*-Aera. Stuttgart 1977.

Höck, J.: Stufen auf den Mount Winnetou. In: KMJb 1929. S. 86–108.

Hoffmann, G.: »Wie Kaiser Wilhelm mit Kara Ben Nemsi auszog, das Fürchten zu lernen.« Westdeutscher Rundfunk. Funkskript. Sendung v. 19. 2. 1974.

*Hoffmann, K.: Nachwort zum Faksimiledruck des *Waldröschen*. In: Karl May. *Das Waldröschen*. Hildesheim / New York 1971. S. 2618–2678.

*Hoffmann, K.: Zeitgenössisches über »ein unwürdiges Glied des Lehrerstandes«. Pressestimmen aus dem Königreich Sachsen 1864–1870. In: Jb-KMG 1971. S. 110–121.

*Hoffmann, K.: Karl May als »Räuberhauptmann« oder Die Verfolgung rund um die sächsische Erde. Karl Mays Straftaten und sein Aufenthalt 1868–1870. 1. Teil: Jb-KMG 1972/73. S. 215–247. 2. Teil: Jb-KMG 1975. S. 243–275.

*Hoffmann, K.: Silberbüchse–Bärentöter–Henrystutzen, »das sind die drei berühmtesten Gewehre der Welt«. Herkunft, Wirkung und Legende. In: Jb-KMG 1974, S. 74–108.

*Hoffmann, K.: Der »Lichtwochner« aus Seminar Waldenburg. Eine Dokumentation über Karl Mays erstes Delikt (1859). In: Jb-KMG 1976. S 92–104.

*Hoffmann, K.: »Nach 14 Tagen entlassen...«. Über Karl Mays zweites »Delikt« (Oktober 1861). In: Jb-KMG 1979. S. 338–354.

Hofmann, I. / Vorbichler, A.: Das Islam-Bild bei Karl May und der islamo-christliche Dialog. Wien 1979.

Hofmann, F.: J. H. Pestalozzis politisch-pädagogisches Bekenntnis in seinen ›Nachforschungen‹ als Zeitgemälde in einem Triptychon hoch- und spätbürgerlicher Geschichtsphilosophie und Anthropologie. In: Pädagogische Rundschau 34/1980. S. 143–162.

Hohendahl, P. U.: Von der Rothaut zum Edelmenschen. Karl Mays Amerikaromane. In: Amerika in der deutschen Literatur. Neue Welt. Nordamerika. USA. Hg. von S. Bauschinger / H. Denkler / W. Malsch. Stuttgart 1975. S. 229–245.

Hügel, H.-O.: Das inszenierte Abenteuer. In: Marbacher Magazin 21/ 1982. S. 10–32.

Huerkamp, J.: Erläuterungen, Materialien und Register zu Arno Schmidts »Sitara und der Weg dorthin«. München 1979.

Huerkamp, J.: Des Klarglaswitzboldes ernster Jux. Überlegungen zum prekären Status der Kritik Arno Schmidts an Karl May. In:

Zettelkasten 3. Aufsätze und Arbeiten zum Werk Arno Schmidts. F. a. M. 1984. S. 207–226.
Ilmer, W. / Pielenz, A.: Kaum merklich geändert oder wie »original« sind Radebeuler Ausgaben? S-KMG 4/1976.
Ilmer, W., u. a.: Karl Mays Deutsche Herzen und Helden. S-KMG 6/1976.
*Ilmer, W. / Klußmeier, G. / Plaul, H.: Neues vom *Waldröschen* und seinem Verleger Münchmeyer. S-KMG 31/1981.
Ilmer, W.: Durch die sächsische Wüste zum erzgebirgischen Balkan. Karl Mays erster großer Streifzug durch seine Verfehlungen. In: Jb-KMG 1982. S. 97–130.
Ilmer, W.: Winnetou im Gesangverein. Ein Traum des Gefangenen. S-KMG 35/1982.
Ilmer, W.: Das Märchen als Wahrheit – die Wahrheit als Märchen. Aus Karl Mays »Reise-Erinnerungen« an den erzgebirgischen Balkan. Jb-KMG 1984. S. 92–138.
Ilmer, W.: Von Kurdistan nach Kerbela. Seelenprotokoll einer schlimmen Reise. In: Jb-KMG 1985. S. 263–320.
*Jacta, M. (d. i. E. Schwinge): Zu Tode gehetzt. Der Fall Karl May. In: Berühmte Strafprozesse. Deutschland III. München 1972. (Auch als Sonderdruck des KMV 1972).
Jeglin, R.: Karl May und die Armenier. In: M-KMG 6/1970, S. 20–24; fortgesetzt in: M-KMG 7/1971, S. 22–25.
Jeglin, R.: *Das Vermächtnis des Inka* und *Der Ölprinz*. In: M-KMG 9/1971, S. 3–13; fortgesetzt in: M-KMG 10/1971, S. 3–12.
Jeglin, R. / Petzel, M.: Anmerkungen zur Abenteuerliteratur. In: M-KMG 33/1977, S. 4–9; fortgesetzt in: M-KMG 34/1977, S. 8–13; M-KMG 35/1978, S. 33–36.
Jeglin, R.: Abenteuerliteratur und Schule. Ausgewählte Probleme einer Unterrichtsreihe »Abenteuerliteratur« in der Jahrgangsstufe 9. Pädagogische Prüfungsarbeit zur 2. Staatsprüfung. Gießen 1979.
Jeglin, R.: Herrgottsengel, Rebell und Missionar. Anmerkungen zum Rettungsstil bei Karl May. S-KMG 24/1980.
Jeglin, R.: »Die Welt der Ritterbücher war meine Lieblingswelt«. Anmerkungen zu »Rinaldo Rinaldini« und seinem Einfluß auf Karl May. In: Jb-KMG 1982. S. 170–184.
Jeziorkowski, K.: Empor ins Licht. Gnostizismus und Licht-Symbolik in Deutschland um 1900. In: G. Chapple u. H. H. Schulte (Hg.): The Turn of the Century. German Literature and Art 1890–1915. Bonn 1981. S. 171–196.
Kahl-Basel, F. W.: Karl May, ein Verderber der deutschen Jugend. Berlin 1908. (R Berlin 1974).
Kainz, E.: Das Problem der Massenwirkung Karl Mays. Wien 1949.
Kandolf, F.: Karl May und das Deutschtum. In: KMJb 1921. S. 129–139.
Kandolf, F.: Der werdende Winnetou. In: KMJb 1921. S. 336–360.
Kandolf, F.: Kara Ben Nemsi auf den Spuren Layards. In: KMJb 1922. S. 197–207.

Kandolf, F.: Krüger Bei und der »Vater der Fünfhundert«. In: KMJb 1924. S. 90–104 (wiederabgedruckt im KMJb 1979).
Kandolf, F.: Winnetous Tod. In: KMJb 1925. S. 69–74.
Kandolf, F.: Schrittmesser und Landkarten. In: KMJb 1925. S. 154–165.
Kandolf, F.: Von Hassan el Kebihr bis Hadschi Halef Omar. In: KMJb 1926. S. 357–368.
Kandolf, F. / Stütz, A.: Karl Mays Bücherei. In: KMJb 1931. S. 212–291.
Kandolf, F.: Winnetou und Rayon Brulant. In: KMJb 1932. S. 484–493.
Kandolf, F.: Karl May und Gabriel Ferry. In: KMJb 1933. S. 191–198.
Kann, A. P.: Karl May. So war sein Leben. Hamburg 1979.
Kaschel, M.: Ich, Kara Ben Nemsi. Zur Funktion des Subjekts in Karl Mays vorderasiatischen Reiseromanen. Hausarbeit im Rahmen der Ersten Staatsprüfung für das Lehramt für die Sekundarstufe II. Bochum 1986.
⋆Kipp, R. W.: Die Lu-Droop-Story. In: M-KMG 37/1978. S. 3–19, M-KMG 38/1978. S. 3–19.
⋆Kisch, E. E.: In der Villa Shatterhand. Ein Interview mit Karl May. In: Bohemia. Prag 1910. 15. 5. (Faksimile in M-KMG 14/1972, S. 19–22).
Kisch, E. E.: Im Wigwam Old Shatterhands. In: Hetzjagd durch die Zeit. Reportagen. F. a. M. 1974. S. 32ff.
Kittler, U.: Karl May auf der Couch? Die Suche nach der Seele des Menschen. Eine literaturpsychologische Studie zur Rezeption der »Lehre vom Unbewußten« im Spätwerk Karl Mays. Ubstadt 1985.
Kittler, U.: Auf der Suche nach der Seele des Menschen. Die »verlorengegangene Menschheitsseele« bei Karl May als hochaktueller Beitrag zu Gegenwartsphänomenen. In: Beiträge pädagogischer Arbeit. Hg. v. Leitenden Arbeitskreis der Gemeinschaft Evangelischer Erzieher in Baden. 26. Jg. 1982. S. 67–95.
Klein, A.: Die Krise des Unterhaltungsromans im 19. Jahrhundert. Ein Beitrag zur Theorie und Geschichte der ästhetisch geringwertigen Literatur. Bonn 1969.
Klose, W.: Karl May – vom Lesen zur Spielparodie: »Winnetou in Hollywood«. In: Praxis Deutsch 20 (1976). S. 47–50.
Klotz, V.: Ausverkauf der Abenteuer. Karl Mays Kolportageroman *Das Waldröschen*. In: Fritz Martini (Hg.): Probleme des Erzählens in der Weltliteratur. Stuttgart 1971. S. 159–194.
Klotz, V.: Abenteuer-Romane. Sue–Dumas–Ferry–Retcliffe–May–Verne. München / Wien 1978.
Klotz, V.: Woher, woran und wodurch rührt *Der verlorene Sohn*? Zur Konstruktion und Anziehungskraft von Karl Mays Elends-Roman. In: Jb-KMG 1978. S. 87–110.
Klotz, V.: *Die Juweleninsel* – und was man draus entnehmen könnte. Lese-Notizen zu den Erstlingsromanen nebst einigen Fragen zur Karl-May-Forschung. In: Jb-KMG 1979. S. 262–275.

Klotz, V.: Über den Umgang mit Karl May. Unter anderm: psychoanalytisch: unter anderm. In: Jb-KMG 1980. S. 12–27.

Klotz, V.: Durch die Wüste und so weiter. In: Karl May. Hg. von H. Schmiedt. F.a.M. 1983. S. 75–100.

Klußmeier, G.: »Darum drehen wir den Strick...« Die Pressefehde Karl Mays mit Pater Ansgar Pöllmann in der Radolfzeller »Freien Stimme«. In: Jb-KMG 1979. S. 322–337.

Klußmeier, G.: H. G. Münchmeyer in Hamburg und anderswo. In: S-KMG 31/1981.

Klußmeier, G.: »Hobble und Ödipus« und »Helden des Westens« im Urteil der Fachwissenschaftler. In: S-KMG 51/1984. S. 2–10.

*Klußmeier, G.: »Ein Wind niedriger Gesinnung weht durch Deutschland«. Karl May und Maximilian Harden. In: Jb-KMG 1977. S. 103–113.

*Klußmeier, G. / Plaul, H. (Hg.): Der große Karl May Bildband. Biographie in Dokumenten und Bildern. Hildesheim / New York 1978.

*Klußmeier, G.: Die Akte Karl May. Die Karl-May-Akte der politischen Polizei im Staatsarchiv Hamburg. Ubstadt 1979.

*Klußmeier, G.: Die Gerichtsakten zu Prozessen Karl Mays im Staatsarchiv Dresden. Mit einer juristischen Nachbemerkung von Claus Roxin. In: Jb-KMG 1980. S. 137–174, Jb-KMG 1981. S. 262–299.

Koch, E.: *Winnetou Band IV*. Versuch einer Deutung und Wertung. 1. Teil: Jb-KMG 1970. S. 134–148, 2. Teil: Jb-KMG 1971. S. 269–289.

Koch, E.: Karl May und die indianische Religion. In: M-KMG 6/1970. S. 3–8.

Koch, E.: Anmerkungen zu Mays Stil: Der Dialog. In: M-KMG 8/1971. S. 6–10.

Koch, E.: Zwischen Rio de la Plata und Kordilleren. Zum historischen Hintergrund von Mays Südamerika-Romanen. In: Jb-KMG 1979. S. 137–168.

Koch, E.: »Jedes irdische Geschöpf hat eine Berechtigung zu sein und zu leben«. Zum Verhältnis von Karl May und Johann Gottfried Herder. In: Jb-KMG 1981. S. 166–206.

Koch, E.: Der Weg zum »Kafferngrab«. Zum historischen und zeitgeschichtlichen Hintergrund von Karl Mays Südafrika-Erzählungen. In: Jb-KMG 1981. S. 136–165.

Koch, E.: Karl Mays Väter. Die Deutschen im Wilden Westen. Husum 1982.

Koch, E.: »Famoses Land, dieses Sibirien, und allerliebste Verhältnisse!« Zum historischen Hintergrund von Mays Sibirien-Abenteuer in *Deutsche Herzen – Deutsche Helden*. In: Jb-KMG 1986. S. 185–224.

Koch, W.: Karl Mays Baukunst und ihre Symbolik. In: KMJb 1918. S. 113–125.

Köppen, M. / Steinlein, R.: Karl May: *Der verlorene Sohn oder der Fürst des Elends* (1883–85). Soziale Phantasie zwischen Vertröstung und Rebellion. In: H. Denkler (Hg.): Romane und Erzählungen des bürgerlichen Realismus. Neue Interpretationen. Stuttgart 1980. S. 274–292.

Koppen, E.: Christliche Mythen bei Alexandre Dumas und Karl May. In: H. Koopmann (Hg.): Mythos und Mythologie in der Literatur des 19. Jahrhunderts. F. a.M. 1979. S. 199–211.

Koppen, E.: Karl May und China. In: Jb-KMG 1986. S. 69–88.

Korol, M.: Untersuchung einiger Textstellen aus Karl Mays Roman *Der Schatz im Silbersee* im Deutschunterricht einer 8. Klasse. Einführung einiger Kategorien zur Interpretation. Prüfungsarbeit für das Lehramt an Gymnasien. Bremen 1975.

Kosciuszko, B.: Das literarische Echo und Karl May. Eine Dokumentation. S-KMG 7/1977.

Kosciuszko, B.: Karl Mays Drama *Babel und Bibel*. S-KMG 10/1978.

Kosciuszko, B.: »Man darf das Gute nehmen, wo man es findet«. Eine Quellenstudie zu Mays Südamerika-Romanen. In: Jb-KMG 1979. S. 169–185.

Kosciuszko, B.: »In meiner Heimat gibt es Bücher«. Die Quellen der Sudanromane Karl Mays. In: Jb-KMG 1981. S. 64–87.

Kosciuszko, B.: »Eine gefährliche Gegend«. Der Yellowstone Park bei Karl May. In: Jb-KMG 1982. S. 196–210.

Kosciuszko, B.: Karl May in der Schule. Bericht über eine Unterrichtsreihe in der Klasse 7 eines Gymnasiums. In: M-KMG 54/1982, S. 25–30; fortgesetzt in: M-KMG 55/1983, S. 27–31.

Kosciuszko, B.: *Helden des Westens*. Vorschläge zu einer Interpretation. S-KMG 42/1983.

Kosciuszko, B. / Lorenz, C. F.: Die alten Jahrbücher. Dokumente früher Karl-May Forschung – eine Bestandsaufnahme. Ubstadt 1984.

*Kosciuszko, B.: Im Zentrum der May Hetze – Die Kölnische Volkszeitung. Ubstadt 1985.

Kovacevic, K.: Makedonien bei Karl May. In: Lenau Forum. 3. Jg. 1971. Folge 3–4. S. 97–110.

Kraus, St. / Wörner, H.: Pazifismus in Mays Werk am Beispiel seiner Soldatenschilderungen. S-KMG 13/1978. S. 39–42.

Krenski, W. v.: Friedrich Nietzsche–Karl May. In: KMJb 1925. S. 198–237.

Krischel, V.: Karl Mays »Schattenroman«. Gesichtspunkte zu einer Weltdeutungs-Dichtung. S-KMG 37/1982.

Krischel, V.: Franz Kandolfs Roman »In Mekka«. Eine erste Annäherung. S-KMG 39/1983.

*Kroeschell, K.: May oder Kretzschmar? In: M-KMG 10/1971. S. 23–28.

Kühne, H.: Karl Mays *Ölbrand*. In: Jb-KMG 1970. S. 258–262.

Kühne, H.: Karl May und E. v. T. In: Jb-KMG 1970. S. 198–220.

Kühne, H.: Register zum Jahrbuch der Karl-May-Gesellschaft 1970–1975. Hamburg 1980.

Kunicki, W. / Honsza, N.: Unterhaltungsliteratur im europäischen Realismus. Karl May und *Winnetou IV*. In: Jb-KMG 1986. S. 225–240.

*Langer, K.: Der psychische Gesundheitszustand Karl Mays. Eine psychiatrisch-tiefenpsychologische Untersuchung. In: Jb-KMG 1978. S. 168–173.

Langer, K.: Die »Befreiung eines Gefangenen« als juristisch-ethisches Problem bei Karl May. In: M-KMG 49/1981. S. 3–9.

Langer, K.: Das helle und das dunkle Wesen. Untersuchung zur Spaltung des Innern von Karl May. In: M-KMG 63/1985. S. 8–13.

*Langer, K.: Die Bedeutung der Angstlust in Karl Mays Leben und Werk. In: Jb-KMG 1986. S. 268–276.

Laqua, H.: Warum Karl May? Wirkung und Wert eines Volksschriftstellers. Radebeul 1937.

*Lebius, R.: Die Zeugen Karl und Klara May. Berlin 1910.

Lehmann, S. / Sadek, M. / Sommer, G.: Karl May. Die Seele ist ein weites Land. Ein Katalog zur Ausstellung. Hamburg 1984.

Leiner, F.: Karl May im Spiegel neuerer Literatur. In: Blätter für den Deutschlehrer. 9. Jg. 1965. S. 97ff.

Lindemann, C.: Verdrängte Revolutionen? Eichendorffs »Schloß Dürande« und Karl Mays Klekih-petra-Episode im *Winnetou*-Roman. In: Jahrbuch der Eichendorff-Gesellschaft 34/1974. S. 24–38.

Lobgesang, H.: Darstellung des Militärs in den Wildwest-Bänden Karl Mays. In: S-KMG 13/1978. S. 17–30.

Loepelmann, G. / Fischer-Windorf, A.: *Das Waldröschen oder die Verfolgung rund um die Erde*. Ein melodramatischer Bilderbogen von Karl May. Hildesheim / New York 1977.

*Loest, E.: Swallow, mein wackerer Mustang. Karl-May-Roman. Berlin 1980, Hamburg 1980.

Lorenz, C. F.: Vom Haß zur Liebe. Karl Mays »Marienkalender-Geschichten« als Dokumente der inneren Entwicklung ihres Verfassers. In: Jb-KMG 1980. S. 97–124.

Lorenz, C. F.: Landesherr und Schmugglerfürst. Eine Rezensionsabhandlung zu den Erzählungen Karl Mays in der Zeitschrift »Für alle Welt« (= »All-Deutschland«) in den Jahren 1879–1880. In: Jb-KMG 1981. S. 360–374.

Lorenz, C. F.: Karl Mays zeitgeschichtliche Kolportageromane. F. a. M. / Bern 1981.

Lorenz, C. F.: »Als lyrischen Dichter müssen wir uns Herrn May verbitten«? Anmerkungen zur Lyrik Karl Mays. In: Jb-KMG 1982. S. 131–157.

Lorenz, C. F.: »Das ist der Baum El Dscharanil«. Gleichnisse, Märchen und Träume in Karl Mays *Im Reiche des silbernen Löwen III* und *IV*. In: Jb-KMG 1984. S. 139–166.

Lorenz, C. F.: Das Gewissen des Musterwirts. Karl Mays »Dorfgeschichte« *Das Geldmännle*. In: Jb-KMG 1985. S. 182–217.

Lowsky, M.: Die Rolle der Frau in Karl Mays Werk. In: M-KMG 17/1973. S. 4–9.

Lowsky, M.: Über die Wandlung des Frauenbildes in Mays Werk. In: M-KMG 19/1974, S. 4–8; fortgesetzt in: M-KMG 20/1974, S. 4–9.
Lowsky, M.: Alterswerk und »Wilder Westen«. Überlegungen zum Bruch in Mays Werk. In: M-KMG 36/1978. S. 3–16.
Lowsky, M.: Die Problematik des Geldes in Karl Mays Reiseerzählungen. In: Jb-KMG 1978. S. 111–141.
Lowsky, M. / Klotz, V.: Literatur und Psychoanalyse. In: M-KMG 39/1979. S. 3–4.
Lowsky, M.: Der kranke Effendi. Über das Motiv der Krankheit in Karl Mays Werk. In: Jb-KMG 1980. S. 78–96.
Lowsky, M.: »Aus dem Phantasie-Brunnen«. Die Flucht nach Amerika in Theodor Fontanes »Quitt« und Karl Mays *Scout*. In: Jb-KMG 1982. S. 77–96.
Lowsky, M.: Spuren Johann Peter Hebels in Karl Mays Autobiographie. In: M-KMG 56/1983. S. 3–6.
Lowsky, M.: »Mummenschanz mit Tanz«. Vieldeutige Abenteuerlichkeit in Karl Mays Tunesien-Erzählung *Der Krumir*. In: Jb-KMG 1985. S. 321–347.
Lowsky, M.: Die Ethymtheorie und der Weg dorthin. In: M-KMG 66/1985. S. 33–35.
Lowsky, M.: Karl May. Stuttgart 1987 (Sammlung Metzler 231).
Märktin, R. P.: Wunschpotentiale. Geschichte und Gesellschaft in Abenteuerromanen von Retcliffe, Armand und May. Königstein/Ts. 1983.
Mahrholz, W.: Ohne Zorn und Eifer. In: KMJb 1927. S. 11–31. (Erstfassung im »Literarischen Echo« 1918, H. 3, u.d.T. »Karl May«; wiederabgedruckt in: S-KMG 7/1977, S. 31–48).
Mann, K.: Cowboy-Mentor des Führers. In: Schmiedt, H. (Hg.): Karl May. F. a. M. 1983. S. 32–34. (Auszug; übersetzt von W. Ilmer; ursprünglich in: The Living Age 359 (1940), S. 217–222 u.d.T. Cowboy Mentor of the Führer).
Márai, S.: Armer Winnetou. In: M-KMG 32/1977. S. 4–6.
*Maschke, F.: Karl May und Emma Pollmer. Die Geschichte einer Ehe. Bamberg 1973.
*Maschke, F.: Was Pauline Fehsenfeld nicht wissen konnte. In: M-KMG 39/1979. S. 11–14, 40/1979, S. 23.
*May, Klara: Bunte Blätter aus Karl Mays Leben. In: KMJb 1918. S. 64–71.
*May, Klara: Mit Karl May durch Amerika. Radebeul 1931.
*May, Klara: Die Lieblingsschriftsteller Karl Mays. Mit Anmerkungen von Hans Wollschläger. In: Jb-KMG 1970. S. 149–155.
Meichsner, K.: »Unbewußte« Motive und »Gewollte Symbolik« in Karl Mays *Ardistan und Dschinnistan*. Zulassungsarbeit für das Staatsexamen in Germanistik. Heidelberg 1974.
Meier, H.: »Prinz Otto Victor, Der Confusionsheinrich, der Studentenkarl und das Wiannerlinchen...« Ein Programm? Anmerkungen zu einem frühen Fragment-Text Karl Mays. In: Jb-KMG 1986. S. 96–109.

Milczewsky, R.: Karl May, 1. Ich – Kara Ben Nemsi, 2. Ich – Old Shatterhand, 3. Ich – Das Menschheitsproblem. Dreiteilige Sendung im Südwestfunk (Baden-Baden). Januar 1985 (Funkskript).

*Mittermaier, J.: Ein Schriftsteller und sein Fotograf. KMJb 1978. S. 111–133.

Mosse, G. L.: Was die Deutschen wirklich lasen: Marlitt, May, Ganghofer. In: Grimm, R. / Hermand, J. (Hg.): Popularität und Trivialität. F. a. M. 1974. S. 101 ff.

Müller, B.: Zur Darstellung der Frau und der Beziehung der Geschlechter in Karl Mays *Waldröschen*. S-KMG 65/1986.

Müller, R.: Nachruf auf Karl May. In: Karl May. Hg. von H. Schmiedt. F. a. M. 1983. S. 24–27. (Ursprünglich in: Fremden-Blatt, Wien, 3. 4. 1912. Auch in: Jb-KMG 1970, S. 106–109).

Müller-Haarmann, U.: Darstellung der sozialen Verhältnisse in den Kolportageromanen Karl Mays. Wissenschaftl. Arbeit im Rahmen der 1. Staatsprüfung für das Lehramt an Gymnasien. Bonn 1981.

Munzel, F.: Karl Mays Erfolgsroman *Das Waldröschen*. Eine didaktische Untersuchung als Beitrag zur Trivialliteratur der Wilhelminischen Zeit und der Gegenwart. Hildesheim / New York 1979.

Munzel, F.: Auf der Suche nach dem Frieden unter den Menschen. Karl Mays Sehnsucht nach dem Frieden als Stärkung für erzieherisches Bemühen um den Frieden heute. In: Beiträge pädagogischer Arbeit. Hg. v. Leitenden Arbeitskreis der Gemeinschaft Evangelischer Erzieher in Baden. 26. Jg. 1982. S. 48–66.

Museum für Völkerkunde, Wien (Hg.): Almanach zur Karl-May-Ausstellung 1. 4.–30. 9. 1949 mit Aufsätzen von Bleichsteiner, Dentel, Patsch, Grill und Cornaro.

*Nadler, J.: Geschichte der Deutschen Literatur. Wien 1951. Über May: S. 659–661.

Naumann, H.: Rückkehr zur Romantik. In: KMJb 1929. S. 222–226.

Neßler, U.: Lebius-Register. »Die Zeugen Karl May und Klara May«. S-KMG 49/1984.

Neßler, U.: Register zu Karl Mays Prozeßschriften. S-KMG 56/1985.

Neumann, G.: Das erschriebene Ich. Erwägungen zum Helden im Roman Kal Mays. In: Germanistik in Erlangen. Hg. von D. Peschel. Erlangen 1983. S. 335–363.

Neumann, H.: Karl Mays frühe Buchausgaben und ihre Verwandlungen. In: M-KMG 15/1973, S. 14–19; fortgesetzt in: M-KMG 16/1973, S. 11–14; M-KMG 17/1973, S. 9–14.

Nibbrig, E.: Triviale Elemente der Persönlichkeitscharakteristik und des Handlungsablaufs bei Karl May. Eine Untersuchung anhand ausgewählter Beispiele. Arbeit zum Diplomexamen der Fachhochschule für Bibliothekswesen. Stuttgart 1981.

Oel-Willenborg, G.: Von deutschen Helden. Eine Inhaltsanalyse der Karl-May-Romane. Weinheim / Basel 1973.

Ohlig, W.: Arno Schmidts Karl-May-Interpretation. Karlsruhe 1976.

Ohlig, W.: Bucklige, Lahme und andere Behinderte bei Karl May. In: M-KMG 35/1978. S. 23–32.

*Ostwald, Th.: Karl May – Leben und Werk. Braunschweig ³1977.
Ozoroczy, A. v.: Karl May und der Orient. In: KMJb 1918. S. 164–180.
Ozoroczy, A. v.: Karl May und der Friede. In: KMJb 1928. S. 29–114 (auch abgedruckt im KMJb 1978).
*Patsch, L.: Karl Mays erste Liebe. In: KMJb 1979. S. 189–193.
Pauler, H.: Deutscher Herzen Liederkranz. Lieder und Gedichte in Karl Mays Kolportageromanen. S-KMG 41/1983.
Pauler, H.: Deutscher Herzen Liederkranz. Lieder und Gedichte im Werk Karl Mays. S-KMG 60/1985.
Pielenz, A.: Karl Mays Illustrierte Reiseerzählungen Band I–IX. – Ausgaben letzter Hand? S-KMG 9/1977.
Plaul, H. / Hoffmann, K.: Stand und Aufgaben der Karl-May-Forschung. Dargelegt auf der Grundlage zweier Privatarchive. In: Jb-KMG 1970. S. 181–197.
*Plaul, H.: Auf fremden Pfaden? Eine erste Dokumentation über Mays Aufenthalt zwischen Ende 1862 und Ende 1864. In: Jb-KMG 1971. S. 144–164.
*Plaul, H.: Alte Spuren. Über Karl Mays Aufenthalt zwischen Mitte Dezember 1864 und Anfang Juni 1865. In: Jb-KMG 1972/73. S. 195–214.
*Plaul, H.: Die Kahl-Broschüre. Entstehung und Folgen eines Anti-May-Pamphlets. In: Jb-KMG 1974. S. 195–236.
*Plaul, H.: »Besserung durch Individualisierung«. Über Karl Mays Aufenthalt im Arbeitshaus zu Zwickau von Juni 1865 bis November 1868. In: Jb-KMG 1975. S. 127–199.
*Plaul, H.: Anhang zum R von Karl Mays *Mein Leben und Streben*. Hildesheim / New York 1975, ²1982. S. 321–570.
*Plaul, H.: Resozialisierung durch »progressiven Strafvollzug«. Über Karl Mays Aufenthalt im Zuchthaus zu Waldheim von Mai 1870 bis Mai 1874. In: Jb-KMG 1976. S. 105–170.
*Plaul, H.: Redakteur auf Zeit. Über Karl Mays Aufenthalt und Tätigkeit von Mai 1874 bis Dezember 1877. In: Jb-KMG 1977. S. 114–217.
Plaul, H.: Literatur und Politik. Karl May im Urteil der zeitgenössischen Publizistik. In: Jb-KMG 1978. S. 174–255.
*Plaul, H.: Der Sohn des Webers. Über Karl Mays erste Kindheitsjahre 1842–1848. In: Jb-KMG 1979. S. 12–98.
*Plaul, H.: Ererbte Imagination. Über drei schriftstellernde Stammverwandte Karl Mays. In: Jb-KMG 1981. S. 227–261.
Plaul, H. (Hg.): Leidenschaft und Liebe. Trivialprosa des 18. und 19. Jahrhunderts. Rostock 1981.
Plischke, H.: Von Cooper bis Karl May. Eine Geschichte des völkerkundlichen Reise- und Abenteuerromans. Düsseldorf 1951.
*Pöllmann, A.: Ein Abenteurer und sein Werk. In: Über den Wassern. 3. Jg. 1910. Münster. S. 61–69, 91–101, 125–132, 166–174, 235–245, 271–280, 306–319, 493–495.
*Poppe, W.: May in Zwickau. In: M-KMG 9/1971. S. 14–16.

Poppe, W.: »Winnetou«. Ein Name und seine Quellen. In: Jb-KMG 1972/73. S. 248–253.
*Poppe, W.: Die Fred-Sommer-Story. Untersuchungen über eine angebliche Frühreise Karl Mays in die USA. S-KMG 2/1975.
Poppe, W.: Marah Durimeh. Eine Quellenforschung zu Karl Mays Reiseerzählung *Durchs wilde Kurdistan*. Sonderheft 1 des GAnz. Braunschweig 1975.
Prüfer, F.: Die Jugendschrift *Der blaurote Methusalem*. Methodisch-pychologische Streiflichter. In: KMJb 1918. S. 98–112.
Prüfer, F.: Die Kritik über Karl Mays Selbstbiographie. In: KMJb 1919. S. 303–313.
Prüfer, F.: Das Gurlittbuch – Eine Besprechung. In: KMJb 1921. S. 255–261.
Prüfer, F.: Karl Mays *Geographische Predigten* – ein Programm. In: KMJb 1921. S. 94–114.
Prüfer, F.: Zu Karl Mays 80. Geburtstag. In: KMJb 1922. S. 5–21.
Prüfer, F.: Das Volksbuch vom »alten Dessauer«. In: KMJb 1922. S. 208–216.
Prüfer, F.: Der Wettlauf. In: KMJb 1924. S. 228–252.
*Prüfer, F.: Die Zensuren des Schulamtskandidaten Karl May. In: KMJb 1925. S. 26–38.
Prüfer, F.: Old Shatterhands Milde. In: KMJb 1927. S. 356–363.
Prüfer, F.: An der Schwelle zur Gleichnisdichtung. In: KMJb 1929. S. 421–427.
Prüfer, F. / Schmid, E. A.: Karl May in den Volksbüchereien. In: KMJb 1930. S. 333–344.
Raddatz, W.: Das abenteuerliche Leben Karl Mays. Gütersloh 1965.
Radkov, W.: Politisches Engagement und soziale Problematik in den Balkanbänden Karl Mays. In: M-KMG 21/1974, S. 4–9; fortgesetzt in: M-KMG 22/1974, S. 3–8.
Richter, P. / Neßler, U.: Bilder aus Ardistan. Karl-May-Stätten in Sachsen. Ubstadt 1986.
Riedemann, K.: Aspekte zur Deutung der *Winnetou-IV*-Symbolik. S-KMG 17/1979.
Rothenburg, D.: Eine Betrachtung der Marah Durimeh in den Abenteuererzählungen Karl Mays unter besonderer Berücksichtigung der Thesen Wollschlägers. Magisterarbeit in Germanistik. Freie Universität Berlin 1980.
Roxin, C.: Hermann Hesse, Karl May und der Pazifismus. In: M-KMG 5/1970, S. 11–16.
*Roxin, C.: Vorläufige Bemerkungen über die Straftaten Karl Mays. In: Jb-KMG 1971. S. 74–109.
Roxin, C.: *Die Liebe des Ulanen* im Urtext. In: M-KMG 14/1972, S. 23–26; fortgesetzt in: M-KMG 15/1973, S. 6–11.
*Roxin, C.: »Dr. Karl May, genannt Old Shatterhand«. Zum Bild Karl Mays in der Epoche seiner späten Reiseerzählungen. In: Jb-KMG 1974. S. 15–73.
Roxin, C.: Vernunft und Aufklärung bei Karl May. Zur Deutung

der Klekih-petra-Episode im *Winnetou*. In: M-KMG 28/1976. S. 25–30.
Roxin, C.: Karl Mays »Freistatt«-Artikel. Eine literarische Fehde. In: Jb-KMG 1976. S. 215–229.
*Roxin, C.: Karl May, das Strafrecht und die Literatur. In: Jb-KMG 1978, S. 9–36 (auch abgedruckt in: Karl May. Hg. von H. Schmiedt. F. a. M. 1983. S. 130–159).
Roxin, C.: Fehsenfeld's Wiederkehr. In: M-KMG 55/1983, S. 35–36; fortgesetzt in: M-KMG 59/1984, S. 38–43; M-KMG 62/1984, S. 47–54.
Roxin, C.: Karl May und die Karl-May-Forschung. In: Carpenter, K. / Steinbrink, B.: Ausbruch und Abenteuer. Oldenburg 1984. S. 122–127.
Roxin, C.: Politische Wirkungen Karl Mays. In: M-KMG 64/1985. S. 28–31.
Schenkel, M.: *Babel und Bibel*. Ein aufklärerisches Drama des Mittelalters. In: Karl May. Hg. von H. Schmiedt. F. a. M. 1983. S. 278–309.
Schmid, E. A.: Karl May und der »alte Dessauer«. In: KMJb 1918. S. 254–260.
Schmid, E. A.: Die Münchmeyer-Romane. In: KMJb 1919. S. 147–164.
*Schmid, E. A.: Eine Lanze für Karl May. Radebeul 1919, [3]1940.
*Schmid, E. A.: Karl Mays Tod und Nachlaß. Gestalt und Idee. In: GWB 34. Letzte Bearbeitung: [29]1975. S. 313–408.
*Schmid, R.: Anna Schlott. In: KMJb 1979. S. 209–211.
Schmid, U.: »Mein höheres und eigentliches Vaterland ist Bayern«. Zu den Briefen Karl Mays an das bayerische Königshaus. In: Jb-KMG 1983. S. 123–145.
Schmidbauer, W.: Die Ohnmacht des Helden. Unser alltäglicher Narzißmus. Reinbek bei Hamburg 1981.
Schmidt, Arno: Abu Kital / Vom neuen Großmystiker. In: Dya Na Sore. Gespräche in einer Bibliothek. R der Erstausgabe von 1958. F. a. M. 1985. S. 150–193.
Schmidt, Arno: Sitara und der Weg dorthin. Eine Studie über Wesen, Werk & Wirkung Karl Mays. R der Erstausgabe von 1963. F. a. M. 1985.
Schmidt, H.: Von »Methusalem« zur »Shen«. In: M-KMG 12/1972, S. 4–8; fortgesetzt in: M-KMG 13/1972, S. 3–6.
Schmidt, H.: Karl May und die Neger. In: M-KMG 24/1975, S. 11–14; fortgesetzt in: M-KMG 25/1975, S. 12–15.
Schmidt, H., u. a.: »Die Naturkraft ist ihm unterthan«. S-KMG 57/1985.
Schmiedt, H.: Waldkönig und Buschgespenst. In: M-KMG 23/1975. S. 3–6.
Schmiedt, H.: Karl May und die Dichter. In: M-KMG 27/1976, S. 4–8; fortgesetzt in: M-KMG 28/1976, S. 4–6.
Schmiedt, H.: Der Schatz, der Frosch und der Pope. Zur Dialektik

der Aufklärung in Karl Mays Kolportageroman *Deutsche Herzen – Deutsche Helden*. In: Jb-KMG 1978. S. 142–153.
Schmiedt, H.: Karl May. Studien zu Leben, Werk und Wirkung eines Erfolgsschriftstellers. Königstein/Ts. 1979. 2., neu bearb. Auflage 1987.
Schmiedt, H.: Karl May als Forschungsobjekt. In: M-KMG 40/1979. S. 24–31.
Schmiedt, H.: Die Thränen Richard Wagners oder Der Sinn des Unsinns. Thesen zu einem Konstruktionsprinzip in Karl Mays Kolportageromanen. In: Jb-KMG 1980. S. 63–77. (Auch abgedr. in: Karl May. Hg. von H. Schmiedt. F. a.M. 1983. S. 229–244).
Schmiedt, H.: »Der Löwe Sachsens«: ein panegyrisches Gedicht Karl Mays. In: Jb-KMG 1981. S. 41–63.
Schmiedt, H.: Helmers Home und zurück. Das Spiel mit den Räumen in Karl Mays Erzählung *Der Geist des Llano Estakado*. In: Jb-KMG 1982. S. 60–76.
Schmiedt, H. (Hg.): Karl May. F. a.M. 1983.
Schmiedt, H.: Die Karriere eines Greenhorns: Karl May, *Winnetou I–III*. (Kurseinheit) Fernuniversität Hagen 1983.
Schmiedt, H.: Rationalität und Gewalt. Eine Episode aus dem »Schatz im Silbersee«. In: M-KMG 56/1983. S. 16–18.
Schmiedt, H.: Die erzählte Zukunft. Beobachtungen zu Karl Mays Abenteuerromanen. In: M-KMG 64/1985. S. 3–11.
Schmiedt, H.: Karl Mays *Mein Leben und Streben* als poetisches Werk. In: Jb-KMG 1985. S. 85–101.
Schmiedt, H.: »Einer der besten deutschen Erzähler…«? Karl Mays *Winnetou*-Roman unter dem Aspekt der Form. In: Jb-KMG 1986. S. 33–49.
*Schneider, A.: Karl May und seine Hamburger Freunde Carl und Lisbeth Felber. In: Jb-KMG 1970. S. 163–172.
*Schneider, A.: »… unsere Seelen haben viel Gemeinsames!« Zum Verhältnis Peter Rosegger – Karl May. In: Jb-KMG 1975. S. 227–242.
Schneider, A.: Mein Leben mit Karl May. S-KMG 58/1985.
Schneider, H.: Karl May in der Lederhose. München 1961.
Schneider, S.: Zur Stellung der Trivialliteratur in der Literaturwissenschaft. Am Beispiel von Karl Mays *Die Sklaven der Arbeit*. Schriftliche Hausarbeit für das Lehramt an Grund- und Hauptschulen. Köln 1975.
Schönthal, W.: Christliche Religion und Weltreligionen in Karl Mays Leben und Werk. S-KMG 5/1978.
Scholdt, G.: Sitara und die Marmorklippen. Zur Wirkungsgeschichte Karl Mays. In: Jb-KMG 1982. S. 158–169.
Scholdt, G.: Hitler, Karl May und die Emigranten. In: Jb-KMG 1984. S. 60–91.
*Scholdt, G.: Vom armen alten May. Bemerkungen zu *Winnetou IV* und der psychischen Verfassung seines Autors. In: Jb-KMG 1985. S. 102–151.

Schröder, J.: Karl May. Ein Aufruf. Berlin 1922.
Schuhmann, Th.: Die Darstellung der Erzgebirgischen Welt bei Karl May. Hausarbeit im Rahmen der ersten Staatsprüfung für das Lehramt für die Sekundarstufe II. Brühl 1983.
Schulte, E.: Untersuchungen zu Karl Mays Jugend- und Reiseerzählungen. Hagen 1971.
Schulte-Sasse, J.: Karl Mays Amerika-Exotik und deutsche Wirklichkeit. Zur sozialpsychologischen Funktion von Trivialliteratur im wilhelminischen Deutschland. In: Karl May. Hg. von H. Schmiedt. F. a.M. 1983. S. 101–129.
Sehm, G. G.: Der Erwählte. Die Erzählstrukturen in Karl Mays »Winnetou«-Trilogie. In: Jb-KMG 1976. S. 9–28.
Seifert, W.: Rätsel und Kriminalschema. Karl Mays *Winnetou* als Unterrichtsgegenstand (7./8. Jahrgangsstufe). In: Der Deutschunterricht 34/2 (1982). S. 53–62.
Serden, K.: Die Rose von Kairwan. In: M-KMG 23/1975, S. 7–10; fortgesetzt in: M-KMG 24/1975, S. 8–11.
Seybold, E.: Aspekte christlichen Glaubens bei Karl May. S-KMG 55/1985.
Steinbrink, B.: »Ich heiße Kraft«. In: M-KMG 50/1981. S. 12–21.
Steinbrink, B.: Abenteuerliteratur des 19. Jahrhunderts in Deutschland. Studien zu einer vernachlässigten Gattung. Tübingen 1983.
Steinbrink, B.: Initiation und Freiheit. Karl May und die Tradition des Abenteuerromans. In: Karl May. Hg. von H. Schmiedt. F. a.M. 1983. S. 252–277.
Steinbrink, B.: Vom Weg nach Dschinnistan. Initiationsmotive im Werk Karl Mays. In: Jb-KMG 1984. S. 231–248.
*Steinmetz, H.-D.: »Der gewaltigste Dichter und Schriftsteller ist… das Leben«. Zur Deutung der Nebatja- und Martha-Vogel-Episode. In: M-KMG 40/1979. S. 12–23.
*Steinmetz, H.-D.: Die Villa »Shatterhand« in Radebeul. In: Jb-KMG 1981. S. 300–338.
*Steinmetz, H.-D.: Ein Treffen in Radebeul. In: M-KMG 54/1982. S. 18–24.
Steinmetz, H.-D.: »Sollte ich ihn jetzt fallen lassen?« Egon Erwin Kischs publizistische Hilfe für Karl May. In: M-KMG 62/1984. S. 7–22.
*Steinmetz, H.-D.: Mariechen, Ferdinand und Onkel Karl. In: M-KMG 69/1986. S. 6–24.
Stellungnahmen zum Thema Literatur und Psychoanalyse mit Beiträgen von H. Stolte, G. Ueding, H. Schmiedt, W.-D. Bach, C. Roxin. In: M-KMG 40/1979. S. 3–9.
Stolte, H.: Der Volksschriftsteller Karl May. Beitrag zur literarischen Volkskunde. Radebeul 1936. (R mit Vorwort des Verfassers. Bamberg 1979).
Stolte, H.: Das Phänomen Karl May. Bamberg 1969.
Stolte, H.: *Waldröschen* als Weltbild. Zur Ästhetik der Kolportage. In: Jb-KMG 1971. S. 17–38.

Stolte, H.: Ein Literaturpädagoge. Untersuchungen zur didaktischen Struktur in Karl Mays Jugendbuch *Die Sklavenkarawane*. 1. Teil: Jb-KMG 1972/73. S. 171–194, 2. Teil: Jb-KMG 1974. S. 172–194, 3. Teil: Jb-KMG 1975. S. 99–126, 4. Teil: Jb-KMG 1976. S. 69–91.

Stolte, H. / Klußmeier, G.: Arno Schmidt & Karl May. Eine notwendige Klarstellung. Hamburg 1973.

Stolte, H.: Karl May literarisch. In: Karl May: Der große Traum. Erzählungen. Hg. von H. Stolte und E. Heinemann. München 1974. S. 7ff.

Stolte, H.: Die Reise ins Innere. Dichtung und Wahrheit in den Reiseerzählungen Karl Mays. In: Jb-KMG 1975. S. 11–33.

Stolte, H.: Auf den Spuren Nathans des Weisen. Zur Rezeption der Toleranzidee Lessings bei Karl May. In: Jb-KMG 1977. S. 17–57.

Stolte, H.: Mein Name sei Wadenbach. Zum Identitätsproblem bei Karl May. In: Jb-KMG 1978. S. 37–59.

Stolte, H.: Abschiede – ein Thema mit Variationen. In: Jb-KMG 1980. S. 35–62.

Stolte, H.: Narren, Clowns und Harlekine. Komik und Humor bei Karl May. In: Jb-KMG 1982. S. 40–59.

*Stolte, H.: *Frau Pollmer – eine psychologische Studie*. Dokument aus dem Leben eines Gemarterten. In: Jb-KMG 1984. S. 11–27.

Stolte, H.: Der Fiedler auf dem Dach. Gehalt und Gestalt des Romans *»Weihnacht!«* In: Jb-KMG 1986. S. 9–32.

Strech, N.: Die Darstellung der Juden bei Karl May. In: M-KMG 58/1983. S. 32–43.

*Streller, K. / Plaul, H.: Genealogische Tafeln zu Karl May I–VI. Beilage zum Jb-KMG 1979.

Sudhoff, D.: Karl Mays *Winnetou IV*. Ubstadt 1981.

*Sudhoff, D.: Dokumentation der Amerika-Reise. In: Karl Mays *Winnetou IV*. Ubstadt 1981. S. 1–23.

Sudhoff, D.: Karl Mays *Abdahn Effendi*. Eine Werkanalyse. In: Jb-KMG 1983. S. 197–244.

Sudhoff, D.: Karl Mays *Schamah*. Eine Werkanalyse. In: Jb-KMG 1984. S. 175–230.

Sudhoff, D.: Auf dem Weg – Karl Mays *Mutterliebe*. Eine Werkanalyse. In: Jb-KMG 1985. S. 218–262.

Sudhoff, D.: Der beflügelte Mensch. Traumflug, Aviatik und Höhenflug bei Karl May. In: Jb-KMG 1986. S. 110–154.

Sudhoff, D.: Die Kraft der Imagination. Bilder zum »großen Traum«. In: M-KMG 67/1986. S. 3–12.

Thaleiser, B.: Die Beurteilung Karl Mays in der deutschen Literaturkritik und ihre Auswirkung auf die Anschaffungspolitik der öffentlichen Bibliotheken. Hausarbeit zur Diplomprüfung an der Fachhochschule Hamburg 1985.

Thüna, U. v.: Ein Brief Karl Mays an eine pazifistische Zeitschrift. In: Jb-KMG 1970. S. 160–162.

Tippel, W. u. a.: Karl Mays erster Großroman. S-KMG 23/1980.

Tippel, W. / Wörner, H.: Frauen in Karl Mays Werk. S-KMG 29/1981.
Ueding, G.: Irrgarten der Kolportage. In: S-KMG 2/1972. S. 7–15.
Ueding, G.: Glanzvolles Elend. Versuch über Kitsch und Kolportage. F. a.M. 1973.
Ueding, G.: Rekonstruktion des Abenteuers. In: die horen 95/1974. S. 35ff.
Ueding, G.: Traumliteratur. Über literarische Erfahrung und ihre Wirkung. In: Ernst Blochs Wirkung. Ein Arbeitsbuch zum 90. Geburtstag. F. a.M. 1975. S. 251 ff.
Ueding, G.: Die Rückkehr des Fremden. Spuren der anderen Welt in Karl Mays Werk. In: Jb-KMG 1982. S. 15–39.
Ueding, G.: Der Traum des Gefangenen. Geschichte und Geschichten im Werk Karl Mays. In: Jb-KMG 1978. S. 60–86. (Auch abgedruckt in: Karl May. Hg. von H. Schmiedt. F. a.M. 1983. S. 160–187).
Ueding, G.: Die langandauernde Krankheit des Lebens. In: Jb-KMG 1986. S. 50–68.
Ueding, G.: Auf fremden Pfaden in die Heimat. Karl May. In: Ueding, G.: Die anderen Klassiker. Literarische Porträts aus zwei Jahrhunderten. München 1986. S. 156–183.
Unucka, C. (Hg.): Karl May im Film. Eine Bilddokumentation. Dachau 1980.
Vinzenz, W.: Feuer und Wasser. Zum Erlösungsmotiv bei Karl May. S-KMG 26/1980.
*Vinzenz, W.: Karl Mays Reichspost-Briefe. Zur Beziehung Karl Mays zum »Deutschen Hausschatz«. In: Jb-KMG 1982. S. 211–233.
Vollmer, H.: Traumdeutungen in Karl Mays Werken. In: M-KMG 42/1979. S. 15–24.
Vollmer, H.: »*Weihnacht!*« – ein »Erlösungswerk« Karl Mays. In: M-KMG 46/1980. S. 3–13.
Vollmer, H.: Karl Mays Wirkung auf den Expressionismus. In: M-KMG 52/1982. S. 17–22.
Vollmer, H.: Karl Mays *Am Jenseits*. Exemplarische Untersuchung zum »Bruch« im Werk. Ubstadt 1983.
Vollmer, H.: *Merhameh*. Studie zu einer Altersnovelle Karl Mays. S-KMG 44/1983.
Vollmer, H.: Karl Mays Novelle *Bei den Aussätzigen*. Versuch einer Interpretation. In: Jb-KMG 1984. S. 28–43.
Vollmer, H.: Karl Mays *Sonnenscheinchen*. Interpretation einer späten »Erzgebirgischen Dorfgeschichte«. In: Jb-KMG 1985. S. 160–181.
Vollmer, H.: Die Schrecken des »Alten«: Old Wabble. Betrachtung einer literarischen Figur Karl Mays. In: Jb-KMG 1986. S. 155–184.
*Wagner, H.: Karl May und seine Werke. Passau 1907. R-KMG Ubstadt 1975.
Wagner, W.: Der Eklektizismus in Karl Mays Spätwerk. S-KMG 16/1979.

Wax, G.: Zum Ausdruck von Mays Verhältnis zur Realität in seiner Auffassung von Gesellschaft, Politik und Religion am Beispiel der *Winnetou*-Erzählung. Prüfungsarbeit für das Lehramt an Gymnasien. Freiburg 1976.

Weber, W. J.: Die deutschen Räuberromane und ihr Einwirken auf Karl May. Ein Beitrag zur Entwicklungsgeschichte des Volkslesestoffes. (Diss. Masch.) Berlin 1941.

Wegner, U.: Old Shatterhand und andere Märchenhelden. Karl Mays Abenteuerromane – Eine gute Jugendlektüre? Hamburger Staatsprüfungsarbeit im Fach Erziehungswissenschaft. Hamburg 1974.

Wehnert, J.: Gestalt und Verunstaltung der Werke Karl Mays. Studien zu einer abenteuerlichen Textgeschichte. Hausarbeit zur Erlangung des Magistergrades des Fachbereichs Historisch-philologische Wissenschaften. Göttingen 1981.

Wehnert, J.: Zur abenteuerlichen Textgeschichte Karl Mays. In: Karl May. Hg. von H. Schmiedt. F. a.M. 1983. S. 310–336.

Weigl, F.: Karl Mays pädagogische Bedeutung. In: Pädagogische Zeitfragen. München [2]1909. R-KMG Ubstadt 1975.

Wiedenroth, H.: Die beiläufige Rolle des »Jüngstentages Heiligen« im Erzählwerk Karl Mays. In: Jb-KMG 1980. S. 125–136.

Wiedenroth, H.: Karl May in der zeitgenössischen Presse. Ein Bestandsverzeichnis. Langenhagen 1985.

Wiegmann, H.: Rüdiger von Bechelaren, Max Piccolomini und Winnetou. Beobachtungen zum Topos vom Untergang des Schuldlosen. In: Jb-KMG 1982. S. 185–195.

Wilker, K.: Karl May – ein Volkserzieher? Eine dringende Abwehr zum Schutze unserer Jugend gegen die Verherrlichung Mays. Langensalza 1910.

Winter, I. / Henkel, G.: Gesicht und Maske. Beiträge zu Physiognomie und Rollenspiel bei Karl May. S-KMG 59/1985.

Winter, I.: De exemplo oratoris Intschu tschuna. In: M-KMG 65/1985. S. 8–17.

Winter, I.: Der »Rote« Gentleman. Zur DDR-Ausgabe des *Winnetou*-Romans. In: M-KMG 66/1985, S. 43–47; Fortsetzung in: M-KMG 67/1986, S. 34–38.

Winter, I.: Der Indianer in Fiktion und Wirklichkeit. Eine Unterrichtssequenz über Karl May in einer 4. Grundschulklasse. In: M-KMG 68/1986. S. 27–34.

Winter, I.: Realitätsfluchten oder: Die Manifestation des Mythos. In: M-KMG 69/1986. S. 25–30.

Winter, I.: Jugendstilmotive bei Karl May. S-KMG 67/1986.

Winter, I.: Faustkampf. In: M-KMG 70/1986. S. 31–36.

Wörner, H.: Von Nordland nach Ardistan. Revolutionsschilderungen in Mays Werk. In: M-KMG 43/1980. S. 17–24.

Wörner, H.: Wüste und Wasser. Ein Ritt nach der Stadt der Toten. In: Jb-KMG 1985. S. 152–159.

Wörner, H.: Im dunkeln Hause: Des Kindes Ruf. In: M-KMG 65/1985. S. 3–7.

Wolff, G.: Versuch über die Persönlichkeit Karl Mays. S-KMG 45/1983.

Wolff, G.: George Catlin: Die Indianer Nord-Amerikas. Das Material zum Traum. In: Jb-KMG 1985. S. 348–363.

Wollschläger, H.: »Herr Karl May von der anderen Seite.« Zur Textsituation des *Silbernen Löwen*. In: Konkret. Septemberheft 1962.

*Wollschläger, H.: Karl May in Selbstzeugnissen und Bilddokumenten. Reinbek 1965; leicht überarbeitete Neuausgabe unter dem Titel: Karl May. Grundriß eines gebrochenen Lebens. Zürich 1976. Mehrere unveränderte Nachauflagen.

*Wollschläger, H.: Sieg – großer Sieg – – Karl May und der Akademische Verband für Literatur und Musik. In: Jb-KMG 1970. S. 92–97.

Wollschläger, H.: Das »Hohe Haus«. Karl May und das Reich des Silbernen Löwen. In: Jb-KMG 1970. S. 118–133.

*Wollschläger, H. / Bartsch, E.: Karl Mays Orientreise 1899/1900. Dokumentation. In: Jb-KMG 1971. S. 165–215.

Wollschläger, H. u. a.: Karl Mays *Waldröschen*. S-KMG 1/1972.

*Wollschläger, H.: »Die sogenannte Spaltung des menschlichen Innern, ein Bild der Menschheitsspaltung überhaupt.« Materialien zu einer Charakteranalyse Karl Mays. In: Jb-KMG 1972/73. S. 11–92.

Wollschläger, H.: Der »Besitzer von vielen Beuteln«. Lese-Notizen zu Karl Mays *Am Jenseits*. (Materialien zu einer Charakteranalyse II). In: Jb-KMG 1974. S. 153–171.

Wollschläger, H.: Das »eigentliche Werk«. Vorläufige Bemerkungen zu *Ardistan und Dschinnistan*. (Materialien zu einer Charakteranalyse III). In: Jb-KMG 1977. S. 58–80.

Wollschläger, H.: Erste Annäherung an den *Silbernen Löwen*. Zur Symbolik und Entstehung. In: Jb-KMG 1979. S. 99–136. (Auch abgedruckt in: Karl May. Hg. von H. Schmiedt. F. a. M. 1983. S. 188–228).

*Zesewitz, H.: Alte Urkunden sprechen. In: KMJb 1932. S. 33–44.

Zhernotta, F.: Die Wissenschaft in Karl Mays Leben und Werk. In: M-KMG 14/1972, S. 28–31; fortgesetzt in: M-KMG 15/1973, S. 23–25; M-KMG 16/1973, S. 21–24; M-KMG 17/1973, S. 21–25.

Zuckmayer, C.: Palaver mit den jungen Kriegern über den großen Häuptling Karl May. In: KMJb 1930. S. 35–43. (Rundfunktext vom 3. 4. 1929).

Zuckmayer, C.: Winnetou auf der Bühne. In: KMJb 1931 S. 300–306.

Zuckmayer, C.: Karl May: Ein Phänomen. In: Zuckmayer Bl. 6/1980. S. 107–108.

Zühlsdorf, H.: Die pädagogische Diskussion im Streit um Karl May. Hausarbeit zur Erlangung des Magistergrades im Fachbereich Erziehungswissenschaften. Gießen 1985.

KONKORDANZ

Die Konkordanz soll die Identifizierung jedes Einzelwerkes ermöglichen und das schnelle Aufsuchen der entsprechenden Artikel erleichtern. Sie erfaßt alle Titel von Karl Mays Werken, auch die von späteren Bearbeitern erfundenen oder veränderten. Zu den kursiv geschriebenen Titeln finden sich Werkartikel im Handbuch.

Abdahn Effendi (1908, Grazer Volksblatt; Buchausgabe: Stuttgart 1909; R 1977, Bamberg / Braunschweig; in: GWR/GWB 48)

Ein Abenteuer auf Ceylon (1878, Frohe Stunden, Dresden – Leipzig; u.d.T. »An Bord der Schwalbe« in dem Sammelband »Der Karawanenwürger«, Berlin 1894. Erstfassung von »Der Girl-Robber«)

Abenteuer in Nordafrika (KMV 1915, Feldpost-Ausgabe; Titelvariante von »Die Gum«, Zweitfassung, in: F/GWR/GWB 10, Pawlak 18)

Ein Abenteuer in Südafrika (Titelvariante von »Der Afrikaander«, in: GWB 71; Urform von »Der Boer van het Roer« bzw. »Das Kafferngrab«)

Abraham Lincoln (1879, Sonntagsruhe, Berlin; Titelvariante von »Three carde monte«, integriert in *Old Surehand II,* F 15)

Abu Kital (Roman-Fragment, um 1906; Handschrift-Faksimile KMV 1985)

Der Afrikaander (in: GWB 71; identisch mit »Ein Abenteuer in Südafrika«; Urform von »Der Boer van het Roer« bzw. von »Das Kafferngrab«)

Ahriman Mirza (Teil von *»Im Reiche des silbernen Löwen III«,* F 28)

Allah il Allah! (Teil von *Deutsche Herzen – Deutsche Helden,* Kapitel 2: »Die Königin der Wüste«; vom KMV zur Reiseerzählung umgestaltet, = GWR/GWB 60)

Alma (1880, Deutsche Gewerbeschau, Dresden; Titelvariante von *Der Giftheiner,* in: GWR/GWB 43)

Der alte Dessauer (Sammelband; GWR/GWB 42; das Buch enthält die Humoresken: 1. *Der Scherenschleifer,* 2. *Ein Fürst-Marschall als Bäcker,* 3. *Der Pflaumendieb,* 4. *Fürst und Leiermann,* 5. *Die drei Feldmarschalls,* 6. *Pandur und Grenadier,* 7. Die Seelenverkäufer = *Unter den Werbern*)

Der alte Kundschafter (Bremen 1931: Teil von *»Winnetou II«,* Episode »Der Scout«; in: F/GWR/GWB 8)

Ein amerikanisches Doppelduell (1897, Einsiedler Marien-Kalender; u.d.T. »Ein Blizzard« in: F/GWR/GWB 23; Pawlak 30)

Am Ernstthaler Stammtisch (in GWR/GWB 47, Titelvariante von *Ausgeräuchert*)

Am Jenseits (F/GWR/GWB 25, Pawlak 19)

Am Kai-p'a (1890, Illustrierte Welt, Stuttgart; u.d.T. »Am ›singenden Wasser‹« in: GWR/GWB 48)

Am Marterpfahl und Pranger (Ursprünglich von May vorgesehener Titel von *»Mein Leben und Streben«*; in: »Ich«; GWR/GWB 34, Pawlak 74)

Am Meere des Pharao (KMV 1915, Feldpost-Ausgabe; Teil von *»Durch die Wüste«,* F 1, S. 169–315)

Am Nil (1879, Berliner Bürger-Zeitung, Beilage – Sonntagsruhe –; identisch mit »Leilet«, mit »Die Rose von Kahira«, mit »Entführt«; in: GWB 71)

Am Nile (1891/92/DH = »Der Mahdi«; Teil von *»Im Lande des Mahdi«,* 1. Band: »Menschenjäger«; F/GWR/GWB 16, Pawlak 27)

Am Rio de la Plata (1889/90/DH = El Sendador I »Lopez Jordan«; in F/GWR/GWB 12, Pawlak 34)

Der Amsenhändler (1884, Münchmeyer's illustrierter Haus- und Familienkalender, Dresden; R KMG 1986, Sammelband: »Unter den Weibern«)
Am »singenden Wasser« (Titelvariante von *»Am Kai-p'a«*, in: GWR/GWB 48)
Am stillen Ocean (Sammelband; F/GWR 11, Pawlak 33; enthält die Titel: 1. Der Ehri, 2. Der Kiang-lu, 3. Der Brodnik, 4. Der Girl-Robber, 5. An der Tigerbrücke; GWB 11 neu gegliedert: Kapitel 1: Im Zeichen des Drachen = Der Ehri, Der Kiang-lu, Der Brodnik; Kapitel 2: Die Piraten des indischen Meeres = Der Girl-Robber, An der Tigerbrücke)
Am Teich der Krokodile (Teil von *»Das Waldröschen«*, Pawlak 47)
Am Tode (1902, Rhein- und Moselbote, Koblenz; von May in den Band *»Im Reiche des silbernen Löwen III«*, Kapitel 2 + 3, eingearbeitet; F/GWR/GWB 28)
Am Turm zu Babel (1897/98, DH, Regensburg; Zeitschriften-Titel von *»Im Reiche des silbernen Löwen II«*; F 27)
An Bord der Schwalbe (Berlin 1894, enthalten in dem Sammelband »Der Karawanenwürger«; identisch mit »Ein Abenteuer auf Ceylon«)
An den Dresdner Anzeiger (in: Jb-KMG 1972/73)
An den Ufern der Dwina (Titelvariante von *»Nach Sibirien«*, in GWR/GWB 38)
An der Tigerbrücke (in F/GWR/GWB 11, Pawlak 33)
An die deutsche Presse und andere Flugblätter (in: Jb-KMG 1979)
An die Mutter (Handschrift-Faksimile aus »Himmelsgedanken«, KMV 1975)
An die 4. Strafkammer des königl. Landgerichtes III in Berlin (Stuttgart 1910: 1. Fassung; Stuttgart 1911: 2. Fassung; KMV 1982: »Prozeßschriften«, Band 3)
Ange et diable (in: Jb-KMG 1971, S. 128–129, Handschrift-Faksimile KMV 1972)
Anhang (Teil von *»Der Schut«;* für die Buchausgabe verfaßtes Abschlußkapitel der Orient-Zyklus-Serie »Im Schatten des Großherrn« mit Rihs Tod)
An meine Gratulanten (Brief v. 25. 2. 1906; Bamberg 1967, in: Hatzig, H.: »Karl May und Sascha Schneider«, S. 241–246)
Aphorismen über Karl May (in: Jb-KMG 1983)
Aqua benedetta (1878, Frohe Stunden, Dresden-Leipzig; in: GWB 71; Erstfassung von *»Ein Fürst des Schwindels«,* in: GWR/GWB 48 u. d. T. »Das Zauberwasser«)
Ardistan (GWB 31 = *Ardistan und Dschinnistan I*)
Ardistan und Dschinnistan I–II (1907/08, DH; F/GWR/GWB 31 und 32; Pawlak 24 und 25)
Arizona (Teil von *»Deutsche Herzen – Deutsche Helden«*; Pawlak 52)
Assad Bei der Herdenwürger (Sammelband; Berlin um 1912; Titelvariante von der Buchausgabe »Aus fernen Zonen«; enthält die Erzählungen: 1. Der Karawanenwürger, 2. Ein Abenteuer in Südafrika, 3. Der Brand des Öltals)
Auch »über den Wassern« (1910, ›Freistatt‹, Wien; in: Jb-KMG 1976 und 1979)
Auf den Nußbäumen (1876, Deutsches Familienblatt, Dresden; identisch mit »Der Bäckerjunge«; u. d. T. »Pankraz der Ehestifter« in GWR/GWB 47)
Auf der Prairie (Sammelband; Berlin um 1902; Titelvariante von der Buchausgabe »Der Karawanenwürger«)
Auf der See gefangen (1878, Frohe Stunden, Dresden; Titelvariante: »Schloß Wildauen« und »Winnetou und der Detektiv«. Von May in *»Old Surehand II«* integriert. F 15, Pawlak 8; unter dem Titel »Kapitän Kaiman« in GWR/GWB 19)
Auferstehung (Titelvariante von *»Christ ist erstanden«*; in GWB 26)
Auf fremden Pfaden (Sammelband, F/GWR 23, Pawlak 30; Die Edition enthält die Erzählungen: 1. Saiwa tjalem, 2. Der Boer van het Roer, 3. Er Raml el Helahk, 4. Blutrache, 5. Der Kutb, 6. Der Kys-Kaptschiji, 7. Maria oder Fatima, 8. Gott läßt sich nicht spotten, 9. Ein Blizzard; GWB 23 mit geänderter Zusammenstellung: 1. Der Talisman (= Saiwa tjalem), 2. Das

Kafferngrab (= Der Boer van het Roer), 3. Blutrache, 4. Der Kutb, 5. Der Händler von Serdetsch (= Der Kys-Kaptschiji), 6. Maria oder Fatima, 7. Der Flucher (= Gott läßt sich nicht spotten), 8. Ein Blizzard)

Aus allen Zonen (Abschlußband zur KMV-»Fehsenfeld«-Reprint-Reihe; enthält das bis dato im Original nicht veröffentlichte *»Satan und Ischariot«*-Kapitel »In der Heimath«; vgl. Nachwort von R. Schmid, R-F 23, S. A 31, 1984)

Aus der Mappe eines Vielgereisten (1875, Deutsches Familienblatt, Dresden; Zeitschriften-Serientitel für *»Inn-nu-woh, der Indianerhäuptling«* und »Old Firehand«)

Aus dunklem Tann (Sammelband, GWR 43; das Buch enthält die Erzählungen: 1. *Sonnenscheinchen*, 2. *Des Kindes Ruf*, 3. Der Grenzmeister, 4. *Der Teufelsbauer*, 5. Der Bonapartenschuster, 6. *Der Giftheiner*, 7. Der Geldmarder, 8. *Die Rose von Ernstthal*; GWB 43 um einen Faksimile-Druck = 9. »Der Samiel«, erweitert.)

Aus fernen Zonen (Sammelband; Berlin 1894; Titelvariante von der Buchausgabe »Assad Bei der Herdenwürger«; enthält aus dem Sammelband »Der Karawanenwürger« die Erzählungen: 1. Der Karawanenwürger, 2. Ein Abenteuer in Südafrika, 3. Der Brand des Öltals)

Ausgeräuchert (1876, Illustrierte Chronik der Zeit, Stuttgart; Titelvariante: »Die Laubthaler«; u. d. T. »Am Ernstthaler Stammtisch« in GWR/GWB 47)

Aus Nordamerika (1890, Fuldaer Zeitung; Titelvariante von »Three carde monte«, integriert in *»Old Surehand II«*, F 15)

Ave Maria (1890, Fuldaer Zeitung; Titelvariante von »Im ›wilden Westen‹ Nordamerikas«; von May 1893 in *»Winnetou III«*, Kapitel 5–7, eingearbeitet)

Ave Maria (1897, DH; Gedicht und Komposition, in: »Ernste Klänge«, KMV; Schallplatte CBS KM 1, Gächinger Kantorei, Stuttgart, Leitung: Helmuth Rilling)

Babel und Bibel (Freiburg 1906, in: GWB 49)

Der Bäckerjunge (1881, All-Deutschland / Für alle Welt, Stuttgart; identisch mit *»Auf den Nußbäumen«*; u. d. T. »Pankraz der Ehestifter« in: GWR/GWB 47)

Bärenherz (Zürich 1946/49; Teil von *»Das Waldröschen«*)

Der Baron (Teil von *»Der Weg zum Glück«*, Pawlak 68)

Eine Befreiung (Osnabrück 1894, 3. Teil von »Die Rose von Kairwan«; Zweitfassung von »Die Rose von Sokna« bzw. von »Ein Wüstenraub«; u. d. T. »Von Mursuk bis Kairwan« in GWR/GWB 38)

Bei den Aussätzigen (1907, Grazer Volksblatt; u. d. T. »Eine Weihnachtsfeier in Damaskus« in GWR/GWB 48)

Bei den Bachtijaren (Titelvariante von »Die ›Umm ed Dschamahl‹«, in GWR 48; heute vereinigt mit der Erzählung »Ein Rätsel« und mit dieser Überschrift in GWB 26 = *Der Löwe der Blutrache*)

Bei den Buren (KMV 1915, Feldpost-Ausgabe; identisch mit »Der Boer van het Roer«, in: F/GWR/GWB 23)

Die beiden Kulledschi (1891, GK, Stuttgart; in: GWB 71)

Die beiden Nachtwächter (1879, All-Deutschland / Für alle Welt, Stuttgart;R-KMG 1980; in: GWR/GWB 47; Zweitfassung von *»Die verhängnisvolle Neujahrsnacht«*)

Der beiden Quitzows letzte Fahrten (1876, Feierstunden am häuslichen Heerde, Dresden; bearbeitet in: GWB 69 = »Ritter und Rebellen«, gegliedert in 3 Einzelerzählungen: 1. »Sutemin, der Einsame«, 2. »Der Falkenmeister«, 3. »Wildwasser«)

Bei den Trümmern von Babylon (Titelvariante von *»Im Reiche des silbernen Löwen II«*; GWB 27)

Beiderseits vom Äquator (Auswahlband von *»Auf fremden Pfaden«*; Wien um 1960; die Edition enthält die Titel: 1. Das Kafferngrab = »Der Boer van het Roer«; 2. Der Kutb; 3. Der Flucher = »Gott läßt sich nicht spotten«)

Bei Mutter Thick (Kapitel 1 von *»Old Surehand II«* = F 15; von May aus den Texten »Three carde monte« = S. 7–74, »Vom Tode erstanden« = S. 79–113, und einer Episode von *»Auf der See gefangen«* = S. 116–211, gebildet. Vom KMV neu gestaltet: 1. Der Kanada-Bill = Kap. 1 + 2 »Three carde monte«, Kap. 3 + 4 »Vom Tode erstanden«; 2. Kapitän Kaiman = Kap. 2–5 »Auf der See gefangen«; in: GWR/GWB 19)

Benito Juarez (Teil von *»Das Waldröschen«*, GWR/GWB 53)

Bete und arbeite! Und andere Aufsätze (1875, Schacht und Hütte, Dresden; in: GWB 72)

Der blau-rote Methusalem (GWR/GWB 40, Pawlak 32; Titelvariante von »Khong-Kheou, das Ehrenwort«; Stuttgart 1888, GK)

Ein Blizzard (in: F/GWR/GWB 23; Pawlak 30; identisch mit »Ein amerikanisches Doppelduell«)

Blutrache (1895, Regensburger Marien-Kalender; in: F/GWR/GWB 23; Pawlak 30)

Ein Bluträcher (Teil von *»Im Reiche des silbernen Löwen III«*, F 28)

Der Boer van het Roer (in: F/GWR/GWB 23, Pawlak 30; identisch mit »Das Kafferngrab«; Zweitfassung von »Der Afrikaander« bzw. von »Ein Abenteuer in Südafrika«)

Der Bonapartenschuster (in: GWR/GWB 43; identisch mit *»Der Kaiserbauer«*)

Boroda (Teil von *»Deutsche Herzen – Deutsche Helden«*; Zürich 1954)

Die Both Shatters (1881, All-Deutschland / Für alle Welt, Stuttgart; in: GWB 71)

Der Bowiepater (1881, Für alle Welt, Stuttgart; Teil aus *»Die Juweleninsel«*; in: »Winnetou und der schwarze Hirsch«, München 1984; fehlt in GWR/GWB 46)

Der Brand des Oeltals (Titelvariante von »Der Ölprinz« – nicht identisch mit GWB 37, – enthalten in dem Sammelband »Der Karawanenwürger« bzw. dem Auswahlband »Aus fernen Zonen«; Neudruck: München 1984, in der Anthologie »Winnetou und der schwarze Hirsch«; auch Pawlak 40)

Briefe über Kunst (1906/07, Der Kunstfreund, Innsbruck; in: GWR/GWB 49)

Der Brodnik (1880, DII; in: F/GWR/GWB 11; Pawlak 33; u.d.T. »Vergeltung« 1882 in »Deutsche Gewerbeschau«, Dresden; Zweitfassung von *»Nach Sibirien«* bzw. von »An den Ufern der Dwina«)

Das Buch der Liebe (Dresden 1876; siehe R-KMG 1987; ein Teil unter dem Titel *»Die Liebe nach ihrer Geschichte«* in: GWB 72)

Büffelstirn und Grizzlytöter (Pfaffenhofen 1982, Sammelband »Verschollene Jagdgeschichten der Weltliteratur«; Teil von *»Das Waldröschen«*, Lfg. 44/45)

Das Buschgespenst (Teil von *»Der verlorene Sohn oder der Fürst des Elends«*, Kapitel: Sklaven der Arbeit; in: GWR/GWB 64)

Christi Blut und Gerechtigkeit (1882, Vom Fels zum Meer, Stuttgart; in: F/GWR 10; Pawlak 18; heute u.d.T. »Schefakas Geheimnis« in: GWB 48)

Christ ist erstanden (1894, Benzingers Marienkalender, Einsiedeln; u.d.T. »Auferstehung« 1916 in: GWR 34; heute in GWB 26)

Christus oder Mohammed (Titelvariante von »Christus oder Muhammed«)

Christus oder Muhammed (1891, Regensburger Marienkalender; in: F/GWR 10; Pawlak 18; u.d.T. »Christus oder Mohammed« in GWB 10)

Christus oder Muhammed (Sammelband, R-KMG 1979; das Buch beinhaltet: 1. Christus oder Muhammed, 2. Mater dolorosa, 3. Der Verfluchte, 4. Blutrache, 5. Er Raml el Helahk, 6. Old Cursing-Dry, 7. Scheba et Thar, 8. Die ›Umm ed Dschamah‹, 9. Nur es Sema, 10. *Christ ist erstanden*, 11. Der Kutb, 12. Der Kys-Kaptschiji, 13. Eine Ghasuah, 14. Maria oder Fatima, 15.

Bei den Aussätzigen, 16. *Merhameh*, 17. Ein amerikanisches Doppelduell, 18. *Mutterliebe* , 19. Christi Blut und Gerechtigkeit, 20. Notenblätter »Ernste Klänge«)

Der dankbare Leser (1902, F; Ubstadt 1974, R-KMG = Materialien zur Karl-May-Forschung, Band 1; identisch mit *»Karl May als Erzieher« und »Die Wahrheit über Karl May« oder ›Die Gegner Karl Mays in ihrem eigenen Lichte‹ von einem dankbaren May-Leser)*

Deadly dust (1880, DH, Regensburg; von May 1893 in den Band *»Winnetou III«* = F 9, Kapitel 1–4, übernommen. Eine Buchausgabe u. d. T. »Tödlicher Staub«, Leipzig 1931)

Delilah (1887, unvollendet gebliebener Roman für MMV)

Denkwürdige Abenteuer zu Wasser und zu Lande (Sammelband; Berlin um 1900; Titelvariante von der Buchausgabe »Der Karawanenwürger«; siehe auch M-KMG 67/1986)

Der Derwisch (Teil von *»Deutsche Herzen – Deutsche Helden«*; GWR/GWB 61)

Deutsche Herzen – Deutsche Helden (Dresden 1885–87, MMV: 109 Lieferungen; R KMV 1976; Buchausgabe: Dresden 1901–02 = Karl Mays illustrierte Werke: 1. Eine deutsche Sultana, 2. Die Königin der Wüste, 3. Der Fürst der Bleichgesichter I, 4. Der Fürst der Bleichgesichter II, 5. Der Engel der Verbannten; GWR/GWB 60 = Allah il Allah!, 61 = Der Derwisch, 62 = Im Tal des Todes, 63 = Zobeljäger und Kosak – früher: Der Zobeljäger; Pawlak 49 = Verschwörung in Stambul, 50 = Die Königin der Wüste, 51 = Jagd durch die Prärie, 52 = Arizona, 53 = Der Engel der Verbannten, 54 = Die Kosaken; ferner: Zürich 1950–54 = »Die Schicksale der Familie Adlerhorst«: 1. Eine nordische Sultana, 2. Krüger Pascha, 3. Die Königin der Wüste, 4. Tarik, 5. Sam Barth, 6. Tanikai, der Fürst der Bleichgesichter, 7. Die starke Hand, 8. Die Rache des Apachen, 9. Karpala, der Engel der Verbannten, 10. Boroda; Anmerkung: Band 9 und 10 nicht erschienen)

Deutsche Herzen und Helden (Titelvariante von *»Deutsche Herzen – Deutsche Helden«*)

Eine deutsche Sultana (Teil von *»Deutsche Herzen – Deutsche Helden«*, Dresden 1901–02)

Ein Dichter (1879, All-Deutschland / Für alle Welt, Stuttgart; R-KMG 1980, Sammelband »Der Waldkönig«; Erstfassung von »Der Pfahlmann«)

Die Dorftyrannen (Teil von *»Der Weg zum Glück«*; Pawlak 67)

Die drei Feldmarschalls (1878, Weltspiegel / Deutsche Boten, Dresden; in: GWR/GWB 42)

Drei Menschheitsfragen (Massachusetts 1908; in: GWR 34, 11.–20. Auflage)

Der Dukatenhof (Stuttgart 1877; in: GWR/GWB 44, Pawlak 73)

Der Dukatenhof (Sammelband, Pawlak 73; Die Edition enthält die Dorfgeschichten: 1. *Sonnenscheinchen*, 2. *Des Kindes Ruf*, 3. Der Einsiedel, 4. *Der Dukatenhof*, 5. Vergeltung [= *Der Waldkönig*], 6. *Das Geldmännle*)

Das Dukatennest (1878, Weltspiegel, Dresden; Parallel-Fassung von *»Im Seegerkasten«*; in: GWR/GWB 47 u. d. T. »Wie dem Stadtrat Epperlein aus der Klemme geholfen wurde«)

Durch das Land der Skipetaren (1887/88, DH, Regensburg; Teil von »Im Schatten des Großherrn« bzw. von »Giölgeda padiśhanün«, Orient-Zyklus F/GWR/GWB 1–6; in: F 4 = *In den Schluchten des Balkan*, S. 425–607; F 5 = *Durch das Land der Skipetaren*, S. 1–597; F 6 = *Der Schut*, S. 1–535)

Durch das Land der Skipetaren (F/GWR/GWB 5; Pawlak 16; Teil von »Im Schatten des Großherrn« bzw. von »Giölgeda padiśhanün«, Orient-Zyklus)

Durch die Wüste (F/GWR/GWB 1; Pawlak 12; Titelvariante von *»Durch Wüste und Harem«*, Teil von »Im Schatten des Großherrn« bzw. von »Giölgeda padiśhanün«)

Durch Kampf zum Sieg (Teil von *»Die Liebe des Ulanen«*, Dresden 1905–06)

Durchs wilde Kurdistan (F/GWR/GWB 2; Pawlak 13; Teil von »Im Schatten des Großherrn« bzw. von »Giölgeda padiśhanün«)
Durch Wüste und Harem (F/GWR/GWB 1; Pawlak 12; Titel 1896 geändert in »Durch die Wüste«; Teil von »Im Schatten des Großherrn« bzw. »Giölgeda padiśhanün«)

Der Ehri (1879/80, DH; in: F/GWR/GWB 11; Pawlak 33; Zweitfassung von »Die Rache des Ehri« bzw. von »*Tui Fanua*«)
Der Einäugige (Titelvariante von »Joe Burkers, das Einaug« (= GWR/GWB 38); Berlin 1927, Anhang zu »Der Flußdrache«)
Der Einsiedel (1880, All-Deutschland, Stuttgart; Titelvariante von »*Der Teufelsbauer*«, in: GWR/GWB 43; Pawlak 73)
El Sendador I (1889/1890, DH, Regensburg; identisch mit »Lopez Jordan«; R KMG 1976; in: F/GWR/GWB 12 = *Am Rio de la Plata*; Pawlak 34)
El Sendador II (1890/91, DH, Regensburg; identisch mit »Der Schatz der Inkas«; R KMG 1976; in F/GWR/GWB 13 = *In den Kordilleren;* (Pawlak 35)
Empor ins Reich der Edelmenschen (in: GWB 34 = »Ich«; Jb-KMG 1970, S. 52–60)
Der Engel der Verbannten (Teil von »*Deutsche Herzen – Deutsche Helden*«, Pawlak 53)
Entführt (1881, All-Deutschland / Für alle Welt, Stuttgart; identisch mit »Leilet« bzw. mit »Die Rose von Kahira«; in GWB 71)
Entscheidung in Sedan (Teil von »*Die Liebe des Ulanen*«, Pawlak 59)
Die Erben wider Willen (Titelvariante von »*Die Universalerben*«; in: GWR/GWB 47)
Erkämpftes Glück I (Teil von »*Das Waldröschen*«, Dresden 1902–03, Band 4)
Erkämpftes Glück II (Teil von »*Das Waldröschen*«, Dresden 1902–03, Band 5)
Erkämpftes Glück III (Teil von »*Das Waldröschen*«, Dresden 1902–03, Band 6)
Ernste Klänge (Kompositionen: 1. »Ave Maria«; 2. »Vergiß mich nicht«; R-KMG 1979 = Sammelband »Christus oder Muhammed«; erste Schallplatten-Veröffentlichung: Hamburg 1972, KMG = TST 77383 (Teldec); Thomaskantorei Hellbrook, Kirchenchor Lohbrügge, Leitung: Hartmut Kühne)
Er Raml el Helahk (1896, Regensburger Marien-Kalender; R-KMG 1979; in: F/GWR 23, u.d.T. »Der ›Sand des Verderbens‹« in GWB 10; Pawlak 30)
Erste Begegnung (Hannover 1972; Episode aus »*Winnetou I*«; Sammelband: »Unsere 100 schönsten Geschichten«, hg. von Dr. Alfred Rauschmüller)
Der erste Elk (1892, Über Land und Meer, Stuttgart; von Karl May 1894 in »*Old Surehand I*«, Kap. 1, eingearbeitet; F/GWR/GWB 14)
Erste und letzte Antwort (Handschrift-Faksimile, KMV 1973)
Erzgebirgische Dorfgeschichten (Sammelband; Dresden 1903, Freiburg 1907; R Hildesheim 1977; Pawlak 73 = Der Dukatenhof. Die Edition enthält die Titel: 1. *Sonnenscheinchen*, 2. *Des Kindes Ruf*, 3. Der Einsiedel (= *Der Teufelsbauer*), 4. *Der Dukatenhof*, 5. Vergeltung (= Der Waldschwarze), 6. *Das Geldmännle*)
Es Ssabbi – Der Verfluchte (Titelvariante von »Der Verfluchte«; in: F/GWR 10, GWB 26; Pawlak 18)
Et in terra pax (Leipzig 1901, Sammelband: China; R Bamberg / Braunschweig 1976; Erstfassung von »*Und Friede auf Erden*«, F/GWR/GWB 30; Pawlak 31)

Der Falkenmeister (Teil von »*Der beiden Quitzows letzte Fahrten*«, in: GWB 69)
Die falschen Excellenzen (1878, Heimgarten, Graz; R Braunschweig 1977; in: GWR/GWB 47)
Ein Fang (1876, Feierstunden am häuslichen Heerde, Dresden; in: GWB 72)
Die Fastnachtsnarren (1875, Deutsches Familienblatt, Dresden; in: GWB 72)
Die Felsenburg (1893/94, DH, Regensburg; Teil von »*Satan und Ischariot*«; in: F/GWR/GWB 20 und F/GWR/GWB 21, Kap. 1 + 2)

Die Felsenburg (F/GWR/GWB 20; identisch mit *»Satan und Ischariot I«*)
Feuerhand (KMV 1915, Feldpost-Ausgabe; Teil von *»Winnetou II«*, Episode »Old Firehand«; in: F/GWR/GWB 8)
Der Fischerjakob und das Wasserfaß (Titelvariante von *»Im Wasserständer«*, in: GWR/GWB 47)
Der Flucher (Titelvariante von »Old Cursing-Dry« bzw. von »Gott läßt sich nicht spotten«; in: F/GWR/GWB 23; Pawlak 30)
Der Flußdrache (Berlin 1927; identisch mit »Der Kiang-lu« (= F/GWR/GWB 11; im Anhang: »Der Einäugige«)
Fort Guadeloupe (Teil von *»Das Waldröschen«*, identisch mit »Der schwarze Gerard«; Zürich 1946–49)
Frau Pollmer, eine psychologische Studie (1982, KMV; Prozeßschriften Band 1)
Der Fremde aus Indien (Teil von *»Der verlorene Sohn oder Der Fürst des Elends«*, GWR/GWB 65)
Freuden und Leiden eines Vielgelesenen (1896, DH, Regensburg; u.d.T. »Old Shatterhand a.D.« in: GWR/GWB 48)
Für Anna Schneider (Gedicht-Handschrift-Faksimile von 1878 aus dem Poesie-Album »Anna Schneider«; KMV 1979)
Der Fürst der Bleichgesichter (Teil von *»Deutsche Herzen – Deutsche Helden«*, Dresden 1901/02; Pawlak 49–54)
Der Fürst des Elends (Untertitel zu *»Der verlorene Sohn«*, Pawlak 60–65)
Der Fürst des Felsens (Teil von »Das Waldröschen«, Pawlak 44)
Ein Fürst des Schwindels (1880, DH, Regensburg; R-KMG 1982; u.d.T. »Das Zauberwasser« in: GWR/GWB 48; Zweitfassung von »Aqua benedetta«)
Ein Fürstmarschall als Bäcker (1881, Deutsche Gewerbeschau, Dresden; in: GWR/GWB 42)
Fürst und Leiermann (1879, Großer Volkskalender des Lahrer Hinkenden Boten; in: GWR/GWB 42)
Fürst und Reitknecht (1879, All-Deutschland / Für alle Welt, Stuttgart; identisch mit *»Unter den Werbern«* bzw. mit »Die Seelenverkäufer« und auch »Incognito«; in: GWR/GWB 42)

Der Garotteur (Teil von *»Das Waldröschen«*, Zürich 1946/49; Pawlak 42–48)
Das gefälschte Testament (Teil von *»Der Weg zum Glück«*; Pawlak 70)
Geheimauftrag für Geierschnabel (Hannover 1969, Teil von *»Das Waldröschen«*)
Das Geheimnis des Bettlers (Teil von *»Das Waldröschen«*; Pawlak 42; um 1893 auch Serientitel für *»Das Waldröschen«* in Österreich)
Das Geheimnis des Marabut (Teil von *»Die Liebe des Ulanen«*; GWR/GWB 57)
Das Geheimnis des Stollens (1895, Witzenhäuser Kreisblatt; Titelvariante von *»Der Waldkönig«*; in: GWR/GWB 44 u.d.T. »Der Waldschwarze«)
Das Geheimnis um Rodriganda (Zürich 1946/49; Teil von *»Das Waldröschen«*)
Geierschnabel (Teil von *»Das Waldröschen«*, Zürich 1946–49)
Der Geist der Llano estakada (Titel der Zeitschriftenfassung von »Der Geist des Llano estakado«; vgl. R-KMG 1983 = Einführung von Erich Heinemann)
Der Geist des Llano estakado (1888, GK; 2. Erzählung von *»Die Helden des Westens«*, Stuttgart 1890; in: GWR/GWB 35; Pawlak 11; ferner Neudruck: Stuttgart 1984, Reclam Universal-Bibliothek)
Das Geldmännle (Dresden 1903 / R 1977, in: GWR/GWB 44; Pawlak 73)
Der Geldmarder (1881, Für alle Welt, Stuttgart; identisch mit *»Der Gichtmüller«*; in: GWR/GWB 43)
Der Geldprotz (Teil von *»Der Weg zum Glück«*, Dresden 1903/04; Pawlak 66–72)
Geographische Predigten (1875/76, Schacht und Hütte, Dresden; in: GWB 72)
Gesammelte Aufsätze (1875/76, Schacht und Hütte, Dresden; identsich mit *»Bete und arbeite! Und andere Aufsätze«*, in: GWB 72)

Das Gewissen (in: GWB 72; identisch mit »Rache oder Das erwachte Gewissen«)
Das Gewissen (Gedicht-Handschrift-Faksimile, KMV 1976)
Eine Ghasuah (1803, Eichsfelder Marien-Kalender; R-KMG 1979; identisch mit »Der Raubzug der Baggara«; in: GWR/GWB 10; Pawlak 18)
Der Gichtmüller (1879, Weltspiegel, Dresden; u.d.T. »Der Geldmarder« in: GWR/GWB 43)
Giölgeda padishanün (1880/81, DH, Regensburg; 1884–86, DH, Regensburg; Serie: Reiseerinnerungen aus dem Türkenreiche; Orient-Zyklus »Im Schatten des Großherrn«; R-KMG 1977–78; in: F 1 = S. 1–634, F 2 = S. 1–372, F 3 = S. 551–644, F 4 = S. 1–424)
Der Giftheiner (1879, All-Deutschland, Stuttgart; in: GWR/GWB 43)
Der Girl-Robber (1879, DH; in: F/GWR/GWB 11; Pawlak 33; Zweitfassung von »Ein Abenteuer auf Ceylon« bzw. von »An Bord der Schwalbe«)
Der Gitano (1875, Der Beobachter an der Elbe, Dresden; in: GWR/GWB 38; Pawlak 40, Sammelband: »Im fernen Westen«)
Der Glücksschimmel (in: GWR/GWB 47; identisch mit *»Husarenstreiche«*)
Das Gold in Finding-hole (Hannover 1966; Kurzfassung von *»Weihnacht!«*)
Das Gottesurteil (Teil von *»Der Weg zum Glück«*, Pawlak 71)
Gott läßt sich nicht spotten (Titelvariante von »Old Cursing-Dry« bzw. von »Der Flucher«; in: F/GWR/GWB 23; Pawlak 30)
Der Grenzmeister (in: GWR/GWB 43; ident. mit *»Im Sonnenthau«*; Erstf. von *»Der Waldkönig«*, bzw. von »Vergeltung« bzw. von »Der Waldschwarze«)
Der große Traum (Sammelband, München 1974; Die Edition enthält die Texte: 1. *Eine Befreiung*, 2. Der Kutb, 3. Der große Traum (= Teil von *»Im Reiche des silbernen Löwen IV«*, F 29, S. 314–353), 4. *Schamah*, 5. *Merhameh*)
Die Gum (1877, Frohe Stunden, Dresden-Leipzig; Erstfassung, Buchausgabe: Berlin 1894; identisch mit »Der Karawanenwürger« bzw. »Assad Bei der Herdenwürger«; in: GWB 71)
Die Gum (1879, DH, Regensburg; Zweitfassung, identisch mit »Unter Würgern« bzw. »Die Wüstenräuber«; in: F/GWR/GWB 10, Pawlak 18)

Der Habicht (Teil von *»Der Weg zum Glück«*, GWB 73)
Hadschi Halef Omar (Wien 1921, Radebeul 1921; Teil von »Durch die Wüste«)
Der Händler von Serdescht (in: F/GWR/GWB 23; Pawlak 30; Titelvariante von »Der Kys-Kaptschiji«)
Häuptling Büffelstirn (Hannover 1966, Teil von *»Das Waldröschen«*)
Der Hakawati (Heidelberg 1978; eine Anthologie May'scher »Märchen«; im Urtext zusammengestellt von K. R. Meichsner)
Halbblut (Sammelband, GWR/GWB 38; Die Edition enthält die Erzählungen: 1. Halbblut (= *Der schwarze Mustang*), 2. Joe Burkers, das Einaug, 3. *Der Gitano*, 4. An den Ufern der Dwina, 5. Von Mursuk bis Kairwan, 6. Der Kaperkapitän)
Halbblut (Titelvariante von *»Der schwarze Mustang«*; in: GWR/GWB 38)
Das Hamail (1887, GK; in: GWR/GWB 48)
Die Helden der Treue oder Erkämpftes Glück (Zürich 1946–49, Titelvariante von *»Das Waldröschen«*)
Die Helden des Westens (Stuttgart 1890, Obertitel der Buchausgabe von »Der Sohn des Bärenjägers« und von »Der Geist des Llano estakado«; in: GWR/GWB 35 = »Unter Geiern«; Pawlak 11)
Der Herr der tausend Masken (Teil von *»Der verlorene Sohn«*, Pawlak 60)
Die Herren von Greifenklau (Teil von *»Die Liebe des Ulanen«*, GWR/GWB 59)
Die Herren von Königsau (Teil von *»Die Liebe des Ulanen«*, Dresden 1905–06)
Der Herrgottsengel (1878, Weltspiegel, Dresden; in: GWR/GWB 44; identisch mit »Der Klapperbein«)

Himmelsgedanken (Freiburg 1900, GWR 49, GWB 49 = Lichte Höhen)
Himmelslicht (Titelvariante von »Nur es Sema – Himmelslicht«; in: F/GWR 10, GWB 26; Pawlak 18)
Hinter den Mauern (in: Jb-KMG 1971; Fragment, Handschrift-Faksimile KMV 1974)
Hinter feindlichen Linien (Teil von *»Die Liebe des Ulanen«*, Pawlak 58)
Humoresken und Erzählungen (Sammelband, Dresden-Niedersedlitz 1902; Der Band enthält die Erzählungen: 1. *Auf den Nußbäumen*, 2. *Unter den Werbern*, 3. Ein Stücklein vom alten Dessauer (= *Der Amsenhändler*), 4. *Die Fastnachtsnarren*, 5. Old Firehand, 6. *Inn-nu-woh, der Indianerhäuptling*, 7. *Der Gitano*)
Husarenstreiche (1878, Frohe Stunden, Dresden-Leipzig; u.d.T. »Der Glücksschimmel« in: GWR/GWB 47)

Ibn El 'amm (1887, GK, Stuttgart; in: GWB 71; Nachdruck: Pfaffenhofen 1982 = »Verschollene Jagdgeschichten«)
Ich (Sammelband, GWR/GWB 34; Texte zu Mays Leben und Werk, u. a. *»Mein Leben und Streben«*)
Ich bin ein Mensch (Gedicht-Handschrift-Faksimile – aus GWB 29 – KMV 1971)
Im Alter (Freiburg 1984, Gedicht aus »Himmelsgedanken« in: »Was lese ich, wenn ich traurig bin«, Herderbücherei)
Im Auftrag Seiner Majestät (Teil von *»Die Liebe des Ulanen«*, Pawlak 55)
Im Banne der Rache (Wien, um 1965; Titelvariante von »Der Löwe der Blutrache«; GWB 26)
Im fernen Westen (Stuttgart 1879; Titelvariante von »Jenseits der Felsengebirge«; R-Hamburg 1974; R-KMV 1975. Die Buchausgabe basiert auf den frühen Erzählungen »Old Firehand« und »Der Ölprinz«; von May 1893 in *»Winnetou II«*, Kapitel 5 + 6, = F 8, eingearbeitet)
Im fernen Westen (Sammelband, Pawlak 40; die Edition enthält die Titel: 1. Old Firehand, 2. *Inn-nu-woh, der Indianerhäuptling*, 3. Der Ölprinz (= Der Brand des Öltals), 4. *Ein Ölbrand*, 5. *Der Gitano*, 6. *Wanda*)
Im Lande des Mahdi I (1891/92, DH, Regensburg; F/GWR/GWB 16 = Menschenjäger; Pawlak 27)
Im Lande des Mahdi II (1892/93, DH, Regensburg; F/GWR/GWB 17 = Der Mahdi; Pawlak 28)
Im Lande des Mahdi III (1892/93, DH, Regensburg; F/GWR/GWB 18 = Im Sudan; Pawlak 29)
Im Mistake-Cannon (1890, Illustrierte Welt, Stuttgart; R-KMG 1985 = Sammelband: Der Krumir; von May in *»Old Surehand I«*, Kapitel 1, eingearbeitet)
Im Reich des Kalifen oder Hadschi Halef Omar (Berlin 1927, ausgewählte Texte von F/GWR 1 und F/GWR 2)
Im Reiche des silbernen Löwen I (1897/98, DH, Regensburg; R-KMG 1981; F/GWR 26, GWB 26 = »Der Löwe der Blutrache«; Pawlak 20)
Im Reiche des silbernen Löwen II (1897/98, DH, Regensburg; R-KMG 1981; F/GWR 27, GWB 27 = »Bei den Trümmern von Babylon«; Pawlak 21)
Im Reiche des silbernen Löwen III (Freiburg 1902, F/GWR 28, GWB 28 = »Im Reiche des silbernen Löwen«; Pawlak 22)
Im Reiche des silbernen Löwen IV (Freiburg 1903, F/GWR 29, GWB 29 = »Das versteinerte Gebet«; Pawlak 23)
Im Schatten des Großherrn (Verlagstitel für Orient-Zyklus F/GWR/GWB 1–6; Serie im DH, Regensburg; 1880–81 = »Giölgeda padiśhanün«, Reiseerinnerungen aus dem Türkenreiche: F 1, S. 1–634; F 2, S. 1–372; 1882 = Reise-Abenteuer in Kurdistan: F 2, S. 373–638; 1882 = Die Todeskaravane: F 3, S. 1–347; 1882–83 = In Damaskus und Baalbeck: F 3, S. 348–448; 1882–83 =

Stambul: F 3, S. 449–550; 1884–86 = »Giölgeda padiśhanün«, Reiseerinnerungen aus dem Türkenreiche: Der letzte Ritt = F 3, S. 551–644; F 4, S. 1–424; 1888 = *Durch das Land der Skipetaren*: F 4, S. 425–607; F 5, S. 1–597; F 6, S. 1–535)

Im Seegerkasten (1879, Der Bote, Glogau; Parallelfassung von »Das Dukatennest« bzw. von »Wie dem Stadtrat Epperlein aus der Klemme geholfen wurde«; in: GWR/GWB 47)

Im Sonnenthau (1880, Trewendt's Volkskalender, Breslau; u. d. T. »Der Grenzmeister« in: GWR/GWB 43. Erstfassung von »Der Waldkönig« bzw. von »Vergeltung« bzw. von »Der Waldschwarze«)

Im Sudan (F/GWR/GWB 18 = *Im Lande des Mahdi III*)

Im Tal des Todes (Teil von *»Deutsche Herzen – Deutsche Helden«*, GWR/GWB 62)

Im Wasserständer (um 1876, u. d. T. »Der Fischerjakob und das Wasserfaß« in: GWR/GWB 47)

Im wilden Westen (Berlin 1894, Sammelband »Der Karawanenwürger«; identisch mit »Ein Self-man« bzw. mit »Ein Selfmademan«; in: GWB 71; Erstfassung von »Three carde monte« bzw. von »Abraham Lincoln«)

Im wilden Westen (Sammelband, Berlin 1901; Das Buch beinhaltet: 1. Sigismund Rüstig oder Der Schiffbruch der Pacific = von Kapitän Marryat; 2. Der Karawanenwürger und andere Erzählungen = von Karl May u. A.)

Im ›wilden Westen‹ Nordamerika's (1883, Feierstunden im häuslichen Kreise, Köln; identisch mit »Ave Maria«; R KMV 1976 = Sammelband »Winnetous Tod«; Neudruck: Husum 1986, Reihe »Hamburger Lesehefte«, Heft 169 u. d. T. »Im wilden Westen«; Thema 1893 von Karl May in *»Winnetou III«*, Kapitel 5–7, eingearbeitet)

Im Wollteufel (1876, Feierstunden am häuslichen Heerde, Dresden; u. d. T. »Der Wollteufel« in: GWR/GWB 47)

Im Zeichen des Drachen (Wien, um 1955; Teil von dem Sammelband *»Am Stillen Ozean«*; ferner: Bearbeitungstitel der Erzählungen »Der Ehri«, »Der Kiang-lu«, »Der Brodnik«; in: GWB 11)

In Abrahim Mamurs Gewalt (1958, Verlag Kultur und Fortschritt, Berlin; Episode aus *»Durch die Wüste«*, erste May-Veröffentlichung in der DDR)

In Basra (Teil von *»Im Reiche des silbernen Löwen III«*; F 28 = Anfangskapitel)

Incognito (1885, Patriotischer Hausschatz, Leipzig; identisch mit *»Unter den Werbern«*, mit »Fürst und Reitknecht«, mit »Die Seelenverkäufer«; u. d. T. »Seelenverkäufer« in: GWR/GWB 42; bereits 1883 mit gleicher Überschrift die Erzählung *»Der Pflaumendieb«*, in: Deutsche Gewerbeschau, Dresden)

In Damaskus und Baalbeck (1882–83, DH, Regensburg; Teil von »Im Schatten des Großherrn« bzw. von »Giölgeda padiśhanün«, Orient-Zyklus F/GWR/GWB 1–6; in: F 3 = *Von Bagdad nach Stambul*, S. 348–448)

In den Kordilleren (1890–91, DH, Regensburg; Serie: »El Sendador II = Der Schatz der Inkas«; F/GWR/GWB 13; Pawlak 35)

In den Schluchten des Balkan (F/GWR/GWB 4; Pawlak 15; Teil von »Im Schatten des Großherrn« bzw. von »Giölgeda padiśhanün«)

In der Heimath (Teil von *»Satan und Ischariot«*, im Original noch unveröffentlicht. Der KMV formte aus dem Text die Erzählungen »Professor Vitzliputzli« und »Wenn sich zwei Herzen scheiden«; in: GWR/GWB 47)

In Mekka (GWR/GWB 50; von Franz Kandolf verfaßter Ergänzungs- bzw. Abschlußband zu F/GWR/GWB 25 = *»Am Jenseits«*)

Inn-nu-woh, der Indianerhäuptling (1875, Deutsches Familienblatt, Dresden; identisch mit »Winnetou« – eine Reiseerzählung; in: GWB 71; Pawlak 40; Von May in den Band *»Der Schatz im Silbersee«*, Kapitel 1, eingearbeitet)

Insel der Gefangenen (Teil von *»Der Weg zum Glück«*; Pawlak 72)

Die Insel der Verbannten (Teil von *»Das Waldröschen«*, Zürich 1946–49)

»In the Desert« (Bamberg 1955; Ausgewählte Kapitel aus »Durch die Wüste« und »Sand des Verderbens« in englischer Sprache)
Intschu-tschuna (Teil von *»Winnetou I«*; Zürich 1949, Band 2)

Die Jagd auf den Millionendieb (1895–96, DH, Regensburg; Teil von *»Satan und Ischariot«*, in: F/GWR/GWB 22)
Jagd durch die Prärie (Teil von *»Deutsche Herzen – Deutsche Helden«*; Pawlak 51)
Jäger und Gejagte (Teil von *»Der verlorene Sohn«*; Pawlak 64)
Jemmys Bärenabenteuer (1887, GK, Stuttgart; Teil von »Der Sohn des Bärenjägers«; fehlt in der Buchausgabe *»Die Helden des Westens«* bzw. in dem Band »Unter Geiern«; Nachdruck: Hamburg 1982, Sammelband: »Winnetou und der schwarze Hirsch«)
Jenseits der Felsengebirge (Reutlingen 1889; Titelvariante von »Im fernen Westen«; R-Hamburg 1974; R-KMV 1975. Die Buchausgabe basiert auf den frühen Erzählungen »Old Firehand« und »Der Ölprinz«; von May 1893 in *»Winnetou II«*, Kapitel 5 + 6, = F 8, eingearbeitet)
Joe Burkers, das Einaug (Vom KMV aus den Erzählungen *»Ein Ölbrand«* und *»Die Both Shatters«* gebildet; in: GWR/GWB 38)
Juarez und Maximilian (Teil von *»Das Waldröschen«*; Zürich 1946–49)
Die Juweleninsel (1880, All-Deutschland / Für alle Welt, Stuttgart; R-KMG 1978; GWR/GWB 46)

Das Kafferngrab (in: GWR/GWB 23, identisch mit »Der Boer van het Roer«; Zweitfassung von »Der Afrikaander«)
Der Kaiserbauer (1878, Illustrierte Chronik der Zeit, Stuttgart; in: GWR/GWB 43 u. d. T. »Der Bonapartenschuster«)
Der Kaiser von Mexiko (Teil von *»Das Waldröschen«*, Pawlak 48)
Der Kanada-Bill (Bei Auflösung von F 15 und Neugestaltung von GWR/GWB 19 durch den KMV aus den ursprünglich von May in *»Old Surehand II«* eingearbeiteten Erzählungen »Three carde monte« (Kap. 1 + 2) und »Vom Tode erstanden« (Kap. 3 + 4) gebildet.)
Ein Kaper (Osnabrück 1894, 1. Teil von »Die Rose von Kairwan«; identisch mit *»Robert Surcouf«*, u. d. T. »Der Kaperkapitän« in: GWR/GWB 38)
Der Kaperkapitän (in: GWR/GWB 38; Sonderband: Radebeul 1917; Titelvariante von *»Robert Surcouf«*; Teil von »Die Rose von Kairwan«)
Der Kapitän der Kaisergarde (Teil von *»Die Liebe des Ulanen«*, Dresden 1905/06; Pawlak 55–59)
Kapitän Kaiman (Teil von *»Auf der See gefangen«*; vom KMV veranlaßte Rückbearbeitung der von May in *»Old Surehand II«* = F 15 integrierten Texte dieser Erzählung; in: GWR/GWB 19)
Kapitän Kaiman (Sammelband, GWR/GWB 19; die Edition enthält die Erzählungen: 1. Kapitän Kaiman, 2. Der Kanada-Bill, 3. Das sprechende Leder, 4. Der Pfahlmann. Der KMV löste Band 2 des dreibändigen *»Old Surehand«* auf und formte daraus den Band »Kapitän Kaiman«; er gliederte ihn für den ursprünglichen *»Old Surehand III«*, der jetzt *»Old Surehand II«* wurde, an dessen Stelle als Nummer 19 in die Reihe der Gesammelten Werke ein.)
Der Karawanenwürger (Sammelband, Berlin 1894; die Edition enthält die Titel: 1. Der Karawanenwürger (= Die Gum, Erstfassung), 2. An Bord der Schwalbe (= Ein Abenteuer auf Ceylon), 3. Der Brand des Öltals (= Der Ölprinz), 4. Die Rache des Ehri, 5. Im wilden Westen (= Ein Self-man), 6. Ein Abenteuer in Südafrika (= Der Africander) und (anonym) »Ein Kampf mit Piraten«, wahrscheinlich nicht von Karl May; spätere Auflagen enthalten zwei weitere Fremdtexte: Heinrich Walden: »Auf dem Rio Gila« und Ludwig Foehse: »Die Sklavenjäger von Lindi«)
Der Karawanenwürger (Titelvariante von »Die Gum«, Erstf.; in: GWB 71)

»Karl May als Erzieher« und »Die Wahrheit über Karl May« oder »Die Gegner Karl Mays in ihrem eigenen Lichte« von einem dankbaren May-Leser (Freiburg 1902, Ubstadt 1974 = R-KMG u.d.T. »Der dankbare Leser«)
Karl May an Klara May (Handschrift-Faksimile; KMV 1983)
Karl May und seine Gegner (in: Jb-KMG 1974)
Karpala, der Engel der Verbannten (Teil von *»Deutsche Herzen – Deutsche Helden«*; Zürich 1954)
Keine Jugend (Tübingen 1975, Ausschnitt aus *»Mein Leben und Streben«*, in: »Sachsen«, herausgegeben von Ehrhardt Heinold)
Kennst du die Nacht (in: Jb-KMG 1971; Kapitel *»Hinter den Mauern«*)
Der Kiang-lu (1880, DH; in: F/GWR/GWB 11; Pawlak 33)
Des Kindes Ruf (1879, Weltspiegel / Deutsche Boten, Dresden; in: GWR/GWB 43; Pawlak 73)
Der Klapperbein (1881, Für alle Welt, Stuttgart; identisch mit *»Der Herrgottsengel«*, in: GWR/GWB 44)
Kleinere Hausschatz-Erzählungen (1982, R-KMG; Die Edition beinhaltet: 1. Three carde monte, 2. Unter Würgern, 3. Der Girl-Robber, 4. Der Boer van het Roer, 5. Der Ehri, 6. Der Fürst des Schwindels, 7. Der Brodnik, 8. Der Kiang-lu, 9. *Robert Surcouf*, 10. *Freuden und Leiden eines Vielgelesenen*)
Die Königin der Wüste (Teil von *»Deutsche Herzen – Deutsche Helden«*, Dresden 1901–02; Pawlak 50; Zürich 1950)
Kong-Kheou, das Ehrenwort (1888, GK, Stuttgart; identisch mit *»Der blaurote Methusalem«*; GWR/GWB 40; Pawlak 32)
Die Kosaken (Teil von *»Deutsche Herzen – Deutsche Helden«*; Pawlak 54)
Der Krickelanton (Teil von *»Der Weg zum Glück«*, Dresden 1903/04; Pawlak 66–72)
Krieg (Gedicht-Handschrift-Faksimile; KMV 1982)
Die Kriegskasse (1878, Frohe Stunden, Dresden-Leipzig; in: GWR/GWB 47)
Krüger Bei (1894–95, DH, Regensburg; R-KMG 1980; Teil von *»Satan und Ischariot«*; in: F/GWR/GWB 21)
Krüger Pascha (Teil von *»Deutsche Herzen – Deutsche Helden«*; Zürich 1950)
Der Krumir (1882, Belletristische Korrespondenz, Bielefeld – Leipzig; in: F/GWR/GWB 10; Pawlak 18)
Der Krumir (Sammelband, R-KMG 1985, Seltene Original-Texte, Band 1; Die Edition enthält die Erzählungen: 1. Der Krumir, 2. *Maghreb-el aksa*, 3. Die Rose von Sokna, 4. Im Mistake-Cannon, 5. *Am Kai-p'a*, 6. Der erste Elk, 7. *Die Rache des Mormonen*, 8. Unter der Windhose, 9. Winnetou *(= Inn-nu-woh, der Indianerhäuptling)*, 10. Saiwa tjalem, 11. *Schamah*, 12. *Abdahn Effendi*)
Ein Kürbis voll Spaß (KMV, vergnügliche Szenen aus dem Erzählwerk: 1. Die Senfindianer, 2. Halef im Taubenschlag, 3. Sam Hawkens und seine Wetten, 4. Dauerlauf in der Sänfte)
Das Kurdenkreuz (in: GWB 48, Titelvariante von »Mater dolorosa«)
Der Kutb (1895, Benzingers Marien-Kalender, Einsiedeln; in: F/GWR/GWB 23; Pawlak 41)
Der Kys-Kaptschiji (1896, Benzingers Marien-Kalender, Einsiedeln; identisch mit »Der Händler von Serdescht«; in: F/GWR/GWB 23; Pawlak 30)

Die Laubthaler (1878, Weltspiegel / Deutsche Boten, Dresden; Titelvariante von *»Ausgeräuchert«*; u.d.T. »Am Ernstthaler Stammtisch« in: GWR/GWB 47)
Lebius, der ›Ehrenmann‹ (in: Jb-KMG 1983)
Le Corsaire (Radebeul 1917, identisch mit *»Robert Surcouf«*, mit »Ein Kaper« bzw. mit »Der Kaperkapitän«; für Kriegsgefangene bestimmte Ausgabe in französischer Sprache. Übersetzt von Francois Parny)
Leilet (1876, Feierstunden am häuslichen Heerde, Dresden; identisch mit »Die

Rose von Kahira« bzw. mit »Entführt«; in: GWB 71. Das Motiv wurde von May in den Band *»Durch Wüste und Harem«* = F 1, eingearbeitet)

Das letzte Duell (Teil von *»Der verlorene Sohn oder Der Fürst des Elends«*, Pawlak 65)

Der letzte Ritt (1884/86, DH; in: F 3, S. 551–644 und F 4, S. 1–424)

Die letzte Sklavenjagd (Teil von *»Im Lande des Mahdi III«;* F/GWR/GWB 18)

Lichte Höhen (GWR/GWB 49; Nachfolgeband von »Himmelsgedanken«, Freiburg 1900; der Band enthält u. a. Gedichte, Sinnsprüche, Fragmente, Mays *»Briefe über Kunst«* sowie Mays Drama *»Babel und Bibel«*)

Die Liebe des Ulanen (1883–85, Deutscher Wanderer, Dresden, MMV; Buchausgabe: 1901–02 MMV = 3 Bände; Dresden 1905–06 = Karl Mays illustrierte Werke: 1. Die Herren von Königsau, 2. Napoleons letzte Liebe, 3. Der Kapitän der Kaisergarde, 4. Der Spion von Ortry, 5. Durch Kampf zum Sieg; GWR/GWB 56 = Der Weg nach Waterloo, 57 = Das Geheimnis von Marabut, 58 = Der Spion von Ortry, 59 = Die Herren von Greifenklau; Pawlak 55 = Im Auftrag seiner Majestät, 56 = Napoleons letzte Schlacht, 57 = Die Spione von Paris, 58 = Hinter feindlichen Linien, 59 = Entscheidung in Sedan)

Die Liebe nach ihrer Geschichte (1876, Dresden; in: GWB 72; Teil von *»Das Buch der Liebe«*, R-KMG 1987)

»Löffel begraben« (1888–89, GK, Stuttgart; R-KMV, Bamberg – Braunschweig, 1975 = Anhang zu »Die Sklavenkarawane«)

Der Löwe der Blutrache (Titelvariante von »Scheba et Thar«, von May in F 26 = *»Im Reiche des silbernen Löwen I«*, Kap. 3, S. 291–357, eingearbeitet; bei Neugestaltung durch den KMV als eigenständige Erzählung u. d. T. »Der Löwe der Blutrache« übernommen; in: GWB 26)

Der Löwe der Blutrache (Sammelband, GWB 26; früher: *»Im Reiche des silbernen Löwen I«*, F 26; vom KMV neu gestaltet und betitelt. Der Band wurde wie folgt gegliedert: 1. Tokeichun (von F 26, S. 1–266), 2. Auferstehung, 3. Himmelslicht, 4. Es Ssabbi – Der Verfluchte, 5. Der Löwe der Blutrache (F 26, S. 291–357), 7. Ein Rätsel (F 27, S. 453–628) unter Einbeziehung von: Die ›Umm ed Dschamahl‹.)

Der Löwe Sachsens (in: Jb-KMG 1981, S. 36–40, 56–63)

Lopez Jordan (1889–90, DH, Regensburg; Serie »El Sendador I«; R-KMG 1979; F/GWR/GWB 12 = *»Am Rio de la Plata«*; Pawlak 34)

Maghreb-el-aksa (1887–88, Vom Fels zum Meer, Stuttgart; R Braunschweig 1976; R-KMG 1985 = »Der Krumir«; in: GWB 71)

Der Mahdi (1891/93, DH; F/GWR/GWB 17, = *»Im Lande des Mahdi II«*)

Maria oder Fatima (1894, Eichsfelder Marien-Kalender; R-KMG 1979 = »Christus oder Muhammed«; in: F/GWR/GWB 23; Pawlak 30)

Matavase, der Fürst der Felsen (Teil von *»Das Waldröschen«*; Zürich 1946–49)

Matavase, der Fürst des Felsens (Teil von *»Das Waldröschen«*; Dresden 1902–03)

Mater dolorosa (1892, Regensburger Marien-Kalender; R-KMG 1979; in: F/GWR 10; u. d. T. »Das Kurdenkreuz« in GWB 48; Pawlak 18)

Meine Beichte (1908, Privatdruck; 1. und 2. Fassung; in: GWB 34)

Mein Glaubensbekenntnis (1907, Donau-Zeitung, Passau; Nachdruck: Ubstadt 1975 = »Schriften zu Karl May«, S. 244–246; Materialien zur Karl-May-Forschung, Band 2)

Mein Leben und Streben (Freiburg 1910; R Hildesheim 1975; in: GWR/GWB 34; Pawlak 74)

Mein Rih (Friedberg 1979; Passagen aus dem Orient-Zyklus F/GWR/GWB 1–6, zusammengestellt von Carl-Heinz Dömken)

Der Mensch gleicht einer Droschke (Massachusetts 1908, in: GWB 34, 30. Auflage 1976, S. 386)

Mensch und Teufel (Jb-KMG 1971, S. 122–143, Kapitel *»Hinter den Mauern«; Idee zu einem Roman*)

Menschenjäger (F/GWR/GWB 16 = *Im Lande des Mahdi I*)

Menschentrutz und Gotteshand (1893, Euskirchener Volksblatt; identisch mit *»Der Waldkönig«*, mit »Unter Paschern«, mit »Das Geheimnis des Stollens«, mit »Vergeltung«, u. d. T. »Der Waldschwarze« in GWR/GWB 44; Pawlak 73. Zweitfassung der Erzählung *»Im Sonnenthau«* bzw. »Der Grenzmeister«)

Merhameh (1910, Eichsfelder Marien-Kalender; R-KMG 1979; Nachdruck: München 1974 = Der große Traum; in: GWR/GWB 48; Pawlak 41)

Der Mir von Dschinnistan (GWB 32 = *Ardistan und Dschinnistan II*)

Miß Admiral (Teil von *»Old Surehand II«*, Kapitel 3: Ein Korsar; = F 15; siehe auch Urfassung: *Auf der See gefangen*)

Die Murenleni (Teil von *»Der Weg zum Glück«*; Dresden 1903–04; Pawlak 66–72)

Der Mutter Antwort (Gedicht-Handschrift-Faksimile, KMV 1977)

Mutterliebe (1898/99, Einsiedler Marien-Kalender; R-KMG 1979; u. d. T. »Die Söhne des Upsaroka« in: GWR/GWB 48)

Nach Sibirien (1878, Frohe Stunden, Dresden – Leipzig; u. d. T. »An den Ufern der Dwina« in: GWR/GWB 38; Urfassung von »Der Brodnik«)

Napoleons letzte Liebe (Teil von *»Die Liebe des Ulanen«*; Dresden 1905–06)

Napoleons letzte Schlacht (Teil von *»Die Liebe des Ulanen«*; Pawlak 56)

Eine nordische Sultana (Teil von *»Deutsche Herzen – Deutsche Helden«*, Zürich 1950)

Nur es Sema – Himmelslicht (1893, Benzinger's Marien-Kalender, Einsiedeln; in: F/GWR 10; u. d. T. »Himmelslicht« in: GWB 26; Pawlak 18; R-KMG 1979)

Offene Briefe eines Gefangenen (in: Jb-KMG 1971)

Ein Ölbrand (1883, Das Neue Universum, Stuttgart; R in: Jb-KMG 1970; R KMV 1976 in dem Sammelband »Winnetous Tod«; Nachdruck Hamburg 1982 mit dem Titel »Tödliches Feuer« in dem Sammelband »Winnetou und der schwarze Hirsch«; Pawlak 40 – »Im fernen Westen«. Der KMV formte aus der Erzählung *»Ein Ölbrand«* und aus *»Die Both Shatters«* die Geschichte »Joe Burkers, das Einaug«; in GWR/GWB 38)

Der Ölprinz (1877, Frohe Stunden, Dresden – Leipzig; identisch mit »Der Brand des Öltals«; enthalten in dem Sammelband »Der Karawanenwürger« bzw. dem Auswahlband »Aus fernen Zonen«; Neudruck: München 1984, in der Anthologie »Winnetou und der schwarze Hirsch«; auch Pawlak 40)

Der Ölprinz (1893, GK, Stuttgart; = GWR/GWB 37; Pawlak 10)

Old Cursing-Dry (1897, Regensburger Marien-Kalender; R-KMG 1979; identisch mit »Gott läßt sich nicht spotten« bzw. mit »Der Flucher«; in: F/GWR/GWB 23; Pawlak 30)

Old Death (Teil von *»Winnetou II«*; Zürich 1949, Band 3)

Old Firehand (Teil von *»Winnetou II«*; Zürich 1949, Band 4)

Old Firehand (1876, Deutsches Familienblatt, Dresden; in: GWB 71; Pawlak 40; Erstfassung von »Im fernen Westen« bzw. von »Jenseits der Felsengebirge«)

Old Firehand (Sammelband, GWB 71; Die Edition enthält die Erzählungen: 1. *Inn-nu-woh, der Indianerhäuptling*, 2. Old Firehand, 3. Die Rose von Kahira, 4. Ein Wüstenraub, 5. *Die ›Both Shatters‹*, 6. Die Gum, 7. Aqua benedetta, 8. Ein Self made man, 9. Der Afrikaander, 10. Die Rache des Ehri, 11. *Ibn el 'amm*, 12, *Sklavenrache*, 13. *Maghreb-el-aksa*, 14. Die beiden Kulledschi)

Old Shatterhand (Teil von *»Winnetou I«*; Zürich 1949, Band 1)

Old Shatterhand a. D. (Titelvariante von *»Freuden und Leiden eines Vielgelesenen«*, in: GWR/GWB 48)

Old Shatterhand und Winnetou (Auswahlband; KMV 1961, Episoden aus *»Winnetou II«* = Der Scout; *»Winnetou III«* = Deadly dust; sowie der Reiseerzählung *»Weihnacht!«*)

Old Surehand I (F/GWR/GWB 14; Pawlak 7)

Old Surehand II (F 15; Pawlak 8; Karl May integrierte in den Band folgende Texte: 1. Three carde monte = S.7–74; 2. Vom Tode erstanden = S. 79–113; 3. *Auf der See gefangen* = S. 116–211 und 429–581; 4. Unter der Windhose = S. 215–247; 5. Königschatz-Episode aus *»Das Waldröschen«* = S. 250–424 sowie als verbindende Rahmenerzählung das neu verfaßte Kapitel »Die verkehrten Toasts« = S. 581–647. Der KMV löste bekanntlich den Band auf und gestaltete daraus den Band »Kapitän Kaiman«, der als Nummer 19 in die Reihe der Gesammelten Werke eingegliedert wurde, während der seitherige Band 19 *»Old Surehand III«* jetzt als *»Old Surehand II«* betitelt auf Platz 15 rangiert.)

Old Surehand III (F 19; Pawlak 9; Der KMV bearb. die »Surehand-Trilogie« und betitelte den Band neu als *»Old Surehand II«*; jetzt in: GWR/GWB 15)

Olsunna (Teil von *»Das Waldröschen«*; Zürich 1946–49)

Orangen und Datteln (Sammelband, F/GWR 10; Pawlak 18; Die Edition enthält die Erzählungen: 1. Die Gum (Zweitfassung), 2. Christus oder Muhammed, 3. Der Krumir, 4. Eine Ghasuah, 5. Nur es Sema – Himmelslicht, 6. Christi Blut und Gerechtigkeit, 7. Mater dolorosa, 8. Der Verfluchte. Der Band wurde vom KMV nach 1945 neu gegliedert und neu betitelt: »Sand des Verderbens«. In Wegfall kamen: 5. »Nur es Sema – Himmelslicht«, jetzt GWB 26; 6. Christi Blut und Gerechtigkeit, jetzt GWB 48; 7. Mater dolorosa, jetzt GWB 48; 8. Der Verfluchte, jetzt GWB 26; neu aufgenommen wurde: Der ›Sand des Verderbens‹ = Er Raml es Helahk, von F/GWR 23)

Ein orientalisches Klondyke (Jb-KMG 1970 + M-KMG 13/1972; identisch mit »Ein Reisebrief in Ansichtskarten«)

Das Otto-Victor-Fragment (in: Jb-KMG 1986)

Pandur und Grenadier (1883, Deutsche Gewerbeschau, Dresden; in: GWR/GWB 42)

Pankraz der Ehestifter (Titelvariante von *»Auf den Nußbäumen«* bzw. von »Der Bäckerjunge«; in: GWR/GWB 47)

Der Pedlar (Teil von *»Winnetou II«;* F 8 = Kapitel 7)

Der Peitschenmüller (Teil von *»Der Weg zum Glück«*, GWB 66)

Ein Phi-Phob (1887, GK, Stuttgart; R KMV 1975; u.d.T. »Phi-Phob, der Schutzgeist« in: GWR/GWB 48)

Phi-Phob, der Schutzgeist (1887, GK, Stuttgart; identisch mit *»Ein Phi-Phob«*; in: GWR/GWB 48)

Piraten der Prärie (Wien, um 1955; Titelvariante von »Kapitän Kaiman«; GWR/GWB 19)

Die Piraten des indischen Meeres (Bearbeitungstitel von »Der Girl-Robber« und von »An der Tigerbrücke«; in: GWB 11)

Der Pfahlmann (Osnabrück 1894, 2. Teil von »Die Rose von Kairwan«; Zweitfassung von *»Ein Dichter«*; vom KMV in den umgestalteten Band GWR/GWB 19 aufgenommen)

Der Pflaumendieb (1879, All-Deutschland / Für alle Welt, Stuttgart; identisch mit »Incognito« – 1883, Deutsche Gewerbeschau –; Zweitfassung von »Ein Stücklein vom alten Dessauer«; in: GWR/GWB 42)

Ein Prairiebrand (1887, GK, Stuttgart; R KMV 1975)

Professor Vitzliputzli (in: GWR/GWB 47; Vom KMV aus dem unveröffentlichten Original-Kapitel »In der Heimath« aus dem dreibändigen Roman *»Satan und Ischariot«* in Ergänzung mit »Wenn sich zwei Herzen scheiden« gestaltet)

Professor Vitzliputzli (Sammelband, GWR/GWB 47; Die Edition enthält die Erzählungen: 1. Professor Vitzliputzli, 2. Wenn sich zwei Herzen scheiden, 3. Der Glücksschimmel, 4. *Die Kriegskasse*, 5. Am Ernstthaler Stammtisch, 6. *Der Wollteufel*, 7. Der Fischerjakob und das Wasserfaß, 8. *Die falschen Exzellenzen*, 9. Die beiden Nachtwächter, 10. Die verhexte Ziege, 11. Die Erben wider Willen, 12. Pankraz der Ehestifter, 13. Wie dem Stadtrat Epperlein aus der Klemme geholfen wurde)

Prozeßschriften (KMV, Bamberg 1982; Band 1: »*Frau Pollmer*, eine psychologische Studie«; Band 2: »*Ein Schundverlag* und *Ein Schundverlag und seine Helfershelfer*«; Band 3: »*An die 4. Strafkammer des königlichen Landgerichts III in Berlin*«)

Die Pyramide des Sonnengottes (früher: Vom Rhein zur Mapimi; Teil von »*Das Waldröschen*«, GWR/GWB 52)

Quimbo (Bremen 1931, Zusammendruck von »Der Boer van het Roer«, »Der Girl-Robber« und von »An der Tigerbrücke«)

Die Rache des Apachen (Teil von »*Deutsche Herzen – Deutsche Helden*«; Zürich 1954)

Die Rache des Ehri (1878, Frohe Stunden, Dresden – Leipzig; in: GWB 71; Erstfassung von »Der Ehri« bzw. von »*Tui Fanua*«)

Die Rache des Mormonen (1890, Illustrierte Romane aller Nationen, Stuttgart; u. d. T. »Schwarzauge« in GWR/GWB 48)

Rache oder das erwachte Gewissen (1873/74, Das schwarze Buch, MMV Dresden; identisch mit »Das Gewissen«; in: GWB 72)

Ein Rätsel (Teil von »*Im Reiche des silbernen Löwen II*« = F 27, Kapitel 6; vom KMV neu gestaltet und mit der Erzählung »Die ›Umm ed Dschamalil‹« zu einer eigenständigen Geschichte geformt; in: GWB 26)

Der Raubzug der Baggara (in: F/GWR/GWB 10; identisch mit »Eine Ghasuah«; Pawlak 18)

Rebellen der Sierra (Teil von »*Das Waldröschen*«; Pawlak 46)

Reise-Abenteuer in Kurdistan (1882, DH, Regensburg; Teil von »Im Schatten des Großherrn« bzw. von »Giölgeda padiśhanün«, Orient-Zyklus F/GWR/GWB 1–6; in: F 2 = *Durchs wilde Kurdistan*, S. 373–638)

Ein Reisebrief in Ansichtskarten (Titelvariante von »Ein orientalisches Klondyke«; in: Jb-KMG 1970 u. M-KMG 13/1972)

Reiseskizzen und Briefe der Orientreise 1899–1900 (in: Jb-KMG 1971, S. 165–215; Dokumentation)

Repertorium Carl May (Jb-KMG 1971, S. 122–143 = »*Hinter den Mauern*« und andere Fragmente aus der Haftzeit)

Rihs Tod (Balve 1973; Szene aus »*Der Schut*«; in: »Ein Pferdebuch« von Carl-Heinz Dömken; ebenso: München 1977, in: »Das Paradies der Erde« von Utta Danella)

Ritter und Rebellen (Sammelband, GWB 69; Die Edition enthält den Roman »*Der beiden Quitzows letzte Fahrten*« in Form von drei Einzelerzählungen: 1. Suteminn, der Einsame; 2. Der Falkenmeister; 3. Wildwasser)

Die Rivalen (Teil von »*Der Weg zum Glück*«, Pawlak 69)

Robert Surcouf (1882, DH, Regensburg; ferner Osnabrück 1894, in: »Die Rose von Kairwan« = 1. Abtheilung: Ein Kaper; u. d. T. »Der Kaperkapitän« in: GWR/GWB 38. Der KMV verlegte 1917 eine französische Übersetzung »Le Corsaire« für Kriegsgefangene)

Die Rose von Ernstthal (1875, Deutsche Novellen-Flora, Neusalza; in: GWR/GWB 43; auch R-KMG 1980)

Die Rose von Kahira (1877, Heimgarten, Graz; identisch mit »Leilet« bzw. mit »Entführt«; in: GWB 71)

Die Rose von Kairwan (Osnabrück 1894, R-KMV 1974, R Hildesheim 1974; Erzählung aus drei Erdtheilen, 1. Abtheilung: »Ein Kaper« = *Robert Surcouf*, u.d.T. »Der Kaperkapitän« in GWR/GWB 38; 2. Abtheilung: »Der Pfahlmann« = Zweitfassung von *Ein Dichter*; in: GWR/GWB 19; 3. Abtheilung: *»Eine Befreiung«* = Zweitfassung von *»Die Rose von Sokna«*, u.d.T. »Von Mursuk bis Kairwan« in GWR/GWB 38; ferner auch Pawlak 41, Sammelband »Unter heißer Sonne«)

Die Rose von Schiras (1897, DH, Regensburg; Untertitel von *»Im Reiche des silbernen Löwen I«*; GWR/GWB 26; Pawlak 20)

Die Rose von Sokna (1879, Deutsche Gewerbeschau, Dresden; identisch mit »Ein Wüstenraub«, u.d.T. in: GWB 71; Erstfassung von *»Eine Befreiung«* bzw. von »Von Mursuk bis Kairwan«)

Der rote Olbers (1883, Das Neue Universum, Stuttgart; Kapitel-Überschrift von *»Ein Ölbrand«*; R-KMV = »Winnetous Tod«, R-Jb-KMG 1970)

Saiwa tjalem (1883, Vom Fels zum Meer, Stuttgart; R Braunschweig 1976; Titelvariante »Der Talisman«; in: F/GWR/GWB 23; Pawlak 30)

Sam Barth (Teil von *»Deutsche Herzen – Deutsche Helden«*; Zürich 1952)

Der Samiel (1878, Das Buch für Alle, Stuttgart; als Faksimile in: GWB 43; Neudruck: »Das große Hausbuch der Dorfgeschichten«, München 1980, S. 289–302)

Der Samiel (1976, Fischer Taschenbuch Verlag, Frankfurt; Teil von *»Der Weg zum Glück«*, Lieferung (etwa): 74–88; entspricht der zweiten Bandhälfte von GWB 68)

Der ›Sand des Verderbens‹ (in: GWB 10; identisch mit »Er Raml el Helahk« in F/GWR 23; Pawlak 30)

Sand des Verderbens (Sammelband, GWB 10; statt – wie in GWR – *»Orangen und Datteln«*; Die Edition enthält die Erzählungen: 1. Die Gum, Zweitfassung; 2. Christus oder Mohammed; 3. Der Krumir; 4. Der ›Sand des Verderbens‹ = Er Raml el Helahk; 5. Der Raubzug der Baggara = Eine Ghasuah. Der Band erhielt vom KMV eine neue Gliederung. In Wegfall kamen: »Nur es Sema – Himmelslicht«, jetzt: GWB 26; »Christi Blut und Gerechtigkeit«, jetzt: GWB 48; »Mater dolorosa«, jetzt: GWB 48; »Der Verfluchte«, jetzt: GWB 26. Neu aufgenommen wurde: »Der ›Sand des Verderbens‹« = Er Raml el Helahk; von F/GWR 23)

Sansear (Teil von *»Winnetou III«*; Zürich 1949, Band 5)

Satan und Ischariot I (F/GWR/GWB 20; R-KMG 1980 = Die Felsenburg; Pawlak 37)

Satan und Ischariot II (F/GWR/GWB 21; R-KMG 1980 = Krüger Bei; Pawlak 38)

Satan und Ischariot III (F/GWR/GWB 22; R-KMG 1980 = Die Jagd auf den Millionendieb; Pawlak 39. Ein im Ur-Manuskript enthaltenes Kapitel »In der Heimath« liegt bis heute nur in der vom KMV durchgeführten Bearbeitung als »Professor Vitzliputzli« und als »Wenn sich zwei Herzen scheiden« vor. Die Veröffentlichung des Original-Textes ist vom KMV in Aussicht gestellt)

Scepter und Hammer (1879/80, All-Deutschland / Für alle Welt, Stuttgart; R-KMG 1978; in: GWR/GWB 45 = »Zepter und Hammer«)

Schacht und Hütte (Sammelband, GWB 72; Die Edition enthält die Kapitel: 1. Das Gewissen; 2. *Wanda*; 3. Die Fastnachtsnarren; 4. Gesammelte Aufsätze; 5. *Geographische Predigten*; 6. Fundgrube ›Vater Abraham‹ = nicht von May! =; 7. Ein Fang)

Schacht und Hütte (1875/76, MMV Dresden; Zeitschrift, Blätter zur Unterhaltung und Belehrung für Berg-, Hütten- und Maschinenarbeiter. Von May gegründet und verantwortlich redigiert. Nachdruck: Hildesheim 1979, Olms-Presse)

Schamah (1907–08, Efeuranken, Regensburg; R Bamberg / Braunschweig 1977; in: GWR/GWB 48; Pawlak 41)
Die Schatten des Ahriman (Obertitel von *»Im Reiche des silbernen Löwen III«* und von *»Im Reiche des silbernen Löwen IV«* (heute: »Das versteinerte Gebet«); F/GWR/GWB 28 + 29; Pawlak 22 + 23)
Der Schatz der Inkas (1890/91, DH; Serie »El Sendador II« = Der Schatz der Inkas; F/GWR/GWB 13 = *»In den Kordilleren«*; Pawlak 35)
Der Schatz der Mixtekas (Teil von *»Das Waldröschen«*, Dresden 1902/03; Pawlak 43)
Der Schatz der Mixteken (Teil von *»Das Waldröschen«*, Zürich 1946/49)
Der Schatz im Silbersee (1890, GK, Stuttgart; F/GWR/GWB 36; Pawlak 5)
Scheba et Thar (1898, Regensburger Marien-Kalender; R-KMG 1979; Titelvariante »Der Löwe der Blutrache«; in F/GWR/GWB 26. Karl May nahm die Erzählung 1898 in den Band *»Im Reiche des silbernen Löwen I«*, Kapitel 3, S. 291–357, auf. In der Edition des KMV wieder eigenständig.)
Schefakas Geheimnis (Titelvariante von »Christi Blut und Gerechtigkeit«; in: F/GWR 10; GWB 48; Pawlak 18)
Der Scheik von Harrar (Teil von *»Das Waldröschen«*; Hannover 1966)
Der Scherenschleifer (1880, Für alle Welt, Stuttgart; in: GWR/GWB 42)
Die Schicksale der Familie Adlerhorst (Zürich 1950–54; Titelvariante von *»Deutsche Herzen – Deutsche Helden«*)
Der Schlangenmensch (1890, GK, Stuttgart)
Schloß Rodriganda (Teil von *»Das Waldröschen«*; GWR/GWB 51)
Schloß Wildauen (1888, Deutsche Gartenlaube, Berlin; identisch mit *»Auf der See gefangen«* bzw. mit »Winnetou und der Detektiv«; von May 1895 in *»Old Surehand II«* integriert, = F 15, Pawlak 8; unter dem Titel »Kapitän Kaiman« in: GWR/GWB 19)
Der Schmugglerkönig (Teil von *»Der verlorene Sohn«*, Pawlak 61)
Die schönsten Indianergeschichten (Sammelband, München 1979, Südwest-Verlag; das Buch enthält in Rückübersetzung aus dem Tschechischen u. a. auch Szenen aus »Der Sohn des Bärenjägers« und aus »Der Geist des Llano estakado«; illustriert von Zdeněk Burian)
Die Schundliteratur und der Früchtehunger (in: Jb-KMG 1983)
Die Schund- und Giftliteratur und Karl May, ihr unerbittlicher Gegner (1909, Mährischer Volksbote, Brünn; ferner München 1909; Franz Weigl: »Karl Mays pädagogische Bedeutung«, S. 19–38; R Ubstadt 1975 = Schriften zu Karl May, Reihe: Materialien zur Karl-May-Forschung 2)
Ein Schundverlag und *Ein Schundverlag und seine Helfershelfer* (1982, KMV, Bamberg; Prozeßschriften Band 3)
Der Schut (1888, DH; F/GWR/GWB 6; Pawlak 17)
Schwarzauge (Titelvariante von *»Die Rache des Mormonen«*; in: GWR/GWB 48)
Der schwarze Gerard (Fort Guadeloupe) (Teil von *»Das Waldröschen«*, Zürich 1946/49)
Der schwarze Mustang (1896, GK, Stuttgart; u. d. T. »Halbblut« in: GWR/GWB 38)
Der Scout (1888, DH, Regensburg; von May 1893 in den Band *»Winnetou II«* = F 8, S. 11–392, übernommen. Eine Buchausgabe u. d. T. »Der alte Kundschafter«, Bremen 1931)
Eine Seehundsjagd (1891, GK, Stuttgart; in: Jb-KMG 1975, S. 73–89; Nachdruck: Pfaffenhofen 1982 = Verschollene Jagdgeschichten)
Die Seelenverkäufer (1880, Deutsche Gewerbeschau, Dresden; identisch mit *»Unter den Werbern«* bzw. mit »Fürst und Reitknecht« und »Incognito«, u. d. T. »Seelenverkäufer« in: GWR/GWB 42)
Seelenverkäufer (in: GWR/GWB 42; identisch mit *»Unter den Werbern«*, mit »Fürst und Reitknecht«, mit »Incognito« bzw. mit »Die Seelenverkäufer«)

Ein Selfmademan (Titelvariante von »Ein Self-man«; in: GWB 71)
Ein Self-man (1877/78, Frohe Stunden, Dresden – Leipzig; identisch mit »Ein Selfmademan« bzw. mit »Im wilden Westen«; in: GWB 71; Erstfassung von »Three carde monte« bzw. von »Abraham Lincoln«)
Der Silberbauer (Teil von *»Der Weg zum Glück«*, GWB 67)
Sklaven der Arbeit (Teil von *»Der verlorene Sohn«*; Dresden 1904–05, Band 2)
Die Sklaven der Arbeit (1974, Fischer Taschenbuch Verlag, Frankfurt; Teil von *»Der verlorene Sohn«*, Lieferung: 21–40; entspricht dem Band »Das Buschgespenst«; GWB 64)
Sklaven der Ehre (Teil von *»Der verlorene Sohn«*; Dresden 1904–05, Band 5)
Sklaven der Schande (Teil von *»Der verlorene Sohn«*; Dresden 1904–05, Band 3)
Sklaven des Elends (Teil von *»Der verlorene Sohn«*; Dresden 1904–05, Band 1)
Sklaven des Goldes (Teil von *»Der verlorene Sohn«*; Dresden 1904–05, Band 4; Pawlak 63)
Die Sklavenkarawane (1889/90, GK, Stuttgart; GWR/GWB 41; Pawlak 26)
Sklavenrache (1889, GK, Stuttgart; in: GWB 71)
Die Söhne des Upsaroka (in: GWR/GWB 48; Titelvariante von *»Mutterliebe«*)
Der Sohn des Bärenjägers (1887, GK; 1. Erzählung von *»Die Helden des Westens«*, Stuttgart 1890; in: GWR/GWB 35 = »Unter Geiern«; Pawlak 11)
Sonnenscheinchen (Dresden 1903 R 1977; Freiburg 1907 = Sammelband »Erzgebirgische Dorfgeschichten«; in: GWR/GWB 43, Pawlak 73)
Sonnenstrahlen (Sammelband, Dresden 1904; Gedichte und Szenen aus: 1. *Das Waldröschen*; 2. *Der Weg zum Glück*; 3. *Deutsche Herzen – Deutsche Helden*; 4. *Der verlorene Sohn*; 5. *Die Liebe des Ulanen*; 6. Old Firehand)
Der Spion von Ortry (Teil von *»Die Liebe des Ulanen«*, Dresden 1905/06; GWR/GWB 58)
Die Spione von Paris (Teil von *»Die Liebe des Ulanen«*, Pawlak 57)
Das sprechende Leder (in: GWR/GWB 19; identisch mit »Unter der Windhose«, Stuttgart 1886; von May in *»Old Surehand II«* = F 15 eingearbeitet; vom KMV aufgelöst und neu gestaltet)
Stambul (1883, DH, Regensburg; Teil von »Im Schatten des Großherrn« bzw. von »Giölgeda padiśhanün«, Orient-Zyklus F/GWR/GWB 1–6; in: F 3 = *Von Bagdad nach Stambul*, S. 449–550)
Die starke Hand (Teil von *»Deutsche Herzen – Deutsche Helden«*; Zürich 1954)
Der sterbende Kaiser (Teil von *»Das Waldröschen«*, GWR/GWB 55)
Das Straußenreiten der Somal (1890, GK; R M-KMG 25/1975)
Ein Stücklein vom alten Dessauer (1875, Deutsches Familienblatt, Dresden; R KMG 1975; Erstfassung von *»Der Pflaumendieb«*; nicht identisch mit »Der Amsenhändler«, obwohl diese Erzählung unter dem Titel »Ein Stücklein vom alten Dessauer« 1902 in dem Sammelband »Humoresken und Erzählungen« erschien)
Sur le rapprochement Franco-Allemand (1907, »La paix par le droit«, Nimes, später Paris; in: Jb-KMG 1970)
Sutemin, der Einsame (Teil von *»Der beiden Quitzows letzte Fahrten«*; in: GWB 69 = Ritter und Rebellen)

Der Talisman (Titelvariante von »Saiwa tjalem«; in: F/GWR/GWB 23; Pawlak 30)
Tanikai, der Fürst der Bleichgesichter (Teil von *»Deutsche Herzen – Deutsche Helden«*; Zürich 1954)
Tarik (Teil von *»Deutsche Herzen – Deutsche Helden«*; Zürich 1950)
Das Testament des Apatschen (KMV 1915, Feldpost-Ausgabe; Teil von *»Winnetou III«*, F 9, Schlußabschnitt)
Der Teufelsbauer (1878, Weltspiegel, Dresden; identisch mit »Der Einsiedel«; in: GWR/GWB 43; Pawlak 73)

Theater (1907, Salzbrunner Zeitung; in: Jb-KMG 1985)
Three carde monte (1879, DH, Regensburg; identisch mit »Abraham Lincoln« und mit »Aus Nordamerika«; Zweitfassung von »Ein Self-man« bzw. von »Im wilden Westen« der Buchausgabe »Der Karawanenwürger«. Karl May nahm 1895 die Erzählung in F 15 = *Old Surehand II*, Kapitel »Bei Mutter Thick«, auf. Bei Auflösung des Bandes durch den KMV und Neuvorlage unter dem Titel »Kapitän Kaiman« = GWR/GWB 19, wurde der Text in die Erzählung »Der Kanada-Bill«, Kapitel 1 + 2, integriert.)
Thut wohl Denen... (Teil von *»Im Lande des Mahdi III«*; F/GWR/GWB 18)
Die Tochter des Granden (Teil von *»Das Waldröschen«*, Dresden 1902–03)
Die Todes-Karavane (1882, DH, Regensburg; Teil von »Im Schatten des Großherrn« bzw. von »Giölgeda padiśhanün«, Orient-Zyklus F/GWR/GWB 1–6; in: F 3 = *Von Bagdad nach Stambul*, S. 1–347)
Die Todeskarawane (1895, Alte und Neue Welt, Einsiedeln; R M-KMG 24/1975)
Tödlicher Staub (Leipzig 1931; identisch mit »Deadly Dust« = DH 1880; Teil von *»Winnetou III«*, Kapitel 1–4; F/GWR/GWB 9)
Tödliches Feuer (Hamburg 1982, Sammelband »Winnetou und der schwarze Hirsch«; identisch mit *»Ein Ölbrand«*; R Jb-KMG 1970; R KMV 1976, Sammelband »Winnetous Tod«. Der KMV formte aus der Erzählung *»Ein Ölbrand«* und aus der Erzählung *»Die Both Shatters«* die Geschichte »Joe Burkers, das Einaug«; in: GWR/GWB 38)
Tötendes Feuer (Kapitel-Überschrift der Erzählung *»Ein Ölbrand«* bzw. von der Titelvariante »Tödliches Feuer«; bildet das 1. Kapitel der vom KMV gestalteten Erzählung »Joe Burkers, das Einaug«)
Tokeichun (Teil von *Im Reiche des silbernen Löwen I«*, F/GWR 26; vom KMV bearbeitet und als eigenständige Erzählung in dem neu betitelten Band = »Der Löwe der Blutrache« belassen; GWB 26)
Trapper Geierschnabel (Teil von *»Das Waldröschen«*; GWR/GWB 54)
Tui Fanua (1880, All-Deutschland / Für alle Welt, Stuttgart; R KMG 1977 = Sammelband »Der Waldkönig«; Zwischenvariante von »Die Rache des Ehri« = GWB 71 bzw. von »Der Ehri« = GWB 11)

Die »Umm ed Dschamahl« (1899, Regensburger Marien-Kalender; R-KMG 1979 – »Christus oder Muhammed«; u.d.T. »Bei den Bachtijaren« in: GWR 48; heute infolge Neugestaltung vom KMV mit der Erzählung »Ein Rästel«, Kap. 1 + 2, vereint; in: GWB 26)
Und Friede auf Erden (F/GWR/GWB 30; Pawlak 31; Zweitfassung von »Et in terra pax« = Leipzig 1901)
Die Universalerben (1879, All-Deutschland / Für alle Welt, Stuttgart; u.d.T. »Die Erben wider Willen« in: GWR/GWB 47)
Unter den Werbern (1876, Deutsches Familienblatt, Dresden; identisch mit »Fürst und Reitknecht«, mit »Die Seelenverkäufer«, mit »Incognito«, u.d.T. »Seelenverkäufer« in: GWR/GWB 42)
Unter den Werbern (Sammelband, R KMG 1986, Seltene Original-Texte, Band 2; Die Edition enthält die Erzählungen: 1. *Fürst und Leiermann*, 2. *Ein Fürst-Marschall als Bäcker*, 3. *Pandur und Grenadier*, 4. *Unter den Werbern*, 5. *Der Amsenhändler*, 6. *Ausgeräuchert*, 7. *Im Seegerkasten*, 8. *Im Wasserständer*, 9. *Die verhängnisvolle Neujahrsnacht*, 10. *Die falschen Excellenzen*, 11. *Der Kaiserbauer*, 12. *Der Dukatenhof*, 13. *Im Sonnenthau*, 14. *Die Rose von Ernstthal*)
Unter der Windhose (1886, Das Buch der Jugend, Stuttgart; von May in *»Old Surehand II«*, Einleitung zum Kapitel 2 »Der Königschatz«, S. 215–247 = F 15 aufgenommen. Bei Auflösung des Bandes durch den KMV und Umgestaltung zu »Kapitän Kaiman« wieder als eigenständige Erzählung mit dem Titel »Das sprechende Leder« vorgestellt; in: GWR/GWB 19)
Unter Geiern (GWR/GWB 35; Pawlak 11 u.d.T. *»Die Helden des Westens«*; Der

Band vereinigt die Erzählungen »Der Sohn des Bärenjägers« und »Der Geist des Llano estakado«; ursprünglich unter dem Titel *»Die Helden des Westens«* ediert.)

Unter heißer Sonne (Sammelband, Pawlak 41; die Edition enthält die Erzählungen: 1. Die Rose von Kairwan = a) Ein Kaper, b) Der Pfahlmann, c) *Eine Befreiung*; 2. Der Kutb; 3. *Schamah*; 4. *Merhameh*)

Unter Paschern (1881, Pique Bube, Berlin; identisch mit *»Der Waldkönig«*, mit »Menschentrutz und Gotteshand«, mit »Das Geheimnis des Stollens«, mit »Vergeltung«, u.d.T. »Der Waldschwarze« in GWR/GWB 44; Pawlak 73. Die Erzählung ist die Zweitfassung von *»Im Sonnenthau«* bzw. von »Der Grenzmeister«)

Unter Würgern (1879, DH, Regensburg; identisch mit »Die Wüstenräuber«; u.d.T. »Die Gum« – Zweitfassung – in: F/GWR/GWB 10; Pawlak 18)

Der Verfluchte (1893, Regensburger Marien-Kalender; identisch mit »Es Ssabbi – Der Verfluchte«; in: F/GWR 10, GWB 26, Pawlak 18)

Vergeltung (Dresden 1903; F 1907 = Sammelband »Erzgebirgische Dorfgeschichten«; identisch mit *»Der Waldkönig«*, mit »Unter Paschern«, mit »Menschentrutz und Gottes Hand«, mit »Das Geheimnis des Stollens«, u.d.T. »Der Waldschwarze« in GWR/GWB 44; Pawlak 73. Die Erzählung ist die Zweitfassung von *»Im Sonnenthau«* bzw. von »Der Grenzmeister«)

Vergeltung (1882, Deutsche Gewerbeschau, Dresden; identisch mit der Erzählung *»Der Brodnik«*; in: F/GWR/GWB 11; Pawlak 33. Zweitfassung von *»Nach Sibirien«* bzw. von »An den Ufern der Dwina«)

Vergiß mich nicht (Komposition; R-KMG 1979 = Sammelband »Christus oder Muhammed«; siehe »Ernste Klänge«)

Die verhängnisvolle Neujahrsnacht (1878, Trewendt's Volks-Kalender, Breslau; 1883, Deutscher Wanderer, MMV Dresden; R-KMG 1986 = Sammelband »Unter den Werbern«; Erstfassung der Erzählung »Die beiden Nachtwächter«; in: GWR/GWB 47)

Die verhexte Ziege (in: GWR/GWB 47; identisch mit *»Die verwünschte Ziege«* bzw. mit »Eine Wette«)

Die verkehrten Toasts (in: F 15 = *»Old Surehand II«*, verbindender Text für die von May in dieses Buch integrierten Erzählungen. Nach Auflösung des Bandes und Neugliederung mit Umbetitelung zu »Kapitän Kaiman« = GWR/GWB 19, heute Anfangskapitel von GWR/GWB 15 = »Old Surehand II«; früher F 19 = Old Surehand III«)

Der verlorene Sohn (Teil von *»Der verlorene Sohn«*, GWB 74)

Der verlorene Sohn oder Der Fürst des Elends (Dresden 1883–85, MMV: 101 Lieferungen; R Hildesheim 1970–72; Buchausgabe: Dresden 1904–05 = Karl Mays illustrierte Werke: 1. Sklaven des Elends, 2. Sklaven der Arbeit, 3. Sklaven der Schande, 4. Sklaven des Goldes, 5. Sklaven der Ehre; GWR/GWB 64 = Das Buschgespenst, 65 = Der Fremde aus Indien, 74 = Der verlorene Sohn; Pawlak 60 = Der Herr der tausend Masken, 61 = Der Schmugglerkönig, 62 = Die Verlorenen, 63 = Sklaven des Goldes, 64 = Jäger und Gejagte, 65 = Das letzte Duell)

Die Verlorenen (Teil von *»Der verlorene Sohn«*; Pawlak 62)

Das Vermächtnis des Inka (GWR/GWB 39, Pawlak 36)

Verschollen (Teil von *»Das Waldröschen«*; Pawlak 45)

Verschwörung in Stambul (Teil von *»Deutsche Herzen – Deutsche Helden«*; Pawlak 49)

Das versteinerte Gebet (GWB 29, Titelvariante von *»Im Reiche des silbernen Löwen IV«*, F/GWR 29)

Die verwünschte Ziege (1878, Deutsche Boten / Weltspiegel, Dresden; identisch mit »Eine Wette«; u.d.T. »Die verhexte Ziege« in: GWR/GWB 47)

Villa Bärenfett (1888/89, GK, Stuttgart; Nachdruck Hamburg 1982 = »Winnetou und der schwarze Hirsch«)
Vom Rhein zur Mapimi (heute: »Die Pyramide des Sonnengottes«; Teil von *»Das Waldröschen«*; GWR/GWB 52)
Vom Tode erstanden (1878, Frohe Stunden, Dresden – Leipzig; Nachdruck Hamburg 1982 in »Winnetou und der schwarze Hirsch«. Von May 1895 in den Band *»Old Surehand II«*, Kapitel »Bei Mutter Thick«, S. 79–113, aufgenommen. Bei Auflösung des Bandes durch den KMV gemeinsam mit »Three carde monte« zu der Erzählung »Der Kanada-Bill« geformt; GWR/GWB 19)
Von Bagdad nach Stambul (F/GWR/GWB 3; Pawlak 14; Teil von »Im Schatten des Großherrn« bzw. von »Giölgeda padiśhanün«; Orient-Zyklus)
Von Mursuk bis Kairwan (Titelvariante von *»Eine Befreiung«*, = 3. Teil von »Die Rose von Kairwan«; Zweitfassung von »Die Rose von Sokna« bzw. von »Ein Wüstenraub«; vom KMV als eigenständige Erzählung plaziert; in: GWR/GWB 38)

Der Waldkönig (1879, All-Deutschland / Für alle Welt, Stuttgart; identisch mit »Unter Paschern«, »Menschentrutz und Gottes Hand«, »Das Geheimnis des Stollens«, »Vergeltung«; u.d.T. »Der Waldschwarze« in: GWR/GWB 44; u.d.T. »Vergeltung« in: Pawlak 73. Die Erzählung ist die Zweitfassung von *»Im Sonnenthau«* bzw. von »Der Grenzmeister«)
Der Waldkönig (Sammelband, R-KMG 1980; Der Band enthält im Urtext die Erzählungen: 1. Fürst und Reitknecht, 2. *Die Universalerben*, 3. *Der Waldkönig*, 4. *Ein Dichter*, 5. Eine Wette, 6. Die beiden Nachtwächter, 7. *Der Giftheiner*, 8. *Der Pflaumendieb*, 9. *Die Rose von Ernstthal*; in einem Beiheft ferner: 10. *Die Both Shatters*, 11. *Der Scherenschleifer*, 12. *Tui Fanua*)
Der Waldläufer (Stuttgart 1879; in: GWB 70; Mays Bearbeitung von Gabriel Ferrys gleichnamigen Roman)
Das Waldröschen oder Die Verfolgung rund um die Erde (Dresden 1882–84, MMV: 109 Lieferungen; R Hildesheim 1969–71; Buchausgabe: Dresden 1902–03 = Karl Mays illustrierte Werke: 1. Die Tochter des Granden; 2. Der Schatz der Mixtekas; 3. Matavase, der Fürst des Felsens; 4. Erkämpftes Glück I; 5. Erkämpftes Glück II; 6. Erkämpftes Glück III; GWR/GWB 51 = Schloß Rodriganda, 52 = Die Pyramide des Sonnengottes (früher: Vom Rhein zur Mapimi), 53 = Benito Juarez, 54 = Trapper Geierschnabel, 55 = Der sterbende Kaiser; Zürich 1946/49, u.d.T. »Helden der Treue oder Erkämpftes Glück«, Serie I = 1. Der Schatz der Mixteken, 2. Das Geheimnis um Rodriganda, 3. Osunnia, 4. Der Garotteur, 5. Matavase, der Fürst der Felsen, 6. Die Insel der Verbannten; Serie II = 1. Der weiße Sklave, 2. Der schwarze Gerard (Fort Guadeloupe), 3. Bärenherz, 4. Geierschnabel, 5. Der Weg zum Glück, 6. Juarez und Maximilian; Pawlak 42 = Das Geheimnis des Bettlers, 43 = Der Schatz der Mixtekas, 44 = Der Fürst des Felsens, 45 = Verschollen, 46 = Rebellen der Sierra, 47 = Am Teich der Krokodile, 48 = Der Kaiser von Mexiko; ferner Hannover 1966: Häuptling Büffelstirn, Der Scheik von Harrar, Geheimauftrag für Geierschnabel. Um 1893 in Österreich auch unter dem Obertitel: »Das Geheimniß des Bettlers«)
Der Waldschwarze (in: GWR/GWB 44, Titelvariante von *»Der Waldkönig«*; u.d.T. »Vergeltung« in: Pawlak 73)
Der Waldschwarze (Sammelband, GWR/GWB 44; Der Band enthält die Erzählungen: 1. *Der Dukatenhof*, 2. *Der Herrgottsengel*, 3. Der Waldschwarze, 4. *Das Geldmännle*)
Wanda (1874/75, Der Beobachter an der Elbe, Dresden; identisch mit »Die wilde Polin«; in: GWB 72; Pawlak 40)
Wanderlied (Komposition, Notenblatt-Faksimile, KMV 1981)

Wasserrast auf dem Marsche (1888/89, GK, Stuttgart; R Bamberg / Braunschweig 1975)
Der Weg nach Waterloo (Teil von *»Die Liebe des Ulanen«*, GWR/GWB 56)
Der Weg zum Glück (Dresden 1886–87, MMV: 109 Lieferungen; R Hildesheim 1971; Buchausgabe: Dresden 1903–04 = Karl Mays illustrierte Werke: 1. Die Murenleni, 2. Der Wurz'nsepp, 3. Der Geldprotz, 4. Der Krickelanton; GWR/GWB 66 = Der Peitschenmüller, 67 = Der Silberbauer, 68 = Der Wurzelsepp, 73 = Der Habicht; Pawlak 66 = Das Zigeunergrab, 67 = Die Dorftyrannen, 68 = Der Baron, 69 = Die Rivalen, 70 = Das gefälschte Testament, 71 = Das Gottesurteil, 72 = Insel der Gefangenen)
Der Weg zum Glück (Teil von *»Das Waldröschen«*, Zürich 1946/49)
»Weihnacht!« (F/GWR/GWB 24; Pawlak 6)
Weihnacht im wilden Westen (Titelvariante von *»Weihnacht!«*; F/GWR/GWB 24; Pawlak 6)
Weihnachtsabend (Gedicht-Handschrift-Faksimile, KMV 1980)
Eine Weihnachtsfeier in Damaskus (Titelvariante von *»Bei den Aussätzigen«*, in: GWR/GWB 48)
Die weiße Kamelstute (1887, GK, Stuttgart; R Bamberg/Braunschweig, 1975 = »Die Sklavenkarawane« (Anhang); Autorschaft May's zweifelhaft; Verfasser vermutlich Carl Cassau (1840–1909); M-KMG 30, 1975, S. 36–37)
Der weiße Sklave (Teil von *»Das Waldröschen«*, Zürich 1946/49)
Weltall – Menschheit – Krieg (1904, Temesvarer Zeitung; in: M-KMG 18/1973; u.d.T. »Weltall – Erde – Mensch« in: GWB 72)
Wenn sich zwei Herzen scheiden (in: GWR/GWB 47; vom KMV aus dem unveröffentlichten Original-Kapitel »In der Heimath« aus dem dreibändigen Roman *»Satan und Ischariot«* in Ergänzung mit »Professor Vitzliputzli« gestaltet)
Eine Wette (1878/79, All-Deutschland / Für alle Welt, Stuttgart; identisch mit »Die verhexte Ziege« bzw. mit *»Die verwünschte Ziege«*, in: GWR/GWB 47)
Wie dem Stadtrat Epperlein aus der Klemme geholfen wurde (Titelvariante von »Das Dukatennest«; in: GWR/GWB 47; Parallel-Fassung von *»Im Seegerkasten«*)
Die wilde Polin (1880, All-Deutschland / Für alle Welt, Stuttgart; Titelvariante von *»Wanda«*; in: GWB 72)
Wildwasser (Teil von *»Der beiden Quitzows letzte Fahrten«*; in: GWB 69 = Ritter und Rebellen)
Winnetou (1878, Omnibus, Hamburg; Eine Reiseerinnerung = Parallel-Fassung der Erzählung *»Inn-nu-woh, der Indianerhäuptling«*; Nachdruck in: Jb-KMG 1980; Hamburg 1982 = Sammelband »Winnetou und der schwarze Hirsch«)
Winnetou (Zürich 1949; Ausgabe in 6 Bänden: 1. Old Shatterhand, 2. Intschutschuna, 3. Old Death, 4. Old Firehand, 5. Sansear, 6. Winnetous Tod)
Winnetou (Sammelband, KMV Bamberg 1961; Collage aus den Bänden *»Winnetou I–III«*; ohne die Teile »Der alte Kundschafter« und »Tödlicher Staub«)
Winnetou, der Rote Gentleman I–III (Freiburg 1893; ab 1904 nur *»Winnetou I–III«*; Karl May integrierte folgende, bereits vorliegende Erzählungen in die Trilogie: 1. »Der Scout« = Band II, Kap. 1–4; 2. »Im fernen Westen« = Band II, Kap. 5 + 6; 3. »Deadly dust« = Band III, Kap. 1–4; 4. »Im ›wilden Westen‹ Nordamerikas« = Band III, Kap. 5–7.)
Winnetou I (F/GWR/GWB 7; Pawlak 1)
Winnetou II (F/GWR/GWB 8; Pawlak 2)
Winnetou III (F/GWR/GWB 9; Pawlak 3)
Winnetou IV (1909/10, Augsburger Postzeitung; F 33; Pawlak 4)
Winnetous Erben (Titelvariante von *»Winnetou IV«*; GWR/GWB 33)
Winnetous Tod (Teil von *»Winnetou III«*, Zürich 1949, Band 6)

Winnetous Tod (Sammelband, KMV Bamberg 1976; Der Band enthält im Faksimiledruck die Erzählungen: 1. Ein Ölbrand; 2. Im ›wilden Westen‹ Nordamerikas)
Winnetou und der Detektiv (München 1982; Titelvariante von dem Roman *»Auf der See gefangen«* bzw. von »Schloß Wildauen«)
Winnetou und der schwarze Hirsch (Teil von »Der Sohn des Bärenjägers«; Nachdruck: Hamburg 1982 = Sammelband »Winnetou und der schwarze Hirsch«)
Winnetou und der schwarze Hirsch (Sammelband, Hamburg 1982; Die Edition enthält die Texte: 1. Tödliches Feuer = Ein Ölbrand, 2. Jemmys Bärenabenteuer, 3. Der Bowiepater, 4. Vom Tode erstanden, 5. Der Brand des Öltals, 6. Der ›Fürst der Bleichgesichter‹, 7. Winnetou = Eine Reiseerinnerung, 8. Winnetou und der schwarze Hirsch, 9. *Villa Bärenfett*)
Das Wort (Gedicht-Handschrift-Faksimile, KMV 1978)
Der Wollteufel (in: GWR/GWB 47; identisch mit *»Im Wollteufel«*)
Die Wüstenräuber (Köln 1885; identisch mit »Unter Würgern«; u.d.T. »Die Gum« – Zweitfassung – in: F/GWR/GWB 10; Pawlak 18)
Ein Wüstenraub (1881, Die Heimat, Wien; identisch mit *»Die Rose von Sokna«*; in: GWB 71; Erstfassung von *»Eine Befreiung«* bzw. von »Von Mursuk bis Kairwan«)
Der Wurzelsepp (Teil von *»Der Weg zum Glück«*; GWB 68)
Der Wurz'nsepp (Teil von *»Der Weg zum Glück«*; Dresden 1903–04)

Das Zauberwasser (in: GWR/GWB 48, identisch mit *»Ein Fürst des Schwindels«*)
Das Zauberwasser (Sammelband, GWR 48; Die Edition enthält die Erzählungen: 1. Das Zauberwasser, 2. Phi-Phob, der Schutzgeist, 3. Am ›singenden Wasser‹, 4. Schwarzauge, 5. *Das Hamail*, 6. Bei den Bachtijaren, 7. Die Söhne des Upsaroka, 8. Eine Weihnachtsfeier in Damaskus, 9. Old Shatterhand a.D., 10. *Abdahn Effendi*, 11. *Merhameh*, 12. *Schamah*; GWB 48 mit geänderter Zusammenstellung: 1. Das Zauberwasser, 2. Phi-Phob, der Schutzgeist, 3. Am ›singenden Wasser‹, 4. Schwarzauge, 5. Das Hamail, 6. Die Söhne des Upsaroka, 7. Das Kurdenkreuz (= Mater dolorosa), 8. Schefakas Geheimnis (= Christi Blut und Gerechtigkeit), 9. Eine Weihnachtsfeier in Damaskus (= *Bei den Aussätzigen*), 10. Old Shatterhand a.D. (= *Freuden und Leiden eines Vielgelesenen*), 11. Der Zauberteppich, 12. *Abdahn Effendi*, 13. *Merhameh*, 14. *Schamah*)
Der Zauberteppich (um 1901; in: GWB 48)
Zepter und Hammer (1879/80, All-Deutschland / Für alle Welt, Stuttgart; R – KMG 1978 = *Scepter und Hammer*; in: GWR/GWB 45)
Zeugenaussage für Klara May (in: Jb-KMG 1983, S. 46–49)
Das Zigeunergrab (Teil von *»Der Weg zum Glück«*, Pawlak 66)
Der Zobeljäger (Teil von *»Deutsche Herzen – Deutsche Helden«*; identisch mit »Zobeljäger und Kosak«; GWR/GWB 63)
Zobeljäger und Kosak (Teil von *»Deutsche Herzen – Deutsche Helden«*; GWR/GWB 63)
Zum ersten Mal an Bord (1889/90, GK, Stuttgart)
Zur Abwehr (in: Jb-KMG 1983, S. 69–75)

Karl Serden

WERKREGISTER

Abdahn Effendi 134, 137, 143, 437, 529, 531–534, 579
Abenteuer in Tunis 649
Abu Kital 555, 594
Der Afrikaander 266f.
Allah il Allah! 405, 653
Alma 476
Der alte Dessauer 425
Ein amerikanisches Doppelduell 266
Am Ernstthaler Stammtisch 423
Am Jenseits 104, 130, 139f., 272–282, 287, 298, 302, 307, 598, 638
Am »Kai-p'a« 515f.
Am Nile 252
Am Rio de la Plata 139f., 172, 229–234, 236, 238, 351, 672
Der Amsenhändler 452–454
Am stillen Ocean 139f., 223–228, 332ff., 441, 492, 672
An den Dresdner Anzeiger 115, 546
An der Tigerbrücke 223f., 226
An die deutsche Presse 547
An die 4. Strafkammer 121, 143, 452, 554, 561–563
Ange et Diable 109, 130, 607–609
Aphorismen über Karl May 131, 559
Aqua benedetta 441
Ardistan und Dschinnistan 12, 18, 24, 54, 117, 120, 127, 165, 172–175, 295, 300, 308–320, 375, 390, 528, 535, 594, 650, 682
Ardistan und Dschinnistan I 130, 139
Ardistan und Dschinnistan II 130, 139
Auch »über den Wassern« 132, 299, 456, 560
Auf den Nußbäumen 421f., 512
Auf der See gefangen 92, 130, 132, 239, 245, 369ff., 373f.
Auferstehung 523
Auf fremden Pfaden 139f., 266, 494
Aus dem gelobten Lande 528
Aus dem Kelch des Schicksals 398
Aus der Mappe eines Vielgereisten 489
Ausgeräuchert 422–424
Ave Maria 214, 602
Babel und Bibel 127, 130f., 137, 140, 154, 306, 313, 550, 569, 579, 586f., 589–595, 651
Der Bäckerjunge 421
Eine Befreiung 497–500
Bei den Aussätzigen 527f.
Die beiden Kulledschi 521f.
Die beiden Nachtwächter 434, 440
Der beiden Quitzows letzte Fahrten 141, 365–369
Bei den Trümmern von Babylon 282, 657
Benito Juarez 380
Bete und Arbeite! 575
Betrachtung und Besinnung 582
Der blau-rote Methusalem 136, 163, 172, 227f., 331–337, 363, 441
Ein Blizzard 266, 269
Blutrache 266, 268, 270
Der Boer van het Roer 266f., 269
Der Bonapartenschuster 462
Die Both Shatters 500–502
Briefe über Kunst 131, 305, 582–584, 587, 593
Der Brodnik 223f., 227, 491f.
Das Buch der Liebe 571–574
Das Buschgespenst 398
Christi Blut und Gerechtigkeit 218, 220, 223
Christ ist erstanden! 233, 238, 523f.
Christus oder Muhammed 143, 218ff., 222, 267, 523f., 527, 534, 605
Dalilah 135
Der dankbare Leser 460, 545f.
Deadly dust 214, 217, 329, 494
Der Derwisch 405
Deutsche Herzen, Deutsche Helden 135, 140, 143f., 171, 355, 395, 404–410, 412, 647, 655, 692
Eine deutsche Sultana 405
Ein Dichter 239, 329, 494–497
Der Doppelgänger 398
Die drei Feldmarschalls 136, 143, 435–438
Drei Menschheitsfragen 585

Droschkengleichnis 313
Das Ducatennest 428
Der Dukatenhof 459–465, 468
Durch das Land der Skipetaren 98, 139, 177f., 185, 197, 238, 443, 671
Durch die Wüste 91, 140, 144, 154, 191, 236, 238, 497, 644, 653, 656f., 670ff.
Durchs wilde Kurdistan 139, 177, 181, 193, 653, 656, 660, 671
Durch Wüste und Harem 54, 126, 138f., 177, 180
Der Ehri 223f., 502f., 649
Der Einsiedel 459, 465
El Sendador 229, 233f., 238, 259, 353, 523
Empor ins Reich der Edelmenschen 122, 128, 131, 138, 314, 586–588
Der Engel der Verbannten 405
Die Erben wider Willen 445
Ernste Klänge 126, 131, 137, 605
Er Raml el Helahk 266, 268
Der erste Elk 239
Erzgebirgische Dorfgeschichten 137f., 143, 145, 456, 459f., 465, 470, 473f., 480f., 483, 555
Es Ssabbi – Der Verfluchte 218
Et in terra pax s. Und Friede auf Erden!
Die falschen Excellenzen 432f.
Die Fastnachtsnarren 419f., 440
Die Felsenburg 259f., 653
Der Fischerjakob und das Wasserfaß 427
Der Flucher 266
Frau Pollmer 111, 131, 552–557, 559, 564f., 692
Der Fremde aus Indien 398
Freuden und Leiden eines Vielgelesenen 101, 126, 541, 651
Frohe Stunden 369
Der Fürst der Bleichgesichter I/II 405
Der Fürst des Elends 397, 404, 645
Ein Fürst des Schwindels 441–443, 504
Ein Fürst-Marschall als Bäcker 423, 448–450
Fürst und Leiermann 136, 450–452
Fürst und Reitknecht 425
Das Geheimnis des Marabut 390
Das Geheimnis des Stollens 473
Der Geist des Llano Estakado 144, 151, 216, 240, 246, 326, 328–331, 516f., 653f., 670, 672
Das Geldmännle 170, 459, 480f., 482–486, 531
Der Geldmarder 475
Der Geldprotz 411
Geographische Predigten 90, 132, 175, 249, 269, 543, 572, 574ff., 581
Eine Ghasuah 218f., 221, 253
Der Gichtmüller 475f.
Der Giftheiner 476–478, 528
Giölgeda padishanun 54, 94, 125, 177, 203, 376
Der Girl-Robber 223–226, 228, 302f., 306, 332
Der Gitano 420f.
Gleichnis für Zieger 580
Der Glücksschimmel 430
Gott läßt sich nicht spotten 266, 269
Der große Traum 536
Die Gum 218f., 222f., 395, 649
Der Habicht 411
Hadschi Halef Omar 653f.
Der Händler von Serdescht 266
Halbblut 360, 501, 506, 539, 653f., 672
Das Hamaïl 509f., 521
Die Helden des Westens 136, 326
Der Herr der Heerscharen 259
Die Herren von Greifenklau 390
Der Herrgottsengel 467–470, 484
Himmelsgedanken 97, 131, 137, 140, 302, 545f., 587, 595–600
Hinter den Mauern 399, 607, 609
Humoresken und Erzählungen 419ff.
Husarenstreiche 430–432
Ibn el 'amm 508f.
Ich 58, 60, 78
Im fernen Westen 125, 136, 143, 210, 649, 669
Im Lande des Mahdi 219, 252–259, 302, 522, 672
Im Lande des Mahdi I 139f., 150, 253
Im Lande des Mahdi II 139f., 254
Im Lande des Mahdi III 139f., 255–259

Im Mistake Cannon 239, 250
Im Reiche des silbernen Löwen 115, 172, 176, 282–302, 360, 660, 672
Im Reiche des silbernen Löwen I 126, 139, 217, 277, 283–285
Im Reiche des silbernen Löwen II 126, 130, 139, 277, 285–288
Im Reiche des silbernen Löwen III 110, 127, 130, 139, 176, 289–291, 313, 323, 544, 580
Im Reiche des silbernen Löwen IV 127, 130, 139, 176, 291–301, 313, 323, 482, 580
Im Seegerkasten 132, 428f.
Im Sonnenthau 475f., 478f.
Im Sudan 252, 672
Im Tal des Todes 405, 653f., 671
Im Wasserständer 427f.
Im »wilden Westen« Nordamerikas 214
Im Wollteufel 424f.
Incognito 425
In den Cordilleren 139f., 172, 229, 233, 234–238, 351, 672
In den Schluchten des Balkan 139, 154, 177, 184, 203, 653f., 671
In der Heimath 130
In Mekka 140, 282, 638
Inn-nu-woh, der Indianerhäuptling 132, 171, 343, 395, 489–491
Die Jagd auf den Millionendieb 130, 259, 360
Jenseits der Felsengebirge 637
Joe Burkers, das Einaug 501, 506
Die Juweleninsel 8, 18, 93, 133, 140, 369, 371, 375–380, 390
Das Kafferngrab 266
Der Kaiserbauer 462–465, 467f., 470
Ein Kaper 498
Der Kaperkapitän 498, 504
Kapitän Kaiman 239, 649
Der Karawanenwürger 137, 266
»Karl May als Erzieher« 137, 143, 545
Karl May und seine Gegner 542, 547
Der Kiang-Lu 223f., 227f., 332, 334
Des Kindes Ruf 459, 467, 470–472, 477
Der Klapperbein 467
Kleinere Hausschatz-Erzählungen 218, 224f., 441, 493, 541
Die Königin der Wüste 405
Der Königsschatz 239
Kong-Kheou, das Ehrenwort 331
Die Kriegskasse 390, 438f.
Der Krikelanton 411
Krüger Bei 131, 259f.
Der Krumir 143, 218ff., 222f., 239, 489, 491, 498, 515f., 518f., 528, 531, 577
Das Kurdenkreuz 218
Der Kutb 267f., 270
Der Kys-Kaptschiji 267f., 270
Die Laubthaler 422f.
Lebius der Ehrenmann 119, 131
Leïlet 132
Lichte Höhen 130, 140, 595
Die Liebe des Ulanen 95, 135, 140, 143, 170, 367, 389–397, 412, 431, 439, 442, 646f.
»Löffel begraben« 512
Der Löwe der Blutrache 282
Lopez Jordan 229
Eine lustige Studentenfahrt nach China 331, 335
Maghreb-el-aksa 577
Marah Durimeh 555, 639
Maria oder Fatima 266, 269f.
Marienkalendergeschichten 602
Mater dolorosa 218, 220, 222
Meine Beichte 77, 131, 310, 553, 563–565
Mein Glaubensbekenntnis 551f.
Mein Leben und Streben 1, 21, 51, 57, 59, 62, 65, 67–74, 77ff., 81f., 96, 121, 128, 135, 137, 143, 145, 163, 166, 190, 222, 313, 421, 431, 433, 444, 455f., 460, 490, 549, 554, 564–570, 586f., 601, 610f., 650, 692
Menschenjäger 672
Menschentrutz und Gottes Hand 473
Merhameh 130, 534–536, 653
Der Mir von Dschinnistan 54, 117, 120, 127, 130, 308, 313, 319, 555f., 594
Die Murenleni 411
Mutterliebe 524–526
Nach Sibirien 491–493
Nûr es Sema – Himmelslicht 218, 221

Ein Ölbrand 134, 143, 501, 506–508
Der Ölprinz 137, 160, 259, 355–360, 653f., 659, 666, 671
Offene Briefe eines Gefangenen 609
Old Firehand 94, 132, 136, 210, 489, 501, 506–508, 653, 672
Old Shatterhand a.D. 541
Old Surehand 92, 94, 103, 155, 157f., 239, 245, 248–252, 369, 371, 433, 630, 649, 653ff., 659, 666f., 670ff.
Old Surehand I 130, 139f., 144, 151, 216
Old Surehand II 105, 125, 139f., 144, 152, 360, 506, 671
Old Surehand III 130, 139f., 144, 163
Orangen und Datteln 94, 139, 218–223, 395
Pandur und Grenadier 170, 454–456
Pankraz der Ehestifter 421
Der Peitschenmüller 411
Der Pfahlmann 494, 498
Der Pflaumendieb 443–445, 452
Ein Phi-Phob 510f., 521
Eine Pilgerreise in das Morgenland 131
Ein Prairiebrand 578
Professor Vitzliputzli 260, 428, 430, 432, 434
Die Pyramide des Sonnengottes 381, 660
Die Rache des Mormonen 518–520
Der Raubzug der Baggara 218
Reise-Abenteuer in Kurdistan 94
Reiseerzählungen 11, 35, 308
Reiseskizzen und Briefe der Orientreise 543
Repertorium C. May 81, 125, 130, 132, 448, 460, 610
Ritter und Rebellen 141, 365
Robert Surcouf 498, 504–506
Die Rose von Ernstthal 90, 132, 456–459
Die Rose von Kahira 91, 178
Die Rose von Kaïrwan 137, 143, 494, 497f., 504
Die Rose von Sokna 218, 497–500
Der Ruh 'i Kulyan 193
Saiwa Tjalem 266f., 270f.
Der Samiel 411f., 414
Sand des Verderbens 266
Satan und Ischariot 17, 105, 161, 259–266, 272, 355, 608
Satan und Ischariot I 139f., 260f.
Satan und Ischariot II 139f., 261ff.
Satan und Ischariot III 139f., 263–266
Scepter und Hammer 8, 93, 133, 140, 171, 369, 371–377, 379, 390, 444, 693
Schamah 130, 134, 137, 143, 528–531, 544
Der Schatz der Inkas 229f., 234
Der Schatz im Silbersee 130, 134, 137, 334, 342–348, 364, 395, 489, 514, 644, 649, 652–655, 658, 666f., 670, 672
Der Scheerenschleifer 447f.
Schefakas Geheimnis 218
Der Schlangenmensch 517f., 522
Schloß Rodriganda 380, 653
Schloß Wildauen 369, 655
Die Schundliteratur und der Früchtehunger 131, 557–559
Ein Schundverlag 90, 138, 143, 549f., 554, 562, 565, 692
Ein Schundverlag und seine Helfershelfer 138, 143, 549
Der Schut 139, 158, 177f., 186, 196, 199, 236, 653, 659, 672
Schwarzauge 518
Der schwarze Mustang 360–364, 539, 637, 653f.
Der Scout 205, 210, 213, 217, 596
Eine Seehundsjagd 520–522
Ein Self-man 239, 494
Der Silberbauer 411
Der Silberlöwe 117, 120
Sitara, das Land der Menschheitsseele 586f.
Sklaven der Arbeit 397f., 655
Sklaven der Ehre 397
Sklaven des Elends 397
Sklaven des Goldes 397
Sklaven der Schande 397
Die Sklavenkarawane 134, 136, 172, 253, 256, 334, 337–342, 364, 508–513, 516, 518, 520–522, 578, 635, 649, 657, 672
Sklavenrache 512f., 522
Die Söhne des Upsaroka 525, 670

Der Sohn des Bärenjägers 97, 126, 134, 136, 326ff., 330, 515–517, 578, 647, 653, 670ff., 676
Sonnenscheinchen 170, 459, 480–482
Der Spion von Ortry 390
Eine Steinigung 498
Der sterbende Kaiser 380
Das Straußenreiten der Somal 513f.
Ein Stücklein vom alten Dessauer 443, 452
Sur le rapprochement Franco-Allemand 551
Der Talisman 266
Der Teufelsbauer 462, 465–468, 470
Theater 584
Three carde monte 125, 239, 245, 494, 506
Die Todeskarawane 94, 177, 194, 579
Trapper Geierschnabel 380
Tui Fanua 502f.
Und Friede auf Erden! (Et in terra pax) 10, 106, 109, 115, 127, 130, 139, 141f., 172, 227, 251, 281, 301–308, 323, 336, 394, 526, 528, 546f., 551, 580, 587, 591, 598, 624, 641
Die Universalerben 434, 440, 445f.
Unter den Werbern 143, 423, 425–428, 432, 434, 444, 447f., 450, 452, 454, 478
Unter der Windhose 134, 239, 245
Unter Geiern 652f., 659, 666f.
Unter Paschern 473
Unter Würgern 94, 125, 218, 223
Der Verfluchte 218, 221
Vergeltung 459, 473
Die verhängnisvolle Neujahrsnacht 434f., 446
Die verhexte Ziege 439
Der verlorene Sohn 24, 37, 67, 135, 140–143, 171, 194, 264, 390, 392, 395, 397–404, 410, 413, 474, 528, 609, 645, 647, 662
Das Vermächtnis des Inka 54, 137, 168, 172, 230, 233f., 238, 348–354, 358, 653f., 660, 672
Das versteinerte Gebet 672
Die verwünschte Ziege 439–441
Villa Bärenfett 514f., 518, 676
Vom Rhein zur Mapimi 380
Vom Tode erstanden 239
Von Bagdad nach Stambul 139, 177, 182, 194f., 283, 528, 579, 656, 671f.
Von Mursuk bis Kaïrwan 498
Die Wahrheit über Karl May 137, 143, 545
Der Waldkönig 137, 425, 434, 439, 441, 443, 445f., 456, 473f., 476, 478f., 494
Der Waldläufer 94, 136, 143, 537–540, 637
Das Waldröschen 38, 47f., 60, 95f., 105, 126, 130, 135, 140, 143f., 155f., 171, 175, 239, 242, 247, 264, 329, 374f., 380–389, 394f., 397, 403f., 408, 410, 413, 431, 438, 514, 549, 561, 636, 643, 646f., 653, 660
Der Waldschwarze 473
Wanda 138, 420, 486–489
Wasserrast auf dem Marsche 511f.
Der Weg nach Waterloo 390
Der Weg zum Glück 135, 141, 143, 171, 238, 264, 410–418, 435, 454
»Weihnacht!« 104, 126, 130, 139, 272–277, 302, 311, 432, 528, 596, 637
Eine Weihnachtsfeier in Damaskus 527
Weltall – Menschheit – Krieg 581
Wenn sich zwei Herzen scheiden 260
Eine Wette 439
Wie dem Stadtrat Epperlein aus der Klemme geholfen wurde 428
Die wilde Polin 486
Winnetou 58, 151, 202, 206, 343, 348, 489, 491, 494, 607, 635, 643, 648–655, 669–672
Winnetou I 139, 144, 158ff., 166, 205–213, 222, 232, 355, 395, 491, 502, 636, 645, 654, 658, 666f., 671
Winnetou II 139, 144, 152, 158f., 205, 210–213, 216f., 395, 416, 506f., 596, 653f., 658, 666f., 671
Winnetou III 130, 139f., 144, 152, 158f., 205, 214–217, 240, 283, 507, 654, 658, 666f., 671

Winnetou IV 112, 118, 121, 127, 130f., 134, 139, 143, 172, 174, 320–325, 432, 485, 555, 607, 691
Winnetous Erben 320, 672
Winnetou und der Detektiv 369ff.
Winnetou und der schwarze Hirsch 514
Die Wüstenräuber 136, 143, 218, 436, 545
Ein Wüstenraub 498
Der Wurzelsepp 411
Der Wurz'nsepp 411
Der Zauberteppich 308, 580
Zobeljäger und Kosak 405
Zum erstenmal an Bord 516f.
Zweimal gerettet 415

VERZEICHNIS DER MITARBEITER

Dr. Siegfried AUGUSTIN, München
Ekkehard BARTSCH, Bad Segeberg
Joachim BIERMANN, Lingen
Engelbert BOTSCHEN, Detmold
Klaus EGGERS, Köln
Ruprecht GAMMLER, Bonn
Hansotto HATZIG, Oftersheim
Prof. Dr. Jürgen HEIN, Köln
Erich HEINEMANN, Hildesheim
Wilhelm HILGENDORFF, Dußlingen
Dr. Klaus HOFFMANN, Radebeul
Walter ILMER, Bonn
Rainer JEGLIN, Hannover
Joachim KALKA, Stuttgart
Dr. Eckehard KOCH, Essen
Prof. Dr. Erwin KOPPEN, Bonn
Bernhard KOSCIUSZKO, Köln
Hartmut KÜHNE, Hamburg
Dr. Christoph F. LORENZ, Düsseldorf
Dr. Martin LOWSKY, Kiel
Erwin MÜLLER, Berlin
Walter OLDENBÜRGER, Hamburg
Hedwig PAULER, Ebermannstadt
Michael PETZEL, Göttingen-Wende
Dr. Heinrich PLETICHA, Würzburg
Prof. Dr. Claus ROXIN, Stockdorf
Wolfgang SÄMMER, Würzburg
Dr. Martin SCHENKEL, Bonn
Ulrich SCHMID, Neu-Ulm
Dr. Helmut SCHMIEDT, Köln
Walter SCHÖNTHAL, Stutensee-Friedrichsthal
Dr. Günter SCHOLDT, Dudweiler
Rudi SCHWEIKERT, Mannheim
Karl SERDEN, Ubstadt
Prof. Dr. Heinz STOLTE, Hamburg
Dieter SUDHOFF, Paderborn-Elsen
Dr. Ulrich VON THÜNA, Bonn

Reinhard Tschapke, Tübingen
Prof. Dr. Gert Ueding, Tübingen
Hartmut Vollmer, Büren
Jürgen Wehnert, Rosdorf
Hermann Wiedenroth, Langenhagen
Dr. Hermann Wiegmann, Ostbevern
Hans Wollschläger, Bamberg